Helga Matern   15.11.12

Dellwig/Langer (Hg.)

Oberhausen
Eine Stadtgeschichte im Ruhrgebiet
Band 4

Oberhausen

Eine Stadtgeschichte im Ruhrgebiet

Herausgegeben von
Magnus Dellwig und Peter Langer

unter Mitarbeit von
Otto Dickau, Klaus Oberschewen
und Burkhard Zeppenfeld

Band 4:
Oberhausen in Wirtschaftswunder und Strukturwandel

© 2012 Aschendorff Verlag GmbH & Co. KG, Münster

Das Werk ist urheberrechtlich geschützt. Die dadurch begründeten Rechte, insbesondere die der Übersetzung, des Nachdrucks, der Entnahme von Abbildungen, der Funksendung, der Wiedergabe auf fotomechanischem oder ähnlichem Wege und der Speicherung in Datenverarbeitungsanlagen bleiben, auch bei nur auszugsweiser Verwertung, vorbehalten. Die Vergütungsansprüche des § 54, Abs. 2, UrhG, werden durch die Verwertungsgesellschaft Wort wahrgenommen.

Autoren und Herausgeber haben sich bemüht, alle Bildrechte zu klären. Sollte dies im Einzelfall nicht oder nicht zutreffend gelungen sein, wird um Nachricht an den Verlag gebeten.

Bildredaktion: Ingo Dämgen

Register: Saskia Eßer

Herstellung: Aschendorff Druckzentrum GmbH & Co. KG, Münster

ISBN 978-3-402-12959-3
ISBN des Gesamtwerkes: 978-3-402-12960-9

Überblick über das Gesamtwerk

Band 1:
Oberhausen in vorindustrieller Zeit

Band 2:
Oberhausen im Industriezeitalter

Band 3:
Oberhausen in Krieg, Demokratie und Diktatur

Band 4:
Oberhausen in Wirtschaftswunder und Strukturwandel

Inhalt

Grußwort 13

Vorwort der Herausgeber 15

■ Peter Langer
Wirtschaftswunderjahre
Die Stadt Oberhausen zwischen 1955 und 1970 17

■ Magnus Dellwig / Ernst-Joachim Richter
Wirtschaft im Wandel
Oberhausen 1960 bis 2010 ....

   1. Oberhausen um 1960 – eine Zeitenwende, und keiner merkt es 53

   2. Die 1960er Jahre – die Krise der Großindustrie beginnt 61

      „Die Concordia-Krise – ein Schock für Oberhausen"
      Interview mit Friedhelm van den Mond (Teil 1) 67

   3. Die 1970er Jahre: Zechenschließungen,
      Stahlkrise und neue Gewerbegebiete 71

      „Für die Menschen in Oberhausen begann der Wandel
      mit dem Bero-Zentrum"
      Interview mit Friedhelm van den Mond (Teil 2) 78

   4. Die 1980er Jahre – Aufbruch zur Stadt der Dienstleistungen 84

      „Strukturbruch in Oberhausen – das war vor allem die Stahlkrise!"
      Interview mit Friedhelm van den Mond (Teil 3) 98

      „Das Knappenviertel ist ein Ort des sozialen Strukturwandels"
      Interview mit Klaus Wehling (Teil 1) 102

   5. Die 1990er Jahre: Die Neue Mitte Oberhausen – Aufbruch zu neuen
      Ufern der Stadtentwicklung 104

„Überzeugungsarbeit in Oberhausen und im Ruhrgebiet
für die Neue Mitte"
Interview mit Friedhelm van den Mond (Teil 4) 117

„Das Stadtteilprojekt Knappenviertel gibt Mut zu neuen Lebensperspektiven
und ist Vorbild für ganz Oberhausen"
Interview mit Klaus Wehling (Teil 2).. 120

6. Die Jahre 2000 bis 2011:
Oberhausens Wirtschaft im frühen 21. Jahrhundert 123

„Historischer Städtebau prägt die Stadt" –
das Beispiel Antonyhütte, Schacht IV
Interview mit Klaus Wehling (Teil 3) 139

■ MAGNUS DELLWIG / ERNST-JOACHIM RICHTER

Die Neue Mitte Oberhausen: Motor des Strukturwandels für Oberhausen

Interview mit Burkhard Drescher 141

■ MAGNUS DELLWIG / ERNST-JOACHIM RICHTER

Die Neue Mitte Oberhausen als Trendsetter im Ruhrgebietstourismus

Interview mit Axel Biermann 157

■ HUGO BAUM

Schlaglichter aus 45 Jahren erlebter Kommunalpolitik

Erinnerungen an meine aktive Zeit in Oberhausen von 1945 bis 1990 165

■ MANFRED DAMMEYER

Bildung und Kultur in der Arbeiterstadt Oberhausen

Persönliche Anmerkungen 179

■ BRITTA COSTECKI

Ich bin viele: Von den Geschichten der Frauen zur Frauengeschichte

Interview mit Ingeburg Josting 189

■ VERA BÜCKER
Unbeirrt durch die Zeiten
Katholische Kirche, Katholiken und katholisches Milieu in Oberhausen

    1. Entstehung der katholischen Kirchengemeinden in Oberhausen 211

    2. Lebensläufe: Katholiken im Nationalsozialismus 219

    3. Veränderungen in katholischer Kirche
       und katholischem Milieu seit 1945 232

■ HELMUT FABER
Die Evangelische Kirche in Oberhausen
*Wechselwirkungen zwischen Industrie,
Kirchengemeinden und Kommune* 255

■ ROLAND GÜNTER
Stadtentwicklung und Stadtgeschichte
Eine Oberhausener Strukturgeschichte im 19. und 20. Jahrhundert 281

■ HELMUT PLOSS
IN VERBINDUNG MIT HEINRICH BAHNE UND HELMUT CZICHY
Die breite Vielfalt
Ökologie und Umweltschutz in Oberhausen 1949 bis 2011 345

    1. Die 1950er Jahre: Dicke Luft und ein Naturschutzgebiet 346

    2. Die 1960er Jahre: Der Blaue Himmel über der Ruhr und das Abfallproblem 350

    3. Die 1970er Jahre: Umweltschutz wird zum Thema 355

    4. Die 1980er Jahre: Umweltkatastrophen und Umweltfortschritte 359

    5. Die 1990er Jahre: Global denken, lokal handeln 369

    6. Die Jahre nach 2000: Neues Jahrtausend, alte Probleme 379

■ GERD LEPGES
Theater und noch mehr Kultur in Oberhausen
Oder: Von der Kultivierung eines Kaufmannssohnes 393

■ Klaus Oberschewen
Das K 14: Links und Frei!
Interview mit Walter Kurowski und Heinz Brieden 453

■ Gustav Wentz
Die „sportfreudigste Stadt" hat sich für Breitensport entschieden
Oberhausens Sportgeschichte weist viele Facetten auf 467

■ Sarah Benneh-Oberschewen / Ercan Telli
Ohne Migration kein Oberhausen
Chancen erkennen und Potenziale fördern 487

    1. Ohne Migration kein Oberhausen 488
    2. Die Herausforderungen der Gegenwart:
       Integrationspolitik und Aktivitäten gegen Rechtspopulismus
       und Rechtsextremismus in Oberhausen 492
    3. Zwischen Heimat und Heimweh 494
    4. Geschichten, die Mut machen –
       Migrantinnen und Migranten in Oberhausen 496
    5. Die Vergangenheit als Teil der Gegenwart und Zukunft –
       was können wir aus den Geschichte(n) der Migration lernen? 506

■ Dieter Baum
Erinnerungen an das Schladviertel
Ein Stadtviertel im Wandel der Zeit 509

■ Magnus Dellwig

Oberhausen im Ruhrgebiet – ein produktives Spannungsverhältnis

Stadtentwicklung im Wechselspiel von Städtekonkurrenz und dem Wettbewerb der Städte um den bestmöglichen Weg in die Moderne

1. Stadtentwicklung im Ruhrgebiet	523
2. Oberhausens Besonderheiten – Oberhausens Chancen	544
3. Gemeinsam in Oberhausen! – Wir in der Metropole Ruhr! – Das passt zusammen!	569
4. Schluss	588

Zeittafel	593
Danksagung	645
Abkürzungen	647
Begriffserläuterungen	651
Anmerkungen	665
Register	681
Autorinnen und Autoren	689
Abbildungsnachweis	695

Grußwort

Oberhausen wird 150 Jahre alt. Das ist ein guter Grund sich zu erinnern.

Immer wieder haben mich im Laufe der Jahre Oberhausenerinnen und Oberhausener angesprochen, ob es nicht mal wieder Zeit würde für ein neues Oberhausen-Geschichtsbuch. Immerhin ist das letzte 1965 erschienen, das ist fast ein halbes Jahrhundert her. Den Anstoß, von der Idee zur konkreten Umsetzung zu kommen, gab die Verabschiedung von Dr. Peter Langer als Leiter der Heinrich-Böll-Gesamtschule Mitte 2009. Damals habe ich ihn, den Vorsitzenden der Historischen Gesellschaft Oberhausen (HGO), gebeten, in seiner hinzugewonnenen Freizeit sich um ein neues Stadtgeschichtsbuch für Oberhausen zu kümmern. Er hat die Aufgabe angenommen und sie gemeinsam mit den Autorinnen und Autoren, dem Redaktions- und dem Herausgeberteam zum Erfolg geführt.

Pünktlich zum Jubiläumsjahr liegt nun ein neues und umfassendes Werk über die Stadtgeschichte vor. Es gliedert sich in vier Bände:

- Band 1 beschreibt die vorindustrielle Zeit bis zum 19. Jahrhundert, er stellt die Stadtteile in den Mittelpunkt für eine Zeit, zu der es Oberhausen noch nicht gab.
- Band 2 setzt 1758 an, er schildert die Industrialisierung und die Stadtbildung von der Gründung der St. Antony-Hütte bis ins frühe 20. Jahrhundert.
- Band 3 befasst sich mit dem Zeitraum von 1914 bis 1945 und stellt dabei die politische Geschichte in den Mittelpunkt.
- Band 4 ist zeitlich gesehen der aktuellste Band. Er behandelt die Zeitgeschichte nach dem Zweiten Weltkrieg. Dabei macht ihn die Vielseitigkeit der thematischen Zugänge zur Stadtgeschichte besonders lesenswert.

Die beeindruckende Zahl von 32 Autorinnen, Autoren und Interviewpartnern haben die Stadthistorie aufgearbeitet und auf mehr als 1.800 Seiten dargestellt. Das ist bislang einmalig in der Geschichte der Städte im Ruhrgebiet. So ist ein überaus spannendes Bild von der Entwicklung Oberhausens entstanden, das eine große Verbreitung und Leserschaft verdient.

Mein ganz besonderer Dank gilt den zahlreichen Autorinnen und Autoren, die in ihrer Freizeit mit großem Zeitaufwand und noch größerem Enthusiasmus in den letzten drei Jahren dieses umfassende Oberhausener Geschichtsbuch geplant, geschrieben, gedruckt und herausgegeben haben.

Glück auf und viel stadtgeschichtliches Lesevergnügen!

Klaus Wehling

Oberbürgermeister

Vorwort der Herausgeber

Liebe Leserin, lieber Leser,

der Ihnen vorliegende letzte Band des vierbändigen Werkes Oberhausen – eine Stadtgeschichte im Ruhrgebiet, veröffentlicht anlässlich des 150. Jubiläums der Gründung der Bürgermeisterei Oberhausen 1862, bietet ein breites Spektrum von Beiträgen zur Zeitgeschichte seit Gründung der Bundesrepublik 1949. Mit der Vielfalt und Unterschiedlichkeit der hier versammelten Themen und Beiträge gewinnt Band 4 ein von den übrigen Bänden deutlich abweichendes, sehr eigenständiges, sich jedoch auf der Höhe der Geschichtswissenschaft befindendes Profil.

Über keinen der vier Bände der Oberhausener Stadtgeschichte hat die Redaktionsgruppe so oft diskutiert wie über diesen Abschlussband. Zuerst wurde erwogen, die sehr wechselhaften, die Stadt grundlegend verändernden gut sechs Jahrzehnte in chronologischen Kapiteln darzustellen. Es war dann indes die im Vergleich zu den vorherigen Epochen noch einmal rasant zunehmende Vielfalt der wichtigen Felder der Stadtentwicklung, die Zweifel aufkommen ließen, ob einzelne Autorinnen oder Autoren diese Bündelungsleistung würden erbringen können; zu groß erschien der Zeitaufwand für umfassende Recherchen. Hinzu trat das Bewusstsein, dass eine solche „Breitband-Darstellung" notwendigerweise zu thematischen Schwerpunktsetzungen des/der jeweils Verantwortlichen führen müsste. Und diese subjektive Entscheidung würde – da waren wir uns einig – von der städtischen Öffentlichkeit um so fragwürdiger aufgenommen werden, je näher sich die Darstellung der Gegenwart näherte. – Eine solche, manches Mal strittige Aufnahme von Forschungsergebnissen ist unvermeidlich angesichts der Eigenart von Geschichte, immer erklärende und erzählende Zusammenhänge herzustellen: nämlich über das für die Gegenwart immer noch bedeutsame Leben in der Vergangenheit. Und je nach Standpunkt der Menschen heute ändert sich daher ihr Interesse an der Geschichte, mitunter auch ihre Bewertung von Vorgängen und Personen.

Nach Auffassung der Redaktionsgruppe haben wir eine überzeugende Antwort auf diese Herausforderung gegeben: Im Sinne der Gebote moderner Geschichtstheorie nach Adressatenbezug, Multiperspektivität und Mehrdimensionalität (verschiedene Themen, Ereignis- oder Strukturgeschichte im Längsschnitt) vereint Band 4 jetzt Beiträge:

■ zu Themen wie Wirtschaft, Umwelt, Kultur, Kirchen, Sport, Migration, Geschlechter, Alltag und Städtebau,

■ zu methodischen Zugängen wie biografischen Sichtweisen (Hugo Baum) und Interviews (z.B. Friedhelm van den Mond, Burkhard Drescher, Klaus Wehling) über exemplarische Ereignisse (Gründung des soziokulturellen Zentrums K 14, Gespräch mit Heinz Brieden, Walter Kurowski) bis zu Strukturveränderungen der Stadt im zeitlichen Längsschnitt (z.B. Wirtschaft, Umwelt, Migration, und Alltag),

■ und schließlich von handelnden Zeitgenossen (Hugo Baum, Manfred Dammeyer) über engagierte Mitbürger im gesellschaftlichen Raum (Roland Günter, Gerd Lepges, Ercan Telli, Gustav Wentz) bis zu Fachleuten und Fachhistorikern (Sarah Benneh-Oberschewen, Inge Josting, Magnus Dellwig, Peter Langer, Jochen Richter).

Als Herausgeber möchten wir noch auf Folgendes hinweisen: Am Ende der vier Bände finden Sie jeweils eine Reihe von Begriffserläuterungen. Auf die dargestellten Begriffe wird im Text mit einem grauen Dreieck (▶) aufmerksam gemacht. Sodann möchten wir darauf hinweisen, dass die Autorinnen und Autoren für die mitunter wertenden Aussagen in ihren Beiträgen allein verantwortlich sind.

Die Darstellung historischer Prozesse kann kaum mit den Einordnungen und Beurteilungen aller übereinstimmen. Das ist auch gut und sogar notwendig, wenn neue Sichtweisen auf die Bedeutung der Vergangenheit für die Gegenwart entstehen sollen. Daher ist uns konstruktive Kritik immer erwünscht; sie wird unter stadtarchiv@oberhausen.de gerne entgegen genommen. Anonym verfasste Kommentare werden allerdings nicht beantwortet.

Die Herausgeber, die Mitglieder der Redaktionsgruppe und das gesamte Autorinnen- und Autorenteam von „Oberhausen – eine Stadtgeschichte im Ruhrgebiet" wünschen Ihnen eine anregende und erkenntnisreiche Lektüre.

Oberhausen, im Juli 2012

Magnus Dellwig
Peter Langer
Klaus Oberschewen

Peter Langer

Wirtschaftswunderjahre

Die Stadt Oberhausen zwischen 1955 und 1970

Die 1950er und 1960er Jahre waren keine „bleierne Zeit". Im Gegenteil: Nach zwölf Jahren Diktatur und Krieg, nach den Hungerjahren der Nachkriegszeit waren diese Jahrzehnte von einem – manchmal überschäumenden – Optimismus geprägt. Diese Stimmung wird von den Zeitungen am besten eingefangen. Auf die Zeitungen dieser Jahre stützt sich folglich dieser Essay.[1]

„Keine Nacht wie jede andere" – die letzten Heimkehrer

Im Herbst 1955 trafen die letzten Spätheimkehrer aus russischer Kriegsgefangenschaft in Oberhausen ein. Bundeskanzler Adenauer hatte bei seinem Moskau-Besuch als Gegenleistung für die Aufnahme diplomatischer Beziehungen mit der Sowjetunion ihre Freilassung erreicht. Während ihrer letzten Etappe vom Auffanglager Friedland ins Ruhrgebiet fieberte die ganze Stadt mit den Heimkehrern. In den Zeitungsredaktionen blieb man die ganze Nacht wach, um noch in der Morgenausgabe die Ankunft der entlassenen Kriegsgefangenen melden zu können. „Es war keine Nacht wie jede andere!" titelte der „Generalanzeiger" zehn Jahre später.[2] Die Emotionen, die Redakteur Paul Huppers noch im Rückblick ergriffen, müssen im Originalton wiedergegeben werden:

> „Oberhausen sank in tiefe Stille. Zwei späte Zecher übten sich mit wenig Erfolg auf dem Heimweg um Gesangeskünste, dann erfasste der Blick durch die breiten Schaufensterscheiben [der Geschäftsstelle] auf den Altmarkt und die Marktstraße kein Lebewesen mehr. Die gelben Blätter der Kastanien bewegten sich leise im Nachtwind."

Irgendwann in den frühen Morgenstunden erfuhr der Redakteur, dass einer der Kriegsgefangenen, Josef Brykoszynski, mit einem Privatwagen in Mülheim angekommen war. Die Mülheimer Polizei brachte ihn mit einem Streifenwagen nach Oberhausen. Ankunftszeit: 3.46 Uhr. Mit dieser Meldung konnte die Morgenausgabe in Druck gehen, der Redakteur hatte Feierabend.

Abb. 1: Spätheimkehrer 1955, GA vom 9./10. Oktober 1965

„Auf dem Heimweg zu meiner Wohnung in der Blücherstraße, ein Weg von einer knappen Viertelstunde, begegneten mir zwei Eisenbahner, die zum Dienst gingen, aus einem geöffneten Fenster rasselte ein Wecker. In meiner Wohnung war ich allein, meine Frau war zu ihren Eltern ins Sauerland gefahren. Ich öffnete das Fenster nach der Nordseite, eine letzte Zigarette sollte die überbeanspruchten Nerven beruhigen. Es war 4.48 Uhr. Und dann in diesem Moment, in dem ich abzuschalten versuchte, erhob sich von weither, vom Kirchturm von St. Marien, die Stimme der ersten Glocke. Sie blieb nicht allein, zu ihr gesellten sich, mächtig heranrauschend wie Meereswogen, die tiefen Stimmen der Glocken von Herz-Jesu und der Christuskirche, und dann, als ich das Fenster nach Süden öffnete, traten mit hellerem Klang die Glocken der Klosterkirche und von St. Josef in Styrum hinzu. In den Blocks, die ich übersehen konnte, erhellten sich an zwei, drei Stellen Fenster, und während sich die Köpfe fragend und lauschend dem Glockenjubel zu dieser ungewohnten Stunde zuwendeten, brachte ein sanfter Wind die Ahnung des neuen Tages und des neuen Morgens mit – die Schicksalsnacht des 10. Oktobers 1955 war zu Ende!"[3]

Über der Schlagzeile prangte das Photo des weißbärtigen 72-jährigen Hieronymus Werm. Er war schon 56 Jahre alt gewesen, als der Krieg ausbrach, und 62, als er in Gefangenschaft geriet. Die anderen Spätheimkehrer, die in diesem Herbst als letzte noch eintrafen, waren durchweg viel jünger, teilweise noch nicht 40, der jüngste war 31 Jahre alt.[4] Mehr als ein Jahrzehnt davor hatte man sie als ganz junge Männer an die Ostfront geschickt; jetzt mussten sie sich, gesundheitlich angeschlagen, vielleicht als Kriegsinvaliden, in einer völlig veränderten Stadt zurechtfinden. Um die Spätheimkehrer wurde es danach ruhig, es kam niemand mehr an. Die Vermissten wurden mit der Zeit für tot erklärt. Manche Kriegerwitwe konnte nach dieser Feststellung durch das Standesamt wieder heiraten. Noch Jahre später führte dies in Einzelfällen zu schwierigen Situationen, menschlich und juristisch. Wenn ein Vermisster doch wieder „nach Hause" kam, konnte die zweite Ehe aufgelöst werden. Die Presse beschäftigte sich ausführlich mit diesem Problem, ohne aber zu sagen, wie viele derartige Fälle es in Oberhausen gab.[5]

Eine andere Folge des Krieges blieb noch auf Jahre täglich präsent: Die große Zahl von Kriegswaisen. Als im Frühjahr 1955 die Schüler des Geburtsjahrgangs 41 die Volksschule verließen – mit 14 nach der achten Klasse – und in den großen Lehrwerkstätten ihre Lehre begannen, war jeder Dritte Halbwaise. In den großen Hüttenwerken der Ruhr hatten von 470 handwerklichen Lehrlingen 150 keinen Vater mehr.[6]

Nur ein Teil der Spätheimkehrer kam wirklich „nach Hause". Viele kamen zu ihren Familien, die im ersten Nachkriegsjahrzehnt als Flüchtlinge und Vertriebene aus den Gebieten jenseits der Oder-Neiße-Grenze in Oberhausen gelandet waren. Dann hatte der Flüchtlingsstrom aus der Sowjetzone bzw. der DDR eingesetzt, der Jahr für Jahr „Quoten" von mehr als tausend Personen nach Oberhausen spülte. Und in der zweiten Hälfte der 1950er Jahre kamen die ersten „Gastarbeiter" aus den Mittelmeerländern, zuerst aus Italien. Ein sehr hoher Anteil der Menschen in Oberhausen, Sterkrade und Osterfeld musste sich in der Welt der Industrie, die nach wie vor diese Städte prägte, in den 1950er Jahren erst noch zurechtfinden. Und auch die übrigen, echten „Heim"-kehrer – als Jugendliche in den Krieg geschickt oder in der Nazi-Diktatur erwachsen geworden – fand eine für sie fremde Welt vor.

Wiederaufbau – Neubauwohnungen – „Wohlstand für alle"

Mitte der 1950er Jahre war die Not der Nachkriegsjahre überwunden. Es überwog ein grenzenloser Optimismus. Schon im Januar 1956 wurde gemeldet, dass die Bombenschäden fast vollständig beseitigt waren. Nun war Oberhausen, verglichen mit den Nachbarstädten, mit 35 Prozent Gebäudeschäden noch glimpflich davongekommen. Dass aber ein Jahrzehnt nach Kriegsende „Trümmer in Oberhausen schon Mangelware" wurden, dass der „Wiederaufbau zu 87 Prozent erledigt"[7] war, erfüllte den Vorsitzenden des Bauausschusses, der diese Zahlen vermelden konnte, mit berechtigtem Stolz. Es war längst nicht mehr nur der Wohnungsbau, der großen Baufirmen und Handwerkern Arbeit verschaffte. Die größten Baustellen lagen 1956 im Zentrum von Alt-Oberhausen, in einem Kreis mit 500 Meter Radius um die Verkehrsspinne Schwartz-, Tannenberg- und Danziger Straße. Für die damals riesige Gesamtsumme von sechs Millionen DM wurde an Erweiterungsbauten für das Naturwissenschaftliche Gymnasium, am Amtsgericht und am Rathaus gearbeitet. Innerhalb des 500-Meter-Kreises lagen auch die weitgehend schon fertig gestellten Gebäude des wieder aufgebauten Theaters, des Hauptbahnhofs, der Christuskirche und des Staatlichen Gymnasiums sowie die Neubauten des Gesundheitsamtes und des Europahauses. Hinzu kam 1958 die Fertigstellung des Friedensplat-

Wirtschaftswunderjahre

Abb. 2: Das wieder aufgebaute Theater, 1949

zes mit seinen Bäumen und Wasserspielen und der Baubeginn am Litopalast als Rahmen für die Lichtburg.[8] Nur knapp außerhalb des genannten Kreises lag das alte Geschäftszentrum Marktstraße, wo auch fieberhaft gebaut wurde, wo z.B. C&A Brenninkmeyer gerade ein neues Groß-Kaufhaus hochzog. Die bis 1956 getätigten Bauinvestitionen allein für Behörden- und Geschäftsgebäude im Stadtkern summierten sich auf mindestens 30 Millionen DM, trieben in diesem Bereich die Grundstückspreise nach oben, hatten aber, wie man hoffte, weite „Ausstrahlungen in das Oberhausener Geschäfts- und Wirtschaftsleben".[9] Mit der stürmischen Bautätigkeit einher ging das rasante Wachstum der Stadtsparkasse, die im Januar 1957 ihr neues, drei Millionen DM teures Gebäude an der Marktstraße eröffnete.[10]

Parkplatzprobleme waren die zwangsläufige Folge der vielen neuen Gebäude, die in der Innenstadt hochgezogen wurden, ebenso wie des stark ansteigenden PKW-Verkehrs: „‚Ruhender Verkehr' quillt über", titelte der „Generalanzeiger" 1957. Die Photos, die das Problem mit dem „ruhenden Verkehr" illustrieren sollten, nimmt der heutige Leser eher mit Schmunzeln zur Kenntnis: Auf der Nohlstraße zählt man um die Mittagszeit etwa zehn geparkte Autos, auf der Gewerkschaftsstraße sechs, auf der Saarstraße neun und auf der Gutenbergstraße acht Fahrzeuge.[11]

Anders als im Umkreis der „Verkehrsspinne" an der Schwartzstraße funktionierte im Oberhausener Norden die Bebauung nicht plangemäß. Zwar widersprach niemand den Parolen: „Unsere Zukunft liegt im Norden" oder „Stadt wandert zum Wald".[12] Mancher träumte auch von einer Straßenbahnlinie bis zum Forsthaus Specht im Norden von Bottrop. Aber die Realisierung des am Buchenweg, im Sterkrader Norden, geplanten „Villenviertels" kam nicht so recht voran. Dort sollte eigentlich attraktives Baugelände bereitgestellt werden, um Oberhau-

Abb. 3: Das Europahaus, 1956

sener Bürger, die viel Einkommenssteuer zahlten, in der Stadt zu halten. Die Erschließung dieses Geländes stagnierte aber, was den SPD-Fraktionsvorsitzenden Meinicke zu der bissigen Kritik veranlasste, Oberhausen sei in dieser Hinsicht noch „ein Dorf geblieben". Wohlhabende bauwillige Einwohner neigten dazu, nach Mülheim, Kettwig oder Essen abzuwandern; diese Städte hätten „das Rennen gegen den Oberhausener Norden bisher klar gewonnen". Der Kritiker Wilhelm Meinicke setzte in der Bauausschusssitzung durch, dass 40.000 DM für den Ausbau der Hagenstraße in Buschhausen verwendet wurden. Wohl nicht ganz zufällig lag dieses Projekt in seinem Wahlbezirk, was im „Straßenkampf" um städtische Investitionen auch von den Genossen seiner eigenen Fraktion süffisant vermerkt wurde.[13]

Bauland wurde in dieser Zeit bereits so knapp, dass im Bauamt damit begonnen wurde, die letzten Trümmergrundstücke und generell alle erschlossenen Flächen systematisch zu erfassen. Selbst über Enteignungen für den Fall, dass Grundstückseigentümer nicht selbst bauen wollten, wurde nachgedacht. Ob dies rechtlich überhaupt möglich war und ernsthaft erwogen oder nur als Drohung in den Raum gestellt wurde – allein die Erwähnung dieses Instruments mag die Grundstücksspekulation gebremst haben. Mit Erstaunen registrierten die Zeitgenossen in diesen stürmischen Aufbaujahren, mit wie wenig Eigenkapital man zum stolzen Besitzer eines Eigenheims werden konnte: Tausende bauten mit weniger als zehn Prozent eigenem Geld. Ein ganz besonders raffinierter Bauherr hatte es sogar mit nur 31,40 DM geschafft, sich ein Haus im Wert von 100.000 DM hinzusetzen. Das war der Stadtverwaltung aufgefallen, als dieser Herr die Ämter mit Beschwerden bombardierte.[14]

Ausdruck des neuen Wohlstandes war auch schon der Massentourismus, der Mitte des Jahrzehnts mit voller Wucht einsetzte. Tausende Oberhausener entflohen „der sommerlich-

Die Flucht ins Nasse!

Wer zählt die Völker, nennt **die** Namen, die wasserlechzend hier zusammenkamen, — so darf man sehr frei nach Schiller hier wohl fragen. So war es am vergangenen Wochenende im Stadion Niederrhein: Tausende flüchteten sich aus der Backofenhitze der Wohnviertel — zu den beiden Freibädern am Kanal und im Alsbachtal. Unsere Luftaufnahme zeigt das eindrucksvoll. Sie läßt nichts übrig von der Individualität der Badegäste, aber dafür wird sie zum fotografischen Protokoll für eine einzige, absolut dominierende Willensbildung, die fast einem Urtriebe gleichkommt: Freie Bewegung in Luft, Sonne und Wasser! Und weiter ist diese Aufnahme auch eine neue Bestätigung dafür, daß das Stadion Niederrhein nicht idealer liegen könnte, mit der Flankierung von Wasserstraßen und der grünen Kulisse von Bäumen, die nicht zu zählen sind.

Wird es auch an diesem Wochenende im Stadion Niederrhein wieder so aussehen? Am gestrigen Freitag hatte es weniger als tausend Besucher. Aber wie dem auch sein mag: Gerade in dieser langen Hitzeperiode hat sich gezeigt, was Oberhausen an seinen Freibädern hat. Wir müßten sie heute bauen, wenn sie nicht bereits da wären. Oft hat uns in mehr als drei Jahrzehnten gerade das Stadion Niederrhein viele Sorgen gemacht, weil es in einem Bodensenkungsgebiet liegt. Ein Bild wie dieses aber versöhnt immer wieder und läßt alle Mühen und Kosten als sinnvoll und notwendig erscheinen, die die Erhaltung dieser Anlagen verlangt hat und auch in der Zukunft immer neu fordern wird. Sie dienen wirklich der Allgemeinheit!

Abb. 4: „Die Flucht ins Nasse!" Bericht über das Freibad am Stadion Niederrhein, GA vom 27./28. Juni 1959

stickigen Dunstglocke des Kohlenpotts", die meisten noch ins Sauerland, an die Nord- oder Ostsee, in den Schwarzwald oder ins Allgäu. Zunehmend verkauften die Reisebüros aber schon Pauschalreisen nach Mallorca und zu anderen Zielen am Mittelmeer, insbesondere in Italien. Selbst Flugreisen kamen schon in Mode.[15]

Die meisten Dunstglocken-Flüchtlinge fanden während der allsommerlichen Hitzewellen jedoch immer noch ganz in der Nähe Zuflucht in den Freibädern. „Die Flucht ins Nasse!" titelte der Generalanzeiger seinen Bericht über das Freibad am Stadion Niederrhein. „Wer zählt die Völker, nennt die Namen, die wasserlechzend hier zusammenkamen." Ein Luftbild diente als Beleg für die Notwendigkeit großer Freibäder: „Wir müssten sie heute bauen, wenn sie nicht bereits da wären."[16]

Frauen in neuen Berufen

Noch rumpelten die alten Straßenbahnwagen, in denen der Fahrer stand und der Schaffner mit seinem Bauchladen Fahrscheine verkaufte und mit einem Seilzug die Glocke zur Abfahrt läutete, durch Oberhausens Straßen. Nicht nur Personen wurden mit diesen immer offenen Wagen transportiert, auch tonnenschwere Güterwaggons mit Kohle für die Stadtwerke zogen die guten alten Straßenbahntriebwagen durch die Mülheimer Straße.[17] Im Personenverkehr brach im Herbst 1957 jedoch eine neue Zeit an: „Hundert Schaffnerinnen knipsen vom 1. Oktober an Ihren Fahrschein." Offenbar eine Sensation: Die Einstellung der Frauen als Schaffnerinnen. Die Photographen waren dabei, als sich ihre männlichen Kollegen an ihre Seite drängten, um ihnen zu zeigen, *wie* die Fahrscheine „geknipst" wurden. Für die Oberhausener Schaffnerinnen deutete sich 1958 das Ende der alten, offenen Straßenbahnwagen an, mit ihren starren Achsen, die deshalb in den Kurven furchtbar quietschten. Die neuen Großraumwagen wurden vorgestellt mit bequemen Sitzen für den Fahrer und seinen Schaffner, der die Haltestellen jetzt über Lautsprecher ansagte, mit automatischen Türen, so dass niemand mehr auf- oder abspringen konnte, und mit einem gelenkigen Fahrwerk, damit es in den Kurven nicht mehr quietsche. 1959 nahmen die Stadtwerke die drei ersten hochmodernen Großraumwagen vom „Oberhausener Typ" in Empfang.[18] Doch dazu später!

Die Einstellung der Frauen war durch die Arbeitszeitverkürzung auf 45 Stunden pro Woche notwendig geworden.[19] Die 45-Stunden-Woche im öffentlichen Dienst verstärkte aber nur einen Trend, der – ausgelöst durch den Wirtschaftsboom – seit längerem erkennbar war. Die Männer in den Redaktionsstuben der Zeitungen registrierten es mit Erstaunen: „Frauen erobern neue Berufe." In der Berufswelt angekommen, wiesen ihnen aber schon noch die Männer ihre Rolle zu, so z.B. der Krankengymnastin:

> „Von manchen Ärzten mit einem gewissen Misstrauen betrachtet, hat sich die Krankengymnastin inzwischen zu einer Helferin des Arztes entwickelt. Nicht nur in der Chirurgie und der Orthopädie, sondern auch in der inneren Medizin, der Nerven- und vor allem der Kinderheilkunde wird sie heute bereits als Helferin des Arztes herangezogen."

Großen Seltenheitswert hatte noch der Beruf der Bildmixerin für das Fernsehen: „Sie sitzen am Schaltbrett neben dem Regisseur und haben die Aufnahmen jeder Kamera vor sich." Häufiger war da schon der Beruf der Milchmixerin für die 370 deutschen Milchbars. Bei den

*Abb. 5: „Hundert Schaffnerinnen knipsen vom 1. Oktober an Ihren Fahrschein",
GA vom 10. Juni 1958*

Schneidern hatten die Frauen die Männer schon fast vollständig verdrängt. Neu war der aus den USA importierte Beruf der Zugsekretärin, die in Schnellzügen „von eiligen Geschäftsleuten" Diktate aufnahm. „Übrigens haben diese Damen sehr große Heiratschancen, sehr viel größere als zum Beispiel die Damen, die berufsmäßig bei Schönheitskonkurrenzen aufkreuzen." Diese Anmerkung schien dem – natürlich männlichen – Journalisten nun doch wichtig zu sein.[20] Der Weg zur Gleichberechtigung der Frauen in der Arbeitswelt – einem Ziel, das auch heute noch nicht überall erreicht ist – war damals noch sehr weit.

Bude und Stammtisch

Ob der Beruf der Milchmixerin auch in Oberhausen vertreten war, ist nicht bekannt. Milchbars dürfte es, wenn überhaupt, nur wenige gegeben haben. Dafür gab es umso mehr „Büdchen", oder „Trinkhallen", wie sie offiziell hießen. Am Ende der 1950er Jahre wurden noch 320 im Stadtgebiet von Oberhausen gezählt. An Curry-Wurst dachte damals noch keiner, dafür gab es Rollmops und Kautabak. Flaschenbier durfte eigentlich nur zu Hause, nicht im Stehen an der Bude, getrunken werden. Aber die alten Verschlüsse der Bierflaschen waren so praktisch, dass wohl mancher Rollmops auch mit ein paar Schluck Bier hinunter gespült wurde.[21] Der Trend zum Flaschenbier machte den Wirten in Oberhausen große Sorgen. „Die Stammtische sterben aus." Diese gute deutsche Tradition würde bald durch „das Fernsehbier" verdrängt, so die Befürchtung mancher Wirte. Es gab aber auch hoffnungsfrohe Anzeichen: Die Heimatvertriebenen pflegten ihre Sehnsucht in neuen Stammtischrunden, die Kegelstammtische florierten wie eh und je und in manchen Kneipen eröffneten gar Frauen ihre eigenen Stammtischrunden.[22] Ob die Oberhausener Gastwirte das „Aussterben der Stammtische" wohl zum Vorwand nahmen, um die Getränkesteuer nicht mehr zu bezahlen? Der Kämmerer reagierte gelassen auf den Steuerstreik der Wirte, obwohl er mit einem Fehlbetrag von 400.000 DM rechnen musste. Zwei Gründe gab es für diese beeindruckende Gelassenheit: Erstens würde die Getränkesteuer im folgenden Etatjahr sowieso wegfallen, und zweitens konnte die Stadt Oberhausen derartige Fehlbeträge anscheinend noch gut verkraften.[23]

Wie die Bierflasche so hatte auch die Milchflasche ihren Siegeszug angetreten. Nur sehr sparsame Hausfrauen kauften noch mit der Milchkanne bei einem der 90 ambulanten Milchmänner, die den Liter Milch vor der Haustür zwölf Pfennig billiger anboten. Warum die fleißigen Milchmänner ihre Existenzberechtigung vor Gericht verteidigen mussten, bleibt schleierhaft. 1960 konnten sie aber erst einmal aufatmen, als das Oberlandesgericht Düsseldorf – darüber kam nur noch der Bundesgerichtshof und das Bundesverfassungsgericht! – ihre Existenzberechtigung anerkannte.[24]

Flüchtlinge und andere Einwanderer

Der Jubel über das Ende der Wohnungsnot war 1956 wohl etwas verfrüht angestimmt worden. Die fieberhafte Bautätigkeit in allen Stadtteilen reichte auch in den späten 1950er Jahren noch nicht aus, um alle Menschen, die zuzogen, unterzubringen. Im Herbst 1958 „brandete" die nächste „Berliner Flüchtlingswelle" – so die Befürchtungen – nach Oberhausen. Den Städten wurde jeweils eine Quote zugeteilt – Menschen, für die in kurzer Zeit Wohnung und Arbeit gefunden werden musste. Während Oberhausen sich auf die „zehnte Quote" einrichtete, hatte die Stadt die neunte Quote von insgesamt 3.000 Personen, die Anfang des Jahres 1958 angekommen waren „noch nicht verdaut". Wegen der Masse der Flüchtlinge aus der DDR und weil damals Nordrhein-Westfalen noch als das reichste Bundesland galt, rechnete niemand damit, dass ein Einspruch gegen die „zehnte Quote" irgendetwas bewirken würde.[25]

Gegen Ende der 1950er Jahre waren es vor allem die knapper werdenden Arbeitsplätze, die den Stadtoberen Kopfzerbrechen bereiteten. Das Wirtschaftswunder machte 1958 eine Verschnaufpause. Auf den Zechen des Reviers, auch in Oberhausen, waren über Pfingsten zum ersten Mal seit langem wieder Feierschichten verfahren worden. Anfang November 1958 kam die nächste Runde. Wieder standen für einzelne Tage die Räder auf den Fördertürmen still. Folge der Krise im Bergbau war, dass ein Teil der eben angeworbenen Ausländer schon wieder die Koffer packte, vor allem Ungarn, die nach dem Volksaufstand von 1956 geflohen waren und sich bei der schweren Arbeit unter Tage nie wohlgefühlt hatten. Keinen Weg zurück in den Tito-Staat gab es für die Jugoslawen, die in österreichischen Flüchtlingslagern angeworben worden waren. Aufatmend registrierte der „Generalanzeiger" im April 1959: „Babylonisches Sprachengewirr in Oberhausen wird schwächer. […] Die Ausländergruppen im Oberhausener Bergbau […] schmelzen langsam dahin."[26] Wie lange man wohl noch an der Illusion festhielt, dass die „Gastarbeiter" wieder abwandern würden?

Wirtschaftswunderjahre

Zwar stellte sich 1958 die Auftragslage bei Eisen und Stahl und in der verarbeitenden Industrie noch durchaus günstig dar, u.a. deshalb, weil man bei der GHH Sterkrade und bei Babcock große Hoffnungen auf den Reaktorbau setzte, aber Anfang 1959 zeigten sich auch dort erstmals seit dem Korea-Boom von 1952 wieder konjunkturelle Warnzeichen. Im Februar meldete die HOAG 100, die Ruhrchemie gar 400 Entlassungen.[27] Im Rahmen „eiserner" Sparmaßnahmen strich die HOAG für Arbeiter und Angestellte alle Produktionsprämien.[28] Aber schon im August stellte die HOAG wieder 520 Leute ein, und im Dezember 1959 wurde an der Essener Straße mit großem Tamtam ein neuer Hochofen eingeweiht.[29] Auch die Bergbau-AG „Neue Hoffnung" tat so, als handele es sich für die Steinkohle nur um eine kleine Konjunkturdelle. Sie stellte im Herbst 1959 wiederum 400 Berglehrlinge und 350 Bergjungarbeiter neu ein. „Neue Hoffnung ruft den Nachwuchs." „Steinkohle – nach wie vor Grundlage unserer Wirtschaft", so hieß es in den Werbeanzeigen.[30]

Während die Zuwanderung von Gastarbeitern von Anfang an auch mit Sorgen registriert wurde und die beginnende Abwanderung bei Manchem auch Stoßseufzer der Erleichterung auslöste, äußerten sich die Festredner zum 200. Geburtstag der GHH im Oktober 1958 durchweg positiv. Als in der Schlossgaststätte in feierlichem Rahmen an die Eröffnung der Antony-Hütte, der ersten Eisenhütte des Reviers, im Jahre 1758 erinnert wurde, sprachen die Oberbürgermeisterin Luise Albertz und der Oberstadtdirektor Anton Schmitz ausführlich über das rasante Bevölkerungswachstum der jungen Industriestadt, das zur Hälfte Ergebnis der ständigen Zuwanderung aus dem Osten Deutschlands und aus Polen war. „Aus dieser vielschichtigen Mischung zumeist lebenstüchtiger und wagemutiger Menschen, die ihre angestammte Heimat verließen, um hier einen neuen, besseren Lebensraum zu finden, ist eine neue Einheit geworden, das ‚Ruhrvolk'. Es ist die menschliche Kraftquelle unseres Reviers."[31]

Niemals sind in so kurzer Zeit, in einem Jahrzehnt, so viele Menschen nach Oberhausen zugewandert wie in den 1950er Jahren, nämlich rund 38.000 Heimatvertriebene und Flüchtlinge und zusätzlich mehr als 11.000 DDR-Flüchtlinge, insgesamt also fast 50.000 Menschen.

Tabelle 1: Gesamtzahl der Heimatvertriebenen und Flüchtlinge 1950 bis 1960

Jahr	Heimatvertriebene und Flüchtlinge
1950	12.764
1951	16.580
1952	19.282
1953	23.687
1954	26.706
1955	29.285
1956	31.735
1957	34.942
1958	36.693
1959	37.296
1960	37.949

Quelle: Stadt Oberhausen, Bereich Statistik und Wahlen, Zuwanderung in Oberhausen 1850 bis 2000, S. 37.

In den 1960er Jahren überlagerte die Zuwanderung ausländischer Arbeitskräfte die beginnende Abwanderung Deutscher. Mit 260.570 Einwohnern erreichte Oberhausen 1963 seine höchste Einwohnerzahl, seitdem schrumpft die Bevölkerung.

Tabelle 2: Herkunftsländer der ausländischen Wohnbevölkerung 1960 bis 1970

Jahr	Ausländische Wohnbevölkerung insgesamt	Ausländerquote	darunter aus				
			Italien	Türkei	Jugoslawien	Griechenland	Spanien
1960	5.216	2,0	1.288	22	225	209	378
1961	6.598	2,6	1.872	56	244	290	951
1962	7.524	2,9	2.115	81	281	745	1.054
1963	7.781	3,0	2.002	91	288	1.413	830
1964	8.745	3,4	2.225	948	338	1.017	1.066
1965	9.394	3,6	2.552	1.253	373	836	1.108
1966	8.548	3,3	2.331	969	526	678	853
1967	7.304	2,9	2.099	694	460	533	655
1968	7.588	3,0	2.094	469	968	437	643
1969	9.388	3,8	2.231	1.593	1.568	484	665
1970	11.205	4,6	2.223	2.618	1.933	579	609

Quelle: Stadt Oberhausen, Bereich Statistik und Wahlen, Zuwanderung in Oberhausen 1850 bis 2000, S. 52.

Die Bevölkerungsentwicklung in Oberhausen kann als durchaus typisch angesehen werden für die Bundesrepublik insgesamt. Die BRD wurde in der zweiten Hälfte des 20. Jahrhunderts zum Einwanderungsland. „Aufs Ganze gesehen ist die zweite Republik mit den schier zahllosen Problemen, die durch diese Bevölkerungsbewegungen aufgeworfen wurden, auf eindrucksvolle Weise umgegangen, doch noch ist völlig offen, wann sie sich endlich der Herausforderung durch Schrumpfung, Alterung und Migration stellen wird."[32] In Oberhausen, wie in der Bundesrepublik insgesamt, haben viele Gruppen bei der Eingliederung der Migranten ins „Ruhrvolk" mitgeholfen: In erster Linie die Einwanderer selbst, die Kollegen am Arbeitsplatz, die Gewerkschaften, die Schulen und Kindergärten, Kirchengemeinden und in vielen Wohnbezirken die Nachbarn. Nach dem Ende der Vollbeschäftigungsphase, d. h. seit der ersten Ölkrise von 1973, stellten sich die Probleme der Integration der Einwanderer allerdings neu, häufig schwieriger dar.

*Die Werke der GHH nach dem Krieg –
nach wie vor Grundlage der Wirtschaft in Oberhausen*

Zwar war das Wirtschaftsleben der Stadt wie vor dem Krieg unverändert von „der Großindustrie" geprägt. Durch die „Entflechtung" unter der britischen Besatzung hatten sich aber die Strukturen grundlegend geändert. Schon im Dezember 1945 wurden alle Zechen des Ruhrgebiets der North German Coal Control (NGCC) unterstellt, das bedeutete für die GHH die

Herauslösung aller Zechen aus dem Konzern. Im August 1946 wurde der GHH-Aktienverein für Bergbau und Hüttenbetrieb und die GHH Oberhausen AG der Treuhandverwaltung der North German Iron and Steel Control (NGISC) unterstellt. Hermann Reusch, der Sohn des Firmenpatriarchen Paul Reusch, übernahm also schon einen gestutzten Konzern, als er am 23. Januar 1947 Vorstandsvorsitzender wurde. In seinem kompromisslosen Kampf gegen Entflechtung, Entnazifizierung, Sozialisierung und Montan-Mitbestimmung gebärdete er sich noch einige Zeit als Sprecher der ganzen Ruhrindustrie, steigerte sich aber im Verlauf der 1950er Jahre in eine „Wagenburgmentalität" hinein – in Frontstellung auch gegen die Regierung Adenauer – und wurde später, als er z.B. die Hauptversammlung des GHH Aktienvereins immer auf „Kaisers Geburtstag", den 27. Januar legte, zu einer eher „skurrilen" Figur.[33] Hermann Reusch konnte nicht verhindern, dass am 8. Februar 1947 durch die Treuhandverwaltung der NGISC die „Hüttenwerke Oberhausen AG (HOAG)" gegründet, die alte GHH dadurch in drei Teile aufgespalten wurde: Südlich des Rhein-Herne-Kanals lagen die Eisen- und Stahlwerke der HOAG, überwiegend nördlich davon die Zechen und in Sterkrade das einzige Werk der Weiterverarbeitung, das zugleich noch den Namen GHH trug. Als 1949 die Bundesrepublik gegründet wurde, war die HOAG der größte Stahlerzeuger der neuen Republik. Maßgeblich geleitet wurde die HOAG in den Anfangsjahren vom Arbeitsdirektor Karl Strohmenger, der auf Vorschlag der IG Metall in den Vorstand berufen worden war. Unter seiner Leitung wurde die paritätische Mitbestimmung eingeführt: Im Aufsichtsrat der HOAG saßen ab 1951 fünf Vertretern der Arbeitgeber fünf Arbeitnehmervertreter gegenüber. Vor diesem Hintergrund entwickelte sich eine intime persönliche Feindschaft zwischen Karl Strohmenger und Hermann Reusch.

Alle Versuche, die Entflechtung des GHH-Konzerns rückgängig zu machen, scheiterten. Am 28. Mai 1952 wurden die ehemaligen GHH-Zechen in eine neue Einheitsgesellschaft überführt, die den Namen „Bergbau-AG Neue Hoffnung" erhielt, nachdem die GHH gegen den Namen „Bergbau-AG *Gute* Hoffnung" ihr Veto eingelegt hatte. Konsequenterweise wurden auch die Namen des alten Konzerns geändert: Ab Juli 1953 gab es nur noch den „Gutehoffnungshütte Aktienverein", und aus der „Gutehoffnungshütte Oberhausen AG" wurde gleichzeitig die „Gutehoffnungshütte Sterkrade AG". Die alte Eigentümerfamilie Haniel besaß zwar in den Nachfolgegesellschaften weiterhin die Aktienmehrheit, ihre Stimmrechte unterlagen jedoch Beschränkungen. 1959 übernahm die im Nachkriegsboom höchst erfolgreiche HOAG die schon kriselnden Zechen der Bergbau-AG „Neue Hoffnung". Diese Fusion war aber nicht die Rückverflechtung des „vertikal", von der Rohstoffgewinnung bis zum fertigen Produkt durchorganisierten Konzerns, wie er Hermann Reusch vorschwebte. Nachdem alle Bemühungen um eine „Wiedervereinigung" des Vorkriegskonzerns endgültig gescheitert waren, richtete sich der ganze Zorn von Hermann Reusch auf die Montanmitbestimmung. Als er sie im Januar 1955 bei der Hauptversammlung in Nürnberg als „das Ergebnis einer brutalen Erpressung durch die Gewerkschaften" bezeichnete, folgten 800.000 Metallarbeiter und Bergleute im Revier aus Protest gegen diese verbale Entgleisung dem Aufruf zu einem eintägigen Warnstreik.[34] Im verschneiten Oberhausen traten am 14. Januar 12.000 HOAG-Mitarbeiter, einen Tag später 16.000 Bergleute der „Neuen-Hoffnung"-Zechen in den Streik.[35] Diese selbstbewusste Machtdemonstration der Gewerkschaften zeigte besser als alles andere, dass der GHH-Chef in der Mitte der 1950er Jahre längst nicht mehr der unumschränkte Herrscher „der Großindustrie" in Oberhausen war – wie vor dem Krieg zu Zeiten seines Vaters Paul Reusch.

Das gewachsene Selbstbewusstsein der Gewerkschaften war ohne Vollbeschäftigung in einer fast schon überhitzten Konjunktur nicht denkbar. Im Sommer 1955 waren in Oberhausen „nur noch 447 Männer ohne Arbeit".[36] Bei den Frauen waren noch 1.232 arbeitslos gemeldet, aber diese Zahl schaffte es nicht in die Schlagzeilen. Besonders spürbar war der Arbeitskräftemangel im Bergbau: „Aber woher weitere 1500 Bergleute nehmen?" titelte der „Generalanzeiger" Ende Juli.[37] Die Bergbau-AG „Neue Hoffnung" schüttete in diesem Sommer vier Prozent Dividende aus. Im Herbst wurde auch die Zeche „Franz Haniel" als „Oberhausens nördlichste Industriebastion" vereinnahmt. Zwar auf Bottroper Gebiet gelegen, sei diese Zeche „in allem doch unzweifelhaft unserer Stadt zugehörig". Seit drei Jahren sei das Zechengelände eine riesige Baustelle. Vor allem ein modernes Kraftwerk wurde 1954 fertiggestellt. „Die Haniel-Schächte werden, auf allerdings weitere Sicht beurteilt, in die erste Reihe der Oberhausener Großbetriebe gehören."[38] Mit dieser Prognose lag der Journalist gewaltig daneben, aber 1955/56, auf der Welle des historisch letzten Steinkohlebooms reitend, vernebelte ein grenzenloser Optimismus vielen den Blick. Die Concordia AG warb im Januar 1956 junge Bergleute mit besonderen Schichtprämien an.[39] Gegenüber Ausländern war aber selbst der DGB anfangs noch misstrauisch: Man befürchtete, dass Kommunisten, z.B. aus Italien, in die Betriebe eingeschleust werden könnten.[40] Ab Sommer 1956 wurden für den Ruhrbergbau Tausende von Italienern angeworben.[41] Ein Jahr später wurden sogar 500 Japaner für den Bergbau ins Ruhrgebiet geholt.[42] Modernisierung und Rationalisierung im Bergbau fanden ihren sinnfälligsten Ausdruck, als „Bubi", Oberhausens letztes Grubenpferd, auf der Zeche Alstaden in Rente ging. Seit 1943 malochte der braune Wallach auf der Zeche Alstaden und legte dabei unter Tage angeblich eine Strecke zurück, die dem doppelten Erdumfang entsprach – so jedenfalls stand es in der Zeitung.[43] Ein halbes Jahr später, an Pfingsten 1958, zwang der Absatzmangel die Oberhausener Zechen, die ersten Feierschichten einzulegen, erst bei Concordia, wo 13 Tagesförderungen auf Halde lagen, dann auch auf den Zechen der „Neuen Hoffnung" und auf Alstaden.[44] Erstmals wurde die Konkurrenz des Erdöls als preiswertem Brennstoff spürbar. Es würde nie mehr so sein wie früher. Dass dies der Anfang vom Ende des deutschen Steinkohlenbergbaus war, machte sich allerdings noch niemand klar.

Ein gewaltiger Boom, gerade auch in der „alten" Schwerindustrie, Vollbeschäftigung, Mitbestimmung in den Aufsichtsräten der großen Konzerne und Massenstreiks zur Verteidigung dieser Errungenschaften gehörten jetzt ganz selbstverständlich zur Arbeitswelt der Industriestadt Oberhausen. Das war eine neue Erfahrung für die meisten Flüchtlinge, die nach 1945 in Oberhausen gelandet waren, aber auch für die Heimkehrer aus der Gefangenschaft, die überwiegend in den 1920er Jahren ja noch Kinder gewesen waren. Gleichzeitig blieben die menschlichen Kriegsfolgen noch lange präsent, auch als der beginnende Wirtschaftsaufschwung sie langsam aus dem Bewusstsein verdrängte.

Wachablösung im Oberhausener Rathaus

Bei den Wahlen am 28. Oktober 1956 ging es aus Sicht der SPD um nicht weniger als die „Wachablösung im Oberhausener Rathaus". Kein Geringerer als der Ministerpräsident von Nordrhein-Westfalen, Fritz Steinhoff, eröffnete den Kommunalwahlkampf beim Unterbezirksparteitag der SPD im Kaiserhof in Sterkrade. Die Kommunalpolitik spielte in seiner Rede aber nur eine Nebenrolle, stattdessen attackierte er Bundeskanzler Adenauer, der seiner Meinung nach viel mehr für die deutsche Wiedervereinigung hätte tun müssen.[45] Aus diesen Attacken spricht auch ein Stück Ratlosigkeit über die Welle der Popularität, auf der Adenauer schwamm. Bei den Bundestagswahlen 1957 und 1961 holte Martin Heix jeweils vor Luise Albertz, die nur über die Liste in den Bundestag kam, das Direktmandat für die CDU. 1957, als Adenauer mit der CDU die absolute Mehrheit im Bundestag errang, betrug der Stimmenanteil der CDU in Oberhausen 54,6 Prozent gegenüber den mageren 36,1 Prozent der SPD! Vier Jahre später war der Vorsprung der CDU auf zwei Prozent geschrumpft. Auch bei der Landtagswahl 1958 gewann die CDU beide Direktmandate für Oberhausen. 1962 war aber der Umschwung vollzogen: Beide Landtagsdirektmandate fielen jetzt an die SPD.[46] In der Kommunalpolitik aber dominierten ab Mitte der 1950er Jahre die Sozialdemokraten.

Die SPD „eroberte" am 28. Oktober 1956 tatsächlich das Rathaus. Die Zeitgenossen konnten damals nicht wissen, dass die Sozialdemokraten die Mehrheit im Rat bis ins einundzwanzigste Jahrhundert verteidigen und ununterbrochen den Oberbürgermeister stellen würden. Dass mit der Niederlage des Zentrums, vor dem Krieg jahrzehntelang die bestimmende Kraft im Oberhausener Rathaus, eine Ära zu Ende ging, war ihnen schon bewusst.

Tabelle 3: Ergebnis der Kommunalwahl in Oberhausen vom 28. Oktober 1956[47]

	1956			1952		
	Stimmen	Prozent	Sitze	Stimmen	Prozent	Sitze
Wahlberechtigt	160.125					
Abgegebene Stimmen	123.813					
Gültig	122.473					
Wahlbeteiligung		77,3 %			75,8 %	
SPD	60.496	49,37 %	25	39.571	37,6 %	19
CDU	41.424	33,82 %	17	30.985	29,3 %	15
Zentrum	10.289	8,40 %	4	18.546	17,5 %	9
FDP	6.333	5,17 %	2	9.867	9,4 %	5
FVP	1.840	1,50 %	–	–	–	–
BHE	1.839	1,50 %	–	–	–	–
Bluhm	252	0,52 %	–	–	–	–
KPD	–	–	–	5.267	4,9 %	–

Der „Generalanzeiger" merkte zu Recht an, dass der SPD vermutlich die 5.000 Stimmen der verbotenen KPD zugute kamen. Das erklärt aber nicht den Zugewinn von mehr als 20.000 Stimmen; von den ehemaligen Zentrumswählern müssen viele nicht zur CDU, sondern ins Lager der SPD übergewechselt sein. Neben lokalpolitischen Themen wirkte sich für das Wahlergebnis sicher auch die Bundespolitik, vor allem der leidenschaftliche Kampf um die Wiederaufrüstung, aus. Auf der Liste der Stadtverordneten standen, neben der überragenden Gestalt der Nachkriegsjahre, Luise Albertz, die Namen Willi Haumann, Wilhelm Meinicke, Josef Kornelius und Elfriede Pusch für die SPD, Martin Heix für die CDU und Hugo Baum für das Zentrum.[48]

Bei der konstituierenden Sitzung des Rates am 12. November 1956 nominierte die SPD erwartungsgemäß Luise Albertz für das Amt des Oberbürgermeisters bzw. der Oberbürgermeisterin, einer damals noch gänzlich ungebräuchlichen Bezeichnung. Die Presse ließ keinen Zweifel daran, dass sie aufgrund ihrer Lebenserfahrung und aufgrund ihrer Leistungen in der Lokalpolitik und im Bundestag hervorragend für dieses Amt geeignet war. Der „Generalanzeiger" stellte in seinem wohlwollenden Porträt aber auch Fragen, die zeigen, wie ungewohnt es für die Mehrheit noch sein musste, eine Frau in diesem Amt zu sehen: „Man kann und darf wohl die Frage stellen, ob für eine Stadt wie Oberhausen ein weiblicher Oberbürgermeister eine vertretbare oder gar eine ideale Lösung ist. Unsere Stadt hat nüchterne, selbst harte Züge, entsprechend der Härte des täglichen Arbeits- und Berufslebens. Es wäre eigentlich logisch, sie durch einen Mann repräsentieren zu lassen, der um die Härte dieses Lebens aus eigener Erfahrung weiß. Bringt Luise Albertz Eigenschaften mit, die einen ausreichenden Ersatz dafür bieten könnten? Ihr Leben gibt eine Antwort darauf."[49]

Luise Albertz erhielt in geheimer Wahl 45 von insgesamt 46 Stimmen. Die einzige Stimmenthaltung kam vermutlich von ihr selbst. Wilhelm Jansen von der CDU wurde als ihr Stellvertreter mit 41 von 45 Stimmen zum Bürgermeister gewählt. Kontrovers war nur die Wahl eines zweiten Bürgermeisters. Josef Kornelius (SPD) konnte sich nur auf die 24 Stimmen seiner Partei stützen; die 17 Stimmenthaltungen kamen vermutlich von der CDU, vier der fünf Nein-Stimmen wohl vom Zentrum. In der Öffentlichkeit wurde aufmerksam registriert, dass die Stadtverordneten des Zentrums weder bei Wilhelm Jansen noch bei Josef Kornelius Beifall klatschten.[50] Das Abrutschen in die Bedeutungslosigkeit mussten die vier Männer des Zentrums, von 1919 bis 1933 in Oberhausen unangefochten die führende Macht, erst noch verarbeiten.

Luise Albertz bekannte sich in ihrer Antrittsrede „als Kind dieser Arbeiterstadt Oberhausen" zu ihren Ursprüngen, „der Gedankenwelt des Sozialismus". Sie betrachtete auch weiterhin die sozialen Aufgaben als den Kern der Kommunalpolitik, registrierte aber auch stolz, dass die Arbeiter sich den Zugang zu den kulturellen Einrichtungen erkämpft hatten, dass sie als Teil „der Kulturgemeinschaft […] am Sonntag kaum von anderen Schichten des Volkes [zu] unterscheiden seien". Deshalb trete die Unterstützung des Theaters gleichberechtigt neben die sozialen Aufgaben der Stadt:

> „Die heiße Sehnsucht, Mensch zu sein und die geistigen Kräfte in der Gemeinschaft betätigen zu können, das ist der tiefere Sinn der Arbeiterbewegung. Alles andere ist nur Vorweg dazu, die Hebung des Lebensstandards, der Kampf um die Kürzung der Arbeitszeit und um die sozialen Rechte."

Das waren mutige Worte, die ihr damals – so wie heute – gewiss nicht bei allen Genossen ihrer Partei Beifall eintrugen. Niemanden hat wohl überrascht, dass die neue Chefin im Oberhausener Rathaus schon damals auf die unzureichende finanzielle Ausstattung der Gemeinden hinwies und vom Bund, dessen Kassen angeblich überquollen, Unterstützung forderte. „Graue Haare" wuchsen ihr vor allem wegen der Lasten, die durch das neue Luftschutzgesetz auf die Städte zuzukommen drohten. Dabei war sie sich, in diesen Tagen des Volksaufstandes in Ungarn und der Suezkrise, der bedrohlichen weltpolitischen Situation durchaus bewusst:

Abb. 6: Luise Albertz

Luise Albertz

Geboren am 22. Juni 1901 in Duisburg, gestorben am 1. Februar 1979 in Oberhausen. Tochter des im KZ Bergen-Belsen ermordeten preußischen SPD-Landtagsabgeordneten und Vorsitzenden der SPD-Fraktion im Rat der Stadt Oberhausen Hermann Albertz (1877–1945). Besuch der Volks- und Handelsschule, Lehre bei der Stadtverwaltung Oberhausen, Buchhalterin, 1921 bis 1933 Filialleiterin der Zeitung Neueste Nachrichten. 1934 bis 1939 Devisenbuchhalterin, 1939 bis 1945 als Sachbearbeiterin für die Stadtverwaltung Oberhausen dienstverpflichtet.

1945 Sekretärin des Oberbürgermeisters, 1946 bis 1948 und von 1956 bis zu ihrem Tode 1979 Oberbürgermeisterin von Oberhausen. Erste Oberbürgermeisterin einer deutschen Großstadt. Seit 1915 war Albertz Mitglied der SPD und zunächst auch der Sozialistischen Arbeiterjugend. Ab 1945 beteiligte sie sich am Wiederaufbau der SPD in Nordrhein-Westfalen. 1947 bis 1950 für die SPD Abgeordnete des Landtags von Nordrhein-Westfalen. Mitglied des Deutschen Bundestags 1949 bis 1969, dort war sie von 1949 bis 1959 Vorsitzende des Petitionsausschusses. Wegen ihres großen Einsatzes in dieser Position wurde sie „Mutter der Bedrängten" genannt. Im Kampf um den Erhalt der Zeche Concordia 1968 erwarb sie sich den Namen „Mutter Courage des Ruhrgebiets".

„Am 6. November 1956 hing unser aller Schicksal an einem seidenen Faden. Wir hatten den Frieden schon wieder als etwas Selbstverständliches hingenommen, während er auch heute noch in keiner Weise gesichert ist."[51]

Das Dauerthema: Die städtischen Finanzen (Teil 1)

Obwohl Oberhausen finanziell eigentlich besser dastand als die meisten Nachbarstädte, schien die Oberbürgermeisterin schon bei ihrer Antrittsrede 1956 zu ahnen, dass die Haushaltssorgen in der Zukunft alle kommunalen Projekte überlagern würden. Sechs Jahre zuvor hatte ein Vergleich mit anderen Großstädten noch das überraschende Ergebnis erbracht, dass die Oberhausener Bürger zur Finanzierung städtischer Aufgaben wie der Unterhaltung der Krankenhäuser oder des Theaters pro Kopf in weit geringerem Maße herangezogen wurden als die Menschen in Köln und Düsseldorf oder in den benachbarten Ruhrgebietsmetropolen Essen und Duisburg. Auch bei den Personalkosten der Verwaltung, wieder pro Kopf der Bevölkerung gerechnet, gehörte Oberhausen zu den sparsamsten Städten! Fünf Jahre später setzte das statistische Landesamt Oberhausen hinsichtlich des Steueraufkommens auf den zehnten Platz der Ruhrgebietsstädte, hinsichtlich der Pro-Kopf-Verschuldung aber schon auf den siebten Rang. Die sich daraus ergebenden Risiken, vor allem, weil auch keinerlei Rücklagen vorhanden waren, wurden im November 1955 im Rat der Stadt diskutiert. Trotzdem meinte man in der Öffentlichkeit noch, dass Oberhausen der „Krösus' unter Bettlern" sei. Umso erstaunlicher mutet es an, dass ein halbes Jahr später im April 1956 auf Antrag der SPD gegen den zähen Widerstand des Oberstadtdirektors und des Kämmerers die Getränkesteuer abgeschafft und die Hundesteuer gesenkt wurde. Zwar war der Haushalt über 107 Millionen DM insgesamt noch ausgeglichen, der Stand der Verschuldung blieb aber hoch. Die Mehrheit der Stadtverordneten verließ sich ganz offensichtlich auf eine anhaltend gute Konjunktur und plante, unter diesen Rahmenbedingungen die Großindustrie künftig stärker zu belasten.[52]

Die Ratsherren und -frauen blamierten sich mit ihren Haushaltsbeschlüssen, vor allem mit der Senkung der Getränkesteuer, gründlich, denn vier Wochen später verweigerte der Regierungspräsident dem Haushalt die Zustimmung. Er verwies darauf, dass die Stadt rechtswidrig keinerlei Rücklagen gebildet habe, und ordnete an, die Steuersenkungen rückgängig zu machen.[53] Dies war der Hintergrund der Haushaltssorgen, die die neue Oberbürgermeisterin schon bei ihrer Antrittsrede zum Ausdruck brachte.

Es hatte zumindest indirekt mit den gestiegenen Grundstückspreisen zu tun, wenn das Bundeskabinett in Bonn Oberhausen im Mai 1956 in die Ortsklasse S aufstufte. Ob es wirklich „überall" in Oberhausen mit „Genugtuung" registriert wurde, dass die Beamten wegen der gestiegenen Lebenshaltungskosten mit ihrem Gehalt jetzt den höchsten Ortszuschlag erhielten? Der Kämmerer jedenfalls musste sich auf einen Anstieg der Personalkosten um mehrere hunderttausend Mark einrichten.[54] Es war Ausdruck der Aufbruchstimmung in diesen Wirtschaftswunderjahren, auch des gestiegenen Selbstbewusstseins, wenn der Verkehrsverein 1958 einen Ideenwettbewerb ausrief für den besten Werbespruch der Stadt. Ein erster Preis von 100 DM war in diesen Tagen noch genügend Anreiz für zahlreiche Einsendungen. „Oberhausen – Wiege der Ruhrindustrie" wurde von vornherein als „nicht zweckmäßig" verworfen. „Die Stadt im Grünen" war schon an Buer vergeben. „Oberhausen – das Paris des Ruhrgebiets" wurde eher als Scherz aufgefasst. Aber so ganz sicher war sich der „Generalanzeiger" mit dieser Einschätzung nicht.[55]

Im November 1958 standen die Oberbürgermeisterin und ihre beiden Stellvertreter zur Wiederwahl an. Luise Albertz und die beiden Bürgermeister Wilhelm Jansen (CDU) und Josef Kornelius (SPD) wurden dieses Mal fast einstimmig in ihren Ämtern bestätigt. Sehr wohl registriert wurde das traditionelle Übergewicht Alt-Oberhausens in der Riege der Stadtoberhäupter: Seit 1945, als wieder demokratisch gewählt werden konnte, stammten alle Oberbürgermeister und drei der sechs Stellvertreter aus dem Süden. Nur drei Bürgermeister hatten ihren Wohnsitz im Norden: Große-Brömer (Osterfeld), Laufenberg (Sterkrade) und Jansen (Holten).[56]

Wirtschaftswunderjahre

Am Tag vor Heiligabend legte der Kämmerer seiner wiedergewählten Chefin den Haushaltsplan für 1959 auf den Gabentisch. Er enthielt nicht „alles das, was man sich als braves Wirtschafts-Wunderkind erträumt hatte". Der Kämmerer rechnete mit geringeren Einnahmen aus der Gewerbesteuer, den Finanzzuweisungen des Landes und selbst aus der Vergnügungssteuer, weil die Menschen nicht mehr soviel ins Kino gingen. Die Gesamtverschuldung werde auf über 105 Millionen DM steigen, wofür ein Schuldendienst von 6,8 Millionen DM in den Haushalt einzusetzen sei. Damit gerate Oberhausen spätestens 1961 „tief in die Gefahrenzone"- für den „Generalanzeiger" Anlass für die dramatisierende Schlagzeile: „Die ‚7 fetten Jahre' vorüber?".[57] Bei der Einbringung des Haushalts in den Rat der Stadt nannte der Kämmerer bereits eine Gesamtverschuldung von 108 Millionen DM. Der Oberstadtdirektor malte das Gespenst einer „Bürgersteuer oder auch Negersteuer" an die Wand, wenn es im Frühjahr keine Konjunkturbelebung gebe. Und da sah es für Oberhausen schlecht aus, weil die HOAG nicht ausschließen wollte, dass im Frühling bei weiter flauer Konjunktur der erste Hochofen ausgeblasen würde. Trotzdem versprachen die Chefs der Verwaltung hoch und heilig, dass es keinen Baustopp bei den Großbauten (neuer Rathausflügel, Handelslehranstalt, Stadthalle) geben würde.[58] Genau an diesen Projekten setzte jedoch die Kritik der Opposition an: Der Bau der Stadthalle könne zugunsten des viel dringenderen Schulbaus zurückgestellt werden. Nebenbei nutzte der Fraktionsvorsitzende der CDU die Haushaltsdebatte, um die erschreckende Zunahme der Kriminalität in der Stadt zu beklagen und um neben mehr Polizisten auf den Straßen auch die Wiedereinführung der Todesstrafe für Schwerstverbrechen zu fordern.[59]

Wenige Jahre später, als der Geldmangel sich überall schmerzhaft bemerkbar machte, würde man sich wehmütig an die fetten Jahre erinnern, in denen ein Großprojekt wie die Stadthalle noch realisiert werden konnte. Kurz nach der Eröffnung am 1. September 1962 wusste der „Generalanzeiger": „Hätte man sie nicht bereits, man würde heute nicht mehr an ihre Errichtung zu denken wagen – und morgen auch nicht. [...] Sie war ein Meilenstein im Aufbau des Oberhausener Kultur- und Gesellschaftslebens, aber gleichzeitig auch ein Schlussstein."[60]

Neue Schulen braucht die Stadt

Mit dem Plädoyer für den Schulbau rannte der Oppositionsführer bei der Stadtverwaltung natürlich offene Türen ein. Renovierungsarbeiten und Schulneubauten waren seit Jahren in der Planung bzw. Ende der 1950er Jahre im Gang. Im Jahr 1959 wurde an nicht weniger als 14 Schulen gebaut. Die Liste der Bauplätze und der investierten Summen ist so eindrucksvoll, dass man es nicht bei einer pauschalen Zusammenfassung belassen sollte (siehe Tabelle 4 auf der folgenden Seite).

Die umfangreichen Baumaßnahmen waren für die Presse Anlass für die jubelnde Schlagzeile: „Es wächst in diesem Jahr heran: Ein Wald von Richtbäumen!"[62] Rückblickend bewundert – und beneidet! – der Historiker die gewaltigen Investitionen in den Bereich Bildung, gleichzeitig beschleicht ihn jedoch die bange Frage, ob in den vor fünfzig Jahren errichteten Schulgebäuden nicht zuweilen mehr für die Instandhaltung hätte geschehen können. Immerhin sind diesbezüglich seit der Jahrtausendwende kontinuierliche Anstrengungen und der gute Wille der Stadt als Eigentümerin spür- und sichtbar.

Tabelle 4: Schulbauprojekte in Oberhausen 1959[61]

Schule	Bausumme
Sternhilfsschule im Uhlandpark	1.047.000 DM
Emscherschule	851.000 DM
Concordiaschule	710.000 DM
Peterschule	760.000 DM
Antoniusschule	1.022.000 DM
Naturwissenschaftliches Gymnasium	1.075.000 DM
Herbartschule	1.560.000 DM
Hegelschule	830.000 DM
Melanchtonschule	1.056.000 DM
Realschule Sterkrade	3.240.000 DM
Schule auf dem Freitagsfeld	1.530.000 DM
Zentrale Hilfsschule Osterfeld	1.765.000 DM
Schillerschule	1.924.000 DM

Der Bau der Berliner Mauer als historischer Wendepunkt

Der Bau der Berliner Mauer am 13. August 1961 schweißte am Anfang des neuen Jahrzehnts alle (West-)Deutschen im Widerstand gegen die Diktatur in Ostdeutschland – die Bezeichnung DDR war damals noch verpönt – zusammen. Die Oberbürgermeisterin Luise Albertz wurde in diesen angespannten Tagen von Willy Brandt persönlich nach Berlin eingeladen: „Komm und sieh es dir an." Luise Albertz war vor Ort, als US-Vizepräsident Johnson in Berlin von den Menschenmassen umjubelt wurde. Nach ihrer Rückkehr fand sie im Rat volle Unterstützung bei allen Parteien, als sie für die Aufnahme zusätzlicher Berlinflüchtlinge, weit über das Aufnahmesoll der Stadt hinaus, plädierte. Als besonderes Zeichen der Verbundenheit mit Berlin brachte die CDU-Fraktion den Antrag ein, den Bahnhofsvorplatz „Berliner Platz" zu taufen.[63] In der Ablehnung des kommunistischen Regimes in der DDR gab es also keinen Dissens zwischen SPD, CDU und den anderen Parteien im Rat. Schon zwei Jahre zuvor hatte sich Luise Albertz mehrfach geweigert, eine offizielle ostdeutsche Delegation aus Weißenfels im Rathaus zu empfangen. Gespräche mit Kommunisten kamen für sie nicht in Frage, solange „aufrechte Sozialdemokraten" in der DDR noch im Gefängnis saßen.[64] Diese klare Haltung der Oberbürgermeisterin schien der CSU-Innenminister Höcherl wenige Jahre später vergessen zu haben, als er sich weigerte zum „roten Filmfestival" nach Oberhausen zu kommen.

Patt im Rat – die städtischen Finanzen, Teil 2

Wie in der Abwehrhaltung gegen die Bedrohung aus dem Osten so demonstrierten die Ratsherren und -frauen auch bei der Hundertjahrfeier im Februar 1962 die Einigkeit der Demokraten. Bei den praktischen Problemen der Kommunalpolitik jedoch war Anfang der 1960er

Abb. 7: Neue Hallenbäder – hier der Neubau in Osterfeld von 1971

Jahre von harmonischem Zusammenwirken nicht mehr viel zu spüren. Die Kommunalwahl vom März 1961 hatte im Rat eine Pattsituation verursacht: Den 24 Stimmen der SPD stand die gleiche Zahl von Oppositionsstimmen der CDU und der FDP gegenüber. Um bei der Oberbürgermeisterwahl einen rechtlich möglichen Losentscheid zu vermeiden, schlossen die Parteien im April 1961 einen „Vertrag", wonach Luise Albertz nach zwei weiteren Amtsjahren durch den CDU-Bürgermeister Dr. Rohe abgelöst werden würde.[65] Diese Vereinbarung kündigte die SPD aber nach der Etatdebatte vom Februar 1963 auf.

Rückblickend aus heutiger Sicht klingen die in der Haushaltsdebatte vorgetragenen kritischen Anmerkungen erstaunlich aktuell. 70 Millionen DM zusätzlicher Darlehen würden den jährlichen Schuldendienst auf 15 Millionen DM hochschrauben. Damit war für die CDU die Grenze der vertretbaren Verschuldung überschritten; sie lehnte den Bau der Sporthalle am Vincenzhaus, der dreieinhalb Millionen DM kosten sollte, ab. Die SPD dagegen wollte die Strategie des Wiederaufbaus noch nicht auslaufen lassen und trat weiter für umfangreiche Bauinvestitionen ein. Zwei Hallenbäder, weitere Schulbauten und ein großzügiger Ausbau der Straßen und des Kanalsystems standen noch auf dem Programm. Nach einem heftigen Schlagabtausch im Ratssaal verursachte die CDU ein lokalpolitisches Erdbeben, indem sie den Etat ablehnte. Sie glaubte damit sicherlich, große Teile der Öffentlichkeit hinter sich zu haben, denn der „Generalanzeiger" kommentierte unter Hinweis auf die ungünstigen Konjunkturerwartungen: „Dann [beim Ausbleiben einer Konjunkturerholung] werden die Spendierhosen, die jetzt immerhin noch die (Finanz-)Blöße bedecken, wirklich ausgezogen werden müssen – es sei denn, es käme wirklich zu einer Neuverteilung der Steuern zwischen Bund, Ländern und Gemeinden." Dies sei aber eine „Illusion […], die gerade dazu taugt, die roten Zahlen im Etat mit einem Fragezeichen zu schmücken!"[66]

Abb. 8: Elly-Heuss-Knapp-Stiftung

Die SPD reagierte empört, vor allem auch, weil ein zur Sparsamkeit mahnender Brief des Regierungspräsidenten in die Öffentlichkeit lanciert worden war. Auch aus Kreisen der FDP wurden die Vorwürfe des Regierungspräsidenten als „Zerrbild unserer Arbeit" zurückgewiesen. „Durch solche Einmischung wird die kommunale Selbstverwaltung ausgehöhlt. Wir haben keine Luderwirtschaft getrieben."[67]

Die SPD nahm die Ablehnung des Haushalts und die Indiskretion, die sie auch der CDU zur Last legte, zum Anlass, das Abkommen über die OB-Wahl von 1961 aufzukündigen. Die Delegierten des Unterbezirksparteitags der SPD standen einstimmig hinter dieser Konfliktstrategie. Zusätzlich angeheizt wurde die Stimmung zweifellos durch die „Spiegel-Affäre" des Winters und durch die von der Adenauer-Regierung vom Zaun gebrochene Diskussion über „Notstandsgesetze". Der Unterbezirksparteitag verabschiedete eine Entschließung gegen Grundgesetzänderungen dieser Art.[68] Auf einer Funktionärskonferenz der SPD wurde der Ton weiter verschärft. Der CDU wurden „Obstruktion, Intoleranz, Fehlentscheidungen, Querschießen in einer Form, wie man es kaum je erlebt" habe, vorgeworfen. Als Beispiele wurden die Entscheidungen über die Elly-Heuss-Knapp-Stiftung und über die Kurzfilmtage angeführt. Die SPD-Funktionäre brachten jetzt auch das nicht zu widerlegende Argument ins Spiel, dass Luise Albertz eine Direktwahl des Oberbürgermeisters durch das Volk zweifellos gewinnen würde. Unterbezirksvorsitzender Willi Haumann dazu: „Es bleibt dabei, Oberbürgermeister wird ‚die Alte'."[69]

Am 8. April 1963 setzte sich „die Alte" tatsächlich mit 25 zu 22 Stimmen durch. Ein Stadtverordneter aus den Reihen der CDU oder der FDP musste für sie gestimmt haben. Die CDU quittierte das Ergebnis mit dem Auszug aus der Ratssitzung.[70] Die Oberhausener Öffentlichkeit verfolgte das Spektakel im Rathaus ziemlich erschrocken. Man fühlte sich an die unmittelbare Nachkriegszeit erinnert, „in der der Bürger oft fassungslos die Brandungswellen parteipolitischer Hemmungslosigkeit und oft auch der Exzesse über sich ergehen ließ". Gleichzeitig wurde eine Änderung der Gemeindeordnung angemahnt: Die Legislaturperiode des Rates und die Amtszeit des Oberbürgermeisters müsse synchron laufen. Und um Losentscheide auszuschließen, müsste im Stadtparlament immer eine ungerade Zahl von Volksvertretern sitzen.[71]

Der Kommunalwahlkampf im Herbst 1964 wurde überlagert von einem Streit über einen törichten Kommentar des damaligen Bundesinnenministers Höcherl (CSU) zu den Westdeutschen Kurzfilmtagen. Höcherl hatte im Frühjahr gesagt, dass er nicht auf das „rote Festival" in Oberhausen gehe, da sich dort die „sowjetzonale Prominenz der Filmfunktionäre ein Stelldichein" gebe. Es entspann sich ein langer Briefwechsel zwischen Luise Albertz, die Höcherls unqualifizierte Attacke natürlich zurückwies, und dem Minister. Im September war Höcherls rhetorischer Fehlgriff über das „rote Festival" Thema einer kleinen Anfrage im Rat der Stadt. Der Bundesinnenminister aus Bayern meinte es ernst: Im Februar 1965 lehnte er den beantragten Zuschuss von 40.000 DM ab. Noch im Vorfeld der nächsten Kurzfilmtage im Frühjahr 1965 wurde heftig über die Höcherl-Äußerungen gestritten.[72]

Am 27. September 1964 wurden bereits nach der geänderten Gemeindeordnung 49 Stadtverordnete in den neuen Rat gewählt, unter ihnen insgesamt sechs Frauen: Für die SPD Luise Albertz, Elfriede Pusch, Elly Kuchenbecker und Waltraud Richter, für die CDU Barbara Diestelkamp und die spätere Landtagsabgeordnete Hildegard Matthäus.[73] Die Mehrheitsverhältnisse waren jetzt ganz klar: Die SPD erhielt mit 54,8 Prozent der Stimmen 28 Sitze, die CDU mit 40,9 Prozent 21 Sitze. Die FDP konnte mit 4,2 Prozent die Fünf-Prozent-Hürde nicht nehmen. Der Hausfrieden im Ratssaal war wieder hergestellt: In trauter Gemeinsamkeit wählten die beiden einzigen Fraktionen im Rat Luise Albertz wieder zu Oberbürgermeisterin und Franz Sörries von der CDU zum Bürgermeister.[74]

Nachdem der neue Haushalt im Januar 1964 ähnlich kontrovers diskutiert worden war wie im Vorjahr, beruhigten sich die Gemüter nach der Kommunalwahl auch bei der Diskussion um die vertrackten Geldfragen. Allen Stadtverordneten steckte wahrscheinlich noch die böse Schelte der IHK Essen in den Knochen: Obwohl mehrere Großprojekte schon gestrichen worden waren – so die Erweiterung der Feuerwache und der neue Rathausflügel – stand nach Darstellung der Industrie- und Handelskammer die Stadt Oberhausen in der Verschuldungsrangliste unter den 38 Städten und Kreisen Nordrhein-Westfalens an vierter Stelle. Eine Pro-Kopf-Verschuldung von 750 DM sei entschieden zuviel. Etwas kleinlaut erbat sich der Oberstadtdirektor bei der Etatdebatte wenigstens einen anderen Ton.[75] Die CDU machte sich dagegen die Vorwürfe der IHK zu eigen und lehnte den Etat wie schon ein Jahr zuvor ab.[76] Als der übernächste Haushaltsplan im November 1965 in den Rat eingebracht wurde, war unstrittig, dass es Großinvestitionen vorerst nicht mehr geben würde. Der tiefere Grund dafür war, dass die Einwohnerzahl bei 260.000 stagnierte, große Bau-Investitionen, selbst im Schulbereich, daher nicht mehr vertretbar schienen.[77]

Bei den Bundestagswahlen im September 1965 marschierte der „Genosse Trend" stramm weiter zugunsten der SPD. Zum ersten Mal gewann Luise Albertz das Direktmandat in Oberhausen, und zwar gleich mit der absoluten Mehrheit von 52,6 Prozent. Die CDU landete bei 42,3 Prozent, alle anderen Parteien blieben in Oberhausen unter fünf Prozent. Willy Brandts persönliche Unterstützung für die Oberbürgermeisterin hatte sich also ausgezahlt. Dagegen kam auch ein solches Schwergewicht wie Franz Josef Strauß trotz seines furiosen Auftritts in der Oberhausener Stadthalle nicht an.[78] Noch deutlicher wurde das Übergewicht der SPD bei der Landtagswahl im Juli 1966: Mit 58,4 Prozent der Stimmen mauserte sich Oberhausen zu einer echten SPD-Hochburg. Dr. Heinz Nerlich und Wilhelm Meinicke erhielten die Direktmandate. Die CDU landete abgeschlagen bei 36,8 Prozent.[79]

Die 1960er Jahre: Bevölkerung, Wirtschaft, Infrastruktur

Am Ende des ersten Nachkriegsjahrzehnts wurde allenthalben Bilanz gezogen. Das Statistische Amt der Stadt Oberhausen kam nach einer Sonderauszählung vom Sommer 1959 zu überraschenden Ergebnissen: Durch wachsende Geburtenzahlen seit Kriegsende verjüngte sich die Bevölkerung der Stadt sehr rasch. In der graphischen Darstellung ergab sich daraus eine Bevölkerungspyramide mit immer breiterer Basis – beneidenswert aus heutiger Sicht, da die Bevölkerungs-„zwiebel" unten immer schmaler und oben bei den Senioren immer breiter wird. Niemanden hat es überrascht, dass bei der Kriegsgeneration – und dazu gehörten in Deutschland alle vor 1930 Geborenen – die Männer in der Minderheit waren. Umso erstaunlicher war aber der Männerüberschuss in den Jahrgängen danach. Der Grund wurde klar benannt: Oberhausen bot viele Arbeitsplätze für Männer an, und als Folge dessen waren seit Mitte der 1950er Jahre viele junge, unverheirateter Männer aus dem Ausland nach Oberhausen gekommen.[80] Vor allem im Bergbau hatten sie Arbeit gefunden. Der aber steckte seit 1958 in einer Absatzkrise.

Ging es zunächst nur ab und zu um Feierschichten, so war ab 1960 immer öfter von Stilllegungen ganzer Zechen die Rede. Noch hieß es, dass die Arbeitsplätze nicht verschwinden, sondern nur auf andere Zechen verlagert würden. Aber auf den städtischen Ämtern wurde zum ersten Mal ein Rückgang der in Oberhausen gemeldeten Ausländer registriert: Von 5.264 im Jahr 1959 auf 4.419 ein Jahr später.[81] Während es im Bergbau für alle unübersehbar schon seit zwei Jahren kriselte, brummte 1960 die Produktion in der Stahlindustrie wieder. Wegen des Stahlarbeiterstreiks in den USA, vor allem aber wegen der anhaltend guten Baukonjunktur in Deutschland verzeichnete die HOAG im Geschäftsjahr 1959/60 einen Produktionsrekord nach dem anderen.[82]

1961 war schon wieder von einer „Ausländerinvasion" die Rede. Das Statistische Amt zählte im März bereits 6.752 Ausländer, pro Jahr kamen in den frühen 1960er Jahren rund tausend weitere hinzu. Die meisten waren Italiener, gefolgt von Niederländern, Spaniern, Österreichern, Polen, Griechen und Jugoslawen. Noch hießen die Einwanderer „Fremdarbeiter". Und auch wenn betont wurde, dass die meisten sich gut „anpassten", so wurde die Oberhausener Öffentlichkeit doch auch ausführlich über die Ausnahmefälle informiert: „Heißblütigen Südländern, denen das Messer allzu locker in der Tasche sitzt, die der Oberhausener Weiblichkeit allzu temperamentvoll ihre Verehrung zeigen oder dazu gar – wie es leider in Ausnahmefällen vorgekommen ist – zu sehr massiven, um nicht zu sagen kriminellen Mitteln greifen", konnten abgeschoben werden. 65 derartige Fälle wurden bis zum Sommer 1961 registriert.[83] Die Anwerbung ging in der Hochkonjunktur Anfang der 1960er Jahre überwiegend noch von der traditionellen Schwerindustrie aus. Auf den fünf Zechen in Oberhausen gab es Ende der 1950er Jahre noch 20.000 Arbeitsplätze.[84]

Seitdem Oberhausen 1963 die Höchstmarke mit 260.220 Einwohnern erreicht hatte, wuchs die Stadt nicht mehr weiter. Nur etwas mehr als die Hälfte (53 Prozent) der Oberhausener war in Oberhausen geboren. Hintergrund dessen waren die Flüchtlingsströme am Ende des Zweiten Weltkrieges und danach.[85] 47 Prozent der Oberhausener hatten also einen „Migrationshintergrund", noch bevor der Zustrom der „Gastarbeiter" in den 1960er Jahren richtig einsetzte!

Hochhäuser und Schnellstraßen

Von hohem Symbolwert war es, als Anfang 1959 das letzte Flüchtlingslager der Stadt geräumt wurde: Das Lager Zementwerk an der Osterfelder Straße auf dem heutigen Marina-Gelände, das im Krieg schon zur Unterbringung von Zwangsarbeitern gedient hatte.[86] Als Folge des stürmischen Wohnungsbaus wurde es Ende des Jahres 1959 immer schwerer, im Stadtbild noch Kriegsruinen zu finden. Trotz der vielen aus dem Osten zugezogenen Flüchtlinge und trotz des rasanten Wachstums der Einwohnerzahlen gab es nach offizieller Darstellung keine Wohnungsnot mehr.[87] Als richtungweisend galten die Wohnhochhäuser im Knappenviertel: In einer Stadt mit stürmisch wachsender Bevölkerung könne man es sich nicht mehr leisten, nur ein- oder zweigeschossig zu bauen. Spitzenreiter war das Hochhaus für HOAG-Angehörige, mit 18 Stockwerken das neue Zuhause für 150 Familien mit 500 Personen: „Wohnraum für ein mittleres Dorf".[88] Die Wohnhochhäuser entsprachen ganz den Vorstellungen der Verkehrsplaner, wonach große Flächen für den Straßenbau reserviert werden mussten. Der rasant zunehmende Autoverkehr könne nur durch neue Stadtautobahnen bewältigt werden. Selbst der Verkehrsminister Seebohm war mit dem Ratschlag zur Stelle, die Mülheimer Straße zur „Hochstraße" auszubauen. Die Verkehrsplaner glaubten aber nicht, dass das reichen würde. Eine zweite Schnellverkehrstraße über das Brücktorviertel durch den Oberhausener Osten zur Rolandhalde sei notwendig, und zwar „unabhängig von den Kosten [...] und ohne Rücksicht darauf, ob hundert oder noch mehr Häuser niedergelegt werden müssen".[89] Diese rabiaten Planungen sollten aber bald in der Schublade verschwinden, nicht weil die Verfechter der „autogerechten Stadt" ein Einsehen gezeigt hätten, sondern weil die Großindustrie ihr Veto einlegte.

Nicht alle großen Wohnungsunternehmen folgten übrigens dem Trend zum Hochhausbau. Nicht weit vom Knappenviertel, im Schönefeld, errichtete die Concordia Bergbau AG im gleichen Jahr 1959 insgesamt 144 Werkswohnungen in zweigeschossigen Häusern. Das neue Wohnviertel lag „im Schatten der Rolandhalde" auf dem Gelände der vor 30 Jahren stillgelegten Zeche Roland. Deren Grubenfeld hatte seinerzeit die Concordia übernommen, diese nutzte auch weiterhin den Roland-Schacht als Seilschacht für ihre Bergleute, von denen jetzt viele ganz in der Nähe wohnten.[90]

Die stürmische Stadtentwicklung wurde in den einzelnen Stadtteilen ganz unterschiedlich wahrgenommen: Während der Bürgerring Alstaden sich über die Ausgestaltung des Ruhrparks freute und dort schon die „Riviera Oberhausens"[91] entstehen sah, beklagten sich die Königshardter auf einer Bürgerversammlung bitter über die „elendsten Straßen von Oberhausen": „Wenn auf dem Höhenweg eine Auto käme, dann müssten die Fußgänger in die Gräben flüchten." Wenn nicht bald etwas für die Entwässerung getan würde, dann würden die

Abb. 9:
„Wohnraum für ein mittleres Dorf",
Wohnhochhäuser im Knappenviertel,
GA vom 18. September 1959

Wohnraum für ein mittleres Dorf!

Im alten Knappenviertel, das von jeher ein Hüttenviertel war, vollzieht sich seit Jahren eine ebenso interessante wie bezeichnende Umgestaltung: Alte, im Stile vergangener Epochen erbauten ein- oder anderthalbstöckige Werkswohnungen werden abgerissen, an ihre Stelle treten mehrgeschossige und moderne Wohnbauten. Dieser Prozeß ist schon weitgehend durchgeführt, er hat auch zu der Errichtung eines ersten Hochhauses geführt, dem jetzt eine ganze Reihe weiterer Hochhäuser folgen soll.

Wenn dieses neue Hochhaus für HOAG-Angehörige gebaut wird, dürfte es mit seiner Höhe von 18 Geschossen — zwei Geschosse mehr als das zweite Babcock-Hochhaus — zunächst in Oberhausen die „Führung nach oben" behalten. 150 Familien mit rd. 500 Personen wohnen dann erstmalig in Oberhausen unter e i n e m Dach. Das entspricht der Einwohnerzahl eines mittleren Dorfes.

GA-Foto: Eulberg

Königshardter „die schwarze Flagge" hissen. „Auf der Königshardter Straße brenne mittags das Licht, in der Nacht sei es dunkel. […] Für die Stadthalle hätte man Geld, aber keines für die Sicherheit der Bürger." Der Journalist wusste schon, warum er in seinem Bericht sorgfältig im Konjunktiv formulierte: Ganz so dramatisch wird es wohl nicht gewesen sein! Die bei der Bürgerversammlung anwesenden Stadtverordneten waren redlich bemüht, die aufgeheizte Stimmung zu beruhigen. Immerhin konnten sie auf rund eine Million DM verweisen, die im neuen Etat für Königshardt vorgesehen waren.[92]

Der Mangel an Bauland bei weiter wachsenden Einwohnerzahlen war nicht nur die Ursache für Bodenspekulation und Preiswucher[93], sondern auch der Nährboden für manche seltsame Blüte in der Vorstellungswelt von Stadtplanern. Es wurde ernsthaft über eine Einwohnerzahl von 280.000, im äußersten Fall sogar 300.000 nachgedacht. Neue „Trabantenstädte" für so viele Menschen hätten auf dem Oberhausener Stadtgebiet keinen Platz mehr. „Es bliebe also als letzte und einzige Möglichkeit der Sprung über unsere nördliche Grenze, in den Nachbarkreis Dinslaken hinein. Hier sind noch beträchtliche Grundstücksreserven. Und der kommunalpolitische Oberhausener Blick ginge, wenn er sich landhungrig nach Dinslaken richten sollte, in eine traditionelle Richtung." Schon vor dem Krieg hätten Oberhausener Kommunalpolitiker „wenigstens hinter vorgehaltener Hand" über die Notwendigkeit gesprochen, Teile von Dinslaken einzugemeinden. „Man nährte Hoffnungen im Busen und tut es wohl auch heute noch."

Der Kommentator des „Generalanzeigers" ging in sarkastischem Ton mit derartigen Träumen ins Gericht. Durch die Ansiedlung der größten Ölraffinerie der Bundesrepublik sei Dinslaken zu einer „Goldgräberstadt" geworden: „Hier dürften für Oberhausen keine Eroberungen mehr zu machen sein. […] Vor einer Oberhausener Trabanten- und Satellitenstadt auf dem – heutigen – Dinslakener Kreisgebiet steht mehr als ein Eiserner Vorhang."[94]

Nicht weniger naiv, oder zumindest kurzsichtig, als die Träume von Eroberungen im Norden waren manche Prognosen für den Bergbau, am Ende der 1950er Jahre immer noch eines der beiden Standbeine der Oberhausener Industrie. Zwar war schon von der „Bergbaukrise von morgen" die Rede, aber mit einer höchst erstaunlichen Begründung: „In drei Jahren, wenn es kein Problem mehr sein wird, von einer Zechenwohnung in eine Wohnung des freien Marktes zu wechseln, könnte sich im Oberhausener Bergbau eine ungleich größere Krise als die heutige ergeben, im Sinne eines Mangels an gelernten und erfahrenen Bergleuten nämlich, der größer sein könnte als jemals zuvor!"[95] Zu dieser optimistischen Einschätzung der Kohle-Zukunft passte es gar nicht, dass gleichzeitig das Schaubergwerk auf der Zeche Oberhausen geschlossen wurde. Es war dem Nachfolgekonzern der GHH, der Bergbau AG „Neue Hoffnung", mit jährlich 600.000 DM zu teuer geworden.[96] Hier passten die Dinge doch wieder zusammen: Der eklatanten Fehleinschätzung der Zukunft des Bergbaus entsprach die Blindheit für den Wert dieses Schaubergwerks als touristische Attraktion. Was wäre Bochum heute ohne das Bergbaumuseum? Im Gegensatz zum Bergwerk dort waren auf der Zeche Oberhausen die früheren Originalarbeitsplätze unter Tage zu besichtigen.

Die Holland-Autobahn

Der Bau von Wohnungen und Schulen war wichtig für die „Lebensqualität" – diesen Begriff prägte Willy Brandt in den 1960er Jahren – der Menschen in der Stadt, die einzelnen Projekte waren jedoch weit weniger spektakulär als die Verkehrsprojekte, mit denen für alle sichtbar eine neue, moderne, technikbegeisterte Zeit ihren Lauf nahm. Aber es gab nicht nur begeisterte Befürworter. Heftig umstritten war das größte aller Bauprojekte auf Oberhausener Boden: der Zubringer zur Hollandautobahn. Der städtische Anteil an diesem gigantischen Projekt wurde auf mehr als 200 Millionen DM veranschlagt. Die STIG – offenbar wusste damals jedes Kind, was sich hinter dieser Abkürzung verbarg – bündelte den Widerstand der Sterkrader gegen das Autobahnprojekt des Landschaftsverbandes Rheinland. Der Sterkrader Norden, so die Befürchtung der STIG, würde durch den Autobahnbau „von der Innenstadt abgeriegelt", wobei nicht klar ist, ob die Sterkrader oder die Oberhausener „Innenstadt" gemeint war. Der Schmachtendorfer Heimatverein, schon damals vertreten durch Karl Lange, hatte sich wohl damit abgefunden, dass die grundsätzliche Entscheidung längst gefallen war, und forderte konkret zusätzliche Fußgängerunterführungen. Vor allem aber wollte der Heimatverein die Ausfahrt Dinslaken Süd, unmittelbar nördlich der Brinkschule, wo Karl Lange als Lehrer tätig war, verhindern.[97] Am 27. Mai 1959 wurden rund 60 Einsprüche bei einer Anhörung hinter verschlossenen Türen diskutiert. Von den 21 Einsprüchen der Stadtverwaltung konnten 17 geklärt werden. Die sehr viel weitergehenden Einsprüche der STIG, z.B. gegen das „Berliner Kreuz" im Sterkrader Wald, wurden jedoch abgeschmettert. Die STIG könne sich ja mit ihrem Gegenplan, dem sogenannten „Wasser-Plan", direkt an den Verkehrminister von Nordrhein-

Abb. 10:
Das Goggomobil,
GA vom
5. November 1959

Westfalen wenden. Der Presse war der genaue Inhalt der diversen Einsprüche verborgen geblieben. Es war nur durchgesickert, dass selbst die Kirchengemeinde St. Bernardus, Sterkrade, ihre Bedenken aktenkundig gemacht hatte. Nach der geheimen Anhörung wurde gemunkelt, dass die kämpferische STIG die meisten anderen Kritiker um ihre Fahnen scharen konnte.[98]

In den folgenden Jahren wurde die Hollandautobahn Stück um Stück realisiert. Im April 1965 durchschnitt Verkehrsminister Seebohm gemeinsam mit seinem niederländischen Kollegen das weiße Band für das letzte Teilstück Emmerich-Hamminkeln. Mit Genugtuung wurde registriert, dass damit eine direkte Autobahnverbindung von Hoek van Holland (mit Fährverbindung nach England) bis in die Schweiz und nach Österreich bestand.[99]

Die Gegner und Kritiker des Autobahnprojektes vertraten wohl nicht die Mehrheit, denn die Motorisierung rollte. Es war keineswegs nur eine dünne Schicht der Wohlhabenden, die sich 1959 das eigene Auto leisten konnte. Viele Arbeiter motorisierten sich zunächst mit den populären Kleinwagen: Goggomobil, Lloyd, BMW-Isetta (oder der Viersitzerausführung BMW 600), oder auch mit dem Messerschmitt Kabinenroller. Als unbekannte Täter das Goggomobil eines Bergmannes beschädigten, war das den Lokalzeitungen mehrere Artikel wert: „Vor längerer Zeit hatte er sich ein Goggomobil gekauft, dafür eine entsprechende Garage gebaut und sich an seinem Besitztum erfreut." Unbekannte Täter hatten das gute Stück in der Nacht mit einem Beil völlig demoliert. Ein großes Bild zeigte das Goggo-Wrack mit den Einschlägen ins Blech.[100] Im Frühjahr 1962 waren in Oberhausen bereits 19.108 PKW angemeldet. 7.580 Arbeiter waren stolze Besitzer eines eigenen Autos, erst an zweiter Stelle folgten die Beamten und Angestellten mit 5.598 Privatwagen.[101] Man darf annehmen, dass die rasant wachsende Gruppe der Autobesitzer mehr Sympathien hatte für den Bau der Hollandautobahn als für die Einsprüche dagegen.

Es war noch offen, wie die Auto-Lawine vom Südpunkt der Hollandautobahn in Sterkrade bis zum Anschluss an den Ruhrschnellweg im Süden gelenkt werden sollte. Die HOAG, der Industriegigant in der geographischen Mitte der Stadt, legte ihr Veto ein gegen die im Rathaus favorisierte Trasse durch das Brücktor- und Knappenviertel. Für die Realisierung dieser Route hätte die HOAG einige Grundstücke abgeben müssen. Das lehnte sie kategorisch ab und drohte mit der Abwanderung in eine Küstenstadt, falls man ihren Wünschen nicht folgen sollte. Die HOAG verlangte eine Streckenführung entlang der Emscher nach Osterfeld und von dort in südlicher Richtung entlang der östlichen Stadtgrenze zum Ruhrschnellweg.[102]

Die gute alte Straßenbahn

Noch stellte niemand die Straßenbahn in Frage, als die leitenden Herren der Städtischen Verkehrsbetriebe kurz vor der Auslieferung die neuen Großraumwagen 1959 in der Waggonfabrik in Köln besichtigten: Künftig konnten ein Fahrer und ein Schaffner 220 Personen in einem Wagen befördern.

> „Die neuen Wagen haben modernste windschnittige Form. […] Die drei an jeder Seite symmetrisch angeordneten Falttüren werden elektrisch betätigt. […] Die farbliche Kombination ist eindrucksvoll: Sitzplätze in warmem Holzton, Seitenwandverschalung in Sperrholz mit grüngemusterter Kunstledertapete. […] Zum Komfort gehören die Beleuchtung mit Leuchtstoffröhren und die moderne Ausrufanlage mit Verstärkern. Jeder Fahrgast kann aber auch durch einen Druck auf einen Knopf dem Schaffner anzeigen, dass er den Wagen an der nächsten Haltestelle verlassen möchte. […] Das Fahrsignal wird beim Fahrer erst sichtbar, wenn die vom Schaffner zu betätigenden Türen geschlossen sind. […] Es wird wirtschaftlich stark zu Buch schlagen, dass man in Zukunft für den gleichen Nutzraum nur noch einen Schaffner benötigen, statt bisher (für Triebwagen und Anhänger) zwei!"[103]

Die Zeit war nicht mehr fern, wo man den Schaffner ganz einsparen und dem Fahrer das Wechselgeld in die Hand drücken würde! Doch in Zeiten der Vollbeschäftigung schien die Personaleinsparung niemanden zu beunruhigen.

An der ewig geschlossenen „Glückauf-Schranke" (da hast Du „Glück", wenn sie „auf" ist) wurde der Schaffner (oder die Schaffnerin!) aber noch eine Zeit lang gebraucht. Das Verkehrsärgernis Nummer eins in Oberhausen an der Emschertalbahn wurde erst im Herbst 1965 durch eine Brücke ersetzt. Kurz vor der Eröffnung, im Bundestagswahlkampf 1965 fuhr Luise Albertz in einer offenen schwarzen Mercedes-Limousine an der Seite von Willy Brandt über die neue Trasse. Ab Februar 1966 war die Brücke auch für die Straßenbahn offen. Zum letzten Mal hielt ein alter Straßenbahntriebwagen an der geschlossenen Schranke und rumpelte dann über die Bahngleise, nachdem die Schaffnerin sich vorschriftsmäßig vergewissert hatte, dass

Abb. 11: Luise Albertz in einer offenen schwarzen Mercedes-Limousine an der Seite von Willy Brandt bei der Einweihung der neuen Straßenbrücke über die Emschertalbahn, GA vom 3. September 1965

kein Zug mehr im Anmarsch war, um dann auf die langsam fahrende Straßenbahn wieder aufzuspringen.[104]

Zweieinhalb Jahre später ging das Straßenbahnzeitalter in Oberhausen zu Ende. Am Sonntag, dem 13. Oktober 1968, fuhr die Linie 1 zum letzten Mal von der Broermann-Realschule (heute Anne-Frank-Realschule) zum Bahnhof Holten. Wer wollte, konnte auf dieser wehmütigen letzten Fahrt umsonst mitfahren. Am 3. April 1897, vor 71 Jahren, war die erste „Elektrische" vom Oberhausener Bahnhof bis zur Essener Straße gerumpelt, wo die Leitung der GHH für die Ehrengäste eine Runde kühles Pils ausgab. Oberhausen konnte stolz für sich in Anspruch nehmen, als erste deutsche Stadt seit 1897 einen elektrischen Straßenbahnbetrieb voll in kommunaler Regie zu betreiben. Jetzt waren die Stadtoberen der Meinung, dass Busse schneller und wirtschaftlicher seien. Argumente des Umweltschutzes spielten damals noch keine Rolle.[105] Dass das Intermezzo ohne Straßenbahn gerade mal drei Jahrzehnte dauern würde, ahnte in den 1960er Jahren noch keiner. Dem Auto gehörte die Zukunft. Personen- und Güterverkehr wurde überall von der Schiene auf die Straße verlagert. Öl verdrängte die Kohle als wichtigster Energieträger.

Wetterleuchten in der Arbeitswelt

In der Mitte des Jahrzehnts brummte die Wirtschaft wieder wie in den besten Jahren des deutschen Wirtschaftswunders. Das Flaggschiff der Oberhausener Industrie, die HOAG, konnte im zweiten Quartal 1964 einen neuen Produktionsrekord vermelden: Erstmals waren in einem Monat mehr als 200.000 Tonnen Rohstahl erzeugt worden.[106] Die Ruhrchemie kündigte eine Großinvestition an, den Bau einer neuen Salpetersäurefabrik. Wie in der gesamten chemischen Industrie wurde Öl zum wichtigsten Grundstoff. Die Verwendung von Kokereigas, das in riesigen Röhren in das Werk in Holten transportiert wurde, lief aus.[107] Die Babcockwerke konnten bei der Jahreshauptversammlung Anfang 1965 stolz darauf verweisen, dass sie als eines der ersten Unternehmen in Deutschland die Nutzung der Atomenergie in ihr Programm aufgenommen hatten. Für das Forschungsschiff „Otto Hahn" lieferte Babcock den Reaktor. Nur einen Schönheitsfehler hatte die Jahreshauptversammlung: Sie fand nicht in Oberhausen, sondern in Duisburg statt.[108]

Hauptproblem bei der HOAG, wie bei der Oberhausener Industrie insgesamt, schien der Mangel an Arbeitskräften zu sein. In der Metallindustrie von Oberhausen fehlten im Herbst 1964 mehr als 3.000 Arbeitskräfte. Auch die Bauindustrie suchte dringend Facharbeiter. Selbst im Bergbau gab es viele offene Stellen. Die Bilanz des Oberhausener Arbeitsamtes für das Jahr 1964 sah so aus: In 14.400 offene Stellen wurden 10.100 Arbeitskräfte vermittelt, darunter 3.280 Frauen und 3.250 Ausländer. Die Hälfte der Männer, die einen neuen Arbeitsplatz bekamen, waren also Ausländer.

Die meisten „Gastarbeiter" bei der HOAG stammten aus Spanien (437 neben 213 Griechen und 140 Türken von insgesamt noch 11.754 Arbeitern). Für sie stellte die Wohnbaugesellschaft Dümpten, eine Tochter der HOAG, Anfang 1965 im Knappenviertel ein achtgeschossiges Wohnheim fertig. Dadurch schienen für die Spanier alle Probleme erst einmal gelöst. Erstmals wurden ab Herbst 1964 auch Gastarbeiter aus Portugal angeworben. Und noch eine Premiere gab es im Frühjahr 1965: Auf der Zeche Concordia wurde ein italienischer Bergarbeiter in den Betriebsrat gewählt.[109]

Im Quartalsbericht des Arbeitsamtes war aber kurz danach schon davon die Rede, dass man die Anwerbung von Gastarbeitern abbremsen müsse. Im Bergbau ging die Nachfrage nach Hauern und Schleppern zurück. Als erstes sollte sich die neue Situation für die „Ferien-Bummelanten" schmerzhaft auswirken. Einige Zechen würden die Arbeiter, die zum Ferienende nicht pünktlich wieder antraten, nicht wieder einstellen.[110] Das ist ein erstaunlicher Hinweis: Hieß das, dass ihre Arbeitsverträge ausliefen, wenn sie zum Urlaub in ihre Heimatländer fuhren?

Anders als bei der Metallindustrie oder der Großchemie waren beim Bergbau die Absatzprobleme auch im Boom-Jahr 1965 nicht zu übersehen. Ab 1966 verschlechterte sich auch die Auftragslage bei Metall und Chemie. Die erste echte Konjunkturkrise der Nachkriegszeit schlug in diesem Jahr voll zu: Feierschichten im Bergbau, Flaute in der Eisen- und Stahlindustrie, Rückgang der Einwohnerzahl und als Folge Rückgang der Kaufkraft und sinkender Wohnungs- und Straßenbau – vor diesem Hintergrund mussten die Stadtväter jetzt einen Haushalt zurechtzimmern. Bei einem Schuldenstand von 200 Millionen DM versuchten sie, wenigstens noch die Seniorenwohnanlage der Elly-Heuss-Knapp-Stiftung zu retten. Zum ersten Mal erschien am Horizont das Gespenst des Staatskommissars, der der kommunalen Selbstverwaltung den Garaus machen würde.[111]

Concordia wird stillgelegt

Im September 1950 hatte die Zeche Concordia noch mit großem Pomp ihr Hundertjähriges gefeiert. Die älteste Oberhausener Zeche konnte voller Optimismus als „schönstes Jubiläumsgeschenk" eine Rekordförderung vermelden: Sie hatte fünf Jahre nach Kriegsende wieder 92 Prozent der Vorkriegsförderung erreicht. Die Festredner erklärten voller Zuversicht, dass die Selbstständigkeit der Zeche gesichert sei. Ob das städtische Orchester, als es zum Schluss Les Préludes von Liszt intonierte, fünf Jahre nach Kriegsende einen so guten Griff getan hatte, sei dahingestellt – die Nazis hatten dieses Stück im Radio als „Siegesfanfare" in ihrem Vernichtungskrieg gegen Russland missbraucht.[112] Im Dezember 1959 berichtete die Concordia Bergbau AG noch von einer sehr guten Ertragslage – erkennbar an den üppigen Dividenden, die bis Ende 1958 ausgeschüttet worden waren. Den Vorwurf des „SPIEGEL", die Concordia sei eine „Hungerzeche", wies der Konzern vehement zurück.[113]

Zwei Jahre später klang der Optimismus schon sehr gedämpft. Anfang der 1960er Jahre tauchte der Begriff des „Strukturwandels" in den Spalten der Lokalpresse auf. Der Konkurrent Öl und die sozialen Belastungen des Bergbaus wurden als Hauptursachen der Krise ins Visier genommen. Zu Beginn der 1950er Jahre verdienten auf Concordia noch fast 5.000 Arbeiter und fast 500 Angestellte ihren Lebensunterhalt. Über 11.000 Familienangehörige waren von ihrem Lohn abhängig. Für den Stadtteil Lirich und darüber hinaus für die ganze Großstadt Oberhausen mit ihren 260.000 Einwohnern waren die Arbeitsplätze der Zeche Concordia deshalb lebenswichtig. Der Zuruf „Kein Grund zum Pessimismus" klang aber schon 1962 fast wie das Pfeifen im Walde, mit dem sich der einsame Wanderer selbst Mut macht. „Trotz aller Schwierigkeiten" lasse sich „aus der wechselvollen und manchmal sogar dramatischen Geschichte des Unternehmens die Hoffnung und auch die Zuversicht ableiten, dass sie [die Zeche] auch jetzt wieder bestehen wird."[114] Schon seit der zweiten Hälfte der 1950er Jahre war der Ruhrbergbau eigentlich nicht mehr aus den – negativen – Schlagzeilen herausgekommen. Dies war wohl auch ein Grund dafür, dass deutsche Arbeitskräfte für die schwere Arbeit unter Tage nur noch schwer zu finden waren.

Der Geschäftsbericht für das Jahr 1964 verzeichnete insgesamt wachsende Haldenbestände, einen weiteren Rückgang der Zahl der Beschäftigten auf insgesamt 3.874, davon unter Tage 2.344, gleichzeitig aber die Neueinstellung von 174 Marokkanern und 174 Türken. Da gleichzeitig 80 Griechen und 35 Italiener ihre Verträge nicht verlängert hatten, kann diese Verschiebung in der Zusammensetzung der Untertage-Belegschaft durchaus als symptomatisch angesehen werden: Die erste Gastarbeiter-Generation rückte auf in weniger anstrengende Berufe, Türken und Nordafrikaner rückten unter Tage nach.[115] Trotz der Absatzprobleme sprengte sich die Concordia auf Schacht 4 auf eine Tiefe von 950 Metern, 150 Meter tiefer als zuvor. In ihrem Abbaugebiet lagerte noch Kohle für 50 Jahre. Bis 2015 wollte man, so hieß es bei der Direktion, auf Schacht 4 noch Kohle fördern.[116]

Keine zwei Jahre später nützte alle Zuversicht nichts mehr. Am 8. Mai 1967 beschloss der Vorstand der Concordia, dem Aufsichtsrat die Stilllegung der Zeche vorzuschlagen. An diesem Tag jagte eine Konferenz die andere: Die Bergwerksdirektoren Notthoff und Wegmann informierten sofort die Oberbürgermeisterin über ihren Beschluss; zwei Stunden später waren die Vertreter der IG Bergbau bei Luise Albertz. Der Vorstand begründete seinen Beschluss mit der Notwendigkeit, die Förderung der Absatzlage anpassen zu müssen.

Die Kohle werde vom Öl verdrängt und die Bundesregierung tue nichts dagegen. Weitere Stilllegungen würden nicht zu vermeiden sein, „um dem Bergbau einen geordneten Rückzug zu ermöglichen".[117]

Die Reaktion in der Oberhausener Öffentlichkeit: „Unfassbar für alle: Trotz günstiger Flöze, trotz fast hundertprozentiger Automatisierung der Förderung, trotz gängiger Kohle, trotz enormer Leistung pro Mann und Schicht, trotz eines günstigen Hafens will der Vorstand der Concordia Bergbau AG die Stilllegung beantragen."[118] Der Protest war einmütig: Gewerkschaften, der Betriebsrat, die Fraktionen im Rat, die Katholische Arbeiterbewegung und viele andere kritisierten die Schließung „der bisher als kerngesund und besonders leistungsfähig angesehenen Zechen der Concordia Bergbau AG".[119] Der SPD-Fraktionsvorsitzende und Landtagsabgeordnete Willi Meinicke hielt die Energiepolitik der Bundesregierung, vor allem die Stilllegungsprämien „volkswirtschaftlich und finanzpolitisch [für] Wahnsinn". Die „Eigentumsform" im Bergbau müsse überprüft werden. Eine Wende in der Kohlepolitik sei unumgänglich.[120] Die Empörung entzündete sich vor allem an der Tatsache, dass rein kaufmännisch-finanzielle Überlegungen sich gegen die Einwände der Techniker durchgesetzt hatten. Jetzt stand der „ganze Stadtteil Lirich plötzlich vor dem Ruin".[121] Wenn die 4.000 „Concordianer" arbeitslos würden, so seien davon 16.000 Liricher betroffen. „Mit der Concordia stirbt ein ganzer Stadtteil", hieß es zwei Tage später im Lokalteil der NRZ. Vor allem die Einzelhändler und die Gastwirte fürchteten um ihre Existenz, wenn 4.000 Bergleute ihren Arbeitsplatz verlieren sollten.[122]

Bei einem Durchschnittsalter von fast 40 Jahren müsse man damit rechnen, dass viele der arbeitslosen Kumpel nirgendwo sonst mehr Arbeit finden würden. In einer ganz kleinen Notiz am Rande wurde auch bemerkt, dass auf Concordia 700 Gastarbeiter beschäftigt waren, von denen 200 in Oberhausen „ansässig" geworden waren. Von den anderen 500 nahm man anscheinend an, dass sie nach der Entlassung irgendwie aus Oberhausen verschwinden würden. Die Concordia-Arbeiter waren per Aushang über die Pläne der Direktion unterrichtet worden. Vor dem Zechengelände „machten sie ihrem Herzen Luft". Interviews *auf* dem Zechengelände verhinderte die Werkspolizei.[123]

Die Oberbürgermeisterin fuhr sofort in die Staatskanzlei nach Düsseldorf und erreichte, dass Ministerpräsident Kühn gegen die Zechenschließung sein Veto einlegte. Hinter diesem „Veto" verbarg sich die Verweigerung von Stilllegungsprämien durch das Land. Ob dadurch die Schließung der Zeche noch abzuwenden war, wusste jedoch keiner. Der Vorstand der Concordia Bergbau AG ließ sich von Kühns „Veto" nicht beindrucken. Das Unternehmen mache jeden Monat eine Million DM Verlust. Wenn die Concordia die Stilllegungsprämie nicht erhalten sollte, würde dies den Sozialplan für die Beschäftigten gefährden.[124]

Der Rat der Stadt trat am Samstag, 20. Mai, kurz vor der entscheidenden Sitzung des Aufsichtsrats, zu einer Sondersitzung zusammen. Vor überfüllten Tribünen bekundeten beide Fraktionen, SPD und CDU, ihre Solidarität mit den Bergleuten und fassten einstimmig eine Resolution unter dem Motto „Regierung marsch!": Die Stilllegung von Concordia treffe nicht nur den Stadtteil Lirich, sondern gefährde „die soziale, wirtschaftliche und kulturelle Weiterentwicklung" der ganzen Stadt. „Weder in Oberhausen noch in den Nachbarstädten sind gegenwärtig Ersatzarbeitsplätze vorhanden." Überdies widerspreche die Stilllegung „wirtschaftlicher Vernunft", denn die Concordia gehöre „nach ihrer Leistungsfähigkeit und technischen Ausstattung zur Spitzengruppe der europäischen Energiewirtschaft". Zum Schluss appellierte

Abb. 12: „Concordia darf nicht sterben!" Großdemonstration in der Innenstadt, 1967

der Rat der Stadt an den Aufsichtsrat, „die Entscheidung über die Stilllegung nicht nur von finanziellen, auf das Gewinnstreben gerichteten Überlegungen abhängig zu machen. Es geht um Menschen!"[125] Luise Albertz schickte den Text dieser Resolution an alle, die Rang und Namen hatten in der deutschen Politik: An Bundeskanzler Kiesinger, Wirtschaftsminister Schiller, Finanzminister Strauß, Bundestagspräsident Gerstenmaier und an viele andere Adressaten im Bundestag, in den Ländern, beim Städtetag und beim Siedlungsverband Ruhr. In einem Begleitschreiben verlangte die Oberhausener Oberbürgermeisterin, die zeitliche Streckung der Zechenschließungen, um in der Zwischenzeit möglichst lohnintensive Betriebe ansiedeln zu können.[126]

Im Kampf um die Concordia-Schächte schlüpfte Luise Albertz in die Rolle einer Sprecherin für das ganze Revier, nicht nur für Oberhausen. Einer der bekanntesten Fernsehjournalisten dieser Zeit, Werner Höfer, der Gastgeber des „Internationalen Frühschoppens", wurde aufmerksam: Sein Interview mit Luise Albertz erschien in der ZEIT.[127]

Der Wirbel, den der Concordia-Konflikt in der Öffentlichkeit erzeugt hatte, ließ den Aufsichtsrat zunächst zögern. Er fasste bei der Sitzung am 23. Mai noch keinen Beschluss, machte aber auch deutlich, dass er wegen des Rückgangs bei Absatz und Förderung und wegen der hohen Verluste keine Alternative zum Antrag des Vorstandes sah. Zunächst aber nahm der Aufsichtsrat die von Ministerpräsident Kühn ausgesprochene Einladung zu einem Gespräch an.[128] Die Aktionäre verlangten bei der Hauptversammlung im Juni einmütig die Stilllegung der Zeche. Sie griffen Ministerpräsident Kühn wegen seines Vetos teilweise in sehr scharfer Form an.[129] Mit dem Votum der Aktionäre im Rücken fällte der Aufsichtsrat Anfang August 1967 das „Todesurteil". Mit 6:5 Stimmen beschloss er, die beiden Schächte und alle Nebenbetriebe der Zeche Concordia, auch die Kokerei und das Kraftwerk, zum 31. März 1968 zu schließen.[130]

Dies war der Startschuss für den Kampf gegen die Massenarbeitslosigkeit, Umschulungen aller Art, die Suche nach geeigneten Flächen für neue Gewerbeansiedlungen und die Jagd nach ansiedlungswilligen Firmen – Dauerthemen, die die Stadtväter und -mütter bis in die Gegenwart begleiten sollten. Als Ministerpräsident Kühn im Oktober seine in Düsseldorf tagenden Kollegen überreden konnte, die Ministerpräsidentenkonferenz zu unterbrechen und nach Oberhausen zu fahren, war dies wenig mehr als ein Kondolenzbesuch. Selbst in Kühns eigenem Kabinett, beim Koalitionspartner FDP war die Neigung gering, der Stadt Oberhausen in der schwierigen Situation unter die Arme zu greifen. Hoffnungen nämlich, dass das Land NRW die Concordia-Grundstücke kaufen und für Neuansiedlungen aufbereiten könnte, machte Innenminister Weyer sofort zunichte. Die Stadt setzte ihre Hoffnungen auf die von Concordia bisher nicht genutzten Flächen nördlich des Rhein-Herne-Kanals in Buschhausen.[131]

Noch hatte die Arbeitslosigkeit nicht die Ausmaße angenommen wie in den späteren Jahrzehnten, noch gab es die berüchtigten „Sockel" an Dauerarbeitslosen nicht. Nachdem die Concordia Bergbau AG für einen Sozialplan 9,5 Millionen DM bereitgestellt hatte, hob die Landesregierung die Sperre der Stilllegungsprämie auf[132], so dass es im Winter 1967/68 gelang, 3.000 der insgesamt 4.000 Concordianer „umzusetzen". Auch für die verbleibenden 1.000 war das Arbeitsamt optimistisch: Nur wenige der älteren und gesundheitlich angeschlagenen Bergleute würden schwer zu vermitteln sein. 34 Prozent der Untertage-Arbeiter waren Ausländer. Damit „stand die Concordia in Sachen ‚Hilfswillige aus Süd und Ost' an der Spitze aller Ruhrzechen." Ob auch die ausländischen Gastarbeiter „umgesetzt" wurden oder ob man sie mit sanftem Druck in ihre Herkunftsländer abschob, sagte die Zeitung nicht. Sibyllinisch hieß es nur: „Aber auch diese Schwierigkeit ist nach vielfältigen Gesprächen mit Botschaftern und Konsuln ausgestanden." Am 22. März 1968 wurden die letzten 550 Kumpel in die Arbeitslosigkeit entlassen. „In zehn Tagen werden die Anschläger der Concordia-Schachtanlagen zur letzten Seilfahrt klopfen. Nach 118 Jahren wird am 22. März der letzte Brocken Kohle gefördert. Dann stehen die Seilscheiben still. Exitus eines weiteren Pütts an der Ruhr. Nach dem Willen des Vorstandes der Concordia Bergwerks AG werden offizielle ‚Grabreden' und ‚Kränze' ausbleiben. Es soll ein stilles Begräbnis werden."[133]

Ganz so traurig wurde der 22. März dann anscheinend doch nicht. Als die Kumpel zum letzten Mal ausfuhren, strahlten sie mit ihren schwarzen Gesichtern und blendend weißen Zähnen in die Kameras. Einer hatte sich für die letzte Schicht unter Tage sogar ein weißes Hemd angezogen und eine Krawatte umgebunden.[134] Tapfer schlug man in der Stadtverwaltung optimistische Töne an: „Die Zukunft der Stadt liegt geplant in der Schublade." Angeblich konnte man es kaum noch abwarten, bis die Gebäude der Concordia vom Erdboden verschwanden, um die Gewerbeflächen dann für Anderes zu nutzen. „Zeit, Geld und Grundstücke" brauchte es für die Ansiedlung neuer Betriebe. „Zeit ist allerdings heute das einzige, wovon man mehr hat, als man braucht." So hieß es dann aber doch etwas kleinlaut. Nur für das Kraftwerk der Concordia am Kanal gab es schon konkretere Pläne. Es sollte in eine große Müllverbrennungsanlage umgewandelt werden.[135]

Nicht für alle war die Stilllegung der Concordia eine bittere Erfahrung. Die Aktienkurse des Unternehmens stiegen im Frühjahr 1968 steil an.[136]

Mittlerweile sah die Situation auch auf den HOAG-Zechen des Stadtgebiets nicht rosig aus. Oberhausen, so die IG Bergbau, war 1967 die Stadt mit den meisten Feierschichten – bundesweit.[137] Ab 1966 setzte die Frühverrentung ein. Bergleute, die über 55 Jahre alt waren, erhielten das Angebot, mit vier Fünfteln der Rente vorzeitig in den Ruhestand zu gehen. Ab 60 sollte die Rente dann auf ihren vollen Betrag aufgestockt werden. Der Osterfelder Bergmann und Schriftsteller Wilhelm Erbing nahm dieses Angebot durchaus positiv auf. Wenn die „Rationalisierungsrentner" freiwillig gingen, so war das in Ordnung. Im Übrigen sah er für die Kohle durchaus noch eine Zukunft: „Wir Oberhausener Bergleute kennen keine Existenzangst, denn wir sind voller Zuversicht, dass sich auch in Zukunft in unseren Schachttürmen die Seilscheiben drehen werden! Und wir sind voller Hoffnung, weil wir glauben, dass es für unsere Kohle keinen Abgesang geben wird."[138]

Zeche Concordia als Filmkulisse

Bevor die Zechengebäude der Concordia abgerissen wurden, mussten sie noch als Filmkulisse herhalten. Der italienische Regisseur Visconti drehte auf dem Zechengelände in Lirich die „Götterdämmerung", ein düsteres Werk über eine Industriellen-Dynastie in der Nazi-Zeit, in der viele die Familie Krupp zu erkennen glaubten. In einer großen Trauerprozession schritten die damaligen Stars Dirk Bogard und Ingrid Thulin über die von Oberhausener Statisten noch ein letztes Mal bevölkerte Zeche Concordia. Es gab einen Unfall bei den Dreharbeiten: Ein Güterzug rammte beim Rangieren die sechs Meter hohen hölzernen Kulissen. Verletzt wurde glücklicherweise niemand. Umso mehr Ärger gab es mit den Statisten, weil die italienische Produktionsfirma die versprochenen 50 DM nicht pünktlich zahlte. Es gab Proteste und tätliche Auseinandersetzungen vor der Stadthalle; selbst ein Photoreporter der NRZ wurde attackiert, seine Kamera beschädigt. Kulturdezernent Hilmar Hoffmann musste vermitteln. Am Ende entschuldigte sich die italienische Produktionsfirma: Die italienischen Devisenbestimmungen hätten verhindert, dass das Geld für die Bezahlung der Statisten rechtzeitig eintraf. Am Tag nach den Tumulten vor der Stadthalle konnte dann doch auf Concordia gedreht werden.[139] Vierzig Jahre später würde das Oberhausener Theater den Visconti-Film als Stoff für ein phantasievolles Stück im alten Gästehaus der GHH in Sterkrade nutzen!

Der Wirbel um die „Götterdämmerung" rief bei alten Oberhausenern die Erinnerung an die 1930er Jahre wach, als die hiesige Industrie schon einmal zur Kulisse eines Spielfilms wurde. Auch damals war es ein Trauerzug, den Regisseur Veit Harlan mit dem Star Emil Jannings an der Spitze über das Werksgelände der GHH an der Essener Straße marschieren ließ. Die Stahlwerke bildeten auch den Hintergrund einer Versammlung, bei der „Der Herrscher" – so der Filmtitel – zu seinen Arbeitern sprach. Der allergrößte Teil des „Herrschers" – einer fürchterlichen Schnulze um den alternden Generaldirektor, der sich in seine junge Sekretärin verliebte – wurde aber im Studio gedreht. Goebbels persönlich soll sich um diesen Film gekümmert und ihn für gut befunden haben.[140]

Bilanz

In der Rückschau stellen sich uns die 1950er und 1960er Jahre als eine Epoche dar, in der die Menschen mit großem Optimismus an die Bewältigung der Kriegsfolgen und an den Wiederaufbau ihrer Stadt herangingen. Ihre Zuversicht gründete sich bis 1960 auf beeindruckenden wirtschaftlichen Erfolgen und ebenso auf einer Bevölkerungskurve, die von 1946 bis 1963 einen Anstieg der Einwohner von 160.000 auf 260.000 verzeichnete. So wird verständlich, warum auf die Anzeichen von Krise im Bergbau meist mit der Erwartung reagiert wurde, andere Branchen würden für einen Ausgleich sorgen. Eine Schrumpfung der Stadt passte schlicht nicht in die Vorstellungswelt der Wirtschaftswunder-Optimisten.

Kommunalpolitisch bemerkenswert ist die markante Umgestaltung der Parteilandschaft im Vergleich zur Weimarer Republik. Zwei Volksparteien, SPD und CDU, traten an die Stelle eines vielfältigen Spektrums bürgerlicher wie sozialistischer, aber auch rechts-konservativer Parteien. In Oberhausen wie im gesamten Ruhrgebiet verlor das ehemals starke katholische Zentrum in den 1950er Jahren zunächst an Bedeutung gegenüber der „christlichen Volkspartei" CDU, sicher unter dem prägenden Einfluss der Bundespolitik und einer so markanten Persönlichkeit wie Konrad Adenauer. In den 1960er Jahren jedoch verschwand das Zentrum auch deshalb unter der Fünf-Prozent-Hürde, weil zahlreiche seiner Anhänger nun auch eine politische Heimat in der SPD fanden. Hugo Baum, späterer Sozialdezernent ist dafür das prägnanteste Beispiel. Ohne die Öffnung der SPD für katholische wie evangelische Christen, und auch ohne die Integrationskraft sozialdemokratischer Persönlichkeiten von Luise Albertz bis zu vielen Multifunktionären in Stadtrat, Betriebsrat und zum Beispiel Gesang-, Sport- oder Schützenvereinsvorstand wäre der Aufstieg der SPD von rund 15 Prozent um 1930 zur absoluten Mehrheit von über 50 Prozent seit 1964 nicht vorstellbar gewesen.

Magnus Dellwig / Ernst-Joachim Richter

Wirtschaft im Wandel

Oberhausen 1960 bis 2011

1. Oberhausen um 1960 – eine Zeitenwende, und keiner merkt es

Strukturwandel in Oberhausen beschreibt einen Prozess, der im Verlaufe eines halben Jahrhunderts von 1960 bis 2011 die wirtschaftlichen und sozialen Lebensverhältnisse der Menschen in der Stadt von Grund auf veränderte. Aus der jungen Industriestadt auf dem Höhepunkt des „Wirtschaftswunders" nach dem Zweiten Weltkrieg entwickelt sich über manche Krisen in Kohle, Eisen und Stahl – aber auch in vielen weiteren Wirtschaftszweigen – im beginnenden 21. Jahrhundert der Dienstleistungsstandort mit dem Alleinstellungsmerkmal als neues Tourismus- und Freizeitzentrum der Metropole Ruhr. Die Jahre um 1960 markieren in der Rückschau eine einschneidende Zeitenwende. Der Boom der Nachkriegsjahre bei Kohle und Stahl schlägt in eine Verlangsamung des Wachstums, in die Stagnation der Stadtbevölkerung und in den Auftakt zur Kohlekrise um. Dennoch vermittelt der Zeitgeist der Zeitgenossen uns nachfolgenden Generationen über Zeitungen, Stimmungen, Literatur, Feste, Arbeitswelt und Kommunalpolitik den Eindruck, die Menschen im Oberhausen des Jahres 1960 hätten nahezu nichts davon bemerkt, dass sie in einer Zeitenwende lebten, in der wichtige Lebensgrundlagen für immer tiefgreifend erschüttert wurden.

Wie konnte das sein? Und welche Veränderungen waren es eigentlich, die damals bereits in vollem Gange waren oder aber gerade eingeläutet wurden? Auf diese wichtigen Fragen für das Oberhausen von heute, für das Leben in der Gegenwart versucht dieser Beitrag Antworten zu geben.

„Uns geht es doch wieder gut. Wir sind wieder wer!"
– der Zeitgeist des Wirtschaftswunders

Die Industriestadt Oberhausen erreicht einhundert Jahre nach ihrer Gründung, um das Jahr 1962, das Allzeit-Hoch von Bevölkerung und Beschäftigung in der Stadtgeschichte. Von 260.570 Einwohnern (1963) gehen 108.600 (1962) einer Erwerbstätigkeit nach. Die Zeiten sind schnelllebig und unvorstellbar dynamisch: Beim Kriegsende im April 1945 lebten in Oberhausen gerade einmal 102.000 Menschen, gemessen an 195.500 im Jahr 1939. Durch Kriegseinsatz, Gefangenschaft und Kinderlandverschickung ist die Stadt beinahe zur Hälfte entvölkert. Doch schon zum Jahresbeginn 1946 sind es bereits wieder 160.000 und am Jahresende 1946, die großen Wanderungsbewegungen sind weitgehend abgeschlossen, zählt Oberhausen bereits wieder 180.000 Einwohner.

Über einen kurzen Zeitraum von nur 15 Jahren gewann Oberhausen dann erneut stetig 80.000 Menschen dazu. Kriegsrückkehrer aus Gefangenschaft, Evakuierung und Kinderlandverschickung sind es ebenso wie Flüchtlinge und Vertriebene aus den bisher deutsch besiedelten Gebieten östlich von Oder und Neiße sowie aus der Tschechoslowakei, die einen Anstieg der Stadtbevölkerung in der zweiten Hälfte der 1940er Jahre auf erneut 200.000 Einwohner (1950) auslösen. Flüchtlinge – als Auswanderer aus der DDR über Berlin – sowie stetig ansteigende Geburtenzahlen sind es daraufhin während der 1950er Jahre, durch die sich das Wachstum der Stadtbevölkerung auf so hohem absoluten Niveau wie niemals zuvor in der Stadtgeschichte fortsetzte. 1957 wird die Marke von 250.000 Bewohnern erreicht und 1962 sind es schließlich 260.000. Im Jahr 1964 setzt dann der ganz allmähliche Bevölkerungsrückgang ein.

Tabelle 1: Bevölkerung 1946 bis 2010

Stichtag	Bevölkerung insgesamt
29.06.1946	174.595
31.12.1950	204.718
31.12.1960 *	256.336
31.12.1970 **	245.840
31.12.1980	231.411
31.12.1990	225.820
31.12.2000	221.470
31.12.2010	212.091

* Rückschreibung auf Grund der Volkszählung vom 6.6.1961.
** Fortschreibung auf Grund der VZ vom 27.5.1970.

Ermöglicht wurde diese von den Zeitgenossen als rasant empfundene Phase der Stadtentwicklung von einer beeindruckend großen Neubautätigkeit im Wohnungsbau, in deren Folge die verheerenden Kriegszerstörungen durch Luftangriffe weitaus schneller aus dem Stadtbild verschwanden, als es sich die Trümmerfrauen von 1945 jemals vorzustellen vermochten. Schon 1954 überschritt die Anzahl der Wohnungen das Vorkriegsniveau. Im Jahr 1958 hatte der Wohnungsbestand in Oberhausen dann die Vorkriegszahlen von 1939 (53.500 Wohnungen in 18.500 Wohngebäuden) um 30 Prozent überschritten und 70.500 Wohnungen in 22.800 Wohngebäuden erreicht. Die rege Bautätigkeit setzte sich fort, so dass 1962 bereits 80.500 Wohnungen in 25.500 Wohngebäuden zur Verfügung standen. Damit konnte die große Wohnungsnot der ersten Nachkriegsjahre mit vielfachen Doppelbelegungen von Wohnungen mit zwei Haushalten vollständig behoben werden, so dass in den 1960er Jahren die Zunahme der Wohnstandards über die Ausgangslage von 1939 (3,9 Personen pro Wohnung; 1,1 Personen pro Raum) einsetzte. 1948 hatten diese Werte noch 4,8 Personen pro Wohnung bei 1,4 Personen pro Raum betragen, um bis 1959 auf 3,5 Personen pro Wohnung und 1,0 Person pro Raum zu sinken.

Die Wohnungserstellung wie die Bevölkerungszunahme wiederum basierten entscheidend auf einer stark prosperierenden Wirtschaft. Diese erzielte nicht allein in den allerersten Nachkriegsjahren enorme Steigerungsraten, als schließlich die Beseitigung von Kriegsfolgen eine außergewöhnliche Nachfrage auslöste. Begünstigt von ordnungspolitischen Rahmensetzungen – so die Währungsreform zur D-Mark 1948 als Meilenstein in der kollektiven Erinnerung der Nachkriegzeit – und genau so wichtig, von einer lang anhaltenden Hochkonjunktur der Weltwirtschaft seit dem Koreaboom ab 1951 getragen, wuchsen die Ruhrwirtschaft – und Oberhausen mitten darin – kräftig und beinahe stetig. (1951 fiel ein großer Teil der US-Industrie zur Versorgung des größten Binnenmarktes der Welt aus, als eine exorbitante Rüstungsproduktion für den heißen Krieg in Korea und den kalten Krieg weltweit einsetzte.) So stieg die Wirtschaftsleistung der Bundesrepublik Mitte der 1950er Jahre um bis zu neun Prozent jährlich, aber auch um 1960 betrug das Wachstum noch rund sechs Prozent im Jahresdurchschnitt. In Oberhausen kletterte die Zahl der Beschäftigten allein im Jahr nach dem Koreakrieg, 1954, um 4.000 von 85.000 auf 89.000.[1]

Es stimmt angesichts einer solch stürmischen Nachkriegsentwicklung nicht mehr verwunderlich, wenn die Zeitgenossen im Oberhausen des Jahres 1960 sich nach den harten Lebensumständen bis etwa 1948 endlich einmal als die von den Zeitläufen Begünstigten wähnten – und dieses Glücksgefühl als Generation des deutschen Wirtschaftswunders, als Wiederaufbaugeneration im wirtschaftlichen Kraftzentrum Deutschlands, nämlich im Ruhrgebiet, in vollen Zügen – im Alltag, in der Freizeit, im Urlaub – genossen. Welch einen Kontrast bildeten diese 1950er Jahre im Vergleich zu der außerordentlich schwierigen und für heutige Verhältnisse kaum vorstellbar ungeordneten ersten Zeit nach Kriegsende. Darüber schreibt der renommierte Kölner Wirtschaftshistoriker Toni Pierenkemper sehr eindrucksvoll:

> „Die ersten Jahre nach dem Ende des Zweiten Weltkriegs standen in den alliierten Besatzungszonen unter dem Signum von Not, Hunger und Chaos. Eine geordnete Wirtschaftstätigkeit war unter diesen Bedingungen kaum möglich und auch an einen Wiederaufbau von Staat, Wirtschaft und Gesellschaft noch längst nicht zu denken. Die Menschen in Deutschland waren mit der notdürftigen Sicherung ihrer unmittelbaren Lebensbedürfnisse vollauf beschäftigt. Die deutsche Gesellschaft war durch die Zerstörungen des Krieges und die sozialen Verwerfungen auf ein Entwicklungsniveau zurückgeworfen, das demjenigen von 100 Jahren zuvor nicht unähnlich schien. Geregelte Erwerbsarbeit war unter diesen Umständen kaum sinnvoll und wenig lohnend, doch pro forma zum Bezug von Lebensmittelkarten notwendig. Die offizielle Arbeitslosenrate lag daher 1947 mit rund 5 % nicht überraschend auf einem bemerkenswert geringen Niveau, da sich reguläre Arbeit kaum lohnte und die zur Verfügung stehende Zeit effektiver für Selbstversorgungsaktivitäten und Schwarzmarktgeschäfte genutzt werden konnte. Schwarzmärkte und Hamsterreisen spielten neben Hilfslieferungen der ehemaligen Kriegsgegner in der Überlebensgesellschaft der 1940er Jahre eine bedeutsame Rolle für die Lebensgestaltung der Bevölkerung, die Bedeutung einer geregelten Erwerbstätigkeit trat demgegenüber zurück. Die Fabriken, sofern sie nicht zerstört waren, standen zunächst weitgehend still. ‚Es fuhr keine Eisenbahn, keine Tram, kein Postkasten wurde geleert, alle Telefone waren tot‘, so die Schilderung von Zeitzeugen. Rohstoffmangel und Zerstörungen standen der Aufnahme einer geregelten Produktion noch entgegen. Beschlagnah-

mungen Demontagen verschärften die Situation zusätzlich. Die Löhne waren so gering, dass es sich kaum lohnte zu arbeiten, zumal entwertetes Geld in großem Umfang zur Verfügung stand. Die offiziellen Preise waren auf niedrigem Niveau festgehalten, Lebensmittel und Güter des täglichen Bedarfs unterlagen weiterhin wie in der NS-Zeit einer strikten Bewirtschaftung und waren nur gegen Marken zu erhalten, so dass ihr Kauf angesichts des ungeheuren inflationären Geldüberhangs finanziell keine Schwierigkeiten bildete. Anders war es auf den schwarzen Märkten, wo die Preise ein Vielfaches der administrierten Preise betrugen. Eine grundlegende Veränderung wurde erst nach der Neuordnung der Währungsverhältnisse möglich."[2]

Der Zeitgeist des Wirtschaftswunders wird zudem nicht verständlich ohne zu berücksichtigen, dass die Menschen in Deutschland Erfolge in der Wirtschaft als Mittelpunkt ihrer kollektiven Identität begriffen, nachdem sich als Folge des Nationalsozialismus Themen der nationalen Politik und des Nationalbewusstseins dazu kaum eigneten. Und die Oberhausener waren voller Zuversicht und Selbstbewusstsein beim Wirtschaftswunder mitten dabei! Die „Wiege der Ruhrindustrie" stellte weit mehr als eines der sprichwörtlichen „kleinen Rädchen" im mächtigen Gefüge von Europas größter Industrieregion dar: 4,5 Prozent der deutschen Steinkohlenförderung, 6,5 Prozent der deutschen Kokserzeugung und sogar rund 9 Prozent der deutschen Roheisen- und Stahlerzeugung wurden in Oberhausen gefördert bzw. produziert. So können wir nachvollziehen, warum und wie sehr die Menschen selbstbewusst und zuversichtlich die Gegenwart erlebten und in die Zukunft sahen. Kaum ein historisches Dokument bringt diesen Zeitgeist, diesen Optimismus und dieses Selbstbewusstsein der Menschen in Oberhausen eindrucksvoller, plastischer zum Ausdruck als Oberhausens legendärer Stadtwerbefilm „Schichten unter der Dunstglocke" von 1958/59. Rauchende Schlote und sich schwungvoll drehende Seilscheiben der Fördertürme, verschwitzt glänzende, nackte Arbeiter-Oberkörper und schier endlos wimmelnde Menschenmassen vor Werkstoren beim Schichtwechsel, auf Schulhöfen oder auch auf der Marktstraße beim Einkaufsbummel am Samstag bringen die stolze, ein wenig urbane Zufriedenheit zum Ausdruck, die den Oberhausener und die Oberhausenerin von 1959 mehrheitlich bestimmte. Nun können wir besser verstehen, dass die Stimmungslage der Stadt eine positive, meist persönlich zufriedene, hoffnungsfrohe war. Aber dennoch: Warum vermochten die Zeitgenossen von 1960 als Generation, weit mehrheitlich, als städtisch kommunizierende Öffentlichkeit offenbar noch nicht zu erkennen, dass sich da vor ihren Augen, in ihren Tagen ein umfassender Wandel von bisher ungekannter und unvorstellbarer Dimension Bahn zu brechen begann? Dieser Frage werden wir nur mit Hilfe eines Blicks in die Geschichte des Wandels auch schon vor 1960 auf den Grund gehen können.[3]

Der Wandel in Oberhausen hat eine lange Geschichte

1890 wechselte der Ruhrbergbau großflächig über die Emscherniederung nach Norden und löste damit auch im Oberhausener Raum eine neue Dimension von Bergbau- und Siedlungstätigkeit im Sterkrader und Osterfelder Norden aus.

1902 ging der große mittelständische Eisenhersteller „AG für Styrumer Eisenindustrie" mit kurz zuvor noch 700 Beschäftigten in der Mitte der Oberhausener Innenstadt in Liquidation. Die Aufgabe des Werkes machte den Weg frei für die großstädtische Bebauung des Quartiers vom Bert-Brecht-Haus bis zum Amtsgericht, von der Elsässer Straße bis zum Elsa-Brandström-Gymnasium. Das Ende der Styrumer Eisenindustrtie ist Spiegelbild eines rasanten Konzentrations- und Kartellierungsprozesses in der deutschen Schwerindustrie. Von 1890 bis etwa 1925 wuchsen einige Unternehmen zu Weltkonzernen. Krupp, Thyssen, Stinnes und auch die Gutehoffnungshütte sind die bedeutendsten Innovationsträger der Montanindustrie an der Ruhr. Die Oberhausener GHH erweist sich mehrmals als Trendsetter. Zuerst bildete sie in der zweiten Hälfte des 19. Jahrhunderts als erstes Unternehmen der Ruhrwirtschaft den vertikalen Montankonzern von der Kohle über Eisen- und Stahl bis zur Metallverarbeitung erfolgreich aus. Seit 1900 errichtete die Sterkrader Brückenbauanstalt Bauwerke in der ganzen Welt. 1921 dann bildete die GHH, begünstigt von den vollen Kassen der Inflationszeit bei gleichzeitigem Drang in die Sachwerte, aus der starken Position der Konzernmutter den Metallkonzern mit der MAN, der bis heute trägt. Oberhausen steht damit wiederholt an der Spitze der internationalen Wirtschaftsentwicklung.

1924 endete mit der Inflation nach dem Ersten Weltkrieg eine stabile industrielle Hochkonjunktur und die Schwerindustrie im Ruhrgebiet wurde erstmals mit einer Konkurrenzsituation konfrontiert, in der weltweite Überkapazitäten einen Preisverfall bewirkten.

1927 entstand mit der Ruhrchemie im Holtener Bruch in Oberhausen ein neues Großunternehmen, und nun sogar auch noch in einer ganz neuen Branche, der Chemie, die für die Menschen im Oberhausener Norden bislang keinerlei Bedeutung besessen hatte.

Zwischen 1930 und 1932 wurden in der Oberhausener Stadtgeschichte im Zuge der Weltwirtschaftskrise erstmals Bergbaubetriebe geschlossen. Dass ab dem 1. April 1931 auf den Zechen Oberhausen im Osten der GHH-Eisenhütte an der Essener Straße, oder Hugo im Norden, dem Holtener Waldteich, nie mehr Kohle gefördert wurde, obgleich in 600 und 1.000 Meter Tiefe noch wertvolle Vorräte lagerten, wollte den Menschen in der zu 75 Prozent von Arbeitern bewohnten Industriestadt verständlicherweise nicht in den Kopf. 1930 legte die GHH die Kokerei Vondern, 1931 die Kokereien Sterkrade und Jacobi still. Ferner folgte die Stilllegung der Förderschächte Vondern 1932, Sterkrade und Jacobi 1933. Das bedeutete eine krasse, bislang ungekannte und unvorstellbare Krisenerfahrung von der Gefährdung schwerindustrieller Betriebe und Arbeitsplätze in Oberhausen.

Seit 1946 fand der eben skizzierte Wiederaufbau von einmaliger Geschwindigkeit und Dimension statt, mit dem die Produktions- wie die Beschäftigungsziffern in Oberhausens Leitbranchen Kohle, Eisen und Stahl alle Rekorde der Vorkriegszeiten vor beiden Weltkriegen deutlich in den Schatten stellten.

Die 1950er Jahre schließlich erleben neben dem Boom der Schwerindustrien den Aufschwung vieler weiterer Wirtschaftszweige, die den Zeitgenossen als zukunftsweisend gelten. Traditionsreiche Konsumgüterindustrien erreichen den Höchststand von Produktion und Beschäftigung. Dafür stehen im Bewusstsein der Zeitgenossen des Wirtschaftswunders in Oberhausen vor allem zwei Unternehmen, die zu den größten Fabriken ihrer Art in Deutschland zählten: Die Rheinischen Polstermöbelwerke Carl Hemmers beschäftigten 1961 insgesamt 1.800 Mitarbeiter, die Oberhausener Glasfabrik 600 Menschen.

Was diese schlaglichtartige Betrachtung der Oberhausener Wirtschaftsgeschichte vor allem zeigt, ist die stetige Verlässlichkeit von Wachstum und Veränderung in der 1962 schließlich einhundertjährigen Geschichte der Industriestadt Oberhausen. Zu jener Zeit blickten die

Abb. 1: Die Marktstraße um 1900 mit Straßenbahn

Menschen in Oberhausen bereits auf einen anscheinend immerwährenden Wandel zurück. Seit rund einem dreiviertel Jahrhundert bestimmten Dynamik und Veränderung, im Sinne von Wachstum und ständiger Schaffung neuer Strukturen, die Oberhausener Industrie mit Kohle und Stahl sowie ihrer Weiterverarbeitung im Mittelpunkt. Doch beruhte der Optimismus der Zeitgenossen um 1960, dass sich Wandel auch zukünftig mit einem Wachstum von Stadt, Wirtschaft und Wohlstand verbinden würde, nicht minder auf der Erfahrung eines stetigen Bedeutungszuwachses der Dienstleistungen. Von der Tertiärisierung – den Dienstleistungen als drittem volkswirtschaftlichen Sektor – sprachen die Menschen bereits seit dem frühen 20. Jahrhundert, und dieser Schwung nahm um 1960 spürbar zu:

Um 1890 erfuhr die Oberhausener Innenstadt mit ihren privaten und öffentlichen Dienstleistungen als der vollständig ausgebildete Mittelpunkt einer neuen Stadt einen ersten Abschluss. Damals betrug der Anteil der Dienstleistungen an der Beschäftigung in der Stadt etwa acht Prozent. Die statistischen Grundlagen der damaligen Zeit lassen keine seriösen Angaben hinter dem Komma zu, weil insbesondere Selbstständige und mithelfende Familienangehörige noch nicht nach den Maßstäben des 20. Jahrhunderts erfasst wurden. Daraufhin expandierten die Dienstleistungen spürbar – und sichtbar: Neue Behörden wie Amtsgericht, Polizei und staatliches Gymnasium, die Ausweitung städtischer Aufgaben, neue Geschäfte in der Innenstadt bis hin zu Woolworth und dem Ruhrwachthaus mit dem Kaufhaus Leonhard Tietz prägten das erste Drittel des 20. Jahrhunderts in der Oberhausener Innenstadt. So betrug der Anteil der Dienstleistungen an Oberhausens Wirtschaft vor der Weltwirtschaftskrise 1929 schon rund 15 Prozent. Zwanzig Jahre später, in der Gründungsstunde der Bundesrepublik 1949, hatte sich der Anteil auf etwa 20 Prozent ausgeweitet. Die 1950er Jahre dann erlebten

Abb. 2: Die Marktstraße um 1970 als Fußgängerzone

– trotz des starken Zuwachses an Produktion und Beschäftigung in der Industrie – einen signifikanten Bedeutungsanstieg der Dienstleistungen. Mehr Wohlstand für die breite Bevölkerung ließ Handel, Gastronomie und private Dienstleistungen aufblühen. Neuartige öffentliche Aufgaben in Bildung, Kultur und Sozialem schufen ebenso Arbeitsplätze wie das Wachstum von Firmenverwaltungen im Zuge von wachsenden weltweiten Handelsverflechtungen. So zeigt sich Oberhausen 1961 recht eindrucksvoll auf dem Weg zur Dienstleistungsstadt. Etwa 33 Prozent der gut 108.000 Erwerbstätigen waren in den Dienstleistungen beschäftigt, davon zwölf Prozent im Handel, ein Prozent in der Kredit- und Versicherungswirtschaft, fünf Prozent in öffentlichen Einrichtungen, fünf Prozent in der Verkehrswirtschaft und Nachrichtenübermittlung, die restlichen zehn Prozent in sonstigen Dienstleistungen.

Sehr aufschlussreich ist der starke Anstieg der Frauenerwerbstätigkeit während der 1950er Jahre. Während der Anteil der Frauen in der Produktion bis auf die Konsumgüterindustrie etwa konstant bleibt, wird die Expansion der Dienstleistungen maßgeblich von den Frauen getragen. Im öffentlichen Dienst zeichnet sich sogar bereits eine absolute Abnahme der Männer bei stetig und mäßig ansteigender Gesamtbeschäftigung ab. Während die Anzahl der Erwerbstätigen in Oberhausen von 1950 bis 1955 insgesamt um 34 Prozent zunimmt, klettert die Beschäftigung der Frauen um 63 Prozent![4]

Der Aufschwung der Dienstleistungen wurde für die Menschen im Stadtbild sichtbar. Ebenso wie in der Zwischenkriegszeit formt der Städtebau das Dienstleistungszentrum Innenstadt weiter um. Mehr als das, es sind vielfach gerade jene Projekte, deren Ideen bis in die 1920er Jahre zurückreichten, deren Verwirklichung damals jedoch an den knappen Finanzen gescheitert war. Jetzt, unter den erweiterten Handlungsspielräumen des Wirtschaftswunders,

Abb. 3: Das Stadtzentrum südlich des Hauptbahnhofs mit dem Friedensplatz, um 2000

gelingt in kürzester Zeit zwischen 1955 und 1962 die Komplettierung der City mit dem Gesundheitsamt (Tannenbergstraße), dem Europahaus, der Luise-Albertz-Halle, dem Finanzamt, dem Hochhaus der Hans-Böckler Berufsschule sowie der Rathauserweiterung.

Betrachten wir den oftmals stürmischen und wechselhaften, jedoch in seinen Charakteristika stetigen, verlässlichen Wandel der Oberhausener Wirtschaft, und damit der gesamten Stadt, so wird nun erst nachvollziehbar, warum die Menschen des Jahres 1960 die seit 1958 in Form von Feierschichten auftretenden ersten, noch recht moderaten Anzeichen der Bergbaukrise nicht als Auftakt zu dramatischen Ereignissen bewerteten. Zwar wurde der Energieträger Öl als preiswerte Konkurrenz zur Steinkohle bewusst. Aber das hatte es schon seit den 1920er Jahren gegeben, dass Kohle vom Weltmarkt, aus Chile, Südafrika oder den USA, preiswerter war als die Ruhrkohle und den Zechen zu schaffen machte. Sogar Zechenschließungen zählten seit der Weltwirtschaftskrise 1931 zum schmerzhaften Erfahrungsschatz der Menschen. Folglich bedurfte es einiger Zeit, tiefgreifender Erkenntnisse und der allmählichen Betrachtung vielfältiger Zusammenhänge in Industrie, Dienstleistungen, Gesellschaft und Bevölkerung, damit die Oberhausenerinnen und Oberhausener fortan im Verlauf der 1960er Jahre allmählich erkannten und verinnerlichten: Auf die Jahrzehnte von Wandel und Wachstum würden von nun an Jahre des Wandels und der Stagnation, später auch der allmählichen Schrumpfung der Stadt folgen. Seit der ersten spürbaren Konjunkturkrise in der Geschichte der noch jungen Bundesrepublik im Jahr 1967 wurde dann klar: Es hatte ein Wandel begonnen, in dessen Folge Oberhausen nicht mehr auf immer mehr Menschen, Wohnungen und Arbeitsplätze abzielte. Es hatte ein Wandel eingesetzt, der allmählich die bislang überragende Bedeutung von Kohle, Eisen und Stahl in der Industriestadt Oberhausen fundamental in Frage stellen würde!

2. Die 1960er Jahre – die Krise der Großindustrie beginnt

In den frühen 1960er Jahren zeigte die „Wiege der Ruhrindustrie" den Menschen das ihnen bekannte Gesicht einer von Stahlwerken, Schwerindustrie und Steinkohlezechen geprägten Stadt. Lärm, Qualm und Kohlestaub waren allgegenwärtig. Aber die Menschen in Oberhausen waren stolz auf das, was sie in den ersten 15 Jahren nach dem Ende des Zweiten Weltkriegs aufgebaut hatten. Die Jahre des Wirtschaftswunders hatten ihren Höhepunkt in Oberhausen und im Ruhrgebiet erreicht. Die Firma Rück baute 1961 ihre erste Möbelhalle an der Straßburger Straße, in den mehr als 400 Gaststätten sorgten über 1.400 Beschäftigte für das leibliche Wohl und über 60 Trinkhallen, auch heute noch liebevoll „die Bude" genannt, waren der beliebte Treffpunkt um die Ecke. Die Oberhausener erlebten in diesem Jahrzehnt auch den Beginn eines anhaltenden Strukturwandels im täglichen Leben: Der Einzelhandel wandelte sich „vom „Tante-Emma-Laden" zum Supermarkt – das Warenangebot wurde vielfältiger und in modernisierten oder zum Teil neu erbauten bzw. erweiterten Geschäftsräumen angeboten" (WAZ, 21. August 1971). 1968 wurden im Einzelhandel über 1.800 Arbeitsstätten mit fast 9.600 Beschäftigten gezählt.

Es deutete nur wenig auf die in wenigen Jahren einsetzenden einschneidenden Veränderungen in der Oberhausener Wirtschaft hin: In Deutschland insgesamt herrschte Vollbeschäftigung, mit Ausnahme der Jahre 1967 und 1968 lag die Arbeitslosenquote in den 1960er Jahren unter einem Prozent. Bergbau und Industriebetriebe äußerten sich besorgt über den Mangel an Arbeitskräften. Im Dezember 1961 meldete das Oberhausener Arbeitsamt 579 Arbeitslose bei 3.020 offenen Stellen. In den Jahren bis 1965 wurden maximal 800 Arbeitslose gezählt, gleichzeitig ging die Zahl der offenen Stellen auf 1.800 (1965) zurück.

Dank reger Bautätigkeit verbesserte sich die Wohnraumversorgung der Oberhausener Bevölkerung von Jahr zu Jahr: Von 76.300 (1960) auf 85.600 (1970) Wohnungen. Das Angebot an Großwohnungen mit fünf Räumen fällt dabei mit einer Steigerung um 60 Prozent, von 5.900 (1960) auf 9.900 (1970), besonders auf.

Die Zahl der zugelassenen Kraftfahrzeuge hatte sich im Zeitraum 1960 bis 1970 mehr als verdoppelt, von 25.700 auf über 54.200 und weist damit auf ein steigendes Einkommensniveau breiter Bevölkerungsschichten hin. Das erhöhte Verkehrsaufkommen führte allerdings auch zu einer sehr hohen Zahl an Verkehrsunfällen, wie beispielsweise in 1966 mit 1.400 verletzten und 36 getöteten Personen.

Die Einwohnerzahl nahm jährlich zu und erreichte im Januar 1964 mit 260.614 Personen ihren Höchststand. In den Folgejahren ging sie ständig zurück. Über die Gründe wird später zu berichten sein[5].

Krisenanfällige Wirtschaftsstruktur

Monostrukturen, und eine solche ist auch die Montanindustrie, sind immer anfällig für wirtschaftliche und regionale Veränderungsprozesse. Das Wort von der „Beständigkeit des Wandels" gilt nicht nur für das Ruhrgebiet, sondern in besonderem Maße auch für Oberhausen.

Das Strukturbild der Oberhausener Wirtschaft 1961, dem Jahr mit der höchsten Beschäftigtenzahl von 108.600 tätigen Personen, zeigt die besondere Abhängigkeit der städtischen Wirtschaft von den Großbetrieben im Bergbau, der Roheisen- und Stahlerzeugung sowie im Stahl-, Maschinen- und Fahrzeugbau. Fast die Hälfte aller Beschäftigten in Oberhausen arbeitete damals im Steinkohlenbergbau (16.400), bei der Hüttenwerke Oberhausen AG (13.600), der GHH Sterkrade AG (9.200), der Deutschen Babcock AG (7.100) und der Ruhrchemie AG (2.800).[6]

Die weithin sichtbaren Schächte, Fördertürme, Hochöfen und die Anlagen der Chemischen Industrie beherrschten nicht nur optisch das Stadtbild. Sie waren auch ein Symbol für die Macht der Montanunternehmen und für ihren Einfluss auf das Wirtschaftsleben. Nicht vergessen werden darf jedoch, dass außerhalb dieser Großbetriebe weitere 12.000 Menschen in Betrieben des Verarbeitenden Gewerbes arbeiteten. Hierzu zählten 1961 (Mitarbeiterzahlen jeweils in Klammer) u.a. die folgenden Unternehmen: Polstermöbelwerke Carl Hemmers (1.800), Oberhausener Glasfabrik (600), Kesselfabrik Jacobs & Co,(450), Gußstahlwerk Hermann Sellerbeck (150), Continental Lack- und Farbenwerke (150), Zinkweißfabrik (160),Altenberg, Metall- und Eisengießerei Fitscher, Neue Ludwigshütte, Kempchen (130), Krebber (180 in 1960). Einige der hier nur beispielhaft aufgeführten Betriebe produzieren auch heute noch in Oberhausen an ihrem ursprünglichen Standort.[7]

Gleichwohl wies Oberhausen im Vergleich zu den Nachbarstädten die höchste Konzentration an Arbeitsplätzen im primären und sekundären Wirtschaftsbereich auf. Der niedrigen Arbeitsstätten- und hohen Beschäftigtenzahl in diesen Bereichen stand eine hohe Zahl an Arbeitsstätten und eine verhältnismäßige niedrige Beschäftigtenzahl im tertiären Sektor gegenüber, was die kleinbetriebliche Struktur in den Dienstleistungen zum Ausdruck bringt.

Trotz der dominierenden Großbetriebe erreichte die Wirtschaftskraft der Stadt, gemessen am Bruttoinlandsprodukt je Einwohner, in den 1960er Jahren nicht die Durchschnittswerte des Landes Nordrhein-Westfalen. 1967 betrug das Bruttoinlandsprodukt in Oberhausen 6.360 DM je Einwohner, im Land NRW dagegen 8.390 DM , in Essen 9.760 DM und in Duisburg 10.630 DM.

Und eine weitere Schwäche der Oberhausener Wirtschaft wurde ebenfalls in der 1970 vorgelegten umfangreichen Unterlage für die Arbeitsgruppe „Kommunale Neugliederung im Ruhrgebiet" aufgezeigt, nämlich unterdurchschnittliche Einzelhandelsumsätze und deutliche Kaufkraftabflüsse in die Nachbarstädte. Während der Einzelhandel in Oberhausen 1966 lediglich einen steuerpflichtigen Jahresumsatz von 1.829 DM je Einwohner erzielte, waren es insbesondere aufgrund der dort ansässigen Großhandelskonzerne in Mülheim 6.684 DM und in Essen sogar 7.876 DM. Im Landesdurchschnitt waren es 2.666 DM.[8]

Tabelle 2: Beschäftigtenentwicklung in ausgewählten Wirtschaftsbereichen in Oberhausen

Stichtag	Beschäftigte					Summe
	Deutsche Babcock AG	Gutehoffnungshütte, MAN GHH	Ruhrchemie, Hoechst AG	Hüttenwerke Oberhausen AG, TNO, Thyssen Stahl AG	Steinkohlebergbau	
30.09.1961	7.088	9.180	2.778	13.643	16.430	49.119
30.09.1970	6.750	8.607	2.739	10.101	9.427	37.624
31.12.1980	5.254	6.292	2.914	6.432	5.806	26.698
31.12.1989	5.373	4.416	2.785	1.475	3.514	17.563
30.06.1995	4.526	2.515	1.738	244	*	9.023

* Stilllegung der Zeche Osterfeld 1992

Dramatischer Beschäftigungsabbau

In den Jahren von 1961 bis 1970 erlebte Oberhausen den höchsten Abbau von Industriearbeitsplätzen in der gesamten Stadtgeschichte. In diesem Zeitraum wurden insgesamt 18.600 Arbeitsplätze abgebaut. Betroffen hiervon waren neben dem Bergbau, mit dem Verlust von über 8.000 Arbeitsplätzen, insbesondere die Betriebe der Eisen- und Metallerzeugung sowie des Stahl-, Maschinen- und Fahrzeugbaus mit einem Rückgang der Mitarbeiterzahl um 7.000 Personen.

Die 1958 beginnende Strukturkrise des Steinkohlenbergbaus wurde ausgelöst durch die Einfuhr preiswerter amerikanischer Kohle und ständig zunehmende Erdölimporte. Mitte der 1960er Jahre standen die Bergbauunternehmen in Oberhausen vor massiven Absatzproblemen, in deren Folge es 1968 zur Schließung der Zeche Concordia, auf der 1961 noch über 4.000 Bergleute arbeiteten, kam sowie zu einem Belegschaftsabbau auf der Zeche Osterfeld von 6.100 (1961) auf 3.100 Beschäftigte im Jahr 1970. Die weltweiten Überkapazitäten insbesondere beim Massenstahl führten bei der Hüttenwerke Oberhausen AG (HOAG) seit 1965 zu einschneidenden Anpassungsmaßnahmen. Die Belegschaft am Standort Oberhausen verringerte sich von 13.600 (1961) auf 10.100 (1970) Mitarbeiter. Auch in den stark exportorientierten Oberhausener Betrieben des Maschinen-, Fahrzeug- und Anlagenbaus wurden in den 1960er Jahren Arbeitsplätze abgebaut. Von 1961 bis 1970 nahm die Belegschaftszahl bei der GHH Sterkrade AG von 9.200 auf 8.600 ab. Im gleichen Zeitraum reduzierte sich die Beschäftigtenzahl bei der Deutsche Babcock AG von 7.100 auf 6.800.

Bei der Ruhrchemie wurden in Folge der 1958 begonnen Neuordnung des Unternehmens von 1958 bis 1970 rund 400 Arbeitsplätze abgebaut. 1967 zog die Unternehmensleitung jedoch eine positive Bilanz des Konsolidierungsprozesses: Das Umsatzvolumen des Geschäftsjahres 1966/67 hatte sich gegenüber dem Vorjahr um mehr als sechs Prozent gesteigert, 40 Prozent der Produktion gingen ins Ausland, das Aktienkapital wurde zum 1. Juli 1967 auf 84 Mill. DM erhöht und den Aktionären wurden 14 Prozent Dividende gezahlt (WAZ, 18. August 1967).

Auch im Bereich der Konsumgüterindustrie wurden in erheblichem Umfang Arbeitsplätze abgebaut: 1965 stellt die Polstermöbelfabrik Carl Hemmers mit 1.000 Beschäftigten die Produktion ein. Lediglich rund 150 Mitarbeiter finden bei der Polstermöbelfabrik Profilia in den ehemaligen Hemmers Werkhallen einen neuen Arbeitsplatz (NRZ, 23./24. März 1967). Der Verlust von so vielen Industriearbeitsplätzen wirkte sich auch auf andere Wirtschaftsbereiche aus: Im Baugewerbe wurden 2.000 Arbeitsplätze abgebaut und im Handel 600.

Diesem massiven Beschäftigungsabbau standen lediglich 2.200 neu geschaffene Arbeitsplätze im tertiären Sektor gegenüber. Ein über Jahrzehnte anhaltender Strukturwandel der Oberhausener Wirtschaft hatte begonnen, in dem sich zunächst der Anteil des tertiären Sektors von 32 Prozent (1961) auf 40 Prozent (1970) erhöhte, während gleichzeitig der Wert für den primären und sekundären Sektor zusammen von 68 auf 60 Prozent abnahm[9].

Der räumlichen Verteilung der Arbeitsstätten im Stadtgebiet entsprechend, waren die drei Stadtbezirke Oberhausens in unterschiedlicher Weise von Arbeitsplatzverlusten betroffen. Der große Verlierer war Alt-Oberhausen. Von den 1961 in Alt-Oberhausen existierenden 61.500 Arbeitsplätzen wurde fast jeder Fünfte bis 1970 abgebaut. Absolut waren dies 11.600, während in Osterfeld die Beschäftigtenzahl insgesamt nur geringfügig abnahm und Sterkrade eine leichte Zunahme verzeichnen konnte.

Das deutlich geringere Arbeitsplatzangebot führte neben erhöhten Fortzügen aus Oberhausen in der zweiten Hälfte der 1960er Jahre auch zu einem erheblichen Ansteigen der Auspendlerzahlen von 19.400 (1961) auf 25.000 (1970). Die Zahl der Einpendler blieb dagegen mit 16.000 Einpendlern konstant. Der sich damit ergebende Auspendlersaldo nahm in diesem Zeitraum von 3.100 auf 8.700 Personen zu. Die intensivsten Austauschbeziehungen bestanden auch weiterhin zu den Nachbarstädten Duisburg, Essen, Bottrop und Mülheim. Die Mehrzahl der Berufspendler waren Männer im Alter von 25 bis unter 45 Jahren. Die Ein- und Auspendler nach Duisburg, Essen und Mülheim waren überwiegend im Verarbeitenden Gewerbe beschäftigt, für die Auspendler nach Bottrop waren die Zechen Prosper und Franz Haniel die wichtigsten Arbeitgeber[10].

Mit der Schließung der Zeche Concordia beginnt eine neue Phase des Strukturwandels

Von 1952 bis 1957 hatten die Oberhausener Bergbaubetriebe mehr als 19.000 Beschäftigte. Seit dem Höchststand 1957 mit einer Belegschaft von fast 19.600 wurden im Zuge der damals beginnenden ruhrgebietsweiten Kohlekrise allein bis 1961 über 5.000 Arbeitsplätze abgebaut. Wachsende Kohlehalden, Feierschichten, die Einführung der Fünf-Tage-Woche auf den Zechen, die Liberalisierung des Energiemarktes mit der Folge steigender Importe von Kohle und Mineralöl waren erste Hinweise auf eine grundlegende Veränderung der Oberhausener Wirtschaft. Trotz dieser ersten Warnsignale erwarteten in den frühen 1960er Jahren nur wenige ein Ende des Wirtschaftswunders. Großindustrie und Bergbau waren nicht nur die mit Abstand wichtigsten Arbeitgeber, ihnen gehörten auch über 80 Prozent der Industrieflächen im Stadtgebiet. Allein der Bergbau besaß damals 11 Prozent aller Flächen in Oberhausen. Die Stadt selbst verfügte für eine eigenständige Wirtschaftsförderung bis 1967 als einzige größere Fläche nur über ein vier Hektar großes Grundstück an der Brinkstraße. Auch der Erwerb kleinerer Flächen an der Waldteich-, Kirchhellener-, Matzenberg- und Friesenstraße änderte

Abb. 4: Demonstration gegen die Schließung der Zeche Concordia auf dem Friedensplatz, 1967

am Flächenmangel grundsätzlich nichts. Eine Befragung aller Industrie- und Gewerbegebiete hatte 1967 die Erweiterungsabsicht von 35 Betrieben mit einem Flächenbedarf von etwa 240.000 Quadratmetern ergeben (WAZ, 22. November 1967).

Bis 1970 gelang es der städtischen Wirtschaftsförderung, etwa 560.000 Quadratmeter für die Verlagerung und Neuansiedlung von Unternehmen, vornehmlich in Lirich, Buschhausen, Weierheide und Königshardt, bereitzustellen. Bezeichnend für die damalige Ausrichtung der Wirtschaftsförderung war, dass man insbesondere Gewerbeflächen mit Gleisanschlussmöglichkeiten erwerben wollte.

Den dramatischen, aber letztlich vergeblichen Kampf um den Erhalt der Zeche Concordia beschreibt das Kapitel Wirtschaftswunderjahre (Peter Langer). Bergleute, Hütten- und Stahlarbeiter waren der stolze und in der Regel auch gut entlohnte Kern der Oberhausener Arbeitnehmerschaft. So ist es nur allzu verständlich, dass der Beschluss zur erstmaligen Stilllegung einer Zeche in Oberhausen nach dem Zweiten Weltkrieg, von dem 3.500 Beschäftigte und deren Familien betroffen waren, eine bis dahin einmalige Solidarisierung der Bevölkerung und aller gesellschaftlichen Gruppen mit den Concordia-Kumpeln auslöste. Es ging nicht nur um Concordia, es ging um Oberhausen. Am 20. Mai 1967 erreichte der Protest gegen die Stilllegungspläne mit einer Massendemonstration auf dem Altmarkt, an der mehr als 10.000 Menschen teilnahmen, seinen Höhepunkt. Allein aus Herne, Bochum, Gelsenkirchen, Bottrop, Dinslaken und Essen waren 600 Bergleute in Bussen angereist. An der Spitze des Demonstrationszuges gingen unter einem Transparent mit der Aufschrift „Concordia darf nicht sterben" Oberbürgermeisterin Luise Albertz, die Mitglieder des Stadtrates, Oberstadtdirektor Dr. Petersen und alle Beigeordneten, die leitenden Funktionäre der IGBE Oberhausen und die Concordia-Betriebsratsvorsitzenden. Hauptredner war der zweite Bundesvorsitzende

Wirtschaft im Wandel

der IG Bergbau und Energie, Heinz Vetter. Sein Satz: „Mit der Concordia halten oder brechen die Dämme an der Ruhr" (WAZ, 22. Mai 1967) war im Hinblick auf die bald folgenden Zechenschließungen leider visionär.

Die zunächst befürchtete Massenarbeitslosigkeit sollte sich glücklicherweise nicht einstellen, denn Fachkräfte wurden dringend gesucht. Unter der Überschrift „Concordia-Alpdruck beginnt von Oberhausen zu weichen" berichtete die WAZ schon am 9. Dezember 1967 von einem Pressegespräch mit dem Arbeitsamt Oberhausen-Mülheim, in dem sich der Leiter der Arbeitsvermittlung, Verwaltungsrat Prünte, optimistisch hinsichtlich der Vermittlung, Umschulung oder Verrentung der Concordia-Belegschaft zeigte. Eine zutreffende Einschätzung, wie die Statistik der Arbeitslosigkeit zeigen sollte: Nach einem Anstieg der Arbeitslosenzahl im Mai 1967 auf über 3.000 sank diese im Dezember 1968 auf unter 2.000 und damit auf das Niveau des Jahres 1966. Die Concordianer und ihre Familien blieben weitgehend von Arbeitslosigkeit verschont, was aber blieb, war der dauerhafte Verlust von mehr als 4.000 Arbeitsplätzen auf Concordia im Zeitraum von 1961 bis 1968.

Die zentrale Lage des Zechengeländes in Alt-Oberhausen eröffnete zugleich neue Chancen für die Stadtplanung. Voraussetzung hierfür war die Verfügbarkeit über größere zusammenhängende Flächen, mit denen eine zielgerichtete Wirtschaftsförderung zur Ansiedlung neuer Unternehmen und damit zur Sicherung und Schaffung von neuen Arbeitsplätzen sowie für den dringend erforderlichen Neubau von Wohnungen eingeleitet werden konnte. Die strikte Flächenvorratspolitik der industriellen Großbetriebe einschließlich des Bergbaus hatte dies bisher verhindert. Erst die Bemühungen der Stadt Oberhausen und der Landesregierung führten zu einer Änderung der Richtlinien der Aktionsgemeinschaft Deutscher Steinkohlenreviere GmbH und ermöglichten damit den Bergbaugemeinden den Ankauf von Flächen stillgelegter Zechen (WAZ, 13. März 1968).

Noch 1968 erwarb die Stadt Oberhausen eine 32,8 Hektar große Fläche von der Concordia Bergbau AG nördlich des Rhein-Herne-Kanals und das Zechenkraftwerk wurde an den Zweckverband Gemeinschafts-Müllverbrennungsanlage Niederrhein, dem auch die Stadt Oberhausen angehört, verkauft. Weitere Flächen wurden an die Deutsche Babcock AG, die Firma Carl Später und die BERO GmbH verkauft. Die Bergehalden der Schachtanlagen 2/3 und 4/5 wurden zur Abtragung an die Firma Kalkwilms, bzw die Rothalit GmbH verkauft (WAZ, 16. August 1969).

Die Planungen der BERO GmbH, auf dem von ihr erworbenen Gelände einen Komplex mit einem Einkaufszentrum von 60.000 Quadratmetern Verkaufsfläche, zwei dreigeschossige Kaufhäuser, Restaurants, Wohnungen, Büros und ein Hotel in einem Hochhaus mit 15 Stockwerken, 2.000 Parkplätze, Großtankstelle und einiges mehr zu errichten, löste Ende 1968 heftige Proteste aus. Die Industrie- und Handelskammer sowie der Einzelhandelsverband sahen in dem Projekt eines Einkaufszentrums keine strukturfördernde Wirkung, sondern vielmehr eine Gefahr für den bestehenden Einzelhandel, insbesondere für die Marktstraße. (WAZ, 31. Januar und 7. Februar 1969).

Im November 1969 legte dann der Investor ein deutlich reduziertes Konzept ohne Hochhaus und mit nur noch 35.000 Quadratmetern Verkaufsfläche vor, das „etwas mehr auf die Ruhrgebietsverhältnisse, speziell auf Oberhausen zugeschnitten" war (NRZ, 6. November 1969). Am 14. Oktober 1971 wurde das BERO-Zentrum am heutigen Standort als eines der ersten Einkaufszentren mit überdachten Ladenstraßen in Deutschland eröffnet,

„Die Concordia-Krise – ein Schock für Oberhausen"

Interview mit Friedhelm van den Mond (Teil 1)

Die Ende der 1950er Jahre beginnende Bergbaukrise erreichte 1968 in Oberhausen mit der Schließung der Concordia-Schachtanlagen und dem damit verbundenen Verlust von 3.500 Arbeitsplätzen im Bergbau den ersten Höhepunkt im Niedergang der Oberhausener Montanindustrie. Wie haben Sie diese Entscheidung persönlich erlebt und welchen Einfluss hatte sie auf die Stadtpolitik in Oberhausen?

Aus der Erinnerung heraus kann ich sagen, dass wir ja ein wenig vorgewarnt waren mit der Kohlenkrise, denn die ersten Feierschichten im Bergbau hatten wir hinter uns. Eigentlich hab` ich damals diese Maßnahme „Schließung der Schachtanlage-Concordia" als eine unverständliche Maßnahme eines Chemiekonzerns erlebt. Denn Concordia gehörte damals zu Schering. Ich war immer noch der Meinung, ohne heimische Energie, ohne Kohle, geht es ja nicht. Denn, das war das, was man nach dem Zweiten Weltkrieg, nach dem Wiederaufbau, immer gepredigt hat.

Um zur Stadtpolitik zu kommen, es war sicher auf der einen Seite ein Schock, der sich gezeigt hat in großen Protestaktionen, mit schwarzen Fahnen in Oberhausen. Andererseits, aber das wurde dann erst ein wenig später deutlich, war es eine Zeit, in der noch Arbeitskräfte gesucht wurden. Die Konjunktur lief ja noch. Also ich weiß, dass viele Arbeitnehmer dann bei der Stadt im Grünflächenbereich angefangen haben, im Tiefbau und 'ne ganze Reihe der Angestellten hat auch umgeschult. Einige meiner Kollegen, die ich aus der Bergschulzeit kannte, wurden Lehrer, Sozialarbeiter, sie gingen als Ingenieure zum Straßenbau und einige gingen auch zur Polizei.

Interessant ist sicherlich für all diejenigen, die die Zeit nicht miterlebt haben und für die Region als Ganzes, dass zwischen dem Beginn der Bergbaukrise 1958/1959 und der Concordia-Krise fast ein Jahrzehnt ins Land ging. Wurde aus Ihrer Sicht von den Zeitgenossen der 1960er Jahre schon so etwas wie eine Krisenstimmung bemerkt?

Eine Krisenstimmung wurde nicht wahrgenommen. Wie gesagt, Concordia war eine für mich unverständliche Entscheidung eines Chemieunternehmens und als dann die Zeche Bismarck in Gelsenkirchen folgte, da wurden viele sicher schon nachdenklicher und ahnten so etwas wie eine Krise. Aber auch Bismarck gehörte damals zur DEA, das war ein Erdölkonzern. Auch da haben wir gesagt: Ja gut, die trennen sich davon, die wollen zum Erdöl, Chemie aus Erdöl ist sicher leichter als aus Kohle. Dass es zu einem völligen Rückbau, zu einer richtigen Kohlenkrise kommen würde, das hat zumindest 1968 noch niemand geahnt. Viele Bergleute sind ja schon bei den Feierschichten nachdenklich geworden. Bis dahin wurde ja mit Überschichten gefördert. Wer keine Überschichten gemacht hat, war fast ein ungeeigneter Arbeiter für den Bergbau. Und jetzt kamen Feierschichten und gleichzeitig wurden Überschichten auf Null zurückgefahren.

Das war ein Einkommensrückgang, den viele nur schwer verkraftet haben. Denn drei bis vier Überschichten im Monat waren im Familienbudget mit eingeplant. Doch nach den ersten Feierschichten um 1960 hatte sich alles wieder beruhigt. Und als dann Concordia und Bismarck geschlossen wurden, um zwei so herausragende Zechen zu nennen, da wurde doch die Nachdenklichkeit größer.

(Fortsetzung des Interviews auf Seite 78)

Abb. 5: Friedhelm van den Mond

Friedhelm van den Mond

Geboren am 12. März 1932 in Oberhausen, Dipl.-Ing. (Bergbau) a.D. 1979 bis 1997 Oberbürgermeister der Stadt Oberhausen. 1947 bis 1973 beschäftigt bei der Zeche Alstaden, zuletzt als Fahrsteiger, (1961 dort auch Betriebsratsmitglied), zweiter Bildungsweg, Hochschulreife, 1973 bis 1977 Studium an der Ruhr-Universität (Sozialwissenschaft, Politik, Pädagogik), 1977 bis 1979 Referendar in Gelsenkirchen, von März 1979 bis Juni 1984 stellvertretender Abteilungsleiter bei der Bergbau AG Niederrhein; dort ausgeschieden im Rahmen von Anpassungsmaßnahmen im deutschen Steinkohlenbergbau. 1947 Mitglied der IG Bergbau und Energie, 1963 Mitglied der SPD, 1969 Ratsmitglied, 1970 Mitglied des Vorstandes im SPD Unterbezirk, 1975 bis 1979 Bürgermeister, 19. März 1979 bis 15. September 1997 Oberbürgermeister. Vorsitzender des Verwaltungsrates der Stadtsparkasse Oberhausen, Vorsitzender der Verbandsversammlung KVR, Vorsitzender des Aufsichtsrates der STOAG, des TZU (Technologiezentrum Umweltschutz Management GmbH) und des ZAQ (Zentrum für Ausbildung und Qualifikation e.V.), Vorsitzender der Arbeiterwohlfahrt, Kreisverband Oberhausen. Ehrenring der Stadt Oberhausen, Ehrenbürger der Stadt Oberhausen, Verleihung der Ehrenbezeichnung Alt-Oberbürgermeister per Ratsbeschluss 1997.

Der demografische Wandel beginnt

Nach Jahren mit einem beständigen Bevölkerungszuwachs kam diese Entwicklung im Jahr 1964 zum Stillstand. Es begannen Entwicklungen, die auch heute noch anhalten, wie die kontinuierliche Abnahme der Einwohnerzahl und ein deutlicher Rückgang bei den Geburtenzahlen ab Mitte der 1960er Jahre. In keinem Jahr wurden in Oberhausen so viele Kinder geboren wie 1959, nämlich fast 5.000. Im Jahr 1970 waren es dagegen nur noch 3.000 Mädchen und Jungen, die in Oberhausen das Licht der Welt erblickten. Die Abnahme um jährlich etwa 200 Geburten bis in die Mitte der 1970er Jahre auf dann nur noch 2.200 Geburten wird häufig mit dem Schlagwort vom „Pillenknick" erklärt. Ursächlich für diese Entwicklung waren neben der Verfügbarkeit der Antibabypille aber auch die Bevölkerungs- und Geburtenausfälle des 1. und 2. Weltkrieges und ein Wandel gesellschaftlicher Einstellungen.

Das Jahr 1959 markiert einen bis in die späten 1980er Jahre anhaltenden Trend in der Bevölkerungsentwicklung. Erstmals nach dem Kriegsende 1945 zogen in diesem Jahr mehr Menschen von Oberhausen fort als es Zuzüge nach Oberhausen gab. 1968, im Jahr der Schließung der Zeche Concordia, erreichte die Abwanderung mit über 13.000 Personen einen historischen Höchstwert. Allein aus der Differenz zwischen Zu- und Fortzügen ergab sich in diesem Jahr ein Bevölkerungsverlust von fast 6.000 Einwohnern[11].

Tabelle 3: Bevölkerung nach Altersgruppen

Jahre	Bevölkerung insgesamt	Davon in der Altersgruppe		
		0 bis unter 18	18 bis unter 65	65 und älter
31.12.1960 *	256.336	keine Daten	keine Daten	keine Daten
31.12.1970 **	245.840	63.381	153.710	28.749
31.12.1980	231.411	46.273	151.888	33.250
31.12.1990	225.820	39.298	151.543	34.979
31.12.2000	221.470	40.363	140.844	40.263
31.12.2010	212.091	34.205	133.614	44.801

* Rückschreibung auf Grund der Volkszählung vom 6. Juni 1961.
** Fortschreibung auf der Basis der Volkszählung vom 27. Mai 1970.
Quelle: Stadt Oberhausen, Bereich 4-5 Statistik und Wahlen

Städtische Planungen gingen zu Beginn der 1960er Jahre von einem Ansteigen der Einwohnerzahl auf 320.000 bis 340.000 bis zum Jahr 1990 aus. Tatsächlich nahm die Bevölkerung im Gegensatz zur Prognose vom Höchststand Anfang 1964 bis zum Jahresende 1969 um mehr als 10.000 Personen auf nur noch 249.000 ab. In Erwartung einer massiven Bevölkerungszunahme wurden zwischen 1961 und 1964 für den Sterkrader Norden Bebauungspläne aufgestellt, die in der Walsumermark, in Schmachtendorf und Königshardt zusätzlichen Wohnraum für mehr als 20.000 Menschen schaffen sollten. Die teilweise vorgesehene Bebauung mit bis zu acht Geschossen wurde aus heutiger Sicht glücklicher Weise nur an wenigen Stellen, wie z.B. an der Oranienstraße oder das „Blaue Haus" in Königshardt, realisiert.

Der gesamtstädtische Bevölkerungsrückgang und die rege Bautätigkeit im Norden der Stadt führten im Zeitraum von 1961 bis 1970 in Alt-Oberhausen (minus 11.700) und Osterfeld (mi-

Tabelle 4: Wohnungsbestand nach Stadtbezirken 1970 bis 2010

Stichtag	insgesamt	Nach Stadtbezirken		
		Alt-Oberhausen	Sterkrade	Osterfeld
31.12.1970	85.573	41.700	27.245	16.628
31.12.1980	96.416	45.888	32.993	17.535
31.12.1990	98.513	46.204	34.956	17.353
31.12.2000	103.914	48.002	37.874	18.038
31.12.2010	106.923	48.969	39.546	18.408

Quelle: Stadt Oberhausen, Bereich 4-5 Statistik und Wahlen

nus 4.700) zu deutlichen Einwohnerverlusten, während die Bevölkerungszahl in Sterkrade um 6.400 Personen zunahm. Eine Entwicklung, die sich noch bis in die Mitte der 1980er Jahre in ähnlichem Umfang fortsetzen sollte: Von 1970 bis 1985 sank die Bevölkerungszahl in Alt-Oberhausen um weitere 16.100 Personen und in Osterfeld um 8.400 Einwohner, während sie sich in Sterkrade um 3.400 Einwohner erhöhte.

Der mit Ausnahme weniger Jahre nahezu beständige Rückgang der Einwohnerzahl seit 1964 wäre ohne die Zuwanderung von Ausländern noch deutlich höher ausgefallen. Das am 20. Dezember 1955 unterzeichnete Abkommen mit Italien über die Anwerbung und Vermittlung italienischer Arbeitskräfte nach Deutschland markiert den Beginn einer grundlegenden Veränderung der Bevölkerungsentwicklung in Deutschland und auch in Oberhausen. In den Jahren des fortdauernden wirtschaftlichen Aufschwungs und der Vollbeschäftigung etwa seit 1957 fehlten insbesondere im Bergbau und in der Industrie qualifizierte Arbeitskräfte. Diese Situation wurde durch die Abwanderung jüngerer Menschen in den Süden Deutschlands noch verstärkt. In Oberhausen erhöhte sich nach dem Abschluss weiterer Anwerbeabkommen mit den Ländern Griechenland, Spanien, Türkei und Jugoslawien die Zahl der hier lebenden Ausländer von 2.800 im Jahr 1955 auf 11.200 (1970). Zu dieser Entwicklung trug der in den 1960er Jahren beginnende Familiennachzug erheblich bei. Die auffälligste Entwicklung nahm die türkische Bevölkerungsgruppe, die sich von 22 (1960) auf über 2.600 Menschen in 1970 erhöhte[12] (nähere Angaben siehe Tabelle 2 im Beitrag Langer).

Tabelle 5: Ausländer 1960 bis 2010 nach Stadtbezirken

Stichtag	Ausländer/innen insgesamt	Nach Stadtbezirken		
		Alt-Oberhausen	Sterkrade	Osterfeld
31.12.1960 *	5.216	keine Daten	keine Daten	keine Daten
31.12.1970 **	11.205	keine Daten	keine Daten	keine Daten
31.12.1980	18.423	7.856	4.793	5.774
31.12.1990	19.477	8.068	5.297	6.112
31.12.2000	24.247	10.295	6.907	7.045
31.12.2010	24.204	11.310	6.797	6.097

* *Rückschreibung auf Grund der Volkszählung vom 6. Juni 1961*
** *Fortschreibung auf Grund der Volkszählung vom 27. Mai 1970*
Quelle: Stadt Oberhausen, Bereich 4-5 Statistik und Wahlen

3. Die 1970er Jahre: Zechenschließungen, Stahlkrise und neue Gewerbegebiete

Die Veränderungen der Oberhausener Wirtschaftsstruktur gehen in den 1970er Jahren unvermindert weiter. Rationalisierungsmaßnahmen im Bergbau führen zu weiteren Zechenschließungen. Die Stahlkrise, ausgelöst durch die massive Steigerung der Produktionskapazitäten im Ausland, insbesondere in Japan, trifft die Stadt mit unerwarteter Härte. Die Ölkrise von 1973 und die Schwäche des amerikanischen Dollars als Folge des durch den Vietnamkrieg ausgelösten hohen Zahlungsbilanzdefizits der USA lösen eine Weltwirtschaftskrise aus, von der auch exportorientierte Unternehmen in Oberhausen wie Babcock und die GHH Sterkrade betroffen sind. Gleichzeitig stärken neue Gewerbegebiete die wirtschaftliche Basis der Stadt. Die Zahl arbeitsloser Menschen steigt von 700 im Juni 1970 beständig auf über 5.500 im Jahr 1978, denen lediglich 1.000 offene Stellen angeboten werden können. Die Probleme des Oberhausener Arbeitsmarktes benennt der damalige Leiter des Arbeitsamtes, Rotscheroth, in aller Deutlichkeit: „Bemerkenswert vor allem die stetige Zunahme der älteren, im Rahmen von Sozialplänen entlassenen Arbeitnehmer". Und weiter: „Es wird immer deutlicher, dass sich die sogenannte Sockelarbeitslosigkeit ausweitet, ein harter Kern von nicht zu vermittelnden Arbeitslosen" (WAZ, 5. Januar 1978). In den frühen 1970er Jahren herrschte dagegen noch Arbeitskräftemangel. So sahen sich nach einem Bericht in der WAZ vom 11. Juli 1973 Klein- und Mittelbetriebe im Handel, in Handwerk, Gastronomie und im Bauhauptgewerbe aufgrund der angespannten Personalsituation gezwungen, Betriebsferien einzuführen.

Ende der 1960er Jahre wurden in den damals dominierenden Wirtschaftsbereichen Kohle und Stahl unternehmerische Entscheidungen getroffen, deren negative Wirkungen auf die Wirtschaftskraft der Stadt bald auch für die Menschen als Wandel ihrer Lebens- und Arbeitssituation spürbar werden sollten. In einem Gutachten der Sozialforschungsstelle Dortmund heißt es dazu:

> „Dieser Strukturbruch beginnt im Bewusstsein der Oberhausener Bevölkerung an der Wende der 1960er zu den 1970er Jahren. Viele unserer Befragten nannten spontan 1970 oder 1971 als das ‚Schaltjahr'. Hintergrund für diese Bewertung ist die Schließung der Zeche Concordia, verbunden mit Massenentlassungen, und die beginnende Auflösung der Hüttenwerke Oberhausen AG nach der Übernahme durch Thyssen"[13].

Das Zechensterben geht weiter

Am 27. November 1968 wurde die Ruhrkohle AG als Konsolidierungsunternehmen der deutschen Steinkohleförderung gegründet. Alle noch in Oberhausen existierenden Bergbaubetriebe wurden in die neue Gesellschaft überführt. Der Hüttenvertrag von 1969 zwischen der Ruhrkohle AG und den deutschen Hüttenbetrieben bildete die Geschäftsgrundlage des Unternehmens.

Wer Hoffnungen gehegt hatte, dass weitere Zechenschließungen verhindert werden könnten, sah sich schnell enttäuscht. Im Rahmen des Anpassungsprogramms der Ruhrkohle AG wurde bereits im Sommer 1971 ein Auslaufen der Förderung auf der Hausbrandzeche Alstaden bis 1975 beschlossen. Aber schon am 15. Dezember 1972 wurde nach 115 Jahren die Förderung auf der von vielen Bergleuten und Bewohnern in Alstaden „Familienpütt" genannten Zeche eingestellt. Die Mehrzahl der zuletzt gut 500 Belegschaftsmitglieder fand auf den Schachtanlagen Osterfeld und Jacobi oder auf Prosper und Franz Haniel in Bottrop einen neuen Arbeitsplatz. Für einige Kumpel war es der Beginn des vorgezogenen verdienten Ruhestandes. Mit der Zechenschließung entfiel auch die Bereitstellung der Sole an das Solbad Raffelberg in Mülheim-Speldorf, so dass dieses ebenfalls seinen Betrieb einstellen musste (WAZ, 1. Juli 1971 und 16. Dezember 1972). Erst 1979 wurde das Bad wieder mit Sole aus einem Schacht der Zeche Concordia versorgt.

Im Jahr 1973 folgten weitere gravierende Veränderungen für den Bergbau in Oberhausen, denn die Ruhrkohle AG forderte eine Konzentration des Abbaus auf die besten Lagerstätten sowie eine optimale Ausnutzung der Übertageanlagen. Um diesem Auftrag zu entsprechen, wurde die Schließung der Zeche Jacobi beschlossen und im Zuge der Nordwanderung des Kohleabbaus der an der Straße Zum Ravenhorst vorhandene Nordschacht der Zeche Osterfeld zu einer modernen Seilfahrt ausgebaut. Am 1. April 1974 erfolgte dann die Stilllegung der Zeche Jacobi. Der größte Teil der Belegschaft, am Jahresende 1973 waren dies fast 3.900, konnte auf der Zeche Osterfeld einen neuen Arbeitsplatz finden. Hier wie auch bei der Schließung der Zeche Alstaden zeigte sich in der Übernahme der Belegschaften ein positiver Aspekt des Zusammenschlusses der deutschen Steinkohleunternehmen in der Ruhrkohle AG (WAZ, 10. Februar 1973).

Die Zeche Osterfeld wurde neben der Erhöhung der Tagesförderung auch durch die Inbetriebnahme der modernsten Kokerei in Europa am 1. März 1973 zu einer modernen Großschachtanlage. Oberbürgermeisterin Luise Albertz nahm die feierliche Inbetriebnahme vor. Die mit einem Investitionsvolumen von über 120 Millionen DM, davon allein 15 Millionen für den Umweltschutz, von der Osterfelder Baugesellschaft Theodor Küppers gebaute, damals größte Kokerei Europas mit ihren über 90 Meter hohen Kaminen trug, wenn auch mit einigen Anlaufproblemen, zu einer erheblichen Reduzierung der Staub- und Geruchsbelästigung für die Bevölkerung bei (WAZ, 1. März 1973).

Ende 1973 gab es für kurze Zeit die Hoffnung, dass die Schließung von Jacobi doch vermieden werden könnte. Der ▶ Jom-Kippur-Krieg veranlasste die Organisation der Erdölexportierenden Staaten (OPEC) am 17. Oktober 1973, die Ölförderung um fünf Prozent zu drosseln, was zu einer unmittelbaren Steigerung des Ölpreises um 70 Prozent führte. Von dieser sogenannten „Ersten Ölkrise" waren alle wichtigen Industrienationen betroffen. In Deutschland markierte sie das Ende der wirtschaftlichen Stabilität der Nachkriegszeit und konfrontierte die Menschen in zunehmender Stärke mit den Themen Kurzarbeit, Arbeitslosigkeit und steigenden Sozialausgaben.

Um Öl einzusparen wurde in der Bundesrepublik vom 25. November bis zum 16. Dezember 1973 ein allgemeines Sonntagsfahrverbot eingeführt. Der wirtschaftliche Effekt dieser Maßnahme war gering, für die Menschen damals war es allerdings ein prägendes Erlebnis. Die Zeche Jacobi konnte von der Ölkrise nicht profitieren, die Förderung wurde wie beschlossen eingestellt und aus dem bisherigen Verbundbergwerk Haniel/Jacobi wurde das Verbundbergwerk Prosper/Haniel[14].

Der lange Weg zum Ende der Roheisenerzeugung

Auch im Bereich der Eisen- und Stahlerzeugung wurde 1968 mit der Übernahme der Aktienmehrheit an der Hüttenwerke Oberhausen AG (HOAG) durch die August Thyssen-Hütte AG (ATH) eine Entscheidung mit großer Tragweite für den Stahlstandort Oberhausen getroffen.

Bereits im September 1967 mischte sich in die Jubelmeldungen über die Leistung des Hochofens A der HOAG, der als leistungsfähigster Hochofen der Welt im August 1967 über 86.000 Tonnen Roheisen erzeugte, Besorgnis über die Konsequenzen des geplanten Zusammenschlusses von HOAG und ATH (WAZ, 7. September 1967). Schon wenige Wochen später wurden erste Stilllegungen von Betrieben für das Jahr 1968 angekündigt.

Die Fusion der HOAG mit der ATH wird einerseits als „gewinnbringende Transaktion"[15] für die HOAG-Aktionäre, zu denen insbesondere die Familie Haniel gehörte, beschrieben. Aus Sicht der HOAG-Mitarbeiter war es andererseits der Beginn eines Jahrzehnte lang andauernden und oft vergeblichen Kampfes um ihre Arbeitsplätze. Für die 400 Mitarbeiter in der Eisenhütte Oberhausen I (EO I) signalisierte bereits am 26. Februar 1969 die am Hochofen 9 wehende schwarze Fahne das endgültige Aus für diese Abteilung. Entlassungen waren mit dieser Maßnahme, ebenso wie bei früheren Stilllegungen von Betrieben, nicht verbunden, die Mehrzahl der Mitarbeiter wurde innerhalb der HOAG umgesetzt (WAZ, 27. Februar 1969).

Die über viele Jahre gegebene Möglichkeit, den von Rationalisierungen und Stilllegungen betroffenen Belegschaftsmitgliedern innerhalb des Unternehmens einen neuen Arbeitsplatz zu bieten, erklärt die erstaunliche Tatsache, dass der Abbau von 4.000 Arbeitsplätzen im Zeitraum von 1961 bis 1971 in der Stadtöffentlichkeit nur geringe Beachtung fand.

1971 sollte sich dies dramatisch ändern: Durch Zusammenschluss der HOAG mit der Thyssentochter Niederrheinische Hütte AG entstand die Thyssen Niederrhein GmbH (TN), auch als Thyssen Niederrhein Oberhausen (TNO) bekannt, als hundertprozentige Tochter der ATH.

Der Aufsichtsratsvorsitzende der TN, Dr. Hans-Günther Sohl, äußerte bei der letzten Hauptversammlung der HOAG am 19. April 1971 die Erwartung, dass dieser Zusammenschluss für die HOAG „eine glücklichere Zukunft bedeute" sowie „für beide Unternehmen eine Stärkung und damit die Sicherung der Arbeitsplätze" (WAZ, 20. April 1971). Nur wenige Wochen später wurden Planungen für weitere Stilllegungsmaßnahmen bekannt, von denen rund 700 Mitarbeiter betroffen gewesen wären. Am 21. Mai 1971 legten daraufhin über 5.000 HOAG-Mitarbeiter die Arbeit nieder und protestierten in einem mehrstündigen Demonstrationszug, mit dem Bundestagsabgeordneten Erich Meinike und dem IG-Metall-Bevollmächtigten Heinz Schleußer an der Spitze, gegen diesen erneuten Arbeitsplatzabbau. Der Protest hatte zumindest teilweise Erfolg, denn am 26. Juni 1971 beschloss der HOAG-Aufsichtsrat, das Siemens-Martin-Werk IIb nicht stillzulegen, die weiteren geplanten Stilllegungen erst zu einem späteren Zeitpunkt vorzunehmen, eine Mindestproduktion von 55.000 Tonnen Rohstahl zu garantieren und die „metallurgische Basis (d.h. die Eisen- und Stahlerzeugung, M. D.) in Oberhausen zu erhalten" (WAZ, 28. Juni 1971).

Am Jahresende 1971 stand erneut die mögliche Aufgabe des Hochofens A, und damit der Verlust von bis zu 1.200 Arbeitsplätzen, im Raum. Da Umsetzungen innerhalb der ATH nicht mehr möglich waren, hätte dies Massenentlassungen zur Folge gehabt. Der Bau des neuen Großhochofens der ATH in Schwelgern sorgte für weitere Beunruhigung. Gleichzeitig bestätigte der Thyssen-Vorstand aber auch Gespräche über den möglichen Bau eines Elektrostahlwerkes in Oberhausen am Standort Neu-Oberhausen an der Osterfelder Straße (WAZ, 13. Dezember 1971). Auf die unsichere Beschäftigungslage reagierten viele Belegschaftsmitglieder mit freiwilliger Abwanderung, insbesondere nach Süddeutschland (WAZ, 10. Dezember 1971).

Das Auf- und Ab der Stahlindustrie in den frühen 1970er Jahren bestimmte die Belegschaftsentwicklung bei TN. Nachdem die Mitarbeiterzahl bis 1972 auf unter 9.000 abgesunken war, stieg sie im Boomjahr der Stahlindustrie 1974 auf über 9.600 Beschäftigte an. Doch schon im nächsten Jahr änderten sich die Marktverhältnisse drastisch. „Das Geschäftsjahr 1975/76 brachte das schlechteste Ergebnis seit Bestehen von Thyssen Niederrhein" so der Vorstandsvorsitzende Dr. Karl-Heinz Kürten (WAZ, 2. Dezember 1976). Als Folge dieser Geschäftsentwicklung wurden nicht nur Arbeitsplätze abgebaut, sondern auch die Kurzarbeit deutlich ausgeweitet.

Im Frühjahr 1977 verdichteten sich erneut die Befürchtungen über die Schließung des Siemens-Martin-Stahlwerkes und den damit verbundenen Verlust von 2.000 Arbeitsplätzen. Die Arbeitgeber- und die Arbeitnehmerseite beurteilten verständlicherweise die Notwendigkeit einer möglichen Stilllegung völlig unterschiedlich:„Das SM-Stahlwerk unserer Tochtergesellschaft Thyssen Niederrhein in Oberhausen ist durch Veränderung des Marktes und der Technik zu einer Quelle untragbarer Verluste geworden", so der Vorstandsvorsitzende der ATH Dieter Spethmann 1977[16]. Der TN-Betriebsratsvorsitzende Herbert Mösle und der Oberhausener Landtagsabgeordnete Heinz Schleußer erinnerten andererseits in einer Belegschaftsversammlung am 27. März 1977 an die 1971 gegebene Zusage des ATH-Vorstandes zur Erhaltung der Stahlbasis in Oberhausen. Und weiter schreibt die WAZ am 28. März 1977 über diese Versammlung: „Zum Schluss warf Schleußer dem ATH-Vorstand vor, dass TNO seit der Zeit der Übernahme in den Thyssen-Konzern nach und nach ausgeplündert werde".

Am 20. Juni 1977 titelte die WAZ dann „Arbeitsplätze vorerst gesichert", eine Meldung, die leider nicht alle Beschäftigten erfreuen konnte. In intensiven Verhandlungen war es der Arbeitnehmerseite gelungen, einen Grundlagenvertrag auszuhandeln, der die Stahlbasis in Oberhausen sicherte. Dies forderte allerdings auch einen hohen Preis: 1.200 Arbeitsplätze sollten zukünftig durch Fluktuation abgebaut werden, das Siemens-Martin-Werk mit der Brammenstraße schrittweise stillgelegt und durch ein Elektrostahlwerk ersetzt werden. Thyssen Niederrhein wurde in eine Betriebs- und Geschäftsführungsgesellschaft umgewandelt und die TN-Betriebe an die Thyssen AG verpachtet. Ferner wurden nicht produktionsbezogene kaufmännische und technische Bereiche an die Thyssen AG übertragen. Die rund 1.000 Mitarbeiter dieser Bereiche behielten ihren Arbeitsplatz in Oberhausen (WAZ, 20. Juni 1977).

Als Folge weiterer Rationalisierungsmaßnahmen beschloss die Thyssen AG den Hochofen A am 13. August 1979 stillzulegen und beendete damit die traditionsreiche Roheisenerzeugung in Oberhausen. Das gesamte Werksgelände südlich der Essener Straße wurde für die Ansiedlung von Gewerbe- und Industriebetrieben zur Verfügung gestellt. Dies war für die Wirtschaftsförderung der Stadt eine außerordentlich wichtige Entscheidung, denn das Festhalten der Unternehmen an nicht genutzten Industrieflächen war das entscheidende Hindernis bei den Bemühungen um die Neuansiedlung von Betrieben wie für die Verlagerung von Oberhausener Firmen, insbesondere bei Erweiterungsabsichten.

Erhalten blieb dagegen die Stahlbasis in Oberhausen durch den Bau eines Elektrostahlwerks mit einer monatlichen Kapazität von 50.000 Tonnen, das mit Investitionen in Höhe von 135 Millionen Mark, darunter allein 25 Millionen für Umweltschutzmaßnahmen, errichtet wurde (WAZ, 4. August 1979).

Der Beschäftigungsabbau im Bereich der Eisen- und Stahlerzeugung in Oberhausen hatte sich, nach dem Verlust von 3.500 Arbeitsplätzen in den 1960er Jahren, auch in den 1970er Jahren mit dem Abbau von weiteren 3.200 Arbeitsplätzen fortgesetzt. In nur zwei Jahrzehnten hatte sich damit die Belegschaftszahl halbiert.

Die GHH Sterkrade AG verliert ihre Selbständigkeit

Nachhaltig wirkende organisatorische Entscheidungen betrafen in den späten 1960er Jahren auch die GHH Sterkrade AG.

> „Am 1. Juli 1969 straffte die GHH den maschinenbauenden Konzernbereich, die GHH Sterkrade AG kam als hundertprozentige Tochter zur M.A.N. AG. Die von Hermann Reusch, von 1947 bis 1966 Vorstandsvorsitzender der GHH, erbittert bekämpfte Entflechtung des GHH-Konzerns nach dem Zweiten Weltkrieg erwies sich im nachhinein eher als glückliche Fügung. Sie konzentrierte die gesamten Konzernkräfte auf den zukunftsträchtigen Sektor Weiterverarbeitung und ersparte der GHH langjährige Ertragsbelastungen durch Strukturkrisen in den Grundstoffbereichen, wie dem Zechensterben und der Stahlflaute"[17].

Eine ganz offensichtlich zutreffende Einschätzung, denn schon im Januar 1972 konnte der Vorstandsvorsitzende Dr. Heinz Krämer von einer stark verbesserten Finanzsituation der GHH Sterkrade berichten. In dieser Zeit wurden verstärkt Komponenten für Kernkraftwerke gebaut, aber auch das größte Hochofengebläse Europas oder Anlagen zum Schachtausbau in einer britischen Kaligrube (WAZ, 14. Januar 1972).

Wie eng manchmal positive und negative Unternehmensentwicklungen zusammenhängen, zeigt folgendes Beispiel: Während die HOAG-Mitarbeiter um die Fortführung des Hochofens A bangten, freute man sich in der nur wenige Kilometer entfernten GHH Sterkrade über den Auftrag der ATH zum Bau des größten Hochofens der Welt in Schwelgern (WAZ, 18. März 1972). Nur sieben Jahre später, 1979, wurde der Hochofen A in Oberhausen stillgelegt und die Roheisenproduktion eingestellt.

In den frühen 1970er Jahren, also vor der ersten Ölpreiskrise im Oktober 1973 und der damit verbundenen wirtschaftlichen Abschwächung der Konjunktur, beeindruckte die GHH Sterkrade mit positiven Berichten über das Unternehmen. Zum Bericht über das Geschäftsjahr 1972/73 äußerte sich der GHH-Konzern-Vorsitzende Dr. Friedrich Wilhelm von Menges zuversichtlich im Hinblick auf das Sterkrader Werk. Dieses habe „seine Rolle als führender Lieferant modernster Bergwerksanlagen ausbauen können". Als weitere Produktionsschwerpunkte nannte er den „Auftrag von drei Dampferzeugern für ein Kraftwerk in der Schweiz", „den Auftrag für den Neubau des Sauerstoff-Aufblas-Stahlwerks der Usimas in Brasilien", die „Entwicklung der Heliumturbine mit geschlossenem Kreislauf für das neue Heizkraftwerk [der EVO, M. D.] in Sterkrade" und wies auf den fast neunzigprozentigen Exportanteil des Turbo-Maschinenbaus hin. (WAZ, 22. Januar 1974)

Während das Inlandsgeschäft in den folgenden Jahren weitgehend stagnierte, wurde das Exportgeschäft immer wichtiger. Aufträge aus China, der UdSSR und aus Jugoslawien, um nur einige zu nennen, sorgten für volle Auftragsbücher und steigerten den Exportanteil auf 56 Prozent. (WAZ, 24. Juni 1974)

Die Konjunkturschwäche der deutschen Wirtschaft in der Mitte der 1970er Jahre beeinträchtigte auch die Geschäftsentwicklung der GHH Sterkrade. Am 23. März 1976 lautete die Überschrift in der NRZ über die Betriebsversammlung: „Spürbar weniger Aufträge zu Beginn dieses Jahres". Der nachfolgende Hinweis „Bei noch befriedigender Auslastung in den Kernbereichen zeichnen sich insbesondere für Fertigungen, die vornehmlich von der Nachfrage inländischer Auftraggeber getragen werden, Beschäftigungslücken ab", war mehr als nur ein Warnsignal für die Zukunft. Denn weitgehend unbemerkt in der Öffentlichkeit hatte die GHH Sterkrade allein im Zeitraum 1970 bis 1975 von 8.600 Arbeitsplätzen rund 1.100 abgebaut. Obwohl man sich verstärkt um Auslandsaufträge bemühte, konnten im Geschäftsjahr 1975/76 „die rückläufigen Bestellungen aus dem Inland nicht voll durch Auslandsaufträge ausgeglichen werden". (WAZ, 15. Oktober 1976)

Schon ein Jahr später informierte das Vorstandsmitglied Franz Sieverding die Belegschaft, „daß bei der derzeitigen Auftragslage in den verschiedenen Betriebsbereichen mit Kurzarbeit und Stellenreduzierung gerechnet werden muß". Dies galt auch für die GHH-Verwaltung, wo in den nächsten 18 Monaten 200 Arbeitsplätze abgebaut werden sollten, vornehmlich durch „normalen Abgang". (NRZ, 29. März 1977)

Von der Belebung der Konjunktur in den Jahren 1978 und 1979 profitierte die GHH Sterkrade, wenn auch nicht im gleichen Umfang wie der GHH-Konzern. Im Oktober 1979 betonte der Vorstands-Vorsitzende des GHH-Konzerns, Dr. Manfred Lennings, in den neu gestalteten Innenräumen des Verwaltungsgebäudes an der Essener Straße gegenüber der Stadtspitze die Verbundenheit mit dem Standort Oberhausen mit den Worten: „Wir bleiben in Oberhausen engagiert." (NRZ, 24. Oktober 1979)

Völlig überraschend entschied der MAN-Aufsichtsrat am 14. November 1979 die GHH Sterkrade vollständig in die MAN einzugliedern und ab 1. Januar 1980 als „MAN Unternehmensbereich GHH Sterkrade" weiterzuführen. Als Betriebsabteilung der MAN hatte die GHH Sterkrade damit ihre unternehmerische Selbständigkeit verloren. (NRZ, 17. November 1979)

Zu den berechtigten Sorgen der Mitarbeiter, denn das Unternehmen hatte allein im Zeitraum von 1970 bis Ende 1979 über 1.700 Arbeitsplätze abgebaut, äußerte der Vorstandsvorsitzende Dr. Thiele die Überzeugung, „dass die neue Struktur langfristig Arbeitsplätze stabilisiere" (NRZ, 24. November 1979). Eine Einschätzung, die durch die Entwicklung im nächsten Jahrzehnt leider nicht bestätigt wurde.

Ruhrchemie AG steigert Beschäftigtenzahl

Das seit 1927 in Holten ansässige Unternehmen war der einzige Oberhausener Großbetrieb, der seine Mitarbeiterzahl in den 1970er Jahren steigern konnte, und zwar von 2.700 (1970) auf 2.800 am Jahresende 1979. Neben der 1929 begonnenen und bis 1990 fortgeführten Produktion von Düngemitteln war die 1938 von Otto Roelen entdeckte Oxo-Synthese der wichtigste

Produktionsbereich. „Die mit diesem Verfahren gebildeten Aldehyde (Oxo-Verbindungen) finden in der Kunststoffindustrie starke Verwendung, so zum Beispiel für die Produktion von Verpackungsfolien"[18].

Die vielfältigen Anwendungsmöglichkeiten dieses Verfahrens und die ständige Weiterentwicklung von Produkten und Produktionsanlagen, wie beispielsweise die 1977 errichtete Großversuchsanlage zur Steinkohlevergasung, sorgten trotz einiger Rückschläge in der Mitte der 1970er Jahre für eine im Vergleich zu Kohle und Stahl positive Belegschaftsentwicklung in diesem Jahrzehnt.

Babcock: Weltweite Expansion und Arbeitsplatzabbau in Oberhausen

Die 1898 in Berlin gegründete und mit ihrer Fertigung von Beginn an in Oberhausen ansässige „Deutsche Babcock & Wilcox Dampfkessel-Werke Aktien-Gesellschaft" verfolgte insbesondere unter dem Vorstandsvorsitzenden und späteren Aufsichtsratsvorsitzenden Hans L. Ewaldsen eine ausgeprägt beteiligungsorientierte Unternehmensstrategie. Unter Ewaldsen wurde „Babcock von einem Dampfkesselhersteller zu einem weltweit operierenden Konzern mit den Schwerpunkten Energie-, Umwelt- und Verfahrenstechnik sowie Spezialmaschinenbau umstrukturiert"[19].

„Ende der Expansion bei Babcock nicht in Sicht" titelte die WAZ am 18. Februar 1971. Zu diesem Zeitpunkt gehörten zur Babcock-Gruppe bereits 44 Unternehmen mit einem Umsatz von 1,4 Milliarden DM im Geschäftsjahr 1969/70. Die Übernahme weiterer Unternehmen in den Folgejahren eröffnete neue Märkte, steigerte das Auslandsgeschäft und schuf damit auch neue Arbeitsplätze. Eine dringend nötige Unternehmensstrategie, denn das Inlandsgeschäft wies seit 1970 keine Steigerung mehr auf.

Die Konjunkturschwäche in der Mitte der 1970er Jahre und die zunehmenden Widerstände gegen den Bau von Großkraftwerken beeinträchtigten zunehmend die Geschäftsentwicklung der Deutschen Babcock AG. Um Überkapazitäten im konventionellen Kesselbau abzubauen, wurden Umstrukturierungsmaßnahmen vorgenommen, die auch Auswirkungen auf den Personalbestand hatten.

Auf der Bilanzpressekonferenz am 15. Februar 1977 zeigte sich der Vorstandsvorsitzende der Deutschen Babcock AG, Hans L. Ewaldsen, erfreut über das bislang erfolgreichste Geschäftsjahr des Unternehmens, andererseits aber auch besorgt: „Wenn die Entwicklung auf dem deutschen Energiemarkt sich nicht baldigst ändert, sind Arbeitsplätze gefährdet!" (NRZ, 17. Februar 1977)

Die Erfolgsgeschichte des Babcock-Konzerns setzte sich auch in den nächsten Jahren fort. Im November 1979 sprach Ewaldsen bei der Ehrung der Babcock-Jubilare im Sozialgebäude an der Duisburger Straße erneut von einem „Jahr der Rekorde" mit einer Umsatzsteigerung um 19 Prozent. Der Vorsitzende des Gesamtbetriebsrats, Dietrich Rosenbleck, zeigte sich dagegen bei dieser Veranstaltung besorgt hinsichtlich der Auswirkungen der „auch in Zukunft unumgänglichen Umstellungen und Rationalisierungen im Werk" (NRZ, 26. November 1979). Die insgesamt positive Konzernentwicklung der Gruppe Deutsche Babcock galt leider nicht für die Belegschaft am Standort Oberhausen, denn hier reduzierte sich die Beschäftigtenzahl von 1970 bis zum Jahresende 1979 um über 1.400 Mitarbeiter auf 5.300 Beschäftigte.

„Für die Menschen in Oberhausen begann der Wandel mit dem Bero-Zentrum"

Interview mit Friedhelm van den Mond (Teil 2)

Zum Jahresende 1972 endete auch die Kohleförderung auf der Zeche Alstaden, was für Sie das Ende Ihrer dortigen Tätigkeit als Fahrsteiger bedeutete. Gut ein Jahr zuvor, am 14. Oktober 1971, eröffnete auf dem Gelände der Zeche Concordia das Bero-Einkaufszentrum. Welche Gefühle herrschten damals in der Oberhausener Bevölkerung? Trauer um den schrittweisen Abbau der Bergbautradition oder die Hoffnung auf eine neue wirtschaftliche Entwicklung?

Ich will mal anfangen mit der Schließung der Zeche Alstaden Ende 1972. Ich erinnere mich gut an meine letzte Schicht auf Alstaden, weil ich damals zu Fuß ganz hinten aus einer entfernten Abteilung zum Schacht gegangen bin. Mir war zum Heulen zumute. Ich wusste: Wo du jetzt 26 Jahre gearbeitet hast, durch diese Strecken gehst du heute zum letzten Mal. Das siehst du alles nicht mehr. Und ich war zu Hause erstmal richtig deprimiert. Auf der anderen Seite hatte ich ja den Aufbruch zu neuen Ufern geahnt. Mitte 1971 hat mich die Aufforderung der Berufsgenossenschaft ereilt, zur Vermeidung einer vorzeitigen Berufsunfähigkeit, die Untertagetätigkeit aufzugeben. Dann hab ich mir gedacht, wenn ihr jetzt glaubt, ich fang irgendwo auf dem Büro an, dann habt ihr euch aber geirrt. Dann machst du ganz was Neues. Ich hab mich dann bemüht, über das Kultusministerium die Hochschulreife zuerkannt zu kriegen. Ich hatte ja kein Abitur. Die ist mir dann zugebilligt worden und ich hatte, als die Zeche 1972 geschlossen hat, den Semesterbeginn in Bochum an der Uni vor Augen. Der war am 1. April. Da habe ich gedacht, die drei Monate zwischen 31. Dezember und 31. März 1973, die wirst du ja auf einer anderen Schachtanlage noch überleben. Für mich war das dann ein neuer Lebensabschnitt, der sicher für mich und auch für meine Familie nicht einfach war, aber wenn man so will, ein Aufbruch zu neuen Ufern.

Um auf die Eröffnung des Bero-Centers zu kommen. Das Bero-Center war so etwas wie ein Stück Hoffnung. Bero war ja nur möglich, weil die Landesregierung den Bodenfonds geschaffen hatte. Hier war Ankauf der Flächen möglich, genauso wie nach Schließung der Zeche Concordia, wo dann auch durch den Einsatz von Luise Albertz neben Bero, Hans-Sachs-Schule und Berufsförderungswerk auch viele mittelständische Betriebe in Lirich im Gewerbegebiet Am Eisenhammer entstanden.

Alstaden war ja nur eine relativ kleine Zeche. Die, die nicht in die sogenannte „Anpassung" – den vorzeitigen Ruhestand – gehen konnten, wurden nach Osterfeld verlegt. Das war ja kein großer Weg. Denn Osterfeld suchte noch dringend Bergleute. Ich bin sogar vom Vorstand gebeten worden: Gehen sie in jedem Fall mit, sie sind das Zugpferd. Wenn sie mit nach Osterfeld gehen, gehen die anderen auch alle. Also Bergleute wurden da auf anderen Schachtanlagen noch gesucht. Und wie gesagt, das was inzwischen auf den stillgelegten Flächen von Concordia passiert war, das vermittelte den Menschen schon ein Stück Hoffnung.

Aus der gegenwärtigen Perspektive betrachtet hat Oberhausen eine sehr interessante und sicherlich für die Region Ruhrgebiet besondere Entwicklung mit seinem Einzelhandel genommen. Hat es zum damaligen Zeitpunkt schon eine Rolle gespielt, ob das Bero-Zentrum und unser „Geschäftszentrum Marktstraße" vielleicht in eine Konkurrenzsituation zueinander geraten könnten?

Das hat eigentlich nicht eine so große Rolle gespielt. Natürlich gab es einige, die der Meinung waren, die Marktstraße leidet darunter. Aber große Widerstände gab es eigentlich nicht, weil jeder geglaubt hat, Bero, mein Gott, ob die überhaupt überleben können? Der tradierte Einzelhandel war ja damals auf der Marktstraße noch weitgehend das vom Inhaber geführte Fachgeschäft. Die Mieten haben sich im Bereich Marktstraße so entwickelt wie in vielen Innenstädten, dass ein nicht vom Eigentümer geführtes Fachgeschäft die Mieten nicht mehr aufbringen konnte. Die Marktstraße wurde dann erst in den 1970er und 1980er Jahren austauschbar, weil es dort nur Kettenläden gab und gibt, die man in jeder Stadt findet, dieses haben offensichtlich die Eigentümer nicht begriffen.

Sicher spielt für den Einzelhandel auch eine Rolle, dass es diese Einkaufszentren gibt. Aber ich glaube, die Rolle, die die Eigentümer der Immobilien auf der Marktstraße gespielt haben, die muss man sich auch mal in Erinnerung rufen: Die sind in keinem Fall auf die Veränderungen im Einzelhandel hin zu Ketten und zu Einkaufszentren eingegangen, die haben lieber leer stehen lassen als die Mieten zu senken.

(Fortsetzung des Interviews auf Seite 98)

Alt-Oberhausen verändert sein Gesicht

Die Stilllegung der Zeche Concordia war der Beginn nachhaltiger Veränderungen in der Wirtschaftsstruktur und im Stadtbild. Auf dem ehemaligen Zechengelände erfolgten nach der Eröffnung des BERO-Centers innerhalb weniger Jahre der Neubau der Hans-Sachs-Schule (Gewerblich-technische Berufsschule), der Bau von 750 Wohnungen in der City-West und der Neubau des für 750 Rehabilitanden geplanten Oberhausener Berufsförderungswerks, das am 15.Juni 1979 eröffnet wurde.

Die Realisierung dieser städtebaulichen Großprojekte im Umfeld des Hauptbahnhofs führte zu einer Konzentration des Verwaltungshandelns der Stadt und der Fördermittel auf die „Neue City-West". Der in Sterkrade und Osterfeld geplante Wohnungsbau und die diesen ergänzenden Infrastrukturmaßnahmen mussten zunächst zurückstehen. Der damalige Oberstadtdirektor Raimund Schwarz erwartete vielmehr, dass sich die Entwicklung dieser beiden Stadtteile „getragen von privater Initiative, unter leitender Hand der Stadt vollziehen werde" (WAZ, 2. April 1972).

1974 gaben die Grillo Werke nach 130 Jahren ihre Oberhausener Produktionsanlagen, zunächst die Kunststoffverarbeitung und dann die Zinkweißproduktion, an der Danziger Straße auf. Die 170 Beschäftigten erhielten Arbeitsplatzangebote in anderen Grillo-Werken. Die

Zinkweißforschungs- und die Zinkweißhandelsgesellschaft blieben bis in die 1980er Jahre in ihrem Gebäude an der Schwartzstraße. (WAZ, 24. Februar 1973).

Das Jahr 1974 bedeutete auch für ein weiteres industrielles Traditionsunternehmen, nämlich die Zinkfabrik Altenberg mit rund 130 Beschäftigten, das Ende. Die Verlagerung der Produktion nach Essen sollte allerdings noch bis 1981 dauern. Doch schon 1978 erarbeitete das Stadtplanungsamt eine Projektstudie zur spätern Nutzung des Fabrikgeländes als Kulturzentrum. Bis zur Eröffnung des heutigen LVR-Industriemuseums im Jahr 1987 und der ersten Großveranstaltung 1982 im soziokulturellen Zentrum Altenberg sollten noch Jahre vergehen.

In den 1970er Jahren galt Oberhausen im Einzelhandel als „Möbelmetropole". Eine Untersuchung der Industrie- und Handelskammer ergab, dass fast die Hälfte der Verkaufsfläche größerer Einzelhandelsbetriebe auf die Möbel- und Teppichbranche entfiel, während es in Essen 20 Prozent und in Mülheim 18 Prozent waren. Am 24. August 1977 eröffnete die Firma Rück an der Straßburger Straße eine neue Möbelhalle und vergrößerte damit ihre Verkaufsfläche auf 20.000 Quardatmeter (WAZ, 18. Juni 1977).

Neue Gewerbegebiete stärken die Wirtschaft

Trotz der krisenhaften Entwicklungen bei Kohle und Stahl seit den 1960er Jahren waren die Unternehmen nur zögerlich zum Verkauf nicht mehr benötigter Flächen bereit. Neben dem Erwerb der Concordiaflächen in Lirich und Buschhausen ermöglichte der Ankauf ehemaliger Gewerbeflächen in Sterkrade an der Erlen-, Kiebitz- und Von-Trotha-Straße erstmals eine verstärkte städtische Wirtschaftsförderung mit dem Ziel, die von wenigen Großbetrieben geprägte Wirtschaftsstruktur durch die Ansiedlung von Klein- und Mittelbetrieben mit einer branchenmäßig breiten Streuung zu diversifizieren[20].

Ende der 1960er Jahre entstand in Königshardt das Gewerbegebiet „Nord-Ost" auf dem zunächst acht Firmen mit später rund 140 Arbeitsplätzen angesiedelt wurden. Durch einen neuen Bebauungsplan wurde 1982 eine Erweiterung möglich, so dass vier weitere Unternehmen mit gut 80 Mitarbeitern hier einen neuen Standort finden konnten.[21] Dort befindet sich der mittlerweile zum Traditionsunternehmen gewordene Elektronik- und Steuerungstechnikhersteller Lenord & Bauer.

Im neuen Gewerbegebiet an der Von-Trotha-Straße wurde am 10.September 1968 von der Firma Basamentwerke Böcke KG der Grundstein für ein neues Werk zur Produktion von Betonwaren sowie vielfältigen anderen Waren aus dem Baubereich gelegt (WAZ, 11. September 1968). Am 22. August 1970 berichtete die WAZ unter der Überschrift „Wo früher die Kartoffel wuchs – Moderne Betriebe fertigen Betonteile und Strickwesten" über die schon vollzogene oder geplante Ansiedlung von insgesamt 14 Betrieben auf der Weierheide. Hervorgehoben wurde das Angebot an Arbeitsplätzen für Frauen durch die Firma Andi-Strickmoden, die täglich tausend Strickwarenteile herstellte. In der Beantwortung einer Kleinen Anfrage des damaligen CDU-Fraktionsvorsitzenden Hans Wagner teilte die Verwaltung im Juni 1971 mit, dass vornehmlich seit 1967/68 durch Maßnahmen der Wirtschaftsförderung bisher 3.800 Arbeitsplätze geschaffen wurden und die Entstehung von insgesamt 6.000 Arbeitsplätzen erwartet werde. Zur Strukturverbesserung seien vorrangig Betriebe des tertiären Sektors sowie der Elektrotechnik, Kunststoffverarbeitung und Bekleidungsindustrie geeignet (WAZ, 10. Juni

1971). Wie groß der Flächenbedarf für die Neuansiedlung bzw. Verlagerung von Gewerbebetrieben damals war, und dies gilt auch für die späteren Jahre, zeigt die schnelle Vermarktung der 1970 von der HOAG an der Erlenstraße gekauften Fläche, die schon 1973 voll vermarktet war.

Auf dem Gelände der ehemaligen Concordia-Schachtanlage IV/V baute die Magnesital-Feuerfest GmbH an der Buschhausener Straße ein modernes und umweltfreundliches Magnesitsteinwerk mit rund 200 Arbeitsplätzen, das 1974 in Betrieb genommen wurde (WAZ, 13. September 1974). Zu den in den 1970er Jahren entstanden Gewerbegebieten für die Ansiedlung klein- und mittelständischer Betriebe gehörte auch das Gewerbegebiet an der Lindnerstraße in dem fast 1.900 Beschäftigte, in den Firmen Weinand, Canapa, Knepper, Kruft, Schepker, REV, Zeppelin, Begros, Henning, Elsinghorst und Albrecht ihren Arbeitsplatz fanden[22].

Manche Hoffnung der Wirtschaftsförderer auf die Verfügbarkeit weiterer Flächen stillgelegter Zechen, wie Alstaden und Jacobi, sollte sich nicht erfüllen. Aus dem ehemaligen Zechengelände in Alstaden wurde eine attraktive Wohnsiedlung, aus dem Jacobigelände ein Volksgolfplatz.

Die Arbeitsplatzbilanz am Ende der 1970er Jahre war erneut deprimierend: Dem Abbau von 12.500 Arbeitsplätzen standen nur 4.500 neu geschaffene gegenüber, per Saldo also ein Rückgang der Beschäftigtenzahl um 8.000 auf nur noch 85.200 Beschäftigte am 30. Juni 1979. Mit einem Minus von 8,6 Prozent war der Rückgang in Oberhausen höher als in Essen oder Duisburg, während im gleichen Zeitraum Mülheim, der Kreis Wesel und insbesondere Bottrop deutliche Zunahmen ihrer Beschäftigtenzahlen verbuchen konnten. Die höchsten Arbeitsplatzverluste ergaben sich in Oberhausen erneut in den Wirtschaftsbereichen Energie- und Wasserversorgung, Bergbau (minus 4.500), im Verarbeitenden Gewerbe (minus 5.700) und zum ersten Mal auch im Handel (minus 1.800).

Der Belegschaftsabbau in den industriellen Großbetrieben wirkte sich in den 1970er Jahren negativ auf andere Wirtschaftsbereiche aus. Im Handel reduzierte sich die Mitarbeiterzahl von 1961 bis 1979 um 1.800 auf nur noch 11.300 Beschäftigte. Auch im Baugewerbe wurden 800 Arbeitsplätze abgebaut, darunter allein 150 Mitarbeiter der Baufirma Gustav Kiel (WAZ, 3. Juli 1973). Im Jahr 1979 musste auch die traditionsreiche Oberhausener Glasfabrik an der Duisburger Straße schließen. Betroffen waren rund 200 Beschäftigte, von denen gut die Hälfte schon bald einen neuen Arbeitsplatz fanden (NRZ, 2. Juli 1979).

Positiv entwickelten sich dagegen die Bereiche Verkehr und Nachrichtenübermittlung (plus 900), Dienstleistungen von Unternehmen und freien Berufen (plus 1.700) sowie Gebietskörperschaften und Sozialversicherung (plus 1.300).

Noch immer prägten die Betriebe der Montanindustrie das Stadtbild und die hier lebenden und arbeitenden Menschen. Der Wandel zur Dienstleistungsstadt setzte sich kontinuierlich fort, wurde aber kaum als solcher wahrgenommen. Tatsächlich hatte sich die Bedeutung des tertiären Sektors für die Oberhausener Wirtschaft in den Jahrzehnten seit 1960 deutlich erhöht: Der Anteil der hier tätigen Personen an der Gesamtbeschäftigtenzahl war von 32 Prozent im Jahr 1961 über 40 Prozent (1970) auf 47 Prozent im Jahr 1979 angestiegen. Fast jeder zweite Arbeitsplatz in Oberhausen befand sich damit in einem Dienstleistungsbetrieb[23].

Der massive Belegschaftsabbau insbesondere in den Großbetrieben der Montanindustrie wirkte sich auch auf den Arbeitsmarkt negativ aus. Die Arbeitslosenquote stieg im Jahresdurchschnitt von 0,8 Prozent (1970) auf 5,8 Prozent in 1979.

Geschichte der Stadtsparkasse Oberhausen seit 1945

▸ Die Sparkasse erlebte das Kriegsende in der von Bomben verschont gebliebenen Hauptstelle an der Schwartzstraße 61.

▸ Der Wiederaufbau von Kriegszerstörungen, der Wohnungsbau für zehntausende Flüchtlinge und Vertriebene sowie das Wachstum der Wirtschaftswunderjahre verlangten nach einem leistungsstarken Kreditgeber und einer Vertrauensinstanz für die Spareinlagen der Bürgerinnen und Bürger.

▸ Als die Reichsmark am 20. Juni 1948 außer Kraft gesetzt wurde, betrug die Bilanzsumme der Sparkasse 177 Mio. Reichsmark. Die Spareinlagen betrugen 135 Mio. RM. Die D-Mark Eröffnungsbilanz nach der Währungsumstellung wies eine Bilanzsumme von 12 Mio. bei Spareinlagen von 6 Mio. DM aus. Die Sparkasse hatte damals 114 Mitarbeiter.

▸ Waren die Spareinlagen Ende 1948 auf 6 Mio. DM zusammengeschrumpft, betrugen sie Ende 1955 bereits 48,8 Mio. DM, um bis zum Jahr 1965 auf 248 Mio. DM zu steigen. Mehr als jeder zweite Oberhausener hatte ein Sparkonto bei der Sparkasse. In gleicher Weise wuchs auch das Kreditvolumen, das die Sparkasse einräumen konnte. Es kletterte von 7,6 Mio. DM 1950 auf 196 Mio. 1965.

▸ Äußeres Zeichen des Wachstums der Sparkasse war der 1957 eröffnete Neubau der Hauptstelle an der mittleren Marktstraße (Hausnummer 97).

▸ Als bedeutsame Veränderung gab das Sparkassengesetz des Landes NRW 1958 den Sparkassen die volle rechtliche Selbständigkeit. Von nun an heißt die Städtische Sparkasse Oberhausen Stadtsparkasse Oberhausen.

▸ 1960 wurde die Buchhaltung auf Lochkartenmaschinen umgestellt.

▸ Aufgrund des rapide gestiegenen Zahlungsverkehrs begann 1966 mit der elektronischen Datenverarbeitung im eigenen Rechenzentrum.

▸ 1974 fand die Einführung der Datenfernverarbeitung im Sparverkehr statt: Über das Terminal am Schalter ist der Mitarbeiter seitdem mit dem zentralen Computer verbunden und kann so Buchungen direkt veranlassen, die Kunden schneller und umfassender bedienen.

▸ Im Jahr 1974 wurde die Sparkasse Bilanz-Milliardär, die Bilanzsumme stieg weiter Jahr um Jahr auf 2609 Mio. DM Ende 1988. Die Sparbereitschaft und -fähigkeit der Oberhausener Bevölkerung litt unter dem Abbau der Kohlen- und Stahlindustrie Entwicklung zunächst kaum. Jedoch blieb die Zunahme des Geschäftsvolumens angesichts der seit 1970 spürbar schrumpfenden Stadtbevölkerung bescheiden. 1987 erreichten die Sparanlagen 1,76 Mrd. DM. Die durchschnittliche Höhe der Sparguthaben je Sparkassenbuch lag 1988 bei 3.930 DM. Das gesamte Kreditgeschäft machte 1988 1,63 Mrd. DM aus.

▸ Die Zahl der Lohn- und Gehaltskonten (Privatgirokonten) erhöhte sich von 30.000 im Jahr 1964 auf über 88.000 im Jahr 1990. D Zunahme der Reisetätigkeit der Oberhausener lässt an folgenden Zahlen ablesen: 1964 handelte die Sparkasse für 14,3 Mio. DM mit ausländischen Zahlungsmitten, 1988 für 28,6 Mio. DM.

▸ Die Stadtsparkasse Oberhausen unterstützt seit den 1980er Jahren tatkräftig den Strukturwandel in der Oberhausener Wirtschaft. Das Kreditinstitut arbeitet eng mit der

Abb. 6: Das heutige Gebäude der Stadtsparkasse

Wirtschaftsförderung Oberhausen GmbH (WFO) zusammen und ist Gründungsmitglied von STARTER Consult, einer Beratungseinrichtung der Kammern und der Wirtschaftsförderung für Unternehmensgründer.

▸ 1983 folgte die Gründung der Sparkassen-Bürgerstiftung Oberhausen: Seitdem wurden in Oberhausen Projekte mit einem Gesamtvolumen von rund 12,8 Mio. Euro gefördert.

▸ Seit den 1990er Jahren gewinnt der Tourismus in Oberhausen stark an Bedeutung. Die Stadtsparkasse Oberhausen hat diese Entwicklung seit Gründung der Tourismus und Marketing Oberhausen GmbH (TMO) 1997 zunächst als Gesellschafter maßgeblich begleitet. Bis heute werden in enger Zusammenarbeit mit der TMO wichtige Projekte der Tourismusförderung und des Stadtmarketings umgesetzt.

▸ Seit 2011 befindet sich das „Haus der Wirtschaftsförderung" in Oberhausen mit den Gesellschaften TMO, ENO und WFO in den Räumlichkeiten der Stadtsparkasse Oberhausen an der Essener Straße 51.

Daten zur Stadtsparkasse Oberhausen in der zweiten Hälfte des 20. Jahrhunderts

Jahresabschluss	Bilanzsumme in Mio. DM	Spareinlagen in Mio. DM	Mitarbeiter
1952	34	15	144
1953	44	24	153
1960	189	123	318
1970	583	453	438
1980	1.808	1.465	578
1990	2.754	1.904	810
2000	4.710	2.755	831

4. Die 1980er Jahre – Aufbruch zur Stadt der Dienstleistungen

Wer nach einem optischen Beleg für die Ereignisse der 1980er Jahre sucht, wird schnell fündig: Die Sprengung des Hochofens A an der Essener Straße am 11. Juli 1980. Das Bild vom langsam wegknickenden 90 Meter hohen Stahlriesen bewegte Stahlarbeiter und Zuschauer, wurde vielfach fotografiert und inspirierte den Oberhausener Künstler Walter Kurowski zu bewegenden Bildern. Aus heutiger Sicht ein visionäres Bild für die einschneidenden Veränderungen, die in diesem Jahrzehnt, insbesondere in den Jahren 1983 und 1987, in Oberhausen stattfinden sollten: Im Bergbau, in der Stahlindustrie, im Maschinen- und Anlagenbau und in der Struktur des Arbeitsmarktes. Immer mehr Menschen arbeiteten in den verschiedenen Bereichen des Dienstleistungssektors und immer weniger in der Produktion. Vollzeitarbeitsplätze wurden abgebaut und die Zahl der Teilzeitarbeitsplätze erhöhte sich deutlich. Der Anteil der Teilzeitbeschäftigten an der Gesamtzahl der Tätigen Personen stieg von gut fünf Prozent im Jahr 1970 auf fast 19 Prozent im Jahr 1987, mit steigender Tendenz in den folgenden Jahren. Dementsprechend verringerte sich der Anteil an Vollzeitbeschäftigten auf nur noch gut 80 Prozent in 1987.

Der massive Arbeitsplatzabbau bei der MAN GHH, der Thyssen Niederrhein AG und im Bergbau, oft beschönigend als „Freisetzung" angekündigt, setzte sich ungebremst fort: Von 1980 bis zum Jahresende 1989 verlor Oberhausen allein in diesen drei Unternehmen über 9.700 Arbeitsplätze. Die Folge waren steigende Arbeitslosenzahlen, die im Februar 1988 mit 14.500 Arbeitslosen und einer Quote von 17,8 Prozent ihren traurigen Höhepunkt erreichten.

Neben den noch zu beschreibenden tiefgreifenden Veränderungen der Oberhausener Wirtschaftsstruktur war es auch ein Jahrzehnt der Symbole für den Niedergang der Montanindustrie. Zehntausende Oberhausener Bürgerinnen und Bürger beteiligten sich an den Massenprotesten für den Erhalt der Arbeitsplätze bei Thyssen Niederrhein. Die Menschen mussten Abschied nehmen vom Bergbau, der die Stadt und ihre Bewohner mehr als ein Jahrhundert geprägt hatte. Und sie mussten zur Kenntnis nehmen, dass die unternehmerischen Entscheidungen für zwei der wichtigsten Industriebetriebe, die MAN GHH AG und die Thyssen Niederrhein AG Oberhausen, nicht mehr in Oberhausen getroffen wurden.

Abb. 7: Sprengung des Hochofens A am 11. Juli 1980

Der Kampf um die Stahlarbeitsplätze in Oberhausen geht weiter

Die Hoffnung, dass mit der Inbetriebnahme des neuen Elektrostahlwerks im Februar 1980 die Stahlbasis in Oberhausen langfristig gesichert sei, sollte schon bald ins Wanken geraten. Die Konjunkturkrise zu Beginn der 1980er Jahre traf auch die deutsche Stahlindustrie hart und bedeutete aufgrund deutlicher Produktionsausfälle Kurzarbeit für viele Beschäftigte der Thyssen Niederrhein AG (WAZ, 17. Februar 1982).

Im Juni 1983 verdichteten sich Gerüchte über eine mögliche Stilllegung der Grobblechstraße. Zusammen mit den angeschlossenen Anlagen wären von dieser Maßnahme 1.500 Arbeitnehmer (WAZ, 10. Juni 1983) betroffen gewesen. Alle Appelle und Vermittlungsversuche, die in den nächsten Tagen von Oberbürgermeister Friedhelm van den Mond, Oberstadtdirektor Dieter Uecker, den Parteien und dem Rat der Stadt, dem MdB Dieter Schanz ebenso wie vom IG-Metall-Bevollmächtigten Heinz Schleußer und dem Betriebsratsvorsitzenden Herbert Mösle an die Unternehmensleitung der Thyssen Niederrhein AG gerichtet wurden, waren letztlich erfolglos.

Überraschend schnell erfuhren TNO-Mitarbeiter und die Stadt ohne eine vorherige Information die befürchtete Entscheidung des Vorstandes der Thyssen Stahl AG, „daß die Grobblechstraße, das Presswerk und alle nachgeschalteten Vergütungsanlagen sowie das Plattierwerk schnellstens stillzulegen sind" (WAZ, 1. Juli 1983). Am nächsten Tag protestierten 4.000 TNO-Mitarbeiter vor dem Werksgasthaus an der Essener Straße gegen den drohenden Arbeitsplatzabbau. Die Stimmung bei dieser Protestaktion beschrieb die WAZ am 2. Juli 1983 mit den Worten: „Hilflosigkeit, ohnmächtige Wut, Ratlosigkeit oder Resignation las man in den Gesichtern der Demonstrationsteilnehmer".

Ende August 1983, inzwischen war von dem Verlust von 2.000 Arbeitsplätzen die Rede, forderte Oberbürgermeister van den Mond die Bürgerschaft und alle gesellschaftlichen Gruppen zum Protest auf mit den Worten: „Unsere ‚leisen' Töne haben bisher nicht geholfen, jetzt soll der Kampf um die Erhaltung der Arbeitsplätze mit allen friedlichen Mitteln aufgenommen werden" (WAZ, 26. August 1983). 15.000 Bürger sowie Mandatsträger aus Nachbarstädten und eine Delegation der Henrichshütte in Hattingen versammelten sich daraufhin am 30. August 1983 auf dem Bahnhofsvorplatz zur größten Protestaktion seit der Schließung der Zeche Concordia. Neben dem Oberbürgermeister, dem IG-Metall Ortsbevollmächtigten Schleußer, dem örtlichen DGB-Vorsitzenden Willi Haumann und dem stellvertretenden TNO-Betriebsratsvorsitzenden Willi Victor appellierte auch Stadtdechant Gregor Rehne an den Thyssen-Vorstand mit den Worten: „Eine Wiege, die leersteht, ist Zeichen der Zukunftslosigkeit und der Hoffnungslosigkeit" (WAZ, 31. August 1983).

Es folgten bange Wochen für die Beschäftigten bis zur TNO-Aufsichtsratssitzung am 24. November 1983, in der die Stilllegung der Grobblechstraße einschließlich Normaladjustage und des Preßwerks beschlossen wurde und damit der Abbau von 2.000 Arbeitsplätzen in Oberhausen endgültig feststand (WAZ, 26. November 1983).

Im September 1986 gab es erste Warnzeichen für den Fortbestand der Stahlproduktion in Oberhausen. Aber nur Wenige dürften schon damals die dramatische Entwicklung im Sommer des nächsten Jahres geahnt haben. Die Ausgangssituation für die TNO beschrieb der Vorstandsvorsitzende der Thyssen Stahl AG mit den Sätzen: „Allein in den letzten fünf Jahren haben wir bei Thyssen Niederrhein über eine halbe Milliarde Mark verloren" und weiter: „Es

Tabelle 6: Arbeitslose 1960 bis 2010

Jahre	Arbeitslose	Arbeitslosenquote
06.1960	751	keine Daten
06.1970	671	0,7
06.1980	4.537	5,4
06.1990	10.632	11,6
06.2000	11.920	12,5
06.2010	12.590	12,9

Quelle: Stadt Oberhausen, Bereich 4-5 Statistik und Wahlen

ist nun einmal das Pech für Oberhausen, dass die Stadt mit dem Profilstahl an ein markt- und ergebnismäßig sehr schwaches Produkt gebunden ist" (NRZ, 9. September 1986). Zu diesem Zeitpunkte war schon bekannt, dass die TNO ab 1. Oktober eine Betriebsabteilung der Thyssen Stahl AG in Duisburg werden und damit ihre Selbständigkeit verlieren würde.

Die Gefahr für das Oberhausener Stahlwerk wurde schnell konkreter. Anfang Dezember informierte der Vorstandsvorsitzende, Dr. Heinz Kriwet, über den durch die schlechte Absatzlage bei Stahlprodukten erforderlichen Abbau von 1.100 Arbeitsplätzen im gesamten Unternehmen, der „mit Sicherheit auch Auswirkungen auf Oberhausen haben werde" (NRZ, 6. Dezember 1986). Diese zunächst beschönigend angekündigten „auch Auswirkungen" stellten sich im Februar 1987 als existenzbedrohend für den Stahlstandort Oberhausen heraus. Nur wenige Wochen nach der Bundestagswahl, die am 25. Januar 1987 stattfand, informierten Vorstandsmitglieder der Thyssen Stahl AG den Oberbürgermeister, den Oberstadtdirektor und den Ältestenrat der Stadt über die geplante Schließung weiterer Produktionsstätten in Oberhausen, die den ersatzlosen Abbau von 3.000 Arbeitsplätzen in Oberhausen bedeuten würde. Die Profildrahtstraße und die Drahtstraße sollten stillgelegt werden, das Elektrostahlwerk als Mini-Stahlwerk weiter bestehen bleiben, ebenso wie das Zementwerk (WAZ, 17. Februar 1987).

Emotionaler Höhepunkt der vielfältigen Aktionen im Kampf um den Erhalt der Arbeitsplätze bei Thyssen war der Stahlaktionstag am 18. März 1987 unter dem Motto „Stahltod – nein! Oberhausen muss leben". 35.000 Menschen beteiligten sich am Schweigemarsch von der Essener Straße zum Hauptbahnhof, an der Spitze Oberbürgermeister van den Mond und Duisburgs Oberbürgermeister Josef Krings.

Aus Duisburg und Bottrop kamen Konvois mit mehr als 1.000 Fahrzeugen, Metallarbeiter aus vielen Stahlstandorten in Deutschland beteiligten sich ebenso wie Mitarbeiter der Stadtverwaltung, der EVO und der STOAG, Schulklassen, und Vertreter der Einzelgewerkschaften. Ihre Solidarität mit den Stahlarbeitern erklärten Ruhrbischof Franz Hengsbach in einem Grußwort, Superintendent Walter Deterding, der Vorsitzende des Oberhausener Einzelhandelsverbandes Kurt Löwenthal und der Erste Bevollmächtigte der IG Metall Heinz Schleußer. Deutliche Worte richtete der IG Metall-Vorsitzende Franz Steinkühler an die Teilnehmer: „Wir wollen keine Elendsquartiere und Geisterstädte, wie sie der Wildwest-Kapitalismus in den USA geschaffen hat. Wir wollen Arbeit für alle und Gerechtigkeit für jeden". Oberbürgermeister van den Mond appellierte eindringlich an die Verantwortlichen in Politik und Wirtschaft: „Erhaltet die Arbeitsplätze im Revier, streckt notwendige Anpassungsprozesse

*Abb. 8: Aufkleber „Stahltod Nein",
gestaltet von Walter Kurowski*

zeitlich und regional so, dass die Schaffung von Ersatzarbeitsplätzen in den Stahlstandorten möglich ist" (NRZ, 19. März 1987).

In einer Vielzahl von Konferenzen wurde in den nächsten Wochen versucht, die Umsetzung der Thyssenpläne zu verhindern. Aber weder die Bonner Stahlrunde am 31. März 1987, an der Bundeskanzler Helmut Kohl, Arbeitsminister Norbert Blüm und Wirtschaftsminister Martin Bangemann teilnahmen (NRZ, 1. April 1987), noch die Regionale Stahlkonferenz Rhein-Ruhr-Sieg, zu der Arbeitsminister Blüm und die Vertretungen von zwölf Stahlstandorten in NRW am 15. Mai zusammen gekommen waren, sowie eine erneute Stahlrunde bei Bundeskanzler Kohl am 16. Mai 1987 brachten greifbare Ergebnisse (NRZ, 16. Mai 1987).

Die endgültige Entscheidung zu Gunsten des vom Thyssen Konzern vorgelegten Strukturkonzeptes fiel in der Aufsichtsratssitzung am 23. Juni 1987, in der der „neutrale Mann", Alt-Bundespräsident Walter Scheel, dem Konzept zustimmte. Der lange befürchtete „Kahlschlag" war damit besiegelt. In die allgemeine Betroffenheit mischten sich schon damals besorgte Stimmen zum Fortbestand der Stahlerzeugung in Oberhausen. Friedhelm Richter, Leiter des Vertrauenskörpers bei Thyssen sagte dazu: „Ein Elektrostahlwerk auf der grünen Wiese hat so gut wie keine Chance zu überleben" (NRZ, 24. Juni 1987). Eine zutreffende Einschätzung, wie sich zehn Jahre später zeigen sollte, denn auch die gute Stahlkonjunktur am Ende der 1980er Jahre konnte letztlich die endgültige Schließung des Elektrostahlwerks im Jahr 1997 nicht verhindern. Am 23. Februar 1988, einen Tag vor der Montanrunde bei Bundeskanzler Kohl, erlebte das Ruhrgebiet unter dem Motto „1000 Feuer an der Ruhr" mit einer 72 Kilometer langen Lichterkette von Dortmund bis Duisburg, an der sich auch in Oberhausen viele tausend Menschen beteiligten, „die wohl eindrucksvollste Demonstration der vergangenen Jahre" (NRZ, 24. Februar 1988).

Ende 1989 beschäftigte Thyssen in Oberhausen nur noch knapp 1.500 Mitarbeiter und hatte damit seit Jahresbeginn 1980 fast 5.400 Arbeitsplätze abgebaut. Insgesamt verloren in

Oberhausen allein im Bereich der Eisen- und Stahlerzeugung von 1961 bis 1989 rund 12.000 Beschäftigte ihren Arbeitsplatz.

Mit Osterfeld schließt die letzte Zeche in Oberhausen

Zu Beginn der 1980er Jahre ahnte wohl noch niemand, welche gravierenden Veränderungen schon bald den Oberhausener Bergbau treffen sollten. Am 7. Dezember 1981 wurde an der Vestischen Straße noch das neue Hallen-Kohlenmischlager in Betrieb genommen. Der 40 Meter hohe, freitragende Rundbau kostete 11,5 Millionen Mark und war einer der größten seiner Art in Deutschland (WAZ, 8. Dezember 1981).

Aber schon zwei Jahre später wirkten sich die Probleme des Stahlmarktes auch auf die Zeche Osterfeld aus. Zunächst waren 4.000 Bergleute auf der Zeche Osterfeld über mehrere Monate von Kurzarbeit betroffen. Im November 1983 beschloss der Aufsichtsrat der Ruhrkohle AG die Kohleförderung in Osterfeld um 3.300 Tonnen zu reduzieren und die Belegschaft bis zum Jahresende 1987 um 1.200 Bergleute zu verringern (WAZ, 18. November 1983). Die ersten Monate des Jahres 1984 sorgten für ein Wechselbad der Gefühle. Positive und negative Berichte zum Bergbau in Oberhausen folgten in kurzen Abständen. Nach der Reduzierung der Kohleförderung folgte eine Anpassung der Kokereikapazitäten, die für Oberhausen die Stilllegung der Kokerei Jacobi, von der 370 Mitarbeiter betroffen waren, zur Folge hatte. Auch diese Maßnahme konnte ohne Entlassungen durchgeführt werden (WAZ, 18. Januar 1984). Die Kokserzeugung auf Jacobi wurde Ende Juni 1984 eingestellt. Die von der Ruhrkohle AG geplanten Maßnahmen würden, so der Betriebsratsvorsitzende Bruno Willuweit, den Abbau von 2.000 Arbeitsplätzen im Oberhausener Bergbau in den nächsten Jahren bedeuten. Allein für 1984 waren 24 Feierschichten geplant, die zum Haldenabbau und zur Anpassung der Förderung an die Absatzmöglichkeiten beitragen sollten (WAZ, 25. Januar 1984).

Das Richtfest am neuen Fördergerüst der Zeche Osterfeld in Sterkrade veranlasste die WAZ am 4. April 1984 zu der, wie sich nur wenige Jahre später herausstellen sollte, mehr als optimistischen Überschrift: „Förderturm sichert Arbeitsplätze mittelfristig bis zum Jahr 2000". Bergwerksdirektor Dr. Uwe Kugler äußerte sich in seiner Rede, neben der Erwartung einer längerfristigen Sicherung der Arbeitsplätze, auch zur Lehrstellensituation und teilte mit, dass die Zeche Osterfeld, damals der größte Ausbildungsbetrieb in Oberhausen, zukünftig weniger Lehrstellen anbieten werde.

Im Sommer 1987 verschlechterte sich die Situation im Bergbau dramatisch. Schon länger war die Stahlproduktion rückläufig, Erdöl und Erdgas waren als Energiequellen immer wichtiger geworden und in der Politik wurde heftig über die künftige Kohlepolitik in Deutschland gestritten. Anfang Juli 1987 kam die nächste schlechte Botschaft: Der Vorstand der Ruhrkohle AG hatte die Schließung der seit 1893 bestehenden Kokerei Osterfeld zum 31. März 1988 beschlossen. Betroffen waren rund 500 Beschäftigte. Entlassen werden sollte niemand, aber mit finanziellen Verlusten mussten viele rechnen, so der Betriebsratsvorsitzende Jörg Beckmann (NRZ, 2. Juli 1987).

Die nächsten Monate waren im gesamten Ruhrgebiet geprägt von der Befürchtung, dass kurzfristig die Schließung weiterer Zechen beschlossen werden könnte. Die Kohlerunde am 11. Dezember 1987 in Bonn brachte dann die Gewissheit: Man verständigte sich auf eine weitere Anpassung der Fördermenge an den Absatz, was zwangsläufig auch den erneuten Abbau von Arbeitsplätzen bedeutete. Die Ruhrkohle AG handelte schnell. Nach der Sitzung des Aufsichtsrates am 21.Januar 1988 informierte der Vorstand in einer Presseerklärung über die Konsequenzen aus der Kohlerunde, die für Oberhausen das Ende der Zeche Osterfeld bedeutete. Dazu wörtlich: „Die Bergwerke Osterfeld in Oberhausen und Lohberg in Dinslaken werden bis 1993 zu einem Verbundbergwerk zusammengeführt. Nach Herstellung entsprechender Verbundgrubenbaue zum Nordschacht Osterfeld wird dann der Förderstandort Osterfeld aufgegeben". Die endgültige Einstellung der Förderung erfolgte bereits 1992.

Langfristig würde dies den Verlust von weiteren 1.800 Arbeitsplätzen in Oberhausen bedeuten und auch die Zahl der Lehrstellen müsse gesenkt werden, so der Vorstandssprecher der Bergbau AG Niederrhein, Dr. Hans Messerschmidt, am 22. Januar 1988. Er verkündete ferner: „Außerdem wird allen, die nach dem 1. Januar dieses Jahres ihre Ausbildung beenden, nur noch Teilzeit-Beschäftigungen angeboten". (NRZ, 22. Januar 1988). Es ist wohl das erste Mal gewesen, dass Auszubildenden im Bergbau in Oberhausen derartige Zukunftsperspektiven mitgeteilt wurden.

Für viele Bergleute bedeutete die Schließung der Zeche Osterfeld keine Veränderung, da sie weiterhin auf dem Nordschacht einfuhren. Andere erhielten einen neuen Arbeitsplatz auf einer anderen Zeche oder beendeten „finanziell abgesichert" mit 50 oder 55 Jahren ihre Berufstätigkeit[24].

Allein von 1980 bis zum Jahresende 1989 wurden in Oberhausen fast 1.900 Arbeitsplätze im Bergbau abgebaut. Niemand wurde entlassen oder „fiel ins Bergfreie" wie die Kumpel sagten. Selbstverständlich gab es auch hier Demonstrationen und Arbeitsniederlegungen, aber sie waren nie vergleichbar mit den Massenaktionen der Metallarbeiter im Kampf um ihre Arbeitsplätze bei Thyssen.

Die GHH verliert den Konzernsitz an München

Im Mai 1982 herrschte Feierstimmung in Sterkrade, galt es doch das zweihundertjährige Jubiläum der Gründung der Hütte „Gute Hoffnung" mit vielen Veranstaltungen und einem großen Spiel- und Sportwochenende am 15. und 16. Mai diesem besonderen Anlass entsprechend zu begehen. Der Ministerpräsident des Landes NRW, Johannes Rau, und Oberbürgermeister Friedhelm van den Mond würdigten die Leistungen der Mitarbeiter und des Unternehmens im industriellen Strukturwandel. Unüberhörbar bei aller „Geburtstagsfreude" waren jedoch auch die nachdenklichen Worte des Oberbürgermeisters über „die gegenwärtigen schwierigen Verhältnisse unserer Wirtschaft" sowie von MAN-Vorstandsmitglied Hans-Dieter Meissner über die Folgen der veränderten Situation im Export mit der Konsequenz, „daß der Anteil der Fertigung in den eigenen Werkstätten rückläufig ist" (WAZ, 15. Mai 1982, Verlagssonderbeilage 106, S. 2 und 3).

Wie berechtigt diese Mahnungen leider waren sollte sich in den folgenden Jahren schnell herausstellen, denn zwischen dem Jahresanfang 1982 und dem Jahresende 1984 wurden fast 1.900 Arbeitsplätze im technischen und kaufmännischen Bereich abgebaut. Den insbesondere durch die Konjunkturflaute der frühen 1980er Jahre ausgelösten Veränderungen der in- und ausländischen Märkte begegnete der MAN-Unternehmensbereich GHH Sterkrade sowohl produktbezogen als auch durch umfangreiche Investitionen. Die Produktionsstätten an der Bahnhofstraße wurden in den Bereich von Werk II und III westlich der Steinbrinkstraße verlagert und die Fertigung auf modernste Technologien umgestellt. „Diese Investitionen bedeuten, dass der Standort Sterkrade erhalten bleibt, so MAN-Vorstandsmitglied Hans-Dieter Meissner (WAZ, 17. März 1984). Da nur das Verwaltungsgebäude an der Bahnhofstraße, in dem sich heute das Technische Rathaus der Stadt Oberhausen befindet, weiterhin genutzt werden sollte, konnte damit das bisherige Werksgelände zwischen Eichelkampstraße und Dorstener Straße in der Sterkrader Mitte städtebaulich neu gestaltet werden.

Von der seit 1984 wieder anziehenden Konjunktur profitierte auch die GHH und veranlasste im Februar 1985 den Vorsitzenden des GHH-Aktienvereins, Dr. Klaus Götte, zu einer positiven Einschätzung der weiteren Unternehmensentwicklung (WAZ, 6. Februar 1985). Die gute Wirtschaftentwicklung war wohl auch der entscheidende Hintergrund für die Neuordnung des Konzerns mit nachhaltig negativen Folgen für Oberhausen, oder wie Dietrich Behrens deutlich schrieb: „Götte nutzte die Gunst der Stunde für den Konzernumbau auf Kosten von Oberhausen"[25]. Der von Götte entwickelten neuen Struktur, nämlich der Verschmelzung des GHH-Aktienvereins mit der MAN in Augsburg, stimmten die GHH-Anteilseigner am 17. April 1986 bei ihrer letzten Hauptversammlung in Oberhausen zu. Firmensitz des neuen Unternehmens, der „MAN Aktiengesellschaft", wurde München. Nicht zuletzt der weltweit bekannte Name „Gutehoffnungshütte" dürfte mit dazu beigetragen haben, dass der aus der MAN ausgegliederte Maschinen- und Anlagenbau als „MAN-Gutehoffnungshütte GmbH" seinen Firmensitz in Oberhausen erhielt (WAZ, 18. April 1986).

Die Entscheidung für den Konzernsitz in München war in doppelter Hinsicht eine bittere Pille für Oberhausen. Die Gutehoffnungshütte hatte nicht nur im Wirtschaftsleben der Stadt und als Arbeitgeber einen herausragenden Stellenwert, sie war auch in den Herzen der Menschen als die „Wiege der Ruhrindustrie" fest verankert. Da bisher die weltweit bekannte GHH mit der Stadt Oberhausen aufs Engste verbunden war, befürchtete Oberstadtdirektor Dieter Uecker „eine negative Signalwirkung des durch den Wegzug des Konzerns verursachten Prestigeverlusts für Oberhausen"[26]. Der gute Konjunkturverlauf in den späten 1980er Jahren und die durchgeführten Umstrukturierungen wirkten sich insgesamt positiv für die MAN-Gutehoffnungshütte AG aus. Der massive Abbau von Arbeitsplätzen kam in der Mitte des Jahrzehnts zum Stillstand, die Mitarbeiterzahl stabilisierte sich bis 1988 bei gut 4.600 Beschäftigten. Nach der Atomkatastrophe in Tschernobyl 1986 mehrten sich die Befürchtungen, dass diese auch Auswirkungen auf den nuklearen Apparatebau in Sterkrade haben könnte. Völlig zu Recht, denn im Juni 1988 informierte der Betriebsratsvorsitzende Lothar Pohlmann über den weiteren Abbau von 147 Arbeitsplätzen durch „Zusammenlegung von nuklearem Apparatebau sowie Fahrlader- und Industriebau" (NRZ, 13. Juni 1988). Positive Bilanzzahlen veranlassten Ende 1988 den stellvertretenden Betriebsrats-Vorsitzenden Detlef Wagner zu der Aussage: „Der gesteigerte Auftragseingang im neuen Geschäftsjahr verspricht eine nachhaltige Beschäftigung und sichert bereits über 1989 hinaus die Arbeitsplätze in Sterkrade" (NRZ, 19. Dezember 1988). Der Optimismus war leider nicht berechtigt, denn bei der MAN GHH in Sterkrade wurden auch in den folgenden Jahren Arbeitsplätze abgebaut, die Zahl der Mitarbeiter sank bis zum Jahresende 1989 auf nur noch gut 4.400 Beschäftigte. Insgesamt wurden damit vom 1. Januar 1980 bis zum Jahresende 1989 über 2.400 Arbeitsplätze abgebaut.

GHH und MAN in Oberhausen – ein Industriestandort im Wandel der Zeit

MAN – weit über Deutschland und Europa hinaus genießen diese drei Buchstaben einen guten Ruf in der Welt. Deutsche Ingenieurskunst war es und ist es heute noch, die den Erfolg des Konzerns begründet. Nur wenige wissen, dass die ältesten Wurzeln der MAN und der ehemaligen GHH im Ruhrgebiet liegen, und zwar in Oberhausen – einem Industriestandort im Wandel der Zeit.

Vor mehr als 250 Jahren, im Jahr 1758, wurde im Oberhausener Stadtteil Osterfeld die St. Antony-Hütte gegründet, die einerseits als die Wiege der Ruhrindustrie gilt, andererseits als die älteste Wurzel der heutigen MAN Gruppe angesehen wird. Dem Standort Oberhausen ist der Konzern treu geblieben; mit MAN Diesel & Turbo ist ein Teil der MAN hier auch heute noch mit einem zentralen Produktionsstandort beheimatet. Rund 2000 Mitarbeiter fertigen in Oberhausen-Sterkrade Kompressoren und Turbinen für eine weltweite Kundschaft. Die Stadt Oberhausen und die MAN als einer der größten Arbeitgeber sind bis heute aufs Engste miteinander verbunden.

Seit der Gründung der St. Antony-Hütte hat auch der Oberhausener Standort des Unternehmens zahlreiche Fusionen und Zusammenschlüsse, zahlreiche Unternehmensnamen und mindestens ebenso viele Konzernlenker erlebt. Erst unabhängig voneinander, ab 1921 dann gemeinsam entwickelten sich dabei die Geschicke der beiden zentralen Vorläufer des MAN Konzerns. Auf der einen Seite war dies die süddeutsche M.A.N, deren Markennamen der Konzern aktuell trägt. Auf der anderen Seite stand die westdeutsche Gutehoffnungshütte (GHH), deren Namen besonders in Oberhausen noch heute in aller Munde ist.

Bis zum zweiten Weltkrieg prägte das Unternehmen rund zwei Jahrhunderte lang seinen Standort Oberhausen und der Standort das Unternehmen. Als größter Arbeitgeber mit in Friedenszeiten bis zu rund 32.000, in Kriegszeiten sogar bis zu 38.000 Beschäftigten, trug die GHH entscheidend zum Zusammenwachsen und zum Zusammenschluss der Stadt Oberhausen in ihren Grenzen seit 1929 bei. Wie für das Ruhrgebiet als Zentrum der deutschen Industrie- und Rüstungsproduktion insgesamt, so brachte der Zweite Weltkrieg auch für das Unternehmen gravierende Veränderungen mit sich. Nachdem die GHH Anfang der 1940er Jahre zunächst ihre Auslandsgesellschaften verlor, wurde sie ab 1945 vollständig unter die Kontrolle der alliierten Siegermächte gestellt und entflochten; die GHH in Oberhausen bestand zu diesem Zeitpunkt nur noch aus dem Sterkrader Werk.

Auch in den folgenden Jahren und Jahrzehnten war der stetige Wandel das einzig Kontinuierliche für den Konzern und seine verbliebenen Teile. Im Jahr 1950 erfolgte die Neuordnung der GHH, in dem die Hüttenwerke Oberhausen AG, die Bergbau AG Neue Hoffnung und Haniel & Cie. ausgegliedert wurden. 1952 wurden im Zuge der Neuordnung die weiterverarbeitenden Betriebe in die Gutehoffnungshütte Sterkrade AG umbenannt und die Gutehoffnungshütte war nur noch für den Maschinenbau zuständig.

Seit 1966 verstärkte man das Know-how als Engineering-Konzern, der ehemalige Montankonzern wurde weiter umstrukturiert. 1969 wurde die Gutehoffnungshütte

Abb. 9 (oben): Von der GHH gebaute Fördermaschine für die Zeche in Tongschan (1897)
Abb. 10 (unten): Luftbild der Werksanlagen 2010

Sterkrade Aktiengesellschaft vom Gutehoffnungshütte Aktienverein an die M.A.N. AG verkauft und somit bereits damals eine hundertprozentige Tochtergesellschaft der MAN. Mitte der 1980er Jahre wurden dann die Anteile der GHH-Eigentümerfamilie Haniel aufgegeben und von der Allianz und Commerzbank übernommen.

Nach dieser wechselvollen Geschichte mit weiteren Übernahmen und Zusammenschlüssen erfolgte im Jahr 1986 die Verschmelzung der süddeutschen M.A.N. auf die westdeutsche Gutehoffnungshütte Aktienverein AG zur MAN Aktiengesellschaft. Der Stammsitz des verschmolzenen Unternehmens war fortan München, die einzelnen Unternehmensbereiche wurden aufgeteilt, während die Bezeichnung GHH aus dem Namen des verschmolzenen Konzerns verschwand.

Der Name GHH überdauerte zunächst in den Bezeichnungen verschiedener Konzernteile, so auch in der 1996 gegründeten GHH BORSIG Turbomaschinen GmbH, in die die Turbomaschinen-Aktivitäten der Berliner Borsig AG übernommen und integriert wurden. Es folgten weitere Umbenennungen: zunächst in MAN Turbomaschinen AG GHH BORSIG und wenige Jahre später in MAN GHH BORSIG, bevor aus dem Zusammenschluss mit der schweizerischen Sulzer Turbo die MAN Turbomaschinen AG GHH BORSIG entstand. 2003 verschwand dann die Bezeichnung GHH komplett aus dem Firmennamen. Der Name wurde in MAN Turbomaschinen AG und später kurzerhand in MAN Turbo AG geändert – der verkürzte Sprachgebrauch hatte sich längst bei Kunden und Mitarbeitern durchgesetzt.

Für mehrere Jahre verblieb der Stammsitz des (Teil-)Konzerns am Standort Oberhausen, bis im Jahr 2010 durch die Fusion mit einem MAN-Schwesterkonzern, der MAN Diesel, auch dies Geschichte wurde und die MAN Diesel & Turbo SE entstand. Im Zuge dieses Zusammenschlusses fiel die Entscheidung über den Standort der Zentrale auf den Stammsitz der größeren Schwester in Augsburg, einem weiteren traditionsreichen Standort der süddeutschen MAN.

In Oberhausen, dem letzten GHH-Standort, wurden nicht erst seit dieser Zeit Turbinen und Kompressoren hergestellt. Unter dem Oberbegriff Turbomaschinen zusammengefasst, werden diese Maschinen hier in Sterkrade bis heute für eine Vielzahl von industriellen Anwendungen entwickelt und gefertigt. Als Teil des MAN Konzerns und als Teil deutscher Industriegeschichte erlebte der Oberhausener Standort seinen jüngsten Meilenstein im Jahr 2011. Im November des Jahres stockte die Volkswagen Gruppe, schon vorher der größte Einzelaktionär der MAN, ihre Anteile an der MAN auf über 50 Prozent auf. Ein Konzern mit über 250-jähriger Historie – und mit ihm auch sein Oberhausener Standort – ging damit weiter in die Volkswagen Gruppe über und wurde Teil eines noch größeren deutschen Industriegiganten.

Die MAN als Marke und die heutige MAN Diesel & Turbo als Teilkonzern gehören damit nun zu einem Konglomerat mit weltweit über 500.000 Mitarbeitern. Der Weg von der Eisenhütte St. Antony und der Gutehoffnungshütte/GHH über die MAN Gruppe bis hin zu einem Teil der Volkswagen Gruppe war von zahlreichen Meilensteinen geprägt. Ein bedeutender Teil dieser deutschen Industrie- und Technikgeschichte wurde dabei im Ruhrgebiet am Standort Oberhausen geschrieben.

Positive Entwicklung der Deutsche Babcock AG

Sichtbarer Beweis für die positive Geschäftentwicklung der Deutsche Babcock AG war der Neubau von Verwaltungsgebäuden an der Duisburger Straße, mit denen Arbeitsplätze für über 1.100 Mitarbeiter geschaffen wurden. Das 1980 zuerst fertiggestellte Hochhaus III beschrieb die WAZ am 6. Dezember 1980 als „positiven städtebaulichen Akzent", der das „Image des Oberhausener Welt-Unternehmens" unterstreiche. „Gut verdient mit Technik für Umwelt" überschrieb die NRZ am 18. März 1988 ihren Bericht über die Bilanz-Pressekonferenz zum Geschäftsjahr 1986/87 und zitierte den Vorstands-Vorsitzenden Helmut Wiehn mit den Worten: „Sämtliche produktiven Kreise haben schwarze Zahlen geschrieben". Besonders hervorgehoben wurden von Wiehn die Steigerungen auf den Wachstumsmärkten Energie- und Umwelttechnik sowie die Bedeutung von Forschung und Entwicklung, für die 139 Millionen Mark allein im Geschäftsjahr 1986/87 investiert wurden. Der weiterhin positive Konjunkturverlauf sorgte auch im folgenden Geschäftsjahr für eine Fortsetzung der wirtschaftlichen Erfolgsgeschichte, an der der Maschinenbau besonderen Anteil hatte (NRZ, 10. März 1989). Die insgesamt gute Geschäftsentwicklung der Deutsche Babcock AG, sorgte am Standort Oberhausen für ein Ansteigen der Beschäftigtenzahl von 5.300 (1980) auf knapp 5.400 Mitarbeiter am Jahresende 1989.

Neue Produktionsanlagen sichern die Arbeitsplätze bei der Ruhrchemie

Die insgesamt schwache Konjunktur zu Beginn der 1980er Jahre wirkte sich auf die Ruhrchemie, und hier besonders auf den Kunststoffbereich, negativ aus. Die Düngemittelproduktion ging um ein Drittel zurück. Hohe Betriebsverluste in den Jahren 1981 und 1982 waren die Folge: „Die derzeitigen Verluste sind existenzbedrohend", so der Vorstandsvorsitzende Dr. Günther Breil (WAZ, 17. Januar 1983). Mehrfache Veränderungen der Produktionsschwerpunkte sowie die Inbetriebnahme neuer Produktionsanlagen in den 1980er Jahren ließen schon bald wieder Optimismus bei der Ruhrchemie einkehren, wie 1987 den Worten von Vorstandsmitglied Jürgen Grün bei einer Betriebsversammlung zu entnehmen war: „1987 wird wie das Vorjahr ein guter Abschnitt in der Geschichte der Ruhrchemie werden" (NRZ, 29. Oktober 1987).

Die Ruhrchemie verlor wie die GHH in diesem Jahrzehnt ihre Selbständigkeit, nachdem 1984 Hoechst die restlichen Kapitalanteile an der Ruhrchemie übernommen hatte und diese als hundertprozentige Tochter unter dem Namen „Hoechst Werk Ruhrchemie" in die Hoechst AG eingegliedert wurde. Ende 1989 entschied die Hoechst AG, den traditionsreichen Produktionsbereich der Düngemittelherstellung im Herbst 1990 auslaufen zu lassen, ohne dass es zu Entlassungen kommen sollte. Der Betriebsratsvorsitzende Rainer Nause teilte dazu der Presse mit, dass 59-jährige Mitarbeiter auf Wunsch über einen Sozialplan in den Ruhestand treten könnten. Auch Umsetzungen in andere Produktionsstätten von Hoechst wären möglich (WAZ, 19. Oktober 1989). Die Entscheidung zur Aufgabe der Düngemittelproduktion wie auch alle vorherigen Veränderungen im Produktionsprogramm der Ruhrchemie in den 1980er Jahren, führte zu keiner wesentlichen Veränderung der Belegschaftszahl, denn diese betrug am Jahresende 1989 ebenso wie am Jahresanfang 1980 rund 2.800 Mitarbeiter.

Abb. 11: Das neue Betriebsgelände der WBO im Gewerbepark „Am Eisenhammer", vormals Concordia-Schächte IV/V

Auf Industriebrachen entstehen attraktive Gewerbeparks

Durch die Aufgabe großflächiger Betriebsanlagen der Eisen- und Stahlerzeugung, des Bergbaus und des Maschinen- und Anlagenbaus entstanden teilweise hoch belastete Industriebrachen in den Kernbereichen der Stadt, zunächst in Alt-Oberhausen, später dann in Sterkrade und Osterfeld. Über die zukünftige Verwendung dieser Flächen gab es in der Stadtverwaltung teilweise unterschiedliche Vorstellungen, denn die Planungsverwaltung wollte einen Großteil in Grünflächen umwandeln, während die Wirtschaftsförderer einen erhöhten Bedarf an Gewerbe- und Industrieflächen anmeldeten. Einig war man sich, dass die Flächen „Schlackenberg" und „Eisenhütte I/II" für die Neuansiedlung und Verlagerung klein- und mittelständischer Gewerbebetriebe genutzt werden sollten. Für das Thyssen-Gelände zwischen Essener Straße und dem Rhein-Herne-Kanal wurde in der zweiten Hälfte der 1980er Jahre mit dem Programm „Grüne Mitte Oberhausen" das Konzept eines großflächigen Grün- und Naherholungsbereichs verfolgt[27].

1981 erwarb die Landesentwicklungsgesellschaft (LEG) aus Mitteln des 1979 eingerichteten Grundstücksfonds Ruhr die rund 30 Hektar große Fläche der ehemaligen Eisenhütte I/II südlich der Essener Straße, heute das Gewerbegebiet „Am Technologiezentrum". 1983 kaufte die Essener Firma Messer Griesheim, spezialisiert auf technische Gase, ein 30.000 Quadratmeter großes Grundstück. Im Dezember 1984 erfolgte die Grundsteinlegung für die erste Firmenansiedlung mit 150 Mitarbeitern. Die zentrale Lage und die gute Verkehrsanbindung sorgten in den folgenden Jahren für eine zügige Vermarktung der Flächen. Im Jahr 2011 arbeiteten hier wieder rund 2.000 Menschen in rund 80 Betrieben und Unternehmen der unterschiedlichsten Branchen, von Elektrotechnik über die Werkstatt für Behinderte der Lebenshilfe bis zu einem Feinschmeckerlokal.

Das ehemalige Schlackenberggelände an der Duisburger Straße, heute der Gewerbepark „Am Kaisergarten", wurde 1984 ebenfalls von der LEG angekauft. Firmenansiedlungen erfolgten hier allerdings erst Mitte der 1990er Jahre. In fast 50 Betrieben hatten im Jahr 2011 hier über 1.000 Beschäftigte ihren Arbeitsplatz.

Auch auf anderen ehemals industriell genutzten Flächen entstanden neue Arbeitsplätze, so beispielsweise auf dem Grundstück der ehemaligen Oberhausener Glasfabrik durch die Ansiedlung des Getränkegroßhandels Ahr mit 160 Mitarbeitern[28].

Um den gleichwohl noch immer vorhandenen hohen Bedarf an Gewerbeflächen zur Verbesserung der Wirtschaftsstruktur und damit zur Schaffung und Sicherung von Arbeitsplätzen zu befriedigen, war die Ausweisung neuer Gewerbegebiete an verschiedenen Stellen im Stadtgebiet erforderlich. Im Bereich der Feldstraße und der Max-Eyth-Straße in Buschhausen entstanden neue Gewerbegebiete. In einigen Fällen, wie beim Gewerbegebiet Lessingstraße ebenfalls in Buschhausen, war dies heftig umstritten. Erst nach langen Verhandlungen wurde hier ein Kompromiss gefunden zwischen der Ansiedlung von Gewerbebetrieben und der Sicherung von Grünflächen (WAZ, 4. August 1982). Auf dem Gelände der Schächte 4/5 der ehemaligen Zeche Concordia zwischen der Buschhausener Straße und dem Kaisergarten entstand das Gewerbegebiet „Zum Eisenhammer", das am 12. Juli 1986 von Oberbürgermeister Friedhelm van den Mond eingeweiht wurde (NRZ, 11. Juli 1986). Zunächst wurden vornehmlich kleinere Unternehmen aus Wohngebieten hierher verlagert, später erfolgte die Ansiedlung auch von Betrieben mit hohem Flächenbedarf, vom Kfz-Handel bis zu den Wirtschaftsbetrieben der Stadt Oberhausen (WBO).

Weichenstellungen für die Neuausrichtung Oberhausens als Stadt des Handels und der Dienstleistungen

Am Ende dieses Jahrzehnts bewegten vor allem zwei Themen die Menschen in Oberhausen. Einerseits war dies der geplante aber letztlich nicht realisierte Bau einer Sondermüllverbrennungsanlage und andererseits die Planungen der kanadischen Brüder Ghermezian für die Ansiedlung des „World Tourist Center" auf der zwischen Essener Straße und Rhein-Herne-Kanal gelegenen ehemaligen Thyssen-Fläche. Der Streit über beide Projekte wurde in der Bürgerschaft, der Politik und in den Medien mit großer Heftigkeit geführt.

Die erstmals im Sommer 1988 bekannt gewordenen Planungen der kanadischen „Triple Five Corporation Ltd." zum Bau einer „Euro-Mall" in Oberhausen waren gigantisch: Hier sollte das größte Einkaufs- und Vergnügungszentrum der Welt mit mindestens 15.000 Arbeitsplätzen, 800 Läden, vielen weiteren Attraktionen und einem Investitionsvolumen von 2,5 Milliarden Mark entstehen (NRZ, 16. November 1988).

In den Monaten nach dem Bekanntwerden des Projektes wurde in Oberhausen ebenso wie im Düsseldorfer Landtag und in den Nachbarstädten je nach Interessenlage um Zustimmung oder Ablehnung gerungen. Teilweise mit großer Heftigkeit wie z.B. vom damaligen Duisburger Oberbürgermeister Josef Krings, der in einer Rundfunkdiskussion die Planungen mit den Worten „100 Hektar Unkultur sind eine Horrorvision" entschieden ablehnte (WAZ, 28. März 1989).

Der Traum vom „neunten Weltwunder" in Oberhausen fand dann am 14. Juni 1989 im Düsseldorfer Landtag ein jähes, aber zu diesem Zeitpunkt wohl nicht mehr unerwartetes

Ende. Zu groß war die Ablehnung in den Nachbarstädten und bei vielen Parlamentariern in Düsseldorf geworden. Die überregionale Aufmerksamkeit, die das Projekt in „Superhausen" erzeugt hatte, sollte sich schon in wenigen Jahren mit der Neuen Mitte und dem CentrO für die Stadt auszahlen, denn, wie Irmhild Piam am 21.Juni 1989 in der WAZ schrieb: „Aus dem Aschenputtel war plötzlich eine umworbene Diva geworden".

Ein wichtiger Baustein für den Strukturwandel in Oberhausen war die Beteiligung an der Internationalen Bauausstellung Emscher Park, die als Zukunftsprogramm des Landes Nordrhein Westfalen von 1986 bis 1996 realisiert wurde. Von zentraler Bedeutung für die wirtschaftliche Weiterentwicklung der Stadt waren und sind die IBA-Projekte: Umbau des ehemaligen Werksgasthauses auf dem Thyssen-Gelände zum heutigen Technologiezentrum Umweltschutz TZU, die Umgestaltung des Hauptbahnhofs, der Erhalt des Gasometers am Rhein-Herne-Kanal sowie der Garten Osterfeld auf dem Gelände der ehemaligen Kokerei, 1999 Schauplatz der Landesgartenschau (OLGA).

Weniger erfolgreich verliefen dagegen die Bemühungen, Oberhausen als die auch im Ausland bekannte Stadt der „Westdeutschen Kurzfilmtage" zu einem Medienstandort auszubauen. Nach der erfolgreichen Ansiedlung von „Radio NRW" im Gebäude der ehemaligen Hauptverwaltung des GHH-Aktienvereins an der Essener Straße weckten die Pläne für ein Medienzentrum in Osterfeld große Hoffnungen. Das von dem Filmregisseur Michael Pfleghar entwickelte Konzept sah auf dem Gelände der stillgelegten Kokerei Osterfeld eine Einrichtung vor, „in der die Möglichkeiten der Computer-Animation, der Laser- und Tricktechniken erschlossen, das hochauflösende Fernsehen (HDTV) in der Praxis erprobt und ferngesteuerte Kameras und Licht-Einheiten eingesetzt werden könnten" (NRZ, 4. Februar 1989).

Eine wichtige Funktion in den Planungen von Pfleghar nahm ein eindrucksvolles Bauwerk der Zeche Osterfeld ein: „Die ehemalige Kokskohlen-Vergleichmäßigungsanlage als größte freitragende Halle Europas soll zur Produktionshalle (DOM) mit der stationären HDTV-Technik umgebaut werden"[29]. Das Medienzentrum wurde zwar gebaut, aber der wirtschaftliche Erfolg sollte sich nicht wie erhofft einstellen.

In den späten 1980er Jahren beherrschten zwiespältige Gefühle die Menschen in Oberhausen. Man hatte Abschied nehmen müssen von Kohle und Stahl und blickte nun in eine wirtschaftlich ungewisse Zukunft. Die „großen" Themen standen im Mittelpunkt des Interesses: Der Streit um die Sondermüllverbrennungsanlage, das Projekt des World Tourist Centers (WTC) oder das Medienzentrum Osterfeld. Das WTC war für die einen die große Hoffnung für andere der Alptraum einer neuen amerikanisierten Stadtentwicklung.

Erst aus heutiger Sicht wird deutlich, welche Bedeutung Maßnahmen in dieser Zeit für den späteren Strukturwandel der Stadt hatten. Um nur einige zu nennen: Sanierung der ehemaligen Zinkfabrik Altenberg zum Zentrum Altenberg mit den Rheinischen Industriemuseum, Umgestaltung des Ebertbades, Neugestaltung der Sterkrader Innenstadt, die Planungen für das heutige „Hirsch-Zentrum" in Sterkrade oder auch die Disco-Zelte am Stadion Niederrhein bzw. am Werksgasthaus, die Oberhausen weit über die Stadtgrenzen hinaus den Ruf einer „Disco-Metropole" einbrachten.

Eine statistisch exakte Darstellung der Beschäftigtenentwicklung bis zum Ende der 1980er Jahre ist leider nicht möglich, da die letzte umfassende Zählung aller Arbeitsstätten und der in ihnen tätigen Personen im Jahr 1987 erfolgte. Der beginnende Wandel in der Struktur der Oberhausener Wirtschaft kann aber durch den Zeitraum bis 1987 gut belegt werden. Von

1979 bis 1987 erlebte die Stadt erneut einen massiven Arbeitsplatzabbau, sowohl in der Produktion (minus 10.750) als auch erstmals im Bereich der Dienstleistungen, bei denen 3.900 Stellen abgebaut wurden. Die Organisationen ohne Erwerbscharakter, Gebietskörperschaften und die Sozialversicherungen steigerten dagegen ihre Beschäftigtenzahl von gut 5.600 (1979) auf über 14.400 (1987) und damit um 8.800 Mitarbeiter. Insgesamt wurden im Zeitraum vom Juni 1979 bis zum Mai 1987 rund 14.650 Arbeitsplätze abgebaut, denen 9.600 neue Stellen gegenüber standen. Die Gesamtbeschäftigtenzahl ging von 85.200 (1979) auf 80.130 (1987) zurück.

1987 arbeiteten erstmals mehr Menschen in den Arbeitsstätten des tertiären Sektors, also im Handel, in Dienstleistungsbetrieben oder in den Organisationen, als in den Betrieben des primären und sekundären Sektors, zu denen insbesondere der Bergbau, das verarbeitende Gewerbe und das Baugewerbe zählen. 1979 waren noch 47 Prozent aller Beschäftigten im tertiären Sektor tätig, 1987 waren es mit 57 Prozent bereits mehr als die Hälfte aller in Oberhausen tätigen Personen.[30] Der lange Weg zur Stadt des Handels und der Dienstleistungen, der sich in den folgenden Jahrzehnten fortsetzte, hatte unumkehrbar begonnen. Noch ahnten wohl nur wenige, welchen Stellenwert ein bis dahin weitgehend unbedeutender Wirtschaftszweig, der Tourismus, noch erlangen sollte. Den Bericht über eine Studie für den Fremdenverkehrsmarkt Nordrhein-Westfalen überschrieb die NRZ am 20. September 1989 mit der Schlagzeile „Wo Attraktionen sind, strömen auch Touristen!" Ein Jahrzehnt später galt dieser Satz auch für Oberhausen.

„Strukturbruch in Oberhausen – das war vor allem die Stahlkrise!"

Interview mit Friedhelm van den Mond (Teil 3)

Im Februar 1987 unmittelbar nach der Bundestagswahl kündigte die Thyssen-Stahl AG die Stilllegung nahezu aller Betriebsteile an der Essener Straße und damit den Abbau von 3.000 Arbeitsplätzen alleine in Oberhausen an. Wie solidarisch waren damals Bevölkerung, Gewerkschaften und auch andere gesellschaftliche Gruppen sowie die Nachbarstädte und die Landespolitik?

Ich will bis zu diesem Sprung 1987 noch einmal ein wenig zurückgehen. Nachdem Luise Albertz tot war, hatte die SPD-Fraktion mich zu ihrem Nachfolger bestimmt. Ich nahm also die Funktion wahr, war aber noch nicht offiziell gewählt. Die Wahl war nämlich erst im März und ihr Todestag war am 1. Februar 1979. Bevor ich gewählt wurde, war schon der Vorstand von Thyssen-Niederrhein bei mir und erklärte, dass wieder mal rund 2.000 Arbeitsplätze wegfallen. Ich hab mich da allen Ernstes gefragt: Friedhelm, worauf lässt du dich hier eigentlich ein? Wohin soll das Ganze führen? Aber es ging ja dann kontinuierlich weiter. Und damit sind wir dann bei 1987. Der Abbau dieser 3.000 Arbeitsplätze war ein Schock. Wir haben zwar mit einem weiteren Rückgang gerechnet, aber nicht mit einem so brutalen auf einmal. Und die Solidarität in der Stadt war unglaublich. Es gab große Protestaktionen, an denen sich alle beteiligten: Das Handwerk, die Kirchen, die städtischen Mitarbeiter, die Gewerkschaften natürlich auch, aber nicht nur die IG-Bergbau, sondern alle Gewerkschaften, alle Bevölkerungsgruppen. Ich erinnere mich gut an diese großen Protestdemonstrationen auf dem Bahnhofsvorplatz. Und ich glaube es war in diesem Jahr, in dem wir ja auch, der Kollege Günther Wöllner aus Hattingen und ich, die Bürgermeister und Oberbürgermeister der Stahlstädte im Ruhrgebiet zu einer Konferenz der Oberbürgermeister eingeladen haben, bei der wir noch einmal auf die Probleme der Stahlstädte hinwiesen. Denn es traf uns ja immer abwechselnd. Mal Bochum ein bisschen, mal Dortmund ein bisschen, mal Hattingen. Wir wussten, man kann gemeinsam nur appellieren an die Hilfe von Land und Bund. Und sowohl Land als auch Bund waren da solidarisch, das Land in noch stärkerem Maße. Der Grundstücksankauf und die Baureifmachung von Grundstücken wurden seitdem enorm gefördert.

Im Juni 1990 wurde in Oberhausen das Fraunhofer Institut für Umwelt-, Sicherheits- und Energietechnik gegründet, mit „ideeller Unterstützung", so das Institut, der Stadt Oberhausen. Wie kam es zu dieser für die weitere Entwicklung des Strukturwandels in unserer Stadt wichtigen Ansiedlung?

Inzwischen hatte auch bei den politisch Verantwortlichen, insbesondere in der SPD, ein Umdenken stattgefunden. Man hatte erkannt, dass wir diesen Prozess des Strukturwandels, aber Strukturwandel ist eigentlich nicht der richtige Ausdruck, das war eher ein „Strukturbruch", dass wir den nicht aufhalten konnten. Es gab also am Ende dieses schweren Prozesses die Erkenntnis: Wir müssen weg von der Klagemauer. Wir wollten nach neuen Wegen suchen und die SPD-Fraktion hat damals ein Programm beschlossen. Wir wussten, in Oberhausen sind insbesondere mit Babcock und GHH Betriebe, die im Umweltschutz mehr leisten können. Wenn die etwas bringen sollen auf dem Gebiet Umweltschutz, dann muss dazu irgendeine Einrichtung kommen, die anwendungsbezogen forscht. Wir wussten, eine Uni kriegen wir nicht. Fachhochschulen waren damals auch nicht hoch im Kurs. Zumindest nicht im Ruhrgebiet. Und wir haben uns dann mit der Industrie zusammengesetzt. Der Oberbürgermeister, der Fraktionsvorsitzende und der Bundestagsabgeordnete der SPD mit den Vorständen der Oberhausener Großbetriebe. Treffpunkt war in aller Regel das Hotel Ruhrland. Und da wurde gemeinsam überlegt, was kann man denn nun machen. Und da ist die Idee dieses Instituts geboren worden. Ich kann heute sagen, ohne die Unterstützung von Dr. Wiehn bei Babcock, von Meissner bei MAN GHH und auch ohne Dr. Deuster von der EVO hätten wir Umsicht nie gekriegt. Die haben ihre Verbindungen spielen lassen, Heinz Schleußer hat seine Verbindungen zum Land spielen lassen. Wir waren uns also relativ schnell darüber einig, dass Umsicht gegründet werden sollte, mit Professor Weinspach aus Dortmund als erstem Leiter von Umsicht. Die ideelle Unterstützung, na ja, materiell konnten wir ohnehin nichts bieten, aber ich sag mal, wir haben uns gekümmert. Ich erinnere mich noch gut, dass kurz nachdem das Institut seine Arbeit aufgenommen hat, mich Professor Weinspach anrief und sagte: „Mein Gott, haben Sie keine Verbindung zum Amtsgericht?" Ich sag: „Was wollen Sie denn da?" „Ich bin noch nicht im Handelsregister eingetragen, das liegt da schon seit einigen Wochen, und wenn ich nicht im Handelsregister eingetragen bin, krieg ich die Zuschüsse vom Land nicht und ich muss in drei Tagen Gehalt zahlen." Ich kannte also jemanden gut beim Amtsgericht, habe den angerufen und gesagt: „Hör mal, kannst Du Dich mal darum kümmern?" Und das tat er dann auch.

1990 wurde das Institut Umsicht gegründet. Wie lang war denn eigentlich der Zeitraum von der Idee bis zur Institutsgründung?

Maximal ein Jahr. Ich meine, das wäre unmittelbar nach dem Thyssen-Schock gewesen. Da haben wir gesagt: Stahl geht nicht mehr, da müssen wir etwas anderes machen: Umwelt. Bei der GHH war ja damals gerade ein Großteil der Kernenergieaktivitäten weg. Und Babcock war im Bereich Umweltschutz beim Kraftwerksbau immer schon führend. Die haben ja damals an der druckerhöhten Wirbelschichtfeuerung geforscht. Der Kontakt zur Industrie war auch viel enger. Man traf sich ja auch nicht nur beim Stadtempfang, sondern bei allen möglichen Gelegenheiten. Die Pflege persönlicher Kontakte durch die Politik, die gar nicht öffentlich sichtbar werden, die halte ich für unglaublich wichtig.

Wo sind aus Ihrer Sicht die Auswirkungen des Strukturwandels, den Sie ja selber als „Strukturbruch" bezeichnet haben, für die Menschen besonders deutlich geworden?

Die Veränderungen im Strukturwandel, die werden, so glaube ich, häufig unterschätzt. Strukturwandel kann man nicht bewältigen, ohne die Menschen mitzunehmen. Und das war schon ein ganz großes Handicap. Das hat sich ja heute ein wenig gemildert durch den Stolz der Oberhausener auf die Neue Mitte auf der einen Seite und andererseits verschärft durch die Tatsache, dass in manchen Branchen Niedriglöhne gezahlt werden. Wir hatten doch in der Montanindustrie als Arbeitnehmer nicht nur Weltmeister, sondern wir hatten doch auch einfache Arbeitsplätze, die sich zum Teil nicht unterschieden von denen, die heute im Handel sind. Diese Einfacharbeitsplätze im Dienstleistungsbereich, die sind aber heute für jeden sichtbar. Wer diese Einfacharbeitsplätze in der Großindustrie hatte, der musste ja nicht sagen, ich feg den Platz oder ich feg die Späne, sondern der arbeitete bei Thyssen, bei Babcock oder auf der Zeche. Der war also in dieser großen gesellschaftlichen Gruppe aufgenommen. Und gerade die Menschen in der Montanindustrie haben ja ihr Selbstwertgefühl, auch wenn sie kein Weltmeister waren, kein intellektueller Weltmeister, bezogen aus der Tatsache, dass sie diese schwere körperliche Arbeit konnten. Und die haben eigentlich auf alles herab geblickt, um ihr Selbstwertgefühl zu stärken, ob berechtigt oder unberechtigt, auf die, die im Dienstleistungsberuf tätig waren. Ein Kellner, das war doch für einen Bergmann ein Tablettschwenker. Ein Friseur, der war doch nur Friseur geworden, weil er meine schwere Arbeit nicht konnte. Und diese Menschen mussten ihren Kindern jetzt sagen: Hört mal, das können wir nicht mehr, denn die alten Arbeitsplätze gibt es nicht mehr.

Auch die Struktur in den einzelnen Siedlungen, wo alle den gleichen Lohntag hatten, einen relativ gleichen Verdienst, hat sich geändert. Auch in den Siedlungen ist ein bisschen sozialer Zusammenhalt verloren gegangen. Denn heute hat der eine einen guten Job, der andere hat einen schlechteren und der Dritte hat gar keinen. Und das führt zwangsläufig dazu, dass vieles von diesem sozialen Zusammenhang zumindest Risse kriegte. Und ganz schwierig ist das geworden auch für die Arbeit der Parteien und der Gewerkschaften. Es gibt die Großbetriebe nicht mehr, in denen man neben guten Kontakten zum Vorstand auch gute Kontakte zu den Betriebsräten hatte, in denen Organisationsgrade in der Gewerkschaft herrschten zwischen 90 und 95 Prozent. Und das macht die Arbeit, sowohl die politische als auch die gewerkschaftliche heute sehr viel schwerer. Man kommt an die Menschen in einzelnen Bereichen einfach nicht ran. Und dazu kommt noch, dass nach meiner Einschätzung sowohl Gewerkschaften als auch Parteien überhaupt noch nicht begreifen, was in einigen IT-Berufen z. B. passiert. Die haben doch gar keine Vorstellung davon, dass die Leute zu Hause arbeiten, die sind nicht in der Firma und trotzdem arbeiten sie. Und welche Interessen haben diese Menschen? Wie geht man darauf ein?

Kommunen und Kommunalpolitik stehen heute vor der Herausforderung, die Zukunftsfähigkeit von Städten anders zu denken. Dabei hat das gesamte Thema Bildung in den letzten Jahren einen deutlich gewachsenen Stellenwert bekommen. Stellt sich aus Ihrer Sicht die Integration in das Beschäftigungssystem heute anders dar als beispielsweise vor 30 bis 40 Jahren?

Der Strukturwandel hat viele Menschen doch auf ein Lohn- oder Einkommensniveau gedrückt, das unter dem der damaligen Montanindustrie liegt. Und entsprechend schlechte Bildungschancen vieler Kinder waren die Folge, einfach weil sie von zu Hause nicht gefördert werden, weil das alles nicht geht. Und jetzt klagt die Industrie über Facharbeitermangel. Das kann ich nur schlecht verstehen. Wenn ich daran zurück denke: Womit hat denn nach dem Krieg eigentlich der Aufschwung begonnen? Der Bergbau hatte ein eigenes Schulwesen, eigene Berufsschulen, eigene Fortbildungsschulen, Babcock hatte eine Werksberufsschule, die GHH auch. Da sind doch nicht die hingekommen, die solche Anforderungen erfüllt haben, wie sie heute gestellt werden. Sondern das hat die Industrie doch betriebsspezifisch übernommen und ausgebildet. Den Weg, den geht heute offensichtlich niemand mehr. Aber ich glaube, das wäre ein Weg, um Facharbeiter zu gewinnen. Das wäre auch ein Weg, um über Bildung im Sekundärbereich, über den zweiten Bildungsweg, einiges zu tun. Wir müssen sicher im Primärbereich, in den Schulen anfangen. Aber das ist damit nicht zu Ende. Die betriebliche Fortbildung kann nicht erst bei dem anfangen, der schon Facharbeiter ist. Sondern wir müssen diese Facharbeiter „erst machen". Diese Aufgabe hat die Industrie damals wahrgenommen.

(Fortsetzung siehe Seite 117)

„Das Knappenviertel ist ein Ort des sozialen Strukturwandels"

Interview mit Klaus Wehling (Teil 1)

Der wirtschaftliche Strukturwandel hat einen sozialen und kulturellen Wandel ausgelöst. Das Erscheinungsbild der Stadt und die Arbeitssituation der hier tätigen Menschen wurden im Laufe mehrerer Jahrzehnte stark verändert. Dies führte zwangsläufig auch zu einschneidenden Veränderungen des Wohnumfeldes und der nachbarschaftlichen Kontakte.

Als für die gesamte Stadt bedeutsames Beispiel haben in den letzten 50 Jahren derartige Prozesse im Knappenviertel stattgefunden. Nach dem Zweiten Weltkrieg wurden große Teile der alten Werksräume abgerissen, um durch eine neue Bebauung den damals dringend nötigen Wohnraum zu schaffen. Wie haben Sie, als Kind des Knappenviertels, diese bauliche Veränderung persönlich erlebt?

Hautnah, weil ich selber in einem Hüttenhaus gewohnt habe, das 1958 abgerissen worden ist und der damals neuen Bebauung weichen musste. Und auch sehr wohltuend, weil wir dann in der neuen Wohnung auf der Falkensteinstraße zum ersten Mal ein Badezimmer hatten und nicht mehr in den Stall aufs Klo mussten.

Für die von der Großindustrie geprägte Bevölkerung erfüllte das Knappenviertel in früheren Jahren alle wichtigen Versorgungsfunktionen. Seit den 1980er Jahren setzte ein Abstieg ein. Einzelhandelsgeschäfte und Handwerksbetriebe gaben auf, in den Wohnungsbestand wurde kaum noch investiert. Die Schließung des Thyssen Stahlwerks in den 1980er Jahren bedeutete Arbeitslosigkeit für viele Bewohner. Wie reagierten die Menschen im Knappenviertel auf diese neue Lebenssituation?

Was die Nahversorgung anbelangt, hat sich aus meiner Sicht im Knappenviertel die Situation in einem positiven Sinn nicht verändert. Denn nach wie vor ist das Knappenviertel ein intaktes Nebenzentrum mit entsprechender Versorgung, was den Einzelhandel anbelangt, aber auch die ärztliche Versorgung. Grundsätzlich kann man sagen, dass wir es bei dem Knappenviertel mit einem intakten Stadtviertel zu tun haben.

Ich würde gerne noch ergänzen, dass die in den 1960er Jahren gebauten Häuser inzwischen den Anforderungen nicht mehr genügen im Hinblick auf eine immer älter werdende Bevölkerung. Die Wohnungen sind nicht behindertengerecht wegen der in den 1960er Jahren gewählten Bauweise, weil man damals ja das Kellergeschoss nach oben gezogen, praktisch als Souterrain gebaut hat und damit das Erdgeschoss nicht ebenerdig war. Daraus ergeben sich Probleme nicht nur für Rollstuhlfahrer, sondern jetzt auch für Menschen, die auf Rollatoren angewiesen sind. Ich hoffe auf intelligente Lösungen für dieses Problem, weil dieser Wohnbestand in Oberhausen sehr weit verbreitet ist, nicht nur im Knappenviertel.

Als Mitte der 1980er Jahre die Krise der Stahlindustrie auch die Bevölkerung des Knappenviertels so richtig erreichte, sind ja eben auch Veränderungsprozesse in Gang gesetzt worden. Kann man sagen, dass der Besatz mit Geschäften und mit Versorgungseinrichtungen im weitesten Sinne, was die Privatwirtschaft betrifft, sich in den letzten 20 Jahren durchaus wieder zum Besseren entwickelt hat?

Ja, auf jeden Fall. Wenn man sich z. B. die Angebote ansieht, die in unmittelbarer Nähe gegeben sind mit Aldi, Edeka, Penny und jetzt aktuell Netto, dann hat sich im Grunde die Einkaufssituation verbessert, allerdings sind die Wege länger geworden. Woran man längere Wege auch festmachen kann, ist das Kneipensterben. Davon ist das Knappenviertel, speziell die Knappenstraße, besonders betroffen. Wenn ich z. B. an die Traditionskneipe Töpp denke, die jetzt seit vielen Jahren geschlossen ist. Das war einer der wichtigen Treffpunkte im Knappenviertel. Wo z. B. die jährlichen Schützenfeste stattgefunden haben, aber auch viele Familienfeiern. Da gibt es heute kein vergleichbares Angebot mehr.

(Fortsetzung siehe Seite 120)

Abb. 12: Klaus Wehling

Klaus Wehling

Geboren am 30. Mai 1947 in Oberhausen. Besuchte von 1953 bis 1957 die Falkensteinschule in Oberhasuen (Volksschule), von 1957 bis 1963 die Anne-Frank-Realschule, absolvierte von 1963 bis 1966 eine Ausbildung zum Bankkaufmann bei der Stadtsparkasse Oberhausen und war von 1966 bis 1970 Angestellter der Stadtsparkasse Oberhausen. Von 1966 bis 1970 besuchte er das Abendgymnasium der Stadt Duisburg, von 1970 bis 1974 studierte er an der Ruhr Universität Bochum, Studiengang Lehramt für berufsbildende Schulen mit den Studienfächern Wirtschafts- und Sozialwissenschaften, Pädagogik. 1974 Erste Staatsprüfung, 1974 bis 1976 Studienreferendar an den Kaufmännischen Schulen der Stadt Mülheim an der Ruhr, 1976 folgte Zweite Staatsprüfung, anschließend war er Studienrat z. A., ab 1980 Oberstudienrat, 1997 Studiendirektor. 1972 trat Wehling der SPD bei, 1979 wurde er Mitglied des Rates der Stadt Oberhausen, 1994 bis 1998 Vorsteher der Bezirksvertretung Alt-Oberhausen, 1998 bis 2004 Erster Bürgermeister der Stadt Oberhausen. 2004 wurde Wehling zum Oberbürgermeister der Stadt Oberhausen gewählt, 2009 im Amt bestätigt.

5. Die 1990er Jahre: Die Neue Mitte Oberhausen – Aufbruch zu neuen Ufern der Stadtentwicklung

Nachdem das visionäre und in seiner Dimension die Vorstellungskraft vieler Oberhausenerinnen und Oberhausener übersteigende Shopping-Mal- und Freizeitprojekt Triple-Five (555) aus dem Jahr 1986 im Jahr 1988 am Widerstand von Nachbarn und Landesregierung gescheitert war, kennzeichneten vielfach Ratlosigkeit und eine unbestimmte Erwartung die Stimmungslage in Oberhausen zu Beginn der 1990er Jahre. Zaghaft lebte die Diskussion darum wieder auf, welche Nutzungen die zentralen ehemaligen Industrieflächen an der Essener Straße im Herzen der Stadt zukünftig bestimmen sollten. Das Scheitern der Dienstleistungspläne gab manchen Überlegungen der 1980er Jahre neuen Auftrieb: Ökologische Renaturierung als „Grüne Mitte", oder vielleicht doch eher die Ansiedlung eines großen Industrieunternehmens? Schließlich hatten sich sowohl Volvo für ein LKW-Montagewerk als auch die Heidelberger Druckmaschinen AG, Weltmarktführer in ihrem Geschäftssegment, für die Neue Mitte Oberhausen als Standort interessiert. Doch die große Weltpolitik wirkte sich um 1990 unmittelbar auf die Perspektiven des Strukturwandels in Oberhausen aus. Mit der politischen und wirtschaftlichen Öffnung der Staaten des vormaligen Ostblocks verschoben sich die Wettbewerbsfähigkeiten in Europa. Und in Deutschland direkt zog die Aufnahme der DDR in die Bundesrepublik nach sich, dass fortan Industriestandorte im Osten mit geringeren Kosten als im Westen zugleich stark verbesserte Zugänge zu nationaler und europäischer Industrie- wie Infrastrukturförderung erhielten. So war bereits im Jahr der deutschen Einheit 1990 klar: Eine große Industrieansiedlung wurde auf unabsehbare Zeit in Oberhausen vollkommen unwahrscheinlich, da international oder auch nur überregional agierende Mittel- wie Großunternehmen die neuen Bundesländer, Osteuropa oder Ostasien bevorzugen würden.

Zugleich war nach den großen Auseinandersetzungen um die Schließung der Großbetriebe am Stahlstandort Oberhausen während der 1980er Jahre absehbar, dass die Existenz der letzten verbliebenen Anlagen binnen weniger Jahre ebenfalls gefährdet sein würde, dass die Arbeitslosigkeit selbst nach Überschreiten des Maximums von 17,8 Prozent in 1988 dauerhaft auf einem hohen Niveau von um 14 bis 15 Prozent verbleiben dürfte und dadurch den sozialen Zusammenhalt der Stadtgesellschaft, insbesondere die Zukunftschancen der jungen Generationen tiefgreifend in Frage stellen könnte.

In die somit verständliche Ratlosigkeit in der Stadt, genährt von der Erfahrung mangelnder politischer Akzeptanz großer Shopping-Center im Land NRW sowie einer vermeintlich abnehmenden Rentabilität von Industrie überhaupt, schlug im März 1992 die Nachricht von einer erneuten Planung für ein großes Einzelhandels- und Dienstleistungsprojekt in der Oberhausener Öffentlichkeit wie eine Sensation ein. In Stadt und Politik vermischten sich Ansätze von Euphorie mit tiefgehender Skepsis, dass es wohl nicht anders kommen werde als 1988 bei „Triple Five": Das Mittelzentrum Oberhausen würde seitens der Landesplanung keine Großinvestition mit Strahlkraft in das gesamte Ruhrgebiet genehmigt erhalten. Erst wer diese Verfassung der Oberhausener Stadtöffentlichkeit vor Augen hat, kann ermessen, wie sehr die Entwicklung, Durchsetzung und Realisierung des CentrO in nur etwas mehr als vier Jahren

Abb. 13 (folgende Seite): Planung für die „Grüne Mitte Oberhausen", um 1985

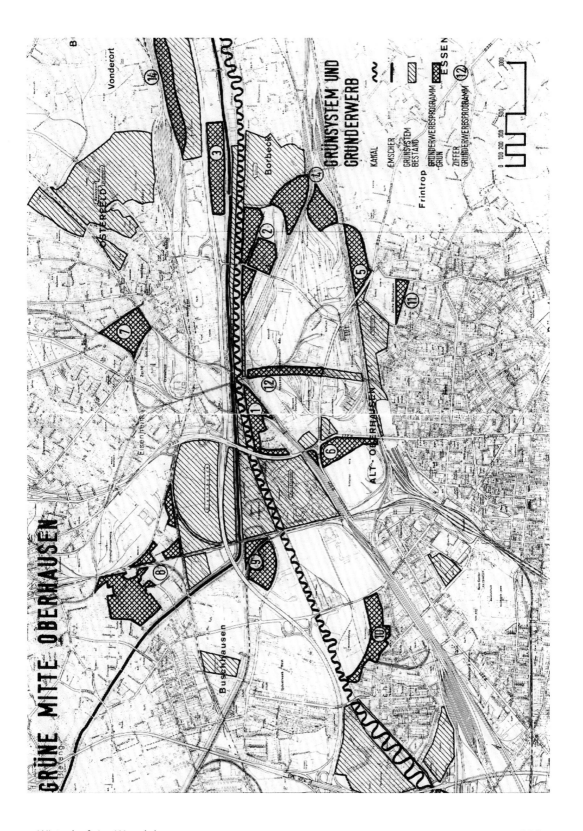

Wirtschaft im Wandel

Abb. 14: Wiedereinführung der Straßenbahn, festlich geschmückter Eröffnungszug

bis zur Eröffnung im September 1996 eine Erfolgsgeschichte darstellt, die als solche kollektiv in der Stadt erlebt wurde und Oberhausen seitdem grundlegend verändert hat.

Im November 1991 hatte die britische Investorengruppe für Shopping- und Dienstleistungsimmobilien STADIUM auf ihrer Suche nach einem geeigneten Gelände für eine Shopping-Mall in Mitteleuropa mit rund 200 Einzelbetrieben höchst vertraulich Kontakt zur nordrhein-westfälischen Landesregierung aufgenommen. Die Besichtigung der noch-Industriegelände an der Essener und Osterfelder Straße ließ den Standort auf Rang eins der Standortwünsche von Investor Edwin – kurz Eddie – Healey klettern. Bereits im März 1992 wurde in enger Begleitung durch die Landesregierung ein Kaufvertrag mit der Thyssen Stahl AG und städtischen Beteiligungen als Zwischeneigentümern geschlossen. Am 25. September 1992 begannen die Abbrucharbeiten, der erste Schornstein wurde gesprengt.

Doch was hier als Neue Mitte Oberhausen errichtet und betrieben werden sollte, bedurfte der Vereinbarkeit mit dem Landesplanungsrecht, der Zustimmung durch die Landesregierung und den Bezirksplanungsrat der Bezirksregierung Düsseldorf, in dem kritische, zuweilen neidische oder doch häufiger ungläubige Nachbarn Sitz und Stimme hatten. Der Bezirksplanungsrat stimmte nach einem engagierten Appell von Oberbürgermeister Friedhelm van den Mond, Oberhausen Entwicklungsmöglichkeiten zu eröffnen, im Oktober 1992 zu. Dennoch erlangte der Bebauungsplan für das CentrO als wirtschaftliches Kernstück der Neuen Mitte Oberhausen im Oktober 1993 Rechtskraft und 1994 konnte der Grundstein gelegt werden. Im gleichen Jahr begannen Planung, Grunderwerb und Bau der neuen Trasse für den öffentlichen Nahverkehr: Ein Vierteljahrhundert nach der Stilllegung der Straßenbahn

Abb. 15: Das CentrO als Baustelle, 1995

kehrte das Verkehrsmittel auf einer 9,4 Kilometer langen Strecke – davon 6,0 Kilometer auf vom Straßensystem unabhängigen ehemaligen Bahntrassen – von der Mülheimer Stadtgrenze im Süden über Hauptbahnhof und Neue Mitte bis zum Sterkrader Bahnhof im Norden nach Oberhausen zurück. Erneut in Rekordzeit, nach nur zweieinhalb Jahren, gelang pünktlich vor der CentrO-Eröffnung mit dem neuen Fahrplan der STOAG im Juni 1996 der zweite Start der Straßenbahn in der Oberhausener Stadtgeschichte. Das alles beruhte auf Entscheidungsprozessen und auf einer Projektentwicklung, die sich gründlich von den Bedingungen des Scheiterns im Jahr 1988 unterschieden. Gut möglich, dass die CentrO-Ansiedlung ohne die schmerzhaften Erfahrungen mit Triple Five niemals hätte gelingen können.

Das Projekt CentrO wurde kleiner, stadt- und regionalverträglicher, vor allem aber bunter, vielseitiger und städtebaulich besser in die Stadtlandschaft zwischen dem Alt-Oberhausener Siedlungsraum auf der einen Seite, der Emscher, dem Rhein-Herne-Kanal, Osterfeld und Sterkrade auf der anderen Seite integriert als Triple Five. Sowohl die ökonomische Vernunft einer Diversifizierung der Angebote vom Shopping bis zur Freizeitwirtschaft als auch die regionale Durchsetzbarkeit kennzeichneten die Neuen Mitte Oberhausen. Dadurch wurde sie jenes komplexe Stadtentwicklungsprojekt, das mit folgenden privatwirtschaftlichen Elementen Deutschlands erstes „Urban Entertainment Center" darstellte:

- das Einkaufszentrum mit 200 Einzelhandelsbetrieben auf 70.000 Quadratmetern Verkaufsfläche,
- die Gastronomie-Promenade mit über 30 Anbietern,
- die Coca-Cola-Oase mit weiteren 25 Gastronomie-Betrieben,

Wirtschaft im Wandel

*Abb. 16:
Aus dem Gasometer der GHH wurde 1994 eine Ausstellungshalle.*

- der CentrO-Freizeitpark mit Kinder- und Familienangeboten,
- die Großveranstaltungshalle König-Pilsener-Arena mit rund 11.500 Plätzen und seit 1997 über 200 Veranstaltungen im Jahr,
- das Multiplex-Kino mit neun Kino-Sälen und rund 2.000 Sitzplätzen,
- ferner ein Hotel, ein Fitness-Center, eine Tennis- und eine Hockey-Anlage.

Der Anspruch der Neuen Mitte Oberhausen lautete, ein nachhaltiges Stadtentwicklungsprojekt zu bilden, das keineswegs allein den Zielen des privaten Großinvestors entsprach, sondern zugleich den ambitionierten Plänen der Kommune für Oberhausens Zukunft als zentraler Ort der Freizeitwirtschaft und des Tourismus im Ruhrgebiet gerecht werden konnte. Diese Philosophie konsequent umsetzend, besteht die Neue Mitte Oberhausen zusätzlich aus einer Vielzahl öffentlich betriebener oder initiierter Projekte. Diese sind:

- der Gasometer Oberhausen, 1994 vom ehemals größten Gasspeicher Europas zur größten Ausstellungshalle der Welt umgebaut,
- die Ludwig-Galerie Schloss Oberhausen, das renommierte Kunstmuseum, 1995 umgebaut und mit einer attraktiven Kombination aus populären und hochkulturellen Ausstellungen neu ausgerichtet,
- die Sicherung und Attraktivierung des Kaisergartens mit dem einzigen vom Eintritt befreiten größeren Tiergehege im Ruhrgebiet,
- das 1991 gegründete, später als Fraunhofer-Institut anerkannte Institut für Umwelt-, Energie- und Sicherheitstechnik,

■ das Technologie-Zentrum Umweltschutz, 1994 hervorgegangen aus dem um einen Neubau erweiterten vormaligen Casino „Werksgasthaus" der Gutehoffnungshütte,
■ das Museumsdepot des LVR-Industriemuseums im Peter-Behrens-Bau, dem ehemaligen Hauptlagerhaus der GHH an der Essener Straße,
■ Radio NRW, der zentrale Programmproduzent für alle Lokalradiosender in NRW, seit 1992 Mieter in der ehemaligen Hauptverwaltung der GHH von 1873,
■ Haus Ripshorst im Gehölzgarten Ripshorst, das 1999 als Ökologische Station Ruhr West zum Informationszentrum des RVR und der Naturschutzverbände Nabu und BUND über den Emscher Landschaftspark wird,
■ der Yachthafen Marina Oberhausen, eröffnet im Jahr 2000, und
■ das Freizeitbad Aquapark der städtischen Beteiligung OGM an der Marina Oberhausen seit 2008.

Von der privaten Großinvestition in das CentrO, rund 500 Millionen Euro schwer, konzeptionell unverzichtbar erweitert um eine Vielzahl öffentlicher Projekte zur Ausgestaltung des Stadtentwicklungs- und Dienstleistungskonzeptes Neue Mitte Oberhausen mit einem Finanzvolumen von über 200 Millionen Euro, ging die gewünschte Wirkung auf die breit gefächerte Privatwirtschaft aus. Es entstand ein völlig neuartiger Wirtschaftsstandort mit einem ebenso neuartigen, hervorragenden Image. Die Neue Mitte Oberhausen wurde zum Flagschiff, zum Synonym für den Strukturwandel im Ruhrgebiet der 1990er Jahre. Die angestrebte Sogwirkung trat ein! Weitere Freizeitprojekte siedelten sich an:
■ das Sea Life Center, im Jahr der Eröffnung 2003 Deutschlands größtes Erlebnis-Aquarium,
■ der Klettersport-Hochseilgarten Tree-to-Tree am Gasometer ab 2005,
■ die Modellbahnwelt Oberhausen (MWO) an der Marina Oberhausen 2008,
■ die Hotels Tryp 1997 und B&B 2009,
■ der Ausbau des Musical-Theaters zum Metronom-Theater der Stage-Entertainment Group 2006,
■ und weitere folgen, wie das Lego Discovery Center udn der Ocean-Park der Merlin Group ab 2013.

Doch vor allem viele, viele Unternehmen mit breitester Branchenzugehörigkeit wählten die Gewerbeparks, die in einem Radius von nur einem Kilometer Luftlinie um das CentrO geschaffen wurden, als ihren Standort. Auf etwa 4.500 Arbeitsplätze im CentrO, im Einzelhandel und in der Gastronomie, folgten binnen rund zehn Jahren weitere etwa 7.500 Arbeitsplätze in seinem Umfeld. Erst diese Magnetwirkung bringt den geplanten und erzielten Erfolg und die Vielgestaltigkeit des Stadtentwicklungsprojektes Neue Mitte Oberhausen zum Ausdruck.[31]

Aber was waren nun die Voraussetzungen dieser wegweisenden, erfolgreichen und für manche Nachbarstadt im Ruhrgebiet vorbildlichen Standortentwicklung? Es genügte nicht, aus den Erfahrungen des Scheiterns von Triple Five gelernt zu haben, dass ein behutsames, gemeinsames Vorgehen mit der Landesplanung gefunden und regional argumentiert werden musste. Hinzu traten ein Investor, der die Bereitschaft zur kooperativen Gestaltung eines vielseitigen Projektes gemeinsam mit der Stadt einbrachte, und eine einmalig günstige, schlagkräftige Personalkonstellation an der Spitze von Stadt und Politik in Oberhausen, die entscheidend zur Umsetzung der Neuen Mitte Oberhausen und des CentrO in ihr beitrug.

Heinz Schleußer

Geboren am 20. April 1936 in Oberhausen, gestorben am 12. Juli 2000. Heinz Schleußer arbeitete von 1954 bis 1963 als Betriebsschlosser im Hüttenwerk Oberhausen. Von 1969 bis 1987 war er Erster Bevollmächtigter und Geschäftsführer der IG Metall Oberhausen. 1957 trat Schleußer der SPD bei, 1975 wurde er in den Landtag von Nordrhein-Westfalen gewählt, wo er von 1981 bis 1988 finanzpolitischer Sprecher seiner Partei war. Im Mai 1988 berief ihn Johannes Rau als Finanzminister in sein Kabinett, dieses Amt übte er zwölf Jahre lang aus. Am 26. Januar 2000 trat er nach Vorwürfen in der Presse im Zusammenhang mit der „Düsseldorfer Flugaffäre" von seinem Amt zurück; wenige Monate später starb er nach schwerer Krankheit.

Abb. 17: Heinz Schleußer

Die sozialverträgliche Gestaltung des Strukturwandels im Ruhrgebiet und insbesondere in Oberhausen war die große Herausforderung seiner Amtszeit. Schleußer gehörte dem Aufsichtsrat der Thyssen AG und dem Verwaltungsrat der WestLB an. Die Marina am Rhein-Herne-Kanal in Oberhausen trägt seinen Namen.

Abb. 18 (unten): Haus Ripshorst

Abb. 19: Das Freizeitbad „aqua park"

Abb. 20: Auarium „SeaLife"

Abb. 21: Metronom Theater

Oberbürgermeister Friedhelm van den Mond, zugleich Vorsitzender der Verbandsversammlung des Kommunalverbandes Ruhrgebiet, leistete Vertrauensbildung in den Nachbarstädten. NRW-Finanzminister Heinz Schleußer beförderte die Unterstützung der Landesregierung. Michael Groschek als Vorsitzender der SPD-Fraktion im Rat der Stadt warb engagiert für die Mehrheitsfähigkeit des Projektes in Einzelhandel, Wirtschaft und Bevölkerung vor Ort. Oberstadtdirektor Burkhard Drescher schließlich baute ein effektives Projektmanagement für die Durchführung von Genehmigungsverfahren und öffentlichen Investitionen auf. Ebenso gewährleistete Drescher durch sein gutes persönliches Verhältnis zu Eddie Healey die partnerschaftliche Abstimmung privater wie öffentlicher Planungen, aber auch, dass CentrO erheblich mehr wurde als sein englischer Vorläufer Meadow-Hall in Sheffield: nämlich ein komplexes Freizeit- und Stadtentwicklungsprojekt statt eines bloßen Einkaufszentrums.

Jede Erfolgsgeschichte hat auch ihre Schattenseiten. Das liegt allein schon daran, dass im realen Leben niemals alle kühnen Pläne restlos gelingen können, die ambitionierte Entwickler aufstellen. Und ebenfalls treten die eine oder andere unerwünschte Nebenwirkung ein, die zu einer ausgewogenen Gesamtwürdigung eines so dynamischen Projektes wie der Neuen Mitte Oberhausen hinzu gehören. Es gab angestrebte Bausteine der Neuen Mitte, die nicht oder nicht vollständig erreicht wurden. Es stellten sich Wechselwirkungen der Neuen Mitte mit etablierten Stadtteilzentren, insbesondere mit der City von Alt-Oberhausen ein, deren kommunale Steuerung oder eher Beeinflussung Schwierigkeiten bereitete.

Seit der planerischen Entwicklung des Stadtentwicklungskonzeptes Neue Mitte in 1992, ausgehend vom TZU im Werksgasthaus, wurde angestrebt, den neuen Stadtteil mit einer Wohnbebauung zu ergänzen. Zu den kleinen Siedlungen Grafenbusch und Ripshorster Straße sollte vornehmlich auf dem Gelände der Marina, in geringerem Umfang ebenfalls an der Ripshorster Straße und auf dem Gelände des Stahlwerkes Oberhausen an der Osterfelder Straße eine Wohnbebauung hinzutreten. Jedoch vereitelten die eingeschränkte Lagegunst der Marina für Wohnen und das Scheitern von O.VISION die Verwirklichung der Wohnungsbauprojekte. Ferner war und wird weiterhin angestrebt, die Essener Straße als „Allee der Industriekultur" sowie den Gewerbepark Centroallee mit Büroimmobilien für vielseitige Dienstleistungsnutzungen zu komplettieren. Spektakulär strebte Coca-Cola kurzzeitig in 1998 an, seine Deutschlandzentrale an der Kreuzung Essener-/Osterfelder Straße zu errichten. Die Planung wurde zugunsten Berlins aufgegeben. Doch in 2011 fiel schließlich die Entscheidung von Bilfinger & Berger Power Services, dem vormaligen Energie-Anlagenbau von Babcock Borsig, eben dort den Firmensitz der Europazentrale zu errichten. Der stetige Ausbau der Essener Straße als „Allee der Industriekultur" zum Standort für bürogestützte Dienstleistungen leistet inzwischen einen wichtigen Beitrag zur Dynamik und zur Diversifizierung der Neuen Mitte Oberhausen über ihre Bedeutung als Freizeit- und Einzelhandelsstandort hinaus. Davon gleich mehr.

Nachbarstädte, Einzelhandelsverbände und Industrie- und Handelskammern forderten wissenschaftliche Prognosen zu den Auswirkungen des CentrO auf den Einzelhandel der Stadtteilzentren im Ruhrgebiet. GFK, die Gesellschaft für Konsumforschung, und ISH/Dr. Danneberg gaben Gutachten ab: Vorausgesehene Umsatzeinbußen bis zu eineinhalb Prozent galten als geringfügig, Verluste von bis zu drei Prozent als hinnehmbar und üblich im Rahmen allgemeiner konjunktureller Schwankungen. Angesichts solcher Bewertungen musste lediglich die City von Alt-Oberhausener empfindliche Auswirkungen befürchten. Nach günstigen

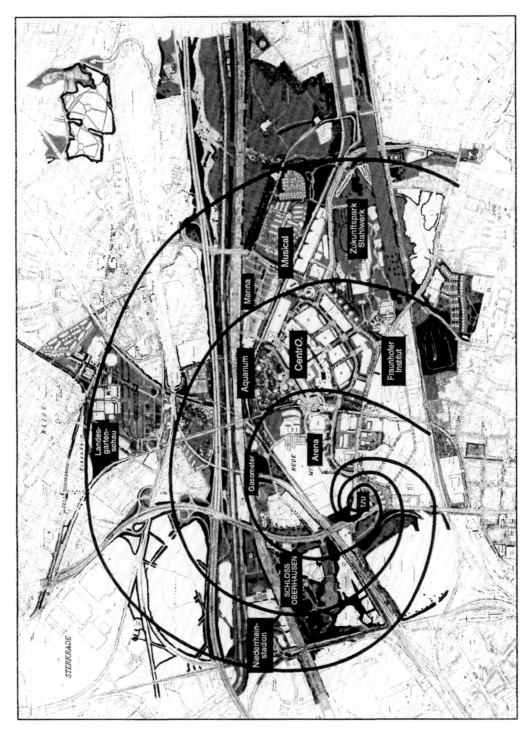

Abb. 22: Das Entwicklungskonzept "Spirale", Neue Mitte Oberhausen 1992

Erwartungen würden sich die Folgen für die Innenstadt auf etwa drei Prozent beschränken, nach pessimistischeren Annahmen war jedoch mit Umsatzverlusten von rund zehn Prozent zu rechnen. Dessen ungeachtet stimmten Einzelhandelsverband und Kommunalpolitik dem Projekt zu. Was waren die Hintergründe?

Der Strukturwandel im deutschen Einzelhandel hatte um 1970 eingesetzt. Der Versandhandel, Fachmarktzentren und die attraktiven Citys von Metropolen mit meist über einer halben Million Einwohnern vermochten ihre Position seitdem Stück für Stück zu verbessern. Unter den verschärften Wettbewerbsverhältnissen der Städtelandschaft Ruhr ging diese Entwicklung zu Lasten der kleineren Großstädte. Oberhausen wurde besonders betroffen, weil seine Raumstruktur in Folge der Städtezusammenlegung von 1929 Alt-Oberhausen zwar eine Zentral-Funktion für die Gesamtstadt zuwies, aber eben doch eine eher schwache Versorgungsfunktion für den Norden der Stadt und kaum Ausstrahlung über die Stadtgrenzen hinaus. Deshalb identifizierten Handel wie Politik in Oberhausen das CentrO als Chance und Herausforderung zugleich. Die Chance bestand in der Aussicht auf die Aufwertung als Einkaufsstadt in der Region, vielleicht gar mit so genannten „Überschwappeffekten" neuer Kundengruppen in die City. Die Herausforderung indes erkannte man in der Gefahr eines beschleunigten Bedeutungsverlustes der Marktstraße und ihres Umfeldes, dem nur mit erhöhten Anstrengungen zur Attraktivitätssteigerung erfolgreich würde begegnet werden können. Burkhard Drescher, seit 1997 Oberbürgermeister, verband dieses Ziel mit der spektakulären Investitionsplanung in ein zwölf Meter hoch aufgeständertes, transparentes Dach von 475 Meter Länge über den Kernbereich der Marktstraße zwischen Altmarkt und Düppelstraße. Vor der Jahrtausendwende wurde darüber in der Stadt heftig und strittig diskutiert. Bau- und planungsrechtliche ebenso wie politische Bedenken ließen den Rat vom Dach Abstand nehmen. Seine möglichen Wirkungen waren höchst umstritten. Doch es blieb nicht bei einer Planung in Stahl und Glas. 1999 erfolgte die Ausweitung der Aufgaben der schon 1997 zur Tourismusförderung gegründeten TMO um das Stadtteilmarketing. Der zugleich gegründete Verein City O. Management ist seitdem bestrebt, die Interessenten der Innenstadt zu bündeln und zu gemeinsamem Handeln zu organisieren. Von neuen Veranstaltungsformaten bis zu Investitionsprogrammen in Fassaden und in öffentliche Plätze reicht das Arbeitsspektrum der City-Verantwortlichen. Vieles wurde veranlasst, der schleichende Bedeutungsverlust des Einzelhandelsstandortes City jedoch nur abgebremst. Zu stark wirken die Strukturveränderungen im Einzelhandel, zu denen seit der Jahrtausendwende verstärkt der Internethandel und die Verlagerung der Publikumsgunst vom Kaufhaus zu den Shopping- wie den Fachmarkt-Zentren zählen. Und auch die übrigen Stadtteilzentren Oberhausens erlebten einen Schub an Aktivitäten sowohl der Stadt als auch der jeweils örtlichen Werbegemeinschaften, wie der STIG in Sterkrade, der Werbegemeinschaft Osterfeld und der IGS in Schmachtendorf. Verkehrsmaßnahmen, die bauliche Aufwertung von Einkaufsstraßen und vor allem die Attraktivitätssteigerung durch Festveranstaltungen bildeten für Kommune wie Öffentlichkeit ein gleichbedeutendes Maßnahmenbündel ergänzend zu den so genannten Strukturwandel-Projekten in der Neuen Mitte.

Ob es sich bei den Veränderungen der Stadtteilzentren um eine Schattenseite des CentrO handelte oder doch eher um einen unumgänglichen Bestandteil des Strukturwandels in Oberhausen im Zeitalter nach Kohle, Eisen und Stahl – das mag von Befürwortern wie Kritikern des CentrO seit 1992 kontrovers beurteilt werden: Die Schaffung der Neuen Mitte Oberhausen

Abb. 23: Animation für ein Dach auf der Marktstraße

hatte tiefgreifende Auswirkungen auf das Zentrengefüge der Stadt Oberhausen und verlangte daher nach planerischen Antworten der Kommune. Oberhausens City verfügte im Vergleich zu anderen Großstädten ohnehin traditionell über eine eher schwache Versorgungsfunktion für die Gesamtstadt. Das lag sowohl an der nur mäßigen Kaufkraft der Arbeiterbevölkerung als auch an einem Stadtraum, der nicht um die Innenstadt, sondern um die Werke der Gutehoffnungshütte gewachsen war. Sterkrade als größtes Stadtteilzentrum profitierte zudem über ein halbes Jahrhundert nach 1955 von der so genannten Suburbanisierung, der Ausdehnung von Vororten im Norden mit Wohnvierteln vornehmlich für Mittelschicht-Familien. Während die Einwohnerschaft Alt-Oberhausens von 1963 bis 2010 von rund 128.000 auf 93.000 absank, erhöhte sich Sterkrades Bewohnerschaft von gut 77.000 auf über 85.000 in 2001, betrug aber auch 2010 noch fast 83.000. Dieser Trend minderte die Bedeutung des Stadtteils Alt-Oberhausen und darüber die Chancen der Innenstadt auf Zentralität. Somit verlangten nicht allein die Neue Mitte, sondern auch die Besonderheiten der Oberhausener Raumstrukturen nach einem neuen Zentrenkonzept, einer Neuorientierung auf die Zukunft.

In den 1990er Jahren jedoch waren die Eindrücke des CentrO offenbar zu frisch, um sich dieser großen Aufgabe mit aller Konsequenz zuzuwenden. Stattdessen erfolgte die Verarbeitung von Erfahrungen der Veränderung im intensiven öffentlichen Diskurs. Die Stadtgesellschaft Oberhausen bewies auch damit ihre Stärke und Lebendigkeit. Nach der Jahrtausendwende aber wurden wichtige Schritte auf dem Weg zu einem neuen Zentrengefüge getan: 2001 mit dem Masterplan für die Neue Mitte Oberhausen von Albert Speer, vor allem aber

Tabelle 7: Bevölkerungsentwicklung Oberhausen gesamt und nach Stadtbezirken 1960 bis 2010

Stichtag	Bevölkerung insgesamt	Nach Stadtbezirken		
		Alt-Oberhausen	Sterkrade	Osterfeld
29.06.1946	174.595	88.670	53.104	32.821
31.12.1950	204.718	106.049	36.944	61.725
31.12.1960 *	256.336	127.142	73.826	55.368
31.12.1970 **	245.840	115.403	81.019	49.418
31.12.1980	231.411	104.069	83.864	43.478
31.12.1990	225.820	100.412	83.814	41.594
31.12.2000	221.470	95.194	85.195	41.081
31.12.2010	212.091	91.274	82.576	38.241

* Rückschreibung auf Grund der Volkszählung vom 6. Juni 1961
** Fortschreibung auf Grund der Volkszählung vom 27. Mai 1970

2006 mit dem Stadtentwicklungskonzept zum Regionalen Flächennutzungsplan (RFNP). Von nun an wurde der Neuen Mitte ausdrücklich die Funktion des erstrangigen Versorgungsstandortes im Handel zugewiesen, während die City von Alt-Oberhausen der zentrale Ort für öffentliche Dienstleistungen war, jedoch auch die Stadtteilzentren von Sterkrade, Osterfeld und Schmachtendorf eine bedeutende Funktion in ihren jeweiligen Teilräumen bestätigt erhielten.

Durch die Veränderungen des Stadtraumes im Zuge des Strukturwandels gerieten auch kleinere Stadtteile verstärkt in das Blickfeld der städtischen Öffentlichkeit. Vorbild für viele andere Stadtviertel im Land Nordrhein-Westfalen, aber auch für Lirich, Tackenberg und die Innenstadt von Alt-Oberhausen wurde das Knappenviertel als Musterbeispiel für einen „Stadtteil mit besonderem Erneuerungsbedarf". Von 1996 bis 2002 nahm das Knappenviertel am gleichnamigen Landesprogramm teil, erhielt über zehn Millionen Euro für rund 200 Einzelprojekte und schuf die Grundlagen für eine lebenswerte Zukunft. Die über 6.000 Bewohner des Stadtteils im Südosten der Neuen Mitte waren vom Sterben der Stahlindustrie besonders hart betroffen. Einkommen sanken, Einzelhandel und Handwerk gerieten in die Krise. Mit dem Stadtteilprojekt gelang dann die aktive Einbindung zahlreicher Bewohner in die Projekte der Wohnumfeldverbesserung, der Aufwertung von Freizeitangeboten und in die Stärkung der lokalen Ökonomie. Die Koordination der Projekte leistete ein Beirat unter dem tatkräftigen Vorsitz des späteren Oberbürgermeisters Klaus Wehling. So steht die Initiative der Gewerbetreibenden K.In.O e.V. (Knappen-Initiative-Oberhausen) bis heute für gelungene Nachhaltigkeit und bürgerschaftliches Engagement als Ausfluss der Stadtteilarbeit. 2002 erhielt das Knappenviertel den „Preis Soziale Stadt" des Landes NRW.[32]

Mit ihren Auswirkungen auf das innere Gefüge der Stadt Oberhausen stellte die Neue Mitte Oberhausen die lokale Identität vieler Oberhausenerinnen und Oberhausener in Frage. Zu sehr prägte die polyzentrale Struktur mit den drei recht eigenständigen Stadtbezirken das Bewusstsein der Menschen. Das Bedürfnis nach persönlicher Lebensorientierung griffen führende Kommunalpolitiker der 1990er Jahre, wie die Oberbürgermeister van den Mond und Drescher, die Fraktionsvorsitzenden Groschek (SPD) und Eckhold (CDU) mit ihrer Aussage auf, der Strukturwandel müsse und werde die Menschen wirtschaftlich und sozial auffangen, er müsse ihnen zugleich aber auch persönlichen Halt in ihrer Identität, in ihrem Heimatgefühl, in ihrer Lebensplanung geben. Die Oberhausener Bürgerschaft sollte im Strukturwandel „mitgenommen" werden. Dem entsprachen die kommunalen Zielsetzungen nach einer neuen Identität der Stadt als Tourismus-Hauptstadt des Ruhrgebiets und nach einem Gleichklang städtebaulicher Aktivitäten in den vier Stadträumen Alt-Oberhausen, Sterkrade, Osterfeld und Neue Mitte.

Ende des 20. Jahrhunderts präsentierte sich die Oberhausener Wirtschaft im Vergleich zur Situation zehn Jahre zuvor deutlich verändert. Der beinahe vierzig Jahre anhaltende Schrumpfungsprozess der Beschäftigung wurde erstmals gestoppt und seit 1998 in ein langsames, jedoch seitdem stetiges Wachstum umgekehrt. Während die Anzahl der in Oberhausen wohnhaften, erwerbstätigen Personen zwischen 1987 und 1997 bei gut 80.000 stabil blieb, stieg sie danach von 1998 bis 2001 wieder auf über 83.000 an. Der Umbau der Strukturen hatte sich mit erhöhter Geschwindigkeit fortgesetzt. International agierende mittelständische Industrieunternehmen der Informationstechnologie wie Lennord & Bauer sowie B&W sind ebenso entstanden wie drei namhafte Marketing-Agenturen, die für Konzerne wie Audi oder Porsche globale Kampagnen durchführen: Bergmann, Bassier, Kindler, dann Benning, Gluth & Partner sowie Move Elevator. Diese Unternehmen repräsentieren seit der Jahrtausendwende ebenso wie Firmen in der Immobilien-Entwicklung, in der Gebäudereinigung oder wie Dienstleistungen für die Klinikwirtschaft die Leistungskraft der unternehmensnahen Dienstleistungen in Oberhausen. Der Abbau von Arbeitsplätzen in der Produktion wurde erstmals durch den Aufbau im tertiären Sektor vollständig ausgeglichen. Dies verbesserte die Eintrittschancen des Standortes in die Dienstleistungs- und Wissensgesellschaft des 21. Jahrhunderts. Weitreichende Pläne wurden um die Jahrtausendwende dazu mit dem Projekt O.VISION Zukunftspark entwickelt. Sie leiteten eine weitere Phase in der Geschichte des Oberhausener Strukturwandels ein.[33]

„Überzeugungsarbeit in Oberhausen und im Ruhrgebiet für die Neue Mitte"

Interview mit Friedhelm van den Mond (Teil 4)

In den 1990er Jahren erfolgten die entscheidenden Weichenstellungen für den Oberhausener Strukturwandel von einer Montanstadt hin zu einer Einkaufs- und Dienstleistungsstadt. Die Neue Mitte Oberhausen und die Internationale Bauausstellung Emscherpark, IBA, waren die zentralen Meilensteine dieses Prozesses. Welche Unterstützung haben Sie als Oberbürgermeister in der Planungsphase durch die Nachbarstädte, den Kommunalverband Ruhrgebiet und das Land NRW erfahren?

Die Nachbarstädte waren nicht begeistert. Denn die Neue Mitte, das CentrO, hatte ja einen Vorlauf mit dem Projekt Triple Five in den Jahren 1986 bis 1989. Und als die Forderungen von Triple Five, wie z.B. Öffnungszeiten von 24 Stunden, im Werksgasthaus ein Spielcasino, bekannt wurden, da wurde ja selbst uns klar, dass die nicht zu erfüllen waren. Wir andererseits wollten, mussten ja bis zuletzt auch gegenüber der Landesregierung an Triple Five fest halten. Wir konnten doch nicht sagen, wir wollen das nicht. Wir wollten uns doch eine Option offen halten, um zu sagen, wenn das nächste gute Projekt kommt, das könnt ihr uns nicht kaputt machen. Aber die Nachbarstädte, denen ja auch bewusst war, was Triple Five gefordert hatte, die fürchteten mit CentrO würde was Ähnliches passieren.

Ohne die politische Unterstützung von Heinz Schleußer wäre das Ganze nicht über die Bühne gegangen. Die Nachbarstädte waren zumindest zurückhaltend. Der KVR war eigentlich neutral. Groß unterstützt wurden wir von Kurt Löwenthal, der bei der Einzelhandelsgruppe und auch bei der IHK dafür gesorgt hat, dass die zugestimmt haben. Ohne deren Zustimmung wäre das ja nicht möglich gewesen. Die Internationale Bauausstellung (IBA) hat uns nicht unbedingt bei der Neuen Mitte unterstützt, sie hat aber auch nicht gebremst. Karl Ganser war wirklich jemand, der sich für Oberhausen engagiert hat. Man verbindet ihn zu schnell nur mit dem Gasometer, für den der Karl gekämpft hat. Aber Karl Ganser hatte eigentlich eine andere Vorgehensweise. Ich erinnere mich an ein Gespräch mit Karl Ganser: Wir hatten uns im Ruhrland verabredet und als Karl Ganser kam, war er schon zwei Stunden durch die Stadt gelaufen. Er hat dann gesagt: Mit dem Gasometer, das kriegen wir ja wohl in die Reihe. Aber den Bahnhof, den müssen wir doch nach hinten mit einem Ausgang nach Nordwest zum Altenberg-Gelände öffnen. Und die IBA hat ganz stark daran mitgewirkt, dass der Bahnhof nach hinten geöffnet wurde. Nur damit war doch das jetzige Industriemuseum überhaupt erst möglich. Wenn dieser Riegel da geblieben wäre, dann hätte doch niemand im Traum daran gedacht, da so etwas aufzubauen. Also Karl Ganser muss ich sagen, hat Oberhausen in all diesen Fragen wirklich gut geholfen und das Land NRW hat uns auch unterstützt. Das ging ja aus dem Ablauf der ganzen Grundstücksverhandlungen hervor.

Wie hat sich denn die Politik in den Jahren vor 1992/1993, vor der Ansiedlung von CentrO verhalten?

Politik in Oberhausen war eigentlich dafür. Es gab ja ein paar Vorläufer. Das Grundstück stand seit einigen Jahren zur Verfügung. Und wir haben uns immer wieder bemüht, dort zu einer Neuansiedlung zu kommen. Diese Neuansiedlung musste aber für uns mit Arbeitsplätzen verbunden sein. Und es gab dann die Absicht eines japanischen Autoherstellers zu einem Auslieferungslager für Deutschland in Oberhausen. Aber da konnten wir gut drauf verzichten. Denn diese Fläche dazu zu benutzen, Autos abzustellen und da 50 Arbeitsplätze zu schaffen, das konnte es nicht sein. Die Grünen haben damals lange dafür gekämpft, da eine grüne Oase zu schaffen. Das konnte es aber auch nicht sein, denn wir brauchten neue Arbeitsplätze. Wir waren z. B. in ernsthaften Verhandlungen mit Heidelberger-Druck. Und wir hatten mit dem Arbeitsamt auch schon gesprochen: Wie kann man denn jetzt hier die Leute qualifizieren für die Tätigkeit bei Heidelberger-Druck? Dann kam die Wiedervereinigung 1990 und Heidelberger-Druck ist in die neuen Bundesländer gegangen. Da gab es ganz andere Fördermittel. Also war wieder nichts. Wir haben jedenfalls immer versucht, wenn wir in solchen Verhandlungen waren, nichts nach draußen dringen zu lassen, weil wir uns gesagt haben, wenn so etwas bekannt wird und es geht zwei, drei Mal daneben, dann kommen andere Investoren erst gar nicht, weil die sagen: Das haben schon drei Leute versucht: Warum soll ich da hin gehen? Deswegen sind in der Öffentlichkeit unsere Versuche, hier vor 1992 was Neues zu schaffen, eigentlich nie deutlich geworden. Aber wir hatten immer daran gearbeitet. Und als dann Healey kam mit seinem Konzept, ist das in der Politik eigentlich auf große Zustimmung gestoßen. Mit Ausnahme von den Grünen.

Haben Sie selber an den Erfolg geglaubt, so wie es sich heute darstellt?

Ich sag mal, an den Erfolg des CentrOs ja. Aber an das, was da drum herum geschehen ist, beispielsweise die Arena, so was konnte ich mir nicht vorstellen. Ich wusste zwar, das gibt eine Veranstaltungshalle. Selbst wenn man Baupläne sieht, man glaubt das noch nicht. Man muss erst die Dimensionen selbst gesehen haben. Vieles was dann dazu gekommen ist im Laufe der Zeit, wie Sealife und der Jachthafen, waren ja von Anfang an eigentlich geplant. Also an den Erfolg habe ich schon geglaubt, aber nicht, dass es ein solcher Erfolg wird. Alle Zahlen haben uns ja gesagt, die Menschen kommen aus einem Umkreis von 50 Kilometern und auch die Holländer kommen nach Oberhausen. Aber dass die Busse Stoßstange an Stoßstange kommen, das selbst im Urlaub in Wilhelmshaven mir gesagt wurde, ja wissen sie was, einmal war ich ja schon im CentrO, aber wir fahren da noch einmal hin, das ist einmalig. Daran habe ich nicht geglaubt.

Welchen Beitrag hat die Neue Mitte leisten können nachdem, wie wir so schön sagen, das montanindustrielle Herz der Stadt im geographischen Mittelpunkt der Stadt nicht mehr schlug und eine Neuausrichtung auf die Zukunft erforderlich war?

Wir wollen uns nichts vormachen. Das CentrO und der Gasometer sind für die Oberhausener neue Wahrzeichen der Stadt. Früher waren es die Hochöfen und Fördertürme. Aber das ließ sich ja nach außen nicht vermitteln. Diese Wahrzeichen sind inzwischen für die Oberhausener das CentrO und der Gasometer. Und das lässt sich nach außen vermitteln.

(Fortsetzung auf S. 139)

„Das Stadtteilprojekt Knappenviertel gibt Mut zu neuen Lebensperspektiven und ist Vorbild für ganz Oberhausen"

Interview mit Klaus Wehling (Teil 2)

1996 wurde das Knappenviertel in das Landesprogramm Stadtteile mit besonderem Erneuerungsbedarf aufgenommen. Die Umsetzung erfolgte im Rahmen eines integrierten Handlungsansatzes, in den eine Vielzahl stadtteilrelevanter Akteure einbezogen wurde. Welche Voraussetzungen waren für Sie als Vorsitzender des Projektbeirates entscheidend für die erfolgreiche Umsetzung des Stadtteilprojektes?

Ganz zu Beginn nenne ich die breit angelegte Bürgerbeteiligung, die wesentlicher Bestandteil des integrierten Handlungskonzeptes war. Da waren nicht nur die Hauptakteure, wie z. B. Ladenbesitzer oder Vorsitzende von Vereinen und Verbänden Ansprechpartner, sondern auch die normale Bevölkerung. Und dann natürlich im Nachhinein muss ich sagen, gab es hinsichtlich der finanziellen Möglichkeiten ja nahezu paradiesische Verhältnisse im Vergleich zum Jahr 2011/2012. Und jetzt kann ich noch ergänzen, durch die beiden Grundvoraussetzungen für den Erfolg – Bürgerbeteiligung und finanzielle Mittel – hat sich die breite Resonanz ergeben, als man sah, es wird hier etwas umgesetzt. Und von daher wuchs die Lust zum Mitmachen ständig an.

Die Neugestaltung der Obdachlosensiedlung Stickersweg/Uhlandstraße mit der Modernisierung von erhaltenswerten Gebäuden und dem Abriss der restlichen Gebäude an der Uhlandstraße sowie der Vermarktung dieser Grundstücke war ein nachhaltiger Eingriff in die Struktur des Stadtteils. Welche Auswirkungen hatten diese Maßnahmen auf den Stadtteil und die Sozialpolitik in Oberhausen?

Zunächst mal per Augenschein hat sich aus einem ehemaligen Schmuddelgebiet eine schicke Wohnsiedlung entwickelt. Das war für das Selbstwertgefühl der Menschen ganz, ganz wichtig. Man muss allerdings sagen, die im Knappen- und Brücktorviertel groß gewordenen Menschen sind weitestgehend im Viertel geblieben. Ähnlich wie dies auch zutrifft auf die Alstadener, die Liricher oder die Osterfelder, um nur wenige Beispiele für Oberhausener Stadtviertel mit festen Strukturen zu nennen. Viele Oberhausenerinnen und Oberhausener sind so stark in ihrem Viertel verwurzelt, dass sie aus ihrem Umfeld nicht weg ziehen. Gerade deshalb bemühen wir uns verstärkt am Angebote von Dienstleistungen, die es Senioren erleichtern, in ihren Wohnungen zu verbleiben, anstatt frühzeitig in Seniorenwohneinrichtungen zu ziehen.

Das Image des Uhlandviertels im engeren Sinne hat sich total gewandelt mit dem Abriss der ehemaligen Obdachlosenwohnungen. Den ehemaligen sozialen Brennpunkt Uhlendstraße und Strickersweg gibt es nicht mehr.

Hatte diese Maßnahme auch Auswirkungen auf die Sozialpolitik der Stadt?

Ja, ich kann mich noch sehr gut daran erinnern, als in den 1960er Jahren die Wohnungen umgebaut wurden zu größeren Einheiten. Damals wurde über einer Haustür ein Schild angebracht, das sinngemäß lautete: Hier baut die Stadt familiengerechte Wohnungen. Da hat sich also durchaus ein Wandel von der reinen Unterbringung ergeben hin zu Wohnungen, von der Wohnungsgröße und der Ausstattung her, die sich stetig dem normalen Wohnungsbau angeglichen haben.

Mit der Umwandlung des Bunkers Alte Heid in ein Bürgerzentrum von 1998 bis 2001 wurde eine Einrichtung geschaffen, die heute mehr ist als ein Ort der Begegnung für die Bewohnerinnen und Bewohner des Knappenviertels. So hat das Bunkermuseum heute seinen festen Platz im Veranstaltungskalender der Stadt. Das Image und die Lebensqualität im Knappenviertel haben sich durch vielfältige Maßnahmen und Aktionen deutlich verbessert. Welche Erkenntnisse können Sie für ein integriertes Stadtentwicklungskonzept aus dem Stadtteilprojekt Knappenviertel gewinnen?

Ganz eindeutig, dass man Veränderungen nur mit den Bürgerinnen und Bürgern machen kann und nur so etwas erreichen kann. Die breite Bürgerbeteiligung ist wesentliche Voraussetzung für sinnvolle Umsetzungen. Und dann müssen natürlich auch entsprechende Ressourcen vorhanden sein, die sich nicht nur auf Finanzmittel beziehen, sondern auch auf Ideen, die nicht nur im Rathaus entstehen, sondern konkret vor Ort.

Das Bürgerzentrum im ehemaligen Bunker an der Alten Heid ist das Aushängeschild, das Highlight der Umgestaltung des Knappenviertels. Nach wie vor ein Vorzeigeprojekt für auswärtige Besucher. Jetzt war ja der Oberbürgermeister von Saporishja da, der hoch interessiert war, sich den Bunker anzusehen.

Ausgangspunkt für die Umgestaltung des Bunkers war der Schützenverein im Oberhausener Osten, der mit der Schließung der Gaststätte Töpp keine Möglichkeit mehr hatte, den Schießsport auszuüben. Die Schützen haben dem Beispiel anderer Städte folgend vorgeschlagen, den Bunker entsprechend umzubauen. Und das war der Anstoß für die diversen Nutzungen, die sich dann ergeben haben. Ein weiterer Höhepunkt ist die große Veranstaltungshalle, ist das Bistro, das sehr gute Essensangebote für die Bevölkerung anbietet, sind die auf dem Bunker befindlichen Räume des Jugend- und Sozialbereichs der Stadtverwaltung. Auch der Second-Hand-Shop „Stöber" von Flickwerk erfreut sich sehr großer Beliebtheit. Dann kommen noch die vielen Kurse hinzu, die hier stattfinden mit sehr unterschiedlichen Angeboten, die ja abgestimmt sind auf das, was die Bürger insbesondere auch im Knappenviertel nachfragen. Da kann man nur sagen, das Bürgerzentrum Alte Heid ist eine Einrichtung, die ihresgleichen sucht. Einmal wegen der Breite des Angebotes, aber auch wegen der architektonischen Umgestaltung, die soweit ich weiß beispiellos geblieben ist.

Noch eine Zwischenfrage. Wer in der Weihnachtszeit 2011 in die Tageszeitung schaute, musste mit einiger Verwunderung feststellen, zumindestens für diejenigen vielleicht, die nicht im Knappenviertel selber wohnen, dass für das Knappenviertel unwahrscheinlich ge-

worben wurde. Ist das auf ein neues Selbstbewusstsein zurückzuführen oder ist es tatsächlich der Wunsch, nach außen hin präsenter zu werden?

Ich würde beides anführen. Also zunächst einmal ist sehr viel Aktivität angestoßen worden und wird aktuell weiter angestoßen von „K.In.O", der Knappeninitiative Oberhausen, die ganz zu Beginn sehr deutlich betont hat, dass sie nicht nur ein Zusammenschluss der Gewerbetreibenden sein will, sondern die insbesondere die Jugendlichen im Knappenviertel im Visier hat. „K.In.O" bemüht sich sehr, dass die ortsansässigen Unternehmen den Jugendlichen Ausbildungsplätze zur Verfügung stellen. Das ist eine der für meine Begriffe sehr bemerkenswerten Aufgaben, die ansonsten von Interessengemeinschaften nicht übernommen werden. Und auch sonst tragen die in „K.In.O" zusammen geschlossenen Unternehmen sehr viel zum gesellschaftlichen Leben, zum Zusammenhalt innerhalb des Knappenviertels bei, durch die jährlich stattfindenden Stadtteilfeste, durch Veranstaltungen im Zusammenhang mit dem 1. Mai, aber auch durch diverse Veranstaltungen im Bürgerbegegnungszentrum. Inzwischen ist die Zahl von 40 Mitgliedern bei „K.In.O" weit überschritten worden und der Zulauf ist ungebremst. Das hat nicht nur mit besseren Verkaufschancen zu tun, sondern auch mit der Mitverantwortung für die Menschen im Knappenviertel.

Aus Ihren Schilderungen geht deutlich hervor, dass das Knappenviertel eine positive Entwicklung durchlaufen hat in den letzten 20 Jahren. Gab es trotz der im Verlaufe der in letzter Zeit deutlich schlechteren Förderbedingungen für ähnlich gelagerte Projekte positive Ausstrahlungen in andere Stadtviertel der Stadt Oberhausen? Sind möglicherweise Anregungen aufgegriffen worden, die sich auch für die Stadtteilentwicklung in anderen Teilen der Stadt positiv ausgewirkt haben?

Ganz zweifellos. Wir sind ja ausgezeichnet worden mit dem Projekt im Knappenviertel und haben einen bundesweiten Preis errungen. Ausstrahlung hatte dies auf den zweiten Stadtteil in Oberhausen mit besonderem Entwicklungsbedarf.

Der Stadtteil Lirich hat sehr davon profitiert. Die Erfahrungen, die wir im Knappenviertel gemacht haben, sowohl positive als auch negative, konnten intern genutzt werden. Und die Entwicklung in Lirich ist durchaus mit der Entwicklung im Knappenviertel vergleichbar. Ebenso ein ehemals, zumindest von außen betrachtet, nicht sehr beliebter Wohnstandort, der sich inzwischen beachtlich gemausert hat. Auch was die Initiative der Gewerbetreibenden, aber auch ansonsten der im Stadtteil tätigen Vereinsvorsitzenden anbelangt, findet man durchaus Parallelen sehr zum Wohl der Bevölkerung.

Über die von Ihnen benannten positiven Ausstrahlungen des Projektes Knappenviertel auf weitere Stadtteile hinaus: Hat das Projekt Impulse gegeben oder gar die praktische Arbeit beeinflusst zu einer gesamtstädtischen Planungsperspektive, wie sie in den letzten Jahren mit dem Begriff der integrierten Stadtentwicklungsplanung in der Fachdiskussion immer wichtiger geworden ist?

Das Projekt Knappenviertel ist ein ausgezeichnetes Beispiel dafür, wie Erneuerungsprozesse im Stadtteil oder auch gesamtstädtisch organisiert werden können. Im Knappenviertel ist es gelungen, alle Bereiche des öffentlichen und gesellschaftlichen Lebens am Veränderungsprozess zu beteiligen. Hier wurde keine Politik „von Oben" gemacht, sondern sehr konkret mit den Betroffenen vor Ort die Situation analysiert und die Interessen Aller beim Veränderungsprozess berücksichtigt. Vereine, Gewerbetreibende, Handel, soziale Organisationen – alle haben mit dem Willen und dem Ziel, die Situation für alle zu verbessern, mitgewirkt. Diese Vorgehensweise hat in der Folge die gesamtstädtische Planungsperspektive positiv beeinflusst. Der Prozess im Knappenviertel hat gezeigt, dass und wie eine integrierte Stadtentwicklungspolitik funktionieren kann. Sie verbessert die Arbeits- und Lebensverhältnisse der Bürgerinnen und Bürger.

Oberhausen steht im Jahr 2012 vor der großen Herausforderung: die Finanzen der Stadt für die kommenden Jahre neu zu ordnen. Sie erläuterten die Vorzüge einer integrierten Arbeitsweise in Planungsaufgaben als ein Querschnittsthema. Hat dieses Vorgehen auch Bedeutung für die Erreichung der Sparziele Oberhausens und für die weitere Steigerung von Effizienz im Verwaltungshandeln?

Eine integrierte Arbeitsweise unter Einbeziehung vieler gesellschaftlicher Akteure ist auch bei der Erreichung der Sparziele Oberhausens von großer Bedeutung. Das hat schon die Sparrunde 2008 gezeigt. 2008 haben wir alle wichtigen gesellschaftlichen Akteure und die Bürgerinnen und Bürger in einem breit angelegten Prozess beteiligt. Dies werden wir auch im Jahr 2012 wiederholen.

6. Die Jahre 2000 bis 2011:
Oberhausens Wirtschaft im frühen 21. Jahrhundert[34]

Konnten viele Oberhausener im Jahr 2000 noch den Eindruck gewinnen, die Bäume ihrer Stadt wüchsen sprichwörtlich in den Himmel, so ist diese Stimmung zehn Jahre später einer abgeklärten Zuversicht gewichen. Doch zugleich mögen viele WAZ-Chefredakteur Peter Szymaniak zustimmen, der am 10. September 2011 kommentierte, früher sei wohl mehr Lametta gewesen; heute indes sei eben mehr Tanne.[35] Daran kann man ersehen: Oberhausen ging seinen Weg des Wandels konsequent weiter und erzielte auch manche Erfolge. Oberhausen ist 2012 ohne Frage im Prozess des Wandels weiter voran gekommen als 2000. Doch der Unterschied zu den 1990er Jahren in Bezug auf das Lebensgefühl besteht ohne Zweifel darin, dass solch spektakuläre und große Projekte, wie sie die Startphase der Neuen Mitte Oberhausen prägten, nicht noch einmal umgesetzt werden konnten.

Hinzu trat ein Schock, der Oberhausen 2002 unvermutet und hart traf, als die Deutsche Babcock AG, der letzte Konzern der Stadt mit zuletzt 22.000 Mitarbeitern, davon 3.000 in Oberhausen, im Juli Insolvenz anmeldete. Nach äußerst riskanten und letztlich unverantwortlichen Finanzierungsgeschäften innerhalb des Unternehmens zwischen der Mutter und der Kieler Werft HDW hatte der Vorstandsvorsitzende Klaus Lederer einen Schwenk der Unternehmensstrategie vollzogen und die 50-prozentige Babcock-Beteiligung an der HDW im März 2002 veräußert. Dadurch geriet jedoch die labile Finanzierungsarchitektur zwischen der ertragsstarken Tochter und ihrer schwächeren Mutter in eine schließlich verhängnisvolle Schieflage. Dem Einsatz von Insolvenzverwalter Helmut Schmitz, Übergangsvorstand Horst Piepenburg, Betriebsratsvorsitzendem Heinz Westfeld und Politikern von Michael Groschek sowie Burkhard Drescher vor Ort über NRW-Ministerpräsident Wolfgang Clement bis zu Bundeskanzler Gerhard Schröder war zu verdanken, dass gut die Hälfte der Oberhausener Arbeitsplätze erhalten wurde. Die meisten davon sind fortan bei den Anlagenbauern und Full-Service-Kraftwerks-Wartungsunternehmen Babcock-Borsig und Babcock Hitachi tätig.[36] 2007 wechselte zwar ein Teil der Babcock-Hitachi AG mit etwa 180 Mitarbeitern nach Duisburg, doch 2011 fiel die Entscheidung für die regionale Konzentration der Energie-Aktivitäten der Bilfinger & Berger Power Service, zuvor Babcock Borsig, in der neuen Europa-Zentrale mit fortan 500 Mitarbeitern am Standort Neue Mitte Oberhausen.

Oberhausen startete mit großen Zielen in das neue Jahrtausend. Stellvertretend und herausragend stehen dafür das ambitionierte städtische Wirtschafts- und Stadtentwicklungsprojekt des O.VISION Zukunftsparks, und weiter das kleinere, ebenfalls städtisch geprägte Projekt der Marina Oberhausen. Im Spannungsbogen beider Entwicklungen wird überaus deutlich, an welche Grenzen der Oberhausener Strukturwandel stieß, welche davon mit lokalen Mitteln zu überwinden waren, gegen welch andere jedoch kein Kraut gewachsen war.

Im Dezember 1997 wurde im Elektrostahlwerk der Thyssen Stahl AG an der Osterfelder Straße der letzte Stahl geschmolzen. Dadurch eröffnete sich der Stadt die Möglichkeit zur Überplanung einer 63 Hektar großen Industriebrache in hervorragender städtebaulicher Lage, unmittelbar neben dem CentrO im Osten der Neuen Mitte Oberhausen. Rat und Verwaltungsführung der Stadt ergriffen die Initiative zur Projektentwicklung. Aus Gründen des Planungsrechtes wie aus regionalpolitischer Überzeugung strebte man keine Ergänzung der Neuen Mitte durch weiteren Einzelhandel in größerem Umfang an, sondern Nutzungen in der Freizeitwirtschaft und in Zukunftstechnologien. Anders als im Fall der CentrO-Ansiedlung, so herrschte Einvernehmen, würde man für ein solches Ziel keinen zentralen privaten Partner gewinnen können. Also wurde die Stadt in neuer Dimension als Gestalter und Motor des Wandels tätig: Die PBO als Tochter von Stadt, EVO und Stadtsparkasse erwarb für zehn Millionen DM 1999 das Gelände. Die PBO führte den Abriss zahlreicher Werkshallen, sprich die Baureifmachung, und die Erschließung mit Hilfe einer Landesförderung von 1999 bis 2002 durch. Stadt und PBO bildeten zeitgleich ein Projektteam, entwickelten das Nutzungskonzept für den O.VISION Zukunftspark und beantragten dafür eine Infrastrukturförderung bei der EU und dem Land NRW. Was war der O.VISION Zukunftspark im Modell?

Bis zum Jahr 2000 wurde in enger Partnerschaft mit dem Oberhausener Fraunhofer Institut Umsicht, getragen von Institutsleiter Prof. Weinspach und Oberbürgermeister Drescher, die Idee eines Technologieparks als Schaufenster der Fraunhofer Gesellschaft verfolgt. Das wiesen jedoch das NRW-Wirtschaftsministerium und seine Gutachter zur Beurteilung der angestrebten „regionalökonomischen" Effekte als nicht förderbar, weil zu unspeziell zurück. Das Land verfolgte ein striktes Konzept der „Clusterförderung", so dass ein zukunftsfähiger Branchenzusammenhang mit guten Chancen am Ort gefunden werden musste. Diesen arbeiteten Stadt

Geschichte der Babcock Borsig Steinmüller GmbH (ehem. Babcock Borsig) ab 1945

1898: Die Deutsche-Babcock & Wilcox-Dampfkessel-Werke AG wird gegründet und eine Fabrik in Oberhausen auf dem Gelände der vormaligen Dampfkesselfabrik Schäfer errichtet.

1948: Der Sitz der Gesellschaft mit mittlerweile über 3.000 Mitarbeitern wird von Berlin nach Oberhausen übertragen.

1950er Jahre: Der Umsatz steigt von 80 auf 236 Millionen DM, die Dividende von 7 auf 14 Prozent.

1960er und 1970er Jahre: Das Geschäftsfelder erweitert sich kontinuierlich durch Neuakquisitionen z.B. im Nuklearbereich.

1973: 75-jähriges Firmenjubiläum. Die Gruppe umfasst die Bereiche Kesselbau, verfahrenstechnische Maschinen und Brenner, Industrie-Anlagenbau, Umwelttechnik, Trocknungstechnik, Lüftungs-und Klimatechnik, allgemeinen Maschinenbau, Rohrleitungsbau, Stahl- und Behälterbau, Hoch-und Industriebau sowie weitere Arten von Dienstleistungen und Handel.

1987: Gründung von fünf operativen Einheiten des Konzerns unter Leitung der Muttergesellschaft Deutsche Babcock AG.

1997: Vereinfachung und Neuausrichtung der Konzernstruktur. Die Konzerngesellschaften werden gemäß ihrer Befugnisse und Produktlinien in sieben operative Geschäftsfelder neu geordnet.

Abb. 24: Werksanlagen der Deutsche Babcock und Wilcox-Dampfkesselwerke AG, um 1905

Abb. 25:
Ansicht (Animation) der neuen Unternehmenszentrale

Abb. 26 (folgende Seite): Stand der Bauarbeiten im Juni 2012

- 1998: Aufteilung des Konzerns in sieben Geschäftsfelder: Antriebstechnik, Kraftwerkstechnik, Maschinenbau, Gebäudetechnik, Energie- und Prozeßtechnik, Industrieservice; Kauf der L & C Steinmüller GmbH in Gummersbach.
- 1999: Umfirmierung in Babcock Borsig Aktiengesellschaft (2001 in AG).
- 2002: Insolvenz von 60 der 300 Unternehmen der Babcock-Borsig AG. Fortbestand der Geschäftsbereiche mit Bezug zur Kraftwerkstechnik: Kraftwerksneubau/Energietechnik (Übernahme durch japanischen Hitachi Konzern im Februar 2003), Umwelttechnik (Übernahme durch italienische Fisia Italimpianti).
- 2003: Die Deutsche Beteiligungs AG kauft die Babcock Borsig Service Gruppe aus der Insolvenzmasse der Babcock Borsig AG. Hierzu gehörten folgende Hauptgesellschaften: Babcock Borsig Service GmbH (Kraftwerksbau seit 1898), Babcock Noell Nuclear GmbH (Sonderkranbau seit 1824), Steinmüller-Instandsetzung Kraftwerke Gesellschaft für Energie- und Umwelttechnik mbH (Kraftwerksbau seit 1855), Steinmüller Engineering Service (Pty) Ltd. in Südafrika (Kraftwerksservice und -bau in Südafrika seit 1896).
- 2006: Umfirmierung der Deutschen Babcock GmbH (vorh. Holdinggesellschaft der Gruppe) in die Bilfinger Berger Power Services GmbH; Erwerb der Essener Hochdruck-

Rohrleitung GmbH (Kraftwerksbau seit 1885) und Umbenennung in die BHR Hochdruck-Rohrleitungsbau GmbH.

2009: Erwerb von 80,5 Prozent der Anteile der Duro Dakovic Montaza d.d. mit Firmensitz in Slavonski Brod, Kroatien und einer Außenstelle in Oberhausen (Maschinenbau seit 1921). Mittlerweile sind alle Anteile an die Bilfinger Berger Power Services übergegangen.

2010: Übernahme der MCE Berlin, MCE Maschinen- und Apparatebau GmbH & Co. KG und MCE Aschersleben GmbH nach Zukauf der MCE AG durch die Bilfinger Berger AG; Übernahme der Rotring Engineering AG.

2011: Babcock Borsig Service GmbH fusioniert mit der Schwestergesellschaft Steinmüller-Instandsetzung Kraftwerke zur Babcock Borsig Steinmüller GmbH mit Hauptsitz in Oberhausen; Übernahme der AE&E CZ und Umfirmierung zu Babcock Borsig Steinmüller CZ s.r.o.; Übernahme der Rosink Apparate- und Anlagenbau GmbH.

2012: Unter dem Dach der Power Services operieren zahlreiche Unternehmen im In- und Ausland. Das Kerngeschäft des Teilkonzerns ist die Kraftwerkstechnik in den Bereichen Dampferzeuger, Energie- & Umwelttechnik, Rohrleitungstechnik sowie Maschinen- & Apparatebau. Ein dichtes Niederlassungsnetz verknüpft die Aktivitäten in den wichtigsten Märkten der Gruppe: Deutschland, Europa sowie der Nahe Osten und Südafrika. Die Bilfinger Berger Power Services Gruppe beschäftigt über 7.400 Mitarbeiter und hatte im Geschäftsjahr 2011 eine Leistung von 1.157 Millionen Euro bei einer EBIT-Marge von acht Prozent. Im Jahre 2013 zieht die Bilfinger Berger Power Services in den neuen Hauptsitz am CentrO in die Europa Allee 1, wo 2012 ein entsprechender Neubau erstellt wird.

Abb. 27: Fraunhofer-Institut „Umsicht"

und PBO mit dem O.VISION Zukunftspark als Marktplatz für die Güter und Dienstleistungen der Gesundheitswirtschaft heraus. O.VISION sollte eine zentrale Adresse für das Ruhrgebiet und ganz NRW werden. Die Lage in der Neuen Mitte mit 23 Millionen Besuchen jährlich, ausgeführt von rund sechs Millionen verschiedenen Menschen, versprach die Aussicht auf eine erfolgreiche Ergänzung des CentrO durch einen dynamischen Zukunftsmarkt. Den Kern des O.VISION Zukunftsparks bildete der „Gläserne Mensch", ein Erlebnismuseum zu Menschenwissenschaften und Medizin, das Ausstellungs- und Kongresszentrum im vormaligen Elektrostahlwerk einschließlich der für das Gelände zentralen Straßenbahnhaltestelle, und dazwischen auf über fünfhundert Meter Länge zwei attraktive Promenaden am Wasser für privatwirtschaftliche Ansiedlungen. Warum scheiterte aber der O.VISION Zukunftspark?

2002 war das Konzept ausgebildet, bis 2004 wurde es stetig ergänzt und verfeinert. In enger Kommunikation mit dem Land NRW bemühten sich die Oberhausener Projektentwickler um Zustimmung zur Förderbarkeit. Das angestrebte Fördervolumen von anfangs 168 Millionen Euro, über 116 Millionen bis schließlich noch 108 Millionen Euro in 2004 erforderte einen „Großprojektantrag" bei der EU-Kommission. Das gilt für alle Maßnahmen mit einem Finanzierungsvolumen von mehr als 50 Millionen Euro, in die Mittel aus der europäischen Strukturförderung fließen. Um mit einer solchen Antragstellung Erfolg zu erzielen, ist jedoch der Nachweis einer positiven Wirkung auf die Wirtschaft der Region nötig, und das in mehrfacher Höhe der verwandten Fördersumme. Nachgewiesen werden muss jene Wirkung über Gutachten volkswirtschaftlicher Experten. Diese aber und das NRW-Wirtschaftsministerium meldeten Zweifel an. O.VISION wurde zum Verhängnis, dass es damals europaweit kein vergleichbares Projekt eines Marktplatzes für Gesundheit gab. Statt belastbarer Vergleichsdaten lagen nur regionalökonomische Lehrmeinungen vor. Doch die Projektentwicklung wurde hartnäckig und zielstrebig betrieben, so dass die Landesregierung in 2004 schließlich die Antragstellung in Brüssel zusagte. Nach mehrmonatiger intensiver Arbeit war der Großprojektantrag Ende 2004 gestellt. In 2005 prüfte die EU-Kommission. Im Mai 2005 allerdings wechselte die NRW-Landesregierung hin zu einer Koalition aus CDU und FDP unter Leitung von Ministerpräsident Jürgen Rüttgers. Von nun an erreichten die vom Land vorgetragenen Bedenken gegenüber O.VISION eine neue Qualität: Insbesondere die schlechte Haushaltslage der Stadt Oberhausen lasse keinen zehn- oder zwanzigprozentigen Eigenanteil zu. Ferner wurden grundsätzliche Zweifel an der Zukunftsfähigkeit eines Marktplatzes für Gesundheit formuliert. Oberhausen reagierte konsequent: In nur dreimonatiger Arbeit erfolgte eine radikale Senkung des Fördervolumens von 108 auf nur noch 49 Millionen Euro. Auf ein multifunktionales Ausstellungs- und Tagungszentrum im Kerngebäude des ehemaligen Elektrostahlwerkes sollte vollständig verzichtet werden. Es blieb die Idee vom Gläsernen Menschen als dem Anziehungspunkt für Menschen und für Firmen aus den facettenreichen Branchen der Gesundheitswirtschaft. Was passierte dann?

Die Sektion für Regionalpolitik der EU-Kommission zeigte sich beeindruckt von der durchgreifenden Verkleinerung und dem damit abgesenkten Fördermittelbedarf. Das NRW-Wirtschaftsministerium zeigte keine Reaktion, da Ministerin Christa Thoben sich noch nicht positioniert hatte. Das Innenministerium, wichtig für die Genehmigung der Kommunalaufsicht zum Eigenanteil, begrüßte auf Arbeitsebene dessen Halbierung und deutete Zustimmung an. In dieser Konstellation wurde im Dezember 2005 eine Entscheidungsvorlage für das Landeskabinett vorbereitet. Um den Jahreswechsel meldeten Gerüchte aus Düsseldorf die Ablehnung von Finanzminister Helmut Linsen. Noch am 9. Januar 2006, einen Tag vor der Kabinettssitzung, reisten Oberbürgermeister Wehling und Projektleiter Dellwig zum Sechs-Augen-Gespräch zu Herrn Linsen, um ihn zu überzeugen. Doch die Ablehnungsfront stand. Am 10. Januar lehnte die Landesregierung eine Förderung von O.VISION per Kabinettsbeschluss mit dem Argument ab, dem Projekt fehle die Überzeugungskraft für Brüssel. (Ironie der Geschichte: Am gleichen Tag sendet die EU ein Telefax, mit dem sie die Förderbarkeit des verkleinerten Projektes bejaht.) Nicht wenige in Oberhausen vermuteten, dass auch parteipolitische Interessen-Konstellationen die Haltung des Landes bei der Entscheidung geprägt hatten. Am 10. Januar 2006 herrschte in Oberhausen nicht nur der große Katzenjammer; es mussten zugleich recht schnell Entscheidungen über die Zukunft des Geländes getroffen werden, denn mit dem Wegfall der Förderperspektive drohte der PBO sehr schnell das wirtschaftliche Aus!

Die PBO hatte von 1998 bis 2005, über acht Jahre nicht förderfähige Teile der Baureifmachung und Erschließung sowie die Projektentwicklung finanziert, zudem den Grundstückspreis von gut fünf Millionen Euro entrichtet. So entstanden Verbindlichkeiten von über 25 Millionen Euro, denen sehr wohl ein Gegenwert in Gestalt des wertvollen Grundstücks gegenüberstand, solange das Ziel O.VISION verfolgt wurde. Mit dem Ende des Projektes drohte jedoch der Absturz des Grundstückswertes der 630.000 Quadratmeter großen Fläche von etwa 250 bis 300 Euro pro Quadratmeter auf noch 70 bis 80 Euro. Das bedeutete Insolvenzgefahr wegen bilanzieller Überschuldung. Den Verbindlichkeiten der PBO standen plötzlich keine vergleichbar hohen Sachwerte mehr gegenüber. Bei Insolvenz hätten die Gesellschafter für die Schulden, die vielfältig von ihnen verbürgt waren, gehaftet. Nur aus dieser Notlage heraus ist bis heute verständlich, sogar alternativlos, sehr schnell einen Käufer für das Gelände finden zu müssen. Schon im Februar bestanden erste Kontakte zu EAI, Euro Auctions Immobilen. Die PBO gab am 20. Februar 2006 ein notarielles Kaufangebot ab, für das sich auch der Rat

Abb. 28 (oben): Erste Planung für O.Vision aus dem Jahr 2001 mit dem „Gläsernen Menschen" neben dem Stahlwerk. Abb. 29 (unten): Die endgültige Planung von „O.VISION" aus dem Jahr 2003, Grundlage des Antrags bei der EU-Kommission und beim Land NRW.

der Stadt am gleichen Tag ausgesprochen hatte. Im Mai tätigte EAI, international erfolgreicher Händler und Auktionator von Baumaschinen aus Nordirland, den Kauf. Der Preis, in mehreren Raten zu entrichten, betrug 37,1 Millionen Euro und deckte sämtliche Verbindlichkeiten der PBO. Dennoch waren die Verhandlungen hart und intensiv. Stadt und PBO strebten eine enge Projektentwicklung mit EAI an, um auch unter veränderten Bedingungen eine hochwertige Nutzung auf einer Fläche zu erreichen, die zu Recht als verbliebenes Filetstück in der Neuen Mitte Oberhausen für den weiteren Strukturwandel galt. Es gelang, diese Gemeinsamkeit, die Beschränkung der Nutzungen auf zwei bis drei Themen, darunter die Fortführung der Projektentwicklungen in der Gesundheitswirtschaft, in der Präambel des Kaufvertrages zu verankern. Weitere Nutzungen konnten die Bereiche Mobilität oder Wohnungseinrichtungen bilden. Musste man voraussehen, dass EAI den Ansprüchen an eine hochwertige Projektentwicklung nicht nachkommen würde?

Euro Auctions Immobilien hatte zugegeben keine Erfahrung im deutschen Immobiliengeschäft. Doch EAI zog von Beginn der Kontakte an hochkarätige Experten aus der Region und aus ganz Deutschland heran. Auch Londoner Finanzexperten begleiteten Kauf und Projektentwicklung. In 2006 wurde eine Arbeitsgruppe aus Stadt, PBO, EAI und deren Experten eingerichtet, um gemeinsam an der Zukunft des SWO-Geländes, so der neue Name für das Gelände des vormaligen Stahlwerks Oberhausen, zu arbeiten. Und bis ins Jahr 2007 hinein gaben Investorenkontakte ebenso wie die Planungen der EAI-Entwickler Grund zur Zuversicht, dass um die drei im Vertrag genannten Themen eine Vermarktung und Besiedlung der Fläche gelingen werde. Somit war weder im ersten Halbjahr 2006 noch viele Monate später Grund zu der Annahme vorhanden, EAI habe das Gelände nur erworben, um es als beliebiges Spekulationsobjekt schnell weiter zu verkaufen, oder aber um dort Auktionen für Baumaschinen abzuhalten. Erst Fehlschläge bei der Entwicklung von Gesundheitsthemen und Trends in der Automobilindustrie, die gegen eine große „Auto-Mall" im Ruhrgebiet sprachen, mündeten 2007/08 in eine Entwicklung, in welcher über Jahre EAI als Eigentümer nicht das nötige Maß an Professionalität und Engagement zeigte, um dieser wertvollen Fläche gerecht zu werden.

Das Scheitern von O.VISION und die Schwierigkeiten zur strukturpolitisch hochwertigen Vermarktung der SWO-Fläche nahmen großen Einfluss auf die Wahrnehmung und Selbsteinschätzung der Oberhausener im Strukturwandel. Während die 1990er Jahre als Jahrzehnt der bahnbrechenden Erfolge erlebt und in der Rückschau bewertet wurden, erschien das erste Jahrzehnt des neuen Jahrhunderts als Zeitspanne, die von Misserfolgen, Rückschlagen, auf jeden Fall von Verlangsamung des Wandlungsprozesses, von einem Verlust an Optimismus und einem Ausbleiben identitätsstiftender Großvorhaben bestimmt wurde. Die einen verurteilten dies als Mangel an Professionalität in der Wirtschaftsförderung. Die anderen wiesen darauf hin, dass die Zeit öffentlich geförderter Großprojekte ebenso wie privat finanzierter Mega-Shopping-Malls eben vorbei sei. Oberhausen habe nicht zu klagen, dass die Zeit nach 2000 wieder ruhiger, stetiger verlief, sondern Oberhausen solle die Schaffung der Neuen Mitte ab 1992 als Besonderheit, als nicht wiederholbaren Glücksfall schätzen lernen.

Doch wie verlief die Stadt- und Wirtschaftsentwicklung tatsächlich, jenseits verständlicher Emotionen, Hoffnungen und Enttäuschungen? So unbestreitbar ausgebliebene Chancen auf dem SWO-Gelände ein stadtentwicklungspolitisches Ärgernis bildeten, so positiv verliefen in der zweiten Hälfte des Jahrzehnts seit 2000 andere Projekte in der Neuen Mitte Oberhausen.

*Abb. 30: Gebäude der Stadtsparkasse an der Essener Str. 51,
seit 2011 „Haus der Wirtschaftsförderung"*

Sie trugen allesamt zur Arrondierung der Freizeit-Destination als erster Adresse für den Städtetourismus im Ruhrgebiet bei.

In Kontinuität zur Entwicklung aus den 1990er Jahren erfuhr das Technologiezentrum Umweltschutz mit seinen Gebäudeteilen I (Werksgasthaus) und II (der gegenüber gelegene zweigeschossige Viertelkreis) ab 2003 mit dem TZU IV in der Verlängerung des TZU II eine Vergrößerung um über 6.000 auf rund 11.000 Quadratmeter Nutzfläche. Etwa 650 Arbeitsplätze sind seitdem im TZU angesiedelt. Die Erfolgsgeschichte des TZU setzte sich mit Vermietungsquoten von rund 95 Prozent und einem hohen Anteil dynamischer, innovativer Unternehmen fort. Im Mittelpunkt der Nutzungen stehen unternehmensnahe Dienstleistungen, vor allem Agenturen und IT-Dienstleister, aber mit der Nano Focus AG beispielsweise ebenfalls ein Technologie-Treiber in der Mikrosystemtechnik. Das TZU wandelte sich damit gegenüber seiner Startphase vom umweltgeprägten Gründerzentrum zur Ideenschmiede für ein breites Spektrum jener unternehmensnahen Dienstleistungen, die fortan zum zentralen Wachstumsmotor des weiteren TZU-Umfeldes an der Essener Straße werden sollen und können: Seit 2000 konzentrieren sich auf einer Länge von nur einem Kilometer zwischen Fraunhofer Umsicht im Osten und dem TZU im Westen zukunftsorientierte Ansiedlungen an der Essener Straße. Diese bestanden im Service-Gebäude der Stadtsparkasse Oberhausen von 1999, im Ausbau des Standortes von ZAQ, Zentrum für Ausbildung und Qualifizierung, durch den Erwerb der vormaligen Thyssen-Forschung 2003. Immeo Wohnen, Beteiligung des Thyssen Krupp-Konzerns wählte mit ihren 300 Mitarbeitern den Standort 2006, ebenso

Abb. 31 (oben): Technologiezentrum Umweltschutz Oberhausen (TZU)
*Abb. 32 (unten): Der 1922 bis 1925 erbaute Peter-Behrens-Bau,
heute Zentralmagazin des LVR-Industriemuseums*

wie die Full Service Agentur Move Elevator mit ihrem 50 Personen zählenden Team schon 2002. Und 2011 schließlich bündelte die Stadt Oberhausen ihre Angebote der Wirtschafts- und Tourismusförderung im „Quartier 51", dem nun auch zum „Haus der Wirtschaftsförderung" ausgebauten Service-Center der Stadtsparkasse. Gerade durch diesen Impuls erhält die Essener Straße die Chance, von Oberhausens Allee der Industriekultur zur Allee der Management-Kultur zu werden. Dazu trägt schließlich noch die stetige Expansion der Unternehmensgruppe Walter im Kreuzungsbereich von Essener Straße und Konrad-Adenauer-Allee bei. Hier sind rund 500 Menschen in 40 Service-Unternehmen mit den Schwerpunkten Kommunikation und Logistik für große Konzerne, wie die Siemens AG, tätig.

Trotz der Grundlegung der Neuen Mitte Oberhausen in den 1990er Jahren gilt: Der steile Aufschwung Oberhausens zu der Tourismus-Stadt in der Metropole Ruhr ereignete sich im Jahrzehnt seit 2000. Das belegen zunächst die Zahlen der Übernachtungen. Was 1994 mit 50.000 begann und bis 1999 auf 120.000 anstieg, gewann daraufhin noch beeindruckendere Dynamik: 2006 wurde die Marke von 200.000 Übernachtungen überschritten. Im Jahr der Kulturhauptstadt 2010 waren es 310.000 und in 2011 wurden 440.000 Übernachtungen in Oberhausener Hotels erreicht. Folglich braucht Oberhausen zwei neue Hotels; die Tourismusförderer sind am Ball. A propos Tourismusförderung: 2009 wählte die Ruhr Tourismus GmbH, Tochter des RVR zur Förderung des Ruhrgebietstourismus, Oberhausen zu ihrem Sitz. Dies bedeutete einen konsequenten Schritt, denn hinter Oberhausens Gästezahlen steht die permanente Ausweitung des Freizeitangebotes: Auf das nur kurzzeitig erfolgreiche Musical Tabaluga und Lillie folgte 2006 der hochwertige Ausbau der Spielstätte zum Metronom-Theater der Stage Entertainment AG. Jährlich wechselnde Produktionen ziehen hunderttausende Gäste an. Der Gasometer Oberhausen etablierte sich als die bedeutendste Erlebnis-Ausstellungshalle für spektakuläre Wechselausstellungen im Ruhrgebiet. In Zusammenarbeit mit der Deutschen Gesellschaft für Luft- und Raumfahrt wurden über mehrere Jahre immer neue Besucherrekorde von jeweils mehr als 400.000 Gästen in 2010 und 2011 aufgestellt.

Eine aufmerksame Betrachtung verdient dann das Marina-Gelände, weil hier einerseits Impulse für den Freizeitstandort gegeben wurden und weil hier andererseits ein Alternativkonzept zum SWO-Gelände in Bezug auf die weitere Förderung des Strukturwandels durch die Stadt Oberhausen erfolgreich umgesetzt werden konnte. Wie das SWO-Gelände wurde das Marina-Grundstück von einer Beteiligung der Stadt, der Oberhausener Bauförderungs-Gesellschaft OBG erworben. 2007 schließlich ging die OBG in der weit größeren OGM auf. Doch statt 630.000 ist die Marina-Fläche nur 80.000 Quadratmeter groß. Deshalb fielen anders als beim SWO-Gelände auch keine millionenschweren Kosten für die Projektentwicklung an. Auch verzichtete die Stadt nach ersten erfolgreichen Bemühungen – die Anlage des Hafenbeckens für knapp fünf Millionen Euro 2002 – auf die Einwerbung von weiteren Fördermitteln für eine öffentliche Infrastruktureinrichtung. Statt dessen war es möglich, die Fläche flexibel und mit langem Atem Stück für Stück zu vermarkten und dabei das vorherrschende Ziel nicht aus dem Auge zu verlieren: In fußläufiger Nähe zur CentrO-Promenade sollten vor allem Freizeiteinrichtungen entstehen, die in Ergänzung zum bestehenden Angebot die Weiterentwicklung der Neuen Mitte Oberhausen zum Zentrum des Mehrtagestourismus in der Metropole Ruhr um ein vielseitiges Erlebnisareal fördern würden. So entstanden 2003 das Sea Life Oberhausen, Deutschlands größtes Meerwasseraquarium, 2005 die Modellbahnwelt Oberhausen MWO und 2008 der Aquapark Oberhausen, bereits in 2010 die Nummer drei

Abb. 33: Die „Heinz-Schleußer-Marina", hinten links das Sea Life Aquarium

unter den Erlebnis-Spaßbädern des Ruhrgebiets. Im Rahmen des Oberhausener Bäderkonzepts wurden hier zwei Fliegen mit einer Klappe geschlagen: Die Reduzierung der städtischen Bäder von sieben auf drei senkte dauerhaft Betriebskosten und ermöglichte zugleich eine markante Akzentsetzung zu Gunsten von mehr Freizeit-Qualität gerade für Familien aus Oberhausen und den Nachbarstädten. An der Marina bleibt ferner Platz für einen Hotelneubau, den Oberhausen noch gut gebrauchen kann.

Die Besonderheiten der erfolgreichen Marina-Gestaltung zeigen zugleich die Grenzen des Machbaren für eine „arme" Stadt im Wandel auf: Zehn Jahre zur Entwicklung des Geländes konnte sich eine städtische Tochter nur erlauben, weil angesichts einer eher kleinen Fläche überschaubare Kosten für Zwischenfinanzierung und Projekt-Studien anfielen. Die Chance zur Schaffung eines so erfolgreichen Ausrufezeichens wie des Freizeitbades Aquapark eröffnet sich zudem vielleicht nur alle zwanzig bis dreißig Jahre, wenn nämlich die gesamtstädtische Kosten-Nutzen-Abwägung nach einer Neuausrichtung der Bäderlandschaft verlangt. Folglich bildet die Marina-Entwicklung ein gelungenes, aber vielleicht notgedrungen einmaliges Beispiel für den städtisch gestalteten Strukturwandel in Oberhausen nach der Jahrtausendwende, ohne zugleich als Argument herangezogen werden zu können für vermeintliche Fehler auf der SWO-Fläche nach dem Scheitern von O.VISION in 2006.

Zwei Elemente der Neuen Mitte Oberhausen seit 2000 verdienen abschließend eine Berücksichtigung. 2010 begann das CentrO mit seiner großen Erweiterung um rund 15.000 Quadratmeter Verkaufsfläche, indem in Richtung Südost am Haupteingang Centroallee ein vierter Gebäudeflügel entsteht, an dessen Endpunkt 2012 P&C eröffnen wird. Manchen Unkenrufen aus Nachbarstädten zum Trotz: Angesichts der Erweiterungen von Rhein-Ruhr-Zentrum (Mülheim) und Ruhrpark (Bochum) sowie dem Neubau des Shopping-Centers

Abb. 34: Eröffnung der Rehberger-Brücke am 25. Juni 2011

Limbecker Platz in Essen dient die CentrO-Erweiterung lediglich der Stabilisierung der Einkaufsstadt Oberhausen im Ruhrgebiet – eben nicht mehr und auch nicht weniger.

2006 traten die Stadt Oberhausen und die Emschergenossenschaft in erste Planungen für das „Emscher Erlebnis Oberhausen" auf der Emscherinsel am Stadion Niederrhein ein. Ambitionierte Pläne zur Aufwertung des Fußballstandortes wurden durch wechselnde sportliche Erfolge von RWO wiederholt in Frage gestellt. Doch allen Widrigkeiten zum Trotz halten Stadt und Emschergenossenschaft beharrlich an ihrem Ziel fest, die Emscherinsel zu einem neuen Highlight der Freizeitlandschaft Neue Mitte Oberhausen zu machen. 2011 wurden dann erste bedeutende Fortschritte erzielt: Die Eröffnung der Rehberger Brücke „Slinky Springs to Fame" schuf eine neue Publikumsattraktion und einen erlebenswerten Brückenschlag vom Kaisergarten zur Emscherinsel. Ebenfalls beschloss RWO 2011 den vollständigen Umzug von der Sportanlage Landwehr zum Stadion Niederrhein. Das bildet die Voraussetzung für weitere sportliche Akzentsetzungen auf der Emscherinsel.

Wo steht Oberhausen nun mit seiner Neuen Mitte 150 Jahre nach der Gemeindegründung? Der Erlebnis-Einkaufs- und Erlebnis-Freizeit-Standort aus einer vielseitigen Kombination öffentlicher wie privater Angebote ist als wichtigste Freizeit-Landschaft des Ruhrgebiets stetig gewachsen und etabliert. Zugleich ist mit der Neuen Mitte im Emscher Landschaftspark zwischen Haus Ripshorst im Osten und Kaisergarten im Westen eine Kulturlandschaft ganz neuer Art entstanden: Vielfach durchgrünt, kombiniert aus historischer Bau- und Landschaftskultur – Schloss Oberhausen, Kaisergarten und Siedlung Grafenbusch – mit der Raum gestaltenden Eigenart des ersten deutschen Urban Entertainment Centers aus den Jahren um den Jahrtausendwechsel ist die Neue Mitte Oberhausen zum wertvollen und vollgültigen Gegenstück der historischen Parkstadt des frühen 20. Jahrhunderts in der Oberhausener City

Abb. 35: Luftbild Neue Mitte Oberhausen 1999, Centro mit Stahlwerk SWO, Blick nach Osten

geworden. Damit hat die Neue Mitte Oberhausen das Zeug dazu, den Oberhausenerinnen und Oberhausenern als wichtiges Stück lokaler Identität zum wesentlichen Element ihrer gewandelten Identifikation mit ihrer Heimatstadt im weiteren 21. Jahrhundert zu werden. Da die Menschen indes weiterhin in ihren Stadtvierteln leben, wird die Kommune auch fortan gut daran tun, auf das sensible Gleichgewicht aus Stadtentwicklung in den Stadtbezirken und in der Neuen Mitte größten Wert zu legen.

Und wie ist die gesamte Stadt Oberhausen rund 50 Jahre nach ihrem Eintritt in einen beschleunigten, umfassenden sozialen und wirtschaftlichen Strukturwandel für die Zukunft gerüstet? Da bietet sich dem Betrachter ein vielschichtiges und nicht zuletzt widersprüchliches Bild. Tiefgreifende Umbrüche, spektakuläre Erfolge und fortbestehende Herausforderungen prägen das Ganze der Stadtentwicklung. Auf der Haben-Seite steht nicht allein die Neue Mitte Oberhausen mit ihren rund 12.000 Arbeitsplätzen. Oberhausen hat seinen Menschen Lebensfähigkeit und Lebensqualität erhalten. Ohne den Wandel zu Neuem hätte die Stadt von ihren 108.600 Arbeitsplätzen des Jahres 1962 rund 58.600 verloren und wäre zu einem Ort der Hoffnungslosigkeit abgestiegen. Mit dem vollzogenen Wandel sind von 1962 bis 2010 rund 38.900 Arbeitsplätze für die Menschen in Oberhausen in Stadt und Region neu entstanden und wieder 88.900 Bewohner der Stadt erwerbstätig. Allein im Jahrzehnt seit 2000 kamen 8.000 Arbeitsplätze für Oberhausenerinnen und Oberhausener in der Stadt und in der Region hinzu. Mit 80 Prozent aller Beschäftigten in den Dienstleistungen, mit einem im Ruhrgebietsvergleich leistungsstarken Handwerk, mit einem ebenfalls überdurchschnittlich breiten Spektrum an unternehmensnahen Dienstleistungen, mit einem starken Leitmarkt Immobilien, Wohnen und Bauen sowie schließlich mit einem verbliebenen industriellen Kern aus Chemie, Anlagenbau und mit vielen starken Mittelständlern aus weiteren Branchen verfügt die Oberhausener Wirtschaft über eine robuste Substanz.

Auch die Bilanz der Wirtschaftsförderung, 2007 in der WFO – Wirtschaftsförderung Oberhausen GmbH – operativ gebündelt, kann sich sehen lassen. Vielen Unkenrufen zum Trotz weist das Werben um alte und neue Unternehmen einen bemerkenswert positiven Saldo auf: In den sechs Jahren von 2005 bis 2010 einschließlich verließen Betriebsstätten mit 660 Arbeitsplätzen die Stadt. Dem stehen jedoch gut 3.100 Arbeitsplätze gegenüber, die in der gleichen Zeit angesiedelt wurden oder aber deren akut bevorstehender Fortzug aktiv verhindert werden konnte. Und in einer dynamischen Marktwirtschaft kommt es schließlich auf die Bilanz an, während einzelne Standortaufgaben wohl Veränderung anzeigen – und Dynamik kommt nicht ohne Wandel aus – nicht aber eine Schwäche des Standortes markieren. Denn wer käme auf den Gedanken, Chinas oder Deutschlands Außenhandel ein Schwächeln zu unterstellen, nur weil beide Volkswirtschaften bei hohen Exportüberschüssen auch noch beachtliche Einfuhrvolumina aufweisen? Auch das Angebot an Wirtschaftsflächen vor Ort liegt im Verhältnis zur Stadtgröße mit rund 100 Hektar an der Spitze der Städte im westlichen Ruhrgebiet, und dies nach einem halben Jahrhundert erfolgreicher Revitalisierung von Industriebrachen, deren Umgestaltung zu Gewerbeparks nicht mit Bedauern über abnehmende Flächenreserven vermerkt werden sollte, sondern eher als Beleg für den Erfolg des Strukturwandels gelten darf.[37]

Allerdings stellt die Herausbildung der Wissensgesellschaft als großer Trend des 21. Jahrhunderts Oberhausen vor große Herausforderungen. Der Anteil der Akademiker an den Beschäftigten und der Anteil der Abiturienten an den Schulabgängern liegen auf den letzten Plätzen unter Deutschlands Großstädten. Zudem ist Oberhausen Deutschlands größte Stadt ohne staatliche Hochschule. Angesichts des demografischen Wandels und dem damit einher gehenden Stopp von Hochschulgründungen könnte dies auch für längere Zeit so bleiben. Diese durchaus beachtenswerten Merkmale der Stadt sind aber kein Grund zum Defätismus. Statt dessen können diese Eigenschaften Oberhausens zum Ansporn dafür werden, den Stellenwert von Bildung und Wissen im öffentlichen Handeln noch weiter zu erhöhen. Statt Anlass zum Pessimismus zu geben, können Oberhausens Rückstände bei der Gestaltung der Wissensgesellschaft Impuls dazu sein, die ganz spezifischen Stärken und Chancen der Stadt zu suchen, zu analysieren und in Handlungsprogramme umzusetzen. Dass es solche Perspektiven geben mag, sei mit nur einem Beispiel benannt: Oberhausen liegt nicht nur in der Region Rhein-Ruhr, der mit 11,5 Millionen Menschen größten Ballung Europas; Oberhausen befindet sich sogar an dem begünstigten Schnittpunkt von Ruhrgebiet und Rheinschiene. Das verschuf der Stadt bisher schon große Vorteile: Erstens finden Oberhausener Unternehmen vor ihrer Haustüre einen fast unerschöpflichen Markt. Ohne diesen Umstand wäre Oberhausens Stärke in Freizeitwirtschaft und unternehmensnahen Dienstleistungen unvorstellbar. Zweitens finden die Menschen, die Oberhausen zu ihrem Wohnort gewählt haben, weil es sich hier gut und bezahlbar leben lässt, in Dienstleistungszentren wie Düsseldorf oder Essen oftmals Arbeit, ohne dass sie deshalb einen Wohnortwechsel vornehmen müssen und wollen. Beide Eigenschaften der Stadt können als Stärken betrachtet, erkannt und gepflegt werden. Beide Qualitäten Oberhausens können den Anstoß geben zu kommunalem Handeln, das der Stadt neue Perspektiven zutraut statt im Zeichen leerer Kassen allein Mängel zu verwalten. Über die Konsequenzen aus Oberhausens Lage in der Metropolregion Rhein-Ruhr hinaus wird es weitere wichtige Aspekte der Stadtentwicklung geben, die bei der Gestaltung der Zukunft von Nutzen sein werden. Es sind die Oberhausenerinnen und Oberhausener, die es als nach Lösungen suchende, als Herausforderungen bewältigende Stadtgesellschaft zu aller erst im Kopf und in der Hand haben, das Oberhausen des 21. Jahrhunderts kreativ zu erschaffen.

„Historischer Städtebau prägt die Stadt – das Beispiel Antonyhütte, Schacht IV"

Interview mit Klaus Wehling (Teil 3)

Das wirtschaftliche Erbe, soweit es sich in Gebäuden manifestiert hat, ist ja in Oberhausen nicht mehr allzu stark sichtbar. Die großen Industrieanlagen, Kokereien, Zechen, alles weitgehend abgerissen. Einzelne Gebäude sind aber noch stehen geblieben und werden genutzt. Hostel Veritas ist ein Beispiel, ein anderes ist Schacht 1, der jetzt als Diskothek weiterhin sein Leben führt, Druckluft gehört auch dazu. Es gibt dann aber noch einen Schacht, nämlich den Schacht 4 in Osterfeld, der einer weiteren Nutzung harrt.

Hier sind ja seit längerem Wohnprojekte in der Diskussion und ich bin nach einem erst vor kurzem geführten Gespräch sehr guten Mutes, dass sich in 2012 hier erste Baumaßnahmen realisieren werden, die sich zunächst schwergewichtig auf den Bereich des betreuten Wohnens beziehen. Und ich finde die bisherigen Entwürfe sehr interessant, in deren Mittelpunkt der Förderturm steht.

Das ist ein Turm, der von der Bauhausarchitektur geprägt ist, die in den 1920er Jahren richtungsweisend war. Ich finde wichtig, dass der Turm erhalten bleibt. Inwieweit er genutzt werden kann, muss man der Phantasie bzw. den Geldbeuteln der Entwickler überlassen. Aber auch in Beziehung zur benachbarten Antony-Hütte hat er eine sehr hohe städtebauliche Bedeutung. Der ausgegrabene Hochofen der Antony-Hütte mit dem Gesamtensemble aus Museum und industriearchäologischem Park erfreut sich zunehmend großer Beliebtheit. Das wird einer der Punkte sein, der zunehmend in das Besuchsprogramm auswärtiger Besucher mit einbezogen wird. Von daher gibt es einen sehr schönen Spannungsbogen zwischen industrieller Vergangenheit und neuzeitlicher touristischer Nutzung dort am Schacht 4 und an der Antony-Hütte.

Magnus Dellwig / Ernst-Joachim Richter

Die Neue Mitte Oberhausen: Motor des Strukturwandels für Oberhausen

Interview mit Burkhard Drescher

Herr Drescher, wie haben Sie nach dem Scheitern der Projekte in den 1980er Jahren die Stimmungslage für einen Strukturwandel in Oberhausen Anfang der 1990er Jahre wahrgenommen?

Ich habe es auf einer Podiumsdiskussion der WAZ, zum Entsetzen der Zuhörer, einmal so skizziert: Die Stadt macht den Eindruck, als sei sie in einen tiefen Defätismus verfallen. Die Stimmungslage nach dem Scheitern des World Tourist Centers (WTC) 1988 war so niedergeschlagen, dass man „jegliche Hoffnung hatte fahren lassen", es herrschte also eine sehr gedrückte Stimmung.

Wahrscheinlich war das dann ein deutlicher Umschwung in der Stimmungslage, die die Stadtbevölkerung erlebt hat.

Anfang der 1990er Jahre, als die Erkenntnisse und die Eindrücke aus dem Scheitern des World Tourist Centers noch ziemlich stark waren, war die Stimmung, wie gesagt, sehr gedrückt. Belegt wurde dies auch durch regelmäßige Befragungen. Das städtische Amt für Statistik und Wahlen führte regelmäßig Bürgerbefragungen durch und daran war abzulesen, dass sowohl die Stimmung gegenüber der Politik als auch gegenüber der Verwaltung und in Bezug auf die Zukunftsperspektive der Stadt sehr negativ war. Die Zustimmungsraten bewegten sich um die 50 Prozent. Das hat dann auch dazu geführt, dass Bemühungen der Wirtschaft entstanden, in Eigeninitiative etwas für den Standort zu tun. Daher stammte der Impuls zur Gründung der EGO, der Entwicklungsgesellschaft Oberhausen. Die EGO war eine Initiative der Wirtschaft. Die Unternehmer in der Stadt trauten Politik und Verwaltung nicht zu, den Strukturwandel zu fördern. Um 1990 wurde die EGO gegründet und diese versuchte, mit eigenen Ideen die Diskussionen zum Strukturwandel anzufachen. Diese Ideen hatten zum Teil einen visionären Charakter. Da ging es z.B. um einen Zukunftspark auf dem damaligen Schlackenberg und ähnliche Themen. Im Ergebnis waren diese Projekte doch weit weg von der Realisierung.

Herr Dr. Ruprecht Vondran war damals Treiber auf Seiten der Wirtschaft. Herr Vondran war Hauptgeschäftsführer der Wirtschaftsvereinigung Stahlindustrie mit Sitz in Düsseldorf. Er kam aus Oberhausen und kandidierte 1992 für die CDU zum Bundestag. Er setzte sich an die Spitze der Bewegung. Die zentrale Botschaft lautete: Die Wirtschaft muss jetzt den Strukturwandel selber in die Hand nehmen, nachdem die Politik mit dem World Tourist Center 1988 gescheitert war. Eine meiner ersten Bemühungen bestand darin, die getrennten Aktivitäten der Wirtschaftsförderung von Stadt und Wirtschaft zusammen zu führen. Durch viele, viele Gespräche und – ich nenn es mal salopp „Mund-zu-Mund-Beatmung" der Wirtschaft – gelang das schließlich. Aus der EGO wurde die ENO, die Entwicklungsgesellschaft Neu Oberhausen, eine gemeinsame Gesellschaft von Stadt und Wirtschaft. Aus städtischer Sicht ging es auch darum, die Dynamik der Wirtschaft für das gesamtstädtische Interesse zu nutzen. Bis zu diesem Zeitpunkt war es damals in der Tat so, dass es zwischen der Wirtschaft und dem Rathaus nur sehr wenig Kommunikation gab.

Das hat letztendlich aber noch nicht zum Stimmungswechsel geführt, sondern das war nur eine wichtige Voraussetzung für den Aufbruch in den Strukturwandel. Die entscheidende Stimmungswende kam durch das Projekt Neue Mitte Oberhausen.

Kann man denn vermuten, dass in dieser Stimmungslage zwischen Stadt und Wirtschaft die beginnende Realisierung des Projektes Neue Mitte mit dem CentrO, dass das die Stimmungslage auch im positiven Sinne beflügelt hat? Dass man der Stadt etwas mehr zugetraut hat, nachdem diese Projektentwicklung in Gang gekommen war?

Zunächst einmal hatte ich den Vorteil, als neuer Oberstadtdirektor und als der jüngste Verwaltungschef überhaupt in Nordrhein-Westfalen, das Vertrauen der Wirtschaft leichter gewinnen zu können. Ich hatte sozusagen die Gnade des „späten Erscheinens" in Oberhausen. Unbeteiligt an der Vergangenheit rund um das WTC konnte ich sehr schnell die Wirtschaftsvertreter für die städtischen Interessen mobilisieren. Durch Projekte, wie das Technologiezentrum Umweltschutz im ehemaligen Werksgasthaus seit 1991 oder Reformvorhaben, wie das Rathaus ohne Ämter seit 1995, verfestigte sich das Vertrauen bei Wirtschaft und Bevölkerung zusätzlich. Die Neue Mitte Oberhausen hat dann zu dem positiven Gesamtbild entscheidend beigetragen.

Das Projekt ist mir durch die Vermittlung von WestLB und Heinz Schleußer bekannt geworden. 14 Tage nach meiner Ernennung zum Oberstadtdirektor, am 14. März 1991, wurde mir das Projekt in Düsseldorf in der Messe vorgestellt. Ich hatte Herrn Fassbender, den Leiter der in der Stadtverwaltung neu eingerichteten Projektgruppe „O2000", zur Präsentation mitgenommen. Wir waren die einzigen, die aus Oberhausen das Projekt zu Gesicht bekamen. Im damaligen Führungszirkel der Stadt, wozu Heinz Schleußer, aber auch Friedhelm van den Mond, der damalige SPD-Vorsitzende, Dieter Schanz und Mike Groschek als Fraktionsvorsitzender gehörten, haben wir verabredet, dass wir das Projekt noch geheim halten wollten, um nicht ein weiteres Mal, ausgehend von einer hohen Erwartungshaltung, dann Frustrationen in der Bevölkerung auszulösen. Wir wollten es erst öffentlich machen, wenn die Realisierung abgesichert erschien.

Wir schafften es tatsächlich bis zum Oktober 1991, das Projekt geheim zu halten. In der Zwischenzeit hatten wir das Projekt soweit entwickelt, dass wir dann bereits einen städtebaulichen Rahmenplan präsentieren konnten. Nun wussten wir wirklich, dass die Investition auch kommen würde, dass auch das Land NRW bereit war, die Baureifmachung des Geländes zu finanzieren. Trotzdem: Als wir im Oktober 1991 an die Öffentlichkeit gingen, war zunächst die Skepsis sehr groß. Das Stigma, dass Politik und Verwaltung Projekte ankündigten und sich dann die Realisierung zerschlägt, war noch tief verwurzelt. Die Bevölkerung verhielt sich folgerichtig dem Projekt gegenüber zunächst sehr, sehr zurückhaltend. Die Aufmerksamkeit in den Medien war riesengroß. Dem folgte eine kritische Diskussion. Es wurde öffentlich infrage gestellt, ob das Projekt realisierbar sei oder wieder durch Klagen verhindert werden würde. Ebenso wurden die Auswirkungen auf die Stadtteile innerhalb von Oberhausen und auf die Nachbarstädte diskutiert. Allerdings ließ das, nachdem die Realisierungsphase begann, mehr und mehr nach. Step by Step konnte man das an der Stimmung der Bevölkerung messen. Weil sich dann seit 1993 die Kräne drehten, wurde erkennbar, dass man nicht über Visionen, sondern über ein reales Investment – in Beton gegossen – sprach.

Abb. 1: Burkhard Drescher

Im Nachgang entsteht durchaus der Eindruck, dass die Erfahrung des World Tourist Centers vom Ende der 1980er Jahre durchaus das Stimmungsbild und die Wahrnehmung von Strukturwandelchancen der Oberhausener Bevölkerung stark beeinflusst hat. Was waren aus ihrer Sicht die entscheidenden Bedingungen für die erfolgreiche Realisierung des CentrO, die zugleich auch den Unterschied zur Situation um das World Tourist Center ausmachten?

Ich scheue wirklich davor zurück, den Vergleich mit dem World Tourist Center zu ziehen, denn damals war ich noch nicht in Oberhausen. Was wir beim Projekt Neue Mitte Oberhausen (NMO) anders gemacht haben, beginnt schon mit dem Namen. Wir haben wirklich versucht, das Projekt mit einer Dachmarke zu versehen, alleine, um die Kommunikation auf „die richtige Bahn" zu bringen. Außerdem: Die Partner, die wir als Investoren hatten, verfügten über Erfahrung mit dem Strukturwandel. Die Healeys haben in Sheffield ein vergleichbares Projekt realisiert, in der trostlosesten Landschaft aus Industrieruinen, die man sich nur vorstellen kann.

Aber: Der entscheidende Faktor, neben dem überzeugenden, ganzheitlichen Konzept war die Phase der Aktivierung und der Kommunikation. Ich alleine habe in Oberhausen und Umgebung damals um die 250 Veranstaltungen in einem Jahr durchgeführt – nur zum Thema Neue Mitte. Und neben mir haben dieses viele andere Akteure ebenso gemacht. Vom Einzelhandelsverband Essen-Borbeck über die katholische Jugend bis zu den Gewerkschaften, alle wurden direkt umfassend informiert. Wir haben im Grunde durch direkte Kommunikation versucht, das Projekt zu erklären. Und daneben gab es kontinuierlich die Kommunikation über Newsletter und Medienberichte. Wir haben die Landtagsabgeordneten und die Oberbürgermeister der Region sowie die Bezirksplanungsräte regelmäßig mit schriftlichen Informationen versorgt. Und auch für die breite Bevölkerung wurde immer wieder in periodischen Publikationen berichtet: Jetzt ist der Bebauungsplan zur Rechtskraft gelangt, jetzt fangen die Abbrucharbeiten an, jetzt wird der Grundstein gelegt usw. Wir haben intensiv kommuniziert. Und das war aus meiner Sicht ein wesentlicher Grund dafür, warum sich keine großen Widerstände aufbauten. Widerstände, die es dann zwar immer noch mal gegeben hat, kamen vor allen Dingen aus den Nachbarstädten. Obwohl wir versucht haben, die Nachbarn in Arbeitskreisen mit einzubeziehen und ihnen die Möglichkeit zu geben, den Planungsprozess mitzugestalten. Letztlich sind die formal vorgetragenen Widerstände vor dem OVG in Münster gescheitert. Die Stadt hat in allen Belangen ein rechtssicheres Planungsverfahren durchgeführt.

Wenn man sich die Situation Oberhausens im Vergleich mit den Nachbarstädten um das Jahr 1990 betrachtet, dann kann man sagen, Oberhausen war auf der Landkarte des Einzelhandels und der Freizeitwirtschaft zum damaligen Zeitpunkt eher ein weißer Fleck. Vor dem Hintergrund stellt sich sicherlich noch einmal die Frage, welche Stellung die Region und das regionalpolitische Management zugunsten des Projektes eingenommen haben?

Es stimmt, dass es ohne die regionale Akzeptanz sehr schwer gewesen wäre, die Neue Mitte Oberhausen umzusetzen. Die regionale Akzeptanz ist durch die Kommunikation sicherlich gefördert worden, aber vor allem auch durch das Projekt selber, weil das touristische Gesamtkonzept der NMO allgemein als regional nützlich anerkannt wurde. Auch schon in den frühen Anfängen spielte dabei die Akzeptanz innerhalb des IBA-Prozesses eine große Rolle. Insbesondere der Erhaltung des Gasometers als IBA-Projekt in der Neuen Mitte Oberhausen kam dabei eine enorme Bedeutung zu. Oder auch der Umbau des Werksgasthauses zum Technologiezentrum, als weiteres IBA-Projekt mitten in der Neuen Mitte. Das waren Ankerpunkte, die regional im IBA-Prozess von Herrn Ganser, dem Direktor der Internationalen Bauausstellung Emscherpark, positiv begleitet wurden und dann zur Akzeptanz auch des konsumorientierten Teils des Gesamtprojektes beitrugen.

Bezogen auf die Situation im Einzelhandel kann man sagen, dass sich die Marktstraße um 1992 längst im Abschwung befand. Als Versorgungszentrum hatte sie über den Stadtteil Alt-Oberhausen hinaus keine Bedeutung mehr. Das war eine Entwicklung, die sich schon in den 1970er/1980er Jahren abgezeichnet hatte. Wir haben nachgewiesen, dass Kaufkraftströme längst an Oberhausen vorbei gingen. Der Kaufkraftabfluss in die Nachbarstädte, aber auch nach Düsseldorf, war enorm. Wir konnten sagen: Wir binden Kaufkraft wieder in Oberhausen. Dabei bestand der Ansatz von Beginn an nicht darin, nur Kaufkraft aus Oberhausen zu binden, sondern immer stand der touristische Ansatz im Vordergrund der Projektidee. Das hat dann dazu geführt, dass vom CentrO als ein Baustein in der Neuen Mitte kaum Zentrenschädlichkeit für die Nachbarkommunen ausging, weil der Einzugsbereich durch den touristischen Ansatz so breit angelegt war.

Abb. 2 (folgende Seite): Modell des geplanten CentrO, 1993

Aus heutiger Perspektive haben sicherlich viele Menschen in Oberhausen den Eindruck, dass einzelne Personen von großer Bedeutung für die Realisierung des Projektes waren. So haben der damalige Oberbürgermeister Friedhelm van den Mond oder der nordrhein-westfälische Finanzminister Heinz Schleußer und eben Sie persönlich ganz entscheidend für die Realisierung des Projektes gewirkt. Wie kann man sich das vorstellen? Wie hat die praktische Zusammenarbeit zwischen diesen wichtigen Oberhausener Akteuren ausgesehen?

Grundsätzlich hängen alle Entwicklungen von Ländern, von Städten, von Regionen immer von den handelnden Personen ab. Und wenn Personen nicht miteinander harmonieren, wenn die verschiedenen Entscheidungsträger in einem solchen Entwicklungsprojekt nicht auf einer gewissen gemeinsamen Vertrauensbasis agieren, dann ist das meist das Ende für solche komplexen Projekte. Misstrauen raubt Zeit, raubt Kreativität und behindert letztendlich den Fortschritt. Man muss sagen, das war damals schon ein einmaliges Zeitfenster, das wir da erwischt hatten. Mit Johannes Rau als Ministerpräsident in Düsseldorf hatten wir einen Fürsprecher für den Strukturwandel im Ruhrgebiet und auch für dieses Projekt. Er wusste genau, was hier passierte. Wir hatten die Unterstützung des gesamten Landeskabinetts, also von Klaus Matthiesen als Umweltminister, über Franz Josef Kniola und später Ilse Brusis als Städtebauministern oder auch von Manfred Dammeyer als dem Fraktionsvorsitzenden der SPD-Landtagsfraktion. Alle entscheidenden Akteure auf Landesebene haben dieses große Projekt im Hinblick auf die Notwendigkeit des wirtschaftlichen Strukturwandels im Ruhrgebiet gefördert. Das besondere politische Gewicht des damaligen Finanzministers Heinz Schleußer war allerdings unser größter Rückhalt. Auf dieser Basis war es auch sehr nützlich, dass ein Vertrauensverhältnis in der Stadt zwischen dem damaligen Oberbürgermeister und mir als Oberstadtdirektor, aber auch mit der Spitze der SPD-Fraktion, Herrn Groschek sowie mit Herrn Schanz als dem Parteivorsitzenden bestand. Auch das Verhältnis zu der großen Oppositionsfraktion im Rat, der CDU, war ausgesprochen gut. Die CDU hat das Projekt ebenso mitgetragen wie die FDP. Nur die Grünen waren damals so wie heute skeptisch, standen abseits. Es hat sich später mit der Person von Herrn Pohlmann als Fraktionssprecher geändert. Jedoch andere Grüne wollten mit dem Projekt nie etwas zu tun haben und haben das CentrO auch kontinuierlich bekämpft.

Die eben genannte persönliche Vertrauensbasis in der politischen Führung der Stadt, über belastbare Kommunikationswege organisiert, war sicherlich eine Voraussetzung dafür, dass es gelungen ist, die ganze Stadtbevölkerung mitzunehmen. Wir haben damals mit hohen Zustimmungsraten von über 80 Prozent, die sich letztendlich auch in Wahlergebnissen niederschlugen, die gesamte Bevölkerung in Oberhausen in eine positive Stimmungslage versetzen können. Es hatte sich verfestigt, dass aus dem Rathaus kein Geschwätz kam, sondern dort wirklich gehandelt wurde, dass wirklich neue Arbeitsplätze entstanden. Oberhausen wurde aus dem Stimmungstief befreit. Dieses wäre nicht möglich gewesen, wenn wir nicht eine große Gruppe von Multiplikatoren gewonnen hätten, die das Projekt mit trugen. Dazu gehörte sicherlich auch das Verhältnis zur Wirtschaft. Die Wirtschaft hat viel schneller als manche andere in der Öffentlichkeit erkannt: Es bewegt sich was, es kommen Investitionen in die Stadt. Unsere wichtigsten Multiplikatoren nach innen wie nach außen kamen aus der Wirtschaft. Bei der IHK für Essen, Mülheim, Oberhausen, ob der Senior Kurt Löwenthal oder Manfred Assmacher oder später Dirk Grünewald. All jene, die aus Oberhausen in diesen Wirtschafts-

Abb. 3: Haupteingang des CentrO vor der Erweiterung von 2011/2012

gremien vertreten waren, wurden auf einmal zu ganz praktischen Wirtschaftsförderern der Stadt Oberhausen und haben das Projekt mit Verve vertreten. Auf die konnte man sich verlassen. Das waren alles Bausteine, die das Fundament gebildet haben für so ein riesiges Investitionsvorhaben, das im Ruhrgebiet seit Opel nicht mehr vorgekommen war. Das setzte auch die Region in Erstaunen.

Viele Zeitzeugen und die Tagespresse haben Mitte der 1990er Jahre ganz besonders wahrgenommen und hervorgehoben, dass es bei der Entwicklung und Realisierung des Projektes Neue Mitte Oberhausen ein starkes Vertrauensverhältnis zwischen Ihnen und dem Investor Eddie Healey gab. Können Sie uns das schildern, vielleicht besondere Situationen, die besonders in Erinnerung geblieben sind?

Also prinzipiell ist das richtig. Als ich zum ersten Mal das Projekt präsentiert bekam, am 14. März 1991, bin ich aus der Präsentation gegangen und hab' zu Herrn Fassbender, der mich damals als Leiter der Projektgruppe O. 2000 begleitet hat, gesagt: „Das Projekt wird nie etwas. Das ist zu groß, zu gigantisch. Das können wir nicht umsetzen. Oh weh, oh weh …".

Und das aus Ihrem Munde!

Also es war mir nach 14 Tagen als Oberstadtdirektor in Oberhausen einfach eine Nummer zu groß. Dann kam aber Herr Healey einige Tage später ins Rathaus und da fand ich den Mann sehr überzeugend. Das hat meine Skepsis jedoch nur bedingt gemindert. Daraufhin bin ich sehr schnell nach Sheffield gereist. Und als ich dann von der Innenstadt von Sheffield durch diese Industrieruinen fuhr und auf einmal dieses riesige Investment sah, da kam bei mir erstmalig der Gedanke: „Wenn der das hier kann, dann gibt es vielleicht doch eine Realisierungschance in Oberhausen". Der Eindruck vom Umfeld der Meadow Hall war wirklich schlimmer, als jeder Stadtteil im Ruhrgebiet nur sein kann. Und dann war es sicherlich Eddie Healey mit seiner visionären Überzeugungskraft und seiner Flexibilität, der mich davon überzeugt hat, dass man das schaffen kann.

Wobei eines witzig ist: Ich habe ja später für Amerikaner gearbeitet. Ich glaube, mich im Englischen inzwischen gut ausdrücken zu können. Damals war mein Englisch aber so verkümmert, dass ich mich kaum mit Eddie Healey unterhalten konnte. Das war mehr auf Augenkontakt aufgebaut. Wir haben auch nie telefoniert. Darüber hat er sich in späteren Jahren einmal amüsiert. „Wir haben gemeinsam beinahe eine neue Stadt gebaut, ohne je miteinander telefoniert zu haben". Marion Weinberger, die Beauftragte von Healey, war als Vermittlerin unsere „Telefonleitung". Das hing damit zusammen, dass mein Englisch damals so schlecht war, dass ich mir zwar ein Bier bestellen, aber nicht über Bauplanungsrecht philosophieren konnte. Das Vertrauensverhältnis wuchs auch darüber, dass wir viel gemeinsam unterwegs waren, wir haben uns vergleichbare Bauvorhaben weltweit angesehen, um für unser Projekt zu lernen und weniger Fehler zu machen. Und dabei habe ich Herrn Healey immer näher kennen gelernt. Es war schon eine sehr, sehr große Vertrauensbasis erreicht. Die hat im Ergebnis dazu geführte, dass wir bestimmte Dinge auf Zuruf entscheiden konnten. Ich hatte z.B. ein städtisches Anliegen, da brauchten wir jetzt Hilfe. Er hat dann sofort im Gespräch entschieden: Wir lösen das Problem. Das ist heute tatsächlich undenkbar bei global agierenden Immobilienkonzernen mit ihren großen Projektentwicklungen. Aber Eddie Healey war Alleineigentümer, Familienunternehmer. Er konnte ganz alleine entscheiden und er entschied dann über Milliarden. Das waren Abläufe, die man sich heute so kaum mehr vorstellen kann.

Heißt das auch, dass sein Partner, die Logistik- und Transportgesellschaft P & O, ihm großen Freiraum eingeräumt hat, im gemeinsamen Unternehmen Stadium, das in Oberhausen tätig wurde, Entscheidungen zu treffen?

P & O hat die Zwischenfinanzierung gestemmt. Doch sie waren in dem Projekt für uns nicht sichtbar. Das war alles auf dem persönlichen Verhältnis zu Eddie Healey und seinem Sohn Paul, der heute die Geschäfte übernommen hat, aufgebaut. Das hat es natürlich vereinfacht, so ein komplexes Projekt umzusetzen. Wir haben den Bebauungsplan erarbeitet und parallel schon die Altanlagen abgerissen. Als strategische und logistische Leistung findet man das in der Dimension wahrscheinlich – auch bis heute – nicht so oft.

Der Planungsprozess und die Realisierung des Projektes sind Themen, die uns ganz besonders interessieren. Eine Vielzahl von Gutachtern, Stadtplanern, Experten hat mitgewirkt an der Vorbereitung der Planungsphase, ob es jetzt den Verkehr betrifft oder regionale Betrachtungen zum Thema Einzelhandel und Kaufkraft. Wie war die für ein Vorhaben dieser Größenordnung tatsächlich ganz ungewöhnlich schnelle Projektumsetzung in nur gut vier Jahren möglich?

Erstens hatten wir sehr gründlich über eine Projektorganisation nachgedacht. D. h. wir hatten ein, wie ich fand und wie ich auch heute noch finde, sehr effektives Projektmanagementsystem organisiert. Wir haben damals schon einen sogenannten runden Tisch eingesetzt – der war tatsächlich rund und stand im Rathaus, im Raum 117. Und an diesem runden Tisch saß der Investor, die Architekten, externe Juristen und Berater ebenso wie die städtischen Mitarbeiter, und zwar hierarchiefrei. Das war für die eine oder andere Führungsperson im Rathaus ungewöhnlich, wenn Mitarbeiter ihr widersprachen, nur weil ich sie dazu aufgefordert hatte. Alle sollten sich daran gewöhnen, dass an dem Projekttisch nur die fachliche Meinung galt und keine Hierarchien aus der Verwaltung. Wirklich hilfreich war auch, dass wir externen Sachverstand an den Tisch geholt hatten. Der bekannte Stadtplaner Jochen Kuhn aus Düsseldorf z.B. hat den Grundlagenplan erarbeitet, der die Basis des städtebaulichen Gesamtkonzeptes für das Projekt Neue Mitte Oberhausen bildete.

Das erste Projekt in der Neuen Mitte war der Umbau des Werksgasthauses zum Technologiezentrum Umweltschutz ab 1991. Es waren die Pariser Architekten Reichen & Robert, die diese Spiralkonzeption entwickelten. Von dem Rundbau des TZU, um das alte Werksgasthaus herum, haben sie Schleifen gezogen. Das hat Herr Kuhn dann aufgenommen und daraus das ganze städtebauliche Bild für die Neue Mitte gebildet. Das ging im Norden hoch bis zum Dom in Osterfeld. Die Landesgartenschau hat sich später ebenfalls daran orientiert. Wir haben wirklich eine neue Struktur kreiert, weil wir nicht einfach ein beliebiges Shopping-Center haben wollten. Wir waren gemeinsam mit Herrn Kuhn davon überzeugt: Wir können hier für Oberhausen eine Neue Mitte bauen. Deshalb wollten wir dann eine Mixtur von Gewerbe, Freizeit, Einkaufen und Wohnen realisieren. Bis auf Wohnen ist im Grundsatz alles realisiert worden.

Für die Gesamtkonzeption haben wir uns sehr viel Mühe gegeben, den Sachverstand, den man republikweit bekommen konnte, einzubeziehen. Also den besten Verkehrsplaner, die besten juristischen Berater und dann noch das Thema Einkaufen. Was ist für das Einkaufen an Kaufkraftpotenzial vorhanden? Welche Projektbausteine sind denn wirklich touristisch zu begründen? Denn es machte wenig Sinn, nur Umschichtungen zwischen Alt-Oberhausen und CentrO oder zwischen Bottrop und CentrO vorzunehmen. Unser Ziel bestand darin, Besucher aus Münster, aus Köln oder aus Erfurt ins Ruhrgebiet zu holen, sie touristisch anzulocken, indem man das Einkaufen als eine Art des moderneren Freizeitvergnügens entwickelt. Um dieses Ziel zu erreichen, war es erforderlich, möglichst viel Sachverstand zu organisieren, weil es Urban-Entertainment-Center, wie es sie damals im internationalen Maßstab schon gab, in Deutschland noch nicht gab. Warum wir damit keine strategischen Fehler machten? Wir hatten sicherlich einen Investor, der ein gutes „Shopping-Näschen" hatte und weltweit alle Entwicklungen kannte. Aber zugleich mussten wir das Projekt europäisieren, mehr oder weniger auf deutsche Maßstäbe und dazu noch Ruhrgebietsmaßstäbe herunter brechen. Da waren die vielen, vielen Berater, die wir hatten, höchst sachdienlich.

Sie hatten gerade den Investor Herrn Healey angesprochen und den Planer Herrn Kuhn. Wenn man die Möglichkeit hat, nach England zu reisen und sich die Meadow-Hall in Sheffield

Interview mit Burkhard Drescher

im städtischen Umfeld anzusehen, dann fallen durchaus einige gravierende Unterschiede auf, die das dortige, als Solitär errichtete Einkaufszentrum vom CentrO, vor allen Dingen von der gesamten Neuen Mitte als Konzeption deutlich unterscheiden. Wie ist es ihnen gelungen, den Investor Herrn Healey von den Oberhausener Vorstellungen zu überzeugen, nämlich ein breit aufgestelltes, differenziertes Dienstleistungszentrum zu entwickeln?

Das war an sich gar nicht so schwer. Schwieriger waren die amerikanischen Architekten, die Herr Healey mitbrachte, – RTKL, ein amerikanisches Architekturbüro. RTKL hatte viele Shopping-Malls in Amerika gebaut und war auch in Sheffield maßgeblich beteiligt. Die RTKL-Architekten hatten das Ziel, wie es in Amerika üblich ist, dass die Shopping-Malls in sich geschlossene Systeme sind, mit nur vier Eingängen für alle Himmelsrichtungen. Wir wollten aber das Ganze eher mediterran öffnen, in die Stadt integrieren. Darauf sollten die baulichen Strukturen aufbauen. Uns gelang es, die ganze Mall nach außen zu öffnen, also keinen geschlossenen Baukörper zu bilden. Deshalb findet man da sogar zu den Parkplätzen Schaufenster. Das haben wir mühevoll durchgesetzt bei den Architekten. Herr Healey war für diese Fragen sehr offen, hat dafür sogar mehr Geld in die Hand genommen, als funktional notwendig gewesen wäre, wie übrigens für die Begrünung auch. Das haben wir alles gemeinsam in einem mühevollen Prozess erarbeitet. Dafür war besonders wichtig, deutsche Architekten einzubeziehen. In einem Wettbewerb unter Beteiligung internationaler Büros haben wir schließlich RKW aus Düsseldorf ausgewählt. RKW hat es dann übernommen, die Übersetzung der Stadtplanungsideen von Herrn Kuhn und der Stadt in eine architektonische Gesamtlösung zu überführen.

Am Anfang erzählte Herr Healey mir, hatte er vor, schon in Sheffield um die Meadow-Hall herum mehr zu bauen, mehr Entertainment zu etablieren, weil er schon die Grundidee hatte, das Einkaufen neu zu positionieren.

Wir haben damals im Planungsprozess wirklich versucht, weltweite Entwicklungen aufzunehmen. Wo sind Dinge, die wir auf keinen Fall wollen und wo gibt es Ansätze, aus denen wir etwas lernen können? Wir hatten auch eine intensive Diskussion mit der IBA und ihrem Direktor Karl Ganser, der gerade an der touristischen Stadtentwicklung in Deutschland an exponierter Stelle mitgewirkt hat. Dadurch wurde der Plan immer besser und die Akzeptanz nahm zu. Wir kamen immer mehr dazu, neue Wege zu gehen zu einem neuen Zentrum, wo man Einkaufen mit Tourismus verknüpft, so wie es das in Deutschland noch an keiner Stelle bisher gab und auch bis heute nicht gibt. Dabei wollten wir das Ruhrgebiet nicht amerikanisieren, sondern wir wollten schon die europäischen Stadtentwicklungs- und Stadtbilder übertragen wissen. Und der nächste Schritt war, dass wir das Wohnen in die Neue Mitte hineinziehen wollten. Das ist aus vielerlei Gründen nicht gelungen. Einerseits lagen die Ursachen in den Eigentumsverhältnissen begründet, weil die Grundstücke nicht in unserer Hand waren. Andererseits gab es baurechtliche Einschränkungen. Die Abstandserlasse setzten gewisse Grenzen, weil rundherum immer noch Industrie und Gewerbe vertreten war. Das hat sich erst später, als das Stahlwerk Oberhausen im Dezember 1997 stillgelegt wurde, relativiert.

Aus der Perspektive der Landesplanung und der Landesregierung Nordrhein-Westfalen gehörte die Darstellung eines hohen ÖPNV-Anteils an den Verkehren zur Neuen Mitte zu den wichtigen Vorgaben. Das erforderte die Planung eines neuen ÖPNV-Konzeptes für Oberhausen,

Abb. 4: Innenaufnahme aus dem Centro-Mitteldom, 1996

was wiederum zur Wiedereinführung der Straßenbahn von 1994 bis 1996 führte. War die neue zentrale ÖPNV-Trasse für Sie schlicht eine Notwendigkeit zur Realisierung der Neuen Mitte oder doch mehr die Chance zu einer grundsätzlichen Neuausrichtung des öffentlichen Nahverkehrs in Oberhausen?

Der entscheidende Punkt war wirklich, schon unter Klimaschutzgesichtspunkten – obwohl das damals nicht wie heute das politische Thema Nummer eins war – zu überprüfen: Welche Transportmöglichkeiten gibt es, um die erwarteten Käuferströme leistungsfähig zu bedienen? Was sind die effektivsten Methoden, was sind auch die umweltfreundlichsten? Das spielte damals schon eine große Rolle. Ich möchte auf Folgendes zurückkommen: Das Projekt Neue Mitte sollte eine neue Mitte für Oberhausen werden. Und von daher sollte sie auch erschließungstechnisch eine neue Mitte werden. D. h. wir wollten von da aus auch die Stadtquartiere anbinden. Wir haben die Straßenbahn von Mülheim über die Innenstadt von Oberhausen am Hauptbahnhof vorbei, dann in die Neue Mitte und von dort bis in die Innenstadt von Sterkrade weiter geführt. Es gab aber auch Planungen, sie sogar bis nach Schmachtendorf zu führen. Wir haben die Trassenplanung dafür gemacht. Auch in Richtung Essen wollten wir Oberhausen anbinden. Das alles war durchgeplant, war durchgerechnet. Es hat eine lange Diskussion darüber gegeben, ob wir unsere Ziele mit der Straßenbahn erreichen können. Denn eine U-Bahn, das war uns klar, wäre viel zu teuer gewesen. Duisburg baute damals eine U-Bahn-Verbindung für 120 Millionen D-Mark pro Kilometer. Das war jenseits jeder

Realisierungschance. Wir haben andererseits diskutiert, ob man das Verkehrsvolumen mit dem Bus-Verkehr bewältigen kann. Da hat es schon heftige Diskussionen gegeben. Der damalige STOAG-Vorstand wollte unbedingt Busse. Ich war sehr früh für die Straßenbahn als Verkehrsmittel, weil wir viele nicht mehr genutzte Werksbahntrassen hatten und es bot sich einfach an, diese als neue Straßenbahntrassen zu nutzen. Das haben wir dann ab dem Hauptbahnhof realisieren können. Deshalb war das Ganze relativ preisgünstig. Es hat sich im Alltag schließlich auch bewährt. Man konnte einen relativ hohen ÖPNV-Anteil im ▶ Modal Split aller Verkehrsmittel erreichen, also den von etwa zwölf Prozent auf 25 bis 30 Prozent stark erhöhen ÖPNV–Anteil an allen Verkehrsmitteln. Ein weiteres Ziel war, hohe Grünflächenanteile zu erreichen. Die Landesgartenschau 1999 in Osterfeld war ein Teilprojekt der Neuen Mitte. Ehemals verbotene, mit ▶ Altlasten verseuchte Flächen, sollten der Freizeitgestaltung zugeführt werden. Im Nachhinein betrachtet lässt sich feststellen, wir haben uns damals durchaus auf der Höhe der Stadtentwicklungsdiskussion in Deutschland bewegt.

Dann spielt ja neben dem CentrO über viele Jahre hinweg bis heute der Gasometer eine ganz herausragende Rolle für das touristische Erscheinungsbild der Stadt, auch sicherlich für die Identifikation der Oberhausener mit ihrer Stadt. Der Gasometer am Rhein-Herne-Kanal ist heute einer der spannendsten Ausstellungsräume, die es in Deutschland gibt. In den 1990er Jahren gab es eine spannungsreiche und emotionsgeladene Entscheidungsphase über den Abriss oder den Erhalt des Gasometers. Öffentlichkeit und Politik waren durchaus gespalten. Wie war Ihre persönliche Haltung in dieser Entscheidungssituation?

Die Ruhrkohle hatte 1992 den Abriss des Gasometers bei der zuständigen Bauordnungsbehörde beantragt und die hatte den Abriss genehmigt. Und dann lag die Genehmigung für den Abriss auf meinem Schreibtisch. Ich habe sie festgehalten und die Diskussion abgewartet. Die Diskussion wurde sehr stark von einigen Oberhausener Aktivisten, Roland Günter, Hartwig Kompa und Walter Kurowski seien hier genannt, vorangetrieben. Aber auf der anderen Seite ebenso von Professor Karl Ganser, dem Direktor der Internationalen Bau Ausstellung Emscher Park. Die ersten Nutzungsideen kamen auf und Projektvorschläge wurden auf den Tisch gelegt. Eine Idee war, den Gasometer zum Hochregallager umzubauen. Dann wollte jemand mit alten Lufthansa-Flugzeugstühlen ein Planetarium einbauen. Es gab also die verrücktesten Ideen bis zum Indoor-Golfplatz. Aber all diese Projektideen haben mich nicht überzeugt und ich war dann wirklich der Meinung, wir können es uns finanziell nicht erlauben, das Ding zu unterhalten. Deshalb war ich eher geneigt, die Abrissgenehmigung an die Ruhrkohle weiter zu geben.

Doch dann kam Herr Ganser und stellte mir das Projekt „Feuer und Flamme" vor. Das war eine Ausstellung über die Industriegeschichte des Ruhrgebietes. Er hat mir dazu die Umbaupläne gezeigt. Ich bin dann mit ihm im Gasometer gewesen, wir sind unten in den Gasschlauch hinein gekrochen, da hing die Scheibe noch ganz tief. Er hat mich schließlich überzeugt, dass es Sinn macht, aus dem Gasometer eine Ausstellungshalle zu machen. Nun kommt aber Eddie Healey wieder ins Spiel. Es ging damals wie heute bei allen Projekten um Fördermittel. Die waren damals zwar leichter zu bekommen als heute, aber nicht so der Eigenanteil. Mir war eines klar: Wenn ich in den Rat der Stadt mit dem Vorschlag gehe, dass die Stadt 640.000 D-Mark als Eigenanteil auf den Tisch legen sollte, würde ich scheitern. Denn die Haushaltssituation war damals ähnlich wie heute, so dass man keine zusätzlichen Ausgaben tätigen wollte und konnte. Und dann bin ich zu Herrn Healey gegangen und habe gesagt: „Mr. Healey, für Ihr Projekt da unten am Fuß des Gasometers brauchen wir ein industriekulturelles Erbe wie den Gasometer. Sind Sie bereit, die 640.000 DM auf den Tisch zu legen?" Und er hat sich dazu bereit erklärt. Allerdings war das eine Ausfallbürgschaft. Die ist später nie in Anspruch genommen worden, weil das Ganze sich dann über erfolgreiche Ausstellungen wirtschaftlich so positiv entwickelte. Also ich war nun überzeugt, dass wir „das Ding" erhalten müssen. Wir haben dann im Rat dafür gekämpft. Herr Ganser und ebenso Oberbürgermeister Friedhelm van den Mond waren vorher in den Fraktionen. Es war jetzt wieder die alte Führungsmannschaft, die gesagt hat: Okay, wenn das so ist, dass es die Stadt keine Mark kosten wird, dann kann das Ding als Ausstellungshalle erhalten werden. Viele sind davon ausgegangen: Da findet jetzt einmal eine Ausstellung statt und dann ist die Zukunft des Gasometers wieder offen. Wir haben also die Fördermittel bekommen; es kostete die Stadt kein Geld und wir durften den Umbau realisieren. Dann lief die Ausstellung und die Ausstellung hat uns alle überrascht, weil der Zustrom enorm war. Ich glaube da waren 240.000 Besucher im ersten und noch einige mehr im zweiten Jahr.

Der Erfolg hat die Erwartungen übertroffen?

Ja, die Erwartungen wurden weit übertroffen. Und dann wurde nicht mir alleine, sondern auch dem Rat der Stadt und der Verwaltung langsam klar: Das wird auch langfristig ein wichtiges Thema. Daraufhin haben wir dann eine eigene GmbH gegründet und eine Geschäftsführung eingesetzt, die auch heute noch den Gasometer managt. Seit dieser Zeit kommt der Gasometer ohne einen Zuschuss der Stadt aus. Seit 2007 bekommt die Gesellschaft lediglich vom RVR einen Zuschuss für die Instandhaltung. Seit 1994 läuft der Gasometer erfolgreich. Die damaligen Besucherzahlen sind heute längst überholt, weil es auch Jahre gegeben hat mit um die 400.000 Besuchern. An den Befragungen der Besucher ist ablesbar, der Gasometer ist ein Ausstellungsgebäude, das weit über Oberhausen hinaus Ausstrahlungskraft hat. Inzwischen ist es das Wahrzeichen der Stadt Oberhausen.

Der Gasometer hatte aber noch eine ganz andere Bedeutung: In der Bauphase des CentrO war er schon umgebaut, 1994/1995. Und da die Skepsis bei den Oberhausenern, aber auch bei Investoren, noch immer ausgeprägt war, ob das CentrO unter dem Gasometer wirklich in der angeküdigten Größe und Vielfalt gebaut wird, war es für mich immer wieder eine entscheidende Überzeugungstat, mit den Menschen auf den Gasometer zu fahren. Einmal vom Dach blicken und feststellen: Ach tatsächlich, guck mal, da wird gebaut! Das galt übrigens auch für die Landesgartenschau. Da konnte man auch sehen, tatsächlich, da wird abgerissen, die bauen da wirklich! Das steht nicht nur in der Zeitung und ist nicht nur ein Sonderblatt der Stadt, sondern es wird tatsächlich gebaut! Also: Die Besucher des Gasometers erhielten durch diese Anschauung vom Dach einen direkten Bezug zu dem gesamten Entwicklungsprozess der Neuen Mitte Oberhausen. Da erst haben viele Oberhausener begriffen, was in ihrer Stadt passiert. Das „Sehen, Fühlen, Anfassen" war entscheidend.

Interview mit Burkhard Drescher

Sie haben uns gerade einen sehr interessanten Einblick gegeben, dass der Direktor der Internationalen Bauausstellung, Karl Ganser, einen Beitrag zu dieser Entscheidungssituation über den Gasometer beigesteuert hat. Wie war Ihr persönliches Verhältnis zu Karl Ganser?

Das persönliche Verhältnis war am Anfang, vor allen Dingen von seiner Seite, von Skepsis geprägt. Ich war damals mit 40 Jahren als Oberstadtdirektor ein relativ junger Verwaltungschef – ich wurde eher mit dem Macher-Image in Verbindung gebracht. Ich war vorher Stadtkämmerer in Grevenbroich und hatte dort als Wirtschaftsförderer ein Profil entwickelt. Karl Ganser aber hatte einen anderen Anspruch. Schließlich wollte er aus dem Ruhrgebiet sogar mal einen Nationalpark der Industriekultur machen. Ich kam vom Niederrhein und daher waren das für mich Dinge, die eher fremd waren. Ich habe dann viel von ihm gelernt. Dann hat er gesehen: Die in Oberhausen bekommen mit Drescher etwas umgesetzt. Und, als ich dann zum Erhalt des Gasometers meinen Beitrag geleistet hatte, auch das TZU umgebaut werden konnte, da hatte ich mir bei ihm einen gewissen positiven Stellenwert erarbeitet. So hat sich später zwischen uns ein regelmäßiger Schriftverkehr entwickelt; ich habe ihn immer angeschrieben mit „großer Meister". Das war witzig und ironisch gemeint, hatte aber einen ernsten Hintergrund: Ich habe nicht die städtebaulichen, wissenschaftlichen Grundkenntnisse und die Visionen von Karl Ganser, da konnte ich nur von ihm lernen. Da war ich Lehrling. Das habe ich auch aufgenommen, so gut ich konnte und dabei viel in realen Projekten umgesetzt. Was ich damals gelernt habe, ist mir bis heute sehr zugute gekommen bei meiner Einsichtsfähigkeit in städtebauliche Probleme. Daraus hat sich entwickelt, dass ich auf seinem siebzigsten Geburtstag war und auch meine Frau immer noch mit ihm Kontakt hat.

Zu den ganz wichtigen IBA-Projekten in Oberhausen, über die Neue Mitte hinaus, zählt die Umgestaltung des Oberhausener Hauptbahnhofes auch als ein Projekt zur Aufwertung der Innenstadt. Welchen Stellenwert hat aus Ihrer Sicht das IBA-Projekt Hauptbahnhof Oberhausen?

Es gibt in Oberhausen eine ganze Perlenkette von Projekten, die einen hohen Stellenwert haben. Das alles waren Projekte, die wir unter der Überschrift O.2000 versuchten als ganzheitliches Konzept zum Strukturwandel umzusetzen. Da gehörte der damals „fiese" Bahnhof dazu, der schließlich 1996 umgebaut wurde. Es war unser Ziel, den Urzustand des Bahnhofs aus der Bauphase von 1930 bis 1934 wieder herzustellen. Das ist ja weitgehend so geschehen. Es war ein ganz wichtiges Projekt. Und es war damals ein Glücksfall, denn damals in der Umstrukturierungsphase der Deutschen Bahn AG hatten wir das Glück, dass es einen Generalbevollmächtigten gab, der die verschiedenen Töchter der Bahn AG koordinieren durfte. Er hatte die Macht zu entscheiden. Sonst ist man bei der Bahn immer ins Leere gelaufen, weil niemand zuständig war. Und da war auf einmal einer, der saß in Essen, und ich bin dann oft zu ihm gefahren. Er hat gesagt: „Herr Drescher, Sie haben Recht, das machen wir so."

Und dann konnten wir mit den Mitteln des Landes, mit den Ministern Zöpel und Kniola, den Umbau als IBA–Projekt umsetzen. Wir hielten das städtebaulich von der Qualität des Gebäudes für einen ganz wichtigen Schritt zur Stärkung der Innenstadt. Dazu gehört auch der Bahnhofsvorplatz. Das Gebäude ist sehr gelungen. So sehen die anderen Bahnhöfe im Revier noch lange nicht aus. Wie das ganze Stadtquartier zwischen Bahnhof und Rathaus Oberhausen, welches in späteren Jahren mit dem Parkstadtkonzept eine deutliche Aufwertung erhielt.

Abschließend möchten wir noch ein Mal zur Neuen Mitte Oberhausen zurückkehren. Nach der Stilllegung des Elektrostahlwerkes an der Osterfelder Straße im Dezember 1997 wurde diese frühere Betriebsfläche von Töchtern der Stadt Oberhausen aufgekauft und baureif gemacht. Im Gegensatz zum CentrO war hier die Stadt in einer anderen Rolle, in der Rolle eines aktiven Projektentwicklers für den O.VISION Zukunftspark. Hat die Stadt diese Rolle im Gefühl eines neuen, gewachsenen Selbstbewusstseins nach der erfolgreichen Realisierung der Neuen Mitte übernommen oder war das aufgrund der besonderen Bedingungen dieser Fläche eine zwingende Notwendigkeit?

Also ich glaube, dass wir als Stadt bei der Gesamtkonzeption der Neuen Mitte immer Projektentwickler waren. Der Unterschied zu O.VISION bestand darin, dass wir beim CentrO einen Investor hatten, der große Teile der Fläche bebaut hat und dieses nach unseren Vorstellungen. Das hatten wir beim Stahlwerk nicht. Wir hatten in der Tat geänderte Bedingungen, denn bei der Komplexität der Entwicklung für das Stahlwerksgelände konnte man das nicht mit einem Investor allein machen. Wir hatten vor, das Thema „Wohnen" neu aufzugreifen und in Zukunftsbranchen zu investieren.

Wenn man das Stahlwerksgelände, diese wichtige Fläche zwischen Oberhausen und Essen, einer echten Zukunftsentwicklung zuführen wollte, blieb uns gar keine andere Wahl, als das Ganze in die städtische Hand zu nehmen. Wir haben dann zunächst mit Fördermitteln das Gelände baureif gemacht. Parallel entwickelten wir tolle Projektideen. Wobei man sagen muss, da hatte sich das politische Umfeld nach der Jahrtausendwende wesentlich geändert. Die Landesregierung war nicht mehr die Landesregierung von Johannes Rau und es fehlte der Mut, in Strukturwandel zu investieren. Und erst recht der Mut auch in Kauf zu nehmen, dass mal etwas schief gehen kann. Bei der IBA sind ebenfalls Dinge schief gegangen – das war die Normalität. Die Landesregierung hatte nicht mehr den Mut, große Dinge zu bewegen. Stattdessen war die Bereitschaft zur Baureifmachung als Gewerbegebiet noch gegeben. Dann folgte auch verbale Unterstützung. Aber der Mut, solche Dinge wirklich umzusetzen und dann öffentlich zu fördern, der war ziemlich schwach ausgeprägt. Wir hatten allerdings auch Großes vor. Ja, wenn man das heute betrachtet, ist die Dimension der Pläne aus dem Selbstbewusstsein erwachsen, was wir alles schon realisiert hatten und was wir glaubten stemmen zu können. Wir waren da vielleicht ein bisschen sehr mutig, das will ich nicht verhehlen. Auf der anderen Seite hätte die Landesregierung damals klar und mutig gesagt: „Bis dahin und nicht weiter!" Dann hätte man Manches vielleicht noch mit privaten Investoren machen können.

Auf jeden Fall bin ich nach wie vor der Überzeugung, dass es richtig ist, wenn Kommunen mit städtischen Gesellschaften solche wichtigen, zentralen Flächen für die Entwicklung der Stadt sichern.

Einmal noch nachgefragt: Im Jahre 2006 hat die nordrhein-westfälische Landesregierung nach langen Jahren der Projektentwicklung den O.Vision Zukunftspark endgültig abgelehnt. Wenn man das aus heutiger Sicht betrachtet, was hat die Stadt Oberhausen in dieser Projektentwicklung gut gemacht und was hätte man aus der heutigen Betrachtung eventuell noch besser machen können?

Einerseits gab es bis 2004 die Zusagen der Landesregierung, bis zu einem bestimmten Kostenpunkt das Zentrum des Projektes, nämlich den Gläsernen Menschen als Ausstellungsgebäude für Mensch und Gesundheit sowie den Umbau des ehemaligen Stahlwerks, zu fördern. Aus meiner heutigen Sicht ist immer noch schade, dass dies alles nicht realisiert werden konnte. Das Stahlwerk mit der Straßenbahnhaltestelle wäre für die gesamte Region ein Highlight gewesen. In Düsseldorf wurde uns zwar immer gesagt, ja, wir werden das fördern. Aber durch das administrative Tun im Wirtschaftsministerium wurde die Realisierung hinausgezögert und schließlich unmöglich gemacht.

Man hätte aus Oberhausener Sicht vielleicht früher darauf setzen müssen, z. B. den Gläsernen Menschen anders und mit privaten Investoren zu realisieren. Es gab ja Interesse, nicht in der schönen organischen Form, wie wir uns das gedacht hatten, so ein Projekt zur Gesundheit zu realisieren, sondern abgespeckter, kostengünstiger. Auch die Straßenbahnhaltestelle wäre kleiner besser zu realisieren gewesen. Aber: aus heutiger Sicht ist es schwierig dieses zu beurteilen. Ich würde sagen, wenn die Landesregierung frühzeitig – vielleicht in 2002 – abgesagt hätte, hätten wir in Oberhausen versucht mit Privatinvestoren das Projekt eine Nummer kleiner zu fahren und es trotzdem zu realisieren, um die Entwicklungspotenziale für die gesamte SWO-Fläche nutzen zu können.

In der Schlussphase von O.VISION von 2004 bis Anfang 2006 war ich dann nicht mehr an den Diskussionen beteiligt und nicht mehr im Amt. Und dann sollte man besser schweigen.

Magnus Dellwig / Ernst-Joachim Richter

Die Neue Mitte Oberhausen als Trendsetter im Ruhrgebietstourismus

Interview mit Axel Biermann

Herr Biermann, im April 1997 haben Sie die Leitung der Tourismus GmbH in Oberhausen übernommen. In diesem Jahr zählte die Fremdenverkehrsstatistik gut 71.000 Gäste mit über 122.000 Übernachtungen. Oberhausen als nationales und internationales Tourismusziel erschien den meisten Oberhausenern als Wunschtraum. 2008 waren es dann fast 151.000 Gäste mit 248.000 Übernachtungen. Wie ist es zu dieser Entwicklung gekommen?

Die Grundlage dieser Entwicklung war das klare Bekenntnis der handelnden Akteure in Politik und Verwaltung, dass das Thema Tourismus als ein Themenschwerpunkt im Bereich der Stadtentwicklung definiert wurde und dass man dann die entsprechenden Kräfte gebündelt und Institutionen geschaffen hat, wie die Tourismus GmbH. Parallel dazu ist auch sehr viel im Umfeld der Neuen Mitte entstanden und die Neue Mitte selbst als ein neues touristisches Angebot. Hierfür waren die Stadtentwicklung und die Stadtverwaltung federführend verantwortlich. Dies war direkt ausschlaggebend für diese positive Entwicklung, die sich im Übrigen nicht nur auf die Zahl der Übernachtungsgäste niedergeschlagen hat, sondern auch auf die Zahl der Tagestouristen, was sehr gern vergessen wird. Heute oder auch schon 2008 haben wir etwa fünf Millionen Tagestouristen in der Neuen Mitte Oberhausen, also Menschen, die aus einer Entfernung von mehr als 50 Kilometern anreisen. Diese Gruppe macht 70 bis 80 Prozent des touristischen Umsatzes aus. Der Rest kommt über die Übernachtungsgäste. Wir liegen in Oberhausen mittlerweile bei über 400 Millionen Euro Umsatz durch den Tourismus. Das ist durch entsprechende Schwerpunktsetzung in der Stadtentwicklung und den Aufbau professioneller Vermarktungsstrukturen gelungen sowie durch die Bündelung aller touristischen Leistungspartner wie Hotellerie, Gastronomie, Museen, Musical, Theater, Sealife Aquarium mit dem Ziel, diese an einen Tisch zu holen, um gemeinsame Werbung zu machen und damit schlagkräftiger zu werden. Ich denke, das sind die zwei Hauptmerkmale, warum diese positive Entwicklung sich so einstellen konnte. Wenn man es betriebswirtschaftlich betrachtet, gab es drittens einen erheblichen Nachholbedarf. Wir befanden uns somit am

Anfang des Produkts-„Lebenszyklus". Mir ist daher auch nicht Bange, dass sich in den nächsten Jahren die Zahlen positiv weiter entwickeln werden.

Zum Zeitpunkt Ihres Starts in Oberhausen erfolgte zugleich auch die Gründung der Tourismus GmbH. Das korrespondierte unmittelbar mit der Eröffnung des CentrO im September 1996. Schätzen Sie diese Gründung der städtischen Akteure als richtig im Zeitablauf ein und gab es dann auch eine Aufbruchstimmung in der Zusammenarbeit mit den unternehmerischen Akteuren der Freizeitwirtschaft in der Neuen Mitte?

In jedem Fall. Es war vielleicht sogar ein halbes Jahr zu spät. Aber das sind dann eben operative Probleme, die es gab. Ich kann mich noch erinnern, als der damalige Geschäftsführer des Verkehrsvereins mir erzählt hat, dass im Jahr 1996 nach Eröffnung des CentrO im alt ehrwürdigen Verkehrsverein das Fax dann durchgeglüht wäre. Vor dem Hintergrund war es dringend notwendig, entsprechende Infrastruktur zu schaffen, die dann zeitverzögert sechs Monate später an den Start ging. Erstmals haben sich professionelle Akteure mit der Förderung des Tourismus beschäftigt und dies hat sich natürlich auch auf die Motivation der touristischen Partner in der Region ausgewirkt, die das bisher noch nicht so ernst genommen hatten. Das war schon wichtig. Ich kann mich noch gut erinnern, dass bei einigen einschlägig bekannten Hoteliers in der Stadt es noch Jahre danach schwer war zu erklären, dass auch der Gasometer durchaus eine Vermarktungsberechtigung hat und nicht nur das CentrO. Die Industriekultur in der Stadt, aber auch in der Region, hat es aus meiner Sicht erst durch den Schub der Kulturhauptstadt 2010 geschafft, richtig als touristisches Massenziel wahrgenommen zu werden. Es gibt natürlich Ausnahmen. Eine schöne Ausnahme ist der Gasometer Oberhausen, der durch seine hochattraktive Bespielung auch schon viele Jahre vor der Kulturhauptstadt Besucherscharen in Millionenhöhe angezogen hat.

Viele große Reiseveranstalter bieten heute Städtetouren mit Besichtigungsprogrammen in Oberhausen an. Hat diese überörtliche Wahrnehmung der Stadt und ihrer Attraktionen auch zu einer stärkeren Identifizierung der Bürgerinnen und Bürger mit ihrer Stadt geführt?

Ich glaube ja. Aber das ist ein langer Prozess gewesen, der von einigen exponierten Mitbürgern sogar ein bisschen konterkariert wurde. Letztendlich glaube ich das sind Erfahrungswerte, die die Bürger haben, wenn sie selber im Urlaub waren und andere Leute kennen gelernt haben und dann erzählten, wo sie herkommen. Während sie früher gesagt haben, irgendwoher aus der Nähe von Düsseldorf komme ich, sagen sie heute mit Stolz: aus Oberhausen. Und wenn dann diejenigen, die sie im Urlaub kennen gelernt haben, sagen: „Mensch, das kenn ich doch, da war ich doch schon, da ist der Gasometer und das CentrO!". Dies stellt sofort eine positive Rückkoppelung dar. Denn dem Oberhausener Bürger, der Bürgerin wird automatisch von außen bestätigt, dass es dort, wo sie leben, schön und attraktiv ist. Dahin kommen Besucher. Dadurch entwickelt sich auch ein Identitätsgefühl. Ich glaube schon, dass das Thema Tourismus erheblich dazu beigetragen hat, dass man sich sehr stark mit der Stadt identifiziert. Ein anderes schönes Beispiel ist, wenn man Kinder heute in der Grundschule bittet, ein Bild von Oberhausen zu malen. Dann malen die natürlich den Gasometer, der ja fast mal abgerissen worden wäre. Wenn er wirklich abgerissen worden wäre, müssten wir uns die Frage stellen, was die Kinder dann malen würden. Ich weiß nicht, ob sie dann vielleicht das Schloss malen würden.

Also es würde eine Leerstelle verbleiben?

Ja. Davon bin ich überzeugt.

Ich glaube, in diesem Zusammenhang ist wichtig, dass die Errichtung der Neuen Mitte Oberhausen in den 1990er Jahren durchaus auch eine Phase abgelöst hat, in der in Oberhausen ein ausgeprägtes Krisenbewusstsein vorhanden und nach Abbau der Stahlindustrie noch keine neue Zukunftsperspektive entwickelt worden war. War vor diesem Hintergrund vielleicht auch die Zeit besonders günstig, um eine neue Identität auszubilden?

Klar. Also da war natürlich ein gewisses Vakuum und vielleicht auch eine gewisse Lethargie. Die konnte durch die Neue Mitte Oberhausen zu guten Teilen ausgeräumt werden.

Abb. 1: Axel Biermann

Im Ruhrgebiet hat sich auch der Radtourismus zu einem starken Wachstumsfaktor im Fremdenverkehr entwickelt. Welche Chancen sehen Sie hier für Oberhausen?

Oberhausen liegt geographisch betrachtet sehr gut, was das Thema Radtourismus angeht, und hat infrastrukturell wirklich vorbildlich vorgearbeitet. Das muss man wirklich hervorheben: Das best ausgebaute Radwegenetz im Ruhrgebiet ist in Oberhausen. Das weiß ich aus eigener Erfahrung, weil ich sehr viel mit dem Fahrrad unterwegs bin. Da gibt es kaum noch Straßen, die nicht einen Radweg haben. Im Gegensatz zu einigen Nachbarstädten. Dann liegt Oberhausen direkt am Ruhrtalradweg. Zwar nur eine kurze Sequenz, aber die Gastronomie, die es dort gibt, wird wahrscheinlich jetzt schon davon profitieren. Man muss allerdings jetzt die Trassenführung noch ein bisschen optimieren. Es ist geplant, durch die Ruhraue den neuen Radweg zu führen und die sich in der Nähe befindende Gastronomie würde wahrscheinlich sofort davon profitieren. Das ist der eine Vorteil für Oberhausen und der andere Punkt ist natürlich das ganze Radwegesystem: Emscherparkradweg, Rhein-Herne-Kanal, die Verbindung beispielsweise Grüner Pfad zum Landschaftspark Duisburg Nord, dann auch die Fertigstellung der weiteren Trassen durch den Regionalverband Ruhr. In Oberhausen befindet man sich sehr zentral in diesem Radwegeangebot und wir als RTG wollen dieses Angebot stärker touristisch vermarkten. Wir haben 700 Kilometer ausgebaute Radwege auf ehemaligen Bahntrassen in der Region. Das ist ein Angebot, das bisher eigentlich am radtouristischen Markt noch gar nicht bekannt ist. Wir wissen, dass eigentlich nur Einheimische und vielleicht mal der eine oder andere Tagestourist auf diesen Wegen unterwegs sind und wir sehen ein sehr großes Potenzial, das touristisch erfolgreich zu vermarkten ist. Es ist wirklich einzigartig, weil man die Standorte der Industriekultur ja quasi autofrei mit dem Fahrrad erreichen kann. Da ist Oberhausen perfekt angebunden mit dem Kanal, dem Radweg, dem Gasometer und der gesamten Neuen Mitte Oberhausen. Insofern bin ich auch der Meinung, dass speziell Oberhausen davon sehr stark in den nächsten Jahren profitieren wird, weil es ein sehr interessantes, spannendes Angebot in der Region gibt und Oberhausen wirklich ein bedeutender Teil dieses Angebotes ist.

Schätzen Sie das auch so ein, dass dieses attraktive regionale Angebot einen Beitrag dazu leisten kann, die Verbundenheit der Menschen über ihre Stadt hinaus mit der Region zu fördern, weil man letzten Endes mit dem Fahrrad leichter mal die Stadtgrenze überschreitet als mit einem kleineren Radius zu Fuß?

Absolut. Das kann ich nur bestätigen und wir stellen das immer wieder in unseren Befragungen fest. Nehmen wir jetzt mal den Ruhrtalradweg als Beispiel. Wir wissen, dass etwa 1,1 Millionen Tagesausflügler im Jahr den Ruhrtalradweg befahren, weil sie ganz gezielt den Ruhrtalradweg befahren wollen. Also keine Essener, die mal eine Runde am Baldeneysee drehen, sondern wirklich Leute aus der gesamten Region, die dann auch eine Strecke da unten am See fahren. Das ist für mich ein schönes Beispiel. Das Gleiche gilt zunehmend für das Trassennetz im Kernruhrgebiet. Beispielsweise die Trasse zwischen der Jahrhunderthalle Bochum und Zollverein. Da gibt es mittlerweile schon Fahrradstaus und da gibt es eine Imbissbude, die am Wochenende wirklich regelmäßig völlig überrannt wird. Sie kriegen da keinen Sitzplatz mehr. Das sind alles nicht nur Leute aus Bochum oder Essen, sondern sie kommen auch aus Duisburg oder eben aus Oberhausen. Ein anderes schönes Beispiel, an dem wir das immer stärker feststellen, ist die Ruhrtopcard, die Sie vielleicht kennen, und die von uns heraus gegeben wird. Dieses Jahr haben wir 91.000 Cards verkauft und diese haben insgesamt 700.000 Besuche induziert in Freizeiteinrichtungen in der Region. Wir können für jede Stadt eine Statistik auswerfen, mit einem positiven oder negativen Saldo. Beispielsweise in Oberhausen wissen wir, dass etwa 6.000 Leute eine Ruhrtopcard gekauft haben. Die von der Ruhrtopcard ausgelösten Besuche in Oberhausen sind über 110.000. Also fast ein Siebtel aller Besuche mit der Ruhrtopcard finden hier statt, weil hier so viele Attraktionen sind. Viele Leute verbinden den Besuch der Attraktionen in Oberhausen, die alle Ruhrtopcard-Partner sind, also Aquapark, Gasometer, Sealife, mit einem Tagesausflug. Sie sind dann hier entsprechend präsent. Dabei ist der Gasometer der erfolgreichste Teil des industriekulturellen Angebotes im Ruhrtopcardranking. Unter den ersten fünf der meist besuchten Standorte.

Wenn man die Regionalplanung des Ruhrgebietes betrachtet, dann sind neben den vier Oberzentren am Hellweg andere Städte bisher kaum mit einem klaren Profil gekennzeichnet. Aber man kann durchaus in den letzten Jahren feststellen, dass in der regionalen Wahrnehmung Oberhausen als der zentrale Ort für Freizeitangebote und für Tourismus wahrgenommen wird. Würden Sie das so einschätzen, dass Oberhausen zu Recht den Titel trägt, die Tourismushauptstadt des Ruhrgebiets zu sein?

Völlig zu Recht. Das muss man ganz klar so sagen, auch immer im Verhältnis zur Größe der Stadt und zur infrastrukturellen Substanz. Man kann natürlich Oberhausen nicht mit Essen vergleichen. Doch in dem Größenverhältnis hat Oberhausen wirklich überproportional viel zu bieten. Insofern kann man durchaus sagen, dass Oberhausen touristisch überdurchschnittlich attraktiv ist. Das ist in der Region anerkannt. Wir haben es ja damals 2007 geschafft, Oberhausen als fünften Standort eines Ruhr.Visitorcenters zu etablieren. Neben den vier genannten Hellwegstädten Duisburg, Bochum, Essen und Dortmund ist Oberhausen die fünfte Stadt, die diesen Stellenwert in der Region bekommen hat, obwohl sie eben deutlich kleiner ist als die anderen. In Bezug auf die touristische Dynamik hat Essen mit Eröffnung des Ruhrmuseums und dem Neubau des Folkwang Museums nachgezogen. Aber in Bochum ist beispielsweise wenig passiert, da gibt es noch Starlightexpress und die Jahrhunderthalle bzw. das Bergbaumuseum, aber nichts wesentlich neues. Duisburg ähnlich. Ich denke, was jetzt wieder spannend wird, ist wenn in Dortmund 2014 das nationale Fußballmuseum eröffnet wird. Da wird es dann auch noch einmal ein stärkeres Angebot geben.

Im Zeitraum von 1997 bis 2008 hat sich die Zahl der Hotelbetten in Oberhausen von 900 auf fast 1600 erhöht. Ist damit der Markt gesättigt?

Das ist ja immer ein Verhältnis zwischen Angebot und Nachfrage und ich verkürze das mal auf die Einstellung, dass ich sage: Das regelt der Markt. Das heißt konkret, wenn das Angebot sich weiter vergrößert, wird sich auch die Zahl der Hotelbetten vergrößern. Und diese Zahl ist kontinuierlich gewachsen. Wir wissen, dass ein Hotel in der Stadt mit Gewinn geführt werden kann, wenn eine Zimmerauslastung so etwa zwischen 50 und 55 Prozent liegt oder ein bisschen darüber. Ich glaube, dass wir hier durchaus noch etwas verkraften könnten. Dies ist natürlich dann auch immer eine Standortfrage. Es ist völlig klar, es gibt immer attraktivere Standorte als andere und je näher man sich am Zentrum des Geschehens mit seinem Hotel befindet, desto einfacher hat man es natürlich, eine hohe Auslastung zu erreichen. Das hätte theoretisch auch im Wettbewerb Auswirkungen auf weiter entfernte Häuser, die dann evtl. Einbußen erleiden und die sich dann wieder neue Angebote überlegen müssten, um den Wettbewerb erneut aufzunehmen. Letztendlich regelt das immer der Markt zu Gunsten verbesserter Angebote für die Kunden. Man kann aber immer ein positives Investitionsklima schaffen. Das ist der alte Spruch aus der Wirtschaft, die Hälfte ist Psychologie und die andere Hälfte sind die nackten Zahlen. Wir wissen beispielsweise, dass durch die Kulturhauptstadt die großen Investoren die Region im Moment recht positiv ins Visier genommen haben, was Hotelneubauten angeht. Das heißt, im Moment ist eigentlich auch die Psychologie auf unserer Seite, nicht nur die harten Zahlen. Das sollte man nutzen! Ich denke, als Stadt Oberhausen sollte man, so wie das andere Städte auch tun, das Thema Hotelansiedlung bearbeiten.

Seit August 2008 sind Sie Geschäftsführer der Ruhr Tourismus GmbH mit Sitz in Oberhausen. Welche Herausforderungen sehen Sie auf den verschiedenen Tourismusfeldern auf das Ruhrgebiet und die Stadt Oberhausen zukommen?

Wir haben uns genau aus dieser Fragestellung heraus im Kontext der Erfahrungen mit der Kulturhauptstadt entschlossen, einen sehr umfangreichen Marketingplan zu entwickeln, der empirisch fundiert jetzt veröffentlicht wird und der eine Gültigkeit für die nächsten fünf Jahre hat. Da war einfach die simple Frage, mit welchen Themen wollen wir welche Zielgruppen in welchen Quellmärkten erreichen? Wo sind unsere Stärken, wo sind unsere Schwächen? Die Herausforderung sehe ich eigentlich jetzt speziell in der finanziellen Situation der öffentlichen Haushalte. Tourismusförderung ist eine freiwillige Aufgabe, das wissen wir. Und das hängt z. B. sehr eng zusammen mit dem Thema Kulturförderabgabe, Bettensteuer. Darin sehe ich eine große Herausforderung und mein Wunsch ist, dass hier zweckgebunden agiert wird. Das heißt, dass keine Steuer in den Städten erhoben wird, sondern eine Abgabe. Die Einnahmen, die dadurch erzielt werden, sollten teilweise der Tourismusfördergesellschaft zugute kommen, damit auf der anderen Seite die Stadt ihren Zuschuss entsprechend reduzieren kann, so dass trotzdem ein Konsolidierungseffekt übrig bleibt. Das ist für mich ganz wichtig.

Wir haben eine positive Entwicklung durch die Kulturhauptstadt auch in der öffentlichen Wahrnehmung. Wir haben eine entsprechende Strategie vorgelegt, konsensual abgestimmt in der gesamten Region. Für mich ist wichtig, dass jetzt alle am Ball bleiben und dass eine entsprechende Finanzausstattung der Tourismusförderung geschaffen wird. Man kann nachweisen, dass Tourismusförderung wirklich Wirtschaftsförderung ist, Geld wieder in die Kasse bringt. Die durch Tourismus erzielten Umsätze fließen zehnfach wieder zurück. Bei den harten Konsolidierungsgesprächen, die in allen Städten der Region geführt werden, sollte dies zumindest in der Diskussion Berücksichtigung finden. Unsere Hauptherausforderung ist aus meiner Sicht, dass wir nach wie vor hart an dem Thema Imagekorrektur des Ruhrgebiets arbeiten müssen. Ich nenne ein kleines Beispiel. Generell ist es so, dass alle Großstädte in Deutschland etwa in der Regel vier bis fünf Mal so viele Übernachtungen haben wie Einwohner. Das Ruhrgebiet hat etwa doppelt so viele Übernachtungen wie Einwohner. Ich nehme jetzt mal nur das Kernruhrgebiet mit den großen Städten; die Kreise lasse ich weg. Das heißt also, wir haben ein etwa doppelt so hohes Volumen in Städten wie Köln, Stuttgart oder Hannover. Da haben wir einen extremen Nachholbedarf und das hat etwas mit dem Image zu tun. Es ist ja nicht so, dass wir keine kulturtouristischen, freizeittouristischen oder städtetouristischen Angebote hätten. Wir haben nach wie vor nur dieses Imageproblem. Diese riesige Herausforderung kann man nur bestehen, indem man Kontinuität beweist in der Kommunikation und Werbung nach außen. Dass man weiterhin gerade Meinungsmacher, Opinionleader in Deutschland oder auch im Ausland davon überzeugt, dass hier die Show weiter geht und das das keine einmalige Aktion war 2010, sondern dass wir wirklich mit Fug und Recht und auch mit Selbstbewusstsein ein tolles Angebot haben. Wir müssen weiter daran arbeiten, dass dies möglichst viele mitbekommen. Auf der einen Seite brauchen wir die Erkenntnis, dass man auch öffentliches Geld sinnvoll in die Hand nehmen kann, um Tourismus zu fördern, weil das wirtschaftliche Effekte induziert, und auf der anderen Seite müssen wir kontinuierlich an der Imagekorrektur der Region arbeiten mit einer wirklich zielgerichteten und auch effizienten Kommunikations- und Werbearbeit.

Haben Sie so etwas wie ein Bild vor Augen, eine Zielvorstellung, wo Oberhausen und das Ruhrgebiet vielleicht in fünf bis zehn Jahren als Touristikstandort stehen sollten oder stehen könnten?

Wir haben quantitativ eine Vision in unserem Marketingplan zum Abschluss eingearbeitet. Und die besagt, dass wir das, was jetzt die übrigen Großstädte, die ich genannt habe, an Übernachtungsvolumen haben, im Jahr 2030 als Ziel erreicht haben müssten. Das würde bedeuten: 20 Millionen Übernachtungen im Ruhrgebiet. Heute haben wir 6,8 Millionen. Für Oberhausen umgerechnet, weil Oberhausen überdurchschnittlich touristisch attraktiv ist, würde dies eine Millionen Übernachtungen im Jahr 2030 bedeuten; 2011 sind es schon 440.000; Und auf der Angebotsseite ein entsprechendes, erweitertes Hotelinvestment.

In welchem Marktsegmenten?

Im guten Vier-Sterne-Bereich. Weil wir wissen, dass die Hauptzielgruppe des Städtetourismus in den nächsten 20 Jahren die gutsituierten, gut gebildeten, über viel Freizeit verfügenden, rüstigen „Bestager" sind in der Altersklasse 55 bis 75. Die haben schon die ganze Welt gesehen, nur Deutschland noch nicht, und insbesondere das Ruhrgebiet nicht. Deshalb werden wir ein Hauptaugenmerk auf diese Zielgruppe legen, wie auf viele andere natürlich auch. Da muss man im Wettbewerb bestehen.

Damit diese Vision Realität wird, ist es zwingende Voraussetzung, dass die Metropole Ruhr gegenüber den genannten übrigen Regionen den Abstand quantitativ und qualitativ, was die Standortqualität und Standortstruktur angeht, beibehält, oder im optimalen Fall sogar verkürzen kann. Ein weiteres Auseinanderdriften würde sich natürlich negativ auswirken auf das Erreichen der angestrebten Ziele, die ich vorher skizziert habe.

Das verstehe ich jetzt so, dass Sie durchaus eine Chance sehen durch Kooperation zwischen Tourismusförderung und Wirtschaftsförderung für das Ruhrgebiet, durch einen engen Schulterschluss und durch eine gemeinsame Strategie.

Genau. Wir haben eine Schnittmenge, die man mit der Begrifflichkeit Standortmarketing zusammenfassen kann. Für die Wirtschaftsförderung ist es existenziell wichtig, dass sie Rahmenbedingungen für ansiedlungswillige Unternehmen schafft oder auch hier bestehende Unternehmen hält. Wir alle wissen, dass das größte Problem Fachkräfte sind, die auch Lebensqualität und Freizeitwert nachfragen. Schon heute zeigt sich das Problem, dass wenn ein Ingenieur sich eine Stelle aussuchen kann zwischen München, Berlin und MAN Turbo in Oberhausen, dass MAN Turbo auf dem dritten Platz liegt aus den genannten Imagegründen. Wenn wir durch unsere Arbeit positiv zur Imagekorrektur der Region beitragen können, kommt das auch der Wirtschaftsförderung zugute. Umgekehrt ist es aber auch wichtig, dass die Wirtschaftsförderer das Thema Tourismus ernst nehmen, als Teil der Wirtschaftsförderung begreifen, und dass man sich gegenseitig die Bälle zu spielt, was wir ja beispielsweise jetzt auf regionaler Ebene schon machen.

Ein schönes Beispiel ist: Wir wollen das Thema Tagungs- und Kongresstourismus stärker positionieren und das hat auch sehr eng mit Wirtschaftsförderung zu tun. Wir geben jetzt eine Studie in Auftrag, die eine umfassende Stärken-Schwächen- und Chancen-Risiken-Analyse enthält zum Tagungsstandort Metropole Ruhr. Ein wichtiger Aspekt ist hier die sogenannte Leitmarktthematik, heißt also, da wo die Region stark ist, hat sie natürlich auch deutlich größere Chancen, entsprechende Tagungen und Kongresse zu akquirieren. Nehmen wir mal das Thema Energie. Das Thema Energie ist ein ganz klarer Leitmarkt für die Region, auch erneuerbare Energien. Wir haben hier eine sehr starke Leitmesse, die E-World. Deshalb muss es Ziel der Tagungs- und Kongresswirtschaft sein, Kongresse und Tagungen zu diesem Thema verstärkt hier her zu holen. Dadurch wird eine Region glaubwürdig, zumal wir hier die Fachkompetenz auch im Forschungs- und Entwicklungsbereich haben. Daraus entsteht die Glaubwürdigkeit, dass ein Kongress hier richtig angesiedelt ist. Es kommen Kongressteilnehmer aus aller Welt, um hier die Best-Practice-Beispiele zu sehen. Das gilt beispielsweise auch für das Themenfeld Logistik und für andere Themen wie industrielle Dienstleistungen, ebenso für das Thema Gesundheitswirtschaft. Dabei muss man Kongressveranstalter ansprechen, die sich auf diese Themen spezialisieren. Da sehe ich ein ganz wichtiges Thema, bei dem wir ja auch schon gut mit der Wirtschaftsförderung Metropole Ruhr unterwegs sind.

Ich würde gerne zum Schluss über den Tellerrand hinaus blicken. Wir hatten im letzten Jahr das Kulturhauptstadtjahr 2010 und da zum ersten Mal ein Zusammenwirken aller Kommunen im Ruhrgebiet. Die von Ihnen skizzierten Ziele für die nächsten fünf bzw. zehn oder auch fünfzehn Jahre werden mit Sicherheit ohne eine regionale Kooperation nicht leistbar sein. Wie kann man diese aus den Erfahrungen des Kulturhauptstadtjahres jetzt weiter entwickeln?

Ein ganz wichtiger Ansatz ist für uns, dass man durch Motivation und Überzeugungsarbeit alle an einen Tisch bekommt. Also nicht verordnet und erst recht nicht gesetzlich legitimiert oder institutionalisiert. Das große Geheimnis der Kulturhauptstadt, aber auch beispielsweise einiger Projekte, die wir machen, ist, dass sich alle unter einem gemeinsamen Themendach versammeln, mit gemeinsamer Kraft in diesen Themenbereich investieren und dadurch hinterher davon profitieren. Die Extraschicht ist da ein tolles Beispiel. Wo alle 50 Partner in rund 45 Städten alle unter diesem Themendach mitsegeln und auch für sich als lokaler Standort davon profitieren. Indem sie das Große und Ganze mit unterstützen und ein Teil des Großen und Ganzen sind, entwickelt sich überregionale Schlagkraft.

Ein anderes Beispiel ist der Ruhrtalradweg. Genau das Gleiche: 23 Kommunen im Sauerland und im Ruhrgebiet kooperieren. Jede Kommune für sich alleine hätte nie die Kraft und die Möglichkeit, in der Kommunikation, in der Werbung so eine Schlagkraft zu entwickeln. Aber gemeinsam kommen wir auf ein ordentliches Budget, welches wir gezielt einsetzen. Dann profitieren alle am Ruhrtalradweg befindlichen Kommunen und die beteiligten Verbände davon. Bei der Kulturhauptstadt war es genauso. Wir wollen es zukünftig beim Tourismusmarketing auch so handhaben, dass wir mit den Städten zusammen und mit der touristischen Privatwirtschaft die Gelder bündeln und dann gemeinsame Marketingmaßnahmen umsetzen. Dazu dient dieser Marketingplan, der eine Planungssicherheit bietet für alle Akteure. Jedes Hotel und jeder Freizeitpark und jedes Museum kann für sich entscheiden, ob es sich mit dieser Strategie und diesem Handlungsansatz identifizieren will und sich dann auch motiviert fühlt, da mit zu machen.

Hugo Baum

Schlaglichter aus 45 Jahren erlebter Kommunalpolitik

Erinnerungen an meine aktive Zeit in Oberhausen von 1945 bis 1990

Aufbau der Demokratischen Verfassung von Rat und Verwaltung

Am 11. April 1945 marschierte die US-Armee in Alt-Oberhausen ein. Sie bezog ihr Hauptquartier im Hotel Ruhrland. Der in Oberhausen verbliebene Stadtrat Dr. Schnöring wurde zum Verwaltungsleiter bestellt, nachdem der NSDAP-Oberbürgermeister mit zahlreichen Mitarbeitern und acht Millionen Mark aus der Stadtkasse sowie Wertgegenständen, Lebensmitteln und Kleidung geflüchtet war. Die Flucht wurde durch die amerikanische Armee beendet!

Der Niederländer Wilhelm Thyssen, der bei der Firma Kempchen in Oberhausen tätig war, wurde von den Amerikanern als erster Bürgermeister eingesetzt. Ausschlaggebend hierfür waren seine guten englischen Sprachkenntnisse.

Im Juni 1945 übernahmen gemäß der Vereinbarung von Jalta die Briten die Verwaltung in Oberhausen. Der Bürgermeister Thyssen wurde wegen seines Widerstandes gegen englische Anweisungen abgesetzt und verhaftet. Seine Frau konnte ihn unter Zahlung einer Kaution von 3.000 RM aus der Haft frei bekommen. Er hatte einem englischen Beamten Schläge angedroht. Die Engländer setzten als Bürgermeister Herrn Haendly aus Düsseldorf ein. Im Oktober 1945 stellten die Engländer die Stadtspitze neu auf. Bürgermeister wurde bis zum Februar 1946 Georg Kessler. Dr. Behrends wurde als Kämmerer bestellt und zum Stadtbaurat wurde Professor Hetzelt ernannt.

Anfang 1946 änderten die Briten die Rheinische Kommunalverfassung nach englischem Vorbild, das heißt die Verwaltung wurde einem Oberstadtdirektor unterstellt und der Rat wurde durch einen Oberbürgermeister vertreten. Der bisherige Oberbürgermeister Kessler wurde Oberstadtdirektor und der bisher amtierende Bürgermeister Haendly wurde als erster Oberbürgermeister eingesetzt. Der erste ehrenamtliche Bürgermeister wurde Herr Karl Feih von der Deutschen Zentrumspartei. Bereits am 13. Oktober 1946 fand die erste freie Kommunalwahl nach Kriegsende in Oberhausen statt. Zur Oberbürgermeisterin – damals allerdings noch „Frau Oberbürgermeister" genannt – wurde Luise Albertz aus der SPD-Fraktion gewählt. Sie behielt dieses Amt zunächst bis 1948. Die zweite Kommunalwahl im Oktober 1948 ergab eine Koalition zwischen der CDU und der Deutschen Zentrumspartei. Man einigte sich auf eine Aufteilung der Oberbürgermeisterfunktion in den ersten zwei Jahren bis 1952 auf Otto Aschmann von der CDU und ab 1952 bis 1956 auf Otto Pannenbecker von der Deutschen Zentrumspartei.

Die Kommunalwahl im Oktober 1956 ergab eine außerordentliche Stärkung der SPD-Fraktion und damit erneut die Wahl von Luise Albertz zur Oberbürgermeisterin. Dieses Amt übte sie bis zu ihrem Tode 1979 aus. Ihr folgte im August 1979 als Oberbürgermeister Friedhelm van den Mond, der 1997 dieses Amt abgab.

Insgesamt haben von 1945 bis 1990 sechs Oberstadtdirektoren die Verwaltung geführt. Neben den bereits genannten, Dr. Behrends und Herrn Kessler, waren dies Anton Schmitz, Dr. Werner Petersen, Raimund Schwarz und Dieter Uecker. Die von den Briten 1946 erlassene Gemeindeordnung wurde im November 1952 vom Landtag NRW modifiziert, aber den Grundzügen nach mit der Trennung von Exekutive und Legislative beibehalten.

Parteien und Fraktionen

Bemerkenswert ist die Entwicklung der Kommunalpolitik in Oberhausen hinsichtlich der Parteien und Fraktionen. Im Juni 1945, als noch keine Genehmigung vorlag, politische Parteien zu gründen, gab es eine erste Versammlung der Kommunistischen Partei Deutschlands. Im September 1945 rief der frühere Kaplan, Dr. Rossaint, nach einem langen Zuchthausaufenthalt im NS-Staat zu einer Versammlung „Christliche Sozialisten" auf. Diese Versammlung wurde am Abend wegen nicht genehmigter Durchführung von den Engländern aufgelöst. Im Oktober 1945, nachdem die Genehmigung am 10. Oktober 1945 ausgesprochen worden war, führte die SPD ihre erste Versammlung im damaligen Apollo-Kino auf der Marktstraße in Oberhausen durch. Die Deutsche Zentrumspartei gründete sich Anfang 1946. Auch die CDU wurde in Oberhausen 1946 gegründet, ebenso die FDP.

Die Finanzsituation der Stadt Oberhausen – Kriegsfolgen

Im April 1945 beim Einmarsch der amerikanischen Truppen waren bis auf eine alle Brücken über den Rhein-Herne-Kanal und die Emscher von den abziehenden deutschen Truppen gesprengt worden. Im Krieg waren nach englischen Angaben 161 Luftangriffe mit 1.038 Bombern auf Oberhausen durchgeführt worden. Durch Bomben und Artilleriebeschuss wurden 1.991 Bürgerinnen und Bürger getötet, 5.493 verletzt. Es waren 1946 rund 6.000 gefallene Oberhausener bekannt.

Von 190.000 Einwohnern des Jahres 1939 waren 1945 rund 100.000 evakuiert. 40 Prozent aller Gebäude waren zerstört, von 53.209 Wohnungen blieben nur sieben Prozent unbeschädigt. Ab März 1946 begann die Enttrümmerung der Stadt durch Ehrendienst (Beamte, Angestellte der Verwaltung) und gewerbliche Unternehmer. Es wurden 1,7 Millionen Kubikmeter Schutt auf die damals noch vorhandene Rolandhalde und die Knappenhalde gefahren. Ober-

Abb. 1: Hugo Baum, um 1980

hausen musste 4.000 Flüchtlinge aufnehmen und befand sich in einer katastrophalen Ernährungslage. Am 13. August 1945 forderte die Explosion von 20 Blindgängern im Kaisergarten ein Todesopfer und 26 Verletzte. Noch 1956 gab es in Oberhausen 1.380 Trümmerstätten. Diese Zahlen machen deutlich vor welch enormen finanziellen Herausforderungen die Stadt Oberhausen stand, um für ihre Einwohner einigermaßen lebenswerte Verhältnisse wiederherzustellen.

Finanzielle und wirtschaftliche Entwicklung

Die Stadt Oberhausen war aufgrund der starken Beschädigungen durch die Kriegsereignisse von 1945 an gezwungen, außerordentlich hohe Aufwendungen zur Wiederherstellung des Straßennetzes, der Energieversorgung, der Entwässerung, des Wohnungsbaus, der Errichtung und Renovierung von Schulen und Sportstätten zu tätigen.

Neben den Landeszuweisungen bestand die Haupteinnahmequelle für den städtischen Haushalt in der Gewerbesteuerzahlung durch die Oberhausener Wirtschaft. Bis 1979 gab es

Abb. 2: Luise Albertz mit der Amtskette der Oberbürgermeisterin

Abb. 3 (folgende Seite): Luise Albertz spicht bei der 100-Jahr-Feier der Stadt Oberhausen

außerdem die sogenannte Lohnsummensteuer, d. h. auf die Lohnsummen der Betriebe musste eine zusätzliche kommunale Steuer gezahlt werden. Mit ihrem Abbau 1979 wurde zwar eine gewisse Veränderung der Landes- und Bundeszuschüsse sowie der Gewerbesteuer festgelegt, eine wirklich aufgabengerechte Verteilung des gesamten Steueraufkommens in der Bundesrepublik hat es allerdings nie gegeben. Dies ist überwiegend zu Lasten der Kommunen gegangen.

Die finanzielle Situation der Stadt Oberhausen, die nie geprägt war durch nennenswerte Überschüsse, war in all den Jahrzehnten Gegenstand heftiger Auseinandersetzungen im Rat der Stadt, vor allen Dingen auch zwischen dem jeweiligen Stadtkämmerer und den Fraktionen. Die Kämmerer haben immer wieder mit mehr oder weniger viel Geschick versucht, die städtischen Finanzen in einem ausgeglichenen Verhältnis von Einnahmen und Ausgaben zu halten. Dies ist aber nur selten gelungen. Schon im November 1962 stellte das Statistische Landesamt in Nordrhein-Westfalen fest, dass Oberhausen die meist verschuldete Stadt im Ruhrgebiet sei. Dies hat auch immer wieder zu Überlegungen geführt, bestimmte Leistungen der Stadt zu reduzieren, was verständlicherweise im Hinblick auf die Reaktion der Bevölkerung und auch der Ratsfraktionen sehr schwierig war. Ein Beispiel aus dem Jahre 1966: Als der Rat die Kürzung der freiwilligen Ausgaben u. a. des Theaterzuschusses beschloss, gab es heftige Proteste. Schon im November 1972 betrug das Haushaltsdefizit neun Millionen DM. Es ist ausgeschlossen, den ganzen Umfang der Haushaltsbereiche darzustellen, deshalb sei hier ein Auszug aus den Schwerpunkten des Haushaltes dargestellt.

Wohnungssituation

Der Krieg hat zum Verlust zahlreicher Wohnmöglichkeiten geführt und es galt in allen Bereichen, einen Neuaufbau vorzunehmen. Dies hatte besondere Bedeutung für die älter werdende Bevölkerung, so dass die Beseitigung von sozialen Brennpunkten im besonderen Blickpunkt stand. Die Unterbringung von Flüchtlingen und Kriegsgeschädigten in Notun-

terkünften musste systematisch verbessert werden. 1970 begann die Sanierung der Notunterkünfte, 1975 war es gelungen, eine Halbierung der Bewohnerzahl solcher Unterkünfte herbeizuführen.

Anlässlich der Feier „100 Jahre Gründung der Gemeinde Oberhausen" 1962 wurde ein Ratsbeschluss zum Bau der Elly-Heuss-Knapp-Stiftung als Senioreneinrichtung gefasst. Die Eröffnung erfolgte im Jahr 1968. Auch die Baumaßnahmen privater Träger und Firmen, unter anderem der HOAG, wurden von der Stadt Oberhausen intensiv unterstützt und teilweise auch mit Darlehen bedacht.

Parallel zu den Bemühungen um guten Wohnraum und um die Hilfe für ältere Mitbürger galt es auch, den Kindern und Jugendlichen eine bessere Perspektive zu bieten als sie in Notunterkünften und schlechten Wohnverhältnissen möglich war.

Kinder und Jugendliche

In besonderen Problembereichen der Stadt wurden Initiativen unterstützt, die Lernhilfeangebote machten, die Spielstuben betrieben und für Jugendliche entsprechende Angebote bereit hielten, sei es im direkten Wohnumfeld oder bei den Ferienspielen, die Oberhausen seit den 1960er Jahren entwickelt hat.

Ein weiterer Schwerpunkt war die Errichtung von ausreichenden Kindergartenplätzen. Im Jahr 1971 verfügte Oberhausen über 4.800 Kindergartenplätze, das entsprach 40 Prozent der drei- bis sechsjährigen Kinder. Eventuelle weitere Kindergärten sollten aufgrund eines entsprechenden Kindergartenbedarfsplanes geprüft werden. Die Entwicklung hat allerdings dann eine rückläufige Kinderzahl in Oberhausen ergeben. Von 1971 bis 1981 fiel die Zahl der Geburten in Oberhausen von 2.791 auf 2.271. Dies hatte verständlicherweise auch Auswirkungen auf die Kindergartenbedarfsplanung.

Ein weiterer Schwerpunkt der Jugendarbeit war die Anlage und Unterhaltung von Spielplätzen. Alleine in den Jahren von 1976 bis 1981 wurden für den Neubau und die Erhaltung von Spielplätzen 3,2 Millionen DM aufgewandt. Die schon erwähnten Ferienspiele fanden großes Interesse. In den 1970er Jahren stiegen die Teilnehmerzahlen ständig. 1980 waren es täglich 2.600 Kinder, die in den verschiedenen Stadtteilen an diesen Maßnahmen teilnahmen.

Neben den Angeboten in Jugendheimen durch konfessionelle und private Träger war die Stadt bemüht, auch den nicht an Verbände gebundenen Jugendlichen entsprechende Angebote zu machen. So wurde 1960 im Oktober das Jugendheim „Haus der Jugend" auf dem damaligen Graf-Haeseler-Platz, heute John-Lennon-Platz, eröffnet. Seine Umgestaltung und Renovierung 20 Jahre später erforderte zwei Millionen DM Aufwand. Im März 1985 wurde der stillgelegte Bahnhof Osterfeld-Nord von der Stadt übernommen und als Jugendzentrum hergerichtet.

Da sich bereits in den 1970er Jahren das Drogenproblem bei jungen Menschen deutlich zeigte, wurde im September 1979 die zentrale Informationsberatung für Drogenprobleme an der Dorstener Straße eingerichtet.

Nach der Eröffnung der ersten Gedenkhalle für die Opfer des Nationalsozialismus in West-Deutschland im Schloss Oberhausen im Oktober 1959 hat die damalige Oberbürgermeisterin Luise Albertz sich intensiv um Kontakte mit der Leitung der Stadt Jerusalem bemüht, um die Begegnung von jungen Menschen aus Deutschland und Israel zu ermöglichen. Dies war der Anfang der später entwickelten großen Jugendbegegnung „Multi" in Oberhausen, die inzwischen mit fast 20 Ländern dieser Erde Kontakte hergestellt hat. Es ist die größte kommunale Jugendbegegnungsmaßnahme in Deutschland.

Nachdem im Februar 1946 auf Anordnung der englischen Militärregierung der erste Jugendausschuss gegründet worden war, waren die folgenden Jahre stets von enormen Anstrengungen für junge Menschen gekennzeichnet. Der schon erwähnte Jugendaustausch nahm seinen Anfang 1952 in einer Verbindung mit Middlesbrough in England, setzte sich 1973 mit Kontakten nach Israel fort und wurde 1986 und 1987 mit Frankreich und der damaligen Sowjetunion mit Saporishja in der Ukraine fortgeführt. In den folgenden Jahren nahm diese Maßnahme einen unerwartet großen Umfang an.

Parallel zu den Internationalen Kurzfilmtagen wurde 1969/1970 eine „Filmothek der Jugend" gegründet. Sie fand in der damaligen Aula des Heinrich-Heine-Gymnasiums statt. Im ersten Jahr nahmen über 3.000 Besucher dieses Angebot für junge Menschen wahr.

Mehr oder weniger gelungen waren auch Bemühungen für selbstverwaltete Einrichtungen der Jugendlichen. So wurden 1979 Eisenbahnwaggons als „Jugendheime" an der Rosastraße und am Lepkes Mühlenbach an der Jagdstraße aufgestellt.

Nachdem Beschwerden über Lärmbelästigungen in einer Diskothek in Styrum zu einem Gespräch zwischen Verantwortlichen der Stadt Oberhausen und Jugendlichen geführt hatten, kam es 1980 zur Gründung des Vereins Druckluft, der sich außerordentlich günstig entwickelte und ein altes Schreinerei-Gebäude an der Straße Am Förderturm zu einem Jugend- und Kulturzentrum ausbaute.

Eine weitere Initiative junger Menschen führte 1987 zur Errichtung eines „Musik-Circus" am Stadion Niederrhein. Diese Einrichtung hatte allerdings nur wenige Jahre Bestand. Abschließend zu den Jugendinitiativen kann man feststellen, dass naturgemäß mit der älter werdenden jungen Generation auch die Interessen sich ändern und nicht alle Initiativen dauerhaft existent bleiben.

Auch für den Schulbau hat Oberhausen und im Interesse junger Menschen hierbei hohe Aufwendungen in Kauf genommen. Im Oktober 1957 wurde der Neubau des Naturwissenschaftlichen Gymnasiums an der Schwartzstraße eröffnet. Im August 1969 fand die Eröffnung der ersten Gesamtschule in Osterfeld statt. Sie war in kurzer Zeit schon überfüllt und ließ erkennen, dass die Nachfrage bei den Eltern außerordentlich groß war. Im Januar 1978 wurde daher der Beschluss zur Errichtung der zweiten Gesamtschule Heinrich-Böll in Schmachtendorf gefasst. Diesem Beschluss folgte zehn Jahre später im August 1988 die dritte Gesamtschule in Oberhausen-Ost. Diese bezog zuerst den Standort Bermensfeld, später auch in Oberhausen-Mitte an der Schwartzstraße das Gebäude des ehemaligen Novalis-Gymnasiums.

Schon im Oktober 1969 diskutierte der Schulausschuss sehr intensiv über Ganztagsunterricht an der ersten Gesamtschule in Osterfeld. Hieraus wird ersichtlich, dass die Schuldiskussion in Nordrhein-Westfalen und damit auch in Oberhausen sich über alle Jahrzehnte nach dem Kriege hingezogen hat.

Über den Schulbereich hinaus galt das besondere Augenmerk der Oberhausener Kommunalpolitik den Ausbildungsmöglichkeiten junger Menschen nach der Schulentlassung. Unabhängig von den Abschlussarten, ob ohne Abschluss, ob mit normalem Abschluss oder mit höherem Abschluss, sollten entsprechende Angebote in dieser Stadt aufgebaut werden. Auf nachdrückliche Bemühungen der Oberbürgermeisterin Luise Albertz bei dem seinerzeitigen Bundesarbeitsminister Walter Arendt wurde 1974 mit dem Bau des Berufsförderungswerkes für Umschüler und Rehabilitanden in der sogenannten „City-West" begonnen. Im gleichen Jahr begann auch die Lebenshilfe ihre Werkstattarbeit für behinderte Jugendliche mit erheblicher Unterstützung durch die Stadtverwaltung.

Im Jahre 1977 wurde ein kommunaler Arbeitskreis „Jugendarbeitslosigkeit" gegründet, der auch die 1978 eröffnete „Ruhrwerkstatt" als Angebotsstelle für benachteiligte Jugendliche stützte. Im Jahre 1980 wurde von der Bundesregierung das sogenannte „Benachteiligtenprogramm" aufgelegt, in dem sich dann bundesweit Träger dieses Programms um die Förderung benachteiligter, d. h. meist nicht mit einem Schulabschluss versehener Jugendlicher bemühten. 1985 übernahm Oberhausen für diesen Trägerverbund den Bundesvorsitz, gestaltete maßgeblich eine entsprechende Leistungsschau in Meckenheim mit dem Bundesbildungsminister aus. Die Notwendigkeit zu diesen Maßnahmen ergab sich für Oberhausen aus der Tatsache, dass beispielsweise im Februar 1984 rund 2.500 Jugendliche einen Ausbildungsplatz suchten, aber nur 1.700 Ausbildungsplätze angeboten wurden.

Darüber hinaus bestand ein Mangel an Arbeitsmöglichkeiten für Jugendliche unter 20 Jahren, so dass im April 1984 rund 1.200 Jugendliche in dieser Altersgruppe ohne Arbeit waren. In Oberhausen wurden die Maßnahmen zur Hilfe für junge Menschen besonders unterstützt durch die Jugendberufshilfe, die Kurbel, die Ruhrwerkstatt, die Initiative Druckluft, die Volkshochschule, die Organisation „Arbeit und Leben". Den Bemühungen der Kommune Oberhausen ist es zu verdanken, dass 1988 die gesetzliche Absicherung des sogenannten „Benachteiligtenprogramms" erfolgte und damit eine entsprechende Leistungspalette von Angebotsträgern sichergestellt wurde.

Besondere Unterstützung fanden diese Bemühungen auch durch die im Jahre 1983 gegründete „Bürgerstiftung Stadtsparkasse", die jährlich erhebliche Mittel aus den Sparkassenüberschüssen für diese Einrichtungen zur Verfügung stellte. Im Rahmen der Beschäftigungsangebote für die jungen Menschen in den außerbetrieblichen Ausbildungseinrichtungen wurden u. a. die heute noch vorhandenen drei Wasserfontänen im Teich des Kaisergartens, des Antonieparks und des Volksparks in Sterkrade realisiert.

Als der Rat der Stadt in der Hoffnung, junge Menschen verstärkt in die kommunalpolitische Arbeit einzubinden, im Januar 1959 das erste Jugendparlament ins Leben rief, musste man jedoch schon bald erkennen, dass diese Einrichtung keinen Bestand auf Dauer hatte, da die tatsächlichen Mitwirkungsmöglichkeiten viel zu gering waren, um junge Menschen dauerhaft zu begeistern. Das Interesse der Jugend an der kommunalen Selbstverwaltung zu steigern, ist daher in der Folgezeit fast ausschließlich über die Jugendverbände, die Organisationen der politischen Parteien und der Kirchengemeinden versucht worden.

Sport

Neben den Förderungsmaßnahmen für die Schulentwicklung und die Ausbildungsförderung galt das Augenmerk der Kommunalpolitik in Oberhausen einem besonderem Schwerpunkt, dem Sport.

Als im September 1946 vor 30.000 Zuschauern im Niederrheinstadion Rot-Weiß Oberhausen Fußball-Niederrheinmeister wurde, war die Begeisterung in der Stadt riesengroß. Dies führte zur Gründung zahlreicher Vereine im ganzen Stadtgebiet, die nunmehr aber auch mit ihren Wünschen für Sportplätze und Sporthallen an die Verwaltung heran traten. Die Sportstättenplanung führte Ende der 1960er, Anfang der 1970er Jahre zu zahlreichen Sportstättenneubauten. Das Hallenbad Osterfeld wurde eröffnet, die Erweiterung der Turnhalle Elsa-Brändström-Gymnasium, die Turnhalle Dellwig. Allein von 1948 bis 1969 sind 64 Millionen DM für Sportstätten durch die Stadt Oberhausen aufgewandt worden.

Im März 1970 entstand die erste fernsehtaugliche Flutlichtanlage Europas im Stadion Niederrhein und im September 1982 erfolgte noch die Anlegung der Tartanbahn im Stadion Niederrhein, ein besonderes Highlight für die in Oberhausen immer sehr starke Leichtathletik.

Freizeit und Kultur

Im Herbst 1972 erfolgte eine Befragung der Bürger nach ihren Freizeitbedürfnissen. Hintergrund war die sich ständig ausbreitende Einrichtung privater Vergnügungs- und Freizeitanlagen. Diese Befragung führte im August 1973 zur kommunalen Unterstützung der vom Land NRW geplanten Errichtung von Freizeitparks. Hierfür geeignet war in Oberhausen ein 32 Hektar großes Gelände mit 20 Hektar Wald und Spazierwegen von über 4,5 Kilometer Länge im ehemaligen Osterfelder Stadtwald. Mit 33,1 Millionen Baukosten haben das Land, die Stadt Oberhausen, die Stadt Bottrop und der Kommunalverband Ruhrgebiet (KVR), Vor-

Abb. 4: Luise Albertz und Willi Meinicke gratulieren Friedhelm van den Mond (links) zu seiner Wahl zum Ersten Bürgermeister, 1975

gänger des RVR, diese Einrichtung im Mai 1974 eröffnet und systematisch ausgebaut. In den folgenden Jahren sind entstanden: Ein Schwimmbad, eine Eissporthalle und ein Freizeithaus mit Gaststätte.

Als 1954 eine Raumbuchung im Haus Union für eine Veranstaltung der SPD-Fraktion mit dem damaligen Bundestagsabgeordneten Herbert Wehner kurzfristig auf Weisung des Besitzers des Hauses, der Kirchengemeinde St. Marien, abgesagt wurde, ist der Beschluss gefasst worden, sofern die Finanzierung möglich würde, eine eigene Veranstaltungshalle zu errichten, um von den Räumlichkeiten der privaten Betreiber unabhängig zu werden. Nachdem im Jahre 1956 durch eine erhebliche Steuernachzahlung von Oberhausener Großbetrieben die Finanzierung möglich wurde, erfolgte die Beschlussfassung im gleichen Jahr, die Stadthalle Oberhausen zu errichten und zwar auf dem Gelände der ehemaligen Kreisleitung der NSDAP an der Schwartzstraße. Der erste Spatenstich erfolgte 1959. Hierbei wurde eine Urkunde eingemauert, deren Inhalt heute im Nachhinein als eine kaum vorstellbare Vision angesehen werden kann. Der Wortlaut der Urkunde im Grundstein der „Luise-Albertz-Halle" lautet wir folgt:

„15 Jahre nach dem Zusammenbruch hat die Stadt Oberhausen mit dem Bau der Stadthalle begonnen. Das Wünschenswerte musste immer wieder dem Notwendigen weichen. Wohnungen, Schulen, Kinderspielplätze, Grünanlagen und Straßen hatten den Vorrang. Aber die Menschen unserer Industriegroßstadt haben auch ein Recht auf unterhaltsame Freude und geistige Anregung.

Diese Stadthalle soll mit ihren vielfältigen Möglichkeiten allen Bürgern Oberhausens dienen. Sie steht dem kleinen Verein ebenso zur Verfügung wie der großen Veranstaltung, Tagungen, Kongresse, kulturelle Veranstaltungen.

Viel ist seit 1945 in unserer Stadt gebaut worden. Viele Pläne konnten verwirklicht werden dank des unermüdlichen Fleißes ihrer Bürger. Aber immer noch, 15 Jahre nach dem furchtbaren Ende des letzten Krieges, ist Deutschland, ist die Welt nicht zur Ruhe gekommen. Die Teilung der Welt geht mitten durch unser Land. Es gibt eine Sprache, aber kein gemeinsames politisches Wollen. Es gibt einen kontrollierten Verkehr und zwei Währungen.

Die Unterzeichneten legen daher dieser Urkunde nicht nur die üblichen Pläne, Modellaufnahmen und Zeitungen bei, sondern auch die Münzen beider Teile des getrennten Deutschland. Sie wünschen und hoffen, dass kommende Generationen zwei deutsche Währungen nur noch als ein historisches Relikt betrachten mögen.

Luise Albertz, Oberbürgermeister; Dr. Werner Petersen, Oberstadtdirektor; Werner Paulat, Baudezernent. Fraktionsvorsitzende: Meinicke (SPD); Bourscheid (CDU); Janzen (Zentrum); Stephani (FDP). Architekten: Stumpf, Voigtländer."

Die Einweihung der Stadthalle erfolgte im September 1962. Sie wurde nach dem Tode der Oberbürgermeisterin Luise Albertz 1979 dann im Jahre 1981 in „Luise Albertz Halle" umbenannt.

Zu den von der Stadt Oberhausen unterstützten Freizeitaktivitäten gehörten auch die Veranstaltungen des Oberhausener Karnevals. Nachdem sich im Jahre 1953 eine alte Gesellschaft neu gegründet hatte, fand jährlich ein Empfang der Karnevalisten durch die Stadt Oberhausen statt. Auch die Umzüge wurden von der Kommune intensiv unterstützt.

Das im Jahr 1986 aus wirtschaftlichen Gründen stillgelegte Ebertbad wurde im März 1989 nach einer Umgestaltung als Kulturzentrum eröffnet.

Dem Kulturbedürfnis der Oberhausener Bevölkerung versuchte die Kommunalpolitik durch vielfältige Aktivitäten zu entsprechen. Besonders dem städtischen Theater, den Konzertangeboten und später auch den Kurzfilmtagen galt die Unterstützung aus der Kommunalpolitik. Bereits im August 1947 wurde eine städtische Kunstgalerie im Schloss Oberhausen eingerichtet. Ihr folgte im September 1949 die Eröffnung des neuen Theaters.

Aufgrund einer Spende der Gutehoffnungshütte zum Wiederaufbau des Schlosses Oberhausen beschloss der Rat im Oktober 1959, gleichzeitig mit der vorgesehenen Eröffnung im Januar 1960 einen ersten Gedenkraum für die Opfer des Nationalsozialismus in Oberhausen einzurichten. Die Oberbürgermeisterin Luise Albertz lud nach dieser Eröffnung wiederholt ehemalige jüdische Mitbürger aus Oberhausen in diese Stadt ein, um sich ein Bild von dem neuen Deutschland zu machen. Eines dieser Treffen fand 1962 in der Oberhausener Stadthalle statt. Es waren zum Teil erschütternde Wiedersehen zwischen alten Oberhausener Bürgern und den seinerzeit vertriebenen jüdischen Mitbürgern.

Mit der Stilllegung der Zinkfabrik Altenberg hinter dem Hauptbahnhof in den 1970er Jahren begannen Planungen, dieses Fabrikareal zu erhalten und gegebenenfalls als Kulturzentrum zu nutzen. Nach längeren Diskussionen gelang es 1982, in diesem Areal das Bürgerzentrum Altenberg zu etablieren, in dem sich ein Initiativkreis, ein Ausbildungszentrum und eine Sporteinrichtung zusammen fanden. Dank intensiver Bemühungen der Stadt Oberhausen

Abb. 5: Inbetriebnahme des Fernwärmenetzes, 1959

gelang es, die Zentrale des Rheinischen Industriemuseums in dieses Areal einzubringen und dort die Entwicklung der Schwerindustrie darzustellen.

Zu den bedeutenden Bildungsangeboten, die die Stadt Oberhausen entwickelte, gehört die Gründung der Volkshochschule, die der Rat am 17. März 1952 beschlossen hatte. Sie wurde im ehemaligen Verwaltungsgebäude der Zinkfabrik Grillo (heute Sitz des „Büros für Chancen", Schwartzstr. 71) eingerichtet und im März 1985 nach einer erstaunlichen Entwicklung und Ausweitung in das Bert-Brecht-Haus, das ehemalige Kaufhofgebäude an der Paul-Reusch-Straße, verlegt.

Verkehrsentwicklung und Energieversorgung

Ende der 1950er Jahre wurde in Deutschland die Parole ausgegeben, dass insbesondere in den Ballungsgebieten eine Zufahrt zum Autobahnnetz in höchstens 15 Minuten Fahrtzeit erreichbar sein sollte. Bis Ende der 1980er Jahre ist festzustellen, und dies ist auch scherzhaft gemeint, dass Oberhausen als Dreh- und Angelpunkt ein zentrales Verkehrsautobahnkreuz wurde, denn man kann fast zu Fuß in Oberhausen innerhalb einer Viertelstunde eine Autobahnauffahrt erreichen. Die durch Oberhausen führende Autobahnlinie A 3, die von Holland bis Österreich reicht, wurde mit ihrem letzten Teilstück im April 1965 eröffnet.

Abb. 6: Minister Friedhelm Farthmann (Mitte) in Altenberg 1984, neben ihm Friedhelm van den Mond (links) und Hugo Baum, hinten Manfred Dammeyer

Die Stadt Oberhausen hat bereits in den 1950er Jahren begonnen, die ihr gehörenden Stadtwerke auszubauen und zu modernisieren. So konnte im Oktober 1960 das erste Heizkraftwerk in Oberhausen in Betrieb genommen werden. Mit der Gründung der „Energieversorgung Oberhausen" (EVO) 1964 begann ein systematischer Ausbau des Fernwärmenetzes.

Rückblick

Zur wirtschaftlichen Entwicklung der Stadt Oberhausen ist besonders festzuhalten, dass 1985 die Gutehoffnungshütte in der MAN aufging und der Sitz der Konzernzentrale von Oberhausen nach München verlegt wurde, im Jahre 1987 der endgültige Rückzug von Thyssen aus Oberhausen stattfand, im Jahre 1988 die Kokerei Osterfeld schloss und 516 Bergleute an andere RAG-Standorte verlegt wurden. Oberhausen hat sich in den 45 Jahren von Kriegsende bis 1990 weitgehend aus einer Stadt der Schwerindustrie zu einer Stadt des Handwerks, des Handels und der Dienstleistungen entwickelt. Die Entwicklung hat auch zahlreiche Brüche offen gelegt, aber insgesamt ist trotz der verheerend schlechten Finanzsituation der Stadt ein beachtlicher Umbau in dieser Zeit gelungen.

Oberhausen und die Bundes- und Landespolitik

Zahlreiche Mitglieder des Rates der Stadt Oberhausen sind im Verlauf der geschilderten 45 Jahre sowohl im Landtag von NRW als auch im Bundestag aktiv gewesen. Auch hier ist besonders die Oberbürgermeisterin Luise Albertz zu erwähnen, die einige Jahre im Bundestag Vorsitzende des Petitionsausschusses war. Häufig haben die Kontakte zu den maßgeblichen politischen Amtsträgern auch für Oberhausen entsprechende Erfolge gebracht. Erwähnt werden soll hier u. A. der Einsatz des Landtagsabgeordneten und späteren Staatssekretärs Dr. Heinz Nehrling, der insbesondere die Idee der Revierparks maßgeblich beeinflusste.

Aus der Stadt Oberhausen sind einige Landesminister hervorgegangen. So wurde Dr. Manfred Dammeyer Minister für Europaangelegenheiten, Heinz Schleußer Finanzminister.

Der Rat der Stadt Oberhausen hat auch auf politische Entwicklungen in der Bundesrepublik reagiert. Nach dem Bau der Berliner Mauer im August 1961 wurde vor dem Bahnhof eine Attrappe des Brandenburger Tors aufgestellt, der „Berliner Bär" im Park vor dem Bahnhof errichtet und bei einer Tagung des Hauptausschusses des Rates der Stadt Oberhausen im September 1961 eine Spende in Höhe von 50.000 DM an den regierenden Bürgermeister Willy Brandt für Probleme in Berlin übergeben. Gleichzeitig erfolgte die Benennung des Bahnhofsvorplatzes in „Berliner Platz", und der Park an der Meuthen-Villa (heute Sitz der Internationalen Kurzfilmtage) wurde in „Königshütter Park" umbenannt. Der 1956 in Oberhausen tätige Kulturdezernent Richard Schmidt war im Kriege in Königshütte (Oberschlesien) beruflich tätig. Viele weitere ehemalige Königshütter fanden in Oberhausen eine neue Heimat.

Menschen in der Kommunalpolitik

Es erscheint angebracht, auch einen kurzen Blick auf die Menschen zu werfen, die in diesen 45 Jahren kommunalpolitisch tätig waren und die mit all ihren Stärken und Schwächen ein lebendiges Beispiel für kommunales Engagement, oft auch von persönlichen Neigungen geprägt, gezeigt haben. Aus diesem Grunde seien einige menschliche Anekdoten mit aufgeführt, die der Verfasser dieses Artikels miterlebt hat.

Als im Jahre 1961 ein unsicherer katholischer Pfarrer Luise Albertz einen Handkuss gab, sagte sie: „Warum soll ich nicht meine Hand hinhalten, wo ich schon so oft den Kopf hinhalten musste." Geprägt wurde das Verhalten von Luise Albertz durch die Tatsache, dass sie keine Orden angenommen hat, mit Ausnahme der in Oberhausen ausgegebenen Karnevalsorden.

Oberstadtdirektor Anton Schmitz ärgerte sich 1958 vehement darüber, dass zahlreiche Rathausbedienstete morgens nach Gutdünken den Arbeitsbeginn festlegten. Er ließ an einem Vormittag um acht Uhr alle Rathaustüren schließen, stellte sich persönlich vor den Haupteingang und begrüßte dann alle zu spät kommenden Mitarbeiterinnen und Mitarbeiter mit persönlichem Handschlag und der Empfehlung, sich zukünftig an die Dienstzeiten zu halten. Dieses Ereignis fand sogar in einer Sendung des englischen Senders BBC Erwähnung.

Ein sehr katholisch geprägter Sozialdezernent hat in den 1950er und 1960er Jahren, wenn es zwölf Uhr läutete, alle Katholiken an seinem Besprechungstisch aufgefordert, aufzustehen und mit ihm zu beten. Die Protestanten durften sitzen bleiben.

Der schon erwähnte Beigeordnete Richard Schmidt übernahm während des Zweiten Weltkriegs in Königshütte, Oberschlesien zusagegemäß die Betreuung der Freundin eines zur Front versetzten Bekannten, verlor sie aber durch die Flucht und die Kriegsereignisse aus dem Auge. Bei seiner Wahl zum Kulturdezernenten in Oberhausen war er schier sprachlos, als er ein Zimmer angeboten bekam in der Schwartzstraße und auf sein Klingeln diese Frau ihm öffnete, die – auf verschlungenen Wegen ebenfalls nach Oberhausen gekommen – inzwischen am Oberhausener Theater als Schauspielerin tätig war. Es war Helga Maria Schmitter.

Im Jahre 1972 tagte die SPD-Fraktion in Berlin und unternahm dabei auch eine Stadtrundfahrt durch den Ostteil der Stadt. Ein Volkspolizist, der die Pässe kontrollierte, erklärte Luise Albertz kurz und bündig: „Gnädige Frau, ihr Pass ist ungültig." Sie reagierte ziemlich unwirsch und äußerte, dass sie mit diesem Pass bereits in Kanada und Amerika gewesen sei ohne jede Beanstandung. Auf die erneute Bemerkung des Polizisten, der Pass sei ungültig, musste sie sich erklären lassen, dass ihre Unterschrift fehlte. Hintergrund war die Tatsache, dass ein Mitarbeiter von ihr den Pass seinerzeit bei der Meldestelle abgeholt und sie ihn nicht unterzeichnet hatte.

Schlussbemerkung

Ein lebendiges Stück Zeitgeschichte in Oberhausen wurde vom Verfasser dieses Artikels dargestellt, um nachfolgenden Generationen einen Eindruck vom kommunalpolitischen Handeln zu vermitteln. Vielleicht gibt es einen Anstoß, sich in die Kommunalpolitik ehrenamtlich oder hauptberuflich einzubringen. Die Meinung des amerikanischen Präsidenten: „Frage nicht zuerst danach, was dein Land für dich tut, sondern überlege, was du für dein Land tun kannst", ist auch voll inhaltlich auf das Gemeinwesen einer Stadt, in der man lebt, zu übertragen.

Manfred Dammeyer

Bildung und Kultur in einer Arbeiterstadt

Persönliche Anmerkungen

Für meine Anstellung an der Volkshochschule Oberhausen entschied ich mich 1965, weil das damals eine schon sehr leistungsfähige Volkshochschule war, weil ihr Leiter, Hilmar Hoffmann, bekannt war und ich hoffte, von ihm viel lernen zu können, und weil die Volkshochschule gleichzeitig die *Westdeutschen Kurzfilmtage* organisierte, schon damals der entscheidende Beitrag der Stadt Oberhausen zur Weltkultur, an dem teilzunehmen und mitzuarbeiten mich sehr reizte. Bei den Kurzfilmtagen führte das dann ja auch neben dem Allgemeinen zu den dokumentierten Arbeitstagungen über den Spielfilm und über den Dokumentarfilm im Dritten Reich und über den Film der DDR in den 1960er Jahren. Die Zusammenarbeit mit den jungen Filmemachern, die ja zugleich die Autoren des Oberhausener Manifestes waren, half sehr, in Nordrhein-Westfalen kulturelle Filmförderung zu installieren.

♦

Von Oberhausen wusste ich natürlich aus meinem Studium vor allen Dingen drei relevante gesellschaftliche Angelegenheiten. Hier waren die Auseinandersetzungen über die Montan-Mitbestimmung in der Kohle- und Stahlindustrie besonders intensiv und wirkungsvoll geführt worden, nicht zuletzt in der Konfrontation der IG Metall udn des DGB mit Hermann Reusch und damit innerhalb der GHH und der HOAG. Später erfuhr ich, dass Hugo Baum und Rudolf Jakfeld die Protagonisten dieses Kampfes in Oberhausen waren. Hier waren die Studien von Popitz, Bahrdt, Jüres und Kesting über „das Gesellschaftsbild des Arbeiters" und „Technik und Industriearbeit" in der Hüttenindustrie erforscht worden, die ganzen Generationen von Soziologiestudenten klar machten, wie das Oben und Unten im Bewusstsein der Arbeiter von der Gesellschaft, in der sie lebten, differenziert war und in Teilen auch, wie es strukturiert war. Und natürlich wurde in diesen Studien auch dargestellt, wie in der Großindustrie die Technik einerseits durch „gefügeartiges" Ineinandergreifen beim Walzen von Brammen, Blechen und Drähten, die präzise hintereinander und ineinandergreifend organisiert waren, und andererseits durch sorgfältig aufeinander abgestimmte „teamartige" Zusammenarbeit auf den einen Zeitpunkt des Hochofenabstichs hin, funktionierte.

Es war dann auch sehr glücklich, dass die *IG Metall* in den nachfolgenden Jahren hier in Oberhausen ihre *Zukunftskonferenzen* durchführte, in denen über die Zukunft der Industriearbeit nachgedacht und Lösungen für bevorstehende gesellschaftliche Fragen frühzeitig erörtert wurden. Und natürlich auch, dass meine Freunde Horst Kern und Michael Schumann später die Popitz-Bahrdt-Studien mit ihren Arbeiten über „Industriearbeit und Arbeiterbewußtsein" (1985) fortsetzten.

◆

Eines der eindrucksvollsten Erlebnisse in dieser Stadt für mich war damals auch, dass ich an einem der ersten Tage, in denen ich durch die Stadt streifte, die *Gedenkhalle* besuchte und dort feststellte, dass die jüngste Geschichte, vor der sich sonst alle in der Auseinandersetzung drückten, in Oberhausen dargestellt war. In der Gedenkhalle sah man, dass die Nazis hier in Oberhausen geherrscht hatten (und nicht nur weit weg in Deutschland oder in den von der Wehrmacht besetzten Ländern), wie sie hießen, wen sie verfolgten und verschleppten, und man erfuhr, dass einige Bürger Widerstand leisteten und wie es ihnen erging. Diese Ehrlichkeit im Umgang mit der eigenen Geschichte war damals einzigartig (und man muss sie selbst heute noch vielerorts vermissen) und überzeugte mich von der guten Gesinnung der Verantwortlichen dieser Stadt. Hier sah man eben, wer Widerstand gegen die Nazis leistete, aber auch wer hier die Nazis waren, wie schnell sie die Macht ergriffen, wie sie sie nutzten, was sie daraus machten, wie skrupellos sie damit umgingen und wie heldenhaft diejenigen, die dagegen aufstanden, gearbeitet haben. Dass die Stadt Oberhausen so etwas in ihrem Schloss, einem der wenigen herausragenden bemerkenswerten Gebäude, in dem zugleich auch die Kunstsammlung untergebracht war, präsentierte, machte auf mich einen überaus großen Eindruck und ist bleibend für meine Sympathie für Oberhausen.

◆

Man erfuhr sogleich, dass die Stadt Oberhausen eigentlich immer noch drei Städte waren, die weitgehend ihr Eigenleben führten, durch Verkehrsadern voneinander geschieden und getrennt waren und ja auch jede eine Bevölkerungszahl aufwies, die alle Infrastruktureinrichtungen rechtfertigen konnten. Zusammengewachsen war diese Stadt Oberhausen jedenfalls auch nach dreißig Jahren Zusammenschluss noch nicht. Das zwang dazu, auch zu überlegen, wie denn die Bildungsangebote in den drei Stadtteilen gestaltet werden mussten. Eine Aufgabe, der sich auch die Volkshochschule zu stellen hatte, ohne dass sie drei Volkshochschulen sein konnte.

Vor allen Dingen ergab sich aber aus alldem eine erhebliche bildungspolitische Benachteiligung des Stadtteils Osterfeld. Die über 50.000 Einwohner dieses Stadtteils hatten keine Möglichkeit, ihre Kinder auf ein Gymnasium in ihrem Ortsteil zu schicken. Etwas, das in einer durchschnittlichen Kreisstadt mit weniger Einwohnern völlig undenkbar gewesen wäre; die Parole der Aktion Gemeinsinn „Schick' dein Kind länger auf bessere Schulen!" hatte dort längst gewirkt. Aber in Osterfeld mussten die Eltern, die ihre Kinder auf ein Gymnasium schicken wollten, diese nach Bottrop, Sterkrade oder Alt-Oberhausen auspendeln lassen, lange Wege, auch innerstädtisch, die natürlich die Arbeiterbevölkerung entmutigten. Also musste natürlich die erste Gesamtschule in Oberhausen in Osterfeld errichtet werden.

◆

Bei den Diskussionen über die zukünftige Entwicklung der Volkshochschule stellten wir, die in der Kultur der Stadt Tätigen wie Hilmar Hoffmann und ich, ziemlich schnell fest, dass die spezifischen bildungsabschlussbezogenen Bedürfnisse Oberhausener Bürger von uns in besonderer Weise berücksichtigt werden sollten. Daraus ergab sich, dass wir uns praktisch einer Aufgabe annahmen, die in ganz Nordrhein-Westfalen noch keiner angepackt hatte.

Es gab zu diesem Zeitpunkt in der Bundesrepublik Deutschland zwar schon drei Institute zum nachträglichen Erwerb des Abiturs, der Hochschulzugangsberechtigung, nämlich das Braunschweig-Kolleg in Braunschweig, das Propädeutikum in Wilhelmshaven und sogar hier das Oberhausen-Kolleg, das staatliche Institut zur Erlangung der Hochschulreife. Es gab auch einige Abendrealschulen an mehreren Orten in Deutschland und erste Versuche mit Abendgymnasien. Aber es gab keine Möglichkeit, den Volksschulabschluss nachträglich zu erwerben. Wer einmal von der Volksschule vor der Klasse 8, dem elementarsten aller Ausbildungsgänge, der ja überdies auch von den anderen Bildungsgängen abgeschottet war, abgegangen war, hatte keine Möglichkeit mehr, nachträglich noch diesen Abschluss zu erwerben, obwohl das die Voraussetzung für eine Berufsausbildung, für eine Lehre, war. In Niedersachsen gab es bereits eine solche externe nachträgliche Abschlussprüfung.

Wir entschieden uns deshalb, eine Volksschulabschlussprüfung einzurichten und ein „Volksschulabschlußzeugnis" auszustellen, und dachten, es wäre ein leichtes Spiel, das NRW-Kultusministerium dazu zu bewegen, schnell eine Prüfungsordnung zu erarbeiten. Aber das war eine Illusion. Aus dem Kultusministerium erhielten wir auf unsere Schreiben zunächst überhaupt keine Antworten. Als wir uns dann weiter darum kümmerten, vorstellig werden zu können, wurden wir – das waren erneut Hilmar Hoffmann, der inzwischen Kulturdezernent der Stadt war, und ich – vor allen Dingen danach befragt, ob wir denn Jura studiert hätten. Als ob bildungspolitische Entscheidungen von einem Jura-Studium abhängen müssten.

Wir entwickelten parallel zu den Gesprächen mit dem Ministerium aber schon Ausbildungsprogramme. Wir luden den damaligen Schulrat Hugo Marx, einige Schulleiter und Lehrer (Heinrich Görtz und Alfred Timmer) ein, die entscheidenden Stoffe für eine solche externe Prüfung aus den Unterrichtstafeln der achten Klasse der Volksschule zusammenzustellen und daraufhin zu überprüfen, ob sie in einem etwa einjährigen Kursus erarbeitet werden könnten. Denn natürlich war uns klar, dass die etwaigen Teilnehmer berufstätig waren, obwohl sie keinen Abschluss in einem Lehrberuf hatten erwerben können. Und natürlich wurde solch ein Kurs ein Renner, der auch sofort von anderen Volkshochschulen kopiert wurde. Und ehe unser erster Kurs zu Ende war, hatte auch Nordrhein-Westfalen eine Prüfungsordnung, die sich an unsere Vorgaben anlehnte. Als dann aus der Volksschule die Hauptschule wurde, wurde natürlich auch die externe nachträgliche Abschlussprüfung angepasst.

◆

1967 stand die Schließung der Zeche Concordia an, zum 31. März 1968 wurde sie geschlossen, und keiner wusste, was aus den Bergleuten werden sollte. Das waren immerhin 4.000 Männer in jungem und mittlerem Alter, die eine mehr oder weniger gute Schulausbildung hatten und nun „freigesetzt" waren und in irgendeiner Weise auf eine Umschulung warteten. Darauf war im Nachkriegsdeutschland noch niemand vorbereitet, denn die Schließung von „Concordia" war die erste größere Zechenschließung überhaupt.

Die Volkshochschule Oberhausen bot sofort an, Umschulungskurse einzurichten, ohne dass wir genau wussten, wohin diese Bergleute umzuschulen waren. Für einige kam der Kurs zum Erwerb des Volksschulabschlusszeugnisses in Frage, weil sie keine abgeschlossene Schulausbildung hatten und das als Grundlage für eine künftige Berufsausbildung dringend benötigten. Für alle anderen wurde ein Kurs zusammengesetzt, der daran anknüpfte, was die bisherige Volksschulausbildung geleistet hatte. Da der Kurs nur dreizehn Wochen dauern konnte, wurden samstags jeweils für sechs Stunden Deutsch, Rechnen, Raumlehre, Fachkunde und politische Bildung angeboten. Der Kurs zielte darauf ab, die Volksschulkenntnisse wieder aufzufrischen und zu erweitern. Die Teilnehmer sollten vor allem zu intensiver eigener Tätigkeit ermuntert werden, so lag das Schwergewicht im Deutschunterricht auf der Anfertigung von Protokollen aus dem Erfahrungsbereich der Teilnehmer, beim Rechnen darauf, möglichst bald eine Umsetzung der Rechenoperation in betriebliche Praxis zu erreichen. Politische Bildung zielte darauf ab, einen hinreichenden Grundstock an Kenntnis von Institutionen zu erwerben, zugleich aber auch auf die Möglichkeiten, eigene Einflussnahme im öffentlichen Leben zu erörtern. Das Fach Fachkunde war an den Berufen orientiert, in die nach den Erwartungen des Arbeitsamtes zum Jahreswechsel 1967/1968 die meisten Bergleute später umgeschult werden würden. Von September 1967 bis zum Jahresende nahmen 56 Bergleute an zwei Parallelkursen teil, ab Januar 1968 besuchten davon 24 Teilnehmer einen ebenfalls zwölfwöchigen Fortsetzungskurs. Gleichzeitig fand ein weiterer Anfängerkurs mit 29 Teilnehmern statt.

Die Teilnehmer besuchten die Veranstaltung sehr regelmäßig und mit relativ geringem Schwund trotz der Schichtarbeit, der sie unterlagen. Einige Teilnehmer ließen sich im Laufe des Kurses von einer Schicht zur anderen versetzen, um regelmäßig kommen zu können, obwohl das auch mit finanziellen Einbußen verbunden war, da die Überbrückungsgelder nach der Stilllegung sich nach dem Realeinkommen der letzten Monate richteten. Nicht nur durch regelmäßige Teilnahme bewiesen die Bergleute ihr Interesse, sondern auch durch überaus intensive Mitarbeit, vor allem bei jenen Stoffen, bei denen sie Lücken spürten.

◆

Die Volkshochschule Oberhausen entwickelte ein umfangreiches Angebot an berufsnahen Kursen für Deutsch, Rechnen, Mathematik, Buchführung, Steuerrecht, Elektronik und Datenverarbeitung. Wir versuchten immer gleichzeitig, auch dafür Abschlüsse zu erarbeiten, um den Teilnehmern gleichermaßen systematische, verwertbare, praktische Kenntnisse zu vermitteln wie auch Zertifikate auszustellen.

Der Fremdsprachenunterricht vermittelte in dieser Zeit – ohne an irgendwelche Richtlinien gebunden zu sein – erwachsenen Menschen von Ort zu Ort unter verschiedenen Bedingungen diejenigen Kenntnisse, die sie für ihre persönlichen Zwecke für ausreichend hielten. An die Stelle dieser lockeren Art der Handhabung setzte die Volkshochschule Oberhausen Kurse mit klar definierten Lernzielen. Sie war die erste in der Bundesrepublik, die alle Englischkurse durch Sprachlaborunterricht ergänzen konnte. Daraufhin konnten alle Sprachkurse auf ein Zertifikat-System umgestellt werden. Regelmäßiger Besuch und aktive Mitarbeit bewirkten, dass nach bis zu drei Jahren eine Prüfung absolviert werden konnte, die bestätigte, dass die Inhaber des Zertifikats in der Lage sind, Gespräche über Situationen des täglichen Lebens zu verstehen und zu führen, einfache Geschäftsbriefe zu schreiben, Zeitungen und Bücher zu lesen und sich beim Auslandsaufenthalt verständigen zu können. Er bescheinigte solide, praktisch verwertbare Grundkenntnisse, die für viele Tätigkeitsbereiche in der Industrie und in der übrigen Wirtschaft eine zusätzliche Berufsqualifikation bilden.

Diese konsequente Orientierung an verwertbarem Wissen, an Abschlüssen, an Möglichkeiten, auch die erworbenen Kenntnisse nachweisen zu können, wurde in der Fachliteratur, etwa von Hildegard Feidel-Merz, als die „realistische Wende der Erwachsenenbildung" gekennzeichnet und die Volkshochschule Oberhausen als die Modelleinrichtung, die am schnellsten und konsequentesten diese Richtung ergriffen hatte, beschrieben. Eine solche Entwicklung freilich hatte seinen Preis, denn der Rat der Stadt erhöhte den Etat der Volkshochschule natürlich nicht beliebig. Prioritäten waren zu setzen, Posteriores abzusetzen, zumal das auch im VHS-Gesetz des Landes nahe gelegt wurde. Die Volkshochschule reduzierte daraufhin ihre Vortragsreihen, mit denen sie systematisch wichtige Themen der aktuellen Diskussion aufarbeitete, reduzierte Vorträge und vor allem Podiumsdiskussionen (die später sowieso von der Unterhaltungsindustrie in Talkshows abgelöst wurden) und auch diejenigen Kurse mit körperlicher Betätigung und musischen Aktivitäten, die schlummernde produktive Fähigkeiten freisetzen konnten oder über die Wissensvermittlung und über allgemeine Diskussionen hinaus auch den Teilnehmern Kontakte und Kommunikation unter ansonsten isoliert lebenden Menschen ermöglichten. Damit wurden auch die Veranstaltungen der Lesebühne der VHS reduziert, die unter dem Namen „Studio das zeitgenössische Schauspiel" geführt wurde, das freilich dennoch die kompletten frühen Stücke Bertolt Brechts und eine Vielzahl aktueller ungewöhnlicher Autoren wie Pablo Neruda, Mao Tse Tung, F.C. Delius auf die Bühne zu bringen vermochte.

◆

An Oberhausen lassen sich außer in der Berichterstattung über Entwicklungen im Bildungsbereich auch andere weiße Flecken – der Sozialgeschichte und der Literaturgeschichte – zeigen.

Am Samstag, dem 25. März 1922, steigt ein junger Mann aus Schweden in Oberhausen um halb vier aus dem Zug aus Berlin. Am Bahnsteig warten sein schwedischer Freund und Johann und Claus Spaniol, Vater und Sohn und beide Aktivisten des ▶ FAUD (A./S.) (Freie Arbeiter-Union Deutschlands Anarchosyndikalisten). Claus ist der Kopf der FAUD in Oberhausen und Johann, sein Vater, ist der Geschäftsleiter der Reichsförderation der Bergarbeiter in der FAUD. Der junge Schwede heißt Eyvind Johnson. Er ist 1900 in Luleå geboren. Nach sechs Jahren Schule zog er als 14-jähriger Junge los, um für sich selbst aufzukommen. Schwere und gefährliche Arbeiten in einem Sägewerk, einer Ziegelei und als Flößer auf den langen Flüssen Nordschwedens bestimmten seine nächsten Jahre. Er organisierte sich bei den syndikalistischen Jungsozialisten, ging nach Stockholm, übernahm Gelegenheitsarbeiten, schreibt Kampflieder und vor allen Dingen flammende politische Appelle, lebt in einer Landkommune, liest, diskutiert, schreibt. Er will dann „nach Europa" und eine Umwanderung der gesamten Erde unternehmen. Er reist deshalb als blinder Passagier auf einem Frachtschiff nach Lübeck, von dort nach Hamburg, fährt in der 4. Klasse nach Berlin, wohnt dort bei anarchosyndikalistischen Freunden um Augustin Souchy. Er will weiter nach Süden, und das ist für ihn das Rheinland. Er geht deshalb nach Oberhausen, weil hier eine starke Gruppe der FAUD ist. Seine Adresse ist die des FAUD bei Spaniol, Mülheimer Str. 244. Nebenan zur Ecke Marktstraße war damals eine Gastwirtschaft, das Vereinslokal der Syndikalisten. Dass Johnson ausgerechnet nach

Oberhausen gekommen ist, weil es hier Anarchosyndikalisten gab, verwundert heute, denn von anarchistischen oder syndikalistischen Traditionen ist in Oberhausen nicht viel bekannt. Das ist ein weißer Fleck sowohl in der Stadtgeschichte als auch in der Forschung über die syndikalistischen Aktivitäten im Rheinland und im Ruhrgebiet. Von einschlägigen Gruppen in Elberfeld, Remscheid, Düsseldorf, Mülheim und Hamborn gibt es Berichte, von Oberhausen und ihren Protagonisten aber kaum.

Neben den Gruppen in Mülheim und in Hamborn war aber offenbar auch die Oberhausener Gruppe vor allem unter den Bergleuten stark vertreten. Sie stellten einen großen Anteil der Angehörigen der Roten Ruhrarmee im Ruhrkampf 1920, und davon zeugt auch heute noch ein Monument auf dem Liricher Friedhof: „Das Banner steht, wenn der Mann auch fällt."

Auf der Zeche Alstaden waren die Syndikalisten die eindeutig dominierende Kraft. Bei Betriebsratswahlen im Oberhausener Bergbau erhielten sie von 9.000 Belegschaftsmitgliedern 8.500 Stimmen; und dabei war die Beteiligung an den Betriebsratswahlen unter den Syndikalisten heftig umstritten und wurde von vielen heftig abgelehnt. Ihr Mai-Umzug war Anfang der 1920er Jahre wohl größer als der der Freien Gewerkschaften, und daraufhin haben die Freien Gewerkschaften im Jahre 1923 ihren Mai-Umzug eingestellt und ihre Mai-Veranstaltung im Saal gefeiert, während der FAUD seinen Demonstrationszug durch die Straßen veranstalten konnte. In den folgenden Jahren und erst recht mit der Weltwirtschaftskrise 1929 wurde die ökonomische Ausrichtung, eine ausschließlich auf Lohnerhöhung orientierte betriebliche Gewerkschaftspolitik, obsolet, und die Anarchosyndikalisten verloren rapide an Zustimmung und Mitgliedern, so dass sie 1929 nur noch eine sehr kleine Gruppe waren und reichsweit auf nur mehr 20.000 Mitglieder geschätzt wurden.

Johnson schreibt von hier aus Briefe an seinen Freund und an Verwandte, vor allem aber schreibt er Zeitungsartikel, auch um etwas Geld zu verdienen, denn im Bergbau und in einer Hütte wird er nicht angenommen. In der schwedischen anarchistischen Zeitung „Brand" vom 17. Juli 1922 berichtet er aus Oberhausen:

> „Die FAUD (A./S.) [Freiheitliche Arbeiter-Union Deutschlands (Anarchosyndikalisten)] hat hier eine starke Feste – hauptsächlich in der Bergarbeiterschaft. Aber auch viele Metallarbeiter sind syndikalistisch organisiert. Seit der misslungenen Revolution haben unsere Ideen im Ruhrgebiet und im Rheinland stärkeren Anklang gefunden als vorher, und die Organisationen wachsen Tag für Tag. Unter den Genossen, die hier im Ruhrgebiet die treibenden Kräfte sind, kann man beide Spaniol aus Oberhausen nennen, Vater und Sohn, sowie Genosse Reuss aus Mülheim. Johann Spaniol ist ein alter Mann, aber er steht immer noch mitten im Kampf. Er hat sich von seinem ursprünglich marxistischen Standpunkt aus nach und nach dem Anarchosyndikalismus genähert, um schließlich dessen Prinzipien zu begreifen. Auch früher war er einer der ‚Bosse' in der SPD (Sozialdemokratische Partei) und ein guter Freund von Ebert und den anderen Halb- und Dreiviertel-Präsidenten im Reformistischen Lager. Aber da er nicht nach der Parteimusik tanzen wollte, schied er von seinem Posten und ging den radikalen Weg. Während des Kapp-Putsches wurde er zu zehn Jahren Gefängnis verurteilt und sein junger Sohn, Genosse Claus Spaniol, zum Tode. Aber beide wurden wieder freigelassen, nachdem Kapp's Kappe vom Volkssturm weggeblasen worden war."

In seinem Roman „Romantische Erzählung" von 1953 beschäftigt er sich mit „seinem Jahrzehnt", den 1920er Jahren und seiner ersten Reise nach Europa und verarbeitet darin auch den

Aufenthalt in Oberhausen. Die beiden Spaniols sind ihm darin als Franz und Claus Espanes wichtige Partner.

Aus und über Oberhausen schreibt Johnson wiederholt in seiner heimatlichen Lokalzeitung „Norrländska Socialdemokraten" als deren Deutschland- oder gar Europakorrespondent, gewiss auch mit Übertreibungen. Als Schnellorientierung über die Bergarbeiterstadtstadt, die „schwarze Perle des Rheinlandes" konnte man dort am 6. Mai 1922 lesen:

> „Oberhausen wird zu Recht die schwarze Perle des Rheinlandes genannt, es ist eine Stadt von ungefähr 90.000 Einwohnern – eine Stadt mit engen Straßen, niedrigen Häusern, von denen, soweit das ein Fremder beurteilen kann, jedes zehnte als eine Kneipe, Bierhalle, Tanzsalon oder Café eingerichtet ist […], eine lange Straße, die Marktstraße geht mitten durch die Stadt und wirkt wie der Versuch einer Snob-Rennbahn oder ‚Miniatur Unter den Linden'. Ein großer ‚Markt' mit einer Kopie der Siegessäule in Berlin gibt eine sogenannte Sehenswürdigkeit ab, außerdem Kirchen, katholische und evangelische. Für die Seelen ist gut gesorgt.
>
> Ich habe nirgends sonst, selbst nicht in Berlins Apachen-Quartieren, so viele berauschte, hoch volle, torkelnde, kotzende Menschen auf einmal gesehen wie in Oberhausen. Das ist für einen Sozialisten sehr niederschmetternd. Aber die Erklärungen liegen dafür unmittelbar auf der Hand. Man will die schwarze Grundstimmung der Stadt vergessen, denn es fällt schwer, andere Vergnügungsquellen als Bier und Wein zu finden. Und was vor allem die Bergleute betrifft, so ist es doppelt erklärbar – wenn auch gefährlich: Dass er nach seiner siebenstündigen Arbeitsschicht einige hundert Meter unter der Erde schließlich seine ‚Stimulanz' haben will.
>
> Die Zechen haben der Stadt ihren Stempel aufgeprägt. Wohin man blickt, erheben sich hohe Fördertürme, Riesenschornsteine, Riesenhalden, die qualmend alle Wege für jeden Blick abschließen. Und ständig liegt der giftige Kohlenrauch, der stechende Schwefelgeruch wie ein dunkler Schleier über allem, und in diesem Giftrauch ist die gegenwärtige Generation aufgewachsen. Deshalb ist die Sterblichkeit – vor allem unter den Kindern – sehr groß und jeder Zweite sieht aus, als ob er die Tuberkulose hätte. Ergebnis der modernen Industrialisierung.
>
> Außer den Zechen gibt es große Stahlwerke, Schmelzöfen und Fabriken, in welchen Tausende von Arbeitern beschäftigt sind.
>
> Der älteste Stadtteil, Alstaden, wie er genannt wird, ist eine typische geschlossene Arbeitersiedlung. Kleine, ein- und zweigeschossige Häuser, rußig und schwarz, vor allen Dingen: unmittelbar neben der ältesten Zeche. Hier ist es bei Regen oder unmittelbar nach dem Regen richtig gefährlich, weil das Regenwasser aus den Massen schwefelhaltiger Stoffe, die das ganze Jahr über aus den Bergwerken herausgeholt werden und die in großen Bergen herumliegen, Teile auslöst. Hier laufen bleiche Kinder zu Hunderten in großen klappernden Holzschuhen herum und spielen. Sie sind der kommende Bergleutestamm – die so lange leben, bis sie das Alter erreichen, um Hacke und Grubenlampe zu nehmen. Die meisten dieser Kinder sterben sehr früh an Tuberkulose. Nicht weniger als zweiundfünfzig Prozent von ihnen sind nach den neuesten Statistiken von Lungenkrankheiten befallen! Das ist sehr gefährlich. […]
>
> Während der ersten Revolution, 1918, aber auch während der Märzrevolution 1920 spielte Oberhausen eine herausragende Rolle. […] Bei der Revolution 1920, oder besser gesagt: beim Kappputsch fielen eine Menge Arbeiter in den fast täglich wiederholten blutigen Kämpfen gegen die kapptreuen Soldaten. Oberhausens Arbeiter haben diesen Revolutionsopfern ein stattliches Denkmal in Form eines gewaltigen, künstlerisch gestalteten Steines über dem Massengrab gesetzt mit der Inschrift: ‚Das Banner steht, wenn der Mann auch fällt'.

Die Arbeiterbewegung hat eine starke ökonomische Ausprägung. Irgendwie ganz natürlich, weil das ausschließlich eine Industriestadt ist. So ist das übrigens im ganzen Rheinland. Die ökonomische Kampftaktik hat fast vollständig die politische überflügelt […].

Alles in allem – Oberhausen ist eine Stadt, in der man sich nicht so leicht wohl fühlen kann. So empfinde ich das, und so werden das sicher auch alle anderen Leute, die vielleicht aus Norrland mal hier her kommen mögen, empfinden.

Die Stadt lebt buchstäblich, auch im übertragenen Sinne, auf der Kohle, in der Kohle, von der Kohle und unter der Kohle. Sie ist eine kostbare Perle für die Industriemagnaten. Eine Quelle, die den Reichtum des Landes schafft und eine enge dunkle Verbannung für die, welche diese unterirdischen Schätze unter der Erde ausgraben: die Bergleute unten in der ewigen Dunkelheit."

In dem Roman „Romantische Erzählung" beschreibt Johnson unter anderen Schilderungen den Karfreitag 1922:

„Die Stadt Oberhausen kochte Mittagessen. Der Rauch der Schornsteine vom Mittagsmahl, das heute besonders gut zubereitet war, vermutlich zumeist gebratener Fisch oder Lamm, zubereitet und gegessen in Andacht oder in offenem Trotz.

Der Essensgeruch war das Wichtigste. Aber dann kam ein anderer Geruch, der aus dem ganzen Ruhrgebiet aufstieg. Von Essen im Osten und weit weg in Duisburg und Ruhrort im Westen und weit unten in Düsseldorf und Köln. Der meiste Rauch war hier in der Gegend und in Mülheim, ganz in der Nähe. Der Himmel war voll von Rauchwolken. Der Rauch kam nicht bloß aus den Küchen, in denen Fisch gebraten wurde und anderes, vielleicht Fleisch mit Zwiebeln. Er kam vielmehr aus vielen Öffnungen in der Erde selbst. Ein ausgebreiteter Geruch war das. Eine rauch- und feuersprühende Kleinhügeligkeit. Die Landschaft war hügelig von Halden. Große, wie die höchsten Pyramiden in Ägyptenland. Den seltsam gefrorenen, nackten Eisengestellen mit Transportbändern obendrauf. Gestelle wie Rückgrate, ja ganze Skelette von gewaltigen prähistorischen Tieren, die in einem kolossalen Freiluftmuseum hinterlassen wurden. Die Wolken darüber erinnerten an Bilder aus einem Buch über den Kohlenwald – vielleicht von H. Fabre; um sie waren Gase und Ruß. Nun, in dem gelb gefärbten oder rötlichen Sonnenlicht, sah man nicht richtig, wo sie brannten. Aber bei Nacht brachen gelbe und blaue Feuerscheine aus den Hälsen der Hochöfen."

1958 schreibt Heinrich Böll in dem großartigen Band „Im Ruhrgebiet", das er gemeinsam mit dem genialen Fotografen Chargesheimer gestaltete:

„Das Ruhrgebiet ist noch nicht entdeckt worden; die Provinz, die diesen Namen trägt, weil man keinen anderen für sie fand, ist weder in ihren Grenzen noch in ihrer Gestalt genau zu bestimmen; das Wort Ruhr hat sowohl mythischen Beiklang wie den Unterton begrifflicher Sprödigkeit. Gedankenverbindungen lösen sich aus, wenn der Name dieses kleinen Flusses fällt, der aus lieblichen sauerländischen Tälern kommt: Krupp – Essen – Kanonen – Bergleute – Macht. Da unten, da oben, da im Westen – sagen die Deutschen – da riecht es nach Ruß und Geld, nach Hütte und Kohlenstaub, nach den Abgasen der Kokereien, den Dämpfen der Chemie – und es riecht nach Macht. Denn Stahl und Kohle sind Macht. Aber es riecht dort vor allem nach Menschen, nach Jugend, Barbarei und Unverdorbenheit […].

Die Züge, die sich von Düsseldorf, Münster oder Hagen aus dem Ruhrgebiet nähern, sollten ein wenig langsamer fahren, leiser. Sie fahren so gleichgültig über diese Welt dahin, die Untertage weit verzweigt ist, vielschichtig und dunkel; in der ständig, bei Tag und Nacht, so viele Menschen arbeiten, wie in einer Stadt mittlerer Größe Platz hätten. Dort unten werden ganze Gebirge bewegt, verlagert, gefördert; ein unendliches Netz von Straßenzügen, Bahnhöfen, Schienensträngen, Kraftwerken, Werkstätten; Stürme frischer Luft werden in die Erde gepumpt, ganze Wälder verschwinden als Stützmaterial in den Tiefen. Diese Welt, über die die Züge so ahnungslos dahinbrausen, ist so unfassbar, dass die Realität von der Phantasie nicht eingeholt werden kann, obwohl einer der Gründe, warum diese Welt noch in keiner der Künste Gestalt angenommen hat, obwohl ihre Form, ihre Struktur, ihre Geräusche sich zur Abstraktion anbieten; alle Farbe ist dort unten gelöscht, nur das dünne Gelb elektrischer Lampen lässt hin und wieder in Blau, im matten Braun eines Augapfels wenigstens die Erinnerung an Farbe lebendig werden. Alles andere ist schwarz von Kohlenstaub, grau von Gesteinsstaub; eine Welt ohne Frauen; nicht sieben oder acht Stunden Arbeit, sieben oder acht Stunden Gefangenschaft täglich. Doch die Züge fahren nicht langsamer; fast scheint es, als eilten sie, weil sie sich schämen, dass sie den Fremden den Weg durch diese Provinz nicht ersparen können […].

Unter gewaltigen Rohrleitungen fährt der Zug hindurch an giftigen und gelben Flammen, roten Feuern vorbei; die Industrie schiebt ihre pathetische Kulisse nah an die Bahn heran; dunkle Siedlungen ducken sich im Schatten von Fördertürmen, Kokereien; weniger hässliche Siedlungen werden sichtbar, aber sie haben kein Gewicht angesichts der Dunkelheit der Kulisse.

Und doch leben nirgendwo in Deutschland so viele Menschen auf so engem Raum, sind die Menschen nirgendwo unpathetischer, einfacher und herzlicher […].

Nicht weit hinter Duisburg, kurz vor Oberhausen, an einer Stelle, wo die Silhouette großer Industriewerke schon zu sehen ist, führt die Straße durch grüne Uferweiden, führt eine Brücke über einen hübschen Fluss mittlerer Größe, den ein Blechschild lakonisch als ‚Ruhr' bezeichnet.

Mitten auf der Brücke, den Vorschriften zuwider, hält ein kleines Auto, das kurz vor dem lakonischen Schild ‚Ruhr' angehalten hat, diesem entsteigt eine junge Frau; sie ist etwa dreißig Jahre alt, modisch gekleidet, schlank, blond; sie geht auf das Brückengeländer zu, lehnt sich über das Eisengestänge, blickt in den Fluss hinunter, hebt dann schnuppernd den Kopf in die Luft, löst sich vom Brückengeländer, geht zum Auto zurück, steigt ein, und das Auto fährt langsam auf die düstere Kulisse zu. ‚Was war denn los?', fragt der Mann am Steuer. ‚Oh, nichts', sagt die Frau, die gerade ihre Sonnenbrille mit nüchterner Endgültigkeit weg packt. ‚Nichts war los, ich wollte nur sehen, wollte riechen, ob wir wirklich zu Hause sind.' ‚Warum gerade hier?' ‚Weil es hier anfängt', sagt die junge Frau, ‚hier fängt der Lichtwechsel an, hier schmeckt die Luft bitter, werden die Häuser dunkel, und hier sprechen die Leute so wie ich spreche. Und ich bin ausgestiegen, weil ich einen Augenblick allein sein, Dir nicht meine Rührung zeigen wollte.' ‚Du bist gerührt?' ‚Ja. Ich freue mich, dass ich wieder zu Hause bin, ich war all die Schönheit und den blauen Himmel ein wenig leid.' Kopfschüttelnd, ohne zu antworten, steuert der junge Mann das kleine Auto weiter nordwärts, auf Oberhausen zu. ‚… ich freue mich, wenn ich heute abend mit dir im Kintopp sitze, weißt du, in dem alten, unten an der Ecke der Bochumer Straße.' ‚Ausgerechnet in dem?' ‚Ausgerechnet in dem will ich sitzen und will die Leute riechen, und nachher will ich ein Bier und einen Schnaps trinken unten an der Ecke zum Wiehagen.' ‚Da?' ‚Ja, da. Ich will so richtig wissen, dass ich wieder zu Hause bin. Und am Sonntag will ich auf den Fußballplatz gehen und auf die Kirmes auf der Wiese hinter Stratmanns Haus, ich will …' ‚Langsam', sagte der Mann am Steuer, ‚langsam …' ‚Ich will zu Großvater gehen, in seinen Schrebergarten hinter der Kokerei, will sehen, ob die Tomaten reif geworden sind und die Kaninchen fett. Und er muss mir erzählen, ob die Tauben, die er nach Brüssel geschickt hat, alle zurückgekommen sind. Und ich werde mich von Tante Else zum Kaffee einladen lassen und das ganze Geklatsche und Geklöne anhören, über Anita und Willi und …‘ ‚Werde mir nur nicht romantisch‘, sagte der junge Mann lächelnd. ‚Ich will ja nur wissen‘, sagte die junge Frau, ‚dass ich wirklich zu Hause bin‘. Langsam steuerte der ruhige junge Mann das Auto durch Oberhausen."

◆

1969 ist Günter Grass mit der „Sozialdemokratischen Wählerinitiative" auf Wahlkampftour auch in Oberhausen. Nach Luise Albertz, die lange Jahre Oberbürgermeisterin und zugleich SPD-Bundestagsabgeordnete war, kandidierte nun Erich Meinike zum Deutschen Bundestag. Sein Vater war früher SPD-Landtagsabgeordneter und 1969 weiterhin Vorsitzender der SPD-Fraktion im Rat der Stadt. Grass notiert in seinen Erinnerungen an diese Kampagne, den Vorabend zum 1. Mai, den Besuch im Plattenwerk und am Hochofen der HOAG in „Aus dem Tagebuch einer Schnecke":

> „Vieles flüchtet nur in mein Sudelbuch: Fundsachen, genagelte Augenblicke, Stotterübungen und ausrufwütige Pausenzeichen.
>
> In Kleve zum Beispiel, wo ich die Gräberfelder im nahen Reichswald hatte sehen wollen … Oder in Rauxel, wo man Wert darauf legt, echter Castroper zu sein … Oder in Gladbeck: Im Saal Meinungsforscher mit Fragebögen, die testen wollen, wie ich wo und besonders bei Frauen ankomme … Einfahrt in die Zeche ‚Graf Moltke‘. Wieder übertage, bekomme ich auf der Hängebank ein Döschen Schnupftabak geschenkt. Muss das Schnupfen fürs Fernsehen dreimal wiederholen, Hackepeter und Korn mit den Betriebsräten … Oder in Bocholt, wo die Textilkrise (Erhards Wort ‚gesundschrumpfen‘) Diskussionen füttert: … Ein katholischer Betriebsrat nimmt mich zur Seite. ‚Will ich nicht mehr! Sozialausschüsse, alles Schwindel! Hat uns verschaukelt, der Katzer …,‘ sagt er und ist alt müde fertig verbraucht … Und in Marl, bekannt für verschachtelte Architektur …
>
> Und in Oberhausen, wo die 1.-Mai-Vorfeier den ortsansässigen Sozialdemokraten zum „Bunten Abend" mißrät. Vormittags im Hüttenwerk. Große Rumreiche. Am Steuerpult der Brammenstraße. Ofenabstich, oft im Kino gesehen. Aber die Arbeit, ein im Lärm verstummter Vorgang, der gerne motorisch dargestellt wird, gehorcht keiner Ästhetik. Ich bilde mir Schnelles ein, will Beschleunigung, denke in Dreisprüngen; aber noch zögert die Schnecke, beschleunigt und sprunghaft zu sein.
>
> Hier steht noch: Erbsensuppe mit Vater Meinicke. (Wenn ich Altsozialdemokraten zuhöre, lerne ich, ohne sagen zu können, was.) Wie er vor sich hin poltert, nach vorne weist, vorwärts sagt, unentwegt damals beschwört, verstummt, wäßrig blinzelt, plötzlich den Tisch haut, damit sein Sohn betroffen ist.

Heinrich Böll wurde im Jahre 1972, Eyvind Johnson im Jahre 1974 und Günter Grass im Jahre 1999 mit dem Literaturnobelpreis ausgezeichnet.

◆

In den Jahren nach 1995, in denen Heinz Schleußer als Finanzminister, Bärbel Höhn als Ministerin für Umwelt, Raumordnung und Landwirtschaft und ich als Minister für Bundes- und Europaangelegenheiten der nordrhein-westfälischen Landesregierung angehörten, nannte Ministerpräsident Johannes Rau Oberhausen die „ministerdichteste Stadt des Landes".

Britta Costecki

Ich bin viele:
Von den Geschichten der Frauen
zur Frauengeschichte

Interview mit Ingeburg Josting

Wenig hat das gesellschaftliche Zusammenleben im letzten Jahrhundert so sehr verändert wie der Prozess zur Emanzipation der Frauen. Gleiche Rechte, gerechte Rollenverteilung in der Familie, Frauenförderung in der Arbeitswelt und Bekämpfung der Ungerechtigkeiten sind Kernpunkte zur Gleichstellung der Geschlechter, die im 20. Jahrhundert immer stärker und schneller Form annahmen.

Ingeburg Josting, geb. 1951, hat über 19 Jahre lang (bis Februar 2012) als kommunale Gleichstellungsbeauftragte in Oberhausen gewirkt und damit die Frauenpolitik und Gleichstellungsarbeit der letzten Jahre mitgeprägt. Das folgende Interview soll ihren subjektiven Blick auf die Geschehnisse der jüngsten Vergangenheit zur Rolle der Frauen festhalten.

Ingeburg, du bist in den 1950er Jahren als Kind hier im Ruhrgebiet aufgewachsen. Wie hast du für dich deine Kindheit wahrgenommen, wie hast du die Frauen des Ruhrgebiets in deinem Umfeld wahrgenommen?

Mein persönlicher Lebensfilm beginnt 1951 in einer Bergarbeitersiedlung in Duisburg, genauer gesagt im Duisburger Norden – Schmidthorst-Neumühl, fließender Übergang zu Oberhausen-Buschhausen –, in der ich aufgewachsen bin. Die offizielle Gründung der Bundesrepublik war gerade zwei Jahre her. Im Grundgesetz war die Gleichberechtigung der Geschlechter verankert und damit eine verfassungsmäßige Ordnung. Dies konnte auch als der Beginn einer neuen Demokratiegeschichte verstanden werden. Zu meiner Erfahrungswelt gehört, dass wir, meine Eltern und zwei noch lebende von vier Geschwistern, mit den Großeltern zusammen in einem dieser typischen Bergarbeiterhäuser gelebt haben mit einer langen, großen Küche, die gemeinsam genutzt wurde, in der der Kohleofen nach dem Mittagessen ausging, mit einem „Plumpsklo" auf dem Hof und kaltem Wasser in der Küche zum morgendlichen Waschen. Einmal wöchentlich wurde die Küche ordentlich aufgeheizt, die Zinkwanne aus der Waschküche geholt und wir Kinder wurden dann nacheinander gebadet – erledigt hat dies meine Mutter. Es gab einen gemeinsamen Hof mit den Nachbarn und einen großen Garten. Auch hier waren die Aufgaben aufgeteilt: Umgraben, Beete Einteilen, Säen – das waren die Arbeiten des Großvaters und des Vaters, Pflege, Ernten, Einkochen die der Mutter und Großmutter. Am Rande des Gartens wuchsen Blumenstauden wie zum Beispiel Tränendes Herz oder Astern. Der direkte Nachbar hatte wie viele in der Siedlung Tauben. Kamen die Tauben zurück, mussten wir Kinder uns ruhig verhalten, sonst gab es mächtiges „Geschimpfe". Wenn ich mich zurück erinnere, sehe ich die Frauen, die immer eine Schürze oder einen Kittel an hatten. Ihre Gemeinsamkeit bestand darin, dass sie überwiegend zu Hause tätig waren. Getroffen haben sich die Frauen auf der Straße, wenn der Milchmann oder der Fischhändler lautstark läutete oder am Wagen von Bäcker Kordaths. Das war für die Frauen auch die Gelegenheit für einen kleinen Plausch.

Und natürlich beim Einkauf im Konsum. Sie haben sich um den Haushalt, die Kinder, das Essen, die Wäsche gekümmert, sie haben die großen Gärten bewirtschaftet, Unkraut gezupft, gewässert, geerntet und eingekocht. Sie haben das Leben der Familie organisiert, dabei bestimmte die Arbeitsschicht des Großvaters oder des Vaters den alltäglichen Zeitplan.

Bei schönem Wetter hat man die Mütter nachmittags in der Gartenlaube bei Handarbeiten wie stricken oder sticken – flicken, ausbessern oder stopfen der Wäsche – oder mit den Frauen, den Tanten, den Schwägerinnen angetroffen, manchmal beim Kaffeeplausch, eigentlich waren sie ständig in Bewegung, ständig beschäftigt.

Spielmöglichkeiten für uns Kinder: vorzugsweise die Straße und die Gärten – draußen sein bei Wind und Wetter. Mein Vater hat ein kleines Stück Garten mit Gras für uns als Spielfläche versehen, gegen den Widerstand vom Großvater. Da wurde dann im Sommer die Zinkbadewanne mit kaltem Wasser gefüllt – sozusagen unser kleines privates Schwimmbad. Manchmal ging es auch zum Oberhausener Freibad am Stadion Niederrhein. Ein langer Weg – zurückgelegt natürlich zu Fuß.

Es waren immer Kinder zum Spielen da, draußen auf der Straße, auf dem Schulhof. Rollschuh laufen, Ball spielen, Hinkeln, Fangen, Verstecken etc. Langeweile kam da nie auf. Die Kinder beschäftigten sich untereinander, miteinander – ein großer Unterschied zur Gegenwart, in der die Beschäftigung der Kinder größtenteils über die Erwachsenen organisiert wird.

Ich überlege gerade, ob es damals eine heile Welt war. Es klingt so, aber ich glaube, das galt nur für uns Kinder. Es gab ganz klare Regeln, was erlaubt ist, was nicht und es gab die Ansage: mach dich nicht schmutzig, sei nicht so wild, wenn es dunkel wird, hast du zuhause zu sein, erst die Schulaufgaben, dann spielen – das waren die Vorgaben, ansonsten viel Freizeit.

Heute würde ich sagen, für die Erwachsenen war es keine heile Welt. Ich habe auch Erinnerungen, dass die Frauen unter einem großen Druck standen, die Familie zu versorgen – wirtschaftlich und emotional. Sie haben das Alltagsleben für die Familie gemeistert. Das Herstellen der Mahlzeiten war aufwändig, die Vorsorgehaltung (Einkochen etc.) ebenfalls – gekühlt wurde im Keller – die große Wäsche dauerte zwei, drei Tage draußen auf dem Hof und war auch nur bei schönem Wetter möglich. Hausarbeit war harte Arbeit, Handarbeit ohne jeglichen Komfort, nur einfache technische Unterstützung. Meine Mutter besaß eine Nähmaschine – natürlich Handbetrieb, aber immerhin. Die Männer, die Väter waren abwesend, arbeiteten, um den Unterhalt der Familie zu sichern, waren vielfach auf die Rolle des Ernährers reduziert. Nicht mit dem Auto, sondern zu Fuß oder mit dem Fahrrad oder der

Abb. 1: Ingeburg Josting (links) und Britta Costecki

Straßenbahn war der Weg zur Arbeit zurückzulegen. Bei jedem Wetter, zu jeder Jahreszeit, jeden einzelnen Kilometer.

Ich glaube im Nachhinein, dass es zwar ein Einverständnis hinsichtlich der Rollenaufteilungen und des Selbstverständnisses beider Geschlechter gab, aber es war auch eine getrennte Welt – die der Männer und die der Frauen. Kamen die Männer nach Hause, wurden sie nach ihrem Tag gefragt, sie wurden von den Frauen umsorgt. Wie es den Frauen ging, war selten Thema. Es herrschte ein konservatives gesellschaftliches Klima – Familienbild mit klassischen Arbeitsaufgaben und Rollenverteilung, das sich an konservativen Werten orientierte. Hinterfragt wurde da wenig.

Wie haben die Frauen damals auf beruflicher Ebene mitgewirkt, die Familien zu ernähren? Gab es da in deinem näheren Umfeld Frauen, die zu der damaligen Zeit erwerbstätig waren? Gab es besondere Berufe, die du als Kind wahrgenommen hast?

Frauen waren in erster Linie auf die Mutter- und Hausfrauenrolle festgelegt. Verheiratet zu sein galt als selbstverständlich. Mutterschaft galt als eine hohe Erfüllung für die Frauen. In jeder Familie in der Nachbarschaft gab es mehrere Kinder.

Hinsichtlich der Berufe sind meine ersten Kindheitserinnerungen die der Verkäuferinnen beim Metzger oder im Konsum. Schuhverkäuferinnen oder in der Drogerie. Krankenschwestern im Krankenhaus oder Arzthelferinnen. Berufe, die von jungen unverheirateten Frauen

Abb. 2 (oben): Kolonie Eisenheim in Oberhausen
Abb. 3 (unten): Kinder auf dem Schulhof, Salzmannschule Duisburg, Ende der 1950er Jahre

Abb. 4: Krankenschwester, Anfang der 1950er Jahre

Abb. 5: Hausarbeit im Kittel, Ende der 1950er Jahre

oder allein stehenden Frauen ausgeübt wurden – in wenigen Einzelfällen in Teilzeit als Notlösung von Hausfrauen, um das Familieneinkommen aufzubessern, aber auch vom eigenen Selbstverständnis eher in der Rolle der „Zuverdienerinnen". Neue, völlig neue Erfahrungen habe ich dann in der Schule erlebt. Ein „Fräulein" als Lehrerin und noch zwei weitere Frauen – ansonsten war Lehrer ein männlicher Beruf. Fräulein O. fuhr auch ein Auto, eine Isetta, und einmal durfte ich mitfahren, um den Häuserblock – glücklich und stolz war ich da. Das muss so 1958 gewesen sein.

Die Aussage unserer Mutter: „Das werde ich heute Abend Vati erzählen" oder nach einem Nichtbefolgen ihrer Vorgaben, um gehorsam zu sein, hörten wir „Warte, bis Vati nach Hause kommt". Meistens passierte dann aber nichts mehr – auch so eine Erfahrung. Aber dieses Verhalten meiner Mutter bekräftigt das vorherrschende Rollenverständnis – der Mann, der Vater entscheidet und wird informiert über den Tag, die Abläufe, das Verhalten der Kinder. Aus all diesen Erinnerungen speist sich mein subjektives Kindheitsgefühl: „Es herrschte ein Einverständnis zwischen Männern und Frauen in punkto Aufgaben- und Rollenverteilung."

[Anmerkung B. C.: Zu dieser Zeit, am 1. Juli 1958, trat auch das erste so genannte Gleichberechtigungsgesetz in Kraft. Danach hatte der Mann nicht mehr das Alleinentscheidungsrecht. Die Frauen erhielten das Recht, in die Ehe eingebrachtes Vermögen selbst zu verwalten. 1977

wurde das Gesetzbuch geändert, in dem die Ehegatten die Haushaltsführung im gegenseitigen Einvernehmen zu regeln hatten. 1979 erfolgte dann die Streichung des väterlichen Vorrechtes in Bezug auf die Kindererziehung. Ein langer Weg der rechtlichen Umsetzung des Gleichberechtigungsgesetzes.]

Wenn du die Frauen jetzt vor dir siehst – wie sahen sie aus? Du hast gerade schon erzählt, du siehst die Mutter und die Nachbarinnen in einem Kittel vor dir. Wie haben sie auf dich gewirkt, alleine von dem äußeren Erscheinungsbild? Und gab es auch Exotinnen in dieser Zeit, die aus diesem klassischen Bild herausscherten?

Nun, zu den Exotinnen gehörten auf jeden Fall die Lehrerinnen, die völlig aus dem vertrauten Bild der Frauen, der Mütter, der Nachbarinnen heraus fielen oder auch die Zahnärztin, die gut gekleideten, eleganten Frauen. Andererseits gab es auch Frauen, die ihr Leben als Alleinerziehende oder als Kriegerwitwe bewältigen mussten. Diese Frauen mussten sowohl die männliche Rolle des Ernährers als auch die weibliche Rolle der Hausfrau und Mutter vereinen.

Ansonsten waren da die Frauen in den Kitteln, die wie meine Mutter zu Hause waren, die die Hausfrauenrolle ausfüllten. Sie waren da, wenn du Hunger hattest, dich verletzt hattest oder mal eine Frage hattest oder Trost brauchtest. Ihr Lebensraum war die Familie – also auch die Geschwister der Mutter oder des Vaters, die viel besucht wurden oder zu Besuch kamen. Mit ihnen wurden viele Freizeitaktivitäten, Picknicke zum Beispiel zum Rotbach, Ausflüge mit dem Schiff „Westmark" nach Xanten unternommen. Cousinen und Cousins spielten eine ebenso große Rolle in meinen Kindheitstagen. Meine Mutter hat sich viel mit uns beschäftigt. Ich konnte mich als Mädchen in dieser Familie gut entwickeln mit viel Freiheit und Verständnis einerseits und klaren Regeln andererseits. In meiner Familie herrschte auch eine besondere Elternverantwortung: Meine Mutter achtete mehr auf die Einhaltung der Regeln und dass alles funktioniert, der Vater tröstete und hörte sich auch den Kummer der Kinder an.

Auch die Nachbarinnen und die Großeltern haben mit erzogen. Meine Großeltern waren streng römisch-katholisch gläubig, meine Mutter evangelisch. Wir Kinder wurden – darüber gab es auch ein „Einverständnis" – katholisch erzogen. Das bedeutete nicht nur die obligatorischen Kirchenbesuche, nein für uns Kinder auch die kirchliche ▶ Frohschargruppe und andere Freizeitaktivitäten im kirchlichen Umfeld. Als einengend habe ich diese sicherlich auch soziale Kontrolle nicht empfunden.

Es war eher ein Gefühl: In dieser Gemeinschaft bin ich geborgen, von dieser Gemeinschaft fühlte ich mich getragen.

Das ist wirklich eine Heile Welt-Darstellung. Wirkten die Familien rundum glücklich?

Jein. Ich glaube heute, dass diese Generation von Frauen und Männern, die unsere Mütter und Väter waren, froh und glücklich darüber waren, dass sie nach diesen entbehrungsreichen Kriegsjahren endlich wieder eine Zeit des Friedens – des friedlichen Miteinanders – erleben konnten und ich glaube, da gab es auch vieles, was es noch zu verarbeiten, zu bewältigen gab. Ich glaube, die Erfahrungen des Krieges beherrschten, beschäftigten die Erwachsenen sehr, wurden aber auch ausgeblendet. Es waren die Gesprächsfetzen und Bilder von stark zerstörten Gebäuden, die mir haften geblieben sind. Im Allgemeinen verstummten die Gespräche, wenn wir Kinder auftauchten oder die Themen wurden gewechselt oder wir Kinder wieder zum Spielen rausgeschickt. Ansonsten glaube ich, waren die Menschen froh und zufrieden darüber, zu einem normalen Alltagsleben zurückkehren zu können. Und mein Nein bezieht sich auf Erinnerungen von Frauen, die entweder verwitwet waren, ihr Leben allein bewältigen mussten. „Frau XX ist Kriegerwitwe" oder „Das Kind ist unehelich" – Sätze, die nicht weiter erklärt wurden, die aber mitleidig wirkten. Ich habe auch Erinnerungen an Frauen, die ihre Kinder allein versorgen und erziehen mussten – wobei ein uneheliches Kind damals eine Katastrophe war und die alleinerziehende Mutter nicht das alleinige Sorgerecht hatte, sondern von Amts wegen eine Betreuung erfolgte. Viele dieser alleinerziehenden Frauen besserten ihr Einkommen mit einem ▶ „Kostgänger", einem Untermieter, dem sie die Wäsche wuschen und die Mahlzeiten herrichteten, auf. Auch das war Alltag. Insgesamt waren die Menschen mit der Absicherung des Lebensalltags und einem Neubeginn – des Aufbaus beschäftigt. Die Arbeit – die Erwerbs- und Hausarbeit – war körperlich harte Arbeit und die Menschen wirkten insgesamt erschöpft.

Das war auch die Zeit, als Deutschland 1954 Fußballweltmeister wurde und sich eine Aufbruchstimmung – „Wir sind wieder wer" – entwickeln konnte.

In meiner Erinnerung war das auch die Zeit, in der das Ruhrgebiet zunehmend „bunter" wurde. Die ersten Arbeitsimmigranten siedelten sich im Ruhrgebiet an – das war neu, das war spannend. In meiner Schulklasse gab es einen italienischen Jungen, für den alle Mädchen geschwärmt haben!

Machen wir den Sprung in die 1960er Jahre.

Also, was hat sich so verändert? Gravierend verändert hat sich mein Leben mit einem jähen Bruch – der auch den Stadtteil nachhaltig verändert hat – die Schließung der Zeche Neumühl in Duisburg. Das muss so 1962 gewesen sein. Aber dies war ein Prozess – die Gespräche der Erwachsenen über die anstehende Schließung der Zeche Neumühl, die Ängste und Sorgen um den Verlust der Arbeitsplätze, die Gedanken, wegzuziehen aus diesem Stadtteil, aus dieser so vertrauten Gemeinschaft – die Stimmung war lange vorher auch für uns Kinder spürbar. Diese Gefühle und Erfahrungen sind auf jede Zechenschließung im Ruhrgebiet übertragbar. Bei diesem Kampf um Zechenschließungen möchte ich an die ehemalige Oberbürgermeisterin Luise Albertz erinnern. Mit ihren Handlungen und Aussagen an der Seite der Bergleute ging sie als „Mutter Courage" in die Geschichte ein.

Meine Kindheitsidylle erlitt einen tiefgreifenden abrupten Bruch und es war insgesamt der Beginn eines lang anhaltenden Strukturwandels. Dadurch zogen ganz viele Nachbarn, Freundinnen, Schulkameraden aus diesem Stadtteil weg, Geschäfte wurden geschlossen, es wirkte alles unwirklich leer und verlassen. Auch meine Eltern haben beschlossen, aus dem gemeinsam bewohnten Haus mit den Großeltern, aus diesem Stadtteil wegzuziehen. Das hieß für uns Kinder, Freundschaften zu beenden, eine neue Schule, sich einfinden müssen in neue Gegebenheiten, ein neues Leben ohne Großeltern. Das habe ich als einen großen Bruch erlebt und ich kann mich an eine „klitzekleine" Begebenheit erinnern: Einen Tag vor unserem Umzug habe ich mit meiner Freundin auf der Bordsteinkante bei uns auf der Straße gesessen. Das

*Abb. 6:
Oberbürgermeisterin
Luise Albertz*

konnten wir noch, da fuhren nur wenige Autos. Wir beide haben überlegt in unserem kindheitlichen Verständnis, wie es sein könnte, sein wird, wenn wir uns jetzt nicht mehr täglich sehen. Wir haben gespürt, wir haben wahrgenommen, hier geht etwas unwiederbringlich zu Ende – und das war eine bittere Erkenntnis. Ein Gefühl „etwas zu verlieren".

Aber es gab auch dieses unbestimmte Gefühl, welches ich mit „Aufbruch" – es beginnt etwas Neues – verbinde. Ich war gespannt und neugierig und freute mich auch auf unser neues Zuhause.

Dies habe ich auch bei der Mutter gespürt. Endlich einen eigenen Haushalt, nur für ihre Familie. Also die Auflösung der Groß- hin zur Kleinfamilie.

Wie ging es weiter? Veränderte sich auch das Frauenleben?

Persönlich waren der Wegzug aus meinem Kindheitsstadtteil, 1961 die Aufnahme der Erwerbstätigkeit meiner Mutter, die Geburt eines Geschwisterkindes ein großer Umbruch. Was habe ich bekommen? Was gab es Neues? Statt eines Gartens gab es jetzt einen Balkon, klar getrennte Räume. Es gab eine Etagenwohnung mit Zentralheizung und zu jeder Zeit kam warmes Wasser aus dem Hahn. Wir wohnten zu sechst mit weiteren fünf Familien in einem neu erbauten Haus auf 63 Quadratmeter und lebten mit ihnen in solidarischer Nachbarschaftsgemeinschaft. Alle Männer waren bei einem großen Arbeitgeber beschäftigt – etwas, was die Männer verband und somit auch eine soziale, verbindende Einheit bildete. Viele der Frauen gingen in Teilzeit einer Arbeit nach, für wenig Lohn. Sie besserten damit das Familieneinkommen auf, aber es blieb nach wie vor ihre Angelegenheit, Erwerbsarbeit, Kindererziehung und Haushalt zu vereinbaren. Ein gesellschaftliches Bild von der wirtschaftlich unabhängigen Frau existierte zu diesem Zeitpunkt noch nicht. Beschäftigungen haben Frauen in der Konsumgüterindustrie und in den Dienstleistungsunternehmen gefunden.

Da gab es ja noch die ▶ Leichtlohngruppen für Frauen, die weniger Lohn für die Frauen bei gleicher Tätigkeit vorsahen. Mein ältester Bruder und auch meine Schwester gingen in die Ausbildung und besserten das Familieneinkommen auf. Es wurden ein Plattenspieler, elektrische Geräte gekauft, später ein Fernseher und neue Möbel angeschafft. Ein Wohlstandsgefühl auf der gesamten Linie. Der erste Urlaub mit den Eltern, Tanten und Cousinen per Bus nach Österreich. Die Geschäftsauslagen veränderten sich, in die Städte zogen mehr größere Kaufhäuser. Der Autoverkehr nahm zu und die Telefone fanden Einzug in die Privatwohnungen. Es kam insgesamt ein neues Lebensgefühl auf. Es ging spürbar für alle aufwärts! Und die Generation der Heranwachsenden – wie mein sieben Jahre älterer Bruder – griff alles auf, was über den „großen Teich" schwappte – erlebbar auch für mich.

Mitte der 1960er Jahre warst du 14 – dein Teeniealter. Wie hat sich damals die Welt der Frauen dargestellt?

Die Frauen sind einfach mehr in das öffentliche Leben gegangen. Die Frauen wollten wahrgenommen werden, nicht reduziert auf die ihnen zugewiesene und vertraute Hausfrauenrolle. Dementsprechend vollzog sich bei der Frauenrolle ein Wandel. Dazu gehört sicherlich, dass es nach meinem Volksschulzeitende 1964 für uns Mädchen selbstverständlich wurde, in eine Ausbildung zu gehen. Es erfolgte eine Berufsberatung in der Schule – teilweise getrennt nach Geschlechtern. Der Berufswahl kam jedoch für Mädchen keine ganz „so hohe" Bedeutung zu, da sie als etwas für eine „kurze Zeit", als eine Überbrückung bis zur Eheschließung galt. Klassische Berufe waren Verkäuferin oder eine Büroausbildung (Steno/Schreibmaschine). Gewerblich-technische Berufe waren für Mädchen nicht üblich, kaum zugänglich! Also eine begrenzte Auswahl. Gesellschaftlich waren die 1960er Jahre die Zeit der Aufbruchstimmung, zum Beispiel in der Musik. Rock 'n' Roll, Petticoats, Jeans – das waren die neuen Kennzeichen. Mode und Frisuren wurden immer wichtiger für die Jugendlichen. Die Mädchen toupierten sich die Haare und die Jungs trugen eine Haartolle. Da zogen die Beatles und Cliff Richard in unser Mädchenzimmer. Eine Wand voller Fotos aus der Bravo, die wir verschlungen haben. Da gab es die großen Aufklärungsfilme von Oswalt Kolle wie „Das Wunder der Liebe" und „Pille mit 19" – welch ein gesellschaftlicher Aufschrei! Die Mode veränderte sich radikal. Später dann wurden Twiggy als magersüchtiges Model und der Minirock modern und die Strumpfhose (für die Weiblichkeit) eroberte den Markt.

Für mich ging es schulisch auf einer weiterführenden Mädchenschule weiter, weil sich mein Berufswunsch im gewerblich-technischen Bereich nicht realisieren ließ. Alle Menschen, die an dieser Schule gearbeitet haben – von der Direktorin bis zur Hausmeisterin – waren Frauen, alles war in weiblicher Hand! Eine Mädchenschule, die sicherlich auch zur Fraulichkeit erziehen sollte, die auf den Beruf von Mutter und Hausfrau vorbereiten sollte. Gelernt habe ich dort viel mehr. Der Besuch dieser Schule stellt in der Nachbetrachtung eine entscheidende persönliche Wegmarke in meinem Leben dar. Die Lehrerinnen und die Direktorin begegneten uns Heranwachsenden mit viel Respekt und Achtsamkeit, wir wurden gesiezt, aber es war immer noch verboten, in Hosen zur Schule zu kommen, darüber musste ein Rock getragen werden – oder umziehen auf der Toilette. Statt der drei „Exotinnenlehrerinnen" aus meiner

*Abb. 8:
Posterwand im
Mädchenzimmer,
Mitte der 1960er
Jahre*

Kindheit erlebte ich hier auch in der Leitung eine Frau. Frauen, die selbstverständlich arbeiteten, Frauen, die studiert haben – häufig allein lebende Frauen, aber auch einige Exotinnen mit Familie. Erwerbstätigkeit von Frauen war ein Stück selbstverständlich geworden und – das Entscheidende – diese Frauen waren Vorbilder für ein mögliches, anderes Leben für viele von uns.

Diese Zeit auf der Mädchenschule hat mich und mein Frauenbild verändert und neu geprägt. Verlassen habe ich diese Schule 1970. Das Nachholen von Schulabschlüssen ermöglichte mir, ein Studium aufzunehmen. Aus meinem Familienverband war ich das erste Mädchen, das „studieren ging". Da war ich 19 Jahre und ich wusste „Ich will studieren, ich will erwerbstätig sein – und ich will Familie haben." Wie das gehen sollte – das wusste ich noch nicht. Aber ich hatte ein Ziel, auf das ich hinarbeitete und wofür ich daraufhin viel Energie eingesetzt habe.

Wie haben sich die Männer zur Wandlung und Öffnung der Frauen positioniert?

Einige Männer als Väter waren sehr förderlich, so habe ich es bei mir und Schulfreundinnen erlebt. In Bezug auf ihre Frauen und das Frauenbild allgemein waren sie aber immer noch eher konservativ. Frauen sollten attraktiv sein und den Haushalt führen, ein bisschen mitarbeiten, halt dazu verdienen, aber nicht allzu eigenständig sein. Sie waren selbst und auch aus Sicht der Männer in ihrer Rolle eher auf den errungenen Wohlstand und dessen Ausbau ausgerichtet!

Die Frauen favorisierten, wenn sie einer Erwerbsarbeit nachgingen, zu der Zeit das sogenannte „Drei-Phasen-Lebens-Modell". Es hatte sich durchgesetzt und war gesellschaftlich akzeptiert. Dahinter verbarg sich: Die Frauen arbeiten bis zur Geburt des ersten Kindes, bleiben dann zu Hause und erst, wenn die Kinder sie nicht mehr brauchten, konnten sie wieder

der Berufstätigkeit nachgehen. Dieses Modell war sicherlich ein Kompromiss zwischen dem traditionellen Mutterbild und dem vermehrten Wunsch der Frauen nach Erwerbstätigkeit.

Die Männer waren aber immer noch der Haushaltsvorstand, das heißt, sie konnten das Arbeitsverhältnis ihrer Ehefrauen jederzeit kündigen. Frauen durften keine großen Anschaffungen, wie zum Beispiel eine Waschmaschine, ohne Einwilligung des Mannes tätigen. Der Status und das Ansehen der unverheirateten Frauen drückten sich auch durch die Anrede „Fräulein" aus. Dies änderte sich erst 1971. Da war ich immerhin schon zwanzig Jahre.

Der in der Mitte der 1950er Jahre begonnene Umbruch in der Gesellschaft entwickelte sich in den 1960er Jahren als ein radikaler Bruch – spürbar und spannend für uns als Heranwachsende. Vieles, was bis dahin selbstverständlich war, wurde hinterfragt – insbesondere von den jungen Generationen. Die Forderungen der Frauen wurden lauter, sie drängten in die Öffentlichkeit, sie verschafften sich öffentliches Gehör.

Was war passiert? Welche Entwicklungen vollzogen sich da?

Tief- und breitgreifende – die Gesellschaft umwälzende Entwicklungen. Es waren die Folgen der sogenannten 68er Jahre. Den Menschen in Westdeutschland ging es wirtschaftlich gut, eine Periode des Aufschwungs und Wohlstandes. Eine vielschichtige, politische Bewegung, in deren Folge sich die vorherrschenden Verhältnisse radikal verändern sollten. Die jüngeren Generationen, die Studentenbewegung, brachen mit den bestehenden Systemen und den etablierten Parteien, die den Wandel damals nicht annahmen. Es herrschte ein Zeitgeist, in dem alle Werte, Rollen, Vorstellungen infrage gestellt wurden, die Politisierung der Menschen war spürbarer. So zum Beispiel kann ich mich an Diskussionen und Demonstrationen zur Bildungspolitik erinnern. Die antiautoritäre Erziehung hatte Hochkonjunktur, die Literatur dazu wurde verschlungen. Die jungen Generationen strebten oder suchten nach Idealen für neue Lebensmodelle, die nicht nur an materieller Versorgung ausgerichtet waren. Das war der Beginn vielfältiger, neuer sozialer Bewegungen.

Es war die Zeit der kulturellen Umbrüche: dazu gehörten die langen Haare, Jeans, Beatmusik, Hippie-Kultur, sexuelle Befreiung. Die bereits in den Anfängen bestehende Frauenbewegung erfuhr einen immensen Aufschwung. Ausgehend von Berlin und Frankfurt entstanden in vielen Städten in Westdeutschland Frauengruppen.

Das ist eine schöne Gelegenheit, um in die Frauenbewegung einzusteigen. Wie hat sich die für dich gezeigt? Welche Gruppen, welche Themen steckten dahinter? Welche Aktivitäten gab es in Oberhausen?

Die Frauen hatten es allgemein gesagt „satt", von den Männern bevormundet zu werden. Sie wollten ihr Leben selbst gestalten, selbst entscheiden, selbst bestimmen!

Als Siebzehnjährige, 1968, habe ich diese Entwicklung zwar aufmerksam und interessiert verfolgt, aber eher aus einer Randposition erlebt. Der Beginn in manchen Städten – auch im Ruhrgebiet – war eher zaghaft oder setzte in meiner Wahrnehmung verspätet ein. Für mich persönlich änderte sich dies 1970 durch die Aufnahme meines ersten Studiums in Düsseldorf. Auf einmal war ich mittendrin in der Studienrevolte – der aufkommenden Frauenbewegung. Welch ein Gefühl von Freiheit!

Insbesondere an den Kampf der Frauen für ein Selbstbestimmungsrecht erinnere ich mich deutlich. Dieser Protest setzte Massen in Bewegung und ist mit dem Slogan „Mein Bauch gehört mir – Abschaffung des § 218 des Abtreibungsgesetzes" und der im STERN veröffentlichten Unterschriften aktiver prominenter Frauen „Ich habe abgetrieben" im Gedächtnis vieler geblieben. Zu dieser Zeit war ein Schwangerschaftsabbruch in Deutschland verboten. Entschied sich eine Frau trotzdem dafür, so musste sie dazu zum Beispiel in die Niederlande reisen. Damit ein Abbruch dort erfolgen konnte, brauchte sie eine Bescheinigung eines deutschen Arztes, die einen Abbruch nach niederländischem Recht möglich machte und somit straffrei erfolgen konnte. Ein harter und diskriminierender Weg, weil keine Frau einen solchen Schritt leichtfertig ging.

[Anmerkung B. C. 1974 trat die Neuregelung des § 218 nach dem ▶Indikationsmodell in Kraft. Danach war ein Abbruch unter bestimmten Voraussetzungen erlaubt. Erst 21 Jahre später – 1995 – wurde in Deutschland die ▶Fristenlösung eingeführt, die einen Abbruch in den ersten drei Monaten zulässt. So lange können Strukturveränderungen dauern. So lange haben Frauen um ihr Selbstbestimmungsrecht gekämpft.]

Die Frauenbewegung wurde aktiver – sie fand auf der Straße statt und beeinflusste die öffentlichen Diskussionen. Frauen formulierten je nach Ideologie/Werten/Normen und Zugehörigkeit zu einer intellektuellen Strömung eigene Themen und grundlegende Anliegen wie zum Beispiel Mädchensozialisation, Bildung etc. Sie thematisierten auch Gewalterfahrungen in Beziehungen mit ihrer Forderung „Das Private ist politisch".

Ende der 1970er Jahre entstanden zahlreiche Projekte – auch in Oberhausen, wie zum Beispiel das Frauennachttaxi, damit Frauen auch in den dunklen Abendstunden am öffentlichen Leben teilnehmen konnten. Es erfolgte die Einrichtung des Frauenhauses durch den Verein „Frauen helfen Frauen", um Frauen, die von ihren Männern misshandelt wurden, Schutz zu gewähren. Der Notruf für Frauen, die vergewaltigt, misshandelt oder bedroht wurden, wurde eingerichtet. Themen, die leider auch heute noch Aktualität besitzen.

Die Frauen erkämpften sich den öffentlichen Raum. Sie schufen sich eigene Orte, sie haben ihr Leben selbst in die Hand genommen. Sie veranstalteten Frauencafés, Filmfestivals, gründeten Buchhandlungen – nur einige Beispiele.

1975 hat die UNO „Das Jahr der Frau" ausgeschrieben. Alice Schwarzer veröffentlichte ihr Buch „Der kleine Unterschied". 1976 erschien in Berlin die erste Ausgabe der feministischen Frauenzeitung „Courage" und 1977 folgte dann die Zeitschrift „Emma", die heute immer noch herausgegeben wird.

Die großen sozialen Bewegungen so um die 1980er Jahre brachten neue Themen, Strömungen wie Frauen und Frieden/Frau und Umwelt hervor. Das war die Zeit, in der bürgerschaftliches Engagement eine wichtige Rolle einnahm. Zahlreiche Menschen engagierten sich in gesellschaftspolitischen Initiativen wie zum Beispiel in Oberhausen im Zentrum Altenberg, bei Druckluft oder der Ruhrwerkstatt – Institutionen, die auch heute noch das gesellschaftliche Leben in der Stadt mitgestalten.

Ich studierte in dieser Zeit (1974 bis 1980) in Bielefeld an der Universität – Pädagogik, Psychologie und Soziologie. Und in den Seminaren gab es heftige Auseinandersetzungen, zum Beispiel über das Bild von Frauen in der Werbung. Auch heute immer noch ein aktuelles Thema!

Als der Prozess der Frauenbewegung in Oberhausen einsetzte, wurde der nur von Frauen umgesetzt oder haben die Männer hier in Oberhausen daran mitgewirkt?

Also es waren eindeutig die Frauen, die das Ganze nach vorne gebracht haben, die die Veränderungen angestrebt und durchgesetzt haben, durchaus gegen den männlichen Widerstand. Da gab es von männlicher Seite die unterschiedlichsten Haltungen – von wenig Unterstützung, gewähren lassen bis zur Ablehnung. Nach meiner Einschätzung wollten viele Männer auch keine Veränderung – sie wollten an dem Bestehenden festhalten, nicht nur in Oberhausen. Die Strukturen für sie waren zufriedenstellend. Sie waren geschaffen für ein Lebensmodell, das auf den Mann als „Ernährer" und politisch gesellschaftlich Aktiven der Familie ausgerichtet war und die Frau als Zuverdienerin sah. Eine hohe oder große Identifikation in der Gesellschaft mit dem Anliegen der aktiven Frau erfolgte eher nicht. Dass die Frauen ernsthaft einen solchen Geschlechtervertrag mit ihrem Aufbegehren und Brechen von Tabuthemen verfolgten, wurde so nicht wahrgenommen.

Wenn man über die Frauengeschichte dieser Zeit spricht, gehört auch dazu, sich mit den Erwerbsmöglichkeiten für Frauen im Ruhrgebiet in Oberhausen auseinander zu setzen. Traditionell waren im Ruhrgebiet die Arbeitsmöglichkeiten für Frauen immer ungünstiger als in den übrigen Landesteilen von NRW. Hintergründe sind sicherlich die vorherrschenden Arbeitsplätze im Bergbau und in der Stahlindustrie, die männlich ausgerichtet waren. Frauen fanden Arbeit in Dienstleistungsbranchen oder in den wenigen mittelständischen Unternehmen wie zum Beispiel in einem Oberhausener Polster-/Möbelunternehmen.

Aber die geringe Erwerbstätigkeit der Frauen im Ruhrgebiet ist sicherlich auch der ideologisch weit verbreiteten Ansicht der Bergleute geschuldet. „Meine Frau braucht nicht arbeiten zu gehen" untermauert das traditionelle Rollenverständnis. Diese Einstellung kenne ich auch noch von meinem Großvater.

Ein weiterer Hinweis für die geringe Erwerbsarbeit der Frauen ist, dass es sehr lange gedauert hat, bis sich im Ruhrgebiet die ersten Universitäten etabliert haben und in der Folge auch das Angebot und die Nachfrage nach entsprechenden höherwertigen Erwerbsmöglichkeiten wuchsen.

Gehen wir noch einmal auf das Zufriedenheitsgefühl der Frauen in den 1970er und 1980er Jahren ein – die Zeit der orange geblümten Tapeten und der Schlaghosen. War das noch genau so wie in den 1950er Jahren? Oder hat sich deines Erachtens zu Hause in der Rollenverteilung zwischen Mann und Frau zu diesem Zeitpunkt schon etwas geändert?

Natürlich war die Aufbruchstimmung der 1970er und 1980er Jahre – die lautstark formulierten frauenpolitischen Forderungen nach Selbstbestimmung, das öffentliche Brechen von gesellschaftlichen Tabus – in den privaten Wohnzimmern angekommen.

Das vorherrschende Grundgefühl der Frauen war: „Wir können gemeinsam etwas bewegen". Das hatte ein neues Bewusstsein gefördert und eine breite Masse erreicht. Es waren die Erkenntnisse, dass die persönlichen Erfahrungen einzelner Frauen, die Chancen einer eigenen Lebens- und Bildungsgestaltung, etwas mit dem gesellschaftlichen System und den Strukturen zu tun hatten. Dieses Ziel, das war klar, konnte nur über eine Veränderung der Strukturen erreicht werden.

Interview mit Ingeburg Josting

Abb. 9: Trommelaktion anlässlich des Tages gegen Gewalt an Frauen, November 2007

Beispiel: Durch landesweite Aktionen haben die Frauen Angsträume aufgezeigt, dass sie sich in den dunklen Abendstunden nicht frei in ihrer Stadt bewegen können, dass sie abends nicht Diskotheken und Kneipen aufsuchen können. Frauen konnten sich im öffentlichen Raum nicht so frei bewegen wie Männer.

Ein weiteres Beispiel: Die Frauen haben Gewalterfahrungen in persönlichen, partnerschaftlichen Beziehungen öffentlich thematisiert. „Das Private ist politisch" spiegelt die Aufbruchstimmung der damaligen Zeit wider.

Heute – nach über 30 Jahren – existieren diese wichtigen Einrichtungen, das Frauenhaus und Angebote beispielsweise der Frauenberatungsstelle immer noch. Eine gesamtgesellschaftliche bundesweite finanzielle Absicherung und damit breite Anerkennung der Arbeit steht allerdings noch aus.

Rechtlich erfolgte mit der Verabschiedung des Gewaltschutzgesetzes vor zehn Jahren eine neue Handhabung im Umgang mit den Tätern und ein Schutz für die Opfer.

Auf allen Ebenen – auch der kommunalen Ebene in Oberhausen – haben sich Runde Tische etabliert, an denen die unterschiedlichsten Professionen und Institutionen wie Polizei, Frauen helfen Frauen, Gleichstellungsstelle, donum vitae, Weißer Ring, Jugendamt, Wohlfahrtsverbände an Lösungen und Konzepten im Umgang mit Gewalt arbeiten.

Das Klima, das gesellschaftliche Bewusstsein hat sich in den letzten 30 Jahren verändert. Es herrscht ein großes Einverständnis, dass Gewalt gegen Frauen, Vergewaltigung, sexueller Missbrauch, Zwangsprostitution und Menschenhandel keine „Kavaliersdelikte" sind, keine einmaligen „Ausrutscher", keine „Privatsache" sind, sondern eine Missachtung der Selbstbestimmung von Frauen und Verletzung der Menschenwürde sind.

5. Sitzung	14.08.1985	Personalausschuß
9. Sitzung	19.08.1985	Rat der Stadt
		A b s c h l u ß b e r i c h t

Bericht über Aufgaben, Zuständigkeiten und Organisation der Gleichstellungsstelle (s. auch Bericht an den Personalausschuß am 12.06.1985)

1. Gesetzliche Grundlagen

Gemäß Art. 3 Grundgesetz ist die Gleichberechtigung von Mann und Frau ein zentrales Gebot unserer Verfassungsordnung. Alle kommunalen Organe werden durch dieses unmittelbar geltende Recht gebunden.

Gemäß § 6'a Abs. 4 GO NW ist die Verwirklichung des Verfassungsauftrages auch eine Aufgabe der Gemeinde. Zur Wahrnehmung dieser Aufgabe kann die Gemeinde Gleichstellungsbeauftragte bestellen.

Stellung und Aufgaben der Beauftragten müssen sich in die Grundstruktur der Kommunalverfassung nach der Gemeindeordnung einfügen. Zuständigkeit und Entscheidungsbefugnisse des Rates, der Bezirksvertretungen, der Ausschüsse und des Gemeindedirektors dürfen nicht eingeschränkt werden. Die Aufgaben der Gleichstellungsbeauftragten sind auf Angelegenheiten beschränkt, für die die Gemeinde zuständig ist.

Eine Bestellung - hier regelt das Gesetz keine Zuständigkeit - ist demnach sowohl durch den Rat (Wahl) als auch durch den Gemeindedirektor (Bestellung) möglich.

Abb. 10: Originalbeschluss zur Einrichtung der Gleichstellungsstelle (GST), 1985

Kommen wir wieder zu dir und zur gesellschaftlichen Entwicklung in den 1980er Jahren.

1979, zehn Jahre nach dem Verlassen der Mädchenschule in Duisburg und einem ersten abgeschlossenen Studium, hatte ich eine Tochter geboren und stand kurz vor dem Abschluss meines Diploms als Erziehungswissenschaftlerin. Ich war absolut sicher, einen Arbeitsplatz zu finden. Das Studium war mir und vielen meiner Kommilitoninnen und Kommilitonen nur möglich, weil es eine förderliche Bildungspolitik mit finanzieller staatlicher Unterstützung gab.

Ein Rückblick: Ich kann mich erinnern, dass es erste heftige Studentenrevolten gab – eine harte Auseinandersetzung um Rahmenbedingungen und die Ausstattung der Hochschulen. Mein erstes Studium habe ich von 1970 bis 1973 in Düsseldorf absolviert. Johannes Rau war Bildungs- und Wissenschaftsminister in NRW – ich glaube der erste – und es wurde eine finanzielle Förderung für Studierende nach dem so genannten „Honnefer Modell" eingeführt, einige Jahre später die Umwandlung in eine Bundesförderung nach dem Bafög. Im Rückblick bildungspolitisch eine Bravourleistung in NRW.

Mit Beginn der 1980er Jahre brachten die institutionellen Flügel – die Parteien und Verbände – die Frauenfragen/-belange in ihre Strukturen ein und machten sie zu ihrem Anliegen. Vordergründig ging es um die rechtliche Verankerung von Frauenbeauftragten in den Verwaltungen und Kommunen. 1984 trat die erste Gleichstellungs-/Frauenbeauftragte ihren Dienst in Köln an. Oberhausen folgte bereits 1985.

Wenn ich auf der zeitlichen Schiene bleibe, so fand etwa zehn Jahre später ein Umdenken statt, eine neue Denkweise, eine neue Sichtweise von den Frauenfragen hin zu Geschlechterfragen.

Für mich persönlich, meine zweite Tochter war geboren und ich hatte berufliche Erfahrungen in unterschiedlichen Arbeitsfeldern wie der Erwachsenenbildung, einer Berufsschule für Bergleute und der Kinder- und Jugendarbeit gesammelt.

Die eigene Lebenserfahrung, Gefühle, Erinnerungen an diese Zeit: einerseits eine große Zerrissenheit, diesen Spagat Vereinbarkeit Beruf und Familie zu leben, hinzukriegen. Gefühle, wie niemandem gerecht zu werden, eine Rabenmutter zu sein. Dies wurde auch gesellschaftlich gespiegelt. Die anderen Gefühle: Zufriedenheit, Dankbarkeit, Freude, Lebensfreude – beides zu haben.

Insbesondere das Gefühl, wirtschaftlich unabhängig zu sein. Ich habe beispielsweise immer mein eigenes Bankkonto behalten – das war mir wichtig –, obwohl alles in die Familienkasse geflossen ist. Das war völlig okay, aber darum ging es auch nicht. Es war einfach das Gefühl: ich bin wirtschaftlich autark, ich entscheide, ich bin nicht abhängig – eine bei mir ausgeprägte Haltung, aber auch eine alte Forderung der frühen Frauenbewegung.

Dass dies erforderlich war, spiegelten auch die mangelnden Betreuungsangebote für unsere Kinder – sowohl Platz- als auch Zeitangebote in öffentlichen Einrichtungen wider. Die reichten kaum, um einer Halbtagsbeschäftigung nachzugehen.

Zeiten von 8 bis 12 und von 14 bis 16 Uhr waren das Normale; Ferienzeiten – keine Betreuung in der Schule, drei Monate Ferien im Jahr. Funktioniert hat das für alle vollzeit- aber auch teilzeitbeschäftigten Frauen nur mit einem privaten, verlässlichen Netzwerk, häufig zusammengesetzt aus Großeltern/Nachbarinnen/Freundinnen und natürlich dem solidarischen Straßenkampf für mehr Betreuungsplätze.

In diese Zeit fällt in Oberhausen der jüngste Strukturwandel – wie ist der Blick der Frauen in Oberhausen und in der Region auf diese junge Vergangenheit?

Ohne auf Einzelheiten eingehen zu wollen, wissen wir allgemein ja, welche tiefgreifende Veränderung der Strukturwandel mit sich gebracht hat. Er sollte die Lebens- und Arbeitsbedingungen der Menschen in allen Facetten verändern.

Bleiben wir bei den Frauen. Bekannt ist, dass Oberhausen und die Region noch nie in den Verdacht gerieten, gute und ausreichend qualifizierte Arbeitsplätze für Frauen anzubieten. Die Großindustrie bot zwar den Männern Arbeitsmöglichkeiten, aber wenige den Frauen. Klein- und Mittelbetriebe, Branchen, in denen Frauen mit ihren Qualifikationen arbeiten konnten, gab es nur wenige. Allenfalls im Dienstleistungsgewerbe und bei den wenigen Konsumgüterherstellern fanden die Frauen Büro- und Fabrikarbeit.

Bedingt durch den Strukturwandel und den Verlust von Arbeitsplätzen wurde die „stille Reserve Frau" wieder neu entdeckt. Der Beratungsbedarf, die Nachfrage nach Arbeit und Weiterbildung, nach Beratung und Zusatzqualifikationen stiegen.

Das war auch die Zeit, als die Gleichstellungsstelle ihre Arbeit aufgenommen hatte und Frauenförderprogramme breit aufgelegt wurden. Die öffentliche Hand hatte hier eine Vorreiterfunktion. Aus dem ZIM-Programm (Zukunftsinitiative Montanregion) entstanden landesweit die Beratungsstellen Frau und Beruf.

Die schwerpunktmäßige Arbeit umfasste Themen wie Übergang Schule/Beruf für Mädchen – auch verbunden mit einem Schwerpunkt, Mädchen für gewerblich-technische Berufe zu gewinnen, das 20 Jahre zuvor nur vereinzelt gelang –, Wiedereinstieg für Frauen nach der

Abb. 11: Ausbildung zur Berufskraftfahrerin, 1997/98

Familienphase und die Existenzgründung für Frauen. Der dritte Schwerpunkt hat im Laufe der Zeit ein immer größer werdendes Gewicht bekommen und konnte auch nach dem Auslaufen der Landesförderung im Jahr 2005 noch für zwei Jahre in Oberhausen als Unternehmerinnen-Netzwerk UNIKE weiter finanziert werden.

Dies war in meiner Amtszeit und für die Frauen in Oberhausen ein wichtiges Projekt. Analog bot die Volkshochschule Oberhausen ein weiteres langjährig erfolgreiches Projekt „Frauen und neue Technologien" – kurz FUNT genannt.

In die Zeit Ende der 1980er Jahre/Anfang der 1990er Jahre mit der Hochphase der IBA Emscherpark fielen auch die ersten Überlegungen und Planungen von FRIEDA, der Fraueninitiative zur Einrichtung dauerhafter Arbeitsplätze. Bis zum Start von FRIEDA sollten aber noch einige Jahre vergehen, es sollte noch ein langer Marsch durch die Institutionen erfolgen bis zur Akzeptanz der für die Verwaltung neuen Aufgabe der Gleichstellung!

Frauenarbeit ist also in den letzten Jahrzehnten zur professionalisierten Gleichstellungsarbeit geworden, die du in den letzten 19 Jahren seit 1993 als kommunale Gleichstellungsbeauftragte entscheidend mitgeprägt hast. Beschreibe bitte die Gleichstellungsarbeit in Oberhausen.

Die Frauenbewegung und damit der Ursprung für die Gleichstellungsarbeit hat ihr Gesicht im Laufe der Zeit verändert. Themen wurden – wie bereits beschrieben – vom Zeitgeist getragen und nach oben gespült. Andere verloren an Bedeutung. Die grundlegenden Anliegen aber hat die Frauenbewegung in die Politik und politische Öffentlichkeit eingebracht.

Abb. 12:
Stellenausschreibung für die kommunale Gleichstellungsbeauftragte 1992

In den 1990er Jahren wurde unter anderem die Gleichberechtigung auch als eine Zukunftsfrage begriffen und diskutiert.

Kurzer Rückblick: zu Beginn meiner Amtszeit 1993 war die Gleichstellungsstelle fast acht Jahre alt, das heißt, die Arbeit war schon ein Stück etabliert, das „Neue" und „Unbekannte" der Arbeit waren schon einem guten Stück Routine gewichen. Es war ein Annäherungsprozess im Gang, aber dieser musste weiter etabliert werden. Diesen Faden habe ich aufgenommen, mich als Externe in die Verwaltung eingebracht, den Kontakt innerhalb der Stadt mit den unterschiedlichsten Gesprächspartner-/innen gesucht. Es gab zahlreiche gewinnbringende Begegnungen, aus denen Kooperationen entstanden sind.

Gleichzeitig mit meinem Arbeitsbeginn ist mir ein „Bauherrenamt" übertragen worden, und zwar die Fertigstellung des Gebäudes an der Ottilienstraße, in dem FRIEDA 1994 eröffnet werden konnte (FRIEDA: Fraueninitiative zur Einrichtung dauerhafter Arbeitsplätze). Leider musste FRIEDA den Betrieb im Jahr 2000 einstellen. Die Förder- und Rahmenbedingungen zur weiteren Absicherung des Projektes über EU-Ebene konnten nicht weiter sichergestellt werden. Damit ging für viele Frauen eine wichtige Anlaufstelle/Qualifizierungsmöglichkeit verloren.

Als Fazit möchte ich eine der vielen hundert Frauen, die an Maßnahmen von FRIEDA teilgenommen hat, zitieren: „Ich habe mich in diesem Hause sehr wohl gefühlt. Ich habe hier Gemeinschaft erfahren, konnte mich beruflich neu orientieren und wurde mit meinen Fragen nicht allein gelassen. Ich fühlte mich wieder!"

Abb. 13:
Das FRIEDA-Haus

Das Leitmotiv für meine Arbeit war von Anfang an: „Frauenförderung beginnt in den Köpfen". Vielleicht lag es daran, dass ich aus der Bildungsarbeit kam, aber ich zielte mit meiner Arbeit auf die Erweiterung des Bewusstseins für Frauenbelange ab. Ich wollte, dass die unterschiedlichen Lebenssituationen der Frauen im Bewusstsein der Männer und Frauen, der Entscheidungsträger/innen ankommen und dass dies zu einem neuen Verständnis und Einsichten führt. Das Ziel meiner Arbeit war immer, an den Strukturen zu arbeiten, so dass Männer und Frauen in ihrer Unterschiedlichkeit dennoch gleichberechtigt sein können.

Beim Durchforsten der vorhandenen Unterlagen in der Gleichstellungsstelle bin ich auf eine dicke Kladde „Frauenforum" gestoßen. Ein „Schatz", in dem handschriftlich die Zusammenkünfte, Projekte, Aktivitäten dieses Bürgerinnennetzwerkes aufgelistet waren. Dies hat mich so fasziniert, so dass ich erneut zu einem ersten Treffen eingeladen habe und nach 19 Jahren Geschäftsführung des Frauenforums das Resümee ziehe: ich habe zahlreiche, interessante Frauen kennen gelernt, mit ihnen spannende Diskussionen geführt und gemeinsam vielfältige Aktivitäten gestaltet, es war eine richtige Entscheidung, die Bürgerinnen und Institutionsfrauen zu beteiligen.

Ich habe viele gute gewinnbringende Begegnungen erfahren, die die Arbeit der Gleichstellung von Männern und Frauen weitergebracht haben.

Beispielhaft sei hier eine große Postkartenaktion zur frauengerechten Gestaltung von Bushaltestellen 1997 erwähnt. Über tausend Postkarten haben Oberhausener Frauen ausgefüllt und ihre Vorstellungen über einen frauengerechten ÖPNV und die Gestaltung von Bushaltestellen kundgetan. Und dieses Aufbegehren wurde wahr- und ernst genommen und floss in die Umgestaltung ein. Hier gab es auch fraktionsübergreifende Solidarität der politischen Frauen.

Inspiriert durch den Prozess der lokalen Agenda 21 sind die Frauen mit ihren durchaus unterschiedlichen Interessen wieder ein Stück zusammengerückt.

Ebenso wurden zu dem spannenden Thema „Stadt der kurzen Wege" eine interdisziplinäre Fachtagung zur sozialverträglichen Stadtplanung durchgeführt und drei frauenspezifische Stadtbegehungen durchgeführt, ausgewertet und in die politischen und Fachgremien eingebracht.

Das Frauenforum hat sich als Agenda Frauenforum aktiv in diesen Prozess eingebracht und ihn langjährig mit gestaltet. Auch mit dem Abebben des Agenda-Prozesses ist das Frauenforum aktiv geblieben. Die Themenvielfalt, die Intensität der Bearbeitung von Themen in der Gleichstellungsarbeit geht immer einher mit gesellschaftlichen Entwicklungen. Zeitweise wurden Themen nach oben gespült, erlangten hohe Bedeutung und viel öffentliche Aufmerksamkeit. Es gibt die Möglichkeit der Projektfinanzierung – andere Themen werden dafür bedeutungslos.

Die Frauenförderung, die Gleichstellungsarbeit innerhalb der Kommune hat mit dem 1999 verabschiedeten Landesgleichstellungsgesetz ein verändertes Gesicht erhalten. Es sind nicht nur die Rechte der kommunalen Gleichstellungsbeauftragten gestärkt worden, die Gleichstellungsstelle ist bei allen personellen und organisatorischen Änderungen innerhalb der Stadtverwaltung einzubinden.

Die Frauen heute beginnen als Alphamädchen mit erstklassigen Bildungsabschlüssen, mit Karrierebewusstsein und Familienwunsch und vereinbaren diese gesamten Aufgaben exzellent. Ist das das Rezept, das glücklich macht?

Das hört sich an, als wenn Frauen multitaskingfähig sein sollten, müssten oder es sind. Das wage ich zu bezweifeln – und halte es auch nicht für lebenszielerfüllend.

Also versuchen wir einmal eine Auflösung und fangen mit der Frage an: Was ist in den letzten 60 Jahren frauenpolitisch passiert und wo stehen wir heute?

Frauen haben sich auf den Weg gemacht, haben vielfältige Veränderungen des alltäglichen Lebens erkämpft. Andererseits hinkt der „Wandel in vielen Köpfen" immer noch hinterher. Da fehlt es offensichtlich an einem gemeinsamen Bewusstsein von Männern und Frauen, sich in ihrem Unterschiedlichsein zu akzeptieren.

Wir lösen – so meine absolute Überzeugung – die Herausforderung der Zukunft (Existenzsicherung, Familie leben mit oder ohne Kinder) nur gemeinsam, wenn sich beide Geschlechter sowohl in der individuellen, persönlichen Beziehung als auch auf der gesellschaftlichen Ebene aufeinander zu bewegen, Verantwortung in allen alltäglichen Lebensfragen und im Zusammenspiel der gesellschaftlichen Kräfte aufteilen und in gegenseitigem Respekt gestalten. Privat, so finde ich, wird dieses Lebensmodell vielfach von Männern und Frauen akzeptiert.

Die Frauenbewegung hat viel erreicht, Frauen heute haben bessere berufliche Chancen. Sie können zwischen verschiedenen Lebensformen wählen, wie die Karrierefrau ohne und mit Kindern, Frauen, die in Teilzeit arbeiten, Frauen, die bewusst auf Erwerbsarbeit verzichten. Frauen sind zweifelsfrei rechtlich in vielen Bereichen gleichgestellt. Ein nichteheliches Kind ist keine Katastrophe mehr, aber alleinerziehend sein ist immer noch verbunden mit einem hohen Risiko von Armut. Minijobbende sind vielfach Frauen. Das Thema Vereinbarkeit wird ausschließlich als Frauensache thematisiert und wahrgenommen. Auch das finden

Abbildung 14:
Logo der
Gleichstellungstselle
der Stadt Oberhausen

junge Frauen von heute vor. Vor allem können sie heute nicht mehr darauf vertrauen, dass ihr Verzicht auf Erwerbsarbeit, ihr Verzicht auf gute Ausbildung honoriert wird. Das macht die Lebens- und Familienplanung nicht einfacher.

Zur Vereinbarkeit von Familie und Beruf fehlen immer noch die passenden Arbeitszeitmodelle, es fehlen die Väter, die auch dieses Lebensmodell für sich reklamieren. Väter, die dies ernsthaft einfordern, haben wenige Chancen, dieses Lebensmodell umzusetzen, weil Arbeitgeber nicht mitziehen. Die Kinderbetreuungen der öffentlichen Einrichtungen entsprechen immer noch nicht den geforderten und gewünschten flexiblen Arbeitszeiten. Arbeitgeber verlangen heutzutage unendliche Flexibilität, unabhängig von Lebensumständen. Hier muss an einem gesamtgesellschaftlichen Umdenken weiter gearbeitet werden. Wir diskutieren immer noch, wieso, warum, weshalb Frauen mit diesen exzellenten Schul- und Studienabschlüssen nicht in Führungspositionen sind. Wir empfinden es immer noch nicht als selbstverständlich, sondern als etwas Besonderes, wenn Frauen herausgehobene Positionen in Wirtschaft und Politik inne haben.

Und die Mutterrolle, die Frauen auch leben wollen, diese Mutterrolle wird zu einem Stolperstein, zu einer Falle, wenn es um Fragen des Wiedereinstiegs/der Rentenberechnung, der Vereinbarkeit von Beruf und Familie geht. Gesellschaftlich führt das für die Frauen zu einer Rolle rückwärts.

Sie stecken wieder in den Dilemmas, in denen schon ihre Mütter und Großmütter sich befanden und nach individuellen Lösungen für die Vereinbarkeit von Beruf und Familie suchten.

Die Institutionalisierung, die Verstaatlichung der Frauenpolitik hat der Frauenbewegung sicherlich viel Wind aus den Segeln genommen, mag so sein, aber dieser Prozess hat auch zu der gesetzlichen Verankerung geführt. Dieser Prozess hat auch zu einem neuen frauenpolitischen Verständnis geführt. Das könnte in der Konsequenz auch zu einer weiteren Stufe/Ebene der Frauenbewegung führen.

Was wäre die Alternative zur Institutionalisierung schlussendlich gewesen? Dass wir immer noch auf einer Projektebene ohne Anbindung an Institutionen und ohne finanzielle Absicherung weitermachen müssten. Projekte – das wissen wir – sind etwas Vorübergehendes. Gleichstellung – Geschlechtergerechtigkeit – hat aber einen langfristig angelegten Charakter. Gleichstellungspolitik knüpft als Querschnittsaufgabe an die „Erneuerung" der Strukturen an. Dazu braucht es auch zukünftig das Engagement vieler Unterstützerinnen und Unterstützer. Es braucht einen langen Atem. Es braucht eine neue Welle der Mobilisierung für die immer noch gültigen Ziele.

Was ist das Besondere an Oberhausen, nicht nur für Frauen, nein eher, was ist das Besondere an Oberhausen für dich? Um dir ein Beispiel zu geben: ich könnte sagen, für mich ist besonders, dass ganz viele Autobahnen in meiner Heimatstadt Oberhausen enden und ich mich immer daran orientieren kann, die mich auch aus weiter Ferne nach Hause zu führen. Das finde ich herrlich. Was ist an Oberhausen einzigartig für dich? Was ist das Besondere? Was zeichnet Oberhausen aus?

Autobahnen verbinden – das ist richtig. Egal, aus welcher Richtung ich in Deutschland komme, das Oberhausener Autobahnkreuz war schon als Kind eine Richtschnur.

Aber wenn ich mir Oberhausen angucke, dann finde ich, geprägt hat diese Stadt eins: es waren die ▶ Missfits.

Vera Bücker

Unbeirrt durch die Zeiten

Katholische Kirche, Katholiken und katholisches Milieu in Oberhausen

Am Schicksal und der Entwicklung Oberhausens seit der Gemeindewerdung vor 150 Jahren hatte auch die katholische Kirche ihren Anteil. Ihn thematisiert der folgende Beitrag unter Berücksichtigung unterschiedlichster Aspekte. Es geht dabei weniger um die Geschichte der Institution Kirche als um das Schicksal von Menschen, die die Kirche in Oberhausen gestalteten, und um die Entwicklung der Kirche als Organisation von Menschen.

Im ersten Teil soll aus Schlaglichtern verschiedener Epochen seit der Industrialisierung im heutigen Oberhausen ein buntes Bild entstehen, dargestellt an der Biografie unterschiedlichster KatholikInnen und der Entstehungsgeschichte der wichtigsten Pfarren in Alt-Oberhausen, dessen 150-jähriges Gemeindejubiläum Anlass dieses Aufsatzes ist. Dabei geraten sowohl frühe Anfänge in der Gestalt der Sterkrader Äbtissin Antonetta von Wrede wie auch Katholiken in den Blick, die dem Nationalsozialismus aus ihrem Glauben heraus Widerstand leisteten.

Im zweiten Teil geht es verstärkt um die Entwicklung des Katholizismus und des katholischen Milieus in den letzten Jahrzehnten angesichts der Herausforderungen des Umbruchs, in dem sich die katholische Kirche befindet, seit sie sich vor einigen Jahren auf den Weg von der „Volkskirche" zur kleineren „Kirche im Volk"[1] begab. Basis sind die bisher nicht ausgewerteten Daten der Bürgerbefragung 2006 des Bereichs Statistik und Wahlen der Stadt Oberhausen, die mit der ausgewerteten Bürgerbefragung von 2000[2] verglichen wird.

1. Entstehung der katholischen Kirchengemeinden in Oberhausen

Erste Anfänge – die Sterkrader Äbtissin und die Gute Hoffnungshütte

Oberhausen als „Wiege der Ruhrindustrie" mit dem Entstehen der ersten Hütten im Ruhrgebiet verdankt sich (auch) Vertretern der katholischen Kirche: einmal dem Münsteraner Domherr Freiherr Franz Ferdinand von der Wenge, der in Osterfeld 1758 die St. Antony-Hütte gründete, und zum anderen der Mitwirkung der Sterkrader Nonnen unter ihrer Äbtissin Antonetta Bernadina von Wrede bei der Gründung der zweiten Hütte in Sterkrade, der Guten Hoffnungshütte.

Antonetta Bernadina von Wrede, die drittletzte Äbtissin des Sterkrader Zisterzienserinnenklosters, stammte aus einem sauerländischen Adelsgeschlecht. Wie es seit Jahrhunderten Brauch war, trat sie 1745 als Tochter eines Freiherrn, die nicht heiraten wollte oder sollte, mit 18 Jahren in ein Kloster ein, das für Frauen des niederen Adels bestimmt war, und zwar in das Kloster der Sterkrader Zisterzienserinnen, das 1248 als Dependance des Duisserner Frauenklosters gegründet worden war. In ihm lebten maximal 25 bis 28 Nonnen.[3] Zur Zeit von Antonetta von Wrede waren es aber nur noch ungefähr sieben Nonnen.

Sie wurde nur sechs Jahre nach ihrem Eintritt im Alter von 24 Jahren 1751 zur Äbtissin gewählt – so jung, dass sie dafür einen päpstlichen Dispens benötigte[4], und lenkte das Schicksal der kleinen Kommunität in einer bewegten Zeit für 37 Jahre bis zu ihrem Tod 1788. Ihr Wappen mit zwei Löwen als Schildhaltern befindet sich heute in der Sterkrader St. Clemens-Kirche am hinteren linken Pfeiler.

Antonetta war eine durchsetzungsfähige Frau, die für die Interessen „ihres" Klosters zu streiten wusste. Ihre größte Auseinandersetzung führte sie über lange Jahre mit der neugegründeten Antonyhütte, wobei sie eine bittere Niederlage einstecken musste. 1752, ein Jahr nach ihrem Amtsantritt, kaufte der Münsteraner Domkapitular Freiherr Franz Ferdinand von der Wenge oberhalb des Klosters Land, um dort für seine geplante Eisenhütte das Wasser des Elpenbachs in einem Teich zu stauen.[5] Die Äbtissin protestierte rasch nach Bekanntwerden des Vorhabens mit heute recht modern anmutenden Argumenten des Naturschutzes und der drohenden Umweltverschmutzung, denn sie sah die traditionelle agrarische Nutzung durch das Kloster bedroht. Nach langen Rechtsstreitigkeiten vor kurkölnischen und preußischen Gerichten war ihre Niederlage besiegelt, obwohl sie mit ihrer Prognose von Umweltschäden Recht behalten hatte, denn 1757 und 1763 brach der Damm. Nicht zuletzt nahm das Gericht ihre Argumente nicht ernst, da sie Frau war, denn es tat sie ab als „auf einen dem weiblichen Geschlecht und besonders den Closterfrauen durchgehends angestammten eygensinn".

Nach ihrem Misserfolg im Kampf gegen die erste Hütte änderte Antonetta ihre Taktik, als 1781 der ehemalige Pächter der Antonyhütte, Johann Eberhard Pfandhöfer, in Sterkrade auf preußischem Boden eine eigene Hütte errichtete. Sie ging auf sein Angebot einer 25-prozentigen Gewinnbeteiligung ein, mit der Pfandhöfer, der den langjährigen Rechtsstreit miterlebt hatte, ihren Widerstand im Vorfeld verhinderte. Die preußische Domänenkammer in Dinslaken hatte vor der Erteilung der Baugenehmigung für seine „Gute-Hoffnungs-Hütte" nachgefragt, ob vom Kloster eine ähnliche Klage wie bei der Antonyhütte zu erwarten sei.[6]

Antonetta von Wrede hatte sich also erst gegen den Einzug der Industrie gewehrt, weil sie Umweltschäden und Nachteile für die Klosterwirtschaft befürchtete. Erst als ihr Widerstand scheiterte, machte sie eine Kehrtwendung und wollte dann von den erwarteten wirtschaftlichen Vorteilen profitieren. So wurde sie zu einer Mitgründerin der GHH, die Oberhausen dann für die nächsten knapp 200 Jahre prägen sollte.

Blieb ihr Wirken so zumindest indirekt für die künftige Industriestadt von Bedeutung, so hat sie in der katholischen Kirche Oberhausens keine weiteren Spuren hinterlassen. Eine Wallfahrt zum Gnadenbild „unsere liebe Frau vom Guten Rat", entwickelte sich zwar dank eines vollkommenen Ablasses, den der Papst 1744 gewährte, anfangs recht vielversprechend,

Abb. 1: Wappen der Äbtissin Antonetta Bernadina von Wrede.

Abb. 2 (unten): Kloster Sterkrade, um 1900

aber die richtige Unterstützung des Kölner Erzbischofs fehlte für die dauerhafte Entwicklung Sterkrades zum Wallfahrtsort, vielleicht wegen der Streitigkeiten um die St. Antony-Hütte.[7]

Von ihrem Kloster steht nichts mehr; denn 1809 wurde es von Preußen im Zuge der 1803 eingeleiteten Säkularisation aufgelöst und das Land an die Pfarre St. Clemens in Sterkrade sowie an die Familie Lueg verkauft, die die Direktoren der JHH, wie die zusammengeschlossenen Oberhausener Hütten hießen, stellte.

Entstehung der wichtigsten Pfarren in Alt-Oberhausen

In Oberhausen lebten bis zu den napoleonischen Kriegen und den folgenden politischen Umwälzungen fast ausschließlich Katholiken. Erst durch die Hochindustrialisierung seit den 1880er Jahren sank der Katholikenanteil bis 1890 auf noch immer knapp unter 65 Prozent; er lag 1987 noch bei 51 und 2010 bei 40 Prozent. Wie auch in anderen Teilen besonders des westlichen, traditionell katholischen Ruhrgebiets stellten besonders im 19. Jahrhundert die Katholiken mehrheitlich die Arbeiterschaft. Unternehmerschaft und Beamte waren dagegen mehrheitlich protestantisch, was auf die preußische Herrschaft seit 1815 zurückzuführen war. Konfessionelle Unterschiede wurden also mit sozialen Gegensätzen aufgeladen und verschärften sich gegenseitig. Dies geschah besonders im ▶ Kulturkampf, der langjährigen Auseinandersetzung zwischen Staat und katholischer Kirche nach der Reichsgründung 1871.

Eine weitere Folge war, dass es der katholischen Kirche mit ihren Arbeitervereinen bis 1933 gelang, die katholische Arbeiterschaft in weiten Teilen bei sich zu halten. Zu sehen war das u.a. an der Ausschöpfung des Wählerreservoirs der katholischen ▶ Zentrumspartei, deren Wahlergebnisse zu Reichstagswahlen zwischen knapp 60 Prozent 1884 und noch immer 31,7 Prozent am 5. März 1933 schwankten.[8]

Kirchenorganisatorisch bedeutete der rapide Zuwachs der (katholischen) Bevölkerung, dass die vorhandenen, aus dem Mittelalter stammenden Pfarren ihrer Aufgabe nicht mehr gerecht werden konnten. Das waren für Sterkrade St. Clemens und für Osterfeld St. Pankratius, beides jahrhundertealte Pfarreien.

In Alt-Oberhausen sah es komplizierter aus, denn es gab nicht die eine Stammpfarrei. Das Gebiet um die Lipperheide wurde traditionell von der Pfarrei St. Dionysios in Essen-Borbeck betreut, denn es hatte vor der Säkularisation zum Reichsstift Essen gehört. Alstaden und Dümpten waren Teil der Mülheimer Pfarre Mariä Geburt. Aus beiden Alt-Pfarren entwickelten sich die ersten neuen Oberhausener Pfarren, St. Joseph-Styrum und St. Marien. Diese sollen als die ersten neuen Pfarren im Industriezeitalter in Alt-Oberhausen etwas näher betrachtet werden.

Am dringlichsten stellte sich das Problem der seelsorgerischen Versorgung in den Bauernschaften Lippern und Lirich, denn hier hatten sich die Gute-Hoffnungs-Hütte und ein 1829 gebautes Walzwerk angesiedelt, auch der 1847 gebaute Bahnhof der Köln-Mindener-Eisenbahn löste einen großen Zuzug aus. Daher gründete sich 1852 ein Verein, der eine Kapellengemeinde mit einer Seelsorgestelle gründen wollte. Schon ein Jahr später konnte er dem zuständigen Borbecker Pfarrer mitteilen, dass über 123 Reichstaler in der Kasse seien. Als Bauplatz entschied sich der Verein gegen das Angebot des Grafen von Westerholt-Gysenberg, dem Besitzer von Schloss Oberhausen, und für das Bauland der Köln-Mindener Eisenbahndi-

Abb. 3:
Kelch von
St. Marien

rektion, die es in der Nähe des Bahnhofs mit der Auflage schenkte, in vier Jahren eine Kirche zu bauen. An der Finanzierung beteiligte sich das Erzbistum Köln mit 2.000 Talern sowie die ansässigen Industrieunternehmen, nämlich die Zinkhütte Altenberg (Vieille Montagne) mit 400 Talern, die Zeche Concordia mit 200 Talern und die GHH sogar mit 1.000 Talern. Die katholische Bevölkerung beteiligte sich, indem die Arbeiter der Zinkhütte ein Taufbecken aus Sandstein und die Kiesarbeiter der Bahn einen vergoldeten Silberkelch spendeten, der noch heute zum Kirchenschatz der Gemeinde gehört. Die Beamten der Köln-Mindener Eisenbahndirektion stifteten ein Brustkreuz für Versehgänge des Geistlichen.

1857, nach 14-monatiger Bauzeit, konnte diese erste Kirche eingeweiht werden,[9] die kirchenrechtlich ein Rektorat war und von St. Dionysios abhängig blieb. Erster Pfarrrektor wurde bis 1873 Peter Wilhelm Leopold Hicken, dessen Gehalt durch den Bonifatius-Verein in Paderborn und durch Verpachtungen von Kirchengrundstücken an einen Bauunternehmer bezahlt wurde. Sein Nachfolger war Paul Joseph Schmittmann, der 1888 dann erster Pfarrer der neuen Marienpfarre wurde.

Anfang der 1870er Jahre kamen erste Pläne eines Neubaus auf, da die Gemeinde auf über 5.000 Seelen angewachsen war. Sie scheiterten an der Weigerung der Pfarre St. Dionysios, einen Teil der Baulasten zu tragen.[10] Die Abhängigkeit St. Mariens blieb bis 1888 bestehen, denn der Kulturkampf verhinderte die Gründung neuer Pfarren. Erst am 16. Juli 1888 erhob der Kölner Erzbischof St. Marien zur Pfarrkirche. Da verfügte sie längst über das 1884 eröffnete St. Joseph-Hospital, das 1889 durch eine Stiftung des Fabrikanten Wilhelm Grillo vergrößert wurde. 1894 wurde dann nach dreijähriger Bauzeit die neue neogotische Kirche fertiggestellt. Architekt war Friedrich Schmidt, Dombaumeister am Wiener Stephansdom und Erbauer des Wiener Rathauses am Ring.[11]

*Abb. 4:
Kirche Herz Jesu,
heutige Ansicht*

Die zweite frühe Pfarrei in Alt-Oberhausen war *St. Joseph-Styrum*, die wie die Stadt Oberhausen 2012 ihr 150-jähriges Jubiläum feiert. 1862 entstand sie auch als Rektoratsgemeinde, in diesem Fall von St. Mariä Geburt in Mülheim, für annähernd die südliche Hälfte der neuen Bürgermeisterei Oberhausen und die drei Landgemeinden Styrum, Dümpten und Alstaden, die zur Landbürgermeisterei Mülheim gehörten, ebenfalls wegen der Zuwanderung in die neuen Industriegemeinden. Die neue Kirchengemeinde erstreckte sich in Nord-Süd-Richtung vom heutigen Hauptbahnhof bis zum Hauptbahnhof Mülheim und in Ost-West-Richtung von Duisburg-Meiderich bis zur Mellinghofer Straße. Als erstes entstand für zehn Jahre eine Holzkirche des Architekten Nohl, der auch die evangelische Grundschule an der heutigen Nohlstraße baute. Die Gemeinde unter ihrem ersten Pfarrrektor August Savel wuchs bald auf 7.500 Mitglieder an und baute daher schon 1874 ihre jetzige neugotische Kirche, die auch Friedrich Schmidt errichtete. Selbständige Pfarre wurde sie, ebenfalls erst nach der Beilegung des Kulturkampfes, 1889[12].

Schon ein Jahr früher begann die Abtrennung der Gemeinde *Herz Jesu*. Die noch unselbständige Rektoratskirche St. Joseph Styrum übernahm die finanzielle Verantwortung für die neu geplante Filialkirche Herz Jesu am Altmarkt, wo sie Grundstücke kaufte. 1889 schenkte die frischgegründete Pfarrei St. Joseph Styrum diese Flächen der neu entstehenden Filialgemeinde Herz Jesu. Das Gemeindeleben begann in einem großen Saal, aber sofort wurde mit Zustimmung des Generalvikariats Köln ein „Bauverein am Altmarkt in Oberhausen" gegründet, der den Saal in eine Notkirche umbauen wollte. Im Oktober 1889 war die neue Notkirche fertig gestellt und erster Rektor für die 8.000 Gemeindemitglieder wurde August Hortmanns. Im Dezember 1892 erreichte er mit dem Bauverein gegen den Widerstand des Styrumer Pfar-

*Abb. 5:
St. Marien,
um 1900*

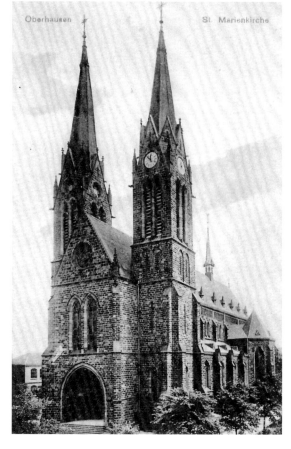

rers die Erhebung zur Pfarrei. Als um die Jahrhundertwende die Pfarrei auf 12.500 Seelen angewachsen war, reiften Pläne zum Bau einer neuen Kirche, die auch nicht aufgegeben wurden, als 1904 mit St. Johannes eine neue Gemeinde abgetrennt wurde. 1911 wurde die neue Kirche, die am Platz der alten stand, nach zweijähriger Bauzeit eingeweiht. Wie damals üblich und von den Kirchenoberen gewünscht, war sie im Stil der Neugotik errichtet[13].

In beiden neuen Oberhausener Kirchengemeinden entfaltete sich eine rege Tätigkeit, die sich nicht auf Gottesdienste der Priester beschränkte. Die sozialen Probleme der Industrialisierung wie Wohnungsnot, Kinderverwahrlosung, Krankheiten etc. weckten das Engagement auch vieler Laien. Die unterschiedlichsten Vereine sprossen aus dem Boden, besonders Frauenkongregationen und -orden, die sich um Kranke und Kinder kümmerten. 1864 gründeten die Barmherzigen Schwestern von der hl. Elisabeth in Styrum ein Krankenhaus. Die Schwester des Pfarrrektors Savel gründete mit ihm 1882 ein Waisenhaus, das Vinzenzhaus, nachdem sie die Kinder vorher im Pfarrhaus betreut hatte. Es folgten 1894 das Leohaus als Alten- und Pflegeheim sowie insgesamt fünf Kindergärten (drei vor und zwei nach dem Zweiten Weltkrieg). Aber auch Freizeiteinrichtungen gehörten zum Engagement der Gemeinde wie eine Freilichtbühne und ein Jugendheim. St. Marien baute außer dem schon erwähnten Krankenhaus 1895 das Arbeiterwohnheim St. Johannes, wie es auch andere Gemeinden taten, aber auch als Gemeindeveranstaltungsstätte das Haus Union[14].

Mit solchen, hier für die beiden frühen Pfarren St. Marien und St. Joseph Styrum beispielhaft aufgezählten sozial-caritativen Aktivitäten gelang es der katholischen Kirche seit der Industrialisierung für viele Jahrzehnte, große Teile der katholischen Bevölkerung Oberhausens an sich zu binden.

Der politische Katholizismus in Oberhausen – ein Überblick

Im Kaiserreich entwickelte sich das Zentrum als politische Vertretung der katholischen Bevölkerung zur ersten modernen Partei des Typs Volkspartei, da sie alle Bevölkerungsschichten vom Bauer und Arbeiter über den Handwerker und Bürger bis zum Adel integrierte, was auf den Außendruck des Kulturkampfes von 1871 bis 1887 zurückzuführen ist. Gegen die zwangsweise Modernisierung ihrer Lebensgewohnheiten und Mentalität wehrte sich die katholische Bevölkerung u.a. mit Hilfe der Zentrumspartei, die in Oberhausen mehr als anderswo vom katholischen Klerus lebte. Viele Oberhausener Priester kümmerten sich erfolgreich um die sozialen Belange der Arbeiterschaft und um ihre Integration in die Kirchengemeinden. So war das ▶ katholische Milieu in Oberhausen intakt, denn zwischen 1871 und 1890, also während des Kulturkampfes, schöpfte das Zentrum das Reservoir der abgegebenen katholischen Stimmen zwischen 83 und 99 Prozent aus und nahm damit eine Spitzenposition ein. Trotzdem bewirkte das preußische ▶ Dreiklassenwahlrecht, dass der mehrheitlich katholische Ort von einer protestantischen Honoratiorenschicht, der ▶ nationalliberalen Partei, regiert wurde.

In der Weimarer Republik litt das Zentrum allgemein unter einem schleichenden Wählerverlust. In Oberhausen dokumentierte er sich in einem Rückgang der Zentrumswähler von 37 Prozent bei der Wahl zur Nationalversammlung 1919 auf 31,7 Prozent bei den letzten Reichstagswahlen vom 5. März 1933[15.] Beide Wahlen sind – trotz des Unterschiedes der massiven NS-Einschüchterungsversuche 1933 – gut zu vergleichen, denn beide fanden in einer emotional aufgeheizten Atmosphäre einer befürchteten Bedrohung der Kirche statt[16], allerdings waren die Wahlen 1919 frei von Einschüchterungen. Während der Weimarer Republik etablierte sich das Zentrum als größte Fraktion im Rat der Stadt Oberhausen. Die Partei des politischen Katholizismus erlangte damit zentrale Bedeutung für die Gestaltung der Oberhausener Kommunalpolitik – vom Städtebau der Innenstadt bis zur Wohlfahrtspolitik. Diese wichtige Stellung im Parteiengefüge resultierte aus dem Charakter des Zentrums als Volkspartei, während sich das protestantische Bürgertum und die übrige Arbeiterschaft auf verschiedene Parteien verteilten.

Das Oberhausener Zentrum lag mit seinem Rückgang während der Weimarer Zeit unter dem Reichstrend von knapp neun Prozent.[17] Die Katholiken entfernten sich allmählich von ihrer politischen Repräsentanz, da der Außendruck auf die früheren „Reichsfeinde", wie sie während des Kulturkampfes von ihren politischen Gegnern tituliert worden waren, nachließ. Mit dem Aufstieg zur permanenten Regierungspartei, ohne die weder im Reich noch in Preußen noch in den Ruhrgebietskommunen regiert werden konnte, bröckelte langsam die Bereitschaft der verschiedenen sozialen Gruppen, sich unter Zurücksetzung ihrer eigenen unterschiedlichen wirtschaftlichen, sozialen und politischen Interessen in der Wagenburg des „Zentrumsturms" zusammenzuschließen. Durch den Aufstieg der NSDAP konnte das Zentrum seinen lang anhaltenden Abwärtstrend im Kampf gegen die weltanschauliche Bedrohung durch den Nationalsozialismus stoppen, da die Anfeindungen von außen zusammenschweißten. So stieg das Oberhausener Zentrumsergebnis von der Novemberwahl 1932 von 31 Prozent um 0,7 Prozent bei der Märzwahl 1933 – und das trotz der massiven Einschüchterungsversuche der Nationalsozialisten. Darin spiegelt sich möglicherweise auch die positive Entwicklung des religiösen Bereiches; sichtbar besonders an der Eucharistischen Bewegung mit wachsendem Kommunionempfang. Gerade im städtischen Bereich, wo die Osterkommunion niedrig war, stieg sie wieder auf ungefähr 60 Prozent an. Es gelang, die Entkirchlichung gerade im Industrierevier zu stoppen und sogar umzukehren[18].

2. Lebensläufe: Katholiken im Nationalsozialismus

Der Nationalsozialismus bedeutete, nicht nur in Oberhausen, für die katholische Kirche eine ihrer größten Herausforderungen, da sie nicht nur – und in geringerem Maße – institutionell, sondern erst recht im menschenfreundlichen Kern des Christentums bedroht war. Daher soll am Beispiel eines katholischen Politikers, eines einfachen Mannes „von der Straße" und einiger Priester die Antwort der katholischen Kirche auf die nationalsozialistische Herausforderung gezeigt werden.

Martin Heix als Repräsentant der katholischen Arbeiterschaft

Gerade in Oberhausen und im Ruhrgebiet war der Katholizismus stärker als anderswo von der Arbeiterschaft geprägt. Sie war seit den 1880er Jahren, teilweise schon früher, in der Katholischen Arbeiterbewegung (KAB[19]) von den sogenannten „Roten Kaplänen" organisiert worden. Früh hatte sie schon ihre politische Vertretung im Zentrum gefunden. So stellte das Essener Zentrum 1877 mit Gerhard Stötzel den ersten Arbeitervertreter überhaupt im Reichstag. Als Kandidat des christlich-sozialen Vereins hatte er sich gegen den bürgerlichen, offiziellen Zentrums-Kandidaten durchgesetzt, war aber danach vom Zentrum als einer der Ihren akzeptiert worden. Im Ruhrgebiet gelang es Arbeitern in der Zentrumspartei auch häufiger als anderswo, in Führungspositionen aufzusteigen. So wurde beispielsweise Christian Steger aus dem christlichen Bergarbeiterverband 1928 Fraktionsvorsitzender im Rat[20].

Mitgliedern der Arbeiterschaft bot das katholische Milieu soziale Aufstiegschancen – und zwar nicht nur auf dem traditionellen Weg für Unterschichten, als Priester, sondern über eigene Bildungsangebote. Zu den Nutznießern zählten u.a. August Brust aus Essen, der Bergmann und Gründer der ersten Christlichen Gewerkschaft im Kaiserreich, dem Gewerkverein christlicher Bergarbeiter, sein Oberhausener Nachfolger Heinrich Imbusch in der Weimarer Republik, der spätere preußische Wohlfahrtsminister Heinrich Hirtsiefer aus Essen u.a. Die Christlichen Gewerkschaften waren ihrem Anspruch nach zwar interkonfessionell, aber die Mehrheit stellten katholische Arbeiter. Sie unterschieden sich von den Katholischen Arbeitervereinen dadurch, dass sie von Laien geleitet wurden und interkonfessionell waren. Wie jede andere Gewerkschaft auch waren sie eine sozialpolitische Interessenvertretung mit Streikwillen und nach dem Branchenprinzip organisiert. Sie waren seit 1918 mit andern nicht-sozialistischen Gewerkschaften im Deutschen Gewerkschaftsbund (DGB) unter dem Vorsitz von Adam Stegerwald zusammen geschlossen.[21] In Oberhausen überflügelte ihre Mitgliederzahl noch Ende der 1920er Jahre deutlich die der freien Gewerkschaften[22].

Die KAB dagegen war ein kirchlich gebundener Verband, der nach dem Pfarrprinzip organisiert war und unter der Leitung eines geistlichen Präses stand. Sie sah ihre Ziele in religiöser und moralischer Bildung und Festigung, aber auch in beruflicher und gesamtgesellschaftlicher Bildung, und erhob in Sorge um Moral und Sitte ihrer Mitglieder schon früh sozialpolitische Forderungen[23].

Martin Heix zählt zu den katholischen Vertretern in Oberhausen, die die lokale Politik über Jahrzehnte mitprägten. Mit seiner politischen Heimat in der Zentrumspartei und seinem Engagement in den Christlichen Gewerkschaften und der KAB war er in allen wichtigen Säulen des politischen Katholizismus der Weimarer Zeit verwurzelt. Nach 1945 zählte er zu den Mitgründern der lokalen CDU und war der einzige Bundestagsabgeordnete Oberhausens, den die CDU bis heute stellte.

Er wurde am 2. September 1903 in Büderich im Kreis Moers als zehntes Kind geboren. Nach dem Besuch der Volksschule machte er eine Maurerlehre. 1919 trat er dem christlichen Bauarbeiterverband bei. Dort engagierte er sich, wurde Jugendsprecher und leitete im Alter von 18 Jahren schon die Bodericher Ortsgruppe. Die Arbeiterinteressen bewogen ihn, sich in den Betriebsrat wählen zu lassen. Er trat 1918 dem Zentrum und 1919 der KAB bei. 1923 beteiligte er sich an der Gründung einer Filiale der gewerkschaftsnahen Konsumgenossenschaften in seinem Heimatort. Auch politisch setzte er sich ein, indem er die Ortsgruppe des Reichsbanners Schwarz-Rot-Gold mitgründete. Das Reichsbanner war gemeinsam von den „Weimarer Parteien" SPD, Zentrum und Deutscher Demokratischer Partei (DDP) 1924 ins Leben gerufen worden, um die neue Republik gemeinsam gegen die militaristischen Verbände von Links und Rechts zu verteidigen. Es war aber eine mehrheitlich sozialdemokratisch ausgerichtete Schutzorganisation für Versammlungen und Demonstrationen von demokratischen Veranstaltern.

Heix wechselte 1927, nach zeitweiser Arbeitslosigkeit, hauptberuflich zur KAB, indem er Sekretär der katholischen Werkjugend wurde. 1930 nahm er die Stellung des Arbeitersekretärs im Bezirk Oberhausen-Mülheim-Kettwig an und wurde damit eine wichtige Integrationsfigur für die örtliche katholische Arbeiterschaft. Als Arbeitersekretär gehörte nicht nur die Gestaltung des Bildungsprogramms der KAB zu seinen Aufgaben, sondern ebenso Rechtsberatung der Mitglieder in Fragen des Arbeits- und Sozial- sowie Mietrechts als auch Rechtsschutz in Rentenangelegenheiten vor dem Versorgungsgericht in Düsseldorf und die Vertretung von Arbeiterinteressen in der Öffentlichkeit. Außerdem gründete er auf Wunsch des Klerus am unteren Niederrhein 24 Abteilungen des katholischen Sportbundes DJK (Deutsche Jugendkraft).

In den folgenden Jahren wurde er mit Aufstieg und Sieg der NSDAP konfrontiert. Sie war in der Endphase der Weimarer Republik eines seiner politischen Themen, wenn natürlich auch nicht das einzige. Bei ihrer Beurteilung war die katholische Religion sein Maßstab. Heix führte auf einer KAB-Mitgliederversammlung am 30. März 1931 in Oberhausen in seiner Rede zum Thema: „Die katholische Arbeiterjugend, ihre Stellung innerhalb des katholischen Volkes und ihre Bedeutung in der katholischen Arbeiterbewegung" aus:

> „Die katholische Arbeiterschaft lehnt weiter ab den sinnlosen Radikalismus, den die nationalsozialistische Brutalität unter das deutsche Volk geschleudert hat. Und weil die junge Arbeitergeneration mehr einer Ideologie des Wirtschaftlichen, als einer solchen des Nationalen zuneigt, liegt die Sorge um unsere jungen Arbeiter in der Gefahr des Kommunismus, dem Erben des Nationalsozialismus; denn dieser wird bei einem politischen und wirtschaftlichen Kampf der Extreme dem sowjetrussischen System erliegen. Wir erhoffen das Verbot der Bischöfe und des Papstes, das

Abb. 6: Martin Heix

die Zugehörigkeit des katholischen Arbeiters zur nationalsozialistischen Bewegung genau so untersagt, wie es seinerzeit für den Sozialismus erfolgte."²⁴

Aber auch alles Sozialistische fand aus religiösem Motiv seine Ablehnung, so wenn er eine Verbrüderung wegen ähnlicher Interessen befürchtete²⁵. An seiner Verbundenheit mit der Weimarer Republik und der Demokratie bestand kein Zweifel, wie eine Rede vom März 1931 über die verbesserte Stellung der Arbeiterschaft in der Weimarer Republik im Vergleich zum Kaiserreich zeigt:

„Die katholischen Arbeiter der Vorkriegszeit standen im Gegensatz zu Staat, Wirtschaft und freien Gewerkschaften. […] Heute ist nicht mehr die Feindschaft des Staates! Das Reich von Weimar hat dem Arbeiter volle Anerkennung gebracht."²⁶

Damit spiegelt Heix, der im März 1933 erneut Oberhausener Stadtverordneter für das Zentrum wurde, dessen Mehrheitsposition zur Weimarer Republik getreulich wider. Auch wird sichtbar, dass das Zentrum und der von ihm repräsentierte katholische Bevölkerungsteil im Kaiserreich Bürger zweiter Klasse und nicht vollständig integriert waren.

Heix bekam das veränderte politische Klima nach der Machtergreifung bald zu spüren. Mit der Selbstauflösung des Zentrums im Juni 1933 verließ er den Oberhausener Rat, da er kein kooptiertes Mitglied der NSDAP werden wollte. Nach dem „Tag der Arbeit" am 1. Mai 1933 zerschlugen die Nationalsozialisten die Gewerkschaften. Der christliche Bauarbeiterverband wurde mit den dort erworbenen gewerkschaftlichen Ansprüchen von der Deutschen Arbeitsfront (DAF) übernommen, und Heix daher automatisch Mitglied der nationalsozialistischen DAF. Als dann im Frühjahr 1934 der DAF-Führer Robert Ley ein Doppelmitgliedschaftsverbot für DAF und konfessionelle Verbände, wie die KAB, aussprach, wurde Heix unehrenhaft aus der DAF entlassen.

Diese Erfahrungen bestärkten ihn in seiner Ablehnung des Dritten Reiches wie auch die immer eingeschränkteren Möglichkeiten, seinen Tätigkeiten als Arbeitersekretär nachzugehen. Zur Kompensation der NS-Restriktionen entwickelte er 1934 den „nächtlichen Bußgang der Männer" in der Nacht zum Passionssonntag. Schon beim ersten Mal nahmen 1.400 Männer teil, 1939 waren es sogar ungefähr 2.000. Im Zweiten Weltkrieg verboten die Nationalsozialisten die Bußgänge. Bis 1937 waren seine Aktionsmöglichkeiten als KAB-Sekretär eingeschränkt worden: Seine rechtlichen Aufgaben entfielen, ihm blieb die Organisation der Wallfahrten, Exerzitienkurse, Einkehrtage und die Vorbereitung der Patronats- und Stiftungsfeste der 18 KAB-Ortsverbände[27].

1937 geriet Heix mit dem NS-Regime in Konflikt. Anlass war eine Anzeige gegen ihn von zwei Oberhausener Bürgerinnen. Sie hörten am 25. April 1937 zufällig eine Rede mit, die Heix auf einer Versammlung der Frauen der KAB und des katholischen Frauenbundes der Pfarrei St. Johannes im katholischen Vereinshaus hielt. Darin führte er aus:

> „Wir brauchen euch Frauen, damit ihr uns in dem Satanskampf unterstützt. […] denn wir sind in einer Zeit, noch viel schlimmer als im 4-jährigen Krieg […]. Ein Kaplan ist von Dümpten nach Düsseldorf versetzt worden, auch er ist Präses im kath. Arbeiterverein. Wenn er nun Heimabende abhält, dann sitzt an einem Tisch der ganze Parteiklüngel und an der Spitze der Kreisleiter und die Behörden, um nur jedes Wort aufzunehmen. Aber Gott sei Dank haben wir hier noch grosse Bewegungsfreiheit. […] Ich kann euch die freudige Mitteilung machen, dass der Zuwachs in der letzten Zeit so stark geworden ist, dass wir eine grosse Säule aufbauen können. Sie wollen alle nichts mehr von den Satanswerken wissen. […] Kaplan Rossaint[28] […] wurde ganz unschuldig verurteilt […]. Aber alle diese werden Blutzeugen sein für unsere neue grosse Bewegung. Wir sind heute schon so stark, dass wir vor nichts mehr zurückschrecken brauchen. Wenn nun auch die Gemeinschaftsschule eingeführt werden soll, dann rufe ich euch nochmals zu: Lehnt die Satansmachenschaften als kath. Mütter ab […]. Sollten uns die Satanskräfte auch verhaften, das macht nichts, je stärker bauen wir das neue 4. Reich auf. Das wird das Reich Christi werden. […] Dann hat die kath. Kirche den Sieg davon getragen. Mögen sie auch alle unsere Zeitschriften und Kirchenblätter verbieten und uns unsere Heimabende nehmen, wir werden in unseren Familien durch unsere kath. Frauen den kath. Glauben so fest aufbauen, dass ihn uns keiner mehr nehmen kann. […]"

Die Situation der KAB beschrieb er den Frauen so:

> „Gloria der Arbeit! Ihr werdet zum Kampf aufgerufen werden. Ihr seid die Wartburg. Mögen sie noch so viele Burgen errichten, wir werden sie alle erstürmen. Sie mögen draussen in Kolonnen marschieren. Über diesen allen steht das gloria in exelsis dei. Das Dekanat Oberhausen ist noch ein Dekanat, wo wir ungestört arbeiten können, wo sich noch Männer finden, die uns die Treue halten"[29].

Die Rede sprach die Konfliktfelder staatliche Abschaffung der Konfessionsschule, Behinderung religiöser Veranstaltungen etc. an und ermutigte die Zuhörerinnen zur Gegenwehr. Die beiden zufällig anwesenden Frauen denunzierten Heix daraufhin bei der Gestapo. Damit kam gegen Heix auf eine weit verbreitete Weise ein Verfahren ins Rollen, denn Denunziationen spielten eine weitaus größere Rolle als direkte Gestapo-Beobachtungen. Am 11. Mai 1937 hatte die SS Oberhausen die Denunziation überprüft und leitete sie weiter an die Gestapo Düsseldorf. Daraufhin wurde Heix am 18. Juni unter dem Verdacht auf „Vorbereitung zum Hochverrat und Verstoß gegen das Heimtückegesetz" verhaftet. Selbst „nichtöffentliche böswillige Äußerungen" konnten mit Gefängnis bestraft werden, wodurch dem Denunziantentum eine Scheinlegalität verliehen wurde. Zuständig waren nicht ordentliche Gerichte, sondern den Nationalsozialisten besonders willfährige Sondergerichte. So konnte Kritik an der NS-Führung und ihren Organisationen erst recht unterbunden werden.

Am 21. Juni 1937 erließ das Amtsgericht Oberhausen Haftbefehl gegen Heix. Am 14. und 15. Juli wurden die zwei Belastungs- und die vielen Entlastungszeuginnen vernommen, die aussagten, Heix habe nur im religiösen Sinne gesprochen. Danach hob das Amtsgericht den Haftbefehl auf, aber die Gestapo hielt ihn weiter in Schutzhaft und bat mit Schreiben vom 9. August 1937 an die Gestapo Berlin um eine am 6. September bestätigte Verlängerung der Schutzhaft bis zum Abschluss des weiteren Verfahrens und verhängte gleichzeitig eine vorläufige siebentägige Schutzhaft über ihn. Die gleiche Bitte um Verlängerung der Schutzhaft äußerte am 23. August auch die SS, Oberabschnitt West, schriftlich gegenüber der Gestapo Regierungsbezirk Düsseldorf. Am 24. September 1937 entließ die Gestapo Oberhausen Heix um 17 Uhr aus dem Polizeigefängnis, nachdem er verwarnt worden war. Er unterschrieb folgende Erklärung:

> „Ich bin heute wegen der Strafsache, die zur Einleitung eines Ermittlungsverfahrens und zu meiner Inschutzhaftmaßnahme Anlaß gegeben hat, eindringlich und ernstlich verwarnt worden. Mir wurde eröffnet, daß ich bei Rückfälligkeit keine Milde mehr zu erwarten habe."[30]

Die Verwarnungsniederschrift wurde der Gestapo Düsseldorf zugeschickt. Ob ein Bittbrief der Mutter Heix an die Gestapo Düsseldorf vom 16. September, ihr Sohn sei ihr und ihrer Tochter Ernährer und ohne ihn fielen sie der Fürsorge zur Last, wirklich auf seine Freilassung Einfluss hatte, lässt sich nicht überprüfen. Eine Rolle spielte offensichtlich eine Haftpsychose mit andauerndem Weinen, die ihn an den Rand einer Nervenheilanstalt brachte, wie die Gestapo Düsseldorf am 8. September nach Berlin berichtete. Am 22. September verfügte die Gestapo Berlin erstaunlicherweise: „Mit Rücksicht auf die eingetretene Krankheit des H. ersuche ich, H. sofort aus der Schutzhaft zu entlassen."[31]

Weitere Konflikte von Heix mit dem NS-Staat sind nicht überliefert. Nach dem gescheiterten Attentat vom 20. Juli 1944 suchte die Gestapo ihn im Rahmen der Aktion „Gewitter" vom 22./23. August 1944, in der die Gestapo anhand von Listen rund 5.000 frühere Politiker der Weimarer Parteien ins KZ brachte. Heix' Vorgesetzte bei der Wehrmacht, die offensichtlich mit dem Widerstand sympathisierten, machten ihn um sieben Jahre älter und verhinderten somit, dass die Gestapo ihn fand.[32]

Auf diese Weise überlebte Martin Heix das Dritte Reich. Sein weiterer Lebenslauf macht deutlich, dass er zu den wichtigsten Politikern in Oberhausen gehörte, die überzeugte Katholiken waren. Er war bis heute, mit Ausnahme des Zentrumsvertreters Johannes Brockmann, der eine Wahlperiode lang (1953 bis 1957) Bundestagsabgeordneter war, der einzige katholische Politiker, der Oberhausen im Bundestag vertreten hat. Er wurde 1957 mit der überwältigenden Mehrheit von 54 Prozent der Erststimmen direkt von den Oberhausenerinnen und Oberhausenern gewählt[33] und blieb dort für vier Wahlperioden.

Der Werdegang von Martin Heix seit 1938 in Kurzform: 1938 Hochzeit, 1940 Soldat, 1945 Kriegsgefangenschaft in Belgien, 1946 nach Rückkehr aus der Kriegsgefangenschaft Mitbegründer der CDU Oberhausen, 1946 bis 1962 Vorsitzender der CDU Oberhausen, Mitglied im Arbeitnehmerflügel CDA, 1946 bis 1948 und 1950 bis 1956 Fraktionsvorsitzender der CDU im Rat der Stadt Oberhausen, 1946 bis 1976 Stadtverordneter in Oberhausen, 1946 bis 1947 Landtagsabgeordneter, 1948 bis 1952 Bürgermeister in Oberhausen, 1949 Mitbegründer der Kolping-Ketteler-Siedlergemeinschaft „Heimbau-Wohnungsgenossenschaft", 1949 bis 1965 Mitglied im Deutschen Bundestag für die CDU[34]. Martin Heix starb am 24. April 1977 plötzlich durch einen Herzinfarkt während einer Messe in der Klosterkirche „Zu unserer lieben Frau", mit der er für seine 60-jährige Mitgliedschaft in der KAB geehrt werden sollte.

Verhöhnung von Zentrums-Mitarbeitern im Sterkrader Rathaus

Heix war zwar der prominenteste, aber nicht der einzige Zentrumspolitiker, der in Oberhausen von den Nationalsozialisten drangsaliert wurde. Schon zu Beginn des Dritten Reiches hat es drei Zentrumspolitiker aus Sterkrade getroffen, Franz Mattern, Theodor Visser und Johann Vonderen. Alle drei waren im Sterkrader Rathaus beschäftigt und wurden unter üblen Begleitumständen aufgrund des Gesetzes zur „Wiederherstellung des Berufsbeamtentums" vom 7. April 1933 aus dem Staatsdienst entlassen.

Franz Mattern arbeitete vor seiner Tätigkeit als städtischer Angestellter bei der Zeche Sterkrade und war von 1912 bis 1930 Stadtverordneter des Zentrums in Sterkrade. Theodor Visser war Schmied und Installateur in der Maschinenhalle der GHH Sterkrade, dann Wohnungsaufseher, bevor er 1929 ins Beamtenverhältnis übernommen wurde. Er war von 1919 bis 1933 Zentrumsstadtverordneter in Sterkrade. Johannes Vonderen war Stadtinspektor und sowohl in der Zentrumspartei als auch im Beamtenbund aktiv. Diese drei erhielten am 28. März 1933, dem Tag der bischöflichen Verlautbarung zur Aufgabe des Verbotes der Mitgliedschaft in der NSDAP für Katholiken, an ihren Arbeitsplätzen im Sterkrader Rathaus „Besuch" von einem Trupp uniformierter SA-und SS-Leute unter Leitung des Sterkrader NSDAP-Ortsgruppenleiters. Sie zwangen die drei, ihre Büros zu verlassen und forderten sie auf, diese nicht mehr zu betreten. Vor der Rathaustür gerieten sie in eine Menschenmenge von NS-Sympathisanten und wurden gezwungen, mit ihnen mit zu marschieren. Am SS-Lokal rühmte sich der Ortsgruppenleiter, das Sterkrader Rathaus nun gesäubert zu haben. Den dreien wurden Fahnen des Reichsbanners Schwarz-Rot-Gold, der Schutzorganisation der Weimarer Republik von SPD, Zentrum und DDP, umgehängt. Die Zentrumsbeamten wurden so dekoriert durch Sterkrade bis zum Marktplatz geführt, wo sie sich in die Mitte eines Kreises aus SA und SS stellen mussten. Dort wurden ihnen die Fahnen abgenommen, diese wurden in die Mitte auf einen Haufen gelegt und mit Brennspiritus überschüttet. Dann wurden die drei gezwungen, die Banner anzuzünden, und sie mussten anschließend auch noch den Brennspiritus bezahlen. Danach wurden sie noch einmal durch Sterkrade geführt[35].

Die Nationalsozialisten in Oberhausen machten damit deutlich, dass sie Zentrumsvertreter und Katholiken zu ihren zentralen Gegnern zählten und behandelten sie entsprechend.

Johannes Zimorski – ein einfacher Mann aus dem Volke

Johannes Zimorski zählt zu den lange vergessenen Opfern des NS-Regimes. Er wurde es nicht durch spektakulären Widerstand, sondern weil er Zivilcourage zeigte, indem er seinen Überzeugungen treu blieb. Er war ein einfacher Mann aus dem Volk. Geboren am 22. Dezember 1872 in Mixstadt, im preußischen Polen, in der damaligen Provinz Posen, arbeitete er seit 1909 auf der Gute-Hoffnungshütte in Oberhausen.

Zimorski führte mit seiner großen Familie, mir zehn Kindern, das unauffällige Leben eines katholischen Arbeiters. In seiner Kirchengemeinde St. Marien beteiligte er sich am Gemeindeleben. Fast täglich besuchte er die hl. Messe.

Im Herbst 1938 geriet Zimorski zum ersten Mal mit der Gestapo in Konflikt. Eine frühere Nachbarin zeigte ihn an, weil er in einem Gespräch mit ihr auf der Straße u.a. an der Wahrhaftigkeit der NS-Regierung zweifelte, da sie zu Unrecht katholische Priester verfolge, wobei er besonders auf den früheren Oberhausener Kaplan Rossaint verwies. Auf ihren Einwand hin, er solle nicht so auf die Regierung schimpfen, bekräftigte er seine Meinung mit der Aussage, dass nur Gott und der Papst alleine Recht täten. Seine Kirchentreue ließ ihn folglich zentralen Elementen der NS-Politik misstrauen.

Diese Kirchentreue erschien überzeugten Nationalsozialisten als nationaler Makel. Der Zeugin galt Zimorski nämlich ausdrücklich als „strenger Katholik und Kirchenläufer. Seine Kirche geht ihm über alles." Der Oberhausener Gestapo-Beamte fasste die Ergebnisse der Untersuchung in seinem Bericht an die Oberstaatsanwaltschaft Duisburg folgendermaßen zusammen:

„Der Beschuldigte Zimorski ist hier als Meckerer bekannt. Bei ihm handelt es sich um einen fanatischen Katholiken, dem das Wohl seiner Kirche über dem des Staates steht. Für ihn ist nur Wahrheit, was die Kirche sagt. Bei jeder Gelegenheit sieht er die Kirche in Gefahr und betrachtet er sich als Fürsprecher der Kirche. Diesbezüglich dürften ihm die zur Last gelegten Äußerungen auch unbedingt der Wahrheit entsprechen, überhaupt, da er sie zum Teil im wesentlichen nicht bestreitet. […]"

Die Anklagebehörde beim Sondergericht Düsseldorf entschied am 2. November 1938, dass eine Verwarnung Zimorskis angesichts seines Alters von 66 Jahren ausreichend sei.

Vier Jahre hielt er sich an die NS-Mahnung, doch am 18. September 1942 lenkte Zimorski zum zweiten Mal die Aufmerksamkeit der Gestapo auf sich. Diesmal wurde er vorläufig festgenommen. Wieder war eine mutige Bemerkung von ihm der Anlass, die abermals von Bekannten denunziert wurde. Jetzt ermittelte die Gestapo Oberhausen:

„Z. soll sich bezüglich der Zerstörungen der Wohnhäuser durch engl. Flieger geäußert haben, daran wäre nur Deutschland schuld, weil es Polen und England den Krieg erklärt hätte. Er gibt zu, gesagt zu haben, das wäre die Strafe Gottes, alle haben gesündigt, ob Polacken oder Engländer. Z. ist fanatisch katholisch. […] Der Häftling ist geständig u. durch Zeugenaussage überführt. Er wurde in das Polizei-Gefängnis zur Verfügung der Stapo eingeliefert. Vorführung vor den Richter erfolgt."

Das Amtsgericht stellte trotz Befürwortung einer Verurteilung durch die Oberhausener Gestapo am 3. November 1942 das Verfahren ein, „da es sich um einen Mann von 70 Jahren handelt". Auch dieses Mal schützte ihn sein Alter. Ein ärztliches Attest des – katholischen – städtischen Obermedizinalrates hatte ihm Anzeichen einer senilen Demenz attestiert.

Doch die Gestapo wartete auf die nächste Gelegenheit, gegen ihn vorzugehen. Sie ergab sich nicht einmal ein Jahr später, am 12. Juli 1943. Zimorski wurde wegen verbotenen Sammelns, wohl für seine Pfarrei St. Katharina, zu einer Geldstrafe von 100 RM oder 20 Tagen Gefängnis verurteilt.

Der nächste Vorfall, nach nur einem halben Jahr, wurde Zimorski nun endgültig zum Verhängnis. Am 16. Dezember 1943 wurde er vorläufig festgenommen, weil er nach Aussage von

Abb. 7: Johannes Zimorski

drei Zeugen am Abend des 16. Dezembers 1943, gegen 21 Uhr, während eines Bombenalarms im Luftschutzstollen zu einem ihm unbekannten, zufällig anwesenden Obergefreiten gesagt haben soll: „Der Scheiß-Krieg! Schmeißt die Klamotten weg, den haben wir sowieso verloren." Das Amtsgericht Oberhausen ordnete daraufhin am 10. Februar 1944 einstweilige Unterbringungshaft in der Heil- und Pflegeanstalt Düren an, in die Zimorski am 18. März 1944 überführt wurde. Die Oberstaatsanwaltschaft Duisburg beantragte dann am 20. Mai 1944 die dauerhafte Unterbringung in Düren, da sie die Äußerungen als Wehrkraftzersetzung wertete. Wegen seiner angeblichen „senilen Demenz" beantragte die Staatsanwaltschaft die dauerhafte Unterbringung in einer Heil- und Pflegeanstalt gemäß § 42 STGB zum Schutz der öffentlichen Sicherheit.

Die Einweisung in eine geschlossene psychiatrische Anstalt bedeutete unter den Bedingungen des Dritten Reiches keinen Schutz, im Gegenteil. Am 18. September 1944 ging ein Transport forensisch Kranker nach Brauweiler und von dort weiter ins KZ Mauthausen nach Österreich. Dieses zählte als Lagerstufe III zur schlimmsten Kategorie für „für schwer belastete, unverbesserliche und auch gleichzeitig kriminell vorbestrafte, das heißt kaum noch erziehbare Schutzhäftlinge". Dort wurde Zimorski am 25. September 1944 eingeliefert. Das kam angesichts der hohen Todesrate in Mauthausen und seinem Alter einem Todesurteil gleich. In Mauthausen wurde Zimorski als Schutzhäftling, deutscher politischer Häftling, geführt. Schon am 26. September 1944, einen Tag nach seiner Einlieferung, wurde er aus unbekannten Gründen in das Sanitätslager überstellt. Dieses war kein Krankenrevier, sondern eher eine Auslagerungsstätte zum Sterben. Trotz Krankheit und Schwäche mussten die Häftlinge dort arbeiten. Ungeachtet seines hohen Alters und der miserablen Überlebenschancen hielt Zimorski acht Monate unter diesen unmenschlichen Bedingungen durch. Dann wurde er in den „Zellenbau", das Lagergefängnis, verlegt. Im Keller desselben Gebäudes befand sich auch eine Gaskammer. Dass er vergast worden sein soll, berichtete nach 1945 ein mit inhaftierter belgischer Priester der Witwe. Am 24. April.1945 verstarb er laut Lagerkartei, die die genaueren Todesumstände nicht angibt, im „Zellenbau". Das war nur elf Tage vor der Befreiung des lagers durch US-amerikanische Truppen am 5. Mai 1945.

Somit ist Zimorski unzweifelhaft dem NS-Verfolgungswahn und der NS-Absicht, ihn zu töten, zum Opfer gefallen, weil er ein mutiger Bekenner der aus seinem katholischen Glauben gewonnenen Überzeugungen war. Er wurde nach 1945 als politisch Verfolgter anerkannt. Der Ausschuss für Wiedergutmachung hielt es für erwiesen, „dass es sich bei dem Verstorbenen um einen Überzeugungstäter gehandelt hat". Johannes Zimorski wurde angesichts des Katholikenhasses der Oberhausener Gestapo, die ihn immer wieder als Katholiken für besonders verfolgungswürdig hielt, zu einem Märtyrer für den Bekennermut seines katholischen Glaubens, der ihn lehrte, das NS-Regime und seine politischen Maßnahmen abzulehnen. Im letzten Jahr, 2011, widmete man ihm in Oberhausen einen Stolperstein.[36]

Oberhausener Priester im Nationalsozialismus – Joseph C. Rossaint

Auf Kaplan Joseph C. Rossaint nahmen sowohl Martin Heix als auch Johannes Zimorski bei ihren Protesten gegen den Nationalsozialismus Bezug, und daher darf er hier nicht fehlen. Joseph Cornelius Rossaint, geboren am 5. August 1902, stammt aus Herbstethal, einem kleinen Ort im deutsch-belgischen Grenzgebiet, der nach dem verlorenen Ersten Weltkrieg an Belgien fiel. Deswegen zog seine Familie in die Nähe von Aachen, denn sie wollte die deutsche Staatsangehörigkeit nicht aufgeben. So lernte schon der junge Rossaint die Verwerfungen der Kriegsfolgen und des Nationalismus kennen.

Er wollte katholischer Priester werden und wurde 1927, ein Jahr nach seiner Promotion, im Kölner Dom geweiht. Seine erste Kaplansstelle trat er 1927 in St. Marien in Alt-Oberhausen an. Wie üblich wurde ihm als jüngstem Kaplan die Jugendarbeit übertragen. Als Bezirkspräses des katholischen Jungmännerverbandes betreute er ab 1929 etwa 200 Jungen in 14 Gruppen und gründete eine Oberhausener Gruppe der „Sturmschar", die sich als katholische Elite sah und ihre Aufgabe auch in der Beurteilung politischer Fragen aus religiöser Sicht fand. Bei seiner Jugendarbeit beschränkte er sich nicht auf intellektuelle Arbeit, sondern bezog auch den Sport mit ein, genauso wie er zu den Aktivitäten nicht nur Katholiken einlud, sondern ebenso Sozialdemokraten und Kommunisten. Auch besuchte er selbst Diskussionsveranstaltungen bei den Kommunisten, selbst wenn er mit Bemerkungen wie „Es wird dunkler im Saal" in Anspielung auf sein schwarzes Priestergewand begrüßt wurde. Ihm ging es um Friedenserhalt, Gerechtigkeit für die arbeitende Bevölkerung sowie den Kampf gegen die anwachsende NSDAP, und diese Ziele ließen ihn die damals tiefen weltanschaulichen Gräben zwischen Katholiken und Kommunisten überspringen. In vielen Reden und Schriften wandte er sich gegen Wehrsportübungen der Nationalsozialisten und warnte vor ihnen. Er beteiligte sich Anfang 1931 an der Organisation der Aktion „Die katholische Jugend gegen den Nationalsozialismus" und organisierte im Folgenden Antikriegskundgebungen, verteilte Flugblätter und Klebezettel gegen eine Wiedereinführung der Wehrpflicht, die durch den Versailler Frieden abgeschafft war.

Als besonderes Problem sah er die durch die Massenarbeitslosigkeit verursachte Not an und versuchte, die Jungen von der Straße zu holen. So gründete er Erwerbslosenclubs und organisierte Fußballturniere auf dem nahegelegenen Graf-Haeseler-Platz (heute John-Lennon-Platz). Nach den Spielen diskutierte er mit den Jugendlichen über die soziale und politische Lage.

Neben das Engagement für die sozialen Belange der Menschen trat bei Rossaint sein Einsatz für den Frieden. Seit 1928 gehörte er dem Friedensbund der deutschen Katholiken an.

Katholische Kirche in Oberhausen

Abbildung 8:
Joseph C. Rossaint

Die Erfahrungen mit dem sinnlosen und massenhaften Sterben im Stellungskrieg des Ersten Weltkrieges und die Kriegsfolgen bewogen ihn zu diesem Schritt, denn er vertrat das Motto: Nie wieder Krieg! Entsprechende Vorträge, u.a. gegen jegliche Wiederaufrüstungspolitik, organisierte er in Oberhausen. Einmal trug ihm die Einladung eines Redners der Friedensbewegung aus Krakau sogar eine Verwarnung des Polizeipräsidenten ein, da er sich für eine Versöhnung mit Polen aussprach, das im Versailler Vertrag weite Gebiete des preußischen Ostens erhalten hatte. Außerdem trat er 1929 der Zentrumspartei bei, weil er überzeugt war, dass sich der Friede nicht von selbst einstelle, sondern dafür politische Arbeit notwendig sei.

Im Juli 1932 wurde er nach fünf-jähriger Tätigkeit, wie üblich, versetzt und zwar nach Düsseldorf. Bei seinem Abschied in Haus Union beteiligte sich nicht nur die Gemeinde St. Marien an dem Bunten Abend, sondern ebenso die von ihm gegründeten Fußballclubs. Die katholische Jugend schenkte ihm einen Messkelch, in den der Kirchturm von St. Marien eingraviert ist. Das dazugehörige kleine Löffelchen für Messwein und Wasser trägt sogar Hammer und Sichel, die Symbole des Kommunismus, als Zeichen für die Menschen, um die Rossaint sich besonders kümmerte und die er für den christlichen Glauben zurück gewinnen wollte[37].

Obwohl Rossaint das Dritte Reich in Düsseldorf erlebte, blieb der Kontakt zu vielen Jugendlichen und Gemeindemitgliedern in Oberhausen bestehen, die seinen weiteren Werdegang beobachteten. Er setzte seine Aktivitäten in der Jugendarbeit gegen den Nationalsozialismus fort, nun auch für das katholische Jugendhaus Düsseldorf. Außerdem erweiterte er seine Unternehmungen, indem er NS-Verfolgten Unterkunft bot und Verpflegung sowie Geld spendete. Dabei kam ihm die Gestapo 1935 auf die Spur und verhaftete ihn am 29. Januar 1936 direkt nach dem Gottesdienst. Ab April 1937 war er Hauptangeklagter im sogenannten Katholikenprozess, in dem ihm und sechs weiteren Angeklagten aus dem katholischen Jungmännerverband und der Sturmschar Hochverrat vorgeworfen wurde. Dieser bestand aus NS-Sicht in der Öffnung der Jugendorganisationen für extremste „kommunistische Bestrebungen". Rossaint leugnete den Kontakt zu Kommunisten nicht und begründete ihn mit seiner priesterlichen Verantwortung für die Jugend. Er wurde mit elf Jahren Zuchthaus und zehn Jahren Ehrverlust am 28. April 1937 zur Höchststrafe verurteilt[38].

Nach seiner Befreiung bot ihm sein Bischof, Erzbischof Frings von Köln, eine Stelle unter der Voraussetzung an, er solle den Kontakt zu seinen ehemaligen politischen (kommunistischen) Mitgefangenen abbrechen und sich nicht mehr politisch betätigen. Das lehnte Rossaint ab. Er wurde Publizist und gründete gemeinsam mit Bekannten aus dem katholischen Friedensbund und der Jugendbewegung u.a. im Herbst 1946 den „Bund Christlicher Sozialisten". Diese Idee konnte aber auf Dauer nicht gegen die CDU mit dem Ahlener Programm (1947) und seiner Forderung nach einer Sozialisierung der Schlüsselindustrien bestehen.

Eine andere Idee des Bundes war die Gründung einer Arbeiter-Hochschule in Oberhausen. Im März 1947 genehmigte die Stadt den Antrag, dafür die Burg Vondern umzubauen. Bis 1955 bot sie ein vielfältiges Bildungsangebot, bis sie wegen angeblicher finanzieller Schwierigkeiten aufgelöst wurde und die neu gegründete Volkshochschule einige ihrer Angebote übernahm.

Rossaints wichtigstes Tätigkeitsfeld nach 1945 wurde aber die VVN, die Vereinigung der Verfolgten des Naziregimes/Bund der Antifaschisten, dem er seit Gründung angehörte. Wegen seiner Kontakte in die Ostblockstaaten und die DDR zur Zeit des Kalten Krieges und Ehrungen aus dem Ausland wurde er in der Bundesrepublik angefeindet. Erst seit den 1980er Jahren fand auch hier sein Engagement für Frieden und Völkerverständigung Anerkennung. Zu den ersten Ehrungen zählte 1987 der Ehrenring der Stadt Oberhausen und die Einladung als Festredner zur Wiedereröffnung der Gedenkhalle nach ihrer Umgestaltung 1988. 1997 brachte die Kirchengemeinde St. Marien eine Gedenktafel an seinem ehemaligen Wohnhaus an und seit 2002 wird in Oberhausen wieder der Joseph-Rossaint-Cup als Jugendfußballturnier ausgetragen. Seinen 80. Geburtstag feierte er im Kreise „seiner" Sturmschärler im katholischen Stadthaus in Oberhausen. Der Kontakt zu ihnen hielt bis zu seinem Tod im April 1991[39].

Mit seiner Kirche söhnte er sich langsam seit 1987 aus, als der Kölner Weihbischof Dr. Augustinus Froitz, ein alter Kollege in der Jugendarbeit, sich zu einem Gespräch bereit erklärt hatte. Er überbrachte ihm kurz vor seinem Tod einen Brief des Kölner Kardinals Meißner ins Krankenhaus, in dem dieser ihn als Mit-Priester grüßte.[40]

Beispiele weiterer Priester: die Kapläne Heinrich Küppers und Otto Kohler

Beide Kapläne waren an der Pfarrei St. Josef in Styrum tätig, die im gleichen Jahr wie die Gemeinde Oberhausen gegründet wurde[41]. Deswegen wird der Blick auf ihre Vertreter gelenkt. Anders als Rossaint gerieten sie wegen Verhaltensweisen, die heute als Nichtigkeiten empfunden würden, mit dem NS-Regime in Konflikt – ein Beleg für die Kirchenfeindlichkeit des Nationalsozialismus ungeachtet aller Rhetorik von „positivem Christentum".

Heinrich Küppers, geboren 1896 in Krefeld, wurde 1921 in Köln zum Priester geweiht und kam 1929 als Kaplan nach St. Joseph Styrum. 1932 wurde er Stammeskurat, also Präses, der erst 1929 dort gegründeten Georgs-Pfadfinder. Er geriet zweimal so in Konflikt mit dem NS-Staat, dass er verhaftet wurde.

Im Rahmen seiner Jugendarbeit führte er im August 1935 gemeinsam mit dem katholischen Mütterverein eine Kindererholung durch, die wegen schlechten Wetters in einem Lokal

Abbildung 9: Heinrich Küppers

stattfand. Als ihn ein kleines Kind fragte, warum er keine Noten habe, legte er kurzerhand eine Zeitung auf den Notenständer und erwiderte, jetzt habe er ja welche. Auf der Zeitung war Reichspropagandaminister Josef Goebbels groß abgebildet. Als der Kaplan nach mehreren Liedern ein Lied nach der Melodie „Alle Möpse beißen" spielte, deutete er dabei mit dem Kopf auf das Bild von Goebbels. Davon erzählten einige Frauen, die zufällig anwesend waren und nicht dem Mütterverein angehörten, zu Hause ihren Männern, die ihn dann bei der Polizei anzeigten.

Deswegen verurteilte ihn das Sondergericht Düsseldorf am 31. Oktober 1935 wegen „heimtückischen Angriffs auf Volk und Staat und wegen öffentlicher Beleidigung des Reichministers Dr. Goebbels" zu vier Monaten Gefängnis, die er auch verbüßte. In den folgenden Jahren war er weiterhin Bespitzelungen und Hausdurchsuchungen ausgesetzt, bis es Ende 1942 wieder zur Haft kam.

Erneut wurde Kaplan Küppers bei der NSDAP Oberhausen denunziert, diesmal von einer Volkspflegerin des NSV und der Putzfrau einer Nachbarin. Dieses Mal lautete der Vorwurf auf unerlaubtes Horten und Verkauf von Mangelwaren. Die Oberhausener NSDAP leitete die Anzeige an die NS-Kreisleitung in Essen weiter, und veranlasste die Aufnahme von Ermittlungen. Bei einer Hausdurchsuchung am 13. Januar 1943 beschlagnahmte die Gestapo Oberhausen eine Reihe von „kriegsbewirtschafteten und Mangelwaren" und nahm Küppers und seine Haushälterin Klara Bäumen wegen Verstoßes gegen die Verbrauchsregelungs-Strafverordnung vorläufig fest. Außerdem fand sie bei der Hausdurchsuchung 25 „Feindflugblätter", davon vier in holländischer Sprache, und leitete deswegen Ermittlungen wegen des Verdachts auf Hochverrat ein. U.a. hatte die Gestapo Flugblätter von den Predigten des Münsteraner Bischofs von Galen, die Küppers auch verteilt hatte, gefunden. Die Kriminalpolizei überstellte ihn am 21. Januar 1943 der Gestapo Oberhausen wegen Verdachts auf Hochverrat mit dem Hinweis, „daß trotz der schweren Belastungen der Vorbenannten mit einem richterlichen Haftbefehl nicht zu rechnen sei"[42]. Deswegen beantragte sie beim Reichssicherheitshauptamt Berlin Schutzhaft für Küppers und seine Überstellung ins KZ sowie für seine Haushälterin eine Schutzhaft von sechs Wochen wegen Beihilfe sowohl beim Horten der Waren als auch beim Sammeln der Feindflugschriften. Am 31. Oktober 1943 wurde Küppers von einem Sondergericht wegen der Flugblätter zu vier Monaten Gefängnis verurteilt.

Zusätzlich erhob die Oberstaatsanwaltschaft Duisburg gegen ihn Anklage wegen Verstoßes gegen die Kriegsbewirtschaftung. Sein Verteidigungsargument, er habe die Lebensmittel und Kleidung, die er z.T. aus Holland bezog und z.T. von Lebensmittelkarten, die ihm Gemeindemitglieder spendeten, zur karitativen Versorgung von bedürftigen Gemeindemitgliedern verwendet, ließ sie nicht gelten. Am 1. Februar 1944 verurteilte ihn das Landgericht Duisburg zu einer Gefängnisstrafe von zwei Monaten, rechnete aber die Schutzhaft auf die Haft an. Ungefähr 100 Gemeindemitglieder wohnten der Gerichtsverhandlung ebenso bei wie ein Beobachter des Kölner Generalvikariats.

Da Küppers seit dem 21. Januar 1943 im Polizeigefängnis in Mülheim in Schutzhaft saß, äußerte die Gestapo Oberhausen keine Bedenken gegen seine Entlassung. Sie regte allerdings an, seine Versetzung zu betreiben, da er in seiner Gemeinde sehr beliebt sei. In der Gemeinde entstünde der Eindruck, er sei das Opfer „seiner Uneigennützigkeit und seines hingebungsvollen und rastlosen Einsatzes für die Armen seiner Gemeinde"[43]. Doch das Reichssicherheitshauptamt ordnete am 17. Mai 1944 seine Überführung ins Priester-KZ Dachau an und setzte als nächsten Haftprüfungstermin den 17. August 1944 fest.[44] Küppers kam erst bei der Befreiung Dachaus am 29. April 1945 frei.[45]

Otto Johannes Wilhelm Kohler ist der zweite Kaplan von St. Joseph Styrum, der mit der Gestapo in Konflikt geriet. 1937 wurde der 1909 in Mülheim Geborene in Köln zum Priester geweiht. Am 4. Juni 1943 trat er seine Kaplansstelle in St. Joseph in Oberhausen-Styrum an. Da hatte er schon eine ungewöhnliche Laufbahn hinter sich, denn nachdem er nach seiner Weihe ganz normal in verschiedenen Pfarren innerhalb der Erzdiözese Köln Aushilfsgeistlicher gewesen war, wurde er ab 22. November 1937 in die Erzdiözese Freiburg beurlaubt. Das war äußerst ungewöhnlich, man kann vermuten, dass ihn das Generalvikariat Köln möglicherweise der Aufmerksamkeit der Gestapo entziehen wollte.[46] Am 8. Oktober 1938 kehrte er in die Erzdiözese Köln zurück und arbeitete mehrere Jahre unbehelligt.

Am 5. April 1944 verhaftete die Gestapo ihn überraschend, entließ ihn aber wieder. Am nächsten Tag wurde er allerdings wieder verhaftet. Die Verschnaufpause verschaffte ihm die Zeit, um in der Nacht belastendes Material, wie mit Randnotizen versehene Hitler-Reden, in seiner Wohnung zu vernichten. Der Grund für die Verhaftung lag in einer Bekanntschaft mit dem 1922 konvertierten Juden Friedrich Oppenheimer aus seiner Zeit als Kaplan in Köln-Vingst.

Oppenheimer war als in einer „Mischehe" mit einer „Arierin" lebend erst im November 1943 in das Lager Köln-Deutz gebracht worden. Im März 1944 erfuhr er von einem Lagerschreiber, dass er in den nächsten Tagen mit seinem Abtransport nach Auschwitz zu rechnen habe. Daher ergriff er die Gelegenheit zur Flucht, als er mit anderen Häftlingen nach Bombenangriffen zu Räumungsarbeiten eingesetzt wurde. Er versteckte sich tagsüber in den Trümmern und erreichte nach einigen Tagen Oberhausen, wo er bei Kohler Unterschlupf suchte. Kohler versteckte ihn in seiner Wohnung und ließ ihn von einer Küchenschwester des Vinzenzhauses mit versorgen.

Schon vier Tage später spürte die Gestapo Oppenheimer bei Kohler auf. Er war von einer mit einem „Arier" verheirateten Kölner Jüdin verraten worden, die er um ein neues Versteck gebeten hatte[47]. Die Gestapo verhaftete Oppenheimer im Schlafzimmer von Kohler und nahm

Katholische Kirche in Oberhausen

auch diesen kurzfristig mit. Am nächsten Tag, 6. April 1944, wurde er dann endgültig wegen „Hintergehung des Rassengesetzes und Mißbrauch seines geistlichen Amtes" verhaftet. Als „persönliche Gegenstände" nahm er Pfarrsiegel und Pfarrbücher mit, weil die Gestapo diese dem Pfarramt aushändigen musste und der Dechant so von seiner Verhaftung erfuhr. Sein Motiv war: „Daß ich Herrn Oppenheimer geholfen habe, war meine Pflicht als Christ und insbesondere als katholischer Priester."[48]

Im Oberhausener Polizeigefängnis blieb Kohler fünf Monate bis zu seiner Einlieferung ins KZ Dachau am 27. August 1944 in Einzelhaft. Nach Dachau kam er aufgrund eines Schutzhaftbefehls; der Prozess wurde ihm nicht gemacht. Auf dem Evakuierungsmarsch gegen Kriegsende konnte er am 26. April 1945 zu den Jesuiten am Starnberger See fliehen.

Nach Oberhausen zurück gekehrt, trat er seinen Dienst in der St. Joseph Pfarre wieder an. Er wurde Vorsitzender des Kreishilfeausschusses zur Überprüfung der Anträge der rassisch und politisch Verfolgten. Politisch engagierte er sich in der Oberhausener Zentrumspartei.

Am 20. Februar 1951 wurde er als Kaplan nach St. Katharina in Oberhausen-Lirich versetzt, wo er bis zum 28. Oktober 1958 blieb. Am 29. Oktober 1958 wurde er bis zum 29. Oktober 1968 Pfarrer in Essen-Karnap an der Kirche St. Mariae Empfängnis. Am 31. Oktober 1984 verstarb er infolge eines Herzinfarkts und wurde am 3. November 1984 auf dem Friedhof in Deutstetten-Veringenstadt, seinem Altersruhesitz, beigesetzt.

3. Veränderungen in katholischer Kirche und katholischem Milieu seit 1945

Aufbruch am Beispiel der katholischen Erwachsenenbildung

Volksbildung sieht die katholische Kirche traditionell als eine ihrer zentralen Aufgaben an. Im 19. Jahrhundert bezog sich das zunehmend neben der Schule auch auf die Weiterbildung von Erwachsenen. Diese Aufgabe übernahm seit 1890 der „Volksverein für das katholische Deutschland", gegründet vom katholischen Fabrikanten Franz Brandts und dem Priester Franz Hitze. Er entwickelte sich zu einer weitgehend von der Kirchenhierarchie autonomen Bewegung mit emanzipatorischem Verlangen nach Befreiung von sozialer Not und nach gesellschaftlicher Gleichberechtigung sowie zu einer Art katholischen Volkshochschule und einer „Kaderschmiede" für Verantwortungsträger aus der Arbeiterschaft in den katholischen Arbeitervereinen, den Christlichen Gewerkschaften und der Zentrumspartei. Neben der gesellschaftspolitischen Zielsetzung stand die Immunisierung vor sozialistischem Gedankengut und natürlich die Verteidigung und Vertiefung des christlichen Glaubens. Am 1. Juli 1933 bereitete die Gestapo dem Volksverein ein gewaltsames Ende[49].

An die Tradition des Volksvereins knüpfte nach dem Zusammenbruch 1945 der Katholikenausschuss der Stadt Oberhausen an, als er schon 1946 wieder zu Bildungs- und Kulturveranstaltungen einlud. Die Veranstaltungen wurden gut angenommen; die Hoffnung, mit den Einnahmeüberschüssen die weitere Arbeit des Katholikenausschusses finanzieren zu können, erfüllte sich allerdings nicht. Ab 1951 betrachtete der Katholikenausschuss die bisherigen Veranstaltungsarten als nicht mehr ausreichend, da sich in Oberhausen die allgemeine Landschaft der Erwachsenenbildung weiter entwickelt hatte. Man fragte sich, ob nicht eine „christliche Volkshochschule" das Gebot der Stunde sei, zumal man die Konkurrenz der

Abbildung 10: Haus Union

„Arbeiterhochschule" (Rossaints)[50] in der Burg Vondern im „Fahrwasser Moskaus" sah. Im Februar 1951 wurde ein Ausschuss zur Errichtung einer institutionalisierten katholischen Erwachsenenbildung mit MdB Martin Heix, dem Arbeitersekretär August Busch und Prof. Hengstenberg ins Leben gerufen.

Der Ausschuss lud alle katholischen Stadtverordneten zur weiteren Vorbereitung der Gründung einer katholischen Volkshochschule ein, aber es kamen nur die Vertreter von CDU und Zentrum. Es entstand der Plan, eine Plattform unter dem Titel „Städtische Erwachsenenbildung" zu schaffen, in die die bestehenden Einrichtungen unabhängig voneinander eingehen sollten, die ein unabhängiges Kuratorium kontrollieren sollte, das seinerseits wieder dem Kulturdezernenten der Stadt unterstehen sollte. In weiteren zwei Sitzungen im März 1951 unter Beteiligung u. a. beider Kirchen und der Gewerkschaften konnte man sich aber letztlich nicht einigen. So beschlossen in einer weiteren Sitzung am 8. Juli die katholischen Sozial- und Bildungsverbände die Gründung eines eigenen, katholischen Bildungswerkes.

War auch das Projekt einer konfessionsübergreifenden, christlichen Volkhochschule gescheitert, gab man die Hoffnung auf öffentliche Finanzmittel nicht auf. Die Vertreter von CDU und Zentrum, Heix und Hahnbrück, setzten sich dementsprechend im Kulturausschuss für eine Gleichbehandlung mit anderen Bildungseinrichtungen wie der Arbeiterhochschule ein.

Gegen die Vorstellung des Vorsitzenden begann man mit der Arbeit vor der Zusage städtischer Mittel, indem erst einmal der Katholikenausschuss die Finanzierung übernahm. Der offizielle Start war im November/Dezember 1951 eine fünfteilige Reihe über den Wallfahrtsort Lourdes, nachdem es schon in der Planungsphase im Februar erfolgreiche Aktionen gegen den Film „Die Sünderin" gegeben hatte, dessen Absetzung man erreicht hatte[51].

Auf die Gründung einer städtischen Volkhochschule 1952 reagierte der Oberhausener Katholizismus mit der Bildung eines „katholischen Kreises" aus Abgeordneten der christlichen Parteien, Vertretern der verschiedenen Schularten, des Theaters, der Kunst sowie der Erwachsenenbildung, um die katholischen Interessen in Schule, Erziehung und Kultur besser durchsetzen zu können und katholischen Einfluss bei der im gleichen Jahr stattfindenden Dezernentenwahl geltend zu machen. Das Bildungswerk sollte ebenso Einfluss auf die städtische Volkshochschule wie auf die Bildungsarbeit der katholischen Vereine nehmen. Diese Aufgabenzuschreibung war innerhalb des Katholikenausschusses umstritten und führte im Juli 1952 zum Rücktritt des ersten Vorsitzenden Dr. Haendly[52].

Nach einer halbjährigen Vakanz folgte am 7. Februar 1953 Dr. Georg Scherer als Vorsitzender des Bildungswerkes. Er hatte dieses Amt bis zu seinem Tod im Mai 2012 inne und prägte somit die katholische Bildungsarbeit in Oberhausen fast 60 Jahre. Als Zielsetzung des Bildungswerkes bezeichnete er das Angebot eigener Veranstaltungen inklusive von Studienreisen, die Förderung von Veranstaltungen der katholischen Vereine sowie die Bildung von kontinuierlichen Arbeitskreisen. Das Bildungswerk verstand sich als Schnittstelle zwischen „Welt" und Kirche und leitete daraus seine inhaltlichen Schwerpunkte ab. Sie spiegeln somit den Wandel in Gesellschaft und Kirche wider.

Die Arbeit des Bildungswerkes orientierte sich an Oberhausens Stadtgrenzen, obwohl die Stadt noch den zwei Bistümern Münster und Köln angehörte. Erst ab 1958 mit der Gründung des Bistums Essen endete diese ungewöhnliche diözesanübergreifende Arbeit. Veranstaltungsort war bis 1953 das Vinzenzhaus und danach für viele Jahre das Haus „Union" in der Schenkendorffstraße.

Die inhaltliche Arbeit wuchs zunehmend und wurde mit hohen Teilnehmerzahlen belohnt. Getrübt wurde der Erfolg durch die anhaltende Finanzmisere, und so musste das neue Bistum um Unterstützung gebeten werden[53]. Doch gegenüber dem Diözesanbildungswerk konnte das katholische Bildungswerk Oberhausen bis zur großen Bistumsreform 2007 seine Unabhängigkeit bewahren. Seitdem ist es wie auch die 1969 gegründete Familienbildungsstätte gemeinsam mit Bildungswerk und Familienbildungsstätte in Mülheim Teil der bistumsweiten, aber nicht zum Generalvikariat Essen gehörigen „Katholische Erwachsenen- und Familienbildung im Bistum Essen gGmbH", bei der die Familienbildungsstätten, gemessen an gesellschaftlicher Relevanz, personeller Größe sowie finanzieller Leistungskraft längst die früher wegen ihrer religiösen Bildung höher geschätzten Bildungswerke überrundet haben.

Ausblick auf die Gemeindeentwicklung bis heute

Die (weltliche) Gemeinde (Alt-)Oberhausen gehörte kirchlich ursprünglich zum Erzbistum Köln. Sterkrade und Osterfeld waren seit dem 19. Jahrhundert Teil des Bistums Münster. Das änderte sich auch mit der Eingemeindung von Sterkrade und Osterfeld 1929 nicht. Erst mit der Gründung des Bistums Essen 1958 unter dem ersten langjährigen Bischof und späteren Kardinal Franz Hengsbach[54] wurde die gesamte Stadt unter einer Kirchenleitung vereint. Das ermöglichte dann die Gründung eines Stadtdekanates, das u.a. die Aufgabe hat, die Interessen der katholischen Kirche gegenüber der Zivilgesellschaft und der Lokalpolitik zu vertreten. Die katholische Kirche Oberhausens gewann in den folgenden Jahrzehnten im Bistum Einfluss, indem sie zwei von den bisher insgesamt fünf Weihbischöfen stellt. Der erste ist der 1937 in Essen geborene Franz Vorrath, der von 1986 bis zu seiner Ernennung zum Weihbischof 1995 Pfarrer in St. Joseph Styrum war. Sein Aufgabenfeld als Bischofsvikar ist die Caritas. Auch der zweite aktuelle Weihbischof stammt aus Oberhausen. Es ist der gebürtige Oberhausener Ludger Schepers, der 1972 in Oberhausen am mathematisch-naturwissenschaftlichen Novalis-Gymnasium sein Abitur machte, und als Pfarrer in Duisburg Erfahrungen mit Gemeindefusionen sammelte[55].

Ab den 1880er Jahren, nach dem Kulturkampf, expandierten die Gemeindeneugründungen und der Kirchenbau nahezu ungebremst und setzten sich auch in den folgenden Jahrzehnten fort. So gingen aus der Pfarre St. Marien in den folgenden Jahrzehnten noch vier weitere Pfarren hervor, und zwar 1891 St. Katharina, 1920 St. Michael mit der daraus abgepfarrten Gemeinde Hl. Geist und 1956 „Heilige Familie". Von Herz Jesu wurden 1904 St. Johannes und 1916 St. Peter ausgegründet, aus St. Joseph Styrum 1897 St. Antonius und 1921 „Unsere Liebe Frau".

Die letzte Gemeindegründung war 1965 St. Theresia in Sterkrade mit dem letzten Kirchenneubau 1975[56]. Nur 30 Jahre später hat sich der Trend umgekehrt und stattdessen stehen nun die Aufgabe von Kirchen und die Zusammenlegung von Gemeinden auf dem Programm.

Seit der Bistumsreform ab 2007 ist die Zahl der Pfarreien von 22 zuzüglich vier unselbstständigen Filialkirchen auf vier zurückgegangen, denen noch 14 Gemeinden angeschlossen sind. Das bedeutet insgesamt den Verlust von acht Kirchen im Stadtgebiet.

Übrig geblieben sind vier (Groß-)Pfarreien:

■ *St. Marien* mit den Gemeinden St. Johannes Evangelist, St. Katharina und Zu Unserer Lieben Frau sowie der Filialkirche St. Michael umfasst 16.734 Mitglieder[57].

■ *Herz Jesu,* ebenfalls in Alt-Oberhausen mit 15.360 Seelen und den Gemeinden St. Joseph Styrum, St. Antonius Alstaden, der wiederum St. Peter als Filialkirche untergeordnet wurde. Die am Rand von Oberhausen gelegene Kirche St. Joseph Styrum konnte also an ihre alte Bedeutung für Alt-Oberhausen nicht anknüpfen und musste sie an die zentral am Markt gelegene und fast gleichzeitig als Pfarre entstandene Herz Jesu-Kirche abgeben. Ein „Groß-Pfarrer" betreut mit zwei weiteren Priestern die insgesamt drei Gemeinden plus Filialkirche.

■ *St. Pankratius* in Osterfeld mit den weiteren Gemeinden St. Marien Rothebusch und St. Franziskus und den beiden Filialkirchen St. Josef und St. Judas Thaddäus zählte am 31. Dezember 2011 insgesamt 16.756 Kirchenmitglieder. Damit ist die alte, seit über 1.000 Jahren bestehende Kirche Pfarre geblieben.

■ Schließlich *St. Clemens* in Sterkrade mit 34.188 Seelen und den Gemeinden St. Josef Buschhausen, Liebfrauen, Herz Jesu, St. Barbara, St. Theresia, St. Josef Schmachtendorf, St. Johann, sowie den Sonderfällen der Jugendkirche Tabgha und der zu einem Veranstaltungszentrum mit Kapelle umgebauten Kirche St. Bernadus. Mit acht Gemeindekirchen und einer Filialkirche gehört die Propstei St. Clemens als eine Kirche mit mittelalterlichem Ursprung damit zu den größeren Pfarren im Bistum Essen[58].

Die Zusammenfassung mehrerer Gemeinden zu einer Großpfarrei ist im ganzen Bistum Essen als Reaktion auf den Rückgang der Priester und der Kirchenmitglieder erfolgt. Die Bistumsleitung kann so in Zukunft jederzeit flexibel auf weiter rückläufige Zahlen reagieren und bei Bedarf ohne allzu großen Aufwand weitere Kirchen schließen. Es ist nämlich leichter, eine Gemeindekirche als eine Pfarrei zu schließen, denn die Pfarren sind staatskirchenrechtlich abgesichert.

Tendenzen der Kirchlichkeit in Oberhausen[59]

Die gezeigte Reduktion der katholischen Kirchen macht deutlich, dass ihr Bedeutungsverlust nicht zu leugnen ist. Die Kirche steht vor der Aufgabe, darauf zu reagieren und die Veränderung zu gestalten. Allerdings ist sie vom Rückgang nicht allein betroffen, sondern er gilt ebenso für die evangelische Kirche. Es handelt sich hier um eine allgemeine gesellschaftliche Entwicklung der Auflösung der Milieus und Großorganisationen und der Individualisierung. So geht die Kirchenmitgliedschaft seit den 1970er Jahren in Oberhausen kontinuierlich zurück. Nur in den 1960er Jahren war bei der katholischen Bevölkerung anders als bei der evangelischen kaum ein Abwärtstrend zu beobachten, möglicherweise eine Reaktion auf die Aufbruchstimmung und Hoffnung auf Öffnung der katholischen Kirche durch die Reformen des ▶ Zweiten Vatikanischen Konzils (1962 bis 1965).

Tabelle 1: Entwicklung der Kirchenmitglieder (jeweils zum 31.12.)

Religionszugehörigkeit	1990	2010	Saldo		Anteil in Prozent	
			Anzahl	in Prozent	1990	2010
Römisch-katholisch	113.188	85.727	– 27.461	– 24,3 %	50,2 %	40,4 %
Evangelisch	75.292	57.152	– 18.140	– 24,1 %	33,4 %	27,0 %
Sonstige oder keine	37.174	69.212	+ 32.038	+ 86,2 %	16,5 %	32,6 %
Bevölkerung insgesamt	225.654	212.091	– 13.563	– 6,0 %	100 %	100 %

Quelle : Stadt Oberhausen, Bereich Statistik und Wahlen, Sachgebiet Bevölkerungsstatistik

Doch in den letzten 20 Jahren verloren die katholische Kirche wie auch die evangelische fast ein Viertel ihrer Mitglieder, wogegen die Stadtbevölkerung nur um sechs Prozent schrumpfte. Massiv stieg in dem Zeitraum in Bezug auf die Religions- oder Konfessionszugehörigkeit der Anteil der „Sonstigen oder keine". Dahinter verbergen sich zum einen die Konfessionslosen, also hier, anders als im Osten Deutschlands, meist die Ausgetretenen, da der Anteil der religionslos Aufgewachsenen im Westen noch verhältnismäßig gering ist. Und zum anderen handelt es sich um die Angehörigen anderer Religionen bzw. Konfessionen, also in Oberhausen hauptsächlich um Muslime. Der starke Anstieg der Religionslosen dürfte einerseits auf eine kontinuierliche Kirchenaustrittsquote auf hohem Niveau und zum anderen auch auf eine höhere Geburtenrate der Muslime zurückzuführen sein[60]. Natürlich lässt sich aus den Zahlen nicht zwangsläufig die Entchristlichung der Oberhausener Bevölkerung ableiten, aber wohl eine sinkende Bereitschaft zum Zahlen der Kirchensteuer und eine abnehmende Bindung an eine Kirche.

Bei den Katholiken ist außerdem zu sehen, dass sich der Mitgliederverlust im Langzeitvergleich beschleunigt. Waren in den 1960er Jahren die Verluste mit 0,33 Prozent pro Jahr noch vergleichsweise gering, verdreifachten sie sich in den 1970ern, um sich in den 1980ern wieder zu beruhigen und stark zurückzugehen. Seit der Wiedervereinigung, vordergründig ausgelöst durch die Einführung des Solidaritätsbeitrags[61], stieg der Verlust wieder heftig auf über 1,2 Prozent an und blieb auf diesem Niveau für 18 Jahre. Aber statt abzuflachen, stieg er von 2008 bis 2010 weiter dramatisch auf 1,7 Prozent jährlich an. Darin kann eine Antwort auf die Strukturreform des Bistums erblickt werden, die die Katholiken verunsicherte und ihnen kirchliche Heimat entzog, oder aber auch eine Reaktion auf den die katholische Kirche bundesweit erschütternden Missbrauchsskandal.

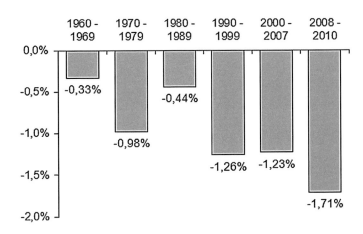

Tabelle 2: Durchschnittliche Mitgliederverluste der katholischen Kirche in Oberhausen pro Jahr (Grafik)[62]

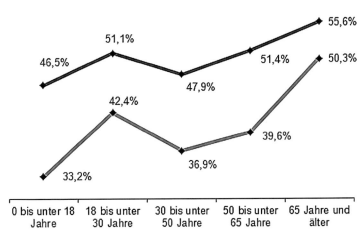

Tabelle 3: Katholikenanteil in Oberhausen 1990 (obere Linie) und 2010 (untere Linie) nach Altersgruppen

Die Entwicklung ist für die Katholiken besonders dramatisch, weil sich der Rückgang im Vergleich zwischen 1990 und 2010 bei den jungen Jahrgängen beschleunigt. Das liegt daran, dass inzwischen schon bei der mittleren Generation die Kirchenmitgliedschaft gesunken ist und deren Kinder noch weniger kirchlich sozialisiert werden – eine Tendenz, von der vorhergesagt werden kann, dass sie weiter zunehmen wird. Auffällig und überraschend ist außerdem, dass 2010 in der mittleren Generation ein viel stärkerer Einbruch zu verzeichnen ist als 20 Jahre zuvor, was auf eine höhere Austrittsquote gerade der Kirchensteuerzahler hinweist. Dementsprechend steigt der Anteil der Älteren im Zeitvergleich überproportional an, obwohl er auch um fünf Prozent gesunken ist. Das heißt, auch bei den über 65-Jährigen sinkt allmählich die Kirchenbindung. Das darf nicht überraschen, da die verschiedenen Altersgruppen ihr Verhalten aus jungen Jahren vermutlich beibehalten und somit langsam die Jahrgänge mit einer schon geringeren Kirchenbindung alt werden.

Für die Weiterexistenz des Christentums war bisher die Säuglingstaufe entscheidend, denn sie ist in Europa seit Jahrhunderten der übliche Weg, Christ zu werden. Früher war die Taufe in den ersten Lebenswochen die Regel, aber das hat sich geändert, denn christliche Eltern lassen ihre Kinder immer später taufen, öfter erst zur Erstkommunion[63], nicht mehr unbedingt in den ersten Lebenstagen und Lebenswochen. Doch legen christliche Eltern noch immer einen großen Wert auf den feierlichen Ritus der Kirchen. 1994 gab es in der Altersklasse der unter fünfjährigen Kinder 38,8 Prozent Nicht-Getaufte, 2004 waren es 56,5 Prozent und 2010 schon 61,9 Prozent.[64] Ob die Taufquote sinkt, weil der Taufritus an Anziehungskraft verliert, oder weil immer mehr Kinder nicht-christlicher Eltern geboren werden, verrät die Statistik leider nicht. So bleibt auf jeden Fall festzuhalten, dass der „natürliche" Nachwuchs der Kirchen langsam, aber stetig verloren geht.

Die Taufbereitschaft der Eltern hat auch mit ihrer eigenen Bindung an die Kirchen zu tun. Die Eltern von Neugeborenen gehören zunehmend seltener einer christlichen Konfession an und kommen daher als Veranlasser für die Aufnahme in die christliche Gemeinschaft immer weniger in Frage. Damit entwickelt sich eine historisch völlig neue Situation, denn bei Fortsetzen dieser Tendenz werden in absehbarer Zeit in der jungen Generation die Christen zumindest in manchen Stadtteilen in der Minderheit sein und vielleicht sogar von den Angehörigen anderer Religionen überflügelt werden.

Die Zugehörigkeit der Eltern von Neugeborenen zu einer Kirche ist das Potenzial, auf das die Kirchen für ihren Nachwuchs zurückgreifen können. Und auch diese Zugehörigkeit geht kontinuierlich zurück. So sank der Anteil der rein katholischen Eltern zwischen 1994 und 2010 um sieben Prozent.

Deutlich weniger Neugeborene haben gemischt-konfessionelle Eltern (1994: 22 Prozent; 2010: 17,5 Prozent). Elternpaare, bei denen ein Teil katholisch ist und der andere konfessionslos, haben sich 2010 in etwa auf dem Stand von 1994 gehalten; der um zwei Prozentpunkte höhere Wert von 2004 bildete keinen neuen Trend aus. Kontinuierlich stieg dagegen die Anzahl der konfessionslosen Eltern von Neugeborenen von knapp 24 Prozent 1994 auf fast 38 Prozent 2010, so dass nur noch knapp zwei Drittel der 2010 neugeborenen Kinder zumindest einen christlich getauften Elternteil haben. Die christliche Prägung der Kinder durch die Eltern wird folglich zunehmend schwieriger oder unterbleibt. Mit dieser Entwicklung erodiert das bisherige Fundament christlicher Sozialisation in der Oberhausener Gesellschaft.

Dieser Umstand ist auch auf einen deutlichen Rückgang der zivilen Trauungen mit zwei christlichen Partnern als Basis für katholische Trauungen zurückzuführen. Besonders in den zehn Jahren zwischen 1994 und 2004 gingen die Eheschließungen, bei der beide Partner einer christlichen Konfession angehörten, von zwei Drittel auf gut die Hälfte zurück. Dieser Anteil konnte bis 2008[65] gehalten werden. In diesen vier Jahren änderte sich auch nicht mehr viel am Prozentsatz der konfessionell reinen und der konfessionell gemischten Ehen. Das Potenzial der interkulturellen Ehen von Christen mit Muslimen (großer Teil von „keine") scheint also vorerst weitgehend ausgeschöpft, nachdem es zwischen 1994 und 2004 gerade bei den Katholiken stark angestiegen war.

Tabelle 4: Zivile Trauungen nach Religionszugehörigkeit der Ehepartner

		1994		2004		2008	
		absolut	Prozent	absolut	Prozent	absolut	Prozent
1. Partner	2. Partner						
römisch-kath.	römisch-kath.	319	26,6 %	254	19,4 %	285	21,9 %
evangelisch	evangelisch	126	10,5 %	124	9,5 %	131	10,0 %
evangelisch	römisch-kath.	348	29,0 %	301	23,0 %	277	21,2 %
römisch-kath.	andere o. keine	157	13,1 %	224	17,1 %	214	16,4 %
evangelisch	andere o. keine	135	11,2 %	151	11,5 %	148	11,3 %
andere o. keine	andere o. keine	116	9,7 %	257	19,6 %	249	19,1 %
Trauungen insgesamt		1.201	100 %	1.311	100 %	1.304	100 %

Zwischen 2004 und 2008 stieg der Anteil der rein katholischen Eheschließungen ohne geschiedenen Partner, für den eine katholische Trauung kirchenrechtlich möglich ist, leicht an, anders als es in den zehn Jahren vor 2004 der Fall gewesen war[66] (2004: 156 von 263 Paaren, das sind 59 Prozent, 2008 insgesamt 181 von 286 Paaren, also 63 Prozent). Für rund 60 Prozent der katholischen Eheleute bleibt weiterhin die Chance einer katholischen Ehe bestehen. Diese haben aber kaum davon Gebrauch gemacht, 2008 waren es lediglich 78 Paare[67]. Die katholische Hochzeit ist also nach wie vor für viele katholische Paare nicht mehr attraktiv. Wem es hauptsächlich um einen feierlichen Rahmen geht, der ist auf die Kirche nicht mehr angewiesen und findet Alternativen z.B. im Standesamt im Schloss Oberhausen.

Tabelle 5: Anzahl der Trauungen bei rein katholischen Paaren in Oberhausen.

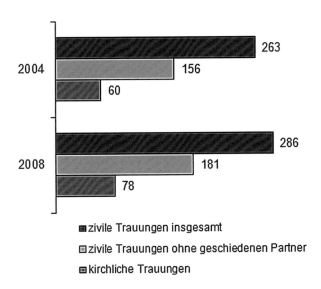

Ein weiterer wichtiger Indikator für die Kirchlichkeit der Oberhausener Katholiken ist die Teilnahme der Kinder an den Initiationsriten in die kirchliche Gemeinschaft, also an Erstkommunion der Neunjährigen und Firmung der Jugendlichen. An dem Grad der Teilnahme der getauften Altersjahrgänge kann man ersehen, welche Bedeutung diese Feste noch haben. Allerdings ist zu bedenken, dass gerade die Erstkommunion nicht nur religiöse Bedeutung hat, sondern auch ein großes Familienfest mit vielen Geschenken für die Kinder ist; ein Gesichtspunkt, der nicht zu unterschätzen ist. Trotzdem sind die beiden Riten eine große und oft die einzige Chance für die katholische Kirche, den Kindern religiöse Inhalte nahe zu bringen.

Tabelle 6: Erstkommunionkinder

Jahr	Katholische Kinder im Alter von 9 bis unter 10 Jahren	Erstkommunionkinder	Anteil der Erstkommunionkinder
2004	785	781	99,5 %
2010	664	634	95,5 %

Quellen: Stadt Oberhausen, Bereich Statistik und Wahlen; Institut für Kirchliche Sozialforschung des Bistums Essen, Kirchliche Statistik

Trotz eines leichten Rückgangs bleibt die Bedeutung der Erstkommunion unangefochten. Wie auch auf Bundesebene[68] nimmt fast der ganze Jahrgang katholischer Kinder an diesem zentralen Fest teil und besucht die vorbereitenden Unterrichtsstunden und Gottesdienste. Das dürfte auch damit zusammenhängen, dass die katholischen Kinder einer Schulklasse gemeinsam, meist in derselben Kirchengemeinde, zur Erstkommunion gehen, was somit gemeinschaftsstiftend ist.

Tabelle 7: Gefirmte Jugendliche

Jahr	Katholische Jugendliche im Alter von 14 bis unter 17 Jahren* bzw. 15 bis unter 16 Jahren**	Firmlinge	Anteil der Firmlinge
1992*	3.047	1.801	59,1 %
2001*	3.222	1.363	42,3 %
2010**	822	452	55,0 %

Quellen: Stadt Oberhausen, Bereich Statistik und Wahlen; Institut für Kirchliche Sozialforschung des Bistums Essen, Kirchliche Statistik; Bistum Essen, Dezernat 3, Zentralstatistik

Während das Sakrament der Erstkommunion eine unverändert hohe Akzeptanz bei den Kirchenmitgliedern genießt, verlor der Firmritus (Spendung des Hl. Geistes, Bekräftigung der Taufe an der Schwelle zum Erwachsenenwerden) zwischen 1992 und 2001 erheblich an Bedeutung und sank von knapp 60 auf gut 42 Prozent. Der 2010 gestiegene Wert ist auf eine Änderung der Vorgehensweise zurückzuführen. Bis 2001 wurden in Oberhausen alle drei Jahre die katholischen Jugendlichen zwischen 14 und 16 Jahren gefirmt. Seit 2005 wird jährlich die Firmung gespendet und das Angebot richtet sich an die 15- bis 16-Jährigen[69]. Das Experiment scheint sich zu bewähren, da die Firmquote wieder gestiegen ist und somit ungefähr die Hälfte der Erstkommunikanten sich zur Firmung meldetn. Das ist allerdings trotz der leichten Erholung weniger als der Bundesdurchschnitt, der bei ungefähr 70 Prozent liegt[70]. Doch trotz dieser leicht positiven Entwicklung in Oberhausen bleibt die Firmung ein gefährdetes Sakrament, für das es schwer fällt, die Jugendlichen zu motivieren, besonders wenn die Kirchlichkeit der Eltern nur schwach ist.

Tabelle 8: Gestorbene Kirchenmitglieder

Jahr	Gestorbene Katholiken insgesamt	darunter: Gestorbene mit katholischer Bestattung	
		Insgesamt	in Prozent
2004	1.241	1.195	96,3 %
2010	1.290	1.054	81,7 %

Quellen: Stadt Oberhausen, Bereich Statistik und Wahlen; Institut für Kirchliche Sozialforschung des Bistums Essen, Kirchliche Statistik; Bistum Essen, Dezernat 3, Zentralstatistik

Am Ende des Lebens steht als letzter Akt kirchlicher Lebensbegleitung die kirchliche Bestattung. Nach der Überzeugung des Christentums bedeutet der Tod eines Menschen nicht das Ende seiner Existenz, sondern ist Übergang in die Ewigkeit Gottes. Die Gebete der Hinterbliebenen und des Priesters sollen dem Verstorbenen helfen, an der Auferstehung Christi teilzuhaben. Dieser Ritus ist für die Angehörigen sehr wichtig, denn für fast alle verstorbenen Kirchenmitglieder wünschen sie sich eine Bestattung im Beisein eines Priesters. Daran hat sich in den zehn Jahren bis 2004 nichts geändert.[71]

Seitdem verzichten die Angehörigen katholischer Verstorbener häufiger auf eine Bestattung nach katholischem Ritus. Zwar auf hohem Niveau ist ein Rückgang um immerhin 15 Prozent zu verzeichnen. Entweder sterben langsam mehr kirchenferne Katholiken oder die Angehörigen selbst (in der Altersgruppe ab 50) sind kirchenferner oder gar ausgetreten. Wenn der Verstorbene nicht expressis verbis oder durch seinen kirchennahen Lebenswandel als Letzten Willen die kirchliche Bestattung nahelegt, entscheiden sich offensichtlich nun Angehörige der Verstorbenen gegen priesterlichen Beistand, wenn sie selbst kirchenfern sind. Gesellschaftlich werden profane Bestattungen zunehmend selbstverständlich und das scheint auf kirchendistanzierte Angehörige durchzuschlagen. Daher ist damit zu rechnen, dass sich dieser neue Abwärtstrend fortsetzen wird.

Zusammenfassend ist zu bemerken, dass sich die Entkirchlichung auf zwei Ebenen vollzieht: durch Austritt oder Nicht-Taufe bei konfessionslosen Eltern, die langsam zunehmen; und durch fehlende Partizipation am kirchlichen Leben und Wahrnehmung kirchlicher Lebensbegleitung an den Lebenswendepunkten. Selbst bei Inanspruchnahme von Taufe, kirchlicher Trauung, Erstkommunion, Firmung und Bestattung ist damit noch längst nicht gesagt, dass die Mitglieder auch am übrigen kirchlichen Leben teilnehmen, sondern es ist im Gegenteil davon auszugehen, dass das noch viel weniger Menschen als früher tun. Darum folgt nun ein Blick auf die subjektive Sicht und Wertschätzung der Kirchen.

Image der katholischen Kirche in Oberhausen

Nach diesem Überblick über die Entwicklung der Kirchlichkeit in Oberhausen folgt nun der Blick auf das Image der Kirchen bei der Bevölkerung und auf ihre Selbsteinschätzung in ihrem Verhältnis zu den Kirchen, so dass sichtbar wird, was die Menschen von der Kirche erwarten.

Grundlage sind die Bürgerbefragungen 2006[72] und 2000, die der Bereich Statistik und Wahlen der Stadt Oberhausen durchführte. Die Fragen sind in Zusammenarbeit mit beiden Kirchen entwickelt worden. Das bedingt, dass bei den Antworten nicht zwischen katholischer und evangelischer Kirche unterschieden wurde und damit die evangelische zwangsläufig mit thematisiert wird. Einige Fragen kamen 2006 hinzu, so dass ein Vergleich nicht immer möglich ist.

Auf die Frage „Ich finde es gut, dass es Kirche gibt" antwortete 2004 bemerkenswerterweise fast die gesamte Bevölkerung mit „Ja", wobei die Quote der Befürworter sogar noch leicht um drei Prozent gestiegen ist. Die Zustimmung zur Kirche ist erwartungsgemäß bei den Konfessionslosen mit 82 Prozent am geringsten, wobei überrascht, dass es sechs Jahre früher nur zwei Drittel waren. Das ist eine beachtlich hohe Akzeptanz, wenn man davon ausgeht, dass es sich bei den meisten Konfessionslosen um Ausgetretene handeln dürfte, also um Menschen, die sich bewusst gegen Kirche entschieden haben und nicht wie in den östlichen Bundesländern um Personen, die nie getauft wurden. Insgesamt lässt sich also festhalten, dass die Existenz der Kirche als gesellschaftliche Notwendigkeit in allen Gesellschaftsschichten weitgehend unbestritten ist und sogar wieder zu wachsen scheint.

Tabelle 9: Zustimmung zu der Aussage „Ich finde es gut, dass es Kirche gibt"

Merkmal		Stimme zu		Stinme nicht zu	
		2000	2006	2000	2006
Geschlecht					
	Männlich	90,8 %	94,4 %	9,2 %	5,6 %
	Weiblich	95,0 %	97,0 %	5,0 %	3,0 %
Alter					
	18–24 Jahre	88,5 %	95,9 %	11,5 %	4,1 %
	25–34 Jahre	93,2 %	94,7 %	6,8 %	5,3 %
	35–44 Jahre	87,8 %	92,5 %	12,2 %	4,8 %
	45–59 Jahre	94,5 %	95,2 %	5,5 %	4,8 %
	60–75 Jahre	96,3 %	97,1 %	3,7 %	2,9 %
Religionsgemeinschaft					
	Evangelisch	96,5 %	97,7 %	3,5 %	2,3 %
	Katholisch	97,8 %	98,6 %	2,2 %	1,4 %
	Konfessionslos	67,5 %	82,4 %	32,5 %	17,6 %
Schulabschluss					
	Hauptschule	93,0 %	96,0 %	7,0 %	4,0 %
	Mittlere Reife	93,8 %	96,9 %	6,2 %	3,1 %
	Fach-, Hochschulreife	93,0 %	93,8 %	7,0 %	6,2 %
	Anderer/Keinen Abschluss	89,6 %	96,4 %	10,4 %	3,6 %
Wie oft gehen Sie zur Kirche?					
	Mindestens 1 mal im Monat	100,0 %	99,5 %	–	0,5 %
	1 bis 2 mal im Jahr	97,9 %	98,7 %	2,1 %	1,3 %
	Seltener/Nie	95,1 %	92,9 %	4,9 %	7,1 %
Befragte insgesamt		93,0 %	95,8 %	7,0 %	4,2 %

Quelle: Stadt Oberhausen, Bereich Statistik und Wahlen, Bürgerbefragung 2000 und 2006.

Eine überwältigende Mehrheit von insgesamt 90 Prozent aller Befragten ist der Meinung, dass die Kirchen mehr auf die Wünsche ihrer Mitglieder im Gemeindeleben und der Gestaltung des Gottesdienstes eingehen sollen, d. h. sich mehr oder weniger ändern müssen. Nicht einmal zehn Prozent sind mit der Art, wie sie Kirche erleben, zufrieden. Bei den Generationen sind die Unterschiede nicht gravierend, nur knapp zehn Prozentpunkte weichen die Ältesten, die am zufriedensten sind, und die mittlere Gruppe der 25- bis 34-Jährigen voneinander ab. Selbst die regelmäßigen Kirchgänger wünschen sich mit 83 Prozent Veränderungen bei ihrer Kirche und hierbei sind die Katholiken nicht unzufriedener als die Protestanten.

Tabelle 10: Zustimmung zu der Aussage „Das Gemeindeleben bzw. der Gottesdienst sollte sich mehr an den Wünschen der Gemeindemitglieder ausrichten"

Merkmal		Stimme zu	Stimme nicht zu	Befragte insgesamt
Geschlecht				
	Männlich	92,2 %	7,8 %	100 %
	Weiblich	88,8 %	11,2 %	100 %
Alter				
	18–24 Jahre	94,8 %	5,2 %	100 %
	25–34 Jahre	91,6 %	8,4 %	100 %
	35–44 Jahre	95,2 %	4,8 %	100 %
	45–59 Jahre	89,8 %	10,2 %	100 %
	60–75 Jahre	86,5 %	13,5 %	100 %
Religionsgemeinschaft				
	Evangelisch	92,5 %	7,5 %	100 %
	Katholisch	88,4 %	11,6 %	100 %
	Konfessionslos	95,4 %	4,6 %	100 %
	Rel.gemeinsachaften	88,9 %	11,1 %	100 %
	sonstige Religionen	84,6 %	15,4 %	100 %
Schulabschluss				
	Hauptschule	88,7 %	11,3 %	100 %
	Mittlere Reife	91,6 %	8,4 %	100 %
	Fach-, Hochschulreife	92,2 %	7,8 %	100 %
	Anderer/Keinen Abschluss	91,3 %	8,7 %	100 %
Wie oft gehen Sie zur Kirche?				
	Mindestens 1 mal im Monat	83,1 %	16,9 %	100 %
	1 bis 2 mal im Jahr	92,9 %	7,1 %	100 %
	Seltener/Nie	92,9 %	7,1 %	100 %
Befragte insgesamt		90,4 %	9,6 %	100 %

Quelle: Stadt Oberhausen, Bereich Statistik u. Wahlen, Bürgerbefragung 2006.

Die provozierende Frage, „ob es überhaupt Kirche geben solle", nimmt eine der vorherigen Frage geradezu entgegengesetzte Position ein und stellt Kirche am radikalsten in Frage. Sie besagt, dass die Institution Kirche für überflüssig und irrelevant gehalten wird. Damit ist nicht

Tabelle 11: Zustimmung zu der Aussage: „Es braucht keine Kirche zu geben"

Merkmal	Stimme zu		Stimme nicht zu	
	2000	2006	2000	2006
Geschlecht				
Männlich	26,7 %	26,7 %	73,3 %	73,3 %
Weiblich	21,6 %	16,0 %	78,4 %	84,0 %
Alter				
18–24 Jahre	43,1 %	28,0 %	56,9 %	71,6 %
25–34 Jahre	31,9 %	24,8 %	68,1 %	75,2 %
35–44 Jahre	32,6 %	23,9 %	67,4 %	76,1 %
45–59 Jahre	19,0 %	20,6 %	81,0 %	79,4 %
60–75 Jahre	14,7 %	16,3 %	85,3 %	83,7 %
Religionsgemeinschaft				
Evangelisch	24,6 %	15,9 %	75,4 %	84,1 %
Katholisch	15,4 %	13,3 %	84,6 %	86,7 %
Konfessionslos	52,9 %	56,9 %	47,1 %	43,1 %
Schulabschluss				
Hauptschule	22,2 %	19,4 %	77,8 %	80,6 %
Mittlere Reife	26,6 %	24,2 %	73,4 %	75,8 %
Fach-, Hochschulreife	24,9 %	22,0 %	75,1 %	78,0 %
Anderer/Keinen Abschluss	31,3 %	11,1 %	68,8 %	88,9 %
Wie oft gehen Sie zur Kirche?				
Mindestens 1 mal im Monat	1,5 %	5,2 %	98,5 %	94,8 %
1 bis 2 mal im Jahr	18,9 %	12,5 %	81,1 %	87,5 %
Seltener/Nie	32,0 %	33,1 %	68,0 %	66,9 %
Befragte insgesamt	24,0 %	21,1 %	76,0 %	78,9 %

Quelle: Stadt Oberhausen, Bereich Statistik und Wahlen, Bürgerbefragung 2000 und 2006.

automatisch auch eine Ablehnung des christlichen Glaubens verbunden, wie die Bürgerbefragung 2000 nachwies.[73]

Dass es keine Kirche zu geben brauche, vertraten 2006 nur 21 Prozent der Befragten, während es 2000 noch 24 Prozent waren. Dabei ist die Einstellung zur Kirche bei den Männern fast gleich geblieben, bei den Frauen stieg allerdings die Zustimmung zur Kirche um gut fünf Prozentpunkte.

Im Blick auf die Altersgruppen nimmt die Ablehnung der Kirche, mit einer kleinen Ausnahme bei den 35- bis 44-Jährigen im Jahr 2000, kontinuierlich ab. Allerdings sind die Unterschiede zwischen den beiden Befragungen erstaunlich. Hat sich 2000 bei Menschen ab 45 Jahre aufwärts der Trend umgekehrt und waren sie überwiegend von der Notwendigkeit von Kirche überzeugt, so ist der Unterschied zwischen den Generationen 2006 viel schwächer ausgeprägt. Auch die Jüngsten wünschen sich mit 72 Prozent, dass es Kirche gibt – ein Zuwachs von knapp 14 Prozentpunkten in nur sechs Jahren.

Nach wie vor fordern die Katholiken zu fast zehn Prozent mehr die grundsätzliche Existenz der Kirche als die Protestanten. Der traditionelle Anspruch der katholischen Kirche auf

Tabelle 12: Zustimmung zu der Aussage: „Die Kirche sollte sich in Fragen des Glaubens und der Lebensführung an den Traditionen orientieren."

Merkmal		Stimme zu	Stimme nicht zu	Befragte insgesamt
Geschlecht				
	Männlich	69,0 %	31,0 %	100 %
	Weiblich	69,5 %	30,5 %	100 %
Alter				
	18–24 Jahre	65,5 %	34,5 %	100 %
	25–34 Jahre	63,4 %	36,6 %	100 %
	35–44 Jahre	68,0 %	32,0 %	100 %
	45–59 Jahre	62,5 %	37,5 %	100 %
	60–75 Jahre	79,8 %	20,2 %	100 %
Religionsgemeinschaft				
	Evangelisch	70,5 %	29,5 %	100 %
	Katholisch	72,3 %	27,8 %	100 %
	Konfessionslos	50,0 %	50,0 %	100 %
Schulabschluss				
	Hauptschule	74,2 %	25,8 %	100 %
	Mittlere Reife	64,3 %	25,8 %	100 %
	Fach-, Hochschulreife	65,3 %	35,7 %	100 %
	Anderer/Keinen Abschluss	72,0 %	34,7 %	100 %
Wie oft gehen Sie zur Kirche?				
	Mindestens 1 mal im Monat	84,3 %	15,7 %	100 %
	1 bis 2 mal im Jahr	72,1 %	27,9 %	100 %
	Seltener/Nie	58,3 %	41,7 %	100 %
Befragte insgesamt		69,2 %	30,8 %	100 %

Quelle: Stadt Oberhausen, Bereich Statistik u. Wahlen, Bürgerbefragung 2006.

Heilsvermittlung bewirkt offensichtlich im Leben des einzelnen Kirchenmitglieds, dass sich eher die Überzeugung bildet oder hält, Kirche sei nötig. Bei den Konfessionslosen ist die Ablehnung der Kirche leicht um sechs Prozentpunkte auf 57 Prozent gestiegen.

Dass die regelmäßigen Kirchgänger der Behauptung, es brauche keine Kirche zu geben, mit 95 Prozent fast geschlossen widersprechen, liegt in der Natur der Sache und überrascht nicht. Erstaunlich ist eher, dass die Gelegenheits-Kirchgänger immerhin zögernd mit 13 Prozent zustimmen, aber nicht mehr mit 19 Prozent wie 2000. Auch hier scheint sich Kirche leicht stabilisiert zu haben. Von den Nicht-Kirchgängern sind 67 Prozent der Ansicht, dass es Kirche geben solle. Auch in dieser Gruppe ist also die grundsätzliche Existenzbejahung noch verankert, woran sich nichts geändert hat.

Die Frage, „ob sich Kirche in Fragen des Glaubens und der Lebensführung an ihren Traditionen orientieren solle", erschließt das Ausmaß der Zufriedenheit mit dem Erscheinungsbild der Kirchen. Mit dem Ja zu dieser Aussage wird die häufige Distanz der Kirchen zum Zeitgeist geteilt, oder eine Zustimmung zu ihren Riten und (Moral-)Lehren zum Ausdruck gebracht.

Tabelle 13: Zustimmung zu der Aussage: „Die Kirche sollte sich in gesellschaftlichen und politischen Debatten einmischen und klare Position beziehen."

Merkmal		Stimme zu	Stimme nicht zu	Befragte insgesamt
Geschlecht				
	Männlich	57,7 %	42,3 %	100 %
	Weiblich	60,6 %	39,4 %	100 %
Alter				
	18–24 Jahre	57,4 %	42,6 %	100 %
	25–34 Jahre	59,0 %	41,0 %	100 %
	35–44 Jahre	51,9 %	48,1 %	100 %
	45–59 Jahre	59,4 %	40,6 %	100 %
	60–75 Jahre	63,9 %	36,1 %	100 %
Religionsgemeinschaft				
	Evangelisch	61,6 %	38,4 %	100 %
	Katholisch	61,2 %	38,8 %	100 %
	Konfessionslos	43,1 %	56,9 %	100 %
Schulabschluss				
	Hauptschule	59,4 %	40,6 %	100 %
	Mittlere Reife	59,3 %	40,7 %	100 %
	Fach-, Hochschulreife	59,0 %	41,0 %	100 %
	Anderer/Keinen Abschluss	56,5 %	43,5 %	100 %
Wie oft gehen Sie zur Kirche?				
	Mindestens 1 mal im Monat	73,1 %	26,9 %	100 %
	1 bis 2 mal im Jahr	63,2 %	36,8 %	100 %
	Seltener/Nie	48,5 %	51,5 %	100 %
Befragte insgesamt		59,2 %	40,8 %	100 %

Quelle: Stadt Oberhausen, Bereich Statistik u. Wahlen, Bürgerbefragung 2006.

Das Ja zu den kirchlichen Traditionen ist mit 63 Prozent angesichts des Ausmaßes des Entkirchlichungsprozesses der Gesellschaft und der massiven Kritik gerade an ihren Morallehren überraschend hoch. Anders als sonst fällt hier der Geschlechterunterschied nicht ins Gewicht. Bei den Altersgruppen überrascht ein relativ homogenes Bild um 65 Prozent, das nur die Ältesten noch mit 80 Prozent toppen. Erstaunlich ist, dass selbst die Konfessionslosen zur Hälfte hier keine Änderung wünschen. Offensichtlich suchen die Menschen in einer sich rasch ändernden Welt in der Kirche Stetigkeit, Vertrautheit und die Wiedererkennbarkeit.

Eine deutliche Mehrheit von 59 Prozent wünscht sich, dass „die Kirche sich in gesellschaftliche und politische Debatten einmischt und klare Position bezieht". Ihre gesellschaftliche Stimme in der pluralistischen Demokratie ist also ausdrücklich erwünscht und sie soll nicht nur ein „Traditionsverein" sein. Wie bei vielen Fragen stimmen die Frauen etwas häufiger zu als die Männer, und auch bei den Altersgruppen zeigt sich das gewohnte Bild der aufsteigenden Linie mit zunehmendem Alter. Aber auch die Jüngsten wünschen sich die politische Einmischung der Kirche mit 57 Prozent. Nur die 35- bis 44-Jährigen weichen diesmal mit sechs Prozent recht deutlich nach unten von der nächsten Gruppe ab und zeigen hier wieder ihre schon mehrfach beobachtete größere Kirchenskepsis. Katholiken und Protestanten unterscheiden sich diesmal nicht und wünschen beide mit 61 Prozent politische Einmischung ihrer Kirchen. Nur die Konfessionslosen und die Nie-Kirchgänger lehnen sie mehrheitlich ab.

Mit der Aussage, ob „die Kirche Antworten auf die persönlichen Lebensfragen" hat, soll ergründet werden, ob sie aus Sicht der Menschen ihre Lebenswirklichkeit wahrnimmt und ihnen überzeugende Orientierung bieten kann. Eine Zustimmung zu diesem Statement bedeutet eine tiefgreifende Kritik an den Kirchen, denn sie bedeutet, dass sich die Menschen von ihr nicht ernst genommen fühlen. Die Bejahung dieser Frage erschließt damit einen Grund für die Kirchenmüdigkeit, denn wenn die Kirchen auf die Lebensfragen und Probleme der Menschen keine Antwort haben, werden die Kirchen für die Menschen irrelevant und die endgültige Abwendung ist möglicherweise nur eine Frage der Zeit. Hier liegt folglich ein zentraler Schlüssel für den Befund zum Zustand der Kirchen.

67 Prozent geben an, dass die Kirche keine Antwort auf das, was sie bewegt, habe. Eine große Mehrheit empfindet die Kirchen also als lebensfremd. Bei dieser Frage hat sich, anders als 2000, nun der sonst auch zu beobachtende Unterschied zwischen Männern und Frauen wieder eingestellt. Bei den Alterskategorien nimmt die Anzahl derjenigen, die bei der Kirche keine Antworten für ihr Leben finden, mit zunehmendem Alter von 70 auf 60 Prozent ab. Da dies auch der Kirchenbindung entspricht, war ein solches Ergebnis zu erwarten. Bei den Jüngsten hat die Überzeugungskraft der Kirchen sogar um zehn Prozentpunkte wieder zugenommen. Bemerkenswert ist jedoch, dass für knapp zwei Drittel der Senioren Kirche keine Antworten hat. Die Zahl frappiert, weil davon auszugehen ist, dass der Lebensweg der Senioren von kirchlichen Leitlinien geprägt war. Sie erhielten nämlich ihre Sozialisation bis in die 1950er Jahre, als die Kirchen die gesellschaftlichen Normen noch weitgehend bestimmten.

Das Ja auf obige Frage fällt bei Protestanten nur noch um drei Prozent kräftiger aus als bei Katholiken. Während sich bei den Katholiken die Meinung nicht verändert hat, bewerten die Protestanten die Lebensnähe ihrer Kirche deutlich positiver als 2000. Für die meisten Konfessionslosen hat die Kirche selbstverständlich keine Antworten, immerhin noch acht Prozent stimmen der Frage aber nicht zu, finden also die kirchlichen Antworten zumindest erwägenswert. Möglicherweise bietet sich hier eine Chance, wenn Wege einer überzeugenderen Vermittlung kirchlicher Lebenshilfen gesucht werden.

Interessant ist nun, wie sich die Kirchenbindung (d.h. Kirchganghäufigkeit) niederschlägt, wenn es um die persönliche Relevanz der kirchlichen Antworten geht. Bei 67 Prozent ist die Bedeutung kirchlicher Positionen noch gegeben, aber die Quote sinkt, denn 2000 waren es noch 69 Prozent. Die Kirchenaktiven entscheiden also immer häufiger selbst über die Relevanz kirchlicher Antworten auf Lebensfragen und finden inzwischen oft keine mehr. Der argumentativen Vermittlung ihrer Antworten käme also für die Kirchen ein hoher Stellenwert zu. Bei den Nicht-Kirchgängern ist die Quote derjenigen, die den kirchlichen Antworten Bedeutung zubilligen, mit 16 Prozent noch recht hoch, aber gegenüber der älteren Befragung um neun Prozentpunkte gesunken. Dennoch scheinen die Kirchen ihnen aus der Distanz doch noch ein gewisses Maß an Orientierung zu bieten. Die Kirchen haben hier eine argumentative Chance, die sich aber zu verflüchtigen scheint.

Tabelle 14: Zustimmung zu der Aussage: „Auf Fragen, die mich wirklich bewegen, hat Kirche keine Antwort."

Merkmal		Stimme zu		Stimme nicht zu	
		2000	2006	2000	2006
Geschlecht					
	Männlich	68,4 %	70,8 %	31,6 %	29,2 %
	Weiblich	69,9 %	64,1 %	30,1 %	35,9 %
Alter					
	18–24 Jahre	80,7 %	70,0 %	19,3 %	30,0 %
	25–34 Jahre	75,0 %	73,3 %	25,0 %	26,7 %
	35–44 Jahre	66,7 %	68,7 %	33,3 %	31,3 %
	45–59 Jahre	71,0 %	70,4 %	29,0 %	29,6 %
	60–75 Jahre	64,1 %	60,0 %	35,9 %	40,0 %
Religionsgemeinschaft					
	Evangelisch	73,0 %	65,3 %	27,0 %	34,7 %
	Katholisch	62,8 %	62,4 %	37,2 %	37,6 %
	ausgetreten	90,6 %	92,1 %	9,4 %	7,9 %
Schulabschluss					
	Hauptschule	69,2 %	67,0 %	30,8 %	33,0 %
	Mittlere Reife	72,8 %	74,9 %	27,2 %	25,1 %
	Fach-, Hochschulreife	67,8 %	60,4 %	32,2 %	39,6 %
	Anderer/Keinen Abschluss	65,9 %	50,0 %	34,1 %	50,0 %
Wie oft gehen Sie zur Kirche?					
	Mindestens 1 mal im Monat	42,8 %	36,6 %	57,2 %	63,4 %
	1 bis 2 mal im Jahr	72,5 %	65,4 %	27,5 %	34,6 %
	Seltener/Nie	76,3 %	84,3 %	23,7 %	15,7 %
Befragte insgesamt		69,2 %	67,3 %	30,8 %	32,8 %

Quelle : Stadt Oberhausen, Bereich Statistik u. Wahlen, Bürgerbefragung 2000 2006

Die Frage „In unserer Gesellschaft ist zu beobachten, dass sich immer mehr Menschen von der Kirche abwenden. Halten Sie diese Entwicklung für gut oder schlecht?" greift den gesellschaftlichen Trend der Entkirchlichung des privaten wie öffentlichen Lebens auf. Sie möchte wissen, wie die Menschen diese Entwicklung einschätzen, da sich daraus Rückschlüsse auf das Ansehen der Kirchen und die ihnen zugesprochene gesellschaftliche Relevanz ziehen lassen.

Nach wie vor ist der überwältigende Teil gegen eine Abwendung von der Kirche – was freilich nichts über das eigene Verhalten aussagt. Die grundsätzliche Akzeptanz der Kirchen ist sogar deutlich um sieben Prozentpunkte auf 54 Prozent gestiegen. Bei den Altersgruppen fällt eine recht hohe Einheitlichkeit auf. Nur eine Minderheit um 15 Prozent bejaht die Entkirchlichung der Gesellschaft, wobei es durchgängig im Vergleich der beiden Befragungen weniger geworden sind. Besonders stark ist der Unterschied bei den Jüngsten; dort hat sich ihr Anteil mehr als halbiert. Zugleich ist der Wert bei den Jüngsten um 20 Prozentpunkte gestiegen, wenn es um das Bedauern des rückläufigen kirchlichen Einflusses geht.

Bei der Konfessionszugehörigkeit setzt sich die Änderung des sonst üblichen Bildes der größeren Kirchennähe der Katholiken im Befragungsvergleich fort. Sie begrüßen 2006 schon mit drei Prozentpunkten statt einem Prozentpunkt häufiger als die Protestanten die Abwendung von der Kirche. Eine überraschende Tendenzwende scheint es bei den Konfessionslosen zu geben: Begrüßte 2000 fast jeder zweite Konfessionslose den Bedeutungsverlust der Kirchen, so waren es 2006 nur noch 27 Prozent. Der Kirchenaustritt scheint also in vielen Fällen nicht mehr zu bedeuten, dass der gesellschaftliche Einfluss der Kirche nicht gewünscht ist, sondern bezieht sich stärker nur auf das eigene Leben.

Tabelle 15: Zustimmung zu der Frage: Halten Sie das Abwenden von der Kirche für gut?

		Stimme zu		Stimme teilweise zu		Stimme nicht zu	
		2000	2006	2000	2006	2000	2006
Geschlecht							
	Männlich	19,4 %	15,8 %	32,1 %	35,8 %	45,8 %	48,6 %
	Weiblich	22,6 %	13,3 %	32,2 %	27,4 %	45,2 %	59,3 %
Alter							
	18–24 Jahre	35,9 %	14,1 %	40,6 %	43,7 %	23,4 %	42,3 %
	25–34 Jahre	18,9 %	14,4 %	41,5 %	47,1 %	39,6 %	38,5 %
	35–44 Jahre	20,6 %	16,0 %	35,9 %	37,7 %	43,5 %	46,3 %
	45–59 Jahre	22,4 %	13,0 %	29,4 %	30,8 %	48,2 %	56,3 %
	60–75 Jahre	17,6 %	15,0 %	26,3 %	18,1 %	56,1 %	66,9 %
Religionsgemeinschaft							
	Evangelisch	15,8 %	10,8 %	36,7 %	33,2 %	47,5 %	55,9 %
	Katholisch	16,3 %	13,4 %	30,7 %	24,1 %	53,0 %	62,5 %
	ausgetreten	48,0 %	26,5 %	33,1 %	53,8 %	18,9 %	19,7 %
Schulabschluss							
	Hauptschule	19,6 %	14,2 %	30,3 %	28,7 %	50,1 %	57,1 %
	Mittlere Reife	24,4 %	14,7 %	34,3 %	35,3 %	41,3 %	50,0 %
	Fach-, Hochschulreife	16,2 %	15,7 %	37,4 %	32,3 %	46,4 %	52,0 %
	Anderer/Keinen Abschluss	38,5 %	7,1 %	26,9 %	25,0 %	34,6 %	67,9 %
Wie oft gehen Sie zur Kirche?							
	Mindestens 1 mal im Monat	12,1 %	7,9 %	7,5 %	7,4 %	80,4 %	84,7 %
	1 bis 2 mal im Jahr	16,1 %	15,2 %	36,7 %	26,3 %	47,2 %	58,5 %
	Seltener/Nie	17,0 %	17,7 %	50,9 %	46,1 %	32,1 %	36,2 %
Befragte insgesamt		21,1 %	14,5 %	32,2 %	31,3 %	46,7 %	54,3 %

Quelle: Stadt Oberhausen, Bereich Statistik u. Wahlen, Bürgerbefragung 2000 2006

Abschließend wurden die Kirchenmitglieder gefragt, warum sie *nicht* aus der Kirche ausgetreten sind. Die Befragten konnten mit einer Liste aus Antwortvorgaben mehreres auswählen. Mit dieser ungewöhnlichen Frage soll erforscht werden, welche Aspekte des kirchlichen Lebens auf besondere Wertschätzung stoßen. Sie nimmt auf die gesellschaftliche Entwicklung Bezug, der zufolge Kirchenmitgliedschaft immer mehr zu einer bewussten

Entscheidung wird. Im Gegensatz zu den vorhergehenden Abschnitten wurden nur Kirchenmitglieder befragt.

Die sozialen Kontakte schätzen 2006 rund 28 Prozent aller befragten Kirchenmitglieder, ein Wert der seit 2000 stabil geblieben ist. Vor dem Hintergrund der Tatsache, dass nur gut acht Prozent der Oberhausener Katholiken[74] und ungefähr drei Prozent der Oberhausener Protestanten regelmäßige Gottesdienstteilnehmer sind, wird deutlich, dass die sozialen Kontakte in der Gemeinde auch von anderen geschätzt werden. Vermutlich handelt es sich dabei um Angebote, die niederschwellig sind und sich an Personen in besonderen Lebensabschnitten oder Lebenslagen wenden, z.B. Krabbelgruppen oder auch Pfarrfeste, wie sie gerade im katholischen Bereich eine große Rolle spielen. Solche Angebote sind offensichtlich geeignet, um auch Kirchenfernere in Kontakt zur Kirche zu halten und Kirche als Lebenswirklichkeit zu erhalten.

Die Ältesten erzielen mit nun 38 Prozent den höchsten Wert, was zu erwarten war. Erstaunlich dagegen ist, dass sich der Anteil der Jugendlichen in nur sechs Jahren mehr als verdreifacht hat. Möglicherweise liegt das daran, dass die (wenigen) Jugendlichen, die noch kirchlich gebunden sind, zunehmend bereit sind, das kirchliche (Freizeit-) Angebot anzunehmen, aber auch etwas kirchenfernere Jugendliche dazu bereit sind.

Überraschend ist, dass selbst bei den seltenen Kirchenbesuchern inzwischen sogar 26 Prozent und selbst bei denjenigen, die so gut wie nie den Gottesdienst besuchen, immerhin noch zwölf Prozent die sozialen Kontakte schätzen. Im Sechs-Jahresvergleich haben sie sich also als stabiles Mittel erwiesen, sich diesen Gruppen der eher Kirchenfernen anzunähern. Soziale Kontakte könnten also eine Ansprechmöglichkeit für eine Rückkehr sein.

Die für die christlichen Glaubensinhalte relevanteste Frage „Ich teile die meisten Glaubensüberzeugungen" wurde mit 33 Prozent am zweithäufigsten (2000 am dritthäufigsten) angestrichen, wobei Männer und Frauen gleichauf liegen. Bei den Altersgruppen haben sich die Unterschiede im Zeitvergleich angeglichen und liegen nicht mehr so krass auseinander.

Bei den häufigen Kirchgängern ist die Zustimmung zu den Glaubensinhalten allerdings um sechs Prozentpunkte auf 61 Prozent gesunken. Ein gutes Drittel der häufigen Kirchgänger besucht noch oft den Gottesdienst, obwohl es die Inhalte nicht teilt. Hier liegt ein hohes Potenzial von Menschen, die wohl nur einen kleinen Anlass brauchen, um ihren Kirchenbesuch zu reduzieren, einzustellen oder gar aus der Kirche auszutreten. Leicht gestiegen ist dafür der Anteil der Kirchenfernen, die die Glaubensinhalte teilen. Ihre Distanz beruht folglich möglicherweise in erster Linie auf dem Erscheinungsbild der Kirchen.

An der Motivation der finanziellen Unterstützung der Kirchen hat sich in den sechs Jahren nichts Wesentliches geändert[75]. Es geht um die Bereitschaft, Kirchensteuer zu zahlen. Mehr als jedes fünfte Mitglied hat keine Probleme, das kirchliche Leben und die caritativen Aufgaben zu bezahlen.

Die Kirchen wollen Orientierung geben. Sie wollen Menschen helfen, sich in einer komplexen Welt zurecht zu finden und einen persönlichen Standort zu entwickeln. Die Aussage „Kirche gibt meinem Leben Halt" will eruieren, welchen Erfolg sie dabei erzielen. Dabei ist insgesamt ein starker Rückgang im Zeitraum zwischen den beiden Befragungen festzustellen: um knapp sieben Prozentpunkte. Er ist durchgängig in allen Kategorien der Auswertung zu finden. Besonders frappierend ist der Rückgang bei den Männern und den Jüngsten, wo er sich mehr als halbiert hat und der niedrigen Quote der übrigen Altersgruppen angeglichen

Tabelle 16: Zustimmung zu möglichen Antworten auf die Frage:
„Warum sind Sie nicht aus der Kirche ausgetreten? (Teil 1)

Merkmal		„Sie gibt meinem Leben Halt"		„Ich brauche sie zur feierlichen Gestaltung besonderer Feste wie Taufe, Hochzeit, Beerdigung."		„Ich möchte auf Kirche in besonderen Lebenslagen zurückgreifen können."		„Manchmal denke ich an Austritt."	
		2000	2006	2000	2006	2000	2006	2000	2006
Geschlecht									
	Männlich	24,9 %	12,3 %	58,9 %	32,1 %	39,6 %	24,6 %	18,0 %	17,6 %
	Weiblich	26,5 %	27,4 %	63,4 %	46,6 %	50,1 %	32,0 %	11,1 %	10,0 %
Alter									
	18–24 Jahre	5,1 %	11,8 %	74,6 %	50,0 %	28,8 %	25,0 %	25,4 %	19,1 %
	25–34 Jahre	17,7 %	11,8 %	58,3 %	48,4 %	45,8 %	18,3 %	29,2 %	20,4 %
	35–44 Jahre	19,3 %	15,7 %	57,2 %	33,6 %	43,4 %	26,1 %	13,8 %	18,7 %
	45–59 Jahre	22,0 %	22,5 %	56,0 %	35,2 %	44,0 %	33,3 %	17,3 %	14,1 %
	60–75 Jahre	40,1 %	26,3 %	65,8 %	41,2 %	51,4 %	30,5 %	3,9 %	6,5 %
Religionsgemeinschaft									
	Evangelisch	24,2 %	16,8 %	59,0 %	39,9 %	42,9 %	25,9 %	16,8 %	15,0 %
	Katholisch	27,1 %	22,9 %	63,5 %	39,9 %	47,5 %	30,5 %	12,8 %	12,5 %
	Konfessionslos								
Schulabschluss									
	Hauptschule	25,4 %	21,9 %	64,5 %	41,1 %	43,3 %	30,0 %	12,1 %	11,9 %
	Mittlere Reife	22,6 %	15,6 %	61,0 %	37,7 %	49,3 %	24,1 %	16,4 %	17,0 %
	Fach-, Hochschulreife	27,5 %	20,8 %	52,3 %	41,0 %	47,1 %	31,8 %	19,6 %	13,3 %
	Anderer/ Keinen Abschluss	28,3 %	36,0 %	60,9 %	32,0 %	39,1 %	24,0 %	6,5 %	8,0 %
Wie oft gehen Sie zur Kirche?									
	Mindestens 1 mal im Monat	62,2 %	47,8 %	64,9 %	49,3 %	70,8 %	44,1 %	1,6 %	2,7 %
	1 bis 2 mal im Jahr	20,8 %	18,2 %	71,7 %	42,1 %	42,9 %	32,5 %	12,9 %	9,6 %
	Seltener/Nie	9,6 %	5,8 %	63,3 %	37,5 %	40,6 %	16,2 %	27,5 %	23,4 %
Befragte insgesamt		25,8 %	20,4 %	61,4 %	39,9 %	45,5 %	28,6 %	14,2 %	13,5 %

Quelle : Stadt Oberhausen, Bereich Statistik und Wahlen, Bürgerbefragung 2000 und 2006

hat. Selbst bei den Kirchgängern ist er noch einmal um 15 Prozentpunkte zurück gegangen. Noch eindeutiger findet das Gros der Kirchgänger seine Orientierungsmaßstäbe nicht bei den Kirchen.

Feste wie Taufe, Kommunion bzw. Konfirmation, Hochzeit und Beerdigung sind Wendemarken im Leben eines jeden Menschen. Kultur- und Epochen-übergreifend werden solche

Wenden im Leben aus dem Alltag heraus gehoben. Daher kann es auch nicht überraschen, dass diese Angabe die höchste Zustimmung erzielt. Um so nachdenklicher sollte stimmen, dass inzwischen nicht einmal die Hälfte der christlichen Bevölkerung die Kirchen noch zur feierlichen Gestaltung besonderer Feste braucht – ein Rückgang von 21 Prozentpunkten in nur sechs Jahren! Dies ist umso bedenklicher als diese Funktion ein wichtiger Grund für den Verbleib in der Kirche ist.

Die Jugendlichen liegen noch immer an der Spitze der Altersgruppen, da ihnen die meisten Feste noch für sich bzw. ihre Kinder bevorstehen – und haben doch mit 25 Prozentpunkten den höchsten Einbruch. Geblieben ist der Trend des geringeren Interesses auch in den übrigen Altersgruppen. Das dürfte an einem, jedoch gesunkenen, Interesse an einer kirchlichen Beerdigung liegen. Selbst bei den regelmäßigen Kirchgängern kann sich inzwischen eine knappe Mehrheit an den Lebenswendepunkten etwas anderes als kirchliche Rituale vorstellen.

Kirche will den Menschen nicht nur Orientierung geben, sondern sie auch in außerordentlichen Lebenslagen begleiten. Im Regelfall denkt man dabei sicherlich an schwierige Lebenssituationen. Im Vordergrund steht vermutlich Hilfe bei Krankheit wie die klassische Seelsorge sowie Besuchsdienste etc. Auch Lebenskrisen wie Tod des Partners, eines Kindes o.ä. dürften besondere Lebenslagen sein, in denen psychische Unterstützung von der Kirche gewünscht wird. Weitere besondere Lebenslagen könnten Armut, Arbeitslosigkeit und Obdachlosigkeit sein. Insgesamt ist die Hilfe in besonderen Lebenslagen nach wie vor der zweithäufigste Grund, in der Kirche zu verbleiben. Allerdings ist auch hier ein massiver Rückgang zu beobachten: von 45,5 auf 28,6 Prozent.

Nach wie vor sehen Frauen, bei insgesamt deutlichem Rückgang, in der Kirche deutlich öfter als Männer eine Lebenshelferin. Das entspricht der Erfahrung, dass das Bedürfnis nach seelsorgerischer Betreuung bei ihnen stärker ausgeprägt ist. Dabei dürfte eine Rolle spielen, dass Frauen eine höhere Lebenserwartung haben und somit schwierige Lebenslagen und Einsamkeit im Alter wahrscheinlicher sind. Bei den Senioren ist diese Hoffnung auf Lebenshilfe 2006 nicht mehr am stärksten ausgeprägt, sondern mit 21 Prozentpunkten überdurchschnittlich rückläufig – ein Ausdruck von enttäuschten Erwartungen? Nun liegt die zweitälteste Gruppe mit einem Drittel der Befragten an der Spitze.

Die höchste Zustimmung findet der Wunsch nach Rückgriff auf die Kirche in besonderen Lebenslagen nach wie vor bei den regelmäßigen Kirchgängern. Das ist für sie der meist genannte Grund für ihren Verbleib in der Kirche.

Mit der Frage nach dem Austritt wollten die Kirchen wissen, wie viele mit dem Austritt liebäugeln. Positiv für die Kirchen ist, dass der Prozentsatz hier in etwa konstant geblieben ist. Dabei ist zu berücksichtigen, dass die zweite Befragung zu einem Zeitpunkt stattfand, als die Missbrauchsskandale in der katholischen Kirche noch bevorstanden und evtl. auch noch die Euphorie über den deutschen Papst nachwirkte.

Nach wie vor denken sieben Prozent mehr Männer an Austritt als Frauen. Möglicherweise spielt dabei eine Rolle, dass Männer nach wie vor häufiger direkt oder höhere Kirchensteuer zahlen. „Nur-Hausfrauen", Hinzuverdienerinnen und Empfängerinnen von Sozialleistungen zahlen per se wenig oder keine Kirchensteuer und dieser Grund als mögliches Austrittsmotiv entfällt für sie.

Ähnlich verhält es sich bei den Senioren, die ja schon jahrzehntelang Gelegenheit zum Austritt hatten. Daher stimmt bedenklich, dass ihr Anteil auf 6,5 Prozent gestiegen ist. Als Grund kann man sich Enttäuschung über die Kirche vorstellen. Selbstverständlich hegen regelmäßige Gottesdienstbesucher wenig Austrittsgedanken. Umso höher ist die Quote mit fast 24 Prozent bei den Kirchenfernen, die immerhin leicht gesunken ist. Austrittsgedanken pflegen also insbesondere Menschen mit sehr schwacher Kirchenbindung, Männer und Personen unter 35 Jahren. Dieser Personenkreis ist aber besonders wichtig, wenn man die finanzielle Sicherung einer handlungsfähigen und in der Gesellschaft verankerten Kirche im Auge hat.

Tabelle 17: Zustimmung zu möglichen Antworten auf die Frage:
„Warum sind Sie nicht aus der Kirche ausgetreten? (Teil 2)

Markmal		„Ich schätze die sozialen Kontakte."		„Ich teile die meisten Glaubens- überzeugungen."		„Ich sehe darin meinen finanziellen Beitrag zur Unterstützung kirchlicher Aufgaben."	
Geschlecht							
	Männlich	24,9 %	23,5 %	29,9 %	33,2 %	23,4 %	19,6 %
	Weiblich	27,2 %	32,0 %	32,9 %	33,5 %	20,9 %	23,8 %
Alter							
	18–24 Jahre	6,7 %	20,6 %	12,3 %	25,0 %	20,5 %	22,1 %
	25–34 Jahre	19,8 %	18,3 %	22,1 %	23,7 %	16,4 %	17,2 %
	35–44 Jahre	23,4 %	23,9 %	26,9 %	29,1 %	23,8 %	24,6 %
	45–59 Jahre	25,7 %	24,9 %	31,8 %	36,6 %	24,9 %	22,5 %
	60–75 Jahre	35,0 %	38,2 %	43,9 %	38,5 %	21,8 %	21,4 %
Religionsgemeinschaft							
	Evangelisch	23,1 %	25,9 %	30,2 %	27,4 %	22,9 %	22,1 %
	Katholisch	28,4 %	29,6 %	34,6 %	37,6 %	24,2 %	21,6 %
	Konfessionslos						
Schulabschluss							
	Hauptschule	26,4 %	28,3 %	31,8 %	31,7 %	17,6 %	16,7 %
	Mittlere Reife	22,6 %	21,7 %	29,2 %	26,9 %	22,4 %	22,6 %
	Fach-, Hochschulreife	25,5 %	33,5 %	34,3 %	43,4 %	35,5 %	30,6 %
	Anderer/ Keinen Abschluss	34,8 %	40,0 %	24,6 %	44,0 %	13,1 %	28,0 %
Wie oft gehen Sie zur Kirche?							
	Mindestens 1 mal im Monat	62,2 %	55,4 %	67,6 %	61,3 %	30,9 %	34,9 %
	1 bis 2 mal im Jahr	22,0 %	26,1 %	32,4 %	32,1 %	22,7 %	22,5 %
	Seltener/Nie	10,0 %	12,7 %	13,8 %	17,9 %	21,9 %	12,7 %
Befragte insgesamt		26,2 %	28,1 %	31,5 %	33,4 %	22,0 %	21,8 %

Quelle : Stadt Oberhausen, Bereich Statistik und Wahlen, Bürgerbefragung 2000 und 2006

Zusammenfassend ist festzuhalten, dass die harten Fakten einen leicht beschleunigten, aber deutlichen Abwärtstrend zeigen, und bei den subjektiven Daten der Bürgerbefragungen ein differenzierteres Bild sichtbar wird.

Der Bedeutungsverlust der christlichen Kirchen für das Leben der Oberhausener Bevölkerung ist kaum abwendbar, aus der demographischen Entwicklung vorgegeben und könnte von den Kirchen nur verringert werden, wenn sie massiv und erfolgreich um Neumitglieder werben, also missionieren, würden.

Bei den Bürgerbefragungen von 2000 und 2006 stellt sich als eines der positivsten Ergebnisse heraus, dass die Zustimmung zur allgemeinen Existenz der Kirchen sehr hoch ist und sogar noch gestiegen ist. Durchgängig werden sie als eine positive gesellschaftliche Kraft gesehen, selbst zunehmend bei den Konfessionslosen und der größtenteils kirchenfernen Jugend. Sucht man nach Erklärungen für den Anstieg in den sechs Jahren zwischen den beiden Befragungen, und fragt, was sich in der Zeit verändert haben könnte, stößt man evtl. auf ein partiell verändertes gesellschaftliches Klima durch den Anschlag des 9. September 2001 auf das World Trade Center in New York. Ob er vielleicht auch hierzulande eine gewisse Islamphobie geweckt hat? Das könnte die gestiegenen Zustimmungsraten gerade bei Kirchenfernen und Jugendlichen erklären, da sie in der Kirche möglicherweise Bewahrer der eigenen Kultur sehen, ohne sich selbst den Anforderungen der Kirchen anpassen zu müssen.

Die schon 2000 festgestellte große Diskrepanz zwischen Bejahung der Kirchen in der Gesellschaft und persönlicher Bedeutung bleibt nicht nur bestehen, sondern hat sich sogar verstärkt. Denn die Zustimmung zu den Fragen, ob die Kirche die eigenen Lebensfragen beantworten könne und nach den Glaubensüberzeugungen, ist konstant oder sogar rückläufig. Die Kirchen sind also immer weniger in der Lage, überzeugend Lebensorientierung anzubieten. Das gilt selbst für die Kirchentreuen.

Auch bewahrheitet sich, dass die feierliche Festgestaltung ein schwaches Bindeglied ist, um mit den Kirchenfernen ins Gespräch zu kommen. Doch noch besteht die – abnehmende – Chance, über die lebensbegleitenden Riten mit ihnen Kontakt aufzunehmen und die eigenen Inhalte zu vermitteln. An der kirchlichen Kommunikation, auch in gesellschaftlichen Fragen, wo ihre Positionen gefragt sind, liegt es, ob die Kirchen ihre Chancen zur Mitgestaltung des gesellschaftlichen Lebens wahren oder verspielen.

Helmut Faber

Die Evangelische Kirche in Oberhausen

Wechselwirkungen zwischen Industrie, Kirchengemeinden und Kommune

Die Geschichte der evangelischen Gemeinde ist aufs engste verbunden mit dem Werden der Stadt. Zahlreiche Zeitzeugen geben mit ihren Beiträgen anlässlich der zurückliegenden Jubiläumsjahre ein authentisches Bild von der Entwicklung der Evangelischen Kirche im Raum Oberhausen. Diese Stimmen sollen in der folgenden Darstellung weitgehend Gehör finden.

„Mit Holten fing alles an" – so heißt es im Vorwort zur Geschichte der Evangelischen Kirchengemeinde Holten 1319–1994:

> „Die Ursprünge der Evangelischen Kirchengemeinde Holten reichen zurück bis ins 14. Jahrhundert. Vor 675 Jahren, am 13. Juli 1319, wird die Gründung einer Kirchengemeinde in der damaligen Stadt Holten erstmals urkundlich erwähnt. Unsere Kirchengemeinde ist damit die älteste Gemeinde Oberhausens und eine der ältesten am Niederrhein bzw. innerhalb der Rheinischen Landeskirche."[1]

Der erste Superintendent des 1954 gegründeten Kirchenkreises Oberhausen, Dieter Munscheid, schrieb zum hundertjährigen Stadtjubiläum am 1. Januar 1962:

> „Mit der Geschichte unserer Stadt ist die Geschichte ihrer kirchlichen Gemeinden untrennbar verbunden. Das ist immer und überall so gewesen. Entweder war zuerst ein Kloster da und um dieses Kloster bildete sich ein Gemeinwesen. So war es in Sterkrade. Oder es war eine Burg da und aus dieser Burg entwickelte sich eine Ansiedlung, in der eine Kirche nicht fehlte. So war es in Holten, dessen Geschichte ins frühe Mittelalter zurückgeht. Durch diese Ereignisse der Reformation wird die Gemeinde im Jahre 1611 evangelisch. Zu ihr gehörten bis ins vorige Jahrhundert die verstreuten evangelischen Familien aus Sterkrade, Königshardt, Buschhausen, Vehofen und Walsum. Eine einzige Gemeinde konnte dieses große Gebiet versorgen. Man mag daraus erkennen, wie gering in jener Zeit die Zahl der Evangelischen war.
>
> Das wird in dem Augenblick anders, als die Industrie in unsere Gegend einzieht. Das vordem so stille Land füllt sich mit Menschen. 1847 wird die evgl. Gemeinde Sterkrade errichtet, 1864 bildet sich die evgl. Gemeinde Oberhausen I. Im gleichen Jahr wird die Christus Kirche gebaut. Bis zur Jahrhundertwende kommen Königshardt, Osterfeld, Oberhausen 2, Alstaden, Buschhau-

sen und schließlich noch Schmachtendorf hinzu. Auf so kleinem Raum in so kurzer Zeit so viele, zum Teil sehr große und ständig wachsende Gemeinden! Das zeigt an, dass der Zuwachs der Bevölkerung besonders aus evangelischen Gebieten unseres Landes erfolgte. Aus Ost- und Westpreußen, vom Hunsrück und vom Westerwald kamen aus kinderreichen Familien die jungen Männer, die daheim keine Lebensmöglichkeit fanden. Erst wohnten sie in Arbeiterkasernen, aber bald holten sie sich ihre Frauen aus der Heimat und wurden hier ansässig. Diese Tatsache hat für die kirchliche Entwicklung unserer Stadt große Bedeutung gehabt und wirkt sich noch heute aus. Denn die Menschen, die vom Osten oder vom Oberland kamen, brachten eine solide kirchliche Tradition mit, an der sie auch unter den so völlig anders gearteten industriellen Verhältnissen treu festhielten. Die Frauen hielten sich zu den Frauenhilfen, die in unseren Gemeinden bis heute eine bedeutende Rolle spielten. Aber auch die Männer, die durch die Arbeitsverhältnisse – Sonntagsschichten! – gehindert waren, an den Gottesdiensten und am kirchlichen Leben regelmäßig teilzunehmen, hielten ganz selbstverständlich an der Kirche fest. Es hat in unserer Stadt nie eine Austrittsbewegung gegeben. Selbst in der Zeit des Nationalsozialismus war die Zahl derer, die der Kirche den Rücken kehrten, verschwindend klein. Auch die Deutschen Christen, die rassische Weltanschauung und christlichen Glauben miteinander in Einklang bringen wollten, fanden nicht das leiseste Echo. Es hat sich in der Zeit des Kirchenkampfes gezeigt, dass die Substanz unserer Gemeinden gesund geblieben war. Wie leicht hätte es bei dem ungeheuren Menschenzustrom in wenigen Jahrzehnten geschehen können, dass sich ein wurzelloses Proletariat bildete. Dass es dazu nicht kam und unsere arbeitenden Menschen aufs Ganze gesehen innerlich gesund blieben, liegt nicht zum wenigsten an ihrer kirchlichen Bindung. Den Pfarrern, Gemeindeschwestern, Presbytern, die durch ihren oft wahrlich schweren Dienst zu dieser Entwicklung beigetragen haben, gebührt auch von unserer Stadt großer Dank".[2]

Deutsche Christen und Bekennende Kirche in Oberhausen

Die Jahre 1933 bis 1945 führten in den evangelischen Gemeinden der Stadt zu teilweise sehr heftigen Auseinandersetzungen. Zwei Darstellungen aus eigenem Erleben von Superintendent Wilhelm Kolkmann und Superintendent Dieter Munscheid sollen dies verdeutlichen. Wilhelm Kolkmann schrieb 1945:

> „Seitdem die Synode Dinslaken zum letzten Mal zusammentrat, sind über 12 Jahre vergangen. Ihre letzte Tagung hielt sie am 28. und 29. Mai 1933 in Gahlen. In diesen zwischen ihrer letzten Tagung und ihrem heutigen Zusammentritt liegenden 12 Jahren ist die evangelische Kirche einen schweren Weg gegangen. Ihre Rechtsgrundlage wurde zerstört, ihre Ordnung zerschlagen, eine falsche Verkündigung drang in sie ein. Dabei handelte es sich nicht um gelegentliche Entgleisungen und Versehen einzelner, sondern es handelte sich um einen Generalangriff gegen das Evangelium, gegen die in Geltung stehenden Bekenntnisse und gegen die Ordnung und Verfassung der evangelischen Kirche. Vorgetragen und verursacht wurde dieser Grundlage und Wesen der evangelischen Kirche zerstörende Angriff von der durch die Gewaltwahlen des Sommers 1933 zur Macht gekommene Kirchenpartei der Deutschen Christen und dem von ihnen getragenen und beherrschten Kirchenregiment. Man müsste dicke Bücher schreiben, wollte man die Unsumme von Irrlehre, Unrecht, Gewalt, Rechtsbeugung und Rechtsbruch aufzählen.

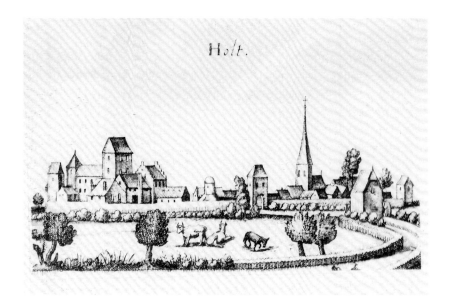

*Abb. 1:
Stadt Holten
mit Kastell
und Kirche
um 1660
(Stich:
Hendrik
Feltmann)*

Aus dieser Bedrängnis und Gefährdung des Rechtes, der Ordnung und der Botschaft der Kirche wurde die Bekennende Kirche geboren als eine Gemeinschaft derer, die sich um das Wort Gottes, verfasst in der hl. Schrift Alten und Neuen Testamentes und bezeugt in den Bekenntnissen der Väter, sammelte. In ihren Synoden und Ämtern richtete sie angesichts der die Irrlehre vertretenden und die bekenntnisgebundene Ordnung der Kirche verlassenden offiziellen Organe der deutschen evangelischen Kirche ein Notregiment auf und übernahm damit die Leitung der evangelischen Kirche bis hin zur Leitung der Einzelgemeinde durch den Gemeindebruderrat. Die Aufgabe der Bekennenden Kirche war von vornherein eine doppelte: Einmal musste sie die Angriffe auf die Substanz der Kirche, auf das Evangelium und Bekenntnis abwehren, zum anderen musste sie sich die Wiederherstellung einer an das Bekenntnis gebundenen Ordnung und Leitung angelegen sein lassen. Dabei hat sie von Anfang an den Anspruch erhoben, die rechtmäßige evangelische Kirche zu sein. Und dieser Anspruch war begründet vom Wesen der Kirche her, die dort ist, wo das Wort Gottes lauter und rein verkündigt, die Sakramente nach der Einsetzung Christi verwaltet werden und wo alles gemäß den in der Heiligen Schrift gegebenen Grundsätzen und Richtlinien zugeht.

Auch unsere Synode wurde durch den Kampf um Schrift und Bekenntnis bis in ihre Tiefen aufgewühlt. Das synodale Leben kam fast ganz zum Erliegen und war schließlich nur noch in den Notorganen der Bekennenden Kirche, als da sind Bekenntnissynode, Bruderschaft der Synode, Vertrauensmann usw. vorhanden.

Im Laufe der Jahre wurde es dann jedem, der sehen wollte, klarer und klarer, dass die Deutschen Christen eigentlich nur die vorgeschobene Truppe eines weit mächtigeren Gegners waren. Mit ihrer Hilfe versuchte der nationalsozialistische Staat, die Kirche zu erobern und sie zur Dienerin seiner Weltanschauung zu machen. Als das nicht, wie vorgesehen und erwartet wurde, gelang, trat dieser Gegner unverblümt der Kirche entgegen. Ihre Stimme wurde aus der Öffentlichkeit verbannt. Die Jugend wurde ihr entzogen, die Gemeindemitglieder wurden teilweise unter Druck gesetzt, aus der Kirche auszutreten, die Öffentlichkeit wurde gegen die Kirche verhetzt und durch eine sogenannte Schulung über die Verderblichkeit der kirchlichen Lehre aufgeklärt. Die kirchliche Presse wurde stillgelegt. Kurz das gesamte kirchliche Leben sollte zum Erliegen gebracht werden.

Der Zusammenbruch des herrschenden Regimes brachte dann auch das Ende der vom Staat ausgehaltenen kirchlichen Organe. Zur Macht gekommen durch den nationalsozialistischen Staat, wurden sie auch mit ihm hinweggefegt. Nun zeigte es sich, wie gut die Bekennende Kirche daran getan hatte, sich nicht aufzugeben, wiewohl es oft genug, menschlich geurteilt, zwecklos zu sein schien, angesichts der Auswegslosigkeit des betretenen Weges weiter zu marschieren. Ihre leitenden Organe konnten nun das steuerlos gewordene Schiff der evangelischen Kirche übernehmen, zusammen mit den noch verbliebenen Restorganen einer kirchlichen und bekenntnismäßigen Ordnung aus den Jahren vor 1933."[3]

Dieter Munscheid erinnerte sich:

„Was ich zu berichten weiß, richtet sich hauptsächlich auf den Bereich Alt-Oberhausen […]. Die Gemeinden in Alt-Oberhausen waren zum Teil Bekennende Kirche, z. B. meine Gemeinde, die Luther-Gemeinde. Pfarrer Daniels, der Kollege von Superintendent Schmidt, hielt sich aus dem Kirchenkampf heraus. Ich war schon als Student bei der Bekennenden Kirche, stand also auch mit meiner Überzeugung hinter Schmidt. Die Nachbargemeinde Oberhausen II führte den Kirchenkampf außerordentlich scharf.

Es amtierten zwei dezidierte Vertreter der Deutschen Christen, von der sogenannten Thüringer Richtung, die Pfarrer Bröckelschen und Pack. Auf der anderen Seite standen die Pfarrer Neusel und Aring. In Alstaden stand dem Bekennenden-Kirchen-Pfarrer Schuster der Deutsche-Christen-Hilfsprediger Schmitz gegenüber. Es gab sehr heftige Auseinandersetzungen, die gar so weit gingen, dass die SA einen Kordon um die Kirche zog und die Gemeindemitglieder nicht hineinlassen wollte. Dies war wahrscheinlich der Höhepunkt der Auseinandersetzungen. [4]

Zur Luther-Kirchengemeinde ist folgendes zu sagen: Das Presbyterium war mit Deutschen Christen besetzt, Männern, die schon jahrzehntelang in der Gemeinde wohnten. Sie waren im Grunde ganz harmlose Leute, verbiesterte Kleinbürger, so würde man heute sagen. Gefährlich wurden sie erst, wenn sie von dem Gift genossen hatten. Das, was an Nationalsozialismus in ihnen schlummerte, das brach dann durch. Es existierten erhebliche Gegensätze zwischen Superintendent Schmidt und diesem Presbyterium. Es wurde dann ein Presbyterium der Bekennenden Kirche gebildet, an das wir uns gehalten haben. Ich habe mit dem Deutsche-Christen-Presbyterium nicht ein einziges Mal getagt. Trotz aller Tumulte und aller Unruhe war es geistlich eine ausgesprochen reiche Zeit. Man wusste, wofür man stand. Wir mussten unsere Theologie, unsere Meinung sehr stark profilieren. Bekenntnis war kein bloßes Wort, sondern ein existentieller Vorgang. Das hat diese Zeit für mich zu einer ausgesprochen schönen Zeit gemacht. Das Deutsche-Christen-Presbyterium löste sich schließlich auf. Es wurde ein sogenannter Gemeindekirchenausschuss gebildet, mit dem wir ganz vorzüglich gearbeitet haben. In diesen Ausschuss hatten wir nur bekennende Christen berufen. Der Vorsitz wurde nicht von einem Pfarrer geführt, sondern hier in Oberhausen von Leuten, die mitten im Gemeindeleben standen, meistens waren es Kirchmeister, die extra gewählt werden mussten. Die Kirchmeister führten Aufsicht über die Verwaltung und hatten eine sehr starke Stellung. So war es in der Luther-Kirchengemeinde und auch in der Christuskirche. Die Deutsche-Christen-Elemente des Anfangs, die eigentlich nie richtig zum Tragen kamen, wurden wieder weggeräumt. Die Deutschen Christen hatten im Grunde eine völlig unglückliche Rolle gespielt. Sie wurden nur von kleineren Teilen der Gemeinde anerkannt, während

Nicht als Flugblatt benutzen! – Nur als Information unserer Gemeindemitglieder

Nationalkirche – oder – Deutsche Evangelische Kirche

Unter obigem Thema haben die Bekenntnispastoren Majert und Aring zu einer
Gemeinde-Versammlung
eingeladen.

Gemeindemitglieder! – Die Augen auf!
Achtet auf die kirchenpolitischen Winkelzüge der Schriftgelehrten!

Man sagt: Deutsche Evang. Kirche – *und meint Bekenntniskirche!*
Die Herren Majert, Aring, Neussel gehören zur Bekenntnisfront. Herr Superintendent Schmidt hat erklärt: „Ich bin in den Ausschuss gegangen, um der Bekenntniskirche Raum zu verschaffen. Ich bin ein Glied der bekennenden Gemeinde."

Man sagt: Deutsche Evang. Kirche – *und meint Bekenntniskirche!*
Die „Deutsche Evang. Kirche" dieser Herren will weiter wie bisher *Juden* und *Judengenossen* auf die Kanzel und ins Amt lassen! Ist das deutsch???

Man sagt: Deutsche Evang. Kirche – *und meint Bekenntniskirche!*
Die „Deutsche Evang. Kirche" dieser Herren *lehnt die nationalsozialistische Gemeinschaftsschule ab!*

Man sagt: Deutsche Evang. Kirche – *und meint Bekenntniskirche!*
Die „Deutsche Evang. Kirche" dieser Herren *züchtet den Spaltpilz der Konfessionen* im geeinten Volk und pflegt ihn sogar in den *eigenen Reihen!*
(Lutherischer Rat – Reformierter Konvent – Union)

Gemeindemitglieder! – Lasst Euch nicht durch Wörter irreführen!

Die „Deutsche Evang. Kirche" der Herren Majert, Aring, Neussel ist die *Bekenntniskirche.*

Wir kämpfen für die Nationalkirche.
(Judenfrei – romfrei – national – christlich)

Ein Gott ! Ein Führer ! Ein Volk ! Eine Kirche ! Ein Glaube !

gez. Pack, Pfarrer
gez. Bröckelschen, Pfarrer

Flugblatt der Gemeinde Oberhausen II[5]

der überwiegende Teil der Gemeinde sich gegen sie wandte. Was nach dem Krieg kommen sollte, war ja abzusehen: Das wäre wahrscheinlich eine völlige Beseitigung der Kirche gewesen".[6]

Von 1945 bis zur Gründung des Kirchenkreises Oberhausen

In den verschiedenen evangelischen Gemeinden, die sich im 19. Jahrhundert in den Gebieten des späteren Oberhausen bildeten, zeigen sich vergleichbare Entwicklungen. Entscheidend war der Aufbau der Kohle- und Stahlindustrie, der Zuzug von Arbeitskräften, die Förderung von Schulen, Kirchbauten und Pfarrhäusern durch das Gustav-Adolf-Werk sowie die Unterstützung seitens der Industrie. Die Beheimatung der zuziehenden Menschen vollzog sich im Zusammenwirken von Wohnort, Arbeitsstätte und Kirchengemeinde. Dies bestimmt auch nach der Gründung des neuen Kirchenkreises (1954) die Wahrnehmung der evangelischen Kirche in Oberhausen. In der Schrift „50 Jahre Evangelischer Kirchenkreis" (2004) beschreibt Bettina Wittke das treffend im Untertitel: „Nähe zu den Menschen – Mitverantwortung für die Stadt – Ökumenische Weite".[7]

„In der Zeit nach dem Ende des Zweiten Weltkrieges 1945 sind die Menschen in Oberhausen beschäftigt mit dem Wiederaufbau ihrer zerstörten Stadt. Viele Kirchengebäude und Gemeindehäuser sind in Mitleidenschaft gezogen oder ganz zerstört worden. Nach und nach werden die Gebäude wieder hergestellt. Ab 1946 treten überall die Presbyterien wieder zu ihren Sitzungen zusammen. Insgesamt erfährt das Gemeindeleben einen neuen Aufschwung, vor allem im Bereich der Kirchen- und Chormusik. Die Bevölkerung ist nach dem Krieg eine andere als vorher: Flüchtlinge aus dem Osten strömen ins Ruhrgebiet. In Osterfeld existieren für sie fünf große Flüchtlingslager. Teilweise werden die Menschen in den ausgedienten Bunkern untergebracht. Pommern, Schlesier, Ostpreußen und andere prägen bald mit ihrer Frömmigkeit die Oberhausener Gemeinden.

[…] am 1. April 1954, wurde der Evangelische Kirchenkreis Oberhausen gegründet. Überlegungen zur Neugründung gab es schon seit 1929, seit die Stadt Oberhausen als Kommunalgemeinde neu gebildet worden war. 1945 schlossen sich die neun Gemeinden auf Oberhausener Gebiet zu einer Arbeitsgemeinschaft zusammen, um zu beratschlagen, wie die Evangelischen gegenüber der Kommune am besten vertreten werden könnten. Es ging um Erleichterung bei Verhandlungen mit Behörden, z. B. bei Fürsorgefällen, Grundstückskäufen, Kontakten mit Schulen, Industriellen und Ratsleuten. So wurde rasch deutlich, dass auf evangelischer Seite ein eindeutiger Ansprechpartner gebraucht wurde. Der neue Kirchenkreis war genau diese notwendige Kommunikationsstruktur. Die Muttersynoden Dinslaken und An der Ruhr berieten 1949 und 1953 über die Abtretung der Gemeinden an einen neuen Kirchenkreis Oberhausen.

Da die Stadt Oberhausen bei der Kirchenkreisgründung erst 25 Jahre bestand, kam der Neubildung des Kirchenkreises auch eine bewusstseinsbildende Funktion zu.

Das Zusammengehörigkeitsgefühl der Evangelischen in der Stadt sollte gestärkt werden. Über die Stadtteil-Identität und die Kirchengemeinde-Identität als Sterkrader, Osterfelder oder Holtener hinaus sollte eine evangelische Identität in Oberhausen entstehen.

Etwa 100.000 evangelische Bürgerinnen und Bürger lebten damals in Oberhausen. Der neue Kirchenkreis mit seiner eigenen kreiskirchlichen Verwaltung sollte unnötige Bürokratie vermeiden.

Bislang mussten alle Entscheidungen für Oberhausen in drei separaten Synoden beraten und entschieden werden. Heute ist der Kirchenkreis Oberhausen – neben den Kirchenkreisen An der Ruhr und Solingen – einer der wenigen Kirchenkreise in der Evangelischen Kirche im Rheinland, deren Grenzen – weitgehend – mit den kommunalen Grenzen einer Stadt übereinstimmen. Zwei ‚Muttersynoden' der Rheinischen Kirche und eine ‚Muttersynode' der Westfälischen Kirche traten bei der Gründung Gemeinden – und damit Fläche und Gemeindemitglieder – an Oberhausen ab […]."[8]

Aus der Geschichte des Kirchenkreises Oberhausen – die 1950er Jahre

Die Nachkriegszeit bis 1950 steht ganz im Zeichen des (kirchlichen) Wiederaufbaus. Kirchen und Gemeindehäuser werden weitgehend wieder hergestellt, Kirchenaustritte der Nazizeit rückgängig gemacht, die Finanzen geordnet, die Währungsreform – wenn auch nur mühsam – überwunden. Ab 1950 werden mehr und mehr neue kirchliche Gebäude errichtet. Allerdings nimmt die Zahl der Kirchenaustritte zu. Die soziale Frage tritt in den Vordergrund, was zu ersten Gesprächen mit sozialistischen Parteien führt. Der große Abstand zwischen Kirche und Arbeitern sowie zwischen alteingesessenen und neu zugezogenen Bergarbeiterfamilien wird schmerzlich empfunden und ein wenig ratlos zur Kenntnis genommen.

Auf der ersten eigenen Herbstsynode am 17./18. Oktober 1954 stellte der neue Superintendent Dieter Munscheid fest, dass das Ruhrgebiet ein Schmelztiegel ohne kirchliche Tradition und lebendiges Gemeindebewusstsein sei. Höchstes Ziel des Arbeiters im Revier sei Erhaltung, ja Steigerung seines Lebensstandards. Männerarbeit und Jugendarbeit litten zu diesem Zeitpunkt bereits unter sinkenden Teilnehmerzahlen. Hinzu kamen der Mangel an geeigneten Mitarbeitern und das fehlende Verständnis in manchen Presbyterien für die Notwendigkeit der Bereitstellung von Mitteln für die Jugendarbeit.

Der neu gegründete Kirchenkreis hatte auch mit großem Pfarrermangel zu kämpfen: von den 21 Pfarrstellen waren 1954 sechs vakant. Auf seiner ersten Synode beschloss der Kirchenkreis die Errichtung von drei kreiskirchlichen Stellen: ein Bergmannsmissionar (besetzt durch Pfarrer Kluge), ein Bergberufsschulpfarrer (besetzt durch Pfarrer Pasternack) und ein Berufsschulpfarrer. Die Auseinandersetzung mit der Lebenswelt von Arbeitern nahm damit sehr konkrete Züge an. 1955 beschloss die Synode, einen hauptamtlichen Sozialsekretär einzustellen und einen ständigen Arbeitskreis für soziale Fragen einzurichten. Trotzdem blieb eine Kluft zwischen Kirche und Arbeiterschaft: Pfarrer und Sozialsekretär wurden als kirchliche Funktionäre empfunden, denen die Menschen mit wohlwollender Gleichgültigkeit oder tief sitzendem Misstrauen begegneten. Ende der 1950er Jahre wurde es als eine zentrale Aufgabe empfunden, wieder eine missionierende Kirche zu sein. Bei allen missionarischen Bemühungen wurde eine pietistisch-evangelikale Engführung vermieden.

1952 wurde Ingeborg Nolzen als erste Vikarin eingestellt. Sie übernahm 1959 das Referat für Frauenarbeit. 1963 wurde sie als erste Pfarrerin in der Rheinischen Landeskirche in der Kirchengemeinde Sterkrade eingeführt. Man nannte Sterkrade daraufhin „avantgardistisch" – für heutige Ohren eine echte Auszeichnung. Kirche in Oberhausen fiel damals schon als ein Ort auf, der ungewöhnliche und unkonventionelle Schritte wagte.

Im ersten Jahrzehnt des neuen Kirchenkreises wurden aus den neun Gründungs-Kirchengemeinden zwölf: 1957 wurde die Paulus-Kirchengemeinde, 1959 die Apostel-Kirchengemeinde und 1962 die Markus-Kirchengemeinde selbstständig. Die 1950er Jahre waren insgesamt gekennzeichnet durch die Suche nach dem richtigen Weg – zwischen Evangelium und Arbeitswelt, Mission und Sozialarbeit, Frömmigkeit und Materialismus.

Aus der Geschichte des Kirchenkreises Oberhausen – die 1960er Jahre

Die 1960er Jahre sind gekennzeichnet von einer Akzentverschiebung: Solidarität mit Arbeitern wird zunehmend wichtiger, während die missionarische Verkündigung mehr und mehr an Bedeutung und Interesse verliert. Das Ende des Wirtschaftswunders und der Beginn der Bergbaukrise wirken aufrüttelnd. Die Evangelische Kirche in Oberhausen versteht sich deutlicher als in den 1950er Jahren als Solidargemeinschaft an der Seite der Arbeiter. Kirche ist mehr „Kirche für andere" als Kirche um ihrer selbst willen. Der Blick für die Weltverantwortung sowohl innerhalb der ökumenischen Gemeinschaft als auch politisch wird geschärft. Damit hat sich das Gesicht des Kirchenkreises grundlegend geändert. Erste Aktivitäten zum Thema „Bewahrung der Schöpfung" finden sich bereits Mitte der 1960er Jahre.[9]

> „1966 verabschiedet die Synode eine Stellungnahme zur Situation der Wirtschaft: „Die Synode richtet darum an alle, die Verantwortung tragen […] die dringende Bitte, wirtschaftsfördernde Maßnahmen einzuleiten, um den Menschen im Ruhrrevier Arbeitsplatz und Arbeitsfreude, Wohnung und Heimat zu erhalten."[10]

1966 wird Gerhard Kern als neuer Sozialsekretär eingestellt, ausgebildet an der Evangelischen Sozialakademie Friedewald. Kern arbeitet eng mit Gewerkschaften und Betriebsräten zusammen und erarbeitet mit einem 1966 gebildeten Arbeitskreis eine Stellungnahme zur Stilllegung der Concordia Bergbau AG:

> „Es ist aus volkswirtschaftlichen Gründen unverständlich, dass ein Bergwerksunternehmen stillgelegt werden soll, dessen Förderleistung pro Mann und Schicht eine Spitzenstellung unter den westdeutschen Bergwerksgesellschaften einnimmt […]. Es kann uns als Christen und Bürger unserer Stadt nicht gleichgültig sein, dass mit der geplanten Stilllegung der Concordia AG eine soziale Notlage unerhörten Ausmaßes auf uns zukommt. Wir sehen die Gefahr großer Verarmung und Zerstörung vieler Familien."[11]

Schließung der Zeche Concordia

Mit der Schließung der Zeche Concordia im Mai 1967 begann für Oberhausen der tiefgreifende Strukturwandel des Ruhrgebiets. Erschrecken, Empörung und Protest brachten nicht nur die Beschäftigten, sondern auch die Bevölkerung auf die Straße. An der Spitze der Protestaktion standen Frau Oberbürgermeisterin Luise Albertz sowie die Vertreter der evangelischen und katholischen Kirche. Stadtdechant Knappmann verlas eine Solidaritätsbotschaft des Ruhrbischofs und Superintendent Munscheid wurde „leidenschaftlich": „Absatzschwierigkeiten und Kohlenhalden sind schlimm. Weit schlimmer aber ist es, wenn Menschen auf den Halden liegen." (NRZ vom 22. Mai 1967)

In der Folgezeit wurde wiederholt die Solidarität der evangelischen Kirche in Oberhausen herausgefordert, so vor der endgültigen Schließung des Thyssen-Stahlwerks Rheinhausen im August 1993 und im Zusammenhang mit der Pleite der Deutschen Babcock AG im Juli 2002. Das Sozialreferat in der Verantwortung des Sozialsekretärs Gerhard Kern hat die Solidarität der evangelischen Kirche in Stadt und Region maßgeblich geprägt.

Ende der 1960er Jahre kommen ökumenische Partnerschaft und Weltverantwortung in den Blick, Themen, die später ins Zentrum der kreiskirchlichen Arbeit rücken. So nimmt die Synode 1967 kritisch zum Vietnamkrieg Stellung und erklärt: „Wir vermögen im Vietnamkrieg keine Ziele zu erkennen, welche den augenblicklichen Einsatz und die drohende militärische Eskalation rechtfertigen." Die Aufmerksamkeit für die Friedensfrage manifestiert sich in der Unterstützung des Friedensdorfes Oberhausen e. V., in dem Kinder, die in Kriegs- und Krisengebieten verletzt wurden, aufgenommen und medizinisch, pädagogisch und psychologisch betreut werden. Auf der gleichen Synode wird ein Brief an die Wehrpflichtigen in Oberhausen geschrieben mit dem Angebot von Beratung und der Bitte, die Möglichkeit der Verweigerung als Gewissensentscheidung ernst zu nehmen.

Friedensdorf Oberhausen

Ein sozialorientierter missionarischer Ansatz prägte die evangelische Kirche in Oberhausen seit den 1960er Jahren. Anlass waren zunächst die Nahostkriege, später der Vietnamkrieg. Es war Pfarrer Fritz Berghaus in Schmachtendorf, der die Aktion des Kinderdorfes, später Friedensdorf genannt, begründete. „Er sah sich als ‚Schüler der Bekennenden Kirche'. Er brachte ein ‚neues Selbstverständnis' des Gemeindebegriffs mit. Es ging ihm um einen missionarischen Vorstoß zu den Fernstehenden."[12] Sehr schnell schlossen sich Kirchenkreis und CVJM sowie viele Bewohner der Stadt, Unternehmen, Institutionen, Ärzte, Krankenhäuser an. Sogar die britische Rheinarmee beteiligte sich am Aufbau des Friedensdorfes. Diese Aktion überwand zunächst alle politischen und konfessionellen Grenzen. Zum Streitpunkt wurde allerdings die Frage, ob das Friedensdorf rein humanitäre oder politische Ziele verfolge. Die Verfechter einer erklärten Friedenspolitik konnten sich nicht durchsetzen. Der Initiator des Friedensdorfes, Fritz Berghaus, war durch hiesige und internationale Verpflichtungen immens belastet. 1983 ging er in den Ruhestand, zwei Jahre später starb er. Inzwischen ist das Friedensdorf weltweit bekannt und tätig. In der Stadt fehlt noch ein Gedächtnis an dessen Begründer.

Aus der Geschichte des Kirchenkreises Oberhausen – die 1970er Jahre

In den 1970er Jahren entwickelt der Kirchenkreis Oberhausen ein Bewusstsein für Weltverantwortung und gelebten Glauben, der sich besonders in politischem Engagement ausdrückte. Der Kirchenkreis ringt dabei kontrovers um das rechte Verständnis dessen, was Christsein im ökumenischen Horizont bedeutet. Zugleich nimmt der Kirchenkreis durch die weltweiten Kontakte teil an den Problemen der Weltgemeinschaft. Anfang der 1970er Jahre äußert sich die Kreissynode sehr scharf zu den Folgen der Stilllegung der Hochofenanlage der Thyssen

Abb. 2: Seit 1966 befinden sich in der Marktstr. 152–154 viele verschiedene kreiskirchliche Einrichtungen.

Niederrhein AG Oberhausen für Arbeitsmarkt, Sozialgefälle und Infrastruktur in Oberhausen:

„Von den Politikern erwartet die Synode des Kirchenkreises Oberhausen gezielte strukturpolitische Maßnahmen für Oberhausen und die Schaffung von gesetzlichen Grundlagen, durch die Unternehmen verpflichtet werden, wirtschaftliche Entscheidungen mit schwerwiegenden sozialen Folgen nur in enger Koordination mit dem zuständigen Land und der betroffenen Kommune zu treffen."[13]

In den folgenden Jahren steht im Hinblick auf gesellschaftspolitische Fragen der Aufbau des Erwachsenenbildungswerkes im Mittelpunkt. 1973 kommt es zur Gründung des Ev. Erwachsenenbildungswerkes Oberhausen, dem die Ev. Kulturvereinigung, die Kirchengemeinden, das Familienbildungswerk, die Ev. Frauenhilfe, die Ev. Arbeitnehmerbewegung u. a. beitreten. Im gleichen Jahr erscheint das erste zusammenhängende Programm. Für 1976 sind bereits 1.800 Unterrichtsstunden geplant. Die Leitung hat Sozialsekretär Kern.

Zugleich wird in diesen Jahren die soziale Belastung der Familien ein immer dringlicheres Problem. 1974 wird ein Ausschuss eingesetzt, der Modelle einer Familien-, Ehe- und Erziehungsberatungsstelle prüfen und für Oberhausen entwickeln soll. Das Ergebnis wird ein Jahr später der Synode vorgelegt, die beschließt: Die „Synode hält die Einrichtung einer Familien-, Ehe- und Erziehungsberatungsstelle […] für dringend notwendig."[14]

Abb. 3: Superintendent Dieter Munscheid 1976; links Oberbürgermeisterin Luise Albertz, rechts Stadtdechant Wilhelm Knappmann

1970 führt der Kirchenkreis eine Afrikawoche durch. Auf der Frühjahrssynode 1971 referiert der nigerianische Botschafter Kabo über die bedrückende Lage, Dürre und Hunger in seinem Land. Der Kirchenkreis entschließt sich daraufhin zur Unterstützung von Entwicklungshilfeprojekten. Südafrika wird erstmals 1973 zum Thema einer Kreissynode, die mit einem Gottesdienst über den Auftrag der Kirche im südafrikanischen Rassenkonflikt eröffnet wird. 1974 wird die Einrichtung einer Pfarrstelle für Weltmission zusammen mit den Nachbarkirchenkreisen beschlossen. Im Jahr 1976 endet die Amtszeit von Pfarrer Dieter Munscheid als Superintendent, der im folgenden Jahr für seine besonderen Verdienste für Oberhausen die „Glückauf-Medaille" der Stadt verliehen bekommt. Als Nachfolger wird Pfarrer Walter Deterding aus der Kirchengemeinde Alstaden zum Superintendenten gewählt.

Im April nimmt die Kreissynode wieder Stellung zu arbeitsplatzvernichtenden Maßnahmen in Oberhausener Großbetrieben. Die „Synode appelliert an die Kapitaleigner, nicht nur Gewinnstreben zum Maßstab ihres Handelns zu machen […]". Sie „erklärt sich solidarisch mit den Arbeitnehmern, die um die Erhaltung ihres Arbeitsplatzes ringen, bis Ersatzarbeitsplätze in dieser Stadt geschaffen sind".[15] Neben deutlichen Stellungnahmen zeichnet sich die Arbeit des Sozialreferates durch intensive Gespräche mit gesellschaftlich relevanten Gruppen aus.

1977 tritt die Kreissynode mit einem programmatischen Antrag an die Landessynode heran:

> „Die Landessynode möge beschließen, den Themenkreis weltweite Entwicklung und die Frage nach ihren Konsequenzen für uns zum Gegenstand eines Beschlussvorschlages zu machen […]. Die Arbeitslosigkeit, die Energiesicherung, die Umweltgefährdung usw. müssen im Horizont der weltweiten Entwicklung gesehen und gelöst werden. Daher stellt sich die Frage, welche Konsequenzen sich daraus für Staat und Gesellschaft, für Kirchen und Gemeinden und für den persönlichen Lebensstil eines jeden von uns ergeben."

Die Evangelische Kirche in Oberhausen

Als Themenschwerpunkte für den Kirchenkreis entwickeln sich daraus „Frieden, Gerechtigkeit und Bewahrung der Schöpfung". Das Engagement für Gerechtigkeit hat im Kirchenkreis zwei Blickrichtungen: Zum einen geht es um soziale Gerechtigkeit vor Ort, also um den Kampf gegen die Massenarbeitslosigkeit und ihre Folgen. Zum anderen geht es um die Verhältnisse in der Zweidrittelwelt und die Auseinandersetzung mit dem Problem des Rassismus.

Ab 1978 bestehen intensive Kontakte zur Partnerstadt Middlesbrough, zur Batak-Kirche in Indonesien (HKBP) und zum Distrikt Soni in Tansania. Ab 1980 kommen Kontakte zum Belydende Kring in Südafrika hinzu. „Belydende Kring" bedeutet wörtlich: „Bekennender Kreis" und war eine Anti-Apartheid-Gruppe innerhalb der vier rassisch getrennten reformierten Kirchen – für Weiße, Mischlinge, Asiaten, Schwarze. Die weiße Kirche unterstützte die rassistische Politik der Regierung in Südafrika und erwies sich somit als unterdrückerisch gegenüber den von ihr abhängigen anderen christlichen Kirchen. Daran entzündet sich die Erkenntnis, dass die traditionelle Trennung von Glaube und Politik aufgegeben werden muss und Menschen – auch theologisch – mit der Möglichkeit ausgestattet werden müssen, für ihre Befreiung zu kämpfen. Der Riss, der mitten durch die christlichen Kirchen ging, erinnerte in Deutschland an die Zeit des Dritten Reiches und die Trennung in Deutsche Christen und Bekennende Kirche. Aufgrund dieser Erfahrungen vergeht seit 1976 kein Jahr, in dem nicht ökumenische Gäste in Oberhausen zu Besuch sind, und umgekehrt Vertreter des Kirchenkreises in eines der Partnerländer reisen.

Von 1979 an wird die Friedensarbeit zu einem Dauerbrenner im Kirchenkreis, auch wenn auf der Novembersynode über die Vorlage einer kritischen Stellungnahme zur Nachrüstung der NATO in Westeuropa nach kontroverser Diskussion nicht abgestimmt wird. 1979 erwirbt die Kreissynode Anteile bei der ökumenischen Entwicklungsgenossenschaft EDCS und unterstützt den Antirassismus-Sonderfonds des Ökumenischen Rates der Kirchen. Diese Gelder könnten eingesetzt werden zum bewaffneten Kampf für die Befreiung der unterdrückten Farbigen in Südafrika. Dies führt zwischen Gemeindemitgliedern, in der Kreissynode und auf anderen Ebenen zu heftig geführten Diskussionen. Die finanzielle Unterstützung des Sonderfonds – aus Kirchensteuermitteln – mündet schließlich in einen Rechtsstreit mit der Rheinischen Landeskirche, der sich bis in die 1990er Jahre hinzieht.[16]

Aus der Geschichte des Kirchenkreises Oberhausen – die 1980er Jahre

Das gesellschaftspolitische Engagement in Oberhausen wird in den 1980er Jahren kontinuierlich und intensiv fortgeführt. Gesucht wird vor allem die Auseinandersetzung im Hinblick auf die atomare Bedrohung und das Gespräch mit Unternehmern und Gewerkschaften, sowie mit den ökumenischen Partnern.

1980 kommen einige südafrikanische Pastoren auf Einladung des Kirchenkreises zu einer zweiwöchigen Visitation der Gemeinden nach Oberhausen. Ihr Besuch hat einerseits die Funktion einer aufmerksamen Analyse dessen, was in den Gemeinden vor sich geht. Andererseits ist aber in vielen Gemeinden das Interesse stark, sich über die Arbeit in Südafrika informieren zu lassen – vielleicht auch, um sich nicht zu sehr in die Karten schauen zu lassen. Diese Vermutung äußern die Südafrikaner jedenfalls in ihrem sehr differenzierten zwanzigseitigen Visitationsbericht. Dieser Besuch intensiviert die Beziehungen des Kirchenkreises zu

*Abb. 4:
Bei der Sondersynode im November 1982 hielt Pastor Wely Masamisa (2. v. r.) aus Südafrika die Andacht, deren Kollekte für den Sonderfonds 16.675 DM ergab.*

Südafrika deutlich. Jedoch müssen sich die Gemeinden in Oberhausen von den Gästen kritisch in Frage stellen lassen. Vor allem im geistlichen Bereich empfinden die afrikanischen Theologen große Defizite, kritisieren die Trennung von pastoraler und prophetischer Arbeit und mahnen missionarische Durchdringung aller kirchlichen Aktivitäten an. Was „Dritte-Welt-Arbeit" angehe, sei es „nicht so sehr die Aufgabe, etwas *für* uns zu tun, als vielmehr in einer besonderen Weise *mit* uns Christ zu *sein.*"[17]

Die Kollekten zur Unterstützung des Anti-Rassismus-Sonderfonds haben im Jahr 1982 bereits ein Volumen von 16.675 DM erreicht. 1983 – auf der dritten Sondersynode innerhalb eines Jahres zum Thema Sonderfonds – wirft der in dieser Frage besonders engagierte Pfarrer Bernhard Heiermann der Landeskirche wegen ihrer Unbeweglichkeit und rein juristischen Argumentationsweise „verweigerte Solidarität" vor. Im gleichen Jahr beschließen zwei Gemeinden, je 1.000 bzw. 1.500 DM aus Haushaltsmitteln an den Sonderfonds zu überweisen. Diese Beschlüsse werden von der Kirchenleitung in Düsseldorf aufgehoben. Die Gemeinden legen Widerspruch ein. Auf der Kreissynode im November 1983 ist man sich einig darüber, dass es keine Alternative zur Unterstützung des Sonderfonds gibt, will man die ökumenische Solidarität nicht aufkündigen. Der Verstoß gegen einen Beschluss der Landessynode müsse „verstanden werden als das Bemühen und Ringen um den rechten Gehorsam gemäß Schrift und Bekenntnis".[18] Auf der Tagung der Landessynode wird die sogenannte Gemeindelösung beschlossen: Presbyterien können Spenden für den Sonderfonds aus Kirchensteuermitteln verdoppeln. Damit ist die presbyterial-synodale Struktur der rheinischen Kirche in dieser Frage berücksichtigt, da die Steuerhoheit der einzelnen Kirchengemeinde erhalten bleibt. Aber mit dieser Lösung können und wollen sich die engagierten Gruppen in Oberhausen nicht zufrieden geben. Nach langen Verhandlungen mit der Kirchenleitung in Düsseldorf und regelmäßigen Gesprächen mit den ökumenischen Partnern in Namibia und Südafrika entschließt sich die Kreissynode zur Überweisung der seit längerem zurückgehaltenen kreiskirchlichen Rücklage für den Sonderfonds in Höhe von 20.000 DM – und zwar ungeachtet der anders lautenden Bestimmungen der Landessynode. Der 1988 neu gewählte Superintendent Artur Schorzmann führt den Beschluss unverzüglich durch, obwohl er mit Disziplinarmaßnahmen seitens der Kirchenleitung rechnen muss. Die Kirchenleitung sieht sich daraufhin gezwungen, den Beschluss der Kreissynode aufzuheben. Allerdings wird dadurch die Überweisung nicht rückgängig gemacht und die Kirchenleitung unter Präses Peter Beier verzichtet auf weitergehende Maßnahmen. Das Geld bleibt überwiesen.[19]

Als ein neuer Arbeitszweig im Engagement für mehr Gerechtigkeit vor Ort entsteht innerhalb des Diakonischen Werkes 1981 der Synodale Arbeitskreis für Asylantenarbeit. In Zusammenarbeit mit dem Flüchtlingsreferat setzt er sich vor allem seit Ende der 1980er Jahre intensiv für Migranten ein, insbesondere für die Roma.

Die Aufmerksamkeit für die Friedensfrage manifestiert sich 1981 in einer Stellungnahme der Synode gegen weitere Aufrüstung und Nachrüstung, gegen die Verharmlosung von Krieg und ganz konkret gegen die Stationierung von Mittelstreckenraketen in Europa. Der NATO Doppelbeschluss zur Stationierung von atomaren Waffen auf deutschem Boden wird ausdrücklich abgelehnt und eine Selbstverpflichtung zu verstärktem Friedensengagement ausgesprochen. Die Kreissynode beruft dazu einen Ausschuss für Friedensarbeit ein, der auch Kontakte zu anderen Friedensinitiativen halten soll. Auf der kreiskirchlichen Reformationsfeier am 1. November 1982 unter dem Thema „Schritte zum Frieden" wird die Aktion „Atomwaffenfreies Oberhausen" gestartet, mit dem Erfolg, dass der Rat der Stadt am 7. Februar 1983 Oberhausen symbolisch zur atomwaffenfreien Zone erklärt. Auf der Kreissynode im Mai 1983 unterstützen die Synodalen bei drei Gegenstimmen eine Beschlussvorlage des Friedensausschusses und die Erklärung des ▶ Moderamens des Reformierten Bundes, nach der die Friedensfrage eine Bekenntnisfrage ist. In der Vorlage heißt es: „Nachfolge Jesu Christi bedeutet für uns: Kampf gegen die Sünde – die Sünde der ungerechten Verteilung in der Welt – die Sünde des Militarismus und Rassismus, die dazu dienen, die Ungerechtigkeit zu verstärken."

Nachdem im November 1983 trotz lokaler und bundesweiter Proteste der Transport von Pershing-II-Raketen nach Mutlangen begonnen hat, unterstreicht die Kreissynode in einer Erklärung zur Nachrüstung ihre bisherigen Beschlüsse und ruft die in dieser Frage zerstrittenen Gruppen in den Gemeinden auf, die Auseinandersetzungen in gegenseitiger Achtung zu führen. 1985 beschließt die Kreissynode „Konkrete Schritte zum Frieden". Die Landessynode wird dazu aufgefordert zu beschließen, dass „Kriegsdienstverweigerung die notwendige Entscheidung ist."

Anfang der 1980er Jahre stehen Friedensfrage und Antirassismusprogramm auf den Kreissynoden deutlich im Vordergrund. 1986 kommt es zu einer besonders intensiven Auseinandersetzung mit den Fragen des Umweltschutzes. Anstoß gibt der Reaktor-Super-GAU in Tschernobyl vom 26. April 1986. Die Kreissynode fordert den Ausstieg aus der Kernenergie, Atomteststopps und ernsthafte Abrüstungsbemühungen. Dabei ist dem Entschließungsantrag seine Herkunft aus dem Friedensausschuss deutlich anzumerken. Die öffentliche Diskussion um Tschernobyl und seine Folgen hat die viel schlimmere Bedrohung durch die atomaren Waffen in den Hintergrund treten lassen.

1989 kommt der bedrängende Anstoß, der dem Thema Umweltschutz einen gebührenden Ran einräumt: die Planung einer Sondermüll-Verbrennungsanlage in Oberhausen. Nachdem sich bereits verschiedene Gemeinden und der Pfarrkonvent intensiv mit dem Problem auseinandergesetzt haben, steht die Synode im Juni 1989 ganz im Zeichen der Schöpfungsverantwortung. Prof. Dr. Dr. Günter Altner hält ein Referat über „Bewahrung der Schöpfung – auf dem Weg zu Gerechtigkeit und Frieden". Daraufhin verabschiedet die Kreissynode das Wort zur geplanten Sondermüll-Verbrennungsanlage, in dem sie einen solchen Bau im dichtestbesiedelten Gebiet der Bundesrepublik als nicht verantwortbar ablehnt. Es folgt die Selbstverpflichtung, in den eigenen Gemeinden und Einrichtungen alles zu tun, um giftige Produkte durch ungiftige oder wieder verwertbare zu ersetzen, kostbare Rohstoffe einzusparen oder wiederzuverwerten und zu einem umweltbewussten Verhalten beizutragen, das die christliche Verantwortung für die Schöpfung ernst nimmt. Der Kirchenkreis erklärt die Absicht, mit Umwelt- und Naturschutzgruppen in Oberhausen zusammenzuarbeiten und richtet einen ständigen Umweltausschuss ein.

Auf der gleichen Synode steht das geplante Einkaufs- und Vergnügungscenter der kanadischen Triple-Five-Corporation zur Diskussion, die „Euro-Mall". Die Kreissynode beauftragt den Sozialethischen Ausschuss, sich mit der geplanten Euro-Mall zu beschäftigen. Dabei sollen die sozialen Folgen eines solchen Unternehmens und die Folgen für die Umwelt bedacht werden. In diesem Auftrag wird der Euro-Mall allerdings schon eine klare Absage erteilt. Die Belastungen für die Umwelt erscheinen als nicht vertretbar die sozialen, strukturellen und arbeitsmarktpolitischen Fragen als nicht genügend berücksichtigt. Eine offizielle Stellungnahme wird überflüssig, weil das Projekt von der Landesregierung Nordrhein-Westfalen abgelehnt wird. Trotzdem rufen die Überlegungen der Kreissynode einen Sturm der Empörung bei Vertretern der Stadt Oberhausen hervor.

Das Gespräch über das Verhältnis von Kirche in Oberhausen und Arbeitswelt wird 1981 mit der Deutschen Babcock AG weitergeführt. Im gleichen Jahr spricht auf der kreiskirchlichen Reformationsfeier unter dem Thema „Menschsein in der Arbeit" der DGB-Vorsitzende und das Mitglied der EKD-Synode Oskar Vetter. 1982 werden die Gewerkschaften eingeladen, kontinuierlich in kreiskirchlichen Einrichtungen mit den Mitarbeitenden in arbeitsrechtlichen Angelegenheiten zu sprechen. Das Verhältnis von Kirche und Gewerkschaft wird als stark verbessert angesehen. Die Kreissynode bietet in diesem Jahr mit dem Thema „Kirche und Arbeiterschaft" ein breites Diskussionsforum. Dabei spielt die Frage nach dem Menschenbild in der Kirche und in der Wirklichkeit des Arbeiters eine große Rolle, sowie die Frage, was in den Gemeinden geschehen muss, um Kontakt zu den Arbeitern zu bekommen. Die Synode macht sich eine Beschlussvorlage des Sozialsekretärs Gerhard Kern zu eigen, in der es u. a. heißt:

> „[…] der Grundkonflikt der industriellen Arbeitswelt […] besteht darin, dass der Mensch unter dem Zwang zu größtmöglicher Produktivität und Rentabilität vor allem als Arbeitskraft und als Kostenfaktor betrachtet wird. Die Funktionalisierung des arbeitenden Menschen steht jedoch im krassen Widerspruch zur Ganzheit seines Menschseins und seiner Menschenwürde."

Eine Konsequenz ist, dass der Kirchenkreis mit den Angeboten des Familienbildungswerkes, das 1983 institutionell eine Einrichtung des Kirchenkreises wird, ausführlich auf die Probleme der Arbeiter und ihrer Familien eingeht. DGB und Kirchenkreis rufen einen Arbeitslosentreff ins Leben, der zugleich Herausgeber einer eigenen Arbeitslosenzeitung ist. 1987 findet ein „Stahlaktionstag" auf dem Bahnhofsvorplatz statt und im selben Jahr eine Tagung des Kirchenkreises zusammen mit der Thyssen-Stahl-AG Oberhausen, die sich mit den sozialen Problemen des Arbeitsabbaus beschäftigt. Ergebnis ist eine gemeinsame Erklärung, in der die Vernichtung von Arbeitsplätzen als „zutiefst unchristlich und inhuman" sowie als „familienpolitisch und kommunalpolitisch nicht vertretbar" bezeichnet wird. 1989 findet das erste „Oberhausener Gespräch: Konkrete Schritte auf dem Weg der Gerechtigkeit" statt, an dem Vertreter der Kirchen, Parteien, Gewerkschaften, Verbände, Unternehmer und Betriebsräte teilnehmen.[20] Die Themen:

Oberhausener Gespräche
- 1989: Konkrete Schritte auf dem Weg der Gerechtigkeit
- 1997: „… wess' Geistes Kinder sind wir?" Versuch einer geistigen Standortbestimmung
- 1998: lokale Agenda 21 – Fragen für eine zukunftsfähige Stadt
- 2000: „Du sollst den Feiertag heiligen …"
- 2001: Ethik der Finanzmärkte
- 2002: Aktivierender Sozialstaat
- 2004: Global – lokal fortschreitende Privatisierung von Gemeineigentum und die gesellschaftlichen Folgen für den Bürger
- 2005: Soziale Gerechtigkeit und Hartz IV – Plädoyer für einen neuen Gesellschaftsvertrag
- 2006: Frauen – Verliererinnen und Hoffnungsträgerinnen der Globalisierung
- 2009: Bedingungsloses Grundeinkommen für alle – Faultierprämie oder gerechte Vision?

Darüber hinaus vergab die evangelische Kirche aus aktuellen Anlässen den „Oberhausener Preis" an lokale und internationale Gruppierungen, die sich beispielhaft für das ökumenische Programm „Frieden, Gerechtigkeit und Bewahrung der Schöpfung" einsetzten. Die bisherigen Preisträger waren:

Oberhausener Preis
- 1990: Flüchtlingsrat Oberhausen
- 1991: Bürgerinitiative „Schnüffler + Maagucker", Frankfurt-Höchst; Internationales Frauen- und Friedensarchiv Oberhausen; Eine-Welt-Laden Osterfeld
- 1993: Initiativgruppen „Besetzung NVA-Schiffe"
- 1995: „Vereinigung der Verfolgten des Naziregimes" (VNN/BdA).
- 1996: Nigerianer Civil Liberties Watch e. V.
- 1997: United African Congress (UCA)
- 1998: Netzwerk "COORDINATION GEGEN BAYER-GEFAHREN"
- 1999: Kampagne „Erlass 2000 – Entwicklung braucht Entschuldung"
- 2000: Netzwerk „kein Mensch ist illegal"
- 2001: Oberhausener „Bündnis gegen den Krieg"
- 2002: Roma-UnterstützerInnen-Gruppe Düsseldorf
- 2003/2004: „Anticolonial Africa Conference Berlin 2004"
- 2005: Tanzania Network e. V.
- 2006: AVANTI! e. V.
- 2007: AIDS-Hilfe Oberhausen e. V.
- 2008: „Terre des femmes"
- 2011: Antifaschistische Initiative Oberhausen

Die Themen der bisherigen *Politischen Nachtgebete* lauteten:
- 22.11.2006: „Der schönste Kuss ist der nach Ladenschluss"
- 30.05.2007: „Mindestlohn – eine Europareise"
- 23.04.2008: „Der letzte Kik – Volltreffer für Ausbeuter"
- 19.11.2008: „Oberhausen – arme Menschen, arme Stadt"
- 06.05.2009: „Augen auf beim Kleiderkauf …"
- 25.11.2009: „Mittendrin – und doch draußen?!"
- 05.05.2010: „Arbeit und Leben im Verborgenen"
- 03.11.2010: „Fair teilen statt sozial spalten!"
- 18.05.2011: „Kultur – Lebensmittel für eine Stadt!"
- 08.11.2011: „RESPEKT! Mut zum Handeln, ja! – Aber wie?"
- 22.05.2012: „Und vergib uns unsere Schulden"

Aus der Geschichte des Kirchenkreises Oberhausen – die 1990er Jahre

Frieden, Umwelt, soziale Gerechtigkeit, ökumenische Partnerschaft und Arbeitsleben in Oberhausen sind weiterhin die heißen Themen der Evangelischen Kirche in den 1990er Jahren. Im Mai 1990 nimmt die Kreissynode Stellung unter der Überschrift „Schritte zu Gerechtigkeit und Frieden". Superintendent Artur Schorzmann weist auf die Entwicklung neuer Massenvernichtungswaffen und ungehinderter Rüstungsverbreitung hin, eine Gefahr, die angesichts der weltpolitischen Umwälzungen seit 1989 kaum in der Öffentlichkeit bemerkt wird. Dabei nennt er auch ausdrücklich die Krise am Golf. Im November 1990 kritisiert die Kreissynode die einseitige und emotionalisierende Berichterstattung zum Golfkonflikt in den Medien.

> „Eine solche Berichterstattung bereitet die Bevölkerung darauf vor, den Krieg als geeignetes Mittel zur Konfliktlösung zu akzeptieren […]. Wir sehen, dass der Irak-Konflikt eine erste militärische Zuspitzung des Kampfes zwischen Nord und Süd um die gerechte Verteilung und Bezahlung von Rohstoffen ist." [21]

Die Auseinandersetzung mit der geplanten Giftmüllverbrennungsanlage in Lirich wird vor allem auf Gemeindeebene weitergeführt. Im Juni 1990 entsteht der Verein „Bürger gegen Giftmüllverbrennung e.V." durch einen Zusammenschluss der gleichnamigen Bürgerinitiative mit Umweltgruppen aus verschiedenen Kirchengemeinden.

Nachdem die Pläne für die Euro-Mall vom Tisch sind, blickt der Kirchenkreis im Jahr 1992 skeptisch auf die neuen Pläne für die „Neue Mitte". Bedenklich stimmen die Aussichten, Einkaufen zum Freizeit-Erlebnis zu machen. Die Christinnen und Christen in Oberhausen befürchten, dass das CentrO zu einem Ort wird, an dem die Kluft zwischen Arm und Reich besonders augenfällig zutage tritt. Der Kirchenkreis möchte in dieser Situation lieber auf die hören, die sich noch nicht einmal das Nötigste kaufen können und bedenken, was steigender Konsum anrichtet. [22]

1993 erklärt sich der Investor bereit, der katholischen und evangelischen Kirche an einer zentralen Stelle, an der sogenannten Promenade, Räume zum Kauf anzubieten. Da die Investitionskosten nicht aufgebracht werden können, ohne andere Arbeitsgebiete aufzugeben, kann die kirchliche Präsenz nur aus landeskirchlichen Mitteln und in ökumenischer Kooperation

Abb. 5 (oben):
Apostelkirche
Tackenberg

Abb. 6
(unten links):
Auferstehungs-
kirche Vestische
Straße

Abb. 7
(unten rechts):
Christuskirche
Nohlstraße

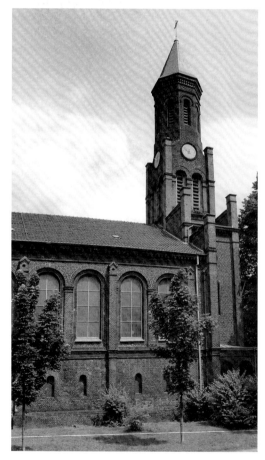

Abb. 8 (oben links): Christuskirche in Sterkrade, Weseler Straße
Abb. 9: (oben rechts): Kirche in Königshardt, Buchenweg

Abb. 10:
Evangelische
Kirche Holten

Die Evangelische Kirche in Oberhausen

Abb. 11 (oben links): Evangelische Kirche Schmachtendorf, Kempkenstraße
Abb. 12 (oben rechts): Friedenskirche in der Steinbrinkstraße
Abb. 13 (unten): Ökumenisches Kirchenzentrum in der Neuen Mitte Oberhausen

Abb. 14 (oben links): Lutherkirche in Buschhausen, Thüringer Straße
Abb. 15 (oben rechts): Lutherkirche Lipperheidstraße
Abb. 16 (unten): Gemeindezentrum Bermensfeld

Abb. 17 (oben):
Pauluskirche,
Duisburger Straße

Abb. 18 (unten):
Markuskirche,
Dietrich- Bonhoeffer-Straße

finanziert werden. Die Landeskirche und das Bistum Essen unterstützen das neue KIZ, das ökumenische Kirchenzentrum. Am 12. September 1996 wird das CentrO nach nur zwei Jahren Bauzeit eröffnet. [23] Mit dem neuen Kirchenzentrum in der Neuen Mitte dokumentieren Landeskirche und Bistum projektbezogene Zusammenarbeit und ökumenische Gemeinsamkeit. Auf Stadtebene wird dies durch die Arbeitsgemeinschaft Christlicher Kirchen (ACK) verdeutlicht.

„Dringlicher wird Anfang der 1990er Jahre zunehmend das Thema Einsparungen. Die geringer werdenden Kirchensteuereinnahmen beginnen sich spürbar auszuwirken […]. Ende Mai 1997 wählt die Kreissynode den Alstadener Pfarrer Dieter Hofmann zum Nachfolger von Superintendent Artur Schorzmann […]. 1996 beschließt die Synode, einen Leitbildprozess in Gang zu setzen. Eine Zukunftswerkstatt wird gegründet, um einen gemeindlich-synodalen Leitbildprozess in Gang zu setzen. Dahinter steht die Idee, aufgrund von schwindender Finanzkraft der Gemeinden neue Konzepte und Prioritäten für die kirchliche Arbeit und Zusammenarbeit in Oberhausen zu entwickeln. Sieben von zwölf Gemeinden beteiligen sich an dem Projekt – weniger als erwartet."[24]

Diakonisches Werk

„Von den Anfängen bis zur Gegenwart hat die Diakonie in Oberhausen eine entscheidende Stellung im Sozialgefüge der Stadt eingenommen. Der 1. Weltkrieg war gerade zu Ende, auch in Oberhausen herrschte Not in jeder Art. Aus den Standorten der Munitionsfabriken kehrten viele nunmehr stellen- und obdachlose Mädchen und Frauen nach Oberhausen zurück oder ließen sich hier als Flüchtlinge nieder. Um diesen Nöten insbesondere der weiblichen Jugend, zu begegnen, gründete die Lehrerin *Gertrud Zillich* mit einigen Oberhausener Pfarrern und einem Freundeskreis den Evangelischen Frauenverein für Jugendschutz e.V. Gründungsdatum war der 23. März 1918. Die Vorsitzende des Vereins, Gertrud Zillich, leistete in den ersten anderthalb Jahren auch praktische Sozialarbeit.

Mit der 1910 gegründeten Bahnhofsmission wurde wegen vielfältiger Problemüberschneidungen eng zusammengearbeitet. Die von verschiedenen Ämtern und Vereinen zugewiesenen „Fälle" machten in wenigen Monaten schon rund 90 Besuche und etwa 100 Korrespondenzen erforderlich. Am 1. Oktober 1919 stellte man Schwester Margarethe Giese ein. Sie hatte in der Berliner Frauenschule für Innere Mission eine vielseitige theoretische und praktische Ausbildung erhalten und brachte zudem einige Erfahrungen mit. Giese übernahm als „gelernte Fachkraft" den gesamten Aufgabenbereich der Diakonie und baute ihn aus.

Die Aufgabengebiete Unterbringung, Stellenvermittlung und nachgehende Fürsorge entwickelte sich rasch. Für die Stellenvermittlung wurde bald eine weitere Fachkraft eingestellt, die auf diesem Gebiet bereits Erfahrung gesammelt hatte und zu den in Arbeit vermittelten Frauen und Mädchen Kontakt hielt.

Für die stetig anwachsenden nachgehenden Fürsorgeaufgaben fanden sich neben den hauptamtlichen Mitarbeiterinnen ehrenamtlich tätige Frauen, die in Zusammenarbeit mit den Schulen, der Sittenpolizei, dem Vormundschafts- und Jugendrichter, dem Armenbüro und einigen auswärtigen Fürsorgeanstalten handelten. Umfassende Kontakte zu anderen Oberhausener Vereinen, Einrichtungen und auch zum Gefängnisverein vermehrten die Zahl der Fälle weiter.

Bereits damals sorgten die Mitarbeiterinnen des Evangelischen Frauenvereins für Jugendschutz auch für die anderweitige Unterbringung von Säuglingen und Kindern. Vormundschaften wurden übernommen, Verhandlungen wegen Alimente-Ansprüchen unterstützt.

Die geschilderte Entwicklung stellt für den evangelischen Bereich in Oberhausen sowohl den Beginn einer stationären als auch offenen Fürsorge insbesondere an jungen Mädchen und Frauen dar. Aus dem stationären Zweig führt die Entwicklung zum heutigen Gertrud-Zillich-Haus; der dortige Trägerverein, der Diakonie-Verband e.V. ist Nachfolger des Jugendschutz-Vereins.

Das Jahr 1921 gilt mit dem Aufbau des Jugendpfarramtes als Gründungsjahr des heutigen Diakonischen Werkes. Erst drei Jahre später, am 1. April 1924, trat das Reichsjugendwohlfahrtsgesetz in Kraft und erst da entstand das Städtische Jugendamt Oberhausen. Die Arbeit des Evangelischen Jugendpfarramtes, dessen Leitung in Händen von Pfarrer Dr. Schmidt lag, begann mit einer hauptamtlich tätigen Fachkraft – nämlich Schwester Margarethe Giese. Bald jedoch war soviel Arbeit da, dass eine zweite Fachkraft eingestellt werden musste. Sie fand sich in der Fürsorgerin Maria Middendorf. Auf katholischer Seite gab es den Katholischen Fürsorgeverein, der nur wenig später als das Evangelische Jugendpfarramt gegründet worden war. Der dortige Leiter, Pastor Schmitz, arbeitete eng mit dem Evangelischen Jugendpfarramt zusammen. Beide hatten bald eine rege Arbeitsverbindung mit dem ersten Jugendamtsleiter der Stadt, Herrn Dr. Langweg.

Das Städtische Jugendamt wurde damals dem Wohlfahrtsamt angegliedert, darum änderte das Evangelische Jugendpfarramt 1924 seinen Namen in Evangelisches Jugend- und Wohlfahrtsamt. Über die Arbeit des Evangelischen Jugend- und Wohlfahrtsamtes nach 1933 ist wenig bekannt; Unterlagen existieren kriegsbedingt nicht mehr. Bis 1936 konnte die Dienststelle noch relativ ungestört ihre Aufgaben wahrnehmen. Nun aber drängte die Nationalsozialistische Volkswohlfahrt (NSV) die Arbeit der Verbände immer stärker zurück. Insbesondere wurde wohl die Delegationsarbeit nicht mehr wahrgenommen. Von 1943 bis 1945 war nur noch Frau Middendorf als Fachkraft tätig. Der Name des Evangelischen Jugend- und Wohlfahrtsamtes wurde 1940 geändert; es hieß nun Evangelischer Gemeindedienst für Innere Mission Oberhausen. Der Vorsitz des evangelischen Wohlfahrtsverbandes lag seit der Gründung des Jugendpfarramtes immer in den Händen von Pfarrern der Evangelischen Kirchengemeinden Oberhausen 1.

1945 wurde das Hilfswerk der Evangelischen Kirche in Deutschland gegründet, um die starke Not der Menschen im kriegszerstörten Europa zu lindern und die Gemeinden für eine weltweite Diakonie zu sensibilisieren. Das Hilfswerk arbeitete von Beginn an eng mit Hilfsorganisationen in der ganzen Welt zusammen und konnte so auch für Oberhausen durch die Quäkerspeisung, mit Kleiderspenden aus den Vereinigten Staaten u.v.a.m. helfen. Die Organisation lag in den Händen von Frau Margarete Schaumann, die 1945 ihren Dienst als Fürsorgerin begann. Die Gründung des Hilfswerkes war vielerorts umstritten und wurde z. T. als Konkurrenz zum Gemeindedienst für Innere Mission empfunden.

1954, im letzten Jahr der Dienststelle in der geschilderten Form, waren fünf Fürsorgekräfte und eine Büroangestellte tätig. Hinzu kam eine Sachbearbeiterin der angegliederten Bahnhofsmission.

Zum 1. April 1954 wurden alle evangelischen Kirchengemeinden der drei Oberhausener Hauptstadtteile auch kirchlich zu einer Einheit – dem neuen Kirchenkreis Oberhausen zusammengeführt. Damit entspricht – bis heute – das Gebiet der mittleren kirchlichen Körperschaft bis auf wenige Straßenzüge der Karte von Oberhausen. Für das Zusammenwirken zwischen Kommune und Diakonie ein unschätzbarer Vorteil. Diakonische Werke in großen Flächenkirchenkreisen haben immer wieder mit dem Problem zu kämpfen, welcher Kommune sie ihre Arbeit zuordnen und dadurch an kommunaler Finanzierung partizipieren.

Ein Jahr nach Gründung des Kirchenkreises wurde am 1. April 1955 der neue Kirchenkreis auch Träger des Gemeindedienstes. Zu diesem gehörten vom Gründungstage an auch die bestehenden Dienststellen in Sterkrade und Osterfeld. Den Vorsitz in der neuen großen Dienststelle übernahm als Synodalbeauftragter für Innere Mission und Hilfswerk Pfarrer Helmut Pfotenhauer, der bereits vorher in Alt-Oberhausen den Vorsitz geführt hatte. 1960 trat nach fast 40 Dienstjahren die jahrzehntelange Mitarbeiterin Maria Middendorf in den Ruhestand. Sie war zuletzt Geschäftsführerin des Gemeindedienstes.

Am 16. November 1962 wurde die Satzung der Evangelischen Familienhilfe e.V. festgestellt. Gründungsmitglieder waren u. a. Pfr. Pfotenhauer, Maria Middendorf, Hannelore Fordan und Friedrich Wolters, Direktor der Milchversorgung Oberhausen. Wolters war durch viele Ehrenämter der Kirche und Diakonie zutiefst verbunden.

Erneut wurde 1966 eine Namensänderung vollzogen. In diese Zeit fällt auch die Hinzunahme von Arbeitsfeldern der offenen Diakonie wie Ferienerholung für alle Altersklassen, Zuführung von ehrenamtlichen und hauptamtlichen Mitarbeitern und Seminare mit Themen über allgemeine soziale und pädagogische Fragen. Die Vormundschaftsarbeit wurde ausgebaut und es begann der Aufbau der Hauspflege.

Die Kreissynode Oberhausen wählte im Jahre 1964 als Kreissynodalbeauftragten für Diakonie Rudolf Majert, der zugleich hauptamtlich Leiter des neuen Verbandes werden sollte. Damit wurden auf seine Person das koordinierende Wahlamt des Synodalbeauftragten und das des hauptamtlichen Leiters des Diakonischen Werkes vereinigt. Am 1. Mai 1965 trat Majert die neue Stelle an. Die langjährige Mitarbeiterin Hannelore Fordan wurde Leitende Sozialarbeiterin. Noch war der Evangelische Wohlfahrtsverband zusammen mit der Superintendentur in einem Haus an der Ebertstraße untergebracht. Der Umzug der Dienststellen in das Haus Marktstraße 152 erfolgte 1966.

1967 bot das Diakonische Werk erstmals ein Seminar für Altenpflege an, aus dem das Fachseminar für Altenpflege mit staatlicher Anerkennung (seit 1973) erwuchs.

Das Jahr 1974 brachte dem Diakonischen Werk erhebliche Umorganisationen. Die bisherigen Allround-Sozialarbeiter spezialisierten sich. Damit folgte die Leitung des Werkes der damaligen Lehre und Ausrichtung in der Sozialarbeit und einem Trend, der alle Sozialdienste betraf. In den ehemaligen Dienststellen Sterkrade und Osterfeld gab es nur noch Sprechstunden. Die betroffenen Kirchengemeinden gaben „ihren Gemeindedienst" nach viel Widerstand frei. Der Nachteil trat mit der Zeit ein: die Verbindungen zu den Kirchengemeinden lockerten sich. Die Besucherzahl in den Sprechstunden ging zurück. Jedoch gab das Diakonische Werk die Räume im Verwaltungstrakt der Kirchengemeinde Sterkrade nicht auf. 1978 wurde aus der Dienststelle ein Gruppenbereich für die Freiwillige Erziehungshilfe. Und ab 1979 trafen sich neben den Jugendlichen regelmäßig auch psychisch Kranke in den Räumen. Schon vorher gab es die gemeinsame „Fahr-Mit-Aktion" von Diakonie und Caritasverband, ein Angebot für Angehörige von Langzeitpatienten des Landes-Krankenhauses Bedburg-Hau. Dabei handelt es sich um ein Mündel und Pfleglinge aus der Vormundschaftsarbeit der beiden

Die Evangelische Kirche in Oberhausen

Oberhausener Verbände. Ziel der Arbeit war und ist bis heute die Stärkung der Kontakte zwischen den Verwandten bzw. Freunden und ihren Kranken sowie Vormündern (gesetzlichen Betreuern).

Rudolf Majert und Hannelore Fordan traten im Laufe des Jahres 1984 in den Ruhestand; Majert blieb noch bis Mai 1985 Synodalbeauftragter für Diakonie. Als Geschäftsführer wurde vom Kreissynodalvorstand der aus dem Landeskirchenamt kommende Verwaltungsinspektor Jürgen Schmid berufen. Gerhard Holtz wurde Leitender Sozialarbeiter. Holtz brachte Berufserfahrung aus Arbeitsfeldern bei Kirche, Kommune und Land NRW mit.

Die Kreissynode Oberhausen wählte im Mai 1985 den Pfarrer der Markus-Kirchengemeinde Hans Hönicke zum Synodalbeauftragten für Diakonie. Der Phase der Spezialisierung der vorhandenen Mitarbeiter des Werkes folgte nun ein Ausbau mit der Aufnahme neuer Arbeitsfelder. 1985 wurde die Flüchtlingsberatung mit einer Halbtagsstelle aufgenommen; 1986 wurde die Suchtberatung um eine Stelle erweitert. Mit dem Ausbau der Gemeindepflege zu Diakonie- bzw. Sozialstationen wechselten 1986 die Pflegekräfte des Diakonischen Werkes in die neue Diakoniestation-Süd. Die ehemalige Einsatzleiterin des Werkes übernahm Aufgaben in der Evangelischen Familienhilfe e.V.

Die Überschuldung unserer Gesellschaft auch im privaten Bereich führte schließlich zur Gründung der Schuldnerberatungsstelle im Jahre 1987.[26]

Die Entwicklung des Diakonischen Werkes seit 1997

Unter dem Dach des DW wurde 2001 die „Oberhausener Tafel" gegründet. Anschließend wurde ein Verein Träger der Tafel.

Ein zusätzliches Arbeitsfeld entstand 2005 in Gestalt des „Betreuten Wohnens" für Menschen mit Behinderung – psychische Erkrankungen.

Für Wohnungslose oder von Wohnungslosigkeit bedrohte Menschen wurde 2009 ein Beratungs- und Medizinmobil eingesetzt. Zwei Jahre später konnte ein freistehendes Ladenlokal in der Marktstraße als „Reisebüro" für Seniorenfreizeiten eingerichtet werden.

Im Jahr 2012 stehen zwei Jubiläen an: 90 Jahre Diakonisches Werk und 25 Jahre Schuldnerberatungsstelle.

Gemeinsam mit dem Betreuungsverein Ev. Familienhilfe e.V. sind beim Diakonischen Werk 34 Fachkräfte für soziale Arbeit, neun Mitarbeitende in Leitung und Verwaltung und vier Mitarbeitende in der Hauswirtschaft beschäftigt.[27]

Roland Günter

Stadtentwicklung und Stadtgeschichte

Eine Oberhausener Strukturgeschichte im 19. und 20. Jahrhundert

Was ist zunächst und zumeist ein ganz normales Leben von ganz normalen Menschen? Könnte man dazu eine Geschichte der Stadt schreiben? Man kann Oberhausen eine ganz normale Stadt nennen – so wie viele andere. Vom Empfinden her kann es in jedweder Stadt ähnlich zugehen. Eine solche Geschichte gibt es nicht – ebenso wenig wie über andere Städte, sieht man von einigen literarischen Versuchen ab wie z. B. von Heinrich Mann „Die kleine Stadt". (1909) Aber darin geht es nicht normal zu, weil sich eine Theater-Truppe unter die Bürger mischt.

Am ehesten fasst das normale Leben, was seit 1972 mit Tonband-Aufzeichnungen in der Siedlung Eisenheim festgehalten und in vielfacher Weise publiziert wurde. Vor allem von Janne Günter mit ihrem Buch „Leben in Eisenheim"[1] und dem von ihr redigierten Buch „Johann Grohnke, Leben im Dunkelschlag"[2]. Dies ermutigte viele Menschen, autobiografisch zu schreiben. Solche Publikationen hatten zugleich eine strategische Ausrichtung: Sie verliehen der breiten Arbeiter-Bevölkerung, die bis dahin literarisch nicht in Erscheinung trat, Stimme und Respekt. Eingebettet in 50 Bürgerinitiativen zur Wertschätzung und Rettung von rund tausend Arbeitersiedlungen hatte diese Darstellung des normalen Lebens eine starke Wirkung und spielt seither für die Menschen an der Ruhr eine bedeutende Rolle. Man kann das normale Leben mit seinen Geschichten langweilig finden – oder spannend. Je nach Interesse und der davon gesteuerten Blickweise.

Weithin wird übersehen, dass es neben den Geschichts-Wissenschaften auch die Literatur gibt. Darin findet man viel über das Alltagsleben und seine Schichtungen.

Das Besondere? Man kann aber auch den Blick auf das lenken, was unter mancherlei Gesichtspunkten als das Besondere gilt oder sich so darstellen möchte. Glaubt man den Medien, dann ist dies – nachdenklich besehen – meist vordergründiger Glitzerkram, wie eine Kirmes, gleich vorbei und wie das normale Leben, morgen vergessen. Was sich unter Aspekten der Humanität lohnt, ist die Suche und der Blick für eine zweite Ebene: für kulturelle Entwicklungen – mit der Sicht einer weiten Vorstellung von Kultur. Dies ist zunächst ein Aspekt der Anthropologie: Wir sehen, wie Kinder sich entwickeln, wir fördern dies, wir können froh sein über vieles, was sich entfaltet – dies gehört zum Besten des menschlichen Wesens. Nennen wir es im weitesten Sinn des Wortes Kultur. Dazu gehört das Bildungswesen: Wenn es sich

Abb. 1: Die Siedlung Eisenheim heute

nicht nur darauf richtet, Ich-Besessenheit raffinierter zu machen, sondern in komplexer Weise menschliches Wesen entwickelt – mit Grundlagen wie solidarische Impulse, Welterkenntnis, denken denken denken und fragen fragen fragen.

Eine zweite Vorbemerkung: Was immer man beschreibt, man muss selbst wissen und es dem Leser deutlich machen, in welcher Ebene man sich jeweils befindet. Und man muss sich als Historiker eingestehen, dass man über Ausschnitte schreibt. Die beiden Ebenen des Normalen und des Besonderen haben natürlich auch einiges miteinander zu tun. Der Prozess der Zivilisation, in dem wir uns immerzu befinden, nährt sich sowohl von der einen wie der anderen Ebene. Der Großvater mit dem Gefühl für Gerechtigkeit und Hilfsbereitschaft, mit offensichtlich urmenschlichen Sinnbildungen, transzendierte die Ebene des Normalen. Und der Literat Lessing mit seinem Mut und seiner aufgeklärten Denkweise vor Herrschern kann von der Seite des Besonderen das normale Leben beeinflussen.

Eine künstliche Gründung. Die Industrie-Stadt Oberhausen entsteht auf der grünen Wiese, auf Äckern, in Sümpfen und in der Heide. Es ist die denkbar künstlichste Gründung. Und ganz und gar eine Schöpfung der Industrialisierung. Dies macht die Stadt besonders interessant. Entscheidend für die Stadt ist zunächst das Transportwesen (Eisenbahn), dann folgt etwa gleichzeitig die Förderung von Bodenschätzen (Bergbau) und die Umwandlung von Erzen zu Eisen (Hochofen). Dies zieht Menschen an. Die Industrie differenziert sich sehr früh: Zulieferer entstehen. Infrastrukturen werden angelegt und ausgebaut – in Wellen.

Transportwesen: Wasser-Wege, Straßen und Eisenbahn. Erster Strukturwandel: Für den frühen Bergbau wird die Ruhr im mittleren Lauf kanalisiert (1776/1780). Von 1790 bis 1860 ist sie ein Welt-Handels-Weg[3], im Jahr 1842 der meistbefahrene Fluss Europas. Täglich ziehen bis

Abb. 2: Der Hauptbahnhof in Oberhausen, um 1900

zu 100 Kohlen-Schiffe (Aak) am Ufer vor der Bauernschaft Alstaden vorbei. In Alstaden (1910 eingemeindet) siedeln sich seit 1791 Schiffs-Leute, Inhaber von Fracht-Nachen und Schiffs-Zimmerleute an (Am Ruhrufer).

Zweiter Struktur-Wandel: In der Konkurrenz gegen die Eisenbahn verliert die Schiffahrt: 1889 fährt der letzte Kohlenaak auf der Ruhr. Misslungener früher Strukturwandel: Analog zur Ruhr entsteht 1767 eine Gesellschaft zur Schiffbarmachung der Emscher für den Kohlen-Transport. Sie legt ein Projekt vor: mit sieben Schleusen und Begradigung vieler Windungen. Ohne Erfolg. Die Waren-Produktion nimmt zu. Der Austausch steigert sich. Dies verlangt nach Verbesserungen des Transportwesens. Zunächst gibt es Investitionen in den Straßenbau. 1723 läßt die Essener Fürstäbtissin eine Chaussee bauen (Essener Straße). Finanz-Quelle ist der Zoll am Lipperheidebaum. Es entsteht ein Konkurrenzkampf der Landesfürsten am Drei-ländereck um die Zölle.

Im 19. Jahrhundert wächst die Notwendigkeit, Wege zu bauen. Zunächst wird die Qualität erhöht. Weil die Karren bei schlechtem Wetter im Morast stecken blieben, wurden einige wichtige Wege mit Pflaster versehen: 1820 die Straße nach Mülheim und der Fahrweg nach Ruhrort. Man staunt über das Neue und so nennt man es „Kunststraße" oder „Chaussee".

In der frühen Industrialisierung entsteht eine neue Notwendigkeit: schwere Güter zu transportieren. Weil sich dafür die damals beste Straße nicht eignet, es auch nicht die Kräfte gibt, die Wägen zu ziehen, wird ein ganz anderer Weg erfunden: Eine bis dahin nie dagewesene Bahn. Auf zwei schmalen Fundamenten aus Eisen entsteht ein neuer Weg: auf Schienen. Er hält den Gewichten stand. Vor allem wird dieser Weg völlig eben und mit wenig Bodenkontakt angelegt: Dadurch wird der Reibungs-Widerstand an den Rädern auf ein erstaunliches

Stadtentwicklung und Stadtgeschichte

Minimum reduziert. Deshalb braucht man verhältnismäßig wenig Energie, um Massen fort zu bewegen. Vor allem konnte man die Bewegung nun um das Mehrfache verschnellern. Hinzu kam eine neue und gewaltige Energie: die Dampfmaschine.

Mathias Stinnes in Mülheim lehnt für seine Stadt die Eisenbahn ab: Denn er will für seine Flotte an Kohlen-Schiffen keine Transport-Konkurrenz. Jedoch bemühen sich Wilhelm Lueg und Franz Haniel um die Eisenbahn: Sie soll ihren Weg durch das Emscher-Tal nehmen. Der neue „Schienen-Weg" erhält 1843 die Konzession, 1845 wird die Eisenbahn von Deutz nach Düsseldorf gebaut und schon 1846 werden die Bahnhöfe Düsseldorf, Duisburg und Oberhausen eröffnet. Ein Jahr danach ist 1847 die gesamte, 263 Kilometer lange Strecke von Köln bis Minden fertig gestellt. Dies ist eine überraschend kurze Bauzeit. Viel Kapital wurde mobilisiert. Und viel Arbeit für Menschen geschaffen.

Diese Eisenbahn ist der erste absichtsvoll geplante Konjunktur-Motor. Er hat einen weit reichenden Erfolg. Die Eisenbahn erzeugt Nachfrage nach Eisen. Seit 1835 gab es die Gießerei im Puddel- und Stabeisenwalzwerk von „Jacobi, Haniel und Huyssen" (JHH) an der Emscher. Die JHH lieferte 1842 der Badischen Eisenbahn 20.000 Zentner Schienen. Indes kamen die Schienen der Köln-Mindener Eisenbahn aus England. JHH baute 1840 Lokomotiven für die eigenen Werksbahnen. 1843 war JHH mit rund 2.000 Arbeitern das größte Werk in der Region. Technologisch ist die Eisenbahn „die Spitzenleistung der Industriellen Revolution, eine Maschinerie mit hohem Symbolwert" (Heinz Reif)[4]. Hingegen besteht das erste Bahnhofs-Gebäude 1846 aus einfachem Fachwerk mit einer Ziegelfassade. Weitaus wichtiger als der Personen-Verkehr (noch 1913 nur 17 Prozent) ist der Güter-Transport für die Industrie. Es entstehen drei Güter-Sammelbahnhöfe: Frintrop, 1889 Osterfeld-Süd und 1903 Oberhausen-West. Eine solche Ansammlung hat keine andere deutsche Stadt.

Oberhausen wird zum wichtigsten Knotenpunkt für die Eisenbahn in der Region. 1856 ist die Linie nach Holland fertiggestellt, 1857 folgt die Bergisch-Märkische Bahn. 1859/1862 wird die Strecke Witten–Dortmund–Bochum–Langendreer–Steele–Essen–Mülheim–Styrum–Oberhausen–Duisburg gebaut. Schwerpunkt und Höhepunkt des Eisenbahn-Baues sind die 1870er Jahre mit folgenden Strecken: 1873 Sterkrade/Osterfeld Süd–Schalke, 1874 Sterkrade–Wanne, 1875 Sterkrade–Meiderich, 1877 Sterkrade–Osterfeld–Dortmund (bis 1887), 1879 die Güterverkehrslinie der „Rheinischen Bahn" Duisburg–Oberhausen–Quakenbrück, ebenfalls 1879 Mülheim–Styrum–Oberhausen, 1880 Oberhausen–Osterfeld Süd–Katernberg (Bergisch-Märkische Eisenbahn, nach 1882 stillgelegt). Nachzügler waren 1912 die Strecken Oberhausen–Hamborn–Wesel–Bocholt sowie Oberhausen–Essen-West und Oberhausen–Moers–Krefeld. Hinzu kommen die „Anschlussbahnen" als wichtigstes Transportmittel unmittelbar zu den größeren Produktions-Stätten. Unter anderem 1857 von der Zeche Roland zum Hauptbahnhof über die Danziger Straße, 1895 zum GHH-Werkshafen Walsum. Eisenbahn-Linien bilden ein Netz und prägen, auch mit ihren Dämmen, erhebliche Teile des Stadtbildes. Oberhausen ist zuallererst ein „Kind der Eisenbahn", resumiert 1896 der GHH-Direktor Carl Lueg (1833–1905).

Als das Netz dicht ist, lassen sich 1879 die Eigentümer der zunächst privaten Eisenbahngesellschaften gern verstaatlichen, d. h. vom Staat für viel Geld aufkaufen. Erst dies ermöglicht die Zusammenführung der vielen Linien zu einem Gesamt-System. 1886 wird der Bergisch-Märkische Bahnhof der Bergisch-Märkischen Eisenbahngesellschaft (1882 verstaatlicht) mit dem Köln-Mindener vereinigt. Dafür entsteht nun ein Oberhausener Zentralbahnhof (1888 eröffnet) – ein langes Gebäude mit toskanischer Zeichengebung. So erhält die Stadt mit ihrem

Abb. 3: Der Gasometer ist heute ein weltbekannter Ausstellungsort, Aufnahme um 1935

neuen Bautyp eine Adresse mit Vornehmheit und Prestige durch Bildung: ein „Empfangsgebäude".

Ausbau von Straßen. Das dicht über die Stadt ausgebreitete Eisenbahn-Netz schafft aber auch erhebliche Konflikte mit dem Straßen-Netz, vor allem durch willkürliche Schließungen von Bahn-Übergängen, nördlich des Bahnhofs mit elf Gleisen, oft auf längere Zeiten. Straßen werden erst um 1900 im Inneren der Stadt ausgebaut. 1898 beginnt die erste Bepflasterung. 1902 entstehen erste Bürgersteige. 1905 hat Oberhausen 100 Kilometer Straße, davon sind 96 Kilometer mit Hochofenschlacke und Asche ausgebaut.

Verbund-Industrie. Die früheste Industrie beginnt nicht mit der Kohle, sondern mit dem Eisen. Eisen gibt es seit der Eisen-Zeit (um 1000 v. Chr.). Stets war es ein besonderes Material, gewonnen in schwierigen Herstellungs-Prozessen. Warum wird nun mehr und mehr Eisen benötigt? Dies liegt an seinen Material-Eigenschaften. Dabei wird übersehen, dass es meist erst in einer weiteren Stufe seiner Verarbeitung umfangreich brauchbar ist. Die Industrialisierung stellt wachsende Ansprüche an Materialien. Motoren entstehen: mit hohen Drehzahlen und langen Laufzeiten. Erst das Eisen ermöglicht einen umfangreichen Maschinenbau. Mit Eisen kann man neue Möglichkeiten der Statik entwickeln. Es entstehen Eisen-Konstruktionen, die zunehmend größere Räume überdecken – vor allem Industrie-Hallen und Brücken. Aber der Gewinn von umfangreichen Mengen von Eisen ist abhängig von der Energie. Sie wird ebenfalls in riesigen Mengen benötigt. Weil das Holz und damit die Holzkohle knapp wird, gibt es großen Druck darauf, neue Energie zu gewinnen: Kohle muss entschwefelt werden, um in Hochöfen verwendbar zu sein. Dafür entstehen nach 1850 Kokereien. Für den wachsenden

Abb. 4: Hochofenanlagen der Eisenhütten I/II der GHH, Ende 19. Jahrhundert

Energie-Bedarf entsteht zunächst an der Ruhr, wo die Kohle zutage tritt, eine Fülle von kleinen Zechen. Die förderbare Menge an Kohle wächst in den Lagen, die nach Norden liegen – aber in zunehmender Tiefe. Dafür entsteht nach 1840 eine aufwendige und besonders teure Technologie, die zudem immens viele Bergleute erfordert: die Tiefbau-Zechen.

So ist die Industrie nach der ersten Aufbau-Phase sofort eine Verbund-Industrie. Um 1900 ist dies der gigantischste Verbund der Welt. Der größte Gasometer Europas (1928/1929), heute im westlichen Ruhrgebiet von allen Autobahnen aus sichtbar, dient der Speicherung von Gas aus der Kokerei Osterfeld (in Betrieb von 1893 bis 1988): zur abgestimmten Disposition über eine wichtige Energie. Im Gas-Verbund-System wird von der Kokerei Osterfeld Koksofengas zur Ruhrchemie geleitet. Dort wird ihm der Wasserstoff entzogen. Dieser wird zur Stickstoff-Synthese eingesetzt, aus der Düngemittel und Sprengstoffe entstehen. Restgas geht zum Walzwerk Neu-Oberhausen.

Es ist eine Fabel, dass es in der Region nur Eisen und Kohle gibt bzw. gab. Oberhausen ist ein typisches Beispiel dafür, dass auf dem Grundstock von Eisen und Kohle das Eisen zu Stahl und dann zu den wichtigsten Produkten des Zeitalters weiter verarbeitet wird: im Anlagen-Bau. Dies reicht bis in den feinmechanischen Bereich hinein. Diese Entwicklung aber wird – sehr zuungunsten von Ruhr – abgebremst und gelangt dann in anderen Bereichen wie zum Beispiel in München zu großer Blüte. Die Begründung für dieses Abbremsen: Das Arbeitskräfte-Potenzial erscheint ausgeschöpft. Auf dem Höhepunkt der Verbund-Technologie von Ruhr werden die Unternehmer kurzsichtig: Es läuft ja – und so denken sie nicht in die Zukunft. Dies wird sich um 1980 als verhängnisvoll erweisen.

Abb. 5: Zeche Concordia, Schacht I, um 1910

Hochöfen. Bis in die 1980er Jahre ist der südliche Bereich der heutigen Neuen Mitte, im Zusammenhang mit der Eisenbahn als Transport-Weg, eine „Hochofen-Landschaft" – weithin berühmt. 1855 wurde der erste Hochofen angeblasen. 1863 stehen sechs Hochöfen. 1868/1872 kommen vier weitere hinzu. 1907 entsteht die Eisenhütte II mit zwei Hochöfen und 1938 einem dritten. Der Hochofen A von 1958 ist der größte in Europa. Die frühen Hochöfen bestehen aus Rauhgemäuer, das Hitze speichert und oben die Gichtbühne trägt. Um 1890 werden sie ersetzt durch Eisen-Konstruktionen. Die Leistung wird von 20 täglichen Tonnen auf 1.000 Tonnen Roheisen gesteigert. Zum ersten Mal gibt es Eisen in Massen. Dies ermöglicht einen Boom im Bauwesen.

Kohle. Kohle ist Kraft aus der Sonne – zunächst gespeichert im Holz von Sumpfwäldern, im Laufe von Jahrtausenden umgewandelt und dadurch erhalten. Nach der Wasserkraft der Mühlen ist sie die zweite Energie der Industrialisierung – aber schwieriger und teurer erschließbar. Für die frühe Kapital-Beschaffung spielt ein Geflecht an Verwandtschaft eine große Rolle. Der Essener Großkaufmann Jobst von Waldthausen durchbohrt in der Nähe des Bahnhof Oberhausen die 70 Meter dicke Mergelschicht und findet Kohle. Als Kapitalgeber gewinnt er seinen Schwager Christian Flaßhoff und weitere Verwandte: Wilhelm Lueg (JHH) sowie Carl und Alphons Haniel. Sie erwerben 15 Felder Kohle und gründen 1850 die Bergbau-Gesellschaft Concordia – die erste Zeche in Oberhausen. 1852 folgt Zeche Roland, 1857 Zeche Oberhausen, 1859 Zeche Alstaden. Es folgen in Osterfeld und Sterkrade 1873 Zeche Osterfeld, mit sieben Schächten (1910 Steigerhaus), 1895 Zeche Hugo Haniel, 1897 Zeche Sterkrade, 1904 Zeche Vondern, 1912 Zeche Jacobi. 1921 Zeche Franz Haniel.

Für seine Hochöfen kauft JHH 1853 das Feld Königsberg, auf dem dann eine Zeche entsteht. Das Problem: Kohle läßt im Hochofen ihren Schwefelgehalt in das Eisen übergehen und macht es dadurch unbrauchbar. Daher wird das Prinzip des Schwelens von der Gewinnung der Holzkohle auf die Kohle übertragen: im Verkokungs-Prozeß, der die Kohle von vielen Bestandteilen befreit. Der bahnbrechende Einsatz von Koks im Hochofen gelingt 1849 im nahen Mülheim an der Ruhr in der Friedrich-Wilhelm-Hütte. 1853 in der Hütte Gute Hoffnung und 1854 in der Zeche Concordia. 1895 folgt die Kokerei Osterfeld.

Entscheidend für eine neue Größen-Ordnung der Kohle-Förderung ist die Überwindung der wasserführenden Mergelschicht durch die Entwicklung und Nutzung einer gewaltigen Energie: der Dampf-Maschine. Sie kann die starken Pumpen betreiben, mit denen die Schächte vor dem Absaufen bewahrt werden. Der Abbau unter Tage läßt weite Bereiche der Landschaft absinken. Heute liegt Eisenheim acht Meter tiefer als einst. Dies verändert das Wasser-System. Im Gebiet von Oberhausen muss umfangreich gepumpt werden, damit es nicht unter Wasser gerät – bis ans Ende der Tage. Ein Drittel der gesamten Region ist ein künstlich geschaffener Polder.

Anlagen-Bau. Früh wird Eisen in weiteren Produktions-Stufen verarbeitet – in einer Synthese von Handwerk und Industrie: im Anlagen-Bau. Sterkrade (seit 1929 nach Oberhausen eingemeindet) war eine Welt-Metropole: für eine Revolution im Bauwesen – für die „Transportable Architektur" für Brücken und Hallen. Berühmte Baumeister entwarfen – und arbeiteten mit berühmten Konstrukteuren zusammen. In Sterkrade wurden die Teile konzipiert und paßgenau angefertigt – auf die Eisenbahn und aufs Schiff gesetzt – und ganz woanders aufgebaut. In Sterkrade entstand Welt-Architektur: Die größten Brücken über die Ströme Europas (u. a. 1893 Norderelbe, 1895, Bern, 1896 Rheinbrücke Bonn). Die weitesten Hallen für Bahnhöfe (u. a. 1888 Frankfurt, 1899 Schwebebahn-Stationen Wuppertal) und für Ausstellungen (1902 Düsseldorf, heute in Dortmund-Bövinghausen und Universität Mexiko), die Schwebebahn in Wuppertal und weitere „Eiffel-Türme" dieser Zeit. 1879 werden die Brücken für die Gotthardbahn gebaut. Davon ist viel erhalten und steht unter Denkmalschutz – in aller Welt.

Gemeinde-Bildung. Die Entwicklung dieser Industrien zieht Menschen an. Sie brauchen in vielerlei Weise Organisation. Die alte Organisation des Dorfes reicht nicht mehr aus. In den 1860er Jahren wird die Gemeinde-Bildung organisiert. Also eine Bürokratie. Vor allem entsteht viel neue Disposition über die räumlichen Verhältnisse. Dies hat ausgezeichnet Heinz Reif untersucht und beschrieben[5]. 1861 werden Teil-Bereiche (!) aus sieben Ortschaften ausgeschnitten und zusammengelegt zur Gemeinde Oberhausen. 1862 erhält dieses eigentümliche Gebilde den Status einer „Landgemeinde". Das Gesetz ist ziemlich neu: erst 1856 wurde die Rheinische Landgemeindeordnung konstituiert. Dies bedeutete eine weitgehende Selbstverwaltung – allerdings unter viel Aufsichts- und Eingriffsrechten der staatlichen Oberbehörden.

Das Land ist für die Landwirtschaft uninteressant: drei Viertel ist Heide. Die Leute leben von der Industrie. 1862 sind von den 5.590 Einwohnern der Bürgermeisterei 90 Prozent Industrie-Arbeiter. Die Bewohner sind sehr arm. Es gibt rund 700 Häuser – verstreut liegend. Auf Empfehlung des Generaldirektors des größten Industrie-Werkes JHH, Wilhelm Lueg, wird der evangelische Kreissekretär Friedrich August Schwartz (geb. 1816) erster Bürgermeister. Er stammt vom Niederrhein aus Emmerich. Neun Jahre später ist die Bevölkerung nahezu verdoppelt. 1871 leben in der Gemeinde rund 11.000 Personen, 1874 sind es 15.000. Jedes Jahr: ein enormer Zuwachs von Menschen. Dann geschieht etwas Einzigartiges: Schon zwölf

Jahre nach der Gemeinde-Bildung erhält Oberhausen 1874 Stadt-Recht, obwohl der Ort dafür mehrere Kriterien noch nicht erfüllt. Offensichtlich war es wiederum Wilhelm Lueg, der seine Einfluss-Möglichkeiten ausspielte. Andere Gemeinden müssen später sehr viel länger warten (Hamborn u. a.). Unmittelbar mit dem Stadt-Recht wird am Galgenberg ein repräsentatives Rathaus gebaut (nicht erhalten).

Der Name der Gemeinde. Die Mitte eines Netzes von Pacht-Höfen der Landadels-Familie von Westerholt im kurkölnischen Vest Recklinghausen war bis ins 19. Jahrhundert der Oberhof Oberhausen, ein Lagerhaus, von dem aus der Guts-Herr die bäuerlichen Abgaben weiter verkaufte. Diese Faktorei nimmt ferner an der Emscher Brücken-Geld ein, ist eine Post-Station und hat eine Mühle. Graf Maximilian Friedrich von Westerholt-Gysenberg heiratete nicht standesgemäß, sondern aus Liebe: die bürgerliche Friederike von Bretzenheim, eine uneheliche Tochter des Kurfürsten von der Pfalz. Daher musste Maximilian auf seine Westerholtschen Güter verzichten. Ihm wurde 1801 ein Wohn-Sitz zugewiesen, der damals nahezu eine Ruine war: Haus Oberhausen. Viele Adlige verdingten sich als Militär-Führer. Maximilian machte Karriere: im Dienst von Murat, Schwager Napoleons, Großherzog von Berg, später König von Neapel. Mit seinen Einkünften und dem Erbe der inzwischen geadelten Ehefrau war der Graf Westerholt nun in der Lage, sich standesgemäß zu präsentieren: er ließ sich den Herren-Sitz ausbauen – zu einem aufwendigen Komplex (1802/1818). Der bedeutende Baumeister August Reinking (1776–1819) in Münster legte mehrere Entwürfe vor. Kurz nach 1814 trat an die Stelle einer landwirtschaftlichen Hof-Anlage ein Ehrenhof – gestaltet „zu einem ästhetischen Werke" (August Reinking): mit einer hufeisenförmigen weiten Geste[6]. 1808 konzipierte der Gartenarchitekt und Hofgärtner Maximilian Friedrich Weyhe die Garten-Anlagen.

Die weitere Geschichte des Herrensitzes zeigt den Wandel des Adels in der Region in der Industrie-Epoche. Die Familie Westerholt-Gysenberg residierte meist auf Schloß Berge bei Gelsenkirchen. Die Reichsgräfin Wilhelmine Karoline verkaufte umfangreich Land an Industrie-Unternehmen. Um 1850 verlegte die Familie ihren Wohnsitz zum Schloß Arenfels bei Bad Hönningen. Seit 1858 wird auch das Herrenhaus Oberhausen nicht mehr von der gräflichen Familie bewohnt. 1884 endet der Gutsbetrieb. 1891 wird das Gebäude vermietet. 1896 kauft die Stadt den Park und läßt ihn umgestalten: zu einem Volkspark – dem „Kaisergarten". 1908 erwirbt die Emschergenossenschaft das Gebäude. Aber schon drei Jahre später (1911) verkauft sie es an die Stadt weiter. Es ist eine romantische Vorstellung, die dazu führt, dass sich der Industrie-Ort von diesem damals schon ziemlich verfallenen Herren-Sitz den Namen holt.

Das Problem der Organisation von Massen. Zur Organisation von Menschen in dem Umfang, den man Masse nannte, fällt den Obrigkeiten zunächst lange Zeit nichts ein. Sie lassen die Verhältnisse einfach laufen, in vielen Bereichen bis heute. Der erste Einfall ist weitreichend: die Orientierung am Militär. Dies ist eine Mentalität, die es bis heute gibt. Sie basiert auf einem einfachen Verhältnis von Kommando und Gehorsam, mit Zwang durchgesetzt. In einer solchen Weise sind die Industrien organisiert – in erheblichem Umfang bis heute. Arbeitsgesetze und Betriebsräte versuchen, dies im Rahmen zu halten. Unter Vorwänden gibt es immer wieder harte Rückfälle (Lohndumping, billige Leiharbeit, Verlagerung in Billig-Lohn-Länder u. a.)

Weltweit kann man beobachten wie unfähig Politik und Verwaltungen zur Organisation von Massen sind. Sie kommen selten über eine Minimal-Ebene hinaus. Dies gilt auch für Europa. Entwicklungen aufgeklärter Art basieren meist auf der Erkenntnis, dass die auftretenden Widersprüche im eigenen Interesse gelöst werden müssen und es dazu einer Denkweise bedarf, die wenigstens in gewissen Bereichen einen Abgleich von Interessen und Entwicklungen schafft. Dies kann man am deutlichsten um 1900 erkennen, als die Ruhr-Industrien zur Lösung ihrer Widersprüche und Engpässe eine breit angelegte Infrastruktur im Bildungswesen (Gymnasien und Berufsfachschulen) zulassen und mitfinanzieren müssen.

Masse und Individuum. Zur Organisation von Massen kommt mit der Industrie-Entwicklung hinzu, dass Industrie von Anfang an mit Gedanken an Entwicklung und Fortschritt gekoppelt ist. Zudem stellt sich der Unternehmer als bürgerliches Individuum dar, das lange Zeit vom Gedanken des Aufstiegs beherrscht wird. Und nicht zuletzt werden allen Beteiligten mit der Entwicklung der Technologie immer mehr Fähigkeiten abverlangt. Dies erfolgt teilweise in der Praxis, später auch an Technischen Schulen und Technischen Hochschulen. Zu diesem komplexen Feld kommen weitere Impulse hinzu. Christliche Vorstellungen, sowohl katholische wie noch stärker reformierte und lutheraner legen Individualisierung nahe. Die französische Revolution propagierte die Gleichheit der Menschen. Ein elementares Gefühl für Gerechtigkeit entwickelt sich zu konkreten Ansprüchen. So entsteht im Schoß der Industrialisierung, die eine ganz andere Wirtschaftsweise ist als in vorhergehenden Jahrhunderten, ein aufregender Widerspruch zwischen Masse und Individualisierung.

Die Massen-Organisation in den Industrien wird von den Obrigkeiten und von den lange herrschenden Oberschichten, die zum größten Teil bis in die 1950er Jahre keineswegs aus der Industrie stammen, nur deshalb akzeptiert, weil ihr der Gedanke der Militär-Organisation zugrunde liegt, mit dem der Adel und der Staat seit Urzeiten verbunden sind. Andererseits herrscht größtes Misstrauen: raffiniert wird das Feindbild des Aufstands der Massen propagandistisch eingeflößt – bis hin zum Wahlslogan „Freiheit oder Sozialismus". Dieser Gedanke erklärt auch die folgenden politischen Auseinandersetzungen. Die soziale Bewegung antwortet auf die Massen-Organisation der Industriellen mit dem eigenen Versuch der Organisation von Massen. Wir befinden uns mitten in einem Prozess, in dem einerseits erneut auf raffinierteste Weise Primitiv-Strukturen der Massen-Organisation die Gesellschaft bedrängen und andererseits das Bedürfnis nach individueller Entwicklung wächst. Der Widerspruch prägt sich auch besonders heftig im Bildungswesen aus.

Die Verwaltung der neuen Gemeinde ist geprägt vom Dreiklassen-Wahlrecht. Es ist der Versuch, uraltes Standes-Denken in eine bürgerliche Gesellschaft zu übernehmen und zu etablieren. Erste Klasse: reiche Leute. Zweite Klasse: Wohlhabende. Dritte Klasse: Übrige. Das allgemeine und gleiche Wahlrecht wird erst 1918 voll durchgesetzt. Abhängig auch vom Einkommen gibt es in Oberhausen jahrzehntelang nur eine sehr geringe Zahl von Wahlberechtigten. 1874 dürfen von rund 15.000 Einwohnern nur 875 wählen. Arbeiter sind nicht dabei. Die „Honoratioren" bleiben unter sich. Gegenüber den Mächten der ersten Klasse, den Industriellen, ist die Stadtverwaltung sehr schwach, wehrt sich selten, führt im wesentlichen aus, was dort gewünscht wird. Man spricht bis heute vom „Industrie-Feudalismus".

Selbstorganisation der Menschen. Jahrhunderte lang, und in dieser Tradition bis heute, werden die Menschen von oben organisiert – von Gemeinde, Stadt und Staat, von den Kirchen und von den Fabriken. In der Stadt organisierten sich seit dem Hochmittelalter Handwerker in einer gewissen Selbstorganisation der Berufe in den Zünften, die weit mehr sind als Wirtschafts-Vereinigungen. In großen Städten begehren sie politische Macht und setzen zumindest Mitsprache durch, manchmal sogar die Führung. Hinzu kommen einige wenige Selbstorganisationen, zum Beispiel zu Festen wie dem Schützenfest. Jahrhunderte lang wachte die Obrigkeit über dem Monopol der Organisation von Menschen – im Grunde bis heute, wenn man das Vereinsrecht genau liest. Selbstbestimmte Organisationen entstehen erst spät und unter größtem Druck der Verhältnisse: seit 1848 Parteien und seit den 1880er Jahren Gewerkschaften, im Laufe des 20. Jahrhunderts auch Vereine mit vielerlei Interessen. Später, als Kritik an Orthodoxien auch dieser Organisationen, bilden sich seit den 1970er Jahren Bürgerinitiativen.

Bergleute vereinigen sich seit dem 18. Jahrhundert in der weit ausgreifenden Selbsthilfe-Organisation der Knappschaften. Später werden viele Absicherungen übernommen von Vereinen zur gegenseitigen Hilfe, von Gewerkschaften, von Versicherungen und von den Einrichtungen des Sozialstaates.

Bis heute herrscht mental der Gedanke, dass die Obrigkeit das Subjekt der Geschichte ist und nur wenige Menschen sich mental und noch weniger real etwas zutrauen. Die Obrigkeit wacht mit erheblichem Aufwand und mit vielerlei Raffinesse, die sich als Bürokratie maskiert, darüber, dass ihr das Monopol der Macht nicht abgenommen wird. Man muss sich in der Industrie-Epoche die Pressionen in allen Bereichen vorstellen, die auf Menschen lasten, die auf eigenen Überlegungen beruhende Kritik vortragen, sich in irgendeiner Form organisieren und Verhältnisse zu verändern versuchen. Dabei gibt besonders zu denken, wie Organisationen, die dann doch zustande kommen, später, wenn sie Macht etablieren, ihre Herkunft vergessen und in die Verhaltensweisen ihrer früheren Gegner zurück fallen. Auf diese Weise kippten viele Fortschritte in Orthodoxien um. Zu diesen Prozessen gibt es leider nur spärliche Nachrichten. Die Obrigkeit protokollierte sich selbst, aber nur selten ihre Kritiker – bis heute. Die armen Leute schrieben nur selten etwas auf und davon ging das Meiste verloren. Die Stadt- und Staatsarchive betreiben bis heute durchweg – grundgesetzwidrig – die Geschichtsschreibung der Obrigkeit. Mühsam muss man die andere Seite der Geschichte rekonstruieren und findet ihre relativ archivierten Spuren nur in vielen Publikationen aus Bereichen der seit den 1970er Jahren sich ausbreitenden Sozialgeschichte.

Am Anfang von Oberhausen steht die Boden-Spekulation. Die Organisation von Menschen in einer Gemeinde-Bildung drückt sich auch aus in der Organisation des Terrains. Jahrhundertelang wurde Land nicht umgerechnet in Geld. In der Industrie-Epoche wird das Raster des Geldes über die Gegend gespannt. Und damit entsteht eine neue Klassifizierung: nicht mehr nach Adelsherr und Pachtbauer, sondern nach Vermögenden und Armen.

Wilhelm Stöckmann, ein Bauer mit umfangreichem Grundbesitz, legt 1859 in einiger Entfernung vom ersten Bahnhof einen Platz an und baut dort das erste Haus. Er hat das neue Denken im Kopf: eine Attraktivität der Lage schaffen, dann das Land verkaufen – und damit Gewinne machen. Dies ist ein typisches Beispiel für Boden-Spekulation. Mit einem solchen neuen Denken wird in einem langen und kontroversen Prozess auch das alte Gemeineigentum der Dörfer aufgeteilt, das allen jahrhundertelang gleichermaßen und nach Regeln zur Verfügung stand. Zum Beispiel wird bereits 1786 ein Antrag zur Aufteilung der Liricher Heide gestellt. 1826 wird die Hühnerheide verteilt. Aber erst 1858 wird die gemeinsame Nutzung der Sterkrade-Walsumer Mark aufgehoben.

Der Eisenbahn-Bau ist die erste geplante Konjunktur. Sie folgt einer Denk-Weise, die voraus schaut: Sie erwartet Gewinn. Diese Denk-Weise breitet sich auch in der Stadt-Ent-

Abb. 6: Der Altmarkt von Oberhausen, um 1900

wicklung aus: beim Grundstücks-Verkauf und bei der Haus-Finanzierung. Fast überall, wo Parzellierungen vorgenommen werden, ist das Ziel: Verkauf. Wo dies in größerem Umfang geschieht, kommt eine Verwaltung nicht umhin, den eine Zeit lang anarchischen Prozess ein wenig zu ordnen und zu dirigieren: mit Planung – zumindest in einer einfachen Eingriffsweise. Planung arbeitet im Wesentlichen dem individuellen Landverkauf zu. Als erstes disponiert sie Wege, von denen aus parzelliert werden kann. Bis heute kommt Stadtplanung nur selten über dieses Niveau hinaus.

Stadt-Kern als Raster. Für das Terrain südlich des Bahnhof Oberhausen (1846) entwirft schon kurz nach der Gemeinde-Bildung im Jahr 1865 der Kreisbaumeister Kind einen Plan für die Wege und Parzellen: in Form eines Rasters. Bürgermeister Schwartz lockt Interessenten mit der Aussicht, dass die Bodenpreise steigen und dass Geld-Anleger – ähnlich wie in Berlin, Leipzig, Frankfurt – von spekulativen Wohnhäusern hohe Mieten erwarten können. Ziele und Mittel der Raster-Planung sind uralt. Ähnlich wie der römische General seinem Militär-Lager auf einer umgrenzten Fläche eine zweckrationale Struktur für seine Organisation gab, wurden in römischen Kolonial-Städten und später in Europa viele Städte oder Stadt-Bereiche aufgeteilt. Das Schachbrett-Muster stellt nun jedoch keine Hierarchie von Straßen und Grundstücken mehr her, sondern dient anderen Maximen: der Überschaubarkeit, der Orientierung und der günstigen Verwaltbarkeit, weil alle Einheiten gleichartig sind. Dem Projekt Alt-Oberhausen ist kein großer Erfolg beschieden. Hier gibt es zuerst wenig Investitions-Kraft. So bleiben lange Zeit und bis heute Bau-Lücken. Die meisten Häuser entstehen erst im Bau-Boom zwischen 1900 und 1914.

Die Phase um 1860 bis 1900. Großbetriebe entstehen. Ihre betriebswirtschaftliche Logik ist noch grob und egozentrisch: sie richtet sich ausschließlich und kurzatmig auf das eigene In-

Abb. 7: Die Styrumer Eisenindustrie um 1895 – heute befindet sich hier der Friedensplatz.

teresse. Und sie leistet sich, was immer sie für nötig hält. Sie ist unwillig, über den Teller-Rand zu schauen. Diese „Freiheit", Kontexte und Verantwortungen auszublenden, ist in den staatlichen Rahmen-Bedingungen Preußens angelegt. Weil das Bürgertum Entfaltungs-Möglichkeiten durchsetzt, werden viele Regeln abgeschafft, die aus der Zeit des Absolutismus stammten. Dies führt dazu, dass in der Gemeinde der Reichtum aufsteigender Einzelner entsteht, andererseits öffentliche Armut herrscht.

Stadt-Entwicklung. Es gibt praktisch keinen Städtebau. Erst die Zunahme der Ballung macht es unabweisbar, einige wenige Regeln aufzustellen, sie setzen sich aber nur langsam durch. 1794 wurde in Preußen die Baufreiheit eingeführt (Allgemeines Landrecht). Der Hinweis auf das Gemeinwohl spielt meist keine Rolle. Bis 1855 ist die Aufstellung von Bebauungsplänen Aufgabe des Staates, dann geht sie in die Aufgaben der Gemeinde über. Straßen werden nun als System aufgefasst – sichtbar an der ersten Straßenkarte von 1859 und am ersten Oberhausener Adressbuch von 1867. Die Bau-Vorschriften (1875 Fluchtliniengesetz) beschränken sich auf Fluchtlinien, die die Straßen-Begrenzungen regeln. Für Bereiche des allgemeinen Nutzens wird ein Enteignungsgesetz erlassen. Aber in der Konstellation der Macht werden häufig Regulative unterlaufen. Ordnung gibt es nur als Minimal-Standard: als Polizei-Gesetz. 1868 beschließt der Gemeinderat die erste Bau-Polizei-Ordnung. Ihr Minimalismus ist geprägt von der wirtschaftsliberalen Ideologie des preußischen Staates. Das Stichwort heißt Baufreiheit.

Wie wird der zunehmende Ausbau der Straßen bewältigt? Seit 1838 können Grundstücks-Besitzer an den Straßenbau-Kosten beteiligt werden. Ein Gesetz von 1875 ermöglicht die völlige Abwälzung der Straßenbau-Kosten bis zu einer Breite von 26 Metern. Daher weisen viele Gemeinden nun breite Straßen aus. Zum Ausgleich erhalten die Eigentümer extrem tiefe Parzellen. Insgesamt nimmt die Bau-Ideologie des Liberalismus nur Bezug auf das Grundstück, ist aber gesamtstädtisch ziellos und ungesteuert. In dieser Phase der halbländlichen Gemenge-Lage entstehen große Konflikte, für die einige Zeit lang fast jedes Regulativ fehlt. Es gibt keine Standort-Planung. Die Unternehmer kaufen den grundbesitzenden Bauern den Boden ab, wo immer sie ihn benötigen. Viele Arbeiter-Familien bauen sich an den Landwegen in Nachbarschafts-Hilfe ihre üblichen eineinhalbgeschossigen Häuser (viele sind noch erhalten). Die Industrie geht mit ihren Abwässern und Abfällen um, wie es ihr passt. Es gibt nahezu kein Umwelt-Bewusstsein.

Alteingesessene Bauern werden durch Boden-Verkäufe reich und leben dann als Rentiers. Nach dem Gemeinde-Recht beherrschen diese „Meistbeerbten" zusammen mit Unternehmern den Gemeinde-Rat. Dieser sorgt zunächst dafür, dass die Verwaltung, in der einzelne Beamte oft durchaus Ehrgeiz haben, machtlos bleibt. Die beiden einzigen Ziele dieses Parlamentes von Besitzenden lauten bis etwa 1890: Die Steuern sollen so gering wie möglich und der einträgliche Grundstücks-Handel möglichst interventionsfrei bleiben. Aus diesem „Kuh-Handel" entsteht ein unbeschränktes und spekulatives Bauen.

Stadt-Entwicklung sui generis: ein neuer Stadt-Typ. Aus unterschiedlichen Voraussetzungen entstanden soziologisch gesehen unterschiedliche Stadt-Typen: In der Residenz-Stadt stellte die Hof-Gesellschaft mit ihren Beschäftigten einen erheblichen Teil der Bevölkerung. Die Markt-Stadt des Mittelalters wird vor allem vom Bürgertum eines umfangreichen Handels gebildet – mit vielen Handwerkern und Tagelöhnern. Als dritter Typ kommt im 19. Jahrhundert die Industrie-Stadt hinzu. Sie besteht vorwiegend aus Fabriken mit ihren Arbeitern.

Zu Stadt-Geschichte und Stadtplanung der Industrie-Epoche gibt es noch wenig Forschung. Die Industrie-Stadt erscheint auch nach 150 Jahren als ein neues Phänomen. Zudem sind viele ihrer Aspekte auch in der Forschung ideologisch besetzt. Die ideologischen Bewertungen bedienen sich ästhetischer Normen, die aus den beiden anderen Stadt-Typen stammen. Daher wird die Forschung zur Industrie-Stadt vorwiegend von Vorurteilen besetzt – bis heute. Diese Vorurteile haben, wie wir sehen werden, einige Auswirkungen.

Oberhausen: älteste Phase. Die umfangreichste Forschung über eine deutsche Industrie-Stadt leistete der Historiker Heinz Reif. Sie gilt der Stadt Oberhausen, die tatsächlich so gut wie keinen älteren Kern besitzt – also als beispielhaft gelten darf. Oberhausen entstand buchstäblich „ auf der Heide". Zwar gab es schon über 100 Jahre zuvor die St. Antony-Hütte (1758), aber sie trug nicht zur Gemeinde-Bildung bei. Diese Hütte ist jedoch die Keimzelle des späteren Welt-Konzerns, der Gutehoffnungshütte, heute MAN. Die Stadt-Entwicklung nimmt einen eigentümlichen, aber sehr charakteristischen Weg.

Zweite Phase. 1846 wird durch das wenig besiedelte Gebiet von Heide und Sumpf die Köln-Mindener Eisenbahn gelegt. Ein Bahnhof entsteht. Mit Abzweig-Geleisen. An dieser Transport-Möglichkeit siedeln sich Fabriken an: 1854 eröffnet Wilhelm Grillo (1825–1888) ein Zinkwalzwerk an der Industriestraße (Paul Reuschstraße/Friedrich-List-Straße), 1857 Zinkhütte Vieille Montagne (Altenberg), 1866 Porzellanmanufaktur, 1882 Rhenania-Chemie, Fabrik feuerfeste Steine, Zinkweiß-Fabrik, Buchdruckerei. 1876 gibt es 43 Betriebe. Rundherum entsteht wildes Siedeln – ohne Plan, an alten und neuen Wegen, meist kleine Häuschen sowie einige zwei- und dreigeschossige Mietshäuser. Diese Agglomeration wächst in einem historisch bis dahin nie dagewesenen Tempo: vor allem in der Konjunktur-Phase der 1860er Jahren mit ihren drei Kriegen (1864, 1866, 1870). Kurze Zeit ist JHH die größte Fabrik des Ruhrgebietes, dann wird sie von Krupp im benachbarten Essen überholt.

Abb. 8: St. Antonyhütte – die Wiege der Ruhrindustrie

Der Kern: ein Werk. Fast überall im Ruhrgebiet ist der Kern einer Gemeinde und einer Stadt ein großes Werk der Industrie-Produktion. Im südlichen Teil am Hellweg: eine Eisenhütte. Im nördlichen Teil meist eine Großzeche. Um diese Kern-Fabrik herum sprießen kleine und manchmal auch mittlere Zuliefer-Betriebe aus dem Boden. Juristisch ist jede Fabrik unabhängig. Wirtschaftlich sind diese Werke jedoch oft erheblich miteinander verbunden, meist als Zuliefer-Betriebe. Zunehmend verschränken sich die Eigentums-Anteile. Ähnlich verflochten sind die Eigentümer auch im politischen Auftreten d. h. in der Vertretung und Repräsentanz ihrer Interessen.

Maßstab für Urbanität. Für die Entwicklung der Urbanisierung der Industrie-Stadt Oberhausen, die als paradigmatisch gilt, legte der Historiker Heinz Reif einen Maßstab an, den er aus den Anforderungen der Oberherrschaft ableitet. Solche Anforderungen wurden von Regierung und Bezirksregierung an die Orte des Ruhrgebietes gestellt, die offiziell zu Städten erklärt werden wollten. Dieser Maßstab folgt der Erfahrung, die aus den beiden älteren Stadt-Typen gewonnen wurde: aus der Residenz-Stadt und aus der Bürger-Stadt. Urbanität wird gemessen an den Infrastruktur-Einrichtungen und Prestige-Bauten, die diese älteren Stadt-Typen sich im Laufe der Zeit geschaffen haben. Dazu zählen Märkte, Ämter, Theater u. a. Gemessen daran konstatiert Heinz Reif: Oberhausen ist eine „verspätete Stadt". Denn ein großer Teil dieser Einrichtungen entsteht erst allmählich.

Stadt-Status. Oberhausen zählt zu den glücklichen Orten in der Region, die in einer frühen Zeit noch rasch das Recht, die Organisation und den Prestige-Status einer Stadt erhielten. Andere Städte mussten darauf noch viele Jahrzehnte warten. Denn die Oberherrschaft bremste: Sie verschärfte diesen Maßstab und gab vielen weiteren Industrie-Orten erst sehr spät, meist nach 1900 den Status Stadt. Zum Beispiel hatte Hamborn bereits die Einwohner-Schwelle einer Großstadt überschritten, mit über 100.000 Menschen. Detlev Vonde spricht in einer Untersuchung vom „Revier der großen Dörfer"[7]. Dieses Zögern hatte mehrere Gründe: Die Industrialisierung blieb den staatlichen Behörden, in denen Adel und Bürger die leitenden Positionen hatten, fremd – auch unheimlich. Bis hin zur Furcht vor Aufständen. So wurde zum Beispiel dem Ruhrgebiet verweigert, Hochschulen zu gründen, weil man fürchtete, dass dadurch eine oppositionelle Verwaltungs-Intelligenz entstände. Die Technische Hochschule für das Revier entstand fernab – in Aachen. Und ebenso wurden im Ruhrgebiet keine Kasernen angelegt – aus Furcht, Soldaten könnten sich mit Aufständischen verbrüdern.

Eine Stadt des dritten Typs. Die beiden Forscher Heinz Reif und Detlev Vonde haben die Entwicklung richtig beschrieben. Aber die Struktur interpretiere ich anders. Die Industriestadt ist ein Stadt-Typus sui generis. Eine Stadt eigener Art. Eine Stadt der dritten Art. Natürlich gibt es darin Entwicklungen, die sich aufeinander zu bewegen. Die lange Geschichte des Städtewesens steckt schon vor der Industrialisierung voller Übernahmen. Es gibt Wechsel-Beziehungen. Darin spielen eine Rolle auch Ausgrenzungen, die Stadt-Bereichen ein minderes Prestige zusprechen. Dies sind in der vorindustriellen Stadt die Viertel kleiner Leute, vor allem die Viertel der sogenannten schmutzigen Gewerbe (Lohgerber u. a.) und die Viertel von Bauarbeitern wie z. B. im Karlsruher „Dörfle" (18. Jh.), das bewusst abseits angelegt wurde.

Ich lese die Stadt-Entwicklung der Industrie-Stadt als einen eigenen Weg. Sie basiert auf der Spezifik der Industrie. Im Gegensatz zu den beiden älteren Stadt-Typen, die mit der Burg bzw. dem Markt und mit der Kirche beginnen, startet die Industrie-Stadt mit einem ganz anderen Kern: mit einem großen Industrie-Unternehmen. Daraus folgt eine andere Struktur. Mit der Burg gemeinsam hat die Fabrik, dass sie einen reservierten Bereich der Unöffentlichkeit bildet. Damit unterscheidet sich die Fabrik von der Bürger-Stadt, die den Öffentlichsten aller öffentlichen Orte besitzt: den Markt. Als die Zeche Zollverein in Essen 2001 den Titel des Weltkulturerbes erhielt, sagt der frühere NRW-Städtebauminister Christoph Zöpel, dessen Entscheidung sie die Erhaltung verdankt: Eine einst verbotene Stadt – das riesige Zechen-Gelände – ist nun mutiert zu einem hoch öffentlichen Bereich.

Konstruktionen. Gemeinsam ist allen drei Stadt-Typen die Neigung, ihre Leistungs-Kraft und Bedeutung mithilfe großer Bauten zu zeigen. In der Bürger-Stadt war z. B. das Münster in Straßburg mit seinem mittelalterlichen High Tech in vielen Produktions-Bereichen ein sichtbarer Ausweis der bürgerlichen Leistungs-Gesellschaft. Die Fabriken der späteren Industrie-Epoche sind es durch Ausmaße und Konstruktionen – im 19. Jahrhundert und manchmal noch im 20. Jahrhundert auch durch Ästhetik. Dabei wirken die Stahl-Konstruktionen ebenso neu wie seinerzeit das konstruktiv und ästhetisch phantastische und vielbestaunte Stabwerk der Münster und Kathedralen. Denn auch die Stahl-Konstruktion unterschied sich in ihrer Fremdheit gewaltig vom Bauwesen des Alltags der Menschen.

Gemenge. Tatsache ist, dass auch die älteren Städte bereits Gemenge-Städte waren – und die Industriestadt dies nur in erweitertem Umfang ist. Die Struktur der Industrie-Stadt wird zunächst durch das Stichwort Gemenge-Stadt wesentlich charakterisiert. Die Theorie der Gemenge-Stadt habe ich in zwei Untersuchungen durchgespielt: In meinem Buch über das Ruhrgebiet „Im Tal der Könige" (1994) und unter dem Titel „Die Gestalt der großen Stadt" im Buch „Abenteuer Industriestadt" (1999). Die Theorie des Gewebes spielte ich in meinem Buch über die toskanische Stadt „Anghiari" durch (2006).

Spekulative Kapital-Beschaffung. Die großen Industrien entwickeln sich seit der Mitte des 19. Jahrhunderts ziemlich rasch. Dies liegt unter anderem daran, dass für sie neue Weisen der Kapital-Schöpfungen entstehen. Kapitalien, die in den beiden anderen Stadt-Typen angehäuft sind, z. B. in Köln, Krefeld, Berlin, werden abgeschöpft und mit dem Versprechen auf hohe Verzinsung zum Aufbau und Betrieb der großen Industrien eingesetzt. Hinzu kommen Banken, die als Sammler von Kapital ihrerseits Aktien-Kapital einbringen, außerdem Kredite.

Was geschieht nun im Wohnungs-Bau? Zunächst können viele Landbesitzer, meist Bauern, dadurch Kapitalien bilden, dass sie Land verkaufen – vor allem an Betriebe, aber auch an Menschen, die Wohnungen bauen. Die Bauern, denen eine Lage-Gunst für die Industrie die Grundstücke aufwertet, können Boden-Werte in Geld-Werte umwandeln. Viele bringen einen erheblichen Teil davon in die Industrie-Stadt ein: Sie sichern und verzinsen ihr gewonnenes Geld, indem sie davon Miet-Häuser bauen lassen, meist für die wachsende Arbeiter-Bevölkerung. Für den Wohnungsbau kann eine weitere ganz neue Form an Kapital eingebracht werden: Wer plausibel macht, dass seine geplante Bau-Investition Gewinn bringt, hier durch Miet-Einnahmen, erhält einen umfangreichen Kredit, der Hypothek genannt wird. Meist muss er nur fünf bis zehn Prozent Eigen-Kapital mitbringen. Dieses System unterscheidet sich weitgehend vom Umgang mit Geld in den vorhergehenden Jahrtausenden. Dort konnte man nur investieren, wenn man das Kapital bereits gebildet hatte. Nun entsteht Kapital auf einer spekulativen Basis.

Werte-Sicherung durch Ästhetik. Hypotheken-Banken sichern die Geld-Kredite durch Sachwerte. Damit die Häuser beim Wiederverkauf etwas gelten, müssen die Bauherren sie schmücken. Sie tun dies mit dem herkömmlichen Repertoire an Zeichen. Dies erklärt, warum in einer Zeit, die sich meist auf minimalistische Ausgaben richtet – im Widerspruch dazu – selbst in den Arbeiter-Vierteln einige Ästhetik entsteht.

Veränderung der Dimension Zeit. Insgesamt führen die Möglichkeiten der Kapital-Beschaffung, die stark zwischen seriös und spekulativ schwanken, dazu, dass – im Gegensatz zu älteren vorindustriellen Prozessen – sich die industriellen Aufbau-Prozesse in einer Weise beschleunigen, die lange Zeit den Zeitgenossen den Atem stocken lässt. Schon früh taucht beim Schriftsteller Levin Schücking, der eine Eisenbahn-Reise beschreibt[8], eine charakteristische Assoziation auf: um den Bahnhof in Oberhausen entwickelt sich eine Stadt – „mit amerikanischer Schnelligkeit". In der Industrie-Stadt kommt also zu den Kriterien der veränderten Kapital-Beschaffung, Gemenge und Gewebe ein weiteres Kriterium: eine erhebliche Veränderung der Zeit-Dimension. Dies hat weitreichende Auswirkungen. Bauten entstehen nun meist in zwei Jahren: im ersten wird geplant, im zweiten gebaut. Zur Beschleunigung tragen industrielle Prozesse bei. Ein erheblicher Teil der Bau-Elemente, begonnen mit dem Bau-Material, wird durch industrielle Verfahren hergestellt. Die verkürzte Planungs-Zeit hat auch schwierige Folgen. Über Vieles wird nicht mehr nachgedacht. Spezialisierung neigt zum Ausschließen d. h. zu reduktivem Denken. Dies wird im Städtebau der Nachkriegs-Zeit seit 1949 das größte Problem: sowohl im sozialen Wohnungsbau als auch in der sogenannten Stadtsanierung, die oft halbe Städte abreißt.

Widerspruch. Dadurch erhält die Industrialisierung – sowohl in den Produktions-Stätten als auch in der weiteren Lebens-Umwelt – einen oft beißenden Widerspruch: Einerseits werden Möglichkeiten geschaffen, die der Komplexität des Lebens entgegenkommen und damit als Fortschritt wahrgenommen werden. Andererseits werden diese Möglichkeiten oft zugleich erheblich und häufig auch tiefgreifend in Frage gestellt: durch Reduktion. So sind in der Industrie-Epoche Gewinn und Verlust hoch ambivalent – wo immer man hinschaut. Allerdings entkommt man dieser Ambivalenz nirgendwo. Man muss lernen, damit umzugehen. Dies ist möglich mit den Stichworten Balance, Menschlichkeit, sozialkulturelle Gerechtigkeit. Doch der Umgang mit dem Widerspruch der neuen Zeit ist eine Frage der Bildung. Diese Bildung wird jedoch nur selten vermittelt, gefördert, gefragt und eingesetzt. Aber Bildung wird in der Arbeit an der Zukunft eine Schlüssel-Rolle spielen.

Bevölkerungs-Wachstum. 1870 hat Oberhausen rund 10.500 Einwohner. Zehn Jahre später (1880) 16.500, nach weiteren zehn Jahren (1890) 25.000, eine Dekade später (1900) rund 42.000 und 1909 sind es 62.000. Dieses Wachstum ist schwer verkraftbar. Man muss sich solche Zahlen vor Augen halten, wenn man heute ohne Nachdenken über Bevölkerungs-Schwund lamentiert.

Nachbesserung. Die beschleunigte und dadurch weithin verkürzte Planung führt in der Industrie-Epoche dazu, dass am Anfang und dann oft noch lange Zeit, häufig bis heute, vielerlei Unzulänglichkeiten stehen. Die Struktur der Industrie-Stadt schreit geradezu nach einer Struktur der Nachbesserung. Dies ist in der öffentlichen Stadtplanungs-Diskussion noch nahezu überhaupt nicht erkannt. Das Nachbessern gilt nicht nur für die besonders ausgeprägten Industrie-Bereiche wie das Ruhrgebiet, sondern für jede der vielen Städte, die von Industrie-Vorstädten umgeben sind. Dabei läuft die Stadtentwicklung immer hinter der Entwicklung der Produktions-Stätten hinterher.

Dezentrale Struktur. Es entsteht eine Stadt sui generis. Nach einem weithin anderen Muster als Städte mit einem älteren Kern. Was früher Markt und Kirche war, ist jetzt die Fabrik und das Terrain vor dem Fabrik-Tor. Der Wohnungsbau breitet sich rund um die Industrie-Anlagen aus. In der zweiten Hälfte des 19. Jahrhunderts wird versucht, ein Zentrum zu bilden – analog bürgerlicher Städte. Erste Stadtmitte: nördlich des Bahnhofs und südlich der Duisburg-Essener Chaussee. Die Eisenbahnen schließen jedoch einfach ihre Übergänge. Das ist ein jahrelanger Streit mit der Stadt, der sich bis 1887 hinzieht.

In Oberhausen gibt es drei Versuche, ein Zentrum anzulegen. Sie alle misslingen. Einer dieser Versuche endet dramatisch: Wo einige Wohlhabende Spekulationsland erwarben, steigt plötzlich das Wasser – bis in Übermannshöhe. Entsetzen. Was ist geschehen? Unter der Erde graben Bergleute – und der Boden sinkt. Tatsächlich können wir feststellen: Der Typ der Industrie-Stadt hat eine dezentrale Struktur. Er bildet mehrere Zentren. Wenn man jedoch genau in die Entwicklung großer mittelalterlicher Städte schaut, gibt es auch dort bereits eine solche Dezentralisierung. Die Größen-Ordnungen rufen sie hervor. Der Aberwitz der Zentralisierung wird Jahrhunderte lang symbolisch durch eine bildliche Darstellung vor Augen gestellt: im gigantischen Turm-Bau zu Babel.

Wanderungs-Bewegungen. Ortsveränderung ist Jahrhunderte lang unmöglich. Es sei denn durch Katastrophen in den Glaubens-Kriegen. Zum Beispiel nahm Wesel von 1544 bis 1583 rund 8.000 Flüchtlinge auf. Kaum jemand macht sich heute klar, dass Oberhausen – und ebenso die ganze Region – das Produkt der größten Völker-Wanderung der Geschichte ist. Bis 1860 müssen sich die Landarbeiter loskaufen, wenn sie in die Industrie-Städte gehen wollen. Meist sind sie dazu nicht in der Lage. Da die Industrie aber immer mehr Arbeitskräfte braucht, sie jedoch im bestehenden System nicht erhält, setzt sie durch, dass die preußische Regierung 1860 das „Freizügigkeits-Gesetz" für Arbeits-Kräfte erläßt. Nach 1848 ist die Auswanderung ein Ventil für die Überbevölkerung eines Landes, für deren Ernährung die Ressourcen nicht ausreichen. Dann aber werden weitere Ressourcen geschaffen, um mehr Menschen ernähren zu können: in den Industrie-Gebieten. Anton Stoike (1881–1981): „Kollegen haben mir erzählt, dass hier Geld verdient wird. Da habe ich mir gesagt: da gehst du lieber da hin. Deswegen bin ich hierhin gekommen [nach Oberhausen, später in die Siedlung Eisenheim]." „Die deutsche Binnenwanderungsbewegung in der Phase der Hochindustrialisierung war die größte Massenbewegung der deutschen Geschichte", schreibt der Demographie-Historiker Wolfgang Köllmann.

Zur industriellen Völker-Wanderung gehört nicht nur die Ortsveränderung, sondern ein tiefgreifender Bruch der individuellen beruflichen Lebens-Geschichte. In der Eisenindustrie kommen die Leute aus dem Kreis der städtischen Handwerker und vor allem aus den deutschen Mittelgebirgen, in denen die Eisen-Industrie einbricht. In den Bergbau kommen aus dem Umland junge Leute, die auf den Bauern-Höfen als Knechte arbeiteten. 1870 beginnt die Fern-Wanderung aus Ostdeutschland. Junge Leute werden aus den preußischen Ostprovinzen abgeworben. Zwischen 1910 und 1914 machen sich von dort rund 600.000 bis 800.000 Polen und Masuren auf den Weg. 1913 liegt der polnisch sprechende Belegschaftsanteil in den Zechen über 40 Prozent. Weitere Arbeiter werden aus anderen Ländern geholt: vor allem aus Österreich-Ungarn, zu dem damals auch der Norden des späteren Jugoslawien gehört. Der Rhein als Verkehrs-Achse führt zu einer Tradition der niederländisch-deutschen Wanderung – in beiden Richtungen. Die Zuwanderer (1895 rund 3.000 preußische Polen allein in Oberhausen) suchen und finden neue Bindungen und Identifikationen in Vereinen. Vor allem in ihnen erhalten sich die Kulturen der Herkunfts-Bereiche lange Zeit. Die Kirchen sind die ersten, die soziale Vereinigungen für die Zuwanderer schaffen. Die Nachkommenden können diesen Menschen dankbar sein, dass sie ein Jahrhundert lang die Pionierarbeit mit den schwierigsten Tätigkeiten geleistet haben, von denen es später kaum eine Vorstellung mehr gibt.

Reaktionen. Einheimische „Pfahlbürger" reagieren auf die Zuwanderer „mit den fremden Gesichtern!" und häufig „fremden Verhaltens-Weisen". Diese Erscheinungen waren ihnen bis dahin unbekannt. Sie fühlen sich bedrängt – vom Neuen, das sie nicht verstehen. Und sie reagieren abweisend, oft hochmütig. Zunächst versuchen sie, die Arbeiter zu ghettoisieren und die Bergarbeiter-Siedlungen zu diffamieren. Im Ruhrgebiet ist dies jedoch nicht ohne weiteres möglich, weil die Zahl der Einwanderer rasch die Zahl der Eingesessenen übersteigt. Franz Rehberg (Jahrgang 1898 in Eisenheim) gibt Einblick in Mentalität: „Die Leute haben oft gesagt: ‚Die ollen Polacken'. Wenn der eine oder andere zu mir meinte: ‚Der olle Polack da!' – hab ich zugetreten. Aber wir waren noch jung, da gab man nicht soviel drauf." Paul Herold (Jahrgang 1904):

> „In Oberhausen gab es damals gar nicht viel Deutsche. Die haben die Leute doch mit Waggons geholt aus Polen, aus Ostpreußen, aus Schlesien. Die Siedlung hier [Mausegatt in Mülheim-Heißen] ist nicht für Deutsche gebaut worden, hier wohnten nur Ausländer. Im Priestershof [in Oberhausen] war das genauso. Die Eltern konnten kaum deutsch, aber ihre Kinder sprachen wie wir. Die Polen waren arme Leute, wurden aus der Bauerngegend hier heruntergeschleppt, aber die waren fleißig und die meisten Familien waren auch sehr sauber. Vor allem waren sie gute Nachbarn und gute Kumpels auf der Zeche."

„Es ist eine zusammen gewürfelte Gesellschaft und zugleich eine junge Gesellschaft" (Barbara Einsele-Wameling). Die unterschiedliche Herkunft und Vielschichtigkeit der Bevölkerung führt zu einer Lebens-Praxis, die eine hohe Toleranz erzeugt. Die industrielle Urbanisierung führt einerseits zur verstörenden Veränderung der gewachsenen Lebensformen. Andererseits aber entstehen neue Werte in Verhaltensformen und Sitten. Eine faktisch pluralistische Lebens-Kultur wächst – mit wechselseitiger Herausforderung, Anregung, mit passiver Toleranz, aber auch mit aktivem Verständnis. Die Zuwanderer haben ihre Wurzeln verloren. Es ist nicht leicht, neue zu fassen – sowohl an den Arbeits-Stätten wie in den Wohn-Bereichen. Daher sind viele Menschen unentwegt auf Wanderschaft. Auf der Suche nach mehr Verdienst. Aber auch auf der Suche nach Heimat, als Flucht aus Konflikten, die sie nicht lösen können. Die Daten zur Mobilität sind jedoch im Ruhrgebiet nicht ungünstiger als in anderen Industrie-Großstädten des Deutschen Reiches. Technisch ist der Umzug für die arme Familie einfach: Sie transportiert ihre geringe Habe mit einem Handwagen. Viele Möbel sind zusammenklappbar.

Heute gehen die Wanderungen weiter – ewig: Sie sind ein Teil der Zukunft. Denn auf der Suche nach differenzierten Arbeitsplätzen wandern Menschen. Man muss sich damit arrangieren. Umgekehrt haben viele das Bedürfnis nach sozialen Netzen – und so werden Gedanken wie Nachbarschaft und Siedlung wieder Zukunfts-Vorstellungen.

Unterkommen. In frühen Phasen kommen Menschen nur unzureichend oder provisorisch unter. Häuser werden überbelegt. Welches Elend dadurch entsteht, beschreibt 1844 Friedrich Engels am Beispiel von Londoner Vororten in seinem Buch „Zur Lage der arbeitenden Klassen." Zu den ersten Häusern in Industrie-Bereichen gehören Baracken neben den Fabriken. Und Übergangs-Wohnungen. Hinterhäuser entstehen. In vielen Phasen ist die industrielle Entwicklung und was sie darüber hinaus anregt, weitaus schneller als der Wohnungs-Bau. So entsteht Wohnungs-Not. Hinzu kommt, dass viele Menschen außerordentlich wenig verdienen. Manche können ihre Wohnung nicht bezahlen. Es gibt eine große Zahl Obdachlose.

Der Berliner Professor Victor Aimé Huber (1800–1869) schreibt ein Buch über „Die Wohnungsnot der kleinen Leute in großen Städten." Kaum jemand von den Privilegierten denkt darüber nach. Die Unterprivilegierten sind sich lange Zeit selbst überlassen. Huber plädiert für Selbsthilfe – in Genossenschaften. Ein ausgezeichneter Gedanke, bis heute, aber er stößt auf erhebliche sozialpsychologische Schwierigkeiten. Dazu muss man sich organisieren.

Die Planung der Wohnhäuser machen Maurermeister und Geometer. Sie arbeiten mit wenig Bildung und mit keinerlei Perspektive. Es gibt keine öffentliche Diskussion. Die Folgen dieser Minimal-Planung: Es herrscht eine Art „Wilder Westen" – mit wildem Siedeln. Bauern verkaufen Hof und Land an Industrie-Unternehmen. Den plötzlichen Gewinn legen sie oft in Miets-Häusern an. Hinzu kommen Spekulanten, die die Wohnungs-Not nutzen. Uralt ist die Formel „Länge mal Breite mal Geld". Es gab sie bereits in den antiken mediterranen Städten. Im 19. Jahrhundert wird rasch geplant und rasch gebaut: Miethäuser nach dem Gesetz des minimalen Einsatzes von Kapital und der größtmöglichen Rendite. Dies führt automatisch zu äußerster Rücksichtslosigkeit. Dieser Minimalismus produziert viel von dem, was dann von vielen als „hässlich" bezeichnet wird.

Arbeiter-Familien haben nicht mehr als zwei Räume. In den Siedlungen vier. Auf dem Hof stehen Toiletten-Häuschen. Manche Familien bauen sich kleine Häuser, – in Sippen-Finanzierungen und mit Nachbarschafts-Hilfe. Sie sehen aus wie die Häuser unselbstständiger Land-

Bild 9: Typische Werkskolonie der GHH, hier die Siedlung Stemmersberg

Arbeiter. Diese Häuser entstehen dort, wo man ein billiges Grundstück erhält. Die Teilindustrialisierung der Ziegel-Produktion macht das Bauen günstiger.

Lebensweise. Die Zechen, die auf dem Land entstanden sind, haben großen Landbesitz und ermöglichen dadurch vielen Arbeitern, die meist vom Land stammen, ihre gewohnte ländliche Lebensweise teilweise weiterzuführen. Nirgendwo ist der Übergang von der agropastoralen Gesellschaft in die Industrie-Gesellschaft besser gelungen als in den Siedlungen mit ihrer halbländlichen Struktur. Weil die Arbeiter in großer Zahl zuwandern, können sich die Einzelnen gegenseitig stabilisieren. Und es entsteht eine hohe Kommunikations-Dichte: In Zeche und Eisenhütte arbeiten viele Menschen auf engstem Raum miteinander. Die Wohnungen sind klein, daher stehen viele Leute „gern auf der Straße, im Hof, an der Hecke". Die Wirtschaften sind voll. Und eine Fülle von Vereinen sorgt für Höhepunkte der Geselligkeit, vor allem für Feste.

Auf dem Weg zu neuen Lebens-Formen befinden sich Arbeiter unbewusst auch im Einklang mit bürgerlichen Unternehmern. Denn auch diese wollen „alte Zöpfe" höfisch-bürokratischer Verhaltens-Weisen abschneiden. Bei aller Distanz zueinander, Misstrauen und Wut, gibt es auch wechselseitige Hochachtung füreinander. Dies ist ein ungeschriebenes Kapitel der Ruhrgebiets-Geschichte.

Liberalismus. Durch Deregulierung verzichtet der Staat auf einen erheblichen Bereich seiner hoheitlich möglichen Regulative. Dies schafft Expansions-Möglichkeiten für die Wirtschafts-Interessen. Die Liberalisierung wächst Stadtverwaltungen über den Kopf. Und die Begünstigten nehmen das Elend der anderen nicht zur Kenntnis – und legen dazu Sprech-Verbote auf. Die Folgen führen zu ungeheuren Katastrophen, die bis heute noch kaum erkannt werden. Eine Anzahl Bürger fühlt sich tüchtig – ist es auch. Aber ihre Treibkraft ist eng begrenzt: Ideologie. Bis heute gibt es das Problem, dass diese dynamische Tüchtigkeit keineswegs bürgerlich, sondern aristokratisch ist. Sie orientiert sich eher am Modell von Herrschern. Nur selten kann man ihnen nachsagen, dass sie Bürgersinn im Sinn des gemeinsamen Allgemeinwohls haben. Tatsächlich geht es um einen nahezu militanten Eigennutz: diese Leute verweigern Beiträge und versuchen Steuern zu vermeiden – wie die Oberhausener Ratsprotokolle zeigen, wo im Dreiklassen-Wahlrecht wenige Mächtige alle anderen setzen. Sie verweigern Infrastrukturen so lange, bis sie selbst nicht mehr ohne sie auskommen. Es könnte Romane füllen, wie ihnen die vielen Fortschritte, die wir heute für unabdingbar und selbstverständlich halten, abgetrotzt werden mussten. Die Freiheit, die sie durchaus vehement einfordern, ist nur ihre eigene Freiheit. Dieser Liberalismus hat keinerlei Gefühl für die Freiheit von anderen. Wo sich aber im Volk aus welchen Gründen einzelne oder Gruppen Freiheiten nehmen oder erkämpfen, finden sich dazu nur ideologische Verurteilungen der Oberschicht. Auch diese Geschichte ist ungeschrieben.

Nach 1880 entsteht Großindustrie. Bericht der Verwaltung des Amtes Buer 1895/1896: „Deutschland sei in dieser Zeit groß und mächtig geworden, Reichthum und Wohlstand hätten einen ungeahnten Aufschwung genommen, Handel und Industrie sich zur höchsten Blüte entfaltet und Kunst und Wissenschaft seien gepflegt worden wie nie zuvor."[9] Mental herrscht auch der Militarismus mit seinen propagandistischen Inszenierungen. Verwaltung Buer 1895/1896: „Erinnerung der glorreichen Ereignisse des Jahres 1870/71." „Begeisterter Widerhall." „In erhebender Weise." „Legt Zeugniß von der treuen vaterländischen Gesinnung" ab. „Sedanfeierlichkeiten." „Sedanjubiläum." „Feier des Kriegervereins." „Fackelzug." Das ▶ Dreiklassen-Wahlrecht fixiert die Dominanz der Mächtigen und diskriminiert die breite Bevölkerung. Zudem dürfen Frauen überhaupt nicht wählen (erst seit 1918). Die etablierten Mächte sind äußerst skeptisch gegen das, was sie selbst geschaffen haben und benötigen, nämlich Arbeiter und Intellektuelle, versuchen auch, die Entstehung von Gegen-Macht zu verhindern.

Ein Ausdruck des Reichtums und der gewachsenen Reichweite der Stadt Oberhausen ist das 1885 gebaute neue Bahnhofsgebäude – in den Formen toskanischer Bauten des 16. Jahrhunderts.

Der Wandel polarisiert. Der Architektur-Historiker Werner Hegemann schreibt 1913: „Wie kann der Einfluss, den das überschnelle Wachstum der Städte und der Industrien mehr und mehr auf unser Land ausübt, von seinen schädlichen Nebenerscheinungen befreit werden? Wie kann den Industriestädten – und jede aufstrebende Großstadt wird Industriestadt – noch rechtzeitig der Charakter von gesunden und menschenwürdigen Wohnstädten gewahrt oder zurück gewonnen werden?" Dies ist eine richtige Frage. Sie erhielt kaum Antworten. Das Problem besteht bis heute. Alle Städte haben es. Wenn woanders die Metropole Ruhr beschimpft und mit dem Finger auf sie gezeigt wird, ist dies psychologisch einzig eine Verschiebung, ähnlich wie auf Juden und Neger Probleme abgeschoben wurden, vor denen man bei sich selbst lieber die Augen verschließen möchte. Im Industrie-Zeitalter polarisieren sich die Mentalitäten: Die einen wollen behalten, die anderen verändern. Die einen beginnen die Veränderungen zu hassen, die anderen nutzen sie hemmungslos aus. In den Urteilen über Ruhr steckt beides. Aber die jeweils einen ignorieren das jeweils andere.

Arbeiter-Siedlungen. An den Standorten natürlicher Ressourcen entstehen Industrien. Die Arbeits-Kräfte können nur in der ersten Zeit aus der Bevölkerung der nahen ländlichen Bereiche geholt werden. Die erste Zuwanderungs-Welle kann noch untergebracht werden – allerdings zum Preis erheblicher Verelendung. Dann aber müssen die Werke, um Arbeits-Kräfte

Abb. 10: Plan der Kolonie Eisenheim um 1900

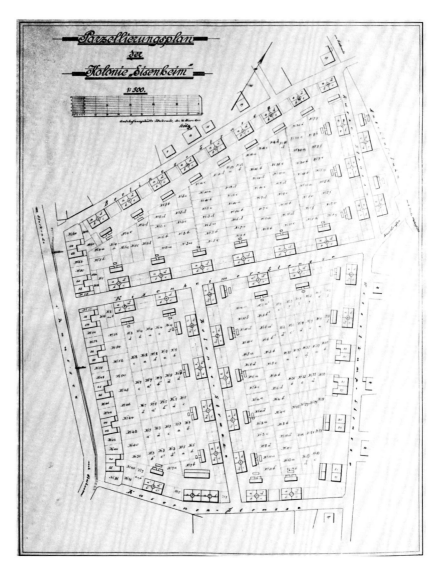

zu erhalten, für Wohnungen sorgen. Und mit Wohnungen werben, denn es ist nicht leicht, Menschen aus ihren gewachsenen und nützlichen Netzen heraus zu locken.

Im Norden des Ruhrgebietes entstehen in ganz kurzer Zeit riesige Zechen – mit einem Arbeitskräfte-Bedarf zwischen jeweils 1.000 und 4.000 Menschen. Daher werden hier – nach einigen Siedlungen für die Eisenhütten – zunächst auf einigen wenigen Terrains Häuser angelegt. Die älteste dieser Siedlungen ist Eisenheim, 1846 und 1865 für Hüttenarbeiter, 1872, 1897, 1901 für Bergarbeiter. Mit diesen ersten geplanten Bereichen beginnt in der Region Ruhr die Stadtplanung. Der größte Teil der Siedlungen entsteht in den beiden Jahrzehnten nach 1900. 1899 Ripshorst. 1899 Gustavstraße für die Zinkfabrik Altenberg. 1902 Stemmersberg für Zeche Osterfeld, initiiert von Carl Lueg[10]. 1904 Dunkelschlag für Zeche Sterkrade. 1905 Bahnstraße für Zeche Sterkrade. 1906 Vonderbruch für GHH. Birkenhof (um 1905). 1905 Vondern für GHH. 1906 Kolonie Hiesfeld (Emmericher Straße) für Zeche Hugo. 1908

Abb. 11: Kolonie Eisenheim – die Meisterhäuser

Weierheide für GHH. 1912 Jacobi für Zeche Jacobi von Carl Weigle. 1919 Bermensfeld. Diese Siedlungen haben einen meist gut durchdachten Wohnungs-Typ, in einer Ordnungs-Disposition hintereinander aufgereiht, mit Charakteristiken und Merkmalen, die Gemeinschaftlichkeit signalisieren. Die Zechen-Wohnungen sind auch ein Korrektiv für den Wohnungsbau, und das mit niedrigeren Mieten. Die Bauherren beschränken sich auf den mittelbaren Gewinn. Vor allem begrenzen diese Siedlungen die teure Fluktuation von Arbeitskräften.

Im Ruhrgebiet entstehen kaum mehrgeschossige Miets-Kasernen mit Hinterhöfen – anders als in Berlin und Breslau. Um 1900 leben im Durchschnitt 17 Personen in einem Gebäude, in Berlin jedoch über 60. Die Wohnungen sind immer überfüllt. Aber alle Bergbau-Wohnungen sind größer als der Durchschnitt der Wohnungen in der Region. Und sie sind besser. Dennoch schlafen die Kinder oft zu mehreren in einem Bett. Charakteristiken dieser Siedlungen: Familie. Nachbarschaft. Die Frauen regulieren den Alltag. Konservative Wert-Orientierung. Männer-Wirtschaft. Es gibt keine bürgerliche Privatheit. Alles ist halböffentlich. ▶ Schlafgänger. Jeder weiß viel vom anderen. Es gibt aufgrund der gleichen Berufe eine Gleichartigkeit der Lebens-Verhältnisse. Zugleich ein buntes Volk aus vielen Regionen. Die soziale Kontrolle des Unternehmens erstreckt sich über mehr als die Wohnung. Die Wohnungs-Verwaltungen haben einen strukturierenden Einfluss. Aber es gibt auch eine solidarische Seite. Die Siedlungen sind weniger Orte der Hörigkeit als vielmehr Inseln der Solidarität.

Arbeiter-Siedlung Eisenheim. Wilhelm Lueg (1792–1864)[11] wird 1812 Hauslehrer in der Familie des technischen Hüttenleiters Gottlob Jacobi. Offensichtlich ein sehr intelligenter, gebildeter, belesener und außerordentlich lernfähiger Mann. Als Jacobi 1823 überraschend stirbt, wird Lueg, der wohl von seinem Mentor gelernt hatte, zum Generaldirektor der Hütte ernannt. Wahrscheinlich hatte Lueg von Projekten in Frankreich (Charles Fourier) und

Großbritannien gehört, dass es dort frühe Versuche gab, Siedlungen für Arbeiter anzulegen. Schon 1836 hat er den Plan, dies auch in Osterfeld zu tun, kauft vom Bauern Wesselkamp ein Terrain, wird aber vom Amt Osterfeld zehn Jahre lang gehindert, seinen Plan umzusetzen. Das Amt fürchtet, dass ihm invalide Arbeiter „zur Last fallen". Schließlich – 1846 – lässt Lueg einfach illegal bauen. Den dreijährigen Streit gewinnt er – auch um den offiziellen Namen „Eisenheim".

Die ältesten erhaltenen Häuser stehen an der Fuldastraße 5/7 – zuerst „Kaserne" für ledige junge Arbeiter genannt (bis 1929 Kasernenstraße). Und an der Wesselkampstraße 27/29 und 31/33 – es sind Wohnungen für Meister. 1865/1866 entsteht an der Nordseite des Geländes in der Berliner Straße eine Kette von englisch wirkenden Häusern (Nr. 8, 10, 12, 14, 16, 18, 20). Als die Gutehoffnungshütte 1873 die Zeche Osterfeld abteuft, baut sie weitere Wohnungen – nun für Bergarbeiter: 1872 das Haus Wesselkampstraße 35 ist in der Region das älteste mit einer Disposition von vier Wohnungen in einem Kreuzgrundriss. Diese geniale architektonische Erfindung gibt jeder Wohnung mit ihrem Eingang eine der vier Haus-Fassaden. Der Boom um 1900 führte zu weiteren solcher Bauten: 1897 an der Eisenheimer Straße und 1901 an der Werrastraße (vor 1929 Koloniestraße), initiiert von Carl Lueg. Zwischen den Häusern liegen, umgeben von Buchsbaum-Hecken, Zier-Gärten. Zur Hälfte sind sie der jeweiligen Giebelwohnung zugeordnet. Die Wohnungen an der Straße und an der Rückseite haben ihre Ziergärten hinter dem Wohnweg. Ein differenziertes Wege-Netz erschließt den Bereich: Straße, Querwege, Wohnwege hinter den Häusern, Wege vor dem Land und zwischen den Parzellen der Nutz-Gärten. Kein Wohnbereich ist derart gut erforscht wie dieser in Eisenheim. Und mit 70 Tafeln mit umfangreichem Text für die jährlich rund 20.000 Besucher erschlossen[12].

Erste Infrastrukturen. Die Industrialisierung ist ein historisch relativ junges System von Zusammenhängen: zwischen Produktions-Stätten und Handel sowie zwischen Fabrik und Wohnung. Diese Zusammenhänge haben eine außerordentlich hohe Komplexität. Die Ideologie, die einzig auf den einzelnen Betrieb mit der Maximierung von Gewinn und Geld setzt, ist hier nicht mehr brauchbar. Denn die Komplexität der Lebens- und Arbeitszusammenhänge ist weitaus höher gewachsen als je zuvor in der Geschichte. Darin ist alles und jedes verwoben. Das macht sie faszinierend und zugleich schwierig, und noch schwieriger steuerbar. Für diese Zusammenhänge gibt es zwei Stichworte: „Verbund" wird im Wesentlichen verwandt für die Verbindungen von Fabriken. Und „Infrastruktur" für innerstädtische Bezüge. Zwischen 1820 und 1890 dachten die Führungs-Eliten der Wirtschaft weitgehend noch nicht daran, Infrastrukturen anzulegen. Dies drohte jedoch langsam und allenthalben nicht nur ärgerlich zu werden, sondern oft zu katastrophalen Zuständen zu geraten – und vor allem zum Hemmnis von Entwicklungen.

Komplexe Stadt-Entwicklung. Die ersten komplexen Planungen sind die Siedlungen. Sie geben auch einen Anstoß, komplex über die Stadt nachzudenken. An komplexer Stadt-Entwicklung spielt sich das Wichtigste zunächst ab im Bereich der Infrastrukturen. Sie entstehen nun in Phasen. Meist hängen sie damit zusammen, dass die Industrien sie zu ihrer eigenen Entwicklung benötigen, vor allem zur Nutzung von technologischen Innovationen. Wenn sie selbst diese Schritte nicht mehr leisten können, benötigen sie die öffentliche Hand. Zu diesen Infrastrukturen gehören die ersten Wasser-Leitungen zu den Werken und in bessere Viertel. Hinzu kommt eine fast-kommunale Aktien-Gesellschaft für Gas- und Wasser-Versorgung. Weil die Industrie erweiterte Qualifikationen braucht, wird das Schulwesen auf niedriger Stufe reformiert (1881 Knappenschule, 1882 Marienschule). Auf gehobener Stufe gründet die Stadt höhere Schulen. Ordnungs-Instanz für das gewachsene Ausmaß sozialer Konflikte wird seit 1879 ein Amts-Gericht (1907 Gebäude).

Steuer-Verweigerungen. Die Grundbesitzer und Wirtschaftsleute, die im Dreiklassenstaat in den Kommunal-Parlamenten die Mehrheit haben, betreiben gegen Maßnahmen, die Steuer-Gelder kosten, das gesamte 19. Jahrhundert hindurch Opposition – Parallelen dazu finden wir im Grunde bis heute. Auch heute verstehen immer noch die meisten Parteien nicht, was Infrastruktur bedeutet: Erst durch Infrastrukturen konnte sich der moderne Staat entwickeln – sowohl mit seinen Wirtschafts-Leistungen wie mit einem entwickelten Leben der Bevölkerung. Und drittens mit seinen Sozialleistungen, die soziale Katastrophen zu verhindern suchen. Diese Infrastrukturen entstanden in mehreren Schüben. Die meisten stammen aus dem Industrialisierungs-Prozess.

Erster früher Infrastruktur-Schub. Die größte und bewunderungswürdige Infrastruktur ist das Netz der Eisenbahnen, das schon in den 1840er Jahren entsteht und in zwei weiteren Phasen erweitert wird: ein seinerzeit unvorstellbar weitreichendes System, technologisch ganz vorn, sorgfältig zueinander disponiert, verlässlich, hochkomplex, vorzüglich koordiniert und kontrolliert. Es steht am Beginn der Entwicklung von Oberhausen, die im Eisenbahnwesen einen seiner (im Allgemeinen kaum wahrgenommenen) Höhepunkte hat.

Einzelmaßnahmen. In den Städten gibt es lange Zeit nur einzelne Maßnahmen. 1865 Sparkasse. 1865 baut Wilhelm Grillo eine Gas-Fabrik: für Gas als Energie und als Licht. Bürger-Parks. 1867 Telegrafenstation. 1868 Freiwillige Feuerwehr. 1869 entsteht eine Bewegung, ein Wasserwerk zu gründen. Ziemlich früh (1879) wird es realisiert, weil die Industrie Bedarf hat und die Katastrophe Concordiasee drückt. Damit wird in einem ersten Bereich ein Rohrnetz angelegt. Nach 1885 wird es in größerem Umfang erweitert. 1874 wird im Rahmen der neuen Hygiene-Bewegung für den Schlachthof ein Gelände angekauft, aber bis zu seiner Errichtung dauert es noch 16 Jahre (1891). Nach mehreren Katastrophen (1870 Pocken-Epidemie, 1871 Cholera-Epidemie) wird Gesundheit – auch ihre Kosten – ein Thema. 1883 entstehen das katholische und das evangelische Krankenhaus. 1884 öffnet das Solbad Alstaden – mit Sole der Zeche aus 300 Meter Tiefe.

Die Ära des „Munizipalsozialismus". Aufgeklärte Angehörige im Bürgertum beginnen – aus einer sozialliberalen Orientierung – zwischen 1890 und 1910 einen Schub an Infrastrukturen anzulegen[13]. Die bedeutendsten Namen dafür sind Erich Zweigert (1849–1906), Oberbürgermeister von Essen (1886/1906), und Robert Schmidt (1869–1934), Beigeordneter in Essen, später Gründer und Direktor des Siedlungsverbandes Ruhrkohlenbezirk (1920/1932). Je nachdem verschrien oder gelobt wird diese Bewegung ▶ „Munizipalsozialismus" genannt. Darin steckt ein uralter Gedanke aus dem Städtewesen: das korporative Gemeineigentum. In der sozialen Bewegung wird von Vergesellschaftung gesprochen. Gegner fürchten Kommunismus. Es wächst ein Geist der Korporation, wie ihn der Soziologe Max Weber[14] als eine wichtige Struktur europäischer Städte untersuchte und beschrieb. Daraus entstehen Ansprüche an die Gestaltung des gesellschaftlichen Ganzen und damit der Druck, zur Dimension der Wirtschaft die Dimension des Sozialstaates aufzubauen. Stichworte: Krankenversicherungs-Gesetz (1883). Unfallversicherungs-Gesetz (1884). Renten-System (1889, 1911). Seit 1880 entstehen in großem Ausmaß Schulen, weitere um 1910, in den 1920er Jahren, in den 1950er und 1960er Jahren.

Seit 1890 gibt es überall im Reich die Tendenz, Betriebe zur Ver- und Entsorgung als Kommunalbetriebe zu gründen: jenseits der Profitmaximierung. Aber der aufgeklärte Bürgermeister führt einen ständigen Kampf um die Gelder, die Hausbesitzer, Kleinunternehmer und Großunternehmer nicht herausrücken wollen. Dennoch erkennbar erhält er nun einen Zuwachs an Handlungsfähigkeit.

Zweiter Infrastruktur-Schub – zwischen 1890 und 1914: Orte und Fabriken wachsen – und damit immer mehr Probleme. Die Größenordnungen verlangen auch nach Lösungen mit neuen Qualitäten.

Müll? – 1893 entsteht eine planmäßige Müllabfuhr.

Sauberes Wasser? Dies kann nicht mehr individuell geleistet werden. Die gemeinschaftliche Lösung erfordert ein Leitungs-Netz. Es wird in den 1890er Jahren angelegt, erst im Gelände der GHH, dann in der Stadt. Anschauliches Symbol des ausgreifenden Wasser-Systems von der Ruhr bis zur Emscher ist der Wasserturm (1896) an der Mülheimer-/Duisburger Straße). 1898 ist die Hälfte der Straßen mit Wasser-Leitungen versehen. Aber noch lange sind private Brunnen in Betrieb, z. B. 1903 im Nachbarort 1903 Osterfeld noch 514. Im Jahr 1903 übernimmt das städtische Wasserwerk die Wasserversorgung in Straßenzügen, die bis dahin die GHH versorgte.

Abwasser? Ebenso entsteht mit der Größenordnung von Fabriken und Stadt ein weiteres immenses Problem: Abwasser. Ein oberirdisches Abwasser-System, 1881 begonnen, wird rasch als bedenklich erkannt. Wiederum dauert die Lösung lange: Nach 1902 wird – phasenweise ausgebaut – ein kommunales unterirdisches Kanal-Netz (Schwemmkanalisierung) angelegt – zunächst zum Vorteil bürgerlicher Viertel.

Gas wird von der GHH bezogen, aber 1897 entsteht ein städtisches Gaswerk. Ein Jahr später folgt ein Gaswerk in Sterkrade.

Neue Energie: Elektrizität. 1900 wird das „Städtische Elektricitaetswerk" gegründet. Elektrizität als Kraft. Elektrizität als Licht. Teilweise als Straßen-Beleuchtung, auch als Schaufenster-Beleuchtung. Noch lange laufen Gas und Elektrizität parallel.

Kleinteiliges Transportwesen. Die Erzeugung von Elektrizität in großem Umfang (1866 dynamoelektrisches Prinzip von Siemens zur Massenerzeugung erfunden) ist 25 Jahre später die Grundlage für das preußische Kleinbahngesetz von 1892, das ergänzende Netze für die Eisenbahn anregt. Die Stadt bereitet 1894 den ersten kommunalen Straßenbahnbetrieb Deutschlands vor. Dieser expandiert bereits 1899 nach Sterkrade, 1900 nach Osterfeld und 1901 nach Alstaden. Sehr langsam entwickelt sich der LKW-Transport. 1910 fahren die ersten Busse. Um 1910 erhalten einige Privilegierte Personen-Wägen. Als die Eisenbahn den immens anwachsenden Güter-Transport nicht mehr bewältigen kann, entsteht ein Netz von überregionalen Wasser-Wegen (1911/1914 Rhein-Herne-Kanal u. a.).

Gesundheit? 1893 entwirft der Stadtbaumeister Regelmann eine städtische Badeanstalt – das ist in dieser Zeit eine avantgardistische Tat. Das Gebäude wurde durch Bürgerinitiative am Ebertplatz erhalten. Der Gesundheit, der Erholung und der Schönheit dienen ein Netz von Alleen und Parks. Berühmt wird der Kaisergarten (1899), zuvor Jagd-Wald, mit dem letzten Rest der gewundenen, alten Emscher und einem Restaurationsgebäude (1903). 1904 erwirbt auch Osterfeld fünf Hektar Land vom Grafen Westerholt-Gisenberg für den Volksgarten. In Alstaden wird 1912 – wohl als Preis für die Eingemeindung (1910) – neben der Zeche als Sportgelände („Jahnwiese") der Ruhrpark angelegt. Sterkrade kauft 1916 den Busch eines Bauern für einen Volkspark.

Stadtentwicklung und Stadtgeschichte

Abb. 12: Früher Volksbadeanstalt – heute Kleinkuntstempel: das Ebert-Bad (um 1900)

Kommunikation? Die Kommunikation, die überregional durch Brief-Post und Telegraf geschah, wird erweitert – auch mit neuen Qualitäten: 1886 gibt es das erste amtliche Telefon in Sterkrade. Nur langsam breitet sich das Telefon aus, in der Bevölkerung erst in den 1960er Jahren.

Verwaltung: Aus Sach-Gründen infolge der zunehmenden infrastrukturellen öffentlichen Dienstleistungen expandiert auch die Anzahl der Verwalter dieser Anlagen. Neue Ausbildungen werden gefordert. Der Bau eines größeren Rathauses steht an. Dazu gibt es 1910 einen Wettbewerb, aber der Weltkrieg verhindert die Realisierung.

Kultur: Nun entsteht erstmals auch kulturelle Infrastruktur: 1901 Städtischer Musikverein. 1907 Städtische Bücherei. Vereinigungen wie der Bund Deutscher Architekten (1903) und der Deutsche Werkbund (1907) werden auf nationaler Ebene gegründet.

Wasser-Beherrschung: Emscher. In den wachsenden Größenordnungen kann man viele Probleme nicht mehr einzeln lösen. Es dauert lange, bis sich diese Einsicht durchsetzt. Es geht um Zusammenhänge. Nun zeigt sich, dass Stadt eine andere Kategorie ist als eine Agglomeration von einzelnen. Es entstehen – ähnlich wie in Holland – Gemeinschafts-Leistungen für elementare Probleme, um die immer wieder über ihre Ufer tretende Emscher erstens zu zähmen, zweitens des Abwassers Herr zu werden und drittens sauberes Wasser zu erhalten.

Die Wasser-Beherrschung erhält nun ein anderes Niveau: mit Elementen und Denkweisen der Industrialisierung. Anlieger – Städte, Zechen und Fabriken – tun sich regional zusammen und bilden einen Verband: die Emschergenossenschaft. Darin entschließen sie sich zu einer rigiden Arbeitsteilung: die Ruhr säubern, um Trinkwasser zu gewinnen, und die Emscher zum Abwasser-Kanal umgestalten. Damit kann man auch das Hochwasser beherrschen. 1904 wird der Fluss als Fluss aufgegeben und umgewandelt: zu einem Kanal aus Beton – längs durch die

Bild 13: Die Emscher vor der Kanalisierung von 1908

Region. 1909 beginnt die Emscherkanalisierung, 1913 ist sie fertig gestellt. Dies geschieht mit einem offenen Bett, um kontrollieren zu können, wenn Bergschäden entstehen. Denn durch die Bergwerke, die unter der Erde Flöze abbauen, senkt sich immer wieder die Erde. Dadurch entstehen Seen. Um dem zuvor zu kommen, wird ein System von Pumpen angelegt – wie in den Niederlanden. Nun sind es keine Windmühlen mehr, sondern Pumpen, die mit der vor kurzem entwickelten neuen Energie angetrieben werden – der Elektrizität. Noch wird die Arbeit des Aushubs für den Kanal mit Muskelkraft gemacht. Hunderte von Menschen schippen, laden den Aushub in Wägen, fahren sie auf Schienen ab. Der Emscher-Kanal ermöglicht auch die Entwässerung des sumpfigen Bruch-Gebietes bei Holten. Erst aber trocknen die Bänke an Torf aus. Dann brennen sie im Sommer oft monatelang. Seit 1917 wird der Bruch mithilfe des Dampf-Pflugs kultiviert. 1928 verwandelt die chemische Industrie (Ruhrchemie) das Bruch-Terrain in ein Industrie-Gelände.

Der Kanal für die Schiffahrt. Als durch die Expansion der Industrien die Kapazität der Eisenbahn erschöpft ist, wird 1911/1914 neben der Emscher ein zweiter Kanal gegraben, der Rhein-Herne-Kanal: sehr breit und daher für große Schiffe geeignet. Dieser Kanal hat ein Regulierungs-System. Das Wasser darf kein Gefälle haben, es muss gleichmäßig stehen. Dazu wird geprüft und gepumpt. Auch dies geschieht nun mit der neuen Energie: der Elektrizität.

Aber das Gelände ist nicht gleichmäßig. Um Höhenunterschiede zu überwinden, werden Schleusen angelegt, u. a. in Lirich und Dellwig. Das Prinzip ist seit Jahrhunderten bekannt. Nun wird es in einem bislang ungeahnten Umfang angewandt.

Verzweigung der Industrialisierung. In der Kohle werden um 1900 Nebenprodukte entdeckt, erforscht, nicht mehr in größtem Umfang in die Luft geblasen und weggeworfen, sondern zunehmend genutzt. Kohle wird nun eine immense und weitreichende Ressource: mit

Koks, Leuchtgas, Ammoniak zur Düngung, Teer, Benzol, Carbolsäure und mehr. Es gibt Forscher und Unternehmer, die versuchen, etwas daraus zu machen. In dieser Weise entsteht – meist übersehen – ein wichtiger Bereich der chemischen Industrie.

In einem Verbund stehen: Kohle – Kokerei – Gas – Chemie. 1927 gründen 28 Zechengesellschaften die Ruhrchemie in Holten. Sie verwertet überschüssiges Hochofen-Gas, um Düngemittel herzustellen. 1934 kommt hinzu die Verflüssigung von Kohle zu Benzin, nach 1945 Düngesalze, synthetischer Alkohol und Kunststoffe. Wenn die Industrie mit dieser Intensität weiter Nebenprodukte genutzt hätte, wäre das Zeitalter der Ökologie von ihr schon erheblich früher eingeleitet worden. Aber mit den Erfolgen bequem geworden, wehrte sie sich nach 1945 heftig gegen die Ökologie-Bewegung und tat alles, um sie zu hemmen – aber ohne Erfolg.

Mehrgeschossbau und Hypothekenwesen. 1917 kann Rudolf Eberstadt davon sprechen: „Das Siedlungssystem, das in der Stockwerkshäufung seinen äußerlichen Ausdruck findet […] hat sich in Deutschland allgemein durchgesetzt." Es breitet sich seit 1860 durch bestimmte „Geschäftsformen" aus. Eine solche Planung wird 1861/1863 in Berlin entwickelt: Aufteilung des Bodens (Parzellierung), „imposante Straßen" und „Blockfiguren", „in endloser Wiederholung über das Gesamtgelände einer Millionenstadt" – auf diesem Schema eine „planmäßige Anlage von Mietskasernen". Kritisch analysiert Eberstadt, dieser Typ sei nur einem bestimmten Interesse preisgegeben: dem Investor. Vorgegeben werde, dass dies die „dem Arbeiterstande angemessene Bebauungsform" sei. Sie erkenne dem Arbeiter „noch keine Selbständigkeit" zu.

In den 1870er Jahren wird den Städten die „Handhabung des Bebauungsplanes" in „Selbstverwaltung übertragen. Daraus entsteht – aus Bequemlichkeit eine „Schablone des neueren Städtebaues" – „eine willkürliche, rein administrative Schöpfung." „Durch die auf die Einführung des Stockwerksbaues abzielenden Maßnahmen wurde eine vollständige Umwälzung der Bauformen, zugleich […] auch der Bodenpreisbildung, der Wohnungsproduktion, des Hausbesitzes und der Bodenkapitalisierung verursacht." Es entstehen „abnorm tiefe Grundstücke". „Hofwohnungen." Mit dem „Recht der fünffachen Überbauung" des Grundes. „Hierdurch entsteht die […] künstliche Steigerung des Bodenpreises, die Bodenspekulation […], da die schematisch gedrängte Bauweise lediglich die Wirkung hat, den Bodenwert entsprechend zu steigern." „Die Masse der Bevölkerung ist nun vom Grundbesitz ausgeschlossen." „In den kasernierten Städten verfügt ein Bruchteil – in Berlin knapp ein Prozent – der Bevölkerung über den gesamten Grundbesitz."[15] Im Gebiet von Oberhausen hält sich diese Tendenz in Grenzen. Im Gegensatz zu den großen deutschen Städten ist Oberhausen uninteressant für die großen Terrain- und Baugesellschaften, die es vor allem in Berlin gibt. Noch lange wird es hier die halbländliche Prägung geben – mit Kleinhäusern von Arbeitern, wie z. B. in Dümpten und Alstaden.

Das Kredit- und Hypothekenwesen. Die großen Fabriken und Montanindustrien können nur selten mit dem Kapital entstehen, das ein einzelner Besitzer mitbringt. Daher tun sich Besitzer zusammen. Die Geschäftsformen heißen im Prinzip: Kredit. Dafür entstehen in der zweiten Hälfte des 19. Jahrhunderts Banken. Sie bündeln Kapitalien. Kredit gibt eine Bank in der Hoffnung oder Überzeugung, ihn nicht nur zurück zu erhalten, sondern an seiner Verzinsung möglichst lange Gewinn zu machen.

Kredit spielt in der Industrie eine große Rolle, aber auch im Hausbau und drittens in der Entwicklung von Infrastrukturen. Für den Hausbau entsteht in den 1860er Jahren, eingeführt in Paris von Haussmann, eine neue Form der Finanzierung: Die Hypothek. Man braucht nur ein geringes Kapital mitzubringen, „fünf bis zehn Prozent oder auch gar keine Anzahlung" und muss plausibel machen, dass man für das Gebäude Mieten erwarten kann, die Gewinn bedeuten. Diese Mieten zahlen das aufgenommene Kapital ab und bringen Überschüsse. Die Hypothek ist das Symbol der Spekulation: des Zusammenhanges zwischen Beleihung des Bodens (als Sicherheit für die Bank) und künstlicher Steigerung des Boden-Wertes. Denn das Geld wird nicht allein nach dem Wert des Baues geliehen, sondern auch nach Einschätzung zukünftiger Werte durch die Nutzung der Lage.

Hypothek und Schönheit. Die Hypotheken-Banken sichern ihren Kredit dadurch, dass sie ein solches Gebäude im ungünstigen Fall übernehmen und weiter verkaufen. Den Weiterverkaufs-Wert sichern sie sich, indem sie den Bauherrn verpflichten, dem Gebäude ein stattliches Aussehen zu geben – mit Schmuck. Im 20. Jahrhundert wird lange Zeit gegen diesen Schmuck polemisiert – aber seit den 1970er Jahren wendet sich die Einschätzung: Er wird geschätzt – in einer Zeit, die unfähig ist, mit Schmuck umzugehen.

Wilde Jahre um 1900. Die erste Hochphase der Industrie-Epoche entwickelt vor allem die Grundstoff- und die Investitionsgüter-Industrien. Die große Konjunktur spielt sich ab in den beiden Jahrzehnten zwischen 1890 und 1914[16]. Nun werden viele Menschen anspruchsvoller und möchten „mehr vom Leben haben". Dies führt um 1900 zu einer ersten Phase der Konsumgüter-Industrien. Ein breiter Handel entwickelt sich. Geschäftsstraßen entstehen. Sie werben mit Licht und Reklame. Und sie ordnen sich Transportwege wie die neue Straßenbahn zu, um Kaufkraft anzuziehen.

Es ist überall eine aufregende Übergangszeit. Und zwischendurch gibt es mehrere brüske Konjunktur-Einbrüche mit ebenso brüsken Aufschwüngen – im Grunde typisch für die Industrie-Epoche, von der viele falsche Bilder in den Köpfen stecken. Tatsächlich wechseln sich aufregend Konjunkturen und Krisen ab. Daher sind Wirtschafts-Betriebe keine heilen Welten, sondern außerordentlich stark Überraschungen ausgeliefert. Daraus folgen viele Schwierigkeiten, die Industrien und was drum herum geschieht, zu „handeln". In dieser Zeit vergrößern sich viele Städte um das Vielfache.

Stadtviertel. Die Wohlhabenden nehmen nicht wahr und sträuben sich dagegen wahrzunehmen (ähnlich wie heute in Bezug auf arme Weltgegenden), dass es neben den Industrie-Bereichen in den Stadtquartieren ein Leben auf dem Niveau des ganz kargen Überlebens gibt. Der Liberalismus lässt alles ins Kraut schießen. Dies führt dazu, dass Flüsse und Bäche von Fäkalien und Industrie-Giften verseucht werden, ebenso Bereiche der Natur. Dass es weite Bereiche gibt, in denen über die dürre Nützlichkeit hinaus nicht ein Anflug von Gestaltung entsteht. Bis zu manchem Zeitpunkt und bis zu einem gewissen Grad gibt es hier aber noch wild wachsende Natur-Bereiche, in denen Kinder und Jugendliche durchaus interessant aufwachsen können. Ist aber die Verdichtung durch Zubauen hoch intensiv, schrumpfen diese Refugien gegen Null- mit grausamen Folgen für die Bevölkerung.

Neue Bauaufgaben. Die Industrie-Entwicklung veranlasste und strukturierte eine Anzahl neuer Bau-Aufgaben. Gottfried Semper spricht 1878[17] von „großartigen Bauunternehmungen, die besonders das Eisenbahnwesen veranlasste." Bahnhöfe werden als Empfangs-Hallen der Stadt gestaltet: als Stadt-Zeichen, Stadt-Symbole, Stadt-Repräsentation. Erhebliche Bereiche der Landschaft und der Stadt erhalten durch Dämme und Brücken einen anderen Charakter. Das Transportwesen führt zu vielen neuen Problemlösungen und Gestaltungen. Seit 1910

*Abb. 14:
Die Marienkirche
an der Mülheimer Straße,
um 1890*

gibt es zu den Straßenbahnen auch Busse – mit Bus-Depots. Für die wachsende Menge an Gütern entsteht 1891 der Rangier- und Sammelbahnhof Vondern.

„Transportable Architektur" ist ein neuer Typ an Architektur. Die GHH Sterkrade wird berühmt für ihre Brücken (Rhein-Brücken, Nord-Ostsee-Kanal) und weiten Hallen für Fabriken, Bahnhöfe (Frankfurt) und Ausstellungen (Düsseldorf). Entwürfe werden als transportierbare Elemente gestaltet und produziert, mit Schiff oder Eisenbahn verfrachtet und an entfernten Orten zusammen gesetzt. Riesige Industrie-Anlagen werden gebaut. Mit großen Maschinen in oft gigantischen Konstruktionen und in weiten Hallen. Gasometer. Wassertürme. Werkscasinos. Darin stecken Abläufe, die hochgradig komplex angelegt, geordnet und rationalisiert sind. Nun müssen immer mehr Prozesse reguliert werden.

Was gilt als modern? 1863 entwirft der begabte, früh gestorbene königliche Baumeister Max Nohl (1830–1863) die ev. Christus-Kirche mit einer gusseisernen Konstruktion – als einer der ersten Sakralbauten in Europa, erst abgelehnt, dann von der Gemeinde durchgesetzt (im Inneren nicht erhalten). Völlig ungeklärt ist, wie in dieser Gegend zwei riesige katholische Kirchen entstehen können: die kath. Joseph-Kirche (1869) in Styrum und die kath. Marien-Kirche (1891) – entworfen von einem berühmten Baumeister: Friedrich (Freiherr von) Schmidt (1825–1891). Dieser hatte 1872/1885 in Wien das neue Rathaus (1872) am Ring gebaut und war auch als Dom-Baumeister in Wien und Mailand tätig. Nach dem Kulturkampf (1871/1878), in dem sich die katholische Seite gegen Bismarck behauptete, sind diese und weitere große katholische Bauten auch Zeichen der „triumphierenden Kirche". In der Konkurrenz ist die evangelische Seite gezwungen mitzuhalten.

„Wenn an mich die Frage gerichtet wird, in welchem Stil das Rathaus gebaut sei, ob gothisch? Ich muss offen bekennen, dass ich es nicht weiß!" sagt der Architekt Friedrich Schmidt. Trotz der mittelalterlichen Vorbilder sah er den Bau durch den „Geist der Neuzeit" charakterisiert. Manche hätten die „Tintenburg" (das Rathaus in Wien) auch lieber im Barockstil errichtet gesehen, doch symbolische Überlegungen sprachen für die neugotische Variante: das Spätmittelalter war die Zeit der freien Gemeinden. Auch der an drei Seiten frei stehende, über 100 Meter hohe Rathausturm (in Wien) sollte an mittelalterliche Stadttürme erinnern – gekrönt vom eisernen „Rathausmann".

Abschätzige Benennungen der Zeichengebungen solcher Bauten mit Worten wie „Historismus", „Stil-Mischmasch", „Nachahmung" sind spätere Denunziationen und nicht in der Lage, die Aussage eines Gebäudes zu verstehen. Mit Stil-Begriffen kann man nichts anfangen: Sie erklären nichts. Jede Zeit kann selbstverständlich nur mit den Zeichensprachen gestalten, die ihr zur Verfügung stehen. Der Entwerfer steht immer auf den Schultern von Vorgängern. Die Industrie-Epoche ist pluralistisch, daher hat sie Vieles und Unterschiedliches zum Disponieren. Es besitzt stets Bedeutungen. Und aus zunehmenden Möglichkeiten und aus der Freiheit des Entwerfens und Verstehens ergeben sich Chancen für die Phantasie: mit einer Fülle von Einfällen – vor allem in Türmen und Raum-Bildungen.

Vornehme Wohn-Bereiche. Wohlhabende Bürger trennen sich von der Vorstellung, an belebten Straßen zu wohnen und ziehen sich zurück: in Viertel, die eigens für sie gebaut werden. Sie leben auf der Sonnen-Seite, es geht ihnen durch die Industrialisierung immer besser, ihre Zahl nimmt zu. Manche lassen sich ein Haus entwerfen – mit Fassaden in den Formen des 16. Jahrhunderts von Florenz. So entstehen prächtige Stadt-Bereiche: seit 1890 das Rathaus-Viertel, dann das Viertel um die Sedanstraße und nach 1908 das Marienviertel als ein weiteres Mittelschichten-Viertel im Osten der Mülheimer Straße um die Goethe-/Lipperheidstraße – mit Straßen als Boulevards.

Direktoren-Siedlung am Grafenbusch. 1910 baut Bruno Möhring (1863–1929)[18], der neben Hermann Muthesius und Peter Behrens einer der drei wichtigen Architekten der frühen Moderne ist, am Grafenbusch in Oberhausen eine großbürgerliche Siedlung für Top-Manager der GHH. In einem englischen Park stehen Landvillen – jede mit individuellem Ausdruck[19]. Im Einzelnen sind die Häuser geprägt von Privatheit und Understatement. Die Siedlung drückt mit ihrer Dreiteilung in Villa, Doppelhaus und Reihen-Haus die Führungs-Hierarchie der GHH aus.

Mehr-Werte der Stadt. In den 1890er Jahren wird durch die Zunahme mittelständiger Bewohner, vor allem durch Ingenieure in der Industrie, Ärzte und Lehrer, „gefühlt", dass Stadt nicht nur eine Ansammlung des Nützlichen ist, sondern auch „Stadt als Stadt" ist und damit Mehr-Werte entwickeln kann. 1899 wird ein Baudezernat eingerichtet. Nun entsteht langsam eine ▶ „Lenkungsplanung", vor allem für die Aspekte der Eingemeindungen. Manches an der Stadt wird als ästhetische Dimension gesehen und geplant, zum Beispiel zunehmend Straßen-Pflasterung.

Plätze. Ebenfalls ein Bündel an Motiven führt zur Entstehung von Plätzen. Der höfische Platz wird zum bürgerlichen Platz umgestaltet: als Umfeld von monumentalen öffentlichen Gebäuden. Der Platz vor dem Stadtbad (Ebertbad) entsteht. Der Friedensplatz wird um 1910 in Grundzügen konzipiert – als Kaiser-Platz. Vor und neben dem Rathaus entsteht eine virtuose Schöpfung von Plätzen und Parks. Lange beschäftigt man sich, vor allem im Verkehrsverein, mit mehreren Konzeptionen für einen neuen Bahnhofs-Platz. Dafür wird 1910 ein neues Postamt gebaut.

Die Park-Stadt. Kurz nach 1900 gelangt im Rahmen einer europa-weiten Reform-Bewegung die Gartenstadt-Idee aus England ins Gebiet von Ruhr und Emscher. Untertitel des Buches von Ebenezer Howard: „Gartenstädte für morgen – ein friedlicher Pfad zu einer realen Reform"[20]. Sie hat vor allem im Ruhrgebiet große Erfolge. Ihre Wurzel hat sie im Dorf. Ihr Gestaltungs-Prinzip der Asymmetrien stammt aus der Gemenge-Stadt. Die Gartenstadt-Idee wird zum wichtigsten Korrektiv der Großstadt, die in der Krise der Stadt-Entwicklung vielen Menschen als ein Moloch erscheint. Die Individualisierung der Häuser und die unsymmetrische Formung sind eine Reaktion auf die Großstadt-Straßen.

Alleen. Das arme Frankreich hatte lange Zeit die billigste Möglichkeit genutzt, ein Terrain zu strukturieren: durch Baum-Reihen, d. h. Alleen. Das Billigste war auch das Beste, denn wie anders hätte man größere Entfernungen überbrücken können, auch in der Stadt. Bereits mit dem Raster-Plan des Essener Kreisbaumeisters Kind (1865) wurde eine Anzahl Alleen geschaffen. Um 1900 legt die Verwaltung gezielt Alleen an, vor allem im Viertel um die Lipperheidstraße. Das Programm grüner Straßen läuft drei Jahrzehnte lang. Um 1929 lässt die Verwaltung in Osterfeld über 6.000 Bäume pflanzen. Auch Privatleute beteiligen sich, zum Beispiel die Familie Uhlenbruck auf dem Platz nahe der Zeche Concordia (1937 Uhlenbruck-Platz genannt). Die Arbeiter-Siedlungen, die unter dem Einfluss der Gartenstadt-Bewegung entstehen, erhalten fast immer Alleen. Was weithin unterschätzt wird, kann in armen Zeiten und armen Kommunen besonders wertvoll werden. Es kostet am wenigsten – und bringt den vergleichsweise größten Effekt. Dies ermutigt dazu, aus der Armut eine Chance zu machen.

Parks. Ein Gemisch von Motiven führt um 1900 zur Schöpfung von Parks. Romantische Entdeckung der Natur – auch aus früher Verlust-Erfahrung. Leitworte: Erholung. Rekreation der Arbeitskraft. Verbürgerlichung höfischer Parks durch den Gedanken des englischen Parks. In Oberhausen der Uhlandplatz. Ein berühmter Park wird der Kaisergarten (1902). Das verseuchte Grillo-Gelände [am Rathaus] wird vom Metallfabrikant Terlinden gekauft und 1897 zu einem Park hergerichtet. 1904 kauft die Stadt für einen vom insolvent gegangenen Besitzer in enorme Höhe getriebenen Preis diesen Grillo-Park, unter anderem für einen Neubau des Rathauses.

Konkurs als Herausforderung für Stadtentwicklung. Die gesamte Industrie-Geschichte ist ein endloser Struktur-Wandel. Produktionen entstehen und vergehen. Ein entscheidendes Ereignis für Oberhausen ist der Konkurs der Styrumer Eisenindustrie (1856 gegründet) im Jahr 1902 – auf einem weiten Gelände nahe dem Hauptbahnhof. So gibt es schon kurz nach 1900 zwischen Bahnhof und Rathaus eine riesige Industrie-Brache. Was daraus machen? Immer wiederholen sich solche Brachen – bis in unsere Tage.

Die Katastrophen der Stadt werden von drei tatkräftigen Bürgermeistern zu Chancen umgemünzt: Otto Wippermann (1894–1906), der als erster 1903 den Titel Oberbürgermeister erhält, Otto Havenstein (1906–1928), beide nationalliberal, später Burkhard Drescher (1997–2004), Sozialdemokrat. Der Stadtrat lehnt eine Neuansiedlung von Industrie energisch ab, unterstützt von GHH-Vertretern, die keine Konkurrenz auf dem Arbeitskräfte-Markt haben will. Im jahrelangen Tauziehen um dieses Stadtentwicklungs-Gelände wird als erstes 1907 das Amtsgericht (Thömer/Hagemann) gebaut. Vor ihm entsteht schon kurz zuvor ein zunächst quadratischer „Schmuckplatz" mit dem Namen „Kaiserplatz" (1904). Wippermann und Havenstein fordern einen städtischen Bodenfond gegen Spekulationen, um einen spekulationsfreien städtischen Bodenvorrat anzulegen.

Abb. 15: Das Hauptlagerhaus der GHH, erbaut 1922 bis 1925

Eine Kette von Parks. Auf der Industriebrache der Styrumer Eisenwerke und in deren nördlicher Nachbarschaft entsteht kurz nach 1900, mit dem Blick nach England, eine Zone von Parks. In ihnen legen die Bürgermeister in den Wellen der öffentlichen Infrastruktur-Bildung Bauten an: als Solitäre im Park. Der Großstadt-Platz vor dem Hauptbahnhof öffnet sich im Osten zum Park. Dies drückt die gegenüberliegende Front des Ruhrland-Hauses (1928 bis 1930 von Karl Schmeißer) aus: mit ihrem überleitenden Pavillon. Auf Park und Allee konnten sich die gegensätzlichen Parteien in zerrissenen Zeiten einigen. Die Industrialisierung forderte dialektisch heraus: das Bedürfnis nach Gesundheit – und die Sehnsucht nach einem Arkadien. Dazu gehört, dass dieselbe Struktur unterschiedlich bewertet wurde: mal als Traum vom Paradies, mal als kleinbürgerliche Idylle, mal als Reaktion, mal als Fortschritt, mal als Beschwichtigung, mal als notwendige und entwickelte Lebens-Qualität.

Peter Behrens: Hauptverwaltung III und Lagerhalle. Oberhausen besitzt ein frühes Werk des Neuanfangs nach dem Ersten Weltkrieg und mit dem Beginn der Republik. Peter Behrens, von Walther Rathenau und Paul Jordan (AEG) an Generaldirektor Paul Reusch (1868–1956) empfohlen, gewinnt 1920 einen beschränkten Wettbewerb der Gutehoffnungshütte für einen riesigen Bau-Komplex an der Essener Straße: das Lagerhaus, die Hauptverwaltung III und ein Torhaus. Der Auftrag an Peter Behrens (1868–1940)[21] zeigt, dass der Industrie-Bauherr sich monumental darstellen will. Dies belegt auch die Tatsache, dass Mehraufwendungen von 400.000 Mark für Spezialziegel als Außenverkleidung schon bei der Entwurfs-Besprechung genehmigt werden. Der Bau-Komplex ist Darstellung der Industrie-Macht – nach dem verlorenen Krieg und der halben Revolution! Carl Duisberg, Vorstandsvorsitzender von Bayer: Die Junker haben den Krieg verloren, die Industrie hat ihn gewonnen.

Der Bau-Komplex ist als geschlossener Innenhof geplant, aber nur an der West- und Nordseite realisiert. Zechen-Architekt Gustav Herzog sichert ihn gegen Berg-Schäden: er steht auf drei Beton-Platten, die in sich horizontal verschiebbar sind. Drei mächtige Blöcke bilden das Lagerhaus. Glatt und scharfkantig sind die Wände. Steiles steht in Kontrast zum Lagernden, kleinteilige Bau-Motive im Gegensatz zu Großformatigem. Die Bänder bilden lineare Charaktere gegen flächige und plastische. Geschlossenes stellt sich in Spannung zu Räumlichem. Das Torhaus ist durch seine große, weit ausladende Dachplatte eine offene und spannende räumliche Form. Die Kategorien Fläche, Linie, Plastik, Raum werden in reiner Form gegeneinander gesetzt. Die großen Baukuben und die Rampenüberdachung sind wie körperlose, abstrakte, stereometrische Formen ineinander gesteckt, sie überschneiden sich. Der Bau-Komplex gehört zu den hervorragenden Fabrikanlagen des 20. Jahrhunderts. Anreger war die holländische Gruppe des „Stijl" (vor allem J. Wils). Die weiten plattenförmigen Dachformen übernimmt Behrens von dem Amerikaner Frank Lloyd Wright (Kaiserliches Hotel in Tokio, 1916/1922). Dem Eingang des Verwaltungs-Gebäudes, ursprünglich an der Essener Straße, folgt eine Halle. Die Seitenwände besitzen Inkrustierung aus verschiedenartigen Stein-Materialien (nicht erhalten). Ihre harten, rechteckigen Formen zeigen Einflüsse der frühen gegenstandslosen Bilder von Theo van Doesburgs, des Begründers des „De Stijl". Peter Behrens hat das riesige Lagerhaus für die Gutehoffnungshütte 1922 bis 1925 gebaut mit all dem im Kopf, was in den Jahren des Ersten Weltkriegs nicht realisierbar war. Er tat dies aus der plötzlichen Möglichkeit eines frischen Aufbruchs mit anderen Zielen und Möglichkeiten als im Deutschen Kaiserreich. Dazu hatte er gesammelt, was in dieser Zeit an Entwicklungen vor allem in den Niederlanden geschehen war. Behrens hielt es für sein „bestes Werk".

Der Architekt macht einen zweiten Entwurf: für die Rombacher Hüttenwerke (1917 am Kanal entstanden) mit ihrer Zeche Concordia, die in Oberhausen 7.000 Arbeiter in sechs Schachtbauten und chemischen Anlagen beschäftigt. Er wurde nicht realisiert.

Infrastruktur der 1920er Jahre. 1920 entsteht der Siedlungsverband Ruhrkohlenbezirk. 1919 Volkshochschule, gegründet in der zentrumsnahen Gaststätte „Union". Städtisches Orchester. 1921 Städtisches Theater. Städtische Arbeits-Beschaffung mit dem Gebäude des Arbeitsamtes (1929). Für die Ertüchtigung des Körpers entstehen Sport- und Schwimm-Anlagen (1925 Stadion Niederrhein, 1926 Sommerbad Klosterhardt). Es ist erstaunlich, was in größter Armut geschaffen wird. Die Maßnahmen zur Arbeits-Beschaffung werden gut genutzt. Und es gibt eine Aufbruch-Stimmung – trotz Katastrophen wie Ruhrbesetzung und Inflation. 1925 strömen US-Kredite und bringen – zusammen mit der Hauszins-Steuer – eine Baukonjunktur zustande, bis zum Einbruch der Weltwirtschafts-Krise 1929. Der Bahnhofsvorplatz erhält ein Gesicht, das Moderne ausweist.

Stadt-prägender Stadtbaumeister. Exemplarisch für Stadtplanung und Stadtgestaltung in der ersten Hälfte des 20. Jahrhunderts ist die Tätigkeit des Stadtbaumeisters von Oberhausen.

Der Dorfjunge Ludwig Freitag (1888–1973) erhält seine Prägung 1907/1908 bei dem in Darmstadt lebenden holländischen Architekten Johann Christoph Gewin und 1910/14 im Büro von Friedrich Pützer (1871–1922), Professor an der Technischen Hochschule Darmstadt, einem hochangesehenen Entwerfer. Freitags Arbeitsstätte befindet sich in der großherzoglichen Künstlerkolonie Mathildenhöhe – mitten in einem beispielhaften Projekt. Dort suchen viele Künstler (Olbrich, Behrens, Metzendorf, Gewin, Pützer u. a.) nach einer neuen architektonischen Ausdrucks-Sprache.

Zusammenhänge. Ludwig Freitag wird im seinerzeit wichtigsten Zentrum der bürgerlichen Reform geprägt. Der Großherzog von Hessen verfolgt mit der „Mathildenhöhe" in Darmstadt ein Konzept der Gewerbeförderung: die Anreicherung von industriellen Produkten durch eine neue kulturelle Dimension. Ähnliche Reform-Gedanken entwickeln sich in Berlin. Sie kristallisieren sich in der Gründung des Deutschen Werkbundes (1907). Dieser regt eine Synthese von Industrie und Kultur an.

Oberhausen steht gleichzeitig mit Darmstadt und mit Berlin in Verbindung: über einen der drei wichtigsten Entwerfer der sogenannten „frühen Moderne" (Hermann Muthesius, Bruno Möhring, Peter Behrens). Bruno Möhring führt in Oberhausen für die GHH mehrere Aufträge aus: u. a. die Krohn/Möhring-Halle in Sterkrade (1907, abgerissen), die Manager-Siedlung „Am Grafenbusch" (1910) sowie die Wohlfahrts-Häuser in Vondern (1912) und Stemmersberg (1913) und einen Ausbau zum Kindergarten in Eisenheim (nicht erhalten). Auch die Darmstädter Tradition erhielt ihren Ableger in Oberhausen. Prof. Friedrich Pützer gewinnt unter 101 Einsendungen den Rathaus-Wettbewerb (1910) und bekommt sogleich zwei Aufträge: die Sparkasse am Grillo-Park (1911/1912) und das Kgl. Realgymnasium (1914/1916, heute Elsa-Brändström-Gymnasium). Sachbearbeiter, d. h. Mitentwerfer, ist jedesmal Ludwig Freitag. Pützer empfiehlt ihn der Stadtverwaltung, um die Schiene Darmstadt-Oberhausen langfristig zu etablieren. Freitag übersiedelt nach Oberhausen. Die Moderne des Bauhauses verkörpert das 1928 bis 1930 von Karl Schmeißer gebaute Ruhrlandhaus.

Die 1920er Jahre. Prof. Pützer, Rektor der Technischen Hochschule Darmstadt, stirbt überraschend 1922. Die wirtschaftlich unsicheren Zeiten verhindern lange Zeit den Rathaus-Bau. Neue Gedanken entstehen. Die Krise wird genutzt. Durch kluges und energisches Management des Oberbürgermeisters Otto Havenstein (1867–1945). Er tritt die Flucht nach vorn an: Was er anfasst, erhält auch einen kulturellen Anspruch. Es entsteht eine große Zahl gut gestalteter Bauten.

Die neue Infrastruktur des Bildungswesens. Die wirtschaftlichen und demokratischen Veränderungen erfordern eine verbesserte Struktur des Bildungswesens. Sie prägt sich sichtbar in einigen Schulbauten aus (1921/2 Gewerbliche Berufsschule, 1925 Turnhalle Havensteinstraße, 1926 Havenstein-Schule in Dellwig, Bismarck-Schule in Alstaden, 1927 Turnhalle Blücherstraße, 1928 Umbau der beispielhaft reform-orientierten Dümpter-Schule). Stand das Kgl. Realgymnasium (1916) für eine Verbesserung des Bildungswesens der alten Elite, so bedeuten die neuen Schulbauten eine Qualifizierung von neuen Eliten, nun vorwiegend in der Mittelschicht und im Kleinbürgertum. 1924 bildet sich eine Theater-Gemeinschaft: Oberhausen, Gladbeck, Hamborn.

Gesundheitlich orientierte Freizeit. Zur Bildungs-Infrastruktur kommen Forderungen nach Verbesserung der Lebens-Qualitäten hinzu. So entsteht in Oberhausen seit 1925 eine Grünflächen-Politik für die Erholung. Im Zusammenhang damit, auch als Arbeitsbeschaffung für Arbeitslose, werden das Niederrhein-Stadion (1925) und das Sommer-Bad (1926/1927) angelegt.

Großstädtisches Bewusstsein. In dem schwierigen Prozess der Großstadtwerdung innerhalb einer industriellen Landschaft sind erhebliche finanzielle und gestalterische Anstrengungen notwendig, damit die neue Stadt-Entwicklung auch mit Symbolen merkbar wird. Im Verwaltungs-Bericht 1928 weist der Oberbürgermeister auf die Schwerpunkte der Stadtplanung hin: Ausbau der Abwässer-Kanäle, Straßen-Pflasterung, Verbesserung des Stadt-Bildes durch schöne Plätze, Freilegung des Bahnhofs-Vorplatzes, Bahnhofs-Umbau, Neubau des Rathauses.

Stadtbaumeister Ludwig Freitag plant auf dem Gelände der untergegangenen Styrumer Eisenhütte einen großen langen Platz: den heutigen Friedensplatz. Dies geschieht in schwierigster Zeit: nach der Revolution (1918), dem Versailler Vertrag (1919), dem Kapp-Putsch (1920), der Ruhr-Besetzung (1923), der Inflation (1923). Als erstes entsteht eine von außen finanzierte Institution: die lange westliche Platz-Front der Reichsbank-Nebenstelle (1923). Das Polizei-Präsidium (1924/1926) an der Ostfront ist das erste Gesamtkunstwerk des Architekten Ludwig Freitag. Eine seltsame Umkehrung: Die Polizei hat die Innenräume mit den phantasiereichen Formungen am besten erhalten. (Hingegen wurde das Innere des Brecht-Hauses durch Rücksichtslosigkeit völlig zerstört.) Wir sehen großartige Details. Texturen. Eine dermaßen gelungene Architektur ist Skulptur und zugleich auch Malerei. Drei Komplexe stehen symbolisch für die Ausbildung des kommunalen Selbstbewusstseins: der Bereich Friedensplatz, das Rathaus (1927/1930 mit Grillo-Park) und der Hauptbahnhof (1929 bis 1934 von Reichsbahndirektor Hermann) mit dem städtischen Hotel Ruhrland (1928/1930 von Karl Schmeißer).

Ratsprotokoll Oktober 1927:

„Die Verhandlungen über den Neubau des Rathauses eröffnete der Oberbürgermeister mit dem Hinweis, dass man vor einer wichtigen Entscheidung stehe, die nicht nur einen kraftvollen Schlussstrich unter die Entwicklung der Stadt [!] setze, sondern auch die Tür öffnen würde zu einer neuen glückverheißenden Zukunft. Alles Große muss aus tiefer Notwendigkeit hervorwachsen und sich so darstellen[!], dass es nicht anders geht. Das sei hier der Fall. Seit langen Jahren sei nun ein neues [!] Projekt der heutigen Zeit entsprechend [!] aufgestellt. Man glaube, dass es gut, schön und nützlich sei. Unter Erhaltung [!] und Weiterbenutzung des alten Rathauses solle auf dem besten und schönsten [!] Platz der Stadt das Werk entstehen, das für lange Jahre den Bedürfnissen der Stadt genügen werde. Man habe sich bemüht, etwas zu schaffen, von dem es nicht heißen werde, wenn es in Benutzung genommen, dass es zu klein sei [!]. Es fordere Opfer von der Bürgerschaft [!], einen Betrag von 2,8 Mill. als Schulden zu tragen. Den städtischen Finanzen werde diese Summe aber nicht das Rückgrat brechen. Sie können ihr Rathaus dann ruhig neben den Rathäusern der Nachbarstädte nennen, und Oberhausen kann sich selbst als Großstadt fühlen [!]".

Leistungsverwaltung. Als dritte Struktur-Ebene neben Verkehr-, Ver- und Entsorgung werden Behörden zu Dienstleistungs-Verwaltungen ausgebaut (Rathaus, Polizei, Finanzen, 1929 Arbeitsamt). Dies hat untereinander Bezüge. Dem verdankt Oberhausen, dass es sich nun stadtplanerisch ausprägt: so entsteht das „Behörden-Viertel": Vom Amtsgericht am Friedensplatz erstreckt es sich bis zum Galgenberg mit dem Rathaus und zum Stadt-Theater (1938/1939, ursprünglich anstelle der späteren Stadt-Halle geplant). Stadtbaumeister Ludwig Freitag gestaltet alle hier genannten Bauten. Er verleiht damit – wie kaum einer seiner Kollegen in der Weimarer Republik – einer jungen Großstadt sichtbare Züge.

Die Qualitäten des Entwerfers. In der kurzen Reform-Periode von 1925 bis 1932 steht der Stadt für das Rathaus mit Ludwig Freitag ein Architekt zur Verfügung, wie ihn in dieser Qualität in der Republik nur wenige öffentliche Verwaltungen besitzen. Und mit dem Oberbür-

Abb. 16: Das Rathaus Oberhausen im „Behörden-Viertel", Aufnahme um 1930

germeister Otto Havenstein ein Mann, der diese Qualitäten schätzt, gegen Widerstände fördert und vertritt. Havenstein, dessen Management-Fähigkeiten die Reformen der öffentlichen Verwaltung in den 1920er Jahren prägen, lässt Freitag für das Rathaus in genau fünf Wochen Pläne und Modelle anfertigen. Das Rathaus (1927) wird ein Gesamtkunstwerk: von der Tür-Klinke über den Fußboden bis zur Lampe an der Decke, vom Stuhl über die Verkleidung der Heizung bis zur Uhr. Es ragt aus dem Park mit seinen Terrassen wie ein großes Schiff empor – eine dramatische Inszenierung wie in Filmen dieser Zeit. Zudem wird die Idee des Turmes gesteigert durch eine zweite Idee: die „Stadt-Krone". Dies wetteifert mit anderen Städten und Architekten wie Bruno Taut und Hans Scharoun.

In der Stadtplanung führt Ludwig Freitag die vorzügliche Planung der Jahrhundertwende weiter: Alleen und Plätze mit einer Grün-Struktur. Es mag vielen Menschen wie ein Wunder erscheinen, wie stark und vor allem baukulturell in kaum mehr als fünf Jahren (1925 bis 1930), das Gesicht der Stadt geprägt ist – bis heute. Auch mit den Fähigkeiten von Ludwig Freitag gewinnt Otto Havenstein für Oberhausen in der Eingemeindungswelle 1929 die Priorität über Sterkrade und Osterfeld.

*Abb. 17:
Das Kaufhaus Tietz –
heute Bert Brecht-Haus,
Aufnahme um 1935*

Kaufhaus Tietz (später Bert Brecht-Haus). In der Stadtmitte von Sterkrade eröffnet 1921 eine Filiale des Duisburger Kaufhauses Mayer & Klestadt (beides Kaufleute aus Bielefeld, heute Lanfermann. 1925 erlebt das krisengeschüttelte Deutschland zum ersten Mal – mit Hilfe amerikanischer Kredite – einen wirtschaftlichen Boom. Dies spiegelt sich in Oberhausen im Kaufhaus wieder, das 1925/1928 die Leonard Tietz AG Köln bauen lässt[22]. Vorbild ist das Chile-Haus (1920/1923 von Fritz Höger) in Hamburg. Der nördliche Teil ist ein Verlags-Haus – mit Redaktion und Druck der zentrumsnahen Tageszeitung „Ruhrwacht". Architekt ist Regierungsbaumeister Otto Scheib (Köln), örtlicher Architekt und Bauleiter Franz Boegershausen (Oberhausen). Der Bau drückt in Eisenbeton, Stein, Eisen und Glas die Empfindungen einer ungeheuer turbulenten Zeit aus. Tempo. Zuspitzung. Aggressivität. Konflikt. Große Geste. Hochfahrend. Fassaden mit Klinkern. Es ist das erste hohe Haus in Oberhausen – mit sieben Geschossen. Eine Allee umrahmt es. Seine städtebauliche Funktion: ein markantes Gelenk zwischen Friedensplatz-Planung und Marktstraße – zwischen Geschäfts- und Behördenviertel.

Einige Zitate geben Einblick in eine unter vielen Denkweisen dieser Jahre.

> „Wir sind eine katholische Zeitung […] [und] bemühen uns, duldsam zu sein […]. Politisch vertreten wir die Grundsätze der Zentrumspartei. Suchen Zentrumsgeist zu vermitteln. […] [sind] Anhänger der republikanischen Staatsform […], bekämpfen nationalistische Verstiegenheit […]. Glückauf, ein bodenständiger Heimatgruß […]. [Wir versuchen] das heimatliche Selbstbewusstsein des Industrievolkes […] wieder aufzurichten."

Architekt Otto Scheib:

„Auf dem ehemaligen Industriegelände an der Ecke der Industrie- und Breite Straße […]. Das Projekt liegt an der Ecke der beiden Hauptverkehrssstraßen in Oberhausen, die den Schlüssel zu dem Verwaltungsviertel mit Reichsbank, Amtsgericht, Polizeipräsidium, Finanzamt und Rathaus […] [bildet. Ein] Turmhaus […] gut belichtet und belüftet […]. Die Fensterbrüstungen werden durch Klinkerornamente, die vor die Flächen gesetzt worden sind, in angenehmer Weise belebt. […] Auch im Innern ist auf große Sachlichkeit und Einfachheit gesehen worden, wobei stets eine richtige Behandlung des jeweils verwendeten Materials vom Architekten angestrebt worden ist. […] [Es ist] in musterhafter Weise ausgeführt […] [mit] guter handwerklicher Tüchtigkeit […]. [Es ist die] Einleitung einer neuen Entwicklung […]. Es dürfte die Zeit nicht mehr fern sein, dass das gesamte Industriegelände mit Geschäftshäusern bebaut wird und sich endlich der Traum Oberhausens auf Erbauung des so lange ersehnten Bahnhofs erfüllt."

Eröffnung:

„Das Warenhaus Tietz in Oberhausen. […] Oberhausen, ein Name deutscher Arbeit und deutschen Fleißes […] Gutehoffnungshütte […]. Mitten im neuen Zentrum […] der Bequemlichkeit des Publikums dienen ferner zwei Personenaufzüge […] Erfrischungsraum […] Gesamtfront […] 135 m […] braun-roten Klinkern, spärlich unterbrochen durch helle Tuffstein-Lisenen und Reliefs, wirkt sich in ihrer Zusammenstellung zu einem wunderbaren und pompösen Farbenspiel aus. […] himmelan strebend […]. Oben steht auf Zinnen in Leuchtbuchstaben die Worte „Tietz".

1931 baut sich Sterkrade in der Mitte ein „Stadthochhaus".

Zusammenlegung von drei Städten. Nie werden Größen-Ordnungen diskutiert. Stets herrscht das Vorurteil: Je größer desto bedeutender. Nach den Menschen wird nicht gefragt. Oberhausen hat rund 110.000 Einwohner, Sterkrade rund 51.000 (1913 Stadtrecht), Osterfeld rund 31.000 (1921 Stadtrecht). Man kann denken, dass dies vernünftige Größenordnungen sind – und dass durch Zusammenlegung im Grunde nichts gewonnen wird als eine Ziffer (193.000 Menschen), die einzig auf dem Jahrmarkt der Eitelkeiten Bedeutung hat. Zusammenlegung ist eine Manie, die wellenweise überall auftritt. Unter diesem Druck entsteht eine Konkurrenz der Städte. Eine Zeit lang denkt Sterkrade, es könnte vorn liegen, weil hier die Eigentümer der Gutehoffnungshütte wohnen und weil die Brückenbau-Anstalt (1864) das höchste Sozialprestige genießt. Es gibt Überlegungen, das angedachte Städte-Agglomerat nach dem Werk zu benennen, das alle drei Städte übergreift: „Gutehoffnungshütten-Stadt". Warum es rasch vom Tisch ist, bleibt unbekannt. Schließlich erhält der schlaue Havenstein[23] den Zuschlag.

NS-Zeit. Die SA prügelt die Nationalsozialisten an die Macht: mit einer Fülle von Überfällen und Vandalismen. Sie machen die Katastrophe und ernennen sich zum Retter. Eine legitime parlamentarische Mehrheit gab es nach 1919 nie. Macht erhält immer Zulauf. Wer dann an der Macht ist, dem fällt der übliche Opportunismus zu. In den Jahren 1933/1934 verschwinden viele Menschen spurlos, vor allem Gewerkschaftler und Kommunisten. Dann werden „Konzentrationslager" etabliert. Die Nazis legen die öffentliche Sphäre tot. Wer spricht, verschwindet. Im NS-Staat werden 16.300 Todes-Urteile verhängt, für nichtkonformes Verhalten: Hören ausländischer Sender, Göring-Witze, Kritik am „Führer" in privater Runde. Die „Gleichschaltung" erfasst alle Lebens-Bereiche. 1933 werden die Volkshochschulen geschlossen. Ideologisch gibt es eine direkte Verbindung vom Militarismus der Kaiserzeit zum

NS-Regime: durch die Reservisten-Vereine. Lehrer, vor allem an den Gymnasien, schließen sich überrepräsentativ häufig der NSDAP an. Der leitende Arzt der Knappschaft, Dr. Kitt, wird in Auschwitz tätig. Verhaltensgestörte Kinder werden von einigen Lehrern und Ärzten der Ermordung, die sich Euthanasie nennt, Preis gegeben.

Der Theater-Bau. Die NS-Machthaber sind nahezu einzig an Rüstung interessiert. Dies frisst alle ohnehin knappen Ressourcen. In dieser Flaute kann Stadtbaumeister Freitag einen Anspruch auf Architektur-Kultur einzig am Theater-Bau (1938/1939 Umbau, faktisch ein Neuentwurf) verwirklichen. Ursprünglich sollte es südlich vom Rathaus an der markanten Stelle der heutigen Stadthalle stehen. Aber die Nazis planen, dort ihre Parteizentrale zu errichten. Daher wird es nördlich vom Rathaus gebaut. Freitag hält sich in der Ausdruckssprache von der gängigen nazistischen Architektur fern und orientiert sich weiterhin an den Avantgarden der 1920er Jahre. Dies ist möglich, weil das Theater sich einer historischen Tradition verpflichtet – auch als indirekte Distanzierung zur NS-Ideologie. In der Fassade schließt es sich an neugotische Umformungen an. Im oberen Teil nimmt es die Tradition der Avantgarde wieder auf, die im Hauptlagerhaus der GHH an der Essener Straße, unter Einfluss von Frank Lloyd Wright, sichtbar ist.

Infrastrukturen des Krieges. Nach jahrelangem Ausfall an Entwurfs-Aufgaben wird Ludwig Freitag in der Kriegs-Zeit zu gigantischen Maßnahmen abgeordnet: von 1940 bis 1943 entstehen in Oberhausen 21 (!) ungeheuer aufwendige Großbunker, die er ingenieurtechnisch zu planen und mit Maskeraden in der NS-Signalsprache zu versehen hat. Es ist bezeugt, dass ihm die Aufgabe unangenehm ist. Das Leben der meisten Menschen fällt in die Steinzeit zurück: in die Primitivität des Bunkers. Im Krieg erhalten die Oberhausener Werke ein Heer von Zwangsarbeitern. Sie wohnen in mehreren Lagern und werden als „Untermenschen" behandelt – zum Tod verurteilt durch Arbeit und Hunger.

1945 ist das Land ausgesogen. Die GHH wird von den Alliierten zerlegt. 1947 werden die Hüttenwerke zur Hüttenwerke Oberhausen AG (HOAG) abgespalten. Die Industrie-Führungen geben sich unschuldig: Sie hätten nur die Technik bedient. Tatsächlich hatten sie nichts hinterfragt. Es dauert 20 Jahre, bis sie sich unbequemen Fragen stellen müssen – in der Zeit um 1968. Weite Bereiche liegen in Trümmern. Viele Männer sind noch in Kriegsgefangenschaft. Die legendären „Trümmerfrauen" gestalten den Beginn: Sie räumen auf und sorgen für das Überleben. Auch die Gewerkschaften organisieren. Rasch 1945 werden die Bergwerke wieder in Betrieb genommen, denn Kohle ist die Schlüssel-Energie für den deutschen Wiederaufbau. Wenig später sieht die Welt erstaunt dem Wiederaufbau zu und spricht vom „Wirtschaftswunder". Darin steckt das mentale Wiederauferstehen. Bereits ein Jahrzehnt später gerät der Mythos Ruhr in Gefahr – und damit das Bild der Bergleute. In den Krisen, die seit 1958 entstehen, fordern sie Dank. Die Politik gibt ihn bereichsweise, aber kurzatmig.

Symbole. Das „Wirtschaftswunder" führt mit Vollbeschäftigung und steigenden Löhnen zur ersten Konsum-Phase. Die lange Marktstraße wird ein Symbol der Großstadt. Der Gründer des Nachkriegs-Werkbund und Architekt des Bonner Parlaments, Hans Schwippert (1899–1973), erhält 1954 den Auftrag, den Friedensplatz im Westen zu schließen: anstelle der älteren Park-Anlage mit dem Bauten-Komplex des Europahauses – als ein Symbol für neues Selbstbewusstsein der Stadt. Der Bildhauer Zoltan Székessy entwirft den „großen „Wasservogel" – ein Jubiläums-Geschenk der Sparkasse (1962). Bürgerinitiative rettet ihn im Jahr 2000 vor dem Abriss.

Infrastruktur Bildung. Ein weiterer Schub an Infrastruktur wird im Wesentlichen besorgt von Sozialdemokraten: im Sozialwesen, im Sport und in der Bildung. Die Region Ruhr und vor allem Oberhausen entwickelten sich zum Motor der „Bildung für alle" und für den „zweiten Bildungsweg". Dies wird politisch getragen von Sozialdemokraten und Gewerkschaften. Der idealistischen Wurzel des Bildungswesens folgt eine funktionelle Herausforderung durch die Technologie. Diese erfordert mehr Qualifizierung: mit Berufsschulen. 1946 entsteht für kurze Zeit eine Arbeiterhochschule mit Sitz in der Burg Vondern: eine Heimvolkshochschule – mit Arbeits-Gemeinschaften in Stadtteilen. Die wichtigsten Impulse für das deutsche Volkshochschul-Wesen stammen aus dem Ruhrgebiet. Paul Hamacher, Leiter des Oberhausen-Kolleg, dann im Kultusministerium Düsseldorf, und Manfred Dammeyer (1966 bis 1975 VHS-Leiter in Oberhausen, seit 1975 im Landtag) gestalten in der Planungs-Kommission des Kultusministeriums das Erwachsenen-Bildungs-Gesetz von Nordrhein-Westfalen (1975). Neben den anderen Bildungs-Schienen etabliert es die Erwachsenen-Bildung als eine flächendeckende Infrastruktur – verpflichtend für sämtliche Gemeinden. Das Land finanziert weitgehend.

Ein Beispiel für den zweiten Bildungsweg ist das Oberhausen-Kolleg (Wehrstraße 69): 1952/1954 Umbau und Erweiterung der ehemaligen Lehrer-Akademie. 1956 entsteht als eines der ersten Werke des Architekten Oswald Mathias Ungers das Wohnheim, dann 1957 das Naturwissenschaftliche Gebäude, 1969/1970 der sogenannte „Kafka-Bunker" hinter dem Altbau sowie das Atrium-Gebäude mit Dienstwohnungen, eine Turnhalle und eine Studierenden-Bücherei. 1971, 1975, 1985 werden ohne Architekten drei Pavillon-Fertiggebäude errichtet. Mit dem Ziel, das Bildungswesen durchlässig zu machen, entsteht eine der ersten Gesamtschule: 1968 in Osterfeld.

Bauaufgaben. Erneut gibt es für den Stadtbaumeister eine Fülle von Entwurfs-Notwendigkeiten: Wiederaufbauten, Brücken, Schulen, Stadttheater (1949), das Hofgebäude von Schloss Oberhausen (1953) und das neue Gesundheitsamt (1952). Auch durch den Impuls einer Reihe von Schulreformen entsteht eine große Zahl von neuen Schulbauten – mit einer ausgezeichneten Architektur, meist entworfen vom Nachfolger Freitags, Erwin Gütle.

Kurzfilmtage. Aus der Volkshochschule, zunächst als Bildungs-Programm, lässt ihr Leiter, Hilmar Hoffmann (1979 bis 1990 erfolgreicher Kulturstadtrat in Frankfurt), die „Westdeutschen Kurzfilmtage" (1954) wachsen – und schreibt mit diesem ältesten und weltweit größten Kurzfilm-Festival Film-Geschichte. Erster Filmort: „Europa Palast", später Stadthalle, heute „Lichtburg" gegenüber vom „Europa Palast". Sie sind in finsterer Zeit des „Kalten Krieges" eine Brücke zwischen West und Ost, „der Weg zum Nachbarn", auch eine ständige Antikriegs-Kampagne. Innenminister Höcherl missversteht es als „rotes Festival" und streicht den Bundeszuschuss. „Das „Oberhausener Manifest" (1962) mit seinen 26 Unterzeichnern polemisiert gegen die glatten Illusions-Welten des gängigen Films. Die Provokation, auch mit Hellmuth Costards Film-Satire „Besonders wertvoll", hat weitreichende Folgen für die bundesdeutsche Filmwelt: Film-Förderung, Filmhäuser, Ausbildung. Die Internationalen Kurzfilmtage sind heute ein weltweiter Anziehungspunkt,

Versäumte Hochschule. Ein zweiter Bildungsschub entsteht seit 1965. Die Landesregierung folgt der Notwendigkeit, „Bildungsreserven" zu erschließen. Damit will sie auch dem Ruhrgebiet für den Rückzug der Kohle etwas Komplementäres geben. Sie gründet Universitäten und Hochschulen. Die Pädagogische Akademie (1946) in Oberhausen hatte nur kurzen Bestand.

An der Stadt geht die Welle der Hochschul-Gründungen bis heute vorbei – auch durch die Schläfrigkeit ihrer Politik. Manfred Dammeyer, der hier hilfreich sein konnte, wurde politisch die Grundlage entzogen.

Intellektuelle Sphäre. Oberhausen wird lange Zeit als typische Arbeiter-Stadt angesehen. Tatsächlich gibt es jedoch stets einen erheblichen und mit den Infrastrukturen immerzu wachsenden Anteil an akademisch ausgebildeten Personen und deren Familien: eine Fülle von Lehrern, viele Ärzte, Freiberufler, vor allem rund tausend Ingenieure. Sie sind Spezialisten mit einseitiger Ausbildung und einseitig ausgerichtetem Berufsleben. Ihre Lektüre besteht nahezu ausschließlich aus Fachliteratur. Die wenigsten gehen ins Theater. So bildet sich kaum ein intellektuell-kulturelles Milieu. Die Akademiker der Industriestadt führen ein weitgehend unöffentliches Leben. Auf das Tagesgeschäft fixiert gibt es aus diesen Berufen kaum schriftlich aufgezeichnete Erinnerungen. Eine begrenzte Diskussions-Kultur entsteht erst nach 1945, vor allem durch NS-Verfolgte, Gewerkschaftler und an solchen Schicksalen interessierte junge Leute. Die Felder einer gewissen Diskurs-Kultur bilden Volkshochschule, Theater, LVR-Industriemuseum und die soziokulturellen Zentren, vor allem die Fabrik K 14.

Sozialwesen. Eine Art Bürgerhaus ist die Stadt-Halle (1962). Zum weit gerühmten Vorbild wird die Sorge der Oberbürgermeisterin Luise Albertz (1956–1979) für alte Leute: in der Hoffnung, dass sie nach einem meist sehr harten Arbeitsleben noch einige gute Lebensjahre verdient haben. (Hermann-Albertz-Stiftung, 1969 Elly-Heuss-Knapp-Stiftung). Weil Stadt, Staat und Kirche in den 1950/1960er Jahren durch die boomende Industrie vergleichsweise reich sind, entstehen eine Reihe von Kirchen, die an die Moderne der 1920er Jahre anknüpfen und sehr interessante Raum-Gestalten bilden, so die 1956 die Klosterkirche Unserer Lieben Frau (1956 von Gottfried Böhm) und Heilige Familie (1957 von Rudolf Schwarz/Josef Bernard, heute „Tafel für arme Leute").

Suburbaner Land-Verbrauch. In der besten Konjunktur-Zeit des 20. Jahrhunderts, in den 1950er und 1960er Jahren, wuchern überall die Städte aus. In Ruhr eignet sich nicht die Montanindustrie die größten Bodenflächen an, sondern die Mittelindustrie und die Einfamilien-Haus-Bereiche. Es entsteht ein suburbaner Siedlungs-Brei. In den 1990er Jahren spricht Thomas Sieverts von der „Zwischenstadt". Der Deutsche Werkbund weist als erster 1959 auf die „große Landzerstörung" hin.

Kerne im Siedlungs-Brei. Den Siedlungsbrei der Vorstädte infrastrukturell so zu gestalten, dass dort so etwas wie Stadt im Kleinen entsteht, gelingt nur bereichsweise und nur für kurze Zeit. Mit dem Computer und Rationalisierungen ziehen sich die Funktionen, die dort angesiedelt wurden, wieder zurück: Post, Sparkasse, Polizei, Gesundheitswesen.

Zuwanderungs-Wellen. Unmittelbar nach dem Krieg kommen Scharen von Flüchtlingen. Vor allem Vertriebene aus den abgetrennten Ost-Gebieten. „Die Integration von neun Millionen Menschen ist eine in der Welt einzigartige Leistung" (Christoph Zöpel). Später kommen Aussiedler aus der UdSSR. Viele kehren ihren Eingangs-Berufen den Rücken und gehen in den Bergbau oder auf die Hütte. „Gast-Arbeiter" werden geholt: erst Italiener, dann Jugoslawen. 1961 werden die ersten Türken angeworben. Um 1980 kommt eine Welle von Asyl-Bewerbern. Dann versiegt der Zuwanderer-Strom. Seit den 1970er Jahren schrumpft in der Stadt die Bevölkerung. Auf natürliche Weise. Und durch Abwanderung. Allerlei Panik-Reaktionen entstehen – aber die Tatsachen sind im ständigen Struktur-Wandel der Industrie-Epoche nichts Neues.

Stadtentwicklung. Nach 1945 werden durch den gewachsenen Einfluss der Sozialdemokratie die Mängel der Gemenge-Lage in vielen Bereichen behoben. Diese Phase ist in sich sehr vielschichtig. Es entstehen bedeutende Leistungen im infrastrukturellen Bereich. Aber viele Vorstellungen und Vorgehens-Weisen, vor allem im Bereich des Verkehrs und der Stadt-Sanierung, sind grobianistisch und führen zu erheblichen Substanz-Verlusten.

In den 1960er Jahren wird der Versuch unternommen, die Gemenge-Stadt umzuwandeln. Das seinerzeit von der FDP geführte Innenministerium mit der Abteilung Städtebau lenkt ihn durch seine Mittel-Vergabe. Leitbilder sind stadtplanerisch ein repräsentatives Ordnungs-Muster und baulich eine reduktionistische „Container-Architektur". Über die Städte bricht ein ungeheurer Modernisierungs-Druck herein. Dieser wird jedoch auf unterstem Niveau gespielt, undemokratisch durchgewunken, behaftet mit vielerlei Korruption (▶ „Neue Heimat"). Ressourcen werden nicht untersucht und mitbenutzt, sondern flächenhaft abgeräumt – so breitet sich unter dem Werbenamen „Sanierung" die größte Stadt-Zerstörung seit Jahrhunderten aus. Josef Lehmbrock kommentiert: „Was der Krieg nicht zerstörte, zerstört die Sanierung." In der Region sollen allen Ernstes die Hinterhöfe verschwinden, damit die Leute in der Eisenbahn einen besseren Blick haben – ein absurder Planungs-Gedanke. „Reinigung" spielt eine umfangreiche Rolle. Einstige soziale Visionen verkommen zur Landplage. (Wieder der Wohnungskonzern des DGB, die „Neue Heimat"). Durchsetzungs-Mittel sind strukturelle Gewalt („Umsetzung") und ein großer Propaganda-Aufwand an inhaltsleeren Schlag-Worten: u. a. „Urbanität", „Verdichtung", „Kommunikation", „Attraktivität des Zentrums". Die neuen Leitbilder werden in Gestalt von Zukunfts-Utopien vorgeführt: Als Muster-Stadt. Als technologische Zukunfts-Visionen. Die Resultate: Flächen-Kahlschläge. Bis 1972 werden in der Region rund tausend Arbeiter-Siedlungen abgerissen, die Hälfte des Gesamt-Bestandes, u. a. Dellwig und Oberhausen-Ost (1959 Knappenviertel). „Die Kumpels müssen Platz machen – wandern wie einst ihre Väter" (Grete Damberg).

In der Krise der Montanindustrie im Ruhrgebiet werden zum Transport der Menschen zu neuen und entfernten Arbeits-Plätzen Stadt-Bahnen geplant. Um sie rationell zu machen, werden auch Arbeiter-Siedlungen abgeräumt. Dafür entstehen an den Haltestellen monotone Hochhaus-Bereiche – mit schwierigen psychischen und sozialen Folgen für die Bewohner. 30 Jahre später haben sie hohen Leerstand, sind Problem-Bereiche und werden zum Teil abgerissen.

Eine Kompensation für den Verlust an Natur-Bereichen sollen im Ruhrgebiet seit 1965 fünf Freizeit-Anlagen sein: die Revierparks des Regionalverbandes Ruhr. Oberhausen teilt sich mit den Nachbarstädten Bottrop und Duisburg auf der Grenze zwei der gut geplanten Parks. In den 1970er Jahren stellen Bürgerinitiativen und jüngere kritische Fachleute die Leitbilder der Planung aus den 1960er Jahren in Frage, durchschauen und bekämpfen sie: als unsinnig, undurchführbar und menschenverachtend – als uneinlösbare Versprechen. In allen Städten wurde ein ungeheurer Finanz-Aufwand für weitgehend falsche Ziele verschwendet. Die Reparatur erfordert später ebenfalls hohen Aufwand.

Rationalisierung. Das ▶ „Wirtschaftswunder" schafft eine lang anhaltende Fortschritts-Euphorie: Bis in die 1970er Jahre lebt man im Bewusstsein, dass die Entwicklungen geradeaus und nach oben gehen. Aber das stellt sich in den 1980er Jahren als Fabel heraus. Wirtschaft ist ein Auf und Ab, ein Vor und Zurück. Seit 1955 kommt das Öl und ersetzt die Kohle. Nicht nur als Brennstoff, sondern vor allem als Grundstoff für die Chemie. Dann geht es abwärts mit

Abb. 18: Kulturzentrum „Druckluft" am BERO-Center, Aufnahme 2012

der Kohle. Oberbürgermeisterin Luise Albertz setzt sich 1967 mit hoher Symbol-Wirkung – daher als „Mutter Courage" bezeichnet – an die Spitze des Protestes gegen die Schließung der Zeche Concordia. Und sie lehnt das Bundesverdienstkreuz ab. Zu ihren besonderen Leistungen gehört die Fürsorge für Menschen, von denen ein großer Teil unter härtester Industrie-Arbeit alt geworden ist – und oft nur noch eine geringe Lebens-Erwartung hat. Auch die beiden Jahrzehnte der großen Konjunkturen, die 1960er und die 1970er Jahre, sind wechselvoll. Jeder zweite sozialversicherungspflichtige Arbeitsplatz geht verloren. Noch boomt die Stahl-Produktion. Und ein Jahrzehnt lang gibt es anderswo Arbeitsplätze („Kumpel, komm nach Bayern!").

Die kreativen Jahre. Frustriert von einer Ära, die zwar Wohlhabenheit erzeugte, aber auch Reform-Unwilligkeit und geistige Öde, zündet die Studenten-Bewegung 1968 die Funken an, die überall einen Aufbruch bewirken. Auch in Oberhausen entsteht Bewegung. Ein Kreis von jungen Leuten gründet 1968 das zweite der soziokulturellen Zentren Deutschlands, die Fabrik K 14 – sie besteht bis heute. Innerhalb der regierenden Sozialdemokratie entsteht Opposition. Oberhausen wird, angefangen mit Eisenheim, das sich gegen den drohenden Abriss wehrt, zu einer der wichtigen Städte für Bürgerinitiativen. Eine weitere Initiative verhindert um 1977 den Abriss der Zinkfabrik Altenberg – und schafft dort ein soziokulturelles Terrain mit Werkstätten für Ausbildung und Arbeitslose. 1978 wird in Eisenheim die „Ruhrwerkstatt" gegründet (später zur Akazienstraße verlegt). 1980 rettet eine Initiative ein Waldgelände, den Grafenbusch. 1980 erkämpfen sich Jugendliche ein selbstverwaltetes Zentrum, das sie „Druckluft" nennen. Dem Image dieser Bürgerbewegung ist es zu danken, dass der Landschaftsverband Rheinland das Industriemuseum (1984) nach Oberhausen vergibt – in die Fabrik Altenberg. Die regierenden Sozialdemokraten sind zuerst gegen nahezu alles, aber irgendwann schwenken sie ein. Der erste, der die Chancen begreift, ist der Beigeordnete Hugo Baum, dann die Ratsfrau Hilde Prätorius und Fraktions-Chef Heinz Schleußer, der schließlich für die Rettung von Eisenheim Fäden zieht.

Die Bürgerinitiativen zur Rettung der Arbeitersiedlungen, voran Eisenheim, fordern vom Ministerpräsidenten Johannes Rau einen Minister für Stadtentwicklung. 1980 erfüllt Rau diesen Wunsch. Er macht einen Glücksgriff: mit Dr. Christoph Zöpel. Dieser macht einen weiteren Glücksgriff: Er holt als Abteilungsleiter Prof. Dr. Karl Ganser. Zehn Jahre lang ist es ein hoch aufgeklärtes Ministerium – in der BRD das mit Abstand beste im Bereich der Stadtentwicklung und Taktgeber in Deutschland. Das Zöpel-Ministerium regt an und finanziert der Stadt ein Radwege-Netz und umfangreiche Wohn-Umfeld-Beruhigungen. Hinzu kommt eine Reihe von Projekten. Als junge Leute zwei Siedlungen besetzen, Ripshorster Straße (1983) und Gustavstraße (1983), finanziert Minister Zöpel Erhaltung und Modernisierung. Zu den Projekten gehört das Bert-Brecht-Haus. 1978 kauft auf Initiative von Heinz Schleußer (SPD) die Stadt das Ruhrwacht-Haus. Es wird bis 1985 renoviert – für die Volkshochschule, die Stadtbücherei, das Einwohnermeldeamt und das Ordnungsamt.

Seit den 1970er Jahren entstehen Naturschutz-Bereiche mit Biotopen.

„Grüne Mitte" und „Öko-Kathedrale". Stahlindustrien und Komsumgüter-Industrien stellen die Produktion ein. Die Hoffnung auf neue Großinvestoren wird immer illusionärer. Zu den Früchten der kreativen Jahre gehört bei einigen wenigen Personen Phantasie für andere Problemlösungen: Am Anfang der 1980er Jahre entwickeln der Planungsdezernent Dr. Hans Otto Schulte und sein Mitarbeiter Dieter Blase ein Konzept für Industrie-Brachen. Listig bringen sie es in den Stadtentwicklungsplan 1986 ein: Gegen die noch herrschenden Interessen und deren Illusionen zielt der Plan auf eine „Umstufung von Grau [= Industrie] nach Grün als ökologische Flächen-Politik" (Dieter Blase). Er sieht Brachen nicht mehr als Ausdruck der Katastrophe an, sondern als Chance. Die Industrie-Brachen sollen mit einem anderen Blick gesehen werden: als „weiche Standort-Faktoren" für qualifizierte Gewerbe. Das Umfeld der Emscher soll sich zur ökologischen „Grünen Mitte Oberhausen" entwickeln. Städtebauminister Christoph Zöpel unterstützt und finanziert den Plan.

Die erste Fläche der „Grünen Mitte" liegt hinter Altenberg (später wird sie, weil sie niemand verteidigt, in einer Nacht- und Nebelaktion der Verwaltung planiert). Neben der Garten-Siedlung Am Grafenbusch (1910/1922 von Bruno Möhring) beginnt das zweite Terrain: einer der seltsamsten Ausflugs-Wege; ein Pfad schlängelt sich am südlichen Ufer des Rhein-Herne-Kanals durch wildes Gelände – mit vielen Szenerien (ebenfalls später zum Teil von der Verwaltung ausgeräumt). Künstler schufen 1982 den „kulturellen Öko-Pfad" – mit zahlreichen „Nachdenk-Zeichen". Im Osten endet er in einer Anlage, die an den archaischen Torbau in Mykene denken lässt. In einer eigentümlichen Stimmung leben Urtümliches und Industrie in einer anregenden Symbiose zusammen, vor allem in Gestalt einer übereinander laufenden Brücken-Konstruktion und vorbeirauschenden riesigen Schiffen.

Hans Otto Schulte: „Werner Ruhnau brachte mich mit dem niederländischen Öko-Gärtner Louis Le Roy zusammen. Es ging darum, einen ästhetischen Ansatz mit Arbeitsmarkt-Ansätzen zusammenzubringen. Oberhausen sollte eine „Öko-Kathedrale" werden." Das gesamtstädtische Experiment umfasste Baum-Pflanz-Aktionen, Alleen und den grünen Südmarkt-Platz. Die neue „Notstands-Maßnahme" steht in einer Tradition der 1920er Jahre (Stadion, Grünanlagen): Arbeitslose werden beschäftigt – Künstler als Bauleiter: Heinrich Kasan,

Adolf Franken, das „Streichquartett" mit Robert Bosshard und weitere. Es gab einen Titanen-Kampf mit der Rechnungs-Behörde. Dabei muss man wissen: Es geht nur vordergründig um Zahlen."

Dann schlägt dieses Ziel seit 1989 in der Internationalen Bauausstellung Emscher Park (IBA) feste Wurzeln: Die IBA arbeitet das Grün-Konzept aus – nun quer durch die ganze Region. Dieter Blase, zum IBA-Bereichsleiter berufen: „Ihr Verdienst ist die Entwicklung des Themas: die kultivierte gewerbliche Entwicklung der Arbeit im Park". Otto Schulte entwirft auch den Südmarkt-Platz, mit der phantasievollen Überbauung des Bunkers für Wohnungen (1986 von Walter van Lom).

Werkbund-Siedlung. Wenige Schritte vom interessanten Ruhr-Ufer entfernt entsteht 1984 auf dem leer geräumten Gelände der Zeche Alstaden die Werkbund-Siedlung Oberhausen. Unter der Federführung von Werner Ruhnau (Essen) arbeiten mehrere Gestalter (Richard Bödeker, Heinz Döhmen, Prof. Dr. Wolfgang Meisenheimer, Mirko Schulz, Hans Uelner). Sie entwerfen mit ihren unterschiedlichen „Handschriften" 114 Eigenheime und 39 Alten-Wohnungen. Der Bereich erhält ein architektonisches Rückgrat: Eine Art „Stadtmauer" (der Begriff ist hier semantisch zweifelhaft) bildet Winkel, die dann Plätze und Bereiche formen. In den sechs Häuser-Zeilen markiert die Mauer zwei unterschiedliche Strukturen: vorn gibt es einen auf gemeinsame Regeln abgestimmten öffentlichen Bereich und hinten einen privaten, in dem jeder Bewohner „seine eigenen Spiele inszenieren kann" (Werner Ruhnau).

Der Werkbund[24], der 1907 als eine interdisziplinäre Vereinigung zur Entwicklung einer industriell orientierten Kultur gegründet wurde, regte schon früh mehrere Demonstrativ-Siedlungen an: Als erste die kleine Stadt Margarethenhöhe (Georg Metzendorf) in Essen. 1927 entstand die Weißenhof-Siedlung in Stuttgart. In Oberhausen zielt das Experiment auf das Neuland der eigenen Zeit: auf Bewohner-Beteiligung und auf Bewohner-Selbsthilfe. Planungsdezernent Otto Schulte ist die treibende Kraft. Das „Solidarprojekt" wird vom Zöpel-Ministerium gefördert. Die Konstellation: Eine Trägergesellschaft und Gruppen-Selbsthilfe arbeiten zusammen. Das Projekt lief durch viele Schwierigkeiten und Konflikte, auch zwischen Bewohnern und Planern.

Der Untergang der Kohle. Kohle ist ein Wirtschaftsfaktor mit vielen Arbeitsplätzen – aber zugleich eine umstrittene Energie. Ausgerechnet in der Zeit, als Ruhr die sichersten Bergwerke der Welt hat und in Ruhr die Arbeitsmarktlage schwierig ist, sind die Zechen ein Auslauf-Modell. 1968 läßt die Bundesregierung einen großen Teil der Zechen schließen und zwingt die verbleibenden sich zur Ruhrkohle AG zusammen zu tun. Darin betreiben die Aktionäre unter schläfrigem Zusehen der beteiligten Kommunen ein Doppelspiel: Zechen-Kauf in den USA (später Rückzug mit Verlust). Abbau des Strom-Pfennigs. Rationalisierungen. Die Kohle-Arbeitsplätze sinken von 374.000 im Jahr 1960 auf 191.000 (1970), 140.000 (1980) und weiter.

Der Umbruch beim Stahl wird einige Zeit lang nicht wahrgenommen. Teilweise ersetzen andere Werkstoffe den Stahl. Stillgelegt werden 1969 die Eisenhütte I mit vier Hochöfen in Oberhausen, später die Hüttenwerke in Hagen, Bochum, Mülheim und 1980 wieder der Hochofen A in Oberhausen. Dafür vergrößert sich die Produktion am Rhein im Duisburger Norden. 1974 erzielen die Hochofen-, Stahl- und Warmwalz-Werke in Dortmund ihre höchsten Produktionsziffern. 1975 größter Rückgang der Nachfrage – um fast ein Viertel. Gründe: Billig-Stahl aus dem Ostblock, Japan und Südkorea. Und Stahlwerke in Nachbarländern werden höher subventioniert. 1990 werden drei Viertel des Roheisens und des Rohstahls aus dem Ruhrgebiet in Duisburg produziert und nur noch 18 Prozent in Dortmund. In Rheinhausen gelingt es, in einem berühmten Kampf die Produktions-Stätten zu halten – aber nur ein paar Jahre lang. An der Ruhr entsteht der Großverbund von Krupp, Hoesch und Thyssen. Bis 1990 sitzt der Bergassessor im Himmel neben dem lieben Gott. Dann trifft es den Stahl-Manager. Die alten Führungs-Schichten verschwinden – leise. Die anhaltende strukturelle Stahl-Krise führt zu heftigen Demonstrationen.

Die Abwicklung der Gutehoffnungshütte (GHH). Einst war alles ganz deutlich. Aber schon seit der Entflechtung ab 1946, seit einer Generation kann man die komplizierte Firmen-Geschichte fast nicht klar bekommen oder verfolgen. Viele große Unternehmen waren einst Familien-Gesellschaften. „Ihre Manager sind nun zu Buchhaltern von Versicherungs-Gesellschaften herunter gekommen", sagt Bodo Herzog, lange Zeit Archivar der Gutehoffnungshütte. Aus dem GHH-Konzern steigt die Familie Haniel aus und investiert den Erlös in den Handel, wo sie inzwischen zu den größten gehört (u. a. Metro), mit einem Konzern-Umsatz von rund 20 Milliarden DM. Es gibt an der Ruhr keine klassische Familien-Gesellschaft mehr. Die GHH gerät „ans Hunde-Halsband der Allianz", Europas größtem Versicherer. Diese schickt als Chef-Manager Dr. Klaus Götte. Er macht den Betrieb in Sterkrade „platt". Götte ist Abwickler – wie es wenig später in Betrieben der aufgelösten DDR geschieht. Dann schluckt 1986 die Tochter MAN mit Sitz in München die Mutter GHH. In Oberhausen bleibt lediglich ein Restbetrieb mit dem Namen GHH-Turbo. Bodo Herzog weigert sich, den Befehl von Götte zu befolgen, das größte Firmen-Archiv der BRD in den Reißwolf zu tun. Dies kostet ihn den Job, rettet aber unersetzliche Schätze.

Verbrechen. Die Konzerne und die Zechen haben mit den Städten Abkommen geschlossen, von ihren immens großen Territorien keine weiteren Industrie-Grundstücke zu verkaufen, um sich Konkurrenten um Arbeitsplätze vom Hals zu halten. Daher ist die Opel-Ansiedlung in Bochum ein Drama. Die Ford-Ansiedlung in Herne wird verhindert. Der letzte dieser sittenwidrigen und die Region schädigenden Verträge wird erst 2010 gelöscht.

Die Konzerne haben keine Verantwortung für Ruhr. Sie diversifizieren sich, d. h. sie erweitern sich mit weiteren Produktionszweigen, um ihr Risiko zu verteilen. Aber sie tun dies nicht im Ruhrgebiet, sondern anderswo. Vor allem verlagern sie Produktionen, Gewinne und Kapitalien anderswohin. Gewerkschaften und Politik durchschauen dies nicht und zwingen die Konzerne nicht über die Mitbestimmung, diesen Prozess der Umstrukturierung durch Diversifizierung im Ruhrgebiet vorzunehmen und im Ruhrgebiet in neue Produktionen zu investieren. Die Landesregierung geht im Konsens-Denken harten Konflikten aus dem Weg, aber die gründet zur Kompensation der Arbeitsplatz-Verluste eine Reihe von Hochschulen in Ruhr: Diese bedeuten intelligente Produktivität und sind Großbetriebe mit vielen Arbeitsplätzen.

Geschichtsvergessenheit und Geschichtsverständnis. Die Verachtung gegenüber der eigenen Geschichte erlebte der Autor, als er 1966/1967 als wissenschaftlicher Referent im Amt des Landeskonservators Rheinland Oberhausen inventarisierte[25]. Historisches wurde abgetan als „alte Kamellen". Dass Haus Vondern erhalten blieb, verdankt die Stadt dem Durchhalte-Vermögen des Pächters, des Bauern Paßen. Niemand kümmerte sich um das Gebäude. Erst sehr spät entstand, zunächst aus ganz anderen Gründen, ein Förderverein. 1982 bis 1995 wurde der Herren-Sitz in Etappen saniert und hat heute eine wichtige Funktion für den Stadtteil, ebenso wie das Kastell in Holten, das ebenfalls durch initiative Bürger erhalten und genutzt wurde.

Anthropologische Konstanten. In dieser „reißenden Zeit" und im „Mahlstrom" entsteht an vielen Stellen Widerstand, der nicht zulassen will, dass Industrialisierungs-Ziele von den anthropologischen Grundbedürfnissen abgekoppelt werden. Es wird bestritten, dass Menschen sich an alles und jedes gewöhnen. Es wird behauptet, dass es auch im kulturspezifischen Wandel solche anthropologischen Konstanten dauerhaft gibt. Aus diesen Erfahrungen, die seit den 1970er Jahren an vielen Stellen formuliert wurden, entstehen immerzu Widerstands-Bewegungen: in Bürgerinitiativen, manchmal auch in Flügeln von Parteien und in Konfessionen, zu denen auch die still wirksamen Anthroposophen gehören. Viele dieser Initiativen versuchen, Dokumente von Phasen der Industrie-Epochen zu bewahren. Sie haben manchmal durch einfache menschliche Empfindungen, manchmal durch Bildung soviel Verstand zu wissen, dass der Augenblick sehr beschränkt ist. Und dass wir Überblick brauchen. Dazu gehören konkret anschauliche Dokumente.

Geschichts-Theorie. Notwendig ist eine neue Theorie zu Vergangenheit, Gegenwart und Zukunft – und dass sie sich ausbreitet. Alle drei Zeit-Dimensionen überschichten sich untrennbar. Alles Gelernte wurde in der Vergangenheit gelernt, es stammt oft aus langen Zeiten – und es ist jetzt präsent: Wir operieren damit. Es ist unser Fundus und unser Instrument, mit dem wir weiter arbeiten – als Zukunft, die bereits in all dem steckt, zumindest als Herausforderung. Dies führt zu einer erheblichen Ausweitung der Neigung zum Aufbewahren. Dafür werden seit dem 19. Jahrhundert Museen gegründet, damals als letzte Zuflucht für viele bedrohte Gegenstände. Seit den 1970er Jahren entstehen mit der Notwendigkeit des Aufbewahrens viele weitere Museen; oft in Bereichen wie in der Industrie, in denen die Führungen sich lange Zeit hartnäckig geweigert hatten, auch nur Spuren zu bewahren. Ein erheblicher Teil dieser Museen reformierte sich, indem er Gegenstände nicht mehr wie Fetische ausstellte (auch dies hat Gründe), sondern darüber hinaus arbeitete: mit Kontexten und interdisziplinärem Verständnis. Museen gehören heute zutiefst zu einem substanziellen Bildungswesen.

Denkmalpflege als Stadtentwicklung. Parallel dazu dehnte sich das Stichwort Denkmalpflege weit aus. In den 1970er Jahren, angeregt durch viele Bürgerinitiativen, wurden ihre Kriterien erweitert: bis in unsere Zeit, in prinzipiell alle Bereiche, nicht nur als Schönes, sondern auch als Interessantes. Denkmalschutz reicht seither zum Ensemble und zum Stadt-Bereich (Vorbild: Lex Malraux in Frankreich), zu Fabriken, Siedlungen, Infrastrukturen.

Das Fundament der Stadt Oberhausen ist die Industriekultur, auch präsentiert im LVR Industriemuseum. Hinzu kommen das Volksmuseum Eisenheim und Eisenheim als eine Art Freilichtmuseum, weiterhin bedeutende Bauten wie die St. Antony-Hütte mit ihrem „Industriearchäologischen Park" (2010) und das Lagerhaus von Peter Behrens (zeitweilig zu besichtigen). In Oberhausen stellt einen städtischen Zusammenhang seit 2009 die ▶ „Eisenstraße" her, in der Region Ruhr die „Route der Industriekultur". Mit dem Umfang des Themenfeldes erweitert sich seit den 1970er Jahren auch die wissenschaftliche Zuständigkeit – von der Kunstgeschichte zu vielen weiteren Wissenschaftszweigen.

Stadtentwicklung. Schon in den 1970er Jahren entsteht das Bedürfnis, über einzelne Bauten hinaus komplexer zu denken und ihre Zusammenhänge in Ensembles und Stadt-Bereichen zu bewahren. Dies wird argumentiert als „Sozialschutz". Zugleich auch als „sozialkulturelle Arbeit". Und insgesamt als „Stadt-Kultur". Es schafft Identität – unter dem Motto: In der

Abb. 19:
Ein Oberhausener Denkmal –
das Bunkermuseum im
Knappenviertel, Alte Heid

Globalisierung auch feste Orte zu haben. So entsteht das Stichwort: „Glokal". Es verbindet zwei Worte: global und lokal. Der Denkmalschutz in jeder Stadt liefert für das Stadt-Marketing, wie immer man über dessen Banalisierungen denken mag, die Bild-Ebene – andere gibt es weithin kaum. Der Denkmalschutz bewahrt also die Schokoladen-Seite der Stadt. Aus guten Gründen muss man diesen Reichtum ausdehnen: mit weiteren gelungenen Bereichen. Und mit dem, was an Bau-Kultur auch in Zukunft entstehen kann. Stadt-Kultur hat stets die Stichworte Anreicherung und Nachbesserung. Die Industrie-Stadt steht seit jeher unter dem Anspruch auf Bewohnbarkeit mit individuellen und öffentlichen Lebens-Qualitäten. Sie zu schaffen bzw. zu verbessern, bedarf es intensiver Anstrengung. Teils gibt es erhebliche Erfolge, teils ist noch viel zu tun. „Lernbuchhaft" steht dafür die IBA Emscher Park im Ruhrgebiet[26].

Denkmalpflege darf keine Ausnahme-Dimension bleiben, sondern muss eine normale Dimension der Stadt werden. Denkmalpflege ist die erste Hälfte der Komplexität, die wir Stadtentwicklung nennen. Dies ist eine weitaus stärkere Begründung für Denkmalpflege als sie heute fachisoliert und kleinmütig von Denkmalpflegern vorgetragen wird. Denkmalpflege muss im städtischen Bewusstsein den Rang erhalten, mit dem sie den unintelligenten Hass einer Vielzahl von engstirnigen Interessen überwinden kann. Bürgerinitiativen schaffen dies, vor allem in den 1970er Jahren. Sie haben Erfolg, weil sie intelligent und mutig sind. Ihre Intelligenz beschränkt sich nicht auf einen engen Bereich, sondern sie denken interdisziplinär. Und sie haben ein existenzielles Fundament: Menschlichkeit und Bildung.

Infrastrukturen. Der fünfte Schub an Infrastruktur entsteht in den kreativen 1970er Jahren. Er wird vor allem initiiert von Bürgerinitiativen, den Grünen und dem linken Flügel der SPD.

Es entstehen: Jugend-Heime. Kommunikations-Stätten vielerlei Art u. a. soziokulturelle Zentren. Museen – vor allem für Sozialgeschichte und Industrie. Theater-Reformen: gesellschaftliches Theater. Freie Theater-Gruppen. Film-Stätten. Hinzu kommt jetzt die Aufmerksamkeit für Synergien, z. B. für die Öffnung von Schulhöfen. Erste Infrastrukturen für elektronische Medien entstehen. Diese Infrastrukturen verbinden private, gesellschaftliche und städtisch-staatliche Leistungen. Sie stellen städtische Planungen, vor allem die Stadtplanung, unter den Maßstab der Stadtentwicklung. Im Wesentlichen sind sie Weiterentwicklungen des dritten Stadt-Typs: der Industrie-Stadt.

Bürgerbewegungen. Die Geschichtsschreibung und die Archive stehen erst am Anfang einer schon lange überfälligen Entdeckung: Dass es um mehr geht als um die Akten von Verwaltungen und Institutionen: Es geht um die Verhaltensweisen in der gesamten Gesellschaft. Fast nichts lesen wir von den Bürgerbewegungen. Und fast nichts von ihnen wird gesammelt. Zu den wenigen Archiv-Stätten anderer Art gehört die Bibliothek Eisenheim.

Am Anfang der Bürgerbewegungen in Oberhausen stehen soziokulturelle Zentren. 1968 ist die Kunstfabrik K 14 – ein ironischer Name der Zeit der Studentenbewegung – die zweite in der BRD. Zu den Gründern gehören Jusos, linke SPD, Arbeiter, Lehrlinge, Lehrer, Gewerkschaftler. Die Tradition der Volkshäuser wird von einigen Bürgerinitiativen in Arbeiter-Siedlungen wieder belebt. 1974 besetzt die Initiative Eisenheim in ihrer Siedlung ein Waschhaus und baut es zu einem „Volkshaus" um. Der Zukunfts-Forscher Professor Robert Jungk eröffnet es: mit seiner ersten „Zukunfts-Werkstatt" außerhalb der Hochschule. Vorbilder: Volks-Häuser in Italien, vor allem in Bologna, das zu dieser Zeit ein Leitbild für sozial-orientierte komplexe Stadt-Planung ist, und historische Volks-Häuser der sozialen Bewegung in Westdeutschland. Die Zinkfabrik Altenberg wird vom Dezernenten Hugo Baum, Dieter Blase und einer Initiative gerettet und um 1988 zu einem soziokulturellen Komplex ausgebaut. Eine Initiative, angeführt von Bärbel Höhn (später NRW-Umweltministerin), wendet die Umwandlung der Müllverbrennung zu einer Giftmüll-Verbrennung ab. Bärbel Höhn, wird dann (1991) grüne „Frontfrau" als Fraktions-Chefin im Rat, Landtagsabgeordnete, schließlich NRW-Ministerin für Umwelt. Sie unterstützt viele ökologische Projekte. 1986 rettet eine Initiative das Ebertbad und entwickelt daraus eine Stätte für Veranstaltungen. Eine Zeit lang ist Oberhausen in der Region die wichtigste Stadt der Bürgerinitiativen.

Arbeiter-Initiativen. Durch Flächen-Kahlschläge in den 1960/1970er Jahren wird die Hälfte der einst 2.000 Zechen-Siedlungen in der Region Ruhr zerstört. Erst seit 1972 widersetzen sich Bewohner: in der Organisationsform der Bürgerinitiative, die sie von der Studenten-Bewegung und vom Widerstand in historischen Altstädten übernehmen. Als erste: Eisenheim. Die älteste Siedlung (1846–1901) in der Region sollte Thyssen-Hochbauten Platz machen. In der Region entsteht eine Kette von 50 Bürgerinitiativen. Sie kooperieren in einer Arbeits-Gemeinschaft miteinander und helfen sich gegenseitig. Mithilfe eines Netzes von rund 50 Experten zeigen die Siedlungs-Bewohner, dass ihre Wohnbereiche erheblich höhere stadtplanerische, bautechnische, ästhetische und vor allem sozial-kulturelle Qualitäten besitzen als die gängigen Bauformen. Mit dieser Kritik an der Stadt- und Wohnungsplanung geben sie wichtige Impulse für das Nachdenken über die Städte.

Eisenheim, das seit 1958 auf der Abriss-Liste stand, kämpft rund sechs Jahre lang (1972 bis 1978), gegen den Eigentümer und Spekulanten Thyssen und gegen Burkhard Hirsch, den NRW-Innenminister (1975 bis 1980) mit seinem Bauressort, der mit allen Mitteln den Abriss durchsetzen will. In diesem Konflikt entfaltete sich ein sozial-kulturelles Leben, u. a. mit Umwandlung der drei Wasch-Häuser zum Volks-Haus (1974), zum Kinder-Haus (1977) und zum Museum (1979). 1973 stellt Landeskonservator Günther Borchers die Jahrestagung der bundesdeutschen Denkmal-Pfleger unter das Thema „Denkmalpflege im Ballungs-Zentrum". 1974 kritisiert Bundespräsident Gustav Heinemann auf dem Architekten-Tag Nordrhein-Westfalen in Essen den Abriss von Arbeiter-Siedlungen und hebt Eisenheim als „Beispiel für soziale Architektur" hervor. Wissenschaftler und Planer lernen in Eisenheim und anderen Siedlungen den Zusammenhang von kleinräumiger baulicher Organisation und sozial-kulturellem Alltags-Leben zu beobachten. Eisenheim setzt 1978 Mitbestimmung im Sanierungs-Prozess der Siedlung durch. Es etabliert zwei „Sozialarchitekten", die die Bewohner vertreten: Ernst Althoff und Niklas Fritschi von der Kunstakademie Düsseldorf.

Eine weitreichende öffentliche Diskussion entsteht – mit Stern-Stunden der Medien: „Vor Ort" mit Ludwig Metzger in WDR III, Carmen Thomas im WDR, Hartwig Suhrbier in der „Frankfurter Rundschau", Stefan Klein in der „Süddeutschen Zeitung", Wolf Schöne in der „Neuen Revue", Rolf Düdder in der „Westfälischen Rundschau", Werner Alberts im WDR, Thorsten Scharnhorst in der „NRZ", Michael Schmitz in der „WAZ". Im Sturmlauf gegen die hohen Häuser erreichen die Initiativen 1976, dass die Landesregierung im sozialen Wohnungsbau keine Wohnbauten über vier Geschosse mehr fördert. Dann verschwindet das Programm der Verdichtungs-Schwerpunkte an Stadtbahn-Haltestellen geräuschlos in der Schublade.

In einer Küche in Eisenheim wird 1983 von jungen Leuten die Besetzung der Siedlung Ripshorster Straße (1899) und Werkstraße (1922) „ausgebrütet". Dann besetzen die Besetzer mit weiteren jungen Leuten die Siedlung Gustavstraße (1899). Zusammen mit den Bewohnern zwingen sie die Stadt, die Siedlung zu erhalten.

Späte Einsicht. In den 1960/1970er Jahren werden Hochhäuser für „Signale der Zukunft" gehalten. Niemand hatte genau hingeschaut und gefragt, welche wirklichen Lebens-Qualitäten sie haben, stellt der Zeitgenosse und Architektur-Professor Julius Posener fest[27]. Erst 1972 beginnt ausgehend von Eisenheim mit dem Kampf und einer vergleichenden Untersuchung von Janne Günter („Leben in Eisenheim, 1980) die Kritik. Erst hoch gelobt, 2010 für „unansehnlich" gehalten: in Oberhausen werden vier heruntergekommene achtgeschossige Hochhäuser abgerissen (1970er Jahre, Gemeinnützige Wohnungsgesellschaft Sterkrade, Luchs- und Dachsstraße). Drei Jahre dauerte das Leerziehen der 110 Wohnungen. Nur die Hälfte der Mieter ließ sich auf Ersatzwohnungen der Firma ein.

Verluste. Lang ist die Liste der Untaten. 1965 werden die Meisterhäuser in Eisenheim abgerissen – mit der Lüge, die Fläche werde für den Autobahn-Bau gebraucht. 1970 wird das expressionistische GHH-Gefallenendenkmal (1920er Jahre von Fritz Behn) beim Werksgasthaus zerstört, veranlasst vom Arbeitsdirektor. Abgerissen: Torbogen und Gebäude zum Walzwerk (1865). 1970 lässt die GHH drei der letzten vier Gebäude der St. Antony-Hütte zerstören – gegen die Einwände des Landeskonservators Happe und des Autors – zu niemandes Nutzen. Später will sie das vierte Gebäude auf den Markt werfen. Es gelingt, das Kontor- und Wohnhaus des Hüttendirektors dem Landschaftsverband zuzuführen, u. a. mit Hilfe der Stadtsparkasse. 1972 verschwindet neben dem Schloss die Plastik „Urbeginn" (1962 von Ewald Mataré) – später unauffindbar. Abgerissen: 1980 das „Zechen-Versailles" Jacobi, erbaut 1912/1914 von Carl Weigle (1849–1932). 1981 das Kraftwerk (1918 in Betrieb) der Zeche Sterkrade. Privatisierung und mangelhafte Kontrolle der Auflagen verunstalten die Jacobi-Siedlung (1912) mit

Schule und Ledigenheim. Ein grotesker Opportunismus der Denkmalpflege belohnt die unkontrollierten Missbräuche und löscht die Siedlung von der Denkmäler-Liste. Sterkrade war hundert Jahre die Weltstadt des Anlagen- und Brückenbaues. Das letzte Zeugnis ist bis zum 6. März 2004 um elf Uhr eine Halle – markant in der Stadtmitte. Sie entstand im Zusammenwirken eines genialen Konstrukteurs, Prof. Reinhold Krohn (1852–1932), mit einem der berühmtesten Architekten des 20. Jahrhunderts, Bruno Möhring. In ihrem Entstehungs-Jahr 1907 wurde für dasselbe Thema, Industrie und Ästhetik, der Deutsche Werkbund gegründet. Bruno Möhring gehörte zu seinen Gründern. Der Chef des Oberhausener Gebäudemanagements, Hartmut Schmidt, lässt diese Ikone ohne legales Verfahren niederreißen, um einer Bürgerinitiative zuvor zu kommen. Jetzt ist von der Welt-Metropole nur noch ein Friedhof erhalten – unbezeichnet und schwer auffindbar, mit Grab-Stätten von Konstrukteuren, Managern und Unternehmern.

Östlich vom CentrO liegt eine 100 Fußballfelder weite Brache der Hütte. Obwohl das Stahlwerk, das letzte in Ruhr nur ein halbes Fußballfeld einnahm, ließ die Stadt es abreißen – in der gedankenarmen Furcht, das Gelände sonst nicht verkaufen zu können. Den in sich geschlossenen Bau konnte man verschlossen halten, einige Male im Jahr zur Besichtigung öffnen und als bedeutendes Industrie-Monument ohne einen Euro Folgekosten zu erhalten. Aber der Abrisswahn – und die Zahlung des Schrotthändlers – siegten über die vernünftigen Überlegungen der Bürgerinitiative.

Verantwortung ist: sich klarzumachen, dass es die Welt auch noch in den nächsten Generationen gibt, und sich vorzustellen, was sie über die Heutigen denken werden. Mit Mühe entgingen viele andere Bauten dem Abriss: die Villa des Bergwerksdirektor Meuthen. Und das Arbeitsamt (1929). Sein Direktor sprach noch 1973 ignorant gegen seine architektonische Qualität von einem „Schandfleck".

Strukturwandel. In der wirtschaftlich zusammenbrechenden Metropole Ruhr wurde in den 1980er Jahren das Stichwort „Strukturwandel" ausgegeben. Seither denken viele Menschen, dies sei einzigartig und kurzzeitig. Tatsache ist, dass die gesamte Industrie-Epoche, in allen Bereichen Europas, seit etwa 1800 in ständigem Strukturwandel ist – oft wenig fühlbar, oft heftig, wie in Ruhr, wo er in den Wellen der Industrialisierung stets dramatisch, manchmal katastrophisch ist. Dazu gehört aber auch, dass seit den 1990er Jahren Ruhr einen starken Zuwachs an Kultur erhält, die sich nun zu einer der bedeutendsten kulturellen Strukturen Europas entwickelt. In den 1980er Jahren beschäftigte viele Menschen der Verfall der gigantischen Industrien, von denen sie noch kurz zuvor beeindruckt waren – in einer Mischung von Angst einflößend und hoch geachtet. Wie überall ist der Strukturwandel verbunden mit einer aufregenden Ambivalenz der Gefühle: Untergang, Verlust, soziale Ungerechtigkeit, von Schuldzuweisungen, von einer Flut unterschiedlicher Zukunfts-Verheißungen, die zu glauben schwer fällt, weil sie von Werbung durchsetzt sind. Auf der anderen Seite hat eine Minderheit von Menschen das Gefühl, dass es nun viel zu tun gibt. Daher entstand eine Euphorie, dass es nun Chancen gibt für manches, was ausgelassen wurde.

Viel und rasch: Umwandlung von Terrain. Nie zuvor in der Geschichte wurde so viel und so rasch Terrain umgewandelt. Dies strukturiert tiefgreifend die Industrie-Stadt. Nach 1903 wurde nach einem Firmen-Konkurs der Parkstadt-Bereich in der Stadtmitte gestaltet. Mit dem umfangreichen Abzug der Kohle- und Stahl-Konzerne entstehen umfangreiche weitere Brachen.

Unbeständigkeit. Während es in den beiden anderen Stadt-Typen (Bürgerstadt und Residenzstadt) über lange Zeiten eine relative Beständigkeit gab, zu der hin und wieder eine gewisse Erweiterung kam, hat die Industrie-Stadt viele Terrains, die nur ein bis zwei Jahrzehnte beständig sind, oft nur innerhalb eines „mittelfristigen" Finanzierungs-Rahmens. Im Wesentlichen charakterisiert die Industrie-Stadt eine ähnliche Daseins-Weise wie die Maschine: Wenn es wirklich oder nur scheinbar eine verbesserte Maschine gibt, wird die alte verschrottet. Wenn sie umziehen muss, werden an ihre Stelle andere Maschinen gestellt.

Umwandlungen der Zöpel-Ära. Das aufgeklärte, offene, phantasiereiche, anregende Städtebau-Ministerium hat für Oberhausen wichtige Auswirkungen. Die Flächen-Zerstörungen wurden beendet. Die Siedlungen sind gerettet. Eisenheim wird modernisiert. Viele Wohnbereiche erhalten Verbesserungen ihrer Freiräume: Verlangsamung des Autoverkehrs. Manchmal eine platzartige Gestaltung. Ein Radwege-Netz. Werner Ruhnau und Planungsdezernent Otto Schulte versuchen zusammen mit dem friesischen Holländer Louis Le Roy eine „Ökokathedrale" zu schaffen: umfangreiche ökologische Terrains, möglichst vernetzt. Dies alles wird von Christoph Zöpel und Karl Ganser unterstützt. Und erheblich mehr: Eine Bürgerinitiative rettet das historische Stadt-Bad (Ebertbad) und lässt es zu einem Theater-Raum umbauen.

Mit ihrem Reichtum an Siedlungs-Bereichen weiß die Stadt nichts anzufangen. Eisenheim konnte sich retten gegen die lange Allianz der Stadt mit dem bodenspekulierenden Thyssen, auch Stemmersberg erst durch eine Initiative und die IBA, aber selbst Siedlungen unter Denkmalschutz wie u. a. Birkenhof, Teutoburger Straße, Dunkelschlag, Vondern wurden privatisiert und den unkontrollierten und geduldeten „Verschlimmbesserungen" durch die Käufer überlassen. Es gibt kein städtisches Bewusstsein für wertvolle Bereiche. Die Stadt leidet immer noch unter den Folgen der Geschichtsvergessenheit einer langen, engherzigen und grobianistischen Industrialisierung. Sie weiß bis heute nicht, dass sie mehr städtebauliche und architektonische Schätze hat als alle anderen Ruhr-Städte.

Emscher Landschafts Park. Die Konsequenz der Zöpel-Regierung: Sie legt für die tief gesunkene Metropole Ruhr ein besonderes Programm auf: 120 Projekte, absichtsvoll im durch Vorurteile diskreditierten Norden der Region an der Emscher – wie Akupunktur. Intendant dieser weltweit einzigartigen Struktur-Entwicklungs- Maßnahme ist Karl Ganser. Die IBA ist das produktive Symbol für den Struktur-Wandel. Sie bestimmt ein Jahrzehnt. Heute gilt sie als das Fundament des Wiederaufstiegs der dezentralen Metropole Ruhr. Ihr Chef-Planer verändert viele Parameter. Karl Ganser besitzt als Geograph einen interdisziplinären Horizont und hat sich im Blick auf Zusammenhänge trainiert. Mit einem Denken, wie es seit 1907 der Werkbund entwickelte, versucht er, sowohl den alltäglichen Nutzen zu erweitern wie ihn mit Schönheit zu verbinden. Nicht als Stil, sondern psychologisch: In seinen Projekten entdeckte er die Chancen für Mehrwerte.

Industrie-Kultur. Die IBA verhilft der gebeutelten Region zu einer Identität mit ihrer Geschichte. Der an die Menschen denkende Karl Ganser betont stets, dass man ohne Identität keine Modernisierung betreiben kann, weil die Menschen, wenn sie keinen Halt durch Identität haben, keine Souveränität besitzen, Neues aufzunehmen und gut in ihre Leben zu integrieren. Für diese Identität steht nun eine in Europa einzigartige Kette von Industrie-Denkmalen und eine Geschichts-Kultur. Dazu gehören eine Reihe von Bauten in Oberhausen, herausragend: der Gasometer. Auch er wurde nur mit mühsamer knapper Mehrheit im Stadtrat erhalten.

*Abb. 20:
Das K 14 an der
Lothringer Straße*

Die Umwandlung der industrialisierten Emscher ist das größte IBA-Projekt. Die Emscher hatte die Abwässer der Region aufgenommen. Als dies nicht mehr funktionierte, wurde sie in ein Beton-Bett gelegt, auch um gegen die Senkungen des Kohle-Abbaues gefeit zu sein. Mit der Stilllegung der Bergwerke kann die Emscher modernisiert werden. Sie erhält ein neues Bett – dies ist eine Arbeit der Emschergenossenschaft von mehreren Generationen. Hier finden über die IBA hinaus wichtige Innovationen statt. Der Blick geht auch seitlich über die Ufer des Flusses hinaus – mit einer umfangreichen Landschafts-Entwicklung.

Die Kette der neuen Berge, der Halden aus Gestein, das von tief unter der Erde mit der Kohle nach Übertage kam, erhielt durch die IBA eine landschaftsbildende Gestalt. Die IBA krönte sie mit Kunst, die Zeichen setzte (1999 Ausstellung in der Ludwig-Galerie). An der Stelle einer zersiedelten und von Industrie gefüllten Landschaft entsteht nun als Rückgrat der Emscher-Region der Emscher-Landschafts-Park.

Industrie-Brachen. Ein Ausdruck der Unbeständigkeit der industriestädtischen Zeit sind auch die Industrie-Brachen. Mit der Veränderung der Blickweise ist es möglich, die Brachen zu neuen und kulturellen Parks zu gestalten[28]. Dazu gehören seit 1995 die Terrains des Industriewald-Projektes: Sie sind Natur, die sich auf Brachen neu und anders entfaltet – teilweise durchsetzt mit Skulpturen von Herrman Prigann als Erinnerungs-Spuren der Industrie-Epoche. Diese Landschaft in Ruhr ist nicht Meer und nicht Alpen, aber voller spannender Gegensätze. Zur Erschließung entwickelte die IBA ein umfangreiches Wander- und Radwege-Netz. Sofort wurde es eine Erfolgsgeschichte.

Brücken. Eines der Symbole der IBA und einer weiterlaufenden und neuen Industriekultur ist das Thema Brücke. Die IBA setzt die lange verachteten Gewässer Emscher und Kanal in Wert. Zur Intensivierung der Wege entlang des Kanals entsteht eine Kette überraschender Brücken. Die Ouvertüre für dieses Programm ist der Nordstern-Park in Gelsenkirchen. Auf der „Insel im Ruhrgebiet" zwischen den beiden Gewässern der Emscher und dem Rhein-Herne-Kanal entsteht ein offenes Museum von sieben Brücken, gestaltet von Stefan Polonyi. Dieser Poet unter den Brücken-Konstrukteuren nimmt das Thema aus der Region. Das Labyrinth der Rohr-Leitungen regt ihn an, aus Rohren Brücken entstehen zu lassen: hohe Bögen, mit Überschneidungen, auch Schlangen, die über die Erde kriechen und sich in die Höhe schwingen. Dies geschieht geradezu musikalisch – in Melodie und Rhythmus. Und bildhauerisch im Raum. In Oberhausen gibt es von ihm zwei Brücken: an der Mülheimer- und an der Ripshorster Straße. Ein weiterer großartiger Konstrukteur ist Jörg Schlaich. Er gestaltet Brücken als Abenteuer (Westpark Bochum, Katzenbuckel-Brücke im Innenhafen Duisburg). Die Möglichkeiten der Statik werden aufs Äußerste herausgefordert – bis an die Grenzen getrieben. Die Ripshorster Brücke in Oberhausen läuft hoch über dem Kanal in einem eleganten und dynamischen Bogen, sie scheint von einer imaginären Gewalt exzentrisch gestresst zu sein und zu schweben. Zwischen dem Kaisergarten-Park, in dem der einzige Rest der alten gewundenen Emscher aufbewahrt ist, und dem Sport-Park auf der „Insel" errichten Tobias Rehberger und Mike Schlaich 2011 über dem Kanal eine Brücke: ihren farbigen Steg umhüllt eine Rohrspirale – rhythmisch und reich an Variationen. Das Schreiten durch ihren Raum zieht viele Menschen an: weil es ein psychologisch wirksames Ereignis ist.

Ausstellungen als Impulse. Wichtige Themen der Existenz der Stadt werden den Bewohnern und neugierigen Fremden durch Ausstellungen so vor Augen geführt, dass eine vergessliche Gleichgültigkeit für kurze Zeit aufgerissen wird, wie Augenblicke oder ein Tag der Sonne, der zeigt, was die Menschen an Übersehenem umgibt und dass, mit einer solchen Erleuchtung, die die Banalität des selbstgenügsamen Alltags durchdringt, dieses Übersehen erst zum Besitz wird. Der ungewöhnliche Ort des Gasometers, in paradoxer Umkehrung seiner Existenz, zuvor tödlich gefüllt mit Gas, jetzt ein Kosmos aus weiter Luft, zeigt in einer Ausstellung mit dem Titel „Feuer und Flamme" die Industrie-Epoche. Im Verlorenen erscheint noch einmal durchlebte dramatische Existenz. Das Thema der Parkstadt holen der Kurator Peter Pachnicke und der Fotograf Thomas Wolf aus dem Vergessen hervor und pflanzen es als Impuls erneut in die Stadt. Die beiden verändern auch mit dem Thema der Brücken den gewöhnlich blinden Blick: zum bewussten Schauen – „leicht und weit". Die Ludwig Galerie integriert sich in die IBA und übernimmt Verantwortung: mit dem Engagement, zu dem die meist bagatellisierte Kultur fähig ist. In der Ausstellung erinnert Jörg Schlaich an den IBA-Gedanken: „Alles, was in Zukunft nötig ist, besser zu gestalten." Sein Aufruf: „Die Region darf keine banale Brücke mehr bauen!" Der Autor überzeugte den Oberbürgermeister von Oberhausen, Klaus Wehling, davon, dies Ernst zu nehmen und konkret zu werden: Weil die Ripshorster Brücke baufällig war, durfte Stefan Polonyi nun eine weitere Rohrschlangen-Brücke gestalten. Stefan Polonyi: Das Schöne muss nicht teurer sein als das Banale. Sie kostet trotz Teuerung der Stahlpreise weniger als übliche Brücken.

Die Ära Drescher. Burkhard Drescher ist Oberstadtdirektor (1991) und dann Oberbürgermeister (1997 bis 2004) mit einem völlig anderen Zuschnitt als üblich. Kein „Grüßaugust". Kein bloßer Verwalter. Sondern wie Schwartz und Havenstein ein Unternehmer-Oberbürgermeister. Zahlreich sind seine Projekte. Zahlreich sind aber auch die Schmährufe während und nach seiner Zeit – aus den „Hängematten", die sich plötzlich durch eine andere Denkweise irritiert und aufgescheucht fühlen. Er kommt von Außen – als ein Mann von ungewöhnlicher Offenheit, Intelligenz, Tüchtigkeit und auch Durchsetzungsfähigkeit. Als Oberhausen durch die Verantwortungslosigkeit des plötzlichen Abzugs der Konzerne ganz unten ist, ergreift er eine Fülle von Initiativen. Er hört zu, notiert, gibt der Verwaltung Aufträge – überwindet viele Widerstände, wo sie sich sperrt. Er sorgt dafür, dass die Stadt sauber und gepflegt wird. Zusammen mit dem aus Oberhausen stammenden Finanzminister Heinz Schleußer legt er eine neue Infrastruktur an: durch eine ÖPNV-Trasse in den Norden. Auf der Brache der früheren Hochöfen und Walzwerke lässt er einen neuen Stadtteil entstehen.

Wer dinglich denkt, wird Dreschers Hauptprojekt das CentrO nennen. Dies ist in der Tat eine neuartige Verkaufsmaschinerie, wie es in keiner anderen Stadt in Ruhr gibt. Gejammert wird in den drei Stadtteil-Zentren – aber übersehen wird, dass der Schaden unter vernünftigen Gesichtspunkten nahezu null ist. Das CentrO konkurriert nur im schmalen Segment der „Klamotten" mit den Stadtteil-Zentren. Nicht gesehen wird, dass die Kaufkraft, die das CentrO mit seinem sehr engen Waren-Spektrum anzieht, nur unerheblich aus Oberhausen selbst kommt, vielmehr aus der Nachbarschaft und erheblich aus den Niederlanden. Auch wäre keines dieser innerstädtischen Zentren in der Lage, eine Größenordnung an Flächen oder Kunden wie das CentrO zu verarbeiten. Der Einzelhandel muss lernen, dass seine gebetsmühlenhaft vorgetragene Forderung nach ständigem Wachstum keine Grundlage hat und dass er sich mit seiner lokalen Funktion zufrieden geben und diese qualifizieren muss. Übersehen wird auch, dass im Umfeld des CentrO ein neues Stadtviertel entsteht. Dass es nicht völlig die erhoffte Wachstums-Wirkung gibt, liegt an den Verhältnissen. Auch versagt die Landesregierung – von keinen guten Gründen getragen – die Zuwendungen für ein vorzüglich geplantes Gesundheits-Zentrum „O.Vision".

Besonders wichtig ist die mentale Wirkung von Burkhard Drescher, des in seiner Zeit bedeutendsten Oberbürgermeisters der Metropole Ruhr. Er trägt in die Stadt den Geist einer bis dahin nicht vorhandenen Vorurteilslosigkeit. Der Autor kann es am eigenen Beispiel bezeugen. Er will nichts mit den Strukturen des Klüngels zu tun haben. Hinzu kommt der Geist der Umsicht: er macht immerzu Notizen und beschäftigt damit die Verwaltung. Und er hat den Geist des Unternehmenden. Bei den IBA-Projekten greift er zu und holt mehrere in die Stadt: Olga-Park (1999), TZU, Gasometer, Umweltzentrum Ripshorst). TZU mit der Restaurierung des Werkscasinos der GHH (1912 von Carl Weigle). Olga-Park mit der Landesgartenschau 1999. Restaurierung des Hauptbahnhofs (1989/1999 von Heinrich Böll/Hans Krabel/Klaus Martin Schmidt-Waldbaur) als Bestem in der Region und Gestaltung seines Vorplatzes. Umwelt-Zentrum Ripshorst. Gasometer. Nicht alles gelingt. Zu früh kommt ein Film-Studio für hochauflösende HDTV-Technik, das zehn Jahre später für einen Boom hätte sorgen können. Ausgerechnet die Wirtschaftspartei FDP beschimpft ihn dafür – und vergisst dabei, dass Unternehmensgeist auch mal scheitern kann.

Oberhausen gilt heute als die Stadt mit den höchsten Schulden in Deutschland. Die Ziffer stimmt, aber der Blick darauf ist undifferenziert und damit falsch. Schulden entstanden nur zum geringen Teil durch Misswirtschaft. Ein großer Teil der Kredite ist wie für jede Stadt normal: für Investitionen, die sich rentieren d. h. zurück fließen. Der größte Teil entstand durch die „strukturelle Unterfinanzierung der Städte" (Christoph Zöpel): Bundesgesetze müssen umgesetzt werden, sind aber unzulässig ausfinanziert – für die Differenz müssen die Städte Kredite aufnehmen, allerdings zu sehr niedrigen Zinsen. Hinzu kommen in Ruhr vielerlei Lasten, die die Konzerne verantwortungslos mit ihrer raschen Verlagerung hinterließen: In Oberhausen gingen 58.600 Jobs verloren – mehr als die Hälfte aller Arbeitsplätze. Seit einer Dekade ver-

Abb. 21: Rehberger-Brücke im Kaisergarten, „Slinky Springs to Frame", 2011

sucht die Landesregierung mit gewaltigem Druck auf diese und andere Städte das Unmögliche: Die Städte zu zwingen, Schulden abzubauen, obwohl sie dazu nicht in der Lage sind.

Oberbürgermeister Burkhard Drescher ist weitschauend: Er verlagert städtische Aufgaben in städtische Gesellschaften, die eine andere Rechtsform erhalten – und bringt sie dadurch in Sicherheit vor dem Zugriff der Landesregierung. Er unterwirft sich nicht. Nach ihm behält Kämmerer Bernhard Elsemann den aufrechten Gang. Seine Standhaftigkeit rettet das Theater. Wer nicht stark ist, muss intelligent sein – dies ist eine ständige Herausforderung, die die Stadt jedoch nur teilweise annimmt.

Gasometer – Phantasmagorie der Ausstellung. Eine Bürgerinitiative will das gigantische Bauwerk von 117 Meter Höhe und 67 Meter Durchmesser vor dem Abriss retten. Durch rasches Zufassen von Karl Ganser gelingt dies. Daraus entsteht die faszinierendste Ausstellungs-Halle, in der zum ersten Mal in einem industriekulturellen Denkmal die Musik einzieht – und dann große Ausstellungen. Das gigantische Bauwerk steht für einen Höhepunkt industrieller Entwicklung, für die Ästhetik der Technik und drittens für eine neuartige Logistik: Sie macht aus dem scheinbar Unrettbaren eine Phantasmagorie des Schauens.

Zur Lage. Die Stadt wurde seit rund 50 Jahren, seit den 1960er Jahren, von einer stabilen SPD-Mehrheit regiert. Dies bedeutete: eine gemäßigte Verwaltung, ohne eitle Ambitionen und Sprünge, mit einem Profil des sozialen Ausgleichs, der Förderung des Breitensports und der beruflichen Bildung. Die Oppositionen von CDU und FDP hatten nie das Vermögen und den Ehrgeiz, andere Akzente zu setzen. Sie betrieben jedoch ebenso Klientelpolitik wie die SPD. Grüne, seit 2009 in Koalition mit der SPD, entwickelten bislang kein Profil. Weitere Gruppen erhalten keinen Einfluss. Es herrscht Kastendenken: Wer mitreden will, muss „die Ochsentour im eigenen Stall" der SPD machen. Die intelligenten Ressourcen der Stadt werden weder respektiert noch abgerufen. Die Parteien kreisen in sich – mit einer großen blinden Fläche auf dem demokratischen Auge. Und oft als Chancen-Verweigerer. Auch als in den 1990er Jahren viele Ruhr-Städte andere Mehrheiten erhielten, zeigte sich nirgendwo eine

Verbesserung dieser Verhaltensweisen. Darin steckt bis heute die Mentalität des „Industrie-Feudalismus", vor allem über Gewerkschaften vermittelt.

Verwaltung macht ihre Arbeit – in der Routine ordentlich. Viele Länder würden Oberhausen dafür beneiden. Ähnlich das Parlament. Aber es entstehen keine Impulse. Auch keine Situationen, die Diskussions-Foren schaffen. Dies ist in einer durchschnittlichen Ebene durchaus akzeptabel, aber wenn man mehr will, muss man auch weiter denken als allein an das Tagesgeschäft. Es mangelt an Verständnis für Stadtkultur. Für Stadt als ein Gewebe. Für Lebendigkeit. Für interessante Personen. Für Querdenker. Es gibt keine Förderung, keine Synergien, jeder muss sich selbst durchsetzen. Stadt-Marketing und Tourismus verwalten Betten, aber sind nicht in der Lage, die substanzielle Identität der Stadt heraus zu arbeiten und zu intensivieren. Das LVR-Industriemuseum unternimmt sehr viel, um sich in die Stadt zu integrieren, aber die Stadt integriert es immer noch unzulänglich. Im Vergleich zu vielen anderen Ruhr-Städten ist Oberhausen auch in seiner Behäbigkeit gut aufgestellt – ähnlich wie die meisten Städte in der gesamten Republik. Oberhausen könnte weit mehr aus sich machen, denn es verdankt seiner Geschichte, vor allem der Stadtentwicklung und manchem darin viel Substanz.

Lichtpunkte gibt es in dieser Stadt in Fülle: St. Antony-Hütte (1758) in Klosterhardt (Antoniestraße), die erste Eisenhütte im Ruhrgebiet (später Gutehoffnungshütte). – Eisenheim – älteste Siedlung in Ruhr, ein Freilichtmuseum für das Industriemuseum. – Walzhalle der Fabrik Altenberg Zink (1852–1979), Hauptsitz des LVR-Industriemuseums (1911 Direktions-Villa). – Werks-Casino (1912 von Carl Weigle, Stuttgart) in Oberhausen (Essener Straße) und IBA-Technologiezentrum Umweltschutz (1993). – Hauptlagerhaus und Hauptverwaltung III der Gutehoffnungshütte (1920 von Peter Behrens). – Park-Stadt um das Rathaus (1927 von Ludwig Freitag) – als Behörden-Viertel. – Arbeitsamt (1929 von Ludwig Freitag). – Hauptbahnhof (1930 von Hermann/Schwingels). – Europahaus (1954 von Hans Schwippert). – Oberhausen Kolleg (1965) ein früher Bau von Oswald Matthias Ungers. – Eine Anzahl vorzüglicher Schulbauten der 1950/1960er Jahre. – Internationale Kurzfilmtage (seit 1954) – heute im Kino Lichtburg (Elsässer Straße). – Fabrik K14 (1968) – zweitältestes soziokulturelles Zentrum. – Werkbund-Siedlung (1982) in Alstaden. – Mehrere Türme der Kohle: Zeche Osterfeld (1873). Zeche Concordia (1920, verändert). Zeche Sterkrade (1897). „Route der Industriekultur".

Skizze eines Stadt-Entwicklungskonzeptes. Aus der Kenntnis der Ressourcen d. h. aus dem Studium der Vergangenheit, gehen Möglichkeiten für die Zukunft hervor. Auch Überlegungen für Perspektiven. Dazu eine Skizze:

Emscher Landschaftspark. Ruhr mit Oberhausen ist ein Produkt der Industrialisierung. Kaum eine Stadt kann dies mehr sichtbar machen als Oberhausen. Natur und Landschaft galten lange Zeit nichts – nicht nur in Ruhr. Typisch dafür ist die Planersprache, in der Landschaft als „Restfläche" abqualifiziert wurde. Angesichts dessen müssten heutige Planer ihren Hochmut tiefgreifend in Frage stellen. Der Emscher Landschafts-Park ist die wichtigste Perspektive der Metropole Ruhr: Sie soll grün, ökologisch und poetisch werden. Oberhausen hat dazu bereits wichtige Impulse geliefert und ist gut beraten, auf diesem Weg weiter zu gehen. Zum ersten Mal in der Planungsgeschichte der Welt kann der Plan auch die Suburbia, die Vorstädte, umfassen: Er will sie weiter entwickeln: mit dem Gedanken des Parks – in vielem neuartig.

Vision Insel. Das Terrain zwischen den Gewässern Emscher und Kanal wird als „Insel" bezeichnet. Das Projekt, für das der Autor in einem Buch eine Vision entwickelt hat[29], ist mit ihren vielen Vorschlägen eine konkretisierbare Utopie für den Park.

Öffentlichkeit. Wie viele großartige öffentliche Potenziale gibt es! Und wie wenig werden sie abgerufen! Die erste Aufgabe muss heißen: vorhandene Chancen, die von Menschen geschaffen wurden, besser zu nutzen. Stadt ist Öffentlichkeit. Sie wird sowohl von Privatleuten gemacht (einzelne, Wirte, Vereine u. a.) als auch von dem, was wir öffentliche Hand nennen – also von Institutionen, die auf Impulse aus der Bürgerschaft mehr organisieren als der einzelne zustande bringen könnte (Plätze, Treffpunkte, Schulen, Volkshochschulen, Theater, Museen, öffentliche Kunst u. a.). Die zweite Aufgabe: qualifizieren! Die Industrie-Epoche war lange Zeit grobianistisch, dann wurde sie langsam zivilisiert, sozial und kulturell – also in vieler Hinsicht gebildeter. Aber das ist noch nicht weit gediehen. Wir können erst ansatzweise umgehen mit Meinungen, Spielregeln, Demokratie, Pluralität, Entwickeln, Balancen. Selten gibt es eine Diskussion über Werte. Eine viel zu große Rolle spielt die Bequemlichkeit, sich gruppendynamisch zu orientieren statt an Menschen und an der Sache zu entwickeln.

Oberhausen hat menschliche Dimension – es soll auch in Zukunft darauf bestehen: Menschliches Maß für Bauten, Straßen, Plätze! – auch für weite Bereiche der Gewerbe. Darin drückt sich aus: Die Zukunft gehört Menschen und nicht irgendwelchen abgekoppelten Unternehmen mit monströsen Bauten. In der Zukunft wollen wir uns gut fühlen – dazu brauchen wir viel schönes Ambiente. Die Stadt der Zukunft kann viel von sich erzählen: von ihren langen Erfahrungen, von ihrer Gegenwart und von den Vermutungen ihrer Zukunft. Sie hat Amateure und Profis, die berichten und diskutieren – in Zirkeln, auf Plätzen sowie auf Tafeln an spannenden Bauten. Eine entwickelte Stadt schafft sich eine Struktur des Nachdenkens. Dazu gehören beim Gang durch die Stadt Überraschungen. Wer auch immer und was (er oder sie) auch immer inszenieren muss oder will – das Theater kann der beste Lehrmeister für Inszenierung sein. Es soll sich auch in den Stadtraum hinein entwickeln. Und es kann ein Forum für den stadtkulturellen Diskurs sein. Und für literarische Arbeit mit der Stadt.

Denk-Zettel zu Privatheit und Öffentlichkeit. Alexis de Toqueville (1805–1859): „Der Despotismus, der seinem Wesen nach furchtsam ist, sieht in der Vereinzelung der Menschen das sicherste Unterpfand seiner Dauer, und er bemüht sich gewöhnlich sehr sorgfältig, sie voneinander abzusondern. Kein Laster des menschlichen Herzens sagt ihm so sehr zu wie die Selbstsucht: Ein Gewaltherrscher verzeiht den Regierten gern, dass sie ihn nicht lieben, sofern sie sich gegenseitig nicht lieben. Er fordert zur Lenkung des Staates von ihnen keine Hilfe; es genügt, dass sie nicht beanspruchen, sich selbst zu lenken. Er nennt unruhige Störenfriede solche, die ihre Anstrengungen vereinigen wollen, um das Wohlergehen der Allgemeinheit zu sichern, und mit einer Verdrehung des natürlichen Wortsinnes nennt er diejenigen gute Bürger, die sich eng in sich abschließen. Die Gewaltherrschaft errichtet Schranken zwischen ihnen und trennt sie. Sie ermuntert sie, nicht an ihresgleichen zu denken, und macht aus der Gleichgültigkeit eine Art öffentliche Tugend."[30]

Impulse – ein Nachdenken über Stadtentwicklung. Das LVR-Industriemuseum war ein großartiges Geschenk an die Stadt. Es will in Zukunft weit mehr in die Stadt integriert sein. Man kann es auch als ein Stadtmuseum ansehen. Eine seiner Filialen ist das Volksmuseum Eisenheim (1979) mit der Siedlung als ein „bewohntes Freilichtmuseum".

Im Bildungswesen ist der konkrete Ort, an dem die Schüler und Lehrer leben, noch wenig präsent. Er bildet jedoch das greifbarste Lern-Feld.

Oberhausen ist von Anfang an ein typischer Ort der Zuwanderungen. Es braucht Konzepte, um die mitgebrachten Kulturen und die Zweisprachigkeit lebendig zu erhalten: Zweimal

Heimat – zwei Kulturen – sind besser als eine[31]. Sie sind Zukunfts-Kapital im europäischen Brückenland.

Bislang gibt die Stadt weitgehend das Gefühl der Anti-Intellektualität und des Misstrauens gegen die Künste, einschließlich des Theaters. Einzufordern: am Vorbild Frankreich eine Wertschätzung für Intellektuelle und Künstler. Einzufordern: mentaler Struktur-Wandel. Stadt und Region können sich entwickeln, wenn kreative Potenziale wachsen.

Es gibt in umfangreichem Maße Arbeitslosigkeit. Dies ist auch eine Chance. Eine Stadt kann dafür sorgen, dass vielerlei geschieht, was für den einzelnen Arbeitslosen essenziell ist: sinnhaft zu leben.

Wie in Maastricht können zur Stadt Analysen zu Schwachpunkten gemacht werden. Daraus entsteht Phantasie zu Verbesserungen, die nichts oder wenig Geld kosten. Beispiel: Mit Hilfe von Wand-Malerei kann man dem Erscheinungs-Bild langweiliger Häuser und Straßen zu Leibe gehen. Mit gemalten Szenen vom Leben hinter den Wänden und mit weiteren Geschichten lässt sich das Theater des Lebens darstellen.

Viele Plätze verlangen nach Verbesserungen der Aufenthalts-Qualitäten. Bedeutungen wollen erfahrbar gemacht werden. Weitere Plätze warten darauf, dass wir ihnen Bedeutungen geben. Plätze brauchen vielerlei, was Menschen anregt. Die Theater-Maler können helfen – mit Kulissen aus abgespielten Stücken. Durch Bespielung erhalten Plätze manchmal überhaupt erst eine Wahrnehmbarkeit. Das Bespielen kann Bedeutungen herausarbeiten. Und Bedeutungen hinzu fügen. Wir brauchen eine Strukturierung des diffusen Siedlungs-Breies. Erst Fokus-Punkte schaffen ein Bewusstsein von Klein-Bereichen.

Man sieht nur, was man weiß. Die Hälfte eines Objektes ist unsichtbar. Wenn man vom Unsichtbaren nichts weiß, kann man meist auch das Sichtbare nicht verstehen – denn beide bedingen einander. Wir brauchen: Hinweis-Schilder und Tafeln, die erklären. Interpretierte Stadt-Pläne. Tafeln, die literarisch erzählen (Personen, Orte, Geschehen u. a.). Vor allem Denkmal-Häuser sollen erzählt werden – in literarischen Geschichten. Ein Beispiel gibt Eisenheim.

Der Denkmalschutz kennt und verwaltet zum Teil die Schokoladen-Seiten der Stadt. Fügen wir hinzu: Bereiche gelungener Architektur, Szenerien, Milieus. Bestands-Aufnahme und Vermittlung: Welche Schätze hat die Stadt? Am Denkmalschutz kann die Bevölkerung lernen, dass es vor ihr Menschen gab und dass es ein Gebot der Menschlichkeit ist, sie im Gedächtnis zu behalten – durch Spuren, die anschaulich sind.

Das Stadt-Archiv als Stätte zur Stadt-Forschung kann ein Museum der Stadt sein: Es hat Schätze der Geschichte. Ein für die Stadt weitaus nützlicherer Umgang damit lässt sich entwickeln: als „Haus der Geschichte".

Wir brauchen eine qualifizierte Bau-Beratung, die anregt, eingereichte Entwürfe zu überdenken und zu verbessern (Beispiel Maastricht). Nur durch Qualität lässt sich die Stadt verbessern. Dies ist auch die Kern-These des Deutschen Werkbunds seit seiner Gründung 1907. Zur Stadtplanung gehört das Herausarbeiten von besonderen Bereichen in der Stadt. In diesem Zusammenhang sind Blick-Führungen wichtig. Sie können auch angelegt werden, zum Beispiel durch Baum-Kulissen, die den Blick führen. Jetzt unternimmt eine Gruppe um Dr. Otto Schulte einen zweiten Anlauf. In diesem Zusammenhang kann im Haus Ripshorst eine Akademie für ökologisches Leben entstehen, die in vielen Gärten statt finden kann – und die Stadtteile durchsetzt.

Manche Leute würden gern ein Stück Land bearbeiten. Dies verbessert auch ihre soziale Lage. Die Stadt kann eigenes Land zur Verfügung stellen und anderes Land vermitteln. Dabei darf man auch an befristete Zwischen-Nutzungen denken. Die Verwaltung kann Menschen bitten, verwucherte Grün-Bereiche ein wenig zu pflegen, zu beschneiden und vielleicht sogar zu gestalten. Bäume müssen nicht immer am Rand der Straße stehen, man kann sie auch in einer Reihe in die Mitte einer Straße pflanzen. Auch in alternierenden Reihen.

Straßen in Wohn-Bereichen, die an einer Seite oder in der Mitte geschlossen werden (Sackgassen), beschränken den Auto-Verkehr auf Anlieger und Besucher. Dadurch werden sie ruhig. Viele Straßen erhalten den Charakter von Plätzen. Wenn manche Bewohner Bänke auf die Bürgersteige stellen, wird die Straße „aufhaltsam". Dies dient sowohl Kindern wie älteren Mitbürgern. Es entsteht mehr Kontakt untereinander.

Im Laufe von Jahrzehnten wurden die meisten viel zu rasch gebauten Wohnungen im Inneren nachgebessert. Aber die Fassaden und Außen-Räume lassen viel zu wünschen übrig. Die Eigentümer werden gebeten, vor einer Fassade – vorn oder hinten – Balkone anzufügen. Ästhetisch am wirksamsten sind Gerüste mit Balkonen. Sie sollen nicht klein, sondern geräumig sein: groß wie ein Zimmer. Wärme-Dämmungen sind eine Chance, die Fassade neu und besser zu gestalten. Aber eine historische Fassade zu dämmen, ist eine Untat.

Poetische Orte sind Stätten für das Nachdenken, auch für das Vordenken. Sie sind eine neue Qualität in der Stadt-Planung. Vor allem diffuse Gebiete können dadurch Bedeutungen erhalten. Vittorio Dini: „Schafft Szenerien, die Assoziationen zulassen. Poetik setzt Erinnerungen frei." Wir brauchen im diffusen Siedlungs-Brei Markierungen. Daran kann man sich orientieren. Es können zu unterschiedlichen Themen „Pfade der Gedanken" entstehen.

Die Menschen sind auch in der eigenen Stadt Touristen. Der Binnen-Tourismus dient dem Bewusstmachen der Stadt-Potentiale.

Nachdenken über Aufgaben. Auch Zuwanderer-Kulturen, z. B. aus der Türkei, machen Stadt-Qualitäten! Wir brauchen mehr Gestaltung: vom Straßen-Begrenzungs-Pfahl eigentlich zu allem. Denkmalschutz-Bereiche. Industrie-Wald. Image für Gebiete. Psychologie in die Stadtplanung – das ist der Sinn für Atmosphäre, für aufgeladene Zeichen, für Erklärungen, für die Propagierung von Werten. Wir haben einen Mangel an Sinn für Freiräume. Theater-Leute können helfen – sie inszenieren sich ständig ihre Räume – und dies in Bezug auf Menschen mit ihren Charakteren und Prozessen. Einfach und billig: Bäume gruppieren zu Räumen. Das Nutzlose als Mehr-Wert.

Kirchen waren immer schon ein Fokus der Stadt-Kultur. Jedes aufgelassene Gebäude hat andere Potenziale. Mit minimalen Eingriffen lassen sich oft erhebliche Zusatz-Werte gewinnen. Kirchen stecken voller überraschender Einfälle der Raum-Bildung. Und dies mit konventionellen Detail-Formen. Wir können Kirchen nach ihren szenischen Potenzialen beschreiben. Kirche als ein Forum für vielerlei. Dies hat eine Menge mit Theater zu tun. Am Theater können wir lernen, wie man einen Ort lebendig machen kann?

Helmut Ploß
in Verbindung mit Heinrich Bahne und Helmut Czichy

Die breite Vielfalt

Ökologie und Umweltschutz
in Oberhausen 1949 bis 2011

Der Begriff „Umweltschutz" findet in den 1960er Jahren Eingang in den deutschen Sprachgebrauch. Mit Umweltschutz verbinden einige „verrückte Ideen von realitätsfernen Spinnern" oder staatliche Reglementierungswut. Andere denken an eine ab 1960 einsetzende Gegenbewegung zur weitgehend ungehemmten Inanspruchnahme natürlicher Ressourcen im Nationalsozialismus, in den Wiederaufbaujahren und während des „Wirtschaftswunders".

Jedoch reicht der Umweltschutzgedanke im heutigen Stadtgebiet Oberhausen weiter zurück: Bereits Ende des 18. Jahrhunderts beschweren sich die Nonnen des Klosters Sterkrade, dass „der Betrieb der […] Antonyhütte große Sorgen bereitet hatte, weil durch das Waschen der Erze das Bachwasser [des Elpenbaches, d. Verf.] […] zum Waschen und Kochen nicht gebraucht werden konnte, auch ihre Forellen- und Mühlenteiche verschlammten."[1]

Auch die Kanalisierung der Emscher in den Jahren nach 1900 war der Erkenntnis zu verdanken: Durch die Einleitung ungereinigter Abwässer aus Bergbau, Industrie und Haushalten in ein Gewässer, dessen Abfluss durch Mühlenwehre und Bergsenkungen behindert war, entstanden Epidemien wie Typhus oder Cholera und herrschten unzumutbare Lebensbedingungen. Doch nicht nur raumgreifende Änderungen wie die Kanalisierung der Emscher, deren Unterlauf ab dem Stadtgebiet Oberhausen 1925 und 1949 verlegt werden musste, um Bergsenkungen auszugleichen, zeigen die Wechselwirkung von Umweltbelastung und „Schutzmaßnahmen" dagegen. Auch kleinteilig gab es in Oberhausen frühe Versuche, besonders starke Umweltverschmutzungen einzudämmen, als z. B. um 1912 in Genehmigungsbescheide für Dampfkessel Vorschriften gegen übermäßige Rauchentwicklung aufgenommen wurden.[2]

Ins frühe 20. Jahrhundert fiel auch die Stilllegung der „Styrumer Eisenindustrie" (1902). Diese innerstädtische Industriebrache wurde mit repräsentativen Verwaltungsgebäuden wie z. B. Hauptpost und Amtsgericht, später auch Polizeipräsidium, Reichsbankfiliale und dem heutigen Friedensplatz revitalisiert: Der Altstandort ist ein Beispiel für frühes Flächenrecycling, auch wenn es diesen Begriff um 1900 noch nicht gab. Der Umweltschutz nach 1949 war in Oberhausen also nicht völlig neu, er knüpfte an ältere Vorläufer an.

Die Entwicklungsschritte im Umweltschutz in Oberhausen seit Gründung der Bundesrepublik Deutschland – wirkliche „Fortschritte", wenn wir die Umweltverhältnisse von 2012 mit denen von 1949 vergleichen – gingen häufig einher mit Änderungen der Rechtslage durch Neueinführung oder Anpassung von Gesetzen. Deren In-Kraft-Treten geschah an den in den Gesetzen genannten Terminen, so dass sich eine zeitliche Gliederung der folgenden Ausführungen anbietet. Dies bedeutet aber nicht, dass im Folgenden alle für den Umweltschutz bedeutsamen Gesetze, Richtlinien, Technischen Anleitungen, Erlasse etc. genannt oder in ihren Auswirkungen auf die Umweltqualität in Oberhausen beschrieben werden: Das würde den Rahmen des Themas sprengen. Es geht darum, wesentliche Entwicklungen von Umwelt- und Naturschutz in Oberhausen seit Gründung der Bundesrepublik Deutschland darzustellen.

Es waren nicht die Einführung und die Anpassung von Gesetzen allein, die für mehr Umweltschutz in Oberhausen und darüber hinaus sorgten: Zusätzlich zu den Veränderungen der Rechtslage forcierten mehrere Ereignisse, die das Umweltbewusstsein der Bevölkerung z. T. global oder bundesweit – teilweise aber auch auf Oberhausen bzw. das Ruhrgebiet räumlich begrenzt – beeinflussten, regelrechte Entwicklungsschübe im Umweltschutz. Diese Ereignisse produzierten Ideen und Gedanken, die von den Menschen in Oberhausen aufgegriffen und als Forderungen an Politik, Verwaltung und Wirtschaft gerichtet wurden.

Die im Folgenden beispielhaft aufgeführten umweltfachlichen Errungenschaften für Oberhausen waren und sind jedoch nur durch die enge und gute Zusammenarbeit der Kolleginnen und Kollegen vieler Bereiche der Stadt Oberhausen, des Verwaltungsvorstandes, der Politik sowie durch das Engagement und die Akzeptanz der Bevölkerung möglich geworden.

1. Die 1950er Jahre: Dicke Luft und ein Naturschutzgebiet

Die Jahre vor 1960 waren vom Wiederaufbau nach den Schäden durch Diktatur, Krieg und Demontage geprägt. Die Befriedigung elementarer Bedürfnisse nach Wohnung, Nahrungsmitteln und Arbeitsplätzen hatte nach der damaligen Rechtslage, zeitgenössischen Vorstellungen von Politik, aber auch im Bewusstsein der Oberhausener Bevölkerung Vorrang vor anderen Belangen. Entsprechend niedrig war der Stellenwert, der Natur und Umwelt zunächst beigemessen wurde:

Für die Ausweisung neuer Wohngebiete, die kriegszerstörte Wohnungen ersetzen sollten, und zur Unterbringung zusätzlicher Arbeitskräfte für die boomende Montanindustrie und deren Familien wurden ganz selbstverständlich bis dahin naturnahe Freiräume in Anspruch genommen,[3] ohne dass dies Widerspruch ausgelöst hätte.

Luftbelastung

Allerdings wurde im Ruhrgebiet insgesamt und damit auch in Oberhausen das Problem der Schadstoffimmissionen und deren Konsequenzen für die menschliche Gesundheit zunehmend bewusst. Es hatte schon in den Jahrzehnten zuvor immer wieder Beschwerden über so genannte „Rauchgase" gegeben. Allerdings war „nach Gesetzgebung und Rechtsprechung […] eine Entwicklung zu dulden, die ortsüblich war",[4] so dass Franz-Josef Brüggemeier und Thomas Rommelspacher den Begriff der „Industrieschutzzone" für das Ruhrgebiet prägten.[5]

Abb. 1: Rauchwolken über der Zeche Concordia, um 1955

Bereits 1951 hatte die Stadt Oberhausen als eine der ersten Ruhrgebietsstädte ein Gutachten über die Luftbelastung in Auftrag gegeben. Darin wurde festgestellt, dass die Umwelt hauptsächlich durch Flugasche aus den Kraftwerken der Zechen sowie der Ruhrchemie belastet wurde. In diesem Gutachten wurden zwar Möglichkeiten der Entstaubung aufgezeigt; auch wurde darauf hingewiesen, dass z. T. bereits Filter installiert waren: Diese waren jedoch häufig nicht eingeschaltet, weil keine Möglichkeit bestand, die abgeschiedene Flugasche zu entsorgen.[6] Das Problem der Luftbelastung war in den 1950er Jahren auch deswegen zunehmend drängender geworden, weil „durch Verfeuerung der feingemahlenen Staubkohle […] der Brennstoff besser ausgenutzt, aber […][dadurch] mehr Staub erzeugt" wurde. Zudem wurde mehr Ballastkohle mit einem höheren Aschegehalt eingesetzt, deren Transport unwirtschaftlich war, so dass sie vor Ort verstromt wurde. Steigende Produktionsmengen in der Eisen- und Stahlindustrie sowie in den Kokereien trugen ebenfalls dazu bei, vermehrt Staub in die Luft abzugeben.[7]

Insgesamt war die Wirtschaftsleistung in Deutschland vor allem in seinem montanindustriellen Zentrum in den 1950er Jahren stark gestiegen und proportional dazu stieg auch der Ausstoß an Luftschadstoffemissionen. Es war daher nur konsequent, dass der Direktor des damaligen Siedlungsverbandes Ruhrkohlenbezirk (SVR), Sturm Kegel, für das Ruhrgebiet 1953/54 ein Gesetz über die Einrichtung einer Genossenschaft zur Reinhaltung der Luft analog der Emschergenossenschaft vorschlug.[8] Zwar wurde dieser Vorschlag von Politikern aus der Region und von den Verwaltungen begrüßt, zunächst setzten sich aber die Interessenvertreter der Industrie durch, die diesen Entwurf ablehnten.[9]

Somit blieb es zunächst beim unzureichenden Rechtsschutz, der sich ergab aus dem Nachbarschutz des § 906 BGB gegen übermäßige Immissionen sowie aus der Erlaubnis staatlicher Behörden, durch Auflagen und Verbote in die industrielle Produktion einzugreifen gemäß §§ 16, 24 Gewerbeordnung.[10] In Zweifelsfällen berief sich die Justiz im Zivilrecht (Nachbarschutz- und Schadenersatzrecht) sowie im Verwaltungsrecht (Genehmigungsverfahren) auf die „Ortsüblichkeit" von Umweltbelastungen, vor allem von Immissionsbelastungen, die in Industrieregionen wie dem Ruhrgebiet nun einmal „in Kauf genommen werden" müssten.[11] Damit knüpfte die Justiz in den ersten Jahren nach Gründung der Bundesrepublik an eine Rechtsprechung an, die sich bereits im Kaiserreich etabliert hatte. (Siehe dazu den Beitrag von Magnus Dellwig im Band 2 dieses Werkes.) Erst das Landesimmissionsschutzgesetz von 1961 und weitere Normen, die in der Folgezeit in Kraft traten, sollten an dieser Rechtslage etwas ändern. Noch bis in die zweite Hälfte der 1990er Jahre sollte diese Argumentation – zumindest unterbewusst – für die Begründung umweltschädlicher Standortplanungen in Oberhausen herhalten (siehe dazu unten den Abschnitt über das Bauschuttrecycling, Seite 374).

Das Thema „Luftverschmutzung" blieb aber in der Diskussion und selbst kleine Fortschritte bei der Bekämpfung der „Staubplage", wie z. B. der Einbau von Elektro-Filteranlagen in den Kraftwerken der Concordia und der Hüttenwerke Oberhausen AG (HOAG), wurden in der Lokalpresse als Erfolg gewürdigt.[12] Durch den frühzeitigen Aufbau eines Fernwärmenetzes ab Ende der 1950er Jahre (1956 bis 1960 Bau des Fernheizkraftwerkes der heutigen EVO) lieferte die Stadt bzw. eine ihrer Tochterfirmen bereits zu dieser Zeit in ihrem Zuständigkeitsbereich ihren Beitrag zur Luftreinhaltung.[13]

In der Folge der Ausarbeitungen des SVR-Direktors begannen im Ruhrgebiet kontinuierliche Staubniederschlagsmessungen, so dass zunehmend wissenschaftlich fundierte Messdaten vorlagen über das, was die Oberhausener Bevölkerung sehen konnte: Rauch in verschiedenen Farben, Asche und Ruß aus Industrieanlagen, Zechen, Kraftwerken, Hausbrand und Verkehr (Dampflokomotiven und – zunehmend – Kraftfahrzeugen) bildeten zusammen mit den Staubabwehungen der Halden von Bergbau und Industrie eine Dunstglocke, die die Sonne verdunkelte und die Menschen krank machte.

Untersuchungen des städtischen Gesundheitsamtes in den Jahren 1957 bis 1959 belegten Zusammenhänge zwischen Luftschadstoffimmissionen und dem schlechten Gesundheitszustand Oberhausener Kinder.[14] Der Oberhausener Amtsarzt Klaus-Peter Faerber[15] hatte Krankheitsbefunde und Immissionsbelastung in Oberhausen mit Werten vom Niederrhein (damalige Landkreise Empel-Rees und Geldern) in Beziehung gesetzt. Dabei stellte er fest, dass in Oberhausen durch die Luftverschmutzung die Sonneneinstrahlung so weit vermindert war, dass Säuglinge in signifikanter Zahl an Rachitis erkrankten,[16] einer Krankheit mangelnder Knochenfestigkeit, die durch fehlendes Sonnenlicht ausgelöst wird. Auch Veränderungen des Blutbildes (weniger rote Blutkörperchen) an Kindern waren „durch die starke Luftverunreinigung und Einschränkung des Lichteinfalls bedingt", ebenso die häufigere Erkrankung Oberhausener Kinder an den Atemwegen (Bronchitis) und den Augen (Verletzungen der Hornhaut durch Fremdkörper wie z. B. Staubpartikel, Entzündungen der Augenbindehäute) im Vergleich zu den Kindern außerhalb des Ruhrgebietes.

Allerdings war bei Beginn der Untersuchungen nicht erwartet worden, dass es sogar innerhalb der Stadt Oberhausen räumliche Differenzierungen gab, die aus dem Kausalzusammenhang zwischen Luftverschmutzung und Gesundheitszustand abzuleiten waren: Demzufolge waren im Stadtteil Osterfeld, der im Abwind der damaligen Oberhausener Industriestandorte lag, die Blutbildveränderungen ausgeprägter als in den anderen Teilen des Stadtgebietes.[17]

Dabei waren es nicht die Staubpartikel allein, die die Luftverschmutzung zur damaligen Zeit prägten: Hinzu kamen chemische Substanzen wie z. B. Chlor-, Schwefeldioxid- und Stickstoffdioxidverbindungen, die von den Industrieanlagen emittiert wurden. Die Schwermetalle, die den Staubpartikeln anhafteten, hatten sich seit Beginn der Industrialisierung in den unbefestigten Oberböden in Oberhausen (wie auch in weiten Teilen des übrigen Ruhrgebietes) angereichert, wie nach 2000 nachgewiesen wurde (siehe dazu unten den Abschnitt über den Bodenschutz nach 2000, Seite 382).

Einen expliziten „Umweltschutz" gab es zu dieser Zeit weder in Oberhausen noch anderswo, zumal der Begriff noch nicht „erfunden" war. Probleme, die heute dem „Umweltschutz" zugeordnet werden, wurden in den 1950er Jahren vorrangig zunächst unter dem Dach des Gesundheitsschutzes bearbeitet. Doch auch wenn der Begriff des „Umweltschutzes" zur damaligen Zeit noch nicht existierte, so werfen die Berichte über die Umweltbelastungen, die in den 1950er Jahren in Oberhausen (und in weiten Teilen des Ruhrgebietes) geherrscht haben, ein trübes Licht auf die Zustände, unter denen die Menschen seinerzeit lebten. Die Zuordnung dessen, was wir heute „Umweltschutz" nennen, zum Gesundheitsschutz war logische Konsequenz dieser Verhältnisse: Die Umweltbedingungen, und zwar insbesondere die Luftverschmutzung, waren zu dieser Zeit zumindest in weiten Teilen von Oberhausen gesundheitsgefährdend.

Zusammenfassend wurde im Oberhausen der 1950er Jahre die Grundlage, auch die Datengrundlage, geschaffen, um durch Gesetze, aber auch durch technische Neuerungen in den folgenden Jahren die Belastung der Umwelt zu reduzieren.

Naturschutz

Erste Fortschritte hin zu einer verbesserten Umweltsituation wurden durch die Ausweisung des Hiesfelder Waldes als Naturschutzgebiet 1957 erreicht.[18] Es beginnt im Oberhausener Norden ein zusammenhängendes Grün- und Waldgebiet, das sich bis zur Lippeniederung erstreckt. Allerdings waren zu dieser Zeit bereits immissionsbedingte „Rauchschäden"[19] insbesondere an Kiefern, Fichten und Lärchen bekannt, denen man durch die Anpflanzung „rauchharter Hölzer" wie z. B. Buchen zu begegnen versuchte. Als in den 1980er Jahren der Begriff „Waldsterben" im deutschen Sprachraum bekannt und dieses Phänomen dokumentiert wurde, gab es in Oberhausen durch die Abkehr von schnell wachsenden Nadelhölzern zu wirtschaftlich weniger ertragreichen Laubhölzern bereits einen ersten Problemlösungsansatz. Die Ursache des Problems, die hohen Luftschadstoffemissionen, wurde durch dieses Vorgehen nicht abgestellt.

Die ungewöhnlich frühe Ausweisung des über 400 Hektar großen Naturschutzgebietes führte zur Sicherung und naturnahen Entwicklung des größten Laubwaldes in Oberhausen. Die damals beginnende naturgemäße Waldbewirtschaftung schuf die Voraussetzung dafür, dass sich der Hiesfelder Wald zu einem überregional bedeutenden Laubmischwald mit sehr hohem Anteil an natürlichen Waldgesellschaften entwickelte. Für die Erhaltung des Hainsimsen-Buchenwaldes im Flachland sind die hier vorhandenen Waldbestände landesweit vorbildlich.

Die Tatsache, dass die Steinkohleförderung im Ruhrgebiet 1957 hinsichtlich Fördermenge, Beschäftigtenzahl und Zahl der fördernden Schachtanlagen ihren Zenit erreicht hatte,[20] hatte zunächst keinen unmittelbaren Einfluss auf die Luftqualität in Oberhausen: Zwar trugen die Zechenkraftwerke wesentlich zum Staubausstoß bei (s. o.), allerdings wurden wegen der „Kohlenkrise" ab 1958, die sich zu einer Krise des gesamten Ruhrgebietes entwickeln und den Strukturwandel einleiten sollte, zunächst Bergwerke im südlichen Revier stillgelegt. Oberhausener Schachtanlagen waren bis 1968 (Schließung der Zeche Concordia) von den Stilllegungen nicht direkt betroffen. Allerdings sollte in den folgenden Jahrzehnten neben der Einführung von Gesetzen zum Schutz einzelner Umweltmedien wie zunächst Wasser und Luft sowie dem Aufbau einer Umweltverwaltung auch der wirtschaftliche Strukturwandel mit Stilllegungen von Zechen und Industrieanlagen zu einer Verbesserung der Umweltbedingungen beitragen.

2. Die 1960er Jahre: Der Blaue Himmel über der Ruhr und das Abfallproblem

Die 1960er Jahre waren einerseits geprägt durch eine heute fast naiv anmutende Fortschrittsgläubigkeit, die einen wenig sensiblen Umgang mit natürlichen Ressourcen einschloss. Andererseits wuchs im Verlauf dieser Dekade die Verunsicherung über die bisherigen wirtschaftlichen und sozialen Verhältnisse. Im Umweltschutz begannen erste staatliche Maßnahmen zu greifen.

Erste Umweltschutzgesetze und -behörden

Auf gesetzlicher Ebene war dies z. B. das Wasserhaushaltsgesetz des Bundes (WHG), das bereits 1957 erlassen, aber erst 1960 in Kraft getreten war und nun in Wirtschaft und Behörden seine Wirkung entfaltete. Auf organisatorisch-behördlicher Ebene fiel in diese Zeit (1963) die Gründung der Landesanstalt für Immissions- und Bodennutzungsschutz NRW in Essen, deren Vorläufer die 1945 gegründete „Kohlenbiologische Forschungsstation e. V.", ab 1961 „Forschungsinstitut für Luftreinhaltung e. V." war.[21] Die Luftverschmutzung im Ruhrgebiet war, während in den Wirtschaftwunderjahren nicht nur sprichwörtlich „die Schlote wieder rauchten", als Problem in der Öffentlichkeit angekommen. Diese nachgewiesenen Gesundheitsgefährdungen ließen sich immer weniger mit „Ortsüblichkeit in einer Industrieregion" rechtfertigen. Die gesundheitlichen Risiken, denen die Bevölkerung in Oberhausen und in weiten Teilen des Ruhrgebietes ausgesetzt war, drangen durch die Berichterstattung über die Studien des Oberhausener Amtsarztes auch in den überörtlichen Medien in das öffentliche Bewusstsein:

Umweltpolitische Forderungen

In diesem Umfeld fand die im Bundestagswahlkampf 1961 von Willy Brandt, SPD, formulierte Forderung „Der Himmel über der Ruhr muss wieder blau werden" breites Interesse in der Öffentlichkeit,[22] obwohl sie anfangs nicht ernst genommen wurde. Der Slogan entwickelte sich zu einer bis heute gerne verwendeten Redewendung, wenn es um „Umweltschutz im Ruhrgebiet" geht,[23] auch wenn dies damals als völlig utopisch angesehen wurde. Ähnliches forderte auch der damalige NRW-Ministerpräsident Franz Meyers, der damit jedoch – selbst innerhalb der eigenen Partei, der CDU – nicht so viel Nachhall auslöste. Möglicherweise war dies auch auf eine ungünstige Parteitagsregie zurückzuführen.[24]

Unmittelbar jenseits der Stadtgrenze gründete sich Anfang 1962 in Essen-Dellwig die Interessengemeinschaft gegen Luftverschmutzung. Auf Grund der vorherrschenden Windrichtung aus westlichen Richtungen war klar, dass ein großer Teil der Luftverschmutzung in Essen-Dellwig von Emittenten auf Oberhausener Stadtgebiet ausging. Auch dürften die Aktivitäten der Essener Bürgerinnen udn Bürger kaum ohne Resonanz in der öffentlichen Meinung Oberhausens geblieben sein.

Den Umbruch im öffentlichen Bewusstsein verdeutlichte eine Rundfahrt, die die erste Bundesministerin der Bundesrepublik, die Gesundheitsministerin Elisabeth Schwarzhaupt, CDU,[25] wenige Monate nach ihrem Amtsantritt im Ruhrgebiet unternahm und die sie auch über Oberhausen führte: Als der Bus mit der Ministerin die HOAG passierte, stieg dort eine der damals bekannten rostbraunen Wolken auf, was nachhaltigen Eindruck hinterlassen hat. Die Ministerin verlangte erhebliche Verbesserungen der Luftqualität innerhalb der nächsten fünf Jahre.[26]

Eine Smog-Wetterlage im Ruhrgebiet im strengen Winter 1962/63 trug mit dazu bei, das Problem der Luftreinhaltung nochmals in das öffentliche Bewusstsein zu rücken und führte 1964 zum Erlass einer „Verordnung über Verkehrsbeschränkungen bei austauscharmen Wetterlagen" und von Höchstwerten für Immissionen durch die nordrhein-westfälische Landesregierung.[27]

Eine Maßnahme zur Verbesserung der Luft im Ruhrgebiet: Hohe Schornsteine

Wie die zunehmend von Politik und Bevölkerung geforderte Luftreinhaltung technisch funktionieren sollte, war in den 1960er Jahren lange nicht klar: Die Filtertechnik für Industrieabgase war noch nicht weit entwickelt und wurde aus wirtschaftlichen Gründen nur sparsam eingesetzt, falls Filter überhaupt vorhanden waren. Die neuen Immissionsschutzgesetze mussten zunächst in Verwaltungshandeln überführt und die Industriestandorte sowie die damit verbundenen Arbeitsplätze sollten nicht durch allzu niedrige Grenzwerte für Emissionen gefährdet werden.[28] Es zeigte sich, dass die Immissionsbelastung im Ruhrgebiet auch mit kostengünstigeren Maßnahmen reduziert werden konnte: Daher begann die „Politik der hohen Schornsteine", die tatsächlich zu einer Verbesserung der Luftqualität im Ruhrgebiet führte und von der angenommen wurde, dass die Schadstoffe durch eine ausreichende Verdünnung unschädlich gemacht werden könnten. Die Auswirkungen dieser Form des „Immissionsschutzes" durch die großräumigere Verbreitung der Luftschadstoffe in den höheren Luftschichten und ihre schädlichen Wirkungen auf revierferne Regionen (bis nach Skandinavien) waren zu dieser Zeit nicht bekannt und sollten erst mit der Diskussion über „Waldsterben" und Bodenversauerung in den 1980er Jahren ins Bewusstsein einer breiten Öffentlichkeit gelangen.

Abfall

Neben der Luftreinhaltung rückte in dieser Zeit die Abfallproblematik in das Blickfeld dessen, was ab dem Ende dieser Dekade „Umweltschutz" genannt werden sollte: Die allgemeine Verbesserung der wirtschaftlichen Verhältnisse ab 1950 sowie die zunehmende Verbreitung von Einweg- und Kunststoffverpackungen ab 1960 brachten es mit sich, dass zunehmend mehr Müll anfiel, für dessen Aufnahme keine Einrichtungen vorhanden waren. In Oberhausen wirkte sich dies in der Form aus, dass vorhandene Kies-, Sand- und Tongruben an die städtische Müllabfuhr verpachtet und von ihr verfüllt wurden. Diese Form der Entsorgung wurde bereits seit Einführung der kommunalen Müllabfuhr vor 1906 praktiziert: Gemäß § 42 Bau-Ordnung für die Stadt Oberhausen vom 18. April 1906 war „für die nicht im städtischen Gemüllabfuhrbereiche liegenden Gebäude […] auf dem Hofe eine Müllgrube zur Lagerung von Abfallstoffen herzustellen".[29] Nun aber wuchsen die Müllmengen nicht nur auf Grund der gestiegenen Einwohnerzahl, sondern wegen des zunehmenden Wohlstandes und der Verbreitung von Kunststoffverpackungen auch pro Kopf der Bevölkerung an.

Dadurch war ein Ende der Aufnahmekapazitäten der vorhandenen Gruben absehbar,[30] zumal auch der Bergbau als Konkurrent auftrat: Durch den Zwang zu Rationalisierung, Modernisierung und Mechanisierung in der Folge der Kohlenkrise fiel pro geförderter Tonne Kohle mehr Abraum an, der – ebenfalls aus wirtschaftlichen Gründen – nicht mehr untertage als Versatz in abgebauten Flözen verwendet wurde. In Oberhausen verfüllte insbesondere die Zeche Jacobi in ihrem Umfeld Sand- und Kiesgruben mit Bergematerial. Natürliche Hohlformen wie z. B. abgelegene Täler oder abgebaute Steinbrüche, die in anderen Städten als Müllplätze genutzt wurden, standen in Oberhausen wegen der Topographie – zum Glück – weder Verwaltung noch Industrie zur Verfügung: Die Erfahrung aus Städten im Ballungsraum Rhein-Ruhr mit mehr Reliefenergie lehrt, dass dort in vergleichbarer Situation auch Täler verfüllt wurden: Weil in diesen Tälern häufig Bäche verliefen, führte diese Entsorgungspraxis häufig zu Oberflächen- und Grundwasserproblemen. Auch der Transport von Abfällen über die Stadtgrenze hinweg in dünn besiedeltes Umland schied wegen der Lage Oberhausens in einem Ballungsraum als dauerhafte Lösung aus.

In dieser Situation war aus dem Wasserhaushaltsgesetz des Bundes u. a. abzuleiten, dass Hausmüll nicht mehr in grundwasserführende Grubenbereiche gekippt werden durfte. Da aber einige der Sand- und Kiesgruben, die als Müllkippstellen genutzt wurden, teilweise Grundwasser führten (z. B. in Königshardt), bedeutete dies auf längere Sicht eine weitere Verknappung des verfügbaren Kippvolumens in Oberhausen.

Das Wasserhaushaltsgesetz, das im Jahre 1960 in Kraft trat, war zunächst im Wesentlichen ein Rechtsinstrument zur Regulierung der Gewässerbewirtschaftung. Der Gewässerschutz im Sinne eines Umweltschutzes hatte zunächst keine vordringliche Bedeutung. Sowohl kommunale als auch industrielle Einleitungen von Abwässern in Gewässer erfolgten im Wesentlichen ohne wirksame Vorbehandlung. Erst mit der 4. Novelle des Gesetzes in 1976 wurde die Grundlage für staatlich festgesetzte Mindestanforderungen geschaffen, die in den Folgejahren abwasserspezifisch entwickelt und angewendet wurden. Auch der Umgang mit wassergefährdenden Stoffen wurde mit dieser Novelle einer konkreten Regulierung unterworfen.[31]

Es ist nicht untypisch für die Entwicklung des Umweltschutzes in Deutschland seit 1949, dass sich eine Änderung der Gesetzeslage in einem bestimmten Rechtsgebiet auf andere

Rechtsgebiete auswirkte: Ein eigenständiges (Bundes-)Abfallwirtschaftsrecht, das die gefahrlose Abfallbeseitigung übergreifend geregelt und den Vorrang der Abfallvermeidung festgeschrieben hat, gab es erst ab 1972. In den 1960er Jahren wurde die Abfallbeseitigung häufig als Problem von Gewässer- und Grundwasserschutz aufgefasst. Hinzu kam die Belästigung der Anwohner der Müllkippstellen durch Gestank und Ungeziefer. Demzufolge war es nur konsequent, dass sich Änderungen bei Planung und Betrieb von Einrichtungen zur Abfallbeseitigung auch in Oberhausen zunächst aus dem Wasserrecht ergaben.

Wie in anderen Städten wurde auch in Oberhausen eine geordnete Deponie angelegt, mit der die Abfallbeseitigung an geeigneter Stelle zentralisiert wurde, die von vorneherein z. B. durch bauliche Vorkehrungen, wie Basisabdichtung oder Ringgraben zum Auffangen von Deponiesickerwässern, für die dauerhafte gefahrlose Abfallbeseitigung ausgelegt wurde. In Oberhausen war dieser Standort die Hühnerheide. Als diese Mülldeponie 1968 in Betrieb ging, war auf Grund des damaligen Müllaufkommens in Oberhausen und der berechneten Kapazitäten klar, dass diese Einrichtung nur eine Übergangslösung sein konnte: Zur Reduzierung des Müllvolumens auf der Deponie musste eine Müllverbrennungsanlage her, deren Reststoffe – sofern sie nicht genutzt werden konnten, z. B. als Baumaterial oder als Eisenschrott in der Metallindustrie – weniger Raum in Anspruch nahmen.

Die Müllverbrennungsanlage entstand 1972 durch den Umbau des Kraftwerkes der Zeche Concordia. Die Städte Duisburg, Dinslaken, Moers, Voerde und Oberhausen bildeten zum Start des Betriebes das Einzugsgebiet und lieferten ihre Abfälle in diese unter dem Namen Gemeinschaftsmüllverbrennungsanlage (GMVA) geführte Einrichtung. 1985 wurde in einen neuen Verbrennungsofen und eine Rauchgasreinigung investiert. In den darauffolgenden Jahren wurden sukzessive weitere Abgasreinigungsanlagen eingebaut und weitere Kessel ersetzt im Wert von vielen Millionen Euro. Um die Jahrtausendwende übertrugen die beteiligten Kommunen 49 Prozent der Geschäftsanteile an ein Unternehmen der privaten Entsorgungswirtschaft, da durch die Marktentwicklung und die Verzögerungen beim Deponierungsverbot organischer Abfälle nach der sogenannten Technischen Anleitung Siedlungsabfall (TASi) in den Jahren zuvor enorm hohe Verluste aufgelaufen waren und ein leistungsfähiger Partner aus der privaten Entsorgungswirtschaft hier die dringend notwendige Konsolidierung durch die Akquisition privaten Gewerbemülls ermöglichte. Kommunale Anteilseigner blieben die Städte Duisburg und Oberhausen. Die Mengen kommen seitdem somit aus diesen beiden Städten, außerdem von weiteren, wechselnden Kommunen sowie aus dem gewerblichen Bereich. Mit inzwischen rund 700.000 Tonnen maximaler Verbrennungskapazität zählt die GMVA zu den größten deutschen und europäischen Müllverbrennungsanlagen. Allerdings ist durch zusätzlichen Anlagenbau im Inland und im benachbarten Ausland sowie durch die als Mitverbrennung bezeichnete Entsorgung von Müll z. B. in Kraftwerken und Zementwerken bei der Entsorgung vor allem gewerblicher und industrieller Abfälle ein außerordentlicher Preisverfall eingetreten. Dieser hat zu einer erheblichen Diskrepanz der Abfallgebührensätze auch zwischen den Kommunen geführt, die eine Anlage zur Gewährleistung der Entsorgungssicherheit errichtet und (mit-)betrieben haben, und solchen, die ihre Abfälle mit dann sehr niedrigen Preisen ausschreiben konnten.

Für die nicht brennbaren Abfälle aus dem Einzugsgebiet von Oberhausen wurde fast parallel zur Müllverbrennungsanlage der bis Ende 2004 in der Ablagerungsphase befindliche neue Teil der Deponie Hühnerheide erschlossen. Hier wurden sogenannte Inertabfälle, d. h.

im Wesentlichen anorganische Abfälle, die nicht verrotten oder faulen können (z. B. Bauschutt), sowie – mit zusätzlichen Vorkehrungen – die Filterstäube aus der Rauchgasreinigung der Müllverbrennungsanlage abgelagert. Die mittlerweile in der sogenannten Nachsorgephase befindliche Deponie wurde inzwischen begrünt und ist für die Öffentlichkeit als Naherholungsraum wieder erlebbar.

Mit In-Kraft-Treten des Abfallbeseitigungsgesetzes und Inbetriebnahme der GMVA, beides in 1972, endete die „Kippenwirtschaft"[32] in Oberhausen. Die Folgen von Kippenwirtschaft und „billiger Müllabfuhr" erforderten von den 1990er Jahren bis heute (Anfang 2012) einen Millionenaufwand an Steuergeldern bei der Untersuchung und Sicherung der Altdeponien.

Brachflächenrecycling und Freiflächenverbrauch

Zum Ende des Jahrzehnts fielen mit Stilllegung der Anlagen der Zeche Concordia, der Teerverwertung Sterkrade und der Hochofenanlage der Eisenhütte Oberhausen I (EOI) erstmals seit längerer Zeit wieder größere Industriegelände brach und bedurften einer Nachnutzung. Auf Grund des im Ruhrgebiet angelaufenen Strukturwandels der Wirtschaft war klar, dass die frei werdenden Flächen nicht wieder von Betrieben gleicher oder ähnlicher Branchen genutzt werden konnten. Damit war die Stadt Oberhausen vor die Herausforderung gestellt, Folgenutzungskonzepte für mehrere Industriebrachen zu entwickeln.

Damit einher ging die Notwendigkeit, schnell neue Arbeitsplätze zu schaffen und die bisher einseitig auf die Montanindustrie ausgerichtete Wirtschaftsstruktur zu diversifizieren. Die Abhängigkeit von einzelnen Betrieben oder Branchen und deren Krisen sollte vermindert werden (Gewerbegebiet „Zum Eisenhammer"). Gleichzeitig nutzte die Stadt die Chance, durch Überplanung des Concordia I/II/III-Standortes mit der „City-West" infrastrukturelle Defizite bei Ausbildungseinrichtungen, im Mietwohnungsbau und im Einzelhandel zu beseitigen. (Siehe dazu in diesem Band den Beitrag von Magnus Dellwig und Ernst-Joachim Richter.)

1968, im gleichen Jahr, in dem die Concordia-Schächte stillgelegt wurden, trat das erste „Entwicklungsprogramm Ruhr" des Landes NRW in Kraft. Darin waren u. a. Verbesserungen der Verkehrsinfrastruktur, erste Umweltmaßnahmen sowie Flächen- und Brachenmobilisierungen für Neuansiedlungen gebündelt.[33]

Allerdings waren nicht alle Unternehmen der Montanindustrie bzw. die bei Gründung der Ruhrkohle AG (ebenfalls 1968) ausgegliederten Altgesellschaften bereit, sich von ihrem umfangreichen Immobilieneigentum in absehbarer Zeit zu trennen.[34] Die Bauvorhaben für den Straßenbau und die Anlage neuer Gewerbe- und Industriegebiete (z. B. in Buschhausen und Sterkrade), die in Oberhausen nach 1968 in der zeitlichen Folge des Entwicklungsprogramms begannen, konnten daher – wie auch in anderen Ruhrgebietsstädten – nicht oder nur eingeschränkt auf den nach und nach frei werdenden Industrie- und Verkehrsbrachen realisiert werden. Somit war die Stadt gezwungen, zur Schaffung neuer Arbeitsplätze und zur Milderung der sozio-ökonomischen Folgen des Strukturwandels zunehmend ökologisch wertvolle Freiräume in Anspruch zu nehmen.[35]

Die Inanspruchnahme von Freiräumen für Straßenbauprojekte sollte im folgenden Jahrzehnt eine Gegenbewegung mit auslösen, die eine Begrenzung des Freiflächenverbrauchs forderte und – zunächst bezogen auf einzelne Projekte, später auch für das gesamte Stadtgebiet – das Umweltbewusstsein in Oberhausen maßgeblich förderte. Aber auch die Umnutzung von Industriebrachen in Gewerbegebiete und Wohnsiedlungsbereiche war nicht ohne Umweltrisiken, wie sich in den 1980er Jahren herausstellen sollte.

3. Die 1970er Jahre: Umweltschutz wird zum Thema

Ab etwa 1970 fand der Begriff „Umweltschutz" Eingang in den allgemeinen deutschen Sprachgebrauch. Die Erkenntnis setzte sich durch, dass „es so nicht mehr weitergeht". Dies wurde durch verschiedene krisenhaft empfundene Ereignisse (z. B. die ▶ Ölkrisen 1973 und 1979), Unglücke (z. B. Seveso-Unfall 1976 und der Atomunfall von Three Mile Island, Harrisburg, 1979) und Umweltskandale (diverse „Giftmüllfunde" in verschiedenen Städten) sowie Veröffentlichungen (u. a. Dennis Meadows: „Grenzen des Wachstums", 1972, und Egmont R. Koch und Fritz Vahrenholt: „Seveso ist überall – die tödlichen Risiken der Chemie", 1978) untermauert. Selbst der als vermeintlich sicher und billig eingeschätzten Atomkraft, die als alternative Energiequelle zur Abhängigkeit von Ölimporten aus den Krisengebieten des Nahen und Mittleren Ostens ab Ende 1973 zunächst forciert wurde, wurde ab etwa 1975 von einer stärker umweltbewussten Öffentlichkeit zunehmend Widerstand entgegen gesetzt.

Umweltbewusstsein, Umweltorganisationen und Umweltnormen bundesweit

Der allgemeine Bewusstseinswandel spiegelt sich auch in der Gründung zahlreicher Umweltschutzorganisationen (z. B. Greenpeace 1971, Bund für Umwelt- und Naturschutz BUND 1975, zahlreiche Bürger- und Umweltinitiativen mit dem Bundesverband Bürgerinitiativen Umweltschutz BBU 1972 etc.) sowie der Einrichtung von Umweltbehörden (u. a. Umweltbundesamt 1974) wider. Ebenfalls in dieser Dekade wurden mehrere Gesetze erlassen, die den Behörden bessere Handlungsmöglichkeiten zum Schutze der Umwelt gaben: Dazu gehörten u. a. das Abfallbeseitigungsgesetz des Bundes von 1972, das Bundes-Immissionsschutzgesetz 1974, das nordrhein-westfälische Natur- und Landschaftsschutzgesetz (Landschaftsgesetz NW) 1975 und das Bundes-Naturschutzgesetz 1976. Das zuletzt genannte löste aufgrund des in den 1970er Jahren bundesweit ständig steigenden öffentlichen Interesses am Naturschutz das seit 1935 gültige Reichsnaturschutzgesetz durch eine moderne Gesetzgebung ab. Bis dato beschränkte sich der Natur- und Landschaftsschutz auf wenige Flächen von herausragender Bedeutung. Jetzt wurde der Schutz eines bundesweiten Netzes wertvoller Freiräume in die Wege geleitet; allmählich wurde die ökologische Bedeutung aller Freiflächen erkannt. Diese Entwicklung über den Objektschutz hinaus zur ganzheitlichen Betrachtung veränderte den Umgang des Menschen mit der Natur grundlegend und dauert bis heute an.

Eine nicht zu unterschätzende Breitenwirkung für das Umweltbewusstsein hatten auch fiktionale Fernsehfilme wie z. B. „Smog" von 1973: Die Handlung dieses Films spielte im Ruhrgebiet und heizte die öffentliche Diskussion über Umweltschutz weiter an.

Parallele Entwicklungen in Oberhausen

In Oberhausen fand eine der globalen Entwicklung parallele Zunahme von Umweltschutzideen und Einrichtungen mit Bezug zum Umweltschutz statt: Auf Grund der langjährigen Industriegeschichte gab es reichlich Umweltprobleme, so dass auch in Oberhausen Politik und Verwaltung innerhalb kurzer Zeit diese Gedanken und Entwicklungen aufgriffen.

Im Juni 1971 fand auf Einladung von Oberbürgermeisterin Luise Albertz die konstituierende Sitzung der „Kommission zur Behandlung von Fragen des Umweltschutzes [in] […] Oberhausen" statt, der die Verwaltung im folgenden Jahr ein „Umweltschutz – Kataster" vorgelegt hat: Das war sehr fortschrittlich, weil der Begriff „Umweltschutz" erst wenige Jahre zuvor aufgekommen war. Diese Kommission war ein Vorläufer des Ratsausschusses für Umweltschutz.

Innerhalb der Stadtverwaltung Oberhausen gab es in dieser Zeit keine zentrale Zuständigkeit für den Umweltschutz: Luftreinhaltung und Genehmigungsverfahren nach dem Immissionsschutzrecht waren seit den 1950er Jahren beim Gesundheitsamt angesiedelt, das sich damals große und bundesweit beachtete Verdienste erworben hatte (siehe oben Seite 346). Die Untere Wasserbehörde gehörte zum Tiefbauamt, die Abfallwirtschaft zur Müllabfuhr, die Untere Landschaftsbehörde zum Grünflächenamt und um chemische Analysen sowie deren Auswertung kümmerte sich das chemische Untersuchungsamt.

Zum Ende der Dekade erhielt der Umweltschutz einen eigenen Platz in der Organisationsstruktur der Stadtverwaltung Oberhausen: 1978 wurde ein „Dezernat für Stadtplanung, Stadtsanierung und Umweltschutz"[36] sowie ein „Amt für Stadtsanierung und Umweltschutz"[37] gegründet, in dem ein Mitarbeiter als „Umweltbeauftragter" das gesamte Spektrum des Umweltschutzes bearbeiten sollte, ohne aber eigenständige Kompetenzen zu haben. Die Einrichtung eines „Umweltbeauftragten" war übrigens kein Oberhausener Einzelfall: Ähnliches wurde auch in anderen Städten vergleichbarer Größe praktiziert. Vorbild für die Einrichtung des Umweltbeauftragten war wahrscheinlich Bernhard Grzimek, der von 1970 bis 1973 Naturschutzbeauftragter der Bundesregierung war, sein Amt aber niederlegte, weil der Naturschutz von der Bundesregierung aus seiner Sicht nicht mit dem gebotenen Ernst betrieben wurde. Ende 1982 wurde der Oberhausener „Umweltbeauftragte" aus dem „Amt für Stadtsanierung" herausgelöst und dem Ordnungsamt zugeordnet. Dies hatte den Vorteil, dass die ordnungsbehördlichen Fragen des Umweltschutzes und die Vollzugsaufgaben dort besser angebunden und abgesichert waren.

Zusätzlich beschloss der Rat der Stadt am 7. Mai 1979 die Satzung zum Schutz des Baumbestandes in Oberhausen („Baumschutzsatzung"). Diese hat das Ziel, durch Erhalt bzw. Ersatzpflanzung von Bäumen die Leistungsfähigkeit des Naturhaushaltes sicherzustellen, zum Erhalt oder Verbesserung des Stadtklimas beizutragen und die Gestaltung, Gliederung und Pflege des Orts- und Landschaftsbildes zu gewährleisten; 1995 wurde diese Satzung novelliert.

Korrespondierend mit den neuen Anforderungen an Politik und Verwaltung im Umweltschutz wurden auch in Oberhausen Gremien geschaffen, die seitdem Kontroll- und Beratungsaufgaben wahrnehmen: Der Landschaftsbeirat konstituierte sich 1976, 1979 wurde der Ausschuss für öffentliche Einrichtungen und Umweltschutz des Stadtrates gegründet.

Am Ende der 1970er Jahre schlossen sich auch in Oberhausen Bürgerinnen und Bürger zusammen und bildeten örtliche Gruppen der teilweise neu gegründeten, teilweise aber auch schon lange bestehenden Umwelt- und Naturschutzorganisationen: Dazu gehört u. a. der Naturschutzbund Deutschland e. V. (NABU), dessen Oberhausener Organisation 1980 aus einem Ornithologischen Arbeitskreis heraus gegründet wurde und dessen Stadtverband 2012 der größte und älteste Naturschutzverein in Oberhausen ist. Dazu gehören ferner der Bund für Umwelt- und Naturschutz (BUND) – in Oberhausen gegründet 1985 – sowie die Landesgemeinschaft Naturschutz und Umwelt Nordrhein-Westfalen e.V. (LNU).[38] Später gründeten die örtlichen Mitglieder des BUND, des NABU und der LNU gemeinsam die Station Umwelt und Natur Oberhausen (STAUN).[39]

Umweltinitiativen und Bürgerprotest

Eine typische Erscheinungsform von bürgerschaftlichem Engagement und – besonders ausgeprägt bei Themen des Umweltschutzes – des Bürgerprotestes seit den 1970er Jahren waren die Bürgerinitiativen,[40] im Umweltschutz daher entsprechend auch Umwelt- und Anti-Atomkraft-Initiativen etc.

Im Zusammenhang mit der ganzheitlichen Betrachtung von Natur- und Landschaftsschutz rückte die andauernde Umwandlung von freier Landschaft in Siedlungs- oder Verkehrsraum in die öffentliche Wahrnehmung. Es wurde erstmals das Ziel formuliert, diesen sogenannten Flächenverbrauch zu verringern. Dies ist bis heute nur in begrenztem Maße gelungen. Der Konflikt zwischen den Ansprüchen nach mehr Wohnraum, nach mehr Wirtschaftsflächen sowie immer größeren Flächen für eine moderne Infrastruktur und dem Ziel des Flächenschutzes dauert bis heute an. Gerade die Durchschneidung von Freiräumen durch Verkehrinfrastruktur (Autobahnen) beeinträchtigt den ökologischen Wert der verbliebenen Freiflächen erheblich. Mit der globalen Entwicklung des Umweltbewusstseins wuchs auch in der Oberhausener Bevölkerung die Sensibilität gegenüber Eingriffen in die Natur.

Dies zeigte sich ab 1973 im breiten Widerstand der Bürgerinnen und Bürger, gemeinsam mit Anwohnern aus den Nachbarstädten Essen und Mülheim, gegen den Plan, durch das Hexbachtal eine Nord-Süd-Autobahn zu bauen, die südliche Verlängerung der heutigen A 31.[41] Das Hexbachtal im Osten bzw. östlich des Oberhausener Stadtgebietes war und ist – wie auch seine südlichen Verlängerungen auf Mülheimer und Essener Stadtgebiet - Teil des „Regionalen Grünzuges B". Dieser geht ebenso wie die übrigen regionalen Grünzüge im Ruhrgebiet auf den ersten Generalsiedlungsplan des SVR aus den 1920er Jahren zurück und wurde im Gebietsentwicklungsplan des SVR 1966 festgeschrieben: Durch diese in Nord-Süd-Richtung verlaufenden Freiräume soll das Ineinanderwachsen der Ruhrgebietsstädte vermieden sowie Freiraum- und Frischluftzonen (zum Problem der Luftverunreinigung s. o.) erhalten bleiben. Diese Grünzüge und insbesondere das Hexbachtal und südlich davon das Winkhauser Tal hatten sich zu sehr beliebten Naherholungsgebieten der Oberhausener, Mülheimer und Essener entwickelt in einer Zeit, in der durchschnittlich verdienende Bürger nicht über PKWs verfügten und in der Regel nur zu Fuß oder mit dem Fahrrad wohnortnahe Freiräume erreichen konnten. In dieses naturnahe und von der Bevölkerung sehr geschätzte Gebiet sollte die heutige A 31 gebaut werden, die von Ostfriesland und dem Emsland durch das Ruhrgebiet und das Bergische Land bis in den Großraum Bonn verlaufen sollte (weshalb im Volksmund Begriffe wie „Emslandlinie" und „Friesenspieß" geprägt wurden). Dabei sollte sie mit den bereits bestehenden Autobahnen A 2, A 42, A 40 und A 52 verknüpft werden und damit ein dichtes „Orthogonales Rastersystem"⁴² komplettieren, in dem für Freiräume kaum noch Platz war.

Der Protest gegen dieses Projekt war auch deswegen so entschlossen, weil Ende 1973 wegen der ersten ▶ „Ölkrise" als Folge des ▶ „Jom-Kippur-Krieges" bundesweit Sonntagsfahrverbote verhängt wurden, die Autobahnen deshalb leer blieben und gegenüber dem bisherigen Zuwachs an Individualverkehr, der z. B. dem Leitbild der „autogerechten Stadt" aus den 1960er Jahren folgte, zunehmend die Sinnfrage gestellt wurde (u. a. durch Aufgreifen des Bestseller-Titels von 1972 „Grenzen des Wachstums"). Warum, so fragten die Bürgerinnen und Bürger, sollte ein für Menschen, Tiere und Pflanzen wertvoller Naturraum asphaltiert werden zugunsten einer Autobahn, für die mit Autos zu befahren demnächst kein Treibstoff mehr vorhanden sein würde?

Letztlich waren die Proteste erfolgreich: Die Autobahn von Ostfriesland ins Ruhrgebiet (die heutige A 31) wurde Jahre später gebaut, allerdings endet sie von Norden kommend an der A 2 in Bottrop und durchschneidet damit keine naturnahen Freiräume im Ballungsgebiet und keine dicht besiedelten Wohngebiete.

Der Widerstand gegen dieses Autobahnprojekt mitten durch das Ruhrgebiet weckte auch in der Oberhausener Bevölkerung ein Gespür für die Wertigkeit von Natur und Landschaft des Ruhrgebietes von Bottrop über Oberhausen und Mülheim bis Essen sowie für die Erhaltung der Umwelt, was in den folgenden Jahren das Geschehen in der Stadt beeinflussen sollte.

Eines der beherrschenden Themen der 1970er Jahre in der Bundesrepublik war die Auseinandersetzung um den Ausbau der Atomenergie: Zwar waren keine Atomanlagen im Stadtgebiet Oberhausen geplant, aber der Standort für den „Schnellen Brüter" bei Kalkar ist nur rund 50 Kilometer Luftlinie von Oberhausen entfernt und brachte auch hier besorgte Bürgerinnen und Bürger zusammen. Aus diesen Umweltschutzgruppierungen bildeten sich Vereinigungen, wie z. B. „Grüne Aktion Zukunft" und „Grüne Liste Umweltschutz" etc., die sich in Oberhausen mit anderen Initiativgruppen bewusst zur „Bunten Liste Oberhausener Demokraten" zusammenschlossen, aus der die örtliche Organisation „Die Grünen" hervorging.

Ähnliche Entwicklungen in vielen anderen Orten im gesamten Bundesgebiet mündeten schließlich am Ende der Dekade (13. Januar 1980) in der Parteigründung „Die Grünen" auf Bundesebene, die sich – ebenso wie ihre Wählerschaft – großenteils aus umweltbewussten Bürgerinnen und Bürgern zusammenfand. Wenige Wochen später wurde als einer der ersten bundesweit der Oberhausener Kreisverband der Grünen gegründet.⁴³

Ökologie versus Ökonomie

Spätestens ab Mitte der 1970er Jahre war in Oberhausen die Entwicklung von Umweltschutz und Umweltbewusstsein zusätzlich geprägt vom damals empfundenen Widerspruch zwischen Ökonomie und Ökologie: In der in besonderer Weise durch die Schwerindustrie geprägten Stadt Oberhausen wurden in ihrer Bevölkerung und in der Politik intensiver als in anderen Städten zunehmende Umweltsensibilität und öffentlicher Druck in Richtung umweltschonenderer Wirtschaftsweise nicht ausschließlich unter dem Aspekt gesunder Lebensverhältnisse gesehen. Effiziente – und damit häufig kostenintensive – Maßnahmen zur Verbesserung der Umweltqualität in der Industrie wurden zunehmend als Gefahren für die örtlichen Arbeitsplätze empfunden, die ohnehin bedroht waren durch Strukturwandel und ausländische Konkurrenz: Die hatte oft weniger oder gar keine Umweltschutzauflagen zu beachten. Immer wieder finden sich daher in der Lokalpresse beschwichtigende Hinweise wie dieser: „Umweltschutz gefährdet keine Arbeitsplätze".[44]

In dieser Zeit wurde in Oberhausen als Ersatz für den Wegfall von Arbeitsplätzen in der Montanindustrie die Ansiedlung von Einrichtungen der Umwelttechnologie gefordert.[45] Zeitweise bestanden sogar Überlegungen, die Essener Straße, die vormals ein Symbol für industrielle Luftverschmutzung war, als „Allee der Industriekultur" zu einem Zentrum für Umwelttechnologie im Ruhrgebiet zu entwickeln. Ab etwa 1990 haben sich mehrere öffentliche und private Umwelttechnologiestellen im Bereich der Essener Straße angesiedelt, von denen 2012 noch das Fraunhofer-Institut für Umwelt-, Sicherheits- und Energietechnik („Umsicht"), das Umweltschutzzentrum des Handwerks der Handwerkskammer Düsseldorf und das Technologiezentrum Umweltschutz (TZU) dort niedergelassen sind. Im Falle des TZU verlagerte sich der Branchenschwerpunkt auf Grund der Marktentwicklungen relativ schnell zu unternehmensnahen Dienstleistungen, bei denen Kommunikation, Software-Entwicklung und Marketing die Kernpunkte einer erfolgreichen Institutsarbeit sind.

Die 1970er Jahre beendeten mit der Stilllegung des letzten Oberhausener Hochofens (Eisenhütte Oberhausen EO, Hochofen A) die über 200 Jahre dauernde Ära der Roheisengewinnung in unserer Stadt: Die weltweite Stahlkrise (seit etwa 1975) mit ihren Überkapazitäten und dem Rationalisierungsdruck, der langfristig nur noch Hochofenstandorten mit direktem Zugang zu Wasserwegen Überlebenschancen ließ, hatte ein weiteres Opfer gefunden. Tausende von Arbeitsplätzen in Oberhausen verschwanden unwiederbringlich. Für den Umweltschutz im Allgemeinen und die Luftreinhaltung im Besonderen hatte dies – so bitter die Schließung für Oberhausen und seine Bürgerinnen und Bürger war – einen positiven Effekt.

4. Die 1980er Jahre: Umweltkatastrophen und Umweltfortschritte

In den 1980er Jahren war der Umweltschutz zu einem der bestimmenden Themen in den Medien und in der öffentlichen Diskussion geworden. Die in der vorherigen Dekade in Kraft getretenen Gesetze zum Umweltschutz begannen zu wirken und führten dazu, dass sich die öffentliche Verwaltung in Bund, Ländern und Kommunen zunehmend mit Umweltthemen befasste. In Oberhausen begannen zeitgleich vor allem die 1980 gegründete Partei Die Grünen (bzw. „Bunte Liste", wie sich die Ratsfraktion der Grünen in Oberhausen zunächst nannte) und die örtlichen Jusos in der SPD, aber auch die DKP, über die Herstellung von Öffentlichkeit zu umweltschutz-bezogenen Themen Druck auf Politik und Verwaltung aufzubauen.

Unkenntnis oder ein leichtfertiger Umgang mit der Umwelt in den Jahren und Jahrzehnten zuvor verursachten in dieser Dekade immer häufiger Unglücke, Störfälle und langfristig wirkende Umweltverschmutzungen. Die Nachrichten darüber trafen auf eine zunehmend sensibilisierte Bevölkerung, die mit jeder neuen (und das hieß damals in der Regel: schlechten) Nachricht über den Zustand der Umwelt intensiver von Politik, Verwaltung und Wirtschaft Änderungen der bisherigen Umweltbedingungen verlangte. Die Aktivisten von Umweltschutzorganisationen wie z. B. Greenpeace trugen mit spektakulären Aktionen zur Medienwirksamkeit von Umweltthemen bei. Auch in Oberhausen fanden öffentlichkeitswirksame

Aktionen statt wie z. B. in der Ratssitzung vom 6. März 1978[46] und während der Kurzfilmtage am 28. April 1979.[47]

Prägend für dieses Jahrzehnt waren Ereignisse, deren langfristige Wirkungen weit über diese Zeit hinausreichten, wie z. B. der Smog-Alarm mit Fahrverboten im Ruhrgebiet im Januar 1985 (s. u.), die Reaktor-Katastrophe von Tschernobyl im April 1986 und viele andere.

Luftverunreinigung: Waldsterben und Smog-Alarm

In diesem Jahrzehnt zeigte sich, dass Unkenntnis über die Zusammenhänge im Umweltschutz Folgeschäden oder Schäden an anderer Stelle auslösen kann:

Die hohen Schornsteine, die seit den 1960er Jahren zu einer Verbesserung der Luftqualität im Ruhrgebiet (und damit auch in Oberhausen) geführt hatten, bewirkten eine großräumige Verteilung der Schadstoffe. Damit einher ging zwar deren erwartete Verdünnung, aber nicht deren Verschwinden: Über einen mehrjährigen Zeitraum reicherten sich die Immissionen in den Böden außerhalb des Ruhrgebietes an. Insbesondere die Schwefeldioxid-Anteile an den Emissionen, die (noch) nicht durch Filter am Ort der Entstehung zurückgehalten werden konnten, bewirkten eine starke Versauerung der Böden. In Regionen, in denen von Natur aus relativ kalkarme Böden vorkamen, führte diese Versauerung zum Absterben der Baumwurzeln und damit zum Sterben der Wälder. Das „Waldsterben" wurde in den 1980er Jahren zu einem der zentralen Begriffe des Umweltschutzes in Deutschland, was zu weiteren Entwicklungsschüben des Umweltbewusstseins in der Bevölkerung, der Umweltschutzgesetzgebung (z. B. Erlass der Großfeuerungsanlagenverordnung) und der Umwelttechnik (z. B. durch den Einbau von Rauchgasentschwefelungsanlagen in Kohlekraftwerken, Einbau von geregelten Drei-Wege-Katalysatoren in PKWs etc.) führte.

Durch die in der Vergangenheit wesentlich höhere Luftverunreinigung als heute waren im Ruhrgebiet insbesondere im Winter Anreicherungen von Luftschadstoffen in den unteren Luftschichten verbreitet. Sie entstanden, wenn sich in mehreren hundert Metern Höhe über Gelände wärmere Luftschichten langsam über bodennahe Kaltluft schoben, ohne dass es durch Luftbewegungen zu einer Durchmischung kam. Eine solche „austauscharme Wetterlage" mit Umkehrung der „normalen" Luftschichtung „unten – warm / oben – kalt" wird auch „Inversionswetterlage" genannt. Sie verhinderte, dass die durch Industrie, Hausbrand und Verkehr verursachten Emissionen nach oben bzw. durch Wind in die Umgebung fortgetragen werden konnten. Zwar blieb dem Ruhrgebiet eine Smog-Katastrophe wie z. B. in London 1952 erspart. Auch hatte die Smog-Wetterlage 1962/63 bereits administrative Wirkungen hinterlassen. Aber durch im Laufe der Jahre zunehmend schärfere Umweltschutzbestimmungen wurden großflächige Fahrverbote und Produktionseinschränkungen für die Industrie wahrscheinlich. Es war symbolisch für die Umweltgeschichte, dass im kalten Januar 1985 ausgerechnet während einer mehrtägigen Inversionswetterlage neue – niedrigere – Grenzwerte für NRW in Kraft traten: Die während des Berufsverkehrs verhängten Fahrverbote brachten zwar keine bessere Luft. Sie hatten aber – ähnlich den Sonntagsfahrverboten Ende 1973 wegen der ersten Ölkrise – zumindest in der Region eine erhebliche psychologische Wirkung in einer Zeit, in der Umweltschutz in der Öffentlichkeit ohnehin eines der wichtigsten Themen war, und trugen zur weiteren Schärfung des Umweltbewusstsein bei.

Neuorganisation der städtischen Umweltschutzverwaltung

In diesem Umfeld war Mitte der 1980er Jahre der Handlungsdruck in der Stadtverwaltung Oberhausen, hervorgerufen durch die langjährige Inanspruchnahme von Natur und Umwelt und die organisatorische Zersplitterung von Zuständigkeiten auf verschiedene Stadtämter bei nur einem „Umweltschutzbeauftragten" zu groß geworden. Daher wurde 1984 der heutige „Bereich Umweltschutz" (damals „Amt für Umweltschutz") mit zunächst sechs Mitarbeiterinnen und Mitarbeitern gegründet, der 1985 seinen Betrieb aufnahm. Ein Jahr später wurden die Sonderordnungsbehörden Untere Landschafts-, Wasser- und Abfallwirtschaftsbehörde in das Amt für Umweltschutz eingegliedert. Parallel mit den zusätzlichen Aufgaben folgte in den nächsten Jahren eine personelle Aufstockung zur sachgerechten Bearbeitung der Aufgaben. Diese Entwicklung in Oberhausen entsprach einem bundesweiten Trend: Zu einem ähnlichen Schritt, der Bündelung der Aufgaben des Umweltschutzes in einem Umweltamt, hatten sich ungefähr zeitgleich auch z. B. Dortmund, Freiburg, Kiel und Wiesbaden entschlossen.

Bodenbelastungen

Zu einem Umweltproblem entwickelte sich die seit den 1960er Jahren verstärkt voran getriebene Folgenutzung stillgelegter Industrie- und Gewerbestandorte sowie Altablagerungen, über die nicht nur dem Wortsinne nach „längst Gras gewachsen" war. Durch Ausweisung neuer Gewerbegebiete oder Einkaufszentren auf alten Industriebrachen sollten die Arbeitsplatzverluste im Ruhrgebiet wenigstens teilweise kompensiert und durch die Ausweisung von Wohngebieten auf Brachflächen der Siedlungsdruck auf die knapper werdenden naturnahen Freiräume reduziert werden. Zudem bestand ein breiter gesellschaftlicher Konsens, zusätzliche Naherholungs- und Freizeiteinrichtungen in dicht besiedelten Ballungsräumen wie dem Ruhrgebiet zu schaffen. Dass bei der Folgenutzung von Industriebrachen Baugrundhindernisse wie z. B. Fundamentreste vorgefunden werden konnten, war seit langem bekannt. Nicht bewusst war jedoch, dass auch chemische Stoffe und Verbindungen Gefahren auslösen konnten.

Anfang der 1980er Jahre wurde u. a. in Dortmund-Dorstfeld und Bielefeld-Brake festgestellt, dass dort Siedlungen auf ehemaligen Kokerei- und Deponiestandorten entstanden waren, die für die sensible Nutzung einer Wohnbebauung nicht geeignet waren und die die Bewohner krank machten. Öffentlichkeit, Politik und Verwaltung war klar, dass es auf Grund der Nutzungsgeschichte von Industrie- und Gewerbeflächen sowie ehemaligen Deponien ähnliche Probleme in allen Städten des Ruhrgebietes und daher auch in Oberhausen geben konnte.

Fehlende Rechtsgrundlagen, Begriffsdefinitionen und Standardisierungen, Unkenntnis über chemische und toxikologische Zusammenhänge, über Ausbreitungs- und Wirkungspfade der verschiedenen Stoffgruppen sowie fehlende Daten über Entstehung und Abgrenzungen von Bodenbelastungen führten in den 1970er und frühen 1980er Jahren auch in Oberhausen wiederholt zu Schlagzeilen wie z. B.: „Gift-Skandal mit harmloser Brief-Warnung: Tomaten und Kohlrabi mit zuviel Blei".[48] Daher hat die Stadt Oberhausen 1983 ein erstes Kataster der
▶ Altlasten („Altlastenkataster") erstellt, das damals 33 Flächen umfasste (zum Vergleich: Anfang 2012 waren rund 1.650 Altablagerungen, Altstandorte und sonstige Flächen mit Bo-

denbelastungspotential als „Flächen mit Bodenbelastungsverdacht" registriert). Neben dem Grundlagenwissen fehlten zu dieser Zeit praktische Erfahrungen: Beides musste in den folgenden Jahren erst erarbeitet werden. Damit einher ging der Anspruch, Fehler, wie sie in Dortmund und Bielefeld gemacht wurden, in Oberhausen künftig zu vermeiden. In der Rückschau auf diese 28 Jahre ist zu resümieren, dass dies auch gelungen ist.

Neben der Forderung nach besseren Umweltbedingungen bildete der Wunsch nach soziokulturellen Zentren ein wichtiges Thema der großstädtischen Bürgerinitiativbewegungen, wobei auch Oberhausen keine Ausnahme machte. Ein Standort für eines der soziokulturellen Zentren war die Anfang der 1980er Jahre stillgelegte Zinkfabrik Altenberg westlich des Hauptbahnhofes. Die Umnutzung der Altenberg-Fabrik in eine Stätte für Kultur und Kommunikation, Kreativität und Spontanität war schnell erfolgreich. Auch war ein Teil des Gebäudeensembles für das Rheinische (heute LVR-) Industriemuseum vorgesehen: Nur hatte bis dahin niemand bedacht, dass die über 100 Jahre dauernde industrielle Nutzung des Grundstückes ihre Spuren, d. h. vor allem Schwermetalle, in Gebäuden und Böden hinterlassen hatte. Ab 1986 wurde daher zunächst das gesamte Areal abgesperrt, gesichert und anschließend als Soziokulturelles Zentrum und Industriemuseum wieder in Betrieb genommen.

Einen weiteren Hinweis, dass die Lage in einer Industrieregion ihre Spuren in den Böden hinterlassen hat, lieferte Ende der 1980er Jahre die „Kleingartenstudie", die 1989 veröffentlicht wurde:[49] Aus zehn Kleingarten- und Grabelandflächen, die über das gesamte Stadtgebiet verteilt waren, wurden 1985/86 Staubniederschlags-, Boden-, Kompost- und Pflanzenproben entnommen und analysiert: In den Oberhausener Böden wurden – wie auch in anderen Ruhrgebietsstädten – erhöhte Schwermetallgehalte festgestellt. Mit den Luftschadstoffimmissionen, die ebenfalls im Rahmen dieser Studie gemessen wurden, konnten diese Werte nicht erklärt werden. Daher wurden die Schadstoffgehalte u. a. mit „Ablagerungen der Vergangenheit bzw. anderen Belastungen" erklärt.[50] Flächendeckende Erhebungen der Altablagerungen und Altstandorte sowie Karten der Belastungen naturnaher Oberböden lagen zu dieser Zeit noch nicht vor, weil es dafür noch nicht die entsprechenden Untersuchungsmethoden gab. Im Ergebnis wurden Hygiene- sowie Anbau- und Verzehrempfehlungen ausgesprochen, auf bestimmte, Schwermetalle anreichernde Gemüsesorten zu verzichten. Da Mobilität und Pflanzenverfügbarkeit von Schwermetallen erheblich vom Säuregehalt (pH-Wert) des Bodens abhängen, wurde den Kleingärtnern empfohlen, durch Zugabe bestimmter Dünger die Gartenböden auf einen neutralen Wert (um pH 7) einzustellen.[51] An der Praxis, für das Gärtnern auf Böden mit oberflächennahen Belastungen Hygiene-, Anbau- und Verzehrempfehlungen auszusprechen, hat sich für einen Zeitraum von über einem Jahrzehnt nicht viel geändert.

Freiraumsicherung und -zugewinn

Der zunehmende Rückgang der Schwerindustrie führte zu einer Vermehrung des innerstädtischen Freiraumes, während der Freiraum am Rand des Ballungsraumes zunehmend besie-

Abb. 2 (folgende Seite): Altelasten in Oberhausen, Kentnisstand des Jahres 1983
Abb. 3 (Seite 363) Kartographische Erfassung der ▶ *Altlasten für den Umweltbericht 1989*
Abb. 4 (Seite 364) Flächen mit Bodenbelastungsverdacht, Stand 2012

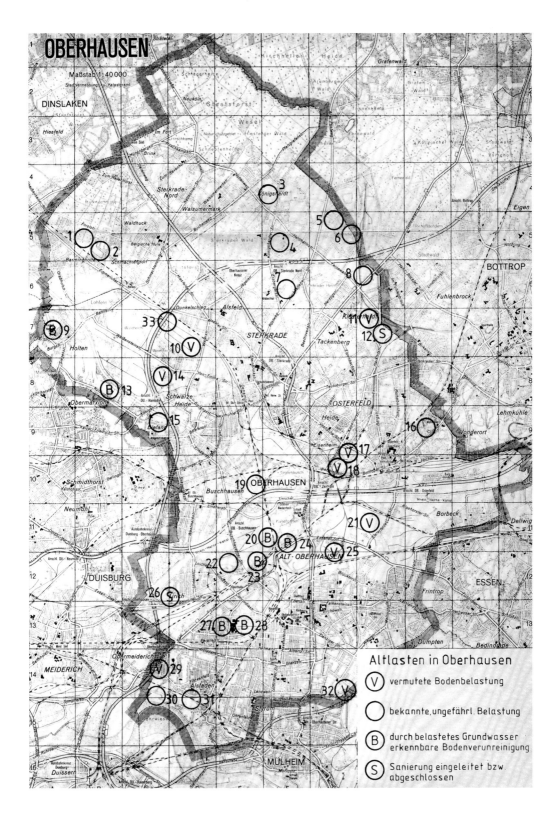

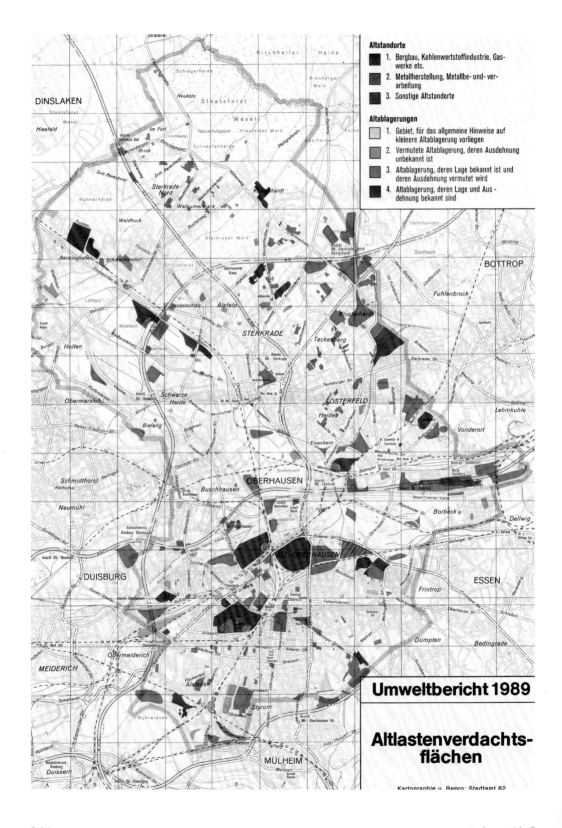

Legende
— Stadtgrenze
Flächen mit Bodenbelastungsverdacht

Stand: Januar 2012

delt wurde. Als die Natur begann, sich die ehemaligen Industrieflächen zurück zu erobern, entwickelten sich neue wertvolle Lebensräume für Pflanzen und Tiere. Ein großer Teil dieser Flächen wurde in Oberhausen der natürlichen Entwicklung überlassen (z. B. Brache Vondern zwischen der BAB A 42 und der Emscher), andere wurden zu Erholungsflächen umgestaltet (z. B. OLGA-Park auf dem ehemaligen Gelände der Zeche und Kokerei Osterfeld) oder dienten im Rahmen des Strukturwandels der Schaffung neuer Arbeitsplätze (z. B. Gewerbegebiet am Kaisergarten).

Der Bereich Umweltschutz arbeitet seit seiner Gründung auf einen Interessenausgleich hin, damit einerseits die Artenvielfalt im Stadtgebiet (auch durch die Entwicklung von ökologisch wertvollen Brachflächen) gefördert wird, andererseits aber auch genügend Flächen für Naherholung und Strukturwandel mit seinem Flächenbedarf für Wirtschaft und Wohnen zur Verfügung stehen.

In den 1970er Jahren begonnen (beim Engagement gegen den Autobahnbau im Hexbachtal, s. o.), ließ auch in dieser Dekade der Einsatz der Bürger für den Erhalt naturnaher Freiräume nicht nach. Dies zeigte sich deutlich bei der Auseinandersetzung um den Erhalt des Grafenbusches: Um 1980 wurde bekannt, dass Bergbau und Bezirksregierung Düsseldorf in diesem Gebiet die Anlage einer Bergehalde planten. Das Problem der Entsorgung von taubem Gestein aus dem Steinkohlenbergbau war nicht neu: In den 1960er Jahren hatte die Zeche Jacobi Sand- und Kiesgruben in ihrer Umgebung mit Bergematerial verfüllt (s. o.). In diesem Fall aber sollten nicht ausgesandete Gruben, sondern ein innerstädtisches Waldgebiet mit dem tauben Gestein der Zeche Osterfeld überschüttet werden. Zum Schutz des naturnahen Landschaftsraumes bildete sich in kurzer Zeit die Bürgerinitiative „Rettet Grafenbusch", deren Akteure mittlerweile Erfahrungen in der Organisation von Widerstand gegen solche Projekte gewonnen hatten und untereinander sehr gut vernetzt waren. Der Protest der Bürger hatte letztlich Erfolg: Das Bergematerial der Zeche Osterfeld wurde auf dem Gelände des Schlackenberges südwestlich der Kreuzung Duisburger-/Mülheimer Straße systematisch eingebaut, um dort ein Gewerbegebiet anzulegen. Der Grafenbusch wurde vom damaligen Kommunalverband Ruhrgebiet gekauft und blieb als Wald erhalten.

Der Grafenbusch wurde somit Teil des regionalen Freiraumsystems im Ruhrgebiet, das heute – in Nachfolge des Kommunalverbandes Ruhrgebiet (KVR) – vom Betrieb des Regionalverband Ruhrgebiet (RVR) „Ruhrgrün" betreut und weiterentwickelt wird. Dieses Freiraumsystem umfasst (im gesamten Ruhrgebiet) rund 16.000 Hektar und bildet eine unverzichtbare Basis für die nachfolgende Entwicklung des „Emscher-Landschaftsparkes" (zum Emscher-Landschaftspark siehe unten S. 375).

Ab Ende der 1970er Jahre verursachte die brennende Halde der Zeche Alstaden II/III – wie viele der brennenden Halden im Ruhrgebiet – erhebliche Luft- und Geruchsbelastungen in der Umgebung. Um die „Deichfunktion" der Halde zu ersetzen, wurde zunächst ein neuer Deich gebaut und bis Ende der 1980er Jahre diese Halde abgetragen. Dafür wurde der Alstadener Ruhrbogen eigens schiffbar gemacht: Das Haldenmaterial wurde auf dem Wasserweg in die Niederlande verfrachtet und dort zum Deichbau eingesetzt. Das Material der Bergehalde wurde vollständig bis in den grundwassergesättigten Bereich abgetragen, so dass das Grundwasser offen zutage lag. Für die Folgenutzung wurde das Haldengelände ökologisch aufgewertet und ein Feuchtbiotop angelegt. Dieses Biotop hat sich in der Folgezeit besonders naturnah entwickelt und ist ein ökologisches Kleinod in der Ruhraue geworden. Insbesondere finden

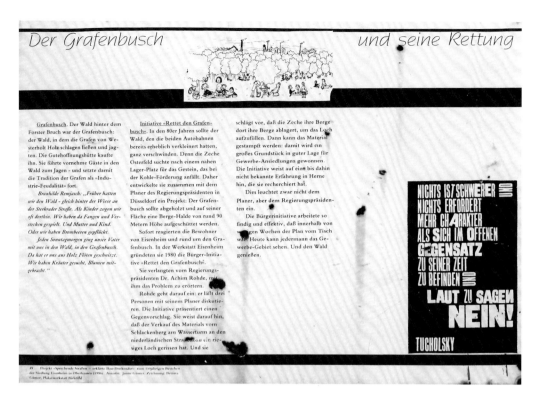

Abb. 5: Info-Tafel „Der Grafenbusch und seine Rettung", Siedlung Eisenheim

hier zahlreiche Wasservogelarten, Amphibien und an Feuchtgebiete gebundene Pflanzenarten gute Lebensbedingungen.

Der Einsatz für Natur und Landschaft ist neben vielen anderen Tätigkeitsfeldern eines der wichtigsten Ehrenämter in unserer Gesellschaft. Einen besonders wichtigen und konkreten Beitrag leisten seit 1984 die Landschaftswächter. Dabei geht es in ihren zehn Bezirken immer wieder um Müllprobleme, Landschaftsveränderungen und menschliches Fehlverhalten. Bei der Arbeit steht das Gespräch mit den Bürgern im Mittelpunkt. Es handelt sich somit um umweltpädagogische Basisarbeit.

Das Altlasten- und Sonderabfallbehandlungszentrum: Planung und Widerstand

Das in den 1980er Jahren neue und noch weitgehend ungelöste Problem der ▶ Altlasten führte zu der Besorgnis, die sich abzeichnenden Massen an belasteten Böden dekontaminieren zu müssen, weil aus den Erfahrungen mit der Müllbeseitigung in vorangegangenen Jahrzehnten bekannt war, dass die Deponierung keine Dauerlösung sein würde. Gleichzeitig nahmen zur damaligen Zeit die Abfallmengen aus Produktion und Gewerbe noch stetig zu. Daher kamen Überlegungen auf, in Oberhausen als einem der ehemaligen industriellen Zentren der Bundesrepublik (mit – wie damals viele Beteiligte erwarteten – großen Mengen an belasteten und zu dekontaminierenden Böden) in räumlicher Nähe zur bestehenden GMVA ein „Altlas-

Abb. 6:
Warnschild an der Halde der Zeche Alstaden, um 1980

Abb. 7 (folgende Seite):
Das ehemalige Haldengelände heute

ten- und Sonderabfallbehandlungszentrum" einzurichten. Daran knüpfte sich die Erwartung, einen wesentlichen Beitrag zur Altlastensanierung zu leisten.[52] Verfahrenstechnisch sollte die Anlage nach den damals bekannten technischen Möglichkeiten mit dem höchsten Wirkungsgrad die Einhaltung höchster Umweltmaßstäbe gewährleisten. Dass die Anlage, für die 1987 eine Planungsgesellschaft gegründet wurde, letztlich nicht gebaut wurde, hatte verschiedene Gründe: Abfälle aus Produktion und Gewerbe ließen sich durch andere Methoden wirtschaftlicher reduzieren bzw. vermeiden. Bei der Sanierung von Altlasten sind thermische Verfahren im Wesentlichen nur für Belastungen mit Kohlenwasserstoffen bzw. Kohlenwasserstoffverbindungen geeignet, nicht jedoch z. B. für die Reduzierung von Schwermetallbelastungen. Zudem kann gemäß Ordnungsbehördenrecht dem Verursacher oder Eigentümer („Ordnungspflichtigen") zur Gefahrenabwehr bei mehreren gleichwertigen Alternativen zum Erreichen eines gefahrlosen Zustandes (hier: eines Grundstückes) lediglich diejenige Maßnahme abverlangt werden, die ihn (den Ordnungspflichtigen) am wenigsten – in der Regel wirtschaftlich – belastet. Da die meisten Verfahren zur Sicherung von bestehenden oder geplanten Nutzungen gegen Bodenbelastungen kostengünstiger sind als eine technisch aufwändige Verbrennung, setzte sich die Erkenntnis durch, dass der Anfall an zu behandelnden Aushubmassen selbst im Ruhrgebiet nicht ausreichen würde, um eine solche Anlage wirtschaftlich zu betreiben.

Dem Altlasten- und Sonderabfallbehandlungszentrum wurde auch von Seiten der Bevölkerung Widerstand entgegen gesetzt, was nicht verwundert vor dem Hintergrund der diversen Umweltinitiativen, die es zu dieser Zeit in Oberhausen gab und die bereits gut miteinander vernetzt waren. In den Reihen derjenigen, die sich damals im Widerstand gegen dieses Vorhaben engagierten, fiel eine Oberhausener Bürgerin besonders auf: Bärbel Höhn hat als Oberhausener Ratsfrau von 1985 bis 1989, Landtagsabgeordnete von 1990 bis 1995, erste grüne Ministerin u. a. für Umweltschutz des Landes NRW von 1995 bis 2005 und Bundestags-

abgeordnete seit 2005 ein Stück Umweltgeschichte weit über die Stadtgrenzen Oberhausens hinaus mitgeschrieben.

Zusammengefasst wurde in den 1980er Jahren sehr viel im Umweltschutz bewegt oder zumindest initiiert, weil trotz vielerorts knapper Kassen die Überzeugung vorherrschte: Umweltschutz geht vor!

5. Die 1990er Jahre: Global denken, lokal handeln

In den 1990er Jahren wuchs der Einfluss internationaler Organisationen auf dem Feld des Umweltschutzes: Die Konferenz der Vereinten Nationen über Umwelt und Entwicklung 1992 in Rio de Janeiro („Weltgipfel") gilt als Meilenstein der Umwelt- und Entwicklungspolitik: Umweltschutz war nicht mehr isoliert zu sehen, sondern markierte eine der Säulen eines anzustrebenden Gleichgewichtes aus sozialem Handeln, Ökonomie und Ökologie.

Lokale Agenda

Eng verbunden mit der Konferenz von Rio de Janeiro ist der Begriff der „Nachhaltigkeit" (engl.: „sustainability"): Dieser Begriff ist älter als von 1992 und stammt ursprünglich aus der Forstwirtschaft. Er besagt, dass nicht mehr verbraucht wird, als nachwächst. Der Begriff, aber auch die damit verbundene Denkweise und das Handeln stehen seitdem in engem Zusammenhang mit Umweltschutz im weitesten Sinn. Das „Nachhaltigkeitsprinzip" wurde von der UNO über die Nationalstaaten und die Regionen bis auf die Ebene der untersten staatlichen Ebene der Städte und Gemeinden eingeführt. Auf kommunaler Ebene sollten die Verwaltungen in einen Dialog mit ihren Bürgerinnen und Bürgern treten und ein Handlungsprogramm für das 21. Jahrhundert entwickeln, die „Lokale Agenda 21": Dies ist weltweit geschehen, auch in Oberhausen.

Des Weiteren wurde die kommunale Klimaschutzpolitik maßgeblich durch die Konferenz von Rio geprägt: 1997 trat die Stadt Oberhausen dem „Klimabündnis der europäischen Städte mit den indigenen Völkern des Regenwaldes" bei: Der tropische Regenwald wird als einer der Garanten zum Schutz des Weltklimas gesehen und hat daher einen besonderen Stellenwert in der Klimaschutzpolitik.

Europäische Umweltpolitik

Neben der globalen Perspektive wurde in dieser Dekade der Einfluss europäischer Institutionen auf den Umweltschutz zunehmend stärker – auch auf lokaler Ebene: Umweltschutz und Umweltpolitik gehören zu den Feldern, auf denen durch das Europaparlament und die Europäische Kommission wesentliche Entwicklungen initiiert und vorangetrieben wurden.

Typisch für das europäische Recht ist (nicht nur im Umweltschutz), dass vorrangig Ziele formuliert werden, die zu erreichen sind. Nur in geringem Umfang werden Grenzwerte definiert. Dabei verstehen die europäischen Institutionen die Ziele, die sie festlegen, als einheitliche Mindeststandards, die europaweit eingehalten werden sollen. Nationalen oder regionalen Regierungen steht es frei, darüber hinaus gehende Standards festzusetzen. Auch verlangt die EU-Kommission bei Erlass europaweiter Regelungen nicht, dass bereits bestehende nationale Normen auf den kleinsten gemeinsamen Nenner nivelliert werden. Dies geschieht zwar – auch im Umweltschutz -, ist dann aber in der Regel Folge von Forderungen der nationalen Interessenverbände nach Erhaltung der Wettbewerbsfähigkeit. Ebenfalls typisch für das europäische Recht sind die Forderungen nach Information der Bevölkerung und Öffentlichkeitsbeteiligung.

Als ein Beispiel wird an dieser Stelle das Umweltinformationsrecht genannt, das 1990 als Europäische Umweltinformationsrichtlinie begründet wurde: Es sieht vor, dass jede Bürgerin und jeder Bürger weitgehenden – allerdings nicht uneingeschränkten – Zugang zu Umweltinformationen bekommt. Dies wurde 1994 in deutsches Recht umgesetzt und in der Oberhausener Stadtverwaltung bereits im selben Jahr angewandt. Die Offenheit des Umgangs mit Informationen über die Umweltsituation in Oberhausen trug viel zur Glaubwürdigkeit der im Umweltschutz Handelnden bei.

Altablagerungen und Altstandorte

Prägend in dieser Dekade in Oberhausen waren – auch räumlich – Verbesserungen im Bodenschutz, die aus zwei rechtlich voneinander getrennten Beweggründen vorangetrieben wurden:

Aus Gründen der Gefahrenabwehr wurden die ehemals von der Stadt Oberhausen betriebenen Altdeponien Bromberger Straße und Vonderort sowie Dorstener Straße aufwändig gesichert, um die bestehenden Nutzungen (Tennisplätze, Liegewiese des Freibades, Einzelhandel) weiterhin zu ermöglichen. Aus den gleichen Gründen wurden die bereits in den 1970er Jahren umgenutzten Altstandorte der Zechen und Kokereien des Bergwerksunternehmens Concordia sowie der Zeche und Brikettfabrik Alstaden II/III auf – zum Zeitpunkt der Neugestaltung noch nicht bekannte – chemische Belastungen untersucht.

Zeitgleich wurden wegen der Notwendigkeit und dem Willen zum Strukturwandel mehrheitlich Altstandorte für neue Nutzungen überplant. Im Zuge dieser Nutzungsänderungen wurden die Industriebrachen nach vorhergehenden Untersuchungen zur Gefährdungsabschätzung von vorneherein für ihre zukünftige Nutzung gegen Beeinträchtigungen durch potenzielle Bodenbelastungen gesichert. Herausragendes Projekt war in dieser Zeit die Umnutzung des ehemaligen Thyssen-Stahlwerksgeländes westlich der Osterfelder Straße in die „Neue Mitte Oberhausen" mit dem Herzstück des „CentrO". Die Wichtigkeit dieses Projektes für die Stadt- und Regionalentwicklung kann nicht deutlich genug herausgestellt werden, weil sich mit der Inwertsetzung der Industriebrache neben dem Einkaufzentrum weitere Einrichtungen – wie z. B. die Arena und das Sea Life Center – angesiedelt haben.[53] Ein wesentlicher Beitrag des Umweltschutzes bestand in der frühzeitigen Einbringung der bodenbelastungsbedingten Sanierungserfordernisse in die Folgenutzungsplanung. Unter den Aspekten des Gesundheits- und Grundwasserschutzes wurde ein Verwertungskonzept für anfallende Boden- und Bauschuttmassen erarbeitet, dessen Umsetzung durch fachgutachterliche Begleitung während der Baureifmachung und Neubebauung sichergestellt wurde. Die konsequente Ausrichtung auf eine Minimierung von extern und teuer zu entsorgenden Aushubmassen führte zu einem weitgehenden Verzicht auf Unterkellerungen und zum gezielt-kontrollierten Einbau minderbelasteter Böden unter versiegelten Flächen. Die Altmetalle, die auf dem CentrO-Areal anfielen, konnten großenteils als Zuschlagsstoffe im noch bis 1997 bestehenden Stahlwerk östlich der Osterfelder Straße verwertet werden.[54] Ebenfalls von herausgehobener Bedeutung für Oberhausen waren in dieser Zeit auch die Umnutzungen der ehemaligen Zechen- und Kokereistandorte Osterfeld (überwiegend in das Gelände der Landesgartenschau 1999) und Jacobi (in den Volksgolfplatz). Für die Ausweisung eines Gewerbegebietes auf dem Gelände der 1979 stillgelegten Eisenhütte Oberhausen II wurde der Hochofenstandort untersucht einschließlich des bereits Anfang der 1980er Jahre umgenutzten Gebietes, auf dem sich vor 1914 auch eine Kokerei befand. Aber auch Altstandorte mittelständischer Unternehmen, die als Wohngebiete in Wert gesetzt wurden, bedurften einer aufwändigen Sicherung, um Gefahren für die neue sensiblere Nutzung auszuschließen. Dazu gehörten in dieser Dekade z. B. das Gelände des „Ölwerkes Tedden" in Alt-Oberhausen, die „Neue Ludwigshütte" in Sterkrade und das ehemalige Gewerbegebiet an der Bachstraße in Buschhausen. Auch das Gelände des stillgelegten Schlachthofes, ein Altstandort der öffentlichen Hand, wurde im Zuge der Umnutzung in ein Wohngebiet gesichert.

Wesentliche Arbeitsgrundlage für die systematische Bearbeitung der Altablagerungen und Altstandorte war deren flächendeckende Erfassung 1993/94 mit der nur wenige Jahre zuvor entwickelten Methode der ▶ sequentiell-multitemporalen Datenauswertung zur Rekonstruktion ehemaliger Flächennutzungen, insbesondere der dreidimensionalen Auswertung historischer Senkrechtluftbilder.[55] Zur Weitergabe der hierbei erworbenen Erfahrungen und Kennt-

nisse hat die Stadt Oberhausen für das damalige Landesumweltamt NRW an der Erstellung einer Arbeitshilfe für flächendeckende Erhebungen über Altstandorte und Altablagerungen mitgearbeitet.[56]

Meldungen über hohe Schadstoffbelastungen auf Kinderspielplätzen der Stadt Essen und die Veröffentlichung des sogenannten Kinderspielplatz-Erlasses des Landesministers für Arbeit, Gesundheit und Soziales (MAGS) im August 1990 waren Anlass zur Untersuchung der Böden auf den städtischen Kinderspielplätzen in den Jahren 1991/1992. Auf 30 von den untersuchten 88 Kinderspielplätzen waren Schadstoffgehalte feststellbar, die kurzfristige Sanierungsmaßnahmen erforderten. Die kritischen Schadstoffbelastungen fanden sich in der Regel nicht in den natürlichen Böden, sondern in den verwendeten Materialien zur Befestigung der Flächen, wobei insbesondere die auf einigen Kinderspielplätzen angetroffenen Aschen und Schlacken aus der Müllverbrennung zu nennen sind.

Das in der ersten Hälfte der 1990er Jahre an der Essener Straße angesiedelte Bodenschutzzentrum des Landes NRW (zum Umwelttechnologiestandort „Essener Straße" siehe Seite 359) schuf wesentliche Grundlagen und Arbeitsmethoden für die Kartierung von Stadtböden und ihrer Belastungen durch künstliche Beimengungen oder langjährigen Industriestaubniederschlag. Wichtige Erkenntnisse daraus wurden in Oberhausen nach In-Kraft-Treten des Bodenschutzrechtes (1999 f.) auf Datengrundlage der digitalen Bodenbelastungskarten in Verwaltungshandeln umgesetzt.

Abfallwirtschaft

1991 wurde in Oberhausen ein erster Maßnahmenkatalog zum Abfallwirtschaftskonzept erstellt. Die dort beschlossenen Maßnahmen für die folgenden vier Jahre umfassten zum Beispiel den Ausbau der Containerstandplätze für Papier und Glas im Stadtgebiet und die Aufbereitung der Bauabfälle. Seit diesem Zeitpunkt wurde das Abfallwirtschaftskonzept stetig fortgeschrieben. In den darauffolgenden Jahren wurde der Schwerpunkt auf den Ausbau einer ökologisch orientierten Abfallwirtschaft gelegt. Die Wertstoffsammlung (1993), die Biotonne (2002) und die Papiertonne (2008) wurden eingeführt und diverse Anreize wurden geschaffen, um die Abfallvermeidung und die Trennung der Abfälle attraktiv für die Oberhausener zu machen: Die Mülltonnen durften verkleinert werden, bzw. das Mindestvolumen wurde von 40 Litern pro Person und Woche auf 30 in 1993 und auf 20 Liter in 1994 gesenkt.

Ziele des Abfallwirtschaftskonzeptes waren (und sind) die konsequente Verfolgung der Vermeidungs- und Verwertungsziele, eine möglichst innerbezirkliche und ortsnahe Entsorgungsstruktur, die optimale Auslastung vorhandener Verbrennungskapazitäten, die Förderung innovativer Abfallbehandlungsverfahren und eine möglichst geringe Gebührenbelastung. Die Abfallberatung konnte durch eine intensive Öffentlichkeitsarbeit und Umweltbildung das Bewusstsein für eine nachhaltige Zukunftssicherung und ein sauberes Wohnumfeld steigern.

Abb. 8 (vorige Seite): Übersichtskarte zu Industriebrachen und deren Folgenutzungen

Bauschuttrecycling

Eine letzte Renaissance – zumindest gedanklich – erlebte die aus dem Kaiserreich tradierte Berufung auf die „Ortsüblichkeit" von Umweltbelastungen, vor allem von Immissionsbelastungen, die in einer Industriestadt wie Oberhausen nun einmal (wie am Anfang dieses Aufsatzes beschrieben) „in Kauf genommen werden" müssten Mitte der 1990er Jahre. Mit den Fortschritten in der Abfallwirtschaft kamen Forderungen auf, durch Recycling von Abbruchmassen und Bauschutt die Reduzierung des Abfallvolumens zu forcieren. Dazu wurden große Maschinen eingesetzt, mit denen grober Schutt zu wiedereinbaufähigem Baumaterial zerkleinert werden sollte (im Volksmund auch „Steinbrecher" genannt). Eine Anlage befand sich am Rhein-Herne-Kanal, eine weitere sollte – als Ersatz für eine zu klein gewordene Anlage – an die Erlenstraße in den Bereich der ehemaligen Sedimentationsklärbecken der Emschergenossenschaft verlegt werden. Zwar wurde von den Befürwortern (neben dem Argument der Sicherung bzw. Schaffung von Arbeitsplätzen in der Recyclingwirtschaft, mithin „einem Zweig der Umweltwirtschaft im weitesten Sinne") auf die Verträglichkeit der Recyclinganlage durch die hohen Auflagen zur Staub- und Lärmreduzierung hingewiesen. Strittig war jedoch, ob die Maßnahmen ausreichen würden: Dass dies für die Umgebung nicht ohne Lärm- und Staubimmissionen durch die Anlage sowie durch die Verkehrsanbindung realisiert werden konnte, war allen Beteiligten bewusst. Auch wurde gegenüber der Öffentlichkeit damals nicht mit der Ortsüblichkeit der Belastung oder Belästigung argumentiert, sondern gerade im Gegenteil die besondere Umweltverträglichkeit herausgestellt. In einigen Hinterköpfen schwang jedoch die Haltung mit, dass eine solche Belastung in einer Industriestadt wie Oberhausen keine zusätzlichen Umweltbeeinträchtigungen mit sich brächte und derartige Emissionen immer noch „ortsüblich" seien.

Der Widerstand der Oberhausener Bürgerinnen und Bürger gegen dieses Vorhaben war entschlossen und – auf Grund der langjährigen Erfahrungen im Umgang mit Projekten, die Nachteile für die Umwelt mit sich bringen – routiniert: Es bildete sich eine Umweltinitiative, die Bürgerinitiative „Pro Weierheide", die über den Protest gegen dieses Vorhaben hinaus Bestand hat und sich weiterhin für Belange des Umweltschutzes im Raum Holten-Sterkrade einsetzt. Die Parteien griffen die Besorgnis der Bürgerinnen und Bürger teils spontan, teils zögerlich auf und schlossen sich den Bedenken an.

Das Bewusstsein für den Umweltschutz in Oberhausen wurde durch die Ereignisse nochmals geschärft. In der Konsequenz wurde die Anlage später im Industriegebiet an der Buschhausener Straße gebaut. Das Gebiet der früheren Kläranlage und die angrenzenden Flächen bis zur Erlenstraße wurden als „Grüner Gewerbepark Im Erlengrund" für nicht-emittierende Betriebe erschlossen; der ist mittlerweile ein Vorzeigeprojekt kommunaler Wirtschaftsförderung. Die Fläche am Rhein-Herne-Kanal, auf der bis Ende der 1990er Jahre eine Bauschuttrecycling-Anlage betrieben wurde, ist inzwischen als Kompensationsmaßnahme für Eingriffe an anderer Stelle als Grünfläche gestaltet worden.

Emscherregion im Wandel

In den 1990er Jahren haben drei Projekte, die ursprünglich außer dem Planungsraum keine Gemeinsamkeiten hatten, durch Vernetzung und Synergieeffekte tiefgehende Veränderungen in der Emscherregion angestoßen: Bereits am Ende des vorangegangenen Jahrzehnts wurde 1989 die Internationale Bauausstellung (IBA) Emscherpark gegründet, die ihre Wirkung in den folgenden Jahren entfalten sollte: Vorrangig war sie ein Projekt des Strukturwandels im nördlichen Ruhrgebiet, das durch spektakuläre Leuchtturmprojekte wie den Gasometer in Oberhausen und den Landschaftspark Duisburg-Nord etc. eine über die Region hinausreichende Öffentlichkeitswirksamkeit hatte. Auch die „Neue Mitte Oberhausen" mit dem „CentrO". und die Oberhausener Landesgartenschau (OLGA) von 1999, mit der der branchentypisch belastete Zechen- und Kokereistandort Osterfeld gesichert, begrünt und der Öffentlichkeit als Naherholungsgebiet zugänglich gemacht wurde, sind eng mit der IBA verbunden.

Bei diesen Vorhaben ging es im Wesentlichen um die Folgenutzung von Industriestandorten und -anlagen. Die Verankerung von Industriekultur und Industriedenkmalschutz (letztgenannter setzte Untersuchungen und ggf. Sicherungen gegen Risiken auf Grund von Boden-, Bodenluft- und Grundwasserbelastungen voraus) im Bewusstsein weiter Kreise der Ruhrgebietsbevölkerung geht maßgeblich auf die IBA zurück: Ohne sie wären die Aufnahme der Essener Zeche und Kokerei Zollverein in die Liste der Weltkulturerbestätten der UNESCO und die Europäische Kulturhauptstadt „Essen für das Ruhrgebiet" 2010 nicht denkbar gewesen. Wichtig war der IBA aber auch die ökologische Aufwertung der durch die jahrzehntelange industrielle Nutzung geprägten Emscherregion, wofür der Begriff „Industrienatur" geprägt wurde.

Emscher-Landschaftspark und Landschaftsplan

Die genannten Leuchtturmprojekte waren zwar besonders öffentlichkeitswirksam, ökologisch wertiger war aber die Einrichtung des „Emscher-Landschaftsparkes". Dabei wurden die bereits existierenden regionalen Grünzüge (z. B. Grünzug A am Stadtrand Duisburg / Mülheim a. d. R. / Oberhausen und Grünzug B im Grenzbereich von Mülheim a. d. R. / Essen / Oberhausen und Bottrop) mit einem „Emscher-Park-Radweg" verbunden und durch Grünstrukturen entlang von Rhein-Herne-Kanal und Emscher ergänzt. Die hier geschaffene neuartige Verbindung von Grünflächen / Industrienatur und Industriekultur ermöglicht seitdem eine Erholungsnutzung auf lokaler und regionaler Ebene, wie sie vorher im Ruhrgebiet weder möglich noch vorstellbar war. Diese Einrichtung hat maßgeblich zu den gestiegenen Touristenzahlen und zum Imagewandel im Ruhrgebiet beigetragen.

Während Planung und Entwicklung des Emscher-Landschaftsparks vorrangig der Erholungsnutzung und dem Grünflächenverbund dienen, verfolgt der Landschaftsplan originär ökologische Ziele. Dies wird besonders dadurch deutlich, dass durch Rechtskraft des Landschaftsplanes drei Naturschutzgebiete und 18 Landschaftsschutzgebiete festgesetzt wurden. Seitdem umfassen diese Schutzgebiete 22,3 Prozent des gesamten Stadtgebietes und rund 60 Prozent des Freiraumes in Oberhausen. Der Landschaftsplan trat am 2. Mai 1996 in Kraft. Gemäß Landschaftsgesetz NRW (LG NRW) vom 30. Mai 1975 ist er Grundlage für die Entwicklung, den Schutz und die Pflege der Landschaft und ihrer Bestandteile außerhalb der im Zusammenhang bebauten Ortsteile und außerhalb des Geltungsbereichs der Bebauungspläne in Oberhausen. Das Hauptziel der Planung besteht darin, die Flächen im städtischen Bal-

lungsraum zu bestimmen, die zukünftig frei von baulichen Nutzungen bleiben sollen und die
– sinnvoll miteinander vernetzt – wegen ihrer Funktionen im Landschafts- und Naturhaushalt weitgehend als Flora-Fauna–Habitate (FFH-Gebiet „Hiesfelder Wald"), Naturschutzgebiete (NSG „Hiesfelder Wald", „Sterkrader Wald" und „Das Fort") und Landschaftsschutzgebiete geschützt, gepflegt und weiterentwickelt werden sollen. Neben der Bedeutung dieser „Freiräume" für den Arten- und Biotopschutz und neben ihren Funktionen im Klimahaushalt der Stadt liegt ein wesentlicher Schwerpunkt auch darin, die Vielfalt, Eigenart und Schönheit der Natur und Landschaft für die Oberhausener Bürgerinnen und Bürger auch als naturnahe Erholungsräume zu sichern.

Mit der Ratsentscheidung zum Landschaftsplan 1996 entschied die Kommunalpolitik, einen Großteil des Freiraumes dauerhaft zu bewahren und naturnah zu entwickeln. Dadurch wird die Freirauminanspruchnahme zwar nicht völlig gestoppt, aber doch deutlich eingeschränkt.

Mit dem Emscher-Landschaftspark wurde auf überörtlicher Ebene versucht, die wenigen noch vorhandenen naturnahen Flächen in der Emscherregion zu erhalten. Außerdem sollten Industriebrachen renaturiert, mit den naturnahen Relikten verknüpft und so ein Netzwerk ökologisch wertvoller Areale in dem im Wandel befindlichen Ballungsraum geschaffen werden.

Umbau der Emscher

Wie eingangs erwähnt, stellte die Kanalisierung des Emschersystems und auch vieler ihrer Nebenläufe nach 1900 für die damalige Zeit bei der Beseitigung gesundheitsschädlicher Lebensbedingungen einen enormen Fortschritt dar: Die rapide Zunahme erheblicher Mengen an Schmutzwasser aus Bergbau, Industrie und Haushalten im Einzugsgebiet der Emscher hatte entsprechend dem damaligen Stand der Technik schnell umsetzbare und kostengünstige Lösungen gefordert. Mit den offenen Abwassersammlern war die Möglichkeit verbunden, sehr schnell und effektiv mit Deicherhöhungen auf die zunehmenden Bodenabsenkungen durch den unterirdischen Kohleabbau zu reagieren. Im Oberhausener und Duisburger Raum musste die Emscher sogar zweimal verlegt werden. Bereits um 1910 wurde die Mündung in den Rhein von Duisburg-Beeck nördlich nach Walsum verlegt und ab Höhe Kaisergarten eine neue Trasse gebaut (heutige Kleine Emscher) Auch dies stellte sich nur bis in die 1930er Jahre als Lösung dar. Es wurde die heutige Linienführung ab Grafenbusch Richtung Dinslaken entwickelt, so dass die Emscher seit 1949 bei Dinslaken, etwa acht Kilometer nördlich vom Ursprung entfernt, in den Rhein mündet. 1976 wurde die Kläranlage Emschermündung in Dinslaken in Betrieb genommen, womit das Abwasser der gesamten Emscherregion erstmals vor der Einleitung in den Rhein einer umfassenden Behandlung unterzogen wurde.

Da der Bergbau sich mehr und mehr aus der Emscherregion zurückgezogen hat, wurde auf der Grundlage einer Machbarkeitsstudie um 1990 auf Landesebene das Ziel vorgegeben, das Emschersystem zu „renaturieren". Dies bedeutet im Wesentlichen, den Fluss und seine Nebenläufe nicht mehr zur Ableitung von unbehandeltem Abwasser zu benutzen und – wie man es heute ausdrückt – im Rahmen der örtlichen Gegebenheiten ökologisch zu verbessern. Mittlerweile sind dazu schon viele bauliche Einrichtungen wie Kläranlagen und Kanäle erstellt worden. 1992/93 wurde mit der Renaturierung eines Abschnittes des Läppkes Mühlenbaches entlang der Stadtgrenze Oberhausen – Essen ein Modellversuch zur Umgestaltung der Nebenbäche der Emscher gestartet. Die Erfahrungen, die bei diesem und weiteren ähnlichen Projekten an anderen Orten im Einzugsgebiet der Emscher gesammelt werden konnten, wurden ausgewertet und flossen ein in die konkreten Planungen, ein nahezu vollständig auf die (Entwässerungs-) Bedürfnisse eines industriell geprägten Ballungsraumes ausgerichtetes Flusssystem nach ökologischen Gesichtspunkten umzugestalten.

Seit etwa 2000 wurde nach diesen Planungen sukzessive das gesamte Einzugsgebiet der Emscher und ihrer Nebenbäche umgebaut. Die Arbeiten sind noch nicht abgeschlossen und werden sich noch bis über 2020 hinaus hinziehen: Parallel zu den Wasserläufen werden seitdem unterirdische Kanäle verlegt, die das Abwasser aufnehmen. Die verbleibenden Wasserläufe werden ökologisch verbessert und dienen zur Ableitung von Grundwasser und Regenwasser, die Emscher selbst aber dient außerdem weiterhin zur Ableitung des in den drei Großkläranlagen behandelten Abwassers.

Umbau der Nebenbäche der Emscher

Bis Anfang der 1980er Jahre spielten die Bachläufe, von denen es in früheren Jahrzehnten eine Vielzahl gab, in den Überlegungen zur Stadtentwicklung keine gestaltende Rolle – im Gegenteil – sie wurden als störend empfunden und standen der städtebaulichen Zielsetzung eher im Wege. Sie wurden verrohrt und an das Abwassernetz angeschlossen oder direkt in Abwassersammler umgewandelt. Bereits bis Ende des 19. Jahrhunderts war ein umfangreiches Graben- und Bachnetz südlich der Emscher fast vollständig verschwunden. Nördlich der Emscher wurden die natürlichen Bachläufe durch eine Vielzahl von Gräben zur Trockenlegung und landwirtschaftlichen Nutzung der Flächen ergänzt. Durch die zunehmende Besiedelung wurden der Umfang der Gräben dann aber auch mehr und mehr eingeschränkt und die Gräben durch Abwasserkanäle ersetzt. Die bergbaulich bedingten Senkungseinflüsse und der damit verbundene Bau einer vollständig neuen Trassenlinie für die Emscher ab Grafenbusch Richtung Dinslaken stellten einen massiven Eingriff in dieses Gewässersystem dar. Aus ehemaligen Rheinzuflüssen wurden jetzt Nebenläufe der Emscher (u. a. Nassenkampgraben, Handbach, Reinersbach, Alsbach und Elpenbach). Mit der zunehmenden Besiedelung des Oberhausener Nordens wurden bis in die 1970er Jahre die verbliebenen Bachsysteme weiter zurückgebaut, verrohrt oder ins Abwassersystem (Alsbach, ehemaliges Leitgrabensystem, Reinersbach) eingegliedert. In den 1980er Jahren setzte sich aber eine Trendwende durch. Die verbliebenen Bachtäler (Handbach, Reinersbach und Alsbach) wurden insbesondere in ihren Oberläufen mehr und mehr als wichtiger Landschaftsbestandteil begriffen. Die Bachtäler wurden im Rahmen des Landschaftsplanes gesichert, um sie vor einer zunehmenden Bebauung zu sichern und die ersten baulichen Maßnahmen zur Umgestaltung in einen möglichst naturnahen Zustand begannen (Alsbach zwischen dem ehemaligen Freibad und der BAB A 516). Oberhalb der Dinnendahlstraße wurde der Elpenbach Anfang der 1990er Jahre von seiner technischen Befestigung befreit. Im Jahre 2000/2001 konnte für den Nassenkampgraben im Oberhausener Norden eine große Wiesenfläche zu einer umfassenden sehr naturnahen Neugestaltung genutzt werden und in 2005 erfolgte die vollständige Neugestaltung

Abb. 9: Ausgewählte Gewässer in Oberhausen 2011

des Elpenbaches zwischen der Dinnendahlstraße und der Elly-Heuss-Knapp-Stiftung. Nach langjährigen abwassertechnischen Baumaßnahmen konnte dann der Reinersbach unterhalb der Bremener Straße von Abwasser befreit und bis 2009 auch vollständig als neues naturnahes Gewässer bis zur Holtener Straße umgebaut werden.

Der Umbau des Hauptlaufes und der Nebenbäche der Emscher von (anachronistischen) offenen Abwassersammlern zu einem „normalen" Fluss-System, das Bach- und Niederschlagswasser sowie das gereinigte Abwasser der drei Groß-Kläranlagen aufnimmt und zum Rhein hin abführt, stellt auch einen entscheidenden Wandel und eine große Chance für die Stadtentwicklung der Emscherregion dar; aus Hinterhoflagen werden Vorgarten-Situationen mit hoher Aufenthalts- und Naherholungsqualität.

Das Konzept der Internationalen Bauausstellung und des Emscher-Landschaftsparkes findet hier seine konsequente Weiterführung und Verwirklichung. Die Fertigstellung des neuartigen und technisch anspruchsvollen Emscher-Abwasserkanals, des neuen Pumpwerkes Oberhausen im so genannten Holtener Feld und der renaturierten Emscher und ihrer Nebenbäche prägen dabei die Dekade von 2013 an.

6. Die Jahre nach 2000: Neues Jahrtausend, alte Probleme

Die Themen des Umweltschutzes in der Zeit nach der Jahrtausendwende waren geprägt vom Klimaschutz, von der Lärmminderung und wieder einmal von der Luftreinhaltung, wobei vor allem die Schlagworte Feinstaub und Umweltzonen die öffentliche Diskussion bestimmten. Im Bereich des Naturschutzes traten der Artenschutz und die Artenvielfalt verstärkt in den Vordergrund. In dieser Dekade wurde die Umweltschutzgesetzgebung maßgeblich von den Europäischen Institutionen vorangetrieben, den nationalen Parlamenten zur Umsetzung in nationales Recht vorgelegt und zu großen Teilen mit den Pflichten zur Umsetzung an die Kommunen weitergegeben.

Wenn global gehandelt wird und auch Europa immer mehr zusammenwächst, springen auch Ruhrgebietsstädte über ihren Schatten: Beispiele für Interkommunale Zusammenarbeit im Ruhrgebiet finden sich im Umweltschutz u. a. bei der Biologischen Station Westliches Ruhrgebiet, die 2003 gegründet wurde, und beim Regionalen Flächennutzungsplan (RFNP).

Regionaler Flächennutzungsplan (RFNP)
und Stadtentwicklungskonzept (STEK 2020)

Mit der Gründung der Planungsgemeinschaft „Städteregion Ruhr" im Jahr 2005 haben die Städte Bochum, Essen, Gelsenkirchen, Herne, Mülheim an der Ruhr und Oberhausen ihren Willen bekundet, regionale Verantwortung zu übernehmen und sich auf gemeinsame räumliche Entwicklungsziele zu verständigen. Gleichzeitig wurde mit den Vorarbeiten zum RFNP begonnen, der schließlich 2009 beschlossen und durch das Ministerium für Wirtschaft, Mittelstand und Energie des Landes Nordrhein-Westfalen genehmigt wurde. Am 3. Mai 2010 ist der erste RFNP in Deutschland in Kraft getreten. Die Besonderheit des Planungsinstruments RFNP besteht darin, dass der Plan gleichzeitig die Funktion eines Regionalplans und eines gemeinsamen Flächennutzungsplans übernimmt. Als Regionalplan ist er außerdem auch Landschaftsrahmenplan.

Die dem RFNP zu Grunde liegende Kooperation der sechs Ruhrgebietsstädte wirkt sich auch in den Belangen des Umweltschutzes aus. Einerseits wurden hier wichtige übergeordnete Entwicklungsziele festgeschrieben, die auch zentrale Umweltthemen betreffen (z. B. eine umwelt-, gesundheits- und sozialverträgliche Steuerung der Siedlungsentwicklung und -struktur, die den Prinzipien der Nachhaltigkeit gerecht wird, oder der Erhalt und die Entwicklung eines zusammenhängenden Freiraumsystems). Andererseits mussten aber auch bei der Aufstellung des RFNP selbst – aufgrund der Vorschriften von Landesplanungsgesetz und Baugesetzbuch – die Ziele des Umweltschutzes berücksichtigt werden. Dies wurde durch eine intensive Kooperation der Umwelt-Fachleute aus den sechs Städten bei der Umweltprüfung für die verschiedenen Schutzgüter und die Erarbeitung des Umweltberichts für den RFNP erreicht. Die Zusammenarbeit hat sich über die Fertigstellung des RFNP hinaus bewährt und die fachliche und regionale Kooperation positiv und nachhaltig beeinflusst.

Ein Beispiel für die Kooperation hat seinen Niederschlag im Grundsatz 27 des RFNP gefunden, in dem der Aufbau eines interkommunalen Flächenpools aufgeführt wurde. Ziel des gemeinsamen Kompensationsmanagements war (und ist) es, die Potenziale von Landschaftsräumen, die naturgemäß nicht an politischen Grenzen der Gemeinde Halt machen, effektiver zu nutzen. Gerade bei größeren Freiraumprojekten eröffnen sich hier zusätzliche Handlungsspielräume in den Regionalen Grünzügen. Aufbauend auf den gemeinsamen Zielen und Grundsätzen des RFNP sowie dem Fachbeitrag des Naturschutzes und der Landschaftspflege[57] wird mit dem Konzept angestrebt, die Vorgehensweise bei der Auswahl und Durchführung von Kompensationsmaßnahmen innerhalb der Planungsgemeinschaft zu harmonisieren. Ein besonderer Vorteil liegt hier in der Stadtgrenzen übergreifenden Gesamtkonzeption und in der Gleichbehandlung der Planungsträger/Investoren. Seit seinem In-Kraft-Treten bietet der RFNP in seiner Funktion als Landschaftsrahmenplan die Möglichkeit einer großräumigen Gesamtkonzeption (stadt-)ökologisch wirksamer Kompensationsmaßnahmen und artenschutzrechtlicher Regelungen. So könnten Kompensationsmaßnahmen dazu genutzt werden, die freiraumbezogenen Ziele und Grundsätze des RFNP stadtübergreifend umzusetzen. Voraussetzung bleibt jedoch weiterhin, die notwendigen Maßnahmen und Regelungen vorrangig „ortsnah" zum Eingriff vorzusehen, um den räumlich-funktionalen Bezug nicht auszublenden. In diesen Fällen bleibt die „Priorisierung" der Maßnahmen den einzelnen Kommunen vorbehalten.

Neben den natur- und landschaftsrechtlichen Konzepten wurde in Zusammenarbeit mit dem Geologischen Dienst des Landes NRW ein Verfahren zur Beurteilung von Eingriffen in schützenswerte Böden und deren Kompensation entwickelt. Dieses Verfahren wird im RFNP-Gebiet einheitlich angewandt.

Zusätzlich zum RFNP ist auch das Stadtentwicklungskonzept Oberhausen 2020 (STEK 2020) zu nennen, das im Oktober 2008 vom Rat der Stadt beschlossen wurde und wichtige Ziele des Umweltschutzes als Leitlinien der Stadtentwicklung formulierte. Dazu gehören:[58]
- Sicherung der natürlichen Lebensgrundlagen
- Verbesserung der Umweltsituation
- Verbesserung der stadtklimatischen Bedingungen
- Schonende und nachhaltige Flächenentwicklung, insbesondere Schutz der freien Landschaft

- Sicherung, Entwicklung eines gesamtstädtischen Freiflächennetzes und Biotopverbundsystems auch innerhalb bebauter Bereiche
- Erhalt, Schutz und Renaturierung der Oberflächengewässer und der natürlichen Grundwasserstandorte
- Sicherung der Artenvielfalt
- Umwelt- und sozialverträgliche Gestaltung und Sicherung der Mobilität
- Innen- vor Außenentwicklung
- Realisierung von Wohngebieten nach klimaschützenden und energetischen Gesichtspunkten

Biodiversität

1992 hatte die UN-Konferenz von Rio de Janeiro nicht nur die Agenda für das 21. Jahrhundert im Beziehungsdreieck zwischen Umwelt, Sozialem und Wirtschaft und das Stichwort Klimaschutz im Blick. Gegenstand war auch der Erhalt der Artenvielfalt als eine wesentliche Lebensgrundlage der sogenannten Biodiversität. Anders ausgedrückt gilt es zu verhindern, dass immer mehr Arten von Pflanzen und Tieren aussterben. Die UN-Konvention von 193 Staaten aus 1992 führte in der Folge ebenfalls zu einer Zieldefinition auf europäischer Ebene (Göteborg 2001) und mündete national in die Ende 2007 von der Bundesregierung beschlossene Biodiversitätsstrategie. Oberhausen schloss sich 2010 der Deklaration „Biologische Vielfalt in Kommunen" an und trat in 2011 dem Bündnis für Biodiversität bei. Zur Umsetzung der Artenschutzziele beschloss die Stadt Oberhausen schon recht frühzeitig, die städtischen Wälder nach den strengen Richtlinien des Naturschutzbundes (NABU) besonders naturnah zu bewirtschaften. Mit Ratsbeschluss vom 9. November 2003 wurde bestimmt, dass die Wälder dauerhaft zu besonders artenreichen Beständen entwickelt werden, die den natürlich am Niederrhein vorkommenden Waldgesellschaften weitgehend entsprechen. Durch Anpassungen des Bundesnaturschutzrechtes und des Baurechtes gewann der Schutz besonderer Tier- und Pflanzenarten in der Folge auch in der Planungs- und Baupraxis erheblich höheren Stellenwert, verbunden mit zusätzlichen Anforderungen an Verfahrensabläufe für Untersuchungen, Planungsänderungen und Schutzmaßnahmen. Zudem führte das Land NRW schon im Jahr 2000 einen besonderen gesetzlichen Schutz für eine Reihe von Biotoptypen ein, die ▶ „§ 62er-Biotope", die in Oberhausen durch die Landesanstalt für Ökologie, Bodenordnung und Forsten erfasst und kartiert wurden. Anfang 2012 befanden sich dementsprechend im Stadtgebiet Oberhausen insgesamt 45 besonders geschützte Einzelflächen von Biotopen, und zwar sowohl innerhalb von Natur- und Landschafts-Schutzgebieten als auch außerhalb davon im Siedlungsbereich der Stadt.

Dieser Biotopschutz trägt neben den Schutzgebietsausweisungen und Umsetzungsmaßnahmen des Landschaftsplanes von Ende der 1990er Jahre an, der Waldbewirtschaftung als Naturwaldgemeinde, neben dem Artenschutz und den Kompensationsmaßnahmen für Eingriffe in Natur und Landschaft sowie den Bemühungen zur Gewässerrenaturierung zur Erhaltung des Strukturreichtums und der Artenvielfalt bei. Er bildet zusammen mit den bereits vorher bestehenden Schutzgebieten ein Netz ökologischer Vorrangräume.

Bodenschutz

Die Einführung eines eigenständigen Bodenschutzrechtes ab 1999 schuf neue Aufgaben im Umweltschutz: Zusätzlich zu den Altablagerungen und Altstandorten, mit denen die Verwaltung bereits seit den 1980er Jahren befasst war, wurde nun eine Rechtsgrundlage geschaffen, oberflächennahe Bodenbelastungen flächendeckend zu untersuchen. Hinweise darauf, dass es in den unbefestigten Oberböden in Oberhausen durch jahrzehntelangen Industriestaubniederschlag zu einer Anreicherung von Schadstoffen gekommen ist, gab es schon seit einigen Jahren. Die „Kleingartenstudie", die die Verwaltung Ende der 1980er Jahre erarbeitet hatte, wurde bereits erwähnt. Auch lieferten Untersuchungen in mehreren Bebauungsplangebieten Hinweise darauf, dass die Oberböden in Oberhausen höher belastet sind als in anderen Regionen.

Digitale Bodenbelastungskarten belegen in Oberhausen und weiten Teilen des Ruhrgebietes eine flächendeckende Beaufschlagung von unbefestigten naturnahen Böden durch jahrzehntelangen Industriestaubniederschlag. Für das gesamte Stadtgebiet (und für weite Teile des Ruhrgebietes) gilt, dass z. B. bei Baumaßnahmen abgeschobene Oberböden nicht ohne weiteres an jeder Stelle wieder eingebaut werden können; allerdings gibt es innerhalb des Stadtgebietes Abstufungen der Belastung. Durch Untersuchungen wurde jedoch festgestellt, dass sich aus den Schadstoffbelastungen der Oberböden keine erhöhten Risiken für die Bürger ergeben.

Luftreinhaltung, Feinstaub

Durch den Strukturwandel und Maßnahmen zur Luftreinhaltung ist die Schadstoffbelastung im Ruhrgebiet und damit auch in Oberhausen seit 1960 einschneidend zurückgegangen: Von Zechenkraftwerken, Kokereien und Dampflokomotiven geht keine Luftverunreinigung mehr aus. Der Schadstoffausstoß der Stahlwerke, der chemischen Industrie und auch der übrigen Fabriken wurde deutlich reduziert.

Wegen der Abgasreinigungsanlagen und nach wie vor auch durch die weiträumige Verteilung der Emissionen durch die hohen Schornsteine traten im Aufenthaltsbereich der Menschen in den Ballungsräumen als Immissionen, also auf die Menschen einwirkende Schadstoffe, die Abgase aus dem Verkehr, vor allem dem Straßenverkehr, mehr und mehr in den Vordergrund – und darin unterscheidet sich das Ruhrgebiet in großen Teilen nicht mehr von den anderen Ballungsräumen in Deutschland.

Nach einer Reihe von früheren sektoralen Vorgaben der EU zur Luftreinhaltung verpflichtete die Luftqualitätsrahmenrichtlinie der Europäischen Union die Mitgliedsstaaten zur Erreichung bestimmter Luftqualitätswerte, für die in Tochterrichtlinien für einzelne Schadstoffe jeweils genaue Zeitvorgaben festgelegt wurden.

Negative gesundheitliche Effekte von Feinstaub und Stickstoffdioxid sind durch zahlreiche internationale Studien belegt. Auch in einer aktuellen Studie aus NRW aus dem Jahr 2011 werden die Zusammenhänge von Feinstaubbelastung, Wohnort und Gesundheitssituation der Menschen bestätigt. In der „Feinstaubkohortenstudie Frauen in NRW" des Landesamts für Natur, Umwelt und Verbraucherschutz Nordrhein-Westfalen (LANUV) wurden die langfristigen gesundheitlichen Wirkungen von Feinstaub untersucht.[59] Ergebnis ist, dass jede Verringerung der Belastungssituation eindeutig mit einem Gesundheitsgewinn für die Bevölkerung verbunden ist. Eine Minderung der Feinstaubbelastung trägt zur Senkung der damit in Zusammenhang stehenden Erkrankungen und vorzeitigen Todesfälle bei und führt zu einer Verlängerung der Lebenserwartung der Gesamtbevölkerung.

Im Jahr 2008 wurde der erste Luftreinhalteplan Ruhrgebiet aufgestellt. Die Bezirksregierungen Düsseldorf, Münster und Arnsberg als zuständige Verwaltungsbehörden waren verpflichtet, für das Ruhrgebiet als eine Region, in der Überschreitungen der Grenzwerte festgestellt wurden, Luftreinhaltepläne aufzustellen und in Zusammenarbeit mit den Kommunen die erforderlichen Maßnahmen zur Verbesserung der Luftqualität in den Plänen festzuschreiben. So entstand in enger interkommunaler und regionaler Zusammenarbeit der Regionale Luftreinhalteplan Ruhrgebiet. Die Diskussion in Öffentlichkeit und Politik war dabei meist fokussiert auf die Wirksamkeit und die Zumutbarkeit der sogenannten Umweltzonen mit ihren Beschränkungen für Fahrzeuge mit entsprechend ihrer Plakettenkennung höherem Schadstoffausstoß. Der Luftreinhalteplan musste allerdings in Analyse und Maßnahmen alle relevanten Quellen berücksichtigen. Für die Stadt Oberhausen wurden so insgesamt über 50 Maßnahmen festgeschrieben, die zu bestimmten Zeitpunkten umgesetzt bzw. eingeleitet werden mussten. Zu diesen Maßnahmen zählten z. B. die Einrichtung der Umweltzone sowie von Lkw-Durchfahrtsverboten, die Prüfung einer Modernisierung der Busflotte der STOAG oder die Erstellung von Mobilitätskonzepten.

Bei einer Evaluation der Maßnahmen des Luftreinhalteplans und der Umweltzone durch das Ministerium für Klimaschutz, Umwelt, Landwirtschaft, Natur- und Verbraucherschutz des Landes Nordrhein-Westfalen (MKULNV) wurde die Wirksamkeit des Luftreinhalteplans mit der Umweltzone bestätigt und eine Fortschreibung des Luftreinhalteplans beschlossen.

Mit dem 15. Oktober 2011 trat der neue, nunmehr mit der größten zusammenhängenden Umweltzone Deutschlands versehene Luftreinhalteplan Ruhrgebiet 2011 in Kraft und löste den alten Luftreinhalteplan ab. Insgesamt wurden über 40 weitere regionale und kommunale Maßnahmen in diesem Plan festgeschrieben. Die Verwirklichung des alten wie des neuen Luftreinhalteplanes Ruhrgebiet mit den regionalen wie auch den konkret auf Oberhausen bezogenen Maßnahmen hat die Stadt Oberhausen durch ihre nachdrückliche Mitwirkung an der Kooperation der Ruhrgebietsstädte und durch die Beschlüsse des Rates politisch mitgetragen und befördert.

Lärmminderung

Bereits Mitte der 1980er Jahre war der Schutz der Bevölkerung vor Lärmemissionen ein wesentliches Thema im damals neu gegründeten Amt für Umweltschutz der Stadt Oberhausen. Auf Grundlage eines Förderprogramms waren Gutachten des TÜV in Auftrag gegeben worden, die Handlungsbedarf und Gegenmaßnahmen aufgezeigt hatten. In einem ersten Schritt wurden entlang der Innenstadtstraßen von Sterkrade Schallschutzfenster eingebaut. Weitere Aktionen sollten folgen. Oberhausen war damit auf diesem Gebiet bundesweit eine der Vorreiterstädte.

Mit Auslaufen des Förderprogramms waren jedoch die Handlungsmöglichkeiten der damals bereits verschuldeten Stadt Oberhausen erschöpft. Da Lärmbekämpfung bis nach 2000

(s. u.) keine kommunale Pflichtaufgabe war, bestanden außerhalb der Bauleitplanung keine Instrumente, um von Seiten der Stadt weitere Fortschritte in der Lärmminderung zu erzielen. Zwar wurden in den Folgejahren entlang einiger Autobahnabschnitte sowie in der Nähe anderer Emittenten Lärmschutzwälle oder andere Schallschutzeinrichtungen gebaut, aber das Problem blieb. Z. B. hatte die Stadt in der Nähe von Bahnanlagen so gut wie keine Möglichkeiten, bei der Deutschen Bundesbahn (ab 1994 bei der Deutschen Bahn AG) Schallschutzmaßnahmen durchzusetzen. Es ist eine Ironie der Umweltgeschichte, dass in der Innenstadt von Sterkrade einige Jahre nach dem Einbau der Schallschutzfenster eine noch effektivere Methode der Bekämpfung von Straßenlärm angewandt wurde: Die Bahnhof- und die Steinbrinkstraße wurden Fußgängerzone.

Gerade auch aufgrund des Dauerstreites zwischen Kommunen, Land und Bund über eine angemessene Finanzierung der verhältnismäßig umfangreichen und kostenintensiven Lärmschutzmaßnahmen, die nötig wären, um eine nachhaltige Wirkung zu erzielen, wurde eine systematische Analyse und Maßnahmenentwicklung für die bestehenden Verkehrswege, Anlagen und Wohngebiete – anders als bei dem verpflichtenden vorsorgenden Lärmschutz in der Bauleitplanung – zunächst zurückgestellt.

Dies änderte sich mit den konkreten Anforderungen der EU-Umgebungslärmrichtlinie und den durch sie bundesweit in allen Ballungsräumen ausgelösten Diskussionen des Finanzbedarfes für die daraus resultierenden Maßnahmen. Die Umgebungslärmrichtlinie ist am 18. Juli 2002 als „Richtlinie des Europäischen Parlamentes und des Rates über die Bewertung und Bekämpfung von Umgebungslärm" in Kraft getreten. Ziel der europäischen Umgebungslärmrichtlinie ist ein gemeinsames Konzept zur Bewertung und Bekämpfung des Umgebungslärms. Schädliche Auswirkungen und Belästigungen sollen verhindert und vermindert, ihnen soll vorgebeugt werden. Dazu wurden zunächst Lärmkarten erstellt, die die Ausbreitung belästigender oder gesundheitsschädlicher Geräusche aus den Bereichen Straßen-, Schienen-, Flugverkehr und Industrie aufzeigen. Diese Daten bildeten die Grundlage für Aktionspläne gegen die Lärmbelastung, für deren Erstellung die Gemeinden, also auch die Stadt Oberhausen, zuständig sind.

Am 3. Mai 2010 wurde der Lärmaktionsplan Oberhausen als einer der ersten Lärmaktionspläne in Nordrhein-Westfalen vom Rat der Stadt beschlossen. Aufgrund der gesetzlichen Vorgaben erfasst dieser Lärmaktionsplan nicht flächendeckend die Lärmbelastungen in Oberhausen, sondern lediglich die der Hauptverkehrsstrecken, die die Verkehrsbelastungen an Hauptverkehrsstraßen mit mehr als sechs Millionen Kraftfahrzeugen pro Jahr und Haupteisenbahnstrecken mit mehr als 60.000 Zügen pro Jahr überschreiten. Dies löste bei den Menschen im Rahmen der Öffentlichkeitsbeteiligung nachvollziehbares Unverständnis aus. In der für 2013 nach der Richtlinie vorgeschriebenen zweiten Stufe der Lärmaktionsplanung sind dann alle aus Sicht des gesundheitsbezogenen Lärmschutzes relevanten Bereiche und Verkehrsstrecken zu berücksichtigen (Straßenzüge mit mehr als drei Millionen Kraftfahrzeugen pro Jahr, Haupteisenbahnstrecken mit mehr als 30.000 Zügen pro Jahr).

Der beschlossene Lärmaktionsplan enthält im Wesentlichen kurz- und mittelfristige Maßnahmen, deren Umsetzung innerhalb des Geltungszeitraumes bis 2013 angestrebt wird. Der Lärmaktionsplan benennt für die betroffenen Abschnitte der innerstädtischen Straßen unterschiedliche Maßnahmen wie den Einbau lärmarmer Straßenbeläge, die Geschwindigkeitsreduzierung und Aufstellung von Dialog-Displays, Lkw-Fahrverbote nachts bzw. ganztags, die

Änderung der Fahrstreifenaufteilung, Fahrbahnverengung, Querungssicherung, das Anlegen von Radfahr-/Angebotsstreifen oder die Markierung und Randbegrenzung der Fahrbahn. Die ersten Ergebnisse vor allem mit sogenanntem Flüsterasphalt auf innerstädtischen Straßen haben eine spürbare Verbesserung und die positive Resonanz der Anwohner erbracht. Weitere Maßnahmen sind für die belasteten Abschnitte, die nicht in der Baulast der Stadt liegen, in Absprache mit dem jeweiligen Baulastträger (z. B. der Deutschen Bahn AG) festgeschrieben.

Nach der Umsetzung der zweiten Stufe im Jahr 2013 wird der Lärmaktionsplan alle fünf Jahre fortgeschrieben. Das heißt, die Lärmbelastung wird kontinuierlich überprüft und neue Maßnahmen sind fortwährend zu entwickeln. Damit ist auch erforderlich, dass die Gemeinden im Sinne des Konnexitätsprinzipes („wer die Musik bestellt, der zahlt sie auch") und im Rahmen einer Prioritätensetzung von der EU, vom Bund oder den Ländern finanziell in die Lage versetzt werden, die wichtigsten Maßnahmen auch tatsächlich zu verwirklichen.

Eine besondere Herausforderung im Lärm- und auch im Katastrophenschutz stellen die Planungen zur sogenannten Betuwe-Linie dar, mit der der Güterverkehr Europas zwischen Rotterdam und Südeuropa wie auch Osteuropa über Deutschland und hier insbesondere über Oberhausen als Knotenpunkt organisiert wird. Die an sich allseits gewünschte Konzentration des Güterverkehrs auf den Bahntransport bedeutet für die Menschen in Oberhausen eine erhebliche Mehrbelastung mit Schienenlärm gerade in den Nachtstunden. In langwierigen Verhandlungen der Anrainer-Gemeinden der Bahnstrecke zwischen Oberhausen und Emmerich und der Bürger-Initiativen (in Oberhausen „Betuwe so nicht") mit der Bahn-AG sowie den beteiligten Bundes- und Landesministerien wurde sowohl für ein drittes Gleis und den damit verbundenen Lärmschutz – auch im Kaisergarten als wichtigstem Naherholungsgebiet Oberhausens – wie auch für ein verbessertes Sicherheitskonzept gestritten, wobei das Ergebnis im Genehmigungsverfahren Anfang 2012 noch aussteht.

Klimaschutz und Energieeffizienz

Der im vorangegangenen Jahrzehnt in der Folge der Konferenz von Rio de Janeiro geprägte Slogan „Global denken, lokal handeln" hat Bedeutung für den Klimaschutz, der nach 2000 ein besonderes Schwerpunktthema der Umweltpolitik wurde. Die Devise besagt, dass auch sehr kleinräumiges Handeln z. B. auf kommunaler Ebene globale Auswirkungen hat, wenn sich alle daran beteiligen: Selbstverständlich kann Oberhausen alleine das Weltklima nicht retten: Aber wenn Städte weltweit ihren Beitrag zum Klimaschutz leisten, besteht die Möglichkeit, die Klimaerwärmung mindestens zu verlangsamen und ihre globalen Folgen zu mindern.

Auch für Maßnahmen zum Klimaschutz gab es in Oberhausen Vorläufer. Beispielsweise trug in Oberhausen bereits der Ausbau des Fernwärmenetzes ab der zweiten Hälfte der 1950er Jahre zum Klimaschutz bei, obwohl Klimaschutz damals noch kein Thema war: Ende der 1950er Jahre war die Luftreinhaltung Grund für die Anlage eines Fernwärmenetzes (s. o.). Erste bundesgesetzliche Regelungen, die eine klimaschützende Wirkung hatten, gab es seit 1977. Sie standen aber unter dem Leitgedanken der Einsparung fossiler Energieträger in der Folge der Ölkrise von 1973 und der Diskussion um die „Grenzen des Wachstums" (s. o.). Auf internationaler Ebene ging die Diskussion in den 1980er und 1990er Jahren um klimaschädigende Gase wie Kohlendioxid (CO_2), das bei Verbrennungsprozessen anfällt, und andere von

Menschen bewirkte Emissionen mit erhöhtem Treibhauspotenzial. Erstmals in einer Norm taucht der Begriff „Klimaschutz" auf in der Wärmeschutzverordnung von 1994 zur Umsetzung der EU-Richtlinie 93/76/EWG des Rates von 1993 zur „Begrenzung der Kohlendioxidemissionen durch eine effizientere Energienutzung".

In Oberhausen entwickelten sich lokale Aktivitäten zum Klimaschutz ab dem Ende der 1990er Jahre (s. o.), als die Arbeiten an einem kommunalen Klimaschutzkonzept begannen. Die Bestandsanalyse zum CO_2-Ausstoß und zu den klimaschutzrelevanten Maßnahmen in der Stadt bildete die Ausgangsbasis für die Entwicklung eines Kataloges weitere Klimaschutzaktivitäten auf lokaler Ebene. Zu den auf kommunaler Ebene umsetzbaren Maßnahmen gehören u. a. die Schaffung bzw. der Ausbau einer umweltverträglichen Energieversorgungsstruktur, Energieeinsparung in den Verbrauchssektoren, umweltverträgliche Verkehrsentwicklung, eine auf Umweltschutzgesichtspunkte auszurichtende technische Infrastruktur, eine ökologische Stadtentwicklungsplanung und ein umweltverträgliches Beschaffungswesen.[60]

Das Thema „kommunaler Klimaschutz" gewann in den folgenden Jahren zunehmend an Bedeutung, allerdings nicht ausschließlich unter dem Aspekt der Ökologie, sondern auch wegen der ökonomischen Einsparpotenziale, die damit verbunden sind. Denn eng an den Begriff des Klimaschutzes gekoppelt ist der Begriff der „Energie-Effizienz":

Bereits in der Folge der ersten Ölkrise wurde darüber nachgedacht, Energie effizienter zu nutzen bzw. mit weniger Energieeinsatz einen besseren Ertrag (einen höheren Wirkungsgrad) zu erzielen. Da ein wesentlicher Teil des Energiekonsums 1973 auf das Heizen von Gebäuden entfiel und – beachtenswerten Maßnahmen zur Wärmedämmung wie z. B. dem Einbau von Doppelverglasung u. ä. zum Trotz – immer noch entfällt, besteht bei der Optimierung der Ausnutzung der eingesetzten Energie weiterhin Handlungsbedarf.

Dabei sind die Bandbreiten für Maßnahmen zur effizienteren Energieausnutzung, deren zeitliche Rahmen oder die Zielgruppen sehr groß: Die Bandbreite beginnt bei der optimierten Einstellung und regelmäßigen – mindestens jährlichen – Wartung der Gebäudeheizungen sowie ggf. deren Austausch gegen sparsamere Modelle, was jeder Mieter, Pächter oder Gebäudeeigentümer vornehmen kann. Sie endet derzeit bei der Bauleitplanung mit den Anforderungen an eine energieeffiziente (und klimaschutzgerechte) Ausrichtung von neuen Baugebieten z. B. für den Bau von Solardächern oder die Orientierung der Wohnräume zur Sonnenseite etc.

Um die Ausrichtung auf Energieeinsparung, Energieeffizienz und Klimaschutz systematisch anzugehen, hat die Stadt Oberhausen seit 2003 am European Energy Award (eea) teilgenommen, einem in den Folgejahren in vielen deutschen Städten angewendeten Energiemanagementsystem, das die verschiedenen Handlungsfelder der Gemeinden mit Bezug zum Energieverbrauch umfasst und beurteilt.

Aufbauend auf den guten Ergebnissen hat der Rat der Stadt Nachholbedarfe vor allem in der energetischen Gebäudesanierung, dem Ausbau der regenerativen Energien und der Öffentlichkeitsbeteiligung und Bürgerberatung ausgemacht. In 2010 und 2011 wurde die Stadtverwaltung mit grundlegenden Ratsbeschlüssen zum Klimaschutz mit der Analyse und Maßnahmenentwicklung in einem neuen Klimaschutzkonzept beauftragt, das mit externem Sachverstand und zusammen mit den für dieses Thema wichtigsten Institutionen und Beteiligungsgesellschaften zu erstellen war. Mitte 2011 nahm das renommierte Wuppertal Institut für Umwelt, Klima und Energie als Hauptauftragnehmer in einer Bietergemeinschaft seine

Arbeit auf. Die Analyse der Ausgangssituation, der wesentlichen Handlungsfelder, ein Leitbild mit konkreten und für Oberhausen realistischen Zielen bei der Treibhausgasreduzierung und vor allem das konkrete Maßnahmenpaket zur Erreichung dieser Ziele war Aufgabenstellung mit einem Zeitziel zur Vorlage bis Ende 2012.

Neben der Begrenzung der globalen und lokalen Temperaturerhöhungen durch die Minderung des Anstieges der Treibhausgasemissionen („Mitigation") sieht die Anpassungsstrategie der Bundesregierung ebenso wie die europäischen und globalen Ebene als zweite Säule vor, auf die bereits absehbaren bzw. unvermeidlichen Klimaveränderungen durch Anpassungsmaßnahmen zu reagieren („Adaptation").

Die Stadt Oberhausen ist seit 2011 Partner im Forschungsnetzwerk „dynaklim", in dem Strategien und Maßnahmen entwickelt werden, wie zum Beispiel durch bessere Durchgrünung, Verdunstungsmöglichkeiten und Frischluftzufuhr in den hoch verdichteten Ballungskernbereichen sogenannte Hitzeinseln vermieden werden, in denen die Gesundheitsrisiken von Hitzeextremen in sehr heißen Sommern ohne nächtliche Abkühlungsphasen gerade für sehr junge, sehr alte und chronisch kranke Menschen ansteigen.

Der Klimaschutz, also die Organisation von Energieeinsparung und Art der Energieversorgung wie auch die Anpassung an die Folgen des Klimawandels, ist in den letzten Jahren immer stärker als ein beherrschendes Thema in den Vordergrund der Umweltschutzaufgaben gerückt (siehe unten: Energiewende) und bildet – auch in Verbindung mit den demographischen Entwicklungen – eine Kernherausforderung der integrierten Stadtentwicklung für die kommenden Jahre.

Parkstadtkonzept

In den Jahren nach der Jahrtausendwende wurden ältere Ideen zur Bewältigung sich abzeichnender künftiger Umweltprobleme reaktiviert nach dem Grundsatz: „Grün in der Stadt senkt die Schadstoffbelastung der Luft und sorgt für ein angenehmeres, d. h. feuchteres und kühleres Stadtklima". Oberhausen begegnete den Herausforderungen der globalen Erderwärmung u. a. mit einer Rückbesinnung auf diese bekannten Erkenntnisse. An dieser Stelle soll nicht auf Einzelheiten moderner Stadtklimaforschung eingegangen werden. Aber für alle Bewohner und Besucher Oberhausens sicht- und erlebbar wurden der innerstädtische Baumbestand und die Grünanlagen neu bewertet und durch zielgerichtete Maßnahmen gestalterisch wie ökologisch aufgewertet. Mit Restaurierungsmaßnahmen an städtischen Parkanlagen wie dem Grillopark und einem Alleenkonzept für den dauerhaften Erhalt eines vitalen Baumbestandes im öffentlichen Raum wird seit 2006 sichergestellt, dass der Charakter Oberhausens als „Parkstadt" auch für zukünftige Generationen erlebbar sein wird. In 2007 wurden Alleen auf Landesebene unter besonderen Schutz gestellt (§ 47 a LG NRW).

Vorläufer des Parkstadtkonzeptes lassen sich bis in die 1920er Jahre zurückverfolgen.[61] Die planmäßige Begrünung der Oberhausener Innenstadt begann bereits in der Zeit um die Wende vom 19. zum 20. Jahrhundert mit der Umwandlung der Brache der „Styrumer Eisenindustrie" in ein Behörden- und Dienstleistungszentrum mit dem – wie eingangs beschrieben – alleenartig bepflanzten heutigen Friedensplatz.[62] Wichtig für Oberhausen ist, dass das „Parkstadtkonzept" auch in Zukunft zu einem behaglichen Stadtklima beiträgt.

Zukunft des urbanen Raumes:
Leitbilder der Stadtentwicklung und Umweltschutzgeschichte

Die Stadtentwicklung Oberhausens war über Jahrzehnte maßgeblich geprägt durch die Standortanforderungen der Industrie und durch den ihr folgenden Siedlungs- und Infrastrukturausbau. Leitbilder des Städtebaus aus der zweiten Hälfte des 19. Jahrhunderts haben sich z. B. im schachbrettartigen Straßennetz in Alt-Oberhausen erhalten, dessen Nord-Süd-Achse Mülheimer Straße für den in den Jahren nach 2000 problematisierten Feinstaub besonders anfällig ist. Die international beachtete „Charta von Athen" von 1933 sah eine Trennung urbaner Funktionen vor: Für die Industriestadt Oberhausen bedeutet dieses Leitbild die Beseitigung ungesunder Gemengelagen von „Arbeiten" und „Wohnen". Dazu gehörte u. a. in den 1960er Jahren der Abriss von Wohngebieten an der Essener und Osterfelder Straße („Pluskampsiedlung") auf dem späteren CentrO-Gelände. Die negativen Auswirkungen der räumlich-funktionalen Entmischung zeigten sich aber auch in der zunehmenden Inanspruchnahme von Freiflächen für Wohn- und Einzelhandelsflächen: Dies bedeutete nicht nur zunehmende Bodenversiegelung, sondern auch mehr Individualverkehr, der wiederum mehr versiegelte Verkehrsfläche (Straßen), mehr Einsatz fossiler Brennstoffe (Öl) und mehr Emissionen (Abgase, Lärm) hervorrief. Einen Höhepunkt erreichte die Stadt-Umland-Wanderung in den 1980er und 1990er Jahren, als in der Ballungsrandzone des Ruhrgebietes und im ländlichen Raum von Münsterland und Niederrhein große Neubaugebiete für Pendler aus dem Ballungsraum Rhein-Ruhr entstanden.

Als Reaktion auf die zunehmenden ökologischen, sozialen und ökonomischen Probleme dieser Entwicklung setzte in der Folge der Konferenz von Rio de Janeiro 1992 etwa seit 2000 das städtebauliche Leitbild einer funktionalen Durchmischung neue Akzente: Die kontinuierlich steigenden Treibstoffkosten für die Pendler, der Mangel an Ausbildungsplätzen für die heranwachsenden Jugendlichen in den peripheren Wohnorten bei unterentwickeltem öffentlichen Personennahverkehr (ÖPNV) und das für den demographischen Wandel nicht ausgelegte grobmaschigere Netz medizinischer Versorgung im ländlichen Raum ließen die Suburbanisierung zunehmend fragwürdig erscheinen. Der Wegfall großer Emittenten in Folge des Strukturwandels einerseits und andererseits die Anwendung neuer planerischer Instrumente, die die erforderlichen Abstände emittierender Betriebe von empfindlichen Nutzungen klar regeln (z. B. Abstandserlasse, Immissionsschutzbestimmungen, Seveso II-Richtlinie etc.), haben es ermöglicht, weniger störendes Gewerbe und Wohnfunktionen jetzt wieder zusammenrücken zu lassen. Damit werden „Wohnen" und „Arbeit" im Sinne des städtebaulichen Leitbildes der „Stadt der kurzen Wege" wieder zusammengeführt. Dies wird begünstigt durch den Trend zur Dienstleistungsgesellschaft: 2010 entfielen schon etwa 75 Prozent aller Arbeitsplätze in Oberhausen auf den tertiären Sektor.[63] Die einsetzende Gegenbewegung setzt somit wieder auf ein enger verzahntes Neben- und Miteinander von Wohnen, nicht-emittierendem Gewerbe (Arbeiten), standortnahen Versorgungsmöglichkeiten und Sozialeinrichtungen. Als Beispiel für die Umsetzung dieses Leitbildes mag die Folgenutzung des Altstandortes der Gutehoffnungshütte südlich der Bahnhofstraße ab 2005 gelten. Dort entstanden generationenübergreifende Wohnungen, Einkaufsmöglichkeiten für den täglichen Bedarf und Sozialeinrichtungen (Altenpflege, Kindertagesstätte) bei guter Anbindungen an den ÖPNV und das bestehende Stadtteilzentrum Sterkrade. Dabei ist es gelungen, die in diesem Fall besonders ausgeprägte Problematik des Schutzes vor unmittelbar benachbarten Lärmquellen zu lösen.

Fukushima und die „Energiewende"

Umweltbewusste Bevölkerung und Kritiker einer zivilen Nutzung der Kernenergie sahen sich um 2010 auch in Oberhausen um die Früchte ihrer Bemühungen für eine nachhaltige Energieversorgung gebracht: Im öffentlichen Bewusstsein war die Erinnerung an die Reaktor-Katastrophe von Tschernobyl 1986 verblasst und durch den „Ausstiegsbeschluss" aus der Atomtechnologie der von SPD und Bündnis 90/Die Grünen gebildeten Bundesregierung von 2002 (Änderung des Atomgesetzes) schien die Anti-AKW-Bewegung ihre Ziele zu erheblichen Teilen erreicht zu haben. 2010 erließ die CDU/CSU/FDP-Bundesregierung eine mehrjährige Laufzeitverlängerung für die bestehenden deutschen Atomkraftwerke: Dies hätte der seit der Jahrtausendwende vorangetriebenen Entwicklung und dem Ausbau regenerativer Energien sowie den Maßnahmen zur Verbesserung der Energieeffizienz, aber auch kommunalen Energieversorgern ihre Wirtschaftsgrundlage entzogen. Vieles, was auf diesem Gebiet in den letzten Jahren erreicht war, schien plötzlich gefährdet. Noch während die juristische Auseinandersetzung um die Verfassungsmäßigkeit des Gesetzes lief, beschädigten im März 2011 in Japan ein Erdbeben und ein nachfolgender Tsunami die nukleartechnischen Anlagen von Fukushima, so dass es zu einer Katastrophe ähnlich der von Tschernobyl kam. Anders als 1986 in der damaligen Sowjetunion lieferten 2011 aber Kameras eindrucksvolle Bilder von den Explosionen der Reaktoren auf die Bildschirme, die ihre Wirkung auf die Zuschauer und deren Bewusstsein für Umweltschutz nicht verfehlten: Es war wie eine Art von „déjà-vu"-Erlebnis: Die Laufzeitverlängerung der Bundesregierung wurde zurückgenommen und wieder einmal wurde regenerative Rohstoffnutzung eingefordert. Auch in Oberhausen wirkt sich aus, dass verstärkt kleinteilige Energieerzeuger in das Versorgungskonzept integriert, die Verbesserung der Energieeffizienz (z. B. durch Wärmedämmung etc.) gefördert sowie Erweiterung bzw. Umstrukturierung des Fernleitungsnetzes zur Sicherung der Stromversorgung angegangen werden: Dadurch eröffnen sich Perspektiven, die Umweltqualität weiter zu verbessern und an die Anforderungen des demografischen Wandels anzupassen. Wie oben zum Klimaschutz erläutert, steht Oberhausen vor der eigenen, lokalen Energiewende als Teil der nationalen und globalen Herausforderung. Gleichzeitig gilt es, die Stadt auf die klimatischen Veränderungen und die Bevölkerungsentwicklung einzustellen und in Kooperation mit den Nachbarstädten des Ruhrgebietes und der ländlichen Umgebung als Region mit hoher Lebensqualität und Anziehungskraft zu erhalten und weiter zu entwickeln.

Ein wichtiges Zeichen dieser Anstrengungen war die in 2011 begonnene Zusammenarbeit für die Bewerbung des Ruhrgebietes als Umwelthauptstadt Europas (European Green Capital, EGC) 2016 als Zwischenschritt für die in 2020 geplante Darstellung als Klimaschutz-Region („Klima.Expo").

Schlussbemerkung:

Ist das „das Ende der Umweltgeschichte" in Oberhausen? Eindeutig nein, denn wenn Sie diesen Text lesen, hat sich der kommunale Umweltschutz weiterentwickelt. Wahrscheinlich sind neue Umweltthemen hinzugekommen, die Anfang 2012 noch nicht bekannt waren oder anders gewichtet wurden. Diese Abhandlung zeigt, wie sich der Umweltschutz in Oberhausen zwischen 1949 und 2011 entwickelt hat. Um eine der Eingangsbemerkungen aufzugreifen: Er hat sich sehr zum Positiven entwickelt. Speziell für das Stadtgebiet von Oberhausen gilt dies für die Reduzierung der Luftschadstoffbelastung durch die Schwerindustrie, den Bodenschutz sowie für die Situation der Emscher und ihres Umfeldes, wobei die Auswirkungen der IBA nicht hoch genug eingestuft werden können. Deutliche Fortschritte gab es ebenfalls bei der Lärmbekämpfung, bei der Reduzierung der durch Verkehrsemissionen hervorgerufenen Luftschadstoffbelastung sowie bei der Energieeffizienz und beim Klimaschutz: Auf diesen Feldern unterscheidet sich die Entwicklung in Oberhausen aber nicht oder nur unwesentlich von den Verbesserungen, die auch in anderen westdeutschen Großstädten erreicht wurden.

Vielleicht werden Sie aber auch feststellen, dass manches, was in diesem Zeitraum als Fortschritt begrüßt und manchmal auch erstritten wurde, auf längere Sicht an anderer Stelle Nachteile brachte: Die verschiedenen – in den jeweiligen Epochen – Handelnden haben nach bestem Wissen im Rahmen ihrer Möglichkeiten agiert. Aber alle Folgewirkungen haben sie nicht vorhergesehen. Dies lehrt speziell die Geschichte des Umweltschutzes. Zwei Themen sind abschließend nochmals beispielhaft genannt: Hohe Schornsteine wurden in den 1960er Jahren als Fortschritt der Luftreinhaltung in den Industrieregionen gefeiert, Saurer Regen und Waldsterben waren die – noch nicht bekannten – Folgen. Die Umnutzung von Industriebrachen in Gewerbe- und Wohngebiete war in den 1970er Jahren ein Beitrag zum Schutz naturnaher Landschaftsräume vor Zersiedelung und Freiflächenverbrauch, aber an mögliche chemische Bodenbelastungen hatte niemand gedacht.

Daher wissen wir nicht, ob wir, die wir uns gegenwärtig mit Umweltschutz in Oberhausen beschäftigen, selbst bei vernetztem Denken und mit dem, was uns an Informationen und Technologie zu Verfügung steht, alle Folgewirkungen unseres Handelns überblicken. Die Zukunft wird es zeigen.

Verwendete Literatur

Abelshauser, Werner: Der Ruhrkohlenbergbau seit 1945; München, 1984.
Briesen, Detlef: Vom Durchbruch der Wohlstandsgesellschaft und vom Ende des Wachstums 1955 – 1995; in: Briesen, Detlef, Brunn, Gerhard, Elkar, Rainer S. und Reulecke, Jürgen: Gesellschafts- und Wirtschaftsgeschichte Rheinlands und Westfalens. Schriften zur politischen Landeskunde Nordrhein-Westfalens, Bd. 9, hrsgg. von der Landeszentrale für politische Bildung Nordrhein-Westfalen; Köln, 1995; S. 202 ff.
Borsdorf, Ulrich, u. a.: Feuer & Flamme. 200 Jahre Ruhrgebiet [Katalog zu einer Ausstellung der Internationalen Bauausstellung (IBA) Emscherpark im Gasometer Oberhausen]; Essen, 1994.
Brüggemeier, Franz-Josef: Eine trostlose Gegend? Umwelt im Ruhrgebiet 1800 bis 2000; in: Borsdorf, Ulrich, Grütter, Heinrich Theodor, und Nellen, Dieter (Hrsg.): Zukunft war immer. Zur Geschichte der Metropole Ruhr; Essen, 2007; S. 22 ff.

Brüggemeier, Franz-Josef, und Rommelspacher, Thomas: Blauer Himmel über der Ruhr. Geschichte der Umwelt im Ruhrgebiet 1840 – 1990; Essen, 1992.

Czichy, Helmut, und Kopka, Reinhard: Wiedernutzbarmachung von Altstandorten aus kommunaler Sicht am Beispiel „Neue Mitte Oberhausen"; in: BrachFlächenRecycling, Heft 1/97, S. 30 ff.; Essen, 1997.

Der Spiegel: Dein Schornstein raucht; 30.05.1956, Heft 22, S. 16 ff.; Hamburg, 1956.

Der Spiegel: Zu blauen Himmeln (Titel); 09.08.1961, Heft 33, S. 22 ff.; Hamburg, 1961.

Der Spiegel: Signal unter die Haut; 02.04.1973, Heft 14, S. 162 ff.; Hamburg, 1973.

Der Spiegel: Da liegt was in der Luft (Titel); 16.11.1981, Heft 47, S. 96 ff. (Serie, Fortsetzung in den beiden folgenden Ausgaben); Hamburg, 1981.

Die Zeit: Qualm mir das Lied vom Tod; 13.04.1973, Nr. 16; Hamburg, 1973.

Die Zeit: Chronik einer Panik; 09.12.2004, Nr. 51; Hamburg, 2004.

Dodt, Jürgen u. a.: Die Verwendung von Karten und Luftbildern bei der Ermittlung von Altlasten, Teil I; hrsgg. vom Minister für Umwelt, Raumordnung und Landwirtschaft des Landes Nordrhein-Westfalen; Düsseldorf, 1987.

Faerber, Klaus-Peter, Hoffmann, A., und Schmitz, G.: Untersuchungen zum Nachweis schädigender Einflüsse von Luftverunreinigungen auf die Gesundheit des Menschen an größeren Bevölkerungsgruppen; in: Der öffentliche Gesundheitsdienst, 20. Jahrgang,, Heft 12; Stuttgart, 1959, S. 493 ff.

Goch, Stefan: Politik zur ökonomischen, sozialen und ökologischen Bewältigung des Strukturwandels im Ruhrgebiet – Ein Überblick; in: Bovermann, Rainer (Hrsg.): Das Ruhrgebiet – Ein starkes Stück Nordrhein-Westfalen; Essen, 1996; S. 380 ff.

Günter, Roland: Diese Stadt atmet; in: Mensch, Bernhard, Pachnicke, Peter u. a. (Hrsg.): Parkstadt Oberhausen. Wiedergeburt eines historischen Stadtzentrums moderner Architektur. [Katalog zu einer Ausstellung im Schloss Oberhausen]; Oberhausen, 2004, S. 157 ff.

Hoffacker, Heinz W., und Reulecke, Jürgen: Mythos Ruhrgebiet – Wandlungen in Wirtschaft, Gesellschaft und Selbstverständnis; in: Schneider, Sigrid (Hrsg.): Als der Himmel blau wurde – Bilder aus den 60er Jahren [Katalog zu einer Ausstellung des Ruhrlandmuseums Essen 09.10.1998 bis 07.02.1999]; Bottrop, Essen, 1998; S. 59 ff.

Jänicke, Martin: Geschichte der deutschen Umweltpolitik; Bundeszentrale für Politische Bildung; Bonn, 2009; http://www.bpb.de/themen/DG6UQ7.html (Zugriff am 03.11.2011).

Kegel, Sturm: Die Luft im Industriegebiet muss sauberer werden; in: Mitteilungen des deutschen Verbandes für Wohnungswesen, Städtebau und Raumplanung, Berichte 1/2; o. O., 1953/54.

Kurowski, Hubert: Die Emscher. Geschichte und Geschichten einer Flusslandschaft; Essen, 1993.

Landesamt für Natur, Umwelt und Verbraucherschutz NRW (LANUV): Fachbeitrag des Naturschutzes und der Landschaftspflege zum Regionalen Flächennutzungsplan (RFNP); Essen, 2008.

Landesamt für Natur, Umwelt und Verbraucherschutz NRW (LANUV): Feinstaubkohortenstudie Frauen in NRW. Langfristige gesundheitliche Wirkungen von Feinstaub Folgeuntersuchungen bis 2008; Abschlussbericht (überarbeitete Version), Fachbericht 31; Recklinghausen, 2012.

Landesanstalt für Ökologie, Landschaftsentwicklung und Forstplanung Nordrhein-Westfalen (LÖLF) und Stadt Oberhausen (Hrsg.): Schadstoffbelastung von Böden, Gemüse und Staubniederschlag in Gärten verschiedener Bereich des Stadtgebietes Oberhausen; Düsseldorf und Oberhausen, 1989; („Kleingartenstudie").

Landesumweltamt Nordrhein-Westfalen (LUA NRW, Hrsg.): Arbeitshilfe für flächendeckende Erhebungen über Altstandorte und Altablagerungen. Schriftenreihe „Materialien zur Altlastensanierung und zum Bodenschutz (MALBO), Band 15; Essen, 2001.

Pizonka, Sonja: Postindustrielle Grünplanung und ihre Grundlagen; in: Museum Folkwang, Essen (Hrsg.): Urbanität gestalten. Stadtbaukultur in Essen und im Ruhrgebiet 1900 bis 2000 [Katalog zu einer Ausstellung des Museums Folkwang 16.10.2010 bis 30.01.2011]; Göttingen, 2010; S. 159 ff.

Planungsgemeinschaft Städteregion Ruhr: Umweltbericht zum Regionalen Flächennutzungsplan (RFNP); Bochum u. a., 2009.

Regierungspräsident Düsseldorf – Bezirksplanungsbehörde: Gebietsentwicklungsplan für den Regierungsbezirk Düsseldorf; Düsseldorf, 1986.

Seipp, Wilhelm, u. a.: Oberhausener Heimatbuch; Oberhausen, 1964.

Stadt Oberhausen (Hrsg.): Umweltbericht 1989; Oberhausen, 1989.

Stadt Oberhausen (Hrsg.): Stadtentwicklungskonzept Oberhausen 2020 (STEK 2020); Beiträge zur Stadtentwicklung Nr. 94; Oberhausen, 2008.

Stadt Oberhausen (Hrsg.): Statistisches Jahrbuch der Stadt Oberhausen Jahrgang 2011; Oberhausen, 2012.

Städteregion Ruhr (Hrsg.): Regionaler Flächennutzungsplan. Textteil und Begründung zum Regionalen Flächennutzungsplan der Planungsgemeinschaft Städteregion Ruhr; Oberhausen u. a., 2009.

Steinforth, Hans: Landesamt für Natur, Umwelt und Verbraucherschutz NRW; Essen, 2009 http://www.bredeney-aktiv.de/fileadmin/PDF/Detailinfos_Bredeney/Oeffentl._Geb.__Inst._etc/Buch-Inst._-_Landesa.Umw.Verb._-_Schuir.pdf (Zugriff am 10.04.2012).

Weichelt, Rainer: Die Entwicklung der Umweltschutzpolitik im Ruhrgebiet am Beispiel der Luftreinhaltung 1949 – 1962; in: Bovermann, Rainer (Hrsg.): Das Ruhrgebiet – Ein starkes Stück Nordrhein-Westfalen; Essen, 1996; S. 476 ff.

Weichelt, Rainer: Der „verzögerte blaue Himmel" über der Ruhr. Die Entdeckung der Umweltpolitik im Ruhrgebiet aus der Not der Verhältnisse 1945 – 1975; in: Barbain, Jan-Pieter, und Heid, Ludger (Hrsg.): Die Entdeckung des Ruhrgebiets das Ruhrgebiet in Nordrhein-Westfalen 1946 – 1996; Essen, 1997; S. 259 ff.

Oberhausener Lokalzeitungen: Diverse Ausgaben des Generalanzeigers (GZ), der Neuen Ruhr Zeitung (NRZ), der Ruhrwacht (RW) und der Westdeutschen Allgemeinen Zeitung (WAZ).

Gerd Lepges

Theater und noch mehr Kultur in Oberhausen seit 1945

Oder: Von der Kultivierung eines Kaufmannssohnes

Prolog

„Das Alte stürzt, es ändert sich die Zeit, und neues Leben blüht aus den Ruinen." Mit diesem Zitat aus Schillers „Wilhelm Tell" kann man die kulturelle Situation nach den Katastrophen des Dritten Reiches und des Zweiten Weltkrieges umschreiben. Der 8. Mai 1945 war nicht nur im politischen Leben, sondern auch in allen kulturellen Bereichen eine starke Zäsur. Nach zwölf Jahren diktatorischer und ideologischer Gängelei konnte ein Neubeginn auf der Basis von Freiheit und Demokratie stattfinden. Es gab allerdings nicht die viel zitierte „Stunde Null", denn die in den ersten Jahren nach der Zäsur handelnden Personen hatten schon vor 1945 gelebt und gearbeitet oder waren in der NS-Zeit ausgebildet worden, so dass die Demokratisierung und Befreiung der Kultur sich zu einem mindestens zwei Jahrzehnte andauernden Prozess entwickelte. Neben der Neuorganisation der Oberhausener Stadtverwaltung, die unter britischer Aufsicht unmittelbar nach dem Ende des Zweiten Weltkriegs begann, wurde das Staatswesen Deutschlands neu geordnet. Der preußische Staat wurde aufgelöst, 1949 wurde mit dem Grundgesetz die Bundesrepublik Deutschland geschaffen und ein Jahr später erhielt das neue Land Nordrhein-Westfalen seine Verfassung.

In Oberhausen ging man in diesen Jahren zügig an den Aufbau kultureller Institutionen. Bereits im Dezember 1945 wurde im Sterkrader Kaiserhofsaal ein vier Spielzeiten dauernder Theaterbetrieb in Form einer GmbH aufgenommen. Der schon zwischen 1933 und 1935 und 1939 bis 1944 in Oberhausen tätige Musikdirektor Werner Trenkner baute das Konzertwesen wieder auf, seit 1947 mit dem wiedergegründeten Städtischen Orchester. Im November 1945 nahm die Stadtbücherei ihren Betrieb wieder auf, 1946 entstand im Schloss Oberhausen die Städtische Galerie. Aus der 1947 in Osterfeld gegründeten Arbeiter-Hochschule und dem britischen Informationszentrum „Die Brücke" entwickelte sich die von Hilmar Hoffmann begründete Städtische Volkshochschule. Als erstes Theater im Ruhrgebiet wurde das Oberhausener Stadttheater durch Stadtbaurat Prof. Friedrich Hetzelt wieder aufgebaut und am 10. und 11. September 1949 im Rahmen der Feiern zum 75-jährigen Stadtjubiläum (bezogen auf die Verleihung der Stadtrechte am 10. September 1874) eröffnet.

Auf der Marktstraße, im Alt-Oberhausener Geschäftszentrum, erblickte 1951 der Autor dieses Beitrages als Sohn eines Kaufmannsehepaars das Licht der Welt. Diese Welt war zunächst (und ist es eigentlich heute immer noch) bestimmt durch das Hut- und Schirmgeschäft der Familie, dann durch die Nähe zum Altmarkt, auf dem in den 1950er Jahren große politische, kirchliche und karnevalistische Veranstaltungen stattfanden. Hier erlebte der Chronist als „Knirps" zum Beispiel den damaligen Bundeskanzler Konrad Adenauer als Wahlkämpfer, das erste Hoppeditz-Erwachen der wieder gegründeten Alten Oberhausener Karnevalsgesellschaft Weiß-Rot 1889 oder den „Maschinengewehr Gottes" genannten Jesuitenpater Johannes Leppich. In der Herz-Jesu-Kirche war der Chronist als Messdiener an der praekonziliaren, prunkvoll-feierlichen Inszenierung von lateinisch-römisch-katholischen Festgottesdiensten beteiligt; dies zu einer Zeit, als in der Industrie-Apotheke im Schatten der Kirche der spätere Messdiener, Filme- und Theatermacher Christoph Schlingensief geboren wurde. „Peterchens Mondfahrt" war das erste Theatererlebnis des Chronisten. Der zündende Funke für die wachsende, leidenschaftliche, passive und aktive Beschäftigung mit dem Theater war jedoch George Bizets Oper „Carmen", in welcher, in der Spielzeit 1963/64, Mitglieder des Schulchores des Novalis-Gymnasiums als Straßenjungen singender Weise beschäftigt waren.

Die Entwicklungen des Oberhausener Theaters und der anderen Kulturbereiche seit 1945 verlaufen daher für den Chronisten nahezu parallel zur eigenen Biographie, der Dualismus von Kommerz (= Beruf) und Kultur (= Hobby) prägt die mittlerweile sechs Jahrzehnte seines Lebens. Dies hat für diesen Beitrag zur Folge, dass er nicht nur in Kenntnis einschlägiger Quellen geschrieben wurde, sondern zum großen Teil auf eigenem Miterleben und zum Teil Mitwirken beruht. Die Darstellung ist daher in der Auswahl der notwendigerweise stark verknappten Faktenmenge höchst subjektiv, sie gibt darüber hinaus ein persönliches Erinnerungsbild wieder. Da der Schwerpunkt des Interesses des Autors beim Theater liegt, ist es hier wie im Kuturetat der Stadt: Das Theater erhält hier wie da das „größte Stück vom Kuchen", während sich die anderen kulturellen Bereiche mit „kleinen Stückchen" begnügen müssen. Hierfür bittet der Autor um Verständnis und bei den Betroffenen auch um Verzeihung.

Erster Akt, erste Szene: Der Wiederaufbau des Theaters

Am 24. März 1948 konnte man in der NRZ folgende Sätze lesen: „Bis zum Herbst nächsten Jahres wird das Stadttheater wieder aufgebaut sein. Alle Behörden, die bisher den Wiederaufbau wegen der Wohnungsnot ablehnten, haben ihre Einwände zurückgezogen und dem Plan jetzt zugestimmt." Stadtbaurat Prof. Friedrich Hetzelt plante und leitete den Um- und Aufbau des Theatergebäudes. Hetzelt war nach dem Zweiten Weltkrieg aus Berlin nach Oberhausen gekommen. In Berlin war er u.a. Mitarbeiter Albert Speers in der „Generalbauinspektion für die Reichshauptstadt". Für die mit dem NS-Regime verbündete „Achsenmacht" Italien baute er zwischen 1938 und 1941 ein neues Botschaftsgebäude in der Tiergartenstraße und für den „Reichsmarschall" Hermann Göring den „Carinhall" genannten Sommerwohnsitz in der Schorfheide. Das Prinz-Albrecht Palais wurde von ihm 1941/42 zur Berliner Gestapo-Zentrale umgebaut. 1953 ging Hetzelt nach Wuppertal. Seine „Schwimmoper" und der Wiederaufbau des Barmer Opernhauses prägen dort noch heute das Stadtbild.

Abb. 1: Das Stadttheater am Will-Quadflieg-Platz nach dem Umbau durch Ernst Craemer 1992

Mit Friedrich Schillers Schauspiel „Die Verschwörung des Fiesco" wurde das wiederaufgebaute Theater, jetzt „Neues Haus" genannt, am 10. September 1949 eröffnet. George Bizets Oper „Carmen" und die Operette „Gasparone" von Karl Millöcker folgten. Die Stadt Oberhausen knüpfte im Spielsystem also an das traditionelle Drei-Sparten-Stadttheater an. Zum Intendanten hatte die Stadt Paul Smolny berufen, der über eine langjährige Erfahrung als Theaterleiter verfügte und der Anfang der 1940er Jahre das Leipziger Schauspiel geleitet hatte. Leider war seine Intendanz die kürzeste, die es je in Oberhausen gab. Schon am 25. Januar 1950 wurde er durch den Tod aus seiner gerade begonnenen Arbeit gerissen. Sofort wurde ein Nachfolger gesucht und gefunden. Dr. Alfred Kruchen, zuvor Intendant in Bielefeld und Bad Pyrmont, aber auch Leiter des Gaues Ostwestfalen der nationalsozialistischen Reichstheaterkammer, war „frei" und konnte schon am 21. Februar 1950 die Theaterleitung übernehmen. Er führte das Oberhausener Stadttheater bis 1959 patriarchalisch und solide zu guten künstlerischen Leistungen in allen Sparten.

Das Schauspiel eröffnete die Spielzeiten in der Regel mit einem deutschen Klassiker: Goethe und Schiller dominierten, auch Kleist stand mit seinem „Prinz von Homburg" einmal am Spielzeitanfang. William Shakespeare war mit seinen Tragödien und Komödien ein weiterer Fixpunkt im Spielplan. Eine Reihe von Molière-Komödien war in den 1950er Jahren ebenfalls angesetzt. Wie an allen deutschen Bühnen wurde nun auch nachgeholt, was die Reichsdramaturgie der NS-Zeit verhindert hatte, die Beschäftigung mit der amerikanischen, englischen und französischen Dramatik der 1930er und 1940er Jahre. Stücke von Arthur Miller, Tennes-

Abb. 2 (oben): Noch rank und schlank – Günter Strack in der Komödie „Das Glas Wasser" im Jahr 1951. Abb. 3 (unten): Günther Ungeheuer als Prinz Paris mit Hildegard Krost als Helena in „Der trojanische Krieg findet nicht statt" in der Spielzeit 1954/55.

see Williams, Thornton Wilder und Jean Anouilh standen im „Neuen Haus" auf dem Spielplan.

Was auf sich warten ließ, war die Wiederentdeckung der im „Dritten Reich" verbotenen deutschsprachigen Autoren und ihrer Werke. Die nazistischen „Kulturaufseher" hatten zu gründlich verdrängt, verfemt, verbannt und verbrannt, was ihnen als „entartet" oder „kulturbolschewistisch" erschien, so dass diese Künstler und ihre Werke in den Köpfen der Theaterschaffenden weitgehend nicht mehr präsent waren. Darüber hinaus gab es vielfach Schwierigkeiten bei der Beschaffung von originalen Aufführungsmaterialien, denn viele Verlage waren kriegszerstört oder die Werke nur in entstellenden Bearbeitungen der NS-Zeit verfügbar. Hier konnten erst spätere Generationen von Intendanten und Regisseuren ab den 1970er Jahren auf spannende Wiederentdeckungsreisen gehen.

Für „Experimentelles" wurde bereits 1950 eine Kammerspielbühne im Ratssaal des Rathauses eingerichtet. Auch im Rahmen der von den britischen Besatzungsbehörden geschaffenen Kultureinrichtung „Die Brücke", die im Ruhrlandhaus ihren Sitz hatte, wurden aktuelle Zeitstücke in Form von Lesungen den Oberhausenern nahegebracht. Hieraus ging das von Hilmar Hoffmann geleitete Studio „das zeitgenössische schauspiel" hervor, das bei der Oberhausener Volkshochschule angesiedelt war. In dieser Veranstaltungsreihe wurden schon Stücke von Jean Anouilh, Bertolt Brecht, Wolfgang Borchert, Albert Camus, Jean Cocteau, Eugen O'Neill, Jean-Paul Sartre gelesen, als diese Autoren dem Intendanten und den Dramaturgen noch nicht „reif" für den Spielplan der Städtischen Bühnen erschienen.

Zum Oberhausener Schauspielensemble gehörte 1949 ein damals ranker und schlanker Jüngling, der bis zum Ende des letzten Jahrtausends als schwergewichtiger Mime durch zahlreiche Fernsehrollen bekannt wurde: Günther Strack. Er spielte den Ferdinand in Schillers „Kabale und Liebe", den Prinzen im „Froschkönig" und den Fähnerich in Scribes „Ein Glas Wasser". In einigen Kriminalstücken bereitete er sich auch schon auf seine spätere Fernsehrolle als Rechtsanwalt Dr. Renz vor, die ihn mit dem in Oberhausen aufgewachsenen Claus Theo Gärtner als Matula zusammenbrachte. Joachim Hansen, der sich damals noch Joachim Alexander nannte, spielte den Demoulins in Büchners „Dantons Tod", den Cleanthe in Molières „Der eingebildete Kranke" und die Titelrolle in Hebbels Tragödie „Gyges und sein Ring". Hansen wurde aus Oberhausen direkt zum Film geholt und profilierte sich in populären Streifen wie „Und ewig singen die Wälder" sowie „Stern von Afrika".

Wolfgang Reichmann erarbeitete sich in Oberhausen als 25-jähriger wichtige große Rollen, mit denen er später an den Schauspielhäusern in Düsseldorf und Zürich brillieren sollte: die Titelrollen in Shakespeares „König Lear", Hauptmanns „Fuhrmann Henschel" und Büchners „Dantons Tod". Zwischen Münster und Göttingen war Günther Ungeheuer, später lange Jahre der Fernseh-Bösewicht vom Dienst, zwei Spielzeiten lang in Oberhausen tätig. Er spielte hier den Hamlet, den Prinzen von Homburg, den Regenmacher sowie Schneider Wibbels Gesellen Mölfes, der für seinen Meister ins Gefängnis geht.

Zu Beginn der Spielzeit 1955/56 stieß Brunhild Hülsmann, aus Bochum kommend, zum Oberhausener Schauspielensemble. Ihre Antrittsrolle war die Prinzessin Natalie in Kleists „Prinz Friedrich von Homburg". Sie hielt dem Oberhausener Theater bis zum Ende der 1960er Jahre die Treue und trat in zahllosen Rollen bis hin zum Musical-Star Lilli Vanessi in „Kiss Me, Kate" auf. Auch die eheliche Liebe hielt sie in Oberhausen fest: Brunhild Hülsmann heiratete den Oberhausener Kulturdezernenten Hilmar Hoffmann.

Aus Frankfurt kam im Herbst 1951 Theodor Haerten als Oberspielleiter des Schauspiels ans Oberhausener Theater. Er war vierzehn Spielzeiten lang die prägende Kraft am Regiepult des Oberhausener Schauspiels, Haerten brachte seine Gattin, die Schauspielerin Hildegard Wahry mit, die für die nächsten 20 Jahre eine der Konstanten im Oberhausener Schauspielensemble werden sollte. Die Aufzählung der Rollen, die die feinzeichnend charakterisierende Darstellerin spielte, umfasst mehrere Druckseiten.

Als „grand utilité" (Ensemblemitglied mit vielseitigen Verwendungsmöglichkeiten) kann man den Schauspieler und Rezitator Fritz Kahle bezeichnen, der nicht nur im Schauspiel, sondern auch in den musikalischen Gattungen zu Hause war. In den achtundzwanzig Jahren seines Oberhausener Engagements zwischen 1948 und 1976 spielte er in über 4.000 Vorstellungen mehr als 300 Rollen vom Marquis von Posa in Schillers „Don Carlos" bis hin zur kleinsten Charge, die er mit wenigen Sätzen präzise zu charakterisieren verstand. Fritz Kahle tanzte sogar in Orilkowskys „Schwanensee" mit und sang in der Spielzeit 1954/55 neben der Bayreuth-Sängerin Astrid Varnay den dritten brabantischen Edlen in Richard Wagners „Lohengrin".

Exkurs: Weiterbilden! Die Oberhausener Volkshochschule

Die Erwachsenenbildung nach der zwölfjährigen Nazidiktatur war die erste „Spielwiese" des späteren Oberhausener Kulturdezernenten Hilmar Hoffmann. 1925 in Bremen geboren hatte er 1943 in Oberhausen das Abitur gemacht und war danach noch zum Kriegsdienst eingezogen worden. Nach dem Krieg studierte er an der Folkwang-Hochschule in Essen und arbeitete als Regieassistent am Essener Theater. 1951 wurde er, damals 26 Jahre jung, zum ersten Leiter der frisch gegründeten Volkshochschule berufen. Über die Vorgeschichte und Anfänge berichtete er im Oberhausener Heimatbuch von 1964: „Bald auch wurden die ersten Ansätze in der Erwachsenenbildung deutlich: 1947 wurde von Willi Hammelrath unter nicht geringen Schwierigkeiten in Osterfeld eine Arbeiter-Hochschule gegründet, 1949 etablierte sich unter Hebammendiensten der britischen Besatzungsmacht das Informationszentrum ‚Die Brücke'. Unter übrigens deutscher Leitung entwickelte sie sich zu einem Institut mit völkerverbindendem Engagement. Zwei Jahre danach konstituierte sich daraus die Städtische Volkshochschule. Daneben, nicht minder wichtig, die Bildungsvereine: die Evangelische Kulturvereinigung (gegr. 1946), das Katholische Bildungswerk (gegr. 1951), die Sozialistische Bildungsgemeinschaft (gegr. 1951), Das DGB-Bildungsprogramm ‚Arbeit und Leben' (gegr. 1950), das Kaufmännische Bildungswerk (gegr. 1952), um nur einige Aktivposten auf dem Sektor der allgemeinen Volksbildung stellvertretend für vielerlei andere Bemühungen zu registrieren. Die Initiative zu ihrem Bildungsauftrag empfingen sie alle […] aus der Verworrenheit und den Nöten der Zeit." (Ebd., S. 356)

Zur damaligen Ausrichtung schrieb Hoffmann weiter: „Der in eine veränderte Welt entlassene Mensch suchte einen neuen gesellschaftlichen oder politischen Standort. Zu dieser Ortsfindung wollte die Volkshochschule geleiten. Dem desorientierten Bürger dieses Ziel suchen zu helfen aber hieß, ihn zuvor von seiner Lebensangst zu befreien.

Abb. 4: Ein Beispiel für die Vielfalt des VHS-Programms – Fotokurs in den 1960er Jahren

Das wiederum hieß: ihm helfen, mit seiner Vergangenheit fertig zu werden und Glauben an die Zukunft zu gewinnen." (Ebd., S. 357) Hilmar Hoffmann wollte dieses Ziel mit dem Schwerpunkt der musischen Bildung im Programm der Volkshochschule erreichen. Die Veranstaltung von Kammerkonzerten, die später Meisterkonzerte genannt wurden, gehörte ebenso dazu wie die Lesebühne „das zeitgenössische schauspiel", auf der aktuelle zeitgenössische Stücke von Schauspielern aus Oberhausen und von benachbarten Bühnen gelesen wurden. Eine weitere Frucht der musischen VHS sind die 1954 erstmals durchgeführten Kurzfilmtage, über die in einem besonderen Exkurs berichtet wird.

Selbstverständlich gehörte zum Angebot der Volkshochschule auch die Vermittlung allgemeinen Wissens durch Vorträge, Kurse und Arbeitsgemeinschaften, denn nicht nur die Rezeption sah die Volkshochschule als ihre Aufgabe an, sondern die Förderung, das Erlernte in eigener Arbeit anzuwenden. Hilmar Hoffmann zu einer Auflistung der Vortragenden von Theodor Adorno über Alexander Mitscherlich bis Benno von Wiese: „Die [...] Universitätsprofessoren [...] brachten die Oberhausener VHS dem Ziel nahe, durch die Vermittlung von Sachwissen bei ihren Hörern Denkvorgänge zu trainieren, Zusammenhänge herzustellen, diese Welt als Wirklichkeit zu begreifen und die Urteilsfähigkeit zu schärfen." (Ebd., S. 358)

Die politische Bildung war die dritte Säule von Hoffmanns VHS-Konzept: „Politische Bildung! – suspekte Vokabel, belastet mit Vorzeichen aus totalitärem Staat. Wir verstehen darunter Gemeinschaftsbildung, eben das genaue Gegenteil von Kollektivierung. Diese

Grundformel ist die Voraussetzung für eine soziale und humane Demokratie. Das heißt nichts anderes, als dem Menschen die richtige Spur zu den sozialen und politischen Realitäten zu zeigen." (Ebd., S. 359) In diesem Bereich brachten Podiumsdiskussionen und Vorträge führende Politiker von CDU, FDP und SPD sowie Minister aus Bund und Land nach Oberhausen. Hier diskutierten auch Vertreter der Kirche, wie z.B. der Ruhrbischof Franz Hengsbach, aber auch Industrielle, wie der GHH-Vorstand Hermann Reusch.

Als Hilmar Hoffmann 1965 zum Kulturdezernenten gewählt wurde, folgte Dr. Manfred Dammeyer für zehn Jahre als sein Nachfolger in der Leitung der VHS. 1975 wechselte dieser in die Politik, war mehr als ein Vierteljahrhundert lang Landtagsabgeordneter, Minister für Bundes- und Europangelegenheiten im Kabinett von Johannes Rau, Präsident bzw. Vizepräsident des Ausschusses der Regionen der Europäischen Union und schließlich Vorsitzender der SPD-Fraktion im nordrhein-westfälischen Landtag. Außerdem ist er seit 1994 Honorarprofessor für politische Wissenschaften an der Universität Duisburg. Auch Dr. Hans-Georg Küppers, in den 1980er Jahren Fachbereichsleiter für Kulturelle Bildung an der VHS, stieg die Karriereleiter hinauf und wurde Kulturdezernent in Bochum und später Kulturreferent der bayerischen Landeshauptstadt München.

Die Volkshochschule hatte ihre Räumlichkeiten zunächst im Hotel Ruhrland gegenüber dem Hauptbahnhof, zwei Jahre später bezog sie in einer Lebensgemeinschaft mit der Stadtbücherei Räume in der Meuthen-Villa in der Grillostraße. Ab 1959 war sie zu Gast im Neubau der Stadtsparkasse an der Marktstraße, die Büros, Clubräume und einen Filmsaal zur Verfügung stellte. Ein Jahr später übersiedelte die VHS in die heutige „Kulturvilla" an der Schwartzstraße mit Ausblick auf Rathaus und Stadthalle. Zahlreiche Kurse fanden in Schulgebäuden in allen drei Oberhausener Stadtbezirken statt. Nachdem die Stadt Oberhausen 1978 den 1927/28 von Otto Scheib erbauten alten Kaufhof und das dahinterliegende 1925/26 ebenfalls von ihm erbaute Ruhrwachthaus gekauft, beide Gebäude umgebaut und zum „Bert-Brecht-Haus" vereinigt hatte, zog 1985 die VHS neben der Stadtbücherei und dem Ordnungsamt hier ein. Eine großzügige Renovierung des Gebäudes im Jahr 2011 verbesserte die Atmosphäre und die Arbeitsbedingungen der Erwachsenenbildung entscheidend und ließ VHS und Stadtbücherei, die sich nun das Bert-Brecht-Haus teilen, positiv in die Zukunft blicken.

Im Lauf der Jahrzehnte hat sich auch das Bildungsangebot der VHS stark gewandelt. Für weite Teile des Programms gilt das Weiterbildungsgesetz des Landes, das in seinem § 1 das Recht auf Weiterbildung festlegt: „(1) Jede und jeder hat das Recht, die zur freien Entfaltung der Persönlichkeit und zur freien Wahl des Berufs erforderlichen Kenntnisse und Qualifikationen zu erwerben und zu vertiefen. (2) Soweit Kenntnisse und Qualifikationen nach Beendigung einer ersten Bildungsphase in Schule, Hochschule oder Berufsausbildung erworben werden sollen, haben Einrichtungen der Weiterbildung die Aufgabe, ein entsprechendes Angebot an Bildungsgängen nach den Vorschriften dieses Gesetzes bereitzustellen." Und § 11 Absatz 2 legt im schönsten Juristendeutsch fest: „Das Pflichtangebot der Volkshochschulen umfasst Lehrveranstaltungen der politischen Bildung, der arbeitswelt- und berufsbezogenen Weiterbildung, der kompensatorischen Grundbildung, der abschluss- und schulabschlussbezogenen Bildung, Angebote zur lebensgestaltenden Bildung und zu Existenzfragen einschließlich des Bereichs der sozialen und interkulturellen Beziehungen, sowie Angebote zur Förderung von Schlüsselqualifikationen mit den Komponenten Sprachen und Medienkompetenz […]."

„Lernen fördern – Strukturen stützen" heißt das Motto eines Gutachtens zur Weiterbildungsförderung in Nordrhein-Westfalen, das der heutige Leiter der VHS, Erwin Diederich, für die aktuelle Arbeit der VHS im neu gestalteten Bert-Brecht-Haus übernommen hat, wie in seinem Vorwort zum Jahresprogramm 2011/12 zu lesen ist. Gemeinsam mit vier Fachbereichsleiterinnen und vier Fachbereichsleitern ist ein auch über die Pflichtaufgaben hinausgehendes, etwa 200 Druckseiten umfassendes Bildungsprogramm erstellt worden, das sich in neun Bereiche gliedert. Die Bereiche „Gesellschaft – Politik – Mensch", „Kommunikation – Sprache", „Gesundheit – Umwelt – Naturwissenschaften" sowie „Beruf – EDV" machen zusammen etwa zwei Drittel des Umfangs des Programmbuches 2011/12 aus. Die Bereiche „Kultur – Gestalten", „Grundbildung – Nachholen von Schulabschlüssen" sowie Zielgruppenangebote für Senioren, Frauen und Jugendliche bilden das letzte, aber keineswegs unwichtige Drittel des Angebots. Für Jugendliche sind neben den Kursen zum Nachholen von Schulabschlüssen insbesondere die berufsvorbereitenden Maßnahmen und ausbildungsbegleitende Hilfen von großer Bedeutung. Der Bereich „Sprache" fördert nicht nur das Erlernen von Fremdsprachen durch deutschsprachige Teilnehmer; zur Förderung der Integration ausländischer Mitbürger sind die angebotenen Deutschkurse von großer Wichtigkeit. Die Oberhausener Angebote werden dabei durch Zusammenarbeit mit den Volkshochschulen der Städte Duisburg, Mülheim an der Ruhr und Essen ergänzt. In diesem DOME genannten Verbund werden Kurse angeboten, für die in der einzelnen Stadt zu wenige Teilnehmer vorhanden sind, die aber bei einer zusammengefassten Nachfrage aus allen vier Städten möglich werden.

Erster Akt, zweite Szene: Die musikalischen Sparten Oper, Operette und Ballett

Von den musikalischen Spielgattungen der Städtischen Bühnen Oberhausen erfreute sich in den 1950er Jahren die Operette – wie schon vor 1949 – der größten Beliebtheit beim Theaterpublikum, wie die hohen Aufführungs- und Besucherzahlen belegen. Da dieser Gattung jedoch nach 1945 kaum mehr neue Werke zuwuchsen und die Ausgrenzung der Werke jüdischer Komponisten und Textdichter in der NS-Zeit noch jahre- und sogar jahrzehntelang nachwirkte, wurde der Operetten-Spielplan zunehmend museal und beschränkte sich immer mehr auf die permanente Wiederholung der Klassiker dieses Genres, die regelmäßig in Neuinszenierungen im Spielplan auftauchten.

Die „Top-Ten" einer Oberhausener Operetten-Hitparade der Jahre 1949 bis 1992 waren folgende Werke, die in diesem Zeitraum bis zu siebenmal neu inszeniert wurden: Auf Platz eins „Die Fledermaus" von Johann Strauß, Platz zwei „Der Vetter aus Dingsda" von Eduard Künneke, Platz drei „Wiener Blut" nach Johann Strauß, Platz vier „Der Zigeunerbaron" von Johann Strauß, Platz fünf „Der Bettelstudent" von Karl Millöcker, Platz sechs „Der Vogelhändler" von Carl Zeller, Platz sieben „Der Graf von Luxemburg" von Franz Lehár, Platz acht

„Die lustige Witwe" von Franz Lehár", Platz neun „Paganini" von Franz Lehár und schließlich Platz zehn „Die Csárdásfürstin" von Emmerich Kálmán.

Die Protagonisten der Operettenaufführungen entwickelten sich in der Regel schnell zu Publikumslieblingen: Die Tenöre Sven Hansen, Henk Speyer, Alfred Rupp-Weygel und natürlich Paul Pokorny sind heute, nach einem halben Jahrhundert, noch ebenso bekannt wie ihre Partnerinnen Linde Steffen, Marga Rudolph und Ilse Lehnert. Im Buffofach taten sich vor allem Ernst-Will Würges und Ernst Koschnitzke hervor. Walli Schreiber, Käthe Guß, Fritz Kahle und Kurt Bosny waren die unvergesslichen komischen älteren Herrschaften. Charly Schneider am Dirigentenpult bürgte ebenso für Qualität wie Heinz Schröder am Regiepult.

In der Oper wurden zwischen 1949 und 1967 trotz der beengten Raumverhältnisse auch große Werke gespielt. „Der fliegende Holländer", „Tannhäuser" (in der Spielzeit 1953/54 vierzigmal gespielt!), „Lohengrin" und „Die Walküre" markieren den Oberhausener Fall Wagner. Richard Strauss war mit dem „Rosenkavalier", „Arabella" und schon 1951 mit der westdeutschen Erstaufführung des Spätwerks „Capriccio" vertreten. Werke von Giuseppe Verdi, Giacomo Puccini und natürlich Wolfgang Amadeus Mozart waren die tragenden Säulen des weiteren Repertoires. Die deutsche Spieloper mit ihrem Hauptvertreter Albert Lortzing erfreute sich ebenfalls großer Beliebtheit. Aber auch die zeitgenössische Oper wurde nicht ausgespart. Erinnert sei hier an die deutsche Erstaufführung der Oper „Susannah" von Carlisle Floyd am 30. Juni 1959. Das 1955 uraufgeführte Werk, das in Amerika neben „Porgy and Bess" den Status einer Volksoper hat, wurde in Deutschland erst 1997 von der Deutschen Oper Berlin und 2012 vom Stadttheater Hagen wieder aufgeführt

Den Lohengrin sang in Oberhausen Fritz Uhl, ein Heldentenor, der kurze Zeit später an die Münchner Staatsoper und zu den Bayreuther Festspielen berufen wurde. Zwei Sängerinnen schafften von Oberhausen aus den Sprung an die New Yorker Metropolitan-Opera, die Sopranistinnen Teresa Zylis-Gara und Klara Barlow. Die Mezzosopranistin Ingrid Steger entwickelte sich ins hochdramatische Fach und war als Elektra, Isolde und in anderen Fachpartien Stammgast der (damals Ost-)Berliner Staatsoper Unter den Linden, der Oper in San Francisco und zahlreicher anderer großer Opernhäuser rund um den Globus. Wie unterschiedlich die Karrieren verlaufen können, zeigte die Aufführung einer Verdi-Oper 1987 in Bonn: Als umjubelter „Star des Abends" stand Teresa Zylis-Gara auf der Bühne, während ihre ehemalige Oberhausener Kollegin, die Carmen von 1963, als Souffleuse unten im „Kasten" Dienst tat.

Zwei Höhepunkte sind vom Oberhausener Ballett zu berichten, bevor diese Sparte 1964 aus finanziellen Gründen eingestellt wurde. Zwischen 1952 und 1955 sorgten die Tänzerinnen und Tänzer unter der Choreographie von Wazlaw Orlikowsky im Bereich des klassischen Balletts für Furore. Auf der Bühne des Oberhausener Stadttheaters gab es erstmals in Westdeutschland einen vollständigen „Schwanensee" und auch die westdeutsche Erstaufführung des Prokofjew-Balletts „Cinderella" sicherte dem Oberhausener Ballett einen bleibenden Eintrag in die deutsche Ballettgeschichte. „Orli" sorgte ab 1955 für ein „Ballettwunder" in Basel, später wechselte er zur Staatsoper Wien, danach an die Theater in Graz und Maribor. Bei den Salzburger und Bregenzer Festspielen sowie in der Arena di Verona war er jahrelang als Choreograph tätig.

Die an der Dresdner Palucca-Schule, einer der wichtigsten Ausbildungsstätten für den Modernen Tanz, ausgebildete Choreographin Gise Furtwängler (eine Nichte des berühmten Dirigenten) schuf schließlich zwischen 1961 und 1964 fünfzehn Choreographien, die in sechs

Programmen für das Große Haus und die Kammerspiele im Auditorium der Stadthalle zusammengefasst wurden. Auch diese Periode war künstlerisch eine noch heute in der Ballett-Literatur registrierte wichtige Station deutscher Tanzgeschichte, die Gise Furtwängler später in Münster, Köln und Krefeld fortsetzte. Das Publikum in Oberhausen war aber damals nicht bereit, ihrer anspruchsvollen Ballettarbeit zu folgen. Der Besuch der Ballettabende war gering und gab der Stadt Oberhausen den Anlass, das Ballett als selbständige Spielgattung mit dem Ende der Spielzeit 1963/64 einzustellen.

Exkurs: Das Oberhausener Musik(er)leben seit 1945

Bereits drei Monate nach dem Ende des Zweiten Weltkriegs regte sich in Oberhausen wieder das musikalische Leben. Im Apollo-Theater auf der Marktstraße spielte das Essener Orchester zwei Sinfoniekonzerte. Dirigent war Werner Trenkner, der zwischen 1933 und 1935 sowie zwischen 1939 und 1945 in Oberhausen tätig war. Auch der Chor des Städtischen Musikvereins fand sich schnell wieder zusammen, so dass eine konzertante Aufführung von Verdis „Aida" und die Uraufführung von Trenkners „Requiem" möglich waren. Am 2. Mai 1947 beschloss der Rat der Stadt die Wiedergründung eines Städtischen Orchesters mit 49 Musikern. Diese hatten im Konzertwinter 1947/48 schon ein umfangreiches Programm zu bewältigen: elf Sinfonie-, ein Chor- und sechs Kammerkonzerte, vier Sonderkonzerte, zwei volkstümliche Konzerte, zwei Jugendkonzerte, elf Volkshochschulkonzerte, ein Festkonzert zum Jahreswechsel, zwei Konzerte auf der Rathausterrasse sowie 31 Gastkonzerte in mehreren Nachbarstädten listet ein zeitgenössischer Bericht des Kulturamtes auf. Ab September 1949 hatte das Orchester auch die Funktion des Theaterorchesters zu übernehmen. Generalmusikdirektor Karl Köhler löste 1951 Werner Trenkner in der musikalischen Leitung ab und gestaltete vierzehn Jahre lang die Programme der Städtischen Konzerte, die in verschiedenen Sälen des Stadtgebietes stattfanden, bis 1962 die Stadthalle (heute: Luise-Albertz-Halle) eingeweiht wurde, deren bis zu 1.400 Personen fassender Festsaal eine hervorragende Konzertsaalakustik hat, die ausgeglichener und wärmer ist als die Akustik in der Essener Philharmonie oder im Dortmunder Konzerthaus.

Im Jahr 1967 wurde das Sinfonieorchester auf 34 Stellen für den Operettendienst verkleinert, eigene sinfonische Konzerte waren dadurch nicht mehr möglich. Bei der Umstrukturierung des Theaters vom Musiktheater zum Schauspielhaus wurde das Orchester 1992 schließlich aufgelöst. Aber die Musiker machten auf eigene Rechnung weiter: Als Orchester Oberhausen e.V. erarbeiteten sie sich ein Eigenleben, Chor- und Sinfoniekonzerte, die Begleitung von Opern- und Operettenaufführungen standen auf dem Arbeitsplan. Fester Bezugspunkt für die Oberhausener Konzertfreunde ist das Neujahrskonzert in der Luise-Albertz-Halle, das 2012 zum zwanzigsten Mal stattgefunden hat.

Die Reihe der Städtischen Konzerte wurde 1967 von Gastorchestern übernommen. Das Orchester des Schwedischen Rundfunks unter Sergiu Celibidache war als erstes zu hören, es folgten, neben den Orchestern aus den Nachbarstädten Bochum, Dortmund, Duisburg und Essen, auch die Bamberger Symphoniker unter Joseph Keilberth. Diese

Abb. 5: GMD Karl Köhler dirigiert Beethovens 9. Symphonie zur Eröffnung der Stadthalle am 1. September 1962 mit dem Städt. Orchester und mehreren Oberhausener Chören.

Gastspielreihe gibt es seit nunmehr 45 Jahren. Volker Buchloh, Leiter der städtischen Musikschule, der die Konzerte organisiert, gab ihr vor einigen Jahren den Titel „Internationale Sinfoniekonzerte der Stadt Oberhausen", da mittlerweile Orchester aus ganz Europa zu hören sind. Bemerkenswert sind dabei besonders die Konzerte des Waseda Symphony Orchestra aus Tokio, eines Studentenorchesters, das in der Oberhausener Luise-Albertz-Halle seine Europa-Tournee beginnt, die in Berlin (Philharmonie), Leipzig (Gewandhaus), Wien (Musikverein) und weiteren großen Konzertsälen fortgesetzt wird. Seit zwölf Jahren legen hervorragende Nachwuchssolisten deutscher Musikhochschulen ihr Konzertexamen im Rahmen eines Konzertes in der Luise-Albertz-Halle ab. Der Oberhausener Dirigent Oliver Leo Schmidt, der an der Essener Folkwang-Hochschule lehrt, leitet diese Konzerte, bei der auch Kompositionsstudenten eigens geschriebene Werke zur Uraufführung bringen können.

Kammerkonzerte (auch Meisterkonzerte genannt) wurden in den 1950er und 1960er Jahren im Wesentlichen von dem Städtischen Bildungswerk und der Oberhausener Volkshochschule veranstaltet. Aufführungsorte waren zunächst der Ratssaal, das Evangelische Gemeindehaus und der Filmsaal der Stadtsparkasse, nach 1962 dann der Mittelsaal der Stadthalle. Dieser erwies sich als akustisch guter Spielort, sowohl für Instrumentalmusik als auch für Liederabende. Die Liste der Künstler, die dort aufgetreten sind, enthält zahlreiche damals prominente Namen, die auch die Säle in Wien, Berlin, Paris, London oder Amsterdam füllten. Seit den 1970er Jahren verlagerte sich die Veranstaltung von Kammerkonzerten von der Stadt auf private Träger. In erster Linie ist dabei der Künstlerförderverein zu nennen, dessen Vorsitzender Bruno Zbick über hervorragende Kontakte in die internationale Konzertszene verfügt. Sein Spürsinn für junge, aufstrebende Künstler sorgte für manche überraschend gute bis hervorragende musikalische Matinee im Ebertbad, das sich seit Jahren neben „seiner" Kleinkunst auch als Veranstaltungsort für diese Reihe etabliert hat. Daneben gibt es eine Kammermusikreihe auf Burg Vondern, ein Gitarrenfestival im „Gdanska" und vieles andere.

Mit dem Gitarrenfestival ist die vielbenutzte, aber unsinnige Grenze zwischen „U"- und „E"-Musik überschritten. Ebenfalls im „Gdanska" am Altmarkt angesiedelt ist die Reihe „Das Jazz-Karussell", die von Beginn an vom „Stadtkünstler", dem Maler und Grafiker Walter Kurowski intendiert wird. Häufiger Gast ist dabei der aus der Nachbarstadt Mülheim an der Ruhr stammende Multikünstler Helge Schneider. Auch der in unmittelbarer Nachbarschaft zum „Gdanska" geborene Theater- und Filmkünstler Christoph Schlingensief ließ sich hier gelegentlich blicken. Zur Vielfalt des Oberhausen Musiklebens gehören auch das in Holten gelegene „Crowded House", das einigen Rockbands Heimat bietet, gehören Tanz- und Unterhaltungsbands, Spielmanns- und Fanfarenzüge und vieles andere. Als in den 1960er Jahren der Beat modern wurde, gab es natürlich auch Beat-Bands in Oberhausen. Unter ihnen waren die „Newcomers", die nach den Handke-Stücken im Theater beateten. Bei den Beatings im überfüllten Großen Haus des Theaters fürchteten manche Bürger um den Fortbestand ihres Musentempels.

Einen besonderen Raum im Musikleben nehmen die Oberhausener Chöre ein. Ihre Mitglieder verbindet die Freude am Gesang und ein geselliger bzw. gesellschaftlicher Aspekt. Die in der Regel wöchentlichen Proben in Gaststättensälen bedeuten nicht nur viel Arbeit am jeweils einzustudierenden musikalischen Werk, sondern auch ein lebendiges Miteinander der Mitglieder, das in andere Lebensbereiche ausstrahlt. Große und kleine Konzerte: Vom Geburtstagsständchen für einen Vereinskollegen bis zum großen Festkonzert in der Luise-Albertz-Halle reicht das Spektrum der Frauen-, Männer- und gemischten Chöre. Einen speziellen Aspekt des Chorgesangs verfolgen die Kirchenchöre der beiden großen christlichen Konfessionen. Hier standen und stehen neben der Mitwirkung in den Gottesdiensten Aufführungen von Oratorien und Passionen im Mittelpunkt der Arbeit. Für die katholischen Kirchenchöre stellten in den 1960er Jahren sicherlich die Aufführungen von Haydns „Die Schöpfung" und „Die Jahreszeiten" im Festsaal der Stadthalle Höhepunkte dar; wie die evangelischen Kantoreien die Bach'schen Passionen oder sein „Weihnachtsoratorium" als Höhepunkte in ihren vielgestaltigen Programmen ansehen. Das Begleitinstrument bei kirchlichen Konzerten, die Orgel, kam und kommt natürlich regelmäßig auch solistisch zum Einsatz. Es gibt zahlreiche gut disponierte Orgeln in den Oberhausener Kirchen und sowohl die heimischen Kirchenmusiker als auch Gastorganisten sorgen für ein reichhaltiges musikalisches Spektrum.

Musik lebt auch im Zeitalter der Massenmedien nicht nur von den Menschen, die sie hören, sondern vor allem durch die Menschen, die sie zu Gehör bringen. „Jedem Kind ein Instrument" (JEKI) ist seit 2009 ein Projekt des Landes NRW, um möglichst vielen jungen Menschen das Musizieren nahe zu bringen. JEKI wurde in Oberhausen so erfolgreich umgesetzt, dass sich die Zahl der Musikschüler in der Stadt von 2009 bis 2011 auf nun über 3.000 mehr als verdoppelte. Die musikalische Ausbildung ist in Oberhausen breit aufgestellt. Neben dem allgemeinen Musikunterricht in den Schulen gibt es Privatlehrer, private Musikschulen und die von Volker Buchloh geleitete Städtische Musikschule. Letztere besteht seit 1966 und bietet Kurse für alle Altersklassen an, vom Vorschulkind bis zur Vorbereitung auf ein musikalisches Hochschulstudium. Das musikalische Spektrum ist breit gefächert und längst nicht mehr auf klassische Musik begrenzt, auch Rock und Pop sowie das Musical gehören zum Ausbildungsprogramm. Schüler der Musikschule sind gern gesehene Gäste bei offiziellen Feiern und Festakten, aber auch Partner bei gemeinsamen Aktionen mit anderen Kulturinstitutionen. Was dabei herauskommen kann, zeigte sich im April 2005: Die damals 19-jährige Mareike Lenz, Abiturientin und Schülerin der Musikschule, hatte Text und Musik zu einem Musical mit dem Titel „Schlussakkord" geschrieben und das Stück auch noch im Großen Haus des Theaters in Szene gesetzt. Die Aufführung zeigte eine solch außerordentliche Qualität, dass Mareike Lenz mit einem Sonderpreis zum Oberhausener Theaterpreis 2005 ausgezeichnet wurde.

Erster Akt, dritte Szene: Das Schauspiel der 1960er Jahre und Günther Büch

Mit Beginn der Spielzeit 1959/60 übernahm Dr. Christian Mettin die Leitung der Städtischen Bühnen. Er hatte zuvor die Bühnen der Hansestadt Lübeck geleitet und war vor 1945 als Dramaturg an den Berliner Staatstheatern und am Wiener Burgtheater tätig. 1934 hatte der 1910 in Berlin geborene Mettin an der Universität Heidelberg bei Karl Jaspers mit einer Arbeit über „Die Bedeutung des Staates in Schillers Weltanschauung und Dramen" promoviert. Diese Dissertation erschien 1937 auch in Buchform unter dem Titel „Der politische Schiller".

Die elfjährige Amtsperiode war die längste, die ein Intendant am Oberhausener Theater bis dahin innehatte. Sie bildet in der Rückschau einen Höhepunkt der Oberhausener Theatergeschichte, was Mettin seinem Gespür für herausragende Talente verdankte. Auch heute, ein halbes Jahrhundert später, vergeht kaum ein Fernsehtag, an dem nicht mindestens ein Schauspieler oder eine Schauspielerin auf der Mattscheibe zu sehen ist, der oder die zwischen 1959 und 1970 bei Mettin in Oberhausen engagiert war. Als Beispiele seien Günter Lamprecht, Günther Mack, Alexander Hegarth, Wolf K. Roth, Wolfram Weniger, Tilo Prückner, Christian Quadflieg und Diana Körner genannt. Der in Oberhausen aufgewachsene Claus Theo Gärtner

Abb. 6: Günther Lamprecht gehörte drei Spielzeiten zum Ensemble. 1961 spielte er den Schweizerkas in Brechts „Mutter Courage und ihre Kinder".

debütierte am heimischen Stadttheater, bevor er über Göttingen und andere Theater als Privatdetektiv Matula jahrzehntelang im ZDF zu sehen war. Auch der Andràs Fricsay, Sohn des berühmten Dirigenten Ferenc Fricsay, war in den 1960er Jahren bei Mettin als Schauspieler engagiert, 1999 kehrte er als Regisseur des Musicals „Tabaluga & Lilli" ins neu erbaute Musicaltheater am CentrO. unter dem Namen Andràs Fricsay Kali Son nach Oberhausen zurück.

Nicht nur für Schauspieler, sondern auch für Regietalente hatte Christian Mettin ein feines Gespür. Neben vielen andern hatten Alexander May und der sensible österreichische Regisseur Axel Corti als Oberspielleiter des Schauspiels in Oberhausen wichtige Stationen ihrer Karriere. Ein Regisseur erlebte hier den Zenit seiner Entwicklung, bevor er – frühvollendet? – im Alter von 44 Jahren in Nürnberg verstarb: Günther Büch. Mettin hatte den damals Siebenundzwanzigjährigen 1961 aus dem oberfränkischen Hof nach Oberhausen geholt. Experimentierfreudig machte Büch das neugegründete „studio 99" auf der Probebühne, im zweiten Stock über dem Malersaal gelegen, zu seiner Domäne, auf der zahlreiche Ur- und Erstaufführungen zeitgenössischer Dramatik stattfanden. Insbesondere die Stücke des französischen Autors Jacques Audiberti hatten dort ihr Forum. Büch kooperierte auch mit dem VHS-Studio „das zeitgenössische schauspiel", hier wurde zum Beispiel das gesamte dramatische Frühwerk von Bertolt Brecht gelesen.

Das Lustspiel und die Konversationskomödie waren bei Günther Büch ebenfalls in guten Händen. Hierbei bewährte sich eine weitere neue Spielstätte des Oberhausener Theaters, das 1962 eingeweihte, 242 Personen fassende Auditorium in der Stadthalle (heute: Luise-Albertz-Halle, Saal Paris) an der Düppelstraße. Dritter Schwerpunkt von Büchs Tätigkeit war das „Theater der Jugend", das im Jugendzentrum am Graf-Haeseler-Platz (heute: John-Lennon-Platz) ebenfalls eine eigene Spielstätte erhielt.

Absolute Höhepunkte für das Oberhausener Schauspiel waren die Jahre zwischen 1966 und 1969, markiert durch drei Büch-Inszenierungen, die das Oberhausener Theater bundesweit und zum Teil international in die Feuilletons brachten. Den Anfang machten am 22. Oktober 1966 die Uraufführungen von zwei Sprechstücken des damaligen Grazer Jungautoren Peter Handke, „Weissagung" und „Selbstbezichtigung", denen ein Tag später ein Beat-Konzert auf der Bühne des Großen Hauses folgte. „Die Dreigroschenoper" von Bertolt Brecht und Kurt Weill stellte Günther Büch am 12. Januar 1968 in einer radikal auf die damalige Oberhausener Situation bezogenen Inszenierung vor, die die Bergleute der damals vor der Schließung stehenden Zeche Concordia in das Regiekonzept einbezog – „Erst kommt das Fressen, dann kommt die Moral". In der Aufführung erklangen auch die Internationale und das alte Kampflied der Arbeiterklasse „Brüder, zur Sonne zur Freiheit". An anderen Theatern hätten diese Lieder 1968 noch provozierend gewirkt und einen Theaterskandal ausgelöst – das Premierenpublikum in Oberhausen jedoch sang lautstark mit. Am 21. September 1968 wurden „Schillers Räuber" von Günther Büch, seinem Textbearbeiter Hans Bertram Bock und dem Schauspielensemble aus dem Moor'schen Schloß in die Krupp'sche Villa Hügel in Essen und aus den böhmischen Wäldern in einen Hippie-Saloon verlegt. Der Name Günther Büch wurde fortan in einem Atemzug mit Regiegrößen wie Hans Neuenfels, Peter Zadek oder Claus Peymann genannt.

Neu in den Spielplan aufgenommen wurde Mitte der 1960er Jahre eine weitere musikalische Gattung des Theaters, das Musical. Das französische Werk von Margueritte Monot „Irma la douce" machte in den Kammerspielen den Anfang, es folgten im Großen Haus die amerikanischen Klassiker „Kiss Me, Kate" von Cole Porter und „My Fair Lady" von Frederick Loewe. Inszeniert von Günther Büch wurden diese Musicals vom Schauspielensemble aufgeführt. Das allererste Musical in Oberhausen wurde jedoch schon 1929 gespielt. „No, No, Nanette" von Vincent Youmans wurde allerdings damals unter der Gattungsbezeichnung „amerikanische Operette" auf die Bühne gebracht.

„Opas Theater ist tot!" So schwärmte Günther Büch provokativ anlässlich des ersten Beatings im Stadttheater. Doch aller Progressivität seiner Dramaturgie und Regiekunst zum Trotz lebte auch an den Städtischen Bühnen Oberhausen „Opas Theater" noch lange weiter.

Exkurs: Das Festival der kurzen Filme

„Als Hilmar Hoffmann 1954 die damals noch Oberhausener Kulturfilmtage genannten späteren Westdeutschen Kurzfilmtage in Oberhausen gründete, gab es international kein vergleichbares Festival für die kurze Filmform. Dass es sich alsbald zum weltweit wichtigsten Forum für die Kurzfilmschaffenden entwickeln würde, war da nur folgerichtig. Aber dass es 50 Jahre überdauern würde, hätte damals wohl der kühnste Optimist nicht zu prophezeien gewagt, wahrscheinlich nicht einmal Hilmar Hoffmann selbst."

Mit diesen Sätzen begann der Oberhausener Kulturjournalist Michael Schmitz seinen Rückblick auf 50 Jahre Kurzfilmtage im Jahrbuch Oberhausen '04. Schmitz, Sohn des in den 1950er Jahren amtierenden Oberstadtdirektors Anton „Tutti" Schmitz, war im Elternhaus schon als Kind mit der Oberhausener Kulturszene in enge Berührung gekommen. So wuchs er wie selbstverständlich mit dem Theater, den Konzerten und natürlich mit den Kurzfilmtagen auf und wurde einer der besten und fachkundigsten Kenner dieser Szene. Ein Vierteljahrhundert, bis zu seinem Tod am 3. Dezember 2010, prägte er die kulturelle Berichterstattung der Oberhausener WAZ. Deshalb sei ihm hier weitgehend das Wort überlassen.

„Ein wenig Historie muss an dieser Stelle natürlich sein: 1954 eben die Gründung der ‚Westdeutschen Kulturfilmtage' durch Hilmar Hoffmann. 1958 wurde das Motto ‚Weg zum Nachbarn' gewählt. Damals als im offiziellen Sprachgebrauch der Bonner Politik die DDR noch ‚Sowjetische Besatzungszone' hieß, sollte dieser Weg vor allem auch zum osteuropäischen Nachbarn führen, zum kommunistischen. 1959 erfolgte die Umbenennung in ‚Westdeutsche Kurzfilmtage', die 1960 von der Fédération Internationale des Associations de Producteurs de Film (FIAPF) offiziell den A-Status zuerkannt bekamen.

Ein erster bis heute bedeutsamer politischer wie filmpolitischer Meilenstein war 1962 das Oberhausener Manifest. Junge deutsche Regisseure um Alexander Kluge hatten die Nase voll, erklärten Papas und besser noch Opas Kino für tot, die Geburtsstunde des Neuen Deutschen Films, der fortan Furore machen sollte und auch international Beachtung fand – im Gegensatz zu den Heimatfilmen und Schnulzen, die dem Nachkriegsdeutschland bis dahin die heile Welt vorgegaukelt hatten.

1963 zog man aus dem Europa-Palast an der Elsässer Straße in die soeben neu eröffnete Stadthalle um, die heutige Luise-Albertz-Halle. Wenn die Kurzfilmtage langweilig zu werden drohen, dann sorge für einen handfesten Skandal. Niemand in der Geschichte des Festivals beherrschte dieses Handwerk besser als Hilmar Hoffmann, der mit Sicherheit wusste, was kommen würde, als er 1968 Hellmuth Costards Film ‚Besonders wertvoll' nach Oberhausen einlud. Die Staatsanwaltschaft untersagte die Vorführung des Filmes, dessen Hauptdarsteller/innen ein Penis und zwei weibliche Hände waren, die das gute Stück so lange reizten, bis es auf den Film ejakulierte. […]

1969 wurden die ‚Informationstage für Filme aus der Bundesrepublik Deutschland und West-Berlin' eingeführt, die fortan dem internationalen Wettbewerb vorgeschaltet wurden. In das Jahr fällt auch die Gründung der ‚Filmothek der Jugend'. 1970 zeigte das

Abb. 7: Die Stadthalle (Luise-Albertz-Halle) war von 1963 bis 1997 Austragungsort der Kurzfilmtage

Festival erstmals eine Computeranimation. Wichtiger aber noch, der erste große personelle Wandel stand an, Hilmar Hoffmann verließ Oberhausen und gab damit die Leitung der Kurzfilmtage ab, wurde Kulturdezernent in Frankfurt am Main, sein Nachfolger als Festivalleiter wurde sein Stellvertreter Will Wehling.

1975, nach Wehlings Tod, übernahm der Journalist Wolfgang Ruf die Kurzfilmtage, deren Auswahlkommission er schon angehört hatte. Er baute, damals dann auch unterstützt von der deutschen Politik, den Weg zu den osteuropäischen Nachbarn ebenso entscheidend aus wie zu den lateinamerikanischen Ländern und da vor allem Kuba. 1978 gründete Ruf das Kinderkino, das seither und bis heute selbst unter ‚erwachsenen' Festivalgästen als ein Geheimtipp der Kurzfilmtage galt.

Nach elf Festivals verlässt Ruf Oberhausen. 1985 wurde Karola Gramann Leiterin des Festivals, auch sie kam aus der Festivalkommission. 1989 wurde eine ‚Videosektion' sowie der Filmmarkt eingerichtet, der in den späteren Jahren rasch angewachsen ist. Ein Jahr später löste Angela Hardt die eher glücklose Karola Gramann als Festivalleiterin ab, 1991 wurde das Festival in ‚Internationale Kurzfilmtage Oberhausen' umbenannt. Im gleichen Jahr wurden die ‚Informationstage' in den bundesweit ersten deutschen Kurzfilmwettbewerb umgewandelt, die Retrospektiven zu thematischen Programmen ausgebaut. Ein wichtiger filmpolitischer Schnitt kam 1993. Videobeiträge wurden in den Wettbewerben gleichberechtigt zu Filmen zugelassen, man trug schlicht und einfach endlich einer unaufhaltsamen Entwicklung Rechnung.

Abb. 8: Die Kurzfilmtage kehrten 1998 in die City zurück. Im Lichtburg-Filmpalast konnte wieder eine echte Kino-Atmosphäre entstehen.

1997 wurde Lars Henrik Gass Leiter der Kurzfilmtage und betrieb sofort mit Verve den Umzug der Kurzfilmtage, der ein Jahr später in den ‚Lichtburg Filmpalast' anstand. Nach 34 Jahren war ein neuer alter Spielort gefunden. 1999 wurden die Kurzfilmtage, die Teil der städtischen Verwaltung waren, in eine gemeinnützige GmbH umgewandelt und damit auf ein kalkulierbares wirtschaftliches Fundament mit Eigenverantwortung für den Haushalt gesetzt. Im gleichen Jahr wurde der weltweit erste Festival-Musikvideopreis eingerichtet, 2000 schließlich die ‚Filmothek der Jugend' eingestellt. […]

Die Internationalen Kurzfilmtage Oberhausen sind mehr als nur ein Festival. Neben dem jährlichen Festival betreiben sie einen nicht kommerziellen Verleih, sie verfügen über das wohl umfangreichste Kurzfilmarchiv der Welt, in dem 50 Jahre Kurzfilmgeschichte versammelt sind, sie veröffentlichen Publikationen und sind international und national für den Kurzfilm aktiv. Sie haben den einzigen Internationalen Kinderkurzfilm-Wettbewerb in Deutschland, als weltweit einzige einen Festival-Musikvideopreis.

Seit 1999 gibt es Medienpartnerschaften mit ARTE und 3sat, seit 2000 mit dem Kinderkanal, seit 2001 mit MTV. Durchschnittlich werden pro Jahr 3.500 Kurzfilme eingereicht zu den Wettbewerben. Die Tendenz ist steigend. Rund 400 Beiträge werden jährlich in rund 60 Programmen des Festivals gezeigt, etwa 1.200 akkreditierte Gäste aus aller Welt kommen pro Jahr nach Oberhausen, darunter rund 200 Pressevertreter aus 18 Ländern. Preise mit Dotierungen von mittlerweile knapp 40.000 Euro werden alljährlich vergeben. […] Ehrenpräsidenten übrigens sind Fernando Birri, Jerzy Bossak, John

Grierson, Bert Haanstra und Hilmar Hoffmann. Namen aus der Geschichte der Kurzfilmtage, von Regisseuren, die in Oberhausen mit kurzen Filmen oft den Grundstein für eine spätere Karriere als Langfilmer legten und hier mit Preisen dekoriert wurden, lesen sich wie das ‚Who is Who' des internationalen Filmes der letzten 50 Jahre." (Jahrbuch Oberhausen '04, S. 119ff)

Soweit Michael Schmitz zum 50-jährigen Bestehen der Kurzfilmtage. Das Festival selbst schrieb 2004 zum Jubiläum die nachfolgenden, auch von Michael Schmitz zitierten Sätze, welche im Jahr des 50-jährigen Bestehens des Oberhausener Manifestes immer noch Gültigkeit haben:

„Der mit der Gründung der Kurzfilmtage verbundene bildungspolitische und diplomatische Auftrag des Festivals, das sich anfangs ‚Kulturfilmtage' nannte und sich das Motto ‚Weg zum Nachbarn' gab, setzt sich bis heute in dem hohen Programmanspruch der Wettbewerbe und Sonderprogramme fort. Dennoch hat das Festival in seiner langen Geschichte zahlreiche Wandlungen erlebt, zunächst durch das Oberhausener Manifest und die Opposition deutscher Filmemacher/innen, die u.a. zur Gründung weiterer nationaler Kurzfilmereignisse in den späten 1960er Jahren führten. In den 1970er Jahren verschwand der Kurzfilm aus den Kinos, so mussten die Kurzfilmtage ihre Position neu definieren und das Potential des Kurzfilms auch außerhalb des Kinos sichtbar machen. Seit den späten 1980er Jahren, mit der Integration von Video und den Neuen Medien, sowie durch Wegfall des Ost/West-Konflikts, der die ersten Jahrzehnte des Festivals geprägt und dessen Schwerpunkt bestimmt hatte, hat sich in Oberhausen ein sehr offenes Konzept von Kurzfilm durchgesetzt. Das Festival zeigt heute Kurzfilme und Videos von unterschiedlichster formaler, kultureller und sozialer Herkunft und berücksichtigt darüber hinaus sehr weitgehende gesellschaftliche und ästhetische Fragestellungen." (Ebd., S. 122)

Erster Akt, letzte Szene: Spartenwechsel im Theater 1964, 1967 und 1973

In den 1960er Jahren begann im Ruhrgebiet und damit auch in Oberhausen das Zechensterben und in der Folge eine Verkleinerung und Konzentration der Stahlindustrie. Die wirtschaftlichen Folgen trafen die Stadt Oberhausen hart. Sinkende Steuereinnahmen und steigende Sozialausgaben brachten den städtischen Haushalt aus dem Gleichgewicht. Es musste daher auf der Ausgabenseite überall gespart werden, auch beim Theater.

Dies bedeutete den dreimaligen Abbau von Spielgattungen. 1964 fiel zunächst das Ballett als eigenständige Sparte dem Rotstift zum Opfer. Drei Jahre später sollte das gesamte Musiktheater geschlossen werden, da der damalige Kulturdezernent Hilmar Hoffmann für einen reinen Schauspielbetrieb plädierte. Ein massiver Publikumsprotest und nicht zuletzt ein energisches Veto der damaligen Oberbürgermeisterin Luise Albertz verhinderten dies. Es wurde lediglich die Oper abgebaut und das Städtische Orchester von 49 auf 34 Stellen reduziert. Die beim Publikum sehr beliebte Operette wurde beibehalten.

1973 traf der Rotstift dann das Schauspiel, das sich in den drei Jahren der Intendanz von Ernst Seiltgen noch einmal zu einer letzten Blüte aufschwang. Schauspielernamen wie Gün-

Erklärung vom 28. Februar 1962 in Oberhausen
("Oberhausener Manifest")

Der Zusammenbruch des konventionellen deutschen Films entzieht einer uns abgelehnten Geisteshaltung endlich den wirtschaftlichen Boden. durch hat der neue Film die Chance, lebendig zu werden.

Deutsche Kurzfilme von jungen Autoren, Regisseuren und Produzenten erhielten in den letzten Jahren eine große Zahl von Preisen auf internationalen Festivals und fanden Anerkennung der internationalen Kritik. Diese Arbeiten und ihre Erfolge zeigen, daß die Zukunft des deutschen Films bei denen liegt, die bewiesen haben, daß sie eine neue Sprache des Films sprechen. Wie in anderen Ländern, so ist auch in Deutschland der Kurzfilm Schule und Experimentierfeld des Spielfilms geworden.

Wir erklären unseren Anspruch, den neuen deutschen Spielfilm zu schaffen. Dieser neue Film braucht neue Freiheiten. Freiheit von den branchenüblichen Konventionen. Freiheit von der Beeinflussung durch kommerzielle Partner. Freiheit von der Bevormundung durch Interessengruppen.

Wir haben von der Produktion des neuen deutschen Films konkrete geistige, formale und wirtschaftliche Vorstellungen. Wir sind gemeinsam bereit, wirtschaftliche Risiken zu tragen.

Der alte Film ist tot. Wir glauben an den neuen.
Oberhausen, 28. Februar 1962

Bodo Blüthner, Walter Krüttner, Delten Schleiermacher, Boris v. Borresholm, Dieter Lemmel, Fritz Schwennicke, Christian Doermer, Hans Loeper, Haro Senft, Bernhard Dörries, Ronald Martini, Franz-Josef Spieker, Heinz Furchner, Hons-Jürgen Popland, Hans Rolf Strobel, Rob Houwer, Raimond Ruehl, Heinz Tichawsky, Ferdinand Khittl, Edgar Reitz, Wolfgang Urchs, Alexander Kluge, Peter Schamopi, Herbert Vesely, Pitt Koch, Wolf Wirth

ther Maria Halmer, Sigmar Solbach oder Diether Krebs belegen dies ebenso wie der Name des langjährigen Intendanten der Münchner Kammerspiele und des Bayerischen Staatsschauspiels Dieter Dorn, der um 1970 als Dramaturg und Regisseur (z.B. für Brechts Lustspiel „Mann ist Mann") in Oberhausen tätig war.

So bestand ab der Spielzeit 1973/74 nur noch ein Rumpfbetrieb, der jährlich unter der Leitung des Operetten-Regisseurs Heinz Schickel zwei Spielopern, fünf Operetten und zwei Musicals produzierte. Der Schauspielbereich wurde mit Gastspielen benachbarter Bühnen und durch Aufführungen von Tournee-Theatern abgedeckt, die der Dramaturg und Regisseur Horst Lateika einkaufte. Unter der Leitung von Gisela Baalcke und Jutta F. Schmidt wurde ein Kinder- und Jugendtheater gegründet, das kurze Zeit später den Namen „tip – theater im pott" erhielt. Das Theater wurde in diesen fünf Spielzeiten von einem Viererdirektorium geleitet, dem neben den Vorgenannten noch Erich Kreis als Verwaltungsleiter angehörte.

Erstes Intermezzo

Der Chronist besuchte nach dem Ende seiner Kinderchor-Karriere zahlreiche Aufführungen im heimischen Stadttheater, was der Jugendkulturring des damaligen Oberhausener Theaterrings preiswert möglich machte. Neben dieser Vereinigung christlicher Theaterfreunde gab es noch die Theatergemeinde Oberhausen und die gewerkschaftlich orientierte Volksbühne, die ihren Mitgliedern preiswerte Theaterbesuche vermittelten. Weitere Besuchergruppen kamen über ihre Betriebe ins Theater und der Rhein-Ruhr-Besucherring brachte viele Besucher vom Niederrhein ins Oberhausener Stadttheater. Da konnte es schon einmal passieren, dass beim Ausbruch heftiger Liebesgefühle auf der Bühne im Parkett das Hungergefühl einzelner Besucher zum kraftvollen Biss in das mitgebrachte Butterbrot führte. Aber das Oberhausener Theater reichte dem Chronisten damals schon nicht aus. Mit der Straßenbahn-Linie 15 ging es an manchen Abenden in die Stadthalle der Nachbarstadt Mülheim, in der das Düsseldorfer Schauspielhaus regelmäßig gastierte. Generalintendant Karl-Heinz Stroux pflegte einen weitreichenden Spielplan und er hatte die „créme de la créme" der damaligen Schauspieler-Generation unter Vertrag. In Mülheim gab es gleichzeitig einen gleichaltrigen Gymnasiasten, dem diese staatstheaterhaften Aufführungen zu konservativ waren. Er benutzte die Linie 15 in Gegenrichtung und schaute sich lieber die progressiven Inszenierungen von Günther Büch in Oberhausen an. Knapp ein Vierteljahrhundert später war er, Klaus Weise, zwölf Jahre lang Intendant des neuen Oberhausener Schauspiels.

In westlicher Richtung war vom Oberhausener Hauptbahnhof in wenigen Minuten die Stadt Duisburg erreichbar. Das dortige Stadttheater war das zweite Haus der Deutschen Oper am Rhein, die die Städte Düsseldorf und Duisburg gemeinsam betrieben. Der riesige Opernbetrieb mit bis zu 80 Werken im Spielplan bot die Gelegenheit, das traditionelle Opernrepertoire von Monteverdi über Mozart, Wagner, Verdi, Puccini und Richard Strauss, aber auch die moderne, in Zwölftontechnik komponierte Oper kennen und schätzen zu lernen. Dank eines engagierten jungen Musiklehrers am Novalis-Gymnasium, der dem Chronisten und seinen Mitschülern die Zwölftonlehre durch die Lektüre des Romans „Doktor Faustus" von Thomas Mann nahebrachte, gab es zu Arnold Schönbergs „Moses und Aron", Alban Bergs „Wozzeck" oder „Lulu" keinerlei Berührungsprobleme. Auch eigene Kompositionsversuche wurden angestellt. Aus Adrian Leverkühns faustischem Motiv h-e-a-e-es und dem Gedicht Ecce homo von Friedrich Nietzsche entstand ein Lied, das von dem alten Musiklehrer und Theaterkritiker Hans Kivelitz im Rahmen eines Schulkonzertes vor staunenden Lehrern, Eltern und Mitschülern uraufgeführt wurde. Eigentlich aus Jux gab es damals auch Experimente mit geräuschhafter Musik oder mit Stücken, die im Wesentlichen aus großen und langen Pausen bestanden. Die Gymnasiasten der Jahre 1968 und 1969 ahnten nicht, dass in Amerika ein John Cage mit großem Ernst die Phänomene Geräusche und Pause kompositorisch verarbeitete.

1969, ein Jahr nach dem in den kommenden Jahrzehnten vielzitierten „gesellschaftlichen Umbruch" kamen das Abitur und der Führerschein. In Verbindung mit der guten Verkehrslage Oberhausens im Autobahnnetz sorgten die eigenen vier Räder für die notwendige Beweglichkeit, um andere Theater des Ruhrgebiets und des Rheinlandes zu besuchen. Essen, Bochum, Gelsenkirchen, Dortmund, Wuppertal und Hagen standen damit genau so auf dem eigenen Spielplan wie Vorstellungen in Krefeld, Mönchengladbach, Düsseldorf, Köln und Bonn. Die theaterreichste Region der Welt stand zur Eroberung offen. Besuche bei den Festspielen in Bayreuth und Salzburg sowie der Wiener Staatsoper waren die „Sahnehäubchen", die hohe Rezeptionsmaßstäbe setzten, aber auch das insgesamt gute bis sehr gute Niveau der Theater im Rhein- und Ruhrgebiet bestätigten. Doch so vertraut dem Chronisten diese vielen Theater in den kommenden Jahren auch wurden, es gab immer nur ein Theater, das der Chronist mit einem besitzanzeigenden Fürwort belegte: Das Theater Oberhausen war „sein" Theater.

Es folgte das ernsthafte Studium der Rechtswissenschaften an der Universität zu Köln. Die notwendige heitere und anregende Abwechslung boten in rechtsfreien Zeiten die Musikwissenschaft und die Theaterwissenschaft, die in Köln mit renommierten Lehrstühlen vertreten waren. Die rheinische Hauptstadt bot darüber hinaus massen- und klassenweise Kultur. Eine in zwei Jahrtausenden entstandene Bausubstanz beherbergte zahllose Schätze, im Wallraf-Richartz-Museum und im Museum Ludwig versammelten sich die Meister der Malerei von Stefan Lochner bis zur jeweiligen Gegenwart. Die Oper am Offenbachplatz gehörte zu den besten Häusern Deutschlands; der dort von Jean-Pierre Ponnelle inszenierte Mozart-Zyklus gehörte zu den Sternstunden der Oper in den 1970er Jahren. Nebenan im Schauspielhaus und in den Kammerspielen am Ubierring dirigierte Hansgünther Heyme (und neben ihm Roberto Ciulli, der spätere Chef des Mülheimer Theaters an der Ruhr) das Ensemble zu Höchstleistungen. Kölsche Kultur, kölsche Sprache, kölsches Bier und ganz unvermeidlich der kölsche Fastelovend prägten während dieser juristischen Studienjahre den Chronisten.

Das närrische Element, in der Kindheit eingepflanzt durch das „Helau" des Hoppeditz auf dem Oberhausener Altmarkt, wuchs in Köln mit jedem „Alaaf" und brachte schließlich den Chronisten in den Elferrat und auf den Präsidentenstuhl der Alten Oberhausener Karnevalsgesellschaft Weiß-Rot 1889. In dieser Gesellschaft gab es manche Verbindungen zum Theater und über den von ihr veranstalteten „Ball der Na(rr)tionen" auch zu den Kurzfilmtagen. Als es die Stadthalle noch nicht gab, wurden Karnevalssitzungen auch im Stadttheater durchgeführt. Der Beginn war um 23 Uhr, nach der regulären Operettenaufführung des Abends. Die Oberhausener Karnevalsprinzen traten mit ihrem Hofstaat in Operetten auf, die Künstler des Theaters beteiligten sich mit Festwagen am Karnevalszug und dem Operettentenor Paul Pokorny wurde 1974 sogar die Ehre zuteil als Paul I., Prinz Karneval von Groß-Oberhausen, die närrischen Scharen anzuführen. Als der Chronist zehn Jahre später als „Schirmherr der Freude" das Prinzenzepter schwang, war es daher nicht verwunderlich, dass Intendant Dr. Fritzdieter Gerhards ihn bat, mehrere Operettenkonzerte närrisch zu moderieren.

Die gemeinsamen Wurzeln von Theater und Karneval in den antiken Festen zu Ehren des griechischen Gottes Dionysos trieben in Oberhausen immer wieder neue Blüten. Es gab gemeinsame Theaterbesuche der Karnevalisten im Zuschauerraum, mal in Zivil mal im Kostüm, wenn nachher im Foyer und im Falstaff gefeiert wurde. Höhepunkt war eine Aufführung des Stückes „Der Hauptmann von Köpenick" von Carl Zuckmayer im Februar 2004, in der der Titelheld im Zuschauerraum eine überaus große Auswahl an närrischen Uniformen hatte. In den letzten Jahren besucht der jeweilige Prinz Karneval mit seinem Hofstaat die närrische Ausgabe der „b.a.r-hitparade" im regelmäßig ausverkauften Großen Haus des Theaters.

Doch hier eilen die närrischen Erinnerungen des Chronisten den theatralisch zu beschreibenden Jahren schon weit voraus. Nach dieser Zeitrechnung hatten wir mit dem Schluss des ersten Aktes erst das Jahr 1978 erreicht. Und nach dem ersten Akt folgt unweigerlich der zweite Akt.

Zweiter Akt, erster Szene: Ausgrabungen und Raritäten im Musiktheater

Mit der Spielzeit 1978/79 begann für Oberhausen das letzte Kapitel der Geschichte eines eigenen Musiktheaters am Theater Oberhausen. Dr. Fritzdieter Gerhards stellte sich mit dem Musical „My Fair Lady" als neuer Theaterleiter vor. Gerhards war zuvor Dramaturg an der Kölner Oper gewesen, davor auch schon in gleicher Funktion in Oberhausen und Essen. Nach seiner Oberhausener Intendanz leitete er die Schlossfestspiele im badischen Ettlingen und war als freischaffender Regisseur in ganz Europa tätig. Seit seiner Kölner Dramaturgenzeit war er mit der „Cäcila Wolkenburg", der Bühnenspielgemeinschaft des Kölner Männer-Gesangvereins verbunden. Diese führt jährlich im Kölner Opernhaus ein närrisches, parodistisches und musikalisches Theaterstück auf. Gerhards war viele Jahre lang der Regisseur dieser „Divertissementchen", die auch im dritten Fernsehprogramm des WDR zu sehen waren.

Fritzdieter Gerhards setzte die Akzente im Spielplan anders als seine Vorgänger. Die neun Produktionen einer Spielzeit verteilten sich nun in der Regel auf drei Opern, drei Operetten, zwei Musicals und einen Ballettabend. Auch in der Auswahl der Werke ging er unbequeme Wege, er suchte Unbekanntes im Opernrepertoire, das die umliegenden Bühnen in Düsseldorf/Duisburg, Essen und Gelsenkirchen nicht zeigten. So gab es eine Spielplanlinie, die sich auf Einakter konzentrierte und neben den bekannten Opernzwillingen „Cavalleria rusticana" und „Der Bajazzo" zahlreiche einaktige Opern aus Italien, Frankreich, Russland und Deutschland zeigte. Die großen Opern Mozarts waren ein weiterer Schwerpunkt in seinem Repertoire, eingeleitet durch „Mozarts Zelttheater" auf dem Ebertplatz.

In Zusammenarbeit mit dem Orchester der Stadt Remscheid und dem Wuppertaler Sekretariat für gemeinsame Kulturarbeit in NRW wurden zahlreiche Ausgrabungen vorgenommen, darunter vergessene Opern von Albert Lortzing („Regina" und „Casanova"), Alexander Zemlinsky („Kleider machen Leute"), Mark Lothar („Tyll Eulenspiegel"), Max von Schillings („Der Moloch") und Max Bruch („Loreley"). Sogar die letztmögliche deutsche Erstaufführung einer Verdi-Oper („König für einen Tag") fand 1986 in Oberhausen statt. Die Dirigenten dieser und anderer Aufführungen waren der Amerikaner Edwin Scholz, der Österreicher Dietfried Bernet, der Pole Anton Wicherek und der Engländer Hilary Griffith, die in diesen Jahren die musikalischen Oberleiter des Oberhausener Theaters waren. Den beiden letzten wurde nach jahrzehntelanger Pause wieder der Titel „Musikdirektor" verliehen.

Im Operettenspielplan gab es neben den üblichen klassischen Werken eine Spielplanlinie mit den Werken von Jacques Offenbach. Der Begründer der Gattung Operette erlebte damit in Oberhausen eine späte Würdigung, denn in der gesamten Geschichte des Oberhausener Stadttheaters hatte es bis dahin nur wenige Aufführungen seiner Operetten gegeben. Die Verdrängung Offenbachs in der NS-Zeit zeigte hier noch ihre Spätfolgen.

Zahlreiche Musicals wurden erstmals in Oberhausen aufgeführt. „Evita" von Andrew Lloyd Webber, „Linie 1" des Berliner Grips-Theaters und insbesondere die „Rocky-Horror-Show" wurden bei der jüngeren Generation zu Publikumsrennern. Daneben gab es drei Werke von Leonard Bernstein: „Wonderful Town" als deutsche Erstaufführung, „New York, New York" (On the Town) und natürlich die berühmte „West Side Story", die Fritzdieter Gerhards 1979 auf der Sedanstraße und im Theater und einige Jahre später im Music Circus Ruhr am Stadion Niederrhein inszenierte. Eine Beziehung zum Fußball ermöglichte ein Musical mit dem deutschen Titel „Das Jahr, in dem Rot-Weiß Oberhausen deutscher Meister wird". Dabei handelte

Abb. 9: Elfi Gerhards, Gattin des Intendanten Dr. Fritzdieter Gerhards, war 1978 die Eliza Doolittle im Musical „My Fair Lady"

es sich um die europäische Erstaufführung von „Damn' Yankees" der Komponisten Richard Adler und Jerry Ross.

Der Kapellmeister und Repetitor Klaus Wilhelm profilierte sich im Musical-Genre und machte über das Essener Aalto-Theater und das Theater Dortmund beim Musicalkonzern Stella Karriere. Nach einem Engagement bei „Cats" in Hamburg stieg er zum musikalischen Oberleiter auf und war für die Einstudierungen der Musicals „Miss Saigon" und „Die Schöne und das Biest" in Stuttgart, „Les Miserables" in Duisburg und „Der Glöckner von Notre Dame" in Berlin verantwortlich. Beim Stella-Nachfolger Stage Entertainment betreut er die Stuttgarter Produktionen und deren Übernahmen ins Oberhausener Metronom-Theater am CentrO. Auch andere Mitglieder des Oberhausener Ensembles machten ihre weitere Karriere im Musicalbereich. Der polnische Tenor Jerzy Jeszke entwickelte sich in Oberhausen vom Chor-Tenor zum Solisten, er sang hier z.B. den Sou-Chong in Lehárs „Land des Lächelns". Bei Stella avancierte er zum Musicalstar mit den Stationen Stuttgart („Miss Saigon"), Duisburg („Les Miserables") und Hamburg („Phantom der Oper"). Horst Krüger, Tenor und Komiker, war ebenfalls in den Besetzungen einiger Stella-Musicals vertreten. Der Regisseur Frank Buecheler schließlich wurde ein bekannter Musicalproduzent (z.B. „Buddy Holly" in Hamburg, Jekyll & Hyde" in Bremen und Köln).

In den dreizehn Spielzeiten zwischen 1978/79 bis 1991/92 entwickelte auch das Ballett ein bescheidenes, eigenständiges Profil, das sich in einem jährlichen Ballettabend zeigte. Die Ballettmeister Roger Lucas, Janez Samec und Hans Wrona führten mit der kleinen, bescheidenen Gruppe sogar abendfüllende Werke wie Prokofjews „Romeo und Julia" oder Tschaikowskys „Nussknacker" auf und schlugen damit einen Bogen zurück in die 1950er Jahre, in denen Wazlaw Orlikowsky mit seinen Einstudierungen „Cinderella" und „Schwanensee" noch Pionierarbeit in der deutschen Tanzgeschichte leisten konnte.

Trotz seiner künstlerischen Erfolge trennte sich die Stadt Oberhausen im Herbst 1990 vorzeitig von Fritzdieter Gerhards. Der wiederholte Zwang zur Haushaltskonsolidierung löste eine erneute Diskussion über die richtige Theaterstruktur für die 1990er Jahre aus. Der Vorschlag der Stadtverwaltung, der schließlich trotz zahlreicher Proteste aus der Bevölkerung mit Ratsbeschluss vom 21. März 1991 durchgesetzt wurde, sah die Schließung der eigenständigen Sparte Musiktheater und die Auflösung des Theaterorchesters zum Ende der Spielzeit 1991/92 vor. Gleichzeitig wurde mit dem Beginn der Spielzeit 1992/93 ein neues Schauspielensemble ins Leben gerufen. Auf Grund der im Theater vorzunehmenden Umbauarbeiten endete die letzte Spielzeit des Musiktheaters vorzeitig am 29. Februar 1992, dem 200. Geburtstag des Komponisten Gioacchino Rossini. Gespielt wurde an diesem Abend „Feuerwerk", eine musikalische Komödie von Paul Burkhard.

Exkurs: Nicht nur Bücher, Bücher, Bücher – die Stadtbibliothek

Sechs Monate nach dem Ende des Zweiten Weltkriegs begann die Oberhausener Stadtbücherei wieder ihre Tätigkeit. In der Adolf-Feld-Schule standen 1.421 Bände zur Ausleihe zur Verfügung, mehr waren nach der Bücherverbrennung auf dem Altmarkt 1934 und der Ausbombung der alten Bücherei nicht übriggeblieben. Insbesondere durch Bücherspenden aus der Bevölkerung stieg der Bestand innerhalb eines Jahres auf 6.141 Bände an. Dann erfolgte auch der erste Umzug, von einem Provisorium ins nächste, diesmal zum Friedensplatz 16, an der Ecke zur Poststraße. Im Hotel Ruhrland entstand 1950 eine Jugendbücherei. Die Nachfrage boomte, zeitweise musste eine Aufnahmesperre den Andrang der Leser begrenzen, da die Räumlichkeiten und der Buchbestand nicht proportional mitwachsen konnten. Franz Thumser, Büchereileiter von 1953 bis 1972, schrieb über diese Anfänge im Oberhausener Heimatbuch 1964: „Aber einstweilen war alles noch Notbehelf. Nicht nur in Alt-Oberhausen, auch in Sterkrade und Osterfeld, wo man sich inzwischen ebenfalls neu konstituiert hatte, saßen die Büchereien in unzulänglichen Unterkünften mit einem Inventar, das zum guten Teil aus ausgedienten Büromöbeln bestand." (Ebd., S. 354)

Der Reformationstag 1953 brachte für die Bücherei den Umzug in die Meuthen-Villa an der Grillostraße, die für die nächsten zwei Jahrzehnte die Hauptstelle der von Volksbücherei in Stadtbücherei umbenannten Institution werden sollte. Die Anzahl der verfügbaren Bücher und die Anzahl der Ausleihungen stiegen in der Folgezeit kräftig an. Franz Thumser über den Wandel im Bestand der Bücherei: „Aus einer Einrichtung, die den Geruch der ‚literarischen Suppenküche' nie ganz verlieren konnte, wurde ein Bücherschrank für jedermann, in dem die Hausfrau ihren Roman, aber auch der Student ein Lehrbuch der Kernphysik findet, und der, allen Zeitströmungen offen, die selbst-

Abb. 10: Bücher und andere Medien finden sich wohlsortiert in den langen Regalen der Stadtbibliothek.

verständliche zentrale Informationsstelle für den mündigen und urteilsfähigen Bürger bildet." (Ebd., S. 354) In der Folge wird der Hauptstelle eine Notenbücherei angegliedert, die schnell zahlreiche Oberhausener Musikliebhaber zu ihren Nutzern zählen kann. Ab 1958 werden in Zusammenarbeit mit den Oberhausener Schulen zahlreiche Schulbüchereien begründet und betreut. Die damals landesweit einmalige schulbibliothekarische Arbeitsstelle wirkt damit seit mehr als fünfzig Jahren erfolgreich für die Lesestoffversorgung der jungen Generation.

1975, Heribert Hoffmann ist nun Büchereileiter, erfolgt der Umzug der Hauptstelle in den ersten Stock des ehemaligen Textilhauses Defaka an der Ecke Markt- und Wörthstraße. Dieser Umzug mitten in die City lässt die Nutzerzahlen erneut ansteigen. Neu im Programm ist eine Phonothek, die Musik aller Bereiche und, sozusagen als erste Hörbücher, auch Märchen bereit hält. Ein Bücherbus bereiste zwischen 1981 und 2008 die Stadtteile, in denen die Stadtbücherei nicht durch eine Zweigstelle präsent war.

Dr. Ronald Schneider wird 1980 für drei Jahrzehnte der Nachfolger Hoffmanns. Er kann 1985 mit der Hauptstelle der Bücherei in das renovierte Bert-Brecht-Haus übersiedeln. Auch die „Neuen Medien" gehören fortan zum Angebot. „Unter ihm nimmt die Stadtbücherei, die sich bald Stadtbibliothek nennen wird, die wohl rasanteste Entwicklung. Ohne die traditionellen Werte einer Stadtbücherei zu verletzen, baut Schneider mit seinem hochmotivierten Team von rund 60 Köpfen die Stadtbibliothek kontinuierlich zu einem hochmodernen kommunalen Medien- und Dienstleistungsunternehmen aus. Auch wenn die städtischen Gelder angesichts der immer dramatischeren Haushaltslage im Laufe der [...] 25-jährigen ‚Ära' Schneider bei weitem nicht so fließen können wie es nötig wäre, genießt wohl kein Oberhausener Kulturinstitut [...] eine solche Reputanz wie die Stadtbibliothek." Dieser „Laudatio" des Kulturjournalisten Michael Schmitz im Jahrbuch Oberhausen '07 (S. 150) ist nicht viel hinzuzufügen.

Als die Stadtbibliothek im Jahr 2007 ihren 100. Geburtstag feierte, gab es Pläne, die baulichen Mängel im Bert-Brecht-Haus zu beseitigen und die dortigen Räumlichkeiten nach Auszug des Ordnungsamtes ganz der Stadtbibliothek und der Volkshochschule zur Verfügung zu stellen. Aber die Finanzierung des Vorhabens war schwierig und wurde daher erst mit Mitteln des Konjukturpakets II des Bundes 2010/11 gestemmt, auch wenn es infolge von Mängeln in der Altbausubstanz erheblich teurer wurde als ursprünglich geplant. Im September 2011 konnte das renovierte Haus mit einem mehrtägigen Fest eingeweiht werden und steht nun allen offen, die Lese- und Bildungslust haben. Hans-Dietrich („Balu") Kluge-Jindra, kommissarischer Leiter der Stadtbibliothek, sowie Erwin Diederich, Chef der VHS, und ihre hoch motivierten Teams hießen alle Besucher in den wunderschön neu gestalteten Räumen gerne willkommen und konnten nach einem halben Jahr dem Kulturausschuss einen positiven Bericht über die Annahme des neugestalteten Bert-Brecht-Hauses geben.

Zweiter Akt, zweite Szene: Das „tip" – Kinder- und Jugendtheater in Oberhausen

Schon in der ersten Spielzeit des Stadttheaters 1920/21 wurden sechs verschiedene Märchenspiele für kleine Zuschauer gezeigt. Danach beschränkte sich das Angebot jahrzehntelang nur auf das traditionelle Weihnachtsmärchen, meistens nach einem Märchen der Brüder Grimm frei dramatisiert, wenn nicht Gert von Bassewitz' „Peterchens Mondfahrt" auf dem Spielplan stand.

In den 1960er Jahren wurden dann bis zu drei Stücke für Kinder und Jugendliche inszeniert und eine eigene Spielstätte, das „Theater der Jugend" am heutigen John-Lennon-Platz, eingerichtet. Der Regisseur Günther Büch führte selbst Regie bei Abenteuerstücken wie „Robinson soll nicht sterben" von Friedrich Forster, „Admiral Bobby" von Hoffmann-Harnisch, „Emil und die Detektive" nach Erich Kästner oder „Einsatz Piccadilly 19.09 Uhr" von Joachim Jomeyer.

Doch erst mit der Umstrukturierung des Spielbetriebs zu Beginn der Spielzeit 1973/74 wurde das Kinder- und Jugendtheater als offizielle Spielgattung eingeführt. Sechs Schauspieler/innen, darunter Dieter Oberholz und der spätere tip-Regisseur Manfred Repp, spielten nun in den verschiedenen Spielstätten des Theaters, aber auch vor Ort in Kindergärten, Schulen und Jugendzentren. Den Auftakt machte das Kindermusical „Um die Ecke liegt Sizilien" von Heinz Wunderlich und Eberhard Möbius, das im September 1973 auf dem Graf-Haeseler-Platz open-air aufgeführt wurde.

Mit Beginn der Spielzeit 1977/78 übernahm Jutta F. Schmidt die Leitung des Kinder- und Jugendtheaters, das nun den bis heute geführten Namen „tip – theater im pott" erhielt. In der Stück- und Themenwahl gab es fast revolutionär anmutende Veränderungen. Anstelle der

Abb. 11: Lehrer Lämpel zieht Max und Moritz die Ohren lang („tip – theater im pott" 1968).
Abb. 12: Die Sängerin Olivia Molina spielte 1986 die Titelrolle in Andrew Lloyd Webbers Musical „Evita", Gottfried Driesch den Juan Peron.

Grimmschen Märchen wurden Themen aus dem „richtigen Leben" aufgegriffen, Stücke und Spielweisen wurden von den Berliner Kindertheatern „Grips", „Rote Grütze" und „Birne" übernommen. Volker Ludwig und Friedrich K. Waechter waren die vielgespielten Autoren dieses antiautoritären und aufklärerischen Kinder- und Jugendtheaters. Stücke wie „Was heißt hier Liebe?" von der „Roten Grütze" sorgten für heftige Diskussionen um die „Jugendfreiheit" dieser Aufführung. Außerdem standen Stücke von Fernando Arrabal, Sean O'Casey und Dario Fo neben Texten von William Shakespeare, Johann Wolfgang von Goethe, Nikolai Gogol und Curt Goetz. Paul Maar und Ludger Jochmann brachten Mitspielaktionen („Das Spielhaus"), Peter Kirsch und seine Puppe „Dings" gaben 310 Vorstellungen in Oberhausener Kindergärten.

Seit 1986 wandte sich das „tip" aber auch an erwachsene Zuschauer. Im Großen Haus wurde Nikolai Gogols „Der Revisor", Bertolt Brechts „Der aufhaltsame Aufstieg des Arturo Ui", Friedrich Schillers „Die Räuber", Gerhart Hauptmanns „Die Weber" und Gotthold Ephraim Lessings „Nathan der Weise" aufgeführt. In Zusammenarbeit mit dem Musiktheaterensemble entstand eine Reihe von Musical-Produktionen: „Die Dreigroschenoper", „West Side Story" (auch im Music-Circus Ruhr), „Jesus Christ Superstar", „Evita", „ Linie 1" und die „Rocky Horror Show". Seit der erneuten Umstrukturierung des Spielbetriebs zu Beginn der Spielzeit 1992/93 ist das „tip" Bestandteil der neuen Schauspielkonzeption.

Exkurs: Gedenken und Bewahren

50 Jahre wird sie 2012 alt, die Gedenkhalle für die Opfer des Nationalsozialismus in Oberhausen. Sie war 1962, im Jahr des hundertjährigen Bestehens der Gemeinde Oberhausen, im Südflügel des Schlosses Oberhausen eingerichtet worden und die erste Einrichtung dieser Art in einer bundesdeutschen Kommune. In einer Dauerausstellung wurde die Zeit des Nationalsozialismus und des Zweiten Weltkriegs in Oberhausen dargestellt und mit den 1962 zur Verfügung stehenden Mitteln präsentiert. In ergänzenden (Wechsel-) Ausstellungen wurden einzelne Aspekte des Lebens (und Sterbens) in dieser Zeit dargestellt. Das von Oberbürgermeisterin Luise Albertz geforderte Besinnen und Gedenken im Rahmen der Jubiläumsfestlichkeiten erwies sich aus der Rückschau als ausbaubedürftig. Vor der Gedenkhalle wurde zeitgleich die Plastik „Die Trauernde" des Kölner Bildhauers Willi Meller aufgestellt, die seitdem u.a. als Gedenkort zum Volkstrauertag genutzt wird. Das makabere daran: Willi Meller schuf in der NS-Zeit heroische Plastiken für das Berliner Olympia-Gelände und die NS-Ordensburg Vogelsang in der Eifel. Im Oberhausener Heimatbuch 1964 kommt die Gedenkhalle nur in einer kurzen Randbemerkung auf Seite 451 vor.

Nachdem die 1985 schon einmal erneuerte Dauerausstellung insgesamt mehr als vier Jahrzehnte lang zahllosen Schulklassen und anderen Besuchern gezeigt worden war, wurde der Ruf nach einer neuen, zeitgemäße Präsentationstechniken berücksichtigenden Neugestaltung der Gedenkhalle immer lauter. Im Jahr 2005 wurde die Neugestaltung vom Rat beschlossen. Fünf Jahre dauerte es von der Planung bis zur Beendigung des Umbaus und der Neukonzeption der Ausstellung durch ein Expertenteam. Im Dezem-

Abb. 13: Im Seitenflügel des Schlosses befindet sich seit 1962 die Gedenkhalle für die Opfer des Nationalsozialismus.

ber 2010 wurde die neugestaltete Gedenkhalle durch Oberbürgermeister Klaus Wehling eröffnet. Sie zeigt nun drei Themenschwerpunkte: „Oberhausen im Nationalsozialismus" skizziert das Leben in der Diktatur, die Kriegszeit und die erste Nachkriegszeit. Im Schwerpunkt „Zwangsarbeit und Nationalsozialismus" wird tausender Zwangsarbeiter gedacht, die Teil der Kriegswirtschaft waren, und ihrer Arbeits- und Lebensbedingungen. „Gedenken und Erinnern in Oberhausen nach 1945" stellt Formen und Inhalte des Gedenkens in den generationsbedingt sich verändernden Aspekten dar. Innerhalb dieses Schwerpunktes werden auch die Widersprüchlichkeiten im Schaffen von Willi Meller dargestellt. Die Gedenkhalle zeigt nicht nur „stumme" Zeugnisse, in allen Bereichen sind auch Tonbeiträge von Zeitzeugen individuell abrufbar.

Zur Gedenkhalle gesellt sich seit 2001 das Bunkermuseum Oberhausen im Knappenviertel, das wie die Gedenkhalle sehr engagiert von Clemens Heinrich geleitet wird. Es wurde im Kellergeschoss eines Hochbunkers an der Straße Alte Heid eingerichtet und zeigt in den bedrückenden Bunkerzellen Wechselausstellungen zur Zeitgeschichte, aber auch ortsbezogene Kunst. Seit Mai 2011 gibt es zudem eine Dauerausstellung, die den Luftkrieg über dem Ruhrgebiet im Zusammenhang mit den Eroberungs- und Vernichtungsfeldzügen der Nationalsozialisten in ganz Europa zeigt. Das Bunkermuseum ist, wie es 40 Jahre zuvor die Gedenkhalle war, ebenfalls das erste seiner Art in Nordrhein-Westfalen. In diesen Zusammenhang gehört auch die 1997 begonnene und mittlerweile europaweite Aktion des Kölner Bildhauers Gunter Demnig. In Oberhausen erinnern inzwischen 115 in die Bürgersteige eingelassene „Stolpersteine" (Stand: März 2012) an die letzten freigewählten Wohnsitze und Schicksale der verjagten oder getöteten jüdischen Mitbürgerinnen und Mitbürger.

Das Stadtarchiv ist das Gesamtgedächtnis der Stadt. In ihm sind Informationen zu allen Bereichen des städtischen Lebens und Handelns versammelt. Es ist umso wichtiger geworden, je schnelllebiger die Zeit geworden ist und viele Menschen ohne Rückbesinnung nur noch in der Jetzt-Zeit leben. Dabei kann ein Blick zurück manches Unklare der Gegenwart erklären und auf Grund vergleichbarer Abläufe in der Vergangenheit auch Hinweise auf eine mögliche Zukunft geben. Das Stadtarchiv bewahrt deshalb Urkunden und Akten der Stadtverwaltung, die in Oberhausen erschienenen Zeitungen, eine Vielzahl von Fotos, die die Stadt und das städtische Leben dokumentieren, und vieles andere für die Zukunft auf. So vielfältig wie die Archivalien sind auch die Nutzungen. Professionelle und Hobby-Historiker finden hier Material für ihre Forschungen, Studenten für ihre Arbeiten, Verlage für ihre Veröffentlichungen und natürlich auch die Mitarbeiter der Stadtverwaltung für die Entwicklung künftiger Projekte. Auch private Vereinigungen, wie etwa die Historische Gesellschaft, der Historische Verein Oberhausen-Ost oder die Geschichtswerkstatt sind bei ihren Arbeiten zur Geschichte Oberhausens ständige Nutzer des Stadtarchivs.

Das erst 1938 gegründete Oberhausener Stadtarchiv war nach 1945 zuerst in Räumen des Lyzeums an der Elsa-Brandström-Straße und ab 1955 in der Moltkeschule an der Hermann-Albertz-Straße untergebracht. Leiter des Archives war Fritz Gehne, der auch im 1964 aufgelegten Oberhausener Heimatbuch mit Beiträgen zur Frühgeschichte des Oberhausener Raumes vertreten ist. Seine erste Aufgabe war es, die Archivalien, die während des Krieges in der Koblenzer Festung Ehrenbreitstein (heute Sitz des Bundesarchivs) und in der Zeche Oberhausen ausgelagert waren, zusammenzuführen, zu sichten, zu ordnen und der Öffentlichkeit wieder zugänglich zu machen. 1965 zog das Stadtarchiv ins Schloss Oberhausen, in die Räume der ehemaligen Schlossgaststätte. Dort war es drei Jahrzehnte lang unter immer enger werdenden Arbeitsbedingungen zu Hause, bis 1995 neue und größere Räumlichkeiten in der Tackenbergschule zur Verfügung standen, die heute allerdings auch schon wieder zu klein geworden sind. In die Räumlichkeiten des Schlosses zog nach Umbauarbeiten erneut die Gastronomie ein.

Seit 1992 leitet Dr. Otto Dickau das Archiv. Er hatte zuvor das Archiv im Rahmen eines Projektes gesichtet und neu gegliedert. Mit seinen wenigen Mitarbeitern schafft er ein immenses Arbeitspensum. Denn neben der Pflege und Erschließung des vorhandenen Bestandes kommen jeden Tag neue Archivalien hinzu, z.B. im Herbst 2011 kartonweise Klassenbücher und andere Schulakten, die von aufgelösten Schulen stammen und nun in der Tackenbergschule archiviert werden. Hinzu kommt die Beratung und Betreuung der Nutzer, die mit den unterschiedlichsten Anfragen an das Archiv herantreten. Ob es um die Unterstützung einer wissenschaftlichen Arbeit geht oder für die Erinnerung eines „runden" Geburtstagskindes eine Kopie der Tageszeitung des Geburtstages angefertigt wird: Soweit möglich wird jede Anfrage kompetent und bürgernah erledigt.

Zweiter Akt, dritte Szene: Gastspiele hin und her

Das Oberhausener Theater zu Gast in zahlreichen Städten der weiteren Region und andere Bühnen zu Gast in Oberhausen. Ein Austausch, der das Theaterangebot hier und dort bereicherte und abrundete.

Schon in den 1950er Jahren gab es eine reiche Gastspieltätigkeit. Da sich in Oberhausen die Ensembles für Schauspiel sowie Oper und Operette das Große Haus teilen mussten, waren ausreichende Kapazitäten für einen umfassenden Abstecherbetrieb frei, die den Städtischen Bühnen Oberhausen damals den Charakter eines Landestheaters verliehen. Ein Auszug aus einer Liste der bespielten Städte nennt folgende Namen: Ahaus, Bergisch-Gladbach, Bocholt, Bochum, Böblingen, Bonn, Bottrop, Castrop-Rauxel, Dinslaken, Duisburg, Emmerich, Euskirchen, Frankfurt am Main, Fürth, Geldern, Gütersloh, Hagen, Hamm, Heiligenhaus, Herford, Herne, Hilden, Kevelaer, Leverkusen, Lippstadt, Lüdenscheid, Lünen, Marl, Mettmann, Mülheim an der Ruhr, Nettetal, Recklinghausen, Remscheid, Schweinfurt, Siegen, Velbert, Viersen, Vreden, Wattenscheid, Wesel, Witten und Wuppertal. Darüber hinaus fanden zahlreiche Operettengastspiele in den Niederlanden statt. Aus den Niederlanden kamen auch viele Busunternehmer mit ihren Gästen zum Einkaufen und zum Operettenbesuch nach Oberhausen.

Mit den Uraufführungen der Handke-Stücke „Weissagung" und „Selbstbezichtigung" war das Theater Oberhausen „auf großer Fahrt" im In- und Ausland unterwegs. Die Liste der Gastspielorte nennt Berlin (Theatertreffen 1967), Bochum, Bonn, Duisburg, Düsseldorf, Essen, Frankfurt, Köln, Moers, Mülheim, München (Werkraumwoche der Kammerspiele), Münster, Nürnberg, Soest, Viersen und Wesel sowie die niederländischen Städte Amsterdam und Rotterdam. Auf einer Skandinavien-Tournee im September 1967 wurden die Handke-Stücke in Helsinki, Kopenhagen, Nykobing, Oslo, Stockholm (Uraufführung „Hilferufe"), Tampere und Yväskylae gespielt.

Umgekehrt dienten Gastspiele anderer Bühnen in Oberhausen der Bereicherung des eigenen Spielplans oder dem Ersatz einer nicht selbst produzierten Sparte. Will Quadfliegs Tournee-Theater „Die Schauspieltruppe Zürich" war in den 1950er und 1960er Jahren regelmäßig in Oberhausen zu Gast. Politisch bedeutsam waren in Zeiten des sogenannten „Kalten Krieges" Gastspiele der Theater der damaligen DDR-Städte Karl-Marx-Stadt, heute Chemnitz (1966, u.a. mit Goldonis „Krach in Chioggia"), Magdeburg (1969 mit Brechts „Die Mutter") und Leipzig (1972 mit Brechts „Arturo Ui") in Oberhausen und der Gegenbesuch der Oberhausener in Karl-Marx-Stadt im Mai 1966 mit Shakespeares „Der Widerspenstigen Zähmung" und Millers „Zwischenfall in Vichy".

Zwischen 1967 und 1970 versorgten Gastspiele aus Aachen, Essen, Mailand und Münster das Oberhausener Publikum mit Opernaufführungen. Nach dem Abbau des eigenen Schauspiels mit Ende der Spielzeit 1972/73 wurde diese Gattung in Oberhausen durch Gastspiele von Tournee-Theatern und Nachbarbühnen bestritten. Das Oberhausener Publikum konnte auf diese Weise zahlreiche Stars begrüßen oder sich von geschlossenen Ensembleleistungen, etwa des Westfälischen Landestheaters Castrop-Rauxel, anregen lassen.

In den Jahren 1992 bis 2000 war es dann das Musiktheater, das in Oberhausen zu Gast war. Sechs Jahre lang war der Festsaal der Luise-Albertz-Halle der wenig geeignete Spielort für die häufig aus Osteuropa kommenden Tournee-Bühnen, die zumeist über die Salzburger Theateragentur Schlote eingekauft wurden. 1998 kehrten die Musiktheatergastspiele wegen des Umbaus der Luise-Albertz-Halle in das Theatergebäude zurück. Der Düsseldorfer Musikdramaturg Frank Labussek stellte aus der freien Musiktheaterszene einen spannenden, aber auch das Publikum herausfordernden Spielplan zusammen, dessen Qualität Sehens- und Hörenswert war. Aus finanziellen Gründen wurde diese Gastspielreihe mit Ende der Spielzeit 1999/2000 eingestellt. Die Oberhausener Musiktheaterabonnenten wurden an das Duisburger Haus der Deutschen Oper am Rhein und an das Aalto-Musiktheater in Essen verwiesen, für beide Häuser wurden in Oberhausen ein paar Jahre lang spezielle Abo-Reihen angeboten.

Schließlich gab es aus besonderem Anlass Theatertreffen in Oberhausen. Zum 200. Geburtstag von Friedrich Schiller organisierte Intendant Dr. Christian Mettin, der ein ausgewiesener Kenner des schwäbischen Dichters war, Schiller-Tage. Neben der Eigenproduktion der Tragödie „Maria Stuart" und einem Rezitationsabend mit Will Quadflieg waren das Düsseldorfer Schauspielhaus, das Schauspielhaus Bochum und das Essener Theater zu Gast.

Im Juni 1987 fand in Oberhausen das 6. Theatertreffen NRW statt, bei dem 19 Schauspiele aller NRW-Theater zu sehen waren, zwei Jahre später schloss sich das 5. Nordrhein-Westfälische Kinder- und Jugendtheatertreffen an. Im Rahmen der Tage des Neuen Musiktheaters in NRW 1992 fanden im Ebertbad sechs Gastspiele mit modernen Kammeropern statt. Im Juni 2012 fand das NRW-Theatertreffen zum zweiten Mal im Theater Oberhausen statt.

Auch das neue Oberhausener Schauspiel begab sich gelegentlich auf Gastspielreisen. Ein Gastspiel in Luxemburg mit der deutschsprachigen Erstaufführung der Komödie „Jakes Frauen" von Neil Simon war der Oberhausener Beitrag zu Luxemburg – Kulturhauptstadt Europas 1995. Einzelne Produktionen des Oberhausener Schaupiels waren im Theater Duisburg, im Düsseldorfer Schauspielhaus, im Forum Leverkusen und im Ruhrfestspielhaus Recklinghausen zu sehen. Mit Otto Schnellings Inszenierung von „Leben des Galilei" war das Theater Oberhausen im August 2006 bei der Brecht-Woche des Berliner Ensembles vertreten. Die fulminante Start-Produktion der Intendanz von Peter Carp, Büchners „Woyzeck" mit den Songs von Tom Waits war sehr erfolgreich zu Gast beim Heidelberger Stückemarkt und bei Klaus Weise am Theater Bonn. Herbert Fritschs zum Berliner Theatertreffen 2011 eingeladene Inszenierung von Ibsens „Nora oder Ein Puppenhaus" wurde nach den zwei Berliner Aufführungen auch bei Festivals in Prag und Krakau gezeigt. Weitere Gastspiele in Hamburg und Siegen, sowie in den ibero-amerikanischen Städten Bogotá und Caracas folgten im ersten Halbjahr 2012, Oslo und Zürich im Herbst 2012.

Zweites Intermezzo

Als Behüter und Schirmherr im mehrere Generationen alten Familienbetrieb auf der Marktstraße wurde der Chronist durch seine närrischen Aktivitäten bekannt. Nach einem Prinzenmotto im Oberhausener Karneval „Narren sind überall zu Hause" wurden ihm schnell ehrenamtliche Aufgaben im Einzelhandelssektor übertragen. Er wurde zunächst Vorstandsmitglied im Werbering der Oberhausener City, später Vorsitzender des Oberhausener Einzelhandelsverbandes und Mitglied in diversen Gremien der Essener Industrie- und Handelskammer. Im Werbering war er Mitorganisator von City-Festen und der ersten Winzerfeste auf dem Friedensplatz. Im Rahmen dieser Veranstaltungen wurden natürlich auch Mitglieder des Theaters engagiert, die mit Lesungen und musikalischen Darbietungen einerseits zur Unterhaltung der Besucher beitrugen und andererseits auch Werbung für das Theater Oberhausen machen konnten. Mit dem „Stadtkünstler" Walter Kurowski und der Malerin und Galeristin Hilde Arlt-Kowski (einer Tochter des alten Kunstlehrers des Chronisten am Novalis-Gymnasium Erwin Kowski) wurde auf der Marktstraße durch Oberhausener Schülerinnen und Schüler mehrmals ein kilometerlanges Straßenbild gemalt oder Fahnen mit internationalen Motiven gestaltet, die anlässlich der Kurzfilmtage die City schmückten.

Im Einzelhandelsverband war ein Jahresempfang für die Kaufleute und Vertreter von Politik und Behörden Tradition. Dieses immer etwas steife Miteinander wurde mehrfach durch Beiträge des Theaters aufgelockert. Auch die Festrede zum hundertjährigen Bestehen des Einzelhandelsverbandes im Mai 1998 wurde durch Songs aus dem Ein-Frau-Musical „Heute Abend – Lola Blau", dargeboten durch die Schauspielerin Sabine Maria Reiss, thematisch ergänzt. Von daher war es nur ein kleiner Schritt zu einer Änderung des Konzeptes des Empfangs. Unter dem Motto „Kunst & Kommerz" wurde der Empfang im Theater (und später auch im Ebertbad) veranstaltet. Nach dem Vorstellungsbesuch war die lockere Atmosphäre für anregende Gespräche entstanden. Übrigens: Gestandene Kaufleute, Politiker und Verwaltungsmenschen hatten besonders strahlende Augen, als sie sich nach einer Aufführung von „Emil und die Detektive" in ihre eigene Kindheit zurück versetzt fühlten.

Die Anfang des Jahres 1991 bekannt gewordene Absicht der Stadt Oberhausen, das Musiktheater zu schließen und ein neues Schauspielensemble aufzubauen, reizte den Chronisten und zahlreiche anderen Oberhausener Bürger zum Widerspruch und führte zu Protesten. Diese wurden in der juristischen Form eines eingetragenen Vereins organisiert, dem in kurzer Zeit mehr als 130 Bürger als Mitglied beitraten und dessen Vorsitzender der Chronist wurde. Gemeinsam mit dem Ensemble wurden knapp 33.000 Unterschriften für den Erhalt des Musiktheaters gesammelt und Oberbürgermeister Friedhelm van den Mond übergeben. Die Proteste hatten allerdings keinen Erfolg: Am 21. März 1991, dem 40. Geburtstag des Chronisten, wurde vom Rat der Stadt die neue Theaterstruktur beschlossen. Der Protest-Verein „Musiktheater für Oberhausen" löste sich am 4. Februar 1992 auf. Am selben Abend gründete der Chronist mit einigen anderen Theaterfreunden den Förderverein „Theater für Oberhausen" e.V. Die Gründer gingen davon aus, dass auch das neugegründete Schauspiel der ideellen und finanziellen Unterstützung durch die Oberhausener Bürger bedürfe. Schwerpunkt der Tätigkeit des Fördervereins, der sich später in Freundeskreis „Theater für Oberhausen" umbenannte, ist seit 1995 die alljährliche Verleihung des Oberhauser Theaterpreises an Mitglieder des Ensembles, die in der jeweiligen Spielzeit besondere künstlerische Leistungen erbracht haben.

Der Freundeskreis hat auch angeregt, dass 2006 eine Teilfläche des Ebertplatzes und der Sedanstraße umbenannt wurde. Seither hat das Theater die Adresse „Will-Quadflieg-Platz 1". Im Stadtteil Alstaden wurde 2009 eine neu angelegte Straße nach dem Regisseur Günther Büch benannt. Im März 2012 wurde der 1960 am Altmarkt geborene und 2010 verstorbene Filme- und Theatermacher Christoph Schlingensief zum neuen Namensgeber der neben der Herz-Jesu-Kirche verlaufenden Pacellistraße.

Seit 1986 wurde der Autor dieses Beitrages auch zum Autoren von mehr als zehn großen und kleinen Dokumentationen zur Oberhausener Theatergeschichte, die am Schluss im Literaturverzeichnis aufgelistet sind. Er unterhält dazu die private „Oberhausener Theatersammlung", in der Programmhefte, Besetzungszettel, Kritiken und Szenenfotos archiviert sind. Anfragen aus aller Welt, die im Theater oder im Stadtarchiv zur Oberhausener Theatergeschichte von Einzelpersonen, anderen Theatern oder von Medien eingehen, werden an ihn weitergeleitet und können zumeist positiv beantwortet werden.

Im Zuge der Neugründung des Schauspiels wurde auch die Organisation des Theaters geändert. Aus dem städtischen „Amt" wurde 1992 ein Eigenbetrieb der Stadt Oberhausen, der von einem mit Ratsmitgliedern besetzten Werksausschuss begleitet und kontrolliert wird. Der Chronist nahm von Anfang an als „Öffentlichkeit" an den Sitzungen teil und wurde vom Vorsitzenden Friedhelm van den Mond auch gelegentlich zu einer Verbaläußerung aufgefordert. In der nächsten Legislaturperiode (1994 bis 1999) wurde daraus die Berufung in den Werksausschuss als Bürgermitglied. Seit der Zusammenlegung von Werksausschuss und Kulturausschuss ist der Chronist Bürgermitglied dieses Gremiums, das personengleich auch den Aufsichtsrat der Internationale Kurzfilmtage Oberhausen gGmbH bildet.

Exkurs: Das Ebertbad und andere Schwimmstätten für große und kleine Kunst

Vom Sport zur Kultur, so könnte man die Geschichte des heutigen Ebertbades betiteln. 1895 wurde das Schwimmbad am damaligen Neumarkt, dem späteren Wilhelmplatz und heutigen Ebertplatz zum ersten Mal mit Wasser gefüllt. Zwei Jahre dauerte die Bauzeit für das Stadtbad, zu dem Stadtbaumeister Regelmann die Pläne entworfen hatte. Zahllose Oberhausener Schwimmerinnen und Schwimmer aller Altersstufen, darunter natürlich auch der Chronist, bevölkerten für die nächsten 88 Jahre das zweigeteilte Becken: Die Nichtschwimmer vorn, die Schwimmer hinten.

Zu den ersten Badegästen zählte wahrscheinlich eine aus Gelsenkirchen nach Oberhausen zugezogene Gastwirtstochter namens Clara Wortmann, die mit ihren roten Zöpfen eine stadtbekannte Erscheinung war. Sie turnte gerne, fuhr gerne mit dem Fahrrad und schwamm eifrig. Die Gastwirtschaft befand sich bis zur Zerstörung im Zweiten Weltkrieg auf der Marktstraße 65, dort, wo heute Hüte und Schirme verkauft werden. Im Saal gab es einen Konzert- und Varietébetrieb, also vieles was auf das heutige Ebertbad vorauswies. Und aus der 1884 geborenen Clara Wortmann wurde Claire Waldoff, die mit ihren Chansons von Berlin aus die Welt der Varietébühnen eroberte, bis sie 1957 in Großgmain bei Bad Reichenhall verstarb.

1983 wurde das Wasser endgültig aus dem Becken gelassen. Aus dem Schwimmbad wurde durch den Architekten Werner Ruhnau eine „Kulturelle Spiel- und Erlebnisstätte", die 1989 eröffnet wurde. Aufführungen des tip-theater im pott, ein Filmball zu den Kurzfilmtagen, Geburtstagsfeiern, Modenschauen, aber auch Klavierkonzerte im Rahmen des Klavier-Festivals Ruhr fanden in den nun denkmalgeschützen Mauern statt. Seit 1999 betreibt der große Oberhausener Kleinkunst-Kulturelle Hajo Sommers gemeinsam mit Susanne Fünderich das Ebertbad. Geprägt durch jahrelange Erfahrungen im Zentrum Altenberg und im Music-Circus-Ruhr an der Lindnerstraße sowie auf den Missfits-Tourneen konnten beide dieser Spielstätte mit einer ironisch-klugen, närrisch-kabarettistischen, mehr oder weniger hehren musikalischen Spielplangestaltung ein Ansehen verschaffen, das jede Menge Besucher von außerhalb anzieht, aber von den Oberhausenern nicht immer bemerkt wird.

Abb. 14: Aus dem Stadtbad am Ebertplatz wurde 1989 eine „kulturelle Spiel- und Erlebnisstätte" – das „Ebertbad"

Die „Bademeister" Fünderich und Sommers haben dafür gesorgt, dass das Ebertbad in der 1. Liga der Kleinkunstbühnen Deutschlands mitspielt. Egal, ob man die Kleinkunst in München, Hamburg, Stuttgart oder Berlin studieren will, überall beschleicht einen ein „déjà-vu"-Gefühl: Die kleinen und großen Namen auf den Plakaten sind vertraut, weil sie alle schon mehrfach im Oberhausener Ebertbad aufgetreten sind. Auch wer immer in den Kabarettsendungen in den 3. Fernsehprogrammen der ARD-Anstalten oder des ZDF auftritt, hat mit großer Wahrscheinlichkeit schon seinen Auftritt im Ebertbad hinter sich.

Daneben gibt es auch theatralische Eigenproduktionen, die im Ebertbad und bei Gastspielen an der Hamburger Reeperbahn für zahllose ausverkaufte Vorstellungen sorgten. „Ganz oder gar nicht" machte den Anfang, es folgten „Lappen weg", „Kalte Colts und heiße Herzen", „Sehnsucht" und „Pommes". Gerburg Jahnke, die Dauerverlobte Hajo Sommers, war nach Beendigung ihrer Missfits-Zeit ins Regiefach gewechselt und leitete die Darsteller/innen auf der Bühne sicher von Gag zu Gag. Es gibt aber nicht nur Eigenveranstaltungen im Ebertbad, auch für andere Veranstalter ist das Haus offen. Der Künstlerförderverein führt hier seine kammermusikalischen Matineen ebenso durch wie die weiß-roten Karnevalisten ihre „Kölschen Töön".

Gerburg Jahnke und Stephanie Überall waren zwanzig Jahre lang das Frauenkabarett „Missfits", das in Oberhausen beheimatet war. Sie waren die einzigen „Überlebenden" des „Theater Missfits", das 1983 im Bürgerzentrum Altenberg begonnen hatte. Doch im Duo als Matta und Lissbet waren die beiden unschlagbar auf den Kleinkunstbühnen Deutschlands und einiger Nachbarländer. 1992 eroberten sie den Salzburger Stier und ein Jahr später den Deutschen Kleinkunstpreis. Der WDR drehte mit ihnen 2002 eine Serie, in der die beiden ein Geschwisterpaar spielten, das ein Beerdigungsinstitut geerbt hatte. Schon Jahre vor ihrer Abschiedstournee im Jahr 2005 füllten die beiden die Säle, in Oberhausen zunächst das Theater, dann das Ebertbad. Im Theater Oberhausen spielten sie 1997 auch die beiden verschrobenen alten Damen in „Spitzenhäubchen und Arsen", in den Kammerspielen Hamburg waren sie im gleichen Jahr in dem Zwei-Personen-Stück „Höchste Eisenbahn" zu sehen.

Ein weiteres Oberhausener, genauer gesagt Alstadener, Eigengewächs ist die Musikerin, Sängerin und Schauspielerin Carmela de Feo. Tango, Akkordeon und Bandoneon: Diese Begriffe beschreiben ihre Auftritte in den 1990er Jahren, bei Konzerten oder im Rahmen von Aufführungen des Theaters Oberhausen, an dem sie später auch einzelne Schauspielrollen übernahm. Ihre erfolgreichen Soloprogramme als „La Signoria" führten zu einer regelmäßigen eigenen Show im Ebertbad. Auch sie erhielt zahlreiche Auszeichnungen, zuletzt 2011 den Bayerischen Kleinkunstpreis.

In der „Neuen Mitte Oberhausen" wurden neben dem Einkaufszentrum die 1996 eröffnete König-Pilsener-Arena und das 1999 eröffnete Musical-Theater erbaut. In der bis zu 13.000 Besucher fassenden Arena gibt es zwar vornehmlich Pop-Konzerte, aber auch große Shows und vereinzelte Opern- und Musicalaufführungen haben das Rund der Arena mehr oder weniger gut gefüllt. Das Musicaltheater wurde mit Peter Maffays „Tabaluga und Lilli" eröffnet, war aber wirtschaftlich nicht auf Dauer erfolgreich. Ein Zwischenspiel im Varietébereich schloss sich an. Seit Stage-Entertainment 2007 das Haus als Metronom-Theater in seinen Konzern integriert hat und aktuelle Shows und Musicals zwischen Oberhausen, Hamburg, Stuttgart und Berlin rotieren lässt, hat sich das Haus stabilisiert und sich gegenüber dem Essener Colosseum als Musicalbühne der bundesweit tätigen Firma Stage-Entertainment für das Ruhrgebiet durchgesetzt. Weiter gibt es in alten Gebäuden des Schachtes 6 der Zeche Concordia an der Stadtgrenze zu Duisburg das „Theater an der Niebuhrg", das 1996 von Holger Hagemeyer in der Schilda-Halle auf dem Gelände der ehemaligen Zeche Oberhausen gegründet wurde. Hier werden deutschspachige Musicals, Shows und Konzerte geboten.

Stellvertretend für die zahlreichen Amateurtheater und Schultheatergruppen, die es in den letzten 60 Jahren in Oberhausen gegeben hat, sei hier die 1949 gegründete „Kleinstädter-Bühne Sterkrade e. V." kurz dargestellt. Heinz Holtermann gründete die „Truppe" gemeinsam mit Kollegen der Zeche Sterkrade, die auch das Patronat übernahm. Spielort war der Saal des Sterkrader Hotels „Kaiserhof", der zuvor fünf Jahre lang die provisorische Heimat des Stadttheaters gewesen war. Namensgeber war August Kotzebues satirisches Lustspiel „Die deutschen Kleinstädter" aus dem Jahr 1803, ein Stück, was die „Kleinstädter" in den jetzt über 60 Jahren ihres Bestehens jedoch nie gespielt haben. Nachdem Anfangs auch ernste Dramen wie Anzengrubers „Meineidbauer" oder „Der Strom" von Max Halbe gespielt wurden, konzentrierte man sich später vollständig auf das Lustspiel.

1970 gab es die erste Zäsur, der Kaiserhof wurde abgerissen, die Liebhaberbühne war ohne Heim. Erst vier Jahre später konnte mit dem Königshardter Saalbau Luft wieder eine feste Spielstätte gewonnen werden. Ebenfalls 1970 wurde Heinz Holtermann von Heinz Muzik als Spielleiter abgelöst. Muzik spielte in den kommenden vier Jahrzehnten gerne Schwänke, für die er sich zum idealen Regisseur entwickelte. Arnold & Bach, Reimann & Schwartz, Laufs & Jacoby hießen die Autorenduos, die Lachsalven garantierten. Natürlich durfte auch „Der Raub der Sabinerinnen" der Gebrüder Schönthan im Spielplan nicht fehlen.

Als der Saalbau Luft abgerissen wurde, konnte 1985 mit der Aula des Sterkrader Sophie-Scholl-Gymnasiums ein Theaterraum gefunden werden, der Jahrzehnte zuvor schon einmal Heimat der Kammerspiele des Stadttheaters war. 2002 war wieder ein Umzug fällig, die Kleinstädter zogen in das Sterkrader Stadtmittehaus, in den Trakt, der zuvor das Kino „Lito" und später die Diskothek „Old Daddy" beherbergte. In jahrelanger Eigenarbeit wurde der Kinosaal von den Kleinstädtern renoviert und für Theaterzwecke eingerichtet. Mit dem Schwank „Unter Geschäftsaufsicht" in der Regie von Heinz Muzik wurde der „Bürgersaal Lito-Palast", der auch anderen Veranstaltern offen steht, eröffnet.

Die Kleinstädter haben seither ihr Programm deutlich erweitert. Man kümmert sich um den Nachwuchs für Bühne und Parkett: Seit 1999 gibt es jährlich ein Kinderstück, einige Jahre später führte der Nachwuchs unter dem Namen „Kleinstädter Trabanten" eigene Stücke auf. Im Hauptprogramm gab es einen Generations- und Genrewechsel: Seit Michael Oslislo 2008 die Spielleitung übernommen hat, liegt in der Hauptspielzeit im Januar der Schwerpunkt auf Boulevard-Komödien deutscher und englischer Autoren. Der Schwank wurde nicht aufgegeben, er wird nach wie vor von Heinz Muzik als zweites Stück im Herbst einstudiert und gespielt.

Dritter Akt, erste Szene: „Das Ruhrgebiet hat ein neues Schauspiel"

Diese Schlagzeile prangte im Sommer 1992 auf zahlreichen Plakaten in Oberhausen und den Nachbarstädten. Klaus Weise, in der Nachbarstadt Mülheim an der Ruhr aufgewachsen und schon als Schüler häufiger Gast des Oberhausener Theaters, hatte die spannende, aber auch schwierige Aufgabe übernommen, mit 27 Schauspielerinnen und Schauspielern die seit 1973 brachliegende Schauspielgattung als „Theater Oberhausen am Ebertplatz" neu aufzubauen, Um es vorwegzunehmen: Es ist ihm – allen anfänglichen Unkenrufen zum Trotz – hervorragend gelungen. Eine gute Publikumsakzeptanz und die mehrmalige Kürung zum besten Schauspiel des Rheinlands waren der Lohn für die in elf Spielzeiten geleistete Aufbauarbeit.

Im Sommer 1992 wurde das Theatergebäude nach Plänen des Oberhausener Architekten Ernst Craemer für das neue Schauspiel umgebaut. Der Haupteingang wurde an die Sedanstraße verlegt, wo er sich vor dem Zweiten Weltkrieg schon einmal befunden hatte. In der Kassenhalle wurde das „Café Auftritt" eingerichtet, das allerdings nicht die erhoffte Resonanz beim Publikum fand und inzwischen das Besucherbüro des Theaters beherbergt. Der Zuschauerraum wurde renoviert, aber nur mit einer reduzierten Bestuhlung von 428 Plätzen versehen, die gleichermaßen eine gute Sicht auf die Bühne bieten. Wichtige bühnentechnische Neuerungen ergaben neue Spielmöglichkeiten. Das Bühnenportal wurde um etwa einen Meter auf 9,50 Meter verbreitert, der Orchestergraben mit einem versenkbaren Podium ausgestattet und durch ein weiteres mobiles Podium in Richtung der Zuschauer um eine weitere Vorbühnenfläche ergänzt. Anstelle des Kristall-Lüsters prangt im Zuschauerraum nun eine Beleuchtungsbrücke, von der dieser Vorbühnenbereich ausgeleuchtet werden kann. Das Spielgeschehen kann somit durch die Regie hautnah an die Zuschauer herangerückt werden.

Im Rahmen eines sehr anspruchsvollen Programms wurde das neue Schauspielhaus am 9. Oktober 1992 mit Heinrich von Kleists „Prinz Friedrich von Homburg" eröffnet. Regie führte Klaus Weise, ihn unterstützte ein junger Regieassistent, der elf Jahre später selbst Intendant des Oberhausener Theaters werden sollte, Johannes Lepper. Zwei Wochen später inszenierte Peter Carp, der heutige Intendant des Theaters, Henrik Ibsens Familiendrama „Gespenster". Die dritte Premiere war, als Koproduktion mit dem Essener Schauspiel, Ödön von Horváths kleinbürgerliche Komödie „Glaube, Liebe, Hoffnung", die Reinhard Göber inszenierte. Mit diesen drei Stücken waren die Spielplanlinien für das Große Haus in den kommenden Spielzeiten definiert. Im Ebertbad, das anfangs neben dem Großen Haus und dem Studio 99 als weitere Spielstätte diente, wurde dieser sperrige, gewagte Spielplan mit der TiP-Produktion „Extremities" von William Mastrosimone fortgesetzt. Weiter ging es mit Edward Albees „Wer hat Angst vor Virginia Woolf?" und William Shakespeares Tragödie „Othello", dem zwei Spielzeiten später die Komödie „Othello darf nicht platzen" entgegengesetzt wurde.

Einige Autoren konnte man über mehrere Spielzeiten verfolgen: Auf Ibsens „Gespenster" folgten „Stützen der Gesellschaft", „Die Wildente" und „Hedda Gabler", der einige Tage später mit „Portia" von Marina Carr, ein dramaturgisch ähnlich gelagertes amerikanisches Stück im gleichen Bühnenbild folgte. Mit „Sladek oder Die schwarze Armee", „Der jüngste Tag", „Kasimir und Karoline" und „Geschichten aus dem Wienerwald" erschienen weitere Horváth-Stücke im Spielplan. Auf Shakespeares „Othello" folgte die Komödie „Der Sturm", mit dem König Prospero den Oberhausener Gasometer theatralisch taufte. Die Komödie „Was ihr wollt" kam in Zusammenarbeit mit dem Schauspielhaus Zürich auf die Oberhausener Bühne. „Hamlet" in der Regie von Klaus Weise mit Günter Alt in der Titelrolle wurde in der Spielzeit 1998/99 für das Berliner Theatertreffen nominiert, aber leider nicht eingeladen. Es folgten noch „Ein Sommernachtstraum", ergänzt durch die Jugendversion von Beat Fäh „Rose und Regen, Schwert und Wunde" sowie die selten gespielte Komödie „Ein Winter-Mährchen".

Friedrich Schiller war mit den „Räubern" sowie „Kabale und Liebe", Gotthold Ephraim Lessing mit „Emilia Galotti" im Spielplan vertreten. Von Bertolt Brecht wurden die in Oberhausen wohlbekannte „Dreigroschenoper" und das kraftvolle Jugendwerk „Baal" gezeigt. Zahlreiche aktuelle Stücke standen mit Uraufführungen und deutschen Erstaufführungen sowohl im Spielplan des Großen Hauses als auch des Studio 99, das wie zur Zeit Günther Büchs in den 1960er Jahren ein wichtiges Experimentierfeld für junge Regisseure wurde. Hier inszenierten unter anderem Johannes Lepper, der 1999 Intendant des Schlosstheaters in Moers und 2003 Weises Nachfolger am Theater Oberhausen wurde, oder Kay Voges, heute Schauspieldirektor am Theater Dortmund.

Nach anfänglicher Abstinenz kam auch die heitere Seite des Schauspiels zu ihrem Recht. Heinrich von Kleists „Amphitryon" machte den klassischen Anfang, später gefolgt vom „Zerbrochnen Krug". Wolfgang Deichsels „Loch im Kopf" war ein Abstecher in die Welt des Schwanks. Neil Simons hintergründiges Stück „Jakes Frauen" wurde durch das Theater Oberhausen 1995 in Luxemburg zur deutschsprachigen Erstaufführung gebracht. Und Michael Frayns tolle Farce „Der nackte Wahnsinn" brachte in der Regie des Opernregisseurs Fred Berndt Drehbühne und Publikum gleichermaßen zum Rotieren.

Ganz oben in der Publikumsgunst stand eine Produktion, die von Ensemblemitgliedern eigentlich nur zum Privatvergnügen konzipiert und erarbeitet war. Die Revue „Wilde Herzen – Schlaflos in Oberhausen", die am 19. Mai 1994 Premiere hatte, riss die Herzen des Oberhausener Theaterpublikums mit sich fort. Die letzte Vorstellung, ein gutes Jahr später, geriet zu einem noch nie dagewesenen, einmaligen gemeinschaftlichen Happening von Ensemble, Bühnentechnik und Publikum. Mehre nachfolgende Revuen haben die hohe Messlatte von „Wilde Herzen" leider nicht erreichen können. Kultstatus erreichte auch eine Trash-Serie, die in unterschiedlichster Form die Polizei und das Genre Kriminalfilm aufs Korn nahm. Das „Polizeirevier Oberhausen Mitte" erschütterte in jeder Vorstellung das Zwerchfell der Zuschauer. Das Polizistenquartett mit Felix Vörtler, Jeffrey R. Zach, Frank Wickermann und Yorck Dippe erreichte eine Beliebtheit, vor der selbst der richtige Polizeipräsident Bernhard Schusky bei einem Überraschungsbesuch auf der Bühne kapitulieren musste. Getoppt wurde die Serie erst recht, als die vier Polizisten gemeinsam mit den Missfits Gerburg Jahnke und Stephanie Überall die schwarze Komödie „Spitzenhäubchen und Arsen" von Joseph Kesselring spielten.

Klaus Weise und sein Ensemble drängte es schon bald aus dem eigenen Haus hinaus. Im Gasometer wurde nach Shakespeares „Sturm" bei eiskalten Dezember-Temperaturen Becketts „Endspiel" und die Erstaufführung der Bühnenfassung des Romans von Sibylle Berg „Ein paar Leute suchen das Glück und lachen sich tot" gespielt. Im September 1995, zum 75-jährigen Jubiläum des Oberhausener Theaters, erlebte die Haniel-Halde, im Norden Oberhausens, aber schon auf Bottroper Gebiet gelegen, die „erste öffentliche Arbeitsplatzbeschwörung im Ruhrgebiet" als der Duisburger Regisseur und heutige Intendant des Schlosstheaters Moers, Ulrich Greb, dort sein Theaterprojekt „Der Berg ruft" inszenierte. Zwei Jahre später spielte das Theater Oberhausen im Dinslakener Klärwerk Emschermündung „An der schönen blauen Emscher", ebenfalls in der Regie von Ulrich Greb. Mit einer speziell auf das strukturwandelnde Ruhrgebiet abgestimmten „Jedermann"-Produktion mit Felix Vörtler in der Titelrolle kehrte das Theater Oberhausen im September 1999 auf die Halde zurück. Rolf Mautz als Thomas Bernhards „Theatermacher" fand im abgetakelten Saal des Mülheimer Hotels „Handelshof" das richtige Milieu für dieses Stück. Ein weiteres Außenprojekt spielte in der düsteren Atmosphäre eines im Umbau befindlichen Luftschutzbunkers. Klaus Weise selbst inszenierte 2001 mit dem Musiker FM Einheit ein grandioses Spektakel nach Georg Forster. „Orte der Sehnsucht" hieß das Projekt in der Essener Kokerei Zollverein. Er legte damit – ein Jahr vor der ersten RuhrTriennale – hohe Qualitätsmaßstäbe für Theaterprojekte in ehemals industriell genutzten Räumen vor.

Die künstlerische Arbeit des Theaters Oberhausen wird seit 1995 durch den „Oberhausener Theaterpreis" gewürdigt, den der Förderverein „Theater für Oberhausen" e.V. seither jährlich vergibt. Jeweils drei mit unterschiedlichen Geldsummen ausgestattete Preise werden durch eine Kritiker-Jury vergeben und das Theaterpublikum selbst wählt zum Ende jeder Spielzeit „seinen" Publikumsliebling. Oberhausener Unternehmen und Institutionen sponsern die Preisgelder in nicht unbeträchtlicher Höhe und zeigen damit ihre Wertschätzung für das Theater Oberhausen.

Aber auch über die Oberhausener Grenzen hinaus gab es für das neue Schauspiel und sein Ensemble Anerkennung: Förderpreise des Landes Nordrhein-Westfalen gingen an Felix Vörtler und Heike Kretschmer. Vörtler ist am Schauspielhaus Bochum sowie am Schauspiel Köln engagiert und oft im Fernsehen präsent. Heike Kretschmer wurde von Oberhausen an das Wiener Burgtheater berufen. Carlos Lopez spielte im letzten Jahr sogar erfolgreich am Broadway, wie der New York Times vom 11. Dezember 2011 zu entnehmen war. Die jährliche Kritikerumfrage der Zeitschrift „Neues Rheinland" zeichnete das Theater Oberhausen nach einigen Jahren der Nennung als „Theater im Aufwärtstrend" fünf Jahre hintereinander mit dem Titel „Bestes Theater im Rheinland" aus. Oberhausen ließ also die Schauspielhäuser von Düsseldorf, Köln und Bonn hinter sich. Korrekterweise ist jedoch hierzu anzumerken, dass das renommierteste Schauspielhaus des Ruhrgebiets – und somit die stärkste Konkurrenz – in Bochum und daher in Westfalen angesiedelt ist.

Ein neues Proben- und Werkstättengebäude entstand 1999 an der Buschhausener Lessingstraße. Zwei Probebühnen in den Dimensionen der Hauptbühne ermöglichten nun einen komfortablen Probenbetrieb und entlasteten die Technik. Ein geräumiger Malersaal, eine neue Schreinerei und Schlosserei brachten verbesserte Arbeitsbedingungen für die Mitarbeiter. Jürgen Hennemann, seit 1990 der klug wirtschaftende Verwaltungsdirektor des Theaters, hatte auch für diese Bauaufgabe das passende Finanzierungsmodell entwickelt, um die Kosten aus dem laufenden Etat leisten zu können. Ein solches Probengebäude war 1999 einmalig in der deutschen Theaterlandschaft, inzwischen gibt es hier und da ähnliche Entwicklungen.

Klaus Weise wurde mit Beginn der Spielzeit 2003/04 Generalintendant der Bonner Theater. Er nahm einen großen Teil des Schauspielensembles mit in die ehemalige Bundeshauptstadt, die in ihren Stadtteilen Bad Godesberg und Beuel Spielstätten des Schauspiels betreibt. Mit einer letzten Aufführung der Revue „Kommsse rauf, kannze gucken" verabschiedete er sich am 12. Juli 2003 vom Oberhausener Publikum. Für seine Verdienste um den Aufbau des neuen Schauspiels wurde er durch Beschluss des Kulturausschusses des Rates der Stadt Oberhausen zum Ehrenmitglied des Theaters Oberhausen ernannt.

Exkurs: Von der Städtischen Galerie zur Ludwig-Galerie Schloss Oberhausen

Ein weiteres Zeichen des kulturellen Aufbruchs nach 1945 war die Einrichtung einer Städtischen Galerie im Schloss Oberhausen. Für die bildende Kunst war dies tatsächlich ein Neuanfang, denn eine ständige Kunstausstellung in Trägerschaft der Stadt hatte es in Oberhausen zuvor nicht gegeben. Motoren der Gründung waren 1946 der damalige langjährige Kulturdezernent Dr. Heinrich Behrends und Stadtbaurat Prof. Friedrich Hetzelt, die mit Unterstützung von Oberbürgermeisterin Luise Albertz und des Stadtrates gleich darangingen, das Projekt in die Tat umzusetzen. Mit der Leitung der Galerie wurde Dr. Herbert Griebitzsch betraut, der zwischen 1934 und 1945 Direktor des Städtischen Kunstmuseums in Duisburg war und der in dieser Zeit auch schon viele kunsthistorische Vorträge in Oberhausen gehalten hatte. Im August 1947 konnte die Galerie eröffnet werden, etwa sieben Ausstellungen pro Jahr standen in den 1950er Jahren auf

Abb. 15: Ludwig-Galerie im Schloss Oberhausen

dem Programm. In diesen Jahren legte Dr. Griebitzsch auch eine eigene Kunstsammlung an. Da das Schloss 1953 wegen erheblicher Bauschäden als Standort aufgegeben werden musste, wechselte die Galerie in die Glasterrasse des Ruhrland-Hotels. Das Herrenhaus des Schlosses wurde 1958 abgerissen und, bei Beibehaltung des äußeren Gesichtes, durch einen im Inneren für Museumszwecke konzipierten Neubau ersetzt, der im Januar 1960 eingeweiht werden konnte.

Im Jahr 1969 übernahm auf Anregung Hilmar Hoffmanns der Maler Thomas Grochowiak die Leitung der Galerie. Er wurde 1914 in Recklinghausen als Sohn eines Bergmanns geboren und war zwischen 1954 und 1980 Direktor der Städtischen Museen in seiner Heimatstadt. Darüber hinaus gehörte er von 1950 bis 1979 der Leitung der Ruhrfestspiele Recklinghausen an. 2012 hat er malend das 98. Lebensjahr erreicht, das er in Kuppenheim bei Baden-Baden, im sonnigen Andalusien und in seiner Geburtsstadt Recklinghausen verbringt, deren Ehrenbürger er ist. Grochowiak führte das Ausstellungskonzept seines Vorgängers fort und präsentierte dabei auch die inzwischen angewachsene eigene Sammlung von Gemälden, Grafik, Plastik und Glas. Dieses Konzept hatte sich in der dichten Stadtlandschaft mit den Schwerpunkten in Dortmund, Essen, Düsseldorf und Köln und damit einer sehr dichten Museumslandschaft des Rhein-/Ruhrgebietes allerdings im Lauf der Jahre überholt. Die Spezialisierung wurde notwendig, um einem Kunstmuseum eine Bedeutung nicht nur für die jeweilige Stadt, sondern für die gesamte Region zu geben.

So kamen 1983 Peter und Irene Ludwig ins Schloss Oberhausen. Der Aachener Kunsthistoriker und Schokoladenfabrikant sowie seine Ehefrau waren begeisterte Kunstsammler, die aber die von ihnen erworbenen Werke weitgehend der Öffentlichkeit zugänglich machten. In Aachen wurde mit dem Ludwig Forum eine Ausstellung zeitgenössischer Kunst in einer stillgelegten Schirmfabrik eingerichtet, die Stadt Köln baute das Museum Ludwig zwischen Dom und Rhein. Koblenz, Bamberg, Saarlouis und Oberhausen wurden kleinere, aber nicht unwichtigere Standorte der Ludwig'schen Sammlungen. Das Schloss Oberhausen wurde als „Ludwig Institut für Kunst der DDR" zur Präsentation der Sammlung von Kunst aus dem damals noch „anderen" Deutschland ausersehen. Museumsleiter war zwischen 1981 und 2008 der Theologe Bernhard Mensch; ihm stand einige Jahre später mit dem Leipziger Professor Dr. Peter Pachnicke ein intimer Kenner der DDR-Kunstszene als Kurator zur Seite. Pachnicke war in den 1970er und 1980er Jahren Generaldirektor des staatlichen Kunsthandels der DDR und damit der Geschäftspartner Peter Ludwigs bei dessen Kunstkäufen.

Ein umfangreicher Umbau brachte 1998 den Glaskasten, die „Vitrine", in das Schloss hinein. Darin wurden ein Aufzug, ein zweites Treppenhaus und der Besucherempfang untergebracht. Gegenüber, im sogenannten „Kleinen Schloss" entstand ein weiterer Ausstellungsraum, der Museumsshop und ein Trausaal für „feudale" Eheschließungen.

Wie der neue Name „Ludwig Galerie Schloss Oberhausen" schon aussagte, wurde die Zusammenarbeit mit der Ludwig-Stiftung unter veränderten Prämissen fortgeführt. Oberhausen wurde als Standort der DDR-Kunst aufgegeben und die Galerie für wechselnde Ausstellungen aus den großen und vielseitigen Beständen der inzwischen weltweit angesiedelten Ludwig-Museen genutzt. Diese Ausstellungen zogen nicht nur Besucher aus Oberhausen und der Region an, sie erreichten Besucher aus ganz Europa und Kunstinteressierte aus dem Rest der Welt. Insbesondere die Ausstellungen sogenannter Trivialkunst, beispielsweise der Donald-Duck-Zeichnungen von Carl Barks (1994) erzielten Besucherrekorde.

Nachdem Bernhard Mensch und Peter Pachnicke in den Ruhestand gegangen waren, wurde auf Vorschlag der Ludwig-Stiftung die Kunsthistorikerin Dr. Christine Vogt zur Leiterin der Ludwig Galerie Schloss Oberhausen bestellt. Sie war zuvor im Aachener Ludwig-Suermondt-Museum tätig und entwickelte nach ihrem Dienstantritt im Jahr 2008 mit Feuereifer und großer Fachkenntnis eine erfolgreiche Ausstellung nach der anderen.

Zur Unterstützung und Förderung der bildenden Kunst in Oberhausen wurde 1950 der Kunstverein Oberhausen gegründet, dessen erster Vorsitzender der damalige Oberstadtdirektor Georg Kaessler war. Der Kunstverein schloss nicht nur Kunstfreunde zusammen, sondern sorgte auch durch Stiftungen für das Wachsen der Sammlung der Galerie. Heute führt er unter dem Vorsitz von Ortwin Goertz auch eigene Ausstellungen durch, beispielsweise im St. Elisabeth-Krankenhaus (heute: Helios-Klinik) oder im Oberhausener Kunstsommer in der Garage Tedden im Drei-Städte-Eck Oberhausen-Mülheim-Essen. Im Jahr 2011 ist ihm ein neugegründeter Freundeskreis der Ludwig-Galerie Schloss Oberhausen an die Seite getreten, dessen Vorsitzende die Oberhausener

Kauffrau Jutta Kruft-Lohrengel ist, deren Autohaus seit 1999 einen eigenen Kulturpreis verleiht.

Eigene Prägung besitzen auch die Ausstellungen des Vereins für aktuelle Kunst im Zentrum Altenberg. Einige Galerien und Ausstellungsmöglichkeiten in Gaststätten, Firmen- und Verwaltungsgebäuden runden den Bereich der Sichtbarmachung von Kunst im Innenraum ab. Aus der zur Ludwig-Galerie gehörenden Artothek können sich die Bürger wechselnde Kunst fürs eigene Wohnzimmer ausleihen, im „Kunsthaus Haven", an der Straße Küppers Hof im Stadtteil Borbeck gelegen, stehen Künstlern Atelierräume zur Verfügung. Und die städtische Malschule kümmert sich seit 1967 um die aktive Heranführung der Kinder und Jugendlichen an die bildende Kunst. Unter der Leitung von Jürgen Hinninghofen (bis 2002) und Ursula Bendorf-Depenbrock lernen die Malschüler die unterschiedlichsten Techniken und Stilmittel durch eigenes Tun kennen. Die Ausstellung „Spinnerei", die im März 2012 zum 45. Geburtstag der Malschule in der Panorama-Galerie im Kleinen Schloss gezeigt wurde, dokumentierte die vielfältigen Ideen und ihre eindrucksvolle künstlerisch-praktische Umsetzung.

Natürlich ist in Oberhausen Kunst auch im öffentlichen Raum präsent, auf Straßen und Plätzen, in Parkanlagen und, und, und ... Eine Aufzählung der Objekte würde viele Seiten füllen. Sie ist einfach da, ein zumeist stiller, aber vertrauter Bestandteil der räumlichen Umgebung. Man sieht (oder übersieht) sie tagtäglich.

Dritter Akt, zweite Szene: Der Theaterkosmos des Johannes Lepper

Zum Nachfolger von Klaus Weise als Intendant des Theater Oberhausen wählte der Rat der Stadt den Regisseur Johannes Lepper. Geboren in Ratingen hatte dieser zunächst das Handwerk des Steinbildhauers gelernt, bevor er an der Westfälischen Schauspielschule in Bochum seine theatralische Ausbildung begann und sozusagen vom Steinbildhauer zum Menschenbildhauer wurde. Erste Engagements als Schauspieler führten ihn an das Theater Bonn, das Junge Theater Göttingen und an das Dortmunder Kinder- und Jugendtheater. Mit Beginn des „Neuen Schauspiels" begann seine Tätigkeit am Theater Oberhausen. Er assistierte Klaus Weise bei mehreren Inszenierungen, ehe er mit dem Kinderstück „Greta und Kurt" 1994 sein Oberhausener Regiedebut gab. In der Folge schuf er neun Inszenierungen, in denen er eine eigene Regiehandschrift entwickelte. 1997 erhielt er für seine Inszenierung der „Räuber" von Friedrich Schiller den Oberhausener Theaterpreis. Neben der Oberhausener Regietätigkeit führten ihn Gastinszenierungen an das Theater der Stadt Koblenz, das Maxim-Gorki-Theater Berlin und an das Staatsschauspiel Dresden.

Mit Beginn der Spielzeit 1999/2000 wurde Johannes Lepper Intendant des kleinen, aber feinen Moerser Schlosstheaters. Auch hier schuf er eine Reihe von bemerkenswerten Inszenierungen, die diesem Haus wieder eine überlokale Aufmerksamkeit sowohl bei Kritikern als auch beim Theaterpublikum brachten. Lepper brachte also gute Voraussetzungen mit, die von Klaus Weise in elf Spielzeiten aufgebaute neue Ausrichtung des Theaters Oberhausen als Schauspielhaus zu festigen und auszubauen.

Da Klaus Weise den größten Teil „seiner" Schauspielerinnen und Schauspieler mit nach Bonn genommen hatte, musste Lepper sein Ensemble neu zusammenstellen. Aus Moers brachte er neben seiner Ehefrau Sabine Wegmann die Schauspielerinnen Katharina Ortmayr und Franziska Weber sowie die Schauspieler Marek Jera, Jan Kämmerer, Aljoscha Langel und Otto Schnelling mit. Elenor Holder, Frank Wickermann und Jeff Zach, die schon zu Weises Zeiten in Oberhausen spielten, aber dann mit Lepper nach Moers gegangen waren, kehrten an das Theater Oberhausen zurück. Anna Polke, Mohammad-Ali Behboudi und Dieter Oberholz gehörten weiterhin dem Oberhausener Ensemble an. Neuengagements bereicherten das Ensemble: Pirkko Cremer, Nora Düding, Karin Kettling und Linda Riebau verstärkten die Damenriege und spätere Publikumslieblinge wie Torsten Bauer, Helge Tramsen und Klaus Zwick waren gewichtige Neuzugänge. Hartmut Stanke, zwischen 1971 und 1973 schon einmal am Theater Oberhausen engagiert, kehrte nach Stationen in Ingolstadt, Dortmund, Ulm, Heidelberg und wieder Dortmund zurück.

Die fünf Jahre andauernde Intendanz Johannes Leppers war im Großen Haus geprägt durch den Regisseur Johannes Lepper, der die wichtigsten Stücke selbst auf die Bühne brachte. Er bevorzugte klassische Theaterstoffe, sei es aus der Antike, der europäischen Klassik oder einer modernen Klassik. Schon die beiden Eröffnungsinszenierungen im September 2003 zeigten diesen Bogen, aber auch die Verwandtschaft der Stoffe. Die Tragödie „König Ödipus" von Sophokles war das erste Stück; im gleichen, von Martin Kukulies entworfenen Bühnenbild spielte zwei Tage später „Alice" nach dem Buch von Lewis Caroll, von Lepper als korrespondierendes Satyrspiel zu „König Ödipus" gesehen. Thematisch dazwischen, in der Premierenreihenfolge danach, „Die Hermannsschlacht" von Heinrich von Kleist mit dem jungen Helge Tramsen als Hermann. Dieser spielt ein Jahr später den Josef K. in der Lepperschen Bearbeitung des Romans „Der Prozess" von Franz Kafka. Mit Shakespeares „König Lear", gespielt von Otto Schnelling, begann Lepper seine dritte Spielzeit. Im Gasometer inszenierte er „Parzival" von Tankred Dorst mit Jeff Zach, Marek Jera, Hartmut Stanke, Michael Witte, Elenor Holder und Sabine Wegmann in den Hauptrollen. Mit Sabine Wegmann in der Titelrolle folgten Kleists „Penthesilea" und Dürrenmatts „Die Physiker". Ein weiteres Königsdrama von Shakespeare, „Richard III.", Georg Büchners Komödie „Leonce und Lena" und der Gasometer-Produktion „Freiheit! Gleichheit! Brüderlichkeit!" rundeten den Inszenierungsreigen Leppers ab, bevor er mit Gerhart Hauptmanns „Die Ratten" den regielichen Schlusspunkt seiner Oberhausener Tätigkeit setzte.

Ergänzt und kontrapunktiert wurde die Regiehandschrift des „Chefs" durch viele andere Regisseure und Regisseurinnen. Hier ist vor allem Leppers langjähriger Weggefährte, der Schauspieler und Regisseur Otto Schnelling zu nennen. Er inszenierte Zuckmayers „Hauptmann von Köpenick" mit Klaus Zwick als Schuster Voigt. Gleichzeitig hatte der „Hauptmann" mit Otto Sander in der Titelrolle am Schauspielhaus Bochum Premiere, was viele Kritiker zu Vergleichen reizte, bei denen allerdings das Theater Oberhausen und Klaus Zwick die Nase vorn hatten. Von Bertolt Brecht inszenierte Otto Schnelling zwei Stücke, „Leben des Galilei" und „Die heilige Johanna der Schlachthöfe". Der „Galilei", ursprünglich für das Studio konzipiert, musste wegen der starken Kartennachfrage häufig ins Große Haus umziehen und wurde von Claus Peymann zum Internationalen Brecht-Festival des Berliner Ensembles, das zum 50. Todestag des Autors im August 2006 stattfand, eingeladen. Von der heiteren Seite zeigte sich Schnelling mit dem unverwüstlichen Schwank „Der Raub der Sabinerinnen" mit Torsten Bauer als Theaterdirektor Striese.

Abb. 16: Hauptmanns „Die Ratten" war 2008 die letzte Regiearbeit von Johannes Lepper in Oberhausen. Seine Gattin Sabine Wegmann spielte die Frau John.

Die Regisseurin Bernarda Horres inszenierte „Rose Bernd" von Gerhard Hauptmann, „Platonow" von Anton Tschechow und „Der gute Mensch von Sezuan" von Bertolt Brecht mit Franziska Werner in der Doppelrolle Shen Te/Shui Ta. Christian Schlüter, heute Oberspielleiter des Schauspiels in Bielefeld, führte Regie bei Offenbachs „Pariser Leben", der Komödie „Alte Freunde" von Maria Goos und einer Trash-Version von Shakespeares „Was ihr wollt".

Im Studio 99, immer noch im zweiten Stock unter dem „heißen Blechdach" angesiedelt, gab es eine bunte Mischung von neuen und neuesten Stücken sowie Kinder- und Jugendstücken, die im Rahmen des „tip" gespielt wurden. Hier konnten auch die Regieassistenten des Hauses ihre ersten Regieversuche machen, die zum Teil recht erfolgreich waren und schon eine eigene Handschrift verrieten. So Michael Masberg mit „Das Herz eines Boxers" von Lutz Hübner und „Messer in Hennen" von David Harrower, Ulla Bay Lührssen mit „The Killer In Me Is The Killer In You My Love" von Andri Beyeler und dem „Sängerkrieg der Heidehasen" von James Krüss. Michael Ambachs Inszenierung „Klamms Krieg" von Kai Hensel mit Michael Witte in der Titelrolle erreichte 35 Aufführungen. Im Januar 2007 zog das Studio hinunter in den ehemaligen Malersaal, der weitgehend in Eigenleistung von Theatertechnik und Werkstätten zu einer Studiobühne umgebaut worden war. Eine größere Raumhöhe, ein besseres Raumklima und eine bessere Erreichbarkeit bedeuten für Darsteller und Techniker bessere Arbeitsbedingungen, für das Publikum mehr Komfort für entspanntes Zuschauen.

Im Großen Haus wurde auch die langjährige Tradition des „Weihnachtsmärchens", nunmehr „Familienstück" geheißen, erfolgreich fortgesetzt. „Kalle Blomquist", „Potilla und der Mützendieb", „Pünktchen und Anton", „Peter Pan" und „Momo" begeisterten kleine und große Zuschauer. Thomas Goritzki inszenierte zwei dieser Stücke, darüber hinaus die Theatralisierung des UFA-Klassikers „Die Drei von der Tankstelle". Gerburg Jahnke inszenierte die „Witwendramen" von Fitzgerald Kusz, mit „Come Together" wurde die Reihen der Revuen der Ära Weise fortgesetzt und, und, und ...

Exkurs: Strukturwandel – Von der Industrie zur Industriekultur

Ab der Mitte der 1960er Jahre wurden im Ruhrgebiet durch den Rückzug des Bergbaus und der Stahlindustrie große Flächen frei, die nun einer anderweitigen Nutzung harrten. So auch in Oberhausen, der Stadt, die einstmals die „Wiege der Ruhrindustrie" war. Die Nachfolgenutzungen waren vielfältig: Die Grundstücke der Zeche Concordia, deren Schließung im Theater 1968 in einer Inszenierung der „Dreigroschenoper" thematisiert wurde, wandelten sich zum Bero-Einkaufszentrum mit der angrenzenden Großwohnanlage City-West (Schacht 2/3) und zum Gewerbegebiet Am Eisenhammer (Schacht 4/5). In ehemaligen Baulichkeiten des Schachtes 1 siedelte sich das soziokulturelle Zentrum Druckluft an; am Schacht 6 an der Niebuhrstraße entwickelte sich ein privates Kultur- und Veranstaltungszentrum mit dem Theater an der Niebu(h)rg. Auf dem Gelände der Zeche Alstaden entstand eine Werkbundsiedlung, die durch den Essener Architekten Werner Ruhnau konzipiert wurde, der in der Region vor allem durch das von ihm entworfene Theater in Gelsenkirchen, aber auch durch die Umbauten des Essener Grillo-Theaters und des Oberhausener Ebertbades bekannt war.

In der Mitte zwischen den drei Oberhausener Stadtbezirken, wo einst die Hochöfen der GHH den Himmel röteten, entstand ab den 1990er Jahren ein „Urban Entertainment Center" mit dem 1996 eröffneten Einkaufszentrum CentrO. als Nukleus, umrahmt von einem Freizeitpark, einer Marina, einem Kinozentrum, einer großen, 12.000 Zuschauer fassenden Veranstaltungshalle und einem Musical-Theater. Das Gelände der Zeche und Kokerei Osterfeld wurde für die Landesgartenschau 1999 zum OLGA-Park ausgestaltet. Ein markanter Bau dieser Zeche, die ehemalige Kokskohlevergleichsmäßigungsanlage, harrt nach Zwischennutzungen als Ausstellungshalle (z.B. für Gunter von Hagens' „Körperwelten") und Garten-Center einer neuen adäquaten Verwendung.

Die ehemalige Zinkfabrik Altenberg, zwischen der Rückseite des Hauptbahnhof und dem Bero-Zentrum gelegen, wurde einer kulturellen bzw. soziokulturellen Nutzung zugeführt. Der Initiativkreis Altenberg sorgt für ein vielfältiges Programm, der Verein für aktuelle Kunst zeigt in einer ehemaligen Werkshalle seine Ausstellungen und der Landschaftsverband Rheinland hat hier den Hauptsitz seines 1984 gegründeten und 1997 eröffneten Rheinischen Industriemuseums, das seit Oktober 2008 den Namen LVR-Industriemuseum trägt. Das Museum, das derzeit kommissarisch von Dr. Burkhard Zeppenfeld geleitet wird, ist dezentral organisiert, um die industriellen Exponate in ihrem jeweils angestammten räumlichen Bezug zu belassen. Neben Oberhausen sind

Ratingen, Solingen, Bergisch Gladbach, Engelskirchen und Euskirchen die Schauplätze. In allen sechs Städten werden in erhaltenen, heute denkmalgeschützten Fabrikgebäuden sowohl technische Exponate der jeweiligen Industriezweige als auch die Bezüge zum gesellschaftlichen und sozialen Umfeld aufgezeigt.

Das Museum ist auch innerhalb Oberhausens dezentral aufgestellt. Hauptschauplatz sind die Räume in Altenberg, markiert durch ein portalartig vorangestelltes Gerüstteil der Wuppertaler Schwebebahn, das die Hansastraße überspannt. Das ehemalige Hauptlagerhaus der GHH an der Essener Straße, 1921 bis 1925 von dem damals in Düsseldorf und Wien tätigen Architekten Peter Behrens erbaut, dient heute als zentrales Sammeldepot des Industriemuseums, das mehr als 100.000 Sammlungsstücke beherbergt. Die nicht mehr benötigten Gleise 4 und 5 des Oberhausener Hauptbahnhofs wurden zu einem Museumsbahnsteig mit industriellen und Kunstobjekten ausgebaut. In der ältesten Arbeitersiedlung des Ruhrgebiets wurde das „Museum Eisenheim" vom LVR übernommen und ausgebaut. Die „Wiege der Ruhrindustrie", die 1758 gegründete St. Antony-Hütte, wurde ebenfalls vom Industriemuseum übernommen. Im Industriearchäologischen Park neben dem Museumsgebäude wurden in den letzten Jahren auf einer Fläche von etwa 1.000 Quadratmetern die Fundamente der ehemaligen Hüttenanlagen ausgegraben und gesichert. So entstand eine Art Pompeji des Ruhrgebiets.

Zwischen 1989 und 1999 sorgte die vom Land Nordrhein Westfalen getragene Internationale Bauausstellung Emscher Park, die von Prof. Karl Ganser geleitet wurde, mit neuen Ideen und Projekten für weitreichende Impulse im Strukturwandel der Region. Zu den IBA-Projekten gehörte in Oberhausen zunächst die Umnutzung des 1913 von Carl Weigle erbauten, an der zentralen Kreuzung Oberhausens – an der sich die Duisburger, Mülheimer, Essener und Sterkrader Straße treffen – gelegenen Werksgasthauses der GHH zum Technologiezentrum Umweltschutz (TZU). Durch den Wegfall des angrenzenden Stahlwerks war es seiner Funktion als Gasthaus für Konzerngäste, Besprechungs-, Freizeit- und Erholungshaus sowie Kantine für die Beschäftigten des Werkes beraubt. Im Werksgasthaus fanden bis zur Eröffnung der Stadthalle 1962 auch Kulturveranstaltungen verschiedenster Art für die Oberhausener Bevölkerung statt.

Ab 1991 wurde das Werksgasthaus nach Plänen der Pariser Architekten Reichen en Robert sowie des Oberhausener Architekten Uli Dratz unter Beachtung des Denkmalschutzes umgebaut (TZU I). Es wurde der Mittelpunkt eines Gesamtkomplexes, das sich spiralförmig in die umliegende Stadtlandschaft erstreckt. Das bogenförmige TZU II steht dabei dem Werksgasthaus am Nächsten, jedoch ohne ihm zu nahe zu kommen, die angepasste alte Gartenanlage schafft die nötige Distanz. Mit einer markanten Fußgängerbrücke überquert die Spirale die Mülheimer Straße und setzt sich durch das dortige Gewerbegebiet bis in den Kaisergarten fort. Mit dem zwischen 1994 und 1997 entstandenen TZU IV fand der Komplex zu seiner heutigen Gestalt.

Lautete das Ansiedlungsthema zunächst „Umwelt: Analyse, Planung, Technik" so hat die wirtschaftliche und technische Entwicklung aktuell zu den Bereichen Telekommunikation, Multi-Media, Local Area Netzwerk-Technologie, Spezialsoftware-Entwicklung und die digitalen Anwendung in Werbung und Publikation geführt.

Weitere Projekte der IBA Emscher Park betrafen die Konversion von Industriebauten zu „Kulturtempeln" des beginnenden 21. Jahrhunderts. Neben der inzwischen in der UNESCO-Liste des Weltkulturerbes eingetragenen Zeche Zollverein in Essen, der Jahrhunderthalle in Bochum, die zum Hauptspielort des seit 2002 bestehenden Festivals RuhrTriennale wurde, und dem Landschaftspark Duisburg-Nord, ist in diesem Zusammenhang der Oberhausener Gasometer am Rhein-Herne-Kanal zu nennen, der zu einem Leuchtturm der kulturellen Nutzung ehemaliger Industrieanlagen im Ruhrgebiet geworden ist.

Der Gasometer wurde zwischen 1927 und 1929 als Zwischenspeicher für Gichtgas, das bei der Verhüttung von Eisen entstand, erbaut und war mit einer Höhe von 117,5 Metern und einem Durchmesser von 67,6 Metern der größte Scheibengasbehälter Europas. Nachdem er 1988 nicht mehr gebraucht wurde, folgte eine Kontroverse über Abriss oder Erhaltung des „Industrierelikts".

Viele sahen im Gasometer nur eine hässliche Blechbüchse, die die Umwelt verschandelte. Auch der Chronist gehörte dazu, bis er eines Tages einen Blick in das Innere werfen konnte. Es zeigte sich ein einzigartiger, riesiger Raum mit einer einzigartigen Akustik. Innerhalb weniger Minuten mutierte das hässliche Entlein zum strahlenden Schwan und der Chronist stand fortan auf der Seite derer, die den Gasometer erhalten wollten.

Im Rahmen der IBA Emscher Park wurde der Gasometer in den Jahren 1993 und 1994 zu einer Ausstellungshalle umgebaut, die von Jeanette Schmitz geleitet wird. Mit der Ruhrgebietsausstellung „Feuer und Flamme" wurde der Gasometer eröffnet. 460.000 Besucher sahen in zwei Jahren diese Ausstellung, der bis 2012 elf weitere folgten, die insgesamt mehr als vier Millionen Besucher in den Gasometer brachten. 1999 schufen Christo und Jeanne-Claude hier „The Wall", eine Installation aus 13.000 Ölfässern. Ein Jahr später gab es eine Ausstellung zum hundertjährigen Bestehen des DFB. Eine Mondskulptur mit 25 Metern Durchmesser bildete 2009/10 nicht nur das Hauptexponat der Ausstellung „Sternstunden", sondern auch die Kulisse für die Aufführung des Stückes „Peterchens Mondfahrt" durch das Theater Oberhausen, das seit 1994 schon mehrfach Schauspielproduktionen im und für den Gasometer inszenierte.

Mehrfach fanden auch Konzerte im Gasometer statt. Die kathedralenartige Höhe des Raumes und die damit verbundene, sieben- bis achtfache Echos erzeugende Akustik erfordern eine angepasste Stückauswahl und Spielweise. Herausragend waren zwei Konzerte: Im Rahmen der Kulturhauptstadt 2010 wurde unter „Spem In Alium" eine Motette des englischen Renaissance-Komponisten Thomas Tallis für 40 Sänger, aufgeteilt in fünf Chöre aufgeführt. Und während der RuhrTriennale 2011 wurden Werke von John Cage gespielt und das extra für den Gasometer komponierte Stück seines Schülers Robert Moran „Budda Goes To Bayreuth" durch das ChorWerk Ruhr uraufgeführt. An solchen Konzertabenden wird der Gasometer zum „Magischen Ort", passend zum Titel der Ausstellung in den Jahren 2011/2012. Und wenn man mit dem gläsernen Aufzug auf das Dach des Gasometers fährt, hat man einen fantastischen Weitblick über das Ruhrgebiet mit seinen Projekten des Strukturwandels, die auf der Erde durch die von der IBA Emscher Park initiierte „Route der Industriekultur" verbunden sind.

Dritter Akt, dritte Szene: Peter Carp bricht zu neuen Ufern auf

Ein neuer Intendant und eine neue Ausrichtung des Spielplans führen das Theater Oberhausen ab dem Herbst 2008 in eine spannende Zukunft. Peter Carp, der neue Intendant, wurde 1955 in Stuttgart geboren und ist in Hamburg aufgewachsen. Nach dem Abitur studierte er in Hamburg und Berlin Theaterwissenschaften, Kunstgeschichte, Publizistik und Medizin. Als Leitender Dramaturg und Regieassistent war er bis 1990 an der Freien Volksbühne Berlin tätig, deren Intendant damals Hans Neuenfels war. Seit 1990 ist Carp als freischaffender Regisseur tätig. Klaus Weise, damals noch Schauspieldirektor in Darmstadt, verpflichtete ihn für eine Regie ans dortige Staatstheater und später nach Oberhausen. Hier inszenierte er mit Ibsens „Gespenster", eines der drei Stücke, mit dem das „Neue Schauspiel" im Oktober 1992 seinen Betrieb aufnahm. Nach Regiearbeiten in Mainz, Münster, Kiel, Innsbruck und Hannover, Luxemburg und Dortmund übernahm Peter Carp 2004 die Position des Schauspieldirektors am Luzerner Theater, wo er selbst Regie führte, aber auch, wie sein dortiger Intendant Dominique Mentha formulierte, „oft mutige und ungewöhnliche Entscheidungen für außergewöhnliche Kreativteams" traf. Drei Spielzeiten lang leitete er das Luzerner Schauspiel, dann wurde er zum Intendanten des Theater Oberhausen berufen.

Von den neun in Luzern fest angestellten Schauspielern wechselten sechs mit ihrem Chef nach Oberhausen, die Damen Elisabeth Kopp, Annika Meier und Angela Schweitzer sowie die Herren Henry Mayer, Jürgen Sarkiss und Peter Waros. Aus dem bisherigen Oberhausener Ensemble wurden die Damen Susanne Burkhard, Karin Kettling und Anna Polke sowie die Herren Torsten Bauer, Mohammad-Ali Behboudi, Marek Jera, Caspar Kaeser, Hartmut Stanke, Michael Witte und Klaus Zwick übernommen. Neuzugänge, zum Teil von anderen Theatern, zum Teil direkt von der Schauspielschule kommend waren Nora Buzalka, Angela Falkenhan, Manja Kuhl, Martin Hohner und Martin Müller-Reisinger.

Für das dramaturgische Gerüst des vielseitigen Spielplans sorgt vor allem Tilman Raabke, der Chefdramaturg. Zuvor am Deutschen Schauspielhaus in Hamburg und an den Münchner Kammerspielen tätig, wird er für das Oberhausener Publikum schnell ein Fixpunkt des Theater(er)lebens, denn seine Einführungsvorträge in der b.a.r. sind nicht nur von großer Kenntnis geprägt. Tilman Raabke versteht es meisterhaft, seine Begeisterung an das Theaterpublikum weiterzugeben. Mehr im Hintergrund, aber genauso wirksam agiert Rüdiger Bering als Geschäftsführender Dramaturg. Bering hatte zuvor an verschiedenen Berliner Theatern und an der Berliner Universität der Künste gearbeitet.

Beiden Dramaturgen gelang zum Start der Intendanz ein großer Coup. Sie besorgten vom Songwriter persönlich die Rechte für die Deutsche Erstaufführung der Opera „Woyzeck" von Tom Waits und Kathleen Brennan, die nach der Kopenhagener Uraufführung im Jahr 2000 nicht mehr gespielt werden durfte. Mit dem Erfolg der Oberhausener Inszenierung war der Bann gebrochen und viele Theater können diese „Woyzeck"-Version nun nachspielen.

Am zweiten Abend gab es eine Regie-Überraschung. Herbert Fritsch, bekannt geworden als Schauspieler an der Volksbühne am Rosa-Luxemburg-Platz Berlin, führte seine erste Regie am Theater Oberhausen und brachte die Darsteller im wahrsten Sinne des Wortes „auf Trab". Sein „neuer, ganz eigener Blick" auf Molières „Tartuffe" lotete „mit dem Ensemble alle Spielarten der Bühnenkomik" aus, wie in einer Kritik nachzulesen war. Fritsch inszenierte später noch Joe Ortons Farce „Beute" im Malersaal und präsentierte in Zusammenarbeit mit den Kurzfilmtagen sein Projekt „hamlet_x".

Das dritte Stück im Großen Haus wartete mit einer fulminanten Gastschauspielerin auf. Astrid Meyerfeld, einer der „Stars" des Castorf-Ensembles in Berlin, spielte Brechts „Die Mutter" mit der Musik von Hanns Eisler. Die Berliner Tageszeitung „Die Welt" jammerte im März 2010: „Die Volksbühne spielt jetzt in Oberhausen, und in der Volksbühne wird Oberhausen gespielt. Während die Stars des Theaters am Rosa-Luxemburg-Platz auf der Suche nach Arbeit bis in die Provinzstädte ziehen, herrscht in ihrer Stammbühne mittlerweile ein Niveau, das ,Oberhausen' zu nennen eine Gemeinheit gegenüber der Provinz wäre."

Doch mit diesen „Raketen" war das Feuerwerk der ersten Spielzeit noch nicht beendet. Jürgen Kruse, als Regisseur „berühmt und berüchtigt für seine düsteren und ästhetisch herausfordernden Klassikerinszenierungen", erarbeitete einen Tschechow-Hölderlin-Abend, der ukrainische Regisseur Andriy Zholdak interpretierte Henry Millers „Sexus" als einen „Mittsommernachtstraum unserer heutigen Welt". Und Hausherr Peter Carp? Er hielt sich bescheiden im Hintergrund mit der Uraufführung des häuslichen Musicals „Altweibersommer" von A. L. Kennedy und der Übernahme seiner Luzerner „Möwe", der die Neue Zürcher Zeitung den Charakter einer Modellinszenierung bescheinigt hatte.

Junge, aufstrebende Regisseure und Regisseurinnen leisteten die Regiearbeit im Malersaal. Patrick Wengenroth, Marco Storman, Roland Spohr, Simone Eisenring und Hannah Rudolph nutzen die Spielstätte in unterschiedlicher, experimenteller, aber immer intensiver Weise. Der in Paris lebende Schweizer Hans Peter Litscher vollführte in seinem Projekt „Gelateria Götterdämmerung" einen Balanceakt zwischen Fiktion und Wahrheit, als er im GHH-Gästehaus mit einer theatralischen Installation durch das Leben des Eisdielenbesitzers Achenbach führte, die an den 1968/69 auch in Oberhausen entstandenen Film „Die Verdammten" von Luchino Visconti anknüpfte.

In seiner zweiten Spielzeit konnte Peter Carp das Publikum natürlich nicht mehr so häufig überraschen, dafür aber die begonnene Arbeit erfolgreich fortsetzen, was durch den enger werdenden Finanzrahmen nicht immer einfach zu erreichen war. Herbert Fritsch inszenierte sein drittes Stück in Oberhausen, die musikalische Komödie „Pferd frisst Hut" nach Eugène Labiche, Joan Anton Rechi versuchte die „Oberhausener Johannes-Passion", die junge Belgrader Regisseurin Ana Tomovic hatte die Regie von Shakespeares „Romeo und Julia" und Peter Carp selbst inszenierte „Endstation Sehnsucht" von Tennessee Williams und Anton Tschechows „Kirschgarten". Im Rahmen der Kulturhauptstadt RUHR.2010 nahm das Theater Oberhausen an dem gemeinsamen Projekt von sechs Schauspielhäusern des Ruhrgebiets, „Odyssee Europa", teil und produzierte die Uraufführung „Penelope" von Enda Walsh. Hans Peter Litscher realisierte in einer Mülheimer Villa das Projekt „¡Barbara-Rabarbara!" als Co-Produktion mit dem Festival „Theater der Welt", das 2010 in Mülheim und Essen stattfand.

Im Malersaal schuf Roland Spohr, der inzwischen als Operndirektor ans Staatstheater Mainz gewechselt war, eine spannende Aufführung von Robert Musils „Die Verwirrungen des Zöglings Törleß", Oberhausener Hip-Hop-Tänzer brachten ihr Lebensgefühl in die Produktion „King A" ein. In der Produktion „Attacke Alter!" zeigten Oberhausener Senioren selbstbewusst und agil den Umgang mit ihrem Alter, mit seinen Chancen, aber auch mit seinen Problemen auf. Und im Außenprojekt „Abseitsfalle" von Schorsch Kamerun ging der Wettbewerb um die Sponsoren zwischen Theater und Fußball unentschieden aus.

Abb. 14: Henrik Ibsens „Nora", inszeniert von Herbert Fritsch, wurde zum Berliner Theatertreffen 2011 eingeladen und ist seither ein internationaler Exportschlager des Theater Oberhausen.

Auch in der Spielzeit 2010/11 wurden die Spielplanlinien weiterentwickelt. Herbert Fritsch gelang mit Ibsens „Nora oder ein Puppenheim", gespielt von Manja Kuhl, Nora Buzalka, Torsten Bauer, Henry Mayer und Jürgen Sarkiss, eine fulminante Inszenierung, die zum Berliner Theatertreffen 2011 eingeladen wurde und damit zu den zehn besten Inszenierungen des deutschsprachigen Raumes 2010/11 zählte. Die Inszenierung wurde zu Gastspielen in Prag, Krakau, Hamburg, Siegen, Caracas und Bogotá sowie Oslo und Zürich eingeladen. Für das ZDF schuf Fritsch eine Fernsehfassung, die auch im vollbesetzten Berliner Sony-Center als public viewing gezeigt wurde. Andriy Zholdak kraftvolle Pranke schuf mit Dostojewskijs „Der Idiot" wieder eine packende und zudem musikalisch-melodramatische Inszenierung mit Michael Witte in der Titelrolle. Joan Anton Rechi präsentierte gemeinsam mit dem Theatermusiker Otto Beatus eine spannungsvolle Adaption von Bizets Oper „Carmen". Im Reigen zahlreicher Inszenierungen von Goethes „Iphigenie auf Tauris" punktete Sarantos Zervoulakos, derzeit Hausregisseur am Düsseldorfer Schauspielhaus. Peter Carp führte Regie bei einem Doppelabend, der zwei Stücke im gleichen Bühnenbild des Schweizers Kaspar Zwipfer auf die Bühne brachte: das aktuelle Stück „Waisen" von Dennis Kelly und Anton Tschechows Drama „Drei Schwestern".

Quasi eingerahmt wurde die Spielzeit von zwei Familienstücken im Gasometer. Im Rahmen der Ausstellung „Sternstunden" hing ein großes Modell des Mondes in der Tonne, das von Peter Carp für eine Inszenierung von „Peterchens Mondfahrt" genutzt wurde. Der 43 Meter hohe Baum des Lebens, Mittelpunkt der folgenden Ausstellung „Magische Orte", mutierte in der Regie von Christian Quitschke zum „Traumzauberbaum", einem vor allem im Osten Deutschlands sehr beliebten Familienstück über den Umgang mit der Natur.

In einer Umfrage der Fachzeitschrift „theater heute" wurde das Theater Oberhausen hochgelobt, ja nach der Auszählung der Kritikermeinungen in der Kategorie „Gesamtleistung eines Theaters in der Saison" mit einem zweiten Platz unter allen Theatern in Deutschland, Österreich und der Schweiz belohnt. Die Darstellerin der Nora, Manja Kuhl, wurde in dieser Umfrage als beste Nachwuchsdarstellerin benannt. Darüber hinaus erhielt sie beim NRW-Theatertreffen in Wuppertal die Auszeichnung als beste Darstellerin und den Oberhausener Theaterpreis 2011, sowohl von der Jury als auch vom Theaterpublikum.

Während dieser Text geschrieben wird, läuft die vierte Spielzeit Peter Carps auf Hochtouren. Herbert Fritsch hat sie mit einer „schrägen" Inszenierung von Lessings „Emilia Galotti" begonnen, Peter Carp inszeniert wiederum einen Doppelabend mit Edward Albees „Wer hat Angst von Virginia Woolf?" und Elfriede Jelineks „Winterreise", der junge Dramatiker Dirk Laucke zeigt im Malersaal sein Projekt „Angst und Abscheu in der BRD", Corinna Sommerhäuser führt Regie beim Familienstück „Das Dschungelbuch", der ungarische Filmemacher Kornél Mundruczó verheißt in einer endzeitigen, proletarischen Operette „Schöne Tage", der Opernregisseur Tilman Knabe bläst Shakespeares „Sturm" auf die Oberhausener Bühne und, und, und … Das Jahresheft 2011/12, ungewöhnlich aufgemacht mit zahlreichen theatralisch parodierten Zeitschriftentiteln, verheißt viele spannende Theaterabende. Und da Peter Carp kurz vor Weihnachten 2011 einen neuen Intendantenvertrag unterschrieben hat, verlängert sich die künstlerisch positive Perspektive für das Theater Oberhausen bis 2018.

Abb. 17: Eine Demonstration für die Wichtigkeit und Notwendigkeit von Theater im Rahmen der szenischen Adaption des Romans „Sexus" von Henry Miller durch den Regisseur Andriy Zholdak in der Spielzeit 2008/09

Epilog

Nach den Katastrophen des Nationalsozialismus und des Zweiten Weltkrieges ist die Kultur in Oberhausen rasch „auferstanden aus Ruinen". Der Wiederaufbau der schon zuvor vorhandenen Kulturinstitute – Theater, Musikwesen, Bücherei und Stadtarchiv – begann unmittelbar nach dem 8. Mai 1945. In den folgenden Jahren traten die Städtische Galerie, die Volkshochschule und die aus ihr erwachsenen Kurzfilmtage als neue Kultureinrichtungen dazu. Trotz der ständigen, offenen und latenten Finanzprobleme einer nicht mit großen Reichtümern gesegneten Industrie- und Arbeiterstadt konnte sich in den ersten zwei Jahrzehnten nach dem Krieg das Kulturleben in Oberhausen und insbesondere das Theater achtbar entwickeln. Als Mitte der 1960er Jahre das Zechensterben begann, führten Umstrukturierungen im Theater zwar zu einer finanziellen Entlastung des städtischen Haushalts, aber auch zu einer Minderung von Qualität und Vielfalt des Theaterspielplans. Auch der Spartenwechsel des Theaters von 1992 war dem durch den Wegfall der Stahlindustrie erzwungenen Strukturwandel geschuldet. Das neue Schauspiel hat sich aber, trotz vieler Unkenrufe bei der Gründung, hervorragend entwickelt und ist unter der derzeitigen Intendanz von Peter Carp ein im deutschsprachigen Raum viel beachtetes Theater geworden. Wenn auch das finanzielle Damoklesschwert weiterhin über dem Theater (aber auch über allen anderen Kultureinrichtungen) schwebt, so ist in künstlerischer Hinsicht seine Zukunft für die nächsten Jahre gesichert.

Auch die anderen „großen" Kulturinstitute sind gut aufgestellt „und der Zukunft zugewandt". Mit Christine Vogt hat die Ludwig Galerie eine Leiterin, die profunde Sachkenntnis mit dem notwendigen Geschick in der Besucherwerbung verbindet. Lars Henrik Gass lenkt die Internationalen Kurzfilmtage im goldenen Jubiläumsjahr des Oberhausener Manifestes weiterhin auf sehr hohem, weltweit beachtetem Niveau. Das im September 2011 wieder eröffnete Bert-Brecht-Haus gibt der Stadtbibliothek und der Volkshochschule ein neugestaltetes Heim, in dem die Aktivitäten dieser beiden Institute besser zur Entfaltung kommen können. Ein vom Kulturbüro und der Städtischen Musikschule – beide unter dem Dirigat von Volker Buchloh – gestaltetes und koordiniertes Musikleben von der Klassik bis hin zu Rock und Pop setzt vielgestaltige Akzente. Eine 2011 ins Leben gerufene Jugendkunstschule soll sich mit ihren Kursen und Workshops um die Nachwuchsförderung in allen (nicht nur den klassischen) Kunstbereichen kümmern. Jeanette Schmitz entwickelt weiterhin große Ausstellungen als Besuchermagneten für den Gasometer und auch das LVR Industriemuseum schreitet positiv weiter mit seinem Konzept, die industrielle Vergangenheit vor Ort lebendig zu erhalten.

Kurz: Es gibt 2012 in Oberhausen eine reiche, allerdings für das Leben der Stadt auch dringend notwendige, ja unverzichtbare Kulturlandschaft.

Dieser Notwendigkeit werden allerdings die finanziellen Regelungen der Gemeindeordnung des Landes Nordrhein-Westfalen nicht gerecht. Die Aufwendungen einer Gemeinde oder Stadt für die Kultur gelten mit wenigen Ausnahmen als freiwillige Ausgaben, die nur dann möglich sind, wenn nach der Finanzierung der sogenannten Pflichtaufgaben noch Geld im Etat ist. Dies bedeutet, dass die Kosten für Kultureinrichtungen bei finanziellen Streichkonzerten immer eine große Rolle spielen (müssen). Da die Menschheit aber seit ihrem Bestehen nicht ohne Kultur auskommt, ist es für alle Menschen und die von ihnen geschaffenen Gemeinwesen eigentlich eine Urverpflichtung, unsere vielgestaltige, in Jahrhunderten, ja Jahrtausenden entstandene Kultur zu bewahren, weiter zu entwickeln und an die nächste Generation weiter zu geben. Diese Verpflichtung zur kulturellen Bildung muss sich auch in der Gemeindefinanzierung widerspiegeln. Kultur und kulturelle Bildung müssen Pflichtaufgaben werden, denn nur dann, so meint der Chronist, ist das Gemeinwesen weiter entwicklungsfähig „und der Zukunft zugewandt".

Zum 50. Jubiläum des Oberhausener Manifestes

Prof. Dr. Hilmar Hoffmann: Rede anlässlich der Eröffnung der 58. Internationalen Kurzfilmtage Oberhausen, am 26. April 2012 im Lichtburg Filmpalast, Oberhausen

Die „Frankfurter Allgemeine" nobilitiert das „Oberhausener Manifest" als „die markanteste Zäsur in der Nachkriegsgeschichte des deutschen Films" (28. Februar 2012)

Am 28. Februar 1962 ist mit der spektakulären Verkündung des Oberhausener Manifestes aber nicht nur Filmgeschichte geschrieben worden. Im Vortragssaal der Volkshochschule an der Schwartzstraße wurde im Beisein der legendären Oberbürgermeisterin Luise Albertz dieses Datum auch für die Stadt Oberhausen geschichtsträchtig. Mit dem Kampfruf „Papas Kino ist tot" wurde unter der Dunstglocke der Montanstadt an der Emscher dem „Neuen Deutschen Film" die Geburtsurkunde ausgestellt. Mit dessen schneidend knappen Text wurde zugleich dem Schnulzenkartell der deutschen Filmwirtschaft seine Existenzberechtigung bestritten. Das Jahr 1962 erinnern wir auch als jene bittere Blamage, als mangels Klasse erstmals kein einziger deutscher Film in Cannes vorgezeigt wurde.

Weil die glatten Illusionswelten des westdeutschen Nachkriegskinos niemanden mehr wirklich interessierten, war das „Oberhausener Manifest" geradezu zwangsläufig geworden. Die 26 Unterzeichner, deren meiste sich mit preiswürdigen Kurzfilmen in Oberhausen seit 1954 schon als Hoffnungsträger empfohlen hatten, forderten das Erwachen des deutschen Films aus seiner jahrelangen Lethargie; auch erklärten sie den Generationenwechsel für längst überfällig. Die Mehrzahl dieser Zwischengeneration war noch zu jung, um sich in Hitlers Krieg verheizen zu lassen und schon zu alt, um im demokratischen Wehrdienst noch Disziplin zu üben. Sie begriffen das Wirtschaftswunder nicht nur als das wunderbare der Prosperität, sondern auch als Chance, mit ihren Filmen dazu Gegenentwürfe zu formulieren.

Als 1956 schon wieder 60 Prozent der Westdeutschen das Militär als „Schule der Nation" begrüßten, opponierten die „Oberhausener" gegen die eilfertige Flut Kriegsverharmlosender Filme, die im jetzt gewendeten Drillich für eine Wiederaufrüstung plädierten. Neben den Literaten der Gruppe 47 gehörten die „Oberhausener" zu jener ersten Generation, die im neuen Wohlstand der Republik zu kritischem Bewusstsein gelangt waren. In den Lehrplänen wurde die versunkene Welt des Nationalsozialismus zur „Geschichte ohne Volk" verharmlost, während die älteren Überlebenden zum „Volk ohne Geschichte" mutierten. Unter der Devise „Mach Dir ein paar schöne Stunden, geh' ins Kino" bewirkten seichte Förster- Ärzte- und Heimatfilme beim zerstreuungssüchtigen Publikum nichts als interesseloses Wohlgefallen. Sentimentale Verdrängungsplotten begünstigten im so erzeugten Gefühlsschwang ein unbekümmertes Wohlbefinden, auf dass die Schrecken der jüngsten Vergangenheit sollten leichter vergessen werden können. Im Rekordjahr des deutschen Kinos 1959 spiegeln die Filmtitel der Top-Ten eine erschreckende Seelenlandschaft unserer Nachkriegsgesellschaft: Filme wie „Charlys Tante", „Sissi", „Die Fischerin vom Bodensee", „Das Schweigen im Walde", „Wenn der

Vater mit dem Sohne", „Der Pfarrer von Kirschfeld" usw. beherrschen die Kunst der Zerstreuung als höchsten Akt der Beiläufigkeit.

Was unter den „Oberhausenern" aber viel größeren Verdruss erzeugte und ihren Aufbruch ins Neue, ganz Andere befeuert hatte, das war jene bedenkenlos reaktivierte Regieprominenz des tausendjährigen Reiches. Von den 120 im selben Jahr 1959 produzierten westdeutschen Filmen stammte mehr als die Hälfte von Regisseuren, die ihr Metier schon unter der Propaganda-Fuchtel von Hitlers Seeleningenieur Dr. Goebbels missbraucht hatten: Veit Harlan, Wolfgang Liebeneiner, Harald Braun, Karl Ritter usw. Trotz hektischer Entnazifizierung waren diese Säulenheiligen einer virtuosen nationalsozialistischen Staatsästhetik schon bald nach 1947 vom Friedhof der Nazi-Eliten wieder auferstanden, um den hohen Ton ihrer Ufa-Andacht nun in neuer Kostümierung zu verbreiten. Meine Damen und Herren, mit einer Ausnahme waren die 26 Rebellen des „Oberhausener Manifestes" junge Filmemacher aus München.

Seit 1954 war die mondiale Oberhausener Kino-Leinwand längst zu ihrem mentalen Zuhause geworden. Schon im bunten Panorama ihrer Kurzfilme hatten sie hier ästhetisch und ethisch als Beweis für ihre Möglichkeitsvielfalt das Manifest quasi vorweggenommen. Die Presse hatte die revoltierenden Filmemacher aus München schon lange vor ihrem Manifest mit dem Brandzeichen „die Oberhausener" gekennzeichnet und ihnen damit wohl auch ein Gütesiegel verliehen.

Gemeinsam verbindet ihre Arbeiten die Skepsis gegenüber jedweder Ideologie und gegen Bevormundung durch staatliche oder wirtschaftliche Interessen. Ja, „Freiheit" und „Autonomie" waren so etwas wie der gemeinsame genetische Code der „Oberhausener". Film, das war für Kluge, Reitz, Schlöndorff, Fassbinder ein Medium auch der Selbsterkundung. Der Geist des Manifests wider alles Geläufige und alles Restaurative war größer als ihr kleinster gemeinsamer Nenner. Das eher harmlose Kurzfilmtage-Motto „Wege zum Nachbarn" hatten wir einst gewählt, um die hermetisch verschlossenen Fenster jenseits des Eisernen Vorhangs aufzustoßen. Allein unser damaliges Festival-Apriori hatte einer extrem linksfürchtigen Bundesregierung schon genügt, aus ihrer erzkonservativen Reservatio und ihrem ästhetischen Abseits Oberhausen als „Rotes Festival" (Höcherl) zu diskriminieren. Obwohl Volker Schlöndorff das Manifest nicht mit unterzeichnet hatte, fühlte er sich aber dem „Oberhausener Geist" zutiefst verpflichtet. In seinem in Venedig preisgekrönten „ Der junge Törless" (1966) antizipiert er die Pogrome der Nazidiktatur als Vorgriff auf jene unheilvolle „Kristallnacht" des Jahres '38. Als Außenseiter in eine vorhersehbare Karriere gestartet, offenbarten Kluge und Schlöndorff am Lido und an der Croisette mit ihren dort preisgekrönten Spielfilmen einen bis dahin unerwarteten moralischen Rigorismus, dessen formale Brisanz die Juroren verblüffte. Mit exzellenten kinematischen Kunstverständnis surften auch andere. Mit ihren gegen das Verdämmern der Aufklärung gerichteten Spielfilmen haben die „Oberhausener" das Bewusstsein einer ganzen Branche geprägt, so wie es ihnen auch beim Publikum gelang, die hohe Kunst der Wahrnehmung zu vermitteln. Nicht nur der historischen Signifikanz des „Manifestes" wegen findet sich der Name der Stadt Oberhausen mit großen Lettern in den Annalen der Filmgeschichte als feste Größe verewigt, sondern bis heute auch als Mekka des Kurzfilms. Der Name Oberhausen ebenso wie der Begriff „die Oberhausener" haben sich als längst kanonisierte Modelle in die Enzyklopädie des Films und des Kinos fest eingeschrieben.

So ist es am heutigen Jubiläumstage mein großer Wunsch, dass es Oberbürgermeister Klaus Wehling und Lars-Henrik Gass trotz akuter Finanznöte der Ruhrgebietsstädte gelingen möge, die Stadtparlamentarier von ihrer hohen Erbe-Verpflichtung nachhaltig zu überzeugen.

Als die Nummer eins unter den Kurzfilmfestivals der Welt ist Oberhausen als Weltkulturgut, seine eigene beste Bestandsgarantie. Protagonisten des Neuen deutschen Films wie Werner Herzog mit „Lebenszeichen" (1967), Johannes Schaaf mit „Tätowierung" (1967), sowie viele andere „Oberhausener" mit ihren Erstlingswerken auf der Welle ihrer Manifest-Verheißungen in den Erfolg. Historisch aber noch gewichtiger als einzelne noch so erfolgreiche Karrieren wie die von Kluge, Reitz, Herzog, Schlöndorff, Schamoni oder später Rainer Werner Fassbinder, waren aber die konkreten kulturpolitischen Fragen des „Oberhausener Manifests", die ihrer Protestfanfare überhaupt erst Gehör verschafften.

Literatur

Bourrée, Manfred. Oberhausen – Großer Kultur- und Freizeitführer Ruhrgebiet, Band II, Herausgegeben vom Kommunalverband Ruhrgebiet 1988
Lepges, Gerd: Spielplan – Musiktheater in Oberhausen 1949–1986. Oberhausen 1986.
Lepges, Gerd: „Da capo … al fine" – Musiktheater in Oberhausen 1986–1992. Oberhausen 1992.
Lepges, Gerd: Vom Stadttheater zum Theater am Ebertplatz – Schauspiel in Oberhausen 1949–1992. Oberhausen 1992.
Lepges, Gerd: Günther Büch – Inszenierungen. Mit Fotos von Rudolf Holtappel und anderen. Oberhausen 1993.
Lepges, Gerd: Stadttheater Oberhausen 1920–1930. Oberhausen 1994.
Lepges, Gerd: Stadttheater Oberhausen 1930–1949. Oberhausen 1995.
Lepges, Gerd: 1947 – Städtisches Orchester – 50 Jahre – Orchester Oberhausen e.V. – 1997. Oberhausen 1997.
Lepges Gerd: Schillers „Räuber" in Oberhausen. Oberhausen 1997.
Lepges, Gerd: Stücke von Brecht in Oberhausen. Oberhausen 1998.
Lepges, Gerd: Weiterspielen. 90 Jahre Theater Oberhausen 1920–2010. Oberhausen 2010.
Schmitz, Michael: Das Mekka der Shortys. Die Internationalen Kurzfilmtage werden 2004 schon 50 Jahre jung. In: Oberhausen '04 – ein Jahrbuch, Oberhausen 2003
Schmitz, Michael: Die (Lese-)Rattenfängerin. In 100 Jahren hat sich die Stadtbibliothek zur wichtigsten Oberhausener Kultureinrichtung entwickelt. In: Oberhausen '07 – ein Jahrbuch, Oberhausen 2006
Stadtverwaltung Oberhausen (Hg.): Oberhausen Rhld. – 75 Jahre Stadt, Oberhausen 1949
Stadt Oberhausen (Hg.): Oberhausener Heimatbuch, Oberhausen 1964
Stadt Oberhausen (Hg.): Abenteuer Industriestadt Oberhausen 1874–1999, Oberhausen 1999
Theater Oberhausen: Theater Oberhausen 2003–2008. Oberhausen 2008.
Weise, Klaus und Zulauf, Jochen (Hg.): Kunst am Stück. Theater Oberhausen 1992–2003. Oberhausen 2003.

Klaus Oberschewen

Das K 14: Links und Frei!

Interview mit Walter Kurowski und Heinz Brieden

Am 29. Juni 2011 führte Klaus Oberschewen das folgende Grspräche mit Walter Kurowski (W. K.) und Heinz Brieden (H. B.) über die Gründung und Bedeutung des „K 14", dem ersten sozio-kulturellen Zentrum der Bundesrepublik Deutschland.

H. B: Ich bin 1962 nach Oberhausen gekommen und war zu der damaligen Zeit ein relativ junger Bildhauer. Als alter Sozialdemokrat bin ich schon 1948 eingetreten und war dann gleich hier im zuständigen Ortsverein. In diesem Ortsverein war u. a. auch Hilmar Hoffmann und es gab gleich eine ziemlich enge Beziehung zu der Kunstszene in dieser Stadt. Das waren noch meist jüngere Leute wie Walter Kurowski und es führte dann 1964 zur Gründung des Arbeitskreises Oberhausener Künstler

Wann habt ihr euch kennen gelernt?

W. K.: Also ich bin 1964 nach Oberhausen gekommen. Auf einem Ostermarsch in der Zeit haben wir uns hier in dieser Stadt kennen gelernt.

Aber kennen gelernt habt ihr euch im Rahmen von künstlerischen Aktivitäten – nicht von politischen?

W. K.: Also ich denke das hat sich gemischt. Wir waren absolut außen vor der Tür. Künstler zu sein hieß entweder, du bist erfolgreich und hast dicke Aufträge und die Gesellschaft akzeptiert dich, oder du gehörst zu den anderen, die sind uninteressant. Die kommen nicht ins Schloss, die dürfen nicht ausstellen. Wo trifft man sich? Wie macht man das? Wie nimmt man seine Interessen wahr? Und wir waren, die wir uns gefunden haben, jüngere – auch ältere – die glaubten, sie müssten eigentlich irgendwas machen. Sie müssen sich versammeln. Sie müssen sich treffen, sie müssen irgendwo eigene Möglichkeiten haben, wo sie ausstellen können. Wo sie regelmäßig aufeinander zu kommen und Veranstaltungen wie Musik, Politik, Politikreden usw. machen können und wir waren auf jeden Fall politisierte Künstler. Wenn auch nicht parteipolitisch richtig angebunden, aber wir waren politisiert.

*Abb. 1:
Der stolze Walter Kurowski vor dem K 14 an der Ebertstraße*

Und es kam ja danach die 68er Bewegung auf. Das war auch unsere Geschichte und da waren wir dabei und haben versucht, in so einer Jugoslawien-Kneipe, beim Drago, haben wir gesessen, oben auf der Stöckmannstraße. Wir haben geschwätzt und träumten davon, irgendwo einen Raum zu haben. Wir sind dann von Wohnung zu Wohnung gezogen. Dann kam eines Tages die Ingrid Brieden und hat in der Zeitung gelesen, ein Haus sei zu vermieten auf der Ebertstraße. Da sind wir dann hin, haben uns das angeguckt und gesagt, das ist es.

H.B: 1969 war praktisch das Gründungsjahr vom K 14 an der Ebertstraße. Ja es gibt manche, die sagen 1968. Das lässt sich nicht mehr so genau zurückverfolgen Aber vor einigen Jahren hatten wir ja unser vierzigjähriges Jubiläum.

W. K.: Es lief parallel das Friedensdorf, wo ich ja aus irgendeinem Grunde auch mit gemacht habe und mit den Pastoren gemeinsam im Vorstand eine Zeitung gemacht habe. Wir waren unheimlich engagiert, aber auch immer sehr in der Kritik, weil natürlich die Linke jetzt immer mehr kam und auch immer radikaler wurde durch die APO, auch in ihren Forderungen immer radikaler wurde, gegen Vietnam zum Beispiel. Das war dann so, das die sagten, ihr verballert da unheimliches Geld und rettet da vielleicht ein oder zwei Kinder oder so. Was ist das? Ein Tropfen auf dem heißen Stein. Das muss viel politischer sein, und ich habe dann gesagt, das ist mir doch egal. Hast du mal ein Napalmkind gesehen? Dieses eine Napalmkind, davon haben wir glaube ich mindestens zehn. Das verdient es, dass man sich damit beschäftigt, dass man diesem Kind hilft. Und Geld spielt hier bei uns keine Rolle. Krankenhäuser sind super ausgestattet. Das kostet überhaupt nichts. Der Flug ist oft gesponsert und die Initiative. Da sag ich, wenn ich einem Kind helfen kann, dann reicht mir das schon aus. Auch das ist eine Hilfe an Vietnam. Und das lief übereinander und nebeneinander her und da waren die Künstler auf einmal in dem Haus an der Ebertstraße. Allerdings haben wir dann auch noch das Schloss gestürmt.

Abb. 2:
Das neue Domizil an der Ebertstraße, Innenansicht

H. B.: Ja natürlich, wir haben das gestürmt. Es gab da jährlich eine Ausstellung gnädigerweise vom damaligen Schlossgalerieleiter und wir haben dann die Gelegenheit wahrgenommen und ein Fass Bier da hin gestellt. Für alle. Hat der nur noch ganz dumm aus der Wäsche geguckt, was ist das denn jetzt hier? Also das kann doch nicht gehen, dass man uns einlädt ins Hotel Ruhrland und lässt uns dann da das teure Bier bezahlen. Aber ich wollte was anderes sagen. Ich war damals bei den Naturfreunden und habe dort immer wieder erlebt, wenn die Naturfreundejugend am so genannten Graf Haeseler Platz sich traf, dann war immer einer vom vierzehnten Kommissariat dabei. Und weil der in unserem Ortsverein war, ich war ja schließlich ein SPD-Genosse, habe ich dem gesagt, das geht eigentlich nicht an, dass wir hier immer so überwacht werden. Der konnte natürlich nichts dafür, der war ja dafür abgestellt und ich kann mich daran erinnern, dass ich auf der Hannovermesse war und da standen immer so dicke Bagger und Maschinen und da stand dann ein großer Buchstabe mit einer Zahl und da ging mir das so durch den Kopf, von wem werden wir immer behelligt, vom 14. K, der politischen Polizei. Drehen wir das doch um und sagen K 14. Vielleicht kriegen wir von denen auch mal Post und das war dann damals die offizielle Begründung. Das wurde natürlich begeistert aufgenommen von allen. Also K 14 war sofort drin. Bis heute. Heute weiß auch niemand, dass es das 14. K noch gibt. Immer noch. Hier in der Stadt. Im Polizeipräsidium gibt's immer noch und die sind auch noch tätig. Die sind für politische Vergehen und zur Überwachung von Verfassungsfeinden zuständig. Die meisten von uns waren ja alle dann auch in der SPD. Es waren auch stramme Kommunisten dabei. Die kamen aber erst später. Die Gründungsmannschaft waren im Wesentlichen Walter Kurowski, Manfred Kugelmann, Hilde Kowski, Rolf Kempkes, Brigitte Auler, Peter Auler und ich.

Wie lange war denn das K 14 an der Ebertstraße?

W. K. Zwei Jahre

Und dann war das nächste direkt an der Lothringer Straße?

H. B.: Ja wir haben vorher hier richtig gearbeitet in der Ebertstraße. Den Keller glaube ich einen halben Meter tiefer gelegt. Die ganze Erde raus gewuchtet. Den Putz von den Wänden geschlagen, weil alles faul und morsch war. Die Wände abgebürstet und natürlich Licht gelegt und das ganze Haus renoviert. Vorne war eine große Glasscheibe, weil das früher ein Geschäft war. Es trafen sich die Leute unten im Keller natürlich. Oben eine Veranstaltung oder man saß da, wenn irgendwas gelesen oder vorgetragen wurde. Dann war das Parterre in dem ehemaligen großen Raum und der normale Betrieb, wo man Pläne schmiedete und man sich traf und quatschte und so, das war im Keller.

W. K.: Ja und dann gab es einen Spruch: Der letzte macht die Tür auf? Macht die Tür zu …

H. B.: Nein der letzte macht die Türe auf, hat ja geschellt. Die Schelle war im Keller. Und da musste der letzte die Tür wieder auf machen.

Was habt ihr denn damals da so gemacht? Ihr ward Künstler, darstellende, bildende Künstler, Musiker.

H. B.: Alles gemacht. Ausstellungen. Lesungen. Fasia Jansen hat gesungen und wir hatten alle Leute da. Aus der DDR welche, einen Professor von der Uni. Aber das wichtigste war eigentlich immer der Treffpunkt. Schauspieler bzw. Regisseure, Politiker. Alles traf sich da und stand dann da rum und redete und schnatterte. Also es war ein politischer Brennpunkt und Treffpunkt. Das war entscheidend.

Da hinten haben wir doch noch dein Plakat hängen von Hanns Ernst Jäger, ein bekannter Brecht Schauspieler von den Ruhrfestspielen in Recklinghausen. Und eines Tages haben wir uns auch ein Klavier vorn Theater geholt. Das haben wir den ganzen Weg runter geschoben über den Bürgersteig bis zu uns. Das da rein gewuchtet und hinterher auch wieder zurück. Das musste bestimmt gestimmt werden, da mache ich jede Wette mit.

Habt ihr für solche Veranstaltungen Gage bezahlt?

H. B : Das wurde selber finanziert. Wir hatten zunächst keinerlei Zuschüsse. Aber Geld stinkt nicht. Zuschüsse, das kam erst viel später und die meisten Verantwortlichen waren misstrauisch. Wir hatten ja einen Standard: Mehr als 500 DM haben wir nie gemacht als Tarif für Auftritte. Und wenn der Kaiser von China kommt, mehr als 500 kriegt er nicht.

Also ging die Initiative von linken Künstlern, linken Aktivisten aus?

H. B.: Wir waren linke Künstler kann man sagen. Nicht nur, ja gut, aber überwiegend. Mit Engagement, zu der Zeit war das natürlich der Ostermarsch. Das wurde mitgemacht. Und dann hatten wir ja auch einmal prominenten Besuch der NPD. Die SPD hat eine Gegendemonstration gegen den Besuch von Adolf von Thadden in Oberhausen organisiert. Es wurden Plakate gedruckt und eine Demo organisiert, Presseerklärungen, Flugblätter, um das prak-

Abb. 3: Konservativer Besuch – Hildegard Matthäus

tisch jetzt öffentlich zu machen, ihn anzuklagen und so eine Stimmung zu erzeugen gegen Rechts, gegen die Neonazis. der Brutherd dafür war auch unser K 14.

W. K.: Wir haben auch einen Kinderladen gehabt. Nach Berliner Vorbild. Es gab also in unseren Reihen bestimmt zehn Kinder in dem Alter und dann hatten wir einen Kinderladen. Und der wurde hinten in dem Anbau eingerichtet und der tagte da. Und da wurden Protokolle geschrieben, da wurden Sitzungen gemacht, da wurden Protokolle gelesen und das war alles sehr heftig und es wurde stundenlang diskutiert.

H B.: Wir haben das alle alleine machen lassen. Da haben wir uns nicht drum gekümmert. Die Kinder haben das gemacht.

W. K.: Meine Tochter Eva war ja auch dabei und auch der Friedemann Schanz mit seinem Sohn Henning. Also das ging schon richtig heftig und du weißt ja wie so Kinderläden funktionierten. Da machen die Mütter reihum Dienst und da wurde alles beobachtet, was die Kinder machten. Da wurde protokolliert und dann wurde da im Team drüber gesprochen, damit das hinterher auch vorgelesen werden konnte bei einer Vollversammlung. Und da wurde diskutiert über die psychologischen Hintergründe von Fehlverhalten von Kindern und die einzelnen Entwicklungsphasen der Kinder. Das wurde alles genauestens analysiert. Parallel hierzu liefen unsere politischen Aktivitäten, also das war der Ostermarsch, das war gegen Vietnam. das war parteipolitisch SPD, nicht gegen, sondern im Grunde vorneweg. Es gab immer ein Riesengeschrei, wenn irgendwas passierte im K 14 und am nächsten Morgen wusste der Parteivorstand der SPD davon.

H. B.: Zehn Minuten später schon. Und dann gab es eine Sonderveranstaltung oder -versammlung. Wir hatten auch einen Aufpasser im Parteivorstand, der alles sofort mitteilte.

Abb. 4: Steine statt Argumente – Ingrid und Heinz Brieden im K 14

Welche Gedanken die sich da machten über uns, auch Luise! Luise Albertz war also sowas von aufgeregt, also jeden Pups, den wir gelassen haben im K 14, der hat sie tagelang beschäftigt. Und da haben sie ihre Sondersitzungen gemacht und wussten nicht, wie sie sich verhalten sollten. Sie konnten uns ja nicht verbieten, wir hingen ja nicht am Tropf und waren selbstständig und daher wollte uns irgendwie jemand reinreden. Das ging ja für uns überhaupt nicht. Das ging höchstens durch eine Art Schimpfkanonade oder allgemeine Diffamierungspolitik, aber sonst konnte man uns nichts und wir waren zu der Zeit sehr selbstbewusst. Dann kam der Aufruf, SPD zu wählen. Dann hieß das, wir fordern auf, zähneknirschend die SPD zu wählen. Das kam als Anzeige.

Im Prinzip waren wir die frühen Wutbürger, wenn man so will. Das hat uns ja auch nicht in Ruhe gelassen, das gehörte dann dazu, dass die Luise ihre Parteiämter alle niederlegen wollte und wollte alles hinschmeißen. Und eines Tages machte das klirr. Da hat uns dann der Peter Maaßen eine Scheibe eingeworfen und ist dabei ertappt worden und hat eine Anzeige bekommen. Die ist allerdings im Sande verlaufen, weil wir natürlich so eine linke Bude waren. Das konnte er nicht ertragen.

Ein weiterer Punkt unserer Aktivitäten war das Sammeln der antifaschistischen Erinnerungen von Widerstandskämpfern gegen die Nazidiktatur. Es waren ein Arbeitskreis aus der Volkshochschule. geleitet von Dr. Inge Kreuzenbeck. Hier waren also Menschen zusammen 1979, 1980, 1981, die sich zusammengesetzt haben, um ihre Erlebnisse in der Nazizeit aufzuschreiben. Später ist ein Buch daraus geworden. Es waren einige in der VVN und es waren Kommunisten dabei, aber auch Hans Müller, der in der sozialdemokratischen Antifa-Widerstandsbewegung tätig war. Später war diese Gruppe dann auch tätig beim Aufbau der Gedenkhalle, bei der Neugestaltung der Gedenkhalle, die Mitte der 1980er Jahre aufgebaut wurde und 1988 eröffnet wurde.

Es gab dann ein Foto, wo der Fritz Noll von der DKP und der Will Adam als Pfarrer, Pastor, nebeneinander saßen. Das war eine sehr schöne Veranstaltung. Da saß der Fritz Noll, da saß der Scholl von Radio Moskau und da waren auch CDU-Leute dabei.

Also ich würde sagen, aus unserer Szene sind einige später in dem Sinne was geworden, dass sie in der Stadtverwaltung oder der SPD was zu sagen hatten. Mit denen hatten wir ständigen Kontakt und dieser Kontakt hat sich natürlich auch aufrecht erhalten lassen bis heute, wenn du so willst. Das hilft uns natürlich weiter und ich meine, das was wir vorhatten, dass alle miteinander reden können, ist ja nun wirklich nichts Verwerfliches. Wir hatten allerdings nicht nur Linke oder Sozialdemokraten bei uns sondern auch christliche Menschen. Der Will Adam war Pfarrer und uns stand der spätere Minister Jürgen Schmude von der Evangelischen Kirche sehr nahe und auch einige Religionslehrer waren bei uns im K 14 aktiv.

Also unser bekannter Mensch vom 14. K, den wir von den Jugendorganisationen her kannten, der ruft mich eines Tages an und sagt: Pass mal auf, wir haben da irgendwo so eine linke Bude gefilzt und hier sind so etliche Bücher. Komm doch mal vorbei, vielleicht gefällt euch was davon, euch im K 14. Ich geh also da hin und da waren das, was weiß ich, so 20 Bücher. Das meiste war auf deutsch geschrieben, aber das waren irgendwie russische Schriftsteller, Zeichner, Maler, also Kunstbücher. Und ich konnte wirklich nichts Verdächtiges feststellen. Klar, nehme ich die mit. Ich weiß heute nicht mehr, wo sie geblieben sind, aber das war nicht entscheidend. Abends im Keller erzähl ich die Geschichte und am nächsten Morgen steht in der Zeitung, das 14. K schenkt dem K 14 Bücher. Morgens um sechs Uhr geht das Telefon bei mir. Da steht draußen dieser besagte Mann, heult wie ein Schlosshund und sagt: Ich muss jetzt nach Duisburg kommen, zur vorgesetzten Dienststelle. Die ziehen mir die Beine lang. Wie konntest du das machen. Ja sag ich, konnte ich auch nicht ahnen, dass da einer so scharf mitgehört hat und was weiß ich, was sollte ich machen. Hinterher stellte sich heraus, zu dem er nach Duisburg musste, die übergeordnete Dienststelle vom 14. K, der war irgendwie mit der Stasi verbandelt Der ist dann hochgegangen. Irgendwann hat man dann erfahren, also dem hättest du das gar nicht sagen müssen. Das heißt also, auch das 14. K war durchsiebt und durchwebt nicht nur von alten NS-Größen, sondern eben auch halt von der Gegenseite. Alles querbeet.

Anfang der 1970er Jahre war der Putsch von Pinochet gegen Allende in Chile. Das K 14 hat sich für Exil stark gemacht.

W. K.: Ja. Manfred Dammeyer war kurz vor dem Putsch in Chile und hat eine Sammlung von chilenischen Künstlern mitgebracht, eine Bildersammlung. Zeigte dann diese Ausstellung und eine Mappe. Die hatte er auch mitgebracht. Und dann sind wir hier auf die Idee gekommen, diese Mappe zu vervielfältigen, nachzudrucken, ohne zu fragen und das Geld zur Verfügung zu stellen. Der Walter hat dazu einen wunderbaren Umschlag gemacht. Und das waren sehr, sehr teure Drucke Ich kann mich erinnern, dass ein Bild dabei war, ein Pferdekopf. Da waren so viele Grautöne drin, die müssen wahnsinnig teuer gewesen sein. Aber wie auch immer, die Druckerei wollte 50.000 Mark sehen und dann haben wir 50.000 Mark aufgebracht für die Druckerei und die haben uns 1.100 Mappen gedruckt. Jede Mappe kostete damals 125 Mark und wie gesagt 1.100 Mappen haben wir verkauft. Die Druckerei musste bezahlt werden davon, Steuern mussten wir davon bezahlen. Aber der Rest ging eins zu eins für chilenische

Abb. 5: Willkommen Genossen – Solidarität mit verfolgten Künstlern aus Chile

Flüchtlinge und für einen Pastor drauf, der in Chile die Frauen betreut hat und auch immer Geld brauchte. Das ist exakt eins zu eins abgerechnet worden.

Und vorher seid ihr aus der Ebertstraße umgezogen in das jetzige K 14?

W. K : Ja, ich suchte zu der Zeit ein Atelier. Immer zu Hause hinterm Küchentisch also hinterm Wohnzimmerschrank, die Bilder unterm Bett, das war mir also wirklich zuwider. Und dann war da vorn eine kleine Druckerei, der Blitz, da habe ich ab und zu zu tun gehabt, da habe ich also drucken lassen. Und dann frag ich, habt ihr hier kein Atelier für mich, ein kleines? Doch sagt er, da hinten. Da ist jetzt einer ausgezogen, also hier in der Fabrik und da oben war ein Polsterer, da sind drei kleine Räume, geh da mal hin und frag nach. Und ich habe mir da oben drei kleine Räume angeguckt, Treppe hoch. Dann habe ich zu mir gesagt, wunderbar, toll. Und gehe hinten durch den Raum. Toilette war auch da. Mach da so eine eiserne Tür auf und steh da oben und guck hier runter. Da ging mir ne Lampe auf. Das ist es. Und da haben wir einen Plan gemacht. Heinz, sofort kommen! Alle kommen gucken. Wie machen wir das, wie stielen wir das ein? Denn wir waren natürlich äußerst vorsichtig. Also man kennt seine Gegner. Man kennt seinen üblen Leumund und wir trauten uns ja jetzt nicht zu sagen K 14, Ebertstraße. Wir machen hier einen neuen Laden auf. Dann haben wir überlegt, wie wir das formulieren und haben dann gesagt, Künstlerwerkstätten mit Ausstellungsräumen und Treffpunkt. Sowas haben wir dann der Frau Göpper gesagt. Und da hat die uns einen Mietvertrag gemacht und den haben Will Adam und ich unterschrieben. Das war 1972, da ging das los. Da haben wir aber hier bestimmt ein halbes Jahr schwer für gearbeitet. Fußböden gelegt.

Abb. 6: Gründung der Bürgerinitiative „Rettet Eisenheim", rechts Prof. Roland Günter

Kisten gebaut. Der hintere Raum. der kam später dazu. Es war hier in dieser Fabrik noch ein Klüngelskerl mit seinem ganzen Gerümpel. Und da oben unter der Decke haben wir gelegen und haben zentimeterdick irgendwelchen Staub, irgendwelche Gifte entfernt und entsorgt. Hier hat ja seit über 100 Jahren eine Dreherei gearbeitet und wurden Metallteile hergestellt. Drehbänke standen hier. Da kann man sich vorstellen, was hier für eine Staubimmission war. Und alles sauber gemacht, getüncht. angepinselt und dann war irgendwann Fabrikeröffnung und das war ein Bombenfest und jetzt waren wir hier drin. K 14 in der Fabrik – Fabrik K 14.

Hier waren dann Sonntagsveranstaltungen mit Kindermalaktionen. Es war hier rappelvoll, und es war richtig gut. Und dann kamen Veranstaltungen, Konzerte, Liedermacher traten auf, die Fasia war sehr aktiv hier und ist mit mir viel gereist. Auf irgendwelchen Veranstaltungen trafst du immer den und den und trafst den Künstler. Und da haben wir alles gleich fest gemacht: Ihr müsst zu uns ins K 14 kommen. Es gab in ganz Deutschland davon nur zwei, die Fabrik in Hamburg, kurz danach oder kurz davor und wir in Oberhausen. Selbstverwaltete Kulturzentren. freie Kulturzentren, wo niemand uns reinredete. Wir sind ein Verein zur Förderung politischer Bildung. Dazu gehört auch die Geschichte des Kindertheaters Rote Grütze aus Berlin. Wir haben eine Veranstaltung gemacht mit der Roten Grütze. Ich kannte die aus Berlin. Und hab gesagt, ihr müsst nach Oberhausen kommen. Und dann kamen die nach Oberhausen. Ich glaube ins Theater sogar. Und dann haben sie ein Textbuch heraus gegeben und die Plakate wurden gedruckt. Da ließ der damalige Kulturdezernent Österwind, der ließ das Textbuch mit den vielen F-Wörtern darin verbieten und das Stück insgesamt hat er abgesagt – kraft seines Amtes. Und das Stück konnte nicht aufgeführt werden. Die sind trotzdem gekommen und wir haben hier zwei Veranstaltungen im K 14 gemacht mit anschließender

Abb. 7: Csaba Deseo und die Kuro-Band

Diskussion. Und eine Menge Kinder waren da und Eltern und natürlich gab es auch gegensätzliche Meinungen. Ich erinnere mich an eine Nonne, die in schwarz gekleidet war und heftig entsetzt war, entrüstet über diese Aufführung im Theater. Fasia Jansen hatte da eine unglaubliche Art und ist auf die Nonne zugegangen und hat gesagt: Wissen sie denn nicht, was die Menschen da empfinden, wenn sie sich lieben und die Kinder, wenn die Kinder ihre Eltern lieben … und das alles, das sind Gefühle. Und um diese Gefühle geht es. Und sie müssen doch mal die Augen aufmachen! Also die Fasia hat mit der Frau so emotional geredet, dass sie dann nichts mehr gesagt hat und hinterher fix und fertig war. Später habe ich dann mit der Roten Grütze in Frankfurt noch einige Aufführungen gemacht und habe sie musikalisch begleitet. Auch Fasia war mit dabei. Dann haben wir in der Zeit Lutz Görner hier gehabt und der hat seinen Heinrich-Heine-Abend gemacht und gelesen. Alles hier im K 14.

H. B.: Eins muss noch gesagt werden: Soziokulturelle Zentren, die gab es erst später. Aber wir hier haben mal eine Veranstaltung gehabt mit verschiedenen Zentren und haben dann festgestellt, die reden nicht die gleiche Sprache. Nur sind wir erst da, wenn wir Feierabend haben, denn wir sind alle berufstätig. Wir sind also keine Sozialarbeiter, sondern wir sind erst nach unserem Feierabend ab 20 Uhr abends hier. Und ab 20 Uhr abends können wir dies und jenes machen, was wir wollen. Aber tagsüber ist der Laden zu. Denn wir haben keine Leute, die das tagsüber machen können. Insofern ist auch kein Sozialamt für uns zuständig, mit Sozialarbeitern oder so, denn die haben wir nicht. Und das war der große Unterschied zu den anderen Zentren, da saßen häufig Sozialarbeiter am Tisch. Insofern war das eigentlich

Abb. 8: Der Schriftsteller Gerhard Zwerenz (rechts)

grundsätzlich ein unterschiedlicher Ansatz. Die konntest du nicht deckungsgleich kriegen, das ging nicht.

W. K.: Aber hier waren auch andere Dinge. Wir merkten zu einer Zeit, dass viele Mao-Gruppen, Trotzkisten und andere Sekten aus der politischen Szene sich hier einschleichen wollten. Die kamen rein und guckten und wollten ihr Süppchen kochen. Dann kamen die und setzten sich verteilt an unterschiedliche Tische und versuchten, die unterschiedlichen Menschen mit ihren Argumenten zu politisieren. Da haben wir erst mal alle geguckt, du kannst ja keinen rausschmeißen. Und politische Gespräche zu führen, das kannst du auch nicht verbieten. So, aber wir merkten, dass die überall da waren und versuchten, politisch für sich Boden zu gewinnen. Die versuchte, junge Leute anzumachen, sie zu rekrutieren für ihre Sache. Und dann haben wir uns eine Kampagne überlegt. Das war dann ganz einfach. Wenn die auftauchten ist sofort einer von uns an jeden Tisch und hat heftig mitdiskutiert. Dann kamen die nicht mehr. Irgendwann war es aus.

Eine Geschichte fällt mir im Zusammenhang mit der SPD noch ein. Die Juso-Zeitung damals hieß „Umbruch". Die war, glaube ich, schon drüben in der Ebertstraße gemacht worden. Dann gab es immer Geschrei. Das war ein unglaubliches Geschrei. Ich erinnere mich an eine Ausgabe, da forderten wir dazu auf, kritisch darüber nachzudenken, ob man nach Spanien in den Urlaub fahren sollte, wo Franko noch herrschte und eine Diktatur war. Ich habe eine Ausgabe von dem „Umbruch' gemacht, weil ich wusste, dass die uns beobachten, richtig scharfsinnig und versuchten, uns ständig zu überführen. Wollten uns also irgendwelche Un-

Luise Albertz legte Parteiamt nieder

Oberbürgermeisterin von Oberhausen über Linkstendenzen in der SPD beunruhigt

Eigener Nachrichtendienst

Oberhausen — Die Oberbürgermeisterin von Oberhausen, Frau Luise Albertz, hat ihr Amt als Beisitzerin im Vorstand des SPD-Unterbezirks Oberhausen niedergelegt. In einem Schreiben an den Oberhausener Parteivorstand begründet sie ihren Schritt mit „Äußerungen und Methoden bestimmter Personen und Gruppierungen innerhalb der Partei". Inoffiziell verlautet, daß Luise Albertz, die seit 1956 ununterbrochen Oberbürgermeisterin von Oberhausen ist, an den „zunehmenden Linkstendenzen innerhalb der örtlichen SPD" Anstoß genommen habe. Ihre Rücktrittsabsicht hat sie zum erstenmal anläßlich einer Weihnachtsfeier der Arbeiterwohlfahrt geäußert. Dabei hat sie auch, wie aus ihrer Umgebung zu hören ist, die Jungsozialisten kritisiert. Sie soll die Befürchtung geäußert haben: „Die machen uns die ganze Partei kaputt."

Auch der SPD-Fraktionsvorsitzende im Oberhausener Stadtrat, Willi Meinike, will sein Amt im Vorstand des Unterbezirks Oberhausen niederlegen. Meinike war jahrelang Vorsitzender des Unterbezirks. Lange Zeit haben die Jungsozialisten in Oberhausen das Wohlwollen ihrer älteren Parteifreunde genossen. Es wird nicht für ausgeschlossen gehalten, daß für den Schritt der Oberbürgermeisterin ein Plakat den Ausschlag gegeben hat, auf dem die Jungsozialisten Nachfolger für Frau Albertz vorschlagen.

Die Nachricht, daß die Oberbürgermeisterin von ihrem Parteiamt zurücktritt, hat in Oberhausen große Überraschung ausgelöst. Für die SPD bedeutet die Entscheidung der Politikerin einen schweren Schlag; denn Luise Albertz stand in der Bevölkerung außerhalb jeder Kritik und hat deshalb viele Wähler angezogen. Meinike hat weniger in einer breiten Öffentlichkeit, aber innerhalb der Oberhausener SPD Gewicht. Die Bundesführung der SPD in Bonn hat sich gestern zu den Vorgängen in Oberhausen noch nicht geäußert.

Abb. 9: Rheinische Post vom 14. Dezember 1970

terschlagungen oder so was beweisen, oder ob wir vom Osten finanziert wurden oder was die sich ausgemalt haben, das weiß ja nun keiner. Wir saßen nun bei der SPD-Unterbezirksdelegierten Konferenz. Da sprang Hans-Martin Peters, der damalige Sparkassendirektor, auf und sagte, der Umbruch wäre ein Saublatt, das könnte er nicht zu Hause liegen lassen, er hätte minderjährige Kinder und was da alles für Dinge passierten, das wäre ja alles unverständlich. Er möchte gerne mal wissen, wie das alles bezahlt würde. Das sieht ja doch irgendwie professionell aus und man könnte sich nicht vorstellen, wie die Jusos das bezahlt bekommen. Ich muss eigentlich jetzt hinzufügen, dass ich die Ausgabe gemacht habe und mit dem Tucholsky-Pseudonym signiert, also Theobald Tiger, Peter Panther, Kasper Häuser, Ignaz Wrobel. Jede Karikatur hatte einen anderen Namen. Und auf dem Titelblatt war Theobad Tiger. Der hatte das gezeichnet. Und dann sprang der Kassierer des Ortsvereins auf, in die Mitte und sagte, er hätte nachkontrolliert, in ganz Oberhausen gibt es keinen Theobald Tiger, den er abkassiert hat. Das kann kein Oberhausener Genosse sein, der das gemalt hat. Natürlich haben wir gelacht über alle vier Backen, wir hatten einen Riesenspaß dabei. Aber wir wussten auch, dass die Aktivitäten im Rathaus oben einen Wirbel machen würden. In der SPD, die ja stramm geführt wurde. Und kein Widerwort. Luise und der alte Meinecke, die haben ein eisenhartes Zepter geführt. Und da gab es also strenge Regeln, was man durfte und was man nicht durfte. Und zu der Zeit schlich sich dann auch schon einer in die Partei ein.

H. B.: Wir haben viele Flugblätter und Prospekte gemacht, auch für Jusos. Daran erinnere ich mich noch. Und über den Karl-Heinz Gläser hab ich dann den Heinrich (Heinz) Schleußer kennen gelernt. So und insofern ist das alles ein Filz. Also diese linken Gruppierungen in Oberhausen sind parteiübergreifend und zwischen Politik und Moral hängt irgendwie alles zusammen. Und natürlich auch die Freundschaften, die daraus gewachsen sind. Gemeinsam war: Wir wollten links und frei sein!!!

Abb. 10: Titelblatt der Festzeitung von 1999 – 30 Jahre K 14, gestaltet von Walter Kurowski

Das K 14: Links und frei!

Gustav Wentz

Die „sportfreudigste Stadt"
hat sich für Breitensport entschieden

Oberhausens Sportgeschichte
weist viele Facetten auf

„Der Deutsche Fußballbund und der Deutsche Handballbund haben mehrfach den Ruf der Stadt Oberhausen als sportfreudigste Stadt des Ruhrgebietes anerkannt." So steht es im Verwaltungsbericht der Stadtverwaltung für die Jahre 1953/1954. Man mag es heute kaum glauben, aber Oberhausen – darauf verweisen schon die ersten Verwaltungsberichte nach Kriegsende – genoss einen hervorragenden Ruf als „Sportstadt" im „Rheinisch-Westfälischen Industriegebiet", wie damals noch häufig geschrieben wurde.

Dass dies so war, hat seine Ursache hauptsächlich im Stadion Niederrhein, das bei seiner offiziellen Inbetriebnahme am 24. Mai 1926 (Pfingstsonntag) nicht nur von eingesessenen Kommunalpolitikern, sondern auch von überörtlichen Gästen und Presseorganen beinahe hymnisch gefeiert wurde. Oberbürgermeister Berthold Otto Havenstein begrüßte bei der „Stadionweihe" neben rund 12.000 Zuschauern auch zahlreiche Kollegen aus der näheren und weiteren Umgebung, die Spitze des Siedlungsverbandes Ruhrkohlenbezirk (heute: Regionalverband Ruhr) und den preußischen Wohlfahrtsminister Ludwig Hirtsiefer. Die zweite Hälfte der 1920er Jahre war im Westen Deutschlands auch die Zeit solcher Stadionneubauten – etwa gleichzeitig entstanden vergleichbare Stadien in Duisburg, Düsseldorf und Wuppertal.

Dieser für die junge Großstadt Oberhausen zentral gelegene Ort war (und ist) auch der zentrale Ort des Oberhausener Sportlebens. Worüber der Umstand nicht hinweg täuschen kann, dass seit dem Jahre 2010 Fußball die einzige Sportart ist, die hier noch betrieben wird. Die Leichtathleten, die über viele Jahrzehnte so kräftig und stark am Ruf der „Sportstadt" Oberhausen mitgearbeitet hatten, sind in das vorzüglich umgebaute und ganz auf ihre Bedürfnisse zugeschnittene Sterkrader Volksparkstadion ungezogen. Damit haben sie eine neue Heimat ganz nah am Freiherr-vom-Stein-Gymnasium gefunden, dessen Sportlehrer (stellvertretend seien hier Günter Stolz und Willi de Haan genannt) zwischen den 1970er und 1990er Jahren immer wieder Nachwuchs so formten, dass er regelmäßig Spitzenergebnisse im leichtathletischen Schulsport produzierte und häufig Nordrhein-Westfalen bei den Finalwettkämpfen des Wettbewerbs „Jugend trainiert für Olympia" im Berliner Olympiastadion vertrat.

Fußball und Leichtathletik sind als für Oberhausen bedeutsame Sportarten genannt, nach Kriegsende waren sehr früh auch die Handballer wieder aktiv. (Die Chronik des TuS 87/97 Alstaden berichtet von einem ersten Handballspiel bereits im Sommer 1945, durchgeführt auf der Jahnwiese im Ruhrpark, da der Sportplatz Kuhle den britischen Besatzungstruppen als Exerzierplatz diente).

Die ungewöhnlich frühe Wiederbelebung der Sport- und Turnvereine hat auch zu tun mit dem raschen Funktionieren der Dachorganisation, dem heutigen Stadtsportbund (dazu an anderer Stelle mehr). Der Verwaltungsbericht der Stadt für 1945/1946 schilderte zwar in erster Linie die furchtbaren Schäden, die auch die Sportanlagen durch Luftangriffe erlitten hatten und versäumt nicht die Erwähnung von zahlreichen Freiflächen, die für den Gartenbau genutzt wurden. Er vermerkt aber auch: „Die Sporttätigkeit nahm in allen Oberhausener Turn- und Sportvereinen bedeutend zu." Auf elf einigermaßen intakten Sportplätzen (oft in Eigeninitiative der Vereine wiederhergestellt) waren 16 Vereine und Schulen aktiv. Wie viele Vereine in den drei relativ unbeschädigt gebliebenen Turnhallen (Lyzeum, Kuhle, Fichtestraße) Übungsstunden anbieten konnten, ist nicht überliefert.

Auch eine Gesamtzahl der Vereine wird nicht genannt – aufgrund später veröffentlichter Zahlen ist von 40 bis 50 Vereinen auszugehen. Neben Fußball, Handball, Leichtathletik gab es kurz nach dem Krieg jene Schwerpunkte, die schon vorher in Oberhausen Aufmerksamkeit, Bedeutung und Zuspruch gefunden hatten: Boxen, Ringen, Hockey, Schwimmen, Billard, Turnen, Tennis.

Dass bereits im September 1948 wieder (die letzte hatte es 1932 gegeben) eine „Turn- und Sportwoche" (TUSWO) im Stadion Niederrhein veranstaltet wurde, muss angesichts der Umstände als unglaublicher Erfolg begriffen werden. Eine Woche lang präsentierten sich rund 6.500 Sportler aus Schulen und Vereinen zu einer recht kompletten Leistungsschau des heimischen Sportlebens. Ins Stadion kamen mehr als 30.000 Besucher. Die TUSWO wurde zu Beginn der 1960er Jahre eingestellt. Ein einziges Mal hatte sie (1957) ausfallen müssen, als eine Grippe-Epidemie und eine gleichzeitige Hitzeperiode die Durchführung der Großveranstaltung gewissermaßen von selbst unmöglich gemacht hatten. In den folgenden Jahren sanken die Zuschauerzahlen, aber das war nicht der letzte Grund für die Einstellung. Die Einstellung der Turn- und Sportwoche hatte wesentlich zu tun mit der auch in Oberhausens Sportvereinen – kaum unter den Aktiven, stark unter den Vorständen – mitunter heftig geführten Diskussion über den Gegensatz von „Amateur-" und „Berufssport". Diese Diskussion wurde auf allen Ebenen geführt, zumal das Internationale Olympische Komitee (IOC) sich lange Zeit als Gralshüter des reinen Amateurismus dargestellt hatte – und seit den 1950er Jahren die „Staatsamateure" der Staaten aus kommunistischen Systemen eben diesen Gedanken verwässerten. In den Diskussionen vor Ort spielte auch die teils öffentliche Finanzierung der für Konkurrenten gehaltenen Aspekte wie Breiten- und Leistungs- bzw. Spitzensport eine Rolle. Und: Ihre Folgen sind zum Teil heute noch zu besichtigen. Die Ausstattung von städtischen Sportanlagen (siehe spätere Ausführungen) wurden dem – nie öffentlich ausgesprochenen, aber stets befolgten – politischen Primat einer Gleichbehandlung aller Sportvereine und aller Sporttreibenden untergeordnet.

Im städtischen Verwaltungsbericht für die Jahre 1952/1953 heißt es im Abschnitt „8. Sport" einleitend. „Die örtlichen Sportvereine waren bestrebt, den Ruf der Stadt als führende Sportstadt im Zentrum des Ruhrgebietes zu festigen und zu fördern. Den erhöhten Anforderungen

Abb. 1: Rot-Weiß Oberhausen, Westdeutscher Regionalmeister 1968/69

im Übungs- und Wettkampfbetrieb konnte man nur dadurch gerecht werden, daß im November 1951 ein Turn- und Sportlehrer eingestellt wurde, dessen Hauptaufgabe es sein wird, die Verbindung zwischen Sportamt und Schulen sowie Vereinen zu festigen." Gesorgt hatte dafür der seit 1947 als Gremium der Stadtverordnetenversammlung bestehende Sportausschuss, der sich schon in den ersten Jahren seines Bestehens den Ruf erarbeitete, den er heute noch hat – den der „Sportfraktion" nämlich. Das soll aussagen, dass in diesem Ratsausschuss nur selten politische Differenzen ausgetragen werden, dass hier ganz überwiegend das Bedürfnis von Vereinen im Mittelpunkt steht – weswegen die Zahl der einstimmigen Beschlussfassungen hier noch höher ist als in anderen Gremien. Wichtig ist jedenfalls, dass der Sportausschuss schon früh die Bedeutung des Zusammenwirkens von Schul- und Vereinssport erkannt und gefördert hat.

Vielleicht war es aber auch nur der Not gehorchend, denn eine Statistik vom Anfang der 1950er Jahre zeigt, dass etliche Sportstätten unter Schul-Regie standen. Das galt vor allem für Turnhallen: Im Jahre 1951 gab es acht Turnhallen, von denen sich fünf in Schulen befanden, eine einem Verein gehörte, zwei von der Stadt und damit auf „neutralem Boden" geführt wurden. Im Jahre 1939 hatte es noch 19 Turnhallen gegeben, elf davon in Schulen. Man sieht: Die Kriegsfolgen waren noch nicht überwunden. Immerhin war die Zahl der Sportplätze von 36 (1939) auf 38 (1951) gestiegen, konstant waren die Zahlen für Hallenbäder (1) und Freibäder (3). Weit hinter 1939 zurück lag 1951 die Zahl der Tennisplätze – 7 statt 16.

Sportstätten, Finanzen und die Folgen

Der seit 1959 im öffentlichen Bewusstsein vorhandene und 1960 offiziell verabschiedete „Goldene Plan" der Deutschen Olympischen Gesellschaft (DOG) war zehn Jahre nach Gründung der Bundesrepublik nötig geworden, weil feststand, dass die Sport-Infrastruktur immer noch nicht die Kriegsfolgen überstanden oder gar bewältigt hatte. Dadurch waren zudem ernste Gefährdungen der Volksgesundheit zu befürchten – Bewegungsmangel oder falsche Ernährungsgewohnheiten sind keine Erscheinungsformen der Jetzt-Zeit. Auf 6,3 Milliarden DM bezifferte die DOG, deren Vorstand der spätere Oberhausener Oberstadtdirektor Dr. Werner Peterssen angehörte, die Kosten für den bundesweiten Bedarf an Sportstätten. Als 15 Jahre später Bilanz gezogen wurde, fiel diese erfreulich aus – auch in und für Oberhausen. Aber es gab auch negative Aspekte.

Für alle oben genannten Typen von Sportanlagen (außer Freibad) haben sich die Zahlen bis heute längst und kräftig erhöht: Sportplätze hat Oberhausen mehr als 50 (bei wachsendem Anteil von Kunstrasenplätzen und parallel sinkender Zahl von Aschen- oder Tennenplätzen, deren Unterhaltung viel teurer ist). Fast jede Schule hat eine eigene Turn- oder Gymnastikhalle, bei den Tennisplätzen gab es zu Boomzeiten dieser Sportart fast 20 Plätze allein in Tennishallen, mehr als 60 Freiluftplätze – hier und da musste und muss zurückgebaut werden.

Das im Auftrag der Stadt Oberhausen und nach einem Beschluss des Sportausschusses in jüngster Vergangenheit von der Deutschen Sporthochschule Köln erarbeitete Sportstättenkonzept wird von der Stadt – je nach finanzieller Lage – Zug um Zug umgesetzt. Vor allem aber zeigt es, dass Oberhausen in Sachen Breitensport und in Bezug auf die Bedürfnisse der Bürger gut aufgestellt ist. Dabei spielen nicht zuletzt die vielen vereinsungebundenen Oberhausenerinnen und Oberhausener (aller Altersstufen übrigens) eine Rolle, die über den so genannten „Zweiten Weg" zum Sport gekommen sind. Das sind zum Beispiel die nicht vereinsgebundenen Sportler in Volkshochschulgruppen oder Krankenkassenkursen ebenso wie Streethockeyer oder Skateboarder in der „Open Airea" im Kaisergarten oder in der Anlage des Stadtsportbundes (SSB) auf dem Gelände des ehemaligen Freibades des Niederrheinstadions. Die Sportwelt ist bunter geworden.

Auf-, um-, aus- und auch zurückgebaut wurde in bisweilen schmerzlichen Prozessen die Oberhausener Bäderlandschaft. Mit dem altehrwürdigen Stadtbad (1893) verfügte Oberhausen als eine der ersten Städte im Umkreis über ein Hallenbad. Wobei man Hallenbäder lange Zeit (zu Teilen noch bis in die 1960er Jahre hinein) eher als Instrument der Volkshygiene denn als Sport- und/oder Freizeitort ansah. Erst am Ende der 1950er Jahre kam das Sterkrader Hallenbad hinzu, 1964 das Südbad an der Lothringer Straße (etwas verspätet fertig zum 100. Jubiläum der Stadt), wenig später das Hallenbad Osterfeld, 1973 schließlich das Hallenbad Ost. Nicht mehr existent sind heute das Stadtbad (als „Ebertbad" ein Kleinod der Kleinkunst), die Hallenbäder Osterfeld und Ost sowie das Südbad. Dieses – von einem sommerlichen Tornado im Jahre 2004 abbruchreif beschädigt – wurde durch das neue Hallenbad Oberhausen ersetzt. Die Schließung der Freibäder Niederrheinstadion und Alsbachtal (in den frühen 1950ern war auch das von der Stadt verpachtete Sommerbad Klosterhardt an der Elpenbachstraße geschlossen worden) wurde kompensiert durch den von der OGM GmbH als Eigentümerin und Trägerin der Bäder veranlassten Neubau eines auch architektonisch ansprechenden Freizeitbades, des kombinierten Hallen-/Freibades am Centro, genannt „Aquapark".

Ständig sinkende Besucherzahlen korrespondierten mit ständig steigenden Kosten, die insbesondere den Betrieb der Freibäder zu einem unkalkulierbaren Risiko gemacht hatten. Die Diskussion um das so genannte „Bäderkonzept" dauerte – zunächst von der Öffentlichkeit kaum beachtet – immerhin runde zehn Jahre bis 2008 und drohte bisweilen sogar die sonst so demonstrative Einigkeit der „Sportfraktion" zu sprengen. Mittlerweile – Jahre nach Abschluss und Umsetzung – haben sich die Gemüter beruhigt, zumal der Aquapark wirtschaftlich erfolgreich ist und die modernisierten bzw. neuen Bäder in Sterkrade und Alt-Oberhausen sehr gut ankommen. Gelegenheiten für Freibadbesuche gibt es ohnehin an den Stadtgrenzen in den Revierparks Vonderort (Osterfeld/Bottrop) und Mattlerbusch (Holten/Duisburg) sowie im Naturbad Styrum (Alstaden/Mülheim). Was am Rande aller Debatten die Deutsche Gesellschaft für das Bäderwesen 2002 in einem Gutachten feststellte, gilt auch heute noch: Im Vergleich zu den Großstädten Westdeutschlands verfügt keine Stadt über mehr öffentliches Pro-Kopf-Bäderwasser als Oberhausen! Da sind dann auch die neun Lehrschwimmbecken mitgerechnet.

Der Schwimmsport indes – und jetzt meinen wir den Leistungssport – litt seit den 1950er Jahren an der bevorzugten Akzentuierung von Bädern für Schule, Freizeit und Volkshygiene. Was nämlich fehlte, waren die notwendigen 50-m-Bahnen in einer Halle. Im Schwimmstadion des Stadions Niederrhein – auch ausgestattet mit Sprungbecken und Zehn-Meter-Turm – hatten bis in die 1950er Jahre hinein noch Länderkämpfe stattgefunden, die schließlich überall mangels ausreichenden Zuspruchs aufgegeben wurden. Der „große" Schwimmsport ist Schwimmhallen und Schwimmstadien mit acht 50-m-Bahnen vorbehalten. Aber diese sind teuer und für eine Stadt wie Oberhausen schlicht nicht bezahlbar. Zwar ist seit einiger Zeit die Renaissance der Kurzstrecke (25-m-Bahn) zu beobachten, aber auch hier werden die bedeutenderen Wettkämpfe in Hallen ausgetragen, die dem Publikum hinreichend Platz bieten. Das führte und führt dazu, dass talentierte Nachwuchsschwimmer, von denen es in Oberhausen stets etliche gab und gibt, beizeiten abwandern – meist nach Essen.

Sporthallen waren ein lange Zeit – auch in der öffentlichen Betrachtung – vernachlässigter Sportstätten-Typus. Dass die Halle durchaus mehr ist als ein Ausweichquartier im Winter, wurde richtig bewusst erst durch den sich über viele Jahre andeutenden und allmählich vollzogenen Abschied des Handballspiels vom großen Feld hinein in die Halle. Die Stadt Oberhausen schien zunächst gerüstet, denn sie hatte am Ende der 1950er Jahre damit begonnen, den alten Sport-Standort zwischen Goeben- und Lothringer Straße zu verändern. Der Platz an der Lothringer Straße, auf dem Rot-Weiß Oberhausen seit Jahrzehnten einen Großteil seiner Heimspiele ausgetragen hatte (zum Teil auch noch nach dem Krieg), wich einer Sporthalle (heute: Willy-Jürissen-Halle) und etwas später dem „Südbad".

Die Halle war zu ihrer Zeit eine kleine Sensation: über 1.000 Zuschauerplätze, verstellbarer Schwingboden, lichte Höhe von mehr als sechs Metern. Als die Hallenhandball-Bundesliga 1966 in ihre erste Spielzeit startete, trug der damals berühmte und ehemalige Deutsche Meister RSV Mülheim seine Heimspiele in Oberhausen aus, weil seine Heimatstadt nicht über eine entsprechend große Halle verfügte. Auch andere Sportarten lockte die moderne Halle: Die Internationalen Deutschen Tischtennis-Meisterschaften (mit dem Finale Eberhard Schöler gegen Lew Amelin) wurden ausgetragen wie auch (gleichfalls Ende der 1960er) Handballspiele der Studenten-Weltmeisterschaft oder in den 1990ern der Frauen-Handball-WM oder in den 1970er Jahren die Internationalen Deutschen Badminton-Meisterschaften. Dass diese später nach Mülheim abwanderten (in die größere Carl-Diem-Halle) und dort heute als wichtige und auch wirtschaftlich relevante Veranstaltung einen festen Platz haben, zeigt an, dass Oberhausen sich damit beschied, eine zwar schmucke, aber auf Sicht gesehen nicht leistungsfähige Sporthalle zu unterhalten. Sport konnten und können hier viele trei-

Abb. 2: Eröffnung des Stadion Niederrhein am 24. Mai 1926

ben, Spitzensport erst seit wenigen Jahren die Basketballerinnen der SG evo NB Oberhausen, die im Jahr des Stadtjubiläums (2012) den Pokal des Deutschen Basketball-Bundes nach Oberhausen geholt haben.

Sporthallen für Vereine und Schulen wurden weitere gebaut: Die Dreifachhalle in der Gesamtschule Osterfeld etwa sollte der Leichtathletik dienen, ist aber rund 40 Jahre nach Inbetriebnahme nahezu veraltet; die Halle Ost ist die eigentliche Heimat der Basketballerinnen, die sie für Meisterschaftsspiele aber verlassen mussten, weil sie den Ansprüchen einfach nicht mehr genügt. Die Halle an der Heinrich-Böll-Gesamtschule ist auf die Bedürfnisse der Kunstturner zugeschnitten worden, nachdem sich die Politik endlich dazu durchgerungen hatte. Unterm Strich auch hier: Es ist alles da, aber auch in der Frage der Sporthallen liegt die Betonung städtischer Haltung auf Breiten- statt Spitzensport.

Immer noch – und das seit 1926 – ist das Stadion Niederrhein die größte Sportstätte der Stadt. Einst auf 29.000 Zuschauer ausgelegt, hat es heute eine Kapazität von – offiziell – 21.318 Plätzen. Wegen der Sichtbedingungen können allerdings nur knapp 20.000 Plätze verkauft werden. Dass über das Fassungsvermögen des als Leichtathletikstadion mit Rasenplatz gebauten Stadions schon längere Zeit nicht mehr diskutiert worden ist, liegt an der nun schon jahrzehntelang bestehenden Klassifizierung der Fußballer von Rot-Weiß Oberhausen – als Zweit- oder Drittligisten, manchmal sogar als viertklassig.

Der Absturz aus der höchsten Spielklasse Bundesliga, der RWO von 1969 bis 1973 angehört hatte, ist nie völlig verwunden worden. Das liegt auch am Stadion, denn dieses hat mindestens zwei Wellen von Neubauten überstanden und präsentiert sich – von wenigen Umbauten und Veränderungen abgesehen – immer noch im Gewand der 1920er Jahre. „Schönheit, in

Abb. 3: Aschenbahnrennen mit Motorrädern im Stadion Niederrhein 1930

die Jahre gekommen", hatte der Chronist im „Jahrbuch Oberhausen 02" eine Story über das Stadion überschrieben. Es hatte im Bombenkrieg einen kleinen Teil seines Reizes verloren (die Zwiebeltürmchen auf dem Dach der Haupttribüne waren unwiederbringlich beschädigt worden) und im Laufe der Zeit nicht mehr mit dem Fortschritt im Stadionbau und den Anforderungen der Sportfachverbände Schritt gehalten.

In den 1960er Jahren hatte RWO sich im Westdeutschen Fußballverband gegen die Einführung der Fußball-Bundesliga (1963) gestemmt und fühlte sich, als die Bundesliga letztlich kam, ungerecht behandelt, verpasste so, zur Startgarnitur zu zählen. Erst 1969 gelang der Aufstieg, was unverzüglich zu baulichen Veränderungen im und am Stadion führte: Die 1970 in Betrieb genommene Flutlichtanlage war für kurze Zeit sogar die hellste Europas – man kannte das Niederrheinstadion wieder. Aber als es ein paar Jahre zuvor darum gegangen war, sich für die Fußball-WM 1974 zu bewerben, stand Oberhausen ganz weit hinten. In den 1960ern war sogar mal kurzzeitig die Rede von der Möglichkeit, ein Großstadion (auf dem Gelände des heutigen Gewerbeparks Kaisergarten) zu errichten. In Gelsenkirchen lachte man über so etwas nicht, sondern baute auf einer einstigen Mülldeponie das Parkstadion – für die WM 74 und den FC Schalke 04.

Die nächste bauliche Veränderung ließ wieder auf sich warten und war 1982 abgeschlossen: Die alte Asche hatte als Laufbahnbelag ausgedient, Tartan hieß der Kunststoff, auf dem leichtathletische Träume wahr werden sollten. Der Umbau von sechs auf acht 100-m-Bahnen kostete Zuschauerkapazität, und insgesamt erwies sich die Maßnahme als eine Art Schildbürgerstreich: Es blieb nämlich bei sechs 400-m-Bahnen – internationaler Standard waren acht solcher Bahnen. Oberhausen verabschiedete sich damit endgültig von der Ausrichtung internationaler und auch national bedeutender Leichtathletikveranstaltungen. Dass im Stadion gleichwohl ein Landesleistungsstützpunkt Leichtathletik eingerichtet blieb, war ein Verdienst der überaus rührigen und engagierten Trainer, nicht der Anlage.

Während des genannten Umbaus musste RW Oberhausen mit seinen Fußballern in das Ruhrstadion der Nachbarstadt Mülheim umziehen und wegen des geringeren Fassungsvermögens finanzielle Einbußen hinnehmen. Und die gab es in den 1990er Jahren erneut, als die Stadt sich dazu durchgerungen hatte, die Publikumsränge nachzubessern. Bis dahin hatte es im Stadion nur knapp 1.000 Sitzplätze gegeben (nur zum Teil überdacht), während zum Beispiel der Nachbar MSV Duisburg 6.000 überdachte Sitzplätze im gleichfalls städtischen Wedau-Stadion bewirtschaften konnte. Die Erweiterung in Oberhausen auf 4.000 Sitzplätze (alle überdacht) geschah über „Arbeitsbeschaffungsmaßnahmen", nicht unähnlich jenen „Notstandsarbeiten", in denen fleißige Hände (und das Oberhausen Unternehmen Heine) das Stadion sieben Jahrzehnte zuvor gebaut hatten. Seither (1998) ist die oben angeführte Platzkapazität von 20.000 erreicht.

Um die früher an dieser Stelle erreichten Zuschauerzahlen ranken sich in Oberhausen nicht wenige Legenden – die meisten von ihnen sind ziemlich haltlos, wenn man von sehr guten Zahlen für Endspiele um die Deutsche Meisterschaft im Feldhandball oder bei dem einen oder anderen Fußballspiel absieht. Wahr aber ist eine Episode aus dem Sommer 1950, zu der allerdings die überlieferten Zuschauerzahlen differieren: Kurzfristig war im Halbfinale um die nationale Fußballmeisterschaft ein zweites Entscheidungsspiel auf neutralem Platz zwischen den Offenbacher Kickers und Preußen Dellbrück (Vorgängerverein des 1. FC Köln) notwendig geworden, Termin: 18. Juni 1950. Austragungsort: Stadion Niederrhein! Das Interesse war gigantisch, binnen weniger Tage war das Match ausverkauft – und es kamen viel mehr Menschen, als es Tickets für die Partie gab. Zwischen 44.000 und 48.000 wurden als Zuschauerzahl genannt, und die Gäste aus Offenbach und Köln wurden in ganzen Kolonnen von Sonderzügen gebracht. Besonderer Clou und einmalig in der Geschichte des Landes: Der 18. Juni 1950 war auch Termin einer vorgezogenen Landtagswahl. Damit die vielen Kölner Zuschauer trotz Fußballs ihre Stimme abgeben konnten, richtete das Wahlamt am Hauptbahnhof Wahllokale ein!

In den ersten Jahren des 21. Jahrhunderts mangelte es nicht an Plänen für den Neubau einer modernen Arena und auch nicht für den radikalen Umbau des bestehenden Stadions. Ein Neubau – von Oberhausener Seite und besonders vom damaligen Präsidenten Hermann Schulz ins Spiel gebracht – hätte genau auf der Grenze Essen/Oberhausen stehen können und scheiterte letztlich an kleinlichen Eifersüchteleien. Der damalige Präsident des alten RWO-Rivalen RW Essen soll – so wird glaubwürdig berichtet – quergeschossen haben, indem er darauf hinwies, dass der Eingang nur von Oberhausener Seite aus zu erreichen sei. Erst Jahre später hat die – wie Oberhausen – hochverschuldete Stadt Essen dem Neubau eines Stadions in Essen-Bergeborbeck zugestimmt. Als die Emschergenossenschaft ihre umfangreichen Pläne zum „Neuen Emschertal" vorstellte, war auch die so genannte „Oberhausener Emscherinsel" stark im Gespräch für eine Reihe von Baumaßnahmen. Die Pläne scheinen Pläne zu bleiben. Den vorläufig letzten Vorstoß unternahm RWO 2009, als er vorschlug, mit Hilfe von einzelnen Modulen aus dem veralteten Stadion eine aufgefrischte Arena zu machen, Kosten: 15 Millionen Euro. Zwar befürwortete die Stadt das Vorhaben, sagte auch politische Unterstützung zu, aber der Verein unternahm offenbar nichts, was die Realisierung möglich gemacht hätte, nutzte nicht die Euphorie über die Rückkehr in die 2. Fußball-Bundesliga. Das war – bis zur Stunde – die letzte verpasste Chance.

Warum über Jahrzehnte am und mit dem Stadion trotz aller Umbauten so wenig gemacht wurde, ist nicht nachzuvollziehen. Erst recht nicht aufzuklären ist das für die 1960er Jahre, in denen die Stadt finanziell besser aufgestellt war. Angeblich waren sich führende Akteure nie grün: Auf der einen Seite stand Oberbürgermeisterin Luise Albertz, als besorgte „Stadtmutter" dem Gedanken des Breitensports und der Volksgesundheit sicher näher als dem des Berufsfußballs, und auf der anderen Seite Peter Maaßen, Unternehmer und alleinregierender RWO-Präsident mit dem bezeichnenden Spitznamen „Pascha", CDU-Mitglied. Die Oberbürgermeisterin besuchte zwar bisweilen RWO-Spiele, gern mit Ruhrbischof Franz Hengsbach solche zwischen RWO und Essen oder Schalke, war Maaßen aber nicht gerade verbunden. Als der Unternehmer der Kfz-Zubehör-Branche das Bundesverdienstkreuz erhielt, wünschte er die Überreichung in Bad Pyrmont, seinem zweiten Wohnsitz. Gespräche zwischen Stadt und Verein überließ Maaßen stets seinen Vertretern. In der Öffentlichkeit war zudem oft zu hören, die Stadt würde „immer nur" für RWO was tun, wenn es um das Stadion ging, das ja stets ein städtisches Stadion war. Die Stadt hatte in den Jahrzehnten seit Kriegsende eine intakte Sportstätten-Infrastruktur aufgebaut und irgendwann vor der Entscheidung gestanden, den Verantwortliche möglicherweise in die Alternative fassten: für RWO oder für alle?

Dass sportliche Erfolge von vernünftigen Sportstätten abhängen, ist unbestritten und wird in Oberhausen auch durch jene belegt, die kein Stadion, keine Halle brauchen: Kanuten und Ruderer. Die Ruhr in Alstaden als Trainingsstätte und der Rhein-Herne-Kanal als Regatta- und Trainingsstrecke waren immer da und brauchen nicht umgebaut zu werden. Erwähnens- und lobenswert ist, dass der Alstadener Kanu-Club (AKC) ausgerechnet im Jahr des 150. Stadtjubiläums erstmals seit rund 30 Jahren schuldenfrei ist. Der Club, der Titelträger und Medaillengewinner stellte und stellt, war nach der Krise durch die schwelende Bergehalde im Alstadener Ruhrbogen zum Umzug und Neuanfang gezwungen und hat dies nahezu komplett aus eigenen Kräften bewältigt.

Die größte Bürgerinitiative der Stadt: der Stadtsportbund

Der im Jahre 2012 bereits 67 Jahre alte Stadtsportbund Oberhausen hatte Vorläufer, die schon 1919 entstanden waren. In Alt-Oberhausen gehörten 22 Vereine dem ersten „Stadtverband für Leibesübungen" an, während sich zeitgleich in Osterfeld und Sterkrade ein „Turn- und Rasensportverband Osterfeld" sowie ein „Turnverband Sterkrade-Osterfeld" etablierten – letzterem gehörten bei der Gründung 27 Vereine an. Sie gingen im Januar 1920 zunächst in einem „Zweckverband für Leibesübungen Osterfeld" und im Dezember 1920 in einem „Industrieverband für Leibesübungen" auf. Dieser war vermutlich die „Sport"-Antwort auf den „Stadtverband für Turnvereine der Deutschen Turnerschaft in Sterkrade, Osterfeld und Bottrop". Erst mit der Bildung von Groß-Oberhausen verschwand 1929 und 1930 der relative Wirrwarr. „Stadtverband für Leibesübungen" hieß die Organisation nun und behielt diesen Namen nach der im Mai 1933 erfolgten Gleichschaltung auch des Sports durch die Nationalsozialisten.

Zu den erstaunlichen Begebenheiten der Oberhausener Sportgeschichte gehört sicherlich, dass sich am 23. September 1945 in der Gaststätte „Zur Guten Quelle" (vermutlich am Rhein-

Herne-Kanal in Lirich) nicht weniger als 34 Vertreter von Oberhausener Sportvereinen trafen, um den Stadtsportbund Oberhausen neu zu gründen. Was für ein zäher Wille, welche Begeisterung für den Sport, welche Freude und auch welches Verantwortungsbewusstsein muss diese (damals wohl nur) Männer der ersten Stunde beseelt haben! Oberhausens Sport bleibt ihnen zum Dank verpflichtet.

Arthur Schleisiek war der Mann, der offenbar von Anfang an, also vom Anfang der amerikanisch/britischen Besetzung der Stadt an, jene Gänge machte und Gespräche führte, die die Erlaubnis zur Zusammenkunft und schließlich zur Gründung ergaben. Aufgaben gab es genug, und von den heutigen Aufgaben einer Sportvereine-Dachorganisation war der Stadtsportbund der ersten Nachkriegsjahre noch weit entfernt. Die Wiederherstellung des Stadions hatte er sich zur ersten Aufgabe gemacht, und dass bereits am 7. Oktober 1945 eben dort zur Fußball-Stadtmeisterschaft angestoßen werden konnte, war kein kleines Wunder. Auch die Öffnung des Stadtbades am Ebertplatz für die Bevölkerung – die Besatzer hatten es zunächst für sich reserviert – geht wesentlich auf das Konto der Männer um Schleisiek, der dem ersten Vorstand als Geschäftsführer angehörte. Erster Vorsitzender war Hermann Sonnenschein, sein Vertreter Günther Hackmann. Als Fachwarte wurden Fritz Collet, Wilhelm Heumann, Anton Mürmann, Ewald Rotthäuser und Kurt Wendt tätig.

Sie müssen mächtig Dampf gemacht und sehr gute Kontakte zur britischen Militärverwaltung gehabt haben, denn im November 1945 initiierten sie einen überörtlichen Verbund mit Duisburg, Essen und Mülheim. Was es leider nicht mehr gibt, ist eine andere – man möchte fast sagen: wunderliche – Sache, die die Sportler nur wenige Monate später aus dem Boden gestampft hatten: „Der neue Start" hieß die Sportzeitschrift, deren Lizenz die Briten auf Drängen des SSB-Vorstandes gewährt hatten. Thema war der Sport im rheinischen Ruhrgebiet bis

Abb. 4 (vorige Seite):
Der Vorstand des Stadtsportbundes
Oberhausen, in der Mitte SSB-Präsident Werner Schmidt (seit 2012)

Abb. 5 (rechts): Josef Loege,
SSB-Präsident von 1998 bis 2011

hin zur holländischen Grenze; eingestellt wurde die Zeitschrift 1952. Auch die erstaunlich frühe Bildung des aus Kommunalpolitikern gebildeten Sportausschusses, der nicht zwingend vorgeschrieben war, darf dem Drängen des SSB angerechnet werden.

Episode am Rande: Der Oberhausener Schachverein (OSV) von 1887 ist einer der ältesten deutschen Schachvereine. Als erster Oberhausener Sportverein hatte er schon am 1. Mai 1945 – der Krieg war noch gar nicht beendet – von den US-amerikanischen Besatzern die Erlaubnis erhalten, den Spielbetrieb wiederaufnehmen zu dürfen!

Mit den Jahren und vor allem mit dem Schwinden der Notlage seit Gründung der Bundesrepublik 1949 und dem allmählichen Wiederanwachsen und Wiedererstarken der Vereine veränderte sich die Aufgabe des Stadtsportbundes. Er blieb aber stark in der Frage der Repräsentanz der Sports gegenüber der Stadtverwaltung und Stadtpolitik. Die Vereine bestärkten ihn auch in dieser Rolle, hatten sie doch richtig erkannt, dass der Zusammenschluss ihrer jeweils einzelnen, dünnen Stimme mächtigeren Widerhall gab. Als Anwalt der Vereine ist der Stadtsportbund aus der Kommunalpolitik nicht mehr wegzudenken. Mindestens als Bürgermitglied gehört der Vorsitzende (seit einer Regelung auf Landesebene: Präsident) dem Sportausschuss an, nicht selten waren oder sind aktive Kommunalpolitiker zugleich Vorstandsmitglieder im Stadtsportbund.

So ist es nicht überraschend, dass vor allem seit der Jahrtausendwende von 2000, als die Finanznot immer unmittelbarer und damit drängender wurde, der Stadtsportbund sich nach langer Zeit des öffentlich so wahrgenommenen Stillhaltens wieder energischer und lauter zu Wort meldete. Das Mandat dazu gaben ihm rund 48.000 Menschen, die sich in den mehr als 200 Sportvereinen zusammengeschlossen haben. „Wir sind die größte Bürgerinitiative der Stadt", sagte Josef Loege gern, ebenso machtbewusster wie einflussreicher Sportpolitiker und

SSB-Präsident. Immerhin: Der SSB beließ es nicht beim Wortgeklingel, sondern stieß vor, regte an, setzte um. Die wichtigen Themenpakete der Sportstättenausstattung und der Bäderlandschaft hat er wesentlich aufs kommunalpolitische Tapet gebracht und ihnen bei der Realisierung geholfen. Gewissermaßen im Gegenzug ging der Kelch der einschneidenden und harten städtischen Sparmaßnahmen am Sport zwar nicht vorbei, diese wirkten aber deutlich abgefedert.

Von seiner Natur her ist eine Organisation wie der Stadtsportbund auf Kompromisse angelegt, Zuspitzungen kann es immer nur für die gemeinsame Sache geben, selten für einen Verein allein. Der große Kompromiss in Oberhausen ist in Sachen Sport der Breitensport – wir sahen es schon an anderen Stellen. Als die Deutsche Olympische Gesellschaft den so genannten „Zweiten Weg" propagierte, stand der Stadtsportbund nur zu Anfang noch abseits. Mit dem „Zweiten Weg" sollten Menschen, die sich aus unterschiedlichen Gründen keinem Verein anschließen wollten, angeregt werden, Sport zu treiben. Die „Trimm"-Bewegung hat ihren Ursprung in den Zielsetzungen der Idee „Zweiter Weg", die erstmals Anfang der 1960er Jahre formuliert worden waren. Zwar war und ist der Stadtsportbund stets für Sport und aktiven Sport (einschließlich des Spitzensports), muss aber immer auch das Interesse seiner Mitglieder, also auch der Mitgliedsvereine, im Auge haben. Es dauerte ein wenig, bis eine zukunftsweisende Lösung gefunden war, aber diese ist ebenso unübersehbar wie gut und heißt „Bildungswerk". Das Bildungswerk des Stadtsportbundes Oberhausen bietet seit mittlerweile 37 Jahren Kurse an, in deren Zentrum stets die Bewegung steht – früher wäre jetzt der Begriff „Leibesübung" gefallen. Nicht erst seit dem Jahr des Stadtjubiläums 2012 sind es rund 300 Kurse, die in drei Trimestern pro Jahr im stets begehrten Programmheft stehen. Von Aerobic über Bauchtanz, Bewegung für Ältere, bis zu Walking mit und ohne Stöcken bis zur feurigen Zumba-Gymnastik reicht die Palette, an der sich Jahr für Jahr rund 3.000 Mitmenschen – gegen Bezahlung – bedienen. Viele von ihnen gehören keinem Verein an oder finden in ihrem Verein zu den gewünschten Zeiten kein oder gar kein Angebot. Und allen ist geholfen, was man neudeutsch „win-win-Situation" nennt.

Im Jubiläumsjahr der Stadt sind im Stadtsportbund insgesamt 224 Vereine organisiert, wobei die Zahl der Vereine „in echt" höher ist. Das liegt daran, dass aus organisatorischen Gründen die Billardklubs als ein Verein (Billardkreis) geführt werden, ebenso wie das für die über zwölf Vereine des Betriebssports gilt, die lediglich als Betriebssportkreisverband auftauchen. Die Vereine ihrerseits hatten zum 31. März 2012 exakt 41.939 Mitglieder – etwa jeder fünfte Oberhausener ist Mitglied eines Sportvereins. Das liegt im Landesschnitt. Die absolute Zahl war mal etwas höher, aber die demographische Entwicklung verharrt nicht vor der Tür zum Vereinslokal.

Vorsitzende des Stadtsportbundes waren Hermann Sonnenschein (1945 bis 1954), Hans Masuch (1954 bis 1965), Peter Hoffmann (1965 bis 1968), Wilhelm Rüddel (1968 bis 1998), Josef Loege (1998 bis 2011) und Werner Schmidt (seit 2012).

Olympia und Oberhausen

Im antiken Griechenland, so wird es überliefert, schätzte man Sieg und Sieger beim olympischen Wettkampf angeblich so hoch ein, dass die Heimat-Polis des lorbeerbekränzten Athle-

Abb: 6: Paul Lange gewann 1960 in Rom olympisches Gold mit der Kajak-Einer-Staffel

ten vor Begeisterung die Stadtmauern eingerissen habe. Das stimmt zwar vermutlich nicht, ist aber ein schönes Bild für die Freude und vor allem den Stolz der Bürgerschaft.

In Oberhausen gibt's keine Stadtmauern, aber es hätte immerhin drei Mal den „olympischen" Abrissgrund gegeben: Zwei Oberhausener nämlich kehrten von Olympischen Spielen mit einer Goldmedaille zurück – insgesamt drei Medaillen waren es, die sich auf Paul Lange (1960) und Ulla Salzgeber (2000 und 2004) verteilt haben.

Paul Langes Olympiasieg in Rom hatte sogar eine gewisse Symbolik, errang er die Goldmedaille doch als eines von zwei westdeutschen Mitgliedern der gesamtdeutsch zusammengesetzten 4 x 500-Meter-Staffel bei den Kanuwettbewerben. In Rom startete – ein Jahr vor dem Mauerbau – noch eine BRD/DDR- Mannschaft, und dass ausgerechnet so eine „kleine" Wiedervereinigung zu einem so großen Erfolg führte, wurde nur zu gern als gutes Omen beschworen. Woran man sieht, dass Sport und Politik einerseits viel, andererseits gar nichts miteinander zu tun haben – man betrachte die Ergebnisse. Der Kanute vom TC Sterkrade 69 – er war 29 Jahre alt bei seinem Sieg – arbeitete als Maurer und sagte bei einem Gespräch 40 Jahre später: „Krafttraining und Trainingslager und so was brauchte ich nicht. Gegen die Arbeit auf dem Bau war Kanufahren für mich immer Erholung."

Die Olympiasiege von Ulla Salzgeber in den Jahren 2000 (Sydney) und 2004 (Athen) nahm die Oberhausener Öffentlichkeit so recht gar nicht wahr, zumal hinter dem Namen stets der Zusatz Bad Wörishofen stand – der Wohnort. Unter ihrem Mädchennamen Helbing war die Oberhausener Dressurreiterin früh bekannt, war sie doch schon 1977 als 19-Jährige Junioren-Europameisterin geworden. Journalistische Recherche brachte nach vielen Jahren die Oberhausener Wurzeln (Familie, Schule) der Dressurreiterin Salzgeber aus Bad Wörishofen wieder ans Tageslicht – die Stadt lud die zweifache Mannschafts-Olympiasiegerin 2005 zur Sportgala ein und zum Eintrag ins Goldene Buch. Nachdem die gelernte Juristin ihr Siegerpferd „Rusty" (mit dem sie in Sydney im Einzel Bronze und in Athen Silber geholt hatte) in Pension geschickt hat, nimmt sie erneut Anlauf auf die internationale Spitze – von ihrer Wahlheimat im Ostallgäu aus. Übrigens: Den Bayerischen Verdienstorden hat Ministerpräsident Horst Seehofer ihr bereits verliehen.

Oberhausens olympische Geschichte hatte schon weit früher begonnen, genauer: 1928 in Amsterdam. Es mag Zufall gewesen sein oder ein Omen für die wichtige Rolle, die Frauen in der Geschichte der Stadt spielen: Oberhausen wurde erstmals „olympisch" durch eine junge Frau. Reni Erkens war Schwimmerin und profitierte sicher vom Beruf ihres Vaters. Der war nämlich Bademeister im Stadtbad. Im Freistil gehörte die 19-Jährige zu den besten Schwimmerinnen des Reichs und führte die 4 x 100-Meter-Staffel auf den vierten Platz. Der gilt als „undankbar", weil er der erste Platz ohne Medaille ist. Im Einzelwettkampf war die Oberhausenerin im Zwischenlauf ausgeschieden. Zu gern wäre sie 1932 auch in Los Angeles gestartet, aber das verhinderte eine Schwangerschaft. Ihr Mann Ernst Küppers, der aus Viersen kam, schwamm übrigens in Los Angeles und wurde Fünfter über 100 Meter Rücken. Der gemeinsame Sohn Ernst-Joachim Küppers belegte 1964 in Tokio über eben diese Distanz in eben dieser Disziplin eben diesen fünften Platz.

Ein anderer Oberhausener, der 1932 antrat, war der Boxer Fred Kartz vom BC Ringfrei Oberhausen. Der elegante Leichtgewichtler war kurz vor den Spielen bei einem Turnier in Chicago mit dem „Goldenen Gürtel" als technisch bester Boxer geehrt worden, hatte aber beim Olympiaturnier das Pech, im Viertelfinale auf den Südafrikaner und späteren Olympiasieger Lawrence Stevens zu treffen.

Berlin war 1936 Austragungsort der Sommerspiele, und drei Oberhausener fuhren in die Reichshauptstadt. Willy Jürissen war gerade 26 Jahre alt und galt damit als junger Torwart, der erstmal zurückstehen musste. Fritz Schaumburg war ein auch international renommierter 1.500 Meter-Läufer, und Hans Raff als 3.000 Meter-Hindernis-Spezialist komplettierte das deutsche Trio. Dem war keine Medaille beschieden: Die Fußballer (mit Jürissen auf der Bank) verließen schon in der Zwischenrunde das Turnier, der Taktiker Schaumburg kam mit einer unglaublichen Tempobolzerei im Finalrennen (am Ende stand ein Weltrekord des Neuseeländers Lovelock) nicht klar und wurde Neunter, und der sensible Hans Raff ließ sich durch Rempeleien und einen folgenden Sturz so sehr entmutigen, dass er aufgab. „Man darf nicht aufgeben", sagte er später oft – auch als Trainer von Willi Wülbeck.

Nachdem 1948 in London deutsche Sportler noch ausgeschlossen waren, kehrten sie 1952 zurück in die olympische Familie. Aus Oberhausen waren zwei Sterkrader in Helsinki dabei: Karl Klug und Rolf Lamers. Leichtathlet Lamers kam vom Tackenberg, startete aber für den TV Voerde. Er erreichte im Finale über 1.500 Meter den sechsten Platz. Klug war Mittelstürmer der Spvgg. Sterkrade 06/07 (und zuvor beim BV Osterfeld) und hatte als Linksaußen in der von Sepp Herberger betreuten Elf als zweifacher Torschütze (gegen Ägypten und Brasilien) zum Erreichen des Halbfinals beigetragen. Das versäumte er verletzt – die DFB-Elf schied aus. Seine Popularität war überwältigend: Mit einer Droschke wurde Karl Klug durch Sterkrade gefahren.

Es kamen die Spiele 1956 in Melbourne und damit die ersten seit 1928, an denen Oberhausener Sportler nicht teilnahmen. Damals startete erstmals eine gesamtdeutsche Mannschaft (später noch 1960 und 1964), und die Qualifikationen – teils unter Ausschluss der Öffentlichkeit – galten als Vorprüfung sehr besonderer Art. Wie auch immer: Oberhausener fehlten diesmal. Das war – siehe oben – 1960 anders. Neben dem Sieger Paul Lange startete ein Leichtathlet des SC Rot-Weiß: Adolf Schwarte setzte die große 1.500 Meter-Tradition der Region fort, war im heißen Stadio Olimpico Roms aber nicht von der Erfolgssonne beschienen und schied schon im Vorlauf aus. Das Finale erreichte der 400 Meter-Hürdenläufer Helmut Janz, der vor und nach den Olympischen Spielen dem SC Rot-Weiß angehörte, 1960 allerdings dem VfL Gladbeck. Er wurde als bester Europäer Vierter hinter drei US-Amerikanern und blieb dabei erstmals unter 50 Sekunden – er kam genau auf 49,9 Sekunden.

Vier Jahre später traf sich die Jugend der Welt in Tokio, dabei waren fünf Oberhausener – vier Kanuten, ein Leichtathlet. Letzterer war der RWO-Sprinter Fritz Roderfeld, zweifacher Deutscher Meister über 100 Meter, aber fern der Heimat nicht so schnell wie gewohnt: Das Ausscheiden im Vorlauf kostete ihn auch den Staffelplatz.

Freud und Leid lagen bei den Kanuten dicht beieinander. Der für den Alstadener Kanu-Club (AKC) startende Heinz Büker gewann mit dem Duisburger Holger Zander Bronze im Zweier; Silber holte der in Oberhausen geborene und lebende Klaus Böhle, der für Bertasee Duisburg startete (in Oberhausen gab es keine Canadier), mit dem legendären Klaus Lewe im Zweier dieser Bootsklasse. Bitter enttäuscht war AKC-Kanutin Ingrid Heuser, die sich um Gold gebracht fühlte. Als Meisterin und mehrfache Siegerin interner Qualifikationen hatte sie fest damit gerechnet, im Zweier eingesetzt zu werden – aus undurchsichtig gebliebenen Gründen setzten die Funktionäre einen anderen deutschen Zweier ein, der Gold gewann. Ingrid Heuser ließ sich gleichwohl nicht von ihrer Liebe zum Kanurennsport abbringen: Nach ihrer aktiven Laufbahn mit zahlreichen nationalen und internationalen Titeln wurde sie eine höchstgeachtete Trainerin im Nachwuchsbereich, die jahrzehntelang Talente formte, die es ebenfalls zu großen Erfolgen brachten.

Vierter Kanut aus unserer Stadt war Erich Suhrbier, der Vierter über 1.000 Meter wurde. Suhrbier ist ein Beispiel dafür, dass es auch im angeblich „lupenreinen" Amateursport schon um mehr ging als die reine Ehre. Hervorgegangen aus dem PV Wabu an der Ruhr in Alstaden, wechselte er zum Oberhausener Kanu-Verein an den Rhein-Herne-Kanal, dann zum KC Friedrichsfeld und schließlich zu Rheintreue Düsseldorf. Warum? „In Alstaden musste ich Bootsmieten und Startgelder selber zahlen", bekennt er freimütig, „wir mussten bei Regatten in Zelten übernachten. Das war bei anderen Vereinen, erst recht bei Rheintreue, ganz anders. Da sorgte man auch für mein berufliches Fortkommen."

Zwei aus der Tokio-Mannschaft gehörten auch 1968 zum Olympia-Aufgebot für Mexiko City: Fritz Roderfeld und Erich Suhrbier. Roderfeld – vorgesehen für 200 und 400 Meter – blieb als Ersatzmann ohne Einsatz, Suhrbier scheiterte im Vierer im Halbfinale. Diskuswerfer Jens Reimers (RW Oberhausen) hatte zuvor mit guten Ergebnissen Hoffnungen geweckt, blieb aber im Vorkampf hängen. Das insgesamt schwache Abschneiden der deutschen Athleten

Abb. 7: Willi Wühlbeck (vorn in der Mitte) mit Sportkameraden

führte übrigens zu einer Initiative, die das Magazin „Stern" angestoßen hatte: „Jugend trainiert für Olympia" hieß (und heißt) sie und hat sich in vielen Fällen segensreich ausgewirkt, gab sie doch besonders dem Schulsport entscheidende Anschübe. Einer, der diese in Oberhausen maßgeblich umsetzte, war Klaus-Ludwig Brosius, in Mexiko für Eintracht Duisburg Finalteilnehmer über 3.000 Meter Hindernis. Brosius wurde nach Karriereende vom damaligen Oberstadtdirektor Dr. Werner Peterssen als Stadtsportlehrer berufen und hatte den klaren Auftrag zur systematischen und konsequenten Förderung des Schulsports, verbunden mit entsprechenden Strukturen und Verbindungen zum Vereinssport, bekommen. Was er vortrefflich geschafft hat.

Im Jahre 1972 kamen die Olympischen Spiele wieder nach Deutschland, und aus Oberhausen nahmen zwei Sportler an den Wettbewerben in München teil. Dirk Wippermann war als Diskuswerfer im Kleeblatt-Trikot des SC Rot-Weiß vielfach erfolgreich, aber dem Hünen versagten schon in der Qualifikation die Nerven. Nervenstärker war ein Fußballer, der sonst auch ein Kleeblatt-Trikot trug: Reiner Hollmann war von Eintracht Duisburg zu RWO gestoßen, kickte als Amateur-Nationalspieler in der Bundesliga und gehörte als zentraler Abwehrspieler zur Olympiamannschaft. In der Zwischenrunde war für das mit viel Vorschusslorbeer ausgestattete Team aber schon Schluss. Mit im Team stand übrigens der spätere Champion-Coach Ottmar Hitzfeld. Auch in München – und zwar als Mitglieder des Organisationskomitees –

weilten zwei weitere Oberhausener: Dr. Werner Peterssen war als DOG-Präsidiumsmitglied dabei, und der frühere OTV-Turner und -Leichtathlet Professor Dr. August Kirsch war Präsident des Deutschen Leichtathletik-Verbandes.

Zwei Leichtathleten und zwei Kraftsportler repräsentierten Oberhausen bei Olympia 1976 in Montreal. Dass es wieder mal keine Medaille gab, lag an Kampfrichtern, die dem jungen Gewichtheber Norbert Bergmann (PSV Oberhausen) die Anerkennung eines erfolgreichen Versuchs verweigerten – zu Unrecht, wie sie später zugaben. Aber sie hatten ihn um Bronze gebracht. In Montreal war der Stern des erst 21-jährigen Willi Wülbeck (von RWO zur SG Osterfeld gewechselt) schon aufgegangen, aber im 800 Meter-Finale war er noch einen Hauch zu jung und wurde Vierter. Sein Vereinskollege Friedhelm Heckel gehörte zum Sprinter-Nachwuchs und schnupperte als Ersatzmann internationales Flair. Auf der Matte scheiterte früh der Superschwergewicht-Ringer Heinz Eichelbaum, der vom KSV 08 Oberhausen in die Ringerhochburg Witten 07 gewechselt war.

Auf 1980 in Moskau hatten sich vor allen anderen in Oberhausen die in Montreal noch so jungen Friedhelm Heckel, Willi Wülbeck (im Schulsport entdeckt und von Hans Raff trainiert) und Norbert Bergmann gefreut. Doch es sollte anders kommen: Die Invasion sowjetrussischer Truppen in Afghanistan führte zu politischen Spannungen und schließlich zum Boykott der Spiele durch viele Nationen des Westens – die Bundesrepublik zeigte sich der Führungsmacht USA gegenüber folgsam und machte in Moskau nicht mit. Friedhelm Heckel hätte diesmal zu den festen Größen im Sprint – vor allem in der Staffel – gehört, Willi Wülbeck gehörte bereits zu den besten Mittelstrecklern der Welt. Und Norbert Bergmann, 1980 glasklarer Gold-Favorit, denkt noch heute mit Bitternis zurück: „Da bin ich zum zweiten Mal um eine Medaille betrogen worden."

Während der unglaublich populäre Wülbeck (die langgezogenen Williii-Rufe begleiteten seine Auftritte in allen Leichtathletik-Hochburgen Europas) sich mit der Goldmedaille über 800 Meter bei der ersten Weltmeisterschaft der Leichtathletik – 1983 in Helsinki – noch einigermaßen schadlos hielt, war für Norbert Bergmann das persönliche olympische Drama noch nicht beendet. Es ereignete sich 1984. Im Vorfeld der wieder in Los Angeles ausgetragenen Olympischen Spiele hatte Bergmann – vom Mittelgewicht ins Leichtschwergewicht gewechselt – so ziemlich alles gewonnen, was ein Gewichtheber gewinnen kann. Die Goldmedaille, so schien es, lag zur Abholung bereit. Sie wäre wirklich viel wert gewesen, denn Bergmann hatte auch die Ostblock-Athleten, die in Revanche für den Boykott 1980 nun nicht nach Los Angeles kommen durften, schon bezwungen. Kurz vor Olympia machte eine Patellasehne im Knie nicht mehr mit und riss – das war das bittere Aus!

Die große Bühne Olympia betrat ein anderer Oberhausener Leichtathlet: Karsten Stolz war 21 Jahre jung, was für einen Kugelstoßer noch fast „Teenie"-Status bedeutet, aber schon ein arrivierter Athlet. In Los Angeles überstand er die Qualifikation und beendete das Finale als Elfter. Der 208 Zentimeter lange Sohn der großen Sportler, Lehrer und Trainer Doris und Günter Stolz schien den ersten Schritt gemacht zu haben. Vor den Spielen 1988 in Seoul hatte Stolz wie ein Verrückter trainiert, aber aufgrund zahlreicher Verletzungen die vom Deutschen Leichtathletik-Verband gesetzte Qualifikations-Norm um drei Zentimeter verfehlt. Das sollte kein Problem sein, hatte man ihm immer wieder versichert. War's dann doch: Karsten Stolz durfte nicht mit nach Korea. Am Tag des Kugelstoß-Wettkampfes in Seoul stieß Stolz bei einem Sportfest in Essen die Jahresbestweite von 21,15 Meter – das wäre bei Olympia Platz fünf

Die „sportfreudigste Stadt"

gewesen! Drei Jahre später beendete er nach vielen Verletzungen, aber auch voller Frustration, seine Karriere.

Drei Oberhausener waren in Seoul am Start: Fußballer Dieter Bast (von Sterkrade 06/07 in den Profi-Westen durchgestartet) verfehlte nur knapp die Bronzemedaille; Meike Bötefür, Tochter des ehemaligen RWO-Stabhochspringers Addi Bötefür und für den VfL Brambauer aktiv, wurde Vierte mit der Handball-Nationalmannschaft; Bronze gewann die für den TV Voerde startende Heike Schulte-Mattler mit der 4 x 400 Meter-Staffel.

Die folgenden Olympischen Spiele (1992 in Barcelona und 1996 in Atlanta) verliefen ohne Oberhausener Beteiligung, besser: ohne Oberhausener Athleten. Denn als „chef de mission" übte der Sterkrader Ulrich Feldhoff eine überaus wichtige Rolle auf dem bekannt schlüpfrigen Olympia-Parkett jenseits von Tartanbahnen, Spielfeldern und Regattastrecken aus. Als Präsident des Weltkanuverbandes wusste Feldhoff, der als Aktiver in den 1950ern für Sterkrade 69 gepaddelt war, freilich ganz genau, was zu tun ist.

Im Millenniumsjahr 2000 rief Sydney zu Olympia, und aus Oberhausen reiste ein 18-Jähriger nach Australien. Christian Stubbe hieß der schüchtern wirkende junge Mann, der es als Bogenschütze stets mit der Ruhe hielt und so in jungen Jahren schon beträchtliche Erfolge erzielt hatte. Dass der Jüngling vom BSC Oberhausen im olympischen Turnier (da wird in K.O.-Runden Mann gegen Mann geschossen) in der Runde der letzten 32 ausschied, nahm ihm niemand krumm. Auch dass er später die Berufsausbildung in den Vordergrund stellte und den Bogen zeitweise in die Ecke, fand volles Verständnis. Stubbe lebt heute in Norddeutschland, schießt wieder und kommt vielleicht mal wieder auf die internationale Bühne – Bogenschützen erreichen auch als Hochleistungssportler ihre ganze Reife oft erst weit jenseits des 40. Lebensjahres, Stubbe hat also noch Zeit.

Vier Jahre später sollte in Athen der Goldtraum des Oberhausener Ruderers Ulf Siemes in Erfüllung gehen. Im Deutschland-Achter, dem stolzen Flaggschiff des traditionsreichen Deutschen Ruder-Verbandes, hatte der sympathische Student sich einen Stammplatz erkämpft. Im Vor- und Zwischenlauf lief es auch recht gut, aber im Finale hatte sich die Crew den Rennverlauf unglücklich eingeteilt – vierter Platz! Enttäuscht war auch die einstige AKC-Kanutin Nadine Opgen-Rhein, jetzt für die KG Essen startend. Sie war schon Weltmeisterin geworden und hatte Titel gesammelt wie andere Leute Briefmarken. In der Vorbereitung auf die olympische Saison zerstörte eine Infektion mit dem Pfeifferschen Drüsenfieber ihre Träume.

Der Olympiatraum von Ulf Siemes zerschellte endgültig 2008. Im Vorfeld der Spiele in Peking hatte der Deutsche Ruderverband urplötzlich das Achter-Team mächtig durcheinander gewirbelt, und der Oberhausener Schlagmann war draußen. Wie alle anderen, die aussortiert worden waren, trat Siemes zurück. Der Deutschland-Achter wurde im Pekinger Finale dann Letzter. Ulf Siemes übrigens ist sieben Jahre lang in Folge in seiner Heimatstadt Oberhausen zum „Sportler des Jahres" gewählt worden. Gewiss nur ein schwacher Trost für eine entgangene Olympia-Medaille.

Er gehört zum olympischen Aspekt, der „Förderverein Oberhausener Spitzensport": Gegründet wurde er 1990, damals unter dem Eindruck einer absehbaren Entwicklung: Im Zuge der Vereinigung der beiden deutschen Staaten prallten auch zwei unterschiedliche Sport- und damit Sportförderungssysteme aufeinander. In der DDR hatte es nicht nur die so genannten „Staatsamateure" gegeben, sondern auch ein ausgefeiltes und sehr gutes und früh einsetzendes Ausleseystem. Besonders die „Eliteschulen für den Sport" und die „Erweiterten Oberschulen Sport" erwiesen sich als dem westdeutschen System überlegen. In Westdeutschland setzte man in langer Tradition in erster Linie auf den Vereinssport und betrachtete den Schulsport lediglich als Ergänzung. Oberhausen war in dieser Beziehung zwar dank der Arbeit von Stadtsportlehrer Klaus-Ludwig Brosius recht gut aufgestellt, aber mit der DDR-Praxis der Sportförderung konnte hier niemand konkurrieren. Das zeigten auch deutlich die Ergebnisse des Wettbewerbs „Jugend trainiert für Olympia": Bei den Finalwettkämpfen in Berlin gingen die Siegerurkunden überwiegend an die Standorte der früheren DDR-Eliteschulen.

Der Förderverein – angeregt vom damaligen SPD-Bundestagsabgeordneten Wolfgang Grotthaus – geht einen eigenen Weg. Er will individuell Sportlerinnen und Sportler so fördern, dass sie zumindest zeitweise in die Lage versetzt werden, dem Sport Vorrang gegenüber Schule, Ausbildung, Studium, Beruf zu geben. Das kann auch mit finanziell relativ bescheidenen Mitteln geschehen. Seit seiner Gründung fördert der Verein alljährlich solche Sportler, die berechtigten Anlass dazu geben, dass sie auf nationaler und internationaler Ebene zu Erfolgen kommen. Beim Rückblick zeigt sich, dass bei der Gewährung der finanziellen Hilfen nur sehr selten Fehler in der Auswahl gemacht wurden. Wer mitmachen will, kann per E-Mail unter info@spitzensport-oberhausen.de Kontakt aufnehmen.

Sarah Benneh-Oberschewen / Ercan Telli

Ohne Migration kein Oberhausen

Chancen erkennen und Potenziale fördern

Die 2007 erschienene Broschüre „Geschichte(n) von Migration in Oberhausen – Hintergründe, Erinnerungen, Dokumente" erzählt eindrucksvoll Lebensgeschichten von Migrantinnen und Migranten und reflektiert historische Prozesse aus der Perspektive von Menschen. Hierdurch wird Geschichte greifbar und erlebbar und verliert einen oft abstrakten Charakter. Aufbauend auf der Erkenntnis, dass die Wurzeln unserer Gesellschaft in der Vergangenheit liegen, möchte auch der folgende Beitrag die historische Bedeutung von Migration für die Entwicklung der Stadt Oberhausen erläutern. Allerdings liegt der Schwerpunkt auf dem Erkennen von Chancen und Potenzialen der Gegenwart und Zukunft, auf die wir heute – dank vieler in der Vergangenheit abgelaufener Entwicklungsprozesse – zurückgreifen können. Der Beitrag versteht sich demnach als Ergänzung der Broschüre von 2007, die unter dem Aspekt „Neuorientierung" einen ersten Blick auf gegenwärtige gesellschaftliche Prozesse gerichtet hat.

Der vorliegende Beitrag möchte die Geschichte der Migration in Oberhausen nicht daten- und faktenbestimmt wiedergeben, sondern die Vergangenheit durch die Erzählungen der ersten, zweiten und dritten Generation erlebbar und nachvollziehbar machen. Anerkennend soll der Bogen geschlagen werden zu der Eltern- und Großelterngeneration, die als Zuwanderer nicht nur um eine Verbesserung der wirtschaftlichen Existenz bemüht waren, sondern sich in vielen Fällen aufopferungsvoll für eine perspektivenreiche Zukunft ihrer Kinder eingesetzt haben. Anhand von drei Lebensgeschichten soll von den Erfolgen, Schwierigkeiten und Chancen der Integration von Migrantinnen und Migranten in Oberhausen erzählt werden. Geschichten, die Mut machen, die Migration und Integration von ihrer negativen Konnotation befreien und im Gegenteil die Potenziale, die uns eine multinationale und multikulturelle Gesellschaft schenkt, sichtbar machen. Dieser Beitrag möchte dazu anregen, stereotype Denkmuster zu reflektieren und das Bewusstsein zu schärfen für die wirklichen Gefahren einer demokratischen Gesellschaft.

1. Ohne Migration kein Oberhausen

„Was mit einem Bahnhof in der Heide beginnt, endet gut 60 Jahre später in einer Großstadt. Diese ersten Jahrzehnte Oberhausens gelten als die Epoche der großen Zuwanderung, der ‚Gründungszuwanderung'."[1]

Mit Gründung der ersten Eisenhütte im Ruhrgebiet, der St. Antony-Hütte in Osterfeld, beginnt 1758 die Erfolgsgeschichte der Schwerindustrie in Oberhausen, die etwa 100 Jahre später nur durch die Zuwanderung abertausender Arbeitskräfte aus dem Ausland weiter geführt werden kann.

1782 wird das schwerindustrielle Unternehmen Gutehoffnungshütte (GHH) in Oberhausen – Sterkrade gegründet, welches die weitere Entwicklung der Stadt Oberhausen bestimmen wird. 1791 kommt die Hütte Neu Essen bei Oberhausen an der Emscher hinzu und schließlich werden im Jahre 1808 die im Laufe der letzten Jahrzehnte entstandenen Hütten zur Hüttengewerkschaft und Handlung Jacobi, Haniel und Huyssen (JHH) zusammengeschlossen. 1846 beschäftigt die JHH bereits über 2.000 Menschen und entwickelt sich zwischen 1853 und 1856 zu einem Großunternehmen mit über 6.000 Beschäftigten. Bei Gründung der Bürgermeisterei Oberhausen 1862 werden 5.595 Einwohner gezählt. Zu diesem Zeitpunkt verfügt die JHH bereits über eine eigene Kohlenförderung, über eigene Werke zur Roheisen- und Stahlerzeugung, über Betriebe zur Weiterverarbeitung des Stahls und über den Maschinen- und Brückenbau in Sterkrade. Die Werksanlagen werden kontinuierlich erweitert und modernisiert. Die Anzahl der Beschäftigten wächst von etwa 10.000 Mitarbeitern im Jahre 1895 auf etwa 30.000 Mitarbeiter im Jahre 1914; so wird die GHH das siebtgrößte Unternehmen im Deutschen Reich.

Die Erfolgsgeschichte der Schwerindustrie in Oberhausen, die von einer rasch verlaufenden Industrialisierung getragen wird, wäre keine ohne die vielen Zuwanderer, die bereits zur

Abb. 1 (vorige Seite): Familie Erdas

Abb. 2 (diese Seite): Familienausflug ins Phantasialand

Jahrhundertwende nicht mehr ausschließlich aus den Nachbarstädten kommen. Erst die Anwerbung von Arbeitskräften, vor allem aus dem Osten, kann den Bedarf der Industrie decken: „Der Pütt braucht Arbeiter, die die Kohle aus der Erde holen. Hunderte, sogar Tausende. Mehr als in der näheren Umgebung leben."[2] Die Fluktuation ist in den ersten Jahren der Zuwanderung hoch, da weder Wohnraum noch Infrastruktur die nötigen Kapazitäten aufweisen. Ungewöhnliche Rekrutierungsmethoden sollen Arbeitskräfte anwerben: So werden mit Hilfe von Schnaps und Bier, Zigarren und Tanzvergnügungen Anreize vor allem für junge und unverheiratete Arbeiter geschaffen. Die Zeche Concordia wirbt ab 1882 „Deutschpolen" an, 1913 ist über die Hälfte der Belegschaft der Zeche Vondern polnischsprachig, welches sich auch in der Demographie Osterfelds niederschlägt: bereits 1912 sind 16,3 Prozent der Einwohner polnischer Abstammung. Auch die GHH beschäftigt Anfang des 20. Jahrhunderts etwa 9.000 polnische Arbeitskräfte.[3]

Der Erste Weltkrieg bringt der GHH deutliche Gewinne, da Teile der Fertigung auf Rüstungsproduktion umgestellt werden. Die 1929 einsetzende Weltwirtschaftskrise trifft Oberhausen und die GHH schwer, denn 30 Prozent Erwerbslose und eine Halbierung der Zahl der Beschäftigten zwischen 1929 bis 1933 sind die Folge. Mit Beginn des Zweiten Weltkrieges verschärft sich die Lage auf dem Arbeitsmarkt weiter. Zwischen 1939 und 1945 werden Tausende von Ausländern, Kriegsgefangenen und Zwangsarbeitern in Oberhausen als Arbeitskräfte eingesetzt. Mit der Beendigung des Krieges und der nationalsozialistischen Diktatur werden die montanindustriellen Konzerne unter alliierte Kontrolle genommen und die GHH in drei neue Gesellschaften aufgespalten. Der Oberhausener Zechenbesitz wird zur Bergbau AG Neue Hoffnung, die eisen- und stahlindustriellen Kernbetriebe zur Hüttenwerke Oberhausen AG (HOAG) und die Maschinen- und Brückenbaubetriebe werden zur Gutehoffnungshütte Sterkrade AG.[4]

Die verheerenden Folgen des Zweiten Weltkriegs schlagen sich deutlich in der Demographie nieder: 1945 zählt Oberhausen nur noch etwa 100.000 Einwohner. Durch die Rückkehr von ehemaligen Evakuierten und Soldaten, vor allem aber auch durch die nach Kriegsende einsetzende Zuweisung von Flüchtlingen, steigt die Bevölkerungszahl rasch wieder an. 1949 leben 193.000 Menschen in Oberhausen und somit ebenso viele wie vor dem Zweiten Weltkrieg. Der Alltag jener Menschen ist geprägt von großen existenziellen Ängsten und Nöten, ist doch die tägliche Versorgung insbesondere mit Lebensmitteln und Kleidung keine Selbstverständlichkeit. Durch die Einrichtung von Volksküchen, durch aktive Hilfe von Wohlfahrtsverbänden und durch finanzielle Unterstützung durch die Stadt können bis 1961 insgesamt 47.842 Menschen in Oberhausen Fuß fassen.[5]

Mit Blick auf die Ruhrgebietsindustrie zeigt sich, dass es seit ihrem Wiederaufbau nach dem Zweiten Weltkrieg „keine Ruhepause für das ‚Revier' gegeben" hat.[6] Ende der 1950er Jahre werden die ersten Zechen geschlossen. Die 1960er Jahre sind, trotz der vorangegangenen Krise, geprägt von „unbeirrbarem Wachstumsglauben",[7] der sich vor allem darin niederschlägt, dass Gastarbeiter dauerhaft angeworben werden. „Die ersten Oberhausener ‚Gastarbeiter' kommen 1957 aus Italien, kurz darauf aus Portugal und der Türkei. Später kommen auch Spanier, Jugoslawen, Griechen und Koreaner hinzu. Sie werden ähnlich wie vor gut 100 Jahren die Schlesier und Masuren, in ihren Heimatländern angeworben."[8] Dass sich der Alltag von Gastarbeitern im Ruhrgebiet zwischen Hoffnung, Heimweh und einer oft tiefgreifenden Ausgrenzung als „Fremde" abspielt, zeigt die Geschichte von Tonio Schiavo, der nie „ankommen" durfte:

Franz Josef-Degenhardt: Tonio Schiavo

Das ist die Geschichte von Tonio Schiavo,
geboren, verwachsen in Mezzogiorno.
Frau und acht Kinder, und drei leben kaum,
und zweieinhalb Schwestern in einem Raum.
Tonio Schiavo ist abgehaun.
Zog in die Ferne,
ins Paradies,
und das liegt irgendwo bei Herne.

Im Kumpelhäuschen oben auf dem Speicher
Mit zwölf Kameraden vom Mezzogiorno
Für hundert Mark Miete und Licht aus um neun,
da hockte er abends und trank seinen Wein,
manchmal schienen durchs Dachfenster rein
richtige Sterne
ins Paradies,
und das liegt irgendwo bei Herne.

Richtiges Geld schickte Tonio nach Hause.
Sie zählten's und lachten im Mezzogiorno.

Er schaffte und schaffte für zehn auf dem Bau.
Und dann kam das Richtfest, und alle waren blau.
Der Polier, der nannte ihn „Itaker-Sau".
Das hörte er nicht gerne
Im Paradies,
und das liegt irgendwo bei Herne.

Tonio Schiavo, der zog sein Messer,
das Schnappmesser war's aus dem Mezzogiorno.
Er hieb's in den dicken Bauch vom Polier,
und daraus floß sehr viel Blut und viel Bier.
Tonio Schiavo, den packten gleich vier.
Er sah unter sich Herne,
das Paradies,
und das war gar nicht mehr so ferne.

Und das ist das Ende von Tonio Schiavo,
geboren, verwachsen im Mezzogiorno:
Sie warfen ihn zwanzig Meter hinab.
Er schlug auf das Pflaster, und zwar nur ganz knapp
Vor zehn dünne Männer, die waren müde und schlapp,
die kamen grad aus der Ferne – aus dem Mezzogiorno –
ins Paradies,
und das liegt irgendwo bei Herne.[9]

„Gastarbeiter" impliziert, dass die neu angeworbenen Arbeitskräfte, die ohne ihre Familien und als „Gäste" nach Oberhausen kommen, irgendwann in ihre Heimat zurückkehren. Doch der Bedarf an Arbeitskräften für die Industrie bleibt bis etwa Ende der 1960er Jahre hoch, so dass die Rückkehr ins Heimatland aufgeschoben wird und stattdessen die Familien der Gastarbeiter nachziehen. Schließlich werden die ehemals als „Gäste" gekommenen Arbeiter zu Zuwanderern.[10] Der Zustrom der Gastarbeiter ins Ruhrgebiet bleibt bis Anfang der 1970er Jahre konstant, obwohl das Ruhrgebiet schon zu dieser Zeit stark betroffen ist von einer Strukturkrise im Bergbau und in der Stahlindustrie.[11] Aus dieser fatalen Entwicklung der konstanten Anwerbung von Arbeitskräften resultiert schließlich ein enormer Druck auf den Arbeitsmarkt, dem mit einem Anwerbestopp Einhalt geboten werden soll.[12] Hinzu kommt der im Zuge der Globalisierung stetig wachsende Wettbewerbsdruck, da preiswertere Kohle, Erdöl und Kernkraft auf den Markt drängen und dies zur Folge hat, dass die Nachfrage nach Energieträgern aus dem Ruhrgebiet enorm sinkt.[13] Der Niedergang der Montanindustrie besiegelt gleichzeitig das Ende einer großen, industriell bedingten Zuwanderungswelle, ohne die das Wirtschaftswunder im Ruhrgebiet niemals hätte stattfinden können. Migrantinnen und Migranten, die nun, vielfach durch Familienzusammenführungen, nach Oberhausen kommen, bleiben[14] – in der Hoffnung, hier Fuß zu fassen und Teil der Gesellschaft zu werden. Hierfür stehen die drei in dem vorliegenden Beitrag erzählten Lebensgeschichten, die zeitlich an die oben genannten strukturellen Veränderungen der 1970er Jahre anschließen.

2. Die Herausforderungen der Gegenwart: Integrationspolitik und Aktivitäten gegen Rechtspopulismus und Rechtsextremismus in Oberhausen[15]

Seit geraumer Zeit zeigen die Rechten vor Ort Präsenz. Hierbei ist es neben den zeitweiligen Propagandaaktivitäten der rechtspopulistischen „Bürgerbewegung pro Oberhausen" besonders die NPD, die zunehmend bestrebt ist, sich auf unterschiedlichen Ebenen öffentlich zu inszenieren. Das vermehrte Auftreten der NPD in Form von Infoständen ist offensichtlich ein Versuch, sich im Vorfeld von Wahlen zu positionieren und den Führungsanspruch innerhalb des rechten Spektrums zu reklamieren. Erschwert wird die Auseinandersetzung durch das teilweise neue Auftreten mit einem an den Mainstream angepassten Lifestyle, was einen erhöhten Aufklärungsbedarf mit sich bringt. Zudem greift die extreme Rechte auf unterschiedliche Methoden zurück, um über das bekannte Ritual rechter Demonstrationspolitik hinaus öffentlichen Raum propagandistisch zu besetzen. So versuchte etwa die örtliche NPD am 27. Januar 2008, durch Präsenz auf einer öffentlichen Gedenkveranstaltung zur Befreiung des Konzentrationslagers Auschwitz die Feierlichkeiten zur Selbstinszenierung zu nutzen. Dieser Versuch rechtsextremer Selbstinszenierung wurde durch einen umgehenden Rauswurf der Provokateure unterbunden. Derartige Inszenierungsversuche von Rechtsaußen sind Teil einer Strategie zur Besetzung öffentlichen Raums. So kursieren etwa Schulungstexte der NPD zur Strategie der „Wortergreifung", um möglichst effektiv demokratische Rechte und Mitbestimmungsmöglichkeiten für die eigenen antidemokratischen und rassistischen Ziele zu instrumentalisieren. Deshalb gilt es, in der kommunalen Auseinandersetzung die mündige Stadtgesellschaft vor den rechtspopulistischen und rechtsextremen Störenfrieden zu verteidigen. Hierzu müssen die Kenntnisse um die soziale Situation genutzt werden, um die Rechten zu stellen und sie öffentlich zu bekämpfen.

Da es letztlich bei der Auseinandersetzung mit Rechtspopulisten und Rechtsextremisten immer auf die Kernfrage „Diktatur oder Demokratie" hinausläuft, muss sich den rechten Kräften die gebündelte Einheit der kompletten demokratischen örtlichen Phalanx entgegenstellen. Der kleinste gemeinsame Nenner: Schutz jeder Mitgliedsgruppe der demokratischen Stadtgesellschaft sollte dabei im zentralen Fokus stehen, um sich nicht durch Zersplitterung selbst zu schwächen.

Die Ruhrgebietsstadt Oberhausen verweist hierbei auf eine lange Tradition des antifaschistischen Kampfes. So hat die legendäre Oberbürgermeisterin Luise Albertz, auch aus trauriger persönlicher Erfahrung durch die Ermordung ihres Vaters Hermann Albertz im Konzentrationslager durch die Nationalsozialisten, die erste rein kommunal finanzierte „Gedenkhalle für die Opfer des Nationalsozialismus" – heute gleichzeitig „Infostelle gegen Rechtsextremismus" Westdeutschland – gegründet. Daher handelt es sich bei den aktuellen kommunalen Aktivitäten gegen Rechts nicht um politisch frei schwebende und traditionslose Aktionen. Vielmehr erhalten die antifaschistisch orientierten Aktivitäten für Vielfalt und Toleranz vor Ort ihre Wirkungskraft nicht zuletzt auch aus der historisch gewachsenen und politisch tradierten Kampfkraft der Arbeiterbewegung und deren Infrastruktur. Die Aktivitäten gegen Rechts sind deshalb strukturell eingebunden in die soziale und politische Infrastruktur des Gemeinwesens.

Da die Rechten verstärkt Migrantinnen und Migranten und deren demokratische Vertretungen angreifen, ist ein wirkungsvolles und auf nachhaltige Wirkung ausgerichtetes kommunales Engagement gegen Rechts nicht zu trennen von der Entwicklung und dem Ausbau kommunaler Integrationspolitik. Als kommunikative Schnittstelle zwischen Stadtverwaltung und ethnischer Community, als öffentlicher Ansprechpartner für interkulturelle Fragen und Belange sowie als Interessensvertretung von Migrantinnen Migranten übernimmt der Integrationsrat eine nicht zu unterschätzende Funktion.

Die Oberhausener Stadtgesellschaft ist und wird in Zukunft aufgrund der demographischen Entwicklung noch stärker von den nachwachsenden Generationen zugewanderter Bürgerinnen und Bürgern geprägt. Zuwanderung und kulturelle Vielfalt bringen Chancen und positive Potenziale für Oberhausen mit sich.

Die Menschen in Oberhausen gestalten gemeinsam das selbstverständliche und respektvolle Zusammenleben aller auf der Grundlage gleichwertiger Akzeptanz und Wertschätzung verschiedener Kulturen und Sprachen. Ziel muss hierbei die Realisierung von Chancengleichheit aller Gesellschaftsmitglieder sein. Integration lässt sich jedoch nicht verordnen. Vielmehr ist Integrationspolitik eine Aufgabe, die alle Politikbereiche wesentlich berührt. Sie ist Gesellschaftspolitik im umfassenden Sinne und daher Querschnittsaufgabe.

Für eine kommunale Integrations-, Familien- und Sozialpolitik, die aus sozialen wie aus wirtschaftlichen Gründen daran orientiert ist, Bürger dabei zu unterstützen, ihnen den größtmöglichen Grad an selbstständiger Lebensführung zu ermöglichen, ist die systematische Verzahnung der Dienste, Angebote und Leistungen von entscheidender Bedeutung. Anbieter und Leistungen müssen sich daran messen lassen, ob sie den betroffenen Bürgerinnen und Bürgern eine möglichst weitgehende, ihren Wünschen und Fähigkeiten entsprechende Integration und Teilhabe zu ermöglichen. Hier liegen für Oberhausen noch erhebliche Potentiale, die ausgehend von einem nachhaltig wirksamen Projektmanagement und unterstützt durch externe Beratung weiter zu entwickeln sind.

Politik, Verwaltung, Migrantenselbstorganisationen und freie Träger müssen gemeinsam Strategien entwickeln und diese auch gemeinsam umsetzen. Dabei ist der Ausbau des bürgerschaftlichen Engagements von zentraler Bedeutung, denn Integration vollzieht sich in den Vereinen, in den Aktivitäten im Stadtteil und in der Nachbarschaft. Dies setzt einen breit angelegten Beteiligungsprozess innerhalb der Stadtgesellschaft voraus.

Die kontinuierliche und umfassende Beteiligung aller relevanten Gruppen an der Entwicklung, Umsetzung und Gestaltung eines kommunalen Integrationskonzeptes ist für den Erfolg des Integrationsprozesses „vor Ort" von zentraler Bedeutung. Diesen Sachverhalt unterstreichen die folgenden vier Zielsetzungen eines solchen Beteiligungsverfahrens:

- Optimierung der Wissensbasis aller Beteiligten hinsichtlich Problemlagen, Bedarfe und Lösungsansätzen.
- Motivierung zum Engagement für ein friedliches Zusammenleben in der eigenen Stadt.
- Erhöhung der Durchsetzungschancen für integrationspolitische Anliegen in Politik, Verwaltung und Stadtgesellschaft in Form von Foren unter partnerschaftlicher Zusammenarbeit von Bürgerinnen und Bürgern und Fachleuten aller im Stadtteil tätigen Akteure.
- Steigerung der Wirksamkeit der integrationspolitischen Aktivitäten mit Zielrichtung auf nachhaltige und messbare Erfolge.

Zudem sind – insbesondere im Hinblick auf rechtsextreme Propaganda – Aktivitäten zur Stärkung der lokalen Demokratie weiter zu entwickeln. Die Verbesserung von Rechten und

Möglichkeiten zu politischer Teilhabe ist eine entscheidende Voraussetzung für die Zukunftsfähigkeit des Gemeinwesens und zugleich ein wirksames Mittel gegen die weit verbreitete Politikverdrossenheit. Die Qualität des demokratischen Fundaments der Stadtgesellschaft definiert in starkem Maße die Effektivität selbst der besten Einzelmaßnahmen.

Im Hinblick auf rechte Propaganda fokussieren sich die Sorgen bei vielen politischen Entscheidungsträgern in den Kommunen meist auf die Frage, ob nicht durch eine offensive Vorgehensweise den Rechtspopulisten eine unverhältnismäßig große Aufmerksamkeit und Plattform geboten wird. Die Erfahrung zeigt, dass nur präventives und offensives Handeln das Ansinnen der Rechtspopulisten im Keim ersticken kann und die nicht abzusehenden Folgen einer schleichenden Ausbreitung verhindert. Die Kommunen sind aufgerufen, ihre Infrastruktur und Potenziale zu nutzen, um breite Bündnisse sowie geschlossenes Handeln zu initiieren. Das geschlossene Auftreten gegen Rechts im kommunalpolitischen Geschehen ist jedoch nur die eine Seite der Medaille: Denn die Erfolgsaussicht zur Abwehr rechtspopulistischer Stimmungsmache hängt zugleich ab von den Gestaltungsmöglichkeiten einer aktiv betriebenen Integrationspolitik und deren Verankerung im kommunalen Lebensalltag.

3. Zwischen Heimat und Heimweh

Fouzia Taibi: Thamazighirt inu – Meine Heimat

Die Thamazighirt meines Herzens, der Raum in dem ich mich bewege.
Fliege.
Wandere.
Bin.
Sonnenstrahlen erhitzen die Gemüter.
Trotzdem überall schallendes Gelächter.
Parkende Esel neben parkenden Autos.
Bettler, die ignoriert werden,
neben Fleisch- und Gemüsekäufern. Verkäufern.
Sitzend.
Bunte Gerüche, überall.
Der Staub wirbelt.
Nimmt sich vieles heraus.
Verschmutzt einiges.
Nicht schlimm, im ewigen Schatten ruhen einige.
Die Thamazighirt, in der in wohne, ist schillernd und grell.
Atemberaubend familiär und gelegentlich verräterisch.
Selbstbewusst stolzieren die Bewohner
durch die kleinen, brüchigen, verstaubten Gassen.
Sie lieben es.
Gelegentlich.
Wiederum hassen sie es.
In unserer Thamazighirt ist Routine der Auslöser jeden Übels.

Ewig sich wiederholende Worte
und Taten
ohne die geringste Hoffnung auf Bewegung.
Meine Thamazighirt ist die Schönste.
Ich habe dich vor einer halben Ewigkeit verlassen.
Zurückkehren werde ich immer wieder.
Irgendwann für immer.
Meinen Seelengruß da lassend.
Dahin zurückkehrend,
wo meiner Seele Leben eingehaucht wurde
und es ihr, wann Gott will, wieder genommen wird.
Mich und meine Thamazighirt
verbindet großer Respekt und eine innige Liebe.
Sie besucht mich in meinen Träumen
und freut sich über mein
Kommen, über mein
Dasein
und über mein kurzes Bleiben.
Zur Begrüßung glänzt jede Lehmhütte in strahlendem Beige.
Selbst die kleinen Moscheen strahlen und strotzen vor Eleganz
und freuen sich
über meine Anwesenheit.
Thamazighirt inu.
Ja Thamazighirt inu.
Ich bekenne mich zu Dir voller Stolz und freue mich
ein Teil von Dir zu sein.
Mein Ziel ist es, irgendwann in deinen Armen einzuschlafen.
Du bist meine Mutter in meinem Vaterland.
Hältst Deine Arme stets offen.
Bittest mich ständig zu bleiben.
Doch ich muss gehen.
Meine letzte Reise für mich zu Dir.
Thamazighirt meines Herzens.[16]

4. Geschichten, die Mut machen – Migrantinnen und Migranten in Oberhausen

Von generationenübergreifender Solidarität und tiefem Vertrauen
in sich und in andere – Die Geschichte der Familie Erdas

Die Geschichte der Familie Erdas[17] zeigt auf beeindruckende Weise, wie sich eine Familie aus eigener Kraft den Weg ebnet in eine Gesellschaft, in der Anfang der 1970er Jahre noch längst nicht alle Weichen auf Integration und Partizipation gestellt sind:

1972 leben Emine und Nezih Erdas, beide Ende Zwanzig, mit ihren Kindern, Nagihan, Neslihan und Namik in der Türkei. Nezih Erdas, ein gelernter Goldschmied, der seit längerem erfolgreich selbstständig ist, hat den Wunsch, sein Geschäft zu erweitern. Ein Wunsch, der vorerst nicht umzusetzen ist, da ihm und seiner Familie das nötige Kapital fehlt. Über Freunde und Bekannte erfährt er, dass in Deutschland Hilfsarbeiter gesucht werden; also schmiedet er mit seiner Frau den Plan, für eine kurze Zeit, maximal fünf Jahre oder anders gesprochen: maximal bis die Kinder „150 Zentimeter" Körpergröße erreicht haben, nach Deutschland zu gehen, um das nötige Startkapital für eine Erweiterung seines Betriebes zu erarbeiten. Emine und Nezih Erdas lieben ihre drei Kinder und der Gedanke, sie zurück zu lassen ist zutiefst bedrückend; die Perspektive jedoch, kurzfristig nach Deutschland zu gehen, dort zu arbeiten und mit Kapital in die Türkei zurück zu kehren und der Familie ein besseres Leben zu ermöglichen, ist dennoch sehr verlockend. So entscheiden sie, Nagihan, Neslihan und Namik zwischen den elterlichen Geschwistern, die in der Türkei und in Australien leben, „aufzuteilen". Dies ist die Ausgangssituation der Familie Erdas. Und dies ist ihr Plan. Es soll jedoch alles ganz anders kommen – zum Glück, können wir heute sagen.

Nagihan und ihre Geschwister hängen sehr an ihren Eltern, so sehr, dass sie nicht zur Ruhe kommen können, als ihre Mutter und ihr Vater die Türkei verlassen. So sehr, dass sie Tag und Nacht weinen und nach ihren Eltern rufen und schließlich so sehr, dass ihre Eltern einlenken und erst Nagihan und Namik, Neslihan dann ein Jahr später, nachholen. Keine leichte Entscheidung, denn die Eltern sind zu diesem Zeitpunkt noch nicht in Deutschland, sondern auf einem Zwischenstopp in Dornbirn, Österreich, wo Nezih und Emine Erdas einen Job in einer Schokoladenfabrik angenommen haben. Die Zeit in Österreich ist beschwerlich; das *fremd* sein gipfelt für die vierköpfige Familie in einem *Fremdenzimmer*, in dem es kein fließendes Wasser gibt.

Einige Monate später kann die Familie nach Deutschland gehen, da Hülsbeck & Fürst in Velbert Nezih Erdas einen Job anbieten, den dieser sofort annimmt. Eine Wohnung wird ihnen auch vermittelt – in Oberhausen. Ihr Zuhause für die nächsten zwei Jahre! Und spätestens hier beginnt auch die ganz persönliche Geschichte von Emine Erdas, die ihre Familie in den weiteren Jahren mit unerschütterlichem Mut, Engagement und Optimismus in die Oberhausener Stadtgesellschaft integriert und dabei mehr als einmal ungewöhnliche Wege geht.

Emine Erdas ist gelernte Schneiderin. Da Nezih Erdas jeden Morgen gegen fünf Uhr in Oberhausen abgeholt und erst abends gegen 18 Uhr aus Velbert nach Hause kommt, ist eine traditionelle Arbeitsteilung vorgesehen, die Emine Erdas gern ausbauen möchte, um ebenfalls wieder zur finanziellen Sicherheit der Familie bei zu tragen. Dieser Wunsch muss vorerst auf Eis gelegt werden, da Nagihan am ersten Tag der Ankunft in Oberhausen an Gelbsucht erkrankt und ins Elisabeth-Krankenhaus eingewiesen wird. Nagihan kann und will nicht ohne ihre Mutter sein, so dass Emine Erdas für etwa zwei Monate Tag und Nacht am Bett ihrer Tochter weilt, bis diese wieder nach Hause darf. Nagihan, Neslihan und Namik Erdas kommen in den nächsten Monaten allmählich in Oberhausen an. Auch, weil sie Freunde schräg gegenüber ihres Hauses finden – in dem Café von Frau Hartwig. Die Kinder beider Frauen werden Freunde, die viel gemeinsame Zeit miteinander verbringen und sich zum gegenseitigen Übernachten einladen. Das Café von Frau Hartwig wird dann auch die erste Arbeitsstelle von Emine Erdas; nicht nur zwischen ihren Kindern, sondern auch zwischen den beiden Frauen entwickelt sich eine Freundschaft, die auf einem respektvollen, gegenseitigen Nehmen und Geben beruht. So unterstützt Emine Erdas Frau Hartwig als Putzhilfe im Café und kann im Gegenzug ihre Wäsche dort waschen.

1975 bietet sich für Familie Erdas die Gelegenheit, in eine größere Wohnung zu ziehen, da eine Hausmeisterstelle zu besetzen ist. Da Emine Erdas das Haus jederzeit „in Schuss gehalten hat," wird ihre Familie vom Vermieter für die neue Wohnung empfohlen. So wird 1975 ein Haus in der Nachbarschaft die neue Unterkunft der Familie. Nicht irgendein Haus, sondern eine Begegnungsstätte der katholischen Herz-Jesu-Kirche, deren Pastor Herr Karl die Familie stets unterstützt und ihnen mit einer beispiellosen Unvoreingenommenheit, mit Respekt und Offenheit begegnet. Eine Erfahrung, die die Familie auch in den weiteren Jahren machen kann. Auch, als Pastor Reinbach als Nachfolger von Pastor Karl im Haus einzieht.

Emine Erdas drückt ihre Dankbarkeit für die stetige Unterstützung in aufopferungsvoller Arbeit für die Gemeinschaft aus. Anders als heute werden Häuser damals noch mit Kohle beheizt, die vom Gehweg in die Wohnungen getragen werden muss. Eine schwere Arbeit, die Emine gerne für ihre Mitmenschen erledigt. Sie betont heute, dass sie und ihre Familie immer eine Gegenleistung bekommen haben; womit hierbei nicht nur von materieller Gegenleistung die Rede ist. Vielmehr von gegenseitiger Hilfe, Austausch, Anerkennung und Respekt.

In den 1980er Jahren wird das schöne Haus grundrenoviert. Für Familie Erdas, der für die Zeit der Renovierung eine Ersatzwohnung angeboten wird, ist dies jedoch kein Grund vorübergehend auszuziehen, sondern allenfalls Grund genug, mit an zu packen und die Renovierung zu unterstützen. Das „Bleiben wollen", trotz unbequemer Umstände während der Renovierung, signalisiert deutlich, wie tief die Verbundenheit der Familie bereits mit ihrem Haus ist. Sie sind angekommen in ihrem (neuen) Zuhause.

Gleichzeitig übernimmt Emine Erdas für die nächsten 22 Jahre Änderungsarbeiten für Frau Buse, die die Boutique „La Robe" auf der Havensteinstraße führt. Als gelernte Schneiderin arbeitet sie von zu Hause aus, da es zu keinem Zeitpunkt in Frage kommt, dass nur eines ihrer Kinder zu einem „Schlüsselkind" wird! Das Wohlergehen ihrer Kinder steht für Emine und Nezih Erdas immer im Vordergrund; fast jedes Wochenende fahren die Eltern mit ihren Kindern „ins Grüne", um gemeinsam Zeit zu verbringen. Und wenn Emine und Nezih Erdas in den Ferien mit ihren Kindern für fünf Wochen in die Türkei fahren, sind davon stets fünfzehn Tage am Meer ausschließlich für die Eltern und ihre Kinder reserviert.

Frau Erdas ist also schon damals eine „multitasking-fähige Familienmanagerin", wie wir es heute neu-deutsch ausdrücken würden, und arbeitet in einer Art „Home-Office", um familiäre mit wirtschaftlichen Bedürfnissen in Einklang zu bringen. Als wäre dies nicht schon an sich eine herausragende Leistung einer einzelnen Frau, der nicht genug Anerkennung und Respekt gezollt werden kann, bewegt Emine Erdas vor allem auch die Welt ihrer Kinder in besonderem Maße und stellt die Weichen für deren beeindruckenden, weiteren Lebensweg.

Die Pfarrbücherei, die im Erdgeschoss eingerichtet und von Frau Wolters geleitet wird, ist die erste Anlaufstelle für Emine Erdas, um positiven Einfluss auf die Bildung ihrer Kinder zu nehmen. Hier können ihre Kinder lesen und gegebenenfalls Unterstützung bei auftretenden (schulischen) Problemen bekommen. Die Bildung ihrer Kinder war für Emine Erdas immer sehr wichtig, da sie ahnte, dass diese darüber den bestmöglichen Zugang zur gesellschaftlichen Teilhabe erhalten würden. Wenn sie das Gefühl hatte, dass eines ihrer Kinder hinter seinen schulischen Möglichkeiten lag, suchte sie offensiv den Kontakt zu den Lehrern von Nagihan, Neslihan und Namik. So geht sie auch in die Brüder-Grimm-Schule, um der Direktorin Frau Österwind mit zu teilen, dass Nagihan „besser werden soll." So bekommt ihre Tochter fortan in jeder Pause Nachhilfe und erarbeitet sich so eine Empfehlung für die gymnasiale Laufbahn nebst eigenhändiger Anmeldung am Elsa-Brandström-Gymnasium durch Frau Österwind.

Emine Erdas organisiert die Bildung ihrer Kinder und schreckt auch bei aufkeimenden Problemen nicht davor zurück, Initiative zu ergreifen, um den Kurs wieder zu korrigieren: Als zwei Mädchen in der Biologiearbeit von ihrer Tochter Nagihan abschreiben und diese dann zu Unrecht eine schlechtere Note bekommt als die beiden Mitschülerinnen, scheut Emine Erdas nicht den Weg zum Vertrauenslehrer. Gemeinsam entwickeln sie eine geeignete Strategie, um sowohl Nagihan den Rücken zu stärken, als auch die beiden Mitschülerinnen nicht auffliegen zu lassen. Als Nagihan später in der Oberstufe die Motivation vorübergehend abhanden kommt, trägt Emine Erdas ihr auf, zehnmal das Treppenhaus von oben nach unten zu putzen und teilt ihr mit, dass dies die Alternative zum Abitur ist. So beendet Nagihan 1988 erfolgreich ihre Schullaufbahn, beginnt danach an der Universität Essen mit dem BWL-Studium und reist in den Semesterferien nach Amerika und Australien; Reisen, die sie sich über eine Tutorenstelle an der Universität finanziert und die ihr einen Blick über den Tellerrand ermöglichen. 1995 beendet Nagihan erfolgreich ihr Studium und geht in die Unternehmensberatung. Seit 1998 arbeitet Nagihan als Diplom-Kauffrau bei der Unternehmensberatung Mibs GmbH. Während Nagihan eine beinahe hürdenfreie Schulzeit durchläuft, muss Emine Erdas um das Abitur ihrer Tochter Neslihan nahezu kämpfen. Diese hat, wie jedes andere Kind auch, schwächere Fächer, in ihrem Fall Biologie und Englisch, und Emine Erdas erhält die Empfehlung, eine andere Schulform für Neslihan in Erwägung zu ziehen. Nicht ohne den Hinweis von Frau R., der Lehrerin ihrer Tochter, dass ja „nicht jedes Kind ein Abitur braucht, denn schließlich müssen ja auch andere Jobs erledigt werden." Ein Hinweis, der bis heute Betroffenheit und Wut in Emine Erdas hervorruft, die damals glücklicherweise nicht dem Rat gefolgt ist, sondern in aller Deutlichkeit gesagt hat, „meine Tochter macht Abitur und wenn ich noch eine Putzstelle annehmen muss, um ihre Nachhilfe zu finanzieren." In Anbetracht der Tatsache, dass Neslihan nicht nur das Abitur gemacht, sondern auch studiert hat und heute Studiendirektorin und Lehrerin für die Fächer Deutsch und Englisch an der Käthe-Kollwitz-Gesamtschule in Leverkusen ist, wird das herausragende Engagement einer Mutter für ihre Tochter erkennbar. Erkennbar wird aber auch, dass Schulen manchmal den leichten Weg in Bildungskrisen einschlagen, indem sie einen Schulwechsel vorschlagen, anstatt den Kindern und Jugendlichen in akuten Situationen Hilfestellung zu geben, um ihr Potenzial zu fördern. Im Falle von Neslihan war es das starke Engagement ihrer Mutter, das den Schulverbleib sicherte.

Wie sehr die Geschichte von Emine Erdas mit der ihrer Kinder verbunden ist, zeigt ein Perspektivenwechsel von Mutter zu Tochter. Nagihan spiegelt in ihrer ganzen Persönlichkeit die tiefe Verbundenheit mit ihrer Mutter und deren Idealen wider. Sie reflektiert ihre Kindheit und die enge Beziehung zu ihren Eltern mit den Worten „ich habe immer Unterstützung erfahren." Sie erzählt, dass sie aber auch gelernt hat, nicht nur zu nehmen, sondern auch zurück zu geben. Während ihrer Schulzeit gibt sie anderen türkischen Kindern und Jugendlichen Nachhilfe und hilft in ihrer Freizeit seit ihrem zwölften Lebensjahr in der Pfarrbücherei, in der sie bis heute ehrenamtliche Mitarbeiterin ist. Neben ihrem sozialen Engagement, auf das ihre Eltern immer großen Wert gelegt haben und das sie direkt durch ihre Mutter erfahren konnte, spiegelt Nagihan in ihren Erzählungen auch etwas, das vielen vielleicht außergewöhnlich erscheinen mag: Nagihan, ihre Eltern und Geschwister sind bekennende Muslime, die in einem christlichen Umfeld leben und sich engagieren; Islam und Christentum schließen sich in Nagihans Welt zu keinem Zeitpunkt gegenseitig aus. In ihrer Kindheit und Jugendzeit kommt Pastor Reinbach oft hoch in die Wohnung von Familie Erdas, um in gemeinsamen Gesprächen einen regen Glaubensaustausch zu praktizieren, der selbst in der Gegenwart keinesfalls selbstverständlich ist. Die Grundlage dieser familiären Zusammenkünfte ist immer die Anerkennung beider Religionen als gleichwertig. Nagihan beschreibt, dass es darum ging, über Gemeinsamkeiten im Islam und Christentum zu reden und zu diskutieren, aber nie darum, welche Religion nun besser oder schlechter sei. Eine Erfahrung, die Nagihan auch in ihrem weiteren Leben als Orientierung in vielen Situationen nutzt, die auf den ersten Blick scheinbar schwer zu lösen sind: Es geht stets darum, eine „Schnittmenge" zu finden, die eine Kommunikation mit anderen erst möglich macht.

Nagihan ist eine selbstbewusste, in sich gefestigte Frau, die anderen Menschen neue Wege aufzeigen und besonders für jüngere Menschen Vorbildfunktion einnehmen kann. So scheint es äußerst plausibel, dass sie Brücken schlägt zwischen Menschen mit Migrationshintergrund und der Stadtgesellschaft, die an vielen Stellen das Potenzial vor allem junger Migrantinnen und Migranten noch nicht realisiert hat. Nagihan setzt sich als aktives Mitglied der SPD und mit großem Engagement für den Integrationsrat der Stadt Oberhausen ein. Besonders die Sprachförderung junger Migrantinnen und Migranten liegt ihr am Herzen, da sie weiß, dass Sprache letztlich der Schlüssel ist zur gesellschaftlichen Partizipation.

Die erfolgreiche Geschichte der Familie Erdas setzt sich heute bereits in dritter Generation fort: Nihan Erdas, die 16-jährige Enkelin von Emine Erdas, ist eine für ihr Alter überdurchschnittlich weite und gewandte Persönlichkeit, deren Potenzial innerhalb weniger Momente sichtbar wird. Nihan lernt bis zum Kindergarten ausschließlich türkisch, damit sie in ihrer Muttersprache gefestigt ist, bevor eine neue Sprache hinzukommt. Ihre Mutter Nurdan, die, anders als Nihans Vater Namik, in der Türkei aufgewachsen ist und erst später Deutsch lernt, bringt ihrer Tochter ein Türkisch bei, das aufgrund eines „wunderbaren Wortschatzes" außergewöhnlich flüssig und rund wirkt. Mit zweieinhalb Jahren kommt Nihan in den Kindergarten, lernt deutsch und findet ihre erste „beste Freundin" Celina. Rückblickend erzählt Nihan, dass sie, soweit sie sich erinnern kann, nie das Gefühl hatte „anders zu sein" als die anderen (nicht türkischen) Kinder. Später, als sie auf die Brüder-Grimm-Grundschule kommt und etwa die Hälfte der Kinder ihrer Klasse einen Migrationshintergrund haben, fühlt sie sich „deutscher als alle anderen"; bedingt auch dadurch, dass ihr Deutsch bereits flüssig und zu ihrer zweiten Muttersprache geworden ist. Sie ist eine herausragende Schülerin, aber, und auch das zieht sich durch die Geschichte der Familie, sie wird zu keinem Zeitpunkt unter Druck gesetzt, der ihren schulischen Erfolg erklärt. Stattdessen erfährt sie Motivation und Hilfestellung innerhalb ihrer Familie. So sitzt ihre Mutter jeden Tag bei ihr, wenn sie Hausaufgaben macht; eine gegenseitig bereichernde Situation für Mutter und Tochter, da sie beide lernen: Die Mutter feilt weiter an ihren deutschen Sprachkenntnissen, die Tochter kann inhaltliche Probleme mit ihrer Mutter (auch auf Türkisch) diskutieren.

Auch Nihan bekommt eine Empfehlung für das Gymnasium und steht vor der Entscheidung, welches Oberhausener Gymnasium ihr neuer Lernort wird. Sie geht auf das bilinguale Heinrich-Heine-Gymnasium und erzählt, „entschieden habe ich selbst." Das erste halbe Jahr auf der weiterführenden Schule wird zur Belastungsprobe für Nihan, da sie zum ersten Mal in ihrem Leben die Erfahrung machen muss, dass ihre Leistung nicht ausreicht. Zu stark ist das Gefälle im Lernniveau der Kinder. Nihan weint, wenn sie nach der Schule nach Hause kommt, aber sie wird jeden Tag von ihren Eltern und ihrer Familie aufgefangen und aufgebaut und sie schlagen Nihan ein „Geschäft" vor, das beinhaltet, dass sie ein halbes Jahr durchhalten möge, um dann zu entscheiden, ob sie die Schule wechseln oder bleiben möchte.

Nihan lernt und spielt Tennis – ein Sport, der seit ihrem fünften Lebensjahr zu ihrem Ausgleich geworden ist. Schließlich überwindet sie die erste schwere Zeit, passt ihre Leistungen einem sehr hohen Niveau an und engagiert sich in besonderem Maße, vor allem im Rahmen der Schülervertretung, für ihre Mitschülerinnen und Mitschüler. Sei es im Rahmen von „Schüler helfen Schülern", einer Hausaufgabenbetreuung für Fünft- und Sechstklässler, die Nihan damals selbst in Anspruch genommen hat. Sei es als Mentorin: Nihans Schülerinnen und Schüler sind heute in der sechsten Klasse und werden seit ihrer Einschulung von Nihan betreut. Ihr Engagement fällt auf und so wird sie von Herrn Winkler, dem Schulleiter des Heinrich-Heine-Gymnasiums, angesprochen, als es darum geht, die Mensa des Gymnasiums mit zu eröffnen.

Wenn Nihan erzählt, zeigt sich, dass sie sich nicht zwischen zwei Kulturen bewegt, sondern diese miteinander vereint und sich darüber hinaus auch weiterhin der Welt öffnet: Nihan fastet seit ihrem zwölften Lebensjahr ebenso bewusst und aus freier Entscheidung, wie sie neben ihren Muttersprachen Türkisch und Deutsch, Englisch, Französisch und Russisch spricht. Im März diesen Jahres legt sie ihr Cambridge-Examen ab und fliegt Mitte März im Rahmen eines Schüleraustausches für einen Monat in die USA.

Auf wunderbare Weise spiegeln sich all die Bemühungen der vorangegangenen Generationen in Nihans Familie in ihr selbst wider: Sie ist ein offenes, selbstbewusstes und engagiertes junges Mädchen, dass sich selbst den Weg ebnet und dabei nie vergisst, nach links und rechts zu schauen, um die an die Hand zu nehmen, die Unterstützung brauchen. In Nihan vereinen sich in dritter Generation alle Kräfte und Bemühungen, die ihre Großmutter mit der Ankunft in Oberhausen einst aufgebracht hat: Familie Erdas ist angekommen.

Familie Erdas kennen zu lernen bedeutet nicht nur eine nette Familie zu besuchen – vielmehr heißt es, eingeladen zu werden, an der Geschichte einer Familie teilhaben zu dürfen, die durch und durch von starker Solidarität untereinander und tiefem Vertrauen ineinander geprägt ist. Eine Geschichte, die in dieser Form wohl eher selten anzutreffen ist und dennoch in besonderer Weise verdeutlicht, dass wir von gängigen Stereotypen, mit denen Migranten-Familien sehr oft belegt werden, Abstand nehmen müssen.

„We are sitting on gold and we don´t know" –
Wilfred Otene und die Anlaufstelle für afrikanische Familien

Wilfred Otene wird 1973 in Kenia geboren.[18] Er lebt bis 2007 in einem Land, dass er liebt und wunderschön findet. Kenia, das neben all seiner Schönheit jedoch auch mit hässlichen Herausforderungen zu kämpfen hat; die gewaltigsten betreffen die HIV/AIDS-Infektionen, die jetzt und in Zukunft schwerwiegende, nicht irreversible Konsequenzen nach sich ziehen werden. Wilfred Otene arbeitet als ausgebildeter und hoch engagierter Sozialarbeiter in Entwicklungsprojekten, die sich insbesondere für die Menschen einsetzen, die mit dem HI-Virus infiziert oder bereits an AIDS erkrankt sind. Und das mit Erfolg: Kenia hat im Vergleich zu anderen afrikanischen Staaten das größte Aufkommen an Nichtregierungsorganisationen und inzwischen stark gesunkene HIV/AIDS-Raten.[19] Der Beweis, dass großes Engagement etwas bewegt. 2005 trifft Wilfred Otene die Frau, mit der er sein weiteres Leben verbringen will: Die Deutsche Susanne und Wilfred heiraten und leben in Kenia, bis sie 2007 beschließen, nach Deutschland zu gehen. Nicht etwa, weil Wilfred Otene Kenia nicht mehr mag, sondern weil er das Land seiner Frau kennenlernen möchte. Ursprünglich haben beide nicht den Wunsch, in Deutschland zu bleiben. Nach der Ankunft in Deutschland gibt es familiäre Schwierigkeiten. Eine Zeit, so erzählt Wilfred Otene, die das Paar vor viele Herausforderungen gestellt, aber ihre Beziehung zueinander sehr gestärkt hat.

Wilfred Otene beschließt, erst einmal Deutsch zu lernen und meldet sich zu einem Sprachkurs an der VHS an. Hier entstehen Kontakte zu Menschen aus der ganzen Welt – eine positive und bereichernde Erfahrung, die Wilfred Otene gleichzeitig aber auch die Probleme von Migrantinnen und Migranten in Deutschland vor Augen führt. Er fragt sich, warum es für viele so schwierig ist, sich zu integrieren – in die Oberhausener Stadtgesellschaft, aber auch in die deutsche Lebenswelt, die sich in vielen Gegebenheiten oft sehr stark von denen in dem Herkunftsland der Migrantinnen und Migranten unterscheidet. Doch bevor er sich ihrer Probleme annimmt, setzt er sich mit der Frage auseinander, wie die Menschen in Deutschland leben. Wilfred Otene, der bereits vielen Herausforderungen die Stirn geboten hat, versucht, die Wurzeln des Problems zu verstehen – nicht „top-down", sondern „bottom-up". Er setzt sich mit dem gesellschaftspolitischen System Deutschlands auseinander, um sich daran anknüpfend zu fragen, was er auf dieser Grundlage tun kann, um den Menschen zu helfen, die er hier in Oberhausen trifft.

Er sieht, dass das Erlernen der deutschen Sprache unabdingbar ist, wenn er und andere in Deutschland Fuß fassen und gesellschaftliche Partizipation erlangen wollen, denn oft, so sagt er, wird ein Nicht-Beherrschen der deutschen Sprache mit mangelnder Intelligenz gleichgesetzt. Um den Effekt des Sprachkurses zu verstärken, schaut er „Hart aber Fair" und „Tagesthemen", und hält stets ein kleines Heft für Notizen bereit, in dem er einzelne Worte oder Redewendungen, die ihm nicht geläufig sind, notiert, um sie später nachzuschlagen. In kurzer Zeit eignet er sich einen immensen deutschen Wortschatz an und verfügt über Kenntnisse des politischen Systems Deutschlands, denen kaum einer, der hier aufgewachsen ist, standhalten kann. Auf dieser Basis und mit starker Eigeninitiative beginnt er durch einen Deutsch-Englisch-Sprachkurs, den Kulturaustausch zwischen Migrantinnen und Migranten und Deutschen zu fördern. Zur gleichen Zeit nimmt er Kontakt zur Arbeitsagentur auf, und fragt (!), wie er, als ausgebildeter Sozialarbeiter, Migranten in Oberhausen dabei helfen kann,

sich zu integrieren. Manch einer in der Arbeitsagentur wird überrascht gewesen sein, über den jungen Kenianer, der in flüssigem Deutsch fragt, wie er sich in den Integrationsprozess einbringen kann. In der Folge werden ihm von der Arbeitsagentur nicht nur weitere Qualifizierungsmaßnahmen ermöglicht, sondern er erhält auch das erste Jobangebot nach seiner Ankunft in Deutschland. So arbeitet er bei der ▶ Kurbel, knüpft Kontakte, durch die sich auch neue berufliche Optionen ergeben: So kommt er der Bitte nach, das Projekt „Stärke vor Ort" maßgeblich zu leiten. Ein Projekt, das auch durch den Integrationsrat unterstützt wird und in dem Wilfred Otene Migrantinnen und Migranten motiviert, aus ihrem „Kokon" heraus zu treten, um die eigene Integration in die Hand zu nehmen. 2011 begründet das Regionalteam Mitte-Styrum, mit Wilfred Otene als Projektleiter, eine Anlaufstelle für afrikanische Familien, die hier die Gelegenheit bekommen, sich zu treffen, sich auszutauschen und Hilfestellung zu bekommen – zum Bespiel durch Beratung in schwierigen Alltagssituationen, die vor allem auch bürokratische Unklarheiten betreffen. So können Inhalte von Briefen und Verträgen übersetzt und diskutiert werden, damit die Betroffenen auch nachvollziehen können, worunter sie gegebenenfalls ihre Unterschrift setzen. Auch außerhalb der Räumlichkeiten auf der Marktstraße 22 organisiert das Projekt „Veranstaltungen im vertrauten Umfeld der Zielgruppen." So werden auch das Freitagsgebet und der sonntägliche Gottesdienst für die Weitergabe von Informationen und Hilfestellungen genutzt.

Eine Gefahr für die Nachhaltigkeit des Projekts sieht Wilfred Otene vor allem darin, dass es von konstanter finanzieller Unterstützung abhängig ist. Nun ist es aber so, dass der Zufluss finanzieller Leistungen nur befristet geregelt ist. Dies betrifft auch die Stelle von Wilfred Otene, der hoch qualifiziert ist und trotzdem unter dem Lohn arbeitet, den die Stadt Oberhausen für einen hier studierten und derart qualifizierten Sozialarbeiter aufbringen müsste. „Wenn wir in die Welt der Migrantinnen und Migranten hineingehen, gibt es viel zu lernen", erzählt Wilfred Otene, und „wir müssen die Ressourcen mobilisieren" anstatt sie zu verschenken.

Abb. 3 (vorige Seite):
Fußballsporttag
im Juli 2011

Abb. 4 (diese Seite):
Marimba-Musik
zur Kulturhauptstadt 2010

Dabei ist es wichtig, Migrantinnen und Migranten zu fragen, wie ihre Welt aussieht, anstatt das als gegeben zu betrachten, was in wissenschaftlichen Diskursen zum Thema Migration und Integration vorherrscht: der Eindruck, das Daten, Fakten und theoretische Annahmen, die Realität von Migrantinnen und Migranten spiegeln. Wilfred Otene beobachtet oft, dass Projekte für Menschen anstatt mit ihnen konzipiert werden, was im Falle von integrativen Prozessen in der Konsequenz mündet, dass die Wirkkraft solcher Projekte gering bleibt, da sie an den Bedürfnissen von Migrantinnen und Migranten vorbei gehen. Dabei liegt es doch nahe, die Menschen erst einmal nach ihrer Situation zu befragen, um daraus dann Lösungsstrategien zu entwickeln, die zu einer Verbesserung ihrer Lebenssituation führen. Empathie bildet für ihn die Grundlage guter Projektarbeit, denn so fühlen sich die Menschen mit ihren individuellen Problemen verstanden und respektiert und nicht als Objekte ihrer eigenen Probleme abgespeist.

„Es gibt viel zu tun!", beschreibt Wilfred Otene seine Projektarbeit, und wir müssen akzeptieren, dass „Integration kein Ergebnis, sondern ein Prozess ist." Ein Prozess der umso erfolgreicher verlaufen kann, je mehr Migrantinnen und Migranten als Menschen akzeptiert werden, die sich nicht selbst verlieren wollen, aber dennoch bereit sind, Veränderungen anzunehmen. Integration sollte bei den Menschen ansetzen und zwar nicht nur über Bildungs-,

Abb. 5: Marina in der ersten Schulklasse

sondern auch über Freizeitangebote, denn gerade sie bilden eine Plattform für kulturellen Austausch und die Überwindung von Vorurteilen. Wilfred Otene erzählt, dass es aus seiner Sicht vier Punkte für eine erfolgreiche Projektarbeit gibt: Akzeptanz, Ehrlichkeit, Empathie und Wertschätzung.

Es gilt, in die Lebenswelt von Migrantinnen und Migranten einzutauchen, ihnen auf Augenhöhe zu begegnen, mit der Sicherheit, dass in jedem Menschen etwas steckt, das wir noch nicht wissen. Oder anders gesagt: „We are sitting on gold and we don´t know" – *Wir sitzen auf Gold und wir wissen es nicht.*

„Hier ist für mich die Heimat" –
Marina Kulischov erzählt von dem langen Weg des Ankommens

Marina Kulischov wird im November 1984 in Dzambul (heute Taraz), Kasachstan, geboren.[20] Dort lebt sie mit ihren Brüdern Alex und Sergej, die fünf und zwei Jahre älter sind als Marina, und ihren Eltern, Tamara und Juri Kulischov. Marina wächst in einem Land auf, in dem sie und ihre Eltern nicht willkommen sind; vor allem die 1990er Jahre beschreibt Marina rückblickend als sehr kritisch, da Kasachstan unabhängig wird und sich abzeichnet, dass die Familie aufgrund ihrer russischen Wurzeln und ihrer Zugehörigkeit zur deutschstämmigen Bevölkerungsgruppe nicht dort bleiben kann. So füllen sie Anträge für die Einwanderung nach Deutschland aus, die durch eine Verwandte bei dem zuständigen Amt eingereicht werden. Kurz vor Marinas zwölftem Geburtstag, bekommt die Familie die positive Nachricht, dass sie Kasachstan verlassen und nach Deutschland auswandern kann. So kommen sie 1996 nach Deutschland, ihre erste Station ist ▶ Friedland; die Ankunft in Deutschland bedeutet für die Familie Kulischov noch lange kein Ankommen. Nach sechs Tagen wird ihnen mitgeteilt, dass sie für drei Wochen nach Unna-Massen und danach für sechs Monate nach Waldbröl gehen müssen. Dort besuchen Tamara, Juri und Alex Kulischov einen Deutsch-Sprachkurs, Marina und Sergej die Hauptschule. Nach diesen sechs Monaten müssen sie sich zwischen Oberhausen, Bottrop und Gelsenkirchen als Zielort entscheiden. Die Familie wäre gerne nach Lippstadt gegangen, da dort bereits Bekannte lebten, aber so entscheiden sie sich gemeinsam für

Abb. 6: Marina mit Freund Eugen

Oberhausen. Marina und ihrer Familie wird eine Unterkunft auf der Baustraße in Oberhausen-Osterfeld zugeteilt, ein Wohnumfeld, das aufgrund von Überbelegung in einem schlechten Zustand ist.

Aufgrund ihrer guten Noten geht Marina nach ihrer Ankunft in Oberhausen auf die Anne-Frank-Realschule, ihr Bruder Sergej besucht das Elsa-Brandström-Gymnasium. Alex, der bereits in Kasachstan die Schule beendet hat, ergreift kurze Zeit nach der Ankunft in Osterfeld die Chance, nach Geseke (bei Lippstadt) zu gehen. Dort besucht er einen Sprachkurs und zieht weiter nach Geilenkirchen, wo er auf einem Berufskolleg sein Abitur macht. Im Anschluss daran studiert er in Bielefeld Informatik und arbeitet heute als IT-Spezialist. Auch sein Bruder Sergej entschließt sich nach dem Abitur für ein Studium; er studiert Maschinenbau in Bochum und arbeitet heute für einen Automobilhersteller.

Marina hat das Potenzial, es ihren Brüdern gleich zu tun mit dem Abitur und einem Studium, aber sie hat nicht den Wunsch. Nach ihrem Realschulabschluss 2003 macht sie Praktika im Alma-Kindergarten in Styrum und im Herz-Jesu-Kindergarten auf der Paul-Reusch-Straße; sie merkt, dass sie sehr gerne mit Kindern zusammen ist und diese betreut und entscheidet sich für eine Ausbildung zur Erzieherin an der Käthe-Kollwitz-Schule. Ihr Anerkennungsjahr absolviert sie bei dem Kinderschutzbund in Essen. Nach Beendigung ihrer Ausbildung ist sie kurzzeitig arbeitslos, bekommt dann aber ein Angebot von dem städtischen Kindergarten auf der Kottenforststraße in Köln-Zollstock. Sie beschließt gemeinsam mit ihrem Freund Eugen, nach Neuss zu ziehen, praktisch in die Mitte beider Arbeitsstellen. So leben sie eine Zeit lang in Neuss, Eugen fährt jeden Morgen zur Arbeit nach Duisburg, Marina nach Köln, aber sie merken schnell, dass ihnen die nahestehende Familie fehlt. Da sie sich in Neuss nicht heimisch fühlen, planen sie, zurück nach Oberhausen zu ziehen. Marina sagt, dass Heimat für sie da ist, wo die Familie ist. Und sie ist sehr stolz auf ihre Familie, vor allem auf ihre Eltern, die immer hart gearbeitet haben, um ihren Kindern eine chancenreiche Zukunft zu ermöglichen.

Marina bewirbt sich in dem ▶ Emek-Kindergarten in Osterfeld und wird im Mai 2010 im Alter von 26 Jahren eine junge Gruppenleiterin, die die Kinder in der Sternengruppe betreut. „Hier ist für mich die Heimat" zeigt, dass Marina angekommen ist. Oder *beinahe* angekommen könnte man sagen. Anders als ihre Eltern und Brüder möchte sie noch einmal zurückkehren in das Land, in dem sie aufgewachsen ist. Sie erzählt, dass sie keinen Bezug mehr zu Kasachstan hat, aber dass ihr der Abschluss fehlt: Ein Abschluss mit diesem Teil ihrer Biographie. Marina ist eine selbstbewusste, junge Frau, die entspannt und ausgeglichen in die Zukunft blickt. Auf die Frage, wo sie sich in fünf Jahren sieht, antwortet Marina, dass sie dann bestimmt verheiratet ist, Kinder hat und weiter im Kindergarten arbeitet. Auch die Geschichte von Marina und ihrer Familie führt uns deutlich vor Augen, wie viel Mut und Ausdauer Migrantinnen und Migranten aufbringen, um sich in eine Gesellschaft zu integrieren und ihren eigenen Lebensweg positiv zu beeinflussen. Marina, Alex und Sergej haben aus eigener Kraft starke Biographien hervorgebracht, auf die sie stolz sein können.

5. Die Vergangenheit als Teil der Gegenwart und Zukunft – was können wir aus den Geschichte(n) der Migration lernen?

„Weil sich jeder eine Welt macht, in deren Mittelpunkt er selber steht, verneint er die anderen, deren Weltbild ihn etwa an die Wand klemmen könnte." (Kurt Tucholsky)

Fremd ist für uns vieles; nahezu alles, das wir (noch) nicht kennen, nicht einordnen oder erklären können. Der Begriff fremd ist zweifelsohne negativ konnotiert, denn er bildet den „Gegensatz zum Vertrauten, Bekannten und Nahen und kann Ängste und ein Gefühl des Bedrohtseins hervorrufen."[21] Im Alltag kann uns vieles fremd erscheinen, mit dem wir uns nicht identifizieren können. Wichtig ist aber, zu trennen zwischen einzelnen Dingen, die uns fremd sind, einzelnen Menschen, die wir als fremd bezeichnen, oder aber ganzen Personengruppen, „aus denen Kollektive konstruiert werden, etwa Personen einer bestimmten Nationalität."[22] Es ist wichtig, nicht die Doppelperspektive von Fremdheit auszublenden: Migrantinnen und Migranten werden oft aufgrund ihrer Herkunft und Andersartigkeit ausgegrenzt und mit allerlei Vorurteilen belegt. Sie selbst fühlen sich auch fremd, weil ihnen die Strukturen des Landes, in dem sie ankommen, noch unbekannt sind. Der Unterschied liegt auf der Hand.

Es gibt Migrantinnen und Migranten in Oberhausen, die heute angekommen sind in einer Welt, in der sie vorerst als Fremde ausgegrenzt wurden oder sich fremd fühlten. Oder beides. Oder keines von beidem. Unsere Geschichten zeigen, dass Fremdheit und Fremdsein überwunden werden kann, zumindest soweit, dass das Fremde nicht mehr im Vordergrund steht und negativ wirken können. Die Protagonisten unserer Geschichten sind Mutmacherinnen und Mutmacher, da ihre Geschichten die wunderbare Kraft haben, anderen Menschen mit Migrationshintergrund wieder das Selbstbewusstsein zu geben, die eigene Biographie in alle Richtungen positiv zu beeinflussen. Eine Auseinandersetzung mit Migration und Integration bedeutet, den Blick zu schärfen für die Maßstäbe, an denen (erfolgreiche) integrative Prozesse gemessen werden sollen – Unklarheit darüber wird auf kurz oder lang dazu führen, dass persönliches Glück und ein enormes gesellschaftliches Potenzial schlichtweg verschenkt werden. Allein ein Besuch an Oberhausener Schulen führt uns deutlich vor Augen, dass Familien mit Migrationshintergrund eher die Regel als die Ausnahme sind. Da braucht es keine exakten demographischen Daten, um zu begreifen, dass jetzt starkes Engagement für alle Oberhausenerinnen und Oberhausener gefragt ist. Und erste Schritte in diese Richtung sind bereits gemacht, denn der Rat der Stadt hat am 17. Oktober 2011 in der Drucksache A/15/1627-01 beschlossen: „Die interkulturelle Schule geht in besonderem Maße auf die unterschiedlichen Schülerinnen und Schüler ein und setzt auf die Förderung ihrer Talente und Fähigkeiten. Sie setzt auf Formen der individuellen Förderung, die insbesondere Kinder mit Migrationshintergrund stärken. Die Diskussion im Integrationsrat zur interkulturellen Schule hat das Potenzial dieses Ansatzes verdeutlicht. In Oberhausen gibt es zahlreiche Schulen, die mit interkulturellen Ansätzen arbeiten. Gemeinsam mit dem Integrationsrat soll geprüft werden, ob dies zu einem Konzept für eine interkulturelle Schule in Oberhausen ausgebaut werden kann."

Eines steht fest: Verpasste Chancen in der Förderung integrativer Prozesse bilden letztlich den Nährboden für immer tiefer gehende soziale Ungleichheiten und undemokratische Entwicklungen.

Verwendete Literatur

Geenen, Elke M.: Soziologie des Fremden. Ein gesellschaftstheoretischer Entwurf. Leske + Budrich, Opladen 2002.
Grollmann, Dorit: „… für tüchtige Meister und Arbeiter rechter Art" Eisenheim – Die älteste Arbeitersiedlung im Ruhrgebiet macht Geschichte. Landschaftsverband Rheinland, Rheinisches Industriemuseum, Oberhausen. Schriften Band 12, Rheinland – Verlag GmbH, Köln 1996.
Netzwerk Interkulturelles Lernen [Hrsg.]: Geschichte(n) von Migration in Oberhausen. Hintergründe – Erinnerungen – Dokumente, Oberhausen 2007.
Taibi, Fouzia: Thamazighirt inu – Meine Heimat, in: Susanne Czuba-Konrad u.a. [Hrsg.]: Literaturclub der Frauen aus aller Welt: Wortwandlerinnen. Autorinnen von vier Kontinenten erzählen. Brandes & Apsel Verlag, Frankfurt am Main 2010. S. 117f.
Telli, Ercan: Integrationspolitik und Aktivitäten gegen Rechtspopulismus und Rechtsextremismus in Oberhausen: Beispiele aus der Praxis. In: Alexander Häusler (Hrsg.): Rechtspopulismus als „Bürgerbewegung". Kampagnen gegen Islam und Moscheebau und Kommunale Gegenstrategien. VS Verlag für Sozialwissenschaften, 1. Auflage, Wiesbaden 2008. S. 285–290.

Verwendete Quellen

Degenhardt, Franz Josef: Kommt an den Tisch unter Pflaumenbäumen (1973), Audio CD 1992, Label: Polydor/Universal.
Friedrich Ebert Stiftung[Hrsg:]: Strukturwandel, Tertiärisierung, Entwicklungspotential und Strukturpolitik: Regionen im Vergleich: Ruhrgebiet, Pittsburgh, Luxemburg, Lille. Digitale Bibliothek. Elektronic ed.: Bonn: FES Library, 2001. http://library.fes.de/fulltext/fo-wirtschaft/00954003.htm#E10E2 [Stand: 22.04.2006]
UNAIDS http://www.unaids.org/en/regionscountries/countries/kenya/ [Stand: 23.02.2012]

Weiterführende Literatur

Benneh-Oberschewen, Sarah; Oberschewen, Klaus [Historischer Verein Oberhausen Ost e.V. Hrsg.]: „ Faschismus kommt nicht über Nacht …", erscheint 2012 im Verlag Karl Maria Laufen.
Bingül, Birand: Deutschtürken, kämpft selbst für eure Integration! Wir müssen unsere Interessen als Bürger dieses Landes wahrnehmen. Die Chancen stehen besser denn je, in: Die Zeit, 25.01.2007.
Bouffier, Anna; Wolffram, Andrea: Mobilität und Integration von (hoch-)qualifizierten Migrantinnen und

Migranten in Wissenschaft, Wirtschaft und Gesellschaft. Tagungsbericht zur Internationalen Konferenz „Going global? (Highly) skilled migrants and societal participation", 17.–18.03.2011, RWTH Aachen, in: Journal Netzwerk Frauen- und Geschlechterforschung NRW Nr. 28/2011.

Bundesministerium des Innern [Hrsg.]: Lebenswelten junger Muslime in Deutschland. Abschlussbericht von W. Frindte, K. Boehnke, H. Kreikenbom, Stand: November 2011. [Kostenlose Bestellung unter www.bmi.bund.de]

Leichsering, Tatjana; Henschke, Martina: Kinder Deutschlands. Brandes & Apsel Verlag, Frankfurt am Main 2009.

Pädagogisches Zentrum Aachen e.V. (PÄZ): Schwarzes Europa. Legenden die uns verborgen blieben – Schwarze Jugendliche auf den Spuren ihrer Geschichte. Ein Jugendbuch. (erscheint voraussichtlich im März 2012).

Schmidt-Koddenberg, Angelika: „Eminas Arbeitsplatz" – Eine Initiative zur beruflichen Partizipation von Frauen mit Migrationshintergrund, in: Journal Netzwerk Frauen- und Geschlechterforschung NRW Nr. 28/2011.

Tayfur, Rusen: Ganz schön stark diese Frauen – Mit Vorurteilen überhäuft und oftmals unterschätzt: Deutsche mit türkischem Migrationshintergrund, in: WAZWRG_1Nr.256, 3.11.2011.

Dieter Baum

Erinnerungen an das Schladviertel

Ein Stadtviertel im Wandel der Zeit

Vorbemerkung

Die beispielhafte Beschreibung eines Stadtviertels wie des Schladviertels, dessen Ausgangssituation nach dem Zweiten Weltkrieg und den in über fünf Jahrzehnten erfolgten Veränderungen, kann nur in einer holzschnittartigen Weise erfolgen. Vieles von dem, was einmal Teil der Strukturen dieses Viertels war und damit die Lebensumstände der damaligen Generationen direkt oder indirekt beeinflusste, verändert sich im Laufe der Zeit zwar langsam aber beständig oder geht z. T. sogar verloren. Es waren und sind oftmals die alltäglichen und kleinen Dinge, die das Leben der Menschen vor Ort bestimmten. Sie werden in der historischen Betrachtung eher selten aufgegriffen und behandelt. Auffallend ist, dass wenn man zur Illustration dieser Situationen z. B. entsprechendes Fotomaterial sucht, diese „Alltäglichkeiten" scheinbar nicht so häufig im Bild festgehalten wurden. Möglicherweise deshalb, weil das Fotografieren lange Zeit ein doch eher etwas kostspieligeres Hobby war. Anders mag dies bei Berufsfotografen der Fall gewesen sein; aber auch sie brauch(t)en Anlässe oder besondere Orte, um tätig zu werden.

Eine derart holzschnittartige Beschreibung von Situationen, Orten und Phänomenen lässt selbstverständlich an vielen Stellen weitere Vertiefungen zu. Es ist natürlich oftmals so, dass gerade mit einem zeitlichen Abstand von bis zu 60 Jahren die Zeitzeugen nicht mehr immer vorhanden sind oder die Erinnerungen gerade über die Umstände des täglichen Lebens z. T. bereits verblassen. Deshalb ist es in zeitlichen Abständen durchaus zu empfehlen, immer wieder einmal eine „Fortschreibung", z. B. durch die Befragung von Zeitzeugen, vorzunehmen. Jede dieser befragten Personen wird natürlich ihre subjektiven Erinnerungen und persönlichen Präferenzen in besonderer Weise herausstellen; und es wird deshalb sicherlich unterschiedliche Beschreibungen der Vergangenheit geben, je nachdem, ob diese Zeitzeugen Abschnitte ihrer Vergangenheit als Kind, Jugendlicher oder Erwachsener erlebt haben.

Das Schladviertel von den 1950er Jahren bis heute

Als junger heranwachsender Mensch der Nachkriegsgeneration, 1953 geboren und aufgewachsen im Schladviertel, habe ich die Umwelt und das Umfeld, in dem ich lebte, zunächst scheibchenweise und in vielen einzelnen Facetten wahrgenommen, die sich erst später, insbesondere natürlich mit einem deutlichen zeitlichen Abstand, in der Erinnerung zu einem Gesamtbild der damaligen Zeit zusammenfügten.

In Verbindung mit dem beruflichen Blick eines Stadtplaners habe ich dann im Rückblick einzelne Aspekte des Wahrgenommenen und Erlebten zum Teil noch in ganz anderen Bedeutungszusammenhängen gesehen.

Wenn man neben dem vertrauten Stadtteil und Quartier im Laufe vieler Jahre auch noch die Entwicklungen der Heimatstadt und -region erlebt hat und gleichzeitig gemeinsam mit der Familie und den eigenen Kindern in dieser Umgebung lebt, wird einem erst deutlich, wie sich die physische Umwelt langsam, aber kontinuierlich durch eine unübersehbare Vielzahl von einzelnen Veränderungen weiterentwickelt hat. Während die physische, d.h. die gebaute Umwelt, sich – zumindest in der subjektiven Wahrnehmung – nicht ganz so dramatisch schnell verändert, tragen die in diesem Wohnumfeld lebenden Menschen und ihre Aktivitäten aber durchaus zu einer schnelleren und deutlicheren Veränderungen bei. Die „Kulisse" eines Quartiers, eines Stadtteils bleibt in ihren Grundstrukturen weitestgehend erhalten, dennoch verändert sich der gelebte Alltag im Laufe von fünf Jahrzehnten recht deutlich.

Der Zweite Weltkrieg war zwar erst gut zehn Jahre vorbei, als meine ersten persönlichen Erinnerungen einsetzen, auf denen die folgenden Beschreibungen beruhen. Dennoch waren die Kriegszerstörungen nicht mehr so all gegenwärtig. Natürlich gab es hier und da noch Kriegsruinen bzw. notdürftig wieder aufgebaute Häuser, dies veränderte sich aber schrittweise und relativ schnell von Jahr zu Jahr. Neben dem Abriss und der Neubebauung von kriegszerstörten Gebäuden gab es im Schladviertel zunächst noch eine Vielzahl an unbebauten Grundstücken; so wurden in den 1960er und 1970er Jahren viele neue Wohngebäude auf diesen Grundstücken errichtet und die vormals noch eher lockere Bebauung schrittweise verdichtet. Auch wenn die überwiegende Bebauung in der Regel nur zwei- bis dreigeschossig, vereinzelt mal viergeschossig war, verschwanden viele dieser Freiflächen nach und nach, die gerade uns Kindern Entdeckungsräume und – zum Teil sogar als „verbotene Orte" – Spielflächen boten. Die prägende und die sich dann in den 1950er und 1960er Jahren langsam durchgängig schließende „Blockrandbebauung" führte zudem dazu, dass Innenblöcke von außen nicht mehr wahrnehmbar waren und sich der nutzbare Raum fast ausschließlich auf den öffentlichen Straßenraum reduzierte.

Weitere Veränderungen im Viertel, wie z.B. die räumliche Erweiterung eines Altenheimes (Haus Abendfrieden) sowie die Ansiedlung und schrittweise Ausdehnung eines großflächigen Einzelhandelsgeschäftes (Fa. Rück), führten beispielsweise dazu, dass ein Spiel- und Bolzplatz verlegt werden musste und Freiflächen – auch im Blockinneren – bebaut wurden.

Das Schladviertel war in den 1950er und 1960er Jahren überwiegend durch Wohnbebauung gekennzeichnet, ergänzt durch vielfältige soziale, wohnortnahe Infrastruktureinrichtungen (Kindergärten, Volksschulen, Jugendheime, Gemeinde- bzw. Pfarrsäle etc.) sowie private Versorgungsangebote (Einzelhandel). Die wenigen gewerblichen, produzierenden Betriebe traten demgegenüber eher in den Hintergrund. Ein unmittelbares Nebeneinander von Wohnen und

Abb. 1: Das Schladviertel auf einem alten Stadtplan

stark emittierenden Betrieben – wie beispielsweise in Teilen des Knappen- bzw. Brücktorviertels – gab es hier nicht. In Verbindung mit der Innenstadtnähe bzw. der Nähe zu den zentralen Einrichtungen in Alt-Oberhausen war (und ist) dies eine durchaus attraktive Wohnlage. Auch wenn größere nutzbare Freiflächen fehlten, war die bauliche Dichte auf Grund der lange Zeit noch vorhandenen unbebauten Grundstücke sowie der Größe und Höhe der Wohngebäude zunächst recht aufgelockert; fehlende Grünanlagen und Parks vermisste man so nicht. Zu den Rändern hin gab und gibt es zudem noch einige „Schrebergärten", die zwar lange Zeit nicht immer öffentlich zugänglich waren, die aber die „gefühlte" bauliche Dichte erträglich erscheinen ließen.

Meine Erinnerungen im Stadtteil und Quartier reichen zunächst von der Kindergartenzeit über den Besuch der „Volksschule" bis hin zur weiterführenden Schule. Dabei spielten zunächst – wie schon angesprochen – neben dem öffentlichen Raum der Straßen und Plätze sowie der Grün- und Freiflächen insbesondere die Brachflächen und Innenblöcke in der näheren Umgebung eine wichtige Rolle. Ein Teil der Bebauung im Schladviertel rührte noch aus der Zeit vor dem Zweiten Weltkrieg her; ein erheblicher Teil ist aber auch erst in der Nachkriegszeit entstanden. Kleinere und größere Freiflächen, unbebaute Grundstücke und vereinzelte Trümmergrundstücke prägten noch einige Zeit das Bild. In diesen Baulücken entstanden dann nach und nach neue Wohngebäude; die vielen Rohbauten der 1960er Jahre stellten für uns Kinder immer wieder interessante Orte dar, um am Nachmittag einmal das Innere dieser neu entstehenden Gebäude zu erkunden.

Gerade in der Freizeit und beim Spiel boten diese Strukturen und hier insbesondere die Innenblöcke Ende der 1950er bis Mitte der 1960er Jahre noch vielfältige Möglichkeiten der Erkundung und des vermeintlich unbeobachteten Spiels. Diese Spielorte waren dabei zum Teil spannende Orte, da sie sich zwar vielfach im privaten Eigentum befanden, das Spielen dort aber meist toleriert wurde. Die Spielgefährten stammten aus den angrenzenden Straßen und die dabei oft zufällig zusammen gekommenen Gruppen waren recht stark altersgemischt; und sie stammten häufig genug nicht aus der gleichen Schule, denn die katholische Johannesschule und die evangelische Schladschule stellten in dieser Zeit im Schladviertel das grundlegende Schulangebot vom ersten bis zum achten Schuljahr dar.

Die Freizeit und das Spielen am Nachmittag standen naturgemäß neben dem Schulbesuch und den Hausaufgaben zunächst im Mittelpunkt. Dabei gehörte das Treffen und Spielen auf den Straßen mit dazu. Vereinzelt gab es auch Straßen, die als „Spielstraße" gekennzeichnet waren. Noch in den 1960er Jahren wurden hierfür Anliegerstraßen mit entsprechenden Verkehrszeichen gekennzeichnet; nicht zu verwechseln mit den heutigen „verkehrsberuhigten Bereichen". Ein deutlich geringeres Verkehrsgeschehen auf den Straßen, einschließlich des ruhenden Verkehrs, hatte es möglich gemacht, dass Fahrbahnen z. B. für das nachmittägliche Spiel von Kindern und Jugendlichen noch genutzt werden konnten. Die relativ wenigen Autofahrer in diesen Straßen verhielten sich nach meiner Erinnerung damals überwiegend sehr rücksichtsvoll. Die zunehmende Motorisierung führte dann aber doch recht schnell dazu, dass diese Spielmöglichkeiten schrittweise wieder verschwanden. Die Öffnung von Schulhöfen in Verbindung mit einer entsprechenden Gestaltung (z. B. Aufbau von Spiel- und Sportgeräten) in den 1970er Jahren war sicherlich eine Reaktion auf den Wegfall von vormals genutzten Spielbereichen.

Daneben gab es Nutzungsstrukturen, die dem Schladviertel – wie aber sicherlich auch anderen Quartieren und Stadtbezirken – eine ganz eigene Art und Prägung gaben. Die kleinteiligen und vielfältigen Versorgungsangebote waren in den zwei Jahrzehnten nach dem Krieg eine ganz bestimmende Größe. Eine Vielzahl von Trinkhallen und Büdchen, Lebensmittelgeschäften – fein getrennt nach Brot- und Backwaren, Molkereiprodukten, Fleisch und Wurst, Kartoffeln und Gemüse, Kuchen und Gebäck, ersten kleinen Getränkeläden, Reinigungen, Drogerien mit einem vielfältigen Angebot (bis hin zu allem rund um das Thema Fotografieren, Fotoapparate, Blitzlichtgeräte, Filme, Entwicklungsarbeiten etc.), Schreibwarengeschäften (zum Teil sogar noch mit privaten Leihbüchereien), Fischgeschäften, Tabakgeschäften, Elektrogeschäften etc. prägten das gesamte Quartier. Zum Teil lagen sie in einer solchen Nähe zueinander, dass man häufig die Auswahl zwischen mehreren gleichartigen Geschäften hatte. Die Buden und Trinkhallen hatten es uns Kindern besonders angetan; ihr in Teilen auf das zur Verfügung stehende Taschengeld ausgerichtete Angebot hatte eine fast magische Anziehungskraft.

Die Familien der Schulfreunde bevorzugten beispielsweise – obwohl sie alle in der Nähe wohnten und lebten – unterschiedliche Milchgeschäfte. Die Milch wurde häufig von uns Kindern in entsprechenden Alu-Milchkannen geholt. Allerdings gab es auch zwei sogenannte „Milchbauern", die täglich im Wesentlichen Milch in Glasflaschen – je nach Fettgehalt mit silbernen und goldenen Folienverschlüssen – bis an die Haustüre brachten. Der Eine zunächst mit Pferd und Wagen, später mit einem Kleinlastkraftwagen, der Andere mit einer Karre, die

Abb. 2: Siedlung Heimfriedweg im Bau

er selbst durch die Straßen zog. Das war bei schönem Wetter natürlich für uns Kinder immer wieder eine interessante Nachmittagsbeschäftigung ihn bei diesem täglichen Rundgang durch die Straßen zu begleiten, die Karre mit zu ziehen, das Leergut mit dem abgezählten Geld, das häufig bereits vor der Haustüre stand, zu holen und die entsprechenden vollen Milchflaschen vor die Türe zu stellen oder den Bewohnern anzugeben. Für diesen „Service" gab es immer wieder einmal ein kleines Trinkgeld von den Kunden und am Ende der Tour auch ein kleines Taschengeld vom dem „Milchbauern" selbst. Dazu gehörte aber, dass man die „Tour" zumindest auf einem längeren Weg begleitet hatte.

Die Innenstadt von Alt-Oberhausen war der zentrale Einkaufsort der Familie für alle Dinge, die im Schladviertel selbst nicht zu bekommen waren. Dies betraf insbesondere den „mittel- bis langfristigen Bedarf". Dieses Angebot in der Innenstadt scheint mir aus der Erinnerung sehr umfassend gewesen zu sein. Z. B. der Kauf von Kleidung erfolgte unter der Woche meist in der Innenstadt von Alt-Oberhausen; parallel dazu wurden aber an Samstagen auch schon einmal die Innenstädte der Nachbarstädte sowie spezielle Bekleidungsgeschäfte in zwei Nachbarstädten – außerhalb der dortigen Innenstadtbereiche – regelmäßig wiederkehrend aufgesucht. Dabei war insbesondere das „Einkleiden" im Frühjahr und Herbst häufig eine „konzentrierte Aktion"; vom Schuh bis zum Mantel wurde für die gesamte Familie dabei möglichst viel mit einem Einkauf erledigt.

Im Schladviertel, ähnlich wie aber in vielen anderen Stadtteilen und Quartieren auch, gab es noch bis deutlich in die 1970er Jahre hinein eine Vielzahl von Gaststätten. Von der kleinen Eckkneipe über Gaststätten mit einer Kegelbahn bis hin zu großen Gaststätten mit Saalbetrieb reichte dieses Angebot. In etlichen der größeren Gaststätten verkehrten regelmäßig Vereine, die eine wichtige wirtschaftliche Grundlage für dieses breite Angebot waren. Zudem war das Ausgehen nach Feierabend bzw. am Wochenende ein durchaus geschätztes gesellschaftliches

Ereignis; und so waren dort oftmals nicht nur die Männer anzutreffen. In Begleitung ihrer Frauen bzw. ihrer Familien gehörte der regelmäßige Gaststättenbesuch einfach mit dazu. Hier trafen sich Menschen aus der unmittelbaren Nachbarschaft und dem übrigen Viertel. Viele dieser damaligen Bekanntschaften haben sich, auch wenn die Orte des damaligen Anlasses z. T. schon lange nicht mehr vorhanden sind, über viele Jahre erhalten. Soziale Unterschiede waren hier meist kaum zu spüren oder wurden nicht so wichtig genommen; Jugendliche und ältere Menschen verkehrten hier relativ selbstverständlich miteinander.

Es gab zudem in die 1970er Jahre hinein auch noch inhabergeführte Konditoreien in den Wohngebieten, die z. T. sogar über kleine Cafebereiche verfügten. Während heute derartige Betriebe innerstädtisch fast ausschließlich nur noch in zentralen Bereichen zu finden sind, war dies eben bis in diese Zeit auch im Schladviertel ein durchaus geschätztes Angebot. Eine dieser Konditoreien mit angegliedertem Cafe gab es noch lange Zeit auf der Straßburger Straße in Höhe der Walter-Flex-Straße.

Mobilität im Alltag

Von frühester Jugend an wurden viele Wege im Alltag wie selbstverständlich zu Fuß zurück gelegt. Der Weg zum Kindergarten, zur Schule, zum Einkaufen in der Innenstadt, all diese Wege ging man zu Fuß. Hinzu kam für einige Wege die Straßenbahn; aber ein dichtes Busnetz zur Erschließung der Wohngebiete wie heute gab es so nicht.

Die für das Schladviertel zentrale Straßenbahnverbindung mit dem Hauptbahnhof bzw. der Innenstadt war die Linie 3 mit der nächstgelegenen Haltestelle „Uhlandstraße". Sie führte von der Falkensteinstraße über die Liebknecht-, Virchow- und Schwartzstraße bis zum Hauptbahnhof. Anfangs fuhr auf dieser Strecke noch ein einzelner Triebwagen, zum Teil mit einem Anhänger. Mitte der 1960er Jahre – also relativ kurz vor der Einstellung des Straßenbahnbetriebs – wurde hier für eine kurze Zeit sogar noch ein moderner Gelenkwagen eingesetzt.

In der Innenstadt konnte man z. B. auf der Marktstraße die damalige Linie 4 „wahrnehmen", die mit Quietschen von der Havensteinstraße in den oberen Teil der Marktstraße einbog und weiter über Roland- und Wehrstraße bis zur Mühlenstraße fuhr. Ihr Linienverlauf führte aber relativ weit am nördlichen Rand des Schladviertels vorbei und war somit für die Menschen in diesem Teilraum kein geeignetes Verkehrsmittel. Die heutige, eher flächenhafte Erschließung des gesamten Quartiers mit Buslinien und einer ganzen Reihe von Haltestellen hat die Wege von und zur Haltestelle in der Regel deutlich verkürzt.

Obwohl in der eigenen Familie schon recht früh ein Auto vorhanden war, spielte es in der Alltagsmobilität keine besonders große Rolle. Die Erledigungen und Einkäufe unter der Woche wurden fast ausschließlich zu Fuß erledigt. Großflächige Einzelhandelsbetriebe waren in dieser Zeit noch nicht vorhanden. Neben den Einkäufen in der Innenstadt war lange Jahre ein erster kleiner „Discounter" auf der Uhlandstraße, kurz vor dem Uhlandplatz, ansässig, aber auch dort wurde weitestgehend zu Fuß eingekauft. Über eigene Stellplätze verfügte dieser Laden noch nicht. Anfang der 1960er Jahre kam ein erstes – aus heutiger Sicht – kleines Lebensmittelgeschäft mit Selbstbedienung an der Ecke Straßburger-/Karl-Steinhauer-Straße mit vielleicht 150 Quadratmetern Verkaufsfläche hinzu (Fa. Keuschen); eine völlig neue Betriebsform. Jetzt ging man mit einem Einkaufskorb durch den Laden, nahm die gewünschten

Produkte aus den Regalen und bezahlte am Ausgang seinen kompletten Einkauf; eine für die damalige Zeit völlig neue Erfahrung, an die man sich aber schnell gewöhnte.

Für den Weg zum Kindergarten und zu den Schulen spielte das Auto bis auf ganz wenige Ausnahmen keine Rolle. Diese Ausnahmen sind bildhaft in Erinnerung geblieben, wahrscheinlich weil es eben Ausnahmen waren, die mit bestimmten Ereignissen verbunden waren. Das Auto wurde überwiegend als Familienfahrzeug an den Wochenenden für Ausflüge in die Umgebung und Region genutzt. Der zweite Anlass waren die Urlaubsfahrten in den großen Ferien.

In der frühen Jugend kam im Freundeskreis zunächst der erste Tretroller hinzu. Mit ihm ließ sich der Aktionsradius z. B. in der nachmittäglichen Freizeit bereits „deutlich" erweitern, die Innenstadt von Alt-Oberhausen, der Hauptbahnhof, ein Spielplatz mit einer Rollerbahn an der Ecke Tannenberg-/Ebertstraße (heute befindet sich dort hinter der Neuapostolischen Kirche ein Tennisverein) waren damit plötzlich zu erreichen; sogar eine Rollerbahn unmittelbar nördlich der Siedlung Grafenbusch – diese Anlage ist heute noch in Ihren Konturen zu erkennen – gehörte nun vereinzelt zu diesen nachmittäglichen Zielen.

In der ersten Zeit am Gymnasium gehörte für eine kurze Zeit eine sogenannte Streckenkarte für die Benutzung der Straßenbahn mit dazu. Darauf war der Linienweg der Straßenbahn schematisch abgebildet und die Quell- und Zielhaltestellen entsprechend gelocht. Der schwere Tornister, mit vielen täglich erforderlichen Schulbüchern, hatte meine Eltern dazu bewogen, mir zunächst diese regelmäßige Fahrt mit der Straßenbahn zu ermöglichen; denn eine Gelenheit Bücher, Sportsachen etc. an der Schule oder im Klassenraum zu lassen, gab es damals noch nicht.

Mit ungefähr elf Jahren trat dann ein erstes Fahrrad hinzu; es wurde für eine gewisse Zeit das Verkehrsmittel auf dem Weg zur Schule. Hier gab es einen bewachten Fahrradkeller. Ein Rentner führte dort während der Unterrichtszeiten Aufsicht, so dass Beschädigungen und Teilediebstahl fast gänzlich unterblieben. Er hatte immer ein kleines Sortiment an Werkzeugen und Ersatzteilen (Flicken, Kleber, Ventile) parat, um bei kleineren Schäden selbst oder mit seiner Hilfe für eine schnelle Reparatur zu sorgen. Für diesen Aufwand wurde monatlich ein fester Betrag fällig; aber der Vorteil des geschützten Abstellens der Räder überwog diesen überschaubaren finanziellen Aufwand.

In den 1990er Jahren keimte der Gedanke des bewachten Abstellens von Rädern an einigen weiterführenden Schulen wieder auf. Über eine kurze Zeit gelang es an einigen Schulen eine derartige Dienstleistung wieder anzubieten; aber diese personalintensive Form der Bewachung war auf Dauer nicht zu finanzieren, so dass diese Angebote relativ schnell wieder eingestellt werden mussten.

Nach dieser Phase des Radfahrens überwog dann bei mir bis zum Ende der Schulzeit wieder das zu Fuß gehen und der tägliche Fußweg zur Schule gehörte irgendwie einfach dazu. Es gab mehrere Alternativen der Wegführung, die im Wesentlichen davon abhingen, ob man z. B. alleine oder mit Schulfreunden unterwegs war.

Die werktägliche Mobilität war in großen Teilen fast ausschließlich auf Alt-Oberhausen ausgerichtet. Viele der täglichen Wege wurden – wie schon erwähnt – dabei zu Fuß zurück gelegt. Aus dem Schladviertel bis zur Innenstadt (Marktstraße) waren es etwa zwei Kilometer; dies waren regelmäßig wiederkehrende Wege, die man selbstverständlich zu Fuß zurücklegte. Der ÖPNV spielte damals fast keine Rolle. Die Linienwege der Straßenbahnen bzw. die Lage der relevanten Haltestellen waren wenig geeignet, um bestimmte Ziele in der Stadt schnell und direkt erreichen zu können, es entstand durch die Nutzung der Straßenbahn auf diesen Verbindungen meist kein nennenswerter Zeitvorteil.

Was schon früh die fortschreitende Motorisierung begleitete, waren Tankstellen, die z. T. sogar mitten innerhalb der Wohngebiete lagen. Sie boten neben dem Verkauf von Treibstoffen eine ganze Reihe weiterer Dienstleistungen (Wagenwäsche von Hand, Lackkonservierung/-politur, kleinere Reparaturen, Reifenverkauf etc.) an. Das Betanken durch den Tankwart gehörte selbstverständlich lange Zeit noch mit dazu; die Selbstbedienung an den Zapfsäulen wurde erst ab 1970 schrittweise eingeführt. Mit den dann immer größer werdenden Tankstellen – überwiegend nur noch an den Hauptverkehrsstraßen – verschwanden viele dieser kleineren Tankstellen. Deren Gebäude und Grundstücke wurden in der Folge noch vielfach umgenutzt; Kraftfahrzeugwerkstätten oder Getränkemärkte hielten hier z. B. zunächst Einzug. Einzelne dieser ehemaligen „kleinen" Tankstellen können im Stadtgebiet noch heute identifiziert werden.

„Organisierte Freizeit" und sonstige Freizeitangebote

Neben wenigen schulischen Nachmittagsveranstaltungen (Schulchor, Sportunterricht) gab es in den Jugendgruppen der umliegenden Kirchengemeinden schon sehr früh ein Betätigungsfeld, das lange Jahre die Freizeitaktivitäten ergänzte; phasenweise sogar bestimmte.

Aus dieser Zeit rühren viele persönliche Kontakte und Freundschaften her. Obwohl die einzelnen „Biografien" der damaligen Freunde und Bekannten einen sehr unterschiedlichen Verlauf nahmen, hatte man doch über eine relativ lange Zeit mehr oder weniger feste und regelmäßige Kontakte. Ein Teil dieser Bekannten und Freunde lebt zum Teil noch heute in Alt-Oberhausen; andere hat man allerdings gänzlich aus den Augen verloren; von einer dritten Gruppe weiß man aber zumindest noch, wo sie beruflich/familiär geblieben sind.

Kirchliche Jugendgruppen mit unterschiedlichsten Projekten, freien Spiel- und Sportangeboten, gemeinsamen Freizeitfahrten und Veranstaltungen prägen so über mindestens zehn Jahre die Freizeitgestaltung und vieles spielte sich dabei in diesem Quartier – dem Schladviertel – ab.

Die nachfolgende Generation – nämlich die eigenen Kinder – hat hier in den 1980er und 1990er Jahren gänzlich andere Wege beschreiten können. Angebote der städtischen Musik- und Malschule haben beispielsweise neue Akzente gesetzt. Des Weiteren hatten sich die Sportangebote der Vereine deutlich erweitert, neue Sportarten und Sportstätten waren hinzu gekommen. Auch die Erreichbarkeiten, sowohl mit dem Familien-Pkw als auch mit dem ÖPNV, eröffneten hier ganz neue Möglichkeiten. Und auch die nachmittäglichen Angebote der weiterführenden Schulen, mit ihren zahlreichen „AG's", haben dieser Generation ganz andere Chancen eröffnet.

In der eigenen Jugend war die freie Zeit an den Wochenenden oftmals geprägt durch Familienausflüge in die Region. Oberhausen verfügte damals als Freizeitattraktion im Wesentlichen nur über den Kaisergarten mit dem Schloss und dem Tiergehege. Daneben gab es in Duisburg und Gelsenkirchen bereits die dortigen Zoos. Dies waren insbesondere die Ausflugsziele, die man auch mit auswärtigem Besuch aufsuchte. Daneben gab es Ziele in der näheren Region;

dazu zählten insbesondere das Ruhrtal zwischen Mülheim und Kettwig und der Hiesfelder Wald zwischen dem Hirschkamp und dem Rotbach.

Bereits ab 1956 besaßen die Eltern einen Pkw, so dass auch Ausflüge in die nähere und weitere Region möglich wurden. Die Garten- und Parkanlagen rund um das Schloss Berge in Gelsenkirchen-Buer, der Naturraum der Hohen Mark westlich von Haltern, aber auch weiter entfernt gelegene Orte und Sehenswürdigkeiten wie der Kölner Dom, Schloss Burg an der Wupper oder gelegentliche Fahrten in die grenznahen Bereiche der Niederlande gehörten mit in dieses Repertoire.

Lange Jahre gab es noch ein weiteres wohnortnahes Freizeitangebot, wie es in der Nachkriegszeit in vielen Stadt- und Ortsteilen noch ganz typisch war: das Kino. Das Fernsehen hatte bei weitem noch nicht die Verbreitung in den Haushalten bzw. Familien. Im Schladviertel befanden sich in relativer Nähe zwei Kinos – das „Istra" in der Karl-Steinhauer-Straße und die Filmburg an der Falkensteinstraße etwas östlich der Liebknechtstraße. Allerdings waren die Kinobesuche für uns meist auf das sonntägliche Programm beschränkt. So gab es längere Zeit im Istra am Sonntagvormittag Kinder- und Jugendfilme, die in der Regel eine große Anzahl dieser Altersgruppe erreichten; es waren zwar meist nicht die ganz aktuellen Kinofilme, die dort gespielt wurden, dazu musste man doch immer noch in die Innenstadt. Die dortigen Kinos wie Europa-Palast, Lichtburg, Palast-Theater oder Apollo waren die Kinostandorte, die die ganz aktuellen Filme zeigten. So sind mir u. a. die Karl-May-Verfilmungen Anfang bis Mitte der 1960er Jahre in besonderer Erinnerung geblieben, die dort vor fast ausverkauften Rängen im Europa-Palast gezeigt wurden.

Das „Istra" verschwand um diese Zeit eher unspektakulär und fast unbemerkt; der Kinosaal, ursprünglich einmal als Veranstaltungssaal der davor gelegenen Gaststätte errichtet, existiert als Gebäude noch heute. Nach der Schließung des Kinos wurde er eine Zeit lang noch als Lager eines nahen Möbelhauses genutzt. Die Filmburg hingegen wurde nach ihrer Schließung abgerissen; diese Fläche wird heute von einem Supermarkt bzw. den davor liegenden Parkplätzen genutzt.

In Oberhausen waren ab Anfang der 1950er Jahre vielerorts Kinosäle entstanden. So waren bis Ende der 1950er Jahre in Oberhausen 25 Kinos mit rund 14.000 Plätzen vorhanden; wobei in der Spitze (1957/58) jährlich rund 4,3 Millionen Besucher in diesen Konos gezählt wurden. Ab 1962 ging deren Zahl bzw. auch die damit verbundenen Besucherzahlen relativ schnell zurück; insbesondere in den Ortsteilen außerhalb der drei Stadtteilzentren. So gab es 1965 bereits nur noch 16 Kinos mit rund 8.500 Plätzen.

Das aufkommende Fernsehen war sicherlich ganz ursächlich für diese Entwicklung bestimmend. Während es zwar schon seit 1952 einen offiziellen Fernsehbetrieb gab, nahm im Frühjahr 1963 das Zweite Deutsche Fernsehen, kurz: „ZDF", seinen Sendebetrieb auf und ab 1964 boten die ARD-Sender zusätzlich regionale dritte Programme an. Als im August 1967 das Farbfernsehen eingeführt wurde und ab 1971 der erste Video-Kasettenrekorder auf den Markt kam und damit eine heimische Speichermöglichkeit von Fernsehsendungen eröffnet wurde, waren dies wesentliche Ursachen für ein noch weitergehendes „Kinosterben" in den Städten bzw. Stadtteilen. Erst die Multiplex-Kinos der 1980er bzw.1990er Jahre brachten hier eine gewisse Renaissance mit sich, allerdings lagen sie häufig nicht unmittelbar innerhalb der Innenstädte, sondern eher an deren Rändern. Die Erreichbarkeit mit dem Auto spielte dann bei der Standortwahl eine wesentlichere Rolle. Das Kino im Quartier war also nur eine vorübergehende Erscheinung nach dem Krieg bis zur Verbreitung des Fernsehens in vielen Haushalten.

In der zweiten Hälfte der 1960er Jahre wurden im Ruhrgebiet vom damaligen Siedlungsverband Ruhrkohlenbezirk (SVR) gemeinsam mit den jeweils anliegenden Städten die „Revierparks" als sogenannte „Tageserholungsanlagen" in den Regionalen Grünzügen des Ruhrgebiets konzipiert. Die konkrete Realisierung dieses neuen Parktyps war eng mit dem damaligen „Infrastrukturkonzept" des Landes NRW, dem „Nordrhein-Westfalen-Programm 1975" (NWP 75) verbunden. Die Revierparks sollten regional bedeutsame Sport- und Spielparks mit Freizeithaus, Frei- und Wellenbad und weiteren Spiel- und Sporteinrichtungen von 25 bis 30 Hektar Größe, ergänzt durch größere Waldbereiche, werden.

Im Grenzbereich Oberhausen/Bottrop entstand so 1974 einer dieser Parks, der Revierpark Vonderort, ein neuartiger Freizeit- und Erholungsbereich, der u. a. vereinsungebundene sportliche und freizeitorientierte Aktivitäten ermöglichte. Der ehemalige Osterfelder Stadtwald ging darin auf. Es wurden daneben aber auch vielfältige neue Freizeit- und Sportangebote geschaffen. Schwimmen, Eislaufen, Tennis, Spielfelder für Ballsportarten etc. stellten den Kern dieses Angebotes dar. Obwohl es ein Ziel der Planer war, diese Revierparks insbesondere auch mit dem ÖPNV erreichen zu können, ging die Schaffung dieses neuartigen Freizeitangebotes bereits mit einer sehr deutlich fortgeschrittenen Motorisierung größerer Bevölkerungskreise einher, so dass viele Menschen aus der Region diese Areale regelmäßig wiederkehrend schnell und bequem aufsuchen konnten. Damit wurde an insgesamt fünf Standorten im Ruhrgebiet eine völlig neue Freizeitinfrastruktur geschaffen. Hier entstanden erstmals systematisch geplante Freizeitangebote, die über stadtteil- oder quartiersbezogene Angebote deutlich hinausgingen.

Öffentliche Infrastrukturen und Dienstleistungen

Von der zweiten Hälfte der 1950er Jahre bis in die 1970er Jahre hinein sind vielerorts in Oberhausen neue öffentliche Gebäude bzw. Einrichtungen entstanden. Diese Phase war nach dem Krieg geprägt durch eine Rückkehr zur Normalität im städtischen Leben bei einer zunächst relativ schnell wachsenden Einwohnerschaft; ausgelöst durch die Erfordernisse nach neuen, modernen und vergrößerten Infrastrukturen. Gerade im Bereich der sozialen Infrastruktur kann man viele Beispiele neuer Kindergärten, Schulen und Sporteinrichtungen benennen.

Im Schladviertel ist hier das im Jahre 1958 fertig gestellte neue Schulgebäude der Johannesschule an der Stiftstraße und die Schladschule an der gleichnamigen Schladstraße (Volksschulen, zunächst von der ersten bis zur 8. Klasse) zu nennen. Diese beiden Schulen waren im Schladviertel – neben der Rolandschule, deren Einzugsbereich eher Teile des südwestlichen Schladviertels abdeckte – viele Jahre lang prägend für die schulische Grundversorgung. Aber auch die weiterführenden Schulen in Alt-Oberhausen (Realschule in der Innenstadt; drei Gymnasien, davon zwei im Rathausviertel) waren relativ wohnortnah gelegen. Auch sie wurden in den Jahren zwischen 1958 und 1975 schrittweise erweitert bzw. neu errichtet.

Das Seniorenheim „Haus Abendfrieden" liegt im Inneren eines Häuserblocks an der Dieckerstraße. Es hatte in den 1960er Jahren noch eine wesentlich geringere bauliche Ausdehnung. Es gab zwar auch damals schon Bewohner, die wir z. T. vom Sehen her kannten; aller-

Abb. 3: Wohn- und Geschäftshaus an der Ecke Virchowstraße/Seilerstraße nach 1955

dings gab es in meinem gesamten Familien- und Bekanntenkreis keine Person, die dort gelebt hat. Insoweit gab es auch kaum Berührungspunkte mit dieser Einrichtung. Lediglich ein in den 1960er Jahren von der Dieckerstraße aus erreichbarer Spiel- und Bolzplatz grenzte unmittelbar an die Freiflächen dieses Heims, ein kleiner Waldbereich und eine Fläche, die einige Zeit sogar noch für den Anbau von Gemüse und Kartoffeln genutzt wurde.

Das Schladviertel als relativ innenstadtnahes Wohngebiet war natürlich nur bedingt mit weiteren zentralen Einrichtungen versorgt. Dennoch gab es vereinzelte Angebote, die aus heutiger Sicht in so einer Lage nicht mehr selbstverständlich sind.

Seit etwa 1952 gab es im Schladviertel bis August 1993 an der Ecke Diecker-/Stiftstraße eine Postzweigstelle. Sie war ganz selbstverständlich da und gehörte mit in das Versorgungsangebot dieses Quartiers. Später – bis in meine Studienzeiten hinein – war sie oftmals eine Anlaufstelle für alle postalischen Erledigungen, aber auch Anlauf- und Informationsstelle, um z. B. Adressen und Telefonnummern in Erfahrung zu bringen. Denn dort gab es u. a. Telefonbücher aus weiten Teilen Deutschlands. Dieses Angebot wurde ansonsten nur noch – wenngleich auch noch etwas umfassender – in der Hauptpost am Bahnhof vorgehalten.

Eine weitere öffentliche Einrichtung gab es seit etwa 1960/61 in Form einer (Polizei-) Meldestelle auf der Dieckerstraße 140, die bei allen Ausweis- und Passangelegenheiten für die Menschen im Schladviertel erster Anlaufpunkt war („Meldestelle II"). Den Gebäudeteil, angebaut an ein Wohnhaus und von der Straße aus etwas zurückgesetzt, gibt es zwar noch heute,

Abb. 4: Johannesschule an der Stiftstraße

er vermittelt aber – nach einer zwischenzeitlichen Nutzung als Einzelhandelsgeschäft bzw. Kiosk – nun einen völlig unscheinbaren Eindruck. Bereits Ende 1967 wurde diese Außenstelle wieder geschlossen. In Zeiten, in den darüber diskutiert wird, ob man in allen drei Oberhausener Stadtteilen überhaupt noch Bürgerservicestellen braucht bzw. sich diese leisten kann, wirkt dieses damalige dezentrale und kleinteilige Angebot schon fast etwas skurril und ist wahrscheinlich nur aus den Rahmenbedingungen der damaligen Zeit heraus erklärbar.

Neben diesen zentralen Einrichtungen gab es einige weitere Angebote, die zwar im Schladviertel unmittelbar selbst nicht vorhanden waren, die aber in durchaus gut erreichbarer Entfernung lagen.

Dazu gehörte u. a. die Stadtbücherei in Alt-Oberhausen. Sie war schon in frühen Jahren für mich und etliche Altersgenossen ein Wegbegleiter parallel zur Schulzeit. Damals noch im Rathausviertel in der „Meuthen-Villa" am Königshütter-Park untergebracht, umfasste sie auf zwei überschaubar großen Etagen eine Erwachsenen- und eine Kinder- und Jugendbücherei. Dabei wurde von Seiten der dortigen Mitarbeiter auf eine strikte Trennung geachtet, insbesondere was das Alter der jungen Leser und z. T. sogar die Ausleihe einzelner Bücher in der Kinder- und Jugendbücherei betraf. Dennoch hat sie mich und viele weitere Freunde an das Lesen herangeführt, auch wenn die zur Verfügung stehende Literatur überschaubar und damals in Teilen sogar manchmal etwas antiquiert wirkte. 1975 zog die Stadtbücherei dann in das ehemalige „DEFAKA-Haus" an der Ecke Wörth-/Markstraße, wo sie für rund zehn Jahre verblieb, bevor die Stadtbücherei 1985 ins damalige Ruhrwacht-Haus – heute Bert-Brecht-Haus – übersiedelte.

Eine weitere zentrale Einrichtung auch für das Schladviertel war das Ebertbad neben dem Stadttheater. Dieses ursprüngliche Jugendstilbad prägte in Alt-Oberhausen zunächst eine ganze Generation von Kindern und Jugendlichen in den 1950er und 1960er Jahren. Hier wurden erste Erfahrungen mit dem „nassen Element" gemacht; hier wurde das Schwimmen erlernt und hier konnten neben dem „Freischwimmer" (heute: Deutsches Jugendschwimmabzeichen in Bronze) auch die weiteren Schwimmprüfungen (Fahrtenschwimmer, Jugendschwimmschein, DLRG-Schein), gfls. sogar beim Bademeister, abgelegt werden. Das Dreimeterbrett, die Sammelumkleidekabinen im 1. Obergeschoss – Einzelkabinen unmittelbar entlang des Schwimmbeckens erhielt man als Kind bzw. Jugendlicher nicht – die waagerechte Stichbrause im Eingangbereich zur Herrendusche sowie der Bademeistertisch unmittelbar am Fuße der Aufgangstreppe zum Obergeschoss waren Teile dieses Bades, die dauerhaft in Erinnerung blieben. An diesem Tisch wurde von den diensttuenden Bademeistern die Einhaltung der an der Kasse im Voraus bezahlten Schwimmzeiten stichprobenhaft überprüft; hier musste man dann gfls. bei Überschreiten der Badezeiten auch schon einmal nachzahlen. Das schulische Schwimmen und ein Teil des Vereinsports fanden ebenfalls im Ebertbad statt, bevor es 1983 als Hallenbad geschlossen wurde. Seit 1962 gab es aber an der Lothringer Straße bereits das Südbad – mit der in der ersten Etage gelegenen Milchbar – und der angegliederten großen Sporthalle (heute Willy-Jürissen-Halle) und 1976 kam dann noch das Ostbad unmittelbar im Schladviertel hinzu.

Eine weitere Einrichtung, an die man als heranwachsender junger Mensch seitens der Familie, aber auch durch das Institut selbst, herangeführt wurde, war die Oberhausener Stadtsparkasse mit ihrer Hauptstelle an der Marktstraße. Die Zweigstelle an der Schwartzstraße spielte in diesem Zusammenhang keine Rolle und die späteren Zweigstellen auf der Falkenstein- und Rolandstraße gab es noch nicht. Hier wurde das erste Sparbuch eröffnet und hier wurden in zeitlichen Abständen immer wieder die Ersparnisse auf das eigene Sparbuch eingezahlt. Was in diesem Zusammenhang noch in tieferer Erinnerung geblieben ist, waren die jährlichen „Weltspartage" Ende Oktober eines jeden Jahres; sie waren verbunden mit einem Preisausschreiben für Schülerinnen und Schüler. Hier mussten zunächst Fragen aus verschiedenen Wissensgebieten beantwortet werden, um dann im Rahmen einer Verlosung vielleicht einen der ausgelobten Preise zu gewinnen.

Wohnsituation

Wohnungen waren in der Zeit nach dem Zweiten Weltkrieg zunächst ein sehr knappes Gut. Zwar wurden bereits Ende der 1940er bzw. Anfang der 1950er Jahre in einem relativ kurzen Zeitraum viele Wohnungen – zum Teil als ganze Siedlungen – neu errichtet bzw. kriegsbeschädigte und -zerstörte Gebäude schnell wieder Instand gesetzt, dennoch war die Wohnraumversorgung zunächst noch von Knappheit geprägt. Die durchschnittliche Wohnfläche betrug in Oberhausen 1950 noch unter zehn Quadratmeter pro Person.

Meine Eltern bauten bereits Anfang der 1950er Jahre in einer Siedlergemeinschaft ein Zweifamilienhaus im Schladviertel. Die ursprüngliche Wohnfläche des gesamten Hauses betrug insgesamt rund 130 Quadratmeter mit insgesamt – neben Dielen und Badezimmern – sechs Räumen. Es wurde in der Folge dann aber zunächst von drei Familien (Großeltern/Tante und Onkel/Eltern damit von sechs Erwachsenen und vier Kindern bzw. Jugendlichen) bewohnt. Neben der recht geringen Wohnfläche waren die sanitären Einrichtungen zunächst sehr einfach. Badewannen und fließend warmes Wasser gab es noch nicht; gebadet wurde in Zinkbadewannen, die mit auf dem Ofen erwärmtem Wasser gefüllt wurden. Auch eine zentrale Heizungsanlage gab es lange Jahre nicht. Kohleöfen, später kam noch ein Ölofen hinzu, sorgten für die notwendige Beheizung. Allerdings gab es schon früh eine Gasversorgung im Hause, so dass zumindest auf einem Gasherd gekocht werden konnte.

Jahre später wurde in einem Badezimmer eine Badewanne und ein Boiler – zunächst mit Kohle, später mit Strom – installiert; beheizt werden konnte das Bad lange Zeit aber nur mittels eines elektrischen Heizstrahlers unter der Decke.

Das tägliche Leben spielte sich im Hause zunächst überwiegend in den Wohnküchen ab; erst gegen Ende der 1950er Jahre entspannte sich die Wohnsituation etwas. Damit wurde auch die Einrichtung eines größeren Wohnzimmers möglich. Dieses wurde nur zu besonderen Anlässen genutzt und in der kühleren Jahreszeit entsprechend auch nur dann beheizt. Mit einem gestiegenen Bedürfnis nach mehr Wohnfläche wurde ab Anfang der 1960er Jahre im Dachgeschoss durch den Ausbau des Dachbodens schrittweise mehr Wohnraum geschaffen.

Die ursprüngliche Beheizung mit Kohle und Heizöl erforderte natürlich eine entsprechende Bevorratung dieser Brennstoffe; dafür wurden im Keller eineinhalb zur Straße gelegene Räume genutzt, die damit über viele Jahre für andere Nutzungen nicht zur Verfügung standen. Die jährlich im Herbst wiederkehrende Bestellung und Einlagerung von Kohlen gehörte ebenso mit zum Alltagsgeschehen. Dies galt im Übrigen aber auch für viele andere Bewohner im Schladviertel; die Kohlenberge vor den Häusern waren ein wiederkehrendes Ereignis. Größere Mengen unterschiedlichster Kohlesorten wurden von LKWs möglichst nah am Hause abgekippt, um sie dann möglichst schnell durch ein Kellerfenster direkt in den jeweiligen „Kohlenkeller" zu befördern. Erst in den 1970er Jahren wurde das elterliche Haus an die zwischenzeitlich in der Straße verlaufende Fernwärme angeschlossen.

Telefone waren bis Mitte der 1960er Jahre in der Mehrzahl der Haushalte noch keine Selbstverständlichkeit. Das Telefon beim Nachbarn oder die Telefonzelle an der nächsten Ecke waren für lange Zeit die einzigen Möglichkeiten, um einen schnellen Kontakt mit anderen Menschen innerhalb und außerhalb der Stadt herzustellen. Auch in den Postämtern gab es entsprechende Fernsprechzellen; die Gespräche – insbesondere Ferngespräche – konnten dort vermittelt werden. Eine fortschreitende Versorgung breiter Bevölkerungsschichten mit Festnetzanschlüssen hat lange Jahre jedoch nicht sofort dazu geführt, dass öffentliche Telefone zurückgebaut wurden. Erst die breite Versorgung mit Mobilfunkgeräten hat den öffentlichen Telefonen deutlich „zugesetzt"; in den Wohnvierteln sind diese inzwischen meist gänzlich verschwunden.

In den 1960er Jahren gab es im öffentlichen Raum – vermutlich wegen der fehlenden Versorgung der Haushalte mit Telefonen – vielerorts noch Notrufsäulen (Polizei) bzw. Feuermelder. So befand sich lange Jahre auf der Dieckerstraße in Höhe des dortigen Altenheims noch ein entsprechender Feuermelder unmittelbar am Rande des dortigen Gehweges. Hier hat die fortschreitende Versorgung mit Telefonen, diese Art der Technik überflüssig gemacht.

Diese vielschichtige Situationsbeschreibung – auch wenn sie sicherlich nicht durchgängig repräsentativ ist – zeigt die Entwicklung eines Viertels hinsichtlich der Lebens- und der Wohnsituation, beginnend Mitte der 1950er Jahre bis heute. Neben der schrittweisen Vergrößerung der spezifischen Wohnfläche (heute: rund 37 Quadratmeter pro Person!) – was in erster Linie natürlich zu einer Ausweitung der Siedlungsflächen in der Stadt geführt hat – verbunden mit einem deutlichen Komfortzuwachs (Heizung, Warmwasser, Vielzahl an Elektrogeräten) bildete die zunehmende Motorisierung aber eine ganz entscheidende Triebfeder für eine Vielzahl von strukturellen Veränderungen in der Stadt bzw. im Verhalten ihrer Bewohner.

Magnus Dellwig

Oberhausen im Ruhrgebiet – ein produktives Spannungsverhältnis

Stadtentwicklung im Wechselspiel
von Städtekonkurrenz und dem Wettbewerb der Städte
um den bestmöglichen Weg in die Moderne

1. Stadtentwicklung im Ruhrgebiet

Die Kommunen in der Finanzkrise – Die Kommunen in der Sinnkrise?

Manche führende Repräsentanten des Landes Nordrhein-Westfalen und der Kommunen nahmen in den Jahren seit Beginn der Weltwirtschaftskrise, die uns 2008 erfasste, gar das Wort von kommunaler Neugliederung, von Eingemeindungen in den Mund. Gerade für Oberhausen als jene Stadt, die sich in Folge des Strukturwandels bereits am längsten mit Finanzproblemen beschäftigt, die sich seit 1986 bis auf zwei Jahre in der andauernden Haushaltskonsolidierung befindet, und die eben deshalb Spitzenreiter der Pro-Kopf-Verschuldung ist, kann eine solche Diskussion zur fundamentalen Existenzkrise führen. Ist das Jubiläum von 2012 das letzte Stadtjubiläum, das die Oberhausenrinnen und Oberhausener voller Stolz auf ihre Stadt feiern dürfen? Dieser Frage muss nachgegangen werden. Diese Frage kann indes nur annähernd angemessen beantwortet werden, wenn wir uns mit Oberhausen im Ruhrgebiet, mit den Chancen und Grenzen kommunaler Selbstverwaltung in der Städtelandschaft zwischen Ruhr und Lippe und darüber wiederum mit den Besonderheiten der Oberhausener Stadtgeschichte beschäftigen. Doch wenden wir uns zunächst den unmittelbaren Herausforderungen der Gegenwart zu.

Zum Stadtjubiläum 2012 befindet sich Oberhausen gemeinsam mit den übrigen Städten des Ruhrgebietes seit Jahren in einer tiefen Finanzkrise, die sich zu einer Sinnkrise nicht nur der Kommunalfinanzen, sondern auch der kommunalen Selbstverwaltung ausgewachsen hat. Obgleich das Land NRW inzwischen Hilfe leistet, ist das Finanzproblem Oberhausens und vieler weiterer Städte im Ruhrgebiet so gewaltig wie nie zuvor seit der Weltwirtschaftskrise Anfang der 1930er Jahre. Im Jahr 2010, als die fiskalischen Auswirkungen der weltweiten wirtschaftlichen Schrumpfungen des Vorjahres vollends auf die Stadtkassen durchschlugen, erklommen die Finanzdaten des Oberhausener Haushaltes folgende erschreckende Höhe: 1,4 Milliarden Euro Kassenkredite bildeten die lange, bis ins Jahr 1986 zurückreichende Vorgeschichte der Oberhausener Verschuldung ab: Außer in den Jahren 1991 und 1992 gelang es der Stadt Oberhausen nicht mehr, den Haushalt auszugleichen. Allerdings konnten bis 2001 wiederholt sogenannte Haushaltskonsolidierungskonzepte aufgestellt werden, die den Abbau der Verschuldung binnen vier Jahren in Aussicht stellten. Durch den Doppelschlag von Unternehmensstreuerreform im Bund 2002 und Konjunktureinbruch mit stark steigenden Soziallasten 2003 geriet Oberhausen dann – wie zahlreiche weitere Städte im Ruhrgebiet und im Bergischen Land – in eine „Vergeblichkeitsfalle". Durch die Höhe der Zinslasten und fortwährende Aufgabenzuweisungen ohne Finanzausgleich seitens Bund und Land überstieg das Defizit seitdem die eigenen kommunalen Möglichkeiten des Sparens. Oberhausen spürte das hautnah als erste Kommune mit seinem Entschuldungskonzept von 2008. Sogar 50 Millionen Euro jährlicher Konsolidierung reichten nicht mehr aus, um die Verschuldungsspirale zu durchbrechen, weil Bund und Land keine spürbare Hilfe leisteten.

So erklärte sich Oberhausens Finanzlage im Jahr 2010, am Vorabend eines Paradigmenwechsels der NRW-Landesregierung hin zu wirksamer Hilfe für die vom Strukturwandel besonders hart getroffenen Städte: Über 180 Millionen Euro Deckungslücke im Ergebnisplan bei 507 Millionen Einnahmen, aber 688 Millionen Ausgaben zeigten den akuten Handlungsbedarf. Dieser wiederum teilte sich auf in 73 Millionen krisenbedingte Mehraufwendungen sowie Einnahmeausfälle, und 107 Millionen Euro an langfristig wirksamem und daher wahrlich strukturellem, originärem Defizit. Das Schockierende an dieser Zahl sind wiederum zwei Merkmale: Erstens trifft diese Haushaltslücke die Stadt jedes Jahr erneut. Die Lücke muss geschlossen werden, um kommunales Handeln in Zukunft erneut an ambitionierten Zielen ausrichten zu können. Die großen Herausforderungen lauten Demografischer Wandel, Wissensgesellschaft, sozialer Ausgleich in der Stadtgesellschaft. Zum zweiten besteht diese Haushaltslücke zu einem erheblichen Anteil von 50 Millionen Euro aus dem Schuldendienst, den Aufwendungen überwiegend für Zinsen – Tilgung findet nun leider bei Kassenkrediten nicht statt, da diese als kurzfristig aufgenommene Darlehen zur Sicherung der Liquidität dienen. Es bestand somit die Gefahr, dass sich eine gewisse Hoffnungslosigkeit breit macht. Doch eine vitale kommunale Demokratie kann und darf sich das nicht erlauben! Und es gibt schließlich konstruktive Lösungsansätze:

Erstens wurde die Wirtschaftskrise im Jahr 2010 beeindruckend schnell überwunden. Dadurch werden sich Einnahmen und Ausgaben wieder auf das Niveau von 2008 begeben. Mehr als 70 Millionen Euro Verschlechterung, die 2010 gegenüber 2008 eintraten, werden mittelfristig wieder ausgeglichen.

Zweitens sind Bund und Land in der Verantwortung. Nordrhein-Westfalen hat mit einem sogenannten Altschuldenfonds, vor allem aber mit dem 2011 initiierten „Stärkungspakt Kommunalfinanzen" Verantwortung für einen großen Teil der kommunalen Haushaltslast übernommen. Mit 66,5 Millionen Euro, die Oberhausen für mindestens fünf, dann eine abnehmende Summe für zehn Jahre erhalten wird, sind die Erwartungen von etwa 50 Millionen deutlich übertroffen worden. Jetzt hat die Stadt Oberhausen die Chance, mit ergänzenden eigenen Maßnahmen in einem realistischen Zeitraum von zehn Jahren, den der neue § 76 der Gemeindeordnung NW vorsieht, die Konsolidierung zu erreichen und damit wieder Selbstverantwortung für kommunale Entwicklung übernehmen zu können. Dies ist das Ziel des am 25. Juni 2012 im Rat verabschiedeten Haushaltssanierungsplans.

Der Bund aber muss die Einnahmesituation der Kommunen strukturell verbessern über höhere Anteile an den wesentlichen Steuern, die auf Einkommen und Umsatz erhoben werden. Dazu sind leider in den Jahren 2009 bis 2011 über allgemeine Erklärungen hinaus kaum substanzielle Schritte unternommen worden. Lediglich für Sozialleistungen wie Transfereinkommen für Bezieher von Arbeitslosengeld II (im Volksmund Hartz IV) sowie die Grundsicherung im Alter erhält eine Stadt wie Oberhausen ab 2011 etwa elf Millionen Euro zusätzlich. Alle Entlastungen, die den Kommunen zuteil werden sollten, erfuhren eine Überkompensierung durch die Ausweitung kommunaler Aufgaben in den Bereichen Soziales, Wohnen, Familie. Hier bleibt weiter ernster Handlungsbedarf zur Übernahme der Verantwortung des Bundes für die Lebensqualität in den Städten.

Drittens hat die Stadt Oberhausen schon 2008 mit ihrer verstärkten Haushaltskonsolidierung bewiesen, dass sie 50 Millionen Euro im Jahr sparen kann. Bei einem strukturellen Defizit von rund 146 Millionen Euro im Jahr 2012 können diese drei Wege unter großen Kraftanstrengungen zum Ziel führen. Der Haushaltssanierungsplan vom 25. Juni 2012, mit dem der Rat der Stadt Oberhausen sein konkretes Sparprogramm für die folgenden zehn Jahre beschlossen hat, gewährleistet in Verbindung mit der Unterstützung durch das Land NRW erstmals seit 2001 den Abbau der kommunalen Schuldenlast. Das gibt der kommunalen Selbstverwaltung wieder eine Chance, auf die großen gesellschaftlichen Herausforderungen vom Demografischen Wandel bis zur Wissensgesellschaft angemessen und initiativ zu antworten.

Der Blick auf die Stadtgeschichte, auf die Besonderheiten der Stadtwerdung und der Stadtentwicklung Oberhausens gibt die unverzichtbare Orientierung, um Chancen und Grenzen in Gegenwart und Zukunft realistisch einschätzen zu können. Je größer die Herausforderungen sind, die Oberhausen im 21. Jahrhundert abverlangt werden, um großstädtische Lebensqualität unter den Bedingungen schnellen Wandels in Wirtschaft und Gesellschaft zu erhalten, zu sichern, immer wieder zu erneuern, um so wichtiger wird es, Wünschenswertes von Machbarem zu unterscheiden, lokalspezifische Gunst- und Ungunstfaktoren zur Gestaltung der Zukunft einer Stadtgesellschaft zu kennen, zu berücksichtigen und in kommunales Handeln umzusetzen. Dies alles dann auch noch in den größeren Zusammenhang der Entwicklungen im Ruhrgebiet zu stellen, ist ebenfalls eine Anforderung von wachsender Bedeutung. Durch den Vergleich zwischen Kommunen im Ruhrgebiet schärft sich unser Blick für die Besonderheiten jeder Stadt. Diese Eigenheiten bedeuten wiederum Möglichkeiten und Grenzen dafür, wie Lebensqualität und Wohlstand, wie die Identität der Bürgerschaft und die Einzigartigkeit jeder Gemeinde in der Metropole Ruhr gewahrt oder gewonnen werden können. Im Ruhrgebiet nehmen interkommunale Kooperationen zu, übernimmt der Regionalverband Ruhr wachsende Verantwortung, weil manch große Zukunftsthemen weder der Sache nach noch der finanziellen Handlungsmöglichkeiten wegen von der einzelnen Stadt allein gut gelöst werden können.

Deshalb wird im Folgenden eine kurze Geschichte des Ruhrgebietes erzählt, die zugleich eine Ordnung der Region in nur drei grundlegende Städtetypen aufzeigt. Da ist als erstes die bereits in vorindustrieller Zeit entstandene Kleinstadt, der es im Zuge des stürmischen industriellen Wachstums gelingt, zum urbanen Mittelpunkt eines großstädtischen, industriell geprägten Wirtschaftsraumes zu werden. Da ist als zweites die dörfliche Siedlung, die von der

Dynamik der Industrialisierung überrollt wird und deren Bürger überfordert sind, für eine Zehntausende zählende Industriearbeiterschaft menschenwürdige und vor allem städtische Lebensbedingungen zu schaffen. Diese Industriedörfer gehen in den ersten drei Jahrzehnten des 20. Jahrhunderts in den Städten der Region auf. Und schließlich ist da drittens die aus dem Nichts, auf der Heide oder nahe eines Dorfes erst durch Industrie und Eisenbahn entstandene Industriestadt, deren kommunale Eliten trotz knapper Finanzen eine ehrgeizige Strategie zur Stadtwerdung entwickeln und schließlich umsetzen.

Diese drei Grundtypen von Stadtwerdung im Ruhrgebiet können und sollen unser Verständnis vom Werden und Wachsen, vom Überleben als Kommune oder auch nicht, von den Entwicklungsmöglichkeiten untern den Bedingungen bewusster interkommunaler Konkurrenz innerhalb des Ruhrgebiets als der vielfältigsten Städtelandschaft Europas seit der Mitte des 19. Jahrhunderts schärfen und vertiefen. In Bezug auf die Stadtgeschichte Oberhausens ist die Kenntnis der Städtetypologie für das Ruhrgebiet zugleich dazu geeignet, die Gestaltungskraft der Stadt Oberhausen heute und morgen realistischer zu beurteilen.

Industrialisierung und Verstädterung im 19. Jahrhundert –
Oberhausen wird Stadt inmitten der Nachbarn im Ruhrgebiet

Der Ausnahmecharakter einer Stadtgründung sprichwörtlich auf der grünen Wiese – genauer in öder Heide – um den Bahnhof der Köln-Mindener Eisenbahn von 1847 ist sogar unter den Bedingungen des Ruhrgebietes, dem ehemals größten industriellen Ballungsraum Europas, etwas ganz Besonderes. In Manchem ähnelt Oberhausens Entwicklung mehr der Wolfsburgs, Eisenhüttenstadts oder der von Oberhausens Partnerstadt Carbonia auf Sardinien als der Entwicklung der typischen europäischen Stadt seit der frühen Neuzeit. Doch im Gegensatz zu all diesen industriellen Stadtgründungen des 20. Jahrhunderts ist Oberhausen nicht nur eine dynamische Entwicklung aus dem19. Jahrhundert, Oberhausen liegt zudem mitten im Ruhrgebiet. Das bedeutet Handeln, sich Durchsetzen und Vergleichen in einer Landschaft von heute 53 Städten und Gemeinden, davon allein 14 Großstädten. Doch bis zur kommunalen Neugliederung von 1929 bestand das Ruhrgebiet ja sogar aus weit über einhundert Gemeinden. Und noch mehr als das, Oberhausen bildet sogar eines der Scharniere zwischen „Ruhrgebiet" und „Rheinschiene", der Städtelandschaft von Duisburg bis Bonn. Somit liegt Oberhausen im Herzen der Metropolregion Rhein-Ruhr, einer Ballung von wahrhaftig europäischem Rang mit ihren mehr als elf Millionen Einwohnern.

Stadtwerdung, Stadtentwicklung, die Herausbildung urbaner Lebensqualität und die Entstehung von Stadt als eines örtlichen Lebens- und Kommunikationszusammenhangs vollziehen sich an jedem Ort ein klein wenig anders. Gerade unter den Rahmenbedingungen der Städteregion Ruhrgebiet wird das Zusammenwirken der Städte – produktiver Wettbewerb und vielleicht auch manches Mal ruinöse Konkurrenz – ausschlaggebend für die Zukunftschancen der Stadt im 21 Jahrhundert. Eine Stadt ist nicht nur von sozialstatistischen Daten bestimmt, sondern die Stadt besitzt eine Individualität. Stadt wird ein lokaler Lebens- und Arbeitszusammenhang maßgeblich durch die lokale Vernetzung der Menschen in Teillebensräumen, in Betrieben, in Stadtvierteln, aber ebenso in gesellschaftlichen Gruppen und Institutionen, wie Kirchen, Vereinen, Parteien. Das ist der entscheidende Grund, warum jede

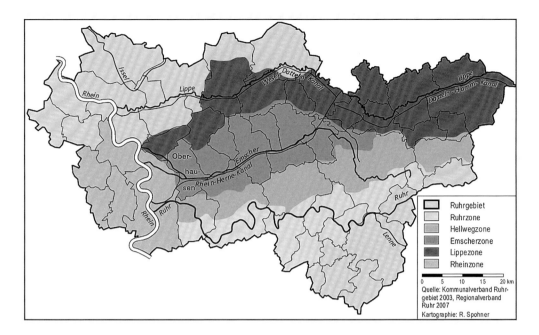

Abb. 1: Zoneneinteilung des Ruhrgebietes (in Anlehnung an Brepohl)

Stadt eine Individualität, ihre Bürgerschaft eine eigene Identität ausbildet, warum jede Stadt als Kommunikationsgemeinschaft vor Ort ihre ganz eigenen Orientierungs- und Handlungsmuster für die Deutung ihrer Chancen und Risiken, ihrer Aufgaben und Grenzen schafft.[1]

Dennoch können Strukturen, Leitlinien zum besseren Verständnis, in das sehr vielschichtige Städtesystem Deutschlands und des Ruhrgebietes eingezogen werden. Als historische Gesellschaften im Kleinen sind die Städte intensiv mit ihrem Umland, anderen Orten und insbesondere unmittelbar benachbarten Städten verbunden. Ihre kommunalen Akteure handelten nicht immer in bewusster, jedoch immer in wirksamer Konkurrenz zu anderen Städten, und sie reagierten auf gesamtgesellschaftliche Veränderungen. Deshalb liefert die Bildung von Stadtentwicklungstypen eine Erklärung für die Entwicklung von Städten, sofern Rahmenbedingungen und Regelmäßigkeiten je besonderer Verstädterungsprozesse festgestellt werden können. Und die Gesamtheit der Modernen Stadtgeschichte, geprägt vom boomenden Wachstum der Städte in Europa seit der Industrialisierung im 19. Jahrhundert, bietet das Bild grundlegender Entwicklungsmuster. Es lohnt sich, die Städtebildung des 19. Jahrhunderts zu betrachten, weil das Einblick in die Theoriebildung in der Geschichtswissenschaft verschafft, aber vor allem zum praktischen Verständnis der modernen städtischen Welt entscheidend beiträgt. Als besonders einflussreich und tragfähig hat sich diesbezüglich der Ansatz des Historikers Jürgen Reulecke aus den 1970er Jahren erwiesen. Zur Ordnung des deutschen Städtewesens bildete Reulecke zwei Hauptgruppen von Städten, die wiederum das Verständnis der Urbanisierung und Industrialisierung im Ruhrgebiet eindringlich vertiefen.[2]

Zu Beginn der Industrialisierung in Deutschland, die von 1830 bis 1850 den Charakter eines unumkehrbaren historischen Prozesses annahm[3], profitierten die mittleren Städte ab 20.000 Einwohnern, vor allem aber die wenigen Großstädte mit mehr als 100.000 Einwohnern am stärksten vom einsetzenden Städtewachstum. Diese Städte stellen eine der beiden bedeutenden Entwicklungsmöglichkeiten der Urbanisierung dar. Diesen Städten kam große Bedeutung mit vielen Funktionen „zentraler Orte" als Handels- und Dienstleistungsmittelpunkte für ein weites Umland zu. Zudem weisen sie eine feingliedrige Sozialstruktur auf. Reulecke bezeichnete diese Orte als die „offene Bürgerstadt".[4] Mit der einsetzenden Industrialisierung wandelte sich die offene Bürgerstadt zu einer von der Industrie überformten Stadt[5] mit vielfältigen Aufgaben als Wohn-, Geschäfts- und Kulturzentrum, aber auch als Ort öffentlicher Einrichtungen vom Gericht bis zur Universität. Diese zentralörtlichen Funktionen korrespondierten eng mit der Ausbildung von Citybereichen und hoher räumlicher Mobilität, insbesondere in Form der Abwanderung von Unterschichten aus den Innenstädten. Es entstanden Wohnviertel mit einer Bevölkerung, die jeweils überwiegend aus einer sozialen Schicht bestand. Das nennt man in der Stadtgeschichte „soziale Segregation".[6]

Zentraler Ort

Zentrale Orte sind Orte, in denen Verwaltungs-, Dienstleistungs-, Verkehrs-, Kultur-, Bildungs- und Wirtschaftsfunktionen für ein räumliches Umland konzentriert sind. Ein solcher Ort nimmt aufgrund dieser Konzentration von Funktionen eine bedeutende, damit eine „zentrale" Stellung für sein Umland ein und erlangt dadurch diesem gegenüber einen „Bedeutungsüberschuss". Zentrale Orte bilden unter sich wiederum eine Hierarchie. Dies meint, dass ein Schema der Funktionsteilung von Orten abgestufter Zentralität entsteht. Allgemein gilt: Je größer und bedeutender eine Stadt ist, desto größer ist auch ihr potenzieller Einzugsbereich. Das gilt nicht nur für Wirtschaft und Handel, sondern auch für Wanderungen in eine Stadt oder zwischen den Städten (räumliche Mobilität).

Theorie zentraler Orte (System zentraler Orte)

Das System zentraler Orte ist eine Theorie der Raumordnung, die Orte nach der Bedeutung, die sie für das räumliche Umland erlangen, in unterschiedliche Bedeutungsklassen einteilt. Die Theorie über das System zentraler Orte entstand in den 1930er Jahren durch den deutschen Geografen Walter Christaller (1893–1969). Er entwickelte in idealtypischen, da homogenen Räumen eine Struktur zentraler Orte auf unterschiedlichen Hierarchiestufen. Auf höherer Hierarchiestufe weisen z. B. größere Städte Ausstattungsmerkmale auf, die den zentralen Orten niedrigerer Hierarchiestufe fehlen. Das meint bestimmte Verwaltungs- und Dienstleistungsfunktionen, die in Kleinstädten nur teilweise erbracht werden. Christaller bestimmte die Zentralität eines Ortes als das Verhältnis zwischen den Diensten, die insgesamt bereitgestellt werden (für den Ort und sein Umland) und den Diensten, die nur für die Bewohner des zentralen Ortes selbst benötigt werden. Die Differenz der beiden Werte wird als Bedeutungsüberschuss bezeichnet. Je größer der Bedeutungsüberschuss und je höher die Zentralität eines Ortes ist, desto größer ist die Anzahl von Dienstleistungen je Bewohner.

Als zweiten Haupttyp der Stadtentwicklung in Deutschland nennt Reulecke die Industriestadt, quasi als Kontrapunkt zur offenen Bürgerstadt. Reulecke urteilt differenzierter als ältere Stadtforscher und spricht nicht mehr von industriellen Ballungen ohne städtische Qualität.[7] Trotz Einbeziehung der schnell wachsenden, voraussetzungslos „auf der grünen Wiese" entstandenen industriellen Siedlungen nimmt der Begriff der Industriestadt bei Reulecke Formen eines Sammelbegriffs an. Zum Typus der Industriestadt zählen demnach sowohl die in den schwerindustriellen Ballungen Saarland, Ruhrgebiet und Oberschlesien entstandenen neuen, „reinen" Industriestädte als auch die zu Beginn der Industrialisierung noch stagnierenden kleinen Handels- und Ackerbürgerstädte, bis sie dann durch die Großindustrie am Stadtrand und im näheren Umland schnell anwuchsen und ihren Charakter veränderten.[8]

In der regionalhistorischen Erforschung des Ruhrgebiets ist seit den 1980er Jahren offensichtlich geworden, dass viele oft von Geografen, wie Blotevogel und Laux, entworfene Modelle der Stadtentwicklung für das Binnenverständnis des Städtesystems Ruhrgebiet nicht hinreichend sind. Zwar wird von diesen Modellen erfasst, wie die kleinen Handels- und Ackerbürgerstädte am Hellweg innerhalb der Region langfristig einen Urbanitätsvorsprung behaupten und Zentralfunktionen erlangen konnten. Aber die übrigen Orte dieser Industrieregion erscheinen als einförmige Masse mit großen Mängeln an städtischer Lebensqualität. Die Beschäftigung mit den „Industriedörfern" der Emscherzone, wie Hamborn oder Altenessen, hat gezeigt, dass die meist gescheiterte Städtebildung nördlich des Hellwegs ihr eigenes Entwicklungsmuster enthielt. Dabei stellte man fest, das jene Orte, die heute Stadtteile sind, mehr zu bieten hatten als die Feststellung mangelnder Urbanität. Vor allem verfügten jene Siedlungen über eigenständige Entwicklungsmuster, die der Bewältigung von Folgen großer industrieller Siedlungen nicht günstig waren und bis hin zur „Unfähigkeit zur Stadtbildung" (Vonde) kumulierten. Dass es demgegenüber jedoch eine dritte Entwicklungsvariante im Ruhrgebiet gab, legte die stadtgeschichtliche Erforschung der Industriestadt Oberhausen (durch Reif und Dellwig) offen. So gelangt man zu einer differenzierten Betrachtung von drei Verstädterungsalternativen im Ruhrgebiet.[9]

Bereits der Historiker Lutz Niethammer deutete die dritte Entwicklungsalternative zu den beiden Haupttypen Reuleckes an: „Von Industriestädten aber wurde treffend gesagt, sie seien „selbst Hinterland", „zerstreute Häuseranhäufungen", in denen kaum „städtisches Leben" zu finden sei oder doch jedenfalls nur soviel, als der „Lebensstandard der Arbeiter [...] Lebensmittel und Bekleidungsläden, Handwerker für Reparaturen, Verbrauchsgüterfabrikanten, Schankwirte, Lehrer, Seelsorger, Verwaltungsbeamte usw." anzuziehen vermöge."[10]

Für Niethammer ist die Industriestadt der große Sammelbegriff, dessen Hauptmerkmal auf dem Größenwachstum und nicht auf einem qualitativen Wachstum im Sinne der Ausbildung von Urbanität lag. Niethammer lässt noch die Besonderheit der Qualität einer Industriestadtwerdung außer Acht: Hier fand ein eigendynamischer Prozess statt, der sich aus der Verbreiterung der Mittelschichten sowie aus dem Zugewinn an städtischer Lebensqualität, an Urbanität speiste. Ermöglicht wurde dieser außergewöhnlich erfolgreiche und schnelle Verstädterungsprozess durch ein stürmisches industrielles Wachstum, aber genauso durch eine zielgerichtete Kommunalpolitik, die Standort- und Lebensqualität ausgestaltete.

Auf der Grundlage der Stadtgeschichtsforschung und unter Berücksichtigung der Forschungen aus der Stadtgeografie haben Reif und Dellwig ein Modell bestehend aus drei Siedlungstypen für das Ruhrgebiet vorgelegt. Dieser Erklärungsansatz erscheint geeignet zur

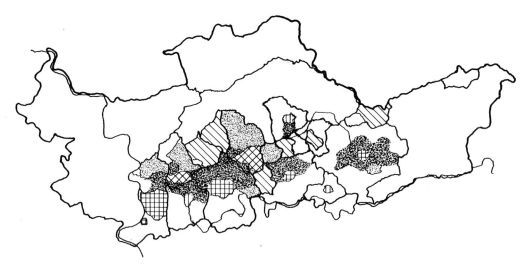

	Multifunktionale, oberzentrale, bürgerliche Industriestadt oder „Hellwegstadt"
	Unvollkommene, nicht oberzentrale „Hellwegstadt"
	„Reine" Industriestadt
	Unvollkommene, nicht polyzentrische und weniger zentralörtliche „reine" Industriestadt
	Industriedorf
	Unvollkommenes, ansatzweise urbanes Industriedorf

Abb. 2: Verstädterungsformen im Kernraum des Ruhrgebietes um 1900

Strukturierung der Städtebildung im Ruhrgebiet. Nahezu alle Städte und Gemeinden im Siedlungskern der Region können erfasst werden,[11] wenn man jeden der drei Haupttypen noch um einen jeweils spezifisch „unvollkommenen" Untertypus ergänzt:

Zu den Hellwegstädten, oder besser den „multifunktionalen, oberzentralen Industriestädten" zählen Duisburg, Essen, Bochum und Dortmund. Dem Untertypus sind Mülheim, Recklinghausen und Witten zuzuordnen. Sie zeichnet eine geringere raumbildende Kraft sowie eine ebenfalls geringere industrielle Dynamik aus. „Reine, voraussetzungslos entstandene Industriestädte" sind Oberhausen und Gelsenkirchen. Als in höherem Ausmaß von defizitärer Urbanität geprägte Bergbaustädte ohne nennenswerte kommunale Raumbildung bilden Herne, Bottrop, Gladbeck, Wattenscheid und Herne den Untertypus. Als „Industriedörfer" gelten Meiderich, Walsum, Borbeck, Altenessen, Katernberg und Horst. In idealtypischem Sinn unvollkommen, nämlich signifikant urbaner sind Hamborn, Sterkrade, Osterfeld, Steele, Buer, Wanne-Eickel und Hörde.[12]

Diese Städtetypologie weist eine Parallele zu der klassischen Raumgliederung des Ruhrgebiets durch Brepohl in fünf west-östlich verlaufende Zonen (Ruhr-, Hellweg-, Emscher, Vestische und Lippe-Zone) auf und sie geht zugleich darüber hinaus. Die entscheidenden

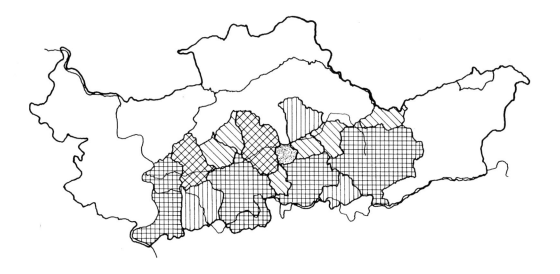

| | Multifunktionale, oberzentrale, bürgerliche Industriestadt oder „Hellwegstadt"
| | Unvollkommene, nicht oberzentrale „Hellwegstadt"
| | „Reine" Industriestadt
| | Unvollkommene, nicht polyzentrische und weniger zentralörtliche „reine" Industriestadt
| | Unvollkommenes, ansatzweise urbanes Industriedorf

Abb. 3: Verstädterungsformen im Kernraum des Ruhrgebietes 1929 bis 1974

Merkmale der Raumgliederung Brepohls bilden die Nordwanderung des Bergbaus und die je unterschiedliche vorindustrielle Siedlungsstruktur der jeweiligen Zone. Diese Kennzeichen von Stadtentwicklung rücken den Beginn der Industrialisierung in den Mittelpunkt der Betrachtung und blenden dadurch die eigentliche Verstädterung als einen viele Jahrzehnte währenden Vorgang zum großen Teil aus. So entsteht an Stelle eines wechselseitigen Wirkungszusammenhanges von Industrialisierung und Städtebildung ein streng kausales Modell, welches eine Gesetzmäßigkeit gesellschaftshistorischer Entwicklungen unterstellt, die wiederum eindimensional die Industrie als Ursache und Stadtwerdung als Folge bewertet. Dieses Modell stadtgeographischen Ursprungs widerspricht zu bedeutenden Teilen den realen Stadtentwicklungen im nördlichen Ruhrgebiet. Brepohls drittes entscheidendes Merkmal von Regionalentwicklung im Ruhrgebiet ist die nordostdeutsche Zuwanderung, die quantitativ am stärksten die Bevölkerung in der Emscherzone, und seit der Jahrhundertwende dann auch in der Vestischen Zone prägte. Das bedeutet zwar schon eine starke Gewichtung des sozialen Gesichtspunktes der Bevölkerungswanderung, doch Brepohl betrachtete noch nicht die Wirkung der Bevölkerungszusammensetzung auf jene die Stadtentwicklung prägenden Eliten. Deren Umgang mit den starken Veränderungen rasant wachsender Industrie-Ortschaften aber erwies sich als ausschlaggebend für den Erfolg von Stadtwerdung. Brepohl erkannte ein soziales Abgrenzungsbedürfnis des Bürgertums von der stark ansteigenden Arbeiterbevölkerung, jedoch lässt er die verschiedenen Reaktionen darauf außer Acht, die in der Ablehnung hoher Infrastrukturausgaben oder auch in mangelnder Geschlossenheit der kommunalen Eliten bestehen konnten. Die Reaktion konnte aber ganz im Gegenteil auch in einer ehrgeizigen Positionsbestimmung des eigenen Ortes in der Städtehierarchie des Ruhrgebiets bestehen. War das der Fall, so wurde mitunter – nicht immer – daraus der Anspruch auf Urbanität und das Ziel des Aufholens in einem von Konkurrenz bestimmten Städtesystem abgeleitet. Und wer a sagt, muss auch b sagen: Der Wille zum Aufholen schloss die Notwendigkeit und eine begrenzte Bereitschaft ein, die Kosten jener aufholenden städtischen Lebensqualität zu finanzieren. Doch das wollten nicht alle bürgerlichen oder (ehemals) bäuerlichen Führungsschichten der jungen Industriegemeinden. Folglich waren Möglichkeiten des Scheiterns wie des Gelingens von Stadtwerdung im Ruhrgebiet vorgezeichnet.[13]

Der Erkenntniswert der nachfolgend erläuterten Ordnung von Städten und Orten, eben einer Städtetypologie für die Regionalgeschichte des Ruhrgebiets besteht gerade darin, das Geschichtsbild vom Gegensatz zwischen städtischer Lebensqualität am Hellweg und von unzumutbaren Verhältnissen in den Ortschaften nördlich davon entscheidend abzuwandeln: Urbanität und in Teilen erfolgreiche Städtebildung war ebenfalls im Raum an der Emscher und im Vest Recklinghausen möglich und fand tatsächlich statt!

Die Hellwegstadt – die bürgerliche, oberzentrale, damit multifunktionale Industriestadt

Die bereits mit einem schmalen Bürgertum aus vorindustrieller Zeit ausgestattete Industriestadt am Hellweg – wie Duisburg, Essen und Dortmund in Reinkultur, oder als Ackerbürgerstadt mit einem weiteren Umland wie Bochum, als zentraler Ort des Vests Recklinghausen oder wie Mülheim und Witten als Kleinstädte an der Ruhr – besaß bereits zu Beginn der Industrialisierung um 1850 eine Bedeutung als Versorgungszentrum für ihr näheres Umland. Das bezeichnet man als zentralörtliche Funktion. Die Sozialstruktur der „Hellwegstadt" enthielt bedeutende Mittelschichten, die bis zu 30 Prozent der Stadtbevölkerung bildeten, und die das städtische Leben politisch, ökonomisch, gesellschaftlich und kulturell bestimmten. Die Raumbildung der Hellwegstadt verlief in der ersten Urbanisierungsphase nach dem typischen Raumnutzungsmuster der offenen Bürgerstadt: Um den recht dicht besiedelten Kern siedelten sich Industrie und Arbeiterviertel an, die damit ein Wachstum der Stadt in konzentrischen Kreisen auslösten.[14]

Der durch Zentralität, Bürgertum und ein entsprechendes Kulturangebot bedingte Urbanitätsvorsprung der Hellwegstädte gegenüber anderen Orten des Ruhrgebiets übte eine Anziehungskraft auf die schmalen bürgerlichen Schichten der nördlichen Nachbarschaft – und darüber wiederum auf so manchen Behörden- und Unternehmenssitz – aus. So verstärkte sich das Ungleichgewicht im Anteil bürgerlicher Schichten innerregional zunehmend. Gleichzeitig erhöhte sich die bürgerliche Lebensqualität der Hellwegstädte als ein sich selbstverstärkender Prozess, weil deren Bürgertum über seine überdurchschnittliche Steuerkraft den kommunalen Handlungsspielraum zur Erhöhung städtischer, bürgerlicher Lebensqualität erweiterte.

Dabei überstiegen die Steuersätze nicht das Niveau, das auch in den weniger attraktiven Orten des Industriereviers gezahlt werden musste.

Die Fähigkeit zu Investitionen und neuen Aufgaben, sprich zur Leistungsverwaltung, forcierte den Übergang zur Stadtentwicklungspolitik, die über die eigenen Stadtgrenzen hinausgriff. Zum einen verfügte man über die finanziellen Ressourcen, überschaubare Belastungen der Industriedörfer zu übernehmen und darüber dort die Bereitschaft zur Aufgabe der kommunalen Selbstständigkeit zu wecken. Zum anderen erwuchsen aus der Leistungsverwaltung mit Straßenbahn, Kultureinrichtungen, Wasser, Gas und Stromversorgung neue Möglichkeiten der Raumentwicklung, die in den vorindustriellen Kernstädten mit ihrem geringen kommunalen Vorfeld nicht zu realisieren waren. Erfolgreiche Eingemeindungen, meist der eigenen Landkreis-Gemeinden, verfestigten die Raumnutzungen der Hellwegstädte: im Süden Erholungsflächen und attraktive Wohnlagen, in der Mitte die City mit hoher Dichte von Wohnbebauung, Klein- wie Mittelgewerbe, dem angelagert die Großeisenindustrie und im Norden die meist bergbaubedingte Zersiedelung des Raumes mit vielen Arbeiterwohnvierteln und einem sehr hohen Flächennutzungsanteil von Gewerbe, Bahn und Schifffahrt. Wenn sich zwar die Wünsche der eingemeindeten Industriedörfer nach städtischen Lebensbedingungen nur in Ansätzen erfüllten, wurde für die Hellwegstädte der Weg frei zur Verbindung industriellen Wachstums mit der Steigerung städtischer Lebensqualität. Und es trat ein weiteres Motiv für die Stadtväter hinzu. Mehr Raum und mehr Bevölkerung bedeuteten zugleich mehr Einnahmen und mehr Macht. Das waren zwei weitere handfeste Gründe, in die eigene großstädtische Zukunft zu investieren.

Die Eingemeindung der meisten Industriedörfer in multifunktionale Industriestädte am Hellweg und nur zu geringen Teilen in die voraussetzungslos entstandenen Industriestädte stabilisierte die hierarchische Gliederung des Städtesystems Ruhrgebiet, das insbesondere oberzentralen Hellwegstädten neuartige Raumplanungspotenziale und eine entsprechende Bevölkerungszunahme auf der Grundlage konzentrischen Raumwachstums ermöglichte. Spiegelbildlich dazu verschwanden die Industriedörfer allmählich von der Landkarte und gingen als Stadtteile in den verbliebenen Städten auf.[15]

Kennzeichen des unvollkommenen Untertyps der multifunktionalen Industriestadt sind die weniger ausgebildeten Funktionen für das Umland und im Zusammenhang damit eine geringere raumbildende Kraft. Ursächlich dafür waren ein geringeres großeisenindustrielles Wachstum, der geographische Ungunstfaktor weniger bedeutender Kohlevorkommen (Mülheim, Witten) und/oder die verspätete Industrialisierung im Norden des Ruhrgebietes (Recklinghausen).

Die „reine" Industriestadt – eine Stadt neuer Art entsteht

Die „reinen", voraussetzungslos entstandenen Industriestädte[16] verfügten entweder über keinen vorindustriellen Siedlungskern (Oberhausen) oder vorhandene Siedlungskerne besaßen kaum Zentralfunktionen für ihr Umland und waren dörflich, nicht städtisch strukturiert (Gelsenkirchen). Die große Bedeutung des Bergbaus an der Emscher begünstigte agglomerativ, also schnell und ungesteuert wachsende neue Siedlungen um die Werksanlagen. Aufgrund ihrer Streulage im Gemeindegebiet und wegen der zunächst nur geringen Kaufkraft der Arbei-

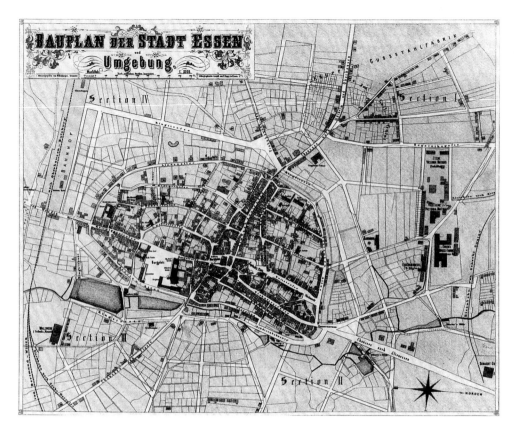

terbevölkerung wurden diese Arbeitersiedlungen bis um 1900 nur schwach auf den alten oder den leistungsstärksten neuen Siedlungskern mit dem höchsten Potenzial zur Bildung einer Innenstadtfunktion ausgerichtet.[17]

Die Städtebildung der Industriestadt vollzog sich zwar als Wachstum, aber nicht als zentrifugale Entwicklung von der Mitte aus, sondern als Zusammenwachsen des städtischen Raumes mittels sich ausdehnender Siedlungskerne, neuer auch bürgerlicher Viertel in den Zwischenräumen und über den Ausbau eines ursprünglich geringen zentralörtlichen Vorsprungs der City. Das war gleichbedeutend mit einer im Vergleich zur älteren Hellwegstadt verspäteten und geringeren Dynamik der Innenstadt als Geschäfts- und Behördenzentrum. Damit hatte die reine Industriestadt geringere Chancen auf die Erlangung von Zentralörtlichkeit, die meist erst verspätet und weniger stark über die Stadtgrenzen hinaus wirksam werden konnte. Im Vergleich zur Hellwegstadt ging aus dem Rückstand an bürgerlicher Lebensqualität, aus empfundener Verspätung, aus der angespannteren Finanzsituation und schließlich aus geringerer Unterstützung städtischer Großraumbildung durch den Staat ein zentralörtlicher Entwicklungsrückstand der Industriestadt hervor. Im Bewusstsein der zahlenmäßig stets kleineren handelnden Eliten wirkte der Rückstand fort als verspäteter Übergang zu Eingemeindungen und Lenkungsplanung. Dieser Rückstand, dieses Time-lag konnte im 20. Jahrhundert aufgrund der sich verschärfenden Städtekonkurrenz im Ruhrgebiet nie mehr aufgeholt werden. Den im Hinblick auf Eingemeindungen erfolgreichen Industriestädten Gelsenkirchen und Oberhausen blieb im Wesentlichen nur die Nordexpansion, anstatt sich wie die Hell-

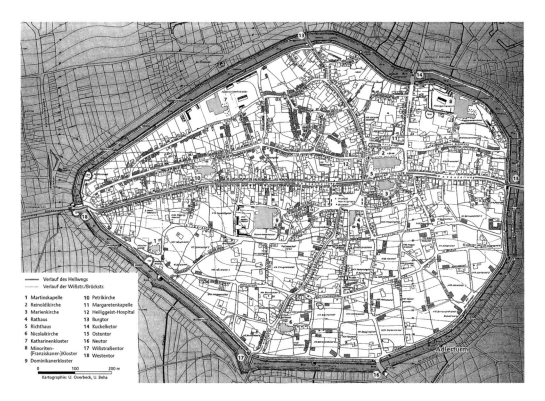

Abb. 4 und 5: Stadtpläne von Essen 1860/63 und Dortmund 1826 (mit Ergänzungen)

wegstädte radial um die alte Innenstadt herum auszudehnen. In diesem Sinne hat die These Reifs von Oberhausen als der „verspäteten Stadt" ihre Berechtigung.[18]

Die unvollständige Raumbildung und weitere Entwicklungsrückstände hatten bis heute nachwirkende Folgen, indem ein nicht gleichmäßig in das Umland ausgreifendes Wachstum das Potenzial der industriestädtischen Citys zur Steigerung ihrer Zentralörtlichkeit im Vergleich zu den Hellwegstädten schmälerte. Infolge mangelnder Zentralität und fehlenden städtischen Ursprungs der industriellen Siedlung wiesen die Industriestädte zwar nur sehr kleine bürgerliche Schichten auf. Doch es gab auch Erfolge der Stadtentwicklung: Die Industriestädte besaßen immerhin ein Zentrum, das sich vom übrigen Stadtraum abhob. Als das stürmische industrielle Wachstum der Hochindustrialisierung seit den 1850er Jahren und dann erneut seit den 1890er Jahren die Industriestädte für bürgerliche Berufe zu einer erfolgversprechenden Wirkungsstätte werden ließ, siedelte sich das mittlere und untere Bürgertum vornehmlich in neuen, innenstadtnahen Vierteln von hoher Wohn- und Lebensqualität, oft in der Nähe von Kultureinrichtungen und höheren Schulen, an. Das förderte die zaghaften Ansätze der City- und Stadtbildung. Dies wurde außerhalb der Region seitens der Regierungsbehörden erkannt. Nachdem die Unumkehrbarkeit, damit die Nachhaltigkeit des Industrialisierungsprozesses im Ruhrgebiet feststand, erfolgten bald die ersten Stadterhebungen, Oberhausen 1874, Gelsenkirchen 1876, um die Urbanisierung jener industriellen Siedlungen zu stärken.

Stadtentwicklung in der „reinen" Industriestadt erfuhr in der Hochindustrialisierung ihre spezifische Prägung durch zwei sich gegenseitig beeinflussende, jedoch auch widersprüchli-

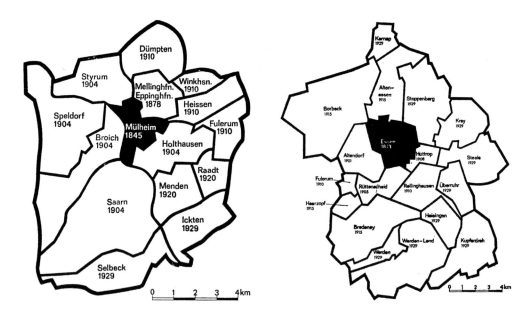

Abb. 6 und 7: Eingemeindungen Mülheims und Essens bis 1929

Abb. 8 und 9: Eingemeindungen Oberhausens und Gelsenkirchens bis 1929

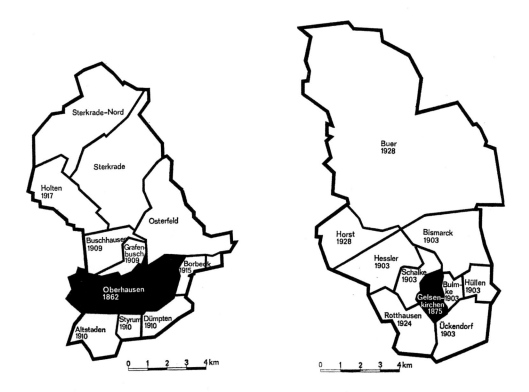

che und damit konflikttächtige Prozesse, die nach Vermittlung verlangten. Mit dem Stadtrecht wurde der Bürgermeister von wesentlichen Eingriffsrechten des Landrates befreit. Bürgermeister, leitende Beamte und Teile der mittelbürgerlichen wie der in der Industriestadt besonders mächtigen wirtschaftsbürgerlichen Eliten verfolgten zielstrebig eine Politik der Steigerung von Urbanität, städtischer Lebensqualität, und das trotz begrenzter fiskalischer Möglichkeiten. Der Mangel an städtischen Finanzmitteln beruhte auf zwei zentralen Ursachen. Einerseits begriffen die kommunalen Akteure „ihre" Stadt, mit der sie zunehmend eine lokale Identität verbanden, als Gründung der Industrie, von deren Expansion auch die zukünftige Stadtentwicklung maßgeblich abhängig sei. Das sprach gegen hohe Gewerbe- und Grundsteuern. Andererseits brachten die sozialen Folgen der beispiellos stürmischen Industrialisierung weit höhere Infrastrukturerfordernisse als andernorts mit sich. Selbst im Vergleich zu den Hellwegstädten wuchs die Bevölkerung rasant. Eine beinahe nur aus Arbeitern bestehende Einwohnerschaft mit der Folge hoher Sozial- und Schullasten, ein auf die industrielle Großsiedlung überhaupt nicht vorbereiteter Raum, angefangen von Straßen über Wohnungen und Kirchen bis hin zu Wasser, Gas und Kanalisation als Mindeststandards technischer Infrastruktur, banden den größten Teil kommunaler Mittel für Maßnahmen, die zunächst wenig mit der Schaffung einer urbanen Stadt gemeinsam hatten. Aber immerhin erkannte die kommunale Führungsschicht der Industriestadt die Basisfunktion grundlegender Infrastruktur für Urbanität, Lebensqualität, sozialen Zusammenhalt und für das Aufkommen von Ortsverbundenheit, eines Heimatgefühls bei den Massen an Zuwanderern. Diese waren dann leichter als Stammbelegschaften an die lokalen Großunternehmen der Montanindustrie zu binden. Man versuchte fortan einen Drahtseilakt: Infrastruktur wurde möglichst billig und damit stark sozial segregativ – meint soziale Ungleichheit räumlich abbildend, also in den bürgerlichen Wohnvierteln – hergestellt, um sich einen Handlungsspielraum zur Förderung städtischer Lebensqualität durch kommunale Impulse und Ausgaben auf weiteren Gebieten zu erhalten.

Manch harter Interessenkonflikt führte dennoch nicht zum kommunikativen, das Handeln blockierenden Bruch der aufeinander angewiesenen Gruppen des kommunalen Kräftefeldes. Das lag an Mehrheitsverhältnissen, die sich einem Patt in der Stadtverordnetenversammlung zwischen Industriellen und dem mittleren Bürgertum der freien Berufe und der Citygewerbe annäherten, und an einem etwa ab 1890 breiten stadtentwicklungspolitischen Konsens. So wurde Kommunalpolitik in der Industriestadt konstruktiv, problemlösungskompetent und optimistisch. Diese handlungsfähige und zu Ausgaben bereite Kräftekonstellation fand bei Beginn der Eingemeindungsambitionen im Ruhrgebiet um 1900 Anerkennung bei den Regierungsbehörden, die im Zuge sich verschärfender Arbeits- und Klassenkonflikte seit dem Bergarbeiterstreik von 1889 eine gesellschaftspolitisch wirksame Flurbereinigung des Ruhrgebiets um Industriedörfer anvisierten. Mit dem Verschwinden dieser Bürgermeistereien, in denen sich der Problemdruck ohne Aussicht auf die Finanzierbarkeit städtischer Grundversorgung am stärksten zeigte, sollte das Ruhrgebiet (kommunal)politisch steuerbar bleiben.

Eingebettet in die Städtekonkurrenz der Region wandten sich die Industriestädte vor 1914 konzeptionell der Lenkungsplanung jenseits ihrer Stadtgrenzen und zumeist ihren nördlichen Nachbargemeinden zu. Diese lagen nicht nur außerhalb der näheren Reichweite ihrer Hellweg-Konkurrentinnen. Sie wiesen zugleich meist erheblich größere Urbanitätsdefizite auf als die Industriestädte selbst. Damit verbanden sich bei den umfassenden Eingemeindungen

Abb. 10: Bebauung des ehemaligen Geländes der Styrumer Eisen-Industrie, dem heutigen Friedensplatz, Luftbild um 1935

von 1927 bis 1929 die raumentwicklungspolitischen Wünsche dicht besiedelter Industriestädte – wie Oberhausen und Gelsenkirchen – mehrfach mit dem Ziel der Staatsbehörden: Leistungsfähige Städte sollten zu den Lenkungszentralen größerer Raumeinheiten werden, um sowohl finanzielle Lasten der Industrialisierung als auch die sich in den 1920er Jahren erstmals andeutenden Strukturprobleme des Ruhrgebiets als Montanregion auf der untersten Verwaltungsebene effizient zu steuern. Und zugleich blieb der Rückstand gegenüber der Hellwegstadt. Indem der reinen Industriestadt eine mehr konzentrische, und darüber größer dimensionierte Raumbildung versagt blieb, erlangten die von den Staatsbehörden attestierten Mängel an städtischer Urbanität den Charakter einer sich selbst erfüllenden, und dann sich selbst verstärkenden Prophezeiung.

Eine letzte bedeutsame Besonderheit der reinen Industriestadt bestand in der grundlegenden Bedeutung der Eisenbahn für die Städtebildung, für Ansiedlung oder Wachstum großer Industrieunternehmen. Kam der Eisenbahn für Oberhausen geradezu die Rolle des Städtegründers zu, der Industrieansiedlung im Bahnhofsumfeld, beschleunigtes Wachstum für die Werke der JHH mit je eigenem Gleis- oder Werksbahnanschluss und Siedlungsbildung mit Innenstadtentwicklung auslöste, so erwies sich die Straßenbahn ein halbes Jahrhundert später in Gelsenkirchen wie in Oberhausen als konstitutiv für die Herausbildung eines konzerngebundenen Wirtschaftsraumes. Angestellte der verstreut gelegenen Betriebe konnten diese ab dem frühen 20. Jahrhundert erreichen, auch ohne in fußläufiger Nähe zu wohnen. Die gesamte Stadtbevölkerung indes erhielt ein Verkehrsmittel, das den eher seltenen Einkauf im Geschäftszentrum bequemer, damit zum Leitwesen manchen innerstädtischen Nebenzentrums attraktiver gestaltete.

Gelsenkirchen und Oberhausen können angesichts ihrer jeweils großen schwerindustriellen Basis mit einem nordwärts expandierenden Konzern, ihrer mittelzentralen Funktionen bei recht gelungener Citybildung und – als Folge von beidem – wegen ihrer weiträumigen Nordeingemeindungen als „vollkommene" Ausprägungen dieses Stadttyps angesehen wesen.[19] Dagegen weisen andere Industriestädte diese spezifischen Teilerfolge der Stadtwerdung in geringerem Umfang auf. Obgleich 1929 bei Eingemeindungen auch meist mitbedacht, dominierte bei Bottrop, Gladbeck, Herne, Castrop-Rauxel und Wattenscheid der Nachvollzug kleinräumiger, schon vorhandener Verflechtungen mit vorgelagerten Wohn- und Zechenvierteln. Hingegen gewannen diese Bergbaustädte als unvollkommene Variante der Industriestadt keine Mittelstädte als Stadtteile hinzu. Ursächlich hierfür erweisen sich die Charakteristika der Industriestadt selbst: Es fehlten große Unternehmen wie die Gutehoffnungshütte und die Gelsenkirchener Bergwerks AG, deren Wirtschaftsräume die Stadträume von 1927 und 1929 vorzeichneten. Die Industrialisierung setzte spät, meist erst ab 1890 ein, so dass der Rückstand gegenüber den Hellwegstädten uneinholbar wurde. Die Leistungsverwaltung, vor allem die Straßenbahn mit ihrer fördernden Wirkung auf das Einzugsgebiet der City, reichte kaum über die Stadtgrenzen hinaus.[20]

Das Industriedorf – gescheiterte Stadtgeschichten

Quasi voraussetzungslos überrollte dramatisches schwerindustrielles Wachstum winzige Siedlungen, die weder infrastrukturell noch finanzpolitisch zur Bewältigung der Industrialisierungsfolgen in der Lage waren. Dem Industriedorf gelang aber im Gegensatz zur Industriestadt im Kaiserreich nicht die Stadterhebung. Zudem behaupteten die Alteingesessenen, also die bäuerlichen Grundbesitzer, in der Gemeindeversammlung bis Ende des 19. Jahrhunderts eine absolute Mehrheit oder zumindest eine Vetoposition. Diese kam wegen des absoluten Vorrangs niedriger Steuern und weit verbreiteter Zurückhaltung bei Ausgaben einer faktischen Blockade kostenintensiver Stadtentwicklungspolitik gleich. Auch die in der Gemeindeversammlung stark vertretenen Schwerindustriellen repräsentierten keine Konzerne, sondern Betriebsstandorte auswärtiger Groß- oder ansässiger Einzelunternehmen. Dadurch fiel nicht nur das mittlere und höhere Bürgertum des Industriedorfs noch schmaler aus als in der Industriestadt. Vor allem hatten die Werke kein Interesse an der Mitfinanzierung von Urbanität, weil sie städtische Lebensqualität nicht als weichen Standortfaktor, nicht als notwendige Attraktivität für die Anwerbung von Angestellten mit Ansprüchen an Schulen, Gas, Wasser und Strom betrachteten. Denn das weitgehende Fehlen von Großeisenindustrie und Maschinenbau (abgesehen von Hamborn), die Bergbauprägung der Industriedörfer sowie die Abwesenheit von Konzernzentralen verringerten den Angestelltenbedarf im Vergleich zu Industrie- und Hellwegstädten nachhaltig.

Eine größere Anzahl von Betriebsstandorten des Bergbaus als in der Industriestadt rief eine noch schärfere Zersiedelung der Fläche mit unterschiedlichsten Nutzungen hervor, die auf engstem Raum von Industrie zu Wohnen und Verkehr wechselten. So erhielten die Ortsmitten der vorindustriellen Dörfer angesichts nicht konsequent getätigter Stadtentwicklungsinvestitionen keine Chance zur städtischen Citybildung. Dadurch wiederum fehlte die Voraussetzung zur Integration des Raumes auf eine Mitte, um ein städtischer Raum zu werden

Abb. 11: Sterkrader Kaufleute protestieren gegen die Zusammenlegung mit Osterfeld und Oberhausen, 1929.

– und erst dann über das Stadtrecht, das die Macht der Alteingesessenen mit Hilfe der größeren Freiräume zu Ausgaben schmälerte, Urbanität entwickeln zu können. Folglich steigerten sich die Urbanisierungshemmnisse im Industriedorf zur „Unfähigkeit der Stadtentwicklung" (Vonde), da sie in einen Teufelskreis mündeten, den selbst engagierte Bürgermeister nicht zu durchbrechen vermochten. Ohne Steuereinnahmen keine Infrastruktur, ohne diese kein Stadtrecht. Ohne Stadtrecht aber keine Verschiebung der Machtverhältnisse von den Bauern zu den Bürgern, um neue Investitionen in die Stadt beschließen zu können. Als unausweichliche Konsequenz blieb nur noch die Eingemeindung, welche idealtypisch noch im Kaiserreich erfolgte. Man kann das Fazit ziehen: Urbanisierung, Städtebildung fand im Industriedorf nicht statt, weil die nötigen Entwicklungen der Raumbildung und der kommunalpolitischen Entscheidungsbereitschaft zu Investitionen in die städtische Lebensqualität eben nicht eintraten, zum Teil gar in umgekehrter, die Stadtentwicklung behindernder Wirkungsrichtung stattfanden.

Diejenigen Industriedörfer, die nicht schon bis zum Ersten Weltkrieg in Städten aufgingen, lagen durchweg in der Vestischen Zone nördlich der Emscher. Dort hatte der späte Einzug der Industrialisierung oft erst um 1890 Chancen zur Übernahme der Urbanisierungsstrategien von Industriestädten eröffnet. Und tatsächlich fand dort im Norden des Ruhrgebiets der Lernprozess statt, dass Industrialisierung und Städtebildung ursächlich zusammengehörten. Bei Industriellen, Kommunalbeamten und selbst Alteingesessenen wurde das handlungsrelevant in zaghafter Ausgabenbereitschaft für eine Stadtentwicklung. Auch waren die Eingemeindungen begehrenden Hellwegstädte weit entfernt, die reinen Industriestädte im Kaiserreich (noch) nicht durchsetzungsfähig.[21]

In der Weimarer Republik setzte sich im noch selbstständigen Industriedorf, das ohne bedeutende Mittelindustrien und Dienstleistungen auskommen musste, der durch geringe Finanzkraft bedingte Entwicklungsrückstand gegenüber den reinen und den multifunktionalen Industriestädten fort. Nach dem Ersten Weltkrieg waren als selbstständige Gemeinden nur noch jene übrig, die wie die späteren Oberhausener Stadtteile Sterkrade und Osterfeld, oder auch Hamborn oder Buer, dem „unvollkommenen", da leistungsfähigeren Untertypus des Industriedorfes zuzurechen sind: Trotz Erlangung des Stadtrechts meist vor oder nach dem Ersten Weltkrieg fehlten wegen der wirtschaftlichen Stagnation in der Schwerindustrie seit der Hyperinflation von 1922/23 die Mittel. Stadtentwicklungspolitik fand ihre engen Grenzen an den noch beschränkteren finanziellen Ressourcen als in der Industriestadt. Für die unvollkommene, also urbanere Variante des Industriedorfes prägte sich in den 1920er Jahren – eine Parallele zur Verweigerung des Stadtrechts im Kaiserreich – die Verhinderung von Raumbildung und steigender städtischer Lebensqualität durch die Verweigerung eigener Eingemeindungen aus. Satt dessen fand die entgegengesetzte Raumplanung in Form der Eingemeindung in eine multifunktionale oder – mittlerweile schon nicht mehr – reine Industriestadt statt.[22]

Das Städtesystem Ruhrgebiet

Wichtige Merkmale zur Beurteilung von Ortschaften im Rahmen der drei grundlegenden Städtetypen für das Ruhrgebiet sind zusammenfassend:
- eine mindestens dörfliche Siedlung/städtische Lebensweise von unterzentraler Funktion aus vorindustrieller Zeit;
- der Beginn der Industrialisierung zwischen 1830 und 1860 oder aber erst in der Hochindustrialisierung ab 1880;
- eine kommunalpolitische Dominanz entweder des Handels- und Industriebürgertums gemeinsam, des Industriebürgertums oder der alten agrarischen Eliten der Alteingesessenen;
- die Sozial- und Wirtschaftsstruktur, insbesondere die Dienstleistungsquote;
- die Eheschließungs- und Geburtenrate;
- eine erfolgreiche Teilnahme an den Eingemeindungswellen von 1897 bis 1914 und von 1926 bis 1929;
- die Expansion und Größe der Stadt/Gemeinde nach Bevölkerungszahl und im Raum;
- eine innerhalb der kommunalen Eliten durchsetzungsfähige – und die Stadtgesellschaft damit integrierende – Stadtentwicklungskonzeption;
- eine nach Stadtteilen differenzierte, aber zugleich ganzheitliche Raumplanung als Ergänzung zu der zentralörtlich ausgerichteten und cityorientierten Stadtentwicklungskonzeption;
- die Finanzsituation der Kommune;
- Selbstblockade oder Ausgabebereitschaft in der Finanzpolitik;
- eine konstruktive Reaktion auf die Herausforderung der nordostdeutschen Einwanderung im Sinne gesellschaftspolitisch motivierter Urbanitätssteigerung durch kommunale Investitionen in Infrastruktur, fortan genannt Leistungsverwaltung;
- eher gleichmäßige und konzentrische (Hellwegstadt) oder dagegen „streifenförmige", nach Norden gerichtete Raumbildung (Industriestadt) oder aber Eingemeindung durch eine Nachbarstadt (Industriedorf);
- die Integration des agglomerativ, also stark zersiedelt wachsenden (städtischen) Raumes auf ein Zentrum und der Anteil der kommunalpolitischen Steuerung an dieser Stadtraumbildung;
- eine funktionale Ausdifferenzierung von Raumnutzung mit geordneten Vierteln für Industrie, Wohnen, Citynutzungen – oder aber die Zersiedelung;

- der verwaltungsrechtliche Status von der ehemaligen Kreisstadt mit Zentralfunktion und Fähigkeit zur Realisierung der auf den ganzen Kreis gerichteten Eingemeindungsambitionen über die Industriestadt mit Stadtrecht bis zur Landgemeinde;
- die Ausbildung lokaler Identität in der Stadtbevölkerung bei Bürgertum und Arbeiterschaft im Zuge gelingender Stadtwerdung als sich positiv verstärkender Prozess; fehlte jene Identität wie im Industriedorf, fand dagegen ein sich negativ verstärkender Vorgang statt, der städtische Lebensbedingungen behinderte.
- Schienenpersonenverkehr als zentrales Element der Raumbildung: überregionale Eisenbahnlinien, Eisenbahnknotenpunkt und Betrieb von Straßenbahnen mit zentralörtlich bedeutsamer Bindung des Umlandes an die Stadt in ihrer Funktion als Geschäfts- und Dienstleistungszentrum sowie als großindustrieller Arbeitgeber.

Tabelle 1: Realsteuerzuschläge der Ruhrgebietsgemeinden auf den staatlich veranlagten Grundbetrag in Prozent 1924 und 1925

Gemeinde	Gewerbeertragssteuer		Lohnsummensteuer		Grundvermögenssteuer	
Dortmund	708	840	1.000	1.800	200	250
Bochum	1.000	600	3.000	2.500	150	300
Essen	500	500	4.000	3.000	200/225	200/225
Duisburg	400	500	3.500	2.500	130	180
Mülheim	250	400	1.200	2.000	124,17	145,8
Recklinghausen	600	600	5.000	5.000	150	150
Gelsenkirchen	550	500	2.750	2.500	250	200
Oberhausen	600	600	4.000	4.000	150	250
Herne	750	600	2.250	2.650	150	175
Buer	600	750	5.000	10.000	100	200
Bottrop	500	600	9.000	9.000	150	150
Gladbeck	500	600	6.000	9.000	150	250
Osterfeld	750/900	750/900	4.000	4.000	150	250
Preußen (Durchschnitt)	–	475	–	1.504	–	–

Quelle Magnus Dellwig, Kommunale Wirtschaftspolitik in Oberhausen 1862–1938, Band 2, Oberhausen 1996, S. 706 (nach Hoebrink 1989)

Die Städtelandschaft des Ruhrgebiets bildete ein System, in dem viele Orte aller drei Entwicklungstypen aufeinander bezogen, in ihrer Stadtentwicklung voneinander abhängig waren. Eine Orientierungshilfe bietet die Theorie zentraler Orte, auch wenn diese Lehre aus der Geographie nicht widerspruchsfrei auf das Ruhrgebiet übertragen werden kann. In der Region bildete sich eine komplizierte Stufung von Oberzentren wie Essen, Mittelzentren wie Oberhausen und Unterzentren wie Osterfeld aus, weil die unmittelbare Nachbarschaft sogar oberzentraler Städte keine gleichmäßig-weiträumigen Umlandbeziehungen zuließ. Einzugsbereiche waren vorhanden, aber sie überschnitten sich, so dass sich überschneidende und konkurrierende Raumverflechtungen die Eigenheit des Städtesystems Ruhrgebiet ausmachten. Das verstärkte die Konkurrenz der Städte um „Einzugsgebiete" in einer Qualität, wie sie andere Regionen nicht aufweisen, die von einer einzigen Metropolstadt geprägt werden. Diese Städtekonkurrenz war und ist Vor- und Nachteil für die Entwicklungschancen der Ruhrgebietsstädte bis heute. Jene Konkurrenz begrenzte nicht nur die Raumbildung. Sie wirkte zugleich als stimulierender Faktor für die Ausbreitung von Leistungsverwaltung und Urbanität, da diese das maßgebliche Medium darstellten, in dem der Wettbewerb der Städte um Lebensqualität und um Bedeutung für ihre Nachbarschaft stattfand. Die direkte Nachbarschaft und der jeweilige Erfolg bis Misserfolg bei der Realisierung von Stadtentwicklung im Raum erhöhten Transparenz und Vergleichbarkeit der Fortschritte des jeweils stadtindividuellen Entwicklungsprozesses.

Die Schattenseite dieser besonderen regionalen Urbanisierungsvariante im Ruhrgebiet bestand in der erhöhten Berücksichtigung all jener Kriterien für Urbanität, die bürgerliche Ansprüche an Lebensqualität erfüllten. Die konkreten Bedürfnisse der Arbeiterbevölkerung standen dazu zwar nicht im Gegensatz. Doch in der Konkurrenz um knappes öffentliches Geld hatten die Interessen der Bevölkerungsmehrheit oftmals das Nachsehen. Die bis 1918 wenigen Vertreter der Arbeiter in den Stadträten gaben fortan der Sozial-, Wohnungs- und Grünflächenpolitik die erste Priorität. Doch die bürgerlichen Eliten trafen Entscheidungen, die einem Vorrang zugunsten der Kultur- und höheren Schulpolitik sowie der Privilegierung ihrer Wohnquartiere mit den technischen Einrichtungen der Ver- und Entsorgung gleichkamen. Diesem bürgerlichen Leitbild der Stadtentwicklungspolitik stimmten die Regierungsbehörden ausdrücklich zu, eine wichtige Voraussetzung dafür, dass die verschiedenen Merkmale von Ortschaften eine in kommunalen Verwaltungseinheiten Realität gewordene Städtetypologie begründeten.

Auch die Verkehrsverbindungen, Stadt-Umland-Pendlerbeziehungen und die Wohnortwahl des Bürgertums bilden das Städtesystem Ruhrgebiet mit seinen hierarchischen Stufungen ab.[23] Sowohl im öffentlichen Personennahverkehr – mit dem Straßenbahnwesen eine Domäne der leistungsfähigeren Kommunen – als auch im Eisenbahnpersonenverkehr mit seinem Charakteristikum der staatlichen Planung seit den 1880er Jahren erkannten die Zeitgenossen erhebliche Chancen der Stadtentwicklung. Aufgrund der faktischen Monopolstellung des schienengebundenen Personenverkehrs, bis die Massenautomobilisierung nach dem Zweiten Weltkrieg einsetzte, entschied das öffentliche Verkehrsangebot über Käuferfrequenzen in den Innenstädten, aber auch über die Erreichbarkeit von Arbeitsplätzen. Großindustrielle Produktionsstandorte übten erhebliche Anziehungskräfte auf Angestellte und Facharbeiter aus. Denn die Konzerne der Schwerindustrie verfolgten ihr Ziel, feste Stammarbeiterschaften zu bilden, mit der Gewährung betrieblicher Sozialleistungen, die andere Branchen und kleinere Betriebe ihren Beschäftigten nicht bieten konnten. An erster Stelle standen dabei die Werkswohnungen.

Wies ein Ort Großunternehmen, technische Infrastruktur und eine attraktive Innenstadt auf, so besaß er das Potenzial zu eigendynamischem Städtewachstum. Schon die Zeitgenossen kannten das sogenannte „Gesetz vom doppelten Stellenwert". Es besagt, dass eine differenzierte städtische Wirtschaftsstruktur aus einem Industriearbeitsplatz einen weiteren Arbeitsplatz im Wirtschaftskreislauf der Zulieferer für die Industrie und der Anbieter von Konsumgütern und Dienstleistungen für die Bevölkerung entstehen ließ. Das kommunalpolitische Handeln seit der Jahrhundertwende belegt, wie sich aus jenem Zusammenhang in den erfolgreichen Hellweg- und Industriestädten des Ruhrgebietes eine spezielle Cityentwicklungspolitik herausbildete.

2. Oberhausens Besonderheiten – Oberhausens Chancen

Die Industriestadt Oberhausen – Grundzüge einer besonderen Stadtentwicklung

Gelang es Gemeinden im nördlichen Ruhrgebiet, der schwerindustriellen Monostruktur mit Hilfe der Ausdifferenzierung der gewerblichen Wirtschaft in Klein-, Mittelindustrie sowie Handwerk und ebenso mit Hilfe des forcierten Wachstums der Dienstleistungen als zentraler Bestandteil einer erfolgreichen Citypolitik gegenzusteuern, dann wurde aus industriellen Siedlungen eine Industriestadt. Doch die Ausprägungen der Industrialisierung stellten nur die ersten Weichen in Richtung Industriestadt; Zwangsläufigkeit gab es nicht. Ebenso war eine kommunalpolitische Machtkonstellation erforderlich, in der die vormals agrarischen Grundbesitzer mit ihrer mangelnden Bereitschaft zu Investitionen in die Stadt nicht dominierten, oder aber ein Machtgefüge, das die Integration der reich gewordenen Landwirte in das Stadtbürgertum aus Industriellen und Mittelschichten begünstigte. Genau das gelang in Oberhausen in dem halben Jahrhundert von der Gemeindegründung bis zum Ersten Weltkrieg.[24]

Macht und Stadtentwicklung

Die Industriestadt zeichnete sich gegenüber dem Industriedorf dadurch aus, dass die alte Elite der agrarischen Grundbesitzer keinen bestimmenden Einfluss auf die Kommunalpolitik ausübte. Dem entsprach angesichts nur schmaler mittelbürgerlicher Schichten eine kommunalpolitische Vormachtstellung weniger schwerindustrieller Großunternehmen. Während die hauptamtlichen Entscheidungsträger aus dem Bürgermeister und seinen ab 1900 akademisch gebildeten Beigeordneten bestanden, rekrutierten sich die dominanten bürgerlichen Gruppen in der Stadtverordnetenversammlung aus dem Management der Großindustrie, aus mittelständischen Unternehmern und aus dem freiberuflichen Bildungsbürgertum. Einzelhandel und Handwerk erlangten im Zentrum mehr als bei den Nationalliberalen kurz vor Beginn des 20. Jahrhunderts größere Bedeutung.

Mit diesen Mehrheitsverhältnissen hatte ein Bürgermeister umzugehen, wenn er kostspielige Stadtentwicklungsaktivitäten entfalten wollte. Dass er solchen Ehrgeiz entwickelte, verstand sich für einen preußischen Bürgermeister wie Friedrich Schwartz und seine Nachfolger von selbst. Hier herrschte ein Berufsethos, das den Beamten als Verkörperung des Staates und als überparteilichen Wahrer des Allgemeinwohls begriff. Um die Mitte des 19. Jahrhunderts hatte sich ein gesellschaftspolitisch orientiertes Modernisierungsziel in der höheren preußischen Beamtenschaft etabliert, da Industrialisierung ohne Urbanisierung nicht mehr als erstrebenswert oder verantwortbar angesehen wurde.[25] So musste der Bürgermeister im Interesse von Wirtschaftswachstum und bürgerlicher Lebensqualität eine Mehrheit der Gemeindeverordneten auf die Seite seiner Stadtentwicklungskonzeption bringen. Dies war mit Taktik allein unmöglich, denn eine stabile Mehrheit erforderte ein Mindestmaß an Planbarkeit für längere Zeiträume, in denen sich Urbanität sukzessive entfalten konnte. Dafür erwiesen sich sowohl ein strategisches Konzept mit einer materiellen Basis zur Konsensfindung als auch ein pragmatischer, permanenter Aushandlungs-Prozess[26] des Interessenausgleichs als erforderlich. (In der Politikwissenschaft wird dies auch als Bargaining bezeichnet.)

Die Schwerindustrie hatte primär finanzielle Interessen an nur mäßigen Kommunalsteuerlasten. Gleichwohl nahmen Eigentümerunternehmer wie Manager bürgerliches Leben in den Hellwegstädten, Düsseldorf oder gar Berlin wahr. Sie hatten und steigerten Bedürfnisse nach statusgerechter Freizeitgestaltung, Begrenzung gesundheitlicher Lebensrisiken und nach Bildungschancen für Kinder, deren soziale Reproduktion in angesehene Berufe zunehmend formaler höherer Bildungsabschlüsse bedurfte.[27] Folglich eröffnete sich Bürgermeistern die Chance, industrielle Mehrheiten in Gemeindegremien für eine begrenzt kostenintensive Steigerung bürgerlicher Lebensqualität zu gewinnen. Doch die Eigendynamik von Urbanitätsansprüchen blieb den Zeitgenossen nicht verborgen. Die Bürgermeister als Hauptprotagonisten der gesteuerten Urbanisierung waren dadurch auf die Konzipierung eines Stadtentwicklungsmodells angewiesen, das schlüssig eine sukzessive, gleichsam eigendynamische Reduktion der relativ hohen Kostenbelastung der Großindustrie im Zuge von Erfolgen der Stadtwerdung enthielt. Dafür waren auch die übrigen Gruppen der Gemeindevertretungen zu gewinnen, weil für sie die gleiche Aussicht der Verteilung von Lasten auf mehr Schultern bestand.

Das Modell der urbanen Stadt, die mit Hilfe von Lebensqualität und beruflicher Betätigungschancen selbstverstärkend immer zahlreichere bürgerliche Zuwanderer anzieht, stellte sich somit als Synthese aus den materiellen Interessen und den gesellschaftspolitischen Leitbildern der kommunalpolitischen Eliten dar. Das Leitbild entfaltete eine starke Integrationskraft. Wohl erst nach dem Ersten Weltkrieg unterlag der ihm zugrunde liegende Konsens wegen gesteigerter Verteilungskämpfe sozialer Gruppen in der Stadt um die räumliche Verteilung verschiedener Infrastrukturen einem allmählichen Auflösungsprozess. So machte es im Oberhausen der 1920er Jahre in der öffentlichen Wahrnehmung erstmals einen Unterschied, ob kommunale Investitionen in die Kanalisation des Arbeiterviertels Schlad oder aber in Elektrizität und Telefon der Bürgerviertel Marien und Moltke fließen sollten. Doch bis heute wirkt die Vision nach: Durch erfolgreiche Stadtentwicklung sollen die zwei übergeordneten Ziele erreicht werden, hohe Lebensqualität und beherrschbare Kosten.

Grundvoraussetzungen der Stadtwerdung

Aus der Gemeindegründung Oberhausens entstand die Notwendigkeit von Standortentscheidungen, denn die Verwaltung musste sich ein Rathaus zulegen. Von großer Bedeutung für das räumliche Gefüge der Innenstadt erwiesen sich prestigeträchtige höhere Schulen, die zu gründende Sparkasse und vom Staat zu vergebende Infrastrukturausstattungen wie Postamt, Amtsgericht, Polizeipräsidium und Reichsbanknebenstelle. Hatte die Verwaltung zur Gestaltung des übrigen Gemeinderaumes außerhalb der sich formierenden Ortsmitte zwar kaum noch materielle Möglichkeiten, zog ihr konsistenteres Stadtentwicklungsmodell als im Industriedorf doch ordnungspolitisches Handeln nach sich. Das beinhaltete die Bereitstellung ökonomischer Wachstumsvoraussetzungen für die Großindustrie und für die Stadt als Wohnungsgrund. Ordnungspolitik zur Stadtentwicklung war die direkte Antwort auf eine schnelle

Siedlungsverdichtung, die in öder Heide, in einem Raum stattfand, dem die grundlegenden Voraussetzungen einer Stadtwerdung fehlten: Die Anlegung von Straßen und Wegen als eine der ersten großen Leistungen der Gemeindeverwaltung brachte die Chance mit sich, über das auf Zukunft angelegte Straßennetz Bedingungen für städtische Entwicklung zu schaffen.[28] Verdichtung und Expansion des zur City bestimmten Siedlungskerns, ein für Fuhrwerke aufnahmefähiges Wegenetz und der Wohnungsbau für die schnell wachsende Arbeiterbevölkerung bedurften eines städtisch konzipierten Wegesystems, das ökonomische und städtebauliche Impulse gab. Diese ordnungspolitische Weichenstellung rief private Investitionen hervor, indem Straßen angelegt und vielfältige Immobilien errichtet wurden. Schlackendecken vermittelten den ersten Eindruck städtischer Lebensräume. Die Straßenpflasterung ließ dagegen bis zur Jahrhundertwende auf sich warten. Schließlich schuf eine Zonen- und Staffelbauordnung mit ihrer Wirkung, sozial differenzierte Wohnviertel zu fördern, langfristige Renditesicherheit für Wohnungsinvestoren.

Mit dem hoheitlichen Instrumentarium des Orts-Statuts, vor allem der Bauordnung, und der Regelung von Straßenanliegerbeiträgen wurde Ordnungspolitik betrieben, auf eine öffentliche Bautätigkeit weitgehend verzichtet. Im Spannungsverhältnis von Stadtentwicklung und Sparsamkeit erlegte man den Grundbesitzern die Verpflichtung auf, die vergleichsweise niedrigen Standards selbst herzustellen. Die kommunale Übernahme des Straßennetzes erschöpfte sich in der Besitzergreifung, denn die Instandsetzung der Bürgersteige nach gemeindlichen Ausführungsvorschriften blieb Aufgabe der Bürger. Doch bereits ein solches Engagement der Gemeindeverordneten wurde richtungsweisend für die Stadtplanung. Verwaltung und Gemeindevertretung erhielten mit der Abtretungspflicht der Bürgersteige ein rudimentäres Instrument zur Fluchtlinienfestsetzung. Diese bestimmte die Baulinie zur Straße. Baupolizeiliche Regelungen wirkten sich in der Industriestadt Oberhausen im praktischen Vollzug fast nie restriktiv aus. Hohe Maßstäbe wurden bisweilen zurückgenommen, um den Wohnungsbau nicht einzuschränken.[29]

Die Macht der Industrie im Oberhausener Gemeinderat war größer als in den Industriedörfern. Sie erlaubte eine industriefreundliche Steueraufbringung, indem die vormals agrarischen Grundbesitzer, nun meist Wohnungsbauunternehmer, deutlich belastet wurden. Zugleich fanden sich große Mehrheiten, industrielles Wachstum mit den Möglichkeiten der Kommune zu fördern. Das manifestierte sich in Gewerbe-, Dampfkessel- und Werkseisenbahnkonzessionen sowie Baugenehmigungen. Ebenso suchte die kommunale Elite der Industriestadt nicht die Arbeiterzuwanderung zu unterbinden, weil sie darin die Basis ihres wachsenden Wohlstandes erblickte. Dies zeigte sich bei schwerindustriellen Werkswohnungsbaumaßnahmen, die selten an restriktive Gemeindelasten – wie die Errichtung von Schulgebäuden und den Bau von Straßen – geknüpft wurden. Auch erwies sich die Annahme der kostspieligsten gesellschaftlichen Folge industrialisierungsbedingter Urbanisierung als wichtiger Schritt hin zur Industriestadt. Indem Oberhausen in ein teures flächendeckendes Volksschulwesen investierte, bewies die Gemeinde der Staatsregierung bürgerlich-gesellschaftliches Verantwortungsbewusstsein für die Modernisierung des jungen Industriestaates.[30] Das Stadtrecht von 1874 war Belohnung für die eingeleitete und Ansporn zur weiteren Urbani-

Abb. 12 (folgende Seite): Oberhausen auf dem Stadtplan von 1866

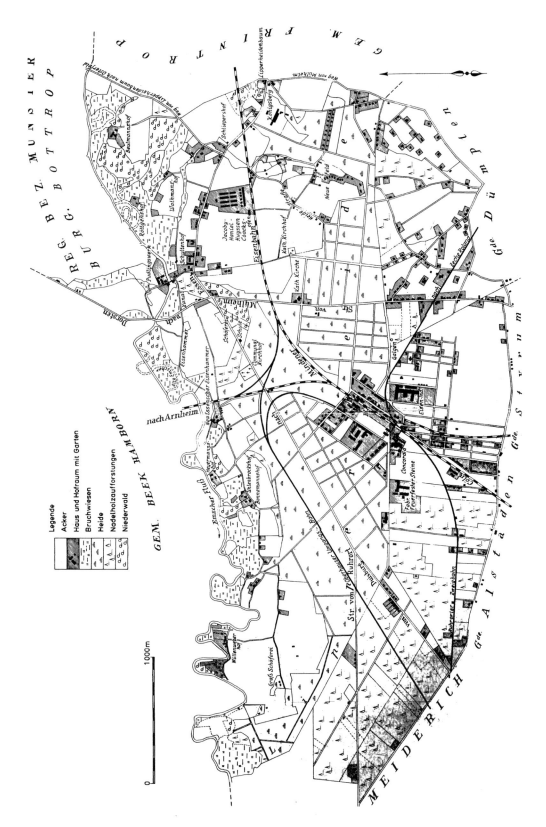

Oberhausen im Ruhrgebiet

sierung. In der gerade einsetzenden Weltwirtschaftskrise von 1873 demonstrierte der Staat damit die Unumkehrbarkeit von Industrialisierung und Urbanisierung, besetzte damit den Siedlungstyp Industriestadt positiv und gab für die Industriestadtbürger eine patriotische Durchhalteparole bis in bessere Zeiten aus.[31]

Die Maximen liberaler staatlicher Wirtschaftspolitik fußten auf der Überzeugung, dem Marktmechanismus die ökonomische Entwicklung zu überlassen, weil finanzielle Interventionen, wie insbesondere Subventionen zur Optimierung des Wirtschaftsprozesses, falsch seien. Die „Allokation der Produktionsfaktoren", also die wirtschaftlich effizienteste Lenkung von Kapital und Arbeit, würde der Markt effizienter steuern als öffentliche Institutionen dies vermöchten.[32] Belegte doch das neue Verkehrsmittel Eisenbahn die Wirkungsmacht dieses über den Wirtschaftsstandort entscheidenden harten Faktors. Zusätzlich kam der Nordwanderung des Bergbaus aus der Hellwegzone nach Oberhausen eine entscheidende Bedeutung zu, da die Industrie somit nicht nur die Eisenbahn, sondern auch den Energieträger Kohle nah und billig beziehen konnte.[33]

Unter diesen günstigen Voraussetzungen für hohes industrielles Wachstum konzentrierte sich Kommunalpolitik in der Industriestadt in den 1860er und 1870er Jahren zunächst auf gute ordnungspolitisch-administrative Rahmenbedingungen, die zugleich das Hauptaugenmerk der Industrie bildeten. Der ungestörten Kapitalverwertung dienten die Steuerpolitik und die schnelle, auflagenarme Genehmigung von Betriebserweiterungen. Die Maßnahmen zur Erschließung des Gemeindegrundes bezweckten, vermittelt über den Wohnungsbau, die Mobilisierung der Faktoren Arbeit und Boden.[34] Weil der Volksschulbau weniger als Wirtschaftspolitik und kostspielige Leistungsverwaltung, sondern als hoheitlich aufgetragene Gesellschafts- und Stadtentwicklungspolitik verstanden wurde, geriet er nicht in Konflikt mit der wirtschaftspolitischen Doktrin, kommunale Investitionen am Grundsatz äußerster Sparsamkeit auszurichten.[35]

Kommunale Leistungsverwaltung schafft Urbanität

Seit dem Beginn der Wirtschaftskrise von 1873 nahm für den Staat der Handlungsdruck zur Intervention in den Wirtschaftsprozess zu und schließlich vollzog der Staat 1878/79 mit der Rückkehr zum Eisen- und Getreideschutzzoll die Epochenwende der Wirtschaftspolitik hin zur Entwicklung des von Staat und Industrie „organisierten Kapitalismus".[36] Und was unternahm die Kommune? Die Stadt Oberhausen ergriff unter dem verschärften Zwang zur Ausgabendisziplin aufgrund rückläufiger Unternehmenssteuereingänge im Verlauf der 1870er Jahre kaum konjunkturpolitische Aktivitäten.[37] Hingegen kam die Ausbildung kommunaler Leistungsverwaltung um 1880 und deren enormer Expansionsschub seit etwa 1890 einer politisch-mentalen Variante der staatsinterventionistischen Verarbeitung der Wirtschaftskrise durch die Stadt gleich. Was hieß das konkret? Vor allem Schulen und technische Infrastruktur, Ver- und Entsorgungseinrichtungen, erlebten einen rasanten Aufschwung.

Zum dominierenden Einnahmeinteresse der deutschen Städte an der Schaffung kommunaler technischer Infrastruktur traten in Oberhausen Motive hinzu, die immer wirtschaftsfördernde Komponenten einschlossen. Waren in deutschen Städten bei der Kommunalisierung der Gas- und Wasserwerke Konflikte zwischen privatwirtschaftlichen Gewinninteressen und dem Gemeinwohlziel der bedarfsgerechten Versorgung von Unternehmen und Privathaushalten üblich[38], so gab es in der Industriestadt weitergehende Problemlagen. Oberhausens Entwicklung, aber auch Gelsenkirchen zeigte: Die Einführung kommunaler Städtetechnik war schwieriger als andernorts, weil die Schwerindustrie zuweilen als Anbieter auftrat und bis um 1890 der finanzielle Spielraum für Leistungsverwaltungsinvestitionen eng blieb. Die Industriestadt zeichnete sich andererseits gegenüber dem Industriedorf dadurch aus, mit der seit der Stadtrechtsverleihung von 1874 (Gelsenkirchen 1876) stark erleichterten Anleihenaufnahme ihre Handlungsfähigkeit für kommunale Investitionen etwa ab 1890 grundlegend zu verbessern.[39] Die Industriestadt schloss tendenziell zu den bürgerlichen Städten mit der dort früher einsetzenden Steigerung städtischer Lebensqualität auf.

Gas, Wasser und Strom wurden die bevorzugten Instrumente der „Mittelstandspolitik", also der Förderung von Gewerbetreibenden, und der Stadtentwicklung in der City und ihren benachbarten bürgerlichen Wohnvierteln. In der Industriestadt bedurfte die Großindustrie nur selten solcher städtischen Werke, da sie selbst für die Ver- und Entsorgung ihrer Betriebsanlagen sorgte. Die sich mit der Hochindustrialisierung von 1880 bis 1914 in der Montanindustrie durchsetzende großbetriebliche Organisationsform ließ in der Industriestadt die Bedeutung der sogenannten „Städtetechnik" ins Bewusstsein treten. Seit den 1960er Jahren hat sich dann für den umfassenden Zusammenhang der Abhängigkeit großindustrieller Expansion von einem Umfeld, das städtische Qualität für das Leben, Wohnen und Arbeiten bot, der Begriff der „weichen Standortfaktoren" etabliert.

Nichts dokumentiert jenen Ausbau von technischer Infrastruktur deutlicher als die erste kommunale Gründung eines Straßenbahnbetriebes in einer deutschen Stadt im Jahr 1894 in Oberhausen. Die Stadt Oberhausen brachte die Bereitschaft zu solch hohen Kosten auf, weil Deckungsgleichheit von Stadtentwicklungs- und Wirtschaftspolitik entstand. Diese Deckungsgleichheit war das Ergebnis einer identischen Ausweitung des lokalen Wirtschaftsraumes gemäß der Bedürfnisse von Großindustrie und City. Erstmals in der Oberhausener Stadtgeschichte trat das heutige Stadtgebiet als Wirtschaftsraum in Erscheinung: Oberhausen, Sterkrade und Osterfeld wurden von nun an zugleich der Wirtschaftsraum der Gutehoffnungshütte und auch das angestrebte Einzugsgebiet des Einzelhandels der Oberhausener Innenstadt.[40] Da sich der Nachholbedarf an Einzelhandel und City-Dienstleistungen gegenüber älteren Städten mit der ersten Konsolidierung des Geschäftszentrums an der Marktstraße um 1890 zu erschöpfen begann, mussten neue Quellen für dynamisches Wachstum erschlossen werden.[41] Schließlich deckten sich die Interessen von Industrie und Dienstleistungen auch mit denen des Bürgermeisters, der ein qualitatives Mehr an Urbanität anstrebte. Das war maßgeblich über Cityfunktionen in Gestalt öffentlicher Einrichtungen des Staates, wie Gericht, Gymnasium, später Polizei zu realisieren. Die Cityfunktionen erforderten nun wieder ein Einzugsgebiet, also zentralörtliche Verflechtungen mit einem Raum auch jenseits der bis 1910 im Süden nahe der Innenstadt und im Osten unmittelbar jenseits der Arbeiterviertel Knappen und Schlad verlaufenden Stadtgrenze. Die Übereinstimmung von Zielen und Mitteln der die Stadtentwicklung prägenden bürgerlichen Gruppen resultierte aus der räumlichen Übereinstimmung der Expansionsstrategien aller drei Kräfte (Großindustrie, Citygewerbe, Verwaltungsspitze). Hier zeichneten sich perspektivisch die Nordeingemeindungen der 1920er Jahre ab. Dass die wirtschaftsräumlichen Konzeptionen von Großindustrie und Citygewerben nahezu identisch waren, ist maßgeblich auf die wachsende Kooperation von

Abb. 13: Stadtbad, 1893 erbaut

Kommune, Stadtbürgertum und Großindustrie zurückzuführen. Dieses Klima der Zusammenarbeit und des Interessenausgleichs wurde vom langen wirtschaftlichen Aufschwang der Wachstumsphase 1896 bis 1914 deutlich begünstigt.[42]

In der Industriestadt Oberhausen wurden für Prosperität und Stadtentwicklung Investitionen freigesetzt, die nur im Konsens möglich waren. Der Optimismus, gerade seit 1896 zentralörtliche Entwicklungsdefizite in einer kommunalen Kraftanstrengung kompensieren zu können, wurde vom Boom in der Schwerindustrie seit 1896 maßgeblich getragen. Der Boom enthielt den Zwang zur Stadtexpansion, sollten nicht das industrielle Wachstum durch Entwicklungshemmnisse des Umfeldes behindert werden und die sozialen Probleme ebenfalls zunehmen. Der Übergang zur Leistungsverwaltung sowie deren wirtschaftsfördernde Absicht beruhten in der Industriestadt auf vorherigem ökonomischen Wachstum. Die Industrie hatte den finanziellen Spielraum zur Leistungsverwaltung eröffnet und zugleich nach dem größeren Raumbezug verlangt, der sich in Oberhausen auf den GHH-Wirtschaftsraum, in Gelsenkirchen auf denselben der Gelsenkirchener Bergwerks AG richtete. Nach der Erfahrung einer staatlichen Wirtschaftspolitik, die seit 1878 mit dem Instrument der Schutzzölle zu Interventionen in den Markt bereit war, erkannte auch die kommunale Elite neue Handlungsspielräume.

In der schnell wachsenden Industriestadt nahmen die sozialen Folgen und Kosten der Industrialisierung für die noch wenigen Steuerzahler zu. Die quantitative Zunahme der Bevölkerung löste qualitativ gesteigerte Probleme aus, die wie die Hochwasser der stark verschmutzten Emscher in bedrohliche Lebensrisiken umschlugen oder wie die Wohnverhältnisse in privaten Miethäusern für Arbeiter zumindest die Lebensqualität stark einschränkten. Indiz dieser Veränderungen waren der starke Bedeutungsgewinn der Gesundheitspolitik von der Schwemmkanalisation bis zum Bau von Badeanstalten und ein geschärftes Bewusstsein vom Erfordernis der „Annehmlichkeiten" Wasser, Gas und Strom. Als die stetige Belegschaftszunahme der 1880er Jahre um 1895 in eine stürmische Expansion überging, wurden diese Versorgungsleistungen bald als lebensnotwendige Bedingungen für die Verdichtung der Bevölkerung erkannt. Wo die Möglichkeit der Bevölkerungsverdichtung unmöglich oder unsinnig schien, definierte auch Leistungsverwaltung mit der Straßenbahn Wirtschaftsräume neu. Die Gutverdiener der GHH, wie Meister und kaufmännische Angestellte, konnten sich leisten, im bürgerlichen Wohnviertel nahe der City zu wohnen und täglich zur Arbeit zu fahren. Damit förderte die Straßenbahn eigendynamische Prozesse der Citybildung in der Industriestadt mit ihrem Vorsprung gegenüber benachbarten Industriedörfern. Innovationsförderung trat in Gestalt der Stromversorgung zur Verbreitung der Elektromotoren seit Beginn des 20. Jahrhunderts hinzu. Zielgruppen dieser Politik waren Kleinindustrie und Handwerk, aber auch die Beleuchtung fordernden Cityhändler.[43]

Die starke Rolle der Wirtschaft in der Industriestadt

Die Auftragsvergabe an lokale Betriebe nahm in Oberhausen, nicht aber etwa in der Hellwegstadt Dortmund,[44] faktisch die Rolle des wichtigsten Instrumentes der Mittelstandspolitik ein. Dahinter stand die finanzpolitische Äquivalenzüberlegung, dass Unternehmen, die zur Steuerkraft der Kommune beitrugen, einen Anspruch auf bevorzugte Berücksichtigung bei der kommunalen Auftragsvergabe erheben konnten. Ortsansässige Firmen erhielten nach Rücksprachen bei gleichen und geringfügig ungünstigeren Angebotspreisen als sie die auswärtige Konkurrenz offerierte fast immer die entsprechenden Aufträge.[45] Mit dieser auch in bürgerlichen Städten anzutreffenden Vergabepraxis erzielte die Kommune Wachstumseffekte für das lokale Klein- und Mittelgewerbe. Indem benachbarte Hellwegstädte mit der gleichen Vegabepraxis wiederum Unternehmen aus den Industriestädten von ihren lokalen Märkten ausschlossen, hing die Ausdifferenzierung der industriestädtischen Wirtschaftsstruktur direkt vom kommunalen Auftragsvolumen ab. Zugleich bedingte dieses Volumen eine umfassendere Ausdifferenzierung des Kleingewerbes als in Industriedörfern, die erheblich geringere Infrastrukturinvestitionen tätigten. Dieser Vorsprung führte zu einer Vergrößerung des Abstandes zum Industriedorf und parallel zum beschleunigten Aufholen gegenüber der Hellwegstadt.[46]

Der Bauausschuss der Industriestadt Oberhausen wurde neben der Honorierung guter gewerblicher Steuerzahler zugleich vom Ausgleich der unternehmerischen Interessen geleitet, da Baugewerbevertreter im Bauausschuss dominierten. So wurde einerseits die Bevorzugung der lokalen Unternehmen, andererseits aber die Verhinderung von Privilegien für einen nur kleinen Firmenkreis sichergestellt, denn die Bauunternehmer, Handwerker und Baumaterialhändler kontrollierten sich gegenseitig, um eigene Benachteiligungen zu vermeiden. Zur Bildung enger Vergabekartelle zugunsten der im Bauausschuss vertretenen Unternehmen kam es nicht, weil die entsprechenden Personen dadurch ihre Legitimation und ihre Reputation als geachtete Bürger und zuverlässige Geschäftspartner aufs Spiel gesetzt hätten.[47]

Das wirtschaftsliberale Selbstverständnis der Oberhausener Unternehmer in der Gründungsphase der Industriestadt verbot den Einsatz der Ansiedlungsförderung als Gewährung direkter Subventionen an Einzelunternehmen: Weder Sonderkonditionen auf Steuersätze, verbilligter Grunderwerb noch die nicht kostendeckende Bereitstellung von technischer Ver- und Entsorgung kamen in Frage. Die etablierte Unternehmerschaft der Industriestadt erblickte ansiedlungswillige Industrieunternehmen vorrangig als unliebsame Konkurrenz um knappe Arbeitskraft und über den Anstieg der Arbeiterbevölkerung als Ursache steigender Steuerausgaben. Gleichfalls schuf das Wachstum von Großindustrie und Stadt Bedingungen für die einzelbetriebliche Expansion in Handwerk, Handel, der kleinindustriellen Zulieferindustrie und der Bauwirtschaft. Folglich profitierten praktisch alle Wirtschaftszweige der Industriestadt vom stetigen großindustriellen Wachstum und davon, dass die Zunahme der Unternehmensanzahl zugleich hinter dem Bevölkerungsanstieg zurückblieb.

Neue Unternehmen fanden aufgrund des ökonomischen Wachstums ohnehin niedrige Marktzugangsbeschränkungen vor, denn ein wachsender lokaler Markt vom Einzelhandel bis zu Bauleistungen bot leicht Spielraum für neue Anbieter. So wurden Unternehmensgründungen von den wirtschaftlichen Rahmenbedingungen erleichtert. Somit erschien es den Akteuren der Kommunalpolitik weder wünschenswert noch fiskalpolitisch vertretbar, Steuergelder der ansässigen Unternehmen zur Ansiedlung fremder „Konkurrenten" zu verausgaben. Zudem beanspruchten die schwerindustriellen Großunternehmen immer größere Flächen. Zechen errichteten neue Schächte und Kokereien. Die Eisenindustrie baute zunehmend flächenintensive Eisenhütten, Stahl- und Walzwerke. Angesichts der agglomerativen, also vielfach im Wildwuchs von verschiedensten Kernen sich ausbreitenden Flächennutzung und wegen des Zusammenwachsens verschiedener Siedlungskerne zur Stadt traten in der Industriestadt Oberhausen etwa seit 1890 Geländeengpässe auf, die das betriebliche Wachstum insbesondere im Bahnhofsviertel beeinträchtigen oder sogar stoppen konnten.[48]

Diese Gesamtkonstellation von Stadtentwicklungspolitik der Industriestadt begann sich zu Beginn des 20. Jahrhunderts im Zusammenhang mit Eingemeindungsdiskussionen und in Folge der Durchsetzung zentralörtlicher Stadtentwicklungskonzeptionen zu ändern. Das Ziel der Verbreiterung mittelbürgerlicher Schichten zur Verteilung kommunaler Lasten auf mehr zahlungskräftige Bürger ließ die Hinzugewinnung von Unternehmen im städtischen Raum grundsätzlich positiver erscheinen. Die kommunalen Eliten wurden dabei von dem Kalkül geleitet, dem Urbanisierungsprozess eine Eigendynamik zu verleihen. So bezweckten und förderten die Stadtentwicklungs- und die Wirtschaftspolitik der Industriestadt Wachstum und Innovation in den privaten wie öffentlichen Dienstleistungsbranchen. Das herausragende Mittel dazu bildete die Citypolitik mit der Bereitschaft zu bedeutenden kommunalen Investitionsmaßnahmen, vor allem in öffentliche Einrichtungen, wie Straßen, Plätze und Gebäude.[49]

Im beginnenden 20. Jahrhundert nahmen die Zeitgenossen in Oberhausen Wirtschaftswachstum und strukturellen Wandel nicht primär als den Aufstieg neuer Branchen wahr, sondern als Umformung der Industrie zu wenigen, auch international leistungsstarken Konzernen einerseits und einer Vielzahl klein- und mittelindustrieller Unternehmen andererseits. Dies musste für eine Industriestadt besonders vorteilhaft erscheinen, die Sitz eines an Lebensqualität orientierten, stark wachsenden Konzerns wie der GHH war. So verfestigten sich

Abb. 14 (folgende Seite): Grundbesitz der Stadt und der Industrie in Oberhausen 1927

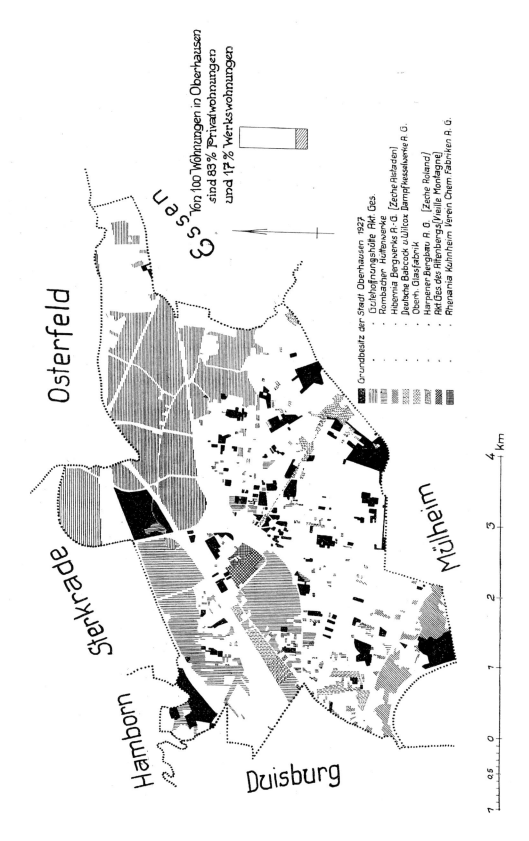

Oberhausen im Ruhrgebiet

Abb. 15 (oben): Die Siedlung Stemmersberg im Bau, 1900

Abb. 16 (unten): Nähschule in der Kleinkindschule „Kaserne" (Ledigenheim) Sterkrade, 1926

einseitige Strukturen in der Industrie, da sich die Ausdifferenzierung der mittleren Unternehmen zu großen Teilen auf den Zulieferbedarf des Bergbaus und der Metallgroßunternehmen beschränkte.

Die Aufgabe alter und dadurch in City- und Bahnhofsnähe gelegener Industrieunternehmen (allen voran die Styrumer Eisenindustrie, aber auch ihr Nachbarbetrieb die Herdfabrik Phönix ab 1902) rief in Oberhausen nicht die Auffassung hervor, das sei von Nachteil für die Stadt. Vor dem Hintergrund hohen ökonomischen Wachstums und von Engpässen bei Arbeitskräften und öffentlichen Gebäuden eröffnete die Aufgabe von Industrieunternehmen bis dato verstellte Möglichkeiten der großzügigen Citybildung mit großstädtischem Anspruch. Folglich enthielt der industrielle Strukturwandel für die Industriestadt Oberhausen um 1900 noch bis vor Kurzem unvermutete Potenziale, die es ermöglichten gegenüber den Hellwegstädten aufzuholen und sich damit eine eigenständige städtische Entwicklungsperspektive innerhalb der Städtelandschaft des Ruhrgebiets zu schaffen.

Interaktionspolitik – Formen und Felder der Zusammenarbeit in der Stadt

Die Überschaubarkeit der kommunalen und unternehmerischen Eliten, ihre weitreichende Personenidentität und die Dichte der Kontakte in formalen Gremien wie im privaten und im Vereinsleben verliehen der Kommunalpolitik in der Industriestadt einen besonderen Charakter. Die Kommunalverfassung Preußens im 19. Jahrhundert sicherte der Großindustrie in der Industriestadt in Rheinland und Westfalen durch das Dreiklassenwahlrecht mindestens eine Vetoposition in den kommunalen Gremien. Demzufolge standen die Industrievertreter als meist gemeinsam auftretende Interessengruppe sowohl im Zentrum der Stadtverordnetenversammlung und der Fachkommissionen als auch der informellen Interaktionsnetze des Vereins-, Verbandswesens und der Festveranstaltungen einer kleinen bürgerlichen Öffentlichkeit. Demgegenüber gelang es dem Bildungsbürgertum und mittelständischen Unternehmern erst kurz vor der Wende zum 20. Jahrhundert, im Fall divergierender Interessen eine Gegenmacht zur Industrie im Stadtrat zu organisieren.[50]

Es stellt ein Charakteristikum der Industriestadt dar, dass nicht öffentliche Verwaltungen, sondern große Industrieunternehmen für die übrigen gesellschaftlichen Institutionen wie Gemeinde und Kirchen als Vorbild für Größenwachstum und zunehmende interne Arbeitsteilung dienten. In Oberhausen waren es die mehrere tausend Beschäftigte verwaltenden Unternehmenszentralen von GHH und Zeche Concordia, die der Expansion der Kommunalverwaltung voranschritten.[51] Folge dieser industriellen Großorganisationen mit ausdifferenzierten Lenkungszentralen war für die Gemeindeverwaltung der Industriestadt Oberhausen die Umkehrung des andernorts oft üblichen Dienstleistungsverhältnisses. Gerade für überörtliche Infrastrukturprojekte leistete die Großindustrie erheblichen Koordinierungs- und Planungsaufwand zur effektiven Interessenvertretung Oberhausens bei den Staatsbehörden (z.B. Emschergenossenschaft, Wasserwerk). Die Industriestadtverwaltung sprang auf den schon fahrenden Zug meist nur noch auf. Dagegen initiierten die Hellwegstädte gemeinsam mit der Großindustrie regional bedeutsame Verkehrs- und Energieprojekte (bis zur RWE-Gründung mit Hugo Stinnes und weiteren Industriellen im Jahr 1898), womit ein grundlegender Unterschied zwischen diesen Städtetypen offenbar wird.[52]

In Oberhausen entstand eine besondere Form der Arbeitsteilung zwischen Stadtverwaltung und Großindustrie. Auffällig wurde die Zusammenarbeit beim Bau der Infrastruktur für Arbeiter- und Beamtensiedlungen und bei den Schnittstellen von kommunalen und industriellen Ver- und Entsorgungssystemen bei Gas, Wasser und Kanalisation. Ermöglicht durch die Fachverwaltungen der Industriestadt und der Großunternehmen bildete sich eine Praxis pragmatischer Problemlösung und Konfliktregelung aus. Im Zuge der Kommunalisierung und Gründung von Unternehmen technischer Infrastruktur gewann die Stadt Oberhausen bereits um 1870 einen ersten Sachkenntnisvorsprung vor der Industrie (außer der GHH) und setzte diesen in Beratungsangebote um, wenn die Unternehmen ihre Siedlungen mit Leitungsnetzen zu versehen planten oder technische Einrichtungen zur Wasser-, Gas- und Stromversorgung schufen.[53]

Mit der Einführung des gleichen Wahlrechts 1919 erlitt die Industrie einen qualitativen kommunalpolitischen Machtverlust, der ihr den direkten Einfluss auf die Mehrheitsfindung in der Stadtverordnetenversammlung nahm. Trotzdem behielten die Unternehmen in Oberhausen einige Repräsentanten in den kommunalen Gremien. Auf der informellen Ebene sank die Bedeutung der Großindustrie weniger ab, zumal Verwaltungsspitzen im Wesentlichen in ihren Ämtern verblieben und die Reichsfinanzreform 1920 das Gewicht der Unternehmenssteuern für die Kommunen erheblich steigerte. Dadurch behauptete der zentrale kommunale Bargaining-Prozeß, der auf den Kompromiss ausgerichtete Vorgang des Aushandelns, mit seinem Ausgleich zwischen fiskalischen Einnahmeerfordernissen und industriepolitischer Bestandspflege seine zentrale Stellung aus der Vorkriegszeit. Dennoch kühlte sich die enge Kooperation zwischen Verwaltungsspitze und Konzernleitungen seit 1924 ab. Da sich die Wachstums- und Rentabilitätsbedingungen der Industrie mit dem Ende der Inflationskonjunktur 1923 wesentlich verschlechtert hatten und der Bedarf der Kommune an Unternehmenssteuern zunahm, löste sich die Identität zwischen Stadtentwicklungspolitik und Industrieinteresse im Verlauf der Weimarer Republik ein Stück weit auf. Dafür war von ausschlaggebender Bedeutung, dass der gesellschaftspolitische Konsens über die Integration der Arbeiterschaft in die bürgerliche Gesellschaft brüchig wurde, als das Bürgertum gegenüber der Arbeiterschaft in SPD, KPD und ▶ Zentrum im Stadtrat an Bedeutung einbüßte.[54] Schließlich schien auch die Ausgabendynamik der Citypolitik nicht mehr in einem vertretbaren Verhältnis zum Nutzen für die Großindustrie zu stehen.[55]

Von der GHH-Stadt 1929 zur Tourismus-Hauptstadt des Ruhrgebiets 2012 –
Betrachtungen zu einer bemerkenswerten Erfolgsgeschichte

Am 10. Juli 1929 verabschiedete der preußische Landtag in dritter Lesung das „Gesetz zur kommunalen Neugliederung im rheinisch-westfälischen Industriegebiet". Das war die Geburtsstunde der Stadt Oberhausen in ihren heutigen Grenzen. Nach beinahe zehn Jahren immer wieder aufflammender öffentlicher Diskussionen um eine grundlegende kommunale Neuordnung im Ruhrgebiet fielen Entscheidungen von tiefgreifender Bedeutung.

Hamborn, damals um fast 20.000 Einwohner größer als Oberhausen, wurde das größte und prominenteste Opfer der kommunalen Neugliederung von 1929. Hamborn führt uns damit deutlich vor Augen, dass allein der Status einer Großstadt keineswegs die Garantie für

Abb. 17: Neue Mitte Oberhausen, Luftbild 1999

das „Überleben" innerhalb der dichten Städtelandschaft an Ruhr und Emscher gab. Ist die Bildung der neuen Stadt „Groß-Oberhausen" für das Oberhausen des 21. Jahrhunderts noch von Bedeutung? Lohnend ist die Erinnerung wieder im Vergleich mit dem um 20.000 Einwohner größeren Hamborn: Mit einiger Berechtigung darf aus heutiger Warte angenommen werden: Ohne die Zusammenlegung von Oberhausen, Sterkrade und Osterfeld zu der neuen 193.000-Einwohner Großstadt von 1929 gäbe es das Oberhausen von heute gar nicht!

Denn worin hätte die Alternative zur Bildung von „Groß-Oberhausen", zur Zusammenfassung des Wirtschaftsraumes des Gutehoffnungshütte-Konzerns bestanden? Die Ambitionen der Nachbarn lagen klar auf der Hand; beinahe täglich waren sie in den Zeitungen der Jahre 1927 bis 1929 zu lesen. Das um Hamborn nach Norden ausgreifende Duisburg hätte zugleich Sterkrade vereinnahmt. Bottrop reklamierte die gemeinsamen Wurzeln mit Osterfeld aus der vorindustriellen Zeit, hätte indes Sterkrade am liebsten gleich mit „aufgenommen". Und Mülheim schließlich entwickelte im Kampf der Ruhrgebietsstädte um die eigene Unabhängigkeit Ambitionen auf das nur 20.000 Einwohner kleinere, aber dafür nur ein Viertel seiner Fläche bedeckende Oberhausen, um sich besser gegen Essener Zukunftspläne des Ausgreifens nach

Westen wehren zu können. Im Ergebnis lässt sich angesichts all jener Ambitionen der Nachbarn zweifelsohne feststellen: Die drei relativ kleinen Städte des Oberhausener Wirtschaftsraumes hatten keine Chance, ihr bisheriges, selbständiges Dasein auch weiterhin zu fristen. Somit wären so oder so, egal welche Eingemeindungspläne schließlich zum Tragen gekommen wären, Fakten geschaffen worden, die den damaligen Wirtschaftsraum der drei „GHH-Städte", wie Oberhausen, Sterkrade und Osterfeld einmütig genannt wurden, zerschnitten hätten.[56]

Die daraus hervorgehenden Nachteile im Sinne von verwaltungsseitigen Behinderungen und steuerlicher Ungleichbehandlung für das den Wirtschaftsraum dominierende Großunternehmen mögen uns heute nur noch wenig berühren. Dieses Desinteresse hat bei genauer Betrachtung indes keine Berechtigung, denn: Ohne die Bildung Groß-Oberhausens 1929 hätte es beispielsweise keine aktive und erfolgreiche Politik zur Durchsetzung Oberhausens als Autobahnknotenpunkt seit 1930 im westlichen Revier gegeben, keine Vollendung der Innenstadt-Entwicklung mit Ruhrland-Haus, Hauptbahnhof, Europa-Haus und Stadthalle in den drei folgenden Jahrzehnten!

Doch die Folgen für das Oberhausen von heute wären noch weitaus dramatischer! Durch jenen Raum, der in der Gegenwart den Optimismus der Zeitgenossen nährt – die Neue Mitte Oberhausen – verliefen Stadtgrenzen, welche die Barrieren der Infrastrukturbänder Schiene, Schiff und Auto heute nur weiter vertiefen müssten. Der städtische Verdichtungsraum des heutigen Oberhausen wäre lediglich die Peripherie mehrerer Großstädte. Damit hätte dem Oberhausen von heute, gebeutelt vom dramatischen Verlust seiner ökonomischen Grundlagen, die Chance zur Selbstbesinnung auf die eigenen Stärken und Schwächen gefehlt. Das heutige Oberhausen wäre weder ein kommunales Subjekt noch eine sich als Lebensgemeinschaft begreifende lokale Öffentlichkeit. Folglich hätten die beiden entscheidenden Voraussetzungen gefehlt, um als Antwort auf die Existenzkrise der Stadt den Verlust von mehr als der Hälfte aller Arbeitsplätze (vom Höhepunkt der Prosperität um 1960), 58.600 von 108.600, verkraften zu können um nämlich in den 1990er Jahren eine schlagkräftige Strategie zur Revitalisierung der Stadt zu ersinnen und mit viel Elan, Kreativität und Durchhaltewillen in die Tat umzusetzen.

Mit anderen Worten: Ohne den kommunalen Akteur Stadt Oberhausen, der 1929 aus der über das Ruhrgebiet dahin ziehenden Eingemeindungswelle hervorgegangen war, gäbe es heute keine Neue Mitte Oberhausen, kein CentrO, mit an Sicherheit grenzender Wahrscheinlichkeit auch keinen Gasometer Oberhausen mehr, kein Fraunhofer Institut an der Osterfelder Straße und auch kein Technologiezentrum im ehemaligen Werksgasthaus.

Als Konsequenz aus all dem ist anzunehmen, dass rund 12.000 Arbeitsplätze, die in der Neuen Mitte Oberhausen seit 1992 geschaffen wurden, den Menschen in den dann höchst wahrscheinlich Realität gewordenen Stadtteilen Mülheim-Oberhausen, Duisburg-Sterkrade sowie Bottrop-Osterfeld als Lebensgrundlage im frühen 21. Jahrhundert fehlen würden. Und mehr als das. In dem halben Jahrhundert seit dem Höhepunkt des Stahlbooms um 1960 sind in Oberhausen nicht allein 58.600 Arbeitsplätze verloren gegangen. Es wurden zugleich – und selten in ihrer Gesamtheit betrachtet – insgesamt 38.900 Arbeitsplätze neu geschaffen. Das sind immerhin zwei Drittel der Verluste. Ohne Erfolge im Strukturwandel wären nur 50.000 der um 2011 in Oberhausen vorhandenen etwa 88.900 Arbeitsplätze übrig geblieben. Das bedeutet für Oberhausen ein Plus von 40 Prozent mehr an Wirtschaftskraft, an Lebensqua-

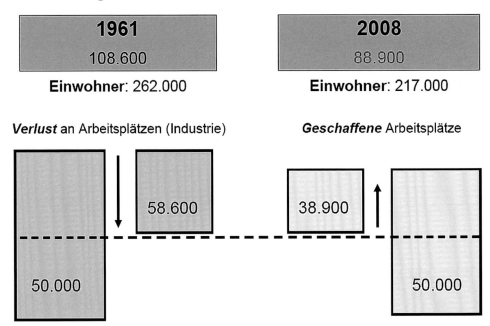

Abb. 18: Schaubild zur Entwicklung der Arbeitsplätze in Oberhausen (Dellwig)

lität, mehr an Zukunftsperspektive als ohne den durchgreifenden und erfolgreichen Wandel. Nichts beweist eindrucksvoller die Lebenskraft und den Lebenswillen der Stadt in einem halben Jahrhundert, geprägt von großen wirtschaftlichen und sozialen Herausforderungen. Nichts ist ein überzeugenderes Plädoyer für den Fortbestand der vielgestaltigen Städtelandschaft Ruhrgebiet.

Wenn wir uns darauf einlassen, diese folgenschweren Konsequenzen der bloßen Existenz einer Kommune Oberhausen auf uns wirken zu lassen, dann ist das ebenso ein gewichtiges Argument für die Existenz von Großstädten der Größe Oberhausens sogar unter den schwierigen finanzwirtschaftlichen Bedingungen der Gegenwart. Die Erfolge im Wandel sind der beste Beleg für die Leistungsfähigkeit kommunaler Selbstverwaltung im Ruhrgebiet; in jener Region, die wie kein zweiter deutscher Ballungsraum von einer Vielzahl von elf kreisfreien Großstädten geprägt ist, jener Region, die in Folge der Industrialisierung vor rund 150 Jahren mit vielen Entwicklungshemmnissen in die Moderne startete. Bei allem Mangel an zentralen Verwaltungsinstitutionen und pulsierenden Dienstleistungszentren haben sich die Städte des Ruhrgebiets aus einer Konkurrenz vieler Großstädte um Urbanität ein beachtliches Maß an städtischer Lebensqualität und wirtschaftlicher Dynamik erarbeitet. In dieser Perspektive verdient die Abwägung zwischen den Gefahren ruinöser Städtekonkurrenz und den Chancen eines Kräfte freisetzenden produktiven Städtewettbewerbes neue Aufmerksamkeit!

Diese Erkenntnis von den Leistungen der Stadtentwicklung im Ruhrgebiet wirft uns zurück auf die elementare Frage, die sich aus heutiger Sicht an die Oberhausener Stadtgeschichte des Jahres 1929 aufdrängt: Warum wurde die damalige Stadt Oberhausen mit ihren 105.000

Einwohnern – und in der Folge auch Sterkrade mit rund 53.000 und Osterfeld mit 35.000 Einwohnern – nicht eingemeindet? Warum ging Oberhausen damals nicht in einem der größeren Gemeinwesen Essen, Mülheim, Duisburg, oder gar in der damals diskutierten, von Duisburg bis Essen reichenden „Ruhrmündungsstadt" auf – ein ernsthafter Vorschlag des Siedlungsverbandes Ruhrkohlenbezirk, dem Vorgänger des RVR (Regionalverband Ruhr)?

Oberhausen überdauert die kommunale Neuordnung von 1929 – Warum?

Zwei Antworten auf diese Frage geben uns Einblick in die tieferen Zusammenhänge der gesamten kommunalen Neuordnung des Ruhrgebietes von 1929.

Erstens entschieden sich die preußischen Politiker in Zustimmung zu den Zielen ihres Innenministeriums gegen die Bildung sogenannter „Riesenstädte", in denen allseits ein bürokratischer „Moloch" vermutet wurde. Ursächlich dafür war weiterhin die von den Großkonzernen des Ruhrgebietes nachdrücklich vertretene Überzeugung, dass sich Kommunalpolitik im Revier am besten in überschaubaren Gebilden machen ließe, die möglichst identisch mit den Wirtschaftsräumen solcher Konzerne wie der GHH in Oberhausen, von Krupp in Essen oder der Gelsenkirchener Bergwerks AG waren und zugleich über die nötige Steuerkraft verfügten, um auch zukünftig städtische Lebensqualität durch entsprechende Investitionen zu verbessern. Soweit die eine, für große Teile des Ruhrgebietes gültige Erklärung der Ereignisse von 1929.

Zweitens wurde Oberhausen 1929 nicht selbst „Opfer" einer Eingemeindung, nicht so wie das größere Hamborn vom kommunalen Subjekt zum Objekt eines Stadtteiles zurückgestuft, weil die Stadt Oberhausen eine Vision verfolgte und im Jahrzehnt vor 1929 tatkräftig bewiesen hatte, dass die Stadt als Zentrum im Wirtschaftsraum der GHH über die finanzielle wie politische Fähigkeit verfügte, ihre Vision von Stadtentwicklung in die Tat umzusetzen. Diese lautete: Die Stadt Oberhausen beanspruchte, ein innerstädtisches Zentrum herauszubilden, das sich einer Großstadt als würdig erweisen sollte.

Rufen wir uns kurz die Besonderheiten der (Industrie-)Stadtwerdung Oberhausens in Erinnerung. In ihrer Stadtentwicklungspolitik handelten die kommunalen Eliten in allen bürgerlichen Parteien, in der SPD und in der Verwaltungsspitze über einen längeren Zeitraum seit der Jahrhundertwende außerordentlich einmütig und zielgerichtet. Dies wäre nicht denkbar gewesen ohne das Bewusstsein davon, dass die Großstadtwerdung Oberhausens von 1862 – der Gemeindegründung – bis 1915 – dem Überschreiten der Schwelle von 100.000 Einwohnern – nicht typisch verlaufen war. Selbst für eine Ruhrgebietsstadt ungewöhnlich, konnte Oberhausen nicht einmal an einen dörflichen Ursprung anknüpfen. Daraus entsprang eine Eigenheit, die Oberhausen bis heute mit sehr wenigen Städten – in Deutschland insbesondere mit Wolfsburg, Salzgitter und Eisenhüttenstadt, an der Küste noch Wilhelmshaven – teilt: Als Kind von Eisenbahn und Industrie fehlte Oberhausen jeder alte städtische Mittelpunkt. Das galt es zunächst vorrangig im Interesse an der Schaffung einer lebenswerten Umgebung zu ändern. Seit Beginn des 20. Jahrhunderts jedoch trat ein sehr viel handfesteres ökonomisches Interesse des Oberhausener Bürgertums aus Handwerk, Handel und freien Berufen hinzu: Über ein großstädtisches Zentrum sollten vor allem Behörden-Ansiedlungen, private Dienstleistungen, Arbeitsplätze und damit Wirtschaftswachstum gefördert werden.

Abb. 19: *Rathaus, erbaut 1927 bis 1930*

Der seit 1906 die Oberhausener Stadtverwaltung leitende Oberbürgermeister Otto Havenstein wurde zu der Person, die für Oberhausens Ziele und seinen Willen zum Erfolg Pate stand. Unterstützt von Stadtbaumeister Ludwig Freitag und einer überwältigenden Mehrheit in der Stadtverordnetenversammlung sollte das ungewöhnlich weite, von den drei Polen Marktstraße, Bahnhof und Rathaus eingerahmte Oberhausener Stadtzentrum in eine großstädtische City verwandelt werden. Dabei bedienten sich die Treiber der Entwicklung zweier Instrumente: Der Städtebau sollte vor allem durch die hochwertige Architektur öffentlicher Gebäude die City aufwerten, um Urbanität zu erzeugen und private Folgeinvestitionen auszulösen. Dabei ging es ganz entscheidend darum, die zwischen Helmholtzstraße und Bahnhof liegende Brache der 1903 in die Liquidation gegangenen Styrumer Eisenindustrie zu nutzen, sie zur Klammer zwischen dem Geschäftszentrum im Süden und den Funktionen Verkehr (Bahnhof und Straßenbahn) sowie Verwaltung (Rathaus, Schulen, Amtsgericht, Polizei) im Norden der Innenstadt werden zu lassen.

Im Ergebnis ging die Rechnung auf: In den 1920er Jahren entstanden der Friedensplatz, die Gebäude der Polizei und der Reichsbank (heute Landeszentralbank), das Arbeitsamt (Düppel-/Ecke Danziger Straße), der Rathaus-Neubau wurde begonnen und der Neubau des Hauptbahnhofs bei der Reichsbahn durchgesetzt. Sinnfälliger Ausdruck privater Folgeinvestitionen war und ist das ehemalige Kaufhaus Tietz, heute Bert-Brecht-Haus. Oberhausen wurde damit zum Paradebeispiel für hochwertigen Backsteinexpressionismus in Deutschland, zum von Städtebau-Fachleuten bereisten Beweis dafür, dass eine „reine Industriestadt" sich zu

Abb. 20: Arbeitsamt, erbaut 1928/29 (Danziger Straße/Düppelstraße)

urbaner Lebensqualität, zu einem attraktiven Behörden- und Dienstleistungsstandort aufschwingen konnte.

Als zweites Vehikel der Innenstadtentwicklung wurden die architektonisch wertvollen Gebäude durch Plätze und Parks mit hoher Aufenthaltsqualität ergänzt. So entstanden der Friedensplatz und bis in die 1930er Jahre hinein die Grünflächen vom Hauptbahnhof bis zum Königshütter Park. Der Grillo-Park wurde beim Bau des neuen Rathauses (1927 bis 1930) von Grund auf neu gestaltet. Dem Zeitgeist entsprach der hohe Anspruch, für Bewohner und Beschäftigte der Innenstadt Erholungsräume zu schaffen, frische Luft und Entspannung zur Förderung der Gesundheit in der emissionsbelasteten Industriestadt zu schaffen. Dabei ist zu bedenken, dass die Innenstadt mit Produktionsanlagen wie der Zinkfabrik Grillo oder dem Kraftwerk des städtischen Elektrizitätswerkes noch bedeutende Emmittenden besaß. So darf Oberhausen mit seinem Innenstadt-Konzept den Namen „Park-Stadt" für sich beanspruchen.

Wie passte das alles zusammen mit den begrenzten finanziellen Spielräumen einer Industriestadt ohne breites, wohlhabendes Bürgertum, in einer Zeit, in der auch die Großunternehmen der Stadt nicht kontinuierlich hohe Gewinne versteuerten? Die Antwort darauf gibt zunächst die große Inflation in Deutschland nach dem Ersten Weltkrieg, so dass die Stadt zum Jahresbeginn 1924 von beinahe allen Altschulden befreit war. Diese Handlungsfreiheit nutzten Oberbürgermeister und Politik für Investitionen in die Zukunft. Das schloss die Bereitschaft zur Verschuldung mit ein. Diese Phase des euphorischen Optimismus fand zwar bald, mit der Weltwirtschaftskrise ab 1930, ihr Ende. Doch schon bis dahin hatte Oberhausen in der Innenstadt sichtbare Fakten geschaffen. Diese hinterließen starken Eindruck bei jenen hohen preußischen Staatsbeamten, die im Ruhrgebiet nach solchen Städten Ausschau hielten, welche sich als Mittelpunkte für neue Großstädte von urbaner Qualität eignen würden.

Und trotz dieser vermeintlich zwingenden Gründe für den Erfolg Oberhausens, sich 1929 zum kommunalen Mittelpunkt des Wirtschaftsraumes der Gutehoffnungshütte (GHH) aufzuschwingen, verlief die Entwicklung nicht geradlinig, über lange Zeit von 1926 bis 1928 nicht einmal für die Zeitgenossen absehbar, auf die Groß-Oberhausener Variante der Neuordnung hinaus. Es war im Sommer 1928, als der ansonsten so resolute Oberbürgermeister Havenstein nach Gesprächen in Berlin, beim Regierungspräsidenten in Düsseldorf und beim Siedlungsverband Ruhrkohlenbezirk in Essen allen Mut sinken ließ. Havenstein gelangte zu der Überzeugung, Oberhausen werde zwischen den Alternativen der Ruhrmündungsstadt und der Aufteilung der GHH-Städte auf Duisburg, Mülheim und Bottrop aufgerieben. Nun aber, erst zu diesem sehr späten Zeitpunkt, erhob der in Berlin einflussreiche Vorstandsvorsitzende der GHH, Paul Reusch, öffentlich seine Stimme. Reusch forderte die kommunale Zusammenfassung der drei Städte rund um seine Werke in der Mitte, an Kanal und Emscher, zwischen der Essener Straße im Süden und der Steinbrinkstraße im Norden gelegen. Dieser Rückenwind baute Havenstein und seine Verbündeten wieder auf und ließ sie bis zum Erfolg im Sommer des folgenden Jahres weiter beharrlich für Groß-Oberhausen streiten. Damit führte die GHH-Führung konsequent zu Ende, was bereits 1909 mit der Verlegung des Unternehmenssitzes von Sterkrade an die Essener Straße nach Oberhausen begonnen hatte. Die Eisen- und Stahlerzeugung in Oberhausen war zum Schwerpunkt des Unternehmens und des sie konstituierenden Wirtschaftsraumes der drei GHH-Städte geworden. Oberhausens Bevölkerungszahl erreichte vor dem Ersten Weltkrieg vornehmlich deshalb die doppelte Anzahl der Sterkrader. Und schließlich versprach die breiter gefächerte Wirtschaftsstruktur südlich der Emscher dem Konzern eine größere Robustheit der Kommunalfinanzen gerade in Krisenzeiten. So hatte Paul Reuschs Option für die größere GHH-Stadt Oberhausen 1928 viele rationale Ursachen, die eine weit bessere Begründung darstellten als die persönliche Kränkung, die er empfand, als er 1908 nicht zum ehrenamtlichen Sterkrader Beigeordneten gewählt worden war – ein Ehrenamt, das seinen Vorgängern im Vorstandsvorsitz der GHH bis dahin wie selbstverständlich zugefallen war.[57]

Oberhausens Startposition in das 21. Jahrhundert –
ein kreatives Produkt seiner wechselvollen und dynamischen Stadtgeschichte

Wie stellt sich die Schaffung der Neuen Mitte Oberhausen im großen Zusammenhang der Stadtgeschichte dar: War es richtig, dass Otto Havenstein und seine Mitstreiter in den 1920er Jahren die Zukunft Oberhausens in einer Stärkung der Alt-Oberhausener City suchten? Hätte es weitsichtigere Chancen gegeben, um dem post-montanindustriellen Oberhausen ein festeres wirtschaftliches Fundament zu hinterlassen? Die Frage lässt sich mit der Distanz und aus der Perspektive des Stadthistorikers nach gründlicher Abwägung mit „Nein" beantworten. Warum?

Die Oberhausener Kommunalpolitik im ersten Drittel des 20. Jahrhunderts verfolgte beharrlich ein Ziel, das sich auf der Höhe der zeitgenössischen Kenntnisse um den bereits damals einsetzenden Strukturwandel als Ergänzung der weiterhin dominierenden Industrie um vielfältigere Dienstleistungen befand. Es hatte seine Berechtigung, die industrielle Basis der Oberhausener Wirtschaft als gegeben anzunehmen und dazu eine langfristig angelegte Ergänzung durch die Dienstleistungen der Citygewerbe zu verfolgen. Noch die Zeitgenossen der 1950er und 1960er Jahre hätte es überfordert, sich ein Oberhausen ohne Kohle, Eisen und Stahl vorzustellen. Warum auch zu einer Zeit, als zehn Prozent der deutschen Eisen- und Stahlerzeugung aus Oberhausen kamen? Und schließlich fielen so wesentliche Entscheidungen für Oberhausen wie die Entflechtung der GHH nach 1945 und der Verkauf der Hüttenwerke Oberhausen AG an Thyssen 1969 erst Jahrzehnte, nachdem Otto Havenstein und seine Zeitgenossen eine Zukunftsperspektive für ihr Oberhausen aufgestellt hatten.

Eine weitere wichtige Überlegung zur Strategie der Innenstadtentwicklung: Im ersten Drittel des zwanzigsten Jahrhunderts entfalteten die deutschen Großstädte großangelegte Ambitionen, ihr Stadtgebiet durch Eingemeindungen zu erweitern. Getreu der Devise „Mehr Raum – mehr Macht" (so der Stadthistoriker Hein Hoebink) sollte ein Zuwachs an Einwohnern und an Entwicklungsflächen für Gewerbeansiedlungen wie für neue Wohngebiete die Option höherer Steuereinnahmen und eines erweiterten Spielraums zu kommunalen Investitionen bewirken. Es ging um einen eigendynamischen Prozess: Dauerhaft sich selbst tragendes wirtschaftliches Wachstum, auf dem Fundament eines stetigen Bevölkerungszuwachses und des kontinuierlichen Bedeutungsgewinns der öffentlichen wie privaten Dienstleistungen in der City.

Es sollte in der Ökonomie und der Stadtentwicklung das gelingen, dessen Möglichkeit für die Physik widerlegt ist: Das Perpetuum mobile, ein aus sich selbst heraus Energie erzeugender Prozess, der dann selbsttätig grenzenlos fortgesetzt werden kann. So hoch der Anspruch auch war, er befindet sich innerhalb unseres Erfahrungsschatzes! Denn es ist ausgerechnet die Wirtschaft, in der mit der sprachlichen und theoretischen Fixierung, der „Erfindung", des modernen Kapitalismus durch Adam Smith – sein Werk „The Wealth of Nations" erschien 1776 – seit dem Industriezeitalter permanente Wertschöpfung erzeugt wurde. Dieser Vorgang speist sich – die Volkswirte mögen mir die Vereinfachung nachsehen! – aus der wechselseitigen Stimulierung von Innovationen, Investitionen in Unternehmen zu deren Nutzung, dann aus dem Wettbewerb der Unternehmen untereinander und nicht zuletzt aus der Massennachfrage der privaten Haushalte! So schwer diese Wachstumsdynamik in einem städtischen Lebenszusammenhang auch immer zu erreichen war und in Zukunft sein wird; den hohen Anspruch auf die Steigerung von Wohlstand und Lebensqualität im städtischen Wirtschaftsraum wird eine gegenüber den nachfolgenden Generationen verantwortliche Kommunalpolitik stets verfolgen.

Wenn wir uns aus der Perspektive der Gegenwart, in Anbetracht des dramatischen Strukturwandels nicht nur in der Montanindustrie, sondern ebenso dem damals unvorstellbaren „Wegrationalisieren" von Dienstleistungs-Arbeitsplätzen – etwa bei Banken und weniger stark bei öffentlichen Verwaltungen seit den 1990er Jahren – eine Vorstellung vom Realitätssinn der Oberhausener Stadt-Visionäre von 1929 machen sollen, dann fällt unser Urteil gespalten aus.

Vieles von den Visionen der damaligen Strategen in den Städten ist tatsächlich eingetroffen! Trotz der 1929 nicht absehbaren „dritten industriellen Revolution", der Informationstechnologie und Mikroelektronik, sind heute in Städten wie Frankfurt, Köln, Düsseldorf, München und Hamburg 85 bis zu 93 Prozent der Erwerbstätigen in den Dienstleistungen beschäftigt.

Das visionär erdachte Perpetuum mobile großstädtischen Wirtschaftswachstums und stetig ansteigender urbaner Lebensqualität ist im Großen und Ganzen Realität geworden, ist im Wesentlichen die richtige Antwort der Moderne auf die Herausforderungen der Globalisierung: es ist die Dienstleistungs- und Wissensgesellschaft. Oberbürgermeister Havenstein mag sich vielleicht in ferner Zukunft ein Gleichgewicht zwischen Industrie und Dienstleistungen vorgestellt haben, er konnte sicher aber noch nicht das Verschwinden der Montanindustrie aus Oberhausen denken.

Aber warum hat diese Strategie dann in Oberhausen nicht funktioniert? Oder hat sie etwa doch getragen, gibt es zumindest eine Geschichte der Teilerfolge? Diese Fragen liegen nahe. Von ihrer Beantwortung hängt ab, was man von gegenwärtigen Visionen für eine urbane Zukunft der Emscherstadt, von der Bedeutung der Neuen Mitte Oberhausen über den Tag hinaus halten mag.

Oberhausen wies zu Beginn des 20. Jahrhunderts, als es mit Eingemeindungsabsichten und raumgreifender Politik – mit dem Straßenbahnbau, sogar der Versuch zur Gründung einer Handelskammer für die drei GHH-Städte wurde 1900 unternommen – hervortrat, gleich eine Vielzahl von Entwicklungshemmnissen auf. Sie alle bilden die Ursache dafür, warum Oberhausen nicht Frankfurt, aber ebenso nicht ein zweites Essen oder Dortmund im Ruhrgebiet zu werden vermochte:

■ Oberhausens Bürgertum war klein. Von ihm gingen unterdurchschnittliche Impulse für Unternehmensgründungen und für Dienstleistungen aus, die auf wohlhabende Nachfrager angewiesen sind.

■ Oberhausen befindet sich mit seiner Lage im Ruhrgebiet in der Ausnahmesituation einer Städtekonkurrenz, ohne auf die Basis eines eigenen ländlichen Umlandes als Arbeitskräfte- und Kaufkraft-Reservoir zurückgreifen zu können.

■ Im Ruhrgebiet waren und sind es – im Gegensatz zu Oberhausen – die alten Städte am Hellweg (Duisburg, Essen, Bochum, Dortmund), die als Kreisstädte, mit ihrem alten Bürgertum und den sich dort konzentrierenden öffentlichen Einrichtungen (Gerichte, staatliche Behörden, seit den 1960er Jahren auch Universitäten) wie privaten Dienstleistungen (Konzern-Zentralen, Banken, Freiberufler), über einen Entwicklungsvorsprung verfügten, der nur schwer auszugleichen war.

■ Die Oberhausener Strategie der Besinnung auf die Stärken der industriestädtisch geprägten Innenstadt mit ihren Räumen für Plätze, Parks und große öffentliche Gebäude war folgerichtig. Denn mit ihrer Hilfe gelang Oberhausen ein Aufholprozess, der sich in nichts so sichtbar niederschlug wie in der Städtezusammenlegung von 1929 und den städtebaulichen Erfolgen der 1920er und 1930er Jahre.

■ Zugleich barg der damalige Erfolg den Keim für das spätere Zurückfallen im „Städteranking" der Ruhrgebietsstädte in sich: Oberhausens Erfolg war ein nur unvollständiger! Statt großzügige Stadträume rund um das Zentrum auszubilden – wie dies 1929 vor allem Essen, Bochum und Dortmund gelang – dehnte sich Oberhausen „nur" nach Norden aus. Das war nicht zufällig, sondern Folge des Wirtschaftsraumes der GHH.

■ Durch Oberhausens Nordexpansion lag die von Havenstein und seinen Mitstreitern zur Zukunftshoffnung erkorene City beinahe am südlichen Rand der neuen Stadt, nur einen guten Kilometer von der Mülheimer Stadtgrenze entfernt. Da war selbst das seit 1897 ambitioniert nach Norden ausgreifende Oberhausener Straßenbahnnetz nur ein schwacher Korrekturfaktor. Die Wachstumsdefizite der City-Dienstleistungen als Versorger für ein weites Umland – zum Beispiel gegenüber Essen – mussten sich dadurch vergrößern statt abzunehmen. Folglich fehlte Oberhausen auch nach 1929 die Grundlage für ein sich selbst tragendes Wachstum der Dienstleistungen. Die Folgen sind in der Alt-Oberhausener City bis heute ablesbar: ein Mangel an einer breiten Palette von Handel, Freiberuflern und Finanz- wie unternehmensbezogenen Dienstleistungen. [58]

Was lehrt uns die Bildung von Groß-Oberhausen im Jahr 1929? Der Erfolg bedarf oftmals einer großen Strategie, einer Vision von einer besseren Zukunft. Zu den Lehren gehört ebenso, dass trotz aller Umsicht bei der Verfolgung der eigenen Strategie Mutlosigkeit eintreten kann und dann nur noch starke Verbündete aus der Klemme helfen. Da drängen sich unweigerlich Vergleiche mit den Herausforderungen für Oberhausen im 21. Jahrhundert auf. An Stelle der Vision der 1920er Jahre von einer urbanen City mit stetig steigenden Dienstleistungsarbeitsplätzen steht heute die Vision von der Neuen Mitte Oberhausen als Motor des Wandels zu einem sich selbst tragenden Dienstleistungs-, Freizeit- und Tourismusstandort.

Seit den 1990er Jahren setzt Oberhausen auf den Tourismus als Zukunftsbranche, als Motor für das Stadtimage und das Wachstum der Freizeitwirtschaft. Die Zahl der Übernachtungen hat sich seit 1994 von 50.000 auf über 440.000 in 2011 beinahe verneunfacht. Im Jahr 2010, als sich das Ruhrgebiet als Kulturhauptstadt Europas präsentierte, wurde in Oberhausen eines der fünf großen Besucherzentren in der Metropole Ruhr eröffnet. Die Angebotspalette an Freizeitmöglichkeiten ist nicht mit der Eröffnung des Centro stehen geblieben. Hinzu kamen Sea Life und Metronom, Aqua-Park und Spiele-Center. Das Lego Discovery Center und weitere Attraktionen der Merlin Group werden ab 2013 folgen. Damit belegt die Tourismus- und Freizeitwirtschaft, dass es auch für Oberhausen wichtig und richtig ist, klare Schwerpunkte zu setzen, eine Strategie zu haben und hartnäckig zu verfolgen. Die Zuversicht, die Oberhausen seit den 1990er Jahren aus den positiven Wirkungen der Neuen Mitte Oberhausen für die Gesamtstadt zieht, ist aus mehreren Erwägungen begründet:

■ Oberhausen bedurfte nach dem Verlust von Kohle, Eisen und Stahl eines neuen Hoffnungsträgers und vor allem eines neuen Images, um für Unternehmen aller Branchen und Menschen wieder ein attraktiver Ort des Lebens und Arbeitens zu sein.

■ Die Neue Mitte Oberhausen hat eine Initialzündung bewirkt, indem rund 4.500 Arbeitsplätze im Einzelhandel und in der Gastronomie des Centro weitere 7.500 Arbeitsplätze in den übrigen Unternehmen der Freizeitwirtschaft und in den Gewerbeparks rund um die Essener Straße nach sich zogen.

■ Die Unternehmensnahen Dienstleistungen und die Freizeitwirtschaft sind die beiden bedeutendsten Wachstumsbranchen der Stadt. Beiden wird mit der Neuen Mitte Oberhausen ein ideales Umfeld mit hoher Standortqualität von erstem Rang in der großen Metropole Rhein-Ruhr geboten. Darüber wird der Oberhausener Wirtschaft ein wichtiger Impuls für jene Dynamik verliehen, die der weitere Strukturwandel zu noch mehr Dienstleistungen verlangt.

■ Oberhausen bietet Lebensqualität für die Menschen! Das ist die unmittelbare Botschaft für jede Besucherin und jeden Besucher, die und der nach Oberhausen kommt, über einen oder mehrere Tage die Freizeitangebote der Neuen Mitte, die Industriekultur mit Gasometer und St. Antony-Hütte, den einzigartigen Städtebau sowie die Backsteinarchitektur der Innenstadt erlebt. Lebensqualität ist zugleich das große Plus, das Oberhausen seinen Bürgerinnen und Bürgern bietet, Wohnen, Arbeiten, Lernen, Heranwachsen, Freizeit gestalten, Freunde finden, eben Leben und Wohnen in Oberhausen so lebenswert macht.

■ Als eine Stadt ohne breit gefächerte Wissenschafts- und Forschungseinrichtungen, ohne einen Weltkonzern, der unmittelbar von den Chancen der Globalisierung profitiert, benötigt Oberhausen um so mehr ein unverwechselbares Set von Vorzügen als vernetzter Wirtschaftsstandort, als moderner Freizeitstandort, als attraktiver Wohnort. Daran muss die Stadtentwicklung arbeiten. Das verschafft vielfältige und immer wieder neue Potenziale, um Oberhausens Rolle als Drehkreuz und als Tourismus-Hauptstadt der Metropolregion Rhein-Ruhr vollständig zur Geltung zu bringen.

Tabelle 2: Oberhausen als Tourismusstandort

Jahr	Ankünfte	Übernachtungen
1994	22.685	49.758
1995	30.088	66.229
1996	46.625	101.744
1997	71.134	122.434
1998	82.480	145.005
1999	92.516	165.258
2000	106.671	186.589
2001	101.384	177.891
2002	98.141	172.129
2003	101.288	170.446
2004	113.198	186.276
2005	125.171	207.198
2006	138.826	230.951
2007	152.076	247.840
2008	150.806	248.070
2009	167.809	260.048
2010	192.030	321.465
2011	209.198	442.501

Tabelle 3: Tourismus als Wirtschaftsfaktor in Oberhausen 2010

Sektor	Summe	Prozent
Dienstleistungen	43,9 Mio. €	10,2 %
Gastgewerbe (Beherbergung & Gastro)	111,7 Mio. €	25,9 %
Einzelhandel	275,1 Mio. €	63,9 %
Summe	430,7 Mio. €	100,0 %

Basis: Übernachtungsgäste & Tagesbesucher (Bruttoumsatz). Kennziffer a): Tagesausgaben je Übernachtungsgast 127,70 €, Kennziffer b): Tagesausgaben je Tagesgast 34,60 €. Quelle: TMO GmbH

Betrachten und Beurteilen wir die Umsetzung des Stadtentwicklungskonzepts Neue Mitte Oberhausen im größeren Zusammenhang der Oberhausener Stadtgeschichte des 20. Jahrhunderts. Oberhausen hatte nach dem Verlust seiner Montanindustrie um die 1980er Jahre keine echte Chance auf einen grundlegenden Neuanfang allein durch das Fördern der vorhandenen kleinen, zaghaften Pflänzchen in zukunftsorientierten Branchen oder in den citytypischen und kreativen Dienstleistungen. Diese wirtschaftliche Plattform war aller Erkenntnis nach zu schmal. Oberhausen benötigte ein neues Alleinstellungsmerkmal. Dabei kam der Stadt der intensive Städtewettbewerb im Ruhrgebiet – wie in den 1920er Jahren bereits – durchaus zugute. Es sollte eine Strategie gefunden werden, die Oberhausens Standortvorteile nutzte. Und diese Standortvorteile bestanden vorrangig in den Chancen eines bestens aufbereiteten und erschlossenen Areals inmitten von elf Millionen Einwohnern der Städteregion Rhein-Ruhr zwischen Bonn und Hamm. Die Antwort auf diese Herausforderung war und ist die Neue Mitte Oberhausen.

An die alten Stärken und an die Besonderheiten der Industriestadt, erst etwa ab 1990 über riesige Brachen in der bislang industriell genutzten Mitte der Stadt zu verfügen, wurde angeknüpft. Es wurde nicht klein-klein gedacht. Es wurde ein Konzept ersonnen, das der Gefahr einer erneuten Monostruktur durch die Ergänzung von Handel um Tourismus, Forschung und Technologie vorzubeugen suchte. Somit erweist sich die Neue Mitte Oberhausen heute als ebenso zeitgemäß, so zukunftsorientiert wie die Strategie der 1920er Jahre. Immerhin ist ihr eine grundlegende Neupositionierung Oberhausens als ein hoffnungsvoller Zukunftsstandort im Ruhrgebiet bereits gelungen. Ein beachtlicher Erfolg, der sich mit der Bildung Groß-Oberhausens 1929 messen lassen darf.

Wie damals geht es heute darum, nicht auf halber Strecke stehen zu bleiben und die Erneuerung der Stadt – im Gleichgewicht zwischen der Neuen Mitte und den Stadtteilzentren – fortzusetzen. Die Erfolge der Industriestadt Oberhausen in 150 Jahren wechselvoller Stadtgeschichte geben Grund zur Zuversicht: Die Neue Mitte Oberhausen wird sich weiter entfalten, damit aus ihr das Perpetuum mobile, der aus sich heraus Innovationen und Dynamik erzeugende Motor für Oberhausens Wirtschaft und Stadtentwicklung im Interesse unsere nachfolgenden Generationen werden kann.[59]

Doch die Sicherung der Zukunft steht niemals nur auf einem Bein. Zu Gestaltung einer tragfähigen und dynamischen Wirtschaftsstruktur muss die Vitalität, die Gestaltungskraft und -freude der gesamten Stadtgesellschaft hinzutreten. Diesbezüglich liegen Licht und Schatten im Ruhrgebiet nahe beieinander. Das haben erst im Frühjahr 2012 die Bochumer Sozialwissenschaftler Bogumil, Heinze, Lehner und Strohmeier mit ihrer viel beachteten Schrift zur Lage im Ruhrgebiet „Viel erreicht, wenig gewonnen" herausgestellt: Die Wirtschaft im Ruhrgebiet ist vielschichtig und leistungsstark. Ihre international ausstrahlenden Cluster bedürfen der Pflege und nach Jahrzehnten des erfolgreichen Strukturwandels werden – natürlich – die Reserven an Gewerbeflächen knapp. Doch das sind nicht die entscheidenden Entwicklungsfragen und -engpässe der Region. Statt dessen müssen zwei zentrale Herausforderungen bewältigt werden, um das Ruhrgebiet zu einer lebenswerten Metropole im 21. Jahrhundert zu machen:

Die erste Aufgabe betrifft Wirtschaft und Stadtentwicklung und lautet „funktionale Differenzierung". Solange jede Ruhrgebietsstadt versuchte, sich mit ihrer „Zukunftsstrategie" an die gleichen, wenigen, hart umkämpften Megatrends der Globalisierung (wie Umwelt, Gesundheit) zu hängen, kamen dabei Städtekonkurrenz, suboptimale Kleinprojekte, unzulängliche Kooperation – und vor allem das Fehlen zentraler, attraktiver Angebote, Standorte und Einrichtungen für das gesamte Ruhrgebiet heraus. Werden die Kommunen der Metropole Ruhr dagegen in Zukunft den Mut zum Teilen und die Kraft zur Prioritätensetzung freisetzen, so kann für jeden ein deutlicher Mehrwert dabei herausspringen. Oberhausen bildet dafür schon heute ein hervorragendes Beispiel, das übrigens auch die Bochumer Professoren loben: die Neue Mitte Oberhausen. Denn hier ist für das gesamte Ruhrgebiet der zentrale Ort des modernen Einkaufs und der modernen Freizeitgestaltung, eben des neuen Städtetourismus entstanden. Nur eine solche Konzentration schafft die kritische Masse an Attraktivität, damit nicht allein der Duisburger und der Dortmunder, sondern ebenfalls die Kölnerin und die Nachbarin aus Amsterdam gerne in die Region reisen.

Die zweite Aufgabe geht die gesamte Gesellschaft an und ist deshalb schwerer zu lösen als die erste. Als langfristige und tiefgreifende Folge der Deindustrialisierung verlor das Ruhrgebiet eines seiner größten Vermögen: das große Humanvermögen einer hart arbeitenden, Zusammenarbeit im Werk wie in der Wohnkolonie schätzenden und nicht zuletzt Aufstieg durch Bildung für ihre Kinder verfolgenden Arbeiterschaft. Deshalb trifft die Polarisierung der Gesellschaft in bürgerliche Gruppen mit auskömmlicher Erwerbsarbeit auf der einen, in eine neue Unterschicht an motivationsarmen, da hoffnungslosen Beziehern staatlicher Transfereinkommen auf der anderen Seite, das Ruhrgebiet weitaus härter als andere Ballungsregionen. Stadt und Region werden diese riesige Herausforderung, die in Zeiten des demografischen Wandels zur unabweisbaren Pflicht nachhaltiger Gesellschaftspolitik wird, nur dann bewältigen, wenn sie die Kraft zu einer großen, integrierten Handlungsstrategie aufbringen. Dabei werden Bildungspolitik und die Förderung von Erwerbsarbeit bei Eltern und zunehmend auf eigenmotivierter Basis bei Senioren eine zentrale Rolle spielen. Dabei wird ebenso eine Stadtentwicklung gefordert sein, die gute Wohn- und Lebensqualität, vielfältige Infrastrukturen sowie das Zusammenleben vieler sozialer Gruppen im Stadtteil verwirklicht. Oberhausen hat da schon heute Hoffnungsvolles zu bieten. Denn während die A 40 in Duisburg oder Essen als so genannter „Sozialäquator" die Wohngebiete der polaren Stadtgesellschaften trennt, weist Oberhausen von Süd bis Nord überwiegend lebendige, sozial durchmischte Stadtteile auf, die Lebensqualität und bezahlbare Wohnkosten miteinander verbinden. Diese Ansätze sollten die Stadtgesellschaft ermutigen, auf dem langen, aber unumgänglichen Weg hin zu einer solidarischen Stadtgesellschaft voran zu schreiten.

3. Gemeinsam in Oberhausen! – Wir in der Metropole Ruhr! – Das passt zusammen!

Die Neue Mitte Oberhausen hat das Selbstverständnis, das Selbstbewusstsein der Oberhausener Bürgerinnen und Bürger grundlegend verändert. Aus dem Image der grauen Maus im Ruhrgebiet wurde eine Vorzeigestadt im Strukturwandel. Aus der schüchternen Ortsangabe der Oberhausener im Urlaub, ihre Heimatstadt liege im Ruhrgebiet, bei Düsseldorf und Essen, entwickelte sich seit 1994 der stolze Vortrag über das Centro als größtes europäisches Einkaufs- und Freizeitzentrum, über den Gasometer als außergewöhnlichste und größte Ausstellungshalle der Welt. Der Strukturwandel hat damit die lokale Identität der Menschen grundlegend verändert. Hinzu kommt, dass sich die Bezüge der Menschen zu ihrem näheren räumlichen Umfeld – zu ihrer Heimat – in einer so vielschichtigen, polyzentralen Städteregion seit jeher nicht nur eindimensional darstellen. Der Oberhausener ist immer zugleich auch Alstadener oder Schmachtendorfer, Osterfelder oder Styrumer. Der Oberhausener ist ebenfalls immer auch Bürger des Ruhrgebiets. Jedoch unterliegen die Bedeutungen, die sinnstiftenden Bilder in den Köpfen der Menschen, die Wertigkeiten dieser verschiedenen lokalen Bezugsgrößen für Identität im Ruhrgebiet einem besonders ausgeprägten Wandel.

Wollen wir das Wechselverhältnis von Stadtgeschichte, Stadtentwicklung und Ruhrgebiet angemessen erfassen und begreifen, bedarf es unabdingbar nicht allein der Untersuchung sogenannter „harter Fakten", der Zahlen, Ereignisse und Strukturen. Es bedarf ebenso der Betrachtung, wie die Menschen ihre Lebenswelt in Stadt und Region erlebt haben und wie sich über die Generationen Identitäten veränderten. Es ist offenkundig, dass die Emotionen und Erinnerungen, die Bilder und Gerüche, die Oberhausener Bürger 2012 mit ihrer Stadt verbinden, gänzlich andere sind als diejenigen von 1960. Mögen sich jungen Menschen von heute ihre Erlebnisse beim Konzert in der Arena ins Gedächtnis einbrennen, so erinnern sich die Zeitgenossen von 1960 nicht selten zuerst an den glühend roten Abendhimmel, wenn der Hochofen abgestochen wurde, oder an den roten Ruß auf den Straßen, in den Gärten, in der Wäsche, wenn der Wind von der HOAG eben jenen Ruß in die Wohnviertel Osterfelds oder in das Knappenviertel hinüber wehte. Oft hieß es dann „Christkind backt Plätzchen!" Das mag verdeutlichen: Lokale Identitäten, Heimatgefühl, Stolz auf die eigene Stadt sind keine zeitunabhängigen Größen!

Wollen wir besser verstehen, woher Oberhausen und das Ruhrgebiet kommen und wohin sie gehen, empfiehlt sich die Berücksichtigung der Empfindungen und Erlebnisse der Menschen zu ihrer Heimat im Zeitverlauf. Aus der Alltags-Stadtgeschichte können wir Erkenntnisse darüber gewinnen, ob und wie sich die Städte im Ruhrgebiet in Zukunft intensiver zusammen finden werden. Da dies von entscheidender Bedeutung für die Zukunftschancen, für die Lebensqualität sein wird, ist diese Spurensuche allemal der Mühe Wert.

Dorf, Siedlung, Stadt – Heimatgefühl und lokale Identitäten entstehen

Gehen wir zurück in das Jahr der Gemeindegründung. 1862 lebten In Oberhausen gut 5.500 Menschen, und von diesen waren etwa 5.000 nur zwanzig Jahre zuvor noch nicht dort! Seit dem Bau der Köln-Mindener Eisenbahn 1847 hatte eine stürmische Industrialisierung rund um den Oberhausener Bahnhof eingesetzt. Dort entstanden in den 1850er Jahren die beiden Zinkhütten Vieille Montagne (Altenberg) und Grillo, das Chemieunternehmen Hasenclever/Rhenania sowie die Styrumer Eisenindustrie und die Zeche Concordia. Zeitgleich expandierten die Werke der Hüttengewerkschaft Jacobi, Haniel & Huyssen, kurz JHH, um die Essener Straße. Es entstanden die Eisenhütten I und II sowie die Zeche Oberhausen. Nahe dem Walzwerk Oberhausen entstand bereits 1846 in Osterfeld die älteste Arbeitersiedlung des Ruhrgebiets, Eisenheim; im Knappenviertel wurde ab 1858 eine große Arbeitersiedlung für Hüttenarbeiter und Bergleute errichtet.

Für die Industrie kamen die Arbeitskräfte, nur zum Teil mit Familien, in dieser Zeit noch vornehmlich aus den benachbarten Regionen Niederrhein und Münsterland, aber ebenso aus den südlich gelegenen Mittelgebirgen mit ihren zahlreichen Fachkräften in der dortigen Metallverarbeitung, wie aus dem Hunsrück, dem Westerwald, dem Sauerland, dem Bergischen Land und aus der Eifel. Diese Neu-Oberhausener verbanden selbstverständlich keine heimatlichen Gefühle mit der neuen industriellen Siedlung in der Heide, als sie in Oberhausen Arbeit und Wohnung nahmen. Allerdings hatten sie auch keine tiefen kulturellen Brüche zu verarbeiten oder zu überwinden, da ihre Ursprungsregionen ähnliche Lebensbedingungen aufwiesen wie die neue Heimat. Die erste Arbeitergeneration erfuhr weniger an Entwurzelung und an fundamentaler Infragestellung alles Bekannten als viele spätere Zuwanderer. Das hatte seine Ursache in den vielfach handwerklichen Wurzeln, in den großen Gruppen von Arbeitskräften, die bereits mit Familie zuwanderten und das 20. Lebensjahr bereits hinter sich gelassen hatten. Diese Festigung der jeweiligen persönlichen Lebensverhältnisse mit einer Familiengründung erleichterte das Fuß-Fassen in der neuen Heimat Oberhausen. Gleiches galt für die zahlreichen jungen Männer aus handwerklichen Lebensverhältnissen, die recht bald junge Frauen aus ihren Heimatregionen heirateten und mit nach Oberhausen brachten. Wir dürfen davon ausgehen, dass in jenem dritten Viertel des 19. Jahrhunderts, in dem der Take-off – der industrielle wie städtische Aufschwung – Oberhausens stattfand, immerhin etwa ein Drittel der Einwohnerschaft in „geordnete" familiäre Lebensbedingungen hinein wuchs. Diese Familien hatten Kinder, die über viele Jahre Oberhausener Volksschulen besuchten. Die Männer dieser Familien verblieben länger bei einem Unternehmen als die große Anzahl der jungen und ledigen Männer, die oftmals im Jahresrhythmus den Arbeitgeber wechselten. Hinzu kam schließlich ein zahlenmäßig sehr kleines Bürgertum an Industrieangestellten, Kaufleuten, Handwerkern und einigen Freiberuflern, die man buchstäblich an wenigen Händen abzählen konnte.

Mit dieser Gründungsgeneration Oberhausens entstand somit eine qualifizierte, an bürgerlichem Leben orientierte Minderheit an Stadtbewohnern, die sich darauf einrichteten, für länger am Ort zu bleiben, die eine neue Heimat suchten und fanden. Die Großunternehmen trugen ihren Teil dazu bei, indem für jene Stammbelegschaften Werkswohnungen gebaut, betriebliche Sozialleistungen gewährt und darüber die Verbundenheit der Mitarbeiter mit den Unternehmen gesteigert wurde. Eine zuverlässige Stammbelegschaft entwickelte sich insbesondere in der Eisen- und Stahlindustrie zum Garanten für sozialen Frieden und störungsfreie Betriebsabläufe. Die junge Industriestadt erlangte folglich einen zwar kleinen, aber ersten stabilen Bevölkerungskern, der eine neue lokale Identität entwickelte. Doch wie können wir uns dieses „Heimatbewusstsein" des Neu-Oberhauseners und der Neu-Oberhausenerin von 1862 oder 1874, dem Jahr der Stadtrechtsverleihung vorstellen? Die Bildung einer Kommune, dann die Anlegung einer Innenstadt mit Markt und Einkaufsstraße förderten sicherlich das Bewusstsein davon, dass sich eine Stadtwerdung vollzog. Und dennoch, der städtische Raum war noch keineswegs zu einer Einheit geworden, er war noch nicht integriert, sondern segregiert, wie die Stadthistoriker sagen: Neben dem neuen und bedeutendsten Siedlungszentrum um Bahnhof und Marktstraße bildete sich eine kleine Siedlung in Lirich nordwestlich der Concordia-Schächte heraus. Vor allem aber die große Arbeitersiedlung der JHH an der Knappenstraße von 1858, über einen Kilometer von der übrigen Gemeinde-Bebauung getrennt, wurde zum Ausgangspunkt einer Stadtteilbildung. Hier zeigte sich zum ersten Mal in der Geschichte der jungen Stadt, dass der eng umgrenzte räumliche Lebenszusammenhang der Industriearbeiter und Bergleute im Wohnviertel der Entstehung eines gesamtstädtischen

Abb. 21: Bahnhofsvorplatz um 1900

Lokalbewusstseins wenig förderlich war. Schließlich erhielten die Menschen die Güter des täglichen Bedarfs meist im nahen Wohnumfeld, im letzten Viertel des 19. Jahrhunderts nicht selten in den Konsumanstalten der JHH, dann GHH oder der Concordia. Und wer nur alle paar Wochen einmal den Fußweg in die Innenstadt antreten musste, um Hausrat oder Bekleidung einzukaufen, der blieb seinem Knappenviertel – oder Lirich, Dümpten, Styrum und so weiter – für lange Zeit stärker verbunden als dem eher abstrakt wahrgenommenen kommunalen Gemeinwesen, der Stadt Oberhausen.

Zur Ausprägung einer starken Verbundenheit mit der Siedlung oder dem Stadtteil an Stelle eines Heimatgefühls in der neuen Industriegemeinde trugen weitere typische Lebensbedingungen der Industrialisierung bei: Die Frauenerwerbstätigkeit war gering, die Zahl der Kinder groß und das Garten- oder Ackerland um die Häuser wurde zur Selbstversorgung genutzt. Kinder besuchten die benachbarte Volksschule und halfen in Haus oder Garten. Großeltern, Eltern und Kinder wohnten oft unter einem Dach, sofern die Zuwanderung sie an einen Ort verschlug. In Folge dessen erbrachte die Familie die Leistungen der Kindererziehung wie der Seniorenpflege in weit größerem Umfang selbst als heute. Einzelhandel und Lebensmittel-Handwerk, aber auch Gaststätten und Kirchen siedelten sich ortsnah im Wohnviertel an. Dadurch fand nahezu die gesamte Zeit des Alltagslebens im nahen Umfeld der Wohnung statt. Bahn Fahren war recht teuer und Straßenbahnen kamen erst um 1900 auf, so dass die Mobilität der Menschen meist von dem Radius abhing, den Spaziergänge und Fußmärsche absteckten. Dienstleistungen im Allgemeinen spielten eine weit geringere Rolle im Leben der Menschen als heute – auch weil vom Lohn wenig blieb, das nicht für das Lebensnotwendige benötigt wurde. So bot sich den Menschen in der zweiten Hälfte des 19. Jahrhunderts weit seltener der Anlass, in die Innenstadt oder weiter zu reisen, um zum Beispiel einen Arzt aufzusuchen, einzukaufen oder die Freizeit zu verbringen.

Ähnliches galt übrigens auch für die jungen Industriegemeinden Sterkrade und Osterfeld. Ihre alten dörflichen Strukturen mit Siedlungen wie Buschhausen oder Klosterhardt waren ebenfalls nur schwach auf die Ortsmitten ausgerichtet. Diese „Zersiedelung" des Raumes wurde verstärkt, als die Hochindustrialisierung auch Oberhausens nördliche Stadtteile im Zuge der Nordwanderung des Bergbaus über die Emscher ab 1880 erfasste und auch dort ein stürmisches Bevölkerungswachstum auslöste. Etwas anders zu beurteilen sind die lokalen Identitäten in jenen Siedlungen, die erst im Zuge der ersten Eingemeindungswelle im Ruhrgebiet von der Jahrhundertwende um 1900 bis zum Ersten Weltkrieg Teil der Städte Oberhausen und Sterkrade wurden: Ob Alstaden aus dem Kreis Mülheim oder Holten, Schmachtendorf und Königshardt aus den Kreisen Beek, später Dinslaken. Siedlungen, die weit älter waren als Oberhausen, Siedlungen, die erst durch Eingemeindungen zu Ortsteilen der drei „GHH-Städte" Osterfeld, Sterkrade und Oberhausen geworden waren, brachten selbstverständlich eine ausgeprägte eigene Identität in ein größer werdendes Gemeinwesen mit ein.[60]

Grundzüge von Heimatgefühl im Ruhrgebiet: Vom Stadtteil zur Region

Im Raum der heutigen Stadt Oberhausen fanden fünf bunte, vielschichtige und zum Teil gegenläufige Prozesse statt, die der Bildung von lokaler Identität – von Heimatgefühl und Ortsverbundenheit – auf der Ebene der Gesamtstadt oder aber des Wohnviertels Vorschub leisteten. Deren Betrachtung lohnt um so mehr, als dass ähnliche Vorgänge für die übrigen Ruhrgebietsgemeinden aufgrund vergelichbarer Abläufe der Verstädterung ebenfalls angenommen werden dürfen:

Erstens: Nach der ersten stürmischen Urbanisierungsphase, die vom Bau der Eisenbahn 1846 bis zum Beginn der weltweiten Wirtschaftskrise 1873 reichte, nahm der all zu häufige Arbeitsplatzwechsel der Industriearbeiter und Bergleute allmählich ab. Mit dem auch vom Lebensalter abhängigen Übergang vom ledigen „Kostgänger" in einer Arbeiterfamilie hin zu Familiengründung und Sesshaftigkeit, dann vor allem mit der zweiten Generation der „Neu-Oberhausener" nahm die Identifikation mit dem Wohnort zu. Es entstand ein neues Heimatgefühl, ein Bewusstsein von lokaler Identität und Zugehörigkeit, das zu den Erinnerungen an die alte Heimat hinzutrat und über Jahrzehnte die alte Heimatverbundenheit in das zweite Glied zurückdrängte.

Zweitens: Der Formung von Lokalbewusstsein standen die starke Fragmentierung des Raumes in Stadtteile, in zunächst räumlich nicht miteinander verbundene Werkssiedlungen oder Wohnviertel und die industriell bedingte Zersiedelung des Raumes durch Eisenbahn- und Industrieanlagen entgegen. Die Mehrzahl der Bevölkerung von 85 bis zu 90 Prozent bildeten Arbeiter und ihre Familien, die über Einkommen verfügten, welche nur wenig Spielraum für Ausgaben oberhalb des täglichen Bedarfes ließen. Wer aber nur wenig Konsumgüter kaufen kann und erst recht wenig bezahlte Dienstleistungen in Anspruch nimmt, der sucht die Innenstadt als den Ort der Konzentration solcher Angebote auch nur selten auf. Die Konsequenz aus dieser Siedlungs- und Bevölkerungsstruktur der Industriestadt ist offensichtlich: Lokale Identität ist primär an die Siedlung geknüpft; das gilt um so mehr für die Werkssiedlungen mit ihren Gärten für die Subsistenzlandwirtschaft, die Selbstversorgung. Hinzu kommt: Die City der Industriestadt bleibt gerade auch wegen der geringeren Kaufkraft der Arbeiterschaft und wegen des sehr schmalen wohlhabenderen Bürgertums hinter bürgerlicheren Städten – mit eingesessener Kaufmannschaft – zurück. Handel und Dienstleistungen konnten sich in Bezug auf die Größe, die Hochwertigkeit und die Vielfalt des Angebotes nicht in gleichem Maße entfalten.

Drittens: Oberhausen erlangte dennoch in jenen Jahren um die Wende zum 20. Jahrhundert unbestritten den Rang einer Stadt, verwirklichte zunehmend städtische Lebensqualität und Vielfalt. Durch die größere Attraktivität wurden Menschen aus den umliegenden, zum Teil auch den innerstädtischen Siedlungen wirtschaftlich und mental an Oberhausen gebunden. Ursache und Verstärker dieses Vorganges, der eine Vorentscheidung darüber beinhaltete, dass Oberhausen als Stadt das 20. Jahrhundert überdauerte, war die Herausbildung und öffentliche Verbreitung einer Stadtentwicklungskonzeption in weiten Teilen der Oberhausener Bevölkerung. Sichtbarster Ausdruck dieser Stadtentwicklungskonzeption wurden 1894 die Gründung der ersten kommunalen Straßenbahn in Deutschland, ab 1903 die Überplanung der großen innerstädtischen Industriebrache der Styrumer Eisenindustrie (heute Friedensplatz und Karree bis zur Paul-Reusch-, Helmholtz- und Elsässer Straße), und schließlich 1910 die Gründung des Verkehrsvereins. Der Inhalt der Stadtentwicklungsstrategie lässt sich auf einen knappen Nenner bringen: Oberhausen sollte das Zentrum des Wirtschaftsraumes der GHH einschließlich der Gemeinden Sterkrade und Osterfeld werden. Dazu musste es den Menschen im Zeitalter vor der Massenautomobilisierung ermöglicht werden, den Arbeitsplatz, die Schule und das Geschäftszentrum mit dem Nahverkehr zu erreichen. Die Innenstadt Oberhausens gewann indes seit den 1890er Jahren bis in die zweite Hälfte des 20. Jahrhunderts hinein durch einen lang anhaltenden Prozess stetig an Bedeutung: Die Zunahme der Dienstleistungen, nicht nur absolut sondern vor allem auch im Verhältnis zu Industrie und Handwerk, vermehrte die Anzahl der Arbeitsplätze in der Innenstadt, schuf aber ebenfalls häufiger Anlässe zu deren Besuch. Das kann man sich ganz praktisch vorstellen: Behördengänge und der Besuch von öffentlichen wie privaten Freizeitangeboten nahmen zu, seitdem es Theater, Kino und Gastronomie, seitdem es dort Ärzte, Freiberufler, ein Amtsgericht und eine ausgestaltete Stadtverwaltung gab. Mit zunehmendem Wohlstand gaben die Menschen zudem einen größeren Anteil ihres Einkommens für Kleidung, Wohnungsausstattung und eben die Freizeit aus. All das beförderte die Identifikation der Oberhausener mit ihrer Stadt, die Wahrnehmung ihrer Heimatstadt als eines Lebenszusammenhangs.

Oberhausen sollte dabei großstädtische Lebensqualität entfalten. Dieses Ziel wurde in dem Bewusstsein verfolgt, als junge Industriestadt nicht nur benachteiligt zu sein, aufholen zu müssen, sondern auch neue Chancen durch die Gestaltung öffentlicher Räume zu erhalten. Erfolge dieser Stadtplanung wurden dann im ersten Drittel des 20. Jahrhunderts die Bebauung des Friedensplatzumfeldes und die Parkstadt. Diese Stadtentwicklungsstrategie entfaltete integrierende Kraft in die Stadtgesellschaft über Parteigrenzen hinweg: Industrie- und Bildungsbürger, Kleinbürger und die Arbeiterschaft des Zentrums und der Sozialdemokratie unterstützten diese Kommunalpolitik. Es entstand um 1900 ein ganz neuartiges Wir-Gefühl der Oberhausener. Wie Debatten im Stadtrat, mehr noch die Berichte der Tageszeitungen offen legen: Es entwickelte sich ein Stolz auf die eigene Stadt, die Stadt ganz eigener Prägung – an-

Abb. 22: Meisterhäuser der Siedlung Eisenheim, Aufnahme um 1910

Abb. 23: Arbeitersiedlung Dunkelschlag, Aufnahme um 1970

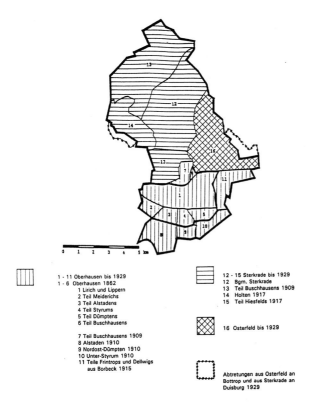

Abb. 24: Die Bildung der Bürgermeisterei und Stadt Oberhausen 1862 bis 1929 (Dellwig)

ders als etwa Essen oder Mülheim – ein Stolz, der durchaus Parallelen zum Stolz der Oberhausener auf Ihre Neue Mitte seit den 1990er Jahren aufweist. Erhebliche Bedeutung kam dabei der Etablierung der Demokratie in der Weimarer Republik zu, denn erst seit 1919 hatten die Frauen Wahlrecht, und erst seit 1919 zählte jede Stimme für den Stadtrat gleich viel. Zuvor hatte nämlich das preußische Dreiklassenwahlrecht in Oberhausen bewirkt, dass nur etwa ein Prozent der Wähler, das ein Drittel der Steuern zahlte, darüber das Anrecht auf die Bestimmung von einem Drittel der Stadtverordneten erhielt, während etwa 70 bis zu 85 Prozent der Wähler der „unteren Einkommensgruppen" ebenfalls ein Drittel der Stadträte wählen durften. Das allgemeine und gleiche Wahlrecht kam in Oberhausen vornehmlich den Volksparteien Zentrum und SPD, auch der KPD zugute, so dass deren Wähler aus der Arbeiterschaft ihr Interesse an der Kommunalpolitik steigerten. Die Oberhausener Stadtentwicklungskonzeption drang in den 1920er Jahren, begünstigt vom Wahlrecht wie von der breiten öffentlichen Diskussion um Eingemeindungen im Ruhrgebiet, sehr viel stärker in das Bewusstsein der breiten Bevölkerung.

Viertens: Und wieder trat eine – zum Teil – gegenläufige Bewegung ein. Zwischen 1904 und 1929 wurde der Oberhausener Raum durch Eingemeindungen grundlegend neu geordnet, ein Prozess, der im gesamten Ruhrgebiet stattfand. Kleine Dorfschaften wurden mittleren und großen Gemeinden zugeordnet, indem die Landkreise sukzessive verschwanden. Doch selbst mittlere und schließlich große Industriedörfer von 50.000 bis 130.000 Einwohnern verloren zwischen 1915 (Borbeck) und 1929 (Sterkrade, Hamborn etc.) ihre kommunale Eigenständigkeit. Oberhausen gehörte deshalb nicht dazu, weil sowohl der Wirtschaftsraum der GHH als auch die vehement umgesetzte Stadtentwicklungskonzeption die Planer im preußischen Innenministerium von einem überzeugten: Oberhausen hatte städtische Lebenskraft und städtische Lebensqualität. Für die Bewohner der eingemeindeten Ortsteile von Alstaden im Süden (1910) bis nach Sterkrade, Schmachtendorf und Osterfeld (1929) im Norden verlief der Verlust kommunaler Selbstständigkeit jedoch schmerzhaft. Dass die Stadtteil-Identität seitdem und bis heute ausgeprägt geblieben ist, mag am höheren Alter der neuen Oberhausener Ortsteile, vor allem aber an folgender Eigenheit der Industriestadt Oberhausen liegen: Anders als in Essen oder Dortmund wuchs die Stadt nicht gleichmäßig radial um einen dominierenden Kern von Cityfunktionen herum. Stattdessen wuchs Oberhausen um die Werke der GHH. Oberhausens City jedoch lag weit im Süden des Stadtgebietes und vermochte nicht die gleiche Anziehungskraft zu entfalten wie die Innenstädte älterer Städte. Die Straßenbahn glich nur einen Teil des Rückstandes aus, den das Dienstleistungszentrum Oberhausen beispielsweise gegenüber Essen, oder auch Duisburg und Mülheim behielt.

Innerhalb des heutigen Alt-Oberhausen jedoch erhöhten drei Jahrzehnte öffentlicher Diskussionen um das Wachstum und den Überlebenskampf der Stadt das Zusammengehörigkeitsgefühl und ebenfalls das Bewusstsein davon, dass Oberhausen mehr an städtischer Lebensqualität zu bieten hatte als etwa Alstaden, Osterfeld oder auch Borbeck. Somit ergänzte und verstärkte die Geschichte der Eingemeindungen von 1904 bis 1929 die Wirkung der Stadtentwicklungskonzeption: In Bürgertum und sesshafter Arbeiterschaft nahm das Heimatgefühl, die Identifikation mit der Industriestadt Oberhausen als eines aufstrebenden, selbstbewussten und lebenswerten urbanen Ortes zu, geprägt vom Weltkonzern Gutehoffnungshütte und stolz in die Zukunft blickend.

Fünftens: Noch ein dritter Ursachenkomplex schwächte die mentale wie die wirtschaftliche Integration der Stadtbevölkerung hin zu einem neuen gemeinsamen Wir-Gefühl der „Groß-Oberhausener" – Verflechtungen zu Nachbarstädten hatten vor der Eingemeindung Bedeutung und behielten sie angesichts einer recht schwachen Oberhausener City bei. Osterfelder fuhren weiter nach Oberhausen oder eben nach Bottrop oder Essen zum Einkauf. Sterkrader wählten ebenfalls Duisburg oder Essen als bevorzugte Geschäftszentren. Mit dem Fortbestand von räumlichen Orientierungen über die bis 1929 neu gezogenen Stadtgrenzen hinaus treffen wir auf eine wichtige Ursache für die regionale Identität der Menschen im Ruhrgebiet. Neben der Wahrnehmung oftmals ähnlicher Lebens-, Wohn- und Arbeitsbedingungen, einer gemeinsamen Vorliebe für Hobbys wie den Fußball, den Brieftaubensport, Gesangvereine oder Kleingärten, stärkte der Bezug der Menschen auf die eigene Stadt und oft zugleich auf Nachbar-Gemeinwesen als räumlich erfahrbare Lebenswelt das Wir-Gefühl der Menschen im Ruhrgebiet.[61]

Ein weiterer Prozess erweist sich für die Ausprägung lokaler und regionaler Identitäten in Oberhausen und im Ruhrgebiet als bedeutsam und zugleich nicht mehr vornehmlich als lokal, sondern tatsächlich als regional angelegt:

*Die Wahrnehmung von Gemeinsamkeiten
und die Entstehung einer regionalen Öffentlichkeit.*

Die Herausbildung einer regionalen Identität der Menschen im Ruhrgebiet vollzog sich allerdings nicht als „Einbahnstraße": Es waren nicht allein tatsächlich vergleichbare Lebens- und Arbeitsbedingungen für die Arbeiterschaft der Montanindustrien als der rein zahlenmäßig deutlich überwiegenden Bevölkerungsgruppe oder die Lebensbedingungen der schmalen bürgerlichen Schichten mit ihren ähnlichen Wahrnehmungen von Defiziten an Urbanität, aus denen dann ein Auftrag zur Förderung städtischer Lebensqualität erwuchs. Es ist eben nicht allein das Sein, das das Bewusstsein bestimmt. Gerade die regionale Identität in einem so großen Ballungsraum wie dem Ruhrgebiet mit über fünf Millionen Einwohnern, mit einhundert Kilometern Ausdehnung in der Ost-West-Erstreckung, ist eine derart vielschichtige Bewusstseinslage, dass eine solche Identität nur mittelbar, beispielhaft oder auch symbolisch erlebt werden kann. Deshalb prägen kollektive Vorstellungsbilder, Stereotypen, eben das Image vom Ruhrgebiet bei den Menschen in und außerhalb der Region stark, wie intensiv sich ein regionales Bewusstsein gegenüber dem lokalen Heimatgefühl überhaupt herausbilden kann und welche Inhalte diese regionale Identität enthält.

Herausragende Bedeutung für die Entstehung eines breit verankerten Ruhrgebiets-Bewusstseins unter den Menschen der Region im Verlauf des 20. Jahrhunderts erlangten zwei Prozesse: Zum einen die Herausbildung der Vorstellung von regionalen Gemeinsamkeiten und zum zweiten die Entstehung einer regionalen Öffentlichkeit.

Regionale Gemeinsamkeit aller erster Ordnung ist die Etablierung einer Begrifflichkeit von der Region. In vorindustrieller Zeit findet sich vereinzelt die Bezeichnung „Ruhrland" für jene Gegenden nördlich des Flusses, die sich um den Verkehrsweg des Hellwegs zwischen Duisburg und Dortmund gruppierten. Zu Beginn des 20. Jahrhunderts war der Begriff Ruhrgebiet kaum bekannt und vor allem nicht gebräuchlich. Die Region definierte sich über ihre industrielle Stärke. Folglich nannte man das Ruhrgebiet seit dem ausgehenden 19. Jahrhundert meist das „Rheinisch-westfälische Industriegebiet". Um 1890 setzte sich der Begriff in der sozial tonangebenden Schicht der Montanindustriellen durch. Begünstigt von Interessen der Kohlen- und Hüttenunternehmer an Preisvereinbarungen, die ruinösen – und im allgemeinen – Wettbewerb einschränken sollten, kam der wirtschaftlichen Elite die Gemeinsamkeit regionaler Interessen zu Bewusstsein. Die wichtigste Orientierung bot lange Zeit die preußische Bergaufsichtsbehörde. Das Königlich Westfälische Oberbergamt zu Dortmund überschritt die Provinzgrenze nach Westen und schloss die rechtsrheinischen Städte und Kreise bis Duisburg, Düsseldorf, Mettmann und Elberfeld mit ein. Bis um 1880 fand sich häufig auch der geografisch präzisere Begriff vom „niederrheinisch-westfälischen Industriedistrikt". Er verlor jedoch mit der zunehmenden Ausrichtung der Industriellen auf die Organisation der gesamten montanindustriellen Interessen beider preußischen Westprovinzen an Bedeutung.

Die räumliche Abgrenzung des Ruhrgebiets blieb zu Beginn und dann bis in die zweite Hälfte des 20. Jahrhunderts hinein unscharf. Zugleich fehlte es bis um 1900 am klaren Begriff, den sich die Region selbst gab. Unter dem rheinisch-westfälischen Industriegebiet wurde meist der montanindustriell beherrschte Raum zwischen Moers und Dortmund, die bergischen Städte im Tal der Wupper und auch die Textilstandorte Krefeld und Mönchengladbach verstanden. Als Ruhrgebiet bezeichnete man demgegenüber das Einzugsgebiet der Ruhr mit ihren Zuflüssen aus dem Sauerland. In der Wahrnehmung der Zeitgenossen seit den 1890er Jahren spielte die Expansion des Steinkohlenbergbaus, dessen Nordwanderung über die Emscher hinaus und seine siedlungsbestimmende Kraft mit zahlreichen Kolonien für die Bergleute eine große Rolle. So erlangte der Begriff „Ruhrkohlengebiet" um die Wende zum 20. Jahrhundert Verbreitung. Seinen Höhepunkt erlangte die Bergbauorientierung der Menschen in der Region, als Kohle nach dem Ersten Weltkrieg begehrte Mangelware und zugleich Reparationsgut geworden war. So entsprach es den Erfordernissen der Zeit wie dem Zeitgeist, den ersten administrativen Zusammenschluss der Städte und Gemeinden im Jahr 1920

„Siedlungsverband „Ruhrkohlenbezirk" zu nennen. Mit diesem ersten Zusammenschluss des Ruhrgebiets für Zwecke der Planung, der Förderung von Siedlung, Grün und Verkehr erfuhr die Bildung des Ruhrgebietsbewusstseins einen wichtigen Schub. Einen großen Anteil daran hatte die französisch-belgische Ruhrbesetzung von 1923, als die Region plötzlich von der gesamten deutschen Öffentlichkeit und sogar darüber hinaus international als zusammengehöriger, markant geprägter Wirtschaftsraum von zentraler Bedeutung für die europäische Ökonomie thematisiert und wahrgenommen wurde. Das förderte die mentale Abgrenzung der Menschen von der Außenwelt und wechselseitig die Besinnung auf die Gemeinsamkeit der Lebens- und Arbeitsbedingungen zwischen Moers und Kamen. Während der Weimarer Republik finden sich daher in Alltags- und Literatursprache bereits die vornehmlich der Selbstbeschreibung dienenden Titel vom „Revier", „Ruhrrevier", „Ruhrpott" und „Kohlenpott".

Der Begriff „Ruhrstadt" bekam sodann während der 1920er Jahre Konjunktur, als 1922 und dann von 1925 bis 1929 intensiv über die kommunale Neugliederung der Region diskutiert wurde. Anders als bürgerliche Parteien, das Zentrum oder die SPD vertrat die KPD das Modell der „Ruhrstadt". Alle Städte und Gemeinden im Kernraum des Ruhrgebietes von Duisburg bis Dortmund sollten in einer Großkommune zusammengefasst werden. Pate stand dabei die Bildung Groß-Berlins 1920. Die Argumente dafür lauteten die möglichst gleichmäßige Förderung der Lebensverhältnisse in kleineren wie größeren Ortschaften, aber auch die Stärkung von Politik und Verwaltung gegenüber der lokal jeweils beachtlichen Macht der Montankonzerne wie Krupp, Thyssen, Hoesch, GHH, Bochumer Verein oder Gelsenkirchener Bergwerks AG. Gründe dagegen bildeten indes die Begünstigung des Heimatgefühls der Menschen durch noch überschaubare Kommunen. Durch diese sollte es Kommunalpolitik und Verwaltung erleichtert werden, Problemlösungen nahe an den Verhältnissen für die Menschen vor Ort zu finden. Viele Zeitgenossen nahmen dabei sicherlich billigend – oder sogar gerne – in Kauf, dass die Macht der Großunternehmen in solchen Kommunen, die sich an Wirtschaftsräumen von Unternehmen orientierten, noch erhöht wurde. Folgerichtig entstanden 1926 Gelsenkirchen und 1929 Oberhausen als Städte, deren Mittelpunkt nicht mehr eine City, sondern mit der Gelsenkirchener Bergwerks AG und der Gutehoffnungshütte AG jeweils ein schwerindustrieller Konzern bildete. Also war die „Ruhrstadt" zwar 1929 gescheitert, doch der Begriff hatte als Möglichkeit von Zukunftsgestaltung Eingang in das Bewusstsein der Region gefunden.

Während der nationalsozialistischen Herrschaft verstärkten sich Entwicklungen aus der Heimatschutzbewegung seit etwa 1900, die zwar einerseits Lebensbedingungen und Migration als etwas Fremdes und Abstoßendes bewerteten, aber dennoch im Sinne nationaler Erziehung sowie sozialer Integration von Migranten Heimatgefühl im Interesse des Nationalstolzes zu fördern trachteten. Dazu verhielt sich die gehäufte Verwendung des Begriffs „Ruhrland" konform. Dies drückt aus, dass die vorindustrielle Kulturlandschaft weiterhin den normativen Bezugspunkt für Regionalität bildete. Ruhrland spiegelt jedoch auch wider, dass die mächtigen Kulissen der Industrie die Grundlage für Stolz und Identität abgeben konnten und sollten.

Seit etwa 1930 setzte sich schließlich der Begriff „Ruhrgebiet" als verbreitete, schließlich gängige Selbstbezeichnung der Region durch. Dazu mag die intensive innerregionale öffentliche Diskussion über die kommunale Neuordnung von 1926 bis 1929 beigetragen haben. Schließlich hob jene dichte Diskussion ins Bewusstsein, dass der zur alltäglichen Selbstverständlichkeit geronnene Begriff für die Region noch nicht gefunden war.

Eine ähnlicher Mangel an Kohle wie nach 1918 – und eine dadurch geförderte Fixierung der kollektiven Wahrnehmung auf diese, das Ruhrgebiet prägende Gemeinsamkeit – trat nach dem Zweiten Weltkrieg erneut ein. Bis zum Ende der 1950er Jahre wuchs der Bergbau nicht nur, er galt zugleich als das Rückgrat der bundesdeutschen Wirtschaft, weil sowohl Energie und „Hausbrand" als auch der Grundstoff Koks für die Eisen- und Stahlerzeugung aus der Steinkohle gewonnen wurden.

Anfang der 1960er Jahre jedoch erfasste die Kohlekrise das Ruhrgebiet. Die Region wurde nunmehr zunehmend mit diesem Begriff belegt. Allerdings behauptete das „Revier" oder auch das „Ruhrrevier" über die Jahrzehnte schwerindustrieller Krisenerfahrungen von 1960 bis 1990 einen gleich hohen Stellenwert in der öffentlichen Selbstbezeichnung. Je mehr den Eliten, dann auch der breiten Öffentlichkeit ins Bewusstsein trat, dass die Zukunft der Region auch außerhalb von Kohle und Stahl zu suchen sein würde, setzte sich das „Ruhrgebiet" durch, sinnbildlich in der Umfirmierung des „Siedlungsverbandes Ruhrkohlenbezirk" in den „Kommunalverband Ruhrgebiet" 1975. Krisenerfahrungen, das Erlebnis von Solidarität und gemeinsamer Betroffenheit in den Auseinandersetzungen um Werksschließungen, aber auch die kollektive Wahrnehmung einer Zunahme von Lebensqualität mit dem sprichwörtlichen „blauen Himmel über der Ruhr" verstärkten die Wahrnehmung des Ruhrgebietes als einer Region mit prägenden Gemeinsamkeiten gerade auch im Alltag der Menschen. In der Außenwahrnehmung indes fand sich während der zweiten Hälfte des 20. Jahrhunderts neben dem Revier auch der Begriff „Ruhrpott", in dem sich negativ besetzte Stereotype von einem Mangel an Lebensqualität, an Urbanität mit der Metapher von dem kochenden Stahlpott als Bild des Hochofens oder vom Schmelztiegel als Bild für die soziale Integration verschiedenster Bevölkerungsgruppen während der modernen Geschichte der Region miteinander verbanden. Diese Begriffe und die Bilder, die sie in der Vorstellungswelt vieler Menschen von der Ostsee bis zum Alpenland seit Generationen auslösen, lassen erahnen, dass es trotz aller touristischen Erfolge des Ruhrgebiets als pulsierender Städtelandschaft noch Jahrzehnte brauchen mag, bis die in der Realität verblichenen Stereotype auch aus dem Bewusstsein der Menschen weitgehend verschwunden sein dürften.

In der zweiten Hälfte des 20. Jahrhunderts erlangte die Formung von Regionalbewusstsein im Spiegel einer medial geprägten Öffentlichkeit eine neuartige Qualität. Seit ihrer Zulassung durch die britischen Besatzungsbehörden 1947 trat die WAZ, die Westdeutsche Allgemeine Zeitung, ihren Siegeszug zum dominierenden Print-Medium des Ruhrgebietes an. Regionale Öffentlichkeit wurde durch keinen anderen Vorgang im Ruhrgebiet so offensichtlich hergestellt. Am Längsschnittvergleich der Themen und der Berichterstattung der WAZ über vier Jahrzehnte seit ihrer Gründung wird deutlich, wie sehr sich unter den Bedingungen kollektiver, krisenhafter Unsicherheit und des Mangels an Wohnung, Arbeit und Wohlstand in den ersten Nachkriegsjahren seit 1945 das Regionalbewusstsein im Ruhrgebiet verdichtete, dann aber das Leit-Medium selbst zum Image prägenden und regionale Identität fördernden Faktor im Ruhrgebiet wurde. Die Lebenserfahrungen von Leserschaft und Redakteuren gingen Hand in Hand mit dem ökonomischen Interesse an der Etablierung der WAZ als führender Ruhrgebietszeitung – ein Trend , der durch die Hervorhebung aller nur denkbaren Aspekte von regionaler Identität verstärkt wurde. Diese Elemente von Ruhrgebietskultur waren seit den 1950er Jahren der Sport, zunehmend Kultur und Freizeit, dann aber eben auch gemeinsame Krisenerfahrungen und nicht zuletzt die Selbstvergewisserung der Menschen, dass ihre zupackende, direkte, offene Art selbst zu einem Moment der Krisenbewältigung werden könne.

Die zweite herausragende Institution zur Beförderung des Regionalbewusstseins seit dem Zweiten Weltkrieg wurde die klassische Regionalinstitution im engeren Sinne des Wortes: der „Siedlungsverband Ruhrkohlenbezirk", kurz SVR, bis 1974, sein Nachfolger „Kommunalverband Ruhrgebiet" KVR bis 2003 und seit 2004 der RVR, der „Regionalverband Ruhr". Reformen um wechselnde Zuständigkeiten, vor allem aber der sichtbare Ausdruck für regionale Zusammengehörigkeit im Verwaltungsgefüge des Landes Nordrhein-Westfalen und die Existenz einer öffentlichen Plattform zur Erörterung regionalpolitisch bedeutsamer Themen trugen zur Verankerung von Regionalität im Selbstverständnis der Ruhrgebietsbevölkerung bei. Analog zur Bedeutung der WAZ stieg die öffentliche Wahrnehmung des Kommunalverbandes seit den 1970er Jahren im Zuge wachsender regionalpolitischer Herausforderungen, um den Strukturwandel wirkungsvoll zu steuern.

Der Blick in die Gegenwart verdeutlicht, wie sehr das Regionalbewusstsein zu Beginn des 21. Jahrhunderts erneut in eine dynamische Veränderung eingetreten ist. Wieder macht sich das an Begriffen fest. Der 2004 in „Regionalverband Ruhr" umfirmierte „Kommunalverband Ruhrgebiet" brachte ein Stück Verlust von Selbstverständlichkeit in der Selbstbezeichnung der Region zum Ausdruck. Zugleich setzte in der regionalen Öffentlichkeit eine Diskussion um den metropolitanen Charakter – genauer die als Besonderheiten oder Defizite beurteilten Charakteristika – des Ruhrgebietes ein. Leicht tut sich das Ruhrgebiet nicht bei dem Versuch, sich als „Metropole Ruhr" eine modifizierte Identität zu geben. Dennoch arbeitet die Region sei dem Jahr der Kulturhauptstadt 2010 durch Diskussion ein erneuertes gemeinsames Selbstverständnis heraus: Nicht das eine Zentrum von europäischer Ausstrahlung, sondern die Vielzahl und die Vielfalt der urbanen Subjekte, der jeweils einzigartigen städtischen Lebenswelten und Lebensqualitäten des Ruhrgebiets macht seinen einzigartigen Reiz – und darüber seine Metropolen-Qualität ganz eigener Art – aus. Wir dürfen gespannt sein, wie sich Ruhrgebietsbewusstsein im 21. Jahrhundert fortentwickelt. Offen bleibt dabei noch, ob die Region in einem globalen Metropolenwettbewerb neuer Dimension eine Transformation zum gleichwertigen Teil einer großen Metropole Rhein-Ruhr erfahren wird.[62]

Lokalpatriotismus und Ruhrgebietsidentität in Oberhausen im 20. Jahrhundert

Schon zur Zeit der Weimarer Republik in den 1920er Jahren hatte sich eine vielschichtige, oft drei oder vierdimensionale lokale Identität der Menschen in Oberhausen und in vielen anderen Städten des Ruhrgebiets herausgebildet. Frau, Mann und Kind wohnte und lebte in der Siedlung oder im Stadtviertel, war Bürger eines großen Stadtteils mit altem Selbstbewusstsein (wie Sterkrade und Osterfeld) oder aber einer erfolgreich durch die kommunalen Neuordnungen gelangten jungen Industriestadt wie Oberhausen. In Folge der zwar gegenüber dem 19. Jahrhundert verringerten, aber immer noch bedeutenden innerregionalen Mobilität von Arbeiterschaft und Bürgertum mit häufigen Umzügen und Ortswechseln blieben vielfach Bindungen an Nachbarstädte bestehen. Die waren um so intensiver, je mehr es sich um Großstädte, Oberzentren mit attraktiver City und Freizeitangebotspalette handelte. Zugleich fühlten sich die Menschen der Region Ruhrgebiet zugehörig, nicht selten auch einer der beiden preußischen Provinzen Rheinland und Westfalen.

Die Bildung lokaler und regionaler Identitäten, von Heimatgefühl, Lokalpatriotismus und Regionalbewusstsein, fand indes weder mit der großen Neuordnung von 1929 noch mit der letzten Neugliederung von 1975 ihren Abschluss. Die Veränderungen in Wirtschaft und Gesellschaft erhöhten die räumliche Mobilität der Menschen im Ruhrgebiet während der zweiten Hälfte des 20. Jahrhunderts erneut und fortwährend. Sowohl die Bildungsexpansion der 1960er und 1970er Jahre, mündend in neue, größere Studentengenerationen seit den 1980er Jahren, als auch der Abbau der Montanindustrien mit der Folge weiter Arbeitswege verstärkten die Wahrnehmung der Menschen im Ruhrgebiet von der Ähnlichkeit ihrer Region, von der Vergleichbarkeit ihrer Probleme, von der spürbaren Solidarität in Arbeitskämpfen um den Erhalt von Arbeitsplätzen – ob vor den Hochöfen in Hattingen und Oberhausen oder auf der Rheinbrücke bei Duisburg-Rheinhausen.

Die tiefen Einschnitte des ökonomischen Strukturwandels zerstörten oftmals persönliche Lebensplanungen, hinterließen Ratlosigkeit für die Zukunft der Kinder, stellten Wohlstand in Frage, wenn in Städten wie Oberhausen von 108.600 Arbeitsplätzen, die auf der Höhe des Stahlbooms im Jahr 1961 vorhanden waren, bis 2008 die unvorstellbare Zahl von 58.600 Arbeitsplätzen in der Stadt verloren ging. Einer Stadt wie Oberhausen fehlte plötzlich das Eisen, das sie wortwörtlich einmal zusammengeschweißt hatte: die Eisen- und Stahlindustrie der GHH, dann der HOAG und schließlich von Thyssen in der heutigen Neuen Mitte Oberhausen. Die Arbeit als der wichtigste die Stadtgesellschaft integrierende, nämlich Menschen und ihre Heimatgefühle in der Lebenswelt des Alltags vereinende Faktor löste sich für zehntausende Oberhausener in nichts auf. Die Stadt war seit Mitte der 1980er Jahre in ihrer sozialen, kulturellen, mentalen Existenz in Frage gestellt, wirtschaftlich mit einer Arbeitslosenquote von bis zu 18,7 Prozent ohnehin! Die Stadt hat sich aber neu erfunden. So wie ihre Eigenschaft als die Wiege der Schwerindustrie Oberhausen erst erschuf, so haben das Centro, die Neue Mitte Oberhausen, das neue Attribut als Tourismus-Hauptstadt des Ruhrgebiets Oberhausen einen neuen Sinn, eine neue Lebensberechtigung, den Oberhausenerinnen und Oberhausenern einen ganz neuen und viel größeren Stolz als jemals zuvor gegeben. Der Blick auf die Identität der Menschen zeigt, wie unverzichtbar die Erfindung einer neuen Zukunft für die Stadt Oberhausen war. Der unaufgeregte Stolz der Menschen auf ihre Stadt Oberhausen ist zugleich das stärkste Argument dafür, dass Oberhausen auch in Zeiten größter Finanznot in seiner kommunalen Existenz nicht in Frage gestellt sein wird. Denn aus jenem Selbstbewusstsein ist immer aufs Neue Lebenskraft, Tatendrang und Zusammengehörigkeit gewachsen, das Lebenselexier für Stadt als ein sich immer wieder selbst erneuernder Lebens- und Kommunikationszusammenhang.

Zusätzlich zu Wirtschaft und Gesellschaft leistete indes auch die Politik einen aktiven Beitrag zum Ruhrgebiets-Bewusstsein der Gegenwart. Es war die britische Besatzungsmacht an Rhein und Ruhr, die mit der Bildung des Landes Nordrhein-Westfalen 1946 einen Prozess in Gang setzte: Das Ruhrgebiet begann sich als Einheit ganz neuer Art, nämlich als das wirtschaftliche Herz des neuen Bundeslandes zu begreifen. Das schuf Stolz, Zusammenhalt, ein wenig Abgrenzung – und darüber wiederum einen allmählichen Bedeutungsverlust der regionalen Identitäten von rheinischen und westfälischen „Ruhrgebietlern". So bleiben im 21. Jahrhundert all die lokalen und regionalen Heimatgefühle der Menschen in Oberhausen und im Ruhrgebiet bestehen, die unsere Region auch bereits vor einhundert Jahren prägten, doch die Mischungen, die Bewertungen, die Gewichtungen haben sich spürbar verschoben. Es herrscht weniger Abneigung gegen den Nachbarn, mehr Vereinbarkeit von Stolz auf die Stadt mit dem zu-Hause-Fühlen im Viertel, aber auch in der Region. Dieses mehr an Gelassenheit und Ausgewogenheit führt zu einem Mehr an Vereinbarkeit verschiedener räumlicher Identitäten. Das kann den Menschen im Ruhrgebiet bei den Herausforderungen, die auch die Zukunft weiter bereithält, nur nützlich sein.

Es war im April 2010, da veranstaltete der Regionalverband Ruhr gemeinsam mit weiteren regionalen Akteuren im Wissenschaftspark Rheinelbe in Gelsenkirchen einen sehr dynamischen und stimmungsvollen Workshop zur Wissensregion Ruhr. Knapp 100 Teilnehmer aus Wissenschaft, Wirtschaft und Kommunen erarbeiteten gemeinsam und in zwölf Arbeitsgruppen Lösungsansätze für mehr regionale Entwicklungschancen durch Bildung und Wissenschaft. Eine starke Forderung lautete, nicht nur die innerstädtische Ebene der Hochschulstädte zu betrachten, sondern den Mehrwert für die Menschen des gesamten Ruhrgebiets als ehrgeiziges Ziel zu definieren und anzusteuern. In der Abschlussdiskussion nahm dann einer der Initiatoren das bemerkenswerte Resümee vor: Zwanzig oder dreißig Jahre früher wäre ein solcher regionaler Aufbruch noch an den Kirchtürmen der Handelnden zerschellt. Heute aber trage insbesondere eine junge Generation der unter 50-Jährigen, der Kinder der Bildungsexpansion im letzten Drittel des 20. Jahrhunderts, die Zuversicht von der Machbarkeit regionaler Fortschritte bei fortlaufenden lokalen Identitäten in das neue Ruhrgebiet der Wissensgesellschaft des 21. Jahrhunderts hinein.

Regionale Identität in der Wissensgesellschaft des 21. Jahrhunderts

Als eine ehemals von der Montanindustrie geprägte Großstadt im Ballungskern des Ruhrgebiets lebten zu Beginn des 20. Jahrhunderts 75 Prozent der Oberhausener Stadtbevölkerung von Kohle, Eisen und Stahl, weitere 15 Prozent von weiteren Industriezweigen und dem produzierenden Handwerk. Lediglich knapp zehn Prozent der Menschen erzielten ihren Lebensunterhalt aus den Dienstleistungen und etwa 1,5 Prozent aus der Landwirtschaft. Zu Beginn des 21. Jahrhunderts hat sich das Bild fast vollständig gedreht: Es sind nunmehr 79 Prozent der Erwerbstätigen in den Dienstleistungen tätig und nur noch gut 20 Prozent in der Industrie und dem produzierenden Handwerk. Das gilt sogar für eine Stadt, die unterdurchschnittlich an der Wissens- und Informationsgesellschaft teilhat. Doch ohne jeden Zweifel wird der seit einem Jahrhundert sich stetig verstärkende Trend zu höherwertigen Qualifikationen, zu immer größeren Anteilen an wissensgestützten und kreativen Komponenten der Erwerbsarbeit anhalten. Das blieb bisher nicht ohne Auswirkungen auf die lokale und die regionale Identität der Menschen in Oberhausen und im Ruhrgebiet; und das wird auch in Zukunft nicht ohne Einfluss sein.

Seitdem sich um 1960 die gesellschaftspolitische Zielrichtung der Bildungspolitik merklich hin zur Ermöglichung von sozialem Aufstieg durch Bildung verschob, wurden hohe Investitionen in neue wie alte Bildungseinrichtungen getätigt. Wenngleich Oberhausen auch nicht von einer der Hochschulgründungen im Ruhrgebiet durch einen eigenen Standort profitieren konnte, so entstanden drei Gesamtschulen und mit dem Bertha-von-Suttner ein neues Gymnasium. Die Quote der Abiturienten eines Jahrgangs kletterte über die Jahrzehnte von nur gut fünf auf über 30 Prozent. Diese jungen Menschen suchten und fanden Ausbildung, Studium und Beschäftigung weit häufiger in den Nachbarstädten als die vorherigen Generationen der Oberhausenerinnen und Oberhausener. Zugleich weitete sich die Wahrnehmung von Freizeitangeboten auf die Region Ruhrgebiet aus. So entwickelte es sich von der Ausnahme zum Alltagsphänomen, dass die Menschen in Oberhausen und Essen ihre Einkäufe vornahmen, dass sie bei RWO, bei Schalke oder Borrussia Dortmund – oder sogar Mönchengladbach – ein Fußballspiel sahen, dass sie eine Oberhausener Diskothek oder das Bochumer Bermuda-Dreieck besuchten, und nicht zuletzt dass sie in Oberhausen oder in einer Nachbarstadt zwischen Duisburg und Dortmund das Theater, ein Kino oder ein Festival aufsuchten. Die Region Ruhrgebiet ist darüber im Verlauf der zweiten Hälfte des 20. Jahrhunderts von einer – etwas abstrakten – wirtschaftsgeografischen Tatsache zu einem bunten Alltagserlebnis in der Lebenswelt ihrer Bewohner gereift. Daran hatten ferner so grundlegende Veränderungen der modernen Welt wie die Mobilität durch Automobil und Nahverkehr oder die Verkürzung von Wochen- und Lebensarbeitszeiten ihren Anteil.

Mit der Bildungsexpansion von den 1960er bis in die 1980er Jahre und der parallel verlaufenden Massen-Automobilisierung der Gesellschaft erweiterte sich das alltägliche räumliche Erfahrungsfeld der Menschen im Ruhrgebiet. Hochschulen, Ausbildungsstätten und Arbeitsplätze wurden seitdem mit ungebremster Dynamik auch außerhalb der jeweils eigenen Stadtgrenzen aufgesucht. Mit dem je individuellen Alltagserlebnis von mehreren Städten in der Region wuchsen das Bewusstsein und die Kenntnis von den Gemeinsamkeiten wie den Unterschieden der Ruhrgebietsstädte. Das verstärkte das regionale Zusammengehörigkeitsgefühl und erstmals wird ein Selbstbewusstsein der Ruhrgebietsbevölkerung erkennbar. Dieses speiste sich aus dem Stolz auf die Leistungen des wirtschaftlichen Wiederaufbaus und auf die wachsende Lebensqualität im Zuge expandierender Freizeit- und Bildungsinfrastrukturen. Mit dem ebenfalls seit den 1960er Jahren bei der Kohle, seit den 1980er Jahren beim Stahl kollektiven Erlebnis von Betroffenheit durch den Abbau von Arbeitsplätzen und die Schließung von Werksstandorten trat die regionale Gemeinsamkeit, das Regionalbewusstsein in neuer Qualität in das öffentliche Leben der Menschen im Ruhrgebiet. So bildet eine ausgeprägte regionale Identität neben der lokalen ein durchgängiges Merkmal der Erlebniswelt im Ruhrgebiet zu Beginn des 21. Jahrhunderts. Und es sind insbesondere die jüngeren, höher Qualifizierten, mobileren Teile der Bevölkerung, deren Ruhrgebiets-Bewusstsein gänzlich ohne eigene schwerindustrielle Lebenserfahrungen an Dichte, Emotionalität und Vielfalt gewinnt. Doch ist das schon alles, um der Realität gerecht zu werden?

Seit der Jahrtausendwende finden sich in der sozialwissenschaftliche Literatur vermehrt stimmen, die dem Ruhrgebiet eine fortschreitende Auflösung seiner regionalen Identität attestieren. Insbesondere durch den Verlust der Prägekraft der Montanindustrie mit Großunternehmen, korporativ organisierten Arbeitsbeziehungen und durch den Verlust der auf Staat und Konzerne bauenden, wenig auf Veränderung setzenden kollektiven Mentalität des „alten" Ruhrgebiets der Jahrzehnte bis 1980 verflüchtige sich nunmehr das Erlebnis von Gemeinsamkeit. Städte fänden unterschiedliche Entwicklungsperspektiven. Die soziale Struktur der Gesellschaft werde immer vielfältiger. Die Folge dessen sei der Verlust einer regionalen Identität, die so recht erst nach 1945 zur vollen Geltung gelangt sei.

Aber auch diese Position scheint nur einen Ausschnitt aus der Realität, der kollektiven Psyche, der Mentalität, der Identität der Menschen im Ruhrgebiet zu erfassen. Denn im Ge-

Abb. 25:
Gesamtschule
Osterfeld,
um 1975

gensatz zu der erwarteten erneuten Fragmentierung regionaler Identität vermehren sich die Vernetzungen menschlicher Lebenswelten an jeweils mehreren Orten der Region stetig.[63] Oberhausen bringt das mit seiner Studierenden- sowie mit seiner Pendlerbilanz eindringlich zum Ausdruck. Dass Oberhausens Studierende allesamt außerhalb der Stadt eine Hochschule besuchen, verwundert angesichts des Mangels der Stadt an einer eigenen Hochschuleinrichtung nicht. Allerdings zog der deutliche Anstieg der Quote von Schulabsolventen mit Hoch- und Fachhochschulreife es nach sich, dass diese Bevölkerungsgruppe heute einen Breitenphänomen ausmacht: Im Verlaufe des zurückliegenden halben Jahrhunderts von 1960 bis 2010 erhöhte sich der Anteil der Schulabgänger mit Zugangsberechtigung zu einer Hochschule, wie schon genannt, von nur etwa fünf auf heute etwa 35 Prozent. Bei einer Jahrgangsstärke von etwa 2.200 Personen und einem Studierendenanteil von 40 bis 50 Prozent verlassen demnach alljährlich etwa 350 bis 400 junge Menschen die Stadt, um eine Hochschule aufzusuchen. Davon wiederum gut die Hälfte – 200 – verbringt einen großen Teil des Studiums an einer der Ruhrgebietshochschulen.

Zunächst erscheinen diese Zahlen nicht exorbitant hoch. Doch sie sind im Zusammenhang mit jenen jungen Menschen zu bewerten, die ebenfalls in den Nachbarstädten eine Ausbildung absolvieren. Aufgrund der vorliegenden Daten der Kammern lässt sich diese Zahl angesichts von knapp 1.000 begonnen Ausbildungsverhältnissen im Jahr auf mindestens 300 schätzen. Somit verbringen über 500 junge Menschen oder 25 Prozent der Oberhausener Bevölkerung jener Jahrgänge Ausbildung oder Studium in den Nachbarstädten der Metropole Ruhr.

Oberhausen im Ruhrgebiet

Und von noch Ausschlag gebenderer Bedeutung für die Wahrnehmung der Region erweisen sich die Berufspendler. Eindrucksvolle Zahlen über die sozialversicherungspflichtig Beschäftigten hält das statistische Jahrbuch der Stadt Oberhausen 2011 für uns bereit. Sie seien präzise genannt: 58.531 Personen sind am Arbeitsort Oberhausen tätig, 26.800 davon wohnen auch zugleich in Oberhausen, 31.731 pendeln alltäglich nach Oberhausen zur Arbeit ein, gleichzeitig pendeln jedoch jeden Tag 39.085 Oberhausener in andere Kommunen aus. Folglich sind insgesamt 65.885 Oberhausener sozialversicherungspflichtig beschäftigt, was wiederum bedeutet, dass 7.354 Menschen mehr Oberhausen verlassen als zum Arbeiten nach Oberhausen kommen – und dabei ist dieser Saldo (Auspendlerüberschuss) sogar von seinem Höhepunkt mit 10.394 Personen in 1993 allmählich gesunken.[64]

Diese Zahlen bedürfen der Interpretation, um nicht sogar zu sagen der stadtentwicklungspolitischen Bewertung. In Oberhausen haben wir uns über Jahrzehnte daran gewöhnt, dass die Stadt einen negativen Pendlersaldo aufweist, und wir haben dies stets ein wenig beklagt. Der negative Pendlersaldo wurde stets als Ausdruck dessen verstanden und bewertet, dass die Bedeutung Oberhausens als Arbeitsmarkt im Zuge des jahrzehntelangen Strukturwandels bedenklich geringer geworden sei und zu einem großen Teil zu den Arbeitsmarktproblemen der Stadt beitrage. Wenngleich diese letzte Aussage fraglos zutrifft, empfiehlt sich eine vielseitigere Betrachtung.

Oberhausen ist ein Mittelzentrum in Europas größtem Ballungsraum, der Metropolregion Rhein-Ruhr mit ihren rund elf Millionen Einwohnern, von Bonn im Süden bis Hamm im Nordosten. Oberhausen verfügte als Arbeitsmarkt über eine Zentralfunktion, solange fast zehn Prozent der deutschen Eisen- und Stahlproduktion in der Stadt erwirtschaftet wurden. Oberhausen verlor den größten Teil jener Zentralfunktion, als die Montanunternehmen schlossen und daraufhin die Konzernzentralen von zwei der größten Anlagenbaukonzerne Europas – Gutehoffnungshütte-MAN und Deutsche Babcock – 1986 und 2002 ihre Tore schlossen. Zugleich gelang es Oberhausen, eine verminderte Bedeutung als Industriestandort durch erfolgreiche Mittelständler – wie Lennord & Bauer oder Böke & Walterfang – aber auch durch die Umstrukturierung von Ruhrchemie-OXEA und der MAN Diesel + Turbo zu stabilisieren. Es trat mit der Etablierung des Dienstleistungs- und Freizeitzentrums Neue Mitte Oberhausen sogar eine neue Zentralfunktion für das Ruhrgebiet in diesem Beschäftigungssegment hinzu.

Aus der Vogelperspektive betrachtet ist Oberhausens Strukturwandel eine Erfolgsgeschichte: 58.600 Arbeitsplätze gingen zwar verloren, doch 38.900 sind neu entstanden. Bei einer von 261.000 auf 212.000 Menschen reduzierten Einwohnerzahl bietet die erneuerte Stadtwirtschaft durchaus eine solide Grundlage für den Wohlstand. Zu dieser Bilanz trägt die Pendlerbilanz erheblich bei. Denn von den 88.900 Oberhausenerinnen und Oberhausenern, die 2009 beschäftigt waren, arbeiten gut 9.600 – oder 11 Prozent – in der benachbarten Region. Betrachtet man die Nachbarstädte mit den höchsten Pendlersaldi, so erlaubt dies einen vielsagenden Einblick in die zentralörtliche Stellung Oberhausens an der Schnittstelle von Ruhrgebiet und Rheinschiene: Oberhausens verbliebene Zentralfunktion kommt im Pendlerüberschuss zum Ausdruck, den die Stadt gegenüber Bottrop (269) und den Kreisen Recklinghausen (793) wie insbesondere Wesel (1.950) aufweist. Die Inanspruchnahme des größeren und höherwertigen Arbeitsplatzangebotes in der Region wird dagegen erkennbar aus dem Pendlerabfluss, den die Oberhausenerinnen und Oberhausener im Saldo gegenüber Mülheim (2.928), Essen (3.033) und Duisburg (3.556) zeigen. Doch eine erhebliche Pendlerbewegung führt auch aus dem Ruhrgebiet hinaus. Die besondere Lagegunst Oberhausens an der Schnittstelle von Rhein- und Ruhrgebiet, verstärkt durch leistungsstarke Infrastrukturen im öffentlichen Regionalverkehr wie bei den Autobahnen, dokumentieren die Pendlerabflüsse nach Düsseldorf (3.254) und auch in den Kreis Mettmann (985). Wie nur noch Mülheim und Duisburg verdeutlicht die Stadt Oberhausen damit die Realität von einer Metropolregion Rhein-Ruhr, die für viele Menschen – mehr aus dem Ruhrgebiet ins Rheinland als umgekehrt – eine Einheit bildet.[65]

Die Menschen pendeln erstens deshalb aus, weil die Größe und Vielfalt der Metropolregion Rhein-Ruhr mehr Möglichkeiten am Arbeitsmarkt bietet, als es die Stadt Oberhausen mit ihrem unterdurchschnittlichen Besatz an Forschung und Entwicklung, an Unternehmenszentralen und damit an hochwertigen Arbeitsplätzen vermag. Die Menschen pendeln zweitens aber mindestens ebenso gewichtig deshalb, weil die Lebensqualität, der Wohn- und Freizeitwert in Oberhausen so hoch sind, dass die Menschen ihren Lebensmittelpunkt in Oberhausen behalten oder gar neu wählen, selbst dann wenn sie dafür einen täglichen Weg zur Arbeitsstätte in Kauf nehmen müssen. Der Stadtentwicklung wird mit dieser Bestandsaufnahme eine gewichtige Aufgabe ins Stammbuch geschrieben, nämlich die Lebensqualität in der Stadt mit mindestens der gleichen Anstrengung zu entwickeln wie den Wirtschaftsstandort.

Oberhausen ist mit seiner auffällig negativen Pendlerbilanz zwar ein besonders ausgeprägtes Beispiel, doch auch für die übrigen Städte der Metropole Ruhr gilt: Etwa ebenso viele Menschen arbeiten und lernen innerhalb der eigenen Stadt wie außerhalb, und dies jeden Tag. Darüber ist die „Bilokalität", die Regionalität der allgegenwärtigen Lebenswelt der Menschen im Ruhrgebiet zu Beginn des 21. Jahrhunderts ein Massenphänomen, eine zur Normalität herangereifte Erfahrung und Realität geworden. Folglich darf mit einiger Plausibilität prognostiziert werden, dass auch bei einer fortschreitenden Profilierung der verschiedenen Städte mit ihren jeweiligen Stärken der Zusammenhalt der Region nicht abreißen wird. Die Metropole Ruhr erhält und erhöht erst dadurch ihren metropolitanen Charakter, dass sich die Stärken – und naturgemäß die unvermeidlichen Schwächen – aller Städte der Region wie ein Mosaik zu einem stimmigen, beeindruckenden, arbeitsteilig sich ergänzenden Bild zusammenfügen, das nach innen wie nach außen strahlen kann. Ähnlich wie die international bedeutenden Metropolen London, New York oder vielleicht am offenkundigsten Los Angeles, muss die Vielgestaltigkeit der Teilräume eines urbanen Ballungsraumes keinesfalls die Zusammengehörigkeit schwächen. Für die Menschen im Inneren, für die Identität der Metropole Ruhr im 21. Jahrhundert kann das Ziel darin bestehen, das Zusammenwirken der Stärken jeweils funktionstüchtiger städtischer Räume zu einem metropolitanen Ganzen als das Wesen der Städtelandschaft Ruhr zu erblicken. Nach außen indes sollte diese Besonderheit der Metropole Ruhr gegenüber den meisten, räumlich und funktional zentraler organisierten urbanen Verdichtungsräumen dazu genutzt werden, ein Alleinstellungsmerkmal „polyzentrale Vielfalt" auszuprägen, das zur Marke, zum Label, zum Synonym für Vielfalt, Vitalität und Dynamik, Lebens- und Wohnqualität zu werden vermag.

4. Schluss

Oberhausens Stadtgeschichte und seine unverwechselbare Stadtentwicklung als ein markanter Teil der großen Metropole Rhein-Ruhr belegen das sehr intensive Wechselverhältnis von Einflüssen der Region auf die Stadt, der Stadt auf die Region. Ohne den Ansporn der Fortschritte und Innovationen in anderen Ruhrgebietsstädten, ohne das in Europa einzigartige Potenzial eines Wirtschaftsraumes größer als London oder Paris, wäre Oberhausen heute nicht die vitale, lebenswerte Stadt, in der die Menschen gerne leben, wohnen, arbeiten. Die Nachteile dieser Lage in der Metropole fallen demgegenüber geringer aus, aber es gibt sie selbstverständlich: Oberhausens Raumbildung wurde eingeschränkt durch die Stadträume seiner älteren Nachbarn im Süden, Westen und Osten. Die Nachbarschaft von Städten mit einer breiteren Struktur an Dienstleistungen und Bürgertum haben es schließlich mit sich gebracht, dass die Stadt bis heute – leider – Deutschlands größte nicht-Hochschulstadt ist. Das ist eine Belastung im Zeitalter der Wissensgesellschaft, die wiederum dazu anspornen wird, aus der Not eine Tugend zu machen. Oberhausen wird Wege suchen und finden, um von seiner zentralen Lage in der dichtesten Hochschullandschaft Europas mehr als bisher zu profitieren.

Doch Oberhausens Stadt- und Wirtschaftsgeschichte hat es ebenfalls mit sich gebracht, dass neben der Neuen Mitte Oberhausen weitere erhebliche Stärken und Potenziale für die Zukunft bestehen: Neben der Freizeitwirtschaft sind das die Lebensqualität der Parkstadt mit vielfältigen Chancen für Kreativ- und Kulturwirtschaft in der City, sind das eine beeindruckende Vielfalt an unternehmensnahen Dienstleistungen, insbesondere im leitmarkt urbanes Bauen und Wohnen. Von Oberhausen als einem verkehrstechnischen Drehkreuz der Großregion Rhein-Ruhr mit ihren über elf Millionen Menschen lässt sich daraus Dynamik, eine klare Standortstärke entwickeln. Nicht zuletzt verfügt Oberhausen durch seine Geschichte der drei Städte, durch das agglomerative Zusammenwachsen vieler Siedlungskerne, durch die über Jahrzehnte währende Aufwertung von Wohnvierteln über eine hohe Lebensqualität als Wohnstandort in der Metropole Ruhr. Daraus können neue Impulse der Stadtentwicklung hervorgehen. Alles in allem gibt das Anlass zum Optimismus, eine Bestätigung für die Lebenskraft der Industriestadt Oberhausen im 21. Jahrhundert.

Langfristig angelegte Veränderungen von Wirtschaft und Gesellschaft prägen die Herausforderungen für Stadt im Allgemeinen, für die Stadtentwicklung Oberhausens im Besonderen, für den weiteren Verlauf des noch jungen 21. Jahrhunderts. Die wichtigsten dieser Trends sind:

- Der fortschreitende relative Bedeutungsverlust der Industrie, begleitet vom Bedeutungszuwachs der Dienstleistungen, unter denen wiederum die unternehmensnahen Dienstleistungen großes Gewicht für Wachstum und Wohlstand erlangen;
- Der demographische Wandel hin zu einer älteren, bunteren, deutlich von Migration geprägten Gesellschaft. Für die Städte im Ruhrgebiet beinhaltet das zugleich einen fortdauernden Bevölkerungsverlust und die Notwendigkeit zur Anpassung der Infrastrukturen an weniger Menschen und an geringere öffentliche Finanzmittel.
- Der Ausbau der Wissensgesellschaft zum tragenden Fundament des Beschäftigungssystems mit der Folge einer weiteren Bedeutungszunahme des Bildungs- und Qualifizierungssystems – weit über die Schule hinaus: Übergänge von der Kindertagesstätte in die Schule und von dieser in Ausbildung und Studium verlangen zukünftig eine intensivere Gestaltung

ebenso wie Angebote des lebenslangen Lernens und vielleicht sogar die Entwicklung ganz neuer Möglichkeiten zur Selbstverwirklichung für Senioren im Anschluss an die Phase ihrer Vollerwerbstätigkeit.

- Die Gestaltung des Klimawandels auch und gerade vor Ort. Durch lokale Projekte bietet sich eine Chance auf Verhaltensänderung in den Bereichen Klima, Energie, Verkehr. Zugleich können Impulse für die lokale Wirtschaft und deren Vernetzung in ökologischen Projekten gegeben werden. Das Fraunhofer-Institut für Umwelt-, Energie- und Sicherheitstechnik bietet Oberhausen beste Voraussetzungen, um in Oberhausen das Zukunftsthema Klima an das weitere Zukunftsthema Wissen zukunftsfähig anzuschließen.
- Die legitimen Ansprüche der Menschen in einer mündigen Zivilgesellschaft an Möglichkeiten zur Mitwirkung an öffentlichen Prozessen der Meinungs- und Willensbildung steigen im begonnenen 21. Jahrhundert erneut an. Ob Stuttgart 21, Kernenergie, das Schulsystem oder Mitgestaltung von vitalen Stadtteilen, politische Entscheidungsträger erfahren die Bürgergesellschaft als einen zunehmend dynamischen Partner bei der Erarbeitung von Gestaltungsansätzen für gesellschaftspolitische Herausforderungen.
- An der Pendlerbilanz wurde bereits deutlich: Oberhausens Lage in Europas größter Metropolregion bietet Chancen. Oberhausens Lage an der Schnittstelle von Ruhrgebiet und Rheinschiene bietet ganz besondere Chancen. Auftrag der Stadtentwicklung wird es sein, die hohe Lebensqualität der Stadt, basierend auf ihrem Wohn- und Freizeitwert, fortzuentwickeln. Ebenfalls wird es Aufgabe sein, diejenigen Felder der Stadtentwicklung, auf denen Oberhausen im Verhältnis zu seiner Größe im regionalen Kontext Nachholbedarf aufweist, so zielgerichtet zu fördern, dass sich Stärken insbesondere dort entfalten können, wo die bunte Städtelandschaft der Region vielversprechende Nischen zeigt – wie in der Freizeitwirtschaft und bei den unternehmensnahen Dienstleistungen – oder wo die Menschen schlicht urbane Qualität als Standortprofil erwarten, wie etwa in der Bildungs- und Gesundheitsinfrastruktur. Denkbare Handlungsfelder in diesem Sinn könnten Wissensnetzwerke, Modellprojekte für urbanes Wohnen oder auch Kreativwirtschaft in der City sein.

Die Stadt als lokaler, räumlich und persönlich noch erfahrbarer Lebens-, Gestaltungs- und Kommunikationszusammenhang bietet beste Voraussetzungen dafür, dass Menschen sich den Zukunftsthemen nicht nur schicksalhaft ausgeliefert empfinden. Der Lebenszusammenhang Stadt schafft die Grundlage für die Erfahrung von konkreten Veränderungen, von öffentlichen Diskussionen um Veränderung und vor allem auch von der Suche nach Lösungen und Antworten auf die Herausforderungen der Zukunft. Die mittlere Großstadt Oberhausen mit ihren gefestigten Stadtteilstrukturen und ihrer überschaubaren Raumdimension erlaubt den Menschen die Erfahrbarkeit von gesellschaftlichen Veränderungen im Wohnbereich wie in der Gesamtstadt. Diese Erlebbarkeit von Stadt begünstigt nicht allein die aktive Mitbestimmung der Menschen an kommunalen Entscheidungen und damit die Funktionsfähigkeit der Kommunen als Schule, oder besser als Lehrwerkstatt der Demokratie. Nicht weniger wichtig ist die Fähigkeit der Stadt Oberhausen, ihren Bewohnerinnen und Bewohnern eine Identität zu stiften, die mehrere Dimensionen mit einander verbindet und diese Dimensionen versöhnt als die Seiten einer Medaille. Die Stadt Oberhausen schlägt eine Brücke vom Heimatgefühl im Stadtteil zur lokalen Identität in der Stadt, und dann weiter vom Stolz auf den Wandel und die Lebensqualität der Heimatstadt hin zu den Gemeinsamkeiten und den größeren Chancen der Region Ruhrgebiet mit ihren Erfahrungen von ähnlichen Herausforderungen, Erfolgen, Aufbrüchen – und selbstverständlich auch noch von vielen ungelösten oder erst aufgegriffenen Problembereichen unserer Lebenswelt. In eben dieser Brückenfunktion hat die Stadt Oberhausen eine zentrale Zukunftsaufgabe und Lebensberechtigung.

Der Erhalt der kommunalen Vielfalt in der Region Ruhrgebiet stellt ein Innovationspotenzial und eine identitätsstiftende Kraft dar. Aus kommunalen Handlungseinheiten gingen in der Geschichte des Ruhrgebietes immer aufs Neue Kraftanstrengungen und kreative Ideen hervor. Beispiele aus der Oberhausener Geschichte für die Erlangung neuer Lebenskraft lassen sich finden. Ausdruck von Zukunftsfähigkeit und Optimismus waren in den 1890er Jahren die Stadtentwicklungsstrategie der „GHH-Stadt", in den 1990er Jahren das Stadtentwicklungskonzept der „Neuen Mitte Oberhausen". Die Erfindung der Zukunft findet im Verlaufe einer Stadtgeschichte immer wieder statt. Durch das Vorhandensein zahlreicher vitaler Stadtgesellschaften verfügt gerade die Region Ruhrgebiet über ein reichhaltiges Potenzial zur Erneuerung, das nicht in Frage gestellt, das erst recht nicht aufgegeben werden sollte.

Angesichts so knapper öffentlicher Ressourcen, wie es moderne Stadtgesellschaften im Ruhrgebiet in den zurückliegenden zwei Jahrhunderten noch niemals über viele Jahre erleben mussten, verlangt die Zukunft der Städteregion Ruhrgebiet zugleich nach neuen, innovativen Lösungen. Das Gebot der Stunde kann im Sinne der einzigartigen Kreativkraft in den je einzigartigen Stadtentwicklungen der Region nicht lauten, eine kommunale Neuordnung durchzuführen und die Eingemeindung kleinerer und mittlerer Großstädte in die Oberzentren am Hellweg vorzunehmen oder gar eine einzige Ruhrstadt zu bilden. Das Gebot der Stunde und der kommenden Jahre wird indes lauten, die interkommunale und die innerregionale Kooperation zu intensivieren. Auch nach der Überwindung der Weltwirtschaftskrise 2010 und ihrer Folgen für die Gemeinden bleibt für die Kommunen im Ruhrgebiet ein Dilemma bestehen: Bevölkerungen und damit verbunden Einnahmen sinken. Der globale Wettbewerb der Wirtschaftsstandorte übt ebenfalls Druck auf die Steuerquote aus. Jedoch verlangt der demographische Wandel trotz einer Bevölkerungsabnahme nach neuen Aufgabenwahrnehmungen. Offenkundig ist das an den beiden Beispielen bessere Bildung und Ausbau der Senioren-Infrastruktur. Folglich lautet die Aufgabe, kommunale Dienstleistungen der Daseinsfür- und Daseinsvorsorge zur Bereitstellung von Lebensqualität immer effizienter zu erbringen und immer aufs Neue auf den Prüfstand ihrer Nützlichkeit zu stellen.

Oberhausen, seine Nachbarstädte und die Region werden folgende Pfade in eine gute Zukunft mit Engagement und mit Offenheit für die Vielfalt der geeigneten Wege verfolgen können:

■ Die Delegation kommunaler Aufgaben kann an den vorhandenen Regionalverband Ruhr (RVR) als in der Landesverfassung abgesicherte Institution durch den Landesgesetzgeber erfolgen. Wenn auch unter anderen Vorzeichen, so liefert der Regionalverband Hannover dafür ein Beispiel.

■ Die Standards pflichtiger wie freiwilliger Leistungen der Kommunen für Ihre Bürgerinnen und Bürger müssen überprüft und sie können gegebenenfalls guten Gewissens gesenkt werden: immer dann, wenn etwa die Inanspruchnahme der neuen Medien im E-governement Behördengänge überflüssig werden lässt und dadurch auf manche dezentrale Einrichtung im Stadtgebiet verzichtet werden kann.

■ Die Kommunen können ihre interkommunale Zusammenarbeit immer dann ohne Qualitätsverlust in der Leistungserbringung erhöhen, wenn es um die Verbesserung sogenannter „Back-office-Funktionen", der für die Bürger nicht sichtbaren Sachbearbeitung, durch die Zentralisierung an einem Ort für mehrere Städte geht. Aus dem Kundenkontakt ausgelagerte interne Arbeitsabläufe sind es, um die es hier geht, und deren Veränderung voraussichtlich die schonendste Form der Haushaltssicherung darstellt.

■ Der Umfang des städtischen Leistungsangebotes wird über Jahrzehnte an die Veränderung der Bevölkerungsstruktur anzupassen sein. Schulstandorte werden aufgegeben, Kindertageseinrichtungen zunächst durch die Ausweitung der Betreuung der unter dreijährigen Kinder umstrukturiert und vielleicht ab 2020 ebenfalls abgebaut werden können. Womöglich wird die Ruhrgebietsgesellschaft der Zukunft einmal erwägen, ob Einrichtungen für Kinder und Jugendliche in Angebote für Seniorinnen und Senioren umzugestalten sein werden.

Die Vielzahl der Kommunen im Ruhrgebiet, ihre Stärke, in der Gestaltung ihrer Lebensbedingungen vor Ort kreativ zu sein, durch den Wettbewerb um die besten Lösungen angespornt zu werden, bilden ein Fundament für die lebenswerte Zukunftsfähigkeit Oberhausens und des Ruhrgebiets im 21. Jahrhundert.

Zeittafel

1946
- 8. Januar: Im Zuge des Neuaufbaus der Kommunalverwaltung wird die Zahl der Bürgervertreter auf 47 erhöht. Entscheidend für die Anzahl der ernannten Personen ist das Ergebnis der letzten freien Wahl. Danach stellt das Zentrum 15, die Fraktion der Vertreter der Berufe und Bezirke 12, SPD und KPD jeweils 8, die CDP/CDU 4 Mitglieder. Gleichzeitig werden die vom Stadtkommandanten vorgeschlagenen Kandidaten Georg Kaessler als kommissarischer Oberbürgermeister und Dr. Wilhelm Schnöring als sein Stellvertreter in ihre Ämter eingeführt.
- Die im Zuge der Sterkrader Straße über den Rhein-Herne-Kanal und die Emscher führenden Behelfsbrücken werden vom Stadtkommandanten wieder für den Verkehr freigegeben. Damit ist die Verbindung nicht nur zwischen den Stadtteilen, sondern auch zum Niederrhein und nach Westfalen wiederhergestellt.
- Nachdem drei von sieben Hochöfen der Gutehoffnungshütte wieder angeblasen sind, kann die Roheisenerzeugung in Oberhausens größtem Industriewerk wieder aufgenommen werden. Ein Großteil der ehemaligen Mitarbeiter ist bereits wieder zu ihren Arbeitsplätzen zurückgekehrt.
- Zu Beginn der Sitzung der Stadtvertreter weist Oberst Mitchell darauf hin, dass die Stadt in ein neues Stadium der Entwicklung zur Demokratie trete. Die neue Hauptsatzung der Stadt kehre nun zu demokratischen Grundsätzen zurück, wobei die Willensbildung durch die Stadtvertretung erfolge, die Ausführung derselben dagegen in die Hände des Oberstadtdirektors gelegt werde. Gleichzeitig wird in geheimer Wahl Karl Feih zum Stadtpräsidenten bestimmt; zu seinem Vertreter wählen die Anwesenden Johannes Wieskamp (KPD). Der bisherige kommissarische Oberbürgermeister Georg Kaessler übernimmt den Posten eines Oberstadtdirektors.
- Bei der Gutehoffnungshütte kommt es durch Lebensmittelknappheit zu Arbeitsniederlegungen. Die Mitarbeiter unternehmen Hamsterfahrten, um sich und ihre Familien mit den Grundnahrungsmitteln zu versorgen.
- 19. März: In der Stadtverordnetensitzung weist Oberstadtdirektor Kaessler die von der Zeitung „Freiheit" gegen die Verwaltung erhobenen Vorwürfe scharf zurück. Die Verwaltung sei gründlich entnazifiziert worden. 245 Beamte, Angestellte und Arbeiter der inneren Verwaltung wurden aus politischen Gründen entlassen. Neu eingestellt seien 354 Mitarbeiter, von denen rd. 90 Prozent nicht der NSDAP oder ihrer Gliederungen angehörten; „die restlichen zehn Prozent waren einfache Listenmitglieder". Im Mittelpunkt der Stadtverordnetensitzung steht der Bericht des Oberstadtdirektors zur Ernährungslage, der die Situation auf den Punkt bringt, wenn er sagt: „Wir leben von der Hand in den Mund".
- 1. Juli: Die Zuteilung für Oberhausen umfasst 34 Straßenanzüge, 33 Jacken, 115 Hosen, 306 Arbeitshosen, 69 Arbeitsjacken, 154 Berufsjacken, 101 Berufshosen und die gleiche Anzahl an Berufsanzügen, ferner 137 Paar Arbeitsschuhe mit Ledersohlen, 85 Paar Arbeitsschuhe mit Gummisohlen für Männer sowie 12 Paar Arbeitsschuhe für Frauen. Nach Auskunft des Gesundheitsamts ist davon auszugehen, dass

in der nächsten Zeit sich bei ca. 2.000 Paaren Nachwuchs einstellen wird, für den 39 Jäckchen, 57 Höschen und 33 Hemden bereit liegen. Mit der Lieferung von Windeln, Kleidchen, Strampelanzügen oder Bettzeug für die Säuglinge ist nicht zu rechnen.

- 16. Juli: Die von der Verwaltung unternommenen Versuche, eine gerechte Kontrolle der Warenverteilung durchzuführen, ist gescheitert. Um den Schwarzhandel langfristig zu unterbinden, die Veruntreuung von dringend benötigten Waren aller Art einzudämmen und den Preiswucher besser kontrollieren zu können, fassen die Stadtverordneten folgenden Beschluss: Der Ortsausschuss der Gewerkschaften, der die Warenverteilung und die Preiskontrolle überwachen soll, erhält eine monatliche Aufwandsentschädigung in Höhe von 750 Reichsmark. Den ehrenamtlichen Mitgliedern eines von den Bürgern gewählten Kontrollausschusses, der ebenfalls gegen Schwarzmarktgeschäfte und Preisüberschreitung vorgehen soll, wird eine monatliche Pauschale von 700 Reichsmark gezahlt. Die Militärregierung toleriert diese Vorgehensweise jedoch nur kurze Zeit; am 23. August teilt der Stadtkommandant Cowgill mit, dass es Sache der Verwaltung sei, die Kontrollen so effizient wie möglich durchzuführen, und hebt den Beschluss auf.

- 22. Juli: Die neuen Personalausweise werden ausgestellt. Nach Aufruf in den Tageszeitungen müssen sich Bewohner der jeweiligen Straßen in den Meldestellen der zuständigen Polizeireviere einfinden. Die Ausfertigung ist kostenlos; Lichtbilder müssen nicht mitgebracht werden.

- Die Polizei hebt die in der Bevölkerung unter der Bezeichnung „Schieberzentrale" bekannte Tauschzentrale in der Marktstraße aus. Bei der Durchsicht der Unterlagen stellen die Beamten fest, dass man hier z.B. zehn Pfund Margarine für 1.000 RM erwerben konnte. Eine Angestellte verkaufte auf eigene Rechnung zwei Paar Strümpfe für 360 RM. Auch in der Wohnung des Geschäftsführers wurde die Polizei fündig: Eine Büchse Tabak, 280 englische Zigaretten, sechs Pakete Presstabak und zwei Pfund Margarine kamen zum Vorschein.

- 6. September: An den Oberhausener Volksschulen wird eine Befragung über den Gesundheitszustand der 22.489 Schulkinder durchgeführt. Am Stichtag fehlen 1.544 Kinder. Nach Mitteilung der Lehrer nehmen im Schnitt pro Tag 823 Kinder nicht am Unterricht teil. Etwa ein Viertel würde als Grund angeben, dass sie an Hamsterfahrten hätten teilnehmen müssen. Bei der Frage nach der Ernährung antworten 2.117 Kinder, dass sie zu Hause nicht gefrühstückt hätten. 11.578 sind ohne Pausenbrot zur Schule geschickt worden; 1.085 haben kein warmes Mittagessen bekommen. Katastrophal ist auch die Versorgung mit Kleidung: 11.040 der Befragten antworten, dass sie über keine Wintermäntel verfügten; 10.940 sind ohne warmes Unterzeug, 10.528 verfügen nicht über ordentliches Schuhwerk. In Trümmerstätten leben derzeit 587 Kinder, in Bunkern 61 Schüler. 3.224 Kinder sind Halb-, 136 Vollwaisen. Die Väter von 1.170 Schülern sind im Krieg gefallen, 1.231 befinden sich noch in Kriegsgefangenschaft. Als arbeitslos bzw. arbeitsunfähig sind 1.465 Erwachsene nachgewiesen. 6.347 Eltern können kein Geld für die Schulspeisungen ihrer Kinder aufbringen.

- 21. September: Um den umlaufenden Gerüchten entgegenzutreten, in der Verwaltung gehe die Entnazifizierung zu langsam voran, teilt der Hauptbetriebsrat mit, dass seit dem 1. April 1945 519 Beamte und Angestellte aus allen Teilbereichen entlassen wurden; 39 Mitarbeiter konnten zwar zurückkehren, mussten aber Gehaltskürzungen hinnehmen. Über 24 Beamte und Angestellte sei eine Beförderungssperre verhängt worden. Zur Zeit seien in allen Dienststellen der Verwaltung 2.788 Personen beschäftigt.

● Bei den ersten freien und geheimen Wahlen zur Stadtverordnetenversammlung entfallen auf die SPD 80.562 Stimmen und somit 22 Sitze, auf die CDU 73.683 Stimmen und 15 Sitze, auf das Zentrum 52.596 Stimmen und 4 Sitze und auf die KPD 24.272 Stimmen und 1 Sitz.

● Aus dem Bericht von Victor Gollancz: „Am 2. November fuhr ich zur Bergarbeiterstadt Oberhausen. Die Wohnungsverhältnisse variierten hier sehr stark. In einigen Fällen waren sie gut, in vielen anderen – ich betrat aufs Geradewohl Hütten und Wohnungen – einfach furchtbar. Sie waren schon immer ziemlich schäbig gewesen, so vermutete ich, aber durch die fehlenden Reparaturen hatte sich ihr Zustand noch um ein Vielfaches verschlimmert. Man sah große klaffende Risse, Tapeten, die sich von den Wänden lösten, an den Fenstern fehlte das Holzwerk. Die schlechte Ernährungslage und das Fehlen von Haushaltsgütern gaben ihnen den Rest. Es gab dort viele überbelegte Hütten, in denen sich z.B. neun Personen drei Betten in zwei kleinen Räumen teilten. Die schlimmste Hütte, die ich sah, wurde von einem Bergmann, seiner Frau und fünf Kindern im Alter von 3 bis 14 Jahren bewohnt. Die Familie war zweimal ausgebombt worden, und nun lebten sie in drei unglaublich kleinen Räumen. Als ich sie besuchte, war es kurz nach 10 Uhr und ein sehr kalter Morgen. Eines der Kinder trug aber immer noch seinen Schlafanzug, denn seine Mutter war bereits seit den frühen Morgenstunden unterwegs, um einzukaufen. Der junge Knabe sollte später einmal Bergmann werden; seine Fußbekleidung war kaputt, seine Jacke konnte die Mutter nicht flicken, da es kein Nähgarn zu kaufen gab. Auch die Schuhe der Mutter waren sehr schlecht, und nur eines der anderen Kinder verfügte überhaupt über Schuhe, so dass nur es zur Schule gehen konnte. Ich kann mich nicht mehr erinnern, ob die ganze Familie oder nur einzelne Mitglieder an Eiterflechte, Krätze, oder was immer für eine Krankheit es gewesen sein mag, litt. Der Ehemann hatte ein Furunkel im Nacken, seine Beine wiesen gleichfalls Spuren vieler solcher Geschwüre auf. Diese Krankheit dürfte, so vermute ich, eine Berufskrankheit sein, die noch durch die vorherrschenden Umstände verschlimmert wird. Jedes Kind hatte ein paar Scheiben trockenen Brotes zum Frühstück bekommen. Das Mittagessen für alle sieben sollte aus einigen Rüben und ungefähr fünf Pfund Kartoffeln bestehen, das Abendessen ebenfalls pro Person aus Kartoffeln und einigen Scheiben trockenen Brotes. ‚Ich möchte gern wissen, was Hynd [der damalige englische Minister für Deutschland] dazu sagen würde', meinte ein Herr, der sich in meiner Begleitung befand. Wo man auch hinging in Oberhausen, sah man den Ausschlag und wunde Stellen. Die Beine eines Kindes waren mit Narben übersät, einige waren bereits wieder aufgeplatzt. Ein Bergmann hatte sich am Knie geschnitten, und die Stelle wollte nicht wieder zuheilen. Als wir mit ihm sprachen, stießen wir auf einen schrecklichen Widersinn. Er war einen Monat krank gewesen und nach den ersten zehn Tagen verlor er sein Anrecht auf die Bergarbeiterration. Er lebte nun als Normalverbraucher. Dies war das gewöhnliche Verfahren. Man sollte doch sagen, dass es ebenso idiotisch wie widerrechtlich ist, die

Nahrung eines Menschen zu kürzen, wenn er krank ist, und dass dies bestimmt nicht der Weg sein kann, die Kohlenförderung zu steigern. Er hatte zwei Stücke trockenen Brotes zum Frühstück, drei Kartoffeln und einige kleine Runkelrüben als Mittagessen zu sich genommen. Hier war es, wo ich feststellte, dass die Zuteilung von wenigen Gramm an Magermilch ebenso sagenhaft war wie die Zuteilung von einigen wenigen Gramm an Brot und Getreide, denn die Familie bekam nur den vierten Teil ihrer Ration. In der Umgebung der Stadt befindet sich ein Lager, eingerichtet für solche Leute, die aus dem von polnischen Truppen besetzten Teil Deutschlands vertrieben worden waren. Die meisten Insassen waren seit vier Monaten dort; davor bereits waren sie vorübergehend für einen ähnlich langen Zeitraum in einem Bunker untergebracht worden. Es war ein rauher, stürmischer Tag und zwei bis drei Dutzend Kinder wanderten ziellos im durchnäßten Korridor umher. Einige hatten zerrissene Schuhe, andere hatten weder Schuhe noch Strümpfe. Die Wohn- und Schlafräume waren klein, kahle Betonzellen. Für mich sahen sie aus und fühlten sich an wie Zement; wenn man aber die Bilder betrachtet, muss man sie eher als weißgewaschene Ziegelsteine ansprechen. In einem von ihnen waren Mutter und Tochter gerade beim Mittagsmahl. Die Tochter mochte wohl 25 Jahre alt sein, ihrer äußeren Gestalt nach sah sie aus wie ein Mädchen von 16 Jahren. Die Mutter lag im Bett; nach Auskunft der Tochter war sie sehr krank. Das Mädchen sprach von Asthma und Herzkrankheit, vielleicht auch eine Kombination aus beidem. Sie konnte nur noch flüstern, aber ich vermutete, dass die ältere Frau wohl am meisten über Atemnot klagte. An der Wand hing eine Fotografie, was aber erst bei genauerem Hinsehen auffiel. Die Luft war stickig heiß. Das Gewicht der Mutter betrug früher 75 kg, jetzt wog sie noch 46 kg, und trotz ihres Zustandes erhielt sie keine Zusatznahrung. Ihr beider Frühstück bestand aus je zwei Schnitten trockenen Brotes; auf dem Bild sieht man die kleine Schale, aus der sie ihr Mittagessen, eine Hafer-Wassersuppe, zu sich nahmen. Die Leute waren ausgebombte Menschen aus Oberhausen, die nach Bayern evakuiert worden waren, und die man jetzt zur Rückkehr gezwungen hatte. Ich glaube, dass die Mutter bald tot sein wird". (Victor Gollancz, In darkest Germany. London ²1947, S. 79f.)

- 5. November: Auf ihrer ersten Sitzung wählen die neuen Stadtverordneten mit 26 gegen 16 Stimmen Luise Albertz (SPD) zur Oberbürgermeisterin; zu ihrem Vertreter wird Karl Feih (Zentrum) bestimmt. Gleichzeitig werden 14 Arbeitsausschüsse gebildet.

- Dem Unternehmen „Gutehoffnungshütte" wird der Bescheid zugestellt, dass die Eisen- und Stahlproduktion aus dem Großkonzern herausgelöst wird.

1947
- 22. Januar: Nach zehnmonatiger Tätigkeit des Entnazifizierungsausschusses berichtet Heinrich Jochem (SPD) den Medien, dass „man auch hier nur die kleinen Leute hängt." Dies veranlasst später die Ausschussmitglieder von SPD und KPD dazu, ihre Mitarbeit in dem Arbeitskreis aufzukündigen.

- 28. Januar: Reporter der BBC präsentieren ihren Landsleuten die Reiseeindrücke, die sie anlässlich ihres Besuchs in Oberhausen und anderen Städten haben sammeln können: Befragt wurden Leute, die man auf der Straße angetroffen habe, wie z.B. Herrn Reinders, Fahrsteiger der Zeche Concordia. Von ihm erfahren die Zuhörer, dass eine Steigerung der Kohleförderung sehr wohl möglich sei, wenn nur zugesagte Materiallieferungen endlich einträfen bzw. dringend benötigte zusätzliche Arbeitskräfte eingestellt würden. Deutliche Worte zur gegenwärtigen Lage sprechen auch Schüler der Mittelschule: Man sitze förmlich auf den Kohlen, doch die Schulen müssten geschlossen werden, da keine Kohlen gefördert würden. Eine Hausfrau schildert die Schwierigkeiten, die mit der Beschaffung von Kleidungsstücken für Kinder verbunden seien. Um z.B. Schuhe zu bekommen, benötige sie eine Dringlichkeitsbescheinigung der Schule, die jedoch nicht ausgestellt werden könne, da diese wegen Kohlenmangels haben schließen müssen.

● 4. Februar: 102 Kinder werden auf Einladung des Schweizerischen Roten Kreuzes einige Monate zur Erholung in die Schweiz fahren. Von den Ärzten wurden in erster Linie solche Schülerinnen und Schüler ausgesucht, deren äußeres Erscheinungsbild, wie z.B. faltige Haut, Gelenkausweitungen, Mangel an Muskelbildung usw., erkennen lässt, dass sie hochgradig unterernährt sind.

● Im Zug der Entflechtung der rhein.-westf. Montankonzerne sind die Hochofenbetriebe aus der Gutehoffnungshütte AG ausgegliedert worden. Unter der Bezeichnung „Hüttenwerk Oberhausen AG" werden sie künftig als selbständiges Unternehmen die Arbeit fortsetzen. Das Aktienkapital wird auf 100.000 RM festgesetzt. Die juristische und betrieblich neue Gesellschaft zahlt eine Pacht an den alten Aktienverein Gutehoffnungshütte AG, der seit dem Jahr 1923 wegen der ihm angeschlossenen Maschinenfabrik Augsburg-Nürnberg (MAN) seinen Sitz nach Nürnberg verlegt hat. An der Leitung der neuen AG ist die Arbeiterschaft durch einen Vertreter im dreiköpfigen Vorstand und im Aufsichtsrat durch die Hälfte der Mitglieder beteiligt.

● Die Militärregierung bestimmt, dass im Ruhrbergbau das Punktesystem eingeführt wird. Dabei werden die Arbeitsergebnisse pro Mann und Schicht ermittelt, der Lohn festgestellt und in Punkte umgerechnet. Die verfügbaren Waren erhalten ebenfalls einen Punktpreis, der ungefähr im Verhältnis zum Geldpreis steht: So kostet z.B. ein dreiteiliger Anzug 195 Punkte, ein Wintermantel 233 Punkte, ein Oberhemd 38 Punkte oder ein Paar Lederschuhe für Männer 50 Punkte (= Verkaufspreis zwischen 16 und 20 RM).

● Vor rund 8.000 Zuhörern eröffnet der Vorsitzende der SPD, Dr. Kurt Schumacher, auf dem Altmarkt den Wahlkampf. Er fordert die Anwesenden auf, trotz der augenblicklichen katastrophalen Versorgungslage das politische Denken und Handeln nicht aufzugeben. In scharfer Form verurteilt er die Versuche, Rhein und Ruhr politisch und staatsrechtlich aus der deutschen Republik herauszulösen.

● 20. April: Aus den Wahlen geht die SPD als Sieger hervor – Heinrich Jochem und Luise Albertz ziehen in den nächsten Landtag ein. Anders als bei der letztjährigen Kommunalwahl, wo die Beteiligung bei 82 Prozent lag, machen diesmal nur ca. 67 Prozent der Oberhausener von ihrem Stimmrecht Gebrauch. Eine Analyse der Wahl zeigt, dass sowohl SPD als auch CDU Stimmenverluste hinnehmen mussten; Zuwächse verzeichnen Zentrum und KPD.

● Im Apollotheater findet eine Gedenkfeier zu Ehren der Opfer des nationalsozialistischen Regimes statt. Vor fast leeren Rängen warnen Kaplan Köhler, Heinrich Jochem und der Kreissekretär der KPD, Sander, eindringlich davor, angesichts der augenblicklichen katastrophalen Lage wieder nach einem starken Mann zu rufen.

- Vor einem Jahr nahm die Pädagogische Akademie ihre Arbeit auf. Jetzt verabschiedet sie die ersten Studenten, die in zwei Semestern zu Lehrern ausgebildet wurden.
- 4. Oktober: Der Gesundheitszustand der Oberhausener Bevölkerung ist nach Mitteilung des Amtsarzts auch weiterhin als besorgniserregend einzustufen. Insbesondere die nicht ausreichende Versorgung mit Lebensmitteln mache die Menschen anfällig für alle Krankheiten. Darmerkrankungen, Scharlach und Diphtherie hielten sich im Rahmen der Vorjahre. Sorge bereite dagegen die sich immer weiter ausbreitende Lungentuberkulose: Derzeit würden ca. 6.000 Personen überwacht, bei rund 2.500 Personen sei die Krankheit definitiv festgestellt worden.
- Aufgrund einer anonymen Anzeige verhören Mitarbeiter des Landesamts Bonn die Oberbürgermeisterin Luise Albertz. Ihr wird vorgeworfen, unberechtigt Kompensationsgeschäfte mit dem Oldenburger Präsidenten des Kartoffelwirtschaftsverbandes abgeschlossen zu haben. Im Tausch gegen alte Kartoffeln, die nach Ansicht der Bauern an Schweine verfüttert werden sollten, seien Düngemittel angeboten worden.
- Die Militärregierung teilt mit, dass insgesamt 682 Werke in der englischen und amerikanischen Besetzungszone abgebaut werden müssen. Auf der Liste finden sich folgende Oberhausener Werke:
  - Gutehoffnungshütte Oberhausen AG – Teilfabrik mit zwei Plattenwalzwerken. Bei der Demontage geht es insbesondere um die Blechwalzenstraße, auf der Schiffspanzerbleche hergestellt wurden. Sie liegt seit Kriegsende still;
  - IG-Farbenindustrie Holten (Aethyl-Oxyd und Aethyl-Dicholorid);
  - Oxo-Gesellschaft mbH., Oberhausen (Alkoholpräparate);
  - Gutehoffnungshütte Oberhausen AG, Sterkrade (Teilfabrik zur Herstellung von Schmelzmaschinen und zur Herstellung von Boilern, Tankanlagen und Erdölleitungen, Aufzügen und Winden).

1948

- 20. Juni: Durch die unter dem Begriff „Währungsreform" zusammengefassten Gesetze wird das Geldwesen neu geordnet. Als neues Zahlungsmittel wird die „Deutsche Mark" in den drei Westzonen eingeführt. Im Tausch gegen 60 Reichsmark erhält jeder Bewohner ein sog. „Kopfgeld" in Höhe von 40 DM und später nochmals 20 DM. Das Recht zur Ausgabe von Geldnoten ist der im März 1948 gegründeten Bank deutscher Länder übertragen worden. Alle Guthaben werden im Verhältnis von 10:1 abgewertet; Gehälter, Pensionen, Mieten und Aktien werden im Verhältnis von 1:1 umgestellt. Alle Sparguthaben werden nochmals abgewertet, d.h. für 100 RM werden 6,50 DM angerechnet. Von den Zahlstellen des Wirtschaftsamts werden an diesem Hauptzahlungstag insgesamt 1,6 Mill. Mark in bar ausgezahlt. In Erwartung der Währungsreform haben viele Händler ihr Angebot künstlich verknappt und Waren gehortet: So werden bei einem Lebensmittelhändler in Alstaden Lebensmittel und Gebrauchsgüter, die zum Teil bereits verdorben waren, beschlagnahmt; für den Abtransport der Waren, die auf andere Geschäfte verteilt werden sollen, waren zwei LKWs nötig. Nur 24 Stunden nach dem entscheidenden Tag sind die Schaufenster zum Erstaunen der Bewohner mit lang Ersehntem wieder überfüllt; sehr viele geraten in einen wahren Kaufrausch. Viele Kaufhäuser und Einzelhändler räumen Jungverheirateten Kredite ein; die Vorlage einer Bescheinigung über das Guthaben reicht dafür aus. Für die Einrichtung einer Zweizimmerwohnung benötigt ein Paar auch bei scharfer Kalkulation immerhin noch rund 2.000 DM: eine Wohnküche kostet immerhin rund 600 Mark, für ein Schlafzimmer werden rund 1.000 Mark in Rechnung gestellt. Tassen, Teller, Gabeln, Töpfe usw. kosten rund 90 Mark; Gardinen, Tischdecken usw. schlagen mit rund 100 Mark zu Buche. Auch der Schwarzmarkt am Hauptbahnhof hat sich schnell auf die veränderte Lage eingestellt. Noch am Umtauschtag werden vier deutsche Zigaretten für eine DM angeboten, amerikanische dagegen zu 0,50 DM das Stück.

● 3. Juli: Auskommen mit dem Einkommen – so lautet die Devise der meisten Menschen, die zum ersten Mal nach der Währungsreform ihre Lohntüte nach Hause tragen. So erhält ein Maurer, verheiratet und Vater dreier Kinder, einen Stundenlohn von 1,07 DM. Bei einer Wochenarbeitszeit von 48 Stunden trägt er 51,36 DM nach Hause – sobald wieder Überstunden möglich sind, erhöht sich der Betrag voraussichtlich auf 60 bzw. 65 DM. Nach Abzug der sozialen Beiträge in Höhe von 5,17 DM verbleiben der fünfköpfigen Familie 46,19 DM. Die Ausgaben belaufen sich insgesamt auf 37,50 Mark, so dass der Familie am Ende noch 8,69 Mark verbleiben.

● Nach Mitteilung der jüdischen Gemeinde Oberhausen ist die Mitgliederzahl in den letzten beiden Jahren auf 23 angestiegen. Betroffen zeigt man sich über die Haltung der Bevölkerung, die nur wenig Verständnis für ihre jüdischen Mitbürger aufbringe.

● 17. Oktober: Der bereits bei den letzten Gemeinderatswahlen am 13. Oktober 1946 zu beobachtende Trend bestätigt sich auch dieses Mal: In den Geschäftszentren entscheiden sich die Wähler fast durchweg für die CDU, während in den Außenbezirken, wo der Arbeiteranteil überwiegt, die Bewohner zum überwiegenderen Teil für die SPD stimmen. Von den 80.711 gültigen Stimmen entfallen in Oberhausen auf die SPD 29,21 % (= 10 Mandate), auf die CDU 28,41 % (= 9 Mandate), auf das Zentrum 26,3 % (= 9 Mandate), auf die KPD 8,2 % (= 3 Mandate), auf die FDP 5,4 % (= 2 Mandate). Neben 29 Männern werden sich vier Frauen um die politischen Geschicke der Stadt bemühen.

● 30. November: Nach Mitteilung der Feststellungsbehörde belaufen sich die bislang ermittelten Kriegsschäden in Oberhausen auf ungefähr 600 Mill. Mark.

1949 ● 26. Januar: Bei seinem Besuch der Hüttenwerke Oberhausen AG kündigt der Wirtschaftsminister Prof. Ludwig Erhard die allmähliche Ausdehnung des Jedermann-Programms auf alle Waren des dringlichen Bedarfs an. Gegenwärtig sei die Produktion von Radios und preiswerten Möbeln geplant und eine Ausdehnung der Textilproduktion zu erwarten. Kritisch äußern sich dagegen die Zuhörer: Die Arbeitsleistung u.a. auf den Hüttenwerken sei seit der Währungsreform zwar um ca. 25 Prozent angestiegen, die Arbeiter hätten davon jedoch nichts in der Lohntüte gespürt.

● Im Nordflügel des neueröffneten Hotels Ruhrland wird das Informationszentrum "Die Brücke" durch den Colonel B.B. Walton, Kommandant des Regierungsbezirks Düsseldorf, seiner Bestimmung übergeben. Im Erdgeschoss der von der britischen Regierung finanzierten Einrichtung ist eine Leihbibliothek eingerichtet worden, im ersten Obergeschoss steht den Besuchern ein Zeitungslesesaal offen, wo eine Vielzahl englischer, amerikanischer und deutscher Zeitungen und Zeitschriften, sowie Broschüren aller geistigen und politischen Richtungen ausliegen. Darüber hinaus werden in den Abendstunden Filmvorführungen, Fortbildungskurse und Diskussionsrunden angeboten.

- 30. April: In Anwesenheit der Wirtschaftsminister von Bayern, Baden-Württemberg und Niedersachsen, den Wirtschaftssenatoren von Bremen und Hamburg sowie Vertretern Berlins bläst Prof. Nölting, Wirtschaftsminister des Landes NRW, auf dem Hüttenwerk Oberhausen den vierten Hochofen an. Das Werk, dem 78 Prozent der Friedensproduktion belassen wurde, hat im März 1949 fast wieder die volle Leistungsfähigkeit erreicht; derzeit sind wieder 10.000 Menschen hier beschäftigt.
- Am 3. Juni 1949 hat die Militärregierung mitgeteilt, dass auf Grund des Washingtoner Abkommens über die verbotenen und beschränkten Industrien auch die Fischer-Tropsch-Anlage der Ruhrchemie A.G. in Holten mit Beginn vom 13. Juni entfernt oder zerstört werden soll. Gegen die Durchführung wird von den Stadtverordneten folgende Entschließung gefasst: „Die Durchführung der geplanten Demontagemaßnahmen der Fischer-Tropsch-Anlage der Ruhrchmie A.G. in Oberhausen-Holten hätte zur Folge, daß sofort die heute noch in den für die Demontage vorgesehenen Anlagen der Ruhrchemie beschäftigten 500 Arbeitskräfte, darunter eine größere Zahl von Kriegsbeschädigten und Frauen, ihren Arbeitsplatz verlieren würden. Die weitere Folge wäre, daß 1200 Arbeitskräfte, darunter gleichfalls eine größere Zahl von Kriegsbeschädigten und Frauen, die bei der Erhaltung und Inbetriebnahme der Fischer-Tropsch-Anlage zusätzlich beschäftigt werden würden, bei der Ruhrchemie nicht eingestellt werden könnten. Da Oberhausen eine ausgesprochene Stadt der Schwerindustrie ist, wäre zumindest für die nicht voll einsatzfähigen Arbeitskräfte und Frauen der Ruhrchemie eine anderweitige Beschäftigungsmöglichkeit kaum gegeben. Die durch die Demontage der Anlage eintretende Arbeitslosigkeit ist für das Leben der Stadt Oberhausen von entscheidender Bedeutung. In vielen Familien würde die Not einkehren. Wenn die Existenz so vieler Menschen aber einfach vernichtet oder gefährdet wird, handelt es sich bei der Demontage auch um ein politisches Problem, das das Vertrauen der deutschen Bevölkerung in den guten Willen der Alliierten erschüttern und den Glauben an die Zusagen vernichten kann, daß Deutschland am friedlichen Aufbau Europas mitarbeiten soll".
- Die Möglichkeit für Frauen, Arbeit zu finden, ist derzeit nahezu aussichtslos: Waren im Januar 1948 noch 653 offene Stellen vorhanden, so kamen im Juni 1949 rund 800 Bewerberinnen auf 66 Plätze. Auf eine Stellenausschreibung für zehn Frauen, die durch Hilfsarbeit 0,50 DM pro Stunde verdienen sollten, melden sich viel mehr, als man annehmen konnte. Im Zementwerk schaffen Frauen pro Schicht, so berichtet das Arbeitsamt, ca. 3.000 Steine. Das garantiert ihnen einen Stundenlohn von 0,96 DM. Trotz der harten Arbeit sind die Stellen immer besetzt.
- Ohne größere Zwischenfälle verlaufen die Wahlen zum Deutschen Bundestag. Die meisten Wahlberechtigten erscheinen erst am Nachmittag in den Wahllokalen. Durch die Verwendung verschiedenfarbiger Stimmzettel soll auch das Wahlverhalten der Geschlechter untersucht werden: So votieren z.B. in Alstaden 611 Frauen und 463 Männer für die CDU; für die SPD entscheiden sich 738 Frauen und 823 Männer; 247 Frauen und 125 Männer stimmen für das Zentrum; 253 Frauen und 430 Männer kreuzen die KPD an. Die Stimmauszählung im Stadtgebiet ergibt folgendes Resultat: Auf die CDU entfallen 29,03 %, auf die SPD, 28,96 %, auf das Zentrum, 20,16 %, auf

die FDP 4,6 % und auf die KPD 8,7 %. Im Bonner Parlament werden Martin Heix (CDU), Luise Albertz (SPD) und Otto Pannenbecker (Zentrum) vertreten sein.

- 5. September: Ein Bataillon des I. Manchester Regiment besetzt gegen 10:00 Uhr mit sechs Panzern die Fischer-Tropsch-Anlage der Ruhr-Chemie AG. Der Einmarsch der Truppen und der ca. 100 Mann starken Demontagekolonne vollzieht sich ohne Zwischenfälle. Das über dem Tor angebrachte Transparent mit der Aufschrift "Demonteure, nun beginnt euer Werk!" und die schwarzen Fahnen am Haupttor und am Schornstein werden auf Anweisung der Soldaten entfernt. Die Truppen beziehen auf dem Gelände der Fischer Tropsch Anlage Quartier. Wie lange sie hier bleiben müssten, hängt nach den Worten von Colonel Walton allein vom Verhalten der Arbeiter und der Werksleitung ab. Pressevertreter der Agenturen dpa, ap und upi, die den Einmarsch filmten, werden verhaftet, später aber wieder freigelassen. Gegen Mittag verlassen ca. 20 Demontagearbeiter das Werk, da sie sich geweigert haben, unter militärischer Bewachung zu arbeiten.

- Bei der Wahl des Oberbürgermeisters stimmen 20 Stadtverordnete für Otto Aschmann (CDU), 13 Stadtverordnete votieren für Luise Albertz. Als Stellvertreter wird der Stadtverordnete Wilhelm Große-Brömer gewählt.

1950
- Zum ersten Mal nach dem Krieg knüpft die große Karnevals-Gesellschaft Osterfeld wieder an die langjährigen Karnevalstraditionen an und wählt Karl Werner Janßen zum ersten Prinzen Karneval.

- 5. Februar: Bundeskanzler Dr. Konrad Adenauer, die Bundesminister Jakob Kaiser und Dr. Lukascheck nehmen an der Abschlusskundgebung der Deutschlandtagung der Sozialausschüsse der CDU/CSU in Osterfeld teil. Die Regierung sei bestrebt, so betont der Kanzler, einen Beitrag zur baldmöglichen Vereinigung Westeuropas zu leisten. 48 Millionen Deutsche, die mitten im spannungsgeladenen Europa wohnen, hegten den Wunsch, von den westlichen Alliierten größtmögliche Sicherheit zu erhalten. Zur Frage der Arbeitslosigkeit sagt der Kanzler, dass es wider Erwarten nicht gelungen sei, vom Ausland das zum Wiederaufbau der deutschen Wirtschaft benötigte Kapital zu erhalten.

- 21. Februar: Mit der Geburt von Ingeborg Kortz um 21.40 Uhr im Osterfelder St. Marien-Hospital steigt die Einwohnerzahl zum ersten Mal auf 200.000. Oberbürgermeister Otto Aschmann überreicht den Eltern ein Sparkassenbuch über 500 DM.

- 3. Mai: Der letzte Eisenbahnwaggon mit Demontagegut, das im Rahmen des 50 prozentigen Abbaus entfernt wurde, verlässt das Oxo-Werk in Holten. Damit ist die Demontage endgültig beendet.

- Bei der Landtagswahl siegt der Bewerber der CDU im Wahlbezirk 74 knapp mit 34,4 % vor dem Kandidaten der SPD, der 33,4 % der Stimmen auf sich vereinen kann. Im Wahlbezirk Sterkrade/Osterfeld entscheiden sich 30 % der Wähler für den Vertreter der sozialdemokratischen Partei. Damit ziehen Walther Kühlthau und Wilhelm Meinicke in den Landtag ein.

- An der Kreuzung Grenz- und Lothringer Straße, sowie in der Sterkrader Stadtmitte werden die ersten automatischen Verkehrsampeln in Betrieb genommen – vorerst allerdings nur in der Zeit zwischen 7 und 20 Uhr.

- 7./8. Oktober: Dem Geschäftsbericht der Hüttenwerke Oberhausen AG ist zu entnehmen, dass derzeit 10.942 Menschen hier beschäftigt sind. Der Stundenverdienst der Männer sei von 1,35 DM auf 1,42 DM, der der Frauen von 0,87 DM auf 0,95 DM heraufgesetzt worden.

• Als Kandidaten für die Wahl zum Oberbürgermeister werden von der CDU der bisherige Amtsinhaber, Otto Aschmann, von der SPD der Stadtverordnete Ernst Schmidt benannt. 16 der 33 Anwesenden stimmen für Otto Aschmann, 13 geben ihre Stimme seinem Gegenkandidaten. Zum Stellvertreter wird Wilhelm Große-Brömer gewählt.

1951

• Bei der vom 17. bis 19. Januar auf Oberhausener Zechen durchgeführten Urabstimmung sprechen sich 16.787 Beschäftigte für einen Streik aus, wenn in der Frage des Mitbestimmungsrechts keine Einigung erzielt werden sollte. Bereits vor Tagen hatte der Betriebsrat der Hüttenwerke AG mitgeteilt, dass sich 8.566 Arbeiter und Angestellte bereit erklärt hätten, am 1. Februar ihre Kündigung in die Tat umzusetzen, falls die Forderungen der Gewerkschaft nicht erfüllt werden sollten. Einen ersten Erfolg können die Streikenden verbuchen, als der Bundesrat in seiner Sitzung vom 2. Februar den Grundgedanken des Regierungsentwurfs über die Mitbestimmung der Arbeitnehmer im Bergbau und in der eisenschaffenden Industrie – vorbehaltlich etwaiger Änderungswünsche – billigt. Die Concordia-AG ist die erste Bergbaugesellschaft, die das Mitbestimmungsrecht im Sinne des DGB am 18. Oktober verwirklicht. Von 31 Betriebsräten werden Johann Krummeich, Rudolf Hoffmann, Heinrich Jochem, Hubert Stein und Friedrich Kastens, Direktor der Bank für Gemeinwirtschaft in Essen, gewählt.

• 16. Februar: Zu Zwischenfällen kommt es bei der Aufführung des Films "Die Sünderin" mit Hildegard Knef in der Titelrolle im Apollo-Theater in Sterkrade. Als der Kinobesitzer vor Beginn der Vorstellung alle Besucher, die nicht mit der Aufführung des Films einverstanden wären, aufforderte, das Kino zu verlassen, wird er von Besuchern bedroht, so dass die Polizei einschreiten muss. Vor dem Kino kommt es zu einer größeren Schlägerei zwischen der Polizei und einigen hundert Jugendlichen, die in das Kino eindringen und die Aufführung verhindern wollten. Der Polizei gelingt es, die Ordnung wiederherzustellen. Mit erheblicher Verspätung kann die Vorstellung beginnen. Auch in Alt-Oberhausen kommt es zu Auseinandersetzungen mit der Polizei, als Jugendliche, die sich mit Tränengas bewaffnet hatten, versuchen, in den Kinosaal einzudringen. In Gottesdiensten werden am folgenden Tag Stellungnahmen verlesen, in denen eine Untersuchung der Vorkommnisse und die Bestrafung der für die Polizeiaktion verantwortlichen Beamten gefordert werden. Die Protestaktion habe sich im Rahmen der geltenden Gesetze bewegt. Die Gläubigen werden aufgefordert, die Aufführungen nicht zu besuchen.

• Auf einer Kundgebung in Osterfeld nimmt Kurt Schumacher, Vorsitzender der SPD, Stellung zu aktuellen Fragen der Innen- und Außenpolitik. In scharfer Form kritisiert er die Bonner Regierung, deren Politik er als gescheitert bezeichnet; auch im sozialen Bereich seien Veränderungen notwendig. Eine große Koalition sei unter den derzeitigen Verhältnissen nicht denkbar; vielmehr seien Neuwahlen unumgänglich.

• Die Hüttenwerke AG Oberhausen werden aus ihrem bisherigen Beziehungsgeflecht zur Gutehoffnungshütte herausgenommen und auf eigene Füße gestellt. Die neue AG wird die Werke Südhafen Walsum, Werk Gelsenkirchen der Gutehoffnungshütte und die Hüttenwerke umfassen. Bei der Frage nach der Zusammensetzung des Aufsichtsrats verabschieden die 40 Betriebsräte der drei Werke eine Resolution, in der sie sich dagegen aussprechen, „daß durch die Entsendung von leitenden Herren der Konzerngesellschaft in den Aufsichtsrat die neue Kerngesellschaft zu einer Tochtergesellschaft der Altgesellschaft degradiert wird. Die Betriebsräte der vorgen. Werke sind der Meinung, dass sich ein ersprießliches Arbeiten in dem neuen Aufsichtsrat nur dann erreichen lässt, wenn auch von der anderen Seite Männer entsandt werden, die den positiven Willen zur Zusammenarbeit im Sinne einer neuen Ordnung bereits zum Ausdruck gebracht haben".

● 23. Oktober: Nach einer kurzen, dafür aber hitzigen Debatte wird der bisherige Oberbürgermeister Otto Aschmann (CDU) mit 16 Stimmen in seinem Amt bestätigt; für seine Gegenkandidatin Luise Albertz votieren 13 Stadtverordnete. Im Vorfeld zu dieser Sitzung hatte der Stadtverordnete Grefer (CDU) für eine Überraschung gesorgt, als er seiner Fraktion den Wechsel zum Zentrum mitteilte: Zwischen CDU und SPD bestand nun Stimmgleichheit, das Zentrum hatte – wie zu Beginn der Legislaturperiode – neun Stadtverordnete in ihren Reihen. Nach kurzer Beratungspause schlägt die SPD Luise Albertz als Bewerberin für das Amt des Oberbürgermeisters vor. Die Stimmauszählung ergab jedoch die Mehrheit für den bisherigen Amtsinhaber. Eine zweite Unterbrechung wurde nötig, als die Abstimmung über den Vorschlag, zwei Stellvertreter zu benennen, erfolgen sollte. Mit den Stimmen von SPD und Zentrum wurde der Antrag angenommen, und Josef Laufenberg (Zentrum) und Ernst Schmidt (SPD) zu Stellvertretern gewählt.

● 8. Dezember: Der Kulturausschuss erkennt den beiden Einrichtungen "Die Brücke" und der "Arbeiterhochschule" den Charakter einer Volkshochschule zu: „Die Brücke und die Arbeiterhochschule Burg Vondern werden als Einrichtungen der Volkshochschule im etatrechtlichen Sinne anerkannt, wobei die "Brücke" bis zum 31. März 1952 die Eigenschaft eines rechtsfähigen Vereins zu erwerben hat".

1952 ● 8. Februar: In einer Sterkrader Dachkammer überzeugt der Radiofachmann Baldow den Philips-Direktor Radtke und die Presse davon, dass es möglich ist, vom 150 Kilometer entfernten niederländischen Sender Lopec klare Bilder zu empfangen. Auf dem Bildschirm des immerhin 1.500 Mark teuren Fernsehgeräts verfolgten die Zuschauer die Beisetzungsfeierlichkeiten des englischen Königs Georg VI. Möglich wurde das Ereignis erst nach Installation eines 15 Meter hohen Antennenmastes über der Wirtschaft „Zur Post".

● Der nur noch als Ruine aufstehende Turm der Clemenskirche am Großen Markt wird gesprengt, um Platz für einen Neubau ungefähr an der gleichen Stelle zu schaffen.

● Die Stadtverordneten wählen Otto Pannenbecker (Zentrum) mit 28 gegen 19 Stimmen zum neuen Oberbürgermeister. Zu seinem Stellvertreter wird der Stadtverordnete Walther Kühltau (CDU) bestimmt. Auf die Wahl eines zweiten Stellvertreters wird verzichtet, da „sich nach Auffassung der FDP dieses Amt nach den bisherigen Erfahrungen als bedeutungslos erwiesen habe". Zu Tumultszenen kommt es, als der neue Oberbürgermeister die Stadtverordneten vereidigt. Stadtverordneter Wilhelm Meinicke erklärt, dass seine Fraktion es ablehne, gemeinsam mit Dr. Benno Legge vereidigt zu werden. Erst nachdem die Vereidigung der Stadtverordneten erfolgt ist, kehrt die SPD-Fraktion in den Ratssaal zurück.

● 1. Dezember: Die Verwaltung bemüht sich, im Weihnachtsgeschäft neue Wege für die Belebung der Innenstadt einzuschlagen. Die Marktstraße wird an den kommenden drei Sonntagen für den Autoverkehr gesperrt, so dass die Einwohner und ihre Gäste in Ruhe bummeln und einkaufen können.

● Der NWDR beginnt mit der Ausstrahlung des ersten Fernsehprogramms. Nach Mitteilung der Oberhausener Rundfunkgeschäfte sind schon eine beträchtliche Menge an Empfangsgeräten verkauft worden. Durch die Aufnahme der Serienproduktion sind die Verkaufspreise inzwischen kräftig gesunken. Die Preise für die einfachen Ausführungen mit einer Bildschirmgröße von 29 x 22 cm liegen bei 800 DM.

1953 ● Durch betriebswirtschaftliche Maßnahmen ist das Hüttenwerk Oberhausen AG in die Lage versetzt worden, die Arbeitszeit auf 42 Wochenstunden zu reduzieren.

● Der Posten „Lebenshaltungskosten" schlägt sich bei der Durchschnittsfamilie – der Haushaltsvorstand ist als Walzwerker bei den Hüttenwerken beschäftigt, Ehefrau, zwei Kinder – wie folgt nieder: 250 gr. Bohnenkaffee zu 8,20 DM, ein Glas Konfitüre 1,40 DM oder 40 Eier à 0,26 DM = 27,40 DM. Einkauf beim Metzger: (2½ kg Schweinebraten à 5,50 DM, 1 Pfd. Suppenfleisch mit Knochen à 2,20 DM, ½ Pfd. Schmierwurst à 1,20 DM, ¼ Pfd. Zungenwurst à 0,52 DM, 1 Markbällchen à 0,15 DM, ½ Pfd. Schinken à 1,80 DM, ¾ Pfd. Leberwurst à 2,40 DM) = 13,77 DM. 3 Flaschen Wein und Likör = 14,70 DM. 1 kleine Kiste Zigarren = 9,00 DM. 1 Paar Perlonstrümpfe für die Tochter à 7,90 DM, 1 Krawatte für den Sohn à 8,40 DM, 6,70 DM für süße Sachen, Hut und Oberhemd für den Ehemann 23 DM bzw. 17,50 DM = 63,50 DM.

● 28. Juli: Dr. Hermann Reusch legt auf der seit zehn Jahren zum ersten Mal wieder einberufenen Hauptversammlung den Geschäftsbericht für die Jahre 1945 bis 1952 vor. So mussten zur Beseitigung der Kriegsschäden rund 100 Mill. Mark aufgewendet werden; der Wert des verlorengegangenen Auslandsvermögens wird mit rund 50 Mill. Mark beziffert. In seiner Rede spricht sich der Direktor gegen ein Mitbestimmungsrecht der Gewerkschaften im Betrieb aus, da dies die freie Entscheidung des Unternehmers einenge und zum Sozialismus führe. Auch in einem künftigen Bundeswirtschaftsrat dürfe der Grundsatz der Parität von Arbeitnehmer und Arbeitgeber nicht zum beherrschenden Organisationsbetrieb werden.

● Aus den Wahlen zum zweiten deutschen Bundestag geht die CDU mit 40,8 % der Zweitstimmen als Sieger hervor. Der von Zentrum und CDU gemeinsam aufgestellte Kandidat Johannes Brockmann, Vorsitzender der Zentrumspartei, kann 55.832 der Erststimmen auf sich vereinen und ist damit direkt gewählt. Auf die SPD entfallen 38,6 %, auf die FDP 7,1 % der Erststimmen. In den Bundestag werden für Oberhausen Luise Albertz (SPD), Walter Kühlthau (CDU) – in Essen gewählt – und Martin Heix (CDU) einziehen.

● Für die erste Aufnahmeprüfung am Staatlichen Institut zur Erlangung der Hochschulreife melden sich 207 Bewerber an, von denen 77 zum schriftlichen und mündlichen Examen zugelassen werden. 27 Kandidaten, darunter sieben Damen, bewältigen alle Hürden.

● Dr. Schwick, der erste Heimkehrer aus russischer Kriegsgefangenschaft, trifft am Oberhausener Bahnhof ein.

● 1. Oktober: Der Innenminister des Landes NRW ordnet an, dass Oberhausen und Mülheim zu einem Polizeipräsidium zusammengefasst werden. Damit ist der alte Zustand, der vor der Neuorganisation in den dreißiger Jahren bestanden hat, wiederhergestellt worden. Sitz des noch zu bestimmenden Polizeipräsidenten wird das Gebäude am Friedensplatz sein.

● Die Marktstraße ist um eine Attraktion reicher. Im ehemaligen Bley-Haus an der Ecke Markt- und WörthStraße eröffnet die Defaka-Emil Köster AG eine Filiale.

● Durch den Münsteraner Weihbischof H. Baaken wird die neuerbaute St. Clemens Kirche am Großen Markt konsekriert.

1954 ● Nach einem intensiv geführten Wahlkampf kann die SPD die beiden Wahlkreise in Alt-Oberhausen (= 40,6 % der abgegebenen Stimmen) und Sterkrade-Osterfeld (= 38,1 % der abgegebenen Stimmen) für sich gewinnen. Auf die anderen Parteien entfallen: CDU – 37,6 bzw. 36,9 %, FDP – 7,2 bzw. 6,1 %, Zentrum – 7,8 bzw. 12,2 %. Damit ziehen Ernst Schmidt und Heinrich Jochem in den Landtag ein.

● 13. August: Das erstmalig für die deutsche Stahlindustrie vom Hüttenwerk Oberhausen gewagte Experiment einer Arbeitszeitverkürzung hat sich bewährt und wird richtungsweisend für die anderen eisenschaffenden Unternehmen sein. Ab Januar 1954 wurde in beiden Martin-Werken anstelle der bisherigen 53 bis 56 Arbeitsstunden in der Woche die kontinuierliche 42-Stunden-Woche bei vollem Lohnausgleich eingeführt.

● Die ersten „Westdeutschen Kulturfilmtage" werden im Rahmen der Arbeitstagung „Kulturfilm und Volkshochschule" eröffnet. Angeregt zu der Veranstaltung wurde der Leiter des Filmreferats im Landesverband der Volkshochschulen des Landes NRW, Hilmar Hoffmann, durch die „Kultur- und Dokumentarfilmwoche" der Stadt Mannheim. Ziel der Veranstaltung soll sein, einerseits den derzeitigen Standort des Kulturfilms auszuloten, andererseits im Zusammenhang mit der Volkshochschule pädagogische Fragen zu beantworten. Es müsse klar werden, so Dr. Johannes Eckhardt, Präsident der deutschen Flimclubs, dass der Kulturfilm nicht länger zum Vorspann von Kinospielfilmen herabgewürdigt werden dürfe. Auf dem Programm stehen nur prämierte Kulturfilme, wobei das Verhältnis von ausländischen zu deutschen Streifen etwa 60 zu 40 ist. Präsentiert werden Filme zu den Themenbereichen „Heimat und Welt", „Wissenschaft und Forschung", „Bildende Künste", „Internationale Avantgarde" und „Freies Leben in der Natur".

● Die Stadtverordneten bestätigen den Oberbürgermeister Otto Pannenbecker und seinen Stellvertreter Walther Kühlthau für weitere zwei Jahre in ihren Ämtern.

● Klaus Theo Gärtner, der den heutigen Fernsehzuschauern durch seine Auftritte in der Serie „Ein Fall für Zwei" bekannt ist, arbeitet nach Schulschluss als Lokalreporter für die NRZ.

1955 ● 14. Januar: Seit 6 Uhr streiken rund 13.000 Mitarbeiter der Hüttenwerke Oberhausen AG. Mit dem 24stündigen Ausstand protestieren sie gegen die von dem Generaldirektor Dr. Hermann Reusch gemachten Äußerungen zum Mitbestimmungsrecht. Dieses Gesetz sei das Ergebnis „einer brutalen Erpressung durch die Gewerkschaften". Es stamme aus einer Zeit, in der die Staatsgewalt noch nicht gefestigt war. Die derzeit zur Beratung vorliegenden Gesetze zur Mitbestimmung in den Holding-Gesellschaften seien „eine fundamentale Durchbrechung der bisher geltenden gesellschaftlichen Prinzipien". Vor den Delegierten der Hüttenwerke Oberhausen sagt Ministerpräsident Arnold, dass mit einer solchen Auffassung keine wirtschaftliche und politische Aufbauarbeit geleistet werden könne; der Staat werde das Mitbestimmungsrecht gegen jedermann schützen.

● 22. Mai: In der Nacht zum Pfingstsonntag wird bei einer Polizeikontrolle am Werksgasthaus zum ersten Mal das neue Alcotest-Gerät eingesetzt, mit dem alle Oberhausener Polizeiwachen ausgestattet sind. 36 Fahrer werden angehalten, von denen sich sechs einer Blutprobe unterziehen müssen. Bei sieben weiteren Verkehrsteilnehmern werden die Fahrzeuge direkt stillgelegt.

● In einer Presseerklärung warnt der Ortsausschuss des DGB davor, dem Arbeitskräftemangel auf den Zechen durch die Anwerbung von Bergleuten aus Frankreich, Belgien, Polen oder Italien zu begegnen. Der Einsatz von solchen Arbeitern könnte über den rein wirtschaftlichen Rahmen hinaus auch zur Unterminierung des politischen Lebens führen, indem z.B. italienische Kommunisten in die Betriebe eingeschleust würden. Wie in Kanada oder Australien sollten zunächst Gespräche mit den Gewerkschaften geführt werden, um sich über geeignete Maßnahmen zur Bekämpfung des Arbeitermangels zu verständigen.

1956 ● In der Stadtverordnetensitzung wird Oberbürgermeister Otto Pannenbecker die Amtskette überreicht, an der neben dem Wappen der Stadt auch Abbildungen von Siegeln der im Raum Oberhausen ansässig gewesenen Geschlechter von der Hove, von Boenen, von Lipperheide, von Westerholt-Gysenberg, von Nesselrode und der Gemeinden Holten, Osterfeld und Sterkrade befestigt sind. Angefertigt wurde die Amtskette vom Goldschmiedemeister Ludwig Volk.

● Der Kulturausschuss genehmigt die Ausgabe von 70.000 DM, mit der eine fahrbare Bücherei eingerichtet werden soll. Sie soll dazu dienen, alle Stadtteile gleichmäßig mit Literatur zu versorgen.

● Die Zulassungsstelle vergibt die ersten neuen Nummernschilder, die auf weißem Grund das Kürzel „OB" und weitere Buchstaben- und Ziffernkombinationen zeigen. Sie lösen die alten Schilder ab, die auf schwarzem Grund weiße Buchstaben und Ziffern trugen.

● 22. Oktober: Die Wehrerfassungsstelle nimmt ihre Tätigkeit auf. Bis Ende Oktober müssen die persönlichen Daten von rund 600 jungen Männern des Jahrgangs 1937 aufgenommen sein.

● Bei den Gemeindewahlen kann die SPD 49,4 % der abgegebenen Stimmen auf sich vereinigen und wird mit 25 Stadtverordneten in das Stadtparlament einziehen. Für die CDU entscheiden sich 33,8 % der Wähler; die Partei wird mit 17 Vertretern im Rat vertreten sein. Das Zentrum, für das nur 8,4 % der Wähler votieren, und die FDP, die mit 0,2 Prozentpunkten gerade die 5 Prozenthürde nimmt, entsenden vier bzw. zwei Mitglieder.

● Mit 45 von 46 abgegebenen Stimmen wird Luise Albertz (SPD) zur Oberbürgermeisterin gewählt. Zu ihren Stellvertretern bestimmen die Stadtverordneten Wilhelm Jansen (CDU) und Josef Kornelius (SPD).

1957 • 7. Februar: In Räumen des Stadions Niederrhein tritt eine aus Vertretern des Kreiswehrkommandos Wesel, der Stadt und des Rats gebildete Kommission zu ihrer ersten Sitzung zusammen, um die ersten 35 von 472 Wehrpflichtigen des Jahrgangs 1937 zu mustern: Am Ende werden 19 Kandidaten wegen körperlicher Gebrechen nicht einberufen, 85 junge Oberhausener sind im Bergbau tätig und werden zurückgestellt, solange sie ihre Untertagetätigkeit beibehalten; weitere 111 Kandidaten werden aus familiären, beruflichen oder schulischen Gründen nicht berücksichtigt. Wehrdienstverweigerer habe man, so die Kommission, in Oberhausen nicht feststellen können.

• An sieben Stellen im Stadtbezirk beginnt das Gesundheitsamt mit den ersten Impfungen von rd. 2.200 Kindern der Jahrgänge 1954 und 1955 gegen Kinderlähmung.

• Bei den Bundestagswahlen kann die CDU 54,6 % der abgegebenen Stimmen auf sich vereinen, auf die SPD entfallen 36,1 %, während 4,1 % der Wähler sich für die FDP entscheiden. Direkt gewählt ist damit Martin Heix, Luise Albertz zieht über die Landesliste in das Parlament ein.

• Im Lito Palast haben die Fußballbegeisterten zum ersten Mal die Chance, das Länderspiel zwischen Deutschland und Ungarn auf einer Großleinwand zu verfolgen.

1958 • Zum ersten Mal in der Oberhausener Medizingeschichte wird im St. Joseph-Hospital eine schmerzlose Geburt nach der Methode Read praktiziert. Durch psychoprophylaktische Behandlung werden die Geburtsschmerzen auf ein Minimum reduziert, so dass die Verabreichung von Medikamenten während der Geburt selbst auf ein Mindestmaß beschränkt werden kann.

• Über die Bildschirme des Nord- und Westdeutschen Rundfunks flimmert eine neue Folge der Serie „Stahlnetz", in der Jürgen Roland die Verhaftung eines Mannes in Oberhausen schildert, der eine Person getötet und eine weitere schwer verletzt hatte. Gedreht wurde der auf Tatsachen beruhende Bericht u.a. auf dem Friedensplatz und an der Mülheimer Straße.

• Der Sportausschuss genehmigt mit 9:2 Stimmen den Antrag des Damenfußballvereins „FC Kickers", die Sportanlagen an der Kuhle zu Trainingszwecken zur Verfügung zu stellen. Damit setzt sich der Ausschuss über den vom Deutschen Fußballverband gefassten Beschluss hinweg, der besagt, dass im gesamten Bundesgebiet keine Frauen auf Vereinsplätzen spielen dürfen.

• Der Bischof des neugegründeten Ruhrbistums, Dr. Franz Hengsbach, stattet der Stadt seinen ersten offiziellen Besuch ab. In seiner Ansprache vor Vertretern von Politik, Verwaltung, Unternehmen und Geistlichen betont er, dass die Menschenwürde der Arbeiter bei allem, was sie zu tuen hätten, nicht verletzt werden dürfe.

• Aus der Landtagswahl geht die CDU mit 47,4 % als Sieger hervor; für die SPD stimmen 43 % der Wähler, auf die FDP entfallen 4,2 %. Die beiden Direktmandate erringen die CDU Kandidaten Karl Bourscheid und Fritz Alles, während Heinrich Jochem (SPD) über die Landesliste ins Parlament einzieht.

• Auf der ersten Sitzung der Stadtverordnetenversammlung im neuen Plenarssaal wird die Oberbürgermeisterin Luise Albertz mit 45 von 46 abgegebenen Stimmen in ihrem Amt bestätigt, 44 Ratsmitglieder votieren für Wilhelm Jansen als ersten, 42 entscheiden sich für Josef Kornelius als zweiten Stellvertreter. In der Sitzung wird auch über die Schäden beraten, die durch die Überflutung des Kaisergartens entstanden sind. Die Zeche Concordia, deren Kohleabbau das Absinken verursachte, hat der Verwaltung angeboten, 40.000 Mark des Gesamtschadens in Höhe von 65.000 Mark zu übernehmen. Gleichzeitig verpasst die Kanal- und Schiffahrtsdirektion dem Rhein-Herne-Kanal auch auf der Seite am Kaisergarten ein eisernes Korsett.

1959
- 22. Januar: Im Rahmen der „Woche der Jugend" tagt im Rathaussaal das Oberhausener Jugendparlament. Unter Leitung des 25-jährigen „Alterspräsidenten" Gregor Hansmann wird Erich Brachthäuser zum Oberbürgermeister gewählt, Friedrich Schmid und Heinz Krüger werden für einen Tag zu seinen Stellvertretern ernannt. Der Oberstadtdirektor Gottfried Schulz wacht aufmerksam darüber, dass die in voller Stärke angetretenen Fraktionen nicht über die ihnen nach der Gemeindeordnung zustehenden Rechte hinausgehen. Stilgerecht beenden die Jungparlamentarier – aufmerksam verfolgt von Presse, Funk und Fernsehen – dann auch die Redeschlachten: Erst mit 30minütiger Verspätung kann der „Oberbürgermeister" die Sitzung beenden.
- Mit Radargerät und Fotoapparaten geht die Polizei gegen Geschwindigkeitssünder vor. Auf der Duisburger Straße werden 254 Kraftfahrzeuge gemessen, bei 32 stellen die Beamten eine Mindestgeschwindigkeit von 60 km/h fest.
- Das Gesundheitsamt stellt eine Studie vor, in der die Wechselwirkung zwischen der Luftverschmutzung und dem Gesundheitszustand der Bevölkerung in dieser Stadt einerseits und den industriearmen Regionen zwischen Rees und Geldern untersucht wurde. In den Landregionen wurden nur 18 % der städtischen Staubniederschläge gemessen; der durchschnittliche Wert der Schwefelverbindungen lag bei 40 % des in Oberhausen ermittelten Wertes. Innerhalb des Stadtgebietes ist die Luft in Osterfeld besonders stark verschmutzt; hier und am nordwestlichen Stadtrand wurden die höchsten Schwefelkonzentrationen ermittelt.
- Nachdem am 25. Mai die Oberleitungen an der Strecke von Duisburg nach Oberhausen und im Bahnhof probeweise unter Hochspannung gesetzt wurden, sind die jahrelangen Diskussionen um die Elektrifizierung endgültig beendet und die Stadt in das moderne Streckennetz einbezogen. Am Sonntagmorgen um 6.52 Uhr rollt die Wagenkette des D 407 von München nach Münster auf Gleis 2 ein. Oberhausen ist mit Inkrafttreten des Sommerfahrplans neben Hamm Endpunkt des elektrischen Streckennetzes der Bundesbahn für die Fernzüge aus Richtung Süddeutschland.
- Auch das Hüttenwerk Oberhausen AG entlohnt einen Teil ihrer Belegschaft zukünftig bargeldlos – ein Schritt, der vom Betriebsrat begrüßt wird. Dadurch werde ein weiterer Schritt zur Gleichstellung von Arbeitern und Angestellten getan.
- Mit schwarzen Fahnen und Transparenten demonstrieren Bergleute aus Oberhausen und dem Kreis Dinslaken gegen Entlassungen und Stilllegungen, gegen die derzeitige Kohle- und Energiepolitik und für stabile Arbeitsplätze und einen gesunden Bergbau. In vier großen Marschsäulen ziehen sie schweigend zur Tannenbergstraße, von wo aus die Bergleute mit Bussen zum Bahnhof Osterfeld-Süd gefahren werden. Von hier aus setzen sie ihren Weg gemeinsam zur zentralen Kundgebung auf dem Osterfelder Marktplatz fort. In Postwurfsendungen informieren sie die Bürger über ihre Ziele: „Die Bergleute lehnen es ab, allein das Risiko einer Strukturumwandlung der Wirtschaft zu tragen. Weder die Bundesregierung noch die Landesregierung, weder

die Montanunion noch die Unternehmer haben bisher geeignete Maßnahmen eingeleitet, die das Gespenst der Angst und Sorge gebannt hätten".

• 8. Dezember: Nach einer Bauzeit von 16 Monaten wird der neue Hochofen A der Hüttenwerke Oberhausen AG angeblasen. Monatlich sollen nun 40.000 bis 45.000 Tonnen Roheisen geschmolzen werden.

• Mit den ersten Spatenstichen auf dem Grundstück gegenüber dem Rathaus an der Schwartzstraße geht ein seit 46 Jahren bestehender Plan in Erfüllung: Der Bau der Stadthalle wird in Angriff genommen.

1960 • Im Zuge der Neuorganisation der Polizei werden der Abschnitt Süd und die drei Reviere in Sterkrade, Osterfeld und Holten aufgelöst. An ihre Stelle treten die beiden Schutzbereiche Nord und Süd.

• Nach dem Abbau der Gerüste an der städtischen Handelsschule wird der Werbeslogan der Stadt für jedermann sichtbar: „Oberhausen – Wiege der Ruhrindustrie".

• Die von dem Bildhauer Hanebal geschaffene Plastik „Der Eisengießer", die die Stadt auf Empfehlung des Rechtsanwalts Dr. Peter Mandelartz vor vier Jahren erworben hatte, wird in der Grünanlage nahe dem Sterkrader Bahnhofsgebäude aufgestellt.

• Das Preisgericht, das über die Entwürfe für ein Mahnmal für die Opfer des Kriegs und der national-sozialistischen Verfolgung entscheiden soll, beschließt, keinen ersten Preis zu vergeben. Angekauft werden die von Julius Viertmann und Rudolf Skribbe entworfene Dornenkrone sowie die von Willy Meller geschaffene Skulptur einer Trauernden.

1961 • Gewinner der Kommunalwahl ist die CDU, die die Zahl ihrer Mandate im Stadtparlament von 17 auf 21 hat erhöhen können. Damit hat sie ihr eigentliches Ziel, die absolute Mehrheit zu erringen, zwar nicht erreicht, aber auch die SPD verfügt mit 24 Sitzen nicht mehr über eine unangefochtene Spitzenstellung. Auf die FDP entfallen 6,5 % der abgegebenen Stimmen und damit drei Sitze. Nicht mehr im Rat vertreten sind Zentrum, DRP und DWU.

• 27. März: Nach nur 21 Minuten ist die erste Sitzung der neugewählten Stadtverordneten bereits vorüber. Mit 24 zu 24 Stimmen – 21 Stimmen von CDU und 3 der FDP für Dr. Alfred Rohe (CDU) und 24 Stimmen der SPD für Luise Albertz – ist die Wahl des neuen Oberbürgermeisters in einer Kampfabstimmung entscheidungslos verlaufen.

• Um bei der Wahl des Oberbürgermeisters und des Bürgermeisters eine Entscheidung durch Los zu vermeiden, vereinbaren die im Rat vertretenen Fraktionen, dass für die erste Wahlzeit der SPD das Vorschlagsrecht für den Oberbürgermeister und der CDU für den Bürgermeister eingeräumt wird. In der zweiten Wahlzeit liegt das Vorschlagsrecht für den Oberbürgermeister bei der CDU, während die SPD den Bürgermeister benennt. Im zweiten Anlauf wählen 46 Stadtverordnete bei zwei Stimmenthaltungen Luise Albertz wieder zur Oberbürgemeisterin. Bürgermeister und damit Stellvertreter wird mit 44 Stimmen Dr. Alfred Rohe (CDU. Der Rat macht auch erstmals von der durch den Gesetzgeber eingeräumten Möglichkeit Gebrauch, sachkundige Bürger in Ausschüsse zu wählen. So werden in den Ausschüssen Schule, Kultur, Soziales, Gesundheit, Sport, Bau, Werksangelegenheiten, Feuerschutz, Verkehrs und Wirtschaftsförderung die Ratsmitglieder von kompetenten Fachleuten beraten.

● 27. Mai: Auf dem Bahnsteig 3 des Oberhausener Hauptbahnhofs hält um 12.10 Uhr der erste, von Dortmund nach Oberhausen verkehrende elektrische Triebwagen vom Typ ET 30, erwartet von zahlreichen Schaulustigen und Vertretern der Verwaltung, der Bundesbahndirektion Essen und des Verkehrsministers Dr. Lauscher. In seiner Rede greift der Minister weit über die bürokratischen Hürden hinweg, als er ankündigt, dass in absehbarer Zeit auch die sog. „Hollandstrecke" vollständig elektrifiziert sein werde – eine Ansicht, die Bundesbahnpräsident Martin Herrmann leicht korrigiert, indem er anfügt. „Wir sollten unsere Gedanken auf das Ziel ausrichten, die Köln-Mindener Strecke zusammen mit der Bergisch-Märkischen Strecke viergleisig auszubauen".

● Auch die HOAG Bergbau führt die bargeldlose Lohnzahlung für ihre 15.000 Mitarbeiter ein.

● Mit den Worten „Möge diese neue Straße der Freundschaft zwischen Deutschland und Holland und dem Frieden dienen" durchschneidet Verkehrsminister Dr. Seebohm an der Auffahrt Wesel das quer über die Fahrbahn in Richtung Oberhausen gespannte Band und gibt damit den ersten Abschnitt der Hollandlinie von der Bundesstraße 58 bis zum Oberhausener Kreuz für den Verkehr frei.

● 4. August: Die beiden von dem Hygieneinstitut in Gelsenkirchen und dem Bundesgesundheitsamt in Berlin vorgelegten Gutachten, die auf Messreihen der Jahre 1954 bis 1961 basieren, bestätigen weitgehend die Meinungen der Oberhausener Hausfrauen, dass die Luft über der Stadt schlechter geworden ist: „Während man die Verhältnisse in der Altstadt Oberhausens, im Gebiet des Bahnhofs Sterkrade und in Schmachtendorf sowohl hinsichtlich des Gesamtstaubes als auch des Schwefels als normal für Siedlungsgebiete des Ruhrgebiets ansehen kann, liegen die Werte in Osterfeld, vor allem, wenn man die häufige Überschreitung des Wertes von 1000 mg/Tag/qm berücksichtigt, schon an der Grenze der oberen Grenze des Zumutbaren. Für die Schwefelniederschläge gilt das gleiche".

● Deutliche Verluste gegenüber der Bundestagswahl des Jahres 1957 muss die CDU hinnehmen; sie liegt aber mit knapp zwei Prozentpunkten vor der SPD, die sich von 37,5 % auf 44,4 % verbessern konnte. Für die FDP entscheiden sich 7,5 %. Wie schon bei der letzten Wahl zieht auch diesmal Martin Heix (CDU) direkt in den Bundestag ein; über die Landesliste erhält Luise Albertz (SPD) ein Mandat.

● Die Stadtwerke setzen zum ersten Mal Gelenkbusse auf der Strecke vom Sterkrader Bahnhof zum Hirschkamp ein. Sie sind 16,5 Meter lang und können 173 Personen befördern. Zur Ausstattung der mit Fahrer und Schaffner besetzten Busse gehören u.a. eine Sprechanlage und elektrische Türschließer.

1962 ● Mit der vom Bischof Dr. Franz Hengsbach am 1. Dezember 1961 unterzeichneten Urkunde wird das bisherige Dekanat Oberhausen-Sterkrade geteilt und die beiden neuen Dekanate Osterfeld und Sterkrade gebildet.

● 1. Februar: Mit einer Festsitzung des Rats und in Anwesenheit von zahlreichen Ehrengästen – unter ihnen der Innenminister Dufhues, Dr. Hermann Reusch, die Bürgermeister der Städte Middlesbrough und Arnheim – begeht die Stadt die Feier ihres 100. Geburtstags. Unter dem Vorsitz der Oberbürgermeistermeisterin Luise Albertz, die anlässlich des Jubiläums zum erstenmal ihre Amtskette angelegt hatte, beschließen die Stadtverordneten die Einrichtung der Elly-Heuss-Knapp-Stiftung, die Einrichtung einer Stiftung für junge Menschen aus den Entwicklungsländern und die Schaffung eines Ehrenrings bzw. der Glückauf-Medaille für Oberhausener Bürgerinnen und Bürger, die sich um die Stadt verdient gemacht haben: Der goldene Ehrenring soll an Ratsmitglieder und Gemeindebeamte verliehen werden, die damit für besondere kommunalpolitische Verdienste ausgezeichnet werden.

● Der Ältestenrat beschließt, wie bereits im vergangenen Jahr fünf ehemalige jüdische Bürger zum Besuch Oberhausens einzuladen.

● In den Räumlichkeiten des „Würzburger Hofbräus" an der Ecke Helmholtz- und Nohlstraße eröffnen Sei Wu Sun und Yao Tung das erste chinesische Restaurant.

● Bereits eine Stunde nach Schließung der Wahllokale sind die rd. 123.676 Stimmzettel ausgezählt. Die SPD kann 49,3 % der Stimmen auf sich vereinen. Verluste müssen CDU (von 47,3 auf 42,6 %) und die FDP (von 4,3 auf 3,7 %) hinnehmen. Direkt gewählt werden die beiden SPD-Kandidaten, Dr. Heinz Nehrling und Heinrich Jochem.

● 4. September: Nachdem die Stadtverordnetenversammlung am 1. Februar die Stiftung eines Ehrenrings und der Glückauf Medaille beschlossen hatte, wird diese Auszeichnung an 13 derzeitige bzw. ehemalige Mitglieder des Rats verliehen: Luise Albertz, Hedwig Aßmann, Änne Veelken, Johann Erwig, Heinrich Grefer, Martin Heix, Adolf Helm, Dr. Otto Hunzinger, Fritz Leichsenring, Wilhelm Meinicke, Theodor Müller, Ewald Sauerborn und Wilhelm Schönen verliehen. Für besondere kommunalpolitische Verdienste beim Wiederaufbau der Stadt erhalten ebenfalls Otto Aschmann, Dr. Heinrich Behrends und Arnold Rademacher den Ehrenring. Die von dem Goldschmied Herbert Zeitner geschaffene Glückauf-Medaillen werden an den Stadtdechant Johannes Kampert, an den Generaldirektor Dr. mult. Hermann Reusch und an Dr. med. Theodor Schmidt überreicht.

● 6. September: Am dritten Tag seines Staatsbesuches weilt der französische Staatspräsident Charles de Gaulle für einen kurzen Augenblick in Oberhausen. Von der August Thyssen Hütte kommend, läuft um 16.19 Uhr der Sonderzug an der Anschlussstelle „Deutscher Kaiser" in Oberhausen-West ein. Für einen kurzen Augenblick ist General de Gaulle für die vielen auf der Ruhrorter Straße stehenden Zuschauer hinter der Scheibe sichtbar. Nach einem Lokwechsel setzt sich der Zug um 16.50 Uhr wieder in Richtung Remagen in Bewegung.

● Nach der vom Statistischen Landesamt vorgelegten Studie ist Oberhausen die am höchsten verschuldete Gemeinde sämtlicher Stadt- und Landkreise des Ruhrkohlenbezirks. Am 31. Dezember 1960 entfielen auf jeden Einwohner 490 DM Gemeindeschulden – ein Jahr später lag die Zahl bei 545 DM –, auf jeden Essener Einwohner 248 DM (268 DM) und auf jeden Einwohner Mülheims 244 DM (308 DM). Die unterschiedliche Höhe sei auch ein Ausdruck des kommunalen Wagemuts. Diese Stadt habe einen großen Rückstand an Gemeindeeinrichtungen gehabt und in den letzten Jahren mit dem Bau des Heizkraftwerks und der Stadthalle einen bemerkenswerten Sprung nach vorn getan.

1963 ● Die Stadtverordneten bestätigen mit 25 Stimmen die bisherige Oberbürgermeisterin Luise Albertz in ihrem Amt; auf den von der CDU Fraktion benannten Kandidaten, Dr. Alfred Rohe, entfallen 22 Stimmen. In Abwesenheit wird der Stadtverordnete Valentin Stephani zum Bürgermeister gewählt.

- „Aus dem Stegreif" erzählt Herr Tegtmeier, alias Jürgen von Manger, Geschichten aus dem Ruhrgebiet: vom Kassierer des Taubenvereins, der den Jahresbericht vorlegt oder am Stammtisch bei Pils und Doppelkorn die Politik unter die Lupe nimmt.

- An der Gasolin-Tankstelle an der Teutoburger Straße wird die erste vollautomatische Waschanlage für PKWs in Betrieb genommen. Die Schnellwaschanlage, die erste ihrer Art in Nordrhein-Westfalen, benötigt für die komplette Reinigung eines Fahrzeugs nur knapp zwei Minuten.

- In der Silvesternacht um 24 Uhr beginnen die beiden Straßenbahnlinien Nr. 4 ihre letzten Fahrt vom Berliner Platz nach Lirich bzw. nach Dümpten. Damit wird diese Straßenbahnverbindung nach 50 Jahren endgültig eingestellt. Um 4.28 Uhr startet dann der Busfahrer Georg Hoffmann mit dem Einmannbus Nr. 80 zur Jungfernfahrt auf der Strecke. Eine Neuerung ergibt sich für die Fahrgäste, die ihre Fahrscheine nun beim Fahrer erwerben bzw. Streifenkarten durch einen Automaten entwerten müssen.

1964
- „Henkofix" nennt sich der neue Laden, der an der Stöckmannstraße 56 eingerichtet wurde. Die Kunden legen vier Kilo Wäsche in die aus Amerika stammende Maschine, werfen acht Markstücke in den dafür vorgesehenen Schlitz und können nach einer Viertelstunde ihre Kleidungsstücke frisch, farbecht, sauber und duftig mit nach Hause nehmen. Das Geheimnis der Reinigung ist ein neuentwickeltes Lösungsmittel, das die Wäsche bereits bei einer Temperatur von 46 Grad reinigt.

- Um die Verkehrsprobleme in den Geschäftszentren von Alt-Oberhausen, Sterkrade und Osterfeld in ordentliche Bahnen zu lenken, beschließt der Ausschuss für Verkehrsplanung und Straßenbau die Einführung von Parkscheiben für Parkplätze und -streifen.

- 8. Oktober: Nur 47 Minuten dauert die konstituierende Sitzung des neugewählten Rats, in deren Mittelpunkt die Wahl des Oberbürgermeisters und des Bürgermeisters stehen. Bereits im Vorfeld hatten sich die beiden Parteien am 2. Oktober dahingehend verständigt, dass die Mitglieder der CDU-Fraktion den Vorschlag der SPD unterstützen und Luise Albertz zur Oberbürgermeisterin wählen werden. Entsprechend der parlamentarischen Gepflogenheit hatte die Mehrheitsfraktion der CDU das Amt des Bürgermeisters angeboten. Luise Albertz wird mit 46 Stimmen bei einer Stimmenthaltung in ihrem Amt bestätigt; für Franz Sörries entscheiden sich 44 Ratsmitglieder.

- Das letzte der insgesamt sieben „Meisterhäuser" an der Sterkrader Straße in Eisenheim wird abgebrochen. Das 1846 entstandene anderthalbgeschossige Gebäude, das von Meistern der Hüttengewerkschaft Jacobi, Haniel und Huyssen bewohnt wurde, war nach Mitteilung der Besitzerin stark einsturzgefährdet. Durch den Abbruch wird Platz geschaffen für die Durchführung städtebaulicher Maßnahmen im Zusammenhang mit dem Bau der Stadtschnellbahn.

1965
- Professor Schlums legt den ersten Entwurf seines Gutachtens zum Generalverkehrsplan vor. Er stellt fest, dass das Straßenbahnnetz in der vorliegenden Form auf keinen Fall beibehalten werden könne. Die Stadtwerke haben bereits reagiert und mit der Umstellung auf Omnibusbetrieb innerhalb der Stadtgrenzen begonnen.

- In einer Beiratssitzung des Deutschen Fußballbundes stellt Peter Maaßen fest: „Der deutsche Fußball ist wirtschaftlich, sportlich und moralisch bankrott!" Er fordert – zusammen mit vielen anderen Ligavereinen – die Einführung einer ersten und zweiten Bundesliga.
- In den Regalen der Spielwarenabteilungen wartet „Barbie" auf Kinder, die langsam erwachsen werden: Ausgedacht in Amerika, hergestellt in Japan, 30 cm lang und 11,90 Mark teuer – in der einfachsten Ausführung.
- 5. Juli: Mit einer Gegenstimme beschließt der Rat der Stadt, den öffentlichen Personennahverkehr von der Straßenbahn auf Busse zu verlagern. Der Generalverkehrsplan lasse erkennen, dass Oberhausen in Zukunft mit schienengebundenen Verkehrsmitteln nicht mehr zurechtkomme. Die drei Stadtteile könnten verkehrsmäßig besser durch Busse als durch die Straßenbahn erschlossen werden.
- Christine Zydek ist die erste Frau, die von den Stadtwerken Oberhausen als Straßenbahnfahrerin eingesetzt wird.
- Zum ersten Mal gewinnt die SPD mit 52,6 Prozent die absolute Mehrheit, während die CDU gegenüber der Wahl von 1961 Stimmenverluste von drei Prozentpunkten hinnehmen muss und auf 42,3 Prozent kommt. Für die FDP entscheiden sich 3,4 Prozent der Wähler. Damit zieht die Oberbürgermeisterin Luise Albertz in den Bundestag ein. Für die AUD votieren 216, für die DFU 1.584 und für die NPD 670 Wähler.
- Auf dem Gelände der Oberhausener Zechen liegen derzeit rd. 636.000 t Kohle und Koks auf Halde. Um ein weiteres Anwachsen zu verhindern, fahren etwa 12.000 Bergleute nicht an.
- 19. November: Knallharte Beatrhythmen ertönten mehr als drei Stunden lang im Sterkrader Kaiserhof, dargeboten von acht guten Beatbands und Deutschlands Beatband Nr. 1, den "Rattles", im Rahmen des von der "Brücke" aufgezogenen Beatfestivals, und nicht einmal eine Flasche ging in Scherben.

1966
- Höhepunkt der zweiten „Beat Tanzparty" im Sterkrader Kaiserhof ist der Auftritt der Gruppe „The Lords". „Zu den elektronisch verstärkten Gitarrenklängen hüpften die Party-Besucher, lässig mit den Armen rudernd, mit einer bemerkenswerten Ausdauer auf der Stelle. Man benötigte nur wenig Platz und kam sich auf der überfüllten Tanzfläche nicht gegenseitig ins Gehege. Wer einen schlechten Platz erwischt hatte, suchte einen erhöhten Standort, um zu erleben, wie die „Lords" ihre bis auf die Schultern reichenden Beatle-Mähnen fliegen ließen und ihre Glieder verrenkten. Band-Leader Ulli Günther verschluckte beim Gesang fast das Mikrophon und kam so in Rage, daß er den Mikrophonständer als Turnstange zweckentfremdete."
- 1. Februar: Wie immer in der Vergangenheit sind die Schrankenbäume an der alten Haltestelle „Emschertalbahn" für die Straßenbahn bei ihrer letzten Fahrt von Alt-Oberhausen nach Sterkrade geschlossen. Nachdem der Eilzug aus Oldenburg vorübergefahren ist, klettert auch diesmal die Schaffnerin Ilse Baum aus dem Wagen, sichert die Strecke und gibt dem Fahrer das Signal für freie Fahrt.
- Auf den HOAG Zechen wird die erste unbezahlte Feierschicht verfahren. Wegen des Absatzmangels und der ständig wachsenden Kohlenhalden wird auch auf den übrigen Zechen in Oberhausen nicht gearbeitet.

- Prominenteste Teilnehmer des Ostermarsches Ruhr, der gegen Mittag in Oberhausen eintrifft, sind die Sängerin Joan Baez und Bergleute der Zeche Osterfeld, die in Knappenuniform mitziehen.
- Bergassessor a.D. Dr. Hermann Reusch scheidet nach über 20-jähriger erfolgreicher Tätigkeit aus seinen Ämtern als Vorstandsvorsitzender der Gutehoffnungshütte AG und der Gutehoffnungshütte Sterkrade AG aus. Gleichwohl bleibt er dem Konzern durch seine Mitgliedschaft im Aufsichtsrat der MAN und als Vorsitzender der Schwäbischen Hüttenwerke Wasseralfingen auch weiterhin verbunden.
- Nicht aus dem Konzept bringen lässt sich Bundeskanzler Ludwig Erhard durch Sprechchöre und Zwischenrufe, mit denen Demonstranten die CDU-Wahlkundgebung auf dem Großen Markt in Sterkrade zu stören versuchen. Mit einem Bekenntnis zur freien Meinungsäußerung und zur Zivilcourage spricht er besonders die Jugend an, der sich im Rahmen der Europäischen Wirtschaftsgemeinschaft eine verheißungsvolle berufliche Zukunft eröffne.
- In seiner Rede vor dem Rathaus dankt Willy Brandt der Oberhausener Bevölkerung für das Ergebnis der letzten Bundestagswahl. Die vornehmliche Aufgabe sei es, die Probleme an der Ruhr zu beseitigen und in der Stahlindustrie keine Krise wie bei der Kohle aufkommen zu lassen.
- Deutliche Zugewinne kann die SPD bei der Landtagswahl für sich verbuchen, die 58,4 Prozent (1962: 49,3 %) erhält. Gegenüber der letzten Landtagswahl muss die CDU Stimmenverluste von rd. sechs Prozentpunkten hinnehmen und kommt auf 36,8 Prozent. Entgegen den optimistischen Äußerungen Willi Weyers entfallen auf die FDP nur 4,8 Prozent der Stimmen. Direkt gewählt werden Dr. Heinz Nehrling und Wilhelm Meinicke; über die Reserveliste ziehen für die CDU Josef Lukowiak und für die FDP Dr. Heinz Lange in den Landtag ein.
- Die Oberhausener Presselandschaft schrumpft. In einer Notiz teilt die Westdeutsche Allgemeine Zeitung mit: „Der GENERAL-ANZEIGER FÜR GROSS-OBERHAUSEN und die WESTDEUTSCHE ALLGEMEINE (WAZ) haben eine freundliche Vereinbarung getroffen, wonach die von ihnen herausgegebenen Zeitungen ab 1. November 1966 vereinigt werden".

1967
- 20. Mai: Mit einer Sondersitzung des Rats, Umzügen und einer Kundgebung auf dem Altmarkt demonstrieren rd. 10.000 Menschen gegen die geplante Stilllegung der Zeche Concordia. In seiner Rede fordert Heinz Oskar Vetter, zweiter Vorsitzender der IG Bergbau, den Schering Konzern auf, die erforderlichen Mittel bereitzustellen, damit diese Zeche wieder den Anschluss an die Marktentwicklung finden könne. Beide Fraktionen der Ratsversammlung beschließen folgende Resolution: „Der Rat der Stadt begrüßt einmütig die energischen Bemühungen des Betriebsrates der Concordia, der IG Bergbau und des DGB sowie aller politischen Kräfte, die Stilllegung zu verhindern. Er appelliert an die zuständigen Stellen in Bund und Land, alles zu tun, um den Concordia-Bergleuten Arbeitsplätze zu sichern. Weder in Oberhausen, noch in den Nachbarstädten sind gegenwärtig Ersatzarbeitsplätze vorhanden! Eine Stilllegung der Concordia widerspräche zudem wirtschaftlicher Vernunft. Diese Zechenanlagen gehören nach ihrer Leistungsfähigkeit und technischen Ausstattung zur Spitzengruppe der europäischen Energiewirtschaft; sie verfügen über marktgängige

Kohlensorten. Der Rat unterstützt die Protestaktion der Concordia-Bergleute. An den Aufsichtsrat der Concordia Bergbau AG richtet er die eindringliche Bitte, die Entscheidung über die Stilllegung nicht nur von finanziellen, auf das Gewinnstreben gerichteten Überlegungen abhängig zu machen. Es geht um den Menschen!"

• Die umstrittene Stilllegung der zum Schering Konzern gehörenden Concordia Bergbau AG wird durchgeführt. Mit sechs gegen fünf Stimmen stimmt der Aufsichtsrat der Vorlage des Vorstands zu, die Bergbaubetriebe zu schließen.

1968 • 12. Januar: Auf die im September des vergangenen Jahres vom Oberhausener Landtagsabgeordneten Josef Lukowiak (CDU) an die Landesregierung gestellten Fragen teilt Wirtschaftsminister Dr. Kassmann mit, dass die Concordia Bergbau AG beschlossen habe, 9,5 Millionen Mark für einen Sozialplan zur Verfügung zu stellen. Dieser sei auch mit dem Betriebsrat vereinbart worden. Die Landesregierung nimmt ihr Veto gegen die Zahlung der Stilllegungsprämien zurück, da man zu der Überzeugung gekommen sei, „daß die Concordia Zechen zu denjenigen Anlagen gehören, die bei dem im Rahmen eines Gesamtanpassungsplanes insgesamt notwendigen Kapazitätsschnitts stillgelegt werden müssen." Insgesamt gesehen sei die wirtschaftliche Struktur der Stadt verhältnismäßig vielseitig. Neue Impulse erwartet der Minister durch die Aussicht auf eine gesellschaftsrechtliche Verbindung zwischen der August Thyssen Hütte und dem Hüttenwerk Oberhausen AG.

• Um den akuten Lehrermangel in naturwissenschaftlichen Fächern zu beseitigen, greifen einige Eltern zur Selbsthilfe. Am Freiherr-vom-Stein Gymnasium erteilt ein Mitarbeiter der Ruhrchemie Unterricht im Fach Chemie, am staatlichen Gymnasium übernehmen drei Ärzte den Unterricht im Fach Biologie.

• 22./23. März: Um 0.00 Uhr wird die Schachtanlage Concordia stillgelegt. 1.700 Arbeitnehmern der Concordia Bergbau AG, unter ihnen 845 Bergleute, die das 45. Lebensjahr überschritten haben, werden die Kündigungsschreiben zum 31. März ausgehändigt. Zur Zeit beschäftigt das Unternehmen noch 2.865 Arbeitnehmer.

• Die jüdische Kultusgemeinde hat beschlossen, die Grenzen ihres Bezirks zu erweitern. Sie führt, so teilt der neue Vorsitzende Herbert Salomon mit, in ihrem Titel nicht nur die Namen der Städte Mülheim und Duisburg, sondern auch den Oberhausens.

• Das von der Landesregierung in Auftrag gegebene Gutachten über die Neuordnung des Ruhrgebiets wird der Öffentlichkeit vorgestellt. Die Kernzone soll danach nur noch aus sechs Großstädten bestehen. Den Plan, Oberhausen mit Mülheim und Duisburg zu vereinigen, kommentiert Stadtdirektor Max Hennig mit den Worten: „Sie wird sich gegen jede Eingemeindung in eine andere Stadt oder den Zusammenschluss mit Duisburg und Mülheim zu wehren wissen".

• Einstimmig beschließt der Rat die Errichtung einer Gesamtschule in Osterfeld.

• Auf dem Alstadener Ruhrdeich am Südrand des Ruhrparks erfolgt der Startschuss für den Bau der seit langem geplanten Revier-S-Bahn. In Anwesenheit von Landesverkehrsminister Dr. Fritz Kaßmann und Bundesbahnpräsident Prof. Heinz Oefering setzt Bundesverkehrsminister Georg Leber per Knopfdruck die Bohrung für die Gründung des ersten Pfeilers der neuen Brücke in Gang.

• 5. September: Nach rund dreijähriger Planungs- und Bauzeit wird die Elly-Heuss-Knapp-Stiftung in Anwesenheit von Ministerpräsident Heinz Kühn, des Direktors des Landschaftsverbands Rheinland, Dr. Klausa, des Regierungspräsidenten Hans Otto Bäumer sowie zahlreicher Vertreter von Verwaltung und Regierung ihrer Bestimmung übergeben. Der in eine große Grünanlage eingebettete Komplex umfasst Wohnungen, Kleinwohnungen und ein Pflegeheim mit 139 Plätzen; insgesamt können hier rd. 400 ältere Menschen aufgenommen werden. Mittelpunkt der Anlage ist der große Gemeinschaftsraum mit 256 Sitzplätzen.

● 13. Oktober: Mit einem von Holten zur Oberhausener Innenstadt führenden Straßenbahnkonvoi, der aus einem 20 Jahre alten Dreiachs-Triebwagen mit Anhänger und einem Großraumwagen besteht, endet die Ära dieses Transportmittels, die im April 1897 begonnen hatte.

● Zu turbulenten Szenen kommt es bei der Einweihungsfeier des Bauabschnitts des ersten Friedensdorfs in Europa, in dem bereits 30 vietnamesische Kinder leben. Als Dr. Erich Mende, Deutschland Repräsentant der Investment Gesellschaft IOS, dem Initiator des Kinderdorfs, Pfarrer Fritz Berghaus, einen Scheck über 20.000 Mark überreicht, ertönen Pfiffe, Pfuirufe und Sprechchöre: „Hände weg von Mendes Scheck!" Als Demonstranten das Rednerpult besetzen, lässt Pfarrer Berghaus die Mikrofone abschalten. Die Protestaktion richtet sich nach Mitteilung von Pastor W. Adam hauptsächlich gegen die amerikanische Vietnampolitik, aber auch gegen das Establishment im allgemeinen. Auf dem Veranstaltungsplan der Feierlichkeiten stehen Kinderfeste, eine Ausstellung von Zeichnungen vietnamesischer Kinder unter dem Motto „Vietnam – unsere Heimat", ein Liederabend mit Dieter Süverkrüpp, Fasia Jansen und Bernd Witthüser und eine Versteigerung von Kunstwerken Oberhausener Künstler zugunsten des Kinderdorfs.

1969 ● Mit einer wichtigen organisatorischen Maßnahme beginnt das neue Jahr für die evangelische Kirchengemeinde Osterfeld. Das Landeskirchenamt beschließt, die evangelische Apostelkirchengemeinde Osterfeld zu errichten und die bisherige Gemeinde Osterfeld in Auferstehungskirchengemeinde umzubenennen.

● Eines der ältesten Gebäude Sterkrades, das ehemalige Zisterziensierinnenkloster „St. Maria ad rivulum", wird wegen Baufälligkeit abgerissen.

● 28. Februar: Eine schwarze Fahne am Hochofen 9 zeigt an, dass das Ende für das Eisenwerk Oberhausen I der HOAG gekommen ist. Keiner der Hochöfen soll jedoch abgerissen werden. Nach der Stilllegung sind nur die die Öfen A und 3 in Betrieb, die monatlich zusammen etwa 120.000 Tonnen Roheisen produzieren.

● Nach dem Vorbild des Treffpunkts „Podium" in Essen richten Oberhausener Künstler im Haus an der Ebertstraße 34 Räumlichkeiten ein, in denen nach den Vorstellungen der Initiatoren politische Diskussionen, Musikveranstaltungen, Ausstellungen und Seminare stattfinden sollen. Als Name für die neue Einrichtung wird die Bezeichnung „K 14" gewählt, ein Kürzel, das im Bereich der Polizei das Politische Kommissariat bezeichnet.

● 1. Juli: Die seit längerer Zeit vom Vorstand der Gutehoffnungshütte angestrebte Bildung von größeren Einheiten innerhalb der rd. 30 Gesellschaften führt zur Fusion des Werks Sterkrade mit der Maschinenfabrik Augsburg Nürnberg AG (MAN). Mit diesem Schritt sollen, so teilt das Vorstandsmitglied Dr. Manfred Lennigs mit, Entwicklungs- und Forschungsarbeiten auf dem Gebiet der Kerntechnik und auf anderen

Gebieten koordiniert werden; gleichzeitig werde sichergestellt, dass es nicht zu gegenläufigen Entwicklungen komme. Der Gutehoffnungshütte Aktienverein bringt seine gesamten Anteile im Nennwert von ca. 50 Millionen Mark in die MAN ein. Das Werk Sterkrade behält den bisherigen Firmennamen und bleibt als juristisch selbständige Person erhalten.

● Nachdem das Schulfernsehen Einzug in den Unterricht gehalten hat und der Lehrermangel auch im neuen Schuljahr nicht reduziert werden konnte, führt Oberstudiendirektor Karl Heinz Kuhs vom Staatlichen Gymnasium ein Experiment vor. Per Fernsehkamera unterrichtet er gleichzeitig in drei Klassen von Quintanern im Fach Biologie.

● Die Wahlen zum Rat der Stadt stoßen bei der Bevölkerung nur auf geringes Interesse: Die Beteiligung ist mit 64,2 % so niedrig wie noch bei keiner Wahl seit 1946. Bei leichten Stimmverlusten (minus 1,4 %) kommt die SPD auf 53,4 %, für die CDU entscheiden sich 41,4 % der Wähler (plus 0,5 %). Von der SPD werden 21 Direktmandate erobert, von der CDU – wie bereits vor fünf Jahren – fünf. Die FDP verfehlt abermals den Einzug in die Stadtverordnetenversammlung.

● Mit 45 von 50 abgegebenen Stimmen wird Luise Albertz wieder zur Oberbürgermeisterin gewählt. Zu ihrem Vertreter bestimmen die Stadtverordneten das Ratsmitglied Franz Sörries (CDU).

1970 ● Bei der Landtagswahl muss die SPD zwar Stimmverluste hinnehmen, kann aber mit 54,9 Prozent ihre Mehrheit behaupten. Leichte Stimmgewinne verzeichnet die CDU, die auf 39,2 % kommt. Damit sichern sich die SPD-Kandidaten, Dr. Heinz Nehrling und Hans Kreutz, die beiden Direktmandate, während Hans Wagner über die Reserveliste für die CDU in den Landtag einzieht. Gegenüber der Landtagswahl im Jahr 1966 verliert die FDP 0,8 Prozentpunkte und kommt auf vier Prozent; auf die DKP entscheiden sich ein Prozent der Wähler, während die NPD 0,9 % der Stimmen auf sich vereinen kann.

● Am Sterkrader Neumarkt eröffnet das Möbelunternehmen Heck die Pforten des neuen, achtgeschossigen Hochhauses. Auf rd. 4.000 m² Ausstellungsfläche finden die Käufer Einrichtungsgegenstände für alle Lebensbereiche. Eine besondere Note erhält der Neubau durch die mit einer Leichtmetallverblendung versehene Fassade.

● 12. November: An der Gesamtschule Osterfeld wird der Ganztagsbetrieb eingeführt. 240 der insgesamt 567 Schülerinnen und Schüler nehmen zum ersten Mal – provisorisch in der Nähe von Bücherregalen in der Stadtteilbücherei – ihr Mittagessen ein. Die Unterrichtspause dauert von 13 bis 14:45 Uhr. In dieser Zeit können sich die Jugendlichen auf vielfältige Art selbst beschäftigen. Der Unterricht endet um 16:20 Uhr.

1971 ● Ismail Ekinci eröffnet an der Ecke von Friedrich-Karl- und Stöckmannstraße ein Geschäft, in dem seine türkischen Landsleute alle Gegenstände des täglichen Lebens erwerben und auch Reisen in die Türkei buchen können. Viele würden, so teilt er mit, den Einkauf in deutschen Geschäften scheuen, da sie nur wenig deutsch sprächen.

● Vor dem Sportgericht des Deutschen Fußballbundes werden der Präsident von Rot Weiß Oberhausen, Peter Maaßen, der ehemalige Trainer Adi Preißler und der bereits lebenslänglich gesperrte Exnationaltorwart Manfred Manglitz angeklagt, im

Abstiegskampf der letzten Bundesligasaison den 4:2 Sieg der Kleeblätter beim 1. FC Köln manipuliert zu haben. Adi Preißler soll dem Kölner Friseur Wolfgang Schmitz nach dem Sieg auf der Tribüne 30.000 Mark ausgehändigt haben. Nach der Beratung kommt der Vorsitzende des Sportgerichts, Werner Kirsch, zu dem Ergebnis, dass „nicht mit einer zur Verurteilung ausreichenden Sicherheit bewiesen werden" kann, dass der SC Rot Weiß den 4:2 Sieg erkauft habe. Alle Beschuldigten werden von der Anklage freigesprochen.

1972
- Das Sportgericht des Deutschen Fußball Bundes gibt in Sachen SC Rot Weiß Oberhausen seine Entscheidung bekannt: Dem Bundesligaverein wird die Lizenz entzogen, und sein Präsident Peter Maaßen darf lebenslang kein Ehrenamt im deutschen Fußball übernehmen. Auf einer Beiratssitzung am 13. April wird beschlossen, dass der Verein durch den Vizepräsidenten Dr. Franz Hecker geführt werden soll.
- 7. Mai: In der Berufungsverhandlung gegen den SC Rot Weiß Oberhausen verkündet der Vorsitzende des DFB-Bundesgerichts das Urteil: Der Sportverein und sein Präsident werden von allen Vorwürfen freigesprochen; die von dem Anklagevertreter Hans Kindermann vorgelegten Beweise hätten zu einer Verurteilung nicht ausgereicht.
- Zum vierten Mal müssen sich der SC Rot Weiß und Peter Maaßen vor dem Sportgericht des Deutschen Fußballbundes in Frankfurt verantworten, da der Ankläger Hans Kindermann gegen den im Mai ergangenen Freispruch Revision eingelegt hat. Zur Verhandlung kommt diesmal der Vorwurf, dass Peter Maaßen vor dem Spiel gegen die Kickers aus Offenbach Horst G. Canellas für ein Unentschieden 50.000 Mark angeboten haben soll. Nach siebenstündiger Verhandlung hält das Gericht in seinem Urteilsspruch u.a. fest: „Peter Maaßen hat sich der ihm zur Last gelegten sportlichen Vergehen schuldig gemacht." Dem Sportclub werden für die nächste Saison fünf Punkte abgezogen und Peter Maaßen die Ausübung von Ämtern für zwei Jahre untersagt.
- 91,1 Prozent der Oberhausener Bevölkerung geben bei der Bundestagswahl ihre Stimme ab – eine Zahl, die in früheren und späteren Jahren niemals mehr erreicht wurde bzw. wird. Eindeutiger Sieger ist die SPD, die einen Stimmenzuwachs von 8,4 Prozentpunkten verbuchen kann und auf 62,4 % kommt. Die CDU muss Einbußen von rd. acht Prozent hinnehmen und erreicht 32,9 %. Die FDP kann zwar einen Stimmenzuwachs von 0,6 Prozent verzeichnen, kommt aber nur auf einen Stimmanteil von vier Prozent. Für die DKP entscheiden sich 0,5 %, für die NPD 0,25 % der Wähler. In den Bundestag zieht Erich Meinike direkt ein.

1973
- 1. März: Europas modernste Kokerei, die nach zweijähriger Bauzeit in Osterfeld fertiggestellt wurde, nimmt ihren Betrieb auf. Die 96 Öfen der neuen Anlage – jeder ist 16 Meter lang und sieben Meter hoch – fassen mehr als doppelt soviel Kohle wie die Koksöfen älterer Bauart. Auf der Anlage, die für einen vollautomatischen Betrieb konzipiert wurde, sind derzeit 350 Mitarbeiter beschäftigt; rund ein Viertel der Belegschaft reicht jedoch aus, um die Anlage zu steuern.
- Judith Green, die erste englische Austauschlehrerin, kehrt nach dreimonatigem Aufenthalt in ihre Heimatstadt Teeside zurück. Sie hatte an der Alsfeldschule in den Klassen 5 bis 10 Unterricht in der Fremdsprache erteilt.

- Am Kaiserhof, dem ehemaligen Mittelpunkt des gesellschaftlichen Lebens in Sterkrade, beginnen die Abbrucharbeiten.

1974
- In der Sitzung am 6. November hatte der Rat beschlossen, den Schlachthof wegen der „defizitären Entwicklung" zum 31. Dezember zu schließen; der Zuschuss für dieses Jahr betrug rd. 783.000 Mark. Zudem würden von den 75 Oberhausener Fleischereien nur 50 Betriebe den Schlachthof nutzen. Auf einer Mitgliederversammlung der örtlichen Fleischerinnung stimmen die Mitglieder nun der Vorlage zu, zum 1. Februar 1975 die private „Schlachthof-Betriebsgesellschaft Oberhausen GmbH" zu gründen und damit den Fortbestand der Einrichtung zu sichern.

1975
- Bei dem Besuch einer Oberhausener Delegation in Middlesbrough wird die Urkunde über die Begründung einer Städtepartnerschaft ratifiziert.
- 14. Mai: Nachdem der Bau- und Verkehrsausschuss im Dezember vergangenen Jahres den Einsatz von städtischen Mitarbeitern bei der Überwachung des ruhenden Straßenverkehrs gebilligt hatte, nehmen die ersten vier Politessen ihre Arbeit auf. Pro Jahr entsteht der Kommune durch Falschparker ein Schaden von etwa 60.000 Mark; mehr als 10.000 Kraftfahrer mussten schriftlich verwarnt werden.
- In der konstituierenden Sitzung des Rats wird Luise Albertz mit 55 von 59 Stimmen erneut zur Oberbürgermeisterin gewählt. Zu ihrem ersten Stellvertreter bestimmen die Stadtverordneten Friedhelm van den Mond (SPD) und Fritz Eickelen (CDU).

1976
- Bei der Bundestagswahl muss die SPD Stimmenverluste hinnehmen und kommt bei den Erststimmen auf 58,8 Prozent (1972: 62,4 %); für die CDU entscheiden sich 35,2 Prozent der Wähler (1972: 32,9 %). Die FDP erreicht 5,1 Prozent. Deutliche Absagen erteilen die Wähler dagegen der DKP, die auf 0,4 % der Zweitstimmen kommt, und der NPD, die 0,2 % der Wähler anspricht. Direkt gewählt wird Erich Meinike (SPD), während Heinz-Jürgen Prangenberg, stellvertretender Landesvorsitzender der Jungen Union Rheinland, über die Reserveliste in den Bundestag einzieht. Hans Wagner übernimmt das Landtagsmandat des ausgeschiedenen Abgeordneten aus Geldern, van Arssen, der nach Bonn wechselt.

1977
- 19. Juni: Auf der Belegschaftsversammlung teilen Arbeitnehmervertreter und Gewerkschaft den rd. 2.000 Mitarbeitern der Thyssen Niederrhein AG mit, dass es in drei schwierigen Verhandlungsrunden gelungen sei, den geplanten Arbeitsplatzabbau zu stoppen und einen Grundlagenvertrag auszuhandeln. Darin werde festgeschrieben, dass der Stahlstandort Oberhausen mit einer 50.000 Tonnen Monatsproduktion erhalten bleibe, die 900 Mitarbeiter der Abteilung Verkehr nicht dem vorhandenen Bereich „Eisenbahn und Häfen" angegliedert werden sollen. Auch die Regelungen der Montanbestimmungen sei auch in Zukunft vollkommen gewährleistet. In seiner Sitzung am 27. Juni stimmt der Aufsichtsrat der Thyssen Niederrhein AG dem Konzept zu, „die Wettbewerbsfähigkeit von Thyssen Niederrhein zu stärken und damit den Bestand der Gesellschaft und ihrer Arbeitsplätze zu sichern." Erster Schritt werde sein, ein modernes Elektrostahlwerk mit einer monatlichen Kapazität von 50.000 Tonnen zu bauen und gleichzeitig die Gesellschaft umzuwandeln. Das neue Werk werde das unwirtschaftlich arbeitende Siemens-Martin-Werk ersetzen, das in Etappen stillgelegt werden soll. Auf seiner Sitzung am 1. Juli stimmt auch der Aufsichtsrat der Thyssen AG den umfassenden Neuordnungsmaßnahmen im Stahlbereich zu.

An der Ecke von Paul-Reusch- und Helmholtzstraße wird der erste Münzfernsprecher aufgestellt, von dem aus Ferngespräche mit Teilnehmern in aller Welt geführt werden können.

1978
- Geschlossen stimmt die SPD Fraktion für die Einrichtung einer zweiten Gesamtschule. In seiner Begründung führt Heinz Schleußer u.a. an, dass die Notwendigkeit durch den Willen der Eltern vorgegeben sei, weil im Schuljahr 1973/74 mehr als 1.000 Schüler nicht an der Gesamtschule in Osterfeld hätten aufgenommen werden können. Josef Schneider (CDU) macht deutlich, dass seine Fraktion ein deutliches „Ja" zu dem Osterfelder Versuch sage. Helmut Hütter (FDP) bezeichnet die Gesamtschule als die einzige Alternative zu dem bisherigen dreigliedrigen Schulsystem.
- Auf dem Gelände der Ruhrchemie wird die Großversuchsanlage zur Gewinnung von Gas aus Steinkohle durch den Bundesforschungsminister Dr. Volker Hauff in Betrieb gesetzt. Pro Stunde können aus sechs Tonnen Kohle 12.000 m3 Gas erzeugt werden. Gleichzeitig unterstreicht der Minister die Bedeutung der deutschen Steinkohle als unverzichtbaren Energieträger für die Bundesrepublik. Sie sei als eine Rückversicherung gegen Preissteigerungen für Öl anzusehen.
- Von der Pötz GmbH erwirbt die Stadt für rd. 1,5 Millionen Mark das sog. „Ruhrwachthaus". In das architektonisch ansprechende Gebäude, das 1928 mit zu den ersten Hochhäusern in Revier zählte, soll die Volkshochschule einziehen.
- An der Gesamtschule Osterfeld werden die ersten Schülerinnen und Schüler entlassen. Das Zeugnis für den Hauptschulabschluss und die Fachoberschulreife erhalten 169 Kandidaten; 111 wird das Attest der allgemeinen Hochschulreife ausgehändigt.
- Mit einem Festgottesdienst nimmt die Gemeinde der Pfarrei St. Katharina Abschied von ihrem Gotteshaus, das wegen Bergschäden der Spitzhacke zum Opfer fällt.

1979
- 1. Februar: Im Alter von 77 Jahren verstirbt Luise Albertz. Entsprechend ihrem letzten Wunsch erfolgt die Beisetzung in aller Stille. Viele tausend Menschen bekunden ihr Beileid, indem sie sich in die Kondolenzlisten eintragen, die in der Gedenkhalle ausliegen.
- 7. April: Mitglieder zahlreicher Bürgerinitiativen und Umweltschützer beschließen, sich unter der Bezeichnung „Die Grünen" bei der im Herbst anstehenden Kommunalwahl zur Wahl zu stellen. Man fühle sich dem Wort der verstorbenen Oberbürgermeisterin Luise Albertz verpflichtet, dass nur eine rege Teilnahme aller eine positive Entwicklung des Gemeinwesens fördere.
- An der ersten Direktwahl zum Europa-Parlament beteiligen sich 64,2 Prozent der Oberhausener Bevölkerung. Von den gültigen 110.997 Stimmen entfallen auf die SPD 56,1 %, auf die CDU 35,4 %, auf die FDP 4,6 % und auf die Grünen, die sich in dieser Stadt zum ersten Mal zur Wahl stellen, 2,9 %.
- 30. Juni: Nachdem bereits am 5. April die Oberhausener Glasfabrik Funcke und Becker Verwaltungsgesellschaft mbH ihren Verwaltungssitz nach Duisburg verlegt hatte, teilt die Verwaltung nunmehr mit, dass die letzte Schicht verfahren wird. Grund für die Schließung des Werks ist die rückläufige Betriebsentwicklung; insbesondere größere Pharmaunternehmen und das Haus „4711" hätten nach Ablauf der Verträge keine neuen Abschlüsse getätigt.

- Das neue Unternehmenskonzept der Thyssen Niederrhein AG sieht vor, in Oberhausen ein Elektrostahlwerk zu errichten, d.h. Verzicht auf ein integriertes Hüttenwerk und Hinwendung zu einer auf Schrottverbrauch ausgerichteten Stahlerzeugung. Gleichzeitig müssen aber innerhalb der Unternehmensgruppe 80.000 Tonnen Stahl stillgelegt werden. Eine Kostenrechnung ergibt Vorteile zugunsten der Hamborner Öfen. Aus diesem Grund entschließt sich der Aufsichtsrat am 18. Mai, die Oberhausener Hochofenanlage und das Kraftwerk mit Beginn des Monats Juli außer Betrieb zu setzen; der letzte Abstich vollzieht sich im kleinen Kreis am 13. August. Für die Stadt endet damit eine Ära, die 1758 mit der Antony-Hütte begonnen hatte. Roheisen wird hier nun nicht mehr hergestellt. Von dem Beschluss sind rd. 450 Mitarbeiter betroffen.
- Um 11 Uhr fällt auf der stillgelegten Zeche Jacobi das Fördergerüst von Schacht II. Am 30. Juli folgt ihm das Gerüst von Schacht I. Nach Abriss der Verwaltungsgebäude steht dann dem Verbundbergwerk Prosper/Haniel eine rd. 16 ha große Freifläche zur Verfügung.
- 13. August: Mit einer festlichen Ratssitzung, an der neben dem Ministerpräsidenten Johannes Rau auch der Lord Mayor der Partnerstadt, Arthur Carter, teilnimmt, beginnen die Veranstaltungen anlässlich der Wiederkehr jenes Datums, an die die bis dahin selbständigen Gemeinden Osterfeld, Sterkrade und Oberhausen zu einer Stadt zusammengeschlossen wurden. Als Ehrengast ist Karola Ohoven eingeladen worden, die an jenem denkwürdigen Tag des 29. Juli 1929 das Licht der Welt erblickte. Im Schloss Oberhausen spiegeln 250 Fotos und viele zeitgenössische Ausstellungsstücke das Leben der Menschen und die Arbeitswelt vor 50 Jahren wieder. Aber auch von privater Seite wird in kleineren Ausstellungen auf dieses Ereignis aufmerksam gemacht: So sind in Sterkrade Bilder zu sehen, die die Geschichte der Bürgermeisterei in den Jahren von 1886 bis 1911 aufzeigen, präsentiert der Interessenkreis Heimatkunde im Revierpark Vonderort zahlreiche Exponate zum Thema „Wie lebten die Bürger in Oberhausen 1929. Revierpark, gestern und heute, vom Osterfelder Stadtgarten zum Revierpar".
- Der nunmehr rechtskräftig gewordene Bebauungsplan 124 beinhaltet für den Bereich des Kleinen Markts in Sterkrade eine fast komplette Veränderung der bis dahin stadtbildprägenden Bausubstanz. Nachdem bereits vor Jahren das frühere katholische Mädchengymnasium, die Mühle Schäfer und die alte Kaplanei von St. Clemens der Spitzhacke zum Opfer fielen, sollen nun u.a. das frühere Konvikt von St. Clemens, die erste Werkhalle der Gutehoffnungshütte, die Villa Berns, die Gastwirtschaft Lehnkering, die Schmiede Spickermann und die ehemalige Klostermühle abgerissen werden.

1980
- Der Start des Verkehrsverbundes Rhein Ruhr (VRR) ist auch für Oberhausen ein neues Kapitel in der Geschichte der städtischen Verkehrsbetriebe, die in diese neue Gesellschaft integriert wurden. Nach einheitlichen Tarifen und nach aufeinander abgestimmten Fahrplänen soll demnächst der Verkehr bewältigt werden. Die wichtigsten Änderungen für die Fahrgäste sind neue Liniennummern und das veränderte Tarifsystem. Um innerhalb des gesamten Gebiets zu fahren, muss nur ein Fahrschein der entsprechenden Preisklasse gelöst werden. So zerfällt Oberhausen in zwei sog. „Tarif-

waben", die nicht mit den Stadtgrenzen identisch sind. Gewöhnungsbedürftig ist die Nummerierung: So verkehrt jetzt auf der Strecke nach Holten die Linie 950 (früher die Nr. 1). Zum Auftakt gilt am Neujahrstag der Nulltarif auf allen Bahnen und Bussen.

• 1. Januar: Nach einem Beschluss des Vorstands der MAN wird die 1969 als 100prozentige Tochtergesellschaft übernommene Gutehoffnungshütte Sterkrade stärker in den Mutterkonzern integriert und als Unternehmensbereich geführt. Arbeitsplätze sollen langfristig nicht betroffen sein. Allerdings ist durch diesen Schritt die Mitbestimmung abgeschafft, d.h. es existiert kein Aufsichtsrat mehr, es gibt keinen Wirtschaftsausschuss und die Gutehoffnungshütte wird nicht mehr im Konzernbetriebsrat vertreten sein.

• Bei den Landtagswahl kann die SPD einen deutlichen Stimmenzuwachs gegenüber 1975 verzeichnen. Rd. 82.000 Wähler entscheiden sich für diese Partei, die knapp über 60 Prozent kommt und seit 1947 das beste Wahlergebnis melden kann. Für die CDU entscheiden sich 33,2 Prozent – ein Rückgang von ca. vier Punkten gegenüber 1985. Die FDP verliert zwei Punkte und kommt auf 3,7 %; für die Grünen stimmen 2.959 Wähler (= 2,2 %). Damit ziehen zum ersten Mal vier Oberhausener Politiker in den neuen Landtag ein: Die Direktmandate erringen Heinz Schleußer und Manfred Dammeyer, über die Reserveliste erhalten die CDU Kandidaten Hildegard Matthäus und Hans Wagner einen Sitz im Landesparlament.

• 65 Kilogramm des Sprengmittels „Ammon-Gelit 3" reichen aus, um den im Dezember 1959 in Betrieb genommenen, 90 Meter hohen Hochofen A zu fällen und damit die Hochofenära in der Stadt zu beenden.

• Um das Angebot der Stadtbücherei zu erweitern, beschließt der Kulturausschuss den Kauf eines Bücherbusses, der an vier Wochentagen jeweils drei bis vier Haltestellen im Stadtgebiet anfahren wird.

1981 • Einen neue Möglichkeit der Reduzierung des in Oberhausen vorhandenen Haldenmaterials unterbreitet Dr. Gerhard Deuster, Vorsitzender der Arbeitsgemeinschaft Fernwärme e.V. Mittels Wirbelschichtfeuerung, einem von der Babcock entwickelten Verfahren, sollen die bei der Kohlenwäsche auf den Zechen anfallenden sog. Flotationsberge verbrannt und für die Fernwärmeversorgung nutzbar gemacht werden.

• Die zweite Gesamtschule wird im Schulzentrum Schmachtendorf eröffnet.

• Etliche hundert junge Leute beteiligen sich an der Diskussion mit Hildegard Matthäus und Hugo Baum zum Thema „Instandbesetzung", das durch die Vorgänge in der Ripshorster Straße auch in Oberhausen aktuell geworden ist. Beide Politiker bringen zwar Sympathie für die Hausbesetzer auf, da es – so H. Matthäus – beschämend sei, wenn in Berlin 800 Häuser leer stünden, beharren andererseits aber auch auf dem Grundsatz, dass Hausbesetzung kein legales Mittel sei.

• Das neue Kohlenmischlager der Kokerei Osterfeld, von den Anwohnern als „Hippodrom" bzw. von Insidern der Zeche nannten das Gebäude „Circus Osterfeld" bezeichnet, nimmt den Betrieb auf. Entworfen wurde die 41 Meter hohe Halle von dem Münchener Professor Natterer, der auch für die Konstruktion des Olympiadachs verantwortlich zeichnete.

1982 • Das Landesregierung verlegt ihre Kabinettsrunde in den Ratssaal der Stadt, um über die finanzielle Situation dieser Stadt zu debattieren. Gleichzeitig überreichen

Mitarbeiter des Theaters dem Ministerpräsidenten eine Resolution, in der sie gegen die Streichung von Landesmitteln protestieren.

● Mit Veranstaltungen, die sich über den gesamten Innenstadtbereich von Sterkrade erstrecken, begehen der Stadtsportbund, alle Vereine und die Sterkrader Interessengemeinschaft das erste Spiel- und Sportwochenende. Das ganze Wochenende steht auch im Zeichen der Feiern anlässlich jenes Tages, als durch die Inbetriebnahme des ersten Hochofens vor zweihundert Jahren in „der Gegend von Starkrat" die Industrie hier ihren Einzug hielt. Der eigentliche Festakt vollzieht sich in der Halle 5, in der über viele Jahre hinweg die Brückenbauabteilung untergebracht war

● Nach einer mehrwöchigen Testphase können die rd. 87.000 Privat- und 12.000 Geschäftskunden der Sparkasse mit der neuen „S-Karte" rund um die Uhr Bargeld von ihren Konten abheben.

1983 ● Der Verein zur Jugendförderung, die „Brücke", beantragt beim Amtsgericht Duisburg die Einleitung eines Konkursverfahrens.

● Nach einjährigen Verhandlungen zwischen der Verwaltung und dem Aachener Kunstsammler Dr. mult. Peter Ludwig wird die Vereinbarung bekannt gemacht, dass die Stadt zur wissenschaftlichen und künstlerischen Dokumentation ein „Ludwig-Institut für Kunst der DDR" errichtet. Die Galerie wird als Dauerleihgabe rd. 196 Exponate von zeitgenössischer Kunst der DDR erhalten.

● 25. November: In den frühen Morgenstunden fällt die Entscheidung über den Fortbestand des Stahlstandorts Oberhausen. Mit der Stimme des Neutralen, Dr. Johannes Völling, beschließt der Aufsichtsrat der Thyssen Niederrhein AG Oberhausen, die Grobblechstraße und das Presswerk stillzulegen.

● Das erste Oberhausener Jahrbuch wird der Öffentlichkeit vorgestellt. Auf 115 Seiten informieren Autoren in 17 Beiträgen über die verschiedensten Lebensbereiche in Vergangenheit und Gegenwart.

● Im Oberhausener Rathaus trifft der Bewilligungsbescheid des Landes über die vom Land Nordrhein-Westfalen zugesagten Mittel in Höhe von 4,2 Millionen Mark ein. Das Land unterstützt damit die Erschließung des von der Entwicklungsgesellschaft erworbenen 30 ha großen ehemaligen Thyssen Geländes südlich der Essener Straße.

1984 ● Wegen der schwierigen wirtschaftlichen Lage sind immer weniger Industriebetriebe bereit, soziale und kulturelle Einrichtungen zu fördern. Die Stadtsparkasse will diese Lücke jetzt schließen, indem sie eine Sparkassen-Bürgerstiftung gründet. Das Stiftungskapital in Höhe von einer Million Mark wurde bereits im vergangenen Jahr diesem Unternehmen zugeführt und verzinslich angelegt. In diesem Jahr gehen Stiftungsgelder an die im Bürgerzentrum Altenberg untergebrachte Jugendberufshilfe Oberhausen e.V.

● Im Sterkrader St. Josefs-Hospital wird das erste Retortenbaby des Ruhrgebiets, Kevin, geboren.

● Die Thyssen AG übergibt das an der Mülheimer und Duisburger Straße gelegene, 360.000 m² große Schlackenberggelände an die Landesentwicklungsgesellschaft

● Die bereits bei den Europawahl festgestellte Wahlmüdigkeit setzt sich auch bei den Kommunalwahlen fort: Machten 1979 noch 64,5 Prozent der Wähler von ihrem Recht Gebrauch, so reduziert sich die Zahl in diesem Jahr nochmals um fast sechs

Prozent. Die SPD gewinnt rd. vier Prozentpunkte dazu und kommt auf 59,3 %, die CDU muss einen Verlust von fünf Punkten hinnehmen und erreicht 31,1 %. Für die FDP entscheiden sich 2,9 % der Wähler. Groß dagegen ist die Freude bei der Wählergemeinschaft Bunten Liste/Oberhausener Demokraten, die mit 6,7 % den Sprung in den Rat der Stadt schafft und vier Mandate erhält.

● Mit den Stimmen von CDU und SPD wird Friedhelm van den Mond wieder zum Oberbürgermeister gewählt. Zu seinen Stellvertretern bestimmen die Stadtverordneten Fritz Eickelen (CDU) und Bernhard Oesterschlink.

● 11. November: Bei seinem Antrittsbesuch in Nordrhein Westfalen betont Bundespräsident Richard von Weizäcker auf einer Belegschaftsversammlung der Firma Babcock, dass das Bundesland auf die Hilfe der anderen Ländern zählen könne. Es sei „nur recht und billig, wenn man sich NRW dagegen wehrt, immer weiter Arbeitsplätze in der Stahlindustrie deshalb zu verlieren, weil die Konkurrenz in Europa und der übrigen Welt sich von ihren Regierungen subventionieren läßt".

1985 ● Die Zukunft des Rheinischen Industriemuseums ist gesichert. Im Rathaus unterzeichnen der Vorsitzende der Landschaftsversammlung Rheinland, Dr. Jürgen Wilhelm, und der Oberbürgermeister Friedhelm van den Mond den Überlassungsvertrag zur Nutzung von Teilbereichen der Fabrik Altenberg für die neue Museumszentrale.

● Die Hauptwachtmeisterin Christiane Horstmann nimmt als erste Schutzpolizistin ihren Dienst im Schutzbereich Süd auf.

● Der in München tagende Aufsichtsrat der Gutehoffnungshütte beschließt, den Vorstand zu beauftragen, die Verschmelzung des Unternehmens mit der MAN in die Wege zu leiten. Vorher sollen die MAN-Unternehmensbereiche "Maschinen und Anlagen" Sterkrade/Nürnberg/Gustavsburg, "Nutzfahrzeuge" und "Neue Technologien" ausgegliedert und in Kapitalgesellschaften umgewandelt werden. Der aktienrechtliche Sitz der neuen Gesellschaft wird die bayerische Metropole sein. In einem Gespräch mit der Verwaltungsspitze im Oktober sichert der Konzernchef der Gutehoffnungshütte, Dr. Klaus Götte, jedoch zu, dass Oberhausen auch nach der Fusion Sitz des Konzernbüros Nord bleiben werde.

● Der Rat beschließt die Gründung einer Städtepartnerschaft mit der ukrainischen Stadt Saporoshje.

● Die nach der Umstrukturierung gebildete MAN Gutehoffnungshütte GmbH wird ins Handelsregister beim Amtsgericht Oberhausen eingetragen. Die neue Gesellschaft übernimmt die die Bereiche Maschinen- und Anlagenbau in den Niederlassungen Sterkrade, Blexen, Nürnberg und Gustavsburg.

1986 ● 29. Januar: Die letzten beiden Sterkrader Kinos werden wegen stark zurückgegangener Zuschauerzahlen endgültig geschlossen. Im Februar eröffnet Hans Hubert Pesch in der Oberhausener City das neue Star Kino.

● Nach jahrelangen Auseinandersetzungen haben die Bewohner der Siedlung Dunkelschlag den Kampf um den Erhalt ihrer Häuser gewonnen. Mit Zustimmung aller Fraktionen beschließt die Sterkrader Bezirksvertretung, diese Siedlung in die Denkmalliste aufzunehmen.

● 20. Mai: Valentin Jalanskij, Vorsitzender des Exekutivkomitees des Stadtsowjets, und Friedhelm van den Mond, Oberbürgermeister, unterzeichnen in der Ratssitzung die Urkunde, durch die die Städtepartnerschaft zwischen Saporoshje und Oberhausen begründet wird. Damit wird eine Entwicklung abgeschlossen, die 1973 ihren Anfang genommen hatte: Dmitri Galuschka aus dem Stahlwerk „Dneprospezstal" und Alexander Pierog aus dem Thyssen Stahlwerk Oberhausen legen mit einer „Freundschaftsschmelze", die im Jahre 1983 wiederholt wird, den Grundstein für die spätere Partnerschaft.

● 27. Mai: Hatte es vor Wochen noch geheißen, dass die umlaufenden Gerüchte über einen möglichen Verkauf der „Concordia Chemie AG" jeder Grundlage entbehrten, so teilt Hans Imhoff, Haupteigner und Aufsichtsratsvorsitzender der Kölner Stollwerk AG, nun mit mit, dass die 100prozentige Tochtergesellschaft an eine Schweizer Großbank verkauft wurde.

● Der auf dem ehemaligen Gelände der Zeche Concordia errichtete Gewerbepark „Eisenhammer" wird eingeweiht. Bislang haben sich zehn kleinere und mittlere Unternehmen auf dem Gelände angesiedelt, das ihnen gute Entwicklungsmöglichkeiten bietet; Vertreter der Firmen sprechen bereits jetzt von einem spürbaren Aufwärtstrend.

● Das neugegründete „Kultursyndikat", ein Zusammenschluss von Vereinen, Kulturinitiativen Vereinigungen und Einzelkünstlern, stellt sich der Öffentlichkeit vor. Ziel der Vereinigung soll sein, die Situation der freien Kulturellen und das kulturelle Klima in der Stadt zu verbessern.

1987 ● 11. Juni: Mit acht gegen sieben Stimmen beschließt der Vorstand der Thyssen Stahl AG, den vielfach diskutierten Plan eines fast völligen Rückzugs aus der Stahlstadt Oberhausen in die Tat umzusetzen. In seiner Sitzung am 23. Juni kommt der Aufsichtsrat zu dem Ergebnis, dass über die Frage von Entlassungen erst im September entschieden werden soll, wenn das Ergebnis der Ministerratssitzung der Europäischen Gemeinschaft vorliegt. Für die Stahlindustrie an Rhein und Ruhr ist dieser Beschluss nur ein Aufschub, denn der Aufsichtsrat schließt sich dem Votum des Vorstands an und sanktioniert die Stilllegungspläne für die Werke in Hattingen und Oberhausen.

1988 ● Der Aufsichtsrat der Ruhrkohle AG nimmt ein vom Vorstand erarbeitetes Konzept zustimmend zur Kenntnis, das eine Vereinigung der beiden Schachtanlagen Osterfeld und Lohberg vorsieht. Sobald eine Verbindung unter Tage hergestellt sei, werde der Förderstandort Osterfeld aufgegeben.

● Die Region Ruhrgebiet habe eine Zukunft, und Oberhausen werde den Strukturwandel schaffen – so lautet das vom Direktor des Kommunalverbands Ruhrgebiet, Prof. Dr. Jürgen Gramke, gezogene Fazit über die alte Industrieregion an der Ruhr. Als Gründe für seine optimistische Haltung gibt er an, dass die Stadt wichtige Standortvorteile zu bieten habe. Unternehmen wie Babcock oder MAN/GHH würden eine Sogwirkung auf kleinere Unternehmen ausüben. Oberhausen solle darum bemüht sein, das Etikett einer „Stadt des Umweltschutzes" stärker auszubauen.

● 21. März: Zum letzten Mal werden von der Mittagsschicht der Kokerei Osterfeld die Öfen gefüllt, gegen 19 Uhr wird das glühende Produkt in die Container gefüllt, dann ist Schluss. Ein Teil der 516 Beschäftigten der Kokerei wechselt zum 1. April die Arbeitsplätze, die nun in Bottrop, Essen, Gelsenkirchen, Lohberg oder Walsum liegen.

- 31. Mai: Mit der Eintragung der Ruhrchemie in das Handelsregister der Stadt Frankfurt am Main ist die Ruhrchemie AG in Holten erloschen. Sie wurde mit der Muttergesellschaft Hoechst verschmolzen und existiert ab sofort nur noch unter der Bezeichnung „Werk Nr. 15 Ruhrchemie" fort.
- Das Institut für Umwelt-Analyse kommt in dem neuesten Gutachten über das Altenberger Gelände zu dem Ergebnis, dass eine Sanierung möglich ist. Weiterhin wird festgestellt, dass das erste Gutachten über das belastete Gelände an der Hansastraße zahlreiche Mängel aufweise und falsche Sanierungsvorschläge unterbreite. Nach Ansicht der Bielefelder Analytiker kommt nurt eine Totalsanierung in Betracht.
- Ein Vertreter der kanadischen Bauträger Gesellschaft „Triple Five Corporation Ltd." gibt bekannt, dass sich das Unternehmen entschlossen habe, auf dem ehemaligen Thyssengelände das Einkaufszentrum „Euro-Mall" zu errichten, in dem 800 Geschäfte entstehen werden. Auch dem Bereich Freizeit soll hier Rechnung getragen werden. So könnte auf dem Gelände des Zementwerks ein kleiner Hafen entstehen, von dem aus Boote bis zum Rhein fahren sollen.

1989
- Auf einer Veranstaltung der CDU des Landes Nordrhein Westfalen „Aufbruch im Revier" zieht Bundeskanzler Dr. Helmut Kohl eine Bilanz nach der im vergangenen Jahr abgehaltenen Bonner Ruhrgebietskonferenz: Das Klima im Revier habe sich verbessert, die Regierung habe „Zeichen gesetzt für die gesamtstaatliche Solidarität mit den Menschen in dieser zentralen Industrieregion Europas". Es gelte nun, neue Perspektiven für einen sozialverträglichen Strukturwandel zu erarbeiten und die notwendige wirtschaftliche Umstrukturierung herbeizuführen. Vor der Halle demonstrieren dagegen rd. 600 Bergleute der Zeche Osterfeld mit Fackeln und Transparenten, um den Bundeskanzler auf ihre Situation aufmerksam zu machen. Es reiche nicht aus, über die Probleme zu reden oder sie auf Papier zu bannen; ihre Forderung geht dahin, dass jetzt Taten folgen müssen.
- 13. / 14. April: Im Düsseldorfer Wirtschaftsministerium stellen die kanadische „Triple Five Corporation Ltd." und die Hamburger ECE Projektmanagement GmbH das Konzept für das geplante World Tourist Center vor. Nach Ansicht der ECE Geschäftsführung könne ein solches Konzept zwei- bis dreimal in Europa verwirklicht werden. Der Standort Oberhausen werde positive Effekte auf den Arbeitsmarkt, den Investitionsbereich und die privaten und öffentlichen Haushalte nehmen. Triple Five will sich mit einem Eigenkapital von bis zu 20 Prozent an dem Projekt beteiligen. Für die Bereiche Freizeit-, Tagungs-, Hotel- und Einkaufscenter rechnen die Betreiber mit einem Besucherandrang von 70.000 Menschen pro Tag. Die Investitionskosten werden mit 3,3 Milliarden Mark angegeben, die jährlichen Umsatzzahlen des World Tourist Centers, in dem 20.000 Arbeitsplätze entstehen werden, sollen im Bereich Einzelhandel bei rd. 1,6 Milliarden Mark liegen. Auf einer in das Ebertbad verlegten Sondersitzung des Rats, an der 400 Zuhörer teilnehmen, erläutert der Vizepräsident der Triple Five Corporation Ltd., Raphael Ghermezian, der Oberhausener Bevölkerung das geplante Projekt.
- Nach der Landtagssitzung sinken die Chancen für die Ansiedlung des „World Tourist Centers" auf dem ehemaligen Thyssengelände an der Essener Straße. Ein von der Landesregierung in Auftrag gegebenes Gutachten kommt zu dem Ergebnis, dass das

geplante Projekt in der vorliegenden Form landesplanerisch nicht genehmigungsfähig sei. Der bestehende Einzelhandel im Revier würde durch das Unternehmen ernsthaft in Mitleidenschaft gezogen: „Art und Größe des Vorhabens machen eine Integration des WTC in den Gesamtzusammenhang struktureller und räumlicher Entwicklungsziele für die Region unmöglich".

● Während SPD, FDP und Bunte Liste leichte Stimmgewinne bei der Europawahl für sich verbuchen können, muss die CDU gegenüber dem Jahr 1984 einen deutlichen Verlust von fünf Prozentpunkten (26,4 %) hinnehmen. Erschreckend ist dagegen das Abschneiden der Republikaner, für die sich 3,9 % der Wähler entscheiden. Dr. Klaus Hänsch zieht für die SPD wieder in das Parlament ein.

● Das Landeskabinett beschließt, auf dem Gelände der Zeche Osterfeld ein Medienzentrum zu errichten. In der Sitzung wird aber auch deutlich, dass die Realisierung des von dem Unternehmen „Triple Five" geplanten Projekts in immer weitere Ferne rückt. Städtebauminister Christoph Zöpel führt zur Begründung u.a. an, dass „die intakte, kulturell hochwertige Städtelandschaft" dieser Region nachhaltig Schaden nehmen könne.

● Bei den Ausschachtungsarbeiten an der Bahnhofstraße, wo die Basis für ein neues Einkaufszentrum gelegt wird, fördert der Bagger Holzreste der ehemaligen Sterkrader Kornmühle zu Tage.

● Der Aachener Friedenspreis wird in diesem Jahr an den früheren Kaplan von St. Marien, Dr. Josef Cornelius Rossaint, verliehen.

● Der neue Bücherbus, ausgerüstet mit 5.000 Büchern und 900 Medien aus den Audio- und Videobereichen, wird vom Oktober ab die entfernt liegenden Stadtteile versorgen.

1990 ● Auf dem Gelände der stillgelegten Kokerei Osterfeld wird der 41 Meter hohe Kohlenturm aus dem Jahre 1927 gesprengt.

● Mit einer Unterschrift und dem Dienstsiegel wird die deutsch-deutsche Partnerschaft durch Oberbürgermeister van den Mond und dem Freitaler Stadtoberhaupt Walter Daehn „amtlich".

● Der Aachener Kunstmäzen Prof. Peter Ludwig und Vertreter der Stadt kommen vertraglich überein, die DDR-Kunstsammlung für weitere zehn Jahre im Schloss zu belassen. Die Ausstellung „Sammlung Ludwig-Neuer-werbungen" ist aber sofort sowohl in der Galerie (Malerei) als auch im Ludwig-Institut (Grafiken und Plastiken) zu sehen.

● 16. August: Die Todesursache bei mindestens sieben behinderten Kindern, die Anfang 1941 im Vincenzhaus verstorben sind, ist nicht mehr aufzuklären. Die Zentralstelle in NRW für die Bearbeitung von nationalsozialistischen Massenverbrechen bei der Staatsanwaltschaft Dortmund hat die Ermittlungen eingestellt.

● 1. September: Oberhausen und Mülheim werden um 12 Uhr „radio-aktiv". Nach jahrelangen Vorbereitungen strahlt „Antenne Ruhr" mit den Sendern Oberhausen und Mülheim ihr Programm auf zwei Frequenzen für die beiden Städte aus. Vom nächsten Tag an sendet „Antenne Ruhr" in Zusammenarbeit mit dem in Oberhausen angesiedelten Funkhaus landesweit und rund um die Uhr.

● Eine neue Ära der Fernsehtechnik beginnt in Oberhausen. High Definition Oberhausen, das Technologie-Zentrum für neue Film- und Video-Produktionstechniken

GmbH, und die Broadcast Television Systems GmbH haben einen Vertrag über die Lieferung des ersten HDTV-Produktionswagens mit einem HDTV-Editingwagen unterzeichnet. Damit sollen erste Erfahrungen bei Fernseh- und Videoproduktionen mit dem neuen System erarbeitet werden.

● Nach 28 Jahren kommt das „Aus" für die Drahtstraße 2 der Thyssen Stahl AG. Etwa 140 der insgesamt rd. 450 betroffenen Beschäftigten werden zum Ende des Jahres über einen Sozialplan ausscheiden. Alle anderen werden in Duisburger Konzernbereiche umgesetzt.

● Die „Filmstadt" Oberhausen genießt in der Landesplanung nach wie vor Priorität. Bei einem Meinungsaustausch im Osterfelder Medienzentrum, an dem Wolfgang Clement, Chef der Düsseldorfer Staatskanzlei, MdB Dieter Schanz und Geschäftsführer Michael Pfleghar teilnehmen, werden die konzeptionellen Unterschiede zwischen den Plänen für einen Filmpark in Bottrop und HDO unterstrichen. Während in Bottrop Unterhaltung mehr im konventionellen Bereich geplant ist, wird sie in Oberhausen im High-Tech-Bereich realisiert werden. Daraus ergäben sich eher Synergie- als Konkurrenteffekte.

1991 ● Der Verbund zwischen den Schachtanlagen Lohberg und Osterfeld wird in 1.300 Metern Tiefe hergestellt. Mit den vorhandenen 20 Millionen Tonnen Kohle im Bereich des Nordschachts verfügt das Bergwerk über einen Vorrat von 250 Millionen Tonnen. Damit ist der Förderstandort Lohberg zunächst langfristig gesichert.

● 18. März: Nach langjähriger Vorarbeit nimmt das Internationale Frauenfriedensarchiv in den Räumen der Kunstfabrik unter den Initiatorinnen Ellen Diederich und Fasia Jansen die Arbeit auf.

● 21. März: Nach breiter öffentlicher Diskussion fasst der Rat der Stadt in namentlicher Abstimmung mit 31 gegen 21 Stimmen der drei Oppositionsfraktionen folgenden Beschluss: Die Stadt Oberhausen stellt am 31. August 1992 ihren Musiktheaterbetrieb endgültig ein und beschließt, das Orchester der Stadt Oberhausen zum selben Zeitpunkt auf Dauer aufzulösen.

● Die neue S-Bahn Linie verbindet Oberhausen mit Dortmund.

● Ein italienisches Konsortium übernimmt 60 Prozent des Elektrostahlwerks, Thyssen Stahl hält 40 v.H. Damit ist der Stahlstandort Oberhausen gesichert; ca. 200 neue, größtenteils hochqualifizierte Arbeitsplätze werden geschaffen.

● Nach lebhafter öffentlicher Diskussion wird der Streit um das neue Stadtsignet beendet. Der Hauptausschuss beschließt einstimmig, das schräge „O." beizubehalten. Es soll allerdings zeitgemäßer gestaltet werden.

● Die Stadt und der britische Investor Edwin Healey präsentieren Pläne für den Bau eines großen Einkaufs- und Freizeitzentrums auf der ehemaligen Thyssen-Fläche am Rhein-Herne-Kanal. Healeys „Stadium-Gruppe" will mit seinem Großprojekt mehrere tausend Arbeitsplätze schaffen und etwa zwei Milliarden Mark in die „Neue Mitte Oberhausen" investieren.

● Zur Verwirklichung des Neue-Mitte-Projektes wird der erste wichtige Schritt vollzogen, indem drei dazu notwendige Grundstücksverträge abgeschlossen werden.

1992 ● 13. Januar: Nach einer Belegschaftsversammlung in der Luise-Albertz-Halle steht fest, dass am 31. August 1992 der letzte Fördertag auf der Zeche Osterfeld sein wird.

Danach soll sämtliche Kohle aus der Oberhausener „Bergwerks-Unterwelt" in Lohberg zu Tage gebracht werden. Die Verlegungen von Mitarbeitern werden angekündigt; Entlassungen sind nicht zu befürchten.

● NRW-Wissenschaftsministerin Anke Brunn legt den Grundstein für das neue Domizil des „Institutes für Umwelt- und Sicherheitstechnik" (UMSICHT) auf dem Gelände des ehemaligen Thyssen-Stahl-Berufsbildungszentrums 2 an der Ecke Essener- und Osterfelder Straße.

● Das hochauflösende Fernsehsystem HDTV war bislang nur ein Thema für Spezialisten, Techniker und experimentierfreudige Regisseure. Mit einem zweitägigen Sonderprogramm machen die 38. Westdeutschen Kurzfilmtage die neue Technik in ihren künstlerischen Produktionen einer breiten Öffentlichkeit bekannt. Gemeinsam mit dem Forschungs- und Anwendungszentrum HDO wird erstmals sowohl im europäischen als auch im japanischen System ein internationales Spektrum von Commercials, Dokumentarbeiträgen und experimentellen HDTV-Kurzfilmproduktionen gesendet.

● Zwei Gutachtergruppen bescheinigen der Stadt und dem englischen Investor Edwin Healey, dass das Neue-Mitte-Projekt keine negativen städtebaulichen Auswirkungen auf Oberhausen und sein Umfeld hat.

● Walter Ferrier, Ratsmitglied der Partnerstadt Middlesbrough, wird die Stadtfreiheit zugesprochen. Diese hochrangige Ehrung, die bisher nur wenige Politiker erhalten haben, wird ihm wegen seines unermüdlichen kommunalpolitischen Einsatzes, vor allem aber wegen seiner Verdienste um das Zustandekommen und die Pflege des Jugendaustausches zwischen Middlesbrough und Oberhausen zuteil.

● 1. September: Das Ende einer Ära: Als am Vortag um sieben Minuten nach elf der letzte Förderwagen auf der Zeche Osterfeld Kohle ans Licht brachte, das Einschlagssignal ein letztes Mal ertönte und die Osterfelder Knappenchor mit der Bergwerkskapelle im Blitzgewitter der Medien ein letztes „Glückauf, Glückauf, der Steiger kommt" anstimmten, wurde die Oberhausener Steinkohlenbergbaugeschichte besiegelt. Der Bergbau begann auf dem Gebiet der heutigen Stadt Oberhausen bereits 1758 mit dem Abbau des Raseneisensteins. Nahezu 120 Jahre lang haben die Osterfelder an der Vestischen Straße das schwarze Gold zu Tage gebracht, jetzt wird auch der letzte verbliebene Förderschacht der Stadt dichtgemacht.

1993 ● Mit den Stimmen von SPD, CDU und FDP beschließt der Rat der Stadt den Bebauungsplan Nr. 275 A (Lipperfeld) und gibt damit grünes Licht für den Beginn der Arbeiten an der „Neuen Mitte Oberhausen".

● Mit 32 gegen 22 Stimmen spricht sich der Rat der Stadt für den Erhalt des sog. Gasometers am Rhein-Herne-Kanal aus und stellt gleichzeitig Mittel bereit, um die „Tonne" in einen Ausstellungsraum mit Aussichtsturm umzugestalten.

● Das Bauordnungsamt erteilt die Genehmigungen für die Errichtung des Einkaufszentrums, der Mehrzweckhalle und des Freizeitparks in der Neuen Mitte. Im Wettbewerb für den Bau der Marina und des Wohnparks, in dem Wohnungen für 1.500 Menschen entstehen sollen, fällt der erste Preis an den den dänischen Architekten Kristian Isager.

● 15. November: Mit den Stimmen der SPD Fraktion beschließt der Rat der Stadt, zum 1. August 1994 die vierte Gesamtschule an den Standorten Buschhausen und Weierheide zu errichten.

1994
- In einer Sondersitzung spricht sich der Rat einstimmig für die Wiedereinführung der Straßenbahn aus. Mit der Linie 122, die von der Landwehr zum Bahnhof Sterkrade verkehren soll, werde man beginnen. Die Straßenbahn beschere der STOAG günstigere Betriebskosten, rechnet Planungsdezernant Dr. Dierk-Hans Hoefs vor. Eine Straßenbahn befördere bis zu 300 Fahrgäste, während ein Gelenkbus höchstens 130 Personen transportieren könne.
- In Anerkennung der Verdienste, die sich Professor Dr. Peter Ludwig sich um die Stadt erworben habe, wird dem Kunstmäzen der Ehrenring der Stadt verliehen. Durch die Bereitstellung von Leihgaben bedeutender Kunstwerke aus der ehemaligen DDR und seiner intensiven Förderung von Künstlern, so Oberbürgermeister Friedhelm van den Mond in seiner Laudatio, habe Peter Ludwig dazu beigetragen, eine wichtige Brücke zwischen den beiden Teilen Deutschlands zu schlagen und diese Stadt zu einem Ort der Begegnung von Kunst und Künstlern werden zu lassen.
- Der Duisburger Handelskonzern Haniel übereignet die Bestände des Archivs der Gutehoffnungshütte dem Rheinischen Wirtschaftsarchiv in Köln. Die Bestände der Antony Hütte werden dagegen dem Rheinischen Industrie Museum überlassen.
- Zu einem zweiwöchigen Besuch kommen auf Einladung der Vereinigung der Verfolgten des Naziregimes die ehemaligen Zwangsarbeiter Katharina Sipawka, Michail Kowbasa, Alexander Vedortschenko und Alexander Sawadsky in die Stadt, die sie vor 50 Jahren aus anderer Sicht kennengelernt hatten. Gemeinsam mit Vertretern der Ratsfraktionen und der jüdischen Gemeinde besuchen sie auf dem Liricher Westfriedhof die Gräber der in der Stadt umgekommenen Zwangsarbeiterinnen und Zwangsarbeiter. Gemeinsam mit dem Oberbürgermeister Friedhelm van den Mond und dem Düsseldorfer Regierungspräsidenten berichten sie den Schülerinnen und Schülern der Theodor-Heuss-Realschule über ihr Leben und ihre Arbeit in der Steinfabrik der Zeche Hugo Haniel, im Zementwerk der Gutehoffnungshütte oder in den Betrieben der Ruhrchemie Holten.
- Das Oberverwaltungsgericht in Münster weist die Normenkontrollklage mehrerer Bottroper Kaufleute als unzulässig zurück. Die Geschäftsleute hatten geltend gemacht, dass es durch das geplante Einkaufszentrum zu einem erheblichen Kaufkraftabfluss in Bottrop kommen werde.
- Auf der Ludwigshütte wird der letzte Abstich vollzogen. Aus dem heißen Eisen werden Erinnerungsplatten mit der Aufschrift „Ludwigshütte 1871 bis 1994" gegossen, die allerdings nicht wie die bisherigen Produkte in Hongkong oder auf der 5th Avenue in New York zu finden sein werden.
- Mit der Einweihung des neugestalteten Bahnhofsvorplatzes ist der erste Abschnitt des Gesamtprojekts „Bereich Bahnhof Oberhausen" der Internationalen Bauausstellung IBA Emscherpark abgeschlossen. Gleichzeitig beginnen die Arbeiten für die Eröffnung des neuen Verbindungstunnels zur Anbindung an die Hansastraße.
- Nachdem das Düsseldorfer Verkehrsministerium mit Schreiben vom 17. Juni seine Zusage für das Konzept des öffentliche Personennahverkehrs erteilt hat, wird zwischen Mülheim und Oberhausen der Vertrag über den Bau und den Betrieb von Straßenbahnverbindungen zwischen beiden Städten unterzeichnet. Die neuen Strecken verlaufen von der Haltestelle Landwehr über den Hauptbahnhof bis zum Sterkrader

Bahnhof. Der erste Spatenstich erfolgt am 4. August an der Kreuzung von Mülheimer- und Tannenbergstraße.

● Die MAN Gutehoffnungshütte strukturiert die Bereiche Montage und Maschinenbau neu. Von dem amerikanischen Unternehmen Ingersoll Rand, dem weltweit zweitgrößten Hersteller von Druckluftanlagen, werden 256 Mitarbeiter der Sektion Schraubenverdichter übernommen. Der Geschäftsbereich Industrie-Radsatz wird ausgegliedert.

● Mit einem Volksfest wird die Grundsteinlegung für das neue Einkaufszentrum an der Essener Straße begangen. Gemeinsam mit Ministerpräsident Johannes Rau und Oberbürgermeister Friedhelm van den Mond versenkt Edwin Healey, Vorstandsvorsitzender der Stadium Gruppe, eine Betonplatte auf dem Gelände der künftigen „Neuen Mitte Oberhausen".

1995 ● Die Schulkonferenz der Karl-Broermann-Realschule spricht sich nach intensiver Diskussion um die NS Vergangenheit des Namensgebers dafür aus, die Schule in „Anne-Frank-Schule" umzubenennen. In seiner Sitzung vom 19. Januar votiert auch der Schulausschuss für diese Namensänderung.

● Der neuangelegte Eugen -zur-Nieden-Ring in Sterkrade wird für den Verkehr freigegeben. Am Monatsende wird in einem Gespräch zwischen Vertretern der Stadtverwaltung und der MAN/GHH Einigkeit über den Verlauf des letzten Abschnitts des Verkehrsweges erzielt. Er soll, von der Friedrich-Straße kommend, das Werksgelände durchqueren und dann bis zur Bahnhofsstraße fortgeführt werden.

1996 ● In einem Eilverfahren verhängt der 10. Senat des Oberverwaltungsgerichts in Münster einen sofortigen Baustop über das geplante Marktstraßen-Dach. Die Richter äußern erhebliche Zweifel, ob überhaupt eine Baugenehmigung hätte erteilt werden dürfen. Neben planungs- und baurechtlichen Mängeln, so das Gericht, ergäben sich vor allem Verstöße durch die Nichteinhaltung der abstandsrechtlichen Vorschriften.

● Die MAN Gutehoffnungshütte AG und die Deutsche Babcock Borsig AG gründen die GHH Borsig Turbomaschinen GmbH, in die beide Unternehmen ihre weltweiten Aktivitäten auf dem Bereich Turbomaschinen einbringen. Hauptsitz des neuen Unternehmens, in dem rd. 1.500 Mitarbeiter tätig sind, ist Sterkrade. Die unternehmerische Führung liegt bei der MAN GHH, die 75 Prozent der Anteile übernommen hat.

● Der Landschaftsplan Oberhausen wird rechtsverbindlich. Sein Hauptanliegen ist, wertvolle Freiräume zu erhalten und in ihnen neue Lebensräume für eine große Artenvielfalt an Tieren und Pflanzen zu schaffen. In vier Abschnitten, die bis zum Jahr 1999 terminiert sind, sollen u.a. Biotope im Sterkrader Wald angelegt und Aufforstungen auf der Westseite der Emscher vorgenommen werden, oder Neupflanzungen im Forsterbruch erfolgen.

● Nach sechsmonatigen Erneuerungsarbeiten steht die Burg Vondern wieder im Wasser. Durch die Flutung der Gräften wird der Charakter einer Wasserburg stärker herausgestellt.

● Nach 28 Jahren fährt wieder eine Straßenbahn über Oberhausens Straßen. Um 10.38 Uhr setzt sich der Zug an der Landwehr in Bewegung – auf den Straßen kommt es zu Verkehrsstockungen. An der neuen Haltestelle nahe dem Arbeitsamt übernimmt Oberbürgermeister Friedhelm van den Mond persönlich den Steuerknüppel und lotst das Gefährt vorbei an der Neuen Mitte bis hin zum Sterkrader Bahnhof. Für den Rückweg zur Stadtgrenze benötigt die neue Straßenbahn auf der eigenen Trasse nur knapp 15 Minuten. Offiziell eingeweiht wird die neue Verkehrsverbindung am 1. und 2. Juni; die Benutzung ist zunächst kostenlos.

● In seiner Sitzung entscheidet der Aufsichtsrat der Essener Theater- und Philharmonie GmbH, dass die diskutierte Verbindung der Spielstätten Oberhausen und Essen nicht realisiert wird. Offensichtlich „befürchten die großen Essener, zum Theater-Anhängsel des kleineren Oberhausen degradiert zu werden", vermutet die NRZ in einem Kommentar.

● 12. September: Ein Meilenstein im Strukturwandel der Stadt Oberhausen ist erreicht: Das Einkaufszentrum in der „Neuen Mitte Oberhausen", das CentrO., wird nach zweijähriger Bauzeit durch Ministerpräsident Johannes Rau eingeweiht. Über 200.000 Besucher sind vom CentrO-Fieber gepackt. Trotz der Möglichkeit, die öffentlichen Verkehrsmittel bis zum Wochenende unentgeltlich nutzen zu können, reisen viele Gäste mit dem eigenen Wagen an, ohne dass es zu nennenswerten Verkehrsstörungen kommt. Am Wochenende wird die Arena mit einem Konzert der Gruppe „Status Quo" eingeweiht. Bis zum 23. September werden in der „Neuen Mitte" mehr als eine Million Besucher gezählt. Filmstar Arnold Schwarzeneggers kommt persönlich zur Einweihung des Restaurants Planet Hollywood.

● Durch die geänderten Ladenöffnungszeiten können die Oberhausener zum ersten Mal an einem Sonntag frische Brötchen kaufen. Bereits kurz vor acht Uhr bilden sich längere Schlangen vor den Bäckereien, die die begehrten Semmeln zum (erhöhten) Preis von 55 Pfg. anbieten.

● Die Düsseldorfer Bezirksregierung erteilt der Hirsch Grundvermögen Objekt Oberhausen KG die Genehmigung, auf dem ehemaligen Gelände der MAN Gutehoffnungshütte einen Bau-, Elektro- und Büroartikelmarkt zu errichten.

1997 ● Nachdem die Interessengemeinschaft „Pro Marktstraße" 5000 Unterschriften gegen den Bau des Marktstraßendachs gesammelt hat, lehnt der Stadtrat den Bau ab.

● Die STOAG feiert die Einführung der Straßenbahn in Oberhausen vor 100 Jahren.

● Oberhausens neuer Eishockey-Club, die Revier-Löwen, starten mit einem Testspiel gegen den finnischen Erstligisten Lukko Rauma in die erste Spielzeit.

● Nach langjährigen Auseinandersetzungen startet die vierte Gesamtschule in Oberhausen im Gebäude der ehemaligen Hauptschule Weierheide mit 118 Schülern und Schülerinnen. Am 22. November wird die Schule offiziell als Gesamtschule Weierheide mit einem Festakt aus der Taufe gehoben.

● Das CentrO feiert Geburtstag. Im ersten Jahr des Bestehens wurden hier mehr als 20 Millionen Besucher gezählt und ein Umsatz von 1 Mrd. Mark erwirtschaftet.

● Nach 18-jähriger Tätigkeit scheidet Friedhelm van den Mond aus seinem Amt als Oberbürgermeister. Mit 38 Ja-Stimmen wählt die Ratsmehrheit Burkhard Drescher zum ersten hauptamtlichem Oberbürgermeister.

● Mit dem letzten Abstich im Elektro Stahlwerk endet nach zweieinhalb Jahrhunderten die Ära der Montanindustrie in Oberhausen, die 1758 auf der Antony Hütte be.

● Die Oberhausener Sängerin und Friedenskämpferin Fasia Jansen s   t.

1998
- An der Außenfassade des Polizeipräsidiums wird eine von Tisa von der Schulenburg gestaltete Tafel angebracht, mit der an den ersten Polizeipräsidenten Wilhelm Weyer erinnert wird. Er war 1922 in dieses Amt berufen worden und wurde elf Jahre später wegen seiner Überzeugung von den Nationalsozialisten aus dem Dienst entfernt.
- Nach mehr als dreißigjähriger Abstinenz kehren die Kurzfilmtage in die Oberhausener City zurück, wo alles begonnen hat. In der „Lichtburg" werben im fünftägigen Wettbewerb 64 Filme aus 35 Ländern in der internationalen Kategorie und 30 in der deutschen Sektion um die Preise. In den Sonderprogrammen „Nützliche Bilder" werden wissenschaftliche Filme zu Themen wie z.B. von der Wetterkarte zum Thermobild gezeigt, während in der Sektion „1968/98" Filme von Martin Scorsese oder Werner Herzog zu sehen sind. Die Zuschauer reagieren positiv auf den Wechsel des Standorts: Vor den Kinokassen bilden sich lange Schlangen, und auch Gastronomie und Handel verzeichnen deutliche Umsatzsteigerungen.
- 10. Mai: Mit einem 1:0 Sieg über Preußen Münster machen die Rot Weißen den Aufstieg in die zweite Bundesliga perfekt. Bereits am Samstag war klar geworden, dass keine Stolpersteine mehr im Weg liegen würden.
- Das am 13. Mai neueröffnete Astron-Hotel an der Düppelstraße wird vom Deutschen Hotel- und Gaststätten Verband in die First Class Kategorie eingereiht; für alle Besucher sichtbar, prangen nun vier Sterne an der Fassade.
- Die Restaurierungsarbeiten am Lagerhaus der Gutehoffnungshütte, das von dem Industriearchitekten Peter Behrens 1920 entworfen wurde, sind abgeschlossen. Das Rheinische Industriemuseum nutzt die rd. 9.000 m² große Lagerfläche als Depot.
- Nach der Aufnahme der Bauarbeiten am Hirsch-Zentrum und der bevorstehenden Fertigstellung des Sterkrader Verkehrsrings werden die ersten Pläne für die Folgenutzung der Fläche des Werkes I der Gutehoffnungshütte vorgestellt. Das ehemalige Verwaltungsgebäude soll in ein technisches Rathaus umgewandelt werden. Auf der Fläche ist weiterhin der Bau von rd. 400 Doppel- und Reihenhäusern geplant. Der Vertrag zwischen dem Unternehmen MAN und der Verwaltung wird am 22. Dezember unterzeichnet.
- Im Pokalschlager zwischen dem Hamburger Spielverein und RWO setzen sich die Kleeblätter noch mit 4:3 im Elfmeterschießen durch.
- Im Großen Haus des Theaters liest Martin Walser, Träger des Friedenspreises des Deutschen Buchhandels, aus seinem neuesten Roman „Ein springender Brunnen", in dem er die Geschichte eines Jungen in den Jahren von 1932 bis 1945 beschreibt.

1999
- Mit der Aufführung der Theaterposse „Pension Schöller" begeht die Kleinstädter Bühne Sterkrade e.V. ihr 50-jähriges Bestehen.
- Das Oberhausener Theater ist die erste westeuropäische Bühne, die zu einem Gastspiel nach der Revolution in den Iran eingeladen wird. Nach Mitteilung der Deutschen Presseagentur soll es bei der Aufführung des Stückes „Robinson und Crusoe", inszeniert von dem aus dem Iran ausgewiesenen Mohammed Ali Behboudi, zu Protesten der Zuschauer gekommen sein, die wegen einer „gewagten Szene" – die beiden Hauptdarsteller traten in Unterhosen auf – das Theater verlassen haben.
- Erstmals in seiner Vereinsgeschichte steht Rot Weiß Oberhausen im Halbfinale des DFB-Pokals. Wegen des riesigen Zuschauer-Interesses wird das Spiel in das Gelsen-

kirchener Parkstadion verlegt. Vor mehreren zehntausend Zuschauern siegt Bayern München mit 3:1 über die Kleeblätter.

● Vor Schülerinnen und Schülern des Sophie-Scholl-Gymnasiums berichtet Stanislav Petrov über den 26. September 1983, als die Computer dem damaligen Oberstleutnant einen Raketenangriff der USA auf die Sowjetunion meldeten. Trotz der eindeutigen Meldungen auf dem Bildschirm löste er den Gegenschlag nicht aus.

● Eröffnung der Ausstellung von Christo und Jeanne Claude „The Wall" im Gasometer. Ab dem 30. April werden „13.000 Ölfässer, gestapelt zu einer Wand von 25 Meter Höhe, den Gasometer auf seinem gesamten Durchmesser von 68 Metern diametral durchschneiden".

● Mit der Eröffnung der Landesgartenschau OLGA, die von Ministerpräsident Wolfgang Clement und Oberbürgermeister Burkhard Drescher vorgenommen und live durch das Westdeutsche Fernsehen übertragen wird, ist Oberhausen um eine Attraktion reicher. Die OLGA verbindet Gartenbau-Architektur mit Parkfesten, für deren Realisierung der Direktor des Circus Roncalli, Bernhard Paul, gewonnen werden konnte.

● Mit einem zweitägigen Fest feiert die Stadt die Neueröffnung des Oberhausener Hauptbahnhofs als repräsentatives Tor der Stadt. In neuem Gewand erscheinen nicht nur die verschiedenen Abschnitte des Bauwerks, auch das Innenleben wurde vollständig erneuert. Verschiedene Dienstleister präsentieren ein Angebot, das von der Bockwurst oder Brot über Blumen und Bücher bis hin zu Ersatzbatterien reicht.

● Der Startschuss für den Umbau des ehemaligen Verwaltungsgebäudes der MAN/GHH zum technischen Rathaus wird gegeben. Bis zum Jahr 2002 sollen die Arbeiten abgeschlossen sein.

● Mit der Freigabe des vierten Bauabschnitts am Verwaltungsgebäude der MAN/GHH in Sterkrade durch Oberbürgermeister Burkhard Drescher ist der Verkehrsring komplett befahrbar und bringt dem Stadtteil – verkehrstechnisch gesehen – eine spürbare Entlastung. Mit der neuen Führung ergeben sich nun gleichzeitig neue städtebauliche Nutzungsmöglichkeiten für die anliegenden Grundstücke.

● Der Regierungspräsident gibt grünes Licht für die Umgestaltung der Industrieflächen östlich der „Neuen Mitte" Oberhausen. Hier soll in drei Teilbereichen eine Kombination von Wohnsiedlungen, Ausbildungs-, Ausstellungs- und Freizeitanlagen entstehen.

● Mehr als 104.000 Oberhausener Einwohner beteiligen sich nicht an der Europawahl – ein Rückgang von 19,5 Prozent gegenüber der Wahl im Jahr 1994. Von den 58.914 gültigen Stimmen entfallen auf die SPD 51,0 %, auf die CDU 35,1 %, 6,1 % entscheiden sich für die Grünen und 2,1 % für die FDP.

● Vielversprechender Auftakt der Oberhausener Lehrstellen-Tour: Um die Lücke zwischen der Zahl der offenen Lehrstellen und Schulabgängern zu verringern, werben Arbeitsamtdirektorin Adelheid Sagemüller, Oberbürgermeister Burkhard Drescher und IHK-Präsident Dirk Grünewald bei Betriebsbesuchen drei Tage lang für zusätzliche Lehrstellen. In über 30 Fällen sind sie erfolgreich.

● Unter dem Motto "125 Jahre Stadtrechte Oberhausen" präsentiert das städtische Kulturbüro eine stadtgeschichtliche Ausstellung im Spiegelzelt auf dem historischen

Jahrmarkt der OLGA. Die feierliche Eröffnung wird von Oberbürgermeister Burkhard Drescher vorgenommen, der in seiner Rede über die Entwicklung der Kommune von der Landgemeinde auf der Heide zur Großstadt berichtet. Er erinnert an das Entstehen auf dem Fundament von Kohle und Stahl, an die erste Eisenhütte des Reviers, die Oberhausen zur „Wiege der Ruhrindustrie" machte, und weist auf die zahlreichen Projekte hin, die den weiteren Weg in die moderne Zukunft ebnen; Handel, Dienstleistung und Kurzzeitourismus gehören ebenfalls dazu. Prof. Hilmar Hoffmann verweist in seiner Festansprache auf die Rolle der Kultur, die trotz aller positiven Entwicklung nicht in den Hintergrund gedrängt werden dürfe.

2000
- Statistisches: Ca. 630.000 Besucher wurden im vergangenen Jahr in der Arena gezählt – allein die Show „Holiday on Ice" lockt rd. 9.000 Zuschauer in die Arena. In Oberhausen wurden 2.553 Kinder geboren. 12.548 Menschen sind ohne Arbeit.
- Die Karnevalsgesellschaft AOK Weiß Rot von 1889 begeht ihr „närrisches" Jubiläum: 111 Jahre verbreiten die Mitglieder schon Frohsinn
- Teuer, aber erfolgreich: Der Ball kommt immer an. Auf dieses Phänomen setzen auch Macher der Ausstellung „Der Ball ist rund". Sie wird zwar einige Millionen kosten, beschert der „Tonne" aber auch viele Besucher und festigt das Renomée des „Scheibenhochgasbehälters" als Ort für qualitativ hochwertige Präsentationen.
- Bescheidener dagegen gibt sich die Königshardt: Die Plastik „der Besenbinder" ist kostengünstiger, der Erinnerungswert der Figur dagegen mindestens genauso nachhaltig.
- Explosiv: Auf dem Gelände der ehemaligen Zeche Sterkrade wird eine Fünf Zentner Bombe aus dem Zweiten Weltkrieg entschärft. Weitere Hinterlassenschaften dieser Art an dieser Stelle melden Polizei und Feuerwehr immer wieder im Laufe dieses und der folgenden Jahre.
- Doku Soap Eisenheim: „Manni und seine Familie" bringen dem Rest der Welt das Leben in der ältesten Arbeitersiedlung der Republik nahe: Klar, dass die Quetschkommode, die Taubenväter, der Ruhri Slang und das ein oder andere Pils nicht fehlen dürfen.
- Langlebig: In den Zeiten von Internet, E-Mail, Play Station können die Macher vom Sender „Radio Schräges O" auf 777 erfolgreiche Sendungen zurückblicken.
- Mit einem deutlichen 5:1 Sieg über die Essener Moskitos sichern sich die Revier Löwen aus Oberhausen den Verbleib in der Eishockey Liga.
- Vorbildlich I: Die Macher der Haltestelle „Neue Mitte – Zugang zum Centro" erhalten aus der Hand des Landesbauministers und dem Präsidenten der Architektenkammer NW den Preis für „vorbildliche Bauten in Nordrhein Westfalen.
- Mit einem Sieg über den Fußballclub aus Hannover sichert sich RWO den Klassenerhalt in der zweiten Bundesliga.
- Nichts ist unmöglich: Das Oberhausener Standesamt organisiert eine Trauung auf dem Dach der „Oberhausener" Welt, dem sog. Gasometer in knapp 120 Metern Höhe.
- Die Arbeitersiedlung Stemmersberg wird 100 Jahre alt.
- Plastisch umstritten: Auf dem Gelände der ehemaligen Landesgartenschau werden Körperwelten sichtbar gemacht. Die „Exponate" regen zur Diskussion an, die Aussa-

Zeittafel

gen von Befragten zur Präsentation scheinen eindeutig: „Da geh ich nicht hin" oder: „So was schau ich mir nicht an." Am Jahresende werden dann ca. 500.000 Besucher gezählt!?

● Niedlich: (Fast) jeder Gartenbesitzer hat sie, den meisten gefallen sie, einige hassen sie: Nun bevölkern sie auch das Centro: Stumm stehen sie herum: Die Lieblinge einer ganzen Nation: Die Gartenzwerge

● Die Arena bezieht ab sofort nicht mehr den Strom aus der Steckdose, sondern von der EVO.

● Auf dem ehemaligen Stahlwerksgelände gleich hinter dem Centro fahren die ersten LKWs auf, um mit dem Abriss der noch aufstehenden Fabrikreste zu beginnen.

● Vorbildlich II: Das RWW bestätigt, dass das Unternehmen während des Zweiten Weltkriegs auch Zwangsarbeiter beschäftigt habe. Dem für die Entschädigung der Deportierten eingerichteten Fonds überweist das Unternehmen 200.000 Mark.

● Die kanadisch-amerikanische Gemeinschaft „Jim Patterson Group" entschließt sich, das Projekt Aquarium am Centro voranzutreiben.

● In der Oberhausener Innenstadt wird die erste Kunstmeile eröffnet.

● Abgefahren: Nach einer vom Emnid Unternehmen unter 15 deutschen Großstädten durchgeführten Umfrage nach der Organisation und Akzeptanz des öffentlichen Verkehrsraumes belegt Oberhausen den ersten Platz.

● Nachgebaut: 13.500 Dosen Kondensmilch sind notwendig, um auf dem Altmarkt einen Wall zu errichten. Die Idee geht auf das Event „The Wall" von Christo zurück.

● Reißfest: Der Chemiepark in Holten erweitert das Sortiment. Die Abteilung Ticona produziert ab sofort den neuen Kunststoff „Topas".

● Moderner und schöner ist sie ja geworden – die Luise-Albertz-Halle. Die Schönheitsoperation mittels Beton, Stahlmatten und Kelle hat aus dem unansehnlichen Betonklotz ein zentrales Konferenzzentrum geschaffen, das mehr als eine Tagung wert ist.

● Er hatte Geschichte geschrieben und gesammelt, die er selbst miterlebt hatte. Bekannt waren seine Erzählungen über die Zeit vor, während und nach dem Kapp-Putsch in Oberhausen. Auch in der Historie der Nachkriegszeit machte ihm keiner ein X für ein U vor. Eduard Kleinöder, einer der Mitbegründer des Deutschen Roten Kreuzes in Oberhausen, verstarb im Alter von 101 Jahren.

● Den Namen Hoyerswerda und die Ereignisse in dieser Stadt kannte man aus den Medien. Doch nun erleben die Oberhausener sie hautnah: In Schmachtendorf wird auf ein Asylbewerberheim ein Brandanschlag verübt.

● Weltoffen: Auf der alten Route von Oberhausen nach Arnheim verkehrt – wie schon in der Mitte des 19. Jahrhunderts – ein Zug. Doch diesmal ist es nicht das Modell Adler aus Fürth, sondern der ICE Inernational, das Flagschiff der Deutschen Bahn AG.

● Schöne, neue Welt: Alle wollen ihn miterleben, den ersten Internetauftritt der Stadt Oberhausen. Doch irgendwann sahen alle nur Schwartz – das Netz hatte schlapp gemacht.

● Erholung kann auch vor der eigenen Haustür stattfinden. Wie dies in die Tat umgesetzt werden kann, demonstriert der Landschaftsverband Rheinland auf dem neugestalteten Gelände der Neuen Ludwigshütte.

- Jugendnah und zum Anfassen. So möchten Jugendliche Kirche erleben. Diesem Wunsch kommt das Bistum nach und baut die Christ König Kirche in Buschhausen zur Jugendkirche Tabgha um.

2001
- „Arnie" Schwarzenegger verabschiedet sich aus Oberhausen: Sein Unternehmen „Planet Hollywood" schließt nicht nur vorübergehend.
- Heiß: Bei Abrucharbeiten auf dem ehemaligen Stahlwerksgelände der Firma Thyssen schlagen Flammen aus einem ehemaligen Kühlturm.
- Dass Bunker nicht nur in Kriegszeiten genutzt werden können, sondern auch als Wohnraum taugen, haben Architekten ja bereits am Südmarkt gezeigt. Nunmehr wird ein ähnlicher Schutzraum an der „Alten Heid" zu einem Stadtteilzentrum im Knappenviertel umgewidmet.
- Ein Alptraum für Raucher: Der Zoll lässt in der Müllverbrennungsanlage 19 Millionen geschmuggelte Zigaretten in rauch aufgehen. Die Aktion wird unter starkem Polizeischutz durchgeführt.
- Im Centro Park gehen die Piraten vor Anker. Nach einem kompliziertem Transport und nur mit Hilfe eines Schwerlastkrans kann das Boot zu Wasser gelassen werden.
- Kein Anreiz für Taschendiebe: Vor der Einführung der neuen „Währung" Euro beginnt die Planung für die Verteilung der neuen Münzen. Nach inoffiziellen Schätzungen sollen rd. 9.000 Tonnen der neuen Geldstücke über Oberhausens Straßen rollen – allerdings gut gegen Langfinger gesichert in Geldtransportern.
- Die von den Landwirten gefürchtete Maul- und Klauenseuche macht auch vor dem Zoo im Kaisergarten nicht halt. Der bei Besuchern beliebte Streichelzoo wird geschlossen.
- Europa verbindet: Müll aus Neapel wird – sorgfältig verpackt und transportiert – in der Oberhausener Müllerbrennungsanlage fachgerecht „entsorgt".
- Immer eine gute Adresse – Auch nach 40 Jahren und angesichts des neuen Verkaufsraums in der Neuen Mitte hält das Management des Kaufhofs am Standort Marktstraße fest.
- Das Kölner Medienunternehmen „virtual entertainment gmbh" übernimmt als Mehrheitseigner das Projekt High Definition Oberhausen.
- 225 Jahre Königshardt. Mit einem Umzug wird an die Besiedlung eines Landstriches erinnert, dessen Zuwanderer sich nicht nur gegen witterungsbedingte Schwierigkeiten durchsetzen mussten.
- Karl Lange, vielen noch als Schulleiter und Pädagoge in Erinnerung, der sich in den letzten Jahren verstärkt um die Vergangenheit, Gegenwart und Zukunft Schmachtendorffs gekümmert hat, führ ab sofort den Titel „Bürger des Ruhrgebiets".
- Während im Centro der fünfte Geburtstag mit zahllosen Besuchern und 36.000 Gummi-Enten gefeiert wird, schließt auf der Marktstraße das Traditionsunternehmen Mensing still seine Pforten.
- Der Monat September ist geprägt von zahlreichen Aktionen gegen Gewalt. Eindrucksvoll besonders der Zug von rd. 11.000 Schülern in Richtung Arena, die sich nicht „blind, taub oder stumm" vereinnahmen lassen wollen.
- Bis auf ein „verkleinertes" Fördergerüst erinnert nichts mehr daran, dass auf dem Gelände des heutigen Bero Centers einst eine Zeche stand. Aber das ist ja auch gerade erst 30 Jahre her.

- Was auf dem Gelände des Forschungsunternehmens UMSICHT in kleinem Maßstab erprobt und untersucht wird, heißt Brennstoffzellen Blockkraftwerk und soll vielleicht mithelfen, Energieprobleme kurz- oder langfristig zu lösen.
- Kurz vor Ablauf des „alten" Jahres bricht Hektik aus: Alle wollen/müssen den Euro haben. Alle Zeitungen sind voll mit Hinweisen auf die neue „Währung".

2002
- Viel mehr Zeit bleibt jetzt für´s „Shoppen" übrig: Am Centro wird in absehbarer Zeit das von der Gruppe „Mercure" geplante Hotel fertig sein.
- Die zunehmende Arbeitslosigkeit – sie liegt im Augenblick bei 11,6 Prozent – und das neue Wort „Altersarmut" machen erfinderisch: Für ihre Mitbürger stellen sich immer mehr Oberhausenerinnen/Oberhausener in den Dienst der „Tafel", holen z.B. gespendete Nahrungsmittel ab und versuchen auf diesem Weg, direkt zu helfen. Müsste doch einfach sein in einer Stadt, die seit diesem Jahr als Einkaufsstadt Nr. 1 im Revier gilt?
- Eine Idee hat sich durchgesetzt: Was zunächst skeptisch betrachtet wurde, hat sich bewährt und hat überlebt. Fünf Jahre lang bietet das Kirchenzentrum am Centro den Kaufwütigen einen ruhigen Kontrapunkt.
- Wieder rollt Geld über die Straßen – in besonderen Fahrzeugen und bewacht von Männern mit „Kanonen": Der Euro ist definitiv da. Innerhalb von einer Woche wurden bei der Sparkasse rd. 104 Millionen Mark in Euros umgetauscht. Mancher Kaufmann und noch mehr Verbraucher scheinen dies nicht mitbekommen zu haben: Warum sonst bieten Geschäfte in der „DM armen Zeit" immer wieder Gelegenheit, die restlichen „Scheine" umzutauschen?
- Babcock richtet sich neu aus: Man wolle sich in Zukunft stärker auf den Sektor „Marine" konzentrieren. Langsam sickert dann durch, dass 1.000 Mitarbeiter „freigesetzt" werden sollen. Für Oberhausen hieße das, rd. 245 Menschen werden ihren Arbeitsplatz verlieren.
- Das Technologiezentrum hat seine Nische gefunden: Mit Engagement und neuen Ideen verstehen die Macher es, ihre innovativen Vorstellungen von einer sauberen Zukunft erfolgreich zu verkaufen.
- Gemeinsam zeigen der Oberhausener Oberbürgermeister, Burkhard Drescher, und der Vorsitzende des Zentralrats der Juden, Paul Spiegel, in einer von der WAZ initiierten Aktion „Gesicht".
- Die Emscher soll sauberer werden: Um dies Ziel zu erreichen, wird in Oberhausen der erste Spatenstich für den Bau eines neuen Hauptsammlers getan.
- Durch ein Unentschieden gegen Bielefeld sichern die Rot Weißen den Verbleib in der zweiten Bundesliga.
- Gradlinig: Der Kommunalverband Ruhr erwirbt die von der Industrie aufgelassenen Schienenstränge. Auf ihnen entstehen so komfortable Radwanderwege.
- Auch die Verwaltung des Bistums Essen muss erkennen, dass immer weniger Gläubige die Kirchen besuchen, die von einer ebenfalls abnehmenden Zahl von Geistlichen betreut werden. Vor diesem Hintergrund werden z.B. die drei Osterfelder Kirchen St. Jakobus, St. Antonius und St. Josef Heide in einer Großgemeinde St. Franziskus zusammengefasst.
- Ein Team des japanischen Fernsehens macht sich auf die Suche nach einem Landsmann, der zwischen 1910 und 1920 nach Oberhausen kam, um hier bei der Gutehoff-

nungshütte Erfahrungen im Stahlbau zu sammeln. Zeitzeugen finden sie nicht; kleinere Notizen in Zeitungen lassen erkennen, dass er damals dennoch wahrgenommen wurde.

• Vor einer schier unerträglichen Sommerhitze flüchten die meisten Einwohner der Stadt in die Frei- und Hallenbäder.

• Nach Wochen, die die Beschäftigten der Babcock Werke zwischen Bangen und Hoffen verbracht haben, kommt Bewegung in das Unternehmen. Es wird eine Auffanggesellschaft gegründet, sodass viele der Arbeitsplätze gesichert scheinen.

• Nach gründlicher Überlegung und vielen, vielen Gesprächen mit noch mehr Anbietern trifft die Lekkerland GmbH ihre Entscheidung bei der Frage nach dem neuen Standort: Oberhausen Holten soll es werden.

• Der Rat der Stadt beschließt, mit den sardischen Städten Carbonia und Iglesias neue Partnerschaften zu gründen.

2003 • Die Ökosteuer beschert den Tankstellen zum Jahresbeginn beträchtliche Umsätze: Viele Kraftfahrer wollen noch schnell die alten Preise ausnutzen und füllen alle möglichen Behältnisse mit dem Stoff, der nicht nur den Motor laufen lässt.

• Ein plötzlicher Schneesturm zieht über Oberhausen hinweg und bringt den Nahverkehr streckenweise zum Erliegen. Am Ende des Monats Februar dagegen herrscht eitel Sonnenschein: Die Narren ziehen bei Temperaturen, wie man sie von Mallorca kennt, durch die Straßen.

• Heide Flachskampf Hagemann wird neue Polizeipräsidentin in Oberhausen. Ein Schwerpunkt neben ihrer täglich Arbeit ist die Frage nach der Rolle der Polizei in der Zeit des Nationalsozialismus. Gemeinsam mit angehenden Kommissaren, Schülerinnen und Schülern des Elsa Brändström Gymnasiums erarbeitet sie eine Ausstellung, die dieses Thema erstmalig genauer betrachtet. Eine von ihr parallel organisierte Vortragsreihe sorgt dafür, dass das Thema in der Öffentlichkeit nicht einfach zu den Akten gelegt wird.

• Ein Verkauf des Kanalnetzes sei nicht vorstellbar, so das Fazit des Rats nach einer über Monate hinweg geführten intensiven Beratung dieser heiklen Frage. Dass aber andere Formen denkbar und auch machbar sind, ergibt sich nach Diskussionen mit der Emschergenossenschaft: Dieselbe erwirbt die Nutzungsrechte am städtischen Kanalsystem. Dennoch bleibt am Ende immer noch die Frage: Geht dies denn so einfach? Die Politiker scheinen mit ihrem Latein am Ende, Juristen wissen auch nicht so recht weiter. Erst nach dem (ersten) Bürgerentscheid in der Historie dieser Kommune löst sich der Knoten: Die Bürgerinnen und Bürger stimmen dem Verkauf zu.

• Auf dem Tackenberg entsteht die vierte Moschee in Oberhausen.

• Auf der Weierheide tut sich was: Rd. 28 Millionen Euro will Lekkerland Tobaccoland hier verbauen. Am Ende soll dann das größte und modernste Logistikzentrum fertig sein. Schöner wird auch das Bero Center, wo das Management knapp drei Millionen „in die Hand" nehmen kann, um das äußere Erscheinungsbild zu verbessern.

• 60.000 Menschen und alles läuft reibungslos: Bei dem Konzert der Rolling Stones auf dem Gelände des Zukunftsparks O.Vision können die Ordnungskräfte (fast) das gesamte Konzert störungsfrei genießen.

• Auch am Kanal geht alles seinen Gang: Die Landesregierung hat keine Bedenken gegen die Anlage einer „Marina" nahe des Centros.

- Nach den Originalplänen, soweit sie noch greifbar waren, wird der unterhalb des Galgenbergs gelegene Grillopark wieder hergerichtet. Oberhausen ist um eine Attraktion reicher: Die Kommune mutiert zur „Park Stadt" – ein Begriff, den die Sterkrader bereits in den Jahren vor der Eingemeindung für ihr Stadt benutzten.
- Keine Vorlagen benötigt man für den Weiterbau der Straßenbahn vom Haltepunkt am Sterkrader Bahnhof bis hin zum Neumarkt. Für die 700 Meter lange Strecke sind komplette Neuplanungen erforderlich.
- Das gab es doch schon einmal: Jugendliche besetzen eine nicht bewohnte Villa im Rathausviertel. Auf diese Weise soll das denkmalwürdige Gebäude vor dem drohenden Abriss geschützt werden. Auch diesmal kommt es wie in der Vergangenheit. Hausbesetzer und Ordnungskräfte reden miteinander, man geht auseinander und die Bagger können ihr Werk beginnen. Bleibt die Frage: Wer hat gewonnen?
- Keine Bagger und keine Ordnungskräfte sind allerdings erforderlich, um den „Bahnhof" in Sterkrade vor Verschönerung zu schützen. Das Problem löst sich von allein: Es ist kein Geld da.
- Gemeinsam geht es (manchmal) besser: Nach den vielen Protesten der Nachbarkommunen gegen den Bau des Einkaufszentrum in der Neuen Mitte geht die Verwaltung strategisch vor: In vorab geführten Gesprächen sollen die angrenzenden Städte über geplante An-, Um- oder Neubauten informiert werden.
- Neue tiefe Löcher sind auf einem Geländestreifen neben dem Rhein Herne Kanal zu erwarten: Hier soll bis zum kommenden Jahr das neue Aquarium – Sea Life Oberhausen – entstehen. Kostenpunkt: Etwa 20 Millionen Euro.

2004
- Gut hundert Jahre haben sie auf der Schwarzen Heide durchgehalten – die Mönche des Kapuzinerordens. Nach 100 Jahren Seelsorge hinter dem Bahndamm und ohne Aussichten auf „Nachwuchs" kehren sie wieder in ihr Mutterkloster zurück.
- Die Bunker und die Hallen des ehemaligen Sterkrader Werks der Gutehoffnungshütte, an deren Planung u.a. auch Bruno Möhring mitgezeichnet hat, werden abgerissen.
- Die Ausstellung „Parkstadt Oberhausen" zeigt, dass Oberhausen – eigentlich von Anfang an – nicht nur eine Stadt war, in der Rauch, Qualm und Dreck den Alltag der Menschen bestimmten. Große Flächen des Stadtgebiets waren grün und sind es noch immer, wie z.B. der Kaisergarten, die Wiesen längs der Ruhr in Alstaden und besonders die Waldstücke in Sterkrade und Osterfeld. Bei dem Erwerb des Kaisergartens z.B. war auch von den Stadtverordneten darauf hingewiesen worden, dass der Kauf des Geländes auch als Naherholungsort für die (Alt-) Oberhausener Bevölkerung gedacht war.
- Nahe dem Osterfelder Markt wird das erste stationäre Hospiz St. Vinzenz Palotti eingeweiht.
- Traurig: Nach „nur" 18 Jahren kehrt das Textilunternehmen P & C der Oberhausener Innenstadt den Rücken.
- Erfreulich: Die Sterkrader Kirmes war/ist immer für besondere Meldungen bekannt. In diesem Jahr, „Groß Oberhausen" ist knapp 75 Jahre alt, verkünden die Organisatoren, dass das Event als die „größte Straßenkirmes Europas" anzusehen sei.
- Erschreckend: Ein Tornado richtet Schäden in Millionenhöhe an, als er Oberhausen überquert und Dachdeckern plötzlich viel Arbeit beschert.

- Rechtzeitig zur Ferienzeit ist das Aquarium am Kanal fertig geworden. Fische und andere Meeresbewohner sind in die komfortabel eingerichteten Aquarien eingezogen. Nach Angaben des Betreibers sollen die Fische in nur einem Monat etwa 100.000 Menschen betrachtet haben.

2005
- Anders als man sich das in Oberhausen eigentlich vorgestellte hatte, reagieren die Nachbarstädte, als sie von einer möglichen Erweiterung des Einkaufsfläche in der Neuen Mitte erfahren. Erst wird mündlich Widerspruch eingelegt, dann kommt die Klage. Die Richter sind jedoch der Ansicht, dass die von den Städten und vom Regierungspräsidenten gelieferten Argumente nicht stichhaltig seien: Das Centro darf weiterplanen und bauen.
- Erfreulich auch die Mitteilung des Büros für Touristik: Im vergangenen Jahr wurden in Oberhausen von dem Hotel- und Gaststättenverband rd. 186.000 Übernachtungen gezählt.
- In Sterkrade wird die erste Erdgastankstelle eröffnet.
- Mit der Aussicht auf eine „zweckmäßige" Nutzung des ehemaligen, in Sichtweite des Oberhausen Rathauses gelegenen Mädchen Gymnasiums war das Gebäude versteigert worden. Der Erwerber hat das Gebäude umgestaltet – allerdings nicht im Sinne des früheren Eigentümers: Jetzt sind die Fenster mit Brettern vernagelt, die „Baustelle" liegt still.
- Alarmierend: Erste Messungen des Feinstaubgehalts an der Mülheimer Straße liefen alarmierende Ergebnisse: Die von der Europäischen Union gesetzten Grenzwerte werden teilweise deutlich überschritten.

2006
- Das neue Jahr fängt gut an: Wegen der bekanntermaßen nicht gerade rosigen finanziellen Lage der Stadt Oberhausen weist die Landesregierung das Konzept O.Vision zurück.
- Genehmigt wird dagegen von der Landesregierung ein Antrag, der vorsieht, auf dem ehemaligen Betriebsgelände der Gutehoffnungshütte das Projekt „Sterkrader Tor" zu errichten. Einzelhandel, Dienstleistungsunternehmen und Gastronomie sollen hier angesiedelt werden.
- Aufgehübscht: Das Sterkrader Hallenbad erhält ein völlig neues Interieur. Das Oberhausener Gebäude Management spendiert in einem Aufwasch auch der Fassade ein „Face Lifting".
- Vollständig: Die durch den Abbruch des ehemaligen Stallgebäudes der Burg Vondern entstandene Lücke wird durch einen Neubau geschlossen. Durch die vorgelagerte Gräfte ist das Haus jetzt nahezu „uneinnehmbar".
- Der Buschhausener „Hellweg"-Baumarkt brennt aus ungeklärter Ursache komplett nieder. Die Feuerwehr teilt mit, der Brand, bei dem zwei Menschen leicht verletzt werden, sei das größte Feuer, dem man in den vergangenen 30 Jahren gegenübergestanden habe.
- Die Fläche, auf der einst das Traditionsunternehmen Babcock & Wilcox gegründet wurde, geht in den Besitz einer englischen Investorengruppe über.
- Nach einem Verhandlungsmarathon zwischen Oberhausen und Essen verständigt man sich dahingehend, dass die Ripshorster Brücke durch die Stadt Oberhausen nunmehr abgerissen und neu aufgebaut werden kann. Im Gegenzug tritt die Nachbar-

Zeittafel

stadt Gelände ab, d.h. Oberhausen wächst erneut um geschätzte 60.000 m2. Alles in allem waren die Bewohner fast fünf Jahre lang zu Umwegen gezwungen.

● Sterkrade ist nach wie vor Spitzenreiter: Diesmal sind es Bomben aus dem Zweiten Weltkrieg, die nahezu an jeder Ecke dieses Stadtteils gefunden werden.

● Osterfeld als vorindustrieller Industriestandort: Bekannt war es schon lange, gefehlt haben aber bislang handfeste Hinweise. Diese liefern nunmehr die Archäologen bei ihren Grabungen nahe der Antony Hütte nach.

● Der Rangierbahnhof Osterfeld hat immer noch die Nase vorn: Dank eines neuen Stellwerks und nach einer Modernisierung der übrigen Anlagen werden hier immer noch mehr Zugbewegungen als an anderen Orten abgewickelt.

● Ein wenig Sprengstoff an den noch aufstehenden Gebäuden des Thyssen Elektrostahlwerks, ein Druck auf den Zünder und schon ist die Aera „Stahlwerke in Oberhausen" nur noch ein Kapitel in der Erinnerungskultur.

● „Richtige" Weihnachtsbäume auf dem Altmarkt. Wenn der Stifter Stöckmann das geahnt hätte, als er in der Mitte des 19. Jahrhunderts ein mit Bäumen bestandenes Gelände der Stadt Oberhausen zum Geschenk machte – verbunden mit der Auflage, dass diese Fläche auf alle Zeiten nur für Marktzwecke genutzt werden darf.

2007 ● Für die MAN Turbo AG lässt sich das neue Jahr gut an: In der chinesischen Stadt Wujin soll ein Werk entstehen, in dem Kompressoren und Dampfturbinen gebaut werden.

● Alle Jahre wieder: In diesem Winter ist es der Orkan „Kyrill", der in Oberhausen Häuser abdeckt, Bäume entwurzelt und sonst noch manche Schäden anrichtet.

● Zahlreich: 2006 wurden mehr als 230.000 Übernachtungen gezählt. Damit liegt die Stadt ganz weit vorn im Tourismusgeschäft, das zu einem neuen Standbein (nicht nur) für das westliche Ruhrgebiet werden könnte.

● Am evangelischen Krankenhaus in Alt Oberhausen wird der um 1883 entstandene Trakt A abgerissen; an seiner Stelle tritt ein zeitgemäßer Eingang.

● In Anwesenheit des Weihbischofs Franz Vorrath wird die neue Hauptpfarrei St. Marien ihrer Bestimmung übergeben. Das Bistum Essen sah sich – wie in Osterfeld – gezwungen, größere Pfarreinheiten zu bilden. In Sterkrade wird durch den Zusammenschluss mehrerer Gemeinden die Propstei St. Clemens zur größten Pfarrei innerhalb Oberhausens.

2008 ● Eine weitere Steigerung ist auch in dem abgelaufenen Jahr bei den Touristenzahlen zu vermerken: Diesmal wurden in 2007 etwa 152.000 Gäste und rd. 247.900 Übernachtungen gezählt.

● Thyssen Krupp plant im Gewerbegebiet Waldteich ein Logistikzentrum mit 400 Arbeitsplätzen. Die Anwohner sorgen sich dagegen um ihr Wohnumfeld, denn LKWs werden dann die Straßen verstopfen.

● Am Ende heißt es 3:0. RWO schafft (wieder einmal) den Aufstieg in eine höhere Spielklasse. Diesmal geht´s in die zweite Bundesliga.

● Ein Hingucker ist sie schon – die neue Hauptstelle der Sparkasse an ihrem alten Standort an der Wörthstraße.

2009 ● Nicht nur in den Straßen klaffen nach dem harten Winter mehr oder minder größere Löcher. Auch die Salzvorräte bei den Wirtschaftsbetrieben schwinden wie der Schnee unter der Sonne; auch die Einlagen bei der Haushaltsstelle „Salzstreuer" schmelzen dahin.

● Der Finanzminister des Landes NW überweist der Stadt Oberhausen aus dem zweiten Konjunkturpaket 25 Millionen Euro, die für die Sanierung von Schulen, Kindergärten und Sportanlagen dringend benötigt werden.

● Nach Blitzeis nun auch noch Blitzeinbrecher, die die Hinweise auf die Parkhäuser am Centro „übersehen" und direkt bis an die Theke des Juweliers im Centro vorfahren. Dies alles natürlich außerhalb der normalen Öffnungszeiten.

● Nach der Auszählung der Stimmergebnisse bei der Kommunalwahl steht fest, dass die SPD nach 45 Jahren erstmalig eine Koalition eingehen muss. Im Oktober ist der mit dem Bündnis ´90/Grüne diskutierte Koalitionsvertrag unterschriftsreif.

● Gemeinsam ziehen die Bürgermeister und Oberbürgermeister von Ruhrgebietsstädten vor den Düsseldorfer Landtag und machen die Abgeordneten auf die Finanznot der Kommunen aufmerksam.

2010 ● Wegen der anstehenden Sanierung des Bert Brecht Hauses werden die Stadtbücherei und die Volkshochschule aus der „Stadtmitte" verbannt.

● Stumme Zeugen: Die Kurzfilmtage thematisieren diesmal die Anfänge des Films.

● Kulturhauptstadt: Freiwillige verteilen sich auf 14 Standorte innerhalb des Stadtgebiets, bringen ihre Anhänger in Position und lassen gelbe Ballons in den Himmel steigen. Gemeinsam mit den „Himmelsstürmern" in anderen Städten markieren die Oberhausener „SchachtZeichen" auf diese Weise die Standorte ehemaliger Industrieanlagen.

● Zahlenspielerei: 700 Jahre Stadt Holten – 1000-jähriges Alstaden – 999 Jahre Lirich/Lippern – 756 Jahre Kloster Sterkrade – 10.000 (oder früher?) v. Chr. die erste Osterfelderin / der erste Osterfelder. Was zählt, ist, dass Oberhausen Geschichte macht.

● Unter Dach und Fach: Nach ihrer Freilegung schützt ein tonnenschweres Stahldach die ausgegrabenen Exponate des „Industriearchäologischen Parks". Was wird die Besucher mehr ins Staunen bringen: Die „alten" Steine oder eine Konstruktion aus dem Material, das auch hier einst gewonnen wurde und dessen Konstruktion die Gesetze der Schwerkraft aufzuheben scheint?

2011 ● Vielfacher Protest erhebt sich gegen die Pläne der Landesregierung, die zwischen Friedensplatz und Bahnhofsvorplatz befindliche Justizvollzugsanstalt als Therapiezentrum für Straftäter zu nutzen, die der Sicherungsverwahrung bedürfen.

● Masse und Klasse: Die Energieversorgung Oberhausen verbindet das neue Biomasse Heizkraftwerk in Sterkrade mit dem Rohrnetz.

● Überraschung: Knapp neben der Burg Vondern entdecken die Ur- und Frühgeschichtler der Ruhr-Universität in Bochum deutliche Hinweise auf den Vorgängerbau. Ein kreisrundes Gebilde gleich nebenan, so die Fachleute, weise darauf hin, dass hier eine sog. Motte gestanden habe. Aber auch am Bahndamm werden Spuren entdeckt, die eine genauere Untersuchung notwendig werden lassen.

2012 ● In den meisten evangelischen Kirchengemeinden können keine Presbyterwahlen stattfinden, weil es nicht genügend Kandidaten gibt.

● Der Aufsichtsrat der Sparkasse Oberhausen löst den Vertrag mit seinem Vorstandsvorsitzenden. Man habe sich zu diesem Schritt nach der Insolenz des Unternehmens „Sportkonzept" entschlossen.

- Der ehemalige Propst Johannes Knauf feiert sein diamantenes Priesterjubiläum.
- Marianne Vier, die langjährige Vorsitzende Bürgerring Alstaden, scheidet nach erfolgreicher Arbeit aus ihrem Amt aus.
- Die Zahl der Übernachtungen in Oberhausen ist weiter angestiegen. Im vergangenen Jahren kamen 442.510 Gäste nach Oberhausen.
- In München wird das 50-jährige Jubiläum des Oberhausener Manifests gefeiert: „Papas Kino ist tot".
- A. Dill von der Initiative zur Schuldentilgung überweist 2.100 Euro auf das Stadtkonto, seine Initiative plant für Herbst die Abhaltung eines Kongresses in Oberhausen, mit dem unterstrichen werden soll, dass Sparen allein nicht reiche. Der Kämmerer Apostolos Tsalastras begrüßt die Idee, die zeige, dass den Bürgerinnen und Bürgern „ihre" Stadt doch viel bedeute.
- Der WDR zeigt die Dokumentation „Wie die Pizza ins Ruhrgebiet kam", in der die erste Pizzeria des Ruhrgebiets vorgestellt wird, die 1968 an der Helmholtzstraße in Oberhausen eröffnet worden ist.
- Die Kaufhof AG eröffnet den letzten Abschnitt in der Firmengeschichte: Ausverkäufe sollen dazu beitragen, dass das Haus in absehbarer Zeit geräumt werden kann. Am 30.6. wird der Kaufhof an Marktstraße definitiv schließen.
- Das Bauunternehmen „diteb" errichtet an der Duisburger Straße eine Moschee für 300 Gläubige.

Zusammenstellung: Otto Dickau

Danksagung

Die Oberhausener Stadtgeschichte auf über 1.800 Seiten, das war eine Herausforderung, der sich Viele für eine lange Zeit mit historischem Herzblut verschrieben haben.

Der erste Dank gilt den Mitgliedern der Redaktionsgruppe des Stadtgeschichtsbuchs „Oberhausen – eine Stadtgeschichte im Ruhrgebiet": Sascha Concas, Dr. Magnus Dellwig, Dr. Otto Dickau, Dr. Peter Langer, Klaus Oberschewen, Dr. Burkhard Zeppenfeld und Prof. Dr. Georg Scherer, der das Erscheinen leider nicht mehr erlebt hat.

Ohne die konstruktive und reibungslose Zusammenarbeit mit verschiedenen Archiven hätte das neue Stadtgeschichtsbuch nicht pünktlich zum Stadtjubiläum erscheinen können. Mein Dank geht an die Mitarbeiterinnen und Mitarbeiter des Stadtarchivs. Stellvertretend für alle nenne ich Gabriele Zell, Dr. Otto Dickau und Andreas Uecker. Auch die Mitarbeiterinnen und Mitarbeiter des Landesarchivs NRW Abt. Rheinland in Düsseldorf und Köln und des Rheinisch-Westfälischen Wirtschaftsarchivs Köln haben mit ihrer unterstützenden Arbeit großen Anteil am Entstehen des Stadtgeschichtsbuchs. Die Bebilderung unterstützten engagiert: der LVR, die OGM GmbH, die TMO GmbH, die STOAG, die katholische Pfarrei St. Marien, das Presseamt der Stadt Essen sowie die Bereiche der Stadt Oberhausen: Stadtkanzlei, Pressestelle/Virtuelles Rathaus, Umwelt, Stadtplanung, Vermessung und Kataster sowie Statistik und Wahlen. Für die Zusammenstellung der beeindruckenden und umfangreichen Bebilderung sorgte Ingo Dämgen. Die Interviews schrieb Simone Knura. Um die verlagstechnische Gesamtkoordination kümmerte sich Dr. Burkhard Beyer.

Ohne die finanzielle Unterstützung der Sparkassenbürgerstiftung gäbe es dieses aktuelle Stadtgeschichtsbuch nicht, dafür danke ich im Namen aller Leserinnen und Leser.

Mein letztes Dankeschön gilt den geschichtsinteressierten Oberhausener Bürgerinnen und Bürgern für die vielfältigen Anregungen zum Buchprojekt sowie den Familienangehörigen der Redaktionsgruppe und der Autorinnen und Autoren, die das Langzeitprojekt durch Geduld und Verständnis mitgetragen haben.

Klaus Wehling

Oberbürgermeister

Abkürzungen

555	Triple Five (World Tourist Center, 1986–1988)
Abt.	Abteilung
ACK	Arbeitsgemeinschaft Christlicher Kirchen
AEG	Allgemeine Elektrizitätsgesellschaft AG
AKC	Alstadener Kanu Club e.V.
AKW	Atomkraftwerk
APO	Außerparlamentarische Opposition
ATH	August Thyssen Hütte
BBA	Bergbauarchiv Bochum
BbodSchG	Bundes-Bodenschutz-Gesetz
BGB	Bürgerliches Gesetzbuch
Bibl.	Bibliothek
Bgm u Std	Bürgermeisterei und Stadt
BM	Bürgermeister
BUND	Bund Umwelt und Naturschutz Deutschland
BrD	Bundesrepublik Deutschland
CDU	Christlich Demokratische Union
CSU	Christlich Soziale Union (Schwesterpartei der CDU in Bayern)
DAF	Deutsche Arbeits-Front
DEA	Deutsche Erdöl AG, heute Beteiligung der RWE AG
DEFAKA	Deutsches Familien-Kaufhaus GmbH
ders.	derselbe
DGB	Deutscher Gewerkschaftsbund
DKP	Deutsche Kommunistische Partei
DM	Deutsche Mark
DOG	Deutsche Olympische Gesellschaft
DR	Deutsches Reich
DU	Duisburg
E	Essen
EAI	Euro Auctions Immobilien GmbH (Eigentümer des SWO-Geländes)
EDCs	Endocrine Disrupting Chemicals/Endocryne chemische Unterbrecher (von chem. Reaktionen)
eea	European Energy Award
EGC	Environmental Growth Chambers
EGO	Entwicklungsgesellschaft Oberhausen mbH
EKD	Evangelische Kirche Deutschlands
ENO	Entwicklungsgesellschaft Neu-Oberhausen mbH
E.O.	Eisenhütte Oberhausen (der GHH/HOAG/TNO)
EVO	Energieversorgung Oberhausen AG
FAUD	Freie Arbeiterunion Deutschlands, Anarchosyndikalisten

FDP	Freie Demokratische Partei
FFH	Flora-Fauna-Habitat
FIAPF	Fédération Internationale des Associations de Producteurs de Films (Internationale Vereinigung der Filmproduzenten)
FRIEDA	Frauen Initiative für dauerhafte Beschäftigung
FUNT	Frauen und neue Technologien (Projekt)
GA	Generalanzeiger (Tageszeitung)
GfK	Gesellschaft für Konsumforschung
GHH	Gutehoffnungshütte AG (1873–1986, seitdem MAN AG)
GMVA	Gemeinschaftsmüllverbrennungsanlage Niederrhein GmbH
GST	Gleichstellungsstelle
GStA	Geheimes Staatsarchiv Berlin
HA	Haniel-Archiv (heute Bestand im RWWA Köln)
HDTV	High Definition Television/Hochauflösendes Fernsehen
HDW	Howaldtswerke Deutsche Werft GmbH
HK	Handelskammer
HOAG	Hüttenwerke Oberhausen Aktiengesellschaft (1947–1971)
HStAD	Landesarchiv NW, Abt. Rheinland, vormals Hauptstaatsarchiv Düsseldorf
HWK	Handwerkskammer
IBA	Internationale Bau Ausstellung Emscher Park
IGM	Industriegewerkschaft Metall
IGS	Interessengemeinschaft Schmachtendorf
IHK	Industrie- und Handelskammer
IM	Innenminister (Preussens)
IOC	Internationales Olympisches Kommitte
JB	Jahresbericht
JEKI	Jedem Kind ein Instrument
JHH	Hüttengewerkschaft und Handlung Jacobi, Haniel und Huyssen (1810–1873)
KAB	Katholische Arbeitnehmerbewegung
K.In.O	Knappen Initiative Oberhausen
KIZ	Ökumenisches Kirchenzentrum (in der NMO)
KVR	Kommunalverband Ruhrgebiet (1975–2004)
KZ	Konzentrationslager
LANUV	Landesamt für Natur, Umwelt und Verbraucherschutz NW
LEG	Landesentwicklungsgesellschaft NW
LG NRW	Landschaftsgesetz NRW
LR	Landrat
LVR	Landschaftsverband Rheinland
MAGS	Ministerium für Arbeit, Gesundheit und Soziales NW
MAN	Maschinenfabrik Augsburg Nürnberg AG
MdB	Mitglied des Bundestags
MdL	Mitglied des Landtags
MdR	Mitglied des Reichstags
MH	Mülheim an der Ruhr

MKULNV		Ministerium für Kultur, Umwelt, Landschaft, Natur und Verbraucherschutz NW
MWO		Modellbahnwelt Oberhausen (an der Marina, NMO)
NABU		Naturschutzbund Deutschland
NATO		North Atlantic Treaty Organisation/Nord-Atlantik-Bündnis
NGCC		North German Coal Commission
NGISC		North German Iron and Steel Commission
NMO		Neue Mitte Oberhausen
N.O.		Walzwerk Neu-Oberhausen (der GHH/HOAG/TNO)
NOZ		Neue Oberhausener Zeitung
NRZ		Neue Ruhr Zeitung
NS		Nationalsozialismus
NSDAP		Nationalsozialistische Deutsche Arbeiterpartei
NSG		Naturschutzgebiet
NSV		Nationalsozialistische Volkswohlfart e.V.
NW		Nordrhein-Westfalen
OB		Oberhausen
OBM		Oberbürgermeister
OGM		Oberhausener Gebäudemanagement GmbH
OLGA		Oberhausener Landesgartenschau 1999
OP		Oberpräsident der Rheinprovinz
ÖPNV		Öffentlicher Personennahverkehr
OSV		Oberhausener Schachverein
OVG		Oberverwaltungsgericht (für Oberhausen in Münster)
OVZ		Oberhausener Volkszeitung
P & O		Peninsular & Oriental Steam Navigation Co. Ltd. (Britische Reederei)
RAG		Ruhrkohle Aktien Gesellschaft (heute Unternehmensbereich der evonik AG)
RFNP		Regionaler Flächennutzungsplan
RM		Reichsmark
RP		Regierungspräsident Düsseldorf
RTG		Ruhr Tourismus GmbH
RWO		FC Rot-Weiß Oberhausen e.V.
RVR		Regionalverband Ruhr (seit 2004)
RWWA		Rheinisch-Westfälisches Wirtschaftsarchiv Köln
s.		siehe
S.		Seite
SEI		AG für Eisenindustrie Styrum, gen. Styrumer Eisenindustrie
SPD		Sozialdemokratische Partei Deutschlands
SSB		Stadtsportbund
StdA		Stadtarchiv Oberhausen
STEK		Stadtentwicklungskonzept
STGB		Strafgesetzbuch
STIG		Sterkrader Interessengemeinschaft

STOAG	Stadtwerke Oberhausen AG
SVR	Siedlungsverband Ruhrkohlenbezirk (1920–1974)
SWO	Stahlwerk Oberhausen
TASi	Technische Anleitung Siedlungsabfall
TiP	Theater im Pott
TMO	Tourismus und Marketing Oberhausen GmbH
TN(O)	Thyssen Niederrhein AG (Oberhausen) (1971–1986)
TUSWO	Turn- und Sportwoche Oberhausen
TÜV	Technischer Überwachungsverein
TZU	Technologiezentrum Umweltschutz
UN	United Nations/Vereinte Nationen
UNESCO	United Nations Educational, Scientific and Cultural Organisation/ Weltkulturorganisation der UN
UNIKE	United Nations
VB	Verwaltungsbericht
VHS	Volkshochschule
VV	Verkehrsverein Oberhausen
VVN	Vereinigung der Verfolgten des Nationalsozialismus
VZ	Volkszählung
WAZ	Westdeutsche Allgemeine Zeitung
WBO	Wirtschaftsbetriebe Oberhausen GmbH
WDR	Westdeutscher Rundfunk
WFO	Wirtschaftsförderung Oberhausen GmbH
WHG	Wasserhaushaltsgesetz
W.O.	Walzwerk Oberhausen (der GHH/HOAG/TNO)
WTC	World Tourist Center (1986–1988)
Z.A.Q.	Zentrum für Ausbildung und Qualifizierung
ZDF	Zweites Deutsches Fernsehen
ZIM	Zukunftsinitiative Montanregionen NW
ZS	Zeitungsausschnittsammlung (Bestand im StdA)

Begriffserläuterungen

Adjustage (auch: Normaladjustage)
Einrichten einer Maschine, Einstellen eines Werkzeugs, Vorbereitung eines Werkstücks zur Bearbeitung durch das Einrichten einer Maschine, auch: Abteilung im Walzwerk, in der Bleche zugeschnitten, gerichtet, geprüft und versandfertig gemacht werden.

Agglomeratives Städtewachstum
Wachstum von Siedlungen von vielen, in Streulage befindlichen Siedlungskernen aus. Diese können in Ortsmitten oder auch in Industrieanlagen und geplant angelegten Wohngebieten bestehen.

Alteingesessene
Landwirtschaftliche Grundeigentümer bäuerlicher Siedlungen, die in den Gemeindeverordnetenversammlungen der Ruhrgebietsgemeinden zum Teil großen Einfluss ausübten und eine Haltung der Sparsamkeit und der Skepsis gegenüber dem starken, von Industrie und Arbeiterschaft getragenen Bevölkerungswachstum bewiesen. Viele Alteingesessene wurden wohlhabend durch Landverkäufe an die Industrie sowie eine anschließende unternehmerische Betätigung im Wohnungsbau und der Wohnungsvermietung.

Altlasten
Im Bundes-Bodenschutzgesetz (BBodSchG), das 1999 in Kraft trat, sind die Begriffe „Altlasten", „altlastverdächtige Flächen", „Verdachtsflächen" und „schädliche Bodenveranderungen" definiert. Bei Altlasten handelt es sich um Altablagerungen oder Altstandorte, durch die schädliche Bodenveränderungen oder sonstige Gefahren für den Einzelnen oder die Allgemeinheit hervorgerufen werden. Bei altlastverdächtigen Flächen handelt es sich um Altablagerungen oder Altstandorte, bei denen der Verdacht auf schädliche Bodenveränderungen oder sonstige Gefahren für den Einzelnen oder die Allgemeinheit besteht. Ein „Gefahrenverdacht" im Sinne des Ordnungsrechtes setzt Anhaltspunkte für das Vorliegen einer Gefahr voraus. Bevor von belastetem Boden eine Gefahr ausgehen kann, müssen drei Voraussetzungen gleichzeitig erfüllt sein. Erstens: Bodenbelastungen müssen vorhanden sein. Zweitens: Schadstoffe müssen sich ausbreiten können oder für Menschen zugänglich sein. Drittens: Die tatsachliche Nutzung auf der betroffenen Fläche muss „empfindlich" sein. Eine geplante Nutzung ist immer dann bei der Beurteilung einer Gefahr zu berücksichtigen, wenn sie nach Planungs- oder Baurecht zulässig ist. Wenn eine Gefahrenbeurteilung durch die Bodenschutzbehörde ergeben hat, dass von einer Flache kein Gefahrenverdacht (mehr) ausgeht, verliert sie den rechtlichen Status einer „Altlast" bzw. „altlastverdächtigen Flächen" oder erhalt ihn erst gar nicht. Diese Flache darf zwar gemäß dem Bodenschutzrecht in einem Kataster der Altlast-Verdachtsflächen und Verdachtsflächen weiter geführt werden, muss aber mit einer separaten Kennzeichnung versehen werden. Der Grund ist: Es kann ja sein, dass in Zukunft ein Investor ein Grundstuck auf diesem Areal bebauen, d. h. die bestehende als unbedenklich beurteilte Nutzung in eine empfindlichere Nutzung verändern mochte. In solchen Fallen kann ein unsachgemäßer Umgang mit belasteten Boden dazu fuhren, dass Gefahren z. B. für die künfti-

gen Nutzer des Grundstuckes entstehen. Die Flache – oder auch nur ein Teil davon, nämlich das Baugrundstuck – wäre demnach erneut als altlastverdächtige Flache zu kennzeichnen. Um die damit einhergehenden Risiken für die Bauherren und den bürokratischen Aufwand für die Verwaltung zu vermeiden, ist es notwendig, alle Flachen mit festgestellten oder vermuteten Bodenbelastungen als „Flachen mit Bodenbelastungsverdacht" zu registrieren. Dieser Begriff entstammt dem gemeinsamen „Altlastenerlass" der Umwelt- und Bauministerien und umschreibt alle diejenigen Flachen, bei denen „nicht die Unbedenklichkeit aller Nutzungen ausgeschlossen werden kann". Damit ist sichergestellt, dass die Bodenschutzbehörde immer dann beteiligt wird, wenn belastete Flachen überplant werden. Die Entstehung von Verdachtsflächen kann damit über Auflagen und Hinweise in der Baugenehmigung ausgeschlossen werden. Zwischen 1988 und 1999 waren die Begriffe „Altlasten" und „Altlastenverdachtsfläche" im Landesabfallgesetz NRW um eine rechtlich entscheidende Nuance anders definiert: Altlast-Verdachtsflächen" waren in NRW „Altablagerungen und Altstandorte, soweit ein hinreichender Verdacht besteht, das von ihnen eine Gefahr für die öffentliche Sicherheit oder Ordnung ausgeht oder künftig ausgehen kann". Diese Formulierung schloss etwaige künftige Entwicklungen wie z. B. Bauvorhaben mit ein, die zum Zeitpunkt der Erfassung noch nicht bekannt waren. Das 1999 in Kraft getretene BBodSchG enthält diese Formulierung nicht. Daher entsprechen „Altlastenverdachtsflächen" der vor 1999 gültigen Definition (wie auch in der Karte von 1989 dargestellt) rechtlich am ehesten den „Flachen mit Bodenbelastungsverdacht" in der nach 2005 gültigen Definition (wie in der Karte von 2011 dargestellt). „Altlastenverdachtsflächen" der vor 1999 gültigen Definition entsprechen daher nicht den „altlastenverdächtigen Flachen" der ab 1999 gültigen Definition. Aus der Zeit vor 1988 ist eine gesetzliche Definition des Begriffes „Altlasten", wie er z. B. in der Karte von 1983 verwendet wurde, nicht bekannt.

Alter Verband
Gewerkschaft vornehmlich der Metallarbeiter und Bergleute der sozialistischen Arbeiterbewegung im deutschen Kaiserreich

Anpassungsplanung, Auffangplanung und Lenkungsplanung
Anpassungsplanung, Auffangplanung und Entwicklungsplanung sind Stufen der Raumordnung. Während die Anpassungsplanung den Nachvollzug abgeschlossener Raumordnungsprozesse vollzieht, beschreibt die Auffangplanung den zeitparallelen Mitvollzug räumlicher Strukturveränderung. Die Entwicklungsplanung schließlich basiert auf der Analyse auf die Zukunft gerichteter Abläufe der Raumordnung und beansprucht deren lenkende Beeinflussung. Die moderne Stadtgeschichtsforschung unterscheidet auf dieser Grundlage zwischen Auffangplanung und Lenkungsplanung. Während die historische Auffangplanung Stadterweiterungen in Deutschland insbesondere seit dem ausgehenden 19. Jahrhundert beinhaltet und urbane Raumbildungsprozesse nach oder mit vollzog, zielt die Lenkungsplanung auf Stadterweiterungen zur Beeinflussung zukünftiger Stadtentwicklung durch die Gewinnung nutzungsfreier Reserveflächen.

Bauer(n)schaft
In Westfalen und am Niederrhein verbreitete, seit dem 11.Jahrhundert nachweisbare Organisationsform ländlicher Siedlungen, vorwiegend in Streusiedlungsgebieten.

Begichtung
Begichtung meint das Füllen eines Hochofens von oben. Die Gichtebene befindet sich an der Spitze des Ofens.

Blasform
Die Blasform ist eine besonders Art von Düse, mit deren Hilfe Luft in Hoch- oder Kupolöfen geblasen wird. Ihre Spitze besteht zumeist aus Kupfer und wird gegen das Schmelzen durch die Hitze des Ofens – zumeist mit Wasser – gekühlt.

Bramme
Eine Bramme ist ein Zwischenprodukt aus Stahl mit rechteckigem Querschnitt, das in Walzwerken zu Blechen oder Flachstahl ausgewalzt werden kann.

Bruttoinlandsprodukt
Das Bruttoinlandsprodukt ist hier definiert als die in Oberhausen erbrachte und zu Marktpreisen bewertete Bruttoleistung an produzierten Waren und an Dienstleistungen.

Christlicher Gewerkverein
Gewerkschaft der katholischen Arbeiterbewegung im deutschen Kaiserreich. Obgleich offiziell konfessionell neutral, schlossen sich die evangelischen Arbeiter weit überwiegend dem Alten Verband oder dem Hirsch-Dunckerschen Gewerkverein an.

Dekanat
Kirchliche Verwaltungseinheit innerhalb einer Diözese mit einem Dechanten oder Dekan als Vorsteher. Das Dekanat umfasst mehrere Pfarren.

Dreiklassenwahlrecht
Preußisches Wahlrechtsverfahren im Rahmen der rheinischen Städteordnung, gültig von 1856 bis 1918, zur Bestimmung der Gemeinde- und Stadtverordneten sowie der Kreistage, abgewandelt auch des preußischen Abgeordnetenhauses. Die Gesamtzahl der Wahlberechtigten – ab 1900 die Steuerpflichtigen mit einem Jahreseinkommen von mindestens 900 Mark – wurden in drei Personengruppen geteilt, die jeweils ein Drittel der Mandatsträger wählten. Die Wahlberechtigten wurden nach ihrer Steuerleistung den Personengruppen zugeordnet. Huerzu wurde das Steueraufkommen aus der „Classensteuer", der Lohn- und Einkommenssteuer auf natürliche Personen und Unternehmen sowie der Besteuerung von Kapitalgesellschaften in drei gleich große Beträge geteilt. Die Steuerpflichtigen mit den höchsten Zahlungen, die damit das erste Drittel des Steueraufkommens bestritten, wählten ein Drittel der Mandatsträger. Ebenso verhielt es sich mit den Steuerpflichtigen, die das „mittlere" Drittel an Steuerkraft bildeten sowie denjenigen, die das „untere" Drittel der Steuereinnahmen aufbrachten. So kam es vor, dass in den von wenigen Unternehmen der Großindustrie beherrschten Ruhrgebietsgemeinden nur einige wenige Personen und Unternehmen ein Drittel der Gemeinde- oder Stadtverordneten wählten.

Durchschlag
Untertägige Verbindung zwischen zwei Bergwerken.

EBIT
Abkürzung für „Earnings before interest and taxes", wörtlich übersetzt: „Gewinn vor Zinsen

und Steuern". EBIT ist eine Kennzahl, die über den betrieblichen Gewinn eines Unternehmens in einem bestimmten Zeitraum informiert und auch als operatives Ergebnis bezeichnet wird.

Eisenhütte
Betriebsstätte, vorrangig bestehend aus Hochöfen, zur Herstellung von Roheisen durch die Verhüttung von Eisenerz und von Koks aus Steinkohle

Eisenstraße
Verbindet die Angebote des LVR-Industriemuseums in Oberhausen zwischen der ehemaligen Zinkfabrik Altenberg und der Antony-Hütte über einen 19 Kilometer langen Rundkurs für Radfahrer und Fußgänger: Stationen sind z.B. Schwerindustrie, Museumsbahnsteig, Peter-Behrens-Bau, Eisenheim und St.Antony-Hütte.

Elektrostahlwerk
Durch das Einschmelzen von Stahlschrott im Lichtbogenofen wird neuer Stahl erzeugt.

Emek
Das Wort kommt aus dem Türkischen und bedeutet Einsatz, Fleiß

Emmission
Ausstoß von Schadstoffen in die Umwelt durch Produktions- oder Verbrennungsprozesse, in der Regel durch die (technischen) Verbraucher Industrie, Verkehr, Kraftwerke und private Haushalte

F.A.U.D.
Freie Arbeiter-Union Deutschlands Anarchosynsikalisten. In der Novemberrevolution und in der frühen Weimarer Republik einflussreiche Organisation der sozialistischen Arbeiterbewegung, die sich – in Absetzung von der USPD/KPD – für die Selbstorganisation der Arbeiterschaft und – in Absetzung von der SPD – für die Sozialisierung der Großindustrie sowie direkte Formen der Demokratie/die Räterepublik einsetzten.

Flora-Fauna-Habitat
Die Richtlinie 92/43/EWG oder Fauna-Flora-Habitat-Richtlinie der EWG, heute EU, ist eine Naturschutz-Richtlinie, die von den Mitgliedstaaten der EU im Jahre 1992 einstimmig beschlossen wurde. Sie dient gemeinsam mit der Vogelschutzrichtlinie im Wesentlichen der Umsetzung der Berner Konvention zum Artenschutz. Eines ihrer wesentlichen Instrumente ist ein zusammenhängendes Netz von Schutzgebieten, das Natura 2000 genannt wird. In den Jahren 1994 und 2003 haben weitere Mitgliedstaaten der EU die Richtlinie anerkannt.

Förderturm, Fördergerüst
Markantestes Bauwerk eines Bergwerkes, das über dem Schacht einer Tiefbauzeche errichtet wird, um per Seilfahrt Lasten im Schacht vertikal zu transportieren.

Freie Gewerkschaften
Bis 1933 die im Freien Deutschen Gewerkschaftsbund (FDGB) zusammengeschlossenen Gewerkschaften mit sozialdemokratischer oder sozialistischer Ausrichtung.

Friedland
Grenzdurchgangslager, Niedersächsisches Zentrum für Integration. Die Geschichte des Lagers kann nachgelesen werden auf: http://www.grenzdurchgangslager-friedland.niedersachsen.de.

Fristenlösung
Gesetzliche Freigabe eines Schwangerschaftsabbruchs innerhalb der ersten drei Monate einer Schwangerschaft

Frohschargruppe
Mädchengruppe in Kinder- und Jugendorganisationen der katholischen Kirche

Gemarkung
Feldmark der Gemeindeflur, auch das Gebiet einer Gemeinde.

Gichtgas
Gichtgas ist das im Hochofenprozess bei der Erzeugung von Roheisen entstehende Gas. Es entweicht am oberen Ende des Hochofens (Gicht). Seit Mitte des 19. Jahrhunderts wird das Gichtgas abgefangen und zumeist in technischen Prozessen als Brennstoff eingesetzt.

Hauer
Facharbeiter für unterschiedliche Arbeiten unter Tage

Hellwegstadt
Die am mittelalterlichen Hellweg gelegenen Städte Mülheim, Essen, Bochum, Dortmund, ergänzt um Duisburg an der Ruhrmündung. Während der Industrialisierung und Urbanisierung des Ruhrgebietes von ca. 1850 bis 1950 erlangte sie aufgrund ihres städtischen Entwicklungsvorsprungs gegenüber dem dörflichen oder industriestädtischen Umland das höchste Maß an Urbanität, städtischer Infrastruktur und Lebensqualität.

Hirsch-Dunkerscher Gewerkverein
Im deutschen Kaiserreich Gewerkschaft vornehmlich der Beschäftigten in der Eisen- und Stahlindustrie, weniger im Bergbau, sowie in der verarbeitenden Industrie, der sich als sogenannte „gelbe" Gewerkschaft zu wirtschaftsfriedlichem Verhalten, d.h. zur Interessenvertretung ihrer Mitglieder unter Verzicht auf Streiks verpflichtete. Der Hirsch-Dunckersche Gewerkverein wurde als einzige Gewerkschaft von den Unternehmen der Ruhrindustrie als Gesprächspartner und legitime Vertretung der Arbeiterschaft anerkannt. Erst das Gesetz zum vaterländischen Hilfsdienst 1916 brachte den übrigen Gewerkschaften eine gesetzliche und die tatsächliche Anerkennung durch die Ruhrwirtschaft.

Hochindustrialisierung
Epoche der Wirtschaftsgeschichte, in der die Industrie zum prägenden (sekundären) Sektor der gesamtwirtschaftlichen Struktur wurde – gegenüber dem primären Sektor (Land- und Fortwirtschaft) und dem tertiären Sektor (Dienstleistungen und nicht produzierendes Handwerk). Für Deutschland gilt die Zeit von 1894 bis 1914 als Zeit der Hochindustrialisierung. Für Oberhausen und das Ruhrgebiet wird bereits das Jahr 1850 als Beginn der ebenfalls bis 1914 fortdauernden Hochindustrialisierung angesehen.

Hochofen
Im Hochofen wird aus Eisenerzen flüssiges Roheisen erzeugt.

Hochofengestell
Mit Hochofengestell bezeichnet man die innere Ausmauerung eines Hochofens mit Feuerfeststeinen. Sie musste in der Frühzeit der Hüttentechnik für jede Hüttenkampagne neu erfolgen. Heute kann eine solche Ausmauerung mehrere Jahrzehnte halten.

Immission
Auf den Menschen einwirkende Schadstoffe

Indikationsmodell
Gesetzliche Freigabe eines Schwangerschaftsabbruchs aus bestimmten medizinischen oder auch sozialen Gründen

Industriedorf
Als Industriedorf bezeichnet die Stadtgeschichtsschreibung Dörfer und Bürgermeistereien, die in der zweiten Hälfte des 19. Jahrhunderts von stürmischer Industrialisierung und schnellem Bevölkerungswachstum erfasst wurden (Detlev Vonde). Die Industriedörfer erwiesen sich meist als überfordert, die Finanzen zur Herstellung technischer, sozialer und kultureller Infrastrukturen aufzubringen und Urbanität zu entfalten. Im Zuge der urbanen Raumbildungsprozesse in der Region wurden die Industriedörfer in benachbarte Städte eingemeindet.

Industriestadt
Im Ruhrgebiet entstand im Zuge der Hochindustrialisierung seit 1850 die Industriestadt als neuer Stadttyp, der sich ohne ältere Siedlungsstrukturen bildete (Oberhausen und Gelsenkirchen). Die Industriestadt bildete funktional – über Infrastrukturen und Citybildung – sowie städtebaulich Urbanität und Zentralörtlichkeit aus. Im Gegensatz zu Industriedörfern verfügten Industriestädte über eine Konzern bildende Großindustrie mit wachsender Angestelltenschaft sowie über eine ebenso ehrgeizige wie erfolgreiche Stadtverwaltung zur Planung und Umsetzung von Stadtwerdung. Gegenüber der Hellwegstadt wiesen Industriestädte einen zeitlichen und funktionalen Entwicklungsrückstand auf, da sie über ein nur schmaleres Bürgertum und damit verknüpft einen kleineren Dienstleistungssektor verfügten. Auch bildeten sie geringere Zentralität aus, da sie durch Eingemeindungen vorrangig um ihre raumbildenden Konzerne nach Norden statt um ihre Innenstädte wuchsen.

Infrastruktur
Der Begriff der Infrastruktur fasst alle technischen, sozialen und kulturellen Voraussetzungen für eine moderne Stadtgesellschaft zusammen. Dazu zählen insbesondere Einrichtungen des Verkehrs, der Ver- und Entsorgung, der Gesundheit, der Bildung, der sozialen Angebote für unterprivilegierte oder gesellschaftspolitisch als förderwürdig beurteilte Bevölkerungsgruppen. Infrastrukturen werden in der Tradition des europäischen Wohlfahrtsstaates von der öffentlichen Hand entweder selbst wirtschaftlich betrieben oder durch ordnungspolitische Rahmensetzungen in privater Trägerschaft gestaltend beeinflusst. Die kommunale Leistungsverwaltung der großen Städte trug im 19. Jahrhundert und bis 1914 die Ausbildung von Infrastrukturen in Deutschland.

Jom-Kippur-Krieg
Der Jom-Kippur-Krieg vom 6. bis 26. Oktober 1973 war der vierte Nahostkrieg zwischen Israel und seinen arabischen Nachbarn, der am jüdischen Feiertag Jom-Kippur (daher der Name!) begann. Nach Anfangserfolgen Ägyptens und Syriens stießen die israelischen Streitkräfte weit auf ägyptisches und syrisches Gebiet vor, ehe ein Waffenstillstand vereinbart wurde. Anders als bei früheren Kriegen in dieser Region haben die Erdöl exportierenden Staaten des Nahen Ostens gezielt ihre Ölfördermengen gedrosselt, um die westlichen Staaten wegen ihrer Unterstutzung Israels unter Druck zu setzen. Dies hat die Abhängigkeit der Industriestaaten vom Öl verdeutlicht, so dass der Jom-Kippur-Krieg einen Wendepunkt im Umgang mit nicht erneuerbaren Rohstoffen markiert.

Katholisches Milieu
Die Gesamtheit der gesellschaftlichen (Familie) und organisatorischen (Kirche, Schule, Vereinswesen, Zentrumspartei) Institutionen der katholischen Bevölkerung etwa von der Mitte des 19. bis ins dritte Viertel des 20. Jahrhundert, das zu einer engen Vernetzung und starken Bindung der katholischen Bevölkerung – die in Oberhausen die Bevölkerungsmehrheit stellte – an die katholische Kirche und an die Zentrumspartei als Organisation des politischen Katholizismus führte.

Karbon
Erdschicht des Paläozoikums mit Sumpfwäldern, aus denen die Kohle entstand.

Kaue
Dusch- und Umkleidehalle der Bergleute

Koks
Koks ist ein poröser, stark kohlenstoffhaltiger Brennstoff. Er wird in Kokereien aus aschearmer Fettkohle (Braun- oder Steinkohle) unter Wärmezufuhr erzeugt, um einen Sauerstoffabschluss (Pyrolyse) herbeizuführen. Der störende Schwefel wird bei stark schwefelhaltiger Kohle abgetrennt. Bei der Verkokung von Kohle entstehen Pyrolysegase (Kokerei-Rohgas), Pyrolysekoks und kondensierbare Bestandteile (Wasser, Teer, Schwefel). Koks aus Kohle wird insbesondere als Brennstoff und als Reduktionsmittel bei der Eisenproduktion in Hochöfen eingesetzt. Steinkohle selbst ist dazu nicht geeignet, da bei ihrer Verbrennung zu viel Schwefel, Ruß und Rauch frei werden. Dies verunreinigt einerseits das gewonnene Eisen und führt außerdem zu einer relativ porösen Kohleschicht im Hochofen, die unter der Last darüberliegender Schichten schnell bricht und daher zu ungünstigen Vermischungen führt.

Kommunität (Kirche)
Kommunitäten sind in der Kirche besondere Gemeinschaften neben den Ortsgemeinden.

Koreakrieg:
Begann am 25.06.1950 mit dem Überfall Nordkoreas auf Südkorea und dauerte bis zum Waffenstillstandsabkommen von Panmunjoem am 27.07.1953. Bis heute gibt es keinen Friedensvertrag. Die Kampfhandlungen wurden auf der Seite von Nordkorea (Demokratische Volksrepublik Korea) durch die Volksrepublik China unterstützt, während Südkorea (Republik Korea) Unterstützung durch UNO-Truppen (insbesondere durch die USA) erhielt.

Kostgänger (Schlafgänger)
Kostgänger, auch Schlafgänger genannt, waren meist Arbeiter, die in einem Arbeiterhaushalt gegen Bezahlung verpflegt wurden. Schlafgänger mieteten ein Bett für die Zeit, in der der Vermieter es nicht benötigte, oft beim Wechsel von der Tag- zur Nachtschicht oder umgekehrt.

Kulturkampf
Auseinandersetzung der deutschen Reichsregierung unter Kanzler Otto von Bismarck mit der katholischen Kirche insbesondere in den beiden westlichen Provinzen Preußens (Rheinland und Westfalen) von 1872 bis 1878. Kurz nach der Bildung des zweiten Deutschen Reiches 1871 ergriff die preußische Staatsregierung, in Personalunion der Ämter des Ministerpräsidenten und des Reichskanzlers mit der Reichsregierung verbunden, seit 1872 Maßnahmen zur Einschränkung der religiösen und kulturellen Entfaltung der katholischen Bevölkerung. im Mittelpunkt stand die Zurückdrängung konfessioneller Schulen und die Behinderung der Zentrumspartei. Mit Verabschiedung der Sozialistengesetze 1878 endete der Kulturkampf durch Beendigung der Repressionen für die preußische Staats- wie für die Reichsregierung erfolglos, da von nun an die sozialistische Arbeiterbewegung im Mittelpunkt der gesellschaftspolitischen Auseinandersetzungen im kaiserlichen Deutschland stand und fortan der politische Katholizismus im Zentrum für die Integration in den neuen Staat gewonnen werden sollte.

Kupolofen
Der Kupolofen, auch Cupolo genannt, ist ein Ofen zum erneuten Einschmelzen von Roh- und Gusseisen und damit auch von Fehlgüssen und Eisenschrott. Ein Kupolofen ist kleiner als ein Hochofen und ermöglicht die Schmelze kleinerer Chargen Eisen mit Hilfe von Holzkohle oder Koks. John Wilkinson verbreitete dieses Umschmelzverfahren in England, nachdem er 1794 – jedoch ohne der Erfinder dieses Ofentyps gewesen zu sein – hierauf ein Patent erhalten hatte. Der erste deutsche Kupolofen stand in Oberschlesien; der zweite dürfte der auf der St. Antony-Hütte kurz vor 1800 errichtete Ofen gewesen sein.

Kurbel
Katholisches Jugendwerk Oberhausen GmbH (http://die-kurbel-oberhausen.de)

Leichtlohngruppen
Lohngruppen im untersten Tarifsatz für sogenannte „leichtere" Arbeiten in Produktion wie Dienstleistungen. In der Praxis waren ab Mitte der 1950er Jahre überwiegend Frauen in Leichtlohngruppen beschäftigt.

Leistungsverwaltung
Leistungsverwaltung oder kommunale Leistungsverwaltung bezeichnet die starke Expansion der deutschen Kommunen im Zeitalter der Industrialisierung insbesondere von 1850 bis 1914 durch den Aufbau insbesondere technischer Infrastrukturen, aber auch sozialer und kultureller Einrichtungen sowie durch die Zunahme steuernder Verwaltungstätigkeit, wie der Stadtplanung, der Wohnungsbau- und der Wirtschaftsförderung.

Missfits
Frauenkabarettduo aus Oberhausen, 1985 bis 2005, bestehend aus Stephanie Überall und Gerburg Jahnke

Modal Split
Modal Split bezeichnet die Anteile der Verkehrsmittelnutzungen (z.B. Kfz, ÖPNV, Fahrrad, zu Fuß) am Personenverkehr.

Moderamen
In den reformierten Kirchen der von der Synode gewählte, zur Erledigung der laufenden Angelegenheiten zwischen den Synodaltagungen bevollmächtigte Synodalausschuss.

Montanindustrie
Sammelbegriff für Betriebe des Kohlenbergbaus sowie der Eisen- und Stahlindustrie.

Munizipalsozialismus
Munizipalsozialismus bezeichnet insbesondere von 1850 bis 1933 das Bestreben von Kommunalverwaltungen, Infrastruktureinrichtungen (wie Elektrizitäts- und Wasserwerke, Müllabfuhr, Straßenreinigung) zum Wohle aller Einwohner staatlich zu kontrollieren. Im Zuge der Ausbreitung kommunaler Leistungsverwaltung kommt der Begriff des Munizipalsozialismus auf, der von konservativer und rechtsliberaler Seite zuweilen diffamierend angewandt wird, um insbesondere den kommunalen Verwaltungsspitzen Übereifer bei der öffentlichen Steuerung und Eingrenzung der Folgen der Industrialisierung vorzuhalten. Der Deutsche Verein für Sozialpolitiker, indem Hochschullehrer und kommunale Spitzenbeamte engagiert sind, verwendet den Begriff in bewusster Abgrenzung von der sozialistischen Arbeiterbewegung als Anspruch des modernen bürgerlichen Staates auf die Fähigkeit zur Bewältigung der ungewollten negativen Auswirkungen der Industriegesellschaft und des Städtewachstums.

Mutung
Die Mutung ist das Gesuch einer Privatperson oder eines Unternehmens auf Verleihung von Bergwerkseigentum. Der Interessent wendet sich an seinen Landesherrn und lässt sich zur Genehmigung der Suche des Minerals einen Mutschein ausstellen. Um vom Landesherrn tatsächlich mit dem Bergwerk belehnt, also verliehen, zu werden, muss die Fündigkeit, das meint das Vorhandensein des gesuchten Bodenschatzes, nachgewiesen werden.

Nationalliberale Partei
Partei des liberalen Bürgertums, die gemeinsam mit den Konservativen im Deutschen Kaiserreich das Bismarcksche Regierungssystem und die nachfolgenden Kabinette trug. Sie bildete sich nach dem preußischen Verfassungskonflikt um das Recht des Parlaments zur Beschlussfassung auch über das Militärbudgets (1861-1866) und den Einigungskriegen Preußens gegen Österreich 1866 und Frankreich 1870/71. Im Ruhrgebiet bündelte die Nationalliberale Partei die Interessen der vornehmlich vom protestantischen Bürgertum geleiteten Großindustrie, das protestantische Klein- und Mittelbürgertum sowie die protestantische Arbeiterschaft, soweit sie nicht sozialistisch orientiert war und SPD wählte.

Neue Heimat
Die Neue Heimat war das Wohnungsunternehmen des Deutschen Gewerkschaftsbundes (DGB) in der Bundesrepublik Deutschland von 1952 bis 1988, bis es im Zuge von Vorgängen der Untreue aufgelöst und seine Bestände veräußert wurden.

Ölkrisen
Als krisenhaft empfundene drastische Steigerungen des Ölpreises, die durch plötzliche Reduzierung der Öllieferungen aus den Fordergebieten ausgelost werden und die in den Industriestaaten eine spürbare wirtschaftliche Rezession zur Folge haben. Im Allgemeinen unterscheidet man zwischen der „Ersten Ölkrise", die im Herbst 1973 durch den Jom-Kippur-Krieg zwischen Israel und seinen arabischen Nachbarstaaten Syrien, Jordanien und Ägypten (6. bis 26. Oktober 1973) ausgelost wurde, und der „Zweiten Ölkrise", die 1979/80 durch die Islamische Revolution im Iran und den anschließenden Iranisch-Irakischen Krieg ausgelost wurde.

Oxo-Synthese
Die Oxo-Synthese, auch Hydroformylierung (seltener Roelen-Synthese) ist eine technisch bedeutende, homogen katalysierte Reaktion von Olefinen mit Synthesegas zur Herstellung aliphatischer Aldehyde. Als Hydroformylierungs-Katalysatoren verwendet die chemische Industrie metallorganische Cobalt- oder Rhodiumverbindungen. Die primär entstehenden Aldehyde werden meist zu Alkoholen hydriert, die als Weichmacher, Tensidrohstoff und als Lösungsmittel dienen oder zu Polymeren weiterverarbeitet werden. Die Gesamtkapazität für durch Oxosynthese hergestellten Sauerstoffverbindungen betrug in den 1990er Jahren etwa sieben Millionen Tonnen pro Jahr.

§ 62er-Biotop
Zur Bewahrung von Naturräumen und Artenvielfalt wurden seltene und naturnahe Lebensraume unter generellen Schutz gestellt. Die Rahmenvorschrift des § 30 Bundesnaturschutzgesetz (BNatschG) wurde in Nordrhein-Westfalen im § 62 Landschaftsgesetz NRW (LG NW) konkretisiert. Darin ist festgelegt, dass verschiedene Biotoptypen (z. B. Moore, Quellbereiche, Auenwälder, Trockenrasen u. a.) durch ihre Ausprägung einen Schutzstatus erlangen.

Pochwerk
Ein Pochwerk dient der Zerkleinerung von Materialien. Es wird zumeist von Wasserrädern angetrieben. Eine Schlackenpoche zum Beispiel zerkleinert die aus dem Hoch- oder Kupolofen stammende Schlacke, um einerseits in der Schlacke noch vorhandene Reste von Eisen zurück gewinnen und andererseits die Schlacke für andere Nutzungen verwenden zu können.

Polenpartei
Im deutschen Kaiserreich bildete sich zur Vertretung der politischen Interessen der vorrangig deutschen, z.T. auch österreichisch-ungarischen (Galizien) sowie russischen (Sog. Kongress-Polen) Staatsbürger polnischer Sprachzugehörigkeit die Polenpartei. Durch die in den 1890er Jahren im Zuge der Expansion und Nordwanderung des Steinkohlenbergbaus über die Emscher einsetzende starke Ausweitung der Zechenbelegschaften warben die Unternehmen verstärkt Arbeitskräfte in den polnischsprachigen Gebieten der preußischen Provinzen Ost- und Westpreußen, Posen und Schlesien an. Bis zu 30 % der Bevölkerung der Ruhrgebietsgemeinden waren polnischer Sprachzugehörigkeit.

Polnischer Gewerkverein
Gewerkschaftliche Vertretung der polnisch-sprachigen Arbeiterschaft

Propsteikirche
Hauptkirche im Amtsbezirk eines Propstes.

Rektorat
Selbständiger Seelsorgesprengel, der keine kanonische Pfarre ist, oft Zwischenschritt zur selbständigen Pfarre; auch Filialkirche genannt.

(Gemeinde-) Rektoratsschule
Eine Mittelschule, die Schüler auf den Besuch einer höheren Lehranstalt vorbereitet. Das Zeugnis einer Rektoratsschule berechtigte zum Eintritt in die höhere Schule.

Schacht
Senkrechter Grubenbau im Bergbau.

Schlafgänger
Siehe Kostgänger.

Schlagende Wetter
Explosives Gasgemisch, das untertage aus Kohlenschichten ausströmen und verheerende Grubenunglücke auslösen kann.

Schlepper
Anfängertätigkeit unter Tage, Hilfsarbeiter im untertägigen Bergbau

Sequentiell-multitemporale Datenauswertung
Die Sequentiell-multitemporale Datenauswertung ist ein Verfahren zur Auswertung aufeinander abfolgender („sequentieller") Quellen über mehrere Zeitschnitte („multi-temporal"). Zu den wesentlichen Quellen gehören – in Abhängigkeit vom zu untersuchenden Zeitraum und/oder der Branche – z. B. verschiedene Kartenausgaben, Befliegungsjahrgänge von Luftbildern, unterschiedliche Auflagen von Adressbüchern, Archivalien und andere Informationen, um die Nutzungsgeschichte eines vorgegebenen Gebietes (einer Stadt, eines Stadtteils, einer Werksanlage o. a.) möglichst lückenlos zu rekonstruieren. Die verschiedenen Quellen haben für verschiedene Epochen und für verschiedene Branchen unterschiedliche Bedeutung: Um raumzeitliche Entwicklungen vor etwa 1925 zu erheben, sind z. B. Luftbilder nicht geeignet, weil für das heutige Oberhausener Stadtgebiet Luftbilder aus der Zeit vor 1925 nicht flächendeckend vorliegen. Für die Zeit vor etwa 1925 sind daher andere Quellen auszuwerten. Die Datensammlungen dienen der Entscheidungsfindung: Bei einem großräumigen Untersuchungsgebiet werden Grundlagen für das weitere Verwaltungshandeln erhoben (Bauleitplanung, Baugenehmigungs- und Verfahren nach dem Bundes-Immissionsschutzgesetz – BImSchG, Fachplanungen, kommunaler Grundstucksverkehr, Auskunftserteilung nach Umweltinformationsrecht etc.). Bei kleinräumigen Untersuchungen z. B. einer Altablagerung oder eines Altstandortes werden die Informationen für eine ordnungsbehördliche Risikobeurteilung und, falls erforderlich, für eine Optimierung der Geländearbeiten (Sondier-, Bohr- und Probentnahmeansatzpunkte etc.) benötigt.

Seilfahrt
Ein- und Ausfahrt von Bergleuten und Material durch den Schacht nach und von untertage.

Siemens-Martin-Verfahren
Ein seit Mitte der 1980er Jahre nur noch in wenigen Ländern angewandtes Verfahren zur Reinigung von Roheisen, um daraus Stahl zu gewinnen.

Sohle
Im Bergbau ausgehend vom Schacht angesetzte Streckenführung, um die untertägigen Grubenbaue aufzufahren.

Soziale Segregation
Nach sozialen Gruppen differenzierte Bildung von Wohnvierteln. Preise und Qualitätsniveaus für wohnen unterscheiden sich in sozial segregierten Wohnvierteln z.T. stark.

Stahl
Als Stahl bezeichnet man metallische Legierungen, deren Hauptbestandteil Eisen ist und deren Kohlenstoffgehalt weniger als 2,06 % beträgt. Der Unterschied zu Eisen besteht darin, dass unerwünschte Stoffe für die Bearbeitung (insbesondere Kohlenstoff, Silicium, Mangan, Schwefel und Phosphor) weitgehend entfernt werden. Die Eigenschaften von Stahl sind insbesondere Festigkeit, geringe Korrosion, Verformbarkeit, Schweißeignung. Stahl bildete in der Industrialisierung im 19. Jahrhundert den zentralen Grundstoff der Industrie, bis Kunststoffe seit Mitte des 20. Jahrhunderts stark an Bedeutung gewannen.

Stahlwerk
Betriebsstätte zur Verarbeitung von Roheisen zu Stahl

STAUN
Station Umwelt und Naturschutz der Umweltverbände in Oberhausen, heute im Haus Ripshorst

Steiger
Aufsichtsperson im Bergbau

Steinkohlengas (Kokereigas, Zechengas)
Durch Erhitzung von Steinkohlen unter Luftabschluss in Kokereien oder Gaswerken wurde das in den Kohlen enthaltene flüchtige Gas zur weiteren Verwendung gewonnen. Das Gas wurde in technischen Prozessen oder als Stadtgas zur Versorgung der ansässigen Bevölkerung eingesetzt. Kokereien befanden sich zumeist auf den Zechen oder auf den Hüttenwerken, die den im Prozess entstehenden Koks im Hochofenprozess verwendeten.

Strukturwandel
Grundlegende Veränderung der Wirtschaftsstruktur mit einer Schwerpunktverlagerung von der industriellen Produktionsweise (sekundärer Sektor der Volkswirtschaft) hin zur Dienstleistungs- und Wissensgesellschaft. Der Strukturwandel in Oberhausen vollzog sich über das gesamte 20. Jahrhundert mit einer Erhöhung des Dienstleistungsanteils an der Wertschöpfung in der Stadt von ca. 8 % um 1900 über ca. 30 % 1955 bis zu 79 % 2010.

Tertiärisierung
Vorgang des fortschreitenden Bedeutungszuwachses des tertiären Sektors (Dienstleistungen und nicht produzierendes Handwerk) in der Wirtschaftsstruktur einer Volkswirtschaft oder Gebietseinheit. Oberhausen 2012: 79 % III. Sektor, 21 % II. Sektor, I. Sektor unbedeutend.

Teufe (Abteufen)
Im Bergbau Tiefe eines Schachtes bzw. das Niederbringen eines Schachtes.

Thomas-Verfahren
Das Thomas-Verfahren oder vollständig Thomas-Gilchrist-Verfahren bezeichnet ein Verfahren zur Stahl-Erzeugung und wurde nach den britischen Metallurgen Sidney Thomas (1850–1885) und Percy Carlyle Gilchrist (1851–1935) benannt. Der so erstellte Stahl wird als Thomasstahl bezeichnet. Das Thomas-Verfahren war ein so genanntes Blas- oder Windfrischverfahren, bei dem durch Bodendüsen des Konverters, der Thomas-Birne, Luft in das flüssige Roheisen geblasen wurde. Die Thomas-Birne war mit einer basisch wirkenden Dolomitstein- oder Dolomit-Teer-Mischung ausgemauert und eignete sich vor allem für das Verarbeiten phosphorreichen Eisens. Thomasstahl diente der Fertigung von Schienen, Profileisen und Blechen. Fast alle Stahlkonstruktionen der 1950er- bis 1970er-Jahre sind aus diesem Stahl gebaut.

Urbanisierung/Verstädterung
Urbanisierung und Verstädterung bezeichnen den mit der Industrialisierung in Deutschland und Europa im 19. Jahrhundert stark beschleunigten Prozess der Bildung und des Wachstums von Städten und ihrer Entwicklung zur dominierenden Siedlungsform. Während Verstädterung verstärkt auf das quantitative Wachstum abhebt, stellt Urbanisierung den qualitativen Prozess der Herausbildung städtischer Infrastrukturen, Zentralität und städtischer Lebensqualität heraus.

Urbanität
Urbanität, abgeleitet von lateinisch urbs: Stadt, umschreibt in ihrer ursprünglichen Bedeutung Ideale wie Bildung, Weltläufigkeit, feines Wesen und Höflichkeit. Urbanität bezeichnet im modernen Sprachgebrauch einen Zustand hoher Lebensqualität als Eigenschaft einer Stadt, die durch sämtliche infrastrukturellen Einrichtungen und sonstigen Merkmale der Stadt herbeigeführt wird.

Verfüllen
Füllen eines nicht mehr benötigten Schachtes im Bergbau.

Walzwerk
Betriebsstätte zur Verarbeitung von Stahl durch den Vorgang des Walzens von Brammen zu Blech- und Draht-Produkten

Wetterschacht
Schacht eines Bergwerks zur Zuführung von Frischluft in die Grubenbaue untertage.

Wirtschaftssektoren
Nach der damals gültigen Klassifikation der Wirtschaftszweige zählten zum primären Sektor Land- und Forstwirtschaft, Energie- und Wasserversorgung und der Bergbau. Der sekundäre Sektor umfasste das Verarbeitende Gewerbe und das Baugewerbe. Im tertiären Sektor wurden der Handel, Verkehr und Nachrichtenübermittlung, Kreditinstitute und Versicherungen, Dienstleistungen von Unternehmen, Organisationen ohne Erwerbscharakter sowie Gebietskörperschaften und Sozialversicherung zusammengefasst.

Wirtschaftswunder

Das hohe Wachstum der Wirtschaftsleistung in der Bundesrepublik Deutschland von 1951 bis 1972 wird als das „deutsche Wirtschaftswunder bezeichnet". Die Wachstumsraten des Sozialprodukts betrugen in der Regel zwischen 6 und 9,7 % jährlich. Gunstfaktoren dieser Entwicklung waren die Rekonstruktion – sprich der Nachholbedarf – nach den Schäden des Zweiten Weltkriegs, die hohe Wettbewerbsfähigkeit der bundesdeutschen Volkswirtschaft sowie die Expansion des Welthandels vom Beginn des sog. Koreabooms zu Beginn des Korea-Krieges (1950 bis 1953) bis zur ersten Nachkriegskonjunkturkrise im Jahr 1967 und darüber hinaus bis zur ersten Ölkrise 1973.

Zentrumspartei

Gestärkt vom „Kulturkampf" der Bismarckschen Reichsregierung gegen das katholische kulturelle Milieu insbesondere im Rheinland (1873 bis 1877) entwickelte sich das Zentrum zur ersten Volkspartei der deutschen Parteiengeschichte. In der Zentrumspartei sammelten sich die auch durch katholische Gewerkschaften organisierte Arbeiterschaft und das katholische Bürgertum der Gewerbetreibenden wie der Angestellten und Beamten.

Nach Gründung der CDU 1946 verlor die Zentrumspartei in der jungen Bundesrepublik während der 1950er Jahre ihre Bedeutung als katholische Volkspartei. Während sich ihre Wähler, Mitglieder und Politiker im Rheinland meist der CDU zuwandten, erlangte im Ruhrgebiet auch die SPD eine hohe Attraktivität für diese Personengruppe. Dies begünstigte den Aufstieg der SPD zur Mehrheitspartei in den Großstädten des Ruhrgebiets seit 1960.

Zweites Vatikanisches Konzil (Vatikanum)

1962 einberufen von Papst Johannes XXIII., beendet von seinem Nachfolger Papast Paul VI., beschließt das Konzil vielfältige Reformen zur Heranführung der Katholischen Kirche an die Prozesse der gesellschaftlichen Modernisierung im 20. Jahrhundert. Signifikantester Ausdruck ist fortan die Lesung der Messe in der jeweilgen Landessprache an Stelle des bis dahin gültigen Latein als universal praktizierter Kirchensprache.

Anmerkungen

Anmerkungen zu den Seiten 17–52:
„Wirtschaftswunderjahre – die Stadt Oberhausen zwischen 1955 und 1970"
von Peter Langer

1   Für die Sichtung des umfangreichen Pressematerials bin ich Ingo Mersmann zu Dank verpflichtet. P. L:
2   GA 09./10.10.1965
3   Ebenda
4   GA 19.10.1955
5   „Doppelehe – tragisches Nachkriegsproblem": GA 07./08.07.1962
6   GA 22.03.1955
7   Beide Zitate in Schlagzeile: GA 31.01.1956
8   GA 29./30.03. und 10./11.05.1958
9   GA 02.02.1956
10 GA 14.01.1957, vgl. 29.11.1955
11 GA 05./06.10.1957
12 GA 22./23.10.1955
13 GA 24./25.03.1956
14 GA 08./09.03.1958
15 GA 06.06.1957
16 GA 27./28.06.1959
17 GA 10.10.1957
18 GA 10.06.1958 und 05.03.1959
19 GA 21./22.09.1957
20 GA 05./06.02.1955
21 GA 05./06.12.1959
22 GA 09.02.1960
23 GA 15.11.1962
24 GA 31.08.1960
25 GA 05.09.1958
26 GA 02.04.1959
27 Babcock: GA 02.10.1958, GHH: GA 14.01.1959, HOAG: GA 14./15.02.1959, Ruhrchemie: GA 19.02.1959.
28 GA 28.02./01.03.1959
29 GA 13.08. und 09.12.1959
30 GA 10./11.10.1959
31 Luise Albertz: GA 21.10.1958; Schmitz ähnlich: GA 24.,25./26. und 29.10.1958
32 Hans Ulrich Wehler, Deutsche Gesellschaftsgeschichte. Fünfter Band. Bundesrepublik und DDR 1949–1990, München 2008, S. 35.
33 Johannes Bähr, Ralf Banken, Thomas Flemming, Die MAN. Eine deutsche Industriegeschichte, München, 2008, S. 352 und 353.
34 Diese Darstellung folgt in groben Zügen Johannes Bähr, Kapitel 7 in: Bähr/Banken/Flemming, MAN, S. 340–356.
35 GA 12., 14. und 15./16.01.1955; vgl. Abenteuer Industriestadt. Oberhausen 1874–1999, Oberhausen, 1999, (im Folgenden: „Chronik") , S. 308
36 Schlagzeile GA 07.07.1955.
37 GA 28.07.1955
38 GA 19.10.1955
39 GA 16.01.1956; Chronik S. 311.
40 Chronik S. 310
41 GA 08.06. und 07.12.1956
42 GA 11.01.1957
43 GA 26./27.10.1957
44 GA 20. und 21.05.1958
45 GA 10.09.1956; vgl. Chronik, S. 313.
46 Chronik S. 316, 319, 331 bzw. 334
47 GA 29.10.1956
48 GA 29.10.1956
49 GA 10/11.11.1956
50 GA 13.11.1956
51 GA 13.11.1956
52 GA 05. und 26.07.1950; 15.11.1955, Zitat dort in Schlagzeile; 07./08.04.1956.
53 GA 06.05.1956.
54 GA 03.05.1956
55 GA 06.08.1958
56 GA 15./16.11.1958
57 GA 23.12.1958
58 GA 04.02.1959
59 GA 05.02.1959
60 GA 16.10.1963
61 GA 28.05.1959; der Betrag für die „Handelslehranstalt" ist nicht bekannt.
62 GA 28.05.1959
63 GA 25.08.1961
64 GA 11.06.1959; vgl. 26.11.1959
65 Chronik S. 330
66 GA 02./03.02.1963
67 GA 02./03.02.1963
68 GA 04.03.1963
69 GA 05.04.1963
70 GA 09.04.1963
71 GA 06./07.04.1963

72	GA 01. und 02.09.1964; 25.02.1965; Chronik S. 342
73	GA 08.10.1964
74	Chronik S. 341
75	GA 14.01.1964
76	GA 25.01.1964
77	GA 20./21.11.1965
78	Chronik S. 344
79	Chronik S. 349
80	GA 16./17.01.1960
81	GA 14.01.und 11.08.1960
82	GA 15.01.1960
83	GA 27.07.1961
84	GA 03./04.12.1960
85	GA 16./17.03.1963
86	Chronik S. 322
87	StV Oberhausen, „Fünfzehn Jahre danach", Oberhausen, 1960; GA 19./20.03.1960.
88	GA 18.09.1959
89	GA 31.10./01.11.1959
90	GA 18./19.04.1959
91	GA 26.01.1960
92	GA 16./17.01.1960
93	Geschäftsbericht der Gemeinnützigen Wohnungsgenossenschaft Oberhausen-Sterkrade e.G.m.b.H. für das Geschäftsjahr 1958, zitiert in: GA 28.05.1959.
94	GA 15./16.10.1960
95	GA 31.10./01.11.1959
96	Chronik S. 323
97	GA 23./24.05.1959
98	GA 28.05.1959
99	Chronik S. 344
100	GA 05.11.1959
101	GA 07./08.04.1962
102	GA 07.09.1965
103	GA 05.03.1959
104	GA 03.09., 31.10.1965, 01. und 02.02.1966
105	NRZ 09. und 11.10.1968
106	GA 08.09.1964
107	GA 16.07.1964
108	GA 27./28.02.1965
109	GA 14.02.1965, vgl. GA 21.01.1965; 10./11.10.1964; 27./28.03.1965.
110	GA 08./09.05.1965
111	GA 22./23.10.1966
112	Vgl. GA 23./24.09. und 25.09.1950
113	Chronik S. 324
114	GA 06./07.10.1962
115	GA 09.06.1965
116	GA 22./23.05.1965
117	NRZ 9.05.1967; Chronik S. 351
118	Ebd.
119	NRZ 19.05.1967, vgl. 09.05.1967
120	NRZ 09.05.1967 und 24.05.1967
121	NRZ 09.05.1967, Überschrift.
122	NRZ 11.05.1967, Zitat: Schlagzeile.
123	Ebd.
124	NRZ 12.05.1967; Chronik S. 351
125	Wortlaut der Resolution in: NRZ 23.05.1967, vgl. NRZ 22.05.1967; Chronik S. 351–352
126	NRZ 24.05.1967
127	NRZ 19.05.1967
128	NRZ 24.05.1967
129	NRZ 08.07.1967
130	NRZ 08.08.1967; Chronik S. 352
131	NRZ 20.11.1967 und 12.01.1968; Chronik S. 353
132	Chronik S. 354
133	Alle Zitate: NRZ 13.03.1968
134	NRZ 23.03.1968
135	NRZ 22.03.1968, erstes Zitat: Schlagzeile.
136	Chronik S. 355
137	WAZ 09.03.1967
138	GA 16.02.1966
139	NRZ 09. und 10.08.1968
140	Leitartikel von Paul Huppers: NRZ 10.08.1968. Eigene Bewertung des Films, der wegen seiner angeblichen Nazi-Ideologie bis heute unter Verschluss gehalten wird.

Anmerkungen zu den Seiten 53–164:
„Wirtschaft im Wandel – Oberhausen 1960 bis 2010"
von Magnus Dellwig und Ernst-Joachim Richter

1   Seipp, Wilhelm (Redaktion): Oberhausener Heimatbuch, Oberhausen 1964, S. 260, 261; Stadt Oberhausen, Bereich Statistik und Wahlen, nachgefragte Daten zu Bevölkerung, Beschäftigung und Wohnungen von 1933–1964; Abelshauser, Werner: Deutsche Wirtschaftsgeschichte, Frankfurt 2009; Dellwig: Kommunale Wirtschaftsgeschichte 1862–1938, Oberhausen 1996.
2   Pierenkemper, Toni: Kurze Geschichte der „Vollbeschäftigung" in Deutschland nach 1945, in APuZ 14–15/2012, S. 39–40.
3   Mogs, Fritz: Sozialgeschichtliche Entwicklung der Stadt Oberhausen, S. 10–12; Schichten unter der Dunstglocke, Stadtfilm Stadt Oberhausen 1959.
4   Seipp: Oberhausener Heimatbuch, S. 416–418; Abelshauser: Deutsche Wirtschaftsgeschichte; Dellwig: Kommunale Wirtschaftspolitik; Hegermann: Bergbau in Oberhausen, Oberhausen 1997; Gottfried Schulz: Vorgeschichte, Voraussetzungen und Entwicklungen des Steinkohlenbergbaus der „Gutehoffnungshütte" (GHH) bis zum Ende des Ersten Weltkrieges, in: Ursprünge und Entwicklungen der Stadt Oberhausen, Historische Gesellschaft Oberhausen (HG.), Bd. 9, Oberhausen 2010, S. 140–143.
5   Stadt Oberhausen: Statistische Jahrbücher 1957 bis 1972; Oberhausen Census 1961, Oberhausen 1964.
6   Stadt Oberhausen: Standort Oberhausen, Arbeitsmarkt 1961–1990, Oberhausen 1981, S. 27.
7   Seipp: Oberhausener Heimatbuch, S. 410–419.
8   Stadt Oberhausen: Unterlagen für die Arbeitsgruppe Kommunale Neugliederung im Ruhrgebiet, Oberhausen 1970, S. 143–160.
9   Stadt Oberhausen: Standort Oberhausen, Arbeitsmarkt 1961–1990, Oberhausen 1981; Hegermann, Günter, Steinkohlenbergbau in Oberhausen 1847–1992, S. 219–228, 312–313.
10 Stadt Oberhausen: Statistisches Jahrbuch 1973.
11 Stadt Oberhausen: Die Bevölkerung in Oberhausen, Bevölkerungsentwicklung und Wanderungsverhalten bis 1976, Oberhausen 1978.
12 Stadt Oberhausen: Zuwanderung in Oberhausen 1850 bis 2000, Oberhausen 2000.
13 Kruse, Wilfried, Lichte, Rainer (Hg.): Krise und Aufbruch in Oberhausen, Zur Lage der Stadt und ihrer Bevölkerung am Ausgang der achtziger Jahre, Oberhausen 1991, S. 27.
14 Hegermann: Steinkohlenbergbau in Oberhausen 1847–1992, S. 239–244, 314–315.
15 Uebbing, Helmut: Wege und Wegmarken 100 Jahre Thyssen, Oberhausen 1991, S. 80.
16 Uebbing: Wege und Wegmarken, 100 Jahre Thyssen, S. 81.
17 Joest, Hans-Josef, Pionier im Ruhrgebiet, Stuttgart-Degerloch 1982, S. 196–200.
18 Behrens, Dietrich: Im Holtener Bruch wurde Industriegeschichte geschrieben, in: Jahrbuch Oberhausen 1998, S. 86.
19 Wiehn, Helmut: Von der Kesselschmiede zum Maschinen- und Anlagenbauer, in:Oberhausener Jahrbuch 1985, S. 33
20 Stadt Oberhausen: Strukturwandel in Oberhausen, Chancen und Möglichkeiten, Oberhausen 1987, S. 8–9, 37–39.
21 Weihrauch, Rolf: Gewerbegebiet Nord-Ost, in: Jahrbuch Oberhausen 1988, S. 105.
22 Weihrauch, Rolf: Ein Gewerbegebiet am Puls des Verkehrs ,in: Jahrbuch Oberhausen 1985, S. 119.
23 Stadt Oberhausen: Standort Oberhausen, Arbeitsmarkt 1961–1990, Oberhausen 1981, S. 4–6, 22–23.
24 Hegermann: Steinkohlenbergbau in Oberhausen, S. 252–259.
25 Behrens, Dietrich: Verwaltungschef klagte: Leidensgrenze ist erreicht, in: Jahrbuch Oberhausen 2000, S. 45.
26 Behrens, Dietrich: Verwaltungschef klagte: Leidensgrenze ist erreicht, in: Jahrbuch Oberhausen 2000, S. 46.
27 Stadt Oberhausen: Stadtentwicklungsprogramm 1986–1990, Oberhausen 1985, S. 35–39.
28 Stadt Oberhausen: Strukturwandel in Oberhausen, Chancen und Möglichkeiten, S.

29 Schmitz, Michael: Oster-Wood, Medienpark Osterfeld hat einen Fuß in der Tür, in: Jahrbuch Oberhausen 1990, S. 99.
30 Stadt Oberhausen: Wandel der Oberhausener Wirtschaftsstruktur zwischen 1987 und 1995, Oberhausen 1997, S. 11–15.
31 Drescher, Burkhard U./Dellwig, Magnus: Rathaus ohne Ämter, Verwaltungsreform, Public-Private Partnership und das Stadtentwicklungsprojekt Neue Mitte in Oberhausen Campus Verlag, Frankfurt/New York 1996; Seim (Hg.): Gute Hoffnung, 75 Jahre Großstadt Oberhausen, Klartext, Essen 2004; Stadt Oberhausen (Hg.): Statistische Jahrbücher 1984–2000; Scheffler, Hans-Walter: Ab durch die Mitte, Etappenziele beim Strukturwandel der Stadt, in: Oberhausen `93, Ein Jahrbuch, Oberhausen 1992, S. 83–87.
32 Knappenreport, Monatszeitschrift, KINO e.V. (Hg.), Oberhausen 2002–2011.
33 Drescher/Dellwig: Rathaus ohne Ämter; WFO: Geschäftsberichte 2007–2010; Stadt Oberhausen: Statistisches Jahrbuch 2009; Stadt Oberhausen: Oberhausener Beschäftigungsstrukturen im Kontext des wirtschaftlichen Wandels, die Arbeitsstättenerhebung 2005, Oberhausen 2006, S. 16.
34 Der Autor Magnus Dellwig begleitet die Entwicklung von Wirtschaft und Strukturwandel in Oberhausen seit 1995 aus verschiedenen Funktionen im Dezernat 0/Verwaltungsführung der Stadt Oberhausen und greift auf umfassendes Erfahrungswissen seiner Tätigkeiten zurück. Deshalb wird nachfolgend auf Einzelnachweise für Textaussagen verzichtet. Statt dessen sei verwiesen insbesondere auf: Oberhausen, ein Jahrbuch, Jahrgänge 2000 bis 2011; Drescher/Dellwig: Rathaus ohne Ämter, Verwaltungsreform, Public-Private Partnership und das Stadtentwicklungsprojekt Neue Mitte in Oberhausen; WFO: Geschäftsberichte 2007–2010; Stadt Oberhausen: Statistisches Jahrbuch 2009; Stadt Oberhausen: Oberhausener Beschäftigungsstrukturen im Kontext des wirtschaftlichen Wandels, die Arbeitsstättenerhebung 2005, Oberhausen 2006; Thomas Seim (Hg.): Gute Hoffnung, 75 Jahre Großstadt Oberhausen, Klartext, Essen 2002.
35 WAZ, 10.09.2011, Lokalredaktion Oberhausen, Peter Szymaniak: Wochenend-Kommentar.
36 Hans-Walter Scheffler: Jedes Ende ist ein neuer Anfang, wie die Babcock-Konzernspitze die Stadt in eine neue Strukturkrise stürzte, in: Oberhausen 03, ein Jahrbuch, Oberhausen 2002, S. 29–36.
37 Die Arbeitsplatzbilanz beruht auf Berechnungen der WFO und der Stadt Oberhausen, Dezernat 0/Verwaltungsführung. Die Angaben zu den verfügbaren Wirtschaftsflächen bereitet die Stadt Oberhausen, Dezernat 5/Planen, Bauen, Wohnen auf und veröffentlicht sie seit 2011 im Rahmen des regionalen Wirtschaftsflächenmanagements der wmr – Wirtschaftsförderung Metropole Ruhr GmbH.

37–39; Die Anzahl Beschäftigte und Betriebe im Jahr 2011 wurden bei der Entwicklungsgesellschaft Neu-Oberhausen mbH ENO nachgefragt.

Anmerkungen zu den Seiten 211–254:
"Katholische Kirche, Katholiken und katholisches Milieu in Oberhausen"
von Vera Bücker

1 So der frühere Ruhrbischof Felix Genn in seinem Wort zum Priester- und Diakonentag, 10.01.2005.
2 Vera Bücker: Niedergang der Volkskirchen – was kommt danach? Kirchlichkeit und Image der Kirchen in einer Ruhrgebietsstadt, Münster 2005.
3 Christina Dickau: Zisterzienserinnen im Kloster Sterkrade, in: Ursprünge und Entwicklungen der Stadt Oberhausen, hg.v. Hist. Gesellschaft, Oberhausen 2003, S. 105–129.
4 Wilhelm Mattler: Die Sterkrader Zisterzienserinnen-Abtei und die Propsteikirche St. Clemens, Oberhausen 1994, S. 82/83.
5 Ausführlich zur Gründung der Antonyhütte und der Rolle der Äbtissin siehe den Beitrag in Band 2: Burkhard Zeppenfeld: Das Werden der Industriestadt Oberhausen.
6 Landschaftsverband Rheinland, 2008 S. 19, Robert Scholten: Beiträge zur Oberhausener Heimatgeschichte, Teil 2, Sterkrade o.J., S. 111.
7 Eine Nachbildung des Bildes „Mariahilf" in Passau. Das Bild und die Wallfahrt gab es seit 1738 in Sterkrade. Mattler Zisterzienserinnen-Abtei, S. 61; Robert Scholten: Oberhausener Heimatgeschichte, S. 106f.
8 Vera Bücker: Katholisches Milieu und Beteiligung am kirchlichen Leben in Oberhausen, in: Abenteuer Industriestadt. Oberhausen 1874–1999. Beiträge zur Stadtgeschichte, hg. v. Stadt Oberhausen, Oberhausen 2001, S. 293ff, hier auch ausführlicher zur Kirchenbindung und Politik.
9 Johannes Meier: Das Bistum Essen, Bd. II, Vom Ende der Reichskirche bis zur Beilegung des Kulturkampfes, Gresswiller 2001, S. 19ff.
10 Alfred Pothmann, Georg Scherer: Kirche in Oberhausen, Bd.1, Geschichte und Kunst, Oberhausen o.J., S. 43.
11 Meier, Bistum Essen Bd.2, S. 21, Wilhelm Seipp: Oberhausener Heimatbuch, Oberhausen 1964, S. 296ff.
12 H. Scheffler: Chronik St. Joseph Styrum – St. Joseph in Styrum – gestern und heute, 2012, S. 1–4.
13 www.herz-jesu-ob.de Die Geschichte der herz Jesu Pfarrei, 2010 (PDF-Dokument).
14 Chronik St. Joseph Styrum S. 3f; Kirche in Oberhausen, Bd.1, S. 34 und 44f.
15 Fritz Mogs: Die sozialgeschichtliche Entwicklung der Stadt Oberhausen zwischen 1850–1933, Ph.Diss. Köln 1956, S. 235.
16 Vera Bücker: Katholisches Milieu und Beteiligung am kirchlichen Leben in Oberhausen, in: Abenteuer Industriestadt. Oberhausen 1874–1999. Beiträge zur Stadtgeschichte, hg. v. Stadt Oberhausen, Oberhausen 2001, S. 296f.
17 Vera Bücker: Die Geschichte des politischen und sozialen Katholizismus, in: diess., Bernhard Nadorf, Markus Potthoff: Wie sollen wir vor Gott und unserem Volk bestehen? Der politische und soziale Katholizismus im Ruhrgebiet 1927–1949, Münster 1999, S. 69.
18 Siehe das Beispiel der Oberhausener Nachbarstädte Bottrop und Gladbeck. (Wilhelm Damberg, Geschichte des Bistums Münster, hg. v. Arnold Angenendt, Bd.V, Münster 1998, S. 221) Für Oberhausen fehlt eine solche Untersuchung, aber man darf eine ähnliche Entwicklung annehmen.
19 Katholische Arbeiter-Bewegung (später umbenannt in Arbeitnehmer-Bewegung).
20 Dieter Kusenberg: Die Haltung des katholischen Lagers zum Nationalsozialismus vor der Machtergreifungsphase unter besonderer Berücksichtigung der Lage in Oberhausen, in: Vera Bücker (Hg.): Kreuz unter dem Hakenkreuz. Oberhausener Katholiken im NS-Alltag, S. 42ff.
21 Vera Bücker: Katholizismus im Ruhrgebiet – ein Überblick, in: Günter Brakelmann, Traugott Jähnichen, Norbert Friedrich (Hg.): Kirche im Ruhrgebiet, Essen 1998, S. 70–75.
22 Herbert Kühr: Die Machtergreifung im Revier, in: Kirche in Oberhausen, Bd. 3, hg. v. Katholiken-Ausschuß Oberhausen, o.J., S. 30.
23 Vera Bücker: Nikolaus Groß. Politischer Journalist und Katholik im Widerstand des Kölner Kreises, Münster 2003, S. 50ff.
24 Ruhrwacht 30.03.1931 (Stadtarchiv Oberhausen).

25 Vera Bücker: Martin Heix und Nikolaus Groß. in: diess.: (Hg.): Kreuz unter dem Hakenkreuz. Oberhausener Katholiken im NS-Alltag, Oberhausen 2003, S. 134.
26 Ruhrwacht 30.03.1931 (Stadtarchiv Oberhausen).
27 Bücker: Heix S. 138f.
28 Siehe Kapitel unten zu Rossaint.
29 HSTA Düsseldorf RW 58/5861.
30 Bücker: Heix, S. 141.
31 Hanswerner Sandgathe: Jugendführer, „Staatsfeind", päpstlicher Ordensritter: Der KAB-Sekretär Martin Heix, in: Styrum. Grafen, Untertanen, Bürger, Oberhausen 2001, S. 341
32 Bücker: Heix, S. 141f.
33 Stadt Oberhausen: 50 Jahre Wahlen in Oberhausen, 1996, S. 17.
34 50 Jahre CDU Oberhausen, Oberhausen 1995, S. 92–97.
35 Kusenberg, Kreuz unter dem Hakenkreuz, S. 76ff.
36 Bücker: Zimorski, in Kreuz unter dem Hakenkreuz, S. 153–167 und Vera Bücker: Johannes Zimorski – Hüttenarbeiter und Überzeugungstäter gegen den Nationalsozialismus in Oberhausen, in: Christen an der Ruhr, Bd.3, hg. v. Reimund Haas und Jürgen Bärsch, Münster 2006, S. 109–116, Johannes Zimorski, in: Zeugen für Christus. Das deutsche Martyrologium des 20. Jahrhunderts. Hrsg. von Helmut Moll im Auftrag der Deutschen Bischofskonferenz. 2 Bände (Paderborn/München/Wien/Zürich, 5., erweiterte und aktualisierte Auflage 2010), Band II, S. 1293–1297. Zimorski wurde bei den Recherchen für das Martyrologium „entdeckt".
37 Karl Heinz Jahnke/Alexander Rossaint: Dr. Joseph Cornelius Rossaint (1902–1991), Frankfurt a.M. 1997, S. 11ff.
38 Karl Heinz Jahnke/Alexander Rossaint: Hauptangeklagter im Berliner Katholikenprozess 1937: Kaplan Dr. Joseph Cornelius Rossaint, Frankfurt a.M 2002, S. 35ff.
39 Hermann Josef Wagner: Kaplan Dr. Joseph Cornelius Rossaint, in: Vera Bücker: Kreuz unter dem Hakenkreuz, S. 244ff.
40 Jahnke: Rossaint 1997, S. 96f.
41 Sie wird in einem späteren Kapitel aus diesem Grunde vorgestellt.
42 HSTA Düs., Gestapo Düsseldorf an Gestapo Oberhausen, 15.01.1943.
43 Gestapo Oberhausen an Gestapo Düsseldorf, 02.02.1943.
44 RSHA Berlin an Staatspolizeileitstelle Düsseldorf, 17.05.1944.
45 Hans Josef Oostenryck: Kaplan Heinrich Küppers, in: Bücker: Kreuz unter dem Hakenkreuz, S. 234–236.
46 Siehe Bemerkung in Kirche in Oberhausen, Bd. III, S. 58 „Schon in Köln hatte er sich das Mißtrauen der Nationalsozialisten zugezogen […]."
47 Eugen Weiler: Die Geistlichen in Dachau sowie in anderen Konzentrationslagern, Mölding 1982, Bd. II, 1982, S. 220.
48 Bericht Kohlers beim Entnazifizierungsausschuss 1947 (Archiv des katholischen Bildungswerks Oberhausen).
49 Vera Bücker: Katholizismus im Ruhrgebiet, S. 70–75.
50 Siehe Kapitel Rossaint.
51 Die Kirche protestierte gegen die Darstellung von freiwilliger Prostitution, Tötung auf Verlangen und Selbstmord als legitime Vorgehensweisen.
52 Peter Alferding, Vera Bücker, Matthias Streicher: Geschichte und Entwicklung des katholischen Bildungswerkes, in: Fragend und denkend dem Glauben auf der Spur. 50 Jahre Katholisches Bildungswerk Oberhausen, Oberhausen 2001, S. 39–53.
53 Vera Bücker: Aufgabenbereiche und Tätigkeiten des Katholischen Bildungswerkes Oberhausen, in: Geschichte und Entwicklung des katholischen Bildungswerkes, in: Fragend und denkend dem Glauben auf der Spur. 50 Jahre Katholisches Bildungswerk Oberhausen, Oberhausen 2001, S. 54ff.
54 Zur Bistumsgründung s. Vera Bücker: Für die Menschen im Revier. Franz Hengsbach, in: Nordrhein-Westfalens Weg ins 21. Jahrhundert. Reform an Rhein und Ruhr, hg. v. Karsten Rudolph u.a., Bonn 2000, S. 213–214.
55 www.bistum-essen.de.
56 Kirche in Oberhausen, Bd.1, S. 31 und 81f.
57 Zahlen der Mitgliederzahlen der Pfarreien am 31.12.2011, ermittelt nach Tabelle des Bereichs Statistik und Wahlen der Stadt Oberhausen.
58 www.kirche-in-oberhausen.com.
59 Die hier dargelegten Ausführungen beruhen auf aktuellem statistischen Material der Stadt

Oberhausen, Bereich Statistik und Wahlen. Mein besonderer Dank gehört dabei der intensiven Unterstützung von Dr. Norbert Marißen für die Zahlenrecherche sowie die Erstellung der Grafiken und Tabellen.
60   Bücker: Niedergang, S. 26f.
61   Bücker: Niedergang, S. 20.
62   Erstellt vom Bereich Statistik und Wahlen der Stadt Oberhausen.
63   Kirchliche Statistik des Bistums Essen IKSE 2004, S. 107.
64   Auskunft Dr. Norbert Marißen, Bereich Statistik und Wahlen der Stadt Oberhausen.
65   2010 kann als Vergleichsgröße leider nicht gewählt werden, weil sich in der Statistik des Standesamtes Oberhausen seitdem eine Änderung ergeben hatte. Seit 2009 können die Eheleute wählen, ob auf ihrer Urkunde die Konfession vermerkt wird oder nicht. Wünschen sie es nicht, wird die Konfession auch in der Statistik nicht mehr zuverlässig vermerkt. (Auskunft Dr. Marißen Bereich Statistik und Wahlen).
66   Bücker: Niedergang S. 33.
67   Bistum Essen, Dezernat 3, Zentralstatistik.
68   www.dbk.de, Deutsche Bischofskonferenz: Zahlen und Fakten 2010/2011 Katholische Kirche in Deutschland: Zahlen und Fakten 2010/2011. Bonn, 2011, S. 14.
69   Auskunft Roswitha Orgis vom 06.06.2012, Bistum Essen, Dezernat 3, Zentralstatistik.
70   Deutsche Bischofskonferenz S. 15.
71   Bücker: Niedergang, S. 38f.
72   Basis 2006 war eine Befragung von 1.058 BürgerInnen, 2000 waren es 1.013 Personen.
73   Bücker: Niedergang S. 65ff: Viele, bis zu 55 Prozent, die die Kirche ablehnten, gaben an, sich als Christ zu fühlen.
74   2010: 8,3 Prozent und 200 gut 10 Prozent (Bistum Essen, Dezernat 3, Zentralstatistik, Bücker: Niedergang S. 75).
75   Dazu siehe Bücker: Niedergang S. 79.

Anmerkungen zu den Seiten 255–280
„Die Evangelische Kirche in Oberhausen"
von Helmut Faber

1   Ursprung und Geschichte der evangelischen Kirchengemeinde Holten 1319–1994. Hrsg. Lantermann, Werner u. Haverkamp, Hermine, 1994, S. 9.
2   Munscheid, Dieter: Zum 100-jährigen Stadtjubiläum 1962, Archiv des Kirchenkreises.
3   Ursprung und Geschichte der evangelischen Kirchengemeinde Holten 1319–1994. Hrsg. Lantermann, Werner u. Haverkamp, Hermine, 1994, S. 88 ff.
4   Rote Kirche in der Heid, 100 Jahre Lutherkirche, Hrsg. Evangelische Lutherkirchengemeine Oberhausen 1999, S. 37 ff.
5   Ev. Christus-Kirchengemeinde Oberhausen 125 Jahre, Lesebuch der Gemeinde 1964–1989, Hrsg. Presbyterium der evang. Christus-Kirchengemeinde Oberhausen (1989), S 29 ff.
6   Rote Kirche in der Heid, 100 Jahre Lutherkirche, Hrsg. Evangelische Lutherkirchengemeine Oberhausen 1999, S. 38 ff.
7   50 Jahre evangelischer Kirchenkreis Oberhausen 1954–2004, Hrsg. Evangelischer Kirchenkreis Oberhausen 2004.
8   Ebd. S. 8.
9   Ebd. S. 11.
10   Ebd. S. 11.
11   Ebd. S. 11.
12   100 Jahre Evangelische Kirche Schmachtendorf 1906–2006, Hrsg. Presbyterium der Evangelischen Kirchengemeinde Schmachtendorf, 2006, S. 19.
13   50 Jahre evangelischer Kirchenkreis Oberhausen 1954–2004, Hrsg. Evangelischer Kirchenkreis Oberhausen 2004, S. 12.
14   Ebd. S. 12.
15   Ebd. S. 12.
16   Ebd. S. 13.
17   Ebd. S. 16.
18   Ebd. S. 16.
19   Ebd. S. 16.
20   Ebd. S. 17.
21   Ebd. S. 19.
22   Ebd. S. 19.

23 Ebd. S. 20.
24 Ebd. S. 20.
25 Evangelische Kirchen in Oberhausen, Beilage zum Geschäftsbericht der Stadtsparkasse Oberhausen 1991.
26 Zilly, Herta u. Holz, Gerhard: 75 Jahre Diakonisches Werk 1921–1996, Archiv des Diakonischen Werkes (Vorabdruck).
27 Nachrichtlich Diakonisches Werk.

Anmerkungen zu den Seiten 281–343
„Stadtentwicklung und Stadtgeschichte – Eine Oberhausener Strukturgeschichte"
von Roland Günter

1 Janne Günter, Leben in Eisenheim. Weinheim 1980.
2 Johann Grohnke, Leben im Dunkelschlag. Nachwort von Janne Günter. Köln 1989.
3 Zur Ruhrschiffahrt: Gustav Adolf Wüstefeld, Frühe Stätten des Ruhrbergbaues. Wetter/Wengern 1975, 38/43.
4 Heinz Reif, Die verspätete Stadt. Industrialisierung, städtischer Raum und Politik in Oberhausen 1846–1929. Köln 1993, 91/98.
5 Heinz Reif, Die verspätete Stadt. Industrialisierung, städtischer Raum und Politik in Oberhausen 1846–1929. 2 Bände. Köln 1993.
6 1911 kauft die Stadt das „Schloß". 1934 wird im „Hof von Holland" ein Städtisches Museum (Heimatmuseum) eingerichtet. 1947 erste Ausstellung der Städtischen Galerie Schloß Oberhausen im Schloß. 1958 baut die GHH das Haupthaus zu ihrem 200. Bestehen neu auf – in entfernter Anlehnung an nicht realisierte Entwürfe Reinkings. Heute: Galerie Ludwig im Schloß Oberhausen. Roland Günter, Oberhausen. Die Denkmäler des Rheinlands Band 22. Düsseldorf 1975, 32/37.
7 Detlev Vonde, Revier der großen Dörfer. Industrialisierung und Stadtentwicklung im Ruhrgebiet. Essen 1989.
8 Levin Schücking, Von Minden nach Köln. Leipzig 1856.
9 Bericht über die Verwaltung und den Stand der Gemeinde=Angelegenheiten des Amtes Buer pro 1895/96. O. O. und J., 4.
10 Bodo Herzog, Lueg, Carl. In: Neue Deutsche Biographie, Band 15. Berlin 1987, 462 f.
11 Bodo Herzog, Lueg, Wilhelm. In: Neue Deutsche Biographie, Band 15. Berlin 1987, 460/462.
12 Dazu gibt es ein Buch: Janne Günter/Roland Günter, Sprechende Straßen in Eisenheim. Essen 1999.
13 Eines der Vorbilder ist Wien. 1897 endlich vom Kaiser anerkannt, räumt Dr. Carl Lueger (1844–1910) als Bürgermeister gründlich auf mit dem Prinzip der liberalen Stadtverwaltung, alles der Privatinitiative zu überlassen. In seiner 13-jährigen Amtszeit gründete Lueger wichtige Infrastruktur-Einrichtungen: Stadtplan. Zweite Hochquellen-Wasserleitung. Städtische Gas- und Elektrizitäts-Werke. Schulen und Spitäler. Städtische Arbeitsvermittlung. Städtische Bestattung. Er übernimmt die elektrifizierte Straßenbahn in den Besitz der Stadtverwaltung. Er schafft den Wald- und Wiesen-Gürtel. Lueger wurde zwar 1875 auf dem Ticket der Liberalen in den Gemeinderat gewählt. Er verhielt sich aber von Anfang an als Gegner des tonangebenden Großbürgertums. 1893 gründete er die Christ-Soziale Partei.
14 Max Weber, Die Stadt. Tübingen 1999. Auch in: Max-Weber-Gesamtausgabe (MWG).
15 Im Folgenden Rudolf Eberstadt, in: Fritz Schumacher, Lesebuch für Baumeister. Äußerungen über Architektur und Städtebau. Braunschweig 1977 (zuerst neu bearbeitete Auflage 1947), 438/442. Ausschnitt aus: Handbuch des Wohnungswesens und der Wohnungsfrage. Jena 1917.
16 Dazu: Magnus Dellwig, Kommunale Wirtschaftspolitik in Oberhausen 1862–1938. 2 Bände. Oberhausen 1996.
17 Gottfried Semper, Der Stil in den technischen und tektonischen Künsten. München 1878. In: Schumacher, 1977, 121/128.
18 Sleyman, Maria Manuela: Die Siedlung Grafenbusch in Oberhausen von Bruno Möhring – Eine Architekturgeschichte, in: HGO (Hg.): Ursprünge und Entwicklungen

	der Stadt Oberhausen. Bd. 5, Oberhausen 1996, S. 157–172.
19	Roland Günter/Bodo Herzog, Die Entwicklung der großbürgerlichen Wohnkultur und Bruno Möhrings avantgardistische Siedlung für leitende Manager der Gutehoffnungshütte in Oberhausen (1910). In: Joachim Petsch (Hg.), Architektur und Städtebau im 20. Jahrhundert. Berlin 1975, 158/210. Ines Wagemann, Der Architekt Bruno Möhring 1863–1929. Witterschlick/Bonn 1992.
20	Ebenezer Howard, Gartenstädte von morgen. Das Buch und seine Geschichte. Hg. von Julius Posener. Berlin 1968 (zuerst 1898, deutsch 1907). Howard arbeitet als Parlaments-Stenograf in London. Berlepsch-Valendas, Die Gartenstadt-Bewegung in England. München/Berlin 1912. Hans Kampffmeyer, Wohnungs- und Siedlungspolitik. München/Berlin 1920.
21	Alan Winddsor, Peter Behrens. Architekt und Designer. Stuttgart 1985 (zuerst London 1981).
22	Georg Burgner/Christian Horn, Geschichte des Ruhrwachthauses in Oberhausen. Wettbewerb und Bau. Hausarbeit RWTH Aachen Institut für Architekturgeschichte. (Stadtarchiv Oberhausen) 1992.
23	Es spricht nicht für das Gedächtnis von Oberhausen, dass es im Stadtarchiv nahezu nichts über diesen außerordentlichen Bürgermeister gibt, der der Stadt in den 1920er Jahren, auch mithilfe seines ausgezeichneten Stadtbaumeisters, ein modernes Gesicht gab.
24	Roland Günter, Der Deutsche Werkbund und seine Mitglieder 1907 bis 2007. Essen 2009.
25	Roland Günter, Oberhausen. Die Denkmäler des Rheinlandes. Düsseldorf 1975 (Manuskriptabschluß 1969). Gemeinsam mit dem Band über Mülheim erstes Inventarwerk einer deutschen Stadt unter dem Gesichtspunkt der Industrie-Kultur.
26	Siehe dazu: Roland Günter, Karl Ganser. Ein Mann setzt Zeichen. Eine Planer-Biographie mit der IBA in der Metropole Ruhr. Essen 2010.
27	Im Gespräch mit dem Autor, um 1975.
28	Roland Günter/Janne Günter, Industrie-Wald und Landschafts-Kunst im Ruhrgebiet. Handbuch zu den Zusammenhängen von Wald, Industrie-Wald und Landschafts-Kunst. Essen 2007 (Fotografien von Peter Liedtke).
29	Der Traum von der Insel im Ruhrgebiet. Eine konkrete Utopie für die Kulturhauptstadt 2010. Essen 2008.
30	In: Weißbuch, Verführung zum Lesen. München 1986, S. 87.
31	Siehe dazu Roland Günter, Heimat + Kultur: zweimal ist mehr als einmal. Die Reise von Oberhausen in die südtürkisch-mittelmeerische Partnerstadt Mersin. Essen 2007.

Anmerkungen zu den Seiten 345–390
„Die breite Vielfalt – Ökologie und Umweltschutz in Oberhausen"
Von Helmut Ploß in Verbindung mit Heinrich Bahne und Helmut Czichy

Die Verfasser danken allen ehemaligen und aktiven Kolleginnen und Kollegen des Bereiches Umweltschutz der Stadt Oberhausen, die mit Fachinformationen zum Entstehen dieses Beitrags beigetragen haben.

1	Seipp, Heimatbuch, S. 132.
2	Brüggemeier und Rommelspacher, Blauer Himmel, S. 12; siehe ebenfalls Dellwig: „Gemeindegründung und Stadtwerdung der Industriestadt Oberhausen 1846–1914" in Band 2 „Die Industrialisierung des Oberhausener Raumes 1758 – 1914".
3	Stadt Oberhausen, Umweltbericht 1989, Teil II, Kap. Boden, S. 16 f.
4	Brüggemeier und Rommelspacher, Blauer Himmel, S. 35.
5	Brüggemeier und Rommelspacher, Blauer Himmel, S. 47.
6	Weichelt, Umweltschutzpolitik, S. 479 ff.
7	Kegel, Luft im Industriegebiet, S. 3 ff.
8	Brüggemeier und Rommelspacher, Blauer Himmel, S. 64.

9 Der Spiegel, 1956, H. 22, S. 16 ff., Weichelt, Der verzögerte blaue Himmel, S. 264 ff.
10 Brüggemeier und Rommelspacher, Blauer Himmel, S. 47 ff., auch Weichelt, Umweltschutzpolitik, S. 478.
11 Brüggemeier und Rommelspacher, Blauer Himmel, S. 47, 63.
12 Z. B.: „Oberhausen wird jetzt entstaubt", Ruhrwacht (Oberhausen) vom 22.05.1953.
13 Seipp, Heimatbuch, S. 423.
14 Seipp, Heimatbuch, S. 449.
15 Faerber, Hoffmann und Schmitz, Untersuchungen, S. 493 ff.
16 Der menschliche Körper benötigt Licht, insbesondere Sonnenlicht, um Vitamin D zur Festigung der Knochen zu verarbeiten.
17 Faerber, Hoffmann und Schmitz, Untersuchungen, S. 508.
18 Seipp, Heimatbuch, S. 81.
19 Seipp, Heimatbuch, S. 75.
20 Abelshauser, Ruhrkohlenbergbau, S. 91, 154.
21 Steinforth, Hans, Landesamt, S. 1.
22 Der Spiegel, 1961, H. 33, S. 22 ff.
23 Z. B. NRZ (Essen) vom 25.04.2011.
24 Weichelt, Der verzögerte blaue Himmel, 1997, S. 273.
25 Zur Geschichte der Gleichberechtigung siehe auch: Josting, Inge, Costecki, Britta; Frauen- und Geschlechtergeschichte, Band 4.
26 NRZ (Oberhausen) vom 29.06.1962.
27 Brüggemeier und Rommelspacher, Blauer Himmel, S. 66.
28 Brüggemeier, Trostlose Gegend?, S. 34.
29 D. h., dass am 18.04.1906 zumindest in Teilen von Alt-Oberhausen eine städtische Müllabfuhr vorhanden war. Auf den anderen Grundstücken waren Müllgruben vorgeschrieben.
30 Seipp, Heimatbuch, S. 290 f.
31 Stadt Oberhausen, Umweltbericht 1989, Teil II, Kap. Wasser, S. 9.
32 Stadt Oberhausen, Umweltbericht 1989, Teil II, Kap. Abfall, S. 7.
33 Goch, Strukturwandel, S. 394.
34 Abelshauser, Ruhrkohlenbergbau, S. 108 f., verwendet den Begriff „Bodensperre".
35 Stadt Oberhausen, Umweltbericht, 1989, Teil II, Kap. Boden, S. 17.
36 NRZ (Oberhausen) vom 08.03.1978.
37 WAZ (Oberhausen) vom 02.08.1978.
38 Zu diesen Gruppen gehört auch Greenpeace. Die Greenpeace-Ortsgruppe Mülheim a. d. R., Oberhausen wurde formal aber erst 2010 gegründet.
39 Gemäß Selbstdarstellung im Internet 1996, nach anderer Darstellung 1993.
40 Zu „Bürgerinitiativen" siehe den Beitrag von Roland Günter in diesem Band.
41 Alle Autobahnen sind gemäß den Anfang 2012 verwendeten Autobahnnummern bezeichnet. In den 1970er Jahren waren die Autobahnen anders nummeriert.
42 Regierungspräsident Düsseldorf: Gebietsentwicklungsplan; Kapitel B VII 3 Straßen (von der Genehmigung ausgenommen).
43 Gemäß Selbstdarstellung im Internet.
44 Z. B. in der WAZ vom 08.04.1975 anlässlich eines Ministerbesuches bei der Firma Babcock.
45 WAZ vom 14.09.1979.
46 NRZ vom 08.03.1978.
47 WAZ vom 30.04.1979.
48 NRZ vom 08.08.1981 über das Gebiet zwischen Altenberger und Gustavstraße.
49 LÖLF und Stadt Oberhausen, Kleingartenstudie.
50 Ebd., S. 34.
51 Entsprechende Prüfstreifen gibt es u. a. in gut sortierten Gartencentern und Baumärkten.
52 Stadt Oberhausen, Umweltbericht, 1989, Teil II, Kap. Abfall, S. 37.
53 Im Sommer 2010 führt eines der Tiere im Sea Life Center, der Krake Paul, wegen seiner „Fähigkeit", Ergebnisse von WM-Fußballspielen vorherzusagen, zu einer bis dahin unbekannten Präsenz von Oberhausen in den Medien weltweit. Ohne die Umnutzung des Altstandortes in die Neue Mitte wäre das undenkbar gewesen.
54 Czichy und Kopka, Wiedernutzbarmachung, S. 30 ff.
55 Dodt, Karten und Luftbilder, S. 5.
56 LUA NRW, 2001, S. 3f.
57 LANUV, 2008, nach Umweltbericht zum Regionalen Flächennutzungsplan (RFNP)
58 Stadt Oberhausen: STEK 2020, S. 68
59 LANUV, 2012
60 Stadt Oberhausen: Klimaschutzkonzept Oberhausen, Bericht für die Sitzung des Umweltausschusses vom 17.09.1998
61 „So verfolgten die Planer in Oberhausen in den 1920er Jahren […] eine Durchgrünung des Stadtkerns mit neuen Grünanlagen,

wobei bereits [...] 22,5 Kilometer baumbepflanzte Straßen als gute Planungsbasis vorhanden seien." Pizonka, Postindustrielle Grünplanung, S. 160f.

62 Günter, Diese Stadt atmet, S. 159
63 Stadt Oberhausen, Statistisches Jahrbuch 2011, S. 96

Anmerkungen zu den Seiten 487–508
„Ohne Migration kein Oberhausen – Chancen erkennen und Potenziale fördern"
Von Sarah Benneh-Oberschewen und Ercan Telli

1   Netzwerk Interkulturelles Lernen [Hrsg.]: Geschichte(n) von Migration in Oberhausen. Hintergründe – Erinnerungen – Dokumente, Oberhausen 2007. S. 6–7.
2   Ebd. S. 10.
3   Ebd. S. 10.
4   Vgl. Dorit Grollmann: „... für tüchtige Meister und Arbeiter rechter Art" Eisenheim – Die älteste Arbeitersiedlung im Ruhrgebiet macht Geschichte. Landschaftsverband Rheinland, Rheinisches Industriemuseum, Oberhausen. Schriften Band 12, Rheinland – Verlag GmbH, Köln 1996. S. 8–17.
5   Vgl. Netzwerk Interkulturelles Lernen [Hrsg.]: Geschichte(n) von Migration in Oberhausen. Hintergründe – Erinnerungen – Dokumente, Oberhausen 2007. S. 18.
6   Strukturwandel, Tertiärisierung, Entwicklungspotential und Strukturpolitik: Regionen im Vergleich: Ruhrgebiet, Pittsburgh, Luxemburg, Lille. Friedrich Ebert Stiftung, Digitale Bibliothek. Elektronic ed.: Bonn: FES Library, 2001. http://library.fes.de/fulltext/fo-wirtschaft/00954003.htm#E10E2 [Stand: 22.04.2006] S. 10 der Druckausgabe.
7   Ebd. S. 10.
8   Netzwerk Interkulturelles Lernen [Hrsg.]: Geschichte(n) von Migration in Oberhausen. Hintergründe – Erinnerungen – Dokumente, Oberhausen 2007. S. 20.
9   Degenhardt, Franz Josef: *Tonio Schiavo*, in: Kommt an den Tisch unter Pflaumenbäumen (1973), Audio CD 1992, Label: Polydor/Universal, ASIN: B00000JP5L
10 Netzwerk Interkulturelles Lernen [Hrsg.]: Geschichte(n) von Migration in Oberhausen. Hintergründe – Erinnerungen – Dokumente, Oberhausen 2007. S. 20.
11 Strukturwandel, Tertiärisierung, Entwicklungspotential und Strukturpolitik: Regionen im Vergleich: Ruhrgebiet, Pittsburgh, Luxemburg, Lille. Friedrich Ebert Stiftung, Digitale Bibliothek. Elektronic ed.: Bonn: FES Library, 2001. http://library.fes.de/fulltext/fo-wirtschaft/00954003.htm#E10E2 [Stand: 22.02.2012] vgl. S. 10f. der Druckausgabe.
12 Netzwerk Interkulturelles Lernen [Hrsg.]: Geschichte(n) von Migration in Oberhausen. Hintergründe – Erinnerungen – Dokumente, Oberhausen 2007. S. 26.
13 Strukturwandel, Tertiärisierung, Entwicklungspotential und Strukturpolitik: Regionen im Vergleich: Ruhrgebiet, Pittsburgh, Luxemburg, Lille. Friedrich Ebert Stiftung, Digitale Bibliothek. Elektronic ed.: Bonn: FES Library, 2001. http://library.fes.de/fulltext/fo-wirtschaft/00954003.htm#E10E2 [Stand: 22.02.2012] vgl. Seite 11 der Druckausgabe.
14 Netzwerk Interkulturelles Lernen [Hrsg.]: Geschichte(n) von Migration in Oberhausen. Hintergründe – Erinnerungen – Dokumente, Oberhausen 2007. S. 26.
15 Kapitel 2.2 ist eine überarbeite und gekürzte Fassung des Beitrags von Ercan Telli: Integrationspolitik und Aktivitäten gegen Rechtspopulismus und Rechtsextremismus in Oberhausen: Beispiele aus der Praxis. In: Alexander Häusler (Hrsg.): Rechtspopulismus als „Bürgerbewegung". Kampagnen gegen Islam und Moscheebau und Kommunale Gegenstrategien. VS Verlag für Sozialwissenschaften, 1. Auflage, Wiesbaden 2008. S. 285–290.
16 Fouzia Taibi in: Susanne Czuba-Konrad u.a. [Hrsg.], Literaturclub der Frauen aus aller Welt: Wortwandlerinnen. Autorinnen von

	vier Kontinenten erzählen. Brandes & Apsel Verlag, Frankfurt am Main 2010. S. 117f.
17	Die folgende Schilderung basiert auf einem Interview mit Familie Erdas, das am 8.02.2012 stattgefunden hat und sowohl schriftlich als auch auditiv dokumentiert wurde.
18	Die folgende Schilderung basiert auf einem Interview mit Wilfred Otene, das am 17.02.2012 stattgefunden hat und sowohl schriftlich als auch auditiv dokumentiert wurde.
19	Vgl. UNAIDS http://www.unaids.org/en/regionscountries/countries/kenya/[Stand: 23.02.2012]
20	Die folgende Schilderung basiert auf einem Interview mit Marina Kulischov, das am 17.02.2012 stattgefunden hat und sowohl schriftlich als auch auditiv dokumentiert wurde.
21	Elke M. Geenen: Soziologie des Fremden. Ein gesellschaftstheoretischer Entwurf. Leske + Budrich, Opladen 2002. S. 22.
22	Ebd. S. 21.

Anmerkungen zu den Seiten 523–591
„Oberhausen im Ruhrgebiet– ein produktives Spannungsverhältnis"
Von Magnus Dellwig

1	Teuteberg: Historische Aspekte der Urbanisierung, S. 2–34; siehe zum gesamten Beitrag: Dellwig: Kommunale Wirtschaftspolitik in Oberhausen 1862–1938, insbesondere Bd. 1, S. 44–90		Vonde: Revier der großen Dörfer; Reif: Die verspätete Stadt; Reif: Städtebildung im Ruhrgebiet; Reif: Die verspätete Stadt Oberhausen; Dellwig: Kommunale Wirtschaftspolitik in Oberhausen 1862–1938
2	Reulecke: Geschichte der Urbanisierung, S. 40–49; Ipsen: Stadt (VI), S. 768	10	Niethammer: Unfähigkeit zur Stadtentwicklung, S. 433, s. auch 432–471
3	Tilly: Industrialisierung und Kapitalmobilisierung	11	Dellwig: Kommunale Wirtschaftspolitik in Oberhausen 1862–1938, S. 35–74. Ruhr- und Lippezone sind für den fraglichen Zeitraum anders als Hellweg-, Emscher- und Vestische Zone nur wenig relevant. Köllmann, u.a.: Das Ruhrgebiet im Industriezeitalter; Wiel: Wirtschaftsgeschichte des Ruhrgebietes
4	Es erfolgte eine Fortschreibung des Begriffs für die Hochindustrialisierung, denn ursprünglich bezeichnete die offene Bürgerstadt die gesellschaftliche Liberalisierung in vorindustriellen zentralen Orten zu Beginn des 19. Jahrhunderts. Reulecke: Geschichte der Urbanisierung, S. 42/43; ders.: Verstädterung und Urbanisierung		
5	Blotevogel: Methodische Probleme der Erfassung städtischer Funktionen und funktionaler Städtetypen; Hofmann: Die beiden Ursprünge der modernen Raumordnung und Landesplanung, S. 224	12	Damit sind im Kernraum des Ruhrgebiets südliche Wohnvororte multifunktionaler Industriestädte typologisch nicht erfasst. Das ist angesichts deren untergeordneter Bedeutung für die Interdependenz von Urbanisierung und Industrialisierung eine vertretbare Begrenzung der Typologie. Die Stadt Ruhrort verfügte gegenüber Industriedörfern und sogar reinen Industriestädten über ein hohes Maß an Urbanität, aber sie profitierte von industriellem und städtischem Wachstum wenig. Daher erlangte Ruhrort nicht die raumordnende Zentralität wie Hellweg- und auch Industriestädte mitsamt ihrer Untertypen, sodass es frühzeitig vor dem Ersten Weltkrieg 1904 nach Duisburg eingemeindet wurde.
6	Reulecke: Geschichte der Urbanisierung, S. 43/44		
7	Ipsen: Stadt (VI)		
8	Reulecke: Geschichte der Urbanisierung, S. 42–48		
9	Reulecke: Städtischer Lebensraum; ders.: Geschichte der Urbanisierung, S. 44–46; Niethammer: Umständliche Erläuterung; ders.: Unfähigkeit zur Stadtentwicklung;		

13 Brepohl: Industrievolk im Wandel; Dellwig: Kommunale Wirtschaftspolitik, siehe insbesondere S. 40–74

14 Reulecke: Städtischer Lebensraum; Rohe: verspätete Region; Beckmann: Gelsenkirchen; Busch: Bochum; Burghardt: Recklinghausen; Bajohr: Zwischen Krupp und Kommune

15 Vonde: Revier der großen Dörfer, S. 202–210; Bajohr: Zwischen Krupp und Kommune; Hoebink: Mehr Raum – mehr Macht; Roden: Duisburg; Busch: Bochum

16 Im Hinblick auf die Industriestädte des Ruhrgebiets liegt ein weitgehendes Defizit an strukturhistorischen Forschungen zur Modernen Stadtgeschichte vor. Neben wenigen nicht veröffentlichten Examensarbeiten, der Untersuchung von Cäcilie Schmitz über den Stadtraum prägenden Charakter des Bergbaus und seines Werkswohnungsbaus in Gelsenkirchen und Beckmanns Schrift über Gelsenkirchen stellen Heinz Reifs Habilitationsschrift über Stadtentwicklung und Arbeiterschaft Oberhausens „Die verspätete Stadt" sowie Magnus Dellwigs Dissertation „Kommunale Wirtschaftspolitik in Oberhausen 1862–1938" die wichtigen Forschungen über die Industriestadt dar. Daher unterliegt die nachfolgende Charakterisierung zwar der Gefahr unzulänglicher Verallgemeinerungen, doch wichtige Grundzüge der Entwicklung der übrigen Industriestädte bestätigen diesen Idealtypus. Gall weist darauf hin, dass die Entwicklung einer historischen Stadtentwicklungstypologie nur induktiv vorgenommen werden könne. Gall: Mannheim, S. 57. Das stützt die Methodologie der bei Reif und insb. Dellwig gewählten Theoriebildung zu Stadtentwicklungstypen im Ruhrgebiet.

17 Schwippe/Zeidler: Die Dimensionen der sozialräumlichen Differenzierung in Berlin und Hamburg, v.a. S. 200–203

18 Reif: Die verspätete Stadt, S. 412–434; Dellwig: Oberhausen, Industriestadt im polyurbanen Ballungsraum; Hoebink: Mehr Raum – mehr Macht

19 Hommel: Industriestädte; Reulecke: Städtischer Lebensraum; Hoebink: Mehr Raum – mehr Macht; Reif: Die verspätete Stadt; Blotevogel: Kulturelle Stadtfunktionen; ders.: Methodische Probleme; Laux: Demographische Folgen des Verstädterungsprozesses; Schmitz: Gelsenkirchen; Beckmann: Gelsenkirchen; Busch: Bochum

20 Steinberg: Wanne Eickel, S. 213–235; Hoebink: Mehr Raum – mehr Macht

21 Die Auswahl der Fallstudien zur Industriedorfforschung mit Borbeck (Niethammer), Hamborn, Altenessen und Wanne-Eicke (Vonde) beinhaltet eine Ausklammerung der städtische Lebensqualität entfaltenden industriellen Siedlungen im nördlichen Ruhrgebiet, allen voran Gelsenkirchens und Oberhausens, so daß die Dreiteilung der Städtetypologie des Ruhrgebiets auch durch die Forschungen über die Industriedörfer eine Bestätigung erfährt. In Übereinstimmung mit Vonde stellt Hamborn wegen der späten Entstehung als industrieller Großsiedlung um 1890, mangelnder Cityqualität, der späten Stadtrechtsverleihung erst 1911 sowie der Eingemeindung nach Duisburg 1919 ein Industriedorf dar. Vonde: Revier der großen Dörfer; Roden: Duisburg, Bd. 2; Hoebink: Mehr Raum – mehr Macht

22 Vonde: Revier der großen Dörfer; Hoebink: Mehr Raum – mehr Macht; StdA OB: ZS Kommunale Neugliederung

23 Insbesondere Siedlungsgeographie und Verkehrsvernetzungen riefen ein regionales Bewusstsein sozialschichtspezifisch kodierter besserer und „schmutzigerer" Städte hervor, welches das theoretische Modell der Zentralörtlichkeit in die konkrete Lebenswelt von Arbeitern und Bürgern anschaulich „übersetzte" und bis heute die Bewusstseinsstrukturen prägte, dass Lebenschancen im Ruhrgebiet ungleich verteilt waren und partiell immer noch sind. StdA OB: ZS Kommunale Neugliederung; Reulecke: Städtischer Lebensraum; Vonde: Revier der großen Dörfer; Bajohr: Zwischen Krupp und Kommune; Croon: gesellschaftliche Auswirkungen des Gemeindewahlrechts; ders. wirtschaftliche Führungsschicht; Rohe: Konfession, Klasse und lokale Gesellschaft

24 Mit der Habilitationsschrift von Heinz Reif „Die verspätete Stadt" und mit der Dissertation von Magnus Dellwig „Kommunale Wirtschaftspolitik in Oberhausen 1862–1938 liegt im Kontext der Entwicklung von Städtetypen eine „Oberhausen-Lastigkeit" der stadthistorischen Forschung zur Indu-

striestadt vor. Das ist offenzulegen und zu reflektieren, zu vermeiden ist es nicht. Denn einen Idealtypus zur Industriestadt zu konstruieren, ohne eine nennenswerte empirische Basis auszuwerten, wäre methodologisch nicht redlich.

25 Hofmann: Zwischen Rathaus und Reichskanzlei, S. 44–56, s. auch S. 99–120; ders.: Oberbürgermeister und Stadterweiterungen

26 Das englische Verb to bargain bedeutet Verhandeln, das Substantiv bargain Vertrag oder Abmachung; collective bargaining meint Tarifverhandlungen. Die Sozialwissenschaften haben den Begriff des Bargaining im Sinne diskursiver, betont kompensationsorientierter Konsensfindung vor allem in Politik und Wirtschaft aufgegriffen.

27 Müller/Zymek: Statistisches Handbuch Bildungsgeschichte; Niethammer: Umständliche Erläuterung, hier wird die Gründung eines Gymnasiums im Industriedorf dargestellt; StdA OB: Bibl.: Festschriften höhere Knaben- und Mädchenschule, Bq 17, Theater; VB 1896–1906, Musikveranstaltungen

28 Reif: Die verspätete Stadt, S. 172–208; Eggert: Ratsprotokolle, Bd. 1, Bd. 2; Niethammer: Unfähigkeit zur Stadtentwicklung; Schmitz: Gelsenkirchen; Beckmann: Gelsenkirchen; Vonde: Revier der großen Dörfer

29 StdA OB: Bgm.u.Std OB: Polizeiverwaltung, Nr. 23; Reif: Die verspätete Stadt, S. 107–123; Dellwig: Kommunale Wirtschaftspolitik, S. 100–113.

30 StdA OB: VB 1862–1883; Croon: Vordringen der Parteien; Reif: Die verspätete Stadt, S. 379–391, S. 444–449; Eggert: Ratsprotokolle, Bd. 1, S. 47–52, Bd. 2, S. 32–38; Beckmann: Gelsenkirchen; Reulecke: Verstädterung und Urbanisierung, S. 57

31 Vonde: Revier der großen Dörfer, S. 142–144; Reif: Die verspätete Stadt, S. 71–74; Reulecke: Städtischer Lebensraum; ders.: Verstädterung und Urbanisierung

32 Ambrosius: Staat als Unternehmer, S. 12–16; s. auch Rosenberg: Große Depression; Nipperdey: Deutsche Geschichte 1800–1866; ders.: Deutsche Geschichte 1867–1918

33 Dies trifft besonders für Gelsenkirchen, Oberhausen und Wanne-Eickel zu. Vonde: Revier der großen Dörfer; Reif: Die verspätete Stadt; Schmitz: Gelsenkirchen; Beckmann: Gelsenkirchen; Steineberg: Monographie der Stadt Wanne-Eickel; Busch: Bochum; Wiel: Wirtschaftsgeschichte Ruhrgebiet

34 Reif: Die verspätete Stadt, S. 152–177, 379–382, 397–403

35 Vonde: Revier der großen Dörfer, S. 54–59; Hinkel/Bertelsbeck: Geschichte der Schulen; s. auch Kuhlemann: Niedere Schulen; ders.: Modernisierung und Disziplinierung

36 Wehler: Das deutsche Kaiserreich; Winkler: organisierter Kapitalismus

37 Das manifestierte sich im Konkurs des OBer Bankvereins, einer Genossenschaft der Gewerbetreibenden, wodurch Unternehmen in Liquiditätsengpässe gerieten und den Betrieb einstellen mußten. IHK-Archiv: JB HK MH 1877–1879

38 Ambrosius: Staat als Unternehmer, S. 40–45; Krabbe: Kommunalpolitik und Industrialisierung, S. 193–317, va. S. 202–213, 232–261; Reulecke: Geschichte der Urbanisierung, S. 56–67; Reif: Städtebildung im Ruhrgebiet; ders.: Die verspätete Stadt, S. 384–392; Dellwig: Kommunale Wirtschaftspolitik, S. 189–203 und S. 241–247.

39 Rosenberg: Große Depression und Bismarckzeit; Reif: Die verspätete Stadt, S. 217–231; Vonde: Revier der großen Dörfer

40 StdA OB: Bgm u Std OB, Abteilung I, Nr. 183, 231

41 StdA OB: Bgm u Std OB: Polizeiverwaltung, Nr. 190, 191

42 Reif: Die verspätete Stadt, S. 285–290, 328–337, 382–434; Dellwig: Kommunale Wirtschaftspolitik, S. 189–266. Als theoretischer Hintergrund ist die sozialökologische Diskussion in der Geographie von Belang, da so mit Hilfe von Raumnutzungsverflechtungen Expansionsrichtungen und -radien der Orte jeweils höherer Zentralität erklärbar werden. Heineberg: Beitrag der Stadtgeographie zur kommunalwissenschaftlichen Forschung; Heineberg: Geographische Aspekte der Urbanisierung

43 Feldenkirchen: Eisen- und Stahlindustrie, S. 110–127; Wehler: Das deutsche Kaiserreich; Rosenberg: Große Depression und Bismarckzeit; Plumpe: Unternehmerverbände; Reif: Die verspätete Stadt, S. 364–372; StdA OB: VB 1888–1913

44 Krabbe: Kommunalpolitik und Industria-

lisierung, S. 218. In Dortmund führte das Tiefbauamt seit den 1890er Jahren fast alle Kanalisationsarbeiten aus.

45 Reif: Die verspätete Stadt, S. 383/384 ; StdA OB, Bgm u Std OB, Bauverwaltung, Nr. 18–31; Ambrosius: Staat als Unternehmer, S. 38–50, 92–102

46 Die diesbezügliche Ausbildung zentralörtlicher Funktionen der Industriestädte für Industriedörfer resultierte aus der mehrheitlich günstigeren Lage der Industriestädte zwischen den südlichen Bürgerstädten und den nördlichen Industriedörfern und aus dem Fehlen mancher Gewerbe in den Industriedörfern wegen der dort geringen Nachfrage. Dadurch wurde es dem industriestädtischen Kleingewerbe ermöglicht, in die Wirtschaftsräume der Industriedörfer einzudringen. Reininghaus: Entwicklung und Struktur des Handwerks; StdA OB: Bgm u Std OB: Bauverwaltung; Stelling: Handwerk in OB; Dellwig: Kommunale Wirtschaftspolitik, S. 241–266.

47 Dafür hätte schon die Überschaubarkeit der bürgerlichen Kommunikationsstrukturen in der Industriestadt gesorgt. Reif: Die verspätete Stadt, Kap. VI.6.3; Eggert: Ratsprotokolle; StdA OB, Bgm u Std OB, Bauverwaltung, Nr. 18–31; Abt. I, Nr. 231–240

48 Reininghaus: Entwicklung und Struktur des Handwerks; Beckmann: Gelsenkirchen; Reif: Die verspätete Stadt, S. 30–55; IHK-Archiv: JB HK MH 1894–1903. Die SEI wurde 1903 liquidiert, da ihr räumliche Expansionsmöglichkeiten für Modernisierungsinvestitionen und eine Rentabilität sichernde Betriebsgröße fehlte.

49 Hoebink: Mehr Raum – mehr Macht, S. 78–87, 106–124; Reif: Die verspätete Stadt, S. 408–434 ; Dellwig: Kommunale Wirtschaftspolitik, S. 266–300.

50 Croon: Vordringen der Parteien; Croon: Gesellschaftliche Auswirkungen des Gemeindewahlrechts

51 Schmitz: Gelsenkirchen; Beckmann: Gelsenkirchen; GHH: 100 Jahre GHH; StdA OB: VB: 1862–1913

52 So standen die Oberbürgermeister Essens und Duisburg sowie GHH-Generaldirektor Carl Lueg an der Spitze der Initiative zum Bau des Rhein-Herne-Kanals 1890/91. RWWA, Bestand GHH: Nr. 130/3001934/17, 18; StdA OB: Bgm u Std OB: Bauverwaltung, Nr. 289–311

53 RWWA: aus dem Bestand GHH Nr. 130/3001035/5, 130/3001937/11,12, 130/300106/105, 130/400106/55

54 Hofmann: Städte und kommunale Selbstverwaltung; Winkler: Normalität; StdA OB: VB 1927

55 StdA OB: VB 1924–1939. Böhnke: NSDAP im Ruhrgebiet; Matzerath: Nationalsozialismus und kommunale Selbstverwaltung; Wisotzky: Ruhrbergbau; Zollitsch: Integration oder Isolation?

56 Dellwig: Kommunale Wirtschaftspolitik, Seite 423–461; Hoebink: Mehr Raum – mehr Macht.

57 Dellwig: Die „neue Stadt" braucht immer Visionen, 75 Jahre Oberhausen: Betrachtungen zu einem bemerkenswerten Jubiläum, in: Oberhausen ein Jahrbuch 2004. S. 43–51; siehe zur Verlegung des Firmensitzes der GHH 1909 auch Reif: Die verspätete Stadt, S. 413–422.

58 Dellwig: Kommunale Wirtschaftspolitik, Seite 619–642.

59 Dellwig: 75 Jahre Oberhausen, in: Oberhausen ein Jahrbuch 2004. Drescher/Dellwig: Rathaus ohne Ämter.

60 Köllmann u. a. (Hg.): Das Ruhrgebiet im Industriezeitalter, 2 Bände; Reif: Die verspätete Stadt; Günther: Im Tal der Könige; Dellwig: Kommunale Wirtschaftspolitik.

61 Köllmann u. a. (Hg.): Das Ruhrgebiet im Industriezeitalter, 2 Bände; Reif: Die verspätete Stadt; Dellwig: Kommunale Wirtschaftspolitik; Tenfelde/Urban (Hg.): Das Ruhrgebiet, Ein historisches Lesebuch, Essen 2010; StdA OB: ZS Kommunale Neugliederung.

62 Blotevogel, Hans Heinrich: Die Region zwischen Konstruktion und Dekonstruktion, in: Westfälische Forschungen, Bd. 51, Münster 2002, S. 453–488; Blotevogel, Hans Heinrich; Wood, Gerald: Historische Entwicklung und Regionalbewusstsein im Ruhrgebiet, Forschungsbericht Bochum 1989; Blotevogel, Hans Heinrich; Stöckmann, Claudia; Weber, Armin; Wood, Gerald: Abschlussbericht des Forschungsvorhabens Regionalbewusstsein im Ruhrgebiet, 2. Phase: Regionalbewusstsein im Ruhrgebiet in der Berichterstattung regionaler Tageszeitungen, Duisburg 1990; Köllmann, Wolfgang u.a.: Das Ruhrgebiet

63 im Industriezeitalter, 2 Bde, Düsseldorf ; Dellwig: Kommunale Wirtschaftspolitik in Oberhausen 1862–1938; Reif: Die verspätete Stadt; Ditt, Karl/Tenfelde, Klaus (Hg.): Das Ruhrgebiet in Rheinland und Westfalen, Blotevogel, Hans/Wood, Gerald: Historische Entwicklung und Regionalbewusstsein im Ruhrgebiet, Koexistenz und Konkurrenz des Raumbewusstseins im 19. und 20. Jahrhundert, Forschungen zur Regionalgeschichte, Bd. 57, Münster 2008, insb. S. 221–311; Forschungsbericht Bochum 1989; Ditt, Karl/Tenfelde, Klaus (Hg.): Das Ruhrgebiet in Westfalen und Rheinland, Koexistenz und Konkurrenz des Raumbewusstseins im 19. und 20. Jahrhundert, Forschungen zur Regionalgeschichte, Bd. 57, Münster 2008, siehe insb. S. 221–224; Blotevogel, Hans Heinrich: Die Region zwischen Konstruktion und Dekonstruktion, in: Westfälische Forschungen, Bd. 51, Münster 2002, S. 453–488; Rohe, Karl: Politische Traditionen im Rheinland, in Westfalen und Lippe, in: Nordrhein-Westfalen, Eine politische Landeskunde, Schriften zur politischen Landeskunde Nordrhein-Westfalens Nr. 1, 1984, S. 56–84.

64 Stadt Oberhausen (Hg.): Statistisches Jahrbuch 2010, Oberhausen 2011, S. 100, 101, Tabelle 4.05, 4.06.

65 Stadt Oberhausen (Hg.): Statistisches Jahrbuch 2009, Oberhausen 2010, insb. S. 99–124; Stadt Oberhausen (Hg.): Schriftenreihe „Beiträge zur Stadtentwicklung", Nr. 98: Vorausberechnung der Bevölkerung für die Stadt Oberhausen 2010 bis 2025, insb. S. 52–55.

Register

Adam, Will 459, 460, 616
Adenauer, Konrad 28, 30, 37, 52, 394, 601
Adorno, Theodor 399
Alberts, Werner 333
Albertz, Hermann 492
Albertz, Luise 26, 30–33, 35–38, 44, 45, 47, 49, 65, 72, 78, 98, 166, 168–171, 173, 174, 177, 188, 196, 262, 265, 324, 326, 356, 412, 422, 434, 458, 464, 475, 492, 597, 598, 601, 603, 604, 606, 607, 609–613, 617, 619, 620
Althoff, Ernst 333
Ambach, Michael 439
Amelin, Lew 471
Arendt, Walter 171
Aring (Pfarrer) 258, 259
Arlt-Kowski, Hilde 427
Aschmann, Otto 166, 601–603, 611
Assmacher, Manfred 146
Aßmann, Hedwig 611
Auler, Brigitte, 455
Auler, Peter 455
Baalcke, Gisela 413
Bangemann, Martin 87
Barlow, Klara 402
Bast, Dieter 484
Bauer, Torsten 438, 443, 446
Baum, Hugo 30, 52, 167, 176, 327, 332, 622
Bäumen, Klara 230
Beatles 197
Beckmann, Jörg 88
Behboudi, Mohammad-Ali 438, 443, 633
Behn, Fritz 333
Behrends, Heinrich 166, 434, 611
Behrens, Dieter 90
Behrens, Peter 313, 315, 330, 340, 441
Beier, Peter 268
Bendorf-Depenbrock, Ursula 437
Berghaus, Fritz 263, 616
Bergmann, Norbert 483
Bering, Rüdiger 443
Berndt, Fred 433
Bernet, Dietfried 416
Biermann, Axel 157–164
Birri, Fernando 411
Blase, Dieter 327, 332
Blotevogel (Geograf) 529
Blüm, Norbert 87
Bock, Hans Bertram 408

Bödeker, Richard 328
Boegershausen, Franz 320
Bogard, Dirk 51
Böhle, Klaus 481
Böll, Heinrich 188, 338
Borchers, Günther 333
Bosny, Kurt 402
Bossak, Jerzy 411
Bosshard, Robert 328
Bötefür, Meike 484
Brandt, Willy 35, 38, 42, 44, 45, 350, 614
Brandts, Franz 232
Breil, Günther 94
Brepohl (Geograf) 530, 531
Bretzenheim, Friederike von 289
Brieden, Heinz 453–465
Brieden, Ingrid 454, 458
Bröckelschen (Pfarrer) 258, 259
Brockmann, Johannes 604
Brosius, Klaus-Ludwig 482, 485
Brüggemeier, Fanz-Josef 346
Brusis, Ilse 146
Brust, August 219
Brykoszynski, Josef 17
Büch, Günther 407, 408, 420, 427
Buchloh, Volker 404, 448
Buecheler, Frank 417
Büker, Heinz 481
Burkhard, Susanne 443
Busch, August 233
Buzalka, Nora 443, 446
Carp, Peter 426, 432, 443, 444, 446
Celibidache, Sergiu 403
Christo und Jeanne-Claude (Künstler) 442, 634
Clement, Wolfgang 124, 628, 634
Collet, Fritz 476
Corti, Axel 407
Costard, Hellmuth 323
Costecki, Britta 191
Craemer, Ernst 431
Cremer, Pirkko 438
Damberg, Grete 325
Dammeyer, Dr. Manfred 146, 176, 177, 323, 324, 459, 622
Daniels (Pfarrer) 258
Danneberg, Dr. (ISH) 112
Degenhardt, Franz-Josef 490
Dellwig, Magnus 129, 529

Demnig, Gunter 423
Deseo, Csaba 462
Deterding, Walter 86, 265
Deuster, Gerhard 99, 622
Dickau, Otto 424
Diederich, Ellen 628
Diederich, Erwin 401, 420
Diestelkamp, Barbara 38
Dini, Vittorio 343
Doesburgs, Theo van 316
Döhmen, Heinz 328
Dratz, Uli 441
Drescher, Burkhard 112, 114, 116, 124, 141–156, 314, 337–339, 632, 634, 635, 638
Driesch, Gottfried 421
Düdder, Rolf 333
Düding, Nora 438
Duisberg, Carl 316
Eberstadt, Rudolf 310
Eckhold (Fraktionsvorsitzender CDU) 116
Eichelbaum, Heinz 483
Eickelen, Fritz 619, 624
Einsele-Wameling, Barbara 300
Eisenring, Simone 444
Elsemann, Berhard 339
Engels, Friedrich 300
Erbing, Wilhelm 51
Erdas, Emine 496–499
Erdas, Nagihan 496–499
Erdas, Namik 496–499
Erdas, Neslihan 496–498
Erdas, Nezih 496
Erdas, Nihan 499, 500
Erdas, Nurdan 499
Erhard, Ludwig 599
Erkens, Reni 480
Erwig, Johann 611
Ewaldsen, Hans L. 77
Faerber, Klaus-Peter 348
Falkenhan, Angela 443
Farthmann, Friedhelm 176
Fassbender (Leiter der Stadtverwaltung) 142, 147
Feih, Karl 165, 593, 596
Feldhoff, Ulrich 484
Feo, Carmela de 430
Flaßhoff, Christian 287
Fordan, Hannelore 279, 280
Franken, Adolf 328
Freitag, Ludwig 316, 318, 322, 340, 561
Fricsay, Andràs 407
Frings, Joseph Kardinal 229
Fritsch, Herbert 426, 443, 444–446

Fritschi, Niklas 333
Fünderich, Susanne 428
Furtwängler, Gise 402
Galen, Clemens August Kardinal von 230
Ganser, Prof. Karl 118, 144, 150, 152–154, 327, 335, 339, 441
Gärtner, Claus Theo 397, 406, 605
Gass, Lars Henrik 411, 448
Gehne, Fritz 424
Gerhards, Elfi 417
Gerhards, Fritzdieter 415, 416–418
Gerstenmaier, Eugen 49
Gewin, Johann Christoph 316
Ghermezian (Familie) 96
Giese, Margarethe 277, 278
Gläser, Karl-Heinz 464
Göber, Reinhard 432
Goertz, Ortwin 436
Gollancz, Victor 595, 596
Göpper (Vermieterin) 460
Göring, Hermann 394
Goritzki, Thomas 440
Görner, Lutz 462
Götte, Klaus 90, 329
Gramann, Karola 410
Gramke, Jürgen 625
Grass, Günter 188
Greb, Ulrich 433
Grefer, Heinrich 611
Griebitzsch, Herbert 434
Grierson, John 411
Griffith, Hilary 416
Grillo, Wilhelm 175, 215, 294, 306
Grochowiak, Thomas 435
Groschek, Michael 112, 116, 124, 142, 146
Große-Brömer Wilhelm 33, 601, 602
Grotthaus, Wolfgang 485
Grün, Jürgen 94
Grünewald, Dirk 146
Grzimek, Bernhard 356
Günter, Janne 333
Günter, Roland 152, 461
Guß, Käthe 402
Gütle, Erwin 323
Haan, Willi de 467
Haanstra, Bert 412
Hackmann, Günther 476
Haendly, Karl Paul 165, 234
Haerten, Theodor 398
Hagemeyer, Holger 430
Hagens, Gunter von 440
Halmer, Günther Maria 413

Hamacher, Paul 323
Hammelraht, Willi 398
Haniel (Familie) 28
Haniel, Alphons 287
Haniel, Carl 287
Haniel, Franz 284
Hansen, Joachim 397
Hansen, Sven 402
Happe (Landkonservator) 333
Hardt, Angela 410
Haumann, Willi 30, 37, 85
Hauser, Ingrid 481
Haussmann (Bankier) 311
Havenstein, Berthold Otto 314, 317, 319, 321, 337, 467, 561, 563, 564
Healey, Edwin 106, 112, 119, 143, 147–150, 152, 628, 629, 631
Healey, Paul 148
Heckel, Friedhelm 483
Hegarth, Alexander 406
Hegemann, Werner 302
Heiermann, Bernhard 267
Heinemann, Gustav 333
Heinrich, Clemens 423
Heix, Martin 30, 220–224, 227, 233, 604, 607, 610, 611
Helm, Adolf 611
Hengsbach, Franz 86, 234, 400, 475, 607, 610
Hengstenberg (Professor) 233
Hennemann, Jürgen 434
Hennig, Max 615
Herberger, Sepp 481
Herold, Paul 299
Herrmann, Martin 318, 340 610
Herzog, Bodo 329
Herzog, Gustav 316
Hetzelt, Friedrich 165, 393, 394, 434
Heumann, Wilhelm 476
Heuss-Knapp, Elly 169, 611, 615
Hicken, Peter Wilhelm Leopold 215
Hinninghofen, Jürgen 437
Hirsch, Burkhard 332
Hirtsiefer, Heinrich 219
Hirtsiefer, Ludwig 467
Hitze, Franz 232
Hitzfeld, Ottmar 482
Höcherl, Hermann 35, 38, 323
Hoebink, Hein 564
Höfer, Werner 49
Hoffmann, Heribert 419
Hoffmann, Hilmar 51, 179, 181, 323, 393, 397, 398, 400, 409, 412, 435, 605, 635

Hoffmann, Peter 478
Hoffmann, Rudolf 602
Hofmann, Dieter 277
Höger, Fritz 320
Höhn, Bärbel 188, 332, 368
Hohner, Martin 443
Holder, Elenor 438
Hollmann, Reiner 482
Holtermann, Heinz 430, 431
Hönicke, Hans 280
Horres, Bernarda 439
Hortmanns, August 216
Howard, Ebenezer 314
Huber, Victor Aimé 300
Hülsmann, Brunhild 397
Hunzinger, Otto 611
Huppers, Paul 17
Imbusch, Heinrich 219
Jacobi, Gottlob 304
Jäger, Hanns Ernst 456
Jahnke, Gerburg 429, 433, 440
Jansen, Fasia 456, 461, 462, 616, 628, 632
Jansen, Wilhelm 31, 33, 606, 607
Janz, Helmut 481
Janzen (Fraktionsvorsitzender Zentrum) 174
Jera, Marek 438, 443
Jochem, Heinrich 596, 597, 602, 605, 607, 611
Jochmann, Ludger 422
Johnson, Eyvind 185, 188
Jordan, Paul 315
Josting, Ingeburg 189–210
Jungk, Robert 332
Jürissen, Willy 480
Kaessler, Georg 436, 593
Kahle, Fritz 398, 402
Kaiser, Jakob 601
Kämmerer, Jan 438
Kampert, Johannes 611
Karl (Pastor) 497
Karser, Caspar 443
Kartz, Fred 480
Kasan, Heinrich 327
Kastens, Friedrich 602
Kegel (SVR) 347
Keilberth, Joseph 403
Kempkes, Rolf 455
Kern, Gerhard 262, 264
Kern, Horst 180
Kessler, Georg 165, 166
Kettling, Karin 438, 443
Kiesinger, Kurt Georg 49
Kind (Kreisbaumeister) 292, 314

Kirsch, August 483
Kirsch, Peter 422
Kitt, Dr. (Arzt) 322
Kivelitz, Hans 414
Klein, Stefan 333
Klug, Karl 480
Kluge (Pfarrer) 261
Kluge, Alexander 409
Kluge-Jindra, Hans-Dietrich („Balu") 420
Knabe, Tilman 446
Knappmann, Wilhelm 262, 265
Knef, Hildegard 602
Kniola, Franz Josef 146, 154
Koch, Egmont R. 355
Kohl, Helmut 87, 626
Köhler, Karl 403, 404, 597
Kohler, Otto Johannes Wilhelm 229, 231, 232
Kolkmann, Wilhelm 256
Kolle, Oswald 197
Köllmann, Wolfgang 299
Kompa, Hartwig 152
Kopp, Elisabeth 443
Kornelius, Josef 30, 31, 33, 606, 607
Körner, Diana 406
Kortz, Ingeborg 601
Koschnitzke, Ernst 402
Kowski, Erwin 427
Kowski, Hilde 455
Krabel, Hans 338
Krämer, Heinz 75
Krebs, Diether 413
Kreis, Erich 413
Kretschmer, Heike 434
Kreutz, Hans 617
Kreuzenbeck, Inge 458
Krings, Josef 86, 96
Kriwet, Heinz 86
Krohn, Reinhold 334
Krost, Hildegard 396
Kruchen, Alfred 395
Kruft-Lohrengel, Jutta 437
Krüger, Horst 417
Krummeich, Johann 602
Kruse, Jürgen 444
Kuchenbecker, Elly 38
Kugelmann, Manfrad 455
Kugler, Uwe 88
Kuhl, Manja 443, 446
Kühltau, Walther 601, 603, 604, 605
Kühn, Heinz 48, 49
Kuhn, Jochen 149, 150
Kukulies, Martin 438
Kulischov, Alex 504–506
Kulischov, Juri 504
Kulischov, Marina 504–506
Kulischov, Sergej 504–506
Kulischov, Tamara 504
Küppers, Hans-Georg 400
Küppers, Ernst 480
Küppers, Ernst-Joachim 480
Küppers, Heinrich 229–231
Küppers, Theodor 72
Kurowski, Walter 84, 87, 152, 405, 427, 453–465
Kürten, Karl-Heinz 74
Lamers, Rolf 480
Lamprecht, Günter 406, 407
Landweg, Dr. (Jugendamtsleiter) 278
Lange, Heinz 614
Lange, Karl 42, 637
Lange, Paul 479, 481
Langel, Aljoscha 438
Langer, Peter 65
Laucke, Dirk 446
Laufenberg, Josef 33, 603
Laux (Geograf) 529
Le Roy, Louis 327
Lederer, Klaus 124
Legge, Benno 603
Lehmbrock, Josef 325
Lehnert, Ilse 402
Leichsenring, Fritz 611
Lennings, Manfred 76
Lennon, John 170
Lepper, Johannes 432, 437–439
Leppich, Johannes 394
Lewe, Klaus 481
Linsen, Helmut 129
Litscher, Hans Peter 444
Loege, Josef 477, 478
Lom, Walter van 328
Lopez, Carlos 434
Löwenthal, Kurt 86, 118, 146
Lucas, Roger 418
Ludwig, Irene 436
Ludwig, Peter 436, 623, 627, 630
Lueg, Carl 284, 303
Lueg, Wilhelm 284, 287, 288, 304
Lührssen, Ulla Bay 439
Lukascheck, Hans 601
Lukowiak, Josef 614, 615
Maar, Paul 422
Maaßen, Peter 458, 475, 613, 617, 618
Mack, Günther 406
Maffay, Peter 430

Majert, Rudolf 259, 279, 280
Malraux, Lex 330
Masamisa, Wely 267
Masberg, Michael 439
Masuch, Hans 478
Mataré, Ewald 333
Matter, Franz 224
Matthäus, Hildegard 38, 457, 622
Matthiesen, Klaus 146
Mautz, Rolf 433
May, Alexander 407
Mayer, Henry 443, 446
Meier, Annika 443
Meinicke, Wilhelm 21, 30, 39, 48, 173, 174, 464, 601, 603, 611, 614
Meinike, Erich 73, 188, 618, 619
Meisenheimer, Wolfgang 328
Meissner, Hans-Dieter 89, 90, 99
Meller, Willi 422, 423, 609
Menges, Friedrich Wilhelm von 75
Mensch, Bernhard 436
Messerschmidt, Hans 89
Mettin, Christian 406, 426
Metzendorf, Georg 328
Metzger, Ludwig 333
Meyerfeld, Astrid 444
Meyers, Franz 351
Middendorf, Maria 278, 279
Mitchell (Oberst) 593
Mitscherlich, Alexander 399
Möhring, Bruno 313, 317, 327, 334
Molina, Olivia 421
Mond, Friedhelm van den 68, 85, 86, 89, 96, 98, 106, 112, 116, 117, 142, 146, 153, 166, 173, 176, 427, 619, 624, 627, 630–632
Mösle, Herbert 74, 85
Müller, Hans 458
Müller, Theodor 611
Müller-Reisinger, Martin 443
Mundruczó, Kornél 446
Munscheid, Dieter 255, 256, 258, 261, 262, 265
Mürmann, Anton 476
Muthesius, Hermann 313
Muzik, Heinz 431
Nause, Rainer 94
Nehrling, Heinz 177, 611, 614, 617
Nerlich, Heinz 39
Neusel (Pfarrer) 258, 259
Niethammer, Lutz 529
Nohl, Max 216, 312
Noll, Fritz 459
Nolzen, Ingeborg 261

Notthoff (Bergwerksdirektor) 47
Oberholz, Dieter 420, 438
Opgen-Rhein, Nadine 484
Oppenheimer, Friedrich 231
Orlikowsky, Wazlaw 402, 418
Ortmayr, Katharina 438
Oslislo, Michael 431
Osterschlink, Bernhard 624
Österwind (Kulturdezernent) 461
Otene, Susanne 501
Otene, Wilfred 501–504
Pachnicke, Peter 337, 436
Pack (Pfarrer) 258, 259
Pannenbecker, Otto 166, 601, 603, 605, 606
Paßen (Landwirt) 329
Pasternack (Pfarrer) 261
Paulat, Werner 174
Peters, Hans-Martin 464
Peterssen, Werner 65, 166, 174, 470, 482, 483
Peymann, Claus 438
Pfandhöfer, Johann Eberhard 212
Pfleghar, Michael 97
Pfotenhauer, Helmut 279
Piam, Irmhild 97
Piepenburg, Horst 124
Pohlmann, Lothar 90, 146
Pokorny, Paul 402, 415
Polke, Anna 438, 443
Polpnyi, Stefan 337
Posener, Julius 333
Prätorius, Hilde 327
Prigann, Herrman 336
Prückner, Tilo 406
Prünte (Verwaltungsrat) 66
Pusch, Elfriede 30, 38
Pützer, Friedrich 316
Quadflieg, Christian 406
Quadflieg, Will 425
Quitschke, Christian 446
Raabke, Tilman 443
Rademacher, Arnold 611
Raff, Hans 480, 483
Rathenau, Walther 315
Rau, Johannes 89, 146, 155, 188, 203, 327, 621, 631, 632
Rechi, Joan Anton 444, 446
Regelmann (Stadtbaumeister) 307, 428
Rehberg, Franz 299
Rehberger, Tobias 136, 337, 339
Rehne, Gregor 85
Reichen (Architekt) 441
Reichmann, Wolfgang 397

Reif, Heinz 284, 288, 294–296, 529, 535
Reimers, Jens 481
Reinbach (Pastor) 497, 499
Reinking, August 289
Reiss, Sabine Maria 427
Repp, Manfred 420
Reulecke, Jürgen 527, 529
Reusch, Hermann 28, 75, 179, 400, 604, 605, 610, 611, 614
Reusch, Paul 28, 315, 563
Reuss (Syndikalist) 184
Richard, Cliff 197
Richter, Friedhelm 87
Richter, Waltraud 38
Riebau, Linda 438
Robert (Architekt) 441
Roderfeld, Fritz 481
Rohe, Dr. Alfred 36, 609, 612
Roland, Jürgen 607
Rommelspacher, Thomas 346
Rosenbleck, Dietrich 77
Rossaint, Josef Cornelius 166, 222, 227–229, 233, 627
Roth, Wolk K. 406
Rotscheroth (Leiter des Arbeitsamtes) 71
Rotthäuser, Ewald 476
Rüddel, Wilhelm 478
Rudolph, Hannah 444
Rudolph, Marga 402
Ruf, Wolfgang 410
Ruhnau, Werner 327, 328, 335, 428, 440
Rupp-Weygel, Alfred 402
Rüttgers, Jürgen 129
Salzgeber, Ulla 479
Samec, Janez 418
Sander, Otto 438, 597
Sarkiss, Jürgen 443, 446
Sauerborn, Ewald 611
Savel, August 216, 217
Schanz, Dieter 85, 142, 146
Scharnhorst, Thorsten 333
Schaumann, Margarete 278
Schaumburg, Fritz 480
Scheel, Walter 87
Scheib, Otto 320, 400
Schepers, Ludger 235
Scherer, Georg 234
Schickel, Heinz 413
Schiller, Karl 49
Schlaich, Jörg 337
Schlaich, Mike 337
Schleisiek, Arthur 476

Schleußer, Heinz 73, 74, 85, 86, 99, 110, 112, 118, 135, 188, 142, 146, 327, 338, 464, 620, 622
Schlingensief, Christoph 394, 405
Schlüter, Christian 439
Schmeißer, Karl 315, 317, 318
Schmidt (Superintendent) 258
Schmidt, Dr. (Pfarrer) 278
Schmidt, Theodor 611
Schmidt, Ernst 602, 603, 605
Schmidt, Friedrich (ab 1886: Freiherr von) 215, 216, 312
Schmidt, Hartmut 334
Schmidt, Jutta F. 413, 420
Schmidt, Oliver Leo 404
Schmidt, Richard 177, 178
Schmidt, Robert 306
Schmidt, Werner 476, 478
Schmidt-Waldbaur, Klaus Martin 338
Schmitter, Helga Maria 178
Schmittmann, Paul Joseph 215
Schmitz (Hilfsprediger) 258
Schmitz, Anton 26, 166, 177, 409
Schmitz, Helmut 124
Schmitz, Jeanette 442, 448
Schmitz, Michael 333, 409, 412, 420
Schmude, Jürgen 459
Schneider, Charly 402
Schneider, Ronald 419
Schneider, Helge 405
Schnelling, Otto 426, 438
Schnöring, Wilhelm 165, 593
Schöler, Eberhard 471
Scholz, Edwin 416
Schöne, Wolf 333
Schönen, Wilhelm 611
Schorzmann, Artur 268, 271, 277
Schreiber, Walli 402
Schröder, Gerhard 124
Schücking, Levin 296
Schulte, Hans Otto 327, 335, 343
Schulte-Mattler, Heike 484
Schulz, Hermann 474
Schulz, Mirko 328
Schumacher, Kurt 597, 602
Schumann, Michael 180
Schusky, Bernhard 433
Schuster (Pfarrer) 258
Schwarte, Adolf 481
Schwartz, Friedrich August 288, 292, 337, 544
Schwarz, Raimund 79, 166
Schwarzer, Alice 200
Schwarzhaupt, Elisabeth 351

Schweitzer, Angela 443
Schwick, Dr. (Kriegsgefangener) 605
Schwingels (Architekt) 340
Schwippert, Hans 322, 340
Seebohm, Hnas-Christoph 43
Seehofer, Horst 480
Seiltgen, Ernst 412
Semper, Gottfried 311
Siemens, Ulf 484
Sieverding, Franz 76
Sieversts, Thomas 324
Smolny, Paul 395
Sohl, Hans-Günther 73
Solbach, Sigmar 413
Sommerhäuser, Corinna 446
Sommers, Hajo 428
Sonnenschein, Hermann 478
Sörries, Franz 38, 612, 617
Spaniol, Claus 184
Spaniol, Johann 184
Speers, Albert 394
Spethmann, Dieter 74
Speyer, Henk 402
Spiegel, Paul 638
Spohr, Roland 444
Stanke, Hartmut 438, 443
Steffen, Linde 402
Steger, Christian 219
Steger, Ingrid 402
Stegerwald, Adam 219
Stein, Hubert 602
Steinhoff, Fritz 29
Steinkühler, Franz 86
Stephani (Fraktionsvorsitzender FDP) 174
Stevens, Lawrence 480
Stinnes, Hugo 555
Stinnes, Mathias 284
Stoike, Anton 299
Stolz, Doris 483
Stolz, Günter 467, 483
Stolz, Karsten 483
Storman, Marco 444
Stötzel, Gerhard 219
Strack, Günther 396, 397
Strauß, Franz Josef 39, 49
Stroux, Karl-Heinz 414
Stubbe, Christian 484
Stumpf (Architekt) 174
Suhrbier, Erich 481
Suhrbier, Hartwig 333
Székessy, Zoltan 322
Taibi, Fouzia 494

Terlinden (Metallfabrikant) 314
Thadden, Adolf von 456
Thiele, Dr. (Vorstandsvorsitzender GHH) 76
Thoben, Christa 129
Thomas, Carmen 333
Thulin, Ingrid 51
Thyssen, Wilhelm 165
Tomovic, Ana 444
Toqueville, Alexis de 341
Tramsen, Helge 438
Trenkner, Werner 393, 403
Überall, Stephanie 429, 433
Uecker, Dieter 85, 90, 166
Uelner, Hans 328
Uhl, Fritz 402
Uhlenbruck (Familie) 314
Ungeheuer, Günther 396, 397
Ungers, Oswald Mathias 323, 340
Vahrenholt, Fritz 355
Varnay, Astrid 398
Veelken, Änne 611
Vetter, Heinz Oskar 66, 614
Victor, Willi 85
Visconti, Luchino 51
Visser, Theodor 224
Vogt, Christine 436, 448
Voigtländer (Architekt) 174
Vonde, Detlev 296, 529, 540
Vonderen, Johann 224
Vondran, Ruprecht 142
Vörtler, Felix 433, 434
Wagner, Detlef 90
Wagner, Hans 80, 619, 622
Wahry, Hildegard 398
Waldoff, Claire 428
Waldthausen, Jobst von 287
Waros, Peter 443
Weber, Franziska 438
Weber, Max 306
Wegmann (Bergwerksdirektor) 47
Wegmann, Sabine 438, 439
Wehling, Klaus 102, 116, 120, 129, 139, 337, 423
Wehling, Will 410
Wehner, Herbert 173
Weigle, Carl 304, 333, 338, 340, 441
Weinberger, Marion 148
Weinspach (Professor) 99, 124
Weise, Klaus 414, 426, 431, 433, 434, 437, 443
Weizäcker, Richard von 624
Wendt, Kurt 476
Wenge, Franz Ferdinand von der 211, 212
Wengenroth, Patrick 444

Register 687

Weniger, Wolfram 406
Werm, Hieronymus 18
Werner, Franziska 439
Wesselkamp (Landwirt) 305
Westerholt-Gysenberg, Graf Maximilian Friedrich von 214, 289
Westfeld, Heinz 124
Weyer, Willi 50
Weyer, Wilhelm 614, 633
Weyhe, Maximilian Friedrich 289
Wicherek, Anton 416
Wickermann, Frank 433, 438
Wiehn, Helmut 94, 99
Wiese, Benno von 399
Wieskamp, Johannes 593
Wilhelm, Klaus 417
Willuweit, Bruno 88
Wippermann, Dirk 482
Wippermann, Otto 314
Witte, Michael 438, 439, 443, 446
Wolf, Thomas 337
Wöllner, Günther 99
Wolters, Friedrich 279
Wortmann, Clara 428
Wrede, Antonetta Bernadina von 211–213
Wright, Frank Lloyd 316, 322
Wrona, Hans 418
Wülbeck, Willi 480, 482, 483
Würges, Ernst-Will 402
Zach, Jeffrey R. 433, 438
Zander, Holger 481
Zbick, Bruno 405
Zeppenfeld, Burkhard 440
Zervoulakos, Sarantos 446
Zholdak, Andriy 444–446
Zillich, Gertrud 277
Zimorski, Johannes 224–227
Zöpel, Christoph 154, 296, 324, 327, 335, 338, 627
Zweigert, Erich 306
Zwerenz, Gerhard 463
Zwick, Klaus 438, 443
Zylis-Gara, Teresa 402

Autorinnen und Autoren

Dieter Baum
Geboren 1953 in Oberhausen, 1960 bis 1973 Schulzeit in Oberhausen, 1974 bis 1981 Studium der Raumplanung an der Universität Dortmund. 1982 bis 1986 Mitarbeiter der Kommunalen Technologieberatung (KTB) im Arbeitsgebiet „Örtliche Energieversorgungskonzepte", seit 1986 Mitarbeiter der Stadt Oberhausen im Bereich Stadtplanung/Fachbereich Stadtentwicklung und vorbereitende Bauleitplanung, Aufgabenschwerpunkte Grundlagenplanung und Koordination der Radverkehrsförderung.

Hugo Baum
Geboren 1925 in Oberhausen. 1941 bis 1944 Lehre zum Industriekaufmann bei der GHH, dort kaufmännischer Angestellter bis 1946, 1947 bis 1961 HOAG, Bürotechnische Organisation, 1961 bis 1965 beim Gerling-Konzern in Köln Leiter der bürotechnischen Organisation, 1965 bis 1969 Selbstständige Betriebsberatung, 1969 bis 1979 Geschäfsührer der Stadthalllen-Betriebs GmbH, 1979 bis 1989 Beigeordneter der Stadt Oberhausen für Jugend, Sozialwesen und Sport. Nach unerfreulichen Erlebnissen in der Zeit des Nationalsozialismus 1945 Besuch aller politischen Parteien, 1946 Eintritt in die links-katholisch geprägte Zentrumspartei, Mitglied bis zu ihrer Auflösung 1962. Vertreter des Zentrums im ersten Bürgerausschuss, 1956 bis 1961 Mitglied des Rates der Stadt Oberhausen für das Zentrum. 1964 nach einem beruflichen Ortswechsel Eintritt in die SPD, 1969 bis 1979 Ratsmitglied für die SPD.

Sarah Benneh-Oberschewen
Geboren 1984 in Oberhausen, verheiratet, ein Sohn. 2004 bis 2009 Studium der Geschichte, Soziologie und Politikwissenschaften an der Heinrich-Heine-Universität Düsseldorf und der Universität Duisburg-Essen; Abschluss Magistra Artium; 2009 bis 2011 Elternzeit, seit April 2011 wissenschaftliche Mitarbeiterin und Lehrkraft am Historischen Institut der Universität Duisburg-Essen, Bereich Außereuropäische Geschichte. Seit 2011 Promotion über Vorkoloniale Urbanität in Afrika.

Axel Biermann
Geboren 1965 in Stuttgart, verheiratet, ein Sohn. Studium der Geografie in Trier, erste Berufstätigkeit als Geschäftsführer des Verkehrsvereins Saarburger Land e.V., 1997 bis 2008 Geschäftsführer der Tourismus & Marketing Oberhausen GmbH. Seit Juli 2008 Geschäftsführer der Ruhr Tourismus GmbH.

Heinz Brieden
Geboren 1927, verheiratet, zwei Söhne. 1944 bis 1945 Wehrdienst, 1946 bis 1949 Werksschule für Malerei und Bildhauerei Köln. Ffreier Bildhauer. Seit 1949 Mitglied der SPD, 1969 Mitbegründer des soziokulturellen Zentrums „K 14". Hafenmeister des Hafen Oberhausen e.V. an der Schleuse Lirich, Rhein-Herne-Kanal. Wohnt in Oberhausen.

Vera Bücker
Geboren 1961, wohnhaft in Gladbeck. Studium der Geschichtswissenschaft an der Ruhr-Universität Bochum, Magister Artium 1985, Promotion in Bochum in Politikwissenschaft zum Dr. rer. soc. und in Dortmund zum Dr. phil. Heute tätig als freiberufliche Historikerin, Dozentin und Gästeführerin. Zahlreiche Veröffentlichungen, u.a.: Nikolaus Groß. Politischer Journalist und Katholik im Widerstand des Kölner Kreises, 2003; Niedergang der Volkskirchen – was kommt danach? Kirchlichkeit und Image der Kirchen am Beispiel in einer Ruhrgebietsstadt, 2005 oder Reformation im Ruhrgebiet, 2009. Als ausgewiesene Spezialistin der Ruhrgebietsgeschichte bietet Bücker verschiedene Dienste und Studientouren unter „echtnahdran.de" an.

Britta Costecki
Geboren 1970 in Oberhausen, verheiratet, zwei Söhne, wohnhaft in Oberhausen. Ab 1986 Ausbildung zur Verwaltungsfachangestellten bei der Stadt Oberhausen, anschließend Weiterbildung zur Verwaltungsfachwirtin und Absolvieren eines berufsbegleitenden Studiums Betriebswirtschaft (VWA), Facheinsätze u. a. als Sachbearbeiterin im Arbeitsmarktprogramm des Sozialamtes, als Referentin im Büro des Oberbürgermeisters, als Projektmitarbeiterin bei der Gasometer Oberhausen GmbH. Seit März 2012 Gleichstellungsbeauftragte der Stadt Oberhausen.

Helmut Czichy
Geboren 1960 in Wesel. 1985 Abschluss des medienübergreifenden Studienganges Technischer Umweltschutz an der Technischen Universität Berlin, Abschluss als Diplom-Ingenieur. 1985 bis 1986 Arbeitsgruppenleiter Betriebsanalytik bei den Berliner Stadtreinigungs-Betrieben, Mitwirkung unter anderem an der Entwicklung von Reinigungstechniken für Bodensanierungen. Seit 1986 Mitarbeiter der Stadt Oberhausen, zunächst als Sachgebietsleiter Abfallwirtschaft und Altlasten, seit 1995 als Leiter des Bereiches Umweltschutz. Kerninteresse des beruflichen Engagements ist die enge Verknüpfung von Umweltschutz und Stadtentwicklung im Sinne der Mitgestaltung des wirtschaftlichen, sozialen und ökologischen Strukturwandels. Ehrenamtliches Engagement im Bildungsbereich durch Übernahme verschiedener Funktionen in Elternpflegschaften und Fördervereinen.

Manfred Dammeyer
Geboren 1939 in Hausberge bei Porta Westfalica, Studium der Sozial- und der Erziehungswissenschaften, 1963 Dipl-Sozialwirt, 1978 Dr. paed., 1965 bis 1975 Direktor der VHS Oberhausen, 1975 bis 2005 Mitglied des Landtags NRW für die SPD, 1995 bis 1998 Minister für Bundes- und Europaangelegenheiten,1998 bis 2000 Vorsitzender der SPD-Fraktion, 1994 bis 2005 Mitglied und 1998 bis 2001 Präsident im Ausschuss der Regionen der Europäischen Union, 2002 bis 2003 Mitglied im Verfassungskonvent der EU. Seit 1978 Lehrbeauftragter für Politikwissenschaft an der PH Rheinland, Uni Düsseldorf udn an der Uni Duisburg, seit 1994 Honorar-Professor an der Uni Duisburg. Zahlreiche Publikationen zur Bildungspolitik, Geschichte, Politikwissenschaft, Europapolitik sowie Übersetzungen.

Magnus Dellwig
Geboren 1965 in Oberhausen. 1985 bis 1991 Studium der Geschichte und der Sozialwissenschaften an der Ruhr-Universität Bochum, Promotion 1995 an der TU Berlin in Neuerer Geschichte mit der Arbeit „Kommunale Wirtschaftspolitik in Oberhausen 1862–1938". 1991 bis 1995 wissenschaftlicher Mitarbeiter von Prof. Dr. Manfred Dammeyer, seit 1995 Mitarbeiter der Stadt Oberhausen in verschiedenen Funktionen im Dezernat Verwaltungsführung. Seit 1991 Veröffentlichungen zur Stadtgeschichte, zum Strukturwandel im Ruhrgebiet. Romanveröffentlichungen: 1989 Führergeburtstag, Ein politischer Entwurf (2007), der sich einer fiktionalen NS-Gesellschaft im Vorfeld eines Umbruchs widmet. Die China-Krise (2010), der sich mit einem internationalen Konflikt zwischen den USA und der Volksrepublik China beschäftigt. Mitglied im Vorstand der Gesellschaft zur Förderung des LVR Industriemuseums Oberhausen, des Historischen Vereins Oberhausen-Ost und des SPD-Ortsverein Oberhausen-Ost.

Burkhard Drescher
Geboren 1951, verheiratet, vier Kinder. 1967 bis 1971 Chemielaborant, 1971 bis 1978 Chemotechniker bei der Bayer AG Dormagen, 1974 bis 1978 Studium der Wirtschaftswissenschaften und der Chemie, 1978 bis 1980 Referendariat, 1980 bis 1987 tätig im Lehramt der Sekundarstufe I, 1987 bis 1990 Stadtkämmerer in Grevenbroich, 1990 Stadtdirektor, 1991 bis 1997 Oberstadtdirektor, 1997 bis 2004 Oberbürgermeister der Stadt Oberhausen, 2004 bis 2006 Vorstandsmitglied RAG Immobilien AG, 2006 bis 2009 CEO der GAGFAH Group. Seit Oktober 2010 Geschäftsführer BRICKS GmbH & Co.KG, seit Oktober 2011 Geschäftsführer InnovationCity Management GmbH

Helmut Faber
Geboren1938. Von 1959 bis 1965 Studium der evangelischen Theologie in Heidelberg, Göttingen, Bonn und Wuppertal, 1966/67 am Predigerseminar in Essen, 1967 Beschäftigungsauftrag an der Evangelischen Christus-Kirchengemeinde in Oberhausen, von 1968 bis zum Eintritt in den Ruhestand 1999 Pfarrer in der Evangelischen Christus-Kirchengemeinde. Freizeitinteressen: Schauspiel, Literatur (lesen und schreiben).

Roland Günter
Geboren 1935. Studium der Kunstgeschichte, Philosophie, Archäologie in München, Istanbul und Rom. Abschluss Dr. phil., Habilitation. Referent im Landesdenkmalamt Rheinland. Entdeckung der Industrie-Kultur. Hochschullehrer in Bielefeld, Köln, Marburg, Karlsruhe, Hamburg, Bochum u. a. Rat für rund 150 Bürgerinitiativen. Rettung von Industrie-Denkmalen und Siedlungen. Tätigkeit und Schriften zur Stadtentwicklung und Denkmal-Kultur, u. a. für die IBA Emscher Park und die IBA in Sachsen-Anhalt. Seit 2003 Vorsitzender des Deutschen Werkbund NW und 2010/2011 des Gesamt-Werkbund. Ehrenbürger der toskanischen Stadt Anghiari. Lebt in Eisenheim (Oberhausen).

Ingeburg Josting
Geboren 1951 in Duisburg, verheiratet, zwei Töchter. Nach einer Ausbildung zur Kinderpflegerin in Duisburg Studium der Sozialarbeit an der Fachhochschule in Düsseldorf, anschließend Studium der Erziehungswissenschaften an der Universität Bielefeld, Abschluss als

Diplom-Pädagogin. Von 1980 bis 1993 erwerbstätig in verschiedenen Funktionen (Leitungsfunktionen) der Kinder- und Jugendbildungsarbeit und als Referentin der Erwachsenen- und Familienbildung. Von 1993 bis 2012 Gleichstellungsbeauftragte der Stadt Oberhausen.

Walter Kurowski
Geboren 1939 in Kettwig, eine Tochter und ein Sohn. 1954 bis 1957 Grafikerlehre, 1957 bis 1960 Studium der bildenden Kunst an der Kunstakademie, seit 1964 als freier Künstler, Karrikaturist und Jazz-Musiker. 1969 Mitgründer des soziokulturellen Zentrums „K 14" und des Oberhausener Jazz-Karussells. 1992 bis 2004 als „Stadtkünstler" Mitarbeiter der Stadt Oberhausen. Wohnt in Oberhausen.

Peter Langer
Geboren 1944 in Neiße (Oberschlesien), 1963 Abitur in Karlsruhe, 1963 bis 1969 Studium an der Universität Heidelberg und an der Wayne State University (Detroit, USA). 1973 Promotion bei Dolf Sternberger mit einer Dissertation über die neueren Imperialismustheorien an der Universität Heidelberg. 1974 bis 1980 Lehrer an der Gesamtschule der Stadt Mülheim a. d. Ruhr, 1980 bis 1981 Lehrer an der Como Park Senior Highschool in St. Paul (Minnesota, USA). 1981 bis 2009 Schulleiter der Heinrich-Böll-Gesamtschule in Oberhausen. Von 1995 bis 2005 Geschäftsführer der Historischen Gesellschaft Oberhausen, seit 2005 deren Vorsitzender.

Gerd Lepges
Geboren 1951 in Oberhausen, Studium der Rechtswissenschaften in Köln. Selbstständiger Einzelhändler, langjähriger Vorsitzender des Einzelhandelverbandes Oberhausen e. V., heute Stellvertretender Vorsitzender des Einzelhandelsverbandes Ruhr e. V. mit Sitz in Essen und Vorsitzender der Ortsvereinigung Oberhausen, Vorsitzender des Freundeskreises Theater für Oberhausen e. V., Bürgermitglied im Kulturausschuss der Stadt Oberhausen, Ehrenpräsident der Alten Oberhausener Karnevalsgesellschaft Weiß-Rot 1889 e. V. Zahlreiche Veröffentlichungen zur Geschichte des Theaters Oberhausen.

Klaus Oberschewen
Geboren 1949 in Recklinghausen. Arbeitete von 1966 bis 1969 auf der Zeche General Blumenthal in Recklinghausen, erwarb 1971 am Overberg-Kolleg in Münster das Abitur, studierte Geschichte, Germanistik und Sozialwissenschaften an der Ruhr-Universität Bochum mit dem Schwerpunkt Geschichte der Arbeiterbewegung. 1979 Erstes Staatsexamen für das Lehramt am Gymnasium, 1982 Zweites Staatsexamen in Recklinghausen, Lehrtätigkeit an verschiedenen Schulen im Kreis Recklinghausen. Seit 1984 bei der Stadt Oberhausen beschäftigt, zunächst mit dem Projekt „Sozialgeschichte unserer Stadt" und mit der Konzeption und Realisierung der neuen Städtischen Gedenkhalle im Schloss Oberhausen 1988, seit 1991 Fachbereichsleiter an der Volkshochschule Oberhausen. Zahlreiche Veröffentlichungen zur Stadtgeschichte Oberhausen. Seit 2000 Vorsitzender des Historischen Vereins Oberhausen-Ost.

Helmut Ploß
Geboren 1958 in Essen. Studium der Geographie an der Ruhr-Universität Bochum mit dem Nebenfach Wirtschafts , Sozial- und Technikgeschichte, Abschluss als Diplom-Geograph. Seit 1987 Mitarbeiter der Stadt Oberhausen im Bereich Umweltschutz, dort u. a. für das Kataster der Flächen mit Bodenbelastungsverdacht („Altlastenkataster") zuständig. Sein besonderes berufliches Interesse gilt den Gewerbe- und Industriestandorten sowie den Altablagerungen (z. B. Mülldeponien).

Ernst-Joachim Richter
Geboren 1941 in Kassel. Studium an den Universitäten Frankfurt a. M. und Innsbruck, 1971 Dipl. Volkswirt, 1974 Promotion zum Dr. rer. oec. Von 1976 bis 2006 bei der Stadt Oberhausen im Bereich Statistik und Wahlen tätig, seit 1991 als Bereichsleiter. Seit 1976 Mitglied im Verband Deutscher Städtestatistiker, 1994 bis 2006 Verbandsvorsitzender. Mitglied in der Deutschen Statistischen Gesellschaft, 1996 bis 2004 Vorstandsmitglied. 1982 bis 2006 Mitglied in verschiedenen Ausschüssen des Deutschen Städtetages und Gremien des Statistischen Bundesamtes. Seit 1997 Mitglied der SPD, seit 1980 Mitglied im Verein für Verkehr und Heimatkunde Oberhausen-Schmachtendorf.

Ercan Telli
Geboren 1970 in Kayseri (Türkei), verheiratet, zwei Töchter. Studium der Rechtswissenschaften an der Universität Bochum. Seit April 2005 hauptamtlicher Geschäftsführer des Integrationsrates der Stadt Oberhausen. Stadtverordneter/Mitglied des Rates seit 2008, Mitglied im Jugendhilfeausschuss, Kulturausschuss, Sozialausschuss (Sprecher der SPD-Fraktion) und im Wahlprüfungsausschuss.

Friedhelm van den Mond
Biografie siehe Seite 68.

Wehling, Klaus
Biografie siehe Seite 103.

Gustav Wentz
Geboren 1951 in Oberhausen. Studium der Geschichte, Germanistik und Philosophie in Bochum und Düsseldorf, nach dem Studienabschluss Tätigkeit als Redakteur bei der NRZ, als Pressesprecher der Stadt Essen und als freier Korrespondent in Istanbul. Gustav Wentz hatte stets ein Auge für den Sport, von 2000 bis 2007 leitete er die Sportredaktion der NRZ in Oberhausen.

Abbildungsnachweis

Archiv der Internationalen Kurzfilmtage Oberhausen: S. 410, 411
Bilfinger Berger Power Services, Oberhausen: S. 125, 126
Katholische Kirchengemeinde St. Marien/Pfarrer Thomas Eisenmenger: S. 215
LVR/Rheinisches Industriemuseum: S. 554 o., 554 u.
MAN Diesel & Turbo: S. 92 o., 92 u.
Oberhausener Theatersammlung: S. 396 o., 396 u., 417, 421 o., 421 u.
OGM-Fotosammlung: S. 60, 107, 137, 144, 147, 151, 557
Ruhr Tourismus GmbH, Oberhausen: S. 159
Stadt Oberhausen, Bereich Umweltschutz: S. 553, 362, 363, 364, 365, 369, 372, 378
Stadt Oberhausen, Bereich Vermessung und Kartografie: S. 511, 547
Stadt Oberhausen, Gleichstellungsstelle: S. 191, 202, 205, 207, 209
Stadt Oberhausen, Bereich Pressestelle/Virtuelles Rathaus: S. 105, 113, 115, 130, 130, 559
Stadtarchiv Oberhausen: S. 18, 20, 21, 22, 24, 32, 36, 37, 41, 43, 45, 49, 58, 59, 65, 68, 84, 103, 168, 169, 173, 175, 176, 196, 206, 213 u., 217, 233, 257, 283, 285, 286, 287, 292, 293, 295, 303, 304, 308, 309, 312, 315, 319, 320, 347, 368, 469, 472, 472, 477, 479, 538, 540, 550, 561, 562, 572, 575 o., 575 u., 585
Stadtsportbund Oberhausen: S. 476
Stadtwerke Oberhausen AG: S. 106
Theater Oberhausen: S. 395, 439, 445, 447
Tourismus & Marketing Oberhausen: S. 482
www.grad-tour-2010.de/Joachim Schumacher: Titel

Dieter Baum: S. 519, 520
Hugo Baum: S. 167
Heinz Brieden: S. 454, 455, 457, 458, 460, 461, 462, 463, 464
Vera Bücker: S. 221, 226, 228
Ingo Dämgen: S. 83, 95, 108, 110, 111, 127, 128, 132, 133, 135, 136, 192, 213 o., 216, 264, 272, 273, 274, 275, 276, 282, 301, 326, 331, 336, 339, 367, 419, 423, 429, 435
Magnus Dellwig: S. 530, 531, 576
Burkhard Drescher: S. 143
Helmut Faber: S. 265, 267
Wolfgang Heuke: S. 513
Rudolf Holtappel: S. 399, 404, 407
Ingeburg Josting: S. 192, 193, 198, 203
Walter Kurowski: S. 87, 465
Ercan Telli: S. 488, 489, 502, 503, 504, 505

Prossek, Achim u.a.: Atlas der Metropole Ruhr, Köln 2009: S. 527, 534, 535
Stadt Oberhausen: Denkschrift zur kommunalen Neugliederung, Oberhausen 1928: S. 553
Siedlungsverband Ruhrkohlenbezirk: Wirtschaftsgeschichte des Ruhrgebietes, Essen 1970: S. 536